1 MONTH OF
FREE
READING

at

www.ForgottenBooks.com

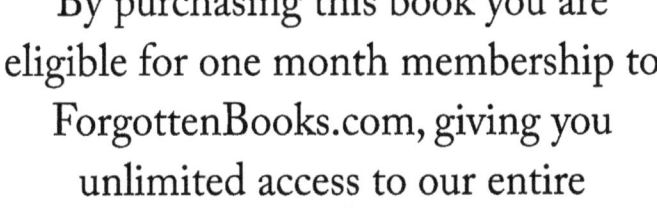

By purchasing this book you are eligible for one month membership to ForgottenBooks.com, giving you unlimited access to our entire collection of over 1,000,000 titles via our web site and mobile apps.

To claim your free month visit:
www.forgottenbooks.com/free1024954

ISBN 978-0-332-00485-3
PIBN 11024954

Port Arthur in deutscher und österreichischer Beleuchtung

Von

Frobenius, Oberstleutnant a. D.

Unter den zahlreichen, mehr oder weniger umfangreichen und ausführlichen Arbeiten über die Kämpfe um Port Arthur, die das Jahr 1906 gezeitigt hat, wird in Deutschland erklärlicherweise dem Heft 37/38 der „Kriegsgeschichtlichen Einzelschriften", die der preußische Generalstab herausgibt,[1]) in Österreich-Ungarn dem 8. bis 10. Heft der „Einzelschriften über den russisch-japanischen Krieg", die als Beihefte zu Streffleurs militärischer Zeitschrift erscheinen,[2]) die größte Aufmerksamkeit geschenkt. Auch dem Verfasser der österreichischen Einzelschriften steht offenbar das gesamte vom Generalstabe gesammelte Material zu Gebote, und wenn er auch nicht, wie der deutsche, durch den Namen des Generalstabes gedeckt wird, so wird man doch beide Werke als solche des preußischen und österreichischen Generalstabes bezeichnen und als solche in Parallele stellen dürfen. Die Gepflogenheit der preußischen Behörde — die österreichische ist schon mehrfach davon abgewichen —, grundsätzlich die Namen der Bearbeiter solcher Einzelschriften zu verschweigen, ist in mehr als einer Beziehung zu bedauern. Es

---

[1]) Kriegsgeschichtliche Einzelschriften. Herausgegeben vom Großen Generalstabe. Heft 37/38, Erfahrungen außereuropäischer Kriege neuester Zeit. II. Aus dem russisch-japanischen Kriege 1904 bis 1905. 1. Port Arthur. Mit 12 Karten in Steindruck, zahlreichen Ansichten und 2 Übersichtsskizzen. Berlin 1906. E. S. Mittler & Sohn.

[2]) Einzelschriften über den russisch-japanischen Krieg. 8., 9. und 10. Heft. Die Kämpfe um Port Arthur. Mit 4 Karten und 16 sonstigen Beilagen. Wien 1906. Verlag der „Streffleurs Österr. milit. Zeitschrift". L. W. Seidel & Sohn.

ist nicht zu vermeiden, daß die Eigenart des Verfassers diesen Arbeiten einen besonderen Stempel aufdrückt, daß seine persönlichen
Ansichten darin bestimmend wirken, daß vielleicht auch eine unzureichende Vorbildung, die aus mangelnder Erfahrung und Belesenheit
hervorgeht, auf das Urteil beeinträchtigend einwirkt; und bei dem
hohen Ansehen, das alle Kundgebungen des Generalstabes mit
vollem Recht in der Armee genießen, wird durch die Bezeichnung
„herausgegeben vom Großen Generalstabe" den doch nicht immer
einwandfreien Urteilen des Verfassers eine übergroße Bedeutung
beigelegt; sie wirken führend und bestimmend auf die ganze Armee.
Dies kann aber anderseits dem Ansehen des Generalstabes auch
schaden; denn, wenn in diesen Veröffentlichungen Ansichten vertreten werden, die sich später als irrtümlich herausstellen, wenn
dadurch auf die Entwickelung bestimmter Organe der Armee und
auf die Ausgestaltung bestimmter Militärwissenschaften hemmend
eingewirkt wird, so kann man später für irreführende Ansichten die
Schuld dem Generalstabe zuschieben, der seinen Namen und seine
Autorität in die Wagschale gelegt hat.

Es betrifft dies ganz besonders das Ingenieur- und Festungswesen.
Nicht vergessen — weil es lange Jahre die einzige Äußerung des
Generalstabes über die Festung bildete — ist das Heft 15 der „Kriegsgeschichtlichen Einzelschriften", das im Jahre 1893 kurzerhand den
Stab brach über den operativen Wert der Festung, und dessen Ansichten im Jahr 1905 in der „Studie IV zur Kriegsgeschichte und
Taktik" widerrufen werden mußten. Denn der Festung Langres, die
im Heft 15 als quantité négligeable dargestellt worden war, wurde
jetzt eine so große Bedeutung beigelegt, daß man ihre Belagerung
gerade ihrer früher abgeleugneten operativen Beeinflussungen wegen
für zweckmäßig erklärte. Dies Heft 15 hat nicht wenig dazu beigetragen, das Ansehen der Festung in bedauerlichster Weise lange
Zeit zu schädigen; und nachdem nun die Unrichtigkeit der darin
ausgesprochenen Ansichten nicht nur durch geschichtliche Tatsachen
widerlegt, sondern auch durch ein Werk des Generalstabes widerrufen worden sind, konnte das unmöglich zur Hebung des Ansehens
des Generalstabes beitragen. Ich muß dies Beispiel deshalb heranziehen, weil auch in der neuesten Veröffentlichung ebenso wie in
der Studie IV persönliche Ansichten des Verfassers Platz gefunden
haben, die schwerlich aufrecht erhalten werden können und auch
schwerlich vom Generalstab als solchem geteilt werden. Wenn
ich in Vertretung derjenigen Waffe, die unter dieser Verbreitung
irrtümlicher Meinungen am meisten gelitten und zu leiden hat,
nicht umhin kann, ihnen entgegenzutreten, so geschieht es also

durchaus nicht, weil ich glaube, damit die Ansichten des Generalstabes bekämpfen zu müssen, ·sondern lediglich, um auf irrtümliche
Auffassungen des Verfassers des Heftes 37/38 aufmerksam zu
machen, damit sie nicht unwidersprochen als maßgebend in der
Armee verbreitet werden.

Es war ein dankenswertes Unternehmen, die Veröffentlichungen
über den russisch-japanischen Krieg mit der Darstellung der Kämpfe
um Port Arthur einzuleiten; es konnte als ein Zeichen des wachsenden
Interesses des Generalstabes für den solange von ihm vernachlässigten Festungskrieg betrachtet werden. Niemand konnte deshalb mit größerer Erwartung an dieses Werk herantreten, als die
Offiziere des Ingenieur- und Pionierkorps, die in der ungemein umfassenden und opferreichen Tätigkeit der technischen Waffe bei
diesen Kämpfen einen großartigen Beweis für ihre Unentbehrlichkeit
erblickten und mit Spannung einer auf zuverlässiges Material ge-
gründeten Darstellung entgegensahen, aus der sie für die Entwickelung ihrer Waffe außerordentlich viel zu lernen begierig waren.
Da nur kurze Zeit darauf das österreichische Werk erschien, inzwischen auch Nörregaards „Belagerung von Port Arthur" ins
Deutsche übertragen wurde, und die Veröffentlichungen des russischen
Oberstleutnants v. Schwarz eine wichtige Quelle erschlossen, war
dem Studium reichhaltiges Material geboten, um durch den Vergleich
der verschiedenen Darstellungen ein im allgemeinen wohl richtiges
und klares Bild zu gewinnen.

Das österreichische Werk behandelt den Stoff im gleichen Umfang; das Gelände der Kwantunghalbinsel und die Vorgeschichte der
Festung bis zum Beginn der Belagerung, die beiderseitigen Kräfte
und Einrichtungen; hierauf die Operationen von dem Kampfe bei
Kintschou bis zur Einschließung und die Belagerung, aber der Umfang der einzelnen Abschnitte ist wesentlich verschieden, es widmete
nämlich:

	das preußische Werk:	das österreichische Werk:
der Darstellung der Verhältnisse	37 Seiten	26 Seiten
den Operationen vor der Ein-		
schließung	17 „	30
der Belagerung	34 „	75 „
einer Schlußbetrachtung . . .	4 „	13 „
zusammen	92 Seiten	144 Seiten

Daraus ist ohne weiteres zu ersehen, daß das österreichische Werk
die Darstellung der Belagerung viel eingehender behandelt hat.

Das ist der erste Vorwurf, der dem deutschen Bearbeiter nicht zu ersparen ist, daß er selbst die wichtigsten Vorgänge nicht mit der Ausführlichkeit zu schildern versucht hat, die für den Lernbegierigen unbedingt notwendig erscheint.

Von der größten Wichtigkeit ist unbedingt die möglichst genaue Feststellung aller Verhältnisse, die bei dem gewaltsamen Angriff vom 21./22. August mitgespielt haben, denn diese Erprobung des seinerzeit von Scheibert vorgeschlagenen Vorgehens, das man, wie bekannt, auch in den Kreisen des Generalstabes vielfach teilte, gibt die Grundlage der Existenzberechtigung der Festung überhaupt, und die . zu ziehenden Folgerungen sind deshalb von der größten Bedeutung. Wir wollen kurz auf die bei diesem wichtigen Unternehmen vorliegenden Verhältnisse und auf die entscheidenden Gefechtsmomente eingehen.

Die Japaner planten, durch den Zwischenraum der beiden Forts II (Nordkikwau) und III (Erlungschan) durchzustoßen, dadurch Fort II zu umgehen und mittelst umfassenden Angriffs zu bewältigen. Jener Zwischenraum mißt kaum 1,5 km, aber die Gestaltung des Geländes verhindert seine ausgiebige Bestreichung von den Forts aus; diese fällt hier mehr der rückwärtigen Linie der Batterien und des Rückhaltwerkes Wantai zu. Durch fünf tief eingeschnittene Schluchten von einander und von den Forts geschieden, gliedert sich das Zwischengelände in vier schmale Rücken, auf deren beiden mittelsten die zwei Panlungschanzen (Redonte 1 und 2) lagen, während die beiden äußeren mit den sogenannten selbständigen Zwischenraumwehren P und G (Stützpunkte aus Schützengräben) besetzt waren. Dies ergibt sich deutlich aus dem Plan 13 der Einzelschrift. Welchen Charakter trugen aber die beiden Redouten? Es wird darüber auf Seite 24 gesagt: „Redouten 1 und 2. Keine Kampfgeschütze. Bauart behelfsmäßig, unter Benutzung zweier alten chinesischen Schanzen. Grundrisse trapezförmig; Fronten 30 m lang." Unter behelfsmäßigem Bau kann man nun viel verstehen, auch einen Ersatzbau für ein ständiges Werk in dessen Abmessungen und Einrichtungen, nur mit Behelfs- anstatt der ständigen Mittel. Eine weitere Erläuterung wäre deshalb wohl am Platze gewesen. Nörregaard, der sie aus eigener Anschauung kennt, beschreibt sie: „Sie waren in Wirklichkeit nichts anderes, als starke, flüchtige Infanteriestellungen und nur mit einigen wenigen Feldgeschützen armiert. Sie hatten nicht wie Erlung Schützengräben oder andere vorgeschobene Werke. Nur ein schwaches Drahthindernis stand einem Angreifer im Wege, sonst konnte die Brandung eines Sturmangriffs ungehindert bis zu den Wällen hinaufspülen." Eindeckungen waren, wie aus anderen Angaben hervorgeht, und ohne die auch die andauernde Beschießung nicht von der Besatzung auszuhalten gewesen wäre, im Innern vorhanden.

Die zweite Frage ist: welche artilleristischen Kräfte brachte der Angreifer gegen diese schwächlichen Stützpunkte zur Wirkung? Nach Plan und Text der Einzelschrift standen am 18. August abends in Batterie gegen die Nordostfront: 16 15 cm- und 16 12 cm-Haubitzen, 34 12 cm-Kanonen, 4 10,5 cm- und 17 7,9 cm-Kanonen der Marine, 72 15 cm- und 12 12 cm-Mörser, also 88 Geschütze von 15 cm- und 62 von 12 cm-Kaliber. Es ist ohne weiteres zuzugeben, daß diese Artillerie für den Angriff einer modern ausgebauten Festung mit starken Betonbauten und Panzerschutz zu schwach gewesen wäre, daß zur Vernichtung ihrer Kampfmittel und zur Zerstörung ihrer Hohlbauten besonders schwerere Geschütze erforderlich gewesen wären. Aber hier handelte es sich um Behelfsbauten, deren Widerstandskraft man vernichten wollte, und gar nicht um ständige Werke. Und selbst, wenn es gegolten hätte, die beiden Forts zu erschüttern, so waren nach den bis zum Jahr 1904 seitens der Artillerie aufgestellten Behauptungen die 15 cm-Geschütze durchaus imstande, die auf nur 1,20 m bemessenen Betondecken zu durchschlagen. Es ist deshalb schwer verständlich, daß man jetzt, nachdem dieses Kaliber sich als ungenügend hierzu erwiesen hat, den Japanern den Vorwurf macht, sie wären mit viel zu schwacher Ausrüstung vor Port Arthur erschienen und hätten der Artillerie zuviel zugemutet. Jetzt ist der Fall eingetreten, vor dem die Artilleristen durch die Ingenieure so oft gewarnt wurden, daß sie nicht zuviel Verantwortung auf sich nehmen sollten mit der Behauptung, sie würden, wenn nur aufmarschiert, die Besatzungen sehr schnell aus den Werken herausschießen und den Aufenthalt in ihnen zur Unmöglichkeit machen. Diese Behauptungen, die doch auch die Japaner zu einem übergroßen Vertrauen auf ihre Artillerie veranlaßten, sind jetzt plötzlich vergessen, da ihre vollständige Nichtigkeit erwiesen ist; aber an ihre Stelle treten leider wieder andere, nicht weniger bedenkliche: „Mit schwereren Geschützen werden wir unser Versprechen halten." Nun, Port Arthur sollte doch zu größerer Vorsicht mahnen.

Also eine für die Bekämpfung von schwachen Behelfswerken recht beträchtliche Artillerie begann am 19. August die Beschießung der Angriffsfront, vornehmlich der beiden Redouten. „Die Wirkung gegen die Befestigungen war nicht groß," sagt die Einzelschrift, „das Hauptergebnis war, daß die Batterie auf dem Großen

Adlernest (Wantai) für längere Zeit kampfunfähig wurde, daß
mehrere kleinkalibrige Geschütze zerstört wurden und zwei Munitions-
niederlagen aufflogen. Demgegenüber erzählt die österreichische
Einzelschrift: „Die beim Belagerungskorps tagsüber eingelaufenen
Meldungen der Beobachter besagten übereinstimmend, daß die
Panlunschan, Nordkikwanschan und ein dazwischen befindliches
neues Fort ‚fast zerstört‘ seien" und schildert den Eindruck des
Feuers nach Nörregaard: „Unablässig, vom frühen Morgengrauen
bis spät nach Eintritt der Dunkelheit wurde das Schießen fortgesetzt, ohne Pause, ohne Erbarmen. Das wütende Feuer konzentrierte sich auf die Panlungforts und das Nordkikwanfort gerade
vor uns. Wir konnten sehen, wie die Wälle unter dem unauf-
hörlichen heftigen Einschlagen der japanischen Geschosse tatsächlich
einstürzten. Die geraden Linien und scharfen Kanten verschwanden
allmählich, und die Forts wurden mehr und mehr zu ungeheuren
formlosen Erdhaufen, während die Glacis in ihrer Front nach und
nach das Aussehen eines großen Kaninchengeheges annahmen." Die
Wirkung war demnach scheinbar eine sehr bedeutende und ließ
die Japaner in Siegeszuversicht frohlocken. Sie bestach in demselben
Grade, wie auf den Schießplätzen oder wie bei Betrachtung der zer-
schossenen Wälle dermaleinst der Festung Straßburg der Anblick
der zerwühlten Erdmassen so vielfach den Eindruck der Vernichtung,
der vollständigen Verteidigungsunfähigkeit hervorgerufen hat. Die
Ingenieure haben stets davor gewarnt und auf die zahlreichen geschichtlichen Beispiele hingewiesen, wo die Verteidigung in solchen
Trümmerhaufen erst die rechte Kraft gewann. Die Einzelschrift
hätte dies nicht übergehen sollen, denn diese durch Port Arthur be-
kräftigte Warnung scheint mir sehr am Platze zu sein.

In der Morgenfrühe des 21. August erfolgte der Angriff.
Darüber wird man sich allerdings nicht klar, wenn man die Einzelschrift liest: „Gegen Abend (ein Datum ist nicht genannt, da aber
im vorhergehenden Absatz vom Feuer am 20. die Rede ist, muß
wohl dieser Tag gemeint sein) erhielt die 6. Brigade den Befehl
zum Angriff auf die Redoute 1. Ihre Vortruppen waren bereits in
die Wasserrisse am Fuß der Redoutenhöhen vorgeschoben, ihre
Hauptkräfte standen in der Nähe der Eisenbahn; die 4. Reservebrigade, bis jetzt bei den Wolfsbergen in Reserve gehalten, sollte
als Unterstützung folgen. In der Nacht gelang es den Pionieren,
Sturmgassen durch das untere Drahthindernis zu schneiden und bis
etwa an das zweite, vom vorgeschobenen Schützengraben nur noch
80 Schritt entfernt liegende Hindernis heranzukommen. Die Hauptkräfte der Brigade gingen jetzt vor, wurden aber durch russische

Scheinwerfer entdeckt und konnten nur unter bedeutenden Verlusten den Fuß der Höhe erreichen. In den ersten Morgenstunden des folgenden Tages (also doch wohl des 21.) wurden die Redouten 1 und 2 und einige in deren Vorgelände schießende Küstenbatterien von der Belagerungsartillerie nochmals unter Feuer genommen. 4 Uhr morgens erfolgte der erste Sturm, der unter starken Verlusten abgeschlagen wurde. Bis zum 22. mittags erfolgten noch vier Stürme, die aber alle am Feuer der russischen Infanterie und der Maschinengewehre scheiterten." Diese Darstellung ist in wesentlichen Punkten unrichtig. In der Nacht zum 21. erfolgte überhaupt kein Angriff, sondern die Artillerie schoß mit Schrapnells gegen die Angriffswerke, und die Pioniere versuchten, unter sehr bedeutenden Verlusten durch die Drahthindernisse Sturmgassen anzulegen, woran sie aber durch die feindlichen Scheinwerfer und das auf sie gerichtete Feuer meist gehindert wurden. Der Sturm begann erst am 21. morgens, und der nächtliche, durch die Vorfeldbeleuchtung gescheiterte Angriff erfolgte erst in der Nacht zum 22., weitere Stürme fanden aber am 22. nicht mehr statt, bis das tollkühne Wagnis einer kleinen Schar gegen Mittag noch einen solchen veranlaßte. Dieser Vorgang ist aber so wichtig, daß der Verfasser der deutschen Einzelschrift ihn hätte genau darstellen müssen, wie er durch Berichte schon lange bekannt geworden ist. Ich komme darauf zurück.

Zunächst ist festzustellen, daß auch die Einzelschrift an dieser Stelle zugibt, daß alle Stürme gescheitert seien, und dies sogar durch gesperrten Druck hervorhebt. Und doch waren die Verhältnisse dafür so günstig gewesen, wie sie sich selten wieder finden werden. Durch die wohlgezielte achtundvierzigstündige Beschießung einer für „flüchtige Feldwerke" fast überstarken Artillerie waren die beiden Schanzen scheinbar zertrümmert, ihre Besatzung, wenn sie noch lebte, jedenfalls — nach bisherigen Annahmen — auf das Äußerste erschüttert und verkrochen in ihre Hohlbauten, deren Ausgänge man durch Trümmer verschüttet annehmen mußte. Nach den bei der Artillerie herrschenden Ansichten konnte man kaum annehmen, daß diese moralisch und physisch geschwächte Besatzung rechtzeitig einem gewaltsamen Angriff entgegentreten könnte, wenn dieser aus nicht zu großer Ferne unternommen wurde. Und gerade in dieser Beziehung lagen die Verhältnisse sehr günstig. Ein tiefer Wasserriß zog sich vom Fuß der Anhöhe östlich Ostpanlung (Redoute 1) hinauf, in dem, fast überall gegen die russischen Werke gedeckt, sich die Sturmtruppen der Schanze bis auf 110 m nähern konnten. Die Natur bot ihnen also eine Sturmstellung so nahe an dem Angriffsobjekt, wie wir es bisher für unsere künstlichen Sturmstellungen noch niemals angenommen haben. Der erste Angriff wurde — auch diese Einzelheiten wären nicht zu übergehen gewesen — durch das ganze Regiment Nr. 7 ausgeführt; das erste Bataillon gegen Redoute 1, das zweite sicherte gegen Werk P, das dritte bildete für das erste die Reserve. „Aus der Mündung der Donga," erzählt Nörregaard, „stürzte das erste Bataillon hervor auf den Feind. Aber als es die freie Fläche passierte und besonders, als es versuchte, sich einen Weg durch die schmalen Öffnungen der Drahthindernisse (fast die ganze Pionierabteilung, die in der Nacht die Sturmgassen herstellen sollte, war durch das feindliche Feuer niedergemäht worden und ihre Arbeit eine sehr unzureichende geblieben) zu bahnen, waren die Anstürmenden einem fürchterlichen Feuer von den Wällen des Forts (die Japaner beehrten alle Werke ohne Unterschied mit diesem Namen) ausgesetzt. Von beiden Seiten prasselten die Geschosse von Erlung, Westpanlung, Nordkikwan und den dahinter liegenden Batterien in ihre Reihen hinein und rissen buchstäblich das Bataillon in Fetzen. Was nicht auf der Wahlstatt liegen blieb, floh in wilder Unordnung nach der Donga zurück, aber die meisten sanken unterwegs zu Boden. Eine kleine Abteilung fand in diesem Moment eine leidliche Deckung in einigen verlassenen Schützengräben am Fuße des Glacis."

Das Reservebataillon, das nun zum Sturm vorging, hatte dasselbe Schicksal, der Regimentskommandeur fiel an seiner Spitze. Das dritte Bataillon grub sich Werk P gegenüber ein und zog dessen Tätigkeit auf sich, dadurch die Sturmkolonnen entlastend. Nun ging das andere Regiment der 6. Brigade, Nr. 35, zum Sturm vor, ohne irgend einen Erfolg zu erringen, und sein letzter, während der Nacht unternommener Angriff scheiterte, wie erwähnt, an derselben Kraft des feindlichen Gewehr- und Sturmgeschützfeuers, da das Vorfeld durch Scheinwerfer und Raketen taghell beleuchtet und noch dazu das Auge der Mannschaften geblendet wurde.

Trotzdem wurde Ostpanlung am 22. genommen. Die Einzelschrift sagt darüber: „Einem glücklichen, an und für sich geringfügigen Ereignis hatten die Japaner es zu danken, daß ihr Angriff wieder vorwärts ging. Gegen Mittag gelang es einem Pionierunteroffizier und zwei Mann, kriechend und laufend den russischen Schützengraben zu erreichen und eine Sprengladung in den Unterstand eines sehr wirksamen Maschinengewehrs zu werfen. Beim Verteidiger rief die Explosion eine augenblickliche Verwirrung hervor, die von den Japanern geschickt und entschlossen zu einem nochmaligen Sturm ausgenutzt wurde. Sie drängten die Besatzung aus dem Schützengraben und von dem Frontwall der Redoute bis in die Kehle zurück." Weiterhin läßt dann der Verfasser nicht nur die ganze 4. Reservebrigade, sondern außer einem tatsächlich herangezogenen Bataillon der 18. Brigade auch noch eine Brigade der 11. Division sich am Kampfe beteiligen, der mit der Eroberung der beiden Schanzen endigt. Da aber gerade die Entstehung dieses Kampfes und die Umstände, die das Vorgehen der Pioniere ermöglichten, von Bedeutung sind, ist es nötig, die obige Darstellung zu berichtigen.

Wie wir sahen, hatten sich bei dem ersten Angriff des 7. Regiments etwa 50—60 Leute in der Deckung eines verlassenen Schützengrabens vor der Schanze gegen das Feuer zu sichern gewußt. Während der späteren Angriffe hatten sich etwa 20 Pioniere und einige Mannschaften des 35. Regiments zu ihnen gesellt. Sie schossen natürlich nicht (wie die österreichische Darstellung angibt), sondern verhielten sich vollständig ruhig und deshalb entgingen sie der Aufmerksamkeit der Feinde. Sie konnten aber so wenig vorwärts wie zurück, da sie sofort entdeckt und niedergeschossen worden wären. Sie hielten also den 21. und die Nacht zum 22. aus, immer hoffend, durch eine erfolgreiche Unternehmung ihrer Kameraden befreit zu werden. Als am 22. kein weiterer Angriff erfolgte, trieb sie der Hunger, der Durst und die Verzweiflung zu der Tollkühnheit, sich auf die russische Besatzung zu stürzen, die eines Angriffs nicht gewärtig und nicht feuerbereit war. „Es gelang den Pionieren, die sich an der Spitze befanden, den Wall zu erreichen und die Brustwehrkrone unter verhältnismässig geringem Verlust zu erklettern. Sie warfen ihre Dynamitgranaten in die bombensicheren Räume, die sie dadurch zum Teil zerstörten, und sprengten eine Maximkanone. Die Leute des 7. Regiments folgten rasch nach, aber die Russen faßten sich bald, die Gewehrkugeln pfiffen zwischen den verwegenen Angreifern, und die Geschütze der Forts begannen ihr Feuer auf sie zu richten; die Japaner machten Halt, schwankten und flohen. Da rettete ein junger Offizier durch eine heldenmütige Tat die verzweifelte Lage. Während die anderen sich zur Flucht wandten, kletterte er mit ein paar Mann, die bei ihm geblieben waren, auf den Wall und pflanzte dort eine kleine japanische Fahne auf. „Wir konnten," erzählt Nörregaard, „deutlich sehen, wie er seinen Leuten zurief und dabei auf die Flagge zeigte. Diese müssen seinen Zuruf gehört haben, denn wir sahen, wie sie Halt machten und umkehrten. Zum zweiten Male stürmten sie vor, über das Glacis unter einem verheerenden Feuer, und diesmal konnte nichts ihren Ansturm aufhalten; mehrere fielen, aber der Rest lief weiter, erreichte die Krone der Brustwehr, wo über der Leiche ihres tapferen Offiziers ihre Flagge wehte. Andere Truppen, die den Knall der Dynamitexplosion gehört und die kecke Tat ihrer Kameraden vom 7. Regiment gesehen hatten, eilten zur Hilfe."

Es waren, wie man sieht, ganz ungewöhnliche Verhältnisse, die dies tollkühne Vorgehen begünstigten und die Leitung veranlaßten, in dem Augenblick, wo sie an einem Erfolg bereits verzweifelte, abermals Truppen zum Sturm vorzuschicken. Es war dann der weitere Zufall, daß in Redoute 2 das Holzwerk der Einbauten durch eine japanische Granate in Brand gesteckt wurde, und daß das sich schnell über das ganze Werk ausbreitende Feuer eine solche Verwirrung hervorrief, daß dies Werk infolge geschickter Benutzung dieses Umstandes durch einen japanischen Bataillonskommandeur mit weniger Anstrengung genommen und dadurch die kräftige Bestreichung des nächsten Vorfeldes von Redoute 1 beseitigt wurde. Trotzdem währte der Kampf in dieser noch bis 6 Uhr, und es ist sehr zweifelhaft, ob die Japaner diesen Erfolg errungen hätten, wenn nicht diese verschiedenen günstigen Umstände zusammengetroffen wären. Jedenfalls ist es mehr als gewagt, den Schluß daraus zu ziehen, den wir in der preußischen Einzelschrift lesen: „Die Kämpfe am 20. und 21. (soll wohl heißen 21. und 22.) August sprechen, besonders wenn der Angreifer über eine starke Überlegenheit an Infanterie und schwerer Artillerie verfügt, mehr für als gegen die Berechtigung eines gewaltsamen Angriffs, wo überhaupt ein solcher durch eigenartige Verhältnisse beim Gegner möglich ist."

Diese Schlußfolgerung, wenn auch durch den dehnbaren Nachsatz abgeschwächt, ist geradezu verblüffend und eigentlich nur zu verstehen, wenn man sich der Tendenz der Studie IV und des Aufsatzes des Oberleutnants Ludwig „Der Sturm im Festungskriege" erinnert, worin gegenüber dem belagerungsmäßigen Angriff mit gedeckter Annäherung dem gewaltsamen Vorgehen das Wort geredet wurde und die Infanterie in dem Glauben an die Artillerie bestärkt werden sollte, die imstande wäre, die Kraft des Verteidigers völlig zu brechen. Es ist beinahe, als wenn diese drei verschiedenen Arbeiten denselben Verfasser hätten. Wird doch auch im vorliegenden Hefte der unheimliche Eindruck, den die ungeheuren Verluste von 14000 Mann (die 6. Brigade soll auf 4 Offiziere, 455 Mann zusammengeschmolzen sein, das sind 92,4 % Verlust) hervorrufen müssen und die von dem Versuch eines solchen Vorgehens abschrecken könnten, dadurch abzuschwächen gesucht, daß der Verfasser sagt: „So hohe Verluste hätten zweifellos durch eine gründliebere, längere Zeit andauernde artilleristische Vorbereitung vermieden werden können." So richtig dies an und für sich ist, wie die späteren Angriffe auch gezeigt haben, so erscheinen uns deren Verlustziffern doch nur im Vergleich mit dieser ersten vom 21. und 22. August so gering. Die artilleristische Vorbereitung durch eine monatelang fortgesetzte Beschießung war dabei sicherlich eine mehr als ausreichende, und doch zählten die Verluste verhältnismässig weniger Truppenkörper nach Tausenden.[1]) Schließlich zeugt der ganze Verlauf der Belagerung gegen die Ansicht des Verfassers, da die Artillerie in keiner Weise den Ansprüchen genügte, die an ihre Leistungen zu stellen ihre seitherigen Behauptungen uns gelehrt hatten. Sie hat weder die Besatzungen der Werke, Behelfs- so gut als ständiger, genötigt, ihre Stellungen zu verlassen, noch die Festungsgeschütze zu verhindern vermocht, bis zum Schluß sich an der Abwehr des Angreifers in kräftigster Weise zu beteiligen, noch die Unterkunftsräume (trotz der Anwendung eines bisher vor Festungen noch niemals betätigten schweren Geschützes) in nennenswertem Umfang zerstören und den Aufenthalt in ihnen unleidlich machen können. Die Artillerie hat weder die Annäherungshindernisse wegfegen und die Grabenflankierungen vernichten, noch endlich die Besatzung der Werke abhalten können, rechtzeitig zur Abwehr bereit zu stehen, wenn irgend ein Angriff bei Nacht oder bei Tag ihnen nahte, obgleich sie in anerkennenswert geschickter Weise mit der Infanterie zusammen arbeitete und nicht nur ihr Vorgehen bis zum letzten Augenblick begleitete, sondern auch noch in den Kampf mit ihren Schrapnells einzugreifen wußte. Sie hat nicht eine dieser Aufgaben erfüllt, und darum hat Oberstleutnant Schroeter mit vollem Recht sagen können: „Die Artillerie hat versagt." Ihre Ohnmacht ist es, die zum belagerungsmäßigen Angriff gezwungen hat, und wenn dadurch der Pionier in den Vordergrund gedrängt worden ist ohne sein Zutun, so hat er diese Errungenschaft mit so enormen Verlusten erkauft, wie die Artillerie sie noch nirgend und niemals erlitten hat. Lasse man ihnen doch diese blutig bezahlte achtbare Stellung und suche sie nicht wieder daraus zu verdrängen durch die Behauptung, die Artillerie werde in Zukunft das erfüllen, wozu

---

[1]) So wurde, wie die österreichische Einzelschrift hervorhebt, „der Erfolg der viertägigen Septemberangriffe vor Port Arthur von den Japanern mit einem Verluste von 4000 Mann bezahlt, trotzdem die Vorbereitung des Sturmes gegen die relativ schwachen Befestigungen sehr gründlich gewesen war und das Zusammenwirken von Infanterie und Artillerie bis in die allerletzten Kampfstadien einen merklichen Fortschritt im Angriffsverfahren erkennen ließ".

sie sich vor Port Arthur unfähig erwiesen hat. Nachgerade wird
man wohl etwas weniger bereitwillig solchen Versprechungen Gehör
schenken, und ich möchte zum Beweise dessen eine Schlußfolgerung
des französischen Obersten Grandprey anführen, die nicht ohne Bedeutung für uns ist und den Generalstab warnen sollte, sich in zu große
Erwartungen betreffs der Wirkung der Artillerie zu verlieren: „On a dit
qu'en cas de guerre entre l'Allemagne et la France, les Allemands
enlèveraient au pas de course nos forts de l'Est, après les avoir bom-
bardés. Cette assertion s'accorde mal avec l'exemple de Port-Arthur. En
effet, le parc de siège de campagne allemand contient un canon de
12 cm, un obusier de 15 cm et un mortier de 21 cm. Aucune de
ces pièces, dont la dernière exige une plateforme préparée à l'avance
n'a des effèts destructeurs comparables à ceux de l'obusier de 28 cm
japonais. Si celui-ci, en trois mois, n'a pas réussi à detruire tous
les abris et à annihiler la défense, les pièces allemandes ne le
feront pas en trois jours."

Das schwere Geschütz der Japaner, die 28 cm-Haubitze, die sie
mit 6 Stück in den ersten Tagen und mit 18 Stück Mitte Oktober ins
Feuer bringen konnten, sprach jedenfalls ein gewichtiges Wort mit
bei ber Vorbereitung auf die späteren Sturmangriffe. Der Verfasser
der Einzelschrift ist bestrebt, ihre Wirksamkeit dadurch herabzudrücken, daß er der Behauptung treu bleibt, sie habe nur Geschosse mit einer verhältnismäßig kleinen Sprengladung von Schwarzpulver verschossen. „Nur eine geringe Zahl von Geschossen besaß
versuchsweise eine Sprengladung aus Schimose. Das Geschoß wirkte
als Vollgeschoß sehr gut; aber es fehlte ihm durchaus eine genügende Sprengladung." Würde diese Ansicht nicht schon durch
die bedeutende Sprengwirkung der Granate widerlegt, der am
15. Dezember der leitende Ingenieur, General Kondratenko, und eine
große Zahl Offiziere zum Opfer fielen, so müßte man doch die Angabe Nörregaards berücksichtigen, daß die Haubitze eine Granate
von 240 kg Gewicht und mit einer Sprengladung von 30 kg Melinit
geschossen habe. Es mag hier seitens der verschiedenen Angaben
eine Verwechslung vorliegen. Die Haubitzen feuerten größtenteils
mit Schwarzpulver und versuchsweise einige mit Schimose. Das hat
aber mit der Sprengladung nichts zu tun, und wir haben keine Veranlassung, den Angaben des Artilleristen Nörregaard, die sich im
übrigen stets als zuverlässig erweisen, in dieser, wie er wohl weiß,
wichtigen Angelegenheit zu mißtrauen.

Bei allen späteren Sturmversuchen unterläßt der deutsche Verfasser, genau Zahl und Munitionsverbrauch der bei der Vorbereitung

mitwirkenden Geschütze anzuführen,[1]) und das ist um so weniger richtig, als er durch die Schlußbemerkung: „Schwerste Kaliber und großer Munitionsaufwand würden jedenfalls nötig gewesen sein" die Meinung erweckt, es habe hieran gefehlt. Einige Zahlen werden das Gegenteil beweisen. Vom 27.—30. Oktober wirkten gegen:

	Zwischenwerk 3 und Fort III	die Linie dahinter,[1]	Fort II und Werk B
28 cm-Haubitzen . .	8	—	10
15 cm-Haubitzen . .	—	16	—
12 cm-Haubitzen . .	8	8	8
15 cm-Mörser . . .	24	—	48
Marinegeschütze . .	30	—	—
10,5 und 12 cm-Kanonen	—	24	10
zusammen	70	48	76

schwere Geschütze.

Zu diesen Belagerungsgeschützen kam noch die mitwirkende Feldartillerie gegen Fort III und Zwischenwerk 3. Welche Masse von Geschossen bei dieser viertägigen Vorbereitung verbraucht wurde,[2]) ergibt sich daraus, daß allein die 28 cm-Haubitzen an einem Tage (30. Oktober) 1800 Granaten verfeuerten, also jedes Geschütz 112—113 Stück. Dies ergibt ein Eisengewicht von 482 t und ein Gewicht der Sprengladungen von 54 t, also zusammen 54 Eisenbahnwagenladungen an einem Tage. Wenn man in Betracht zieht, daß diese Massen mittelst Feldbahnen zu den Batterien befördert werden mußten, so wird man die Frage aufwerfen, woher der Verfasser die Geleisestrecken und Kräfte hernehmen will, wenn er solchen Munitionsaufwand nicht für genügend erachtet. Schließlich muß doch auch die Artillerie mit Menschenkräften rechnen und darf nicht auf dem Papier Geschützlasten, Geschützmengen und Munitionsmassen fordern, die weder ein Staat zu beschaffen in der Lage ist, noch verfügbare Kräfte bewältigen können. Mir ist noch kein Fall bekannt, wo gegen so geringwertige Ziele solche Massen von Geschütz und Munition vereinigt worden wären, geschweige von dem Kaliber der 28 cm-Haubitze, das alles in dieser Beziehung seither Geleistete weit übertrifft. Und wenn wir uns erinnern, welchen Riesenerfolg unsere paar 21 cm-Mörser im Kriege von 1870/71 gehabt haben, so ist es desto erstaunlicher,

---

[1]) Die Angaben auf Seite 72/73 sind für das Studium nicht vollständig und übersichtlich genug.

[2]) Die schweren Geschütze verschossen nach Nörregaard allein am 30. Oktober 20 000 Geschosse.

daß die Wirkung dieses Riesengeschützes nur in einzelnen Fällen
genügte, um die Betondecken, die weit hinter unseren Stärken
zurückstehen, zu durchschlagen. Ein Beweis, daß unsere Hohlbauten
jeglichem Artillerieangriff Widerstand leisten werden; ein wichtiges
Moment, das Vertrauen in unsere Festungen, das zu untergraben die
Überschätzung der Artillerie allzu geneigt war, in recht erheblichem
Masse zu festigen; und deshalb von unschätzbarem Werte.

Ich muß noch einen zweiten Punkt besprechen: die Frage des
Minenangriffs. Die Ohnmacht der Artillerie zwang die Japaner
zum belagerungsmäßigen Angriff. Damit wurde ein Weg beschritten,
der nur um so langsamer zum Ziele führen konnte, als einerseits die Arbeiten vielfach .in sehr schwierigem Boden ausgeführt
werden mußten, anderseits der aufmerksame Verteidiger kein
Mittel unversucht ließ, um die Arbeit aufzuhalten, zu stören und
zu vernichten. Die Einzelschrift behauptet zwar: „Von Ausfällen
im großen Stile haben die Russen keinen Gebrauch gemacht," weiß
also auch nichts von dem Ausfall in der Nacht zum 24. August,
der deshalb wichtig ist, weil er zeigt, welche Energie die Besatzung
nach den zweitägigen Kämpfen noch besaß, und weil er sie moralisch
ungemein gehoben hat, aber sie gibt doch zu, daß „kleine Ausfälle häufig mit gutem Erfolge unternommen wurden". Sie spricht
aber überhaupt von der Bekämpfung der Angriffsarbeiten durch die
Infanterie und Pioniere wie von einer ziemlich harmlosen Sache:
„Die Verteidiger richteten dauernd Infanteriefeuer auf die feindlichen
Stellungen, das aber wenig Schaden verursachte und von den
Japanern im allgemeinen nicht erwidert wurde. Doch störten die
Russen häufig durch nächtliche kleine Ausfälle die Angriffsarbeiten
und nahmen auch gelegentlich die vordersten Stellungen vorübergehend in Besitz." Wenn man Nörregaards Schilderungen liest,
nimmt sich die Sache freilich ganz anders aus, und es ist für die
Vorstellung vom Verlaufe des „Infanterieangriffs" mit Deckungen
von sehr großer Wichtigkeit, hier zu sehen, wie unangebracht die
vielverbreitete Meinung ist, daß man sich mit zwei oder höchstens
drei Sprüngen der sich flüchtig eingrabenden Infanterielinien bis auf
die Nähe der Sturmstellung einer tüchtig verteidigten Festung
nähern könne, daß das ganze Vorfeld also binnen wenigen Tagen
zu überschreiten sei, worin unsere Festungskriegsübungen, weil sie
in so bescheidenen Grenzen gehalten werden müssen, allerdings nur
bestärken konnten.

Nörregaard gibt einen Kommentar zu den knappen japanischen
Berichten: „Unsere Arbeit in den Laufgräben stößt fortgesetzt auf
Widerstand von seiten des Feindes," indem er schildert: „Für uns,

die wir selbst gesehen haben und wissen, was dieser ‚unablässige Widerstand‘ wirklich bedeutet, formen sich die trockenen, knappen Worte zu ganzen Schlachtszenen; Kleine russische Patrouillen schleichen sich durch die Nacht heran, das Gewehr mit aufgepflanztem Bajonett in der einen Hand und ein paar Handgranaten unter den andern Arm gedrückt; vorsichtig und lautlos schleichen sie vorwärts auf Wegen, die sie bereits bei Tageslicht ausgewählt haben, hin zu der Stelle, wo sie den regelmäßigen, dumpfen Laut der Spitzhacken gegen die harte Erde hören. Die japanischen Wachtposten glauben nun zwar schattenhafte Gestalten zu sehen; ein Schuß knallt; die Mannschaft wirft ihre Spaten und Hacken hin und greift zu den Gewehren; ein Maschinengewehr knattert los und bald spielt das ganze Orchester auf. Dann ein furchtbares Krachen, eine hohe Flamme schlägt empor; ein neuer Knall und dann noch einer. Dann wieder tiefe Stille und die Nacht ist noch finstrer als sonst. Unten im Laufgraben liegt ein halbes Dutzend Toter, entsetzlich verstümmelt, und ein Gemisch von Blut und Fleisch-stücken, die Überreste eines noch vor wenigen Augenblicken lebendigen Mannes, die nun mit dem Spaten in einen Sack ge-schaufelt und fortgebracht werden.“

„Bei anderen Gelegenheiten wurden größere Abteilungen vor-geschickt, die nicht nur einige wenige feindliche Soldaten nieder-machen oder bei der Arbeit in den Laufgräben stören sollten. Dies waren wirkliche Ausfälle, von 50 oder 100 Mann unternommen; und ihre Aufgabe war, die Leute, die in den Annäherungsgräben arbeiteten, nach ihrer nächsten Infanteriestellung zurückzutreiben. Darauf beschäftigte ein Teil der Russen die japanischen Truppen, während die übrigen die Annäherungsgräben durch Sprengungen zerstörten und dadurch vielleicht die mühsame Arbeit vieler Tage vernichteten ... Bei Tage nahm der ‚unablässige Widerstand‘ des Feindes andere Formen an, die der Granaten, Schrapnells, Gewehr-geschosse und späterhin, als die Laufgräben bis dicht an die Front herangeführt worden waren, die der Dynamitbomben aus den kleinen Mörsern. Die Brustwehren und Eindeckungen wurden gar oftmals kurz und klein geschossen und die Sandsäcke in Fetzen, so daß die Erde aus ihnen herausrann, wodurch eine Öffnung entstand, an der die russischen Scharfschützen niemanden ungestraft vorbei-kommen ließen. Es ist kein Wunder, daß über 50 % der gesamten Pionier- und Ingenieurtruppen vor Port Arthur kampfunfähig gemacht wurden.“

Das ist die Art der Verteidigung gegen die Laufgräben, die uns Ingenieuren in den Laufgräben vor Straßburg und Belfort immer

vorschwebte, deren demoralisierenden Einfluß auf unsere Leute,
falls der Gegner dazu gegriffen hätte, wir bestimmt voraussahen,
und die wir uns ins Leben zu rufen vorgenommen hatten, sollten
wir einmal die Rolle des Angreifers mit der des Verteidigers
tauschen müssen; das ist die Art der Verteidigung, die zweifelsohne in Zukunft immer und überall angestrebt werden wird, wo
Kommandant und Besatzung Energie dazu haben; das ist die
Art der Verteidigung, mit der wir also zu rechnen haben werden,
und deshalb wird es gut sein, die schönen Träume von schnellem
Verlauf des Infanterieangriffs mit zwei flüchtigen Sprüngen ein für
allemal aufzugeben und diesen im Frieden in etwas gründlicherer
Art als bisher vorzubereiten, vor allem unsere Pioniere wieder zu
tüchtigen Erdarbeitern zu machen, was sie zurzeit dank ihrer einseitigen Beschäftigung mit dem Pontonierdienst nicht mehr sind. Da
sich das mit ihren sonstigen zahlreichen Dienstzweigen nicht verträgt, wird man wohl endlich zu der Einsicht kommen, daß die Bedürfnisse des Festungskrieges nicht weniger als die des Feldkrieges
bei der Friedensausbildung zu berücksichtigen sind, und neben den
Feldpionieren auch Festungspioniere aufstellen und ausbilden. Kann
man doch unmöglich länger übersehen, daß die jetzige
vollständige Vernachlässigung der Minenrausbildung die
Leistungsfähigkeit der technischen Truppe im Festungskriege sehr stark beeinträchtigt, und daß damit eine neue
wichtige Aufgabe für die Festungspioniere geboten ist.

Man pflegte früher mit drei oder höchstens vier Parallelen zu
rechnen; die Japaner wurden durch die Verteidigungsart der Russen
dazu gezwungen, nach der ersten Infanteriestellung sechs und sogar
neun „Zwischenstellungen" anzulegen. Bei Fort II lag die sechste
in der Entfernung von 40 m vom Grabenrand. Ich folge hier der
Angabe Nörregaards, während die deutsche Einzelschrift 25 m und
nur fünf Stellungen annimmt. Da sie die Vorgänge, die hier
vor dem Oktobersturm sich abspielten, gar nicht erwähnt, dürften auch
betreffs dieser Punkte Irrtümer vorliegen. Das österreichische Werk
stimmt übrigens in allem mit Nörregaard überein. Als die Japaner
diese Stellung erreicht hatten, zeigte es sich, daß ein weiteres Vorgehen mit offenen Laufgräben auf dem steiler ansteigenden Glacis,
des feindlichen Feuers wegen, ganz unmöglich war; etwa Mitte Oktober trieben sie einen Stollen vor, um den Grabenrand zu erreichen.
Den Russen entging dies nicht, und sie arbeiteten dem japanischen
Mineur in einer tiefen Bodenschicht entgegen. Dieser konnte wohl
den dumpfen Laut der ihn bedrohenden Arbeit vernehmen, wußte
aber — so wenig, wie der deutsche Pionier mit den Hilfsmitteln

des Minenkrieges vertraut — nicht, was er dagegen tun könne. Am
23. Oktober sprengten die Russen eine Mine, zerstörten damit den
japanischen Stollen, legten aber gleichzeitig die äußere Betonmauer
der Grabenwehr in der westlichen Ecke bloß, und die Japaner benutzten die nächste Woche, um einerseits den Trichter auszubauen,
von hier aus eine Infanteriestellung am Grabenrand anzulegen und
anderseits in die vor ihnen liegende Mauer eine Minenkammer einzubrechen. Die Herstellung des Laufgrabens, den man als Glacis-
krönung bezeichnen könnte, wurde vom Verteidiger aufs äußerste
erschwert, da er gelegentlich der Ausfälle die Sandsäcke, die in
Massen in die Deckung eingebaut wurden, mit Petroleum begoß und
dann mit dagegen geschleuderten Zündern in Brand steckte, worauf
die Erde herauslief. Am 30. Oktober, als der große allgemeine
Sturm beginnen sollte, war die Mine geladen; ihre Sprengung er-
zeugte aber nur eine schmale Öffnung in der Mauer, und durch eine
zweite Ladung erst gelang es, diese zu öffnen. Die Japaner drangen
in den nächst vor ihnen liegenden Raum ein, während die Russen
den Zugang zum nächsten mit Sandsäcken zusetzten.

Um den Sturmtruppen einen Weg auf den Wall zu bahnen,
durchbrachen die japanischen Pioniere nun auch die Grabenwand
mit einer Sprengung, bauten einen gedeckten Übergang über den
Graben und legten einen Laufgraben an, der im Zickzack die Wall-
böschung erklomm. Am 31. drangen 80 Mann auf diesem Wege
bis auf die Krone der Brustwehr vor und gruben sich hier ein.
Von ihnen sollte keiner zurückkommen, denn die Russen zerschossen
mit einem Gebirgsgeschütz aus dem östlichen Teil der durchlaufenden
Grabenwehr den Grabenübergang, so daß der Rückzug abgeschnitten
war, und die kühnen Eindringlinge kamen alle durch feindliche Geschosse, Kälte und Hunger um, da die letzten noch bis zum 3. November sich in ihrer Verbauung hielten. Wie wenig sagt dieser
charakteristischen Tatsache gegenüber der Verfasser unserer Einzelschrift: „Gegen die Grabenwehren scheint nichts unternommen
worden zu sein. Wieder erkletterten die Japaner die Brustwehr,
konnten sich aber gegen starkes Gewehrfeuer und Handgranaten
nicht behaupten, da die noch unversehrten Grabenwehren ein Nach-
schieben genügender Unterstützungen verhinderten. Einzelne Trupps
sollen sich bis zum Abend des 1. November auf halber Höhe des
Walles in den Granatlöchern gehalten haben.“

In der Grabenwehr des Forts II begann nun ein Kampf von
unglaublicher Hartnäckigkeit. Da dessen Schilderung in der Einzelschrift nicht nur ganz oberflächlich, sondern auch mit zahlreichen
Irrtümern vermischt ist, will ich ihn mit den Worten der österreichi-

schen Schrift kurz schildern. Fort II hatte Trapezform: eine unter
der äußeren Grabenwand gelegene Galerie griff über die westliche
Ecke als Grabenwehr über (Raum 1) und war vor der Frontlinie
durch Quermauern mit Durchgängen in 10 Räume geteilt, von denen
Nr. 2 die westliche, Nr. 10 die östliche Ecke bildeten. In Nr. 2·
waren die Japaner eingedrungen. „Noch in der Nacht des 31. Oktober war es ihren Pionieren geglückt, vom Graben aus durch die
Schießscharten der Räume 3, 4 und 5 größere Sprengladungen zu
werfen, deren Explosion die dort befindlichen Posten tötete. Sogleich
wurde die Verrammelung zwischen Raum 2 und 3 beseitigt und
gegen den offen gebliebenen Raum 6 vorgestürmt; in dem nun
folgenden Bajonettkampf blieben aber die Russen Sieger, wonach
sie die Türöffnung zwischen 5 und 6 verschlossen. Nun trat der
in der Geschichte des Festungskrieges wohl seltene Fall ein, daß
ein und dasselbe Objekt während nahezu eines Monats zwei Kommandanten beherbergte, von denen der eine dem Verteidiger, der andere
dem Angreifer zugehörte; nur eine einfache Mauer (von Sandsäcken)
trennte beide, und trotz aller Anstrengungen konnte es keinem gelingen, seinem Gegner auch nur einen Fuß breit Terrain abzu-
gewinnen. Versuche, einander auszuräuchern, schlugen fehl und erwiesen sich insofern als zweischneidige Maßregel, als die Stickgase
auch den eigenen Leuten gefährlich wurden. Dieses Zustandes müde,.
beschloß der Angreifer, die vom Gegner noch behaupteten Teile
der Kontereskarpegalerie durch Minen an der erdseitigen Mauer zu
zerstören. Hierzu wurde derem Fuße entlang ein Minengang ge-
graben. Kaum hatten die Russen diese Maßregel wahrgenommen,.
als sie das Fundament der Galerie mit einem Minengang unterfuhren
und dem Gegner entgegenarbeiteten. Am 17. November sprengten
sie eine Gegenmine, brachten jedoch hiermit einen Teil der Eck-
kasematte (Nr. 10) zum Einsturz, wodurch sie gezwungen waren, die·
ganze Galerie der Front zu räumen; jene der rechten Flanke —
ein bloß 1,5 m breiter Gang — blieb aber besetzt und es·
wurde ihr Ausgang mit Sandsäcken verrammelt; mehrere quer-
geführte Sandsackwände, mit 5—6 m Abstand sollten die ab-
schnittsweise Verteidigung des Ganges ermöglichen. Für den Entfall
der Längsbestreichung des rechten Flankengrabens wurde ein teil-
weiser Ersatz durch Herstellung einer Sandsackbrustwehr quer über·
den Graben (am hintern Ende) geschaffen."

„Am Morgen des 21. November wurden in die Schießscharten,
die der Flankierung des Frontgrabens dienten, von Freiwilligen der
Pioniertruppe Dynamitladungen geworfen, deren Explosion die dahinter stehenden Posten tötete. Der sofort im Innern des Ganges

unternommene Sturm kam an einer der quer aufgeschichteten Sandsackwände zum Stehen. Um diese, aus deren niederen Scharten
der Verteidiger jede ungedeckte Annäherung durch Gewehrfeuer
und Handgranaten verhinderte, zerstören zu können, wurde nun mit
einer ungefähr 1,5 m hohen, aus drei Sandsackreihen bestehenden
Barrikade in der Weise vorgegangen, daß die Säcke der rückwärtigen Reihe über jene der beiden vorderen Reihen fallen gelassen
wurden, so daß die Barrikade stetig um Sandsackbreite gegen
die zu zerstörende Sandsackwand vorrückte. So schrittweise mußte
um jede Querwand gekämpft werden, bis endlich der Verteidiger
am 25. November die Galerie endgültig räumte und unmittelbar
darauf durch Minen zum Einsturz brachte."

Wie bei Fort II mußten bekanntlich auch bei Fort III und dem
Zwischenwerk 3 die von der Artillerie unmöglich zu fassenden
Grabenwehren durch den Mineur zerstört werden, zu welchem Zweck
dieser mit Schächten zum Fundament hinabstieg. Aber auch nachdem hierdurch der Übergang über die Gräben ermöglicht worden
war, scheiterte der Sturm des 26. November; trotz der Vorbereitung
durch ein nun über drei Monate währendes und zuletzt zu größter
Heftigkeit gesteigertes Geschützfeuer (am 26. Oktober waren 18 28 cm-
Haubitzen im Feuer) war es nicht möglich, die Russen aus ihren
Werken zu vertreiben. Wieder mußte der Pionier weiterhelfen, indem er auch die Wallschüttungen der Werke selbst untergrub und
mit starken Minenladungen sprengte. Nur von Fort III erfahren
wir, daß mit Gegenminen dem Vorgehen begegnet werden sollte.
Aber die Seele der Verteidigung, Kondratenko, fiel, mit ihm viele
Ingenieuroffiziere, und damit fehlte die Leitung für die Pioniere.
Mit der Sprengung der Minen fielen die drei wichtigen ständigen
Werke, eins nach dem andern.

Von welcher Bedeutung diese, wenn auch meist mangels Vorbildung und Geräten recht ungeschickt geführten Minenkämpfe erachtet werden, ersieht man aus dem Wort des Obersten Grandprey:
„Aucun ouvrage permanent ne peut être enlevé d'assaut sans le se-
cours de la mine," und es ist im höchsten Grade überraschend, angesichts der Vorgänge von Port Arthur den Verfasser der deutschen
Einzelschrift sein Urteil dahin abgeben zu sehen: „Bei ausreichender
Artilleriewirkung und bei genügender Stärke der Angriffsinfanterie
dürfte ein derartiges Vorgehen mit Minen nicht nötig sein." Das
bedarf keines Kommentars.

Die Ungeschicklichkeit, mit der die Russen bei ihren Sprengungen verfuhren, stellt dies Beispiel des Minenkrieges von Port
Arthur in das Licht, als ob der Verteidiger wenig Aussicht auf

Erfolg habe; ich will deshalb ein anderes Beispiel erzählen, aus dem sich ergibt, was ein in seinem Fache tüchtiger Mineur auch mit ungeübten Arbeitern und einem geradezu ärmlichen Gerät zu leisten imstande ist. Denn es will mir im Gegensatz zu der Einzelschrift scheinen, als wenn der unterirdische Krieg angesichts der erwiesenen Unfähigkeit der Artillerie, die Grabenbauten zu zerstören und damit die Sturmfreiheit zu vernichten, eine große Aussicht hätte, wieder der Vergessenheit entrissen und zu einer dem heutigen Standpunkt der Technik entsprechenden Höhe weiter entwickelt zu werden. Auch ist nicht zu leugnen, daß die Mineure von Port Arthur technisch kaum dem Standpunkte des 18. Jahrhunderts Entsprechendes geleistet haben.

Auf steilem, unersteigbarem Fels erhebt sich in der spanischen Provinz Aragonien am Zusammenfluss der Cinca und Sosa über dem Städtchen Monzon das gleichnamige Schloß, 110 m hoch über dem Wasserspiegel. Nur im Südosten kann der Angreifer sich diesem von einem Plateau aus nahen, auf dem das Schloß Santa Quitaria liegt; in dieser Richtung breitet sich das Gelände in der Breite von 80 m in sanfter Abdachung aus, um dann in einem steileren Fall überzugehen; eine Einsattelung trennt übrigens die beiden Höhen, beherrscht von einem alten, zwischen beiden Schlössern gelegenen Werk. Als nach dem Siege bei Lerida im Jahr 1810 Monzon durch seine Lage auf der Straße Lerida—Saragossa strategische Bedeutung gewann, wurde das Schloß in Verteidigungszustand gesetzt und eine gedeckte Verbindung zwischen ihm und dem alten Fort hergestellt, und als Suchet im Juli 1813 nach der Schlacht bei Vittoria Aragonien räumen mußte, ließ er als Besatzung unter dem Kapitän Boutan 2 Leutnants, 90 Fußgendarmen, 1 Korporal und 4 Mann an Artillerie, 1 Arzt und 1 Wallmeister, also zusammen 100 Köpfe zurück. Die artilleristische Ausrüstung beschränkte sich auf zwei 8 zöllige Kanonen und ein 10 zölligen Mörser, jedoch waren die Magazine gut gefüllt. Der Wallmeister, Saint-Jaques mit Namen, war ein alter Mineur und wurde die Seele der Verteidigung. An Gerät besaß er allerdings nur vier Spaten, drei Hacken, drei Beile, zwei Mauerhämmer und zwei Sägen, aber weder Beleuchtungsmittel noch Geräte zum Erdtransport oder einen Ambos.

Am 27. September besetzten 3000 Spanier die Hochebene von Santa-Quitaria. Nach 13 Tagen tapferer Gegenwehr mußte ein Posten aus dem alten Fort weichen, hielt aber die gedeckte Verbindung besetzt; mit der Beschießung durch zwei Geschütze hatte der Angreifer wenig Glück, da der Verteidiger sie bald demontierte, und auch eine später mit vier Geschützen bestückte Batterie konnte keinen Erfolg erringen. Schon am 13. Oktober setzte deshalb der Angreifer an dem Steilrande, 80 m von den Befestigungen, den Mineur an. Saint-Jaques beschloß, ihm entgegenzuarbeiten. Eine Mineurtruppe bildete er aus sich freiwillig meldenden 12 Gendarmen, dem Korporal und zwei Kanonieren, Lichte stellte er aus dem Talg von vier Rindern her, die er in letzter Stunde in das Schloß gebracht hatte, und außer einem improvisierten Blasebalg und Ambos (eine alte Bombe) fertigte er 50 Schleudern, um Steine und Granaten zu werfen. Der feindliche Stollen Nr. 1 war westlich der gedeckten Verbindung angelegt, Saint-Jaques ging am 16. aus dieser vor mit einem Stollen A und führte diesen zwischen den Stollen 1 und einen zweiten (2), den der Angreifer am 26. links vom ersten angelegt hatte. Als seine Mine geladen war, veranlaßte er den Kommandanten zu einem Ausfall gegen das feindliche Minenlogement und zündete mit bestem Erfolg, als die Spanier zur Abwehr sich hier versammelten, am 27. Oktober. Links neben den zerstörten Stollen 1 und 2 legten diese nun zwei neue an, Nr. 3 und 4. Um ihnen aus größerer Nähe beikommen zu können, ging der Wallmeister mit einem Laufgraben aus der gedeckten Verbindung heraus und aus diesem mit einem Stollen B gegen den Stollen 3 vor, den er am 25. November mit einer Quetschmine zerstörte. Um auch dem Stollen 4 beizukommen, an dem der Angreifer schon 25 Tage arbeitete, ging er am 26. mit einem Schacht C in dem Laufgraben bis auf 16 Fuß hinab und erreichte mit einem hier angesetzten Stollen am 3. Dezember den Gegner. Als er durchschlägig wurde, entspann sich ein Kampf, in dem nach zwei Stunden die Wurfgeschosse der Franzosen über das Gewehrfeuer der Spanier siegten. Nun fand man bereits drei Zweigstollen, 5, 6 und 7, gegen das Schloß vorgetrieben, und konnte sich des vom fliehenden Gegner zurückgelassenen Gerätes bemächtigen, das sehr willkommen war.

In der Nacht zum 5. Dezember bemerkte Saint-Jaques, daß der Angreifer noch drei Stollen, 8, 9 und 10, links von den zerstörten und in gleicher Weise angeordnet, angelegt hatte. Er mußte seinen Laufgraben verlängern, um einen neuen Schacht (D) anzulegen, aus dem er entgegenarbeiten wollte. Aber schon am 9. mußte er wahrnehmen, daß die Spanier noch weiter westlich mit einem Stollen 11 gegen die Geschützstellung des Verteidigers vorgingen. Nun stieg er in den Keller des Kommandanten hinab, grub hier einen Schacht E und ging aus diesem mit dem Stollen F vor. Indessen erreichte er mit dem Aufbau des Schachtes D am 15. den Stollen 8 und trieb hier mittelst einer Stankkugel den Gegner zurück, brach dann am 16. mit seinen Mineuren vor und fand die

Feinde hinter einer Sandsackmaske. Man entriß ihnen die mit dem Bajonett aus den Scharten blickenden Gewehre, zerstörte die Barrikade und warf nach vierstündigem Kampfe sie aus ihren Gängen hinaus. Inzwischen hatten Arbeiter der Besatzung sich vom gewachsenen Boden aus bis zum First der entdeckten Zweigstollen 12—15, die der Angreifer bereits hergestellt hatte, durchgearbeitet und abgeschnitten, wobei die darin arbeitenden Mineure verschüttet wurden. Bei diesem erfolgreichen Unternehmen fielen dem Verteidiger zahlreiche Mineurgeräte, auch solche zum Erdtransport, in die Hände, und er wurde dadurch in immer günstigere Lage versetzt. Noch war der Angreifer im Besitz der beiden Stollen 10 und 11 und trieb zu ihrem Schutze eine neue Galerie (12 a) vor. Saint-Jaques baute nun aber sein aus dem Keller vorgetriebenes Minensystem durch drei neue Stollen F, G und H weiter aus, zerstörte mit einer Minenladung zuerst 12 a und am 12. Januar durch zwei Petarden auch die Galerie 11, wonach der Angreifer endgültig darauf verzichtete, an dieser Stelle seinen Zweck zu erreichen.

Er wendete sich jetzt auf die östliche Seite, suchte mit einem Stollen 14 das Pulvermagazin der Feste zu untergraben und legte am 20. daneben noch einen Stollen 15 in der Richtung auf das Proviantmagazin an. Der Wallmeister konnte hiergegen wieder aus dem gedeckten Weg vorgehen, grub einen Schacht von 17 Fuß Tiefe und legte von hier aus eine Galerie I an. In den Tagen vom 20. bis 22. hob hierauf der Angreifer vor der Ostfront eine vollständige Parallele aus, um eine sicherere Basis zu haben und ging aus dieser rechts von 14 mit einem dritten Stollen (16), am 25. noch mit einer vierten Galerie (17) vor. Jetzt ergriff Saint-Jaques ein neues Mittel. Aus dem Graben, dessen Kontereskarpenmauer mit einer Leiter erstiegen wurde, schlich er sich mit zwei Kanonieren und vier Gendarmen am 2. Februar nachmittags um 2 Uhr in die feindliche Parallele, wo die Wachtposten und Mineure der Spanier sich der Mittagsruhe hingegeben hatten, schreckte sie durch Handgranaten auf und warf sie mit dem Bajonett zurück, worauf er sich der drei Stollen, 14, 16 und 17 bemächtigen konnte. Am 14. Februar erreichte er sodann auch den letzten Stollen Nr. 15 mit seiner Galerie I und warf nach einstündigem Kampfe den Feind heraus.

In diesem mit ungemeinem Geschick geführten Minenkampfe hatte der Angreifer, als die Feste am 18. Februar mit Ehren kapitulierte, nicht einen Schritt Boden gewonnen, obgleich er mit großer Hartnäckigkeit — freilich mit viel weniger Geschick — seinen Zweck verfolgt hatte. Er ist nicht ein einziges Mal zum Schuß gekommen. Dem Wallmeister Saint-Jaques würde aber der

Feind sehr bald übermächtig geworden sein, wenn er nicht, wie sich aus dem ganzen Verlauf ergibt, eine ungewöhnliche Erfahrung, namentlich im Erhorchen der feindlichen Arbeiten, besessen hätte, denn die viel zahlreicheren Mineure des Angreifers suchten ihn offenbar durch die gleichzeitige Anlage vieler Stollen zu überlisten, aber er wußte stets die Gefahr rechtzeitig zu erkennen und dann immer entsprechende Mittel zu finden, um ihnen zu begegnen, ohne sich selbst, wie die Russen, wesentlichen Schaden zuzufügen. Ich glaube, daß zurzeit, wo dem Minenwesen wieder ein — vollständig erloschenes — Interesse zugewendet werden muß und wird, das Studium geschichtlicher Beispiele von grossem Wert sein wird. Ein Vergleich des Vorgeführten mit dem jüngst vor Port Arthur erlebten, zeigt wohl hinreichend klar, welchen großen Nutzen die Russen sowohl wie die Japaner aus einer größeren Übung und Geschicklichkeit in diesem vernachlässigten Dienstzweig hätten ziehen können.

II.

Über die Taktik der heutigen Artillerie beim Angriff in Verbindung mit den anderen Waffen.

Von

Bracht, Hauptmann.

Das russische Artilleriejournal bringt einen sehr interessanten Aufsatz aus der Feder eines höheren russischen Artillerieoffiziers, der zum erstenmal auch die schwere Artillerie in den Kreis seiner taktischen Betrachtungen zieht. Den vielfach von diesen Anschauungen abweichenden Ansichten bei uns stehen die Erfahrungen in dem letzten so langwierigen und blutigen Kriege gegenüber. Jedenfalls regen die Ausführungen sehr zum Nachdenken an und enthalten viel Beherzigenswertes.

„Die heutige Feldartillerie zerfällt in zwei Arten, die leichte und die schwere, die sich durch ihre Beweglichkeit, Feuerschnellig-

keit, Feuerkraft, folglich Verwendbarkeit im Kampf scharf voneinander unterscheiden. Zur leichten Feldartillerie gehören die Feldgeschütze von nicht mehr als 7,6 cm Kaliber, zur schweren Feldartillerie alle Geschütze größeren Kalibers bis zum Gewicht des
deutschen 21 cm - Mrs. einschließlich.   Einige, z. B. eine solche
Autorität wie General Langlois, sind Gegner der schweren Feldartillerie wegen ihrer geringen Beweglichkeit, und rechnen sie nicht
zur Feldartillerie.   Wie dem auch sei, wir haben mit ihr im Zu-
kunftskrieg zu rechnen.

Der griechisch-türkische, der Buren-, der Chinesenkrieg 1900 und
unser mandschurischer Feldzug haben genügend Licht über zweckmäßige
Verwendung der schweren Artillerie in der heutigen Schlacht verbreitet, so daß man sich über die Hauptgrundsätze ihrer taktischen
Verwendung klar sein kann.   Leider haben wir wenig Kriegserfahrungen im Offensivkampf großen Maßstabes für die Tätigkeit
aller Waffengattungen im Feldkrieg, während wir an Episoden der
Verteidigung und des Positionskrieges reich sind.   Der Kampf am
Schaho verwandelte sich, abgesehen vom linken Flügel, sehr bald
aus einem Angriffs- in eine Verteidigungsschlacht.   Die Operationen
bei Sandepu tragen einen unentschiedenen Charakter und können
nicht zu den künftigen, entscheidenden Zusammenstößen auf dem
europäischen Kriegstheater gerechnet werden.   Sie gehören zum
Angriff eines Teiles einer befestigten Stellung ohne Mitwirkung
schwerer Artillerie, ja sogar unter Fehlen eines Geschosses, das imstande gewesen wäre, stärker gebaute Unterstände und massive
Bauten zu zerstören.   Es ist wenig wahrscheinlich, daß in Europa bei
den hier so gänzlich anderen politischen, ökonomischen und militärischen
Verhältnissen der Krieg einen so schleppenden Charakter annehmen könnte.   Es ist vielmehr anzunehmen, daß er sich in einer
Reihe kräftiger Operationen mit Feldschlachten abspielen und nur
in Ausnahmefällen den Charakter des Positionskrieges annehmen
würde, nämlich beim Angriff auf schon im Frieden vorbereitete
Stellungen, beim Durchbruch von Sperrfortlinien,[1]) von Grenzsperren usw.   Daher kann man die Kriegserfahrungen im fernen
Osten nur bedingungsweise auf europäische Verhältnisse übertragen.
Jedoch das eine kann man unumwunden aussprechen, daß die
heutige Feldartillerie dem Angriff bedeutend mehr Vorteile bringt,
als der Verteidigung.   Die vergrößerte Schußweite und Unabhängigkeit vom Gelände, die es erlaubt, sich verdeckt aufzustellen, sowie

---

[1]) Mit diesem aber haben w i r es gerade beim Angriff auf Frankreich
zu tun.

die Schilde, deren Fehlen im letzten Kriege sich öfters sehr fühlbar-
gemacht hat und einige andere Umstände geben dem Angriff ein
Übergewicht über die Verteidigung. Wenn schon an und für sich
dem Angriff die größere Kraft innewohnt, so hat er jetzt Formen
angenommen, die der Verteidigung auch den letzten Vorzug rauben.
Besonders hat sich dies im Gebirgskrieg im Anfang des Feldzuges
gezeigt; hier erlaubte es das Gelände dem Angreifer, gedeckt an den
Gegner heranzukommen,   wogegen   die   Vorzüge   der   Geländegestaltung für den Verteidiger nicht ins Gewicht fielen.

Wenn man auch vom strategisch-taktischen Gesichtspunkte die
Kriegserfahrungen im fernen Osten nicht ohne weiteres auf europäische Verhältnisse übertragen kann, so ist dies in bezug auf
Artillerie und Technik unzweifelbaft der Fall. Wir haben es im
Zukunftskriege mit einer gut vorbereiteten, beweglichen Artillerie zu
tun, die alle Haupteigenschaften ihres Materials so zielbewußt aus-
zubeuten versteht wie die japanische. Die Infanterie unserer wahrscheinlichen Gegner aber, die die Lehrmeisterin der japanischen gewesen ist, wird uns mindestens ebensoviel zu schaffen machen, wie
die japanische. Daher ist es von Nutzen, die Kriegserfahrungen
bezüglich der Artillerietaktik anzunehmen.

Was nun die Wirksamkeit des Geschützfeuers gegen Material
betrifft, so werden wir auf europäischem Kriegstheater auf so feste
und widerstandsfähige Deckungen gegen Schrapnellfeuer stoßen, wie
wir sie nur bei den Stützpunkten der Schlachtfeldbefestigung im
fernen Osten gesehen haben. Man denke nur an die vorzugsweise
steinernen, von Mauern umgebenen Häuser der südwestlichen Gegend
unserer Grenze und Galiziens, an die Dörfer Polens und des Nord-
westens und an die Häuser und Städte Posens und Westpreußens.
Schon in der Mandschurei machte sich die Notwendigkeit des Vor-
handenseins einer Granate bei der Feldartillerie geltend, um die
Japaner aus bewohnten Ortschaften herauszutreiben. Um wieviel
mehr wird man in Europa mit einem solchen Geschoß rechnen
müssen. Daher nehme ich in meinen weiteren Darlegungen das
Vorhandensein einer Granate bei der Artillerie an.

Allgemeiner Charakter des Angriffskampfes.

Wie zu allen Zeiten, so muß man auch jetzt bestrebt sein, zur
Erreichung des Erfolges an dem entscheidenden Punkte der Stärkere
zu sein. Daher zerfällt der Angriffskampf in zwei Hauptabschnitte:
1. Die Periode der Vorbereitung, die dazu dient, die Kriegslage
   aufzuklären und den Punkt für den Hauptschlag auszuwählen,
   was für das Heranziehen von Reserven entscheidend ist.

2. Die Periode der Entscheidung, die alle Maßnahmen zur Erreichung des Endergebnisses umfaßt.

Eine scharfe Grenze zwischen diesen Zeitabschnitten, die vielfach ineinander übergehen, läßt sich zwar nicht ziehen, jedoch ist
die Tätigkeit des Oberstkommandierenden in ihnen eine verschiedene,
weil der entscheidende Angriff, der das Schicksal der Schlacht
wendet, das Ergebnis eines Antriebes von oben sein muß. Hierunter
sind die Anordnungen zu verstehen, die zur Vernichtung des
Gegners führen sollen.

Die Bedeutung und die Rolle der Artillerie ist in allen Phasen
des Kampfes gleich groß, doch bestehen Unterschiede in den
taktischen Maßnahmen für das Zusammenwirken mit den anderen
Waffen. Alles muß dem einen leitenden Gedanken untergeordnet
werden: Erleichterung der Arbeit der Infanterie, nicht aber ein Verfolgen eigener Ziele. Ein solches einheitliches Handeln wird nicht
plötzlich auf den Schlachtfeldern geboren, sondern ist das Werk
sorgfältiger Friedensvorbereitung und Zusammenarbeit. Die gegenseitige Unterstützung muß den verschiedenen Waffengattungen schon
im Frieden zur zweiten Natur geworden sein.

1. Annäherung an das Schlachtfeld, Auswahl und Einnehmen von Artilleriestellungen.

Auf dem Marsche empfiehlt es sich, bei längeren Kolonnen, z. B.
von Divisionsstärke, einen Teil der Artillerie nahe an den Anfang
vorzuziehen, um die Infanterie bei der ersten Entwickelung zu unterstützen. Der andere Teil marschiert zweckmäßiger näher am Ende
der Kolonne, einmal um die Artilleriekolonne nicht zu lang zu
machen, anderseits, weil dann schon mehr Klarheit über den Feind
gewonnen ist, so daß man den zurückgehaltenen Teil der Artillerie
an der richtigen Stelle verwenden kann.

Die schwere Artillerie folgt am Ende der fechtenden Truppe,
nach Möglichkeit bei der Kolonne, die den besten Weg benutzt. Sie
kann auch am Ende marschieren, da man sie zweckmäßigerweise
erst dann einsetzen wird, wenn man sich darüber klar ist, wo man
den entscheidenden Schlag führen will. Diesen muß sie vorbereiten
helfen. Beim Vormarsch in mehreren Kolonnen ist es zweckmäßig,
die schwere Artillerie den mittleren Kolonnen folgen zu lassen, da
man bei der heutigen Ausdehnung der Schlachtfelder auf diese Weise
ihr Auftreten am richtigen Platz am besten gewährleistet. Ist die
Lage so geklärt, daß man von vornherein weiß, wo man die
schwere Artillerie zu verwenden hat, ein Fall, der heutzutage wohl

selten eintreten wird, so wird sie der entsprechenden Kolonne beigegeben.

Jeder Kolonne muß bei der Entwickelung zum Gefecht ein bestimmter Geländeabschnitt zugewiesen werden. Das Gelände, in
dem die Artillerie auftreten soll, wird von dem Truppenführer auf
Grund der Ergebnisse der Kavallerie — und Artillerie — Fernerkundung und nach der Karte dem betreffenden Artillerieführer zugewiesen. Bei der Bewertung des Geländes hierfür stehen in
erster Linie die taktischen Erwägungen des Truppenführers, die ein
inniges Zusammenwirken aller Waffengattungen auf dem Gefechtsfelde gewährleisten. Daher muß der Artillerieführer mit den Absichten des Truppenführers genau vertraut sein, um bei der Auswahl
der Artilleriestellung im einzelnen diesen Forderungen Rechnung
tragen zu können. Dies wird am besten verbürgt durch eine
gemeinsame Erkundung des Truppenführers mit dem
Artillerieführer.

Nach unseren Reglements zerfällt die artilleristische Erkundung
in eine Fern- und Naherkundung. Die Fernerkundung wird von
eigens hierzu bestimmten Offizieren ausgeführt und umfaßt das
Studium des Geländes für Artillerietätigkeit. Die Naherkundung ist
Sache der höheren Artillerieführer und trägt einen enger begrenzten
Charakter. Leider ist die artilleristische Fernerkundung
nicht in Einklang mit der diesbezüglichen Tätigkeit der
anderen Waffen gebracht, steht auch nicht in der Felddienstordnung und gilt daher sozusagen als eine häusliche
Angelegenheit der Artillerie. Jedoch ist es bei der Truppe
schon Gewohnheit geworden, die Artillerieerkundung mit der der
Kavallerie und Jagdkommandos im Einverständnis auszuführen. Die
Naherkundung ist dagegen lediglich Sache der Artillerieführer, wobei
die Gegenwart des Truppenführers nur von großem Vorteil sein
kann.

Die Grundforderungen für Ausführung einer Erkundung sind
1. Deckung und 2. Ergiebigkeit. In bezug auf die erste Forderung
muß die Erkundung im Frieden geradezu pedantisch eingeübt
werden, weil sonst das Erscheinen auch der kleinsten Gruppen dem
Gegner einen Anhalt dafür bieten kann, von wo er den Angriff zu
erwarten hat. Die Schießtechnik ist heut soweit fortgeschritten, daß
man auch bei nur lückenhaften Angaben, die sich auf Berechnungen
und genaue Geländebewertung stützen, den Gegner mit seinem
Feuer schon erreicht. Bezüglich der zweiten Forderung hat der
verflossene Feldzug bewiesen, bis zu welchem hohen Grade die Ge-
ländeausnutzung und Maskierung entwickelt werden kann, so daß

der Erkunder beim ersten Blicke fast nichts vom Feinde sieht. Es bedarf langer, ununterbrochener Arbeit, um sich eine Vorstellung davon machen zu können, wo sich der Feind befindet. Sich hierbei zu übereilen, bedeutet Fehler in den nachfolgenden Anordnungen. Anderseits nimmt der Kampf heutzutage einen so langsamen Verlauf, daß genügend Zeit zur Verfügung steht. Äußersten Falles ist es besser zu warten, als eine Lage zu schaffen, die auf unrichtigen Erkundungsergebnissen beruht. Früher bei offener Aufstellung hatte der die Vorhand, der das Feuer zuerst eröffnete. Heut verrät unter Umständen ein Führer, der sich mit der Feuereröffnung zu sehr beeilt, seine Stellung vorzeitig.

Überhaupt besteht die Erkundung jetzt, wo man den Gegner nicht mehr sieht, in einer möglichst genauen Bewertung des Geländes, um gewissermaßen mit seinem inneren Auge sich die Aufstellung des Gegners klar machen zu können, die erst dann offenbar wird, wenn die Infanterie zum Angriff übergeht.

Die Naherkundung besteht dann darin, daß der betreffende Artillerieführer mit seinen Unterführern dahin vorreitet, wo man sich nach den Nachrichten von den Fernerkundern mit der Artillerie aufstellen kann. Hier beginnt dann ein sorgsames Studium des Geländes und die Auswahl der Stellungen selbst unter Vermeidung der Zerreißung der Verbände. Bei größeren Artilleriemassen müssen die Stellungen und die Vormarschwege zu ihnen bezeichnet werden. Die Artillerieaufklärer, die wertvolle Helfer bei der Geländeerkundung sind, führen unter Umständen die Artillerie heran. Außer der taktischen Erkundung muß jeder Artillerieführer in seinem Abschnitt sich mit technischen Erwägungen beschäftigen, z. B. Auswahl der Orientierungspunkte, Messen der Winkel zwischen ihnen mit dem Batterierichtkreis, Bestimmung der Entfernung, Zeichnen von Krokis und Ansichtsskizzen usw. Wenn auch die taktischen Forderungen im Vordergrund stehen, so wird die Beobachtung der technischen im allgemeinen nicht zu Widersprüchen mit ihnen führen, da die heutige Artillerie vermöge ihrer Unabhängigkeit vom Gelände und der Möglichkeit, von verschiedenen Punkten aus das Feuer auf ein Ziel zu vereinigen, die gleichzeitige Beobachtung der technischen und taktischen Forderungen gewährleistet.

Als allgemeine Regel muß man annehmen, daß die Artillerie besonders im Anfang des Kampfes sich bemühen muß, nach Möglichkeit völlig verdeckte Stellungen einzunehmen. Die Hauptnachteile dieser, wie toter Winkel und Verzögerung in der Feuereröffnung, sind in dieser Zeit bedeutungslos. In den ersten Abschnitten des Kampfes bis zur Annäherung der Gegner aneinander kann man z. B.

die Batterien so aufstellen, daß sie das vorliegende Gelände wechselseitig beschießen, oder diese Aufgabe den anderen Waffengattungen übertragen.

Im übrigen sichert der Angreifer durch sein Vorgehen schon die Artillerie. Bezüglich des zweiten Nachteils muß man sich vergegenwärtigen, daß bei der langen Dauer der heutigen Kämpfe der geringe Verlust an Zeit nicht so sehr ins Gewicht fällt, gegenüber den Vorteilen, die eine sorgsame Vorbereitung der Artillerietätigkeit im Gefolge hat. Bei der Auswahl der Stellung muß man sich natürlich vor jedem Schema hüten, wenn man sich nur nicht auf die Höhen stellt. Dadurch würde man den Vorteil der Unabhängigkeit vom Gelände aufgeben und dem Gegner die Erkundung leicht machen.

Der Krieg hat bewiesen, daß man Kämme, Wälder, Bewachsung, Hecken, hohe Dämme, Gesträuch usw. als Masken benutzen muß und sich weit hinter ihnen aufstellen kann. Diese Aufstellung erschwert dem Gegner die Erkundung und zwingt ihn zu einem großen Munitionsaufwand.

Bezüglich der Entfernung, auf die man das Feuer eröffnet, hat zwar der Krieg sowohl bei unserer wie bei der japanischen Artillerie Fälle aufzuweisen, wo auf großen Entfernungen gute Ergebnisse erzielt wurden, doch darf man dies nicht verallgemeinern. Hierbei ist eine unverhältnismäßige Munitionsverschwendung eingetreten, da man oft Gelände beschoß, in dem sich der Gegner gar nicht befand. Als normale Entfernungen für den Anfang des Artilleriekampfes muß man $3^1/_2$ bis $4^1/_2$ km annehmen. Hier erhält man noch hinreichende Schrapnellwirkung. Der Angreifer ist auch hier im Vorteil, da er in diesem Zeitabschnitt freiere Wahl für verdeckte Aufstellung hat.

Wahl der Stellung bezüglich der übrigen Truppen.

1. Aufstellung vor den anderen Truppen wird nur in Ausnahmefällen vorkommen, z. B. im Anfang des Kampfes, beim Angreifer, um seinen Aufmarsch zu decken und für Demonstrationen, um den Gegner zu täuschen; beim Verteidiger, um die Absichten des Angreifers aufzuklären und die Vereinigung von dessen vorgeschobenen Teilen vor den Stellungen möglichst weit hinauszuschieben. Die Flanken der Artillerie müssen dann gedeckt werden.

2. Aufstellung in einer Linie mit der Infanterie gewährt der Artillerie Sicherheit und gutes Schußfeld, beengt aber das

Manövrieren der Infanterie und bringt ihr Verluste. Eine
solche Aufstellung wird beim Angriff zu den äußersten Seltenheiten gehören, weil die vorn befindliche Infanterie bald vorgehen wird. Die Batterien, die den Infanterieangriff begleiten,
werden sich teils in einer Linie mit ihr, teils hinter ihr befinden.

3. Aufstellung hinter der Infanterie gewährleistet der Artillerie
völlige Sicherheit, beschränkt dagegen ihr Manövrieren und
engt das Schußfeld ein. Steht die Artillerie auf ebenem
Boden hinter der Infanterie, so ist ein Überschießen bei der
jetzigen Rasanz der Geschosse nur beim Schießen auf 1800 m
und darüber möglich, daher empfiehlt sich eine erhöhte
Aufstellung der Artillerie. Das Schießen über die Köpfe der
Infanterie hat im letzten Feldzug oft große Unruhe bei der
Infanterie hervorgerufen und muß daher im Frieden geübt
werden.

Man wird die Batterien selbst mit großen Zwischenräumen aufstellen können, weil die große Treffsicherheit und die Leichtigkeit
der Feuerübertragung es erlauben, das Feuer von verschiedenen
Punkten aus gegen die Ziele zu vereinigen, ohne die Artillerie im
buchstäblichen Sinne des Wortes zu massieren.

Als unteilbare Grundeinheit muß man bei der fahrenden Artillerie die Abteilung annehmen. Dies ist jedoch nicht so zu verstehen, als wenn die Batterien Schulter an Schulter stehen müßten,
sondern daß die Feuerleitung ausschließlich in der Hand des Ab-
teilungsführers liegen muß, wobei die Batterien mit Zwischenräumen
je nach Gelände und Gefechtslage stehen können. Auch wird es
günstig sein, die Batterie gestaffelt aufzustellen, wodurch man dem
Gegner das Schießen erschwert und eine eigene Frontveränderung
erleichtert.

Die Geschütze stellt man am zweckmäßigsten mit einem
Zwischenraum von ungefähr 30 Schritt nebeneinander zur Verminderung der Verluste auf. Dies dient natürlich nur als Anhalt,
jedoch darf man bei offener Aufstellung nur dann unter dieses Maß
gehen, wenn die feindliche Artillerie niedergekämpft ist. Das Bestreben, die Verluste durch Annahme von breiteren Fronten zu verringern, hat sich auch bei der Infanterie geltend gemacht. Im
letzten Feldzug rechnete man auf den Schützen vier Schritt, manchmal
auch mehr. Dadurch wuchs natürlich auch die Breitenausdehnung
der taktischen Einheiten. Eine Division kann z. B. eine Front von
2 bis 3 km angreifen, so daß auch die Artillerie weit größere

Freiheit in der Auswahl ihrer Stellung hat, als früher. Infolgedessen werden auch die Bewegungen der Infanterie im Gelände durch die Artillerie weniger eingeschränkt.

Einnehmen der Stellung.

Bei der Naherkundung nimmt der höchste Artillerieführer auch die Verteilung der Ziele vor. Hierunter muß man jetzt die Verteilung des Zielgeländes zur Überwachung auf die einzelnen artilleristischen Einheiten verstehen, da sich besonders im Anfang des Kampfes lohnende Ziele kaum bieten werden. Hierbei hat man zu berücksichtigen, daß eine 8 Geschütze zählende Batterie imstande ist, einen Geländeteil von etwa 160 m Breite und 400 m Tiefe mit Aussicht auf Erfolg unter Feuer zu nehmen. Zur Überwachung wird man je nach den Umständen den Batterien größere Geländeabschnitte zuweisen. Bei Wafangku z. B. erhielten 2 Batterien einen Geländeabschnitt (offenes Tal) von 1 $^1/_2$ km Breite zugewiesen, was sich als vollkommen ausreichend erwies.

Was das Einnehmen der Stellung anbetrifft, so kommt es hier weniger auf Schnelligkeit als auf Deckung an (ich spreche nur vom Anfang des Kampfes). Wenn es die Zeit erlaubt, so muß man sich eingraben. Es genügt hierbei eine Aufschüttung von 45 bis 60 cm Höhe und eine Tiefe der Gräben für die Leute von 135 bis 150 cm. Diese Arbeit erfordert im mittleren Boden etwa 1 $^1/_2$ bis 2 Stunden, wozu im Feldkrieg nur selten Zeit sein wird. Aber wenn es irgend möglich ist, muß man diese Arbeit ausführen.

Wenn man die Artillerie nachts in Stellung führt, muß die Erkundung bis zum Abend soweit gediehen sein, daß die Wege zu den Stellungen bekannt und die Hauptschußrichtungen festgelegt sind.

Die Art des Munitionsersatzes muß vor der Feuereröffnung geregelt sein. Die Batterien erhalten ihre Munition von der Batteriereserve, die 1 $^1/_2$ bis 2 km verdeckt hinter der Stellung sich befindet, die Batteriereserve aus den Parks, mit denen sie ununterbrochen Verbindung hält."

Einleitung und Vorbereitung des Kampfes.

„Die Einleitung des Kampfes ist Aufgabe der Avantgarde, deren Tätigkeit eine verschiedene ist, je nachdem es sich um einen Begegnungskampf oder um einen Angriff auf eine befestigte Feldstellung handelt. Im ersten Falle muß sich die Avantgarde

gegenüber der feindlichen bis zur Ankunft der Hauptkräfte halten,
letzteren eine bestimmte Zone für das Manövrieren sichern und
ihren Aufmarsch decken. Im zweiten Falle wendet sich die Avantgarde gegen die vorgeschobenen Stützpunkte des Verteidigers und
ihr Kampf dient vornehmlich Erkundungszwecken. Selbstverständlich
kann hierbei die ganze feindliche Gefechtsfront nicht angepackt
werden und der Kampf fällt, ohne einen entscheidenden Charakter
anzunehmen, mit den ersten einleitenden Kampftätigkeiten der folgenden Schlacht zusammen. Ich will mich auch nicht besonders
hiermit beschäftigen, da hier die charakteristischen Merkmale die jedes
Angriffskampfes sind. Ich beginne mit dem Zeitabschnitt, in
dem die Artillerie des Angreifers in Stellung geht. Vom
Angreifer weiß man nur die Ausdehnung seiner Front in allgemeinen Zügen, wie stark er aber im einzelnen ist, ob er sich
Stützpunkte geschaffen hat, wo seine Artillerie steht, ist noch unbekannt. Es gilt also, auf irgendwelche Weise das Feuer des
Gegners herauszulocken, um sich danach ein Bild von der
Gefechtslage zu machen und die Initiative wieder zu ergreifen. Hierzu
wird man nicht mit seiner Artilleriemasse das Feuer eröffnen,
wodurch man sich selbst verraten würde, sondern nur mit einem
Teile, wobei man diese Aufgabe bisweilen einzelnen Zügen über-
trägt; deren Schwäche gleichen Schnelligkeit und Manövrierfähigkeit
aus, wodurch sie den Gegner zu täuschen suchen. Sie treten außerhalb der hauptsächlich in Frage kommenden Angriffsrichtungen und
Artilleriestellungen für die Masse der Artillerie auf. Läßt sich der
Gegner dazu verleiten, mit einer größeren Geschützzahl sich gegen
die erkundenden Teile zu wenden, so verrät er seine Artilleriestellung,
dann ist die Zeit für die Hauptmasse der Angriffsartillerie
gekommen.

Doch darf man niemals auf einmal mit allen Batterien das
Feuer eröffnen, sondern nur mit einem Teil, der genügend für den
betreffenden Zweck erscheint. Die übrigen Batterien nehmen
eine „überwachende“ oder „abwartende“ Stellung ein. Unter
der „überwachenden“ Stellung hat man eine solche zu verstehen,
aus der man gedeckt gegen Sicht bereit zur Feuereröffnung gegen
Ziele in dem einer solchen Batterie zugewiesenen Abschnitte steht.
In der „abwartenden“ Stellung hält sich die Artillerie gedeckt
gegen das Feuer des Gegners bereit für das Vorfahren, wobei alle
Vorbereitungen für das Schießen, soweit möglich, getroffen werden.
So bilden diese Batterien eine Art Reserve. Bei der Wirksamkeit
des heutigen Artilleriefeuers wird man durch Einsetzen dieser Reserve an den entscheidenden Punkten die Möglichkeit haben,

das Übergewicht im Artilleriekampfe zu erhalten. Man muß sich also davor hüten, von vornherein der taktischen Einheit, die die Kampfreserve bildet, ihre Artillerie zu nehmen, um sie in vorderster Linie zu verwenden. Aber auch von den vorn befindlichen Truppen werden einzelne Batterien in „abwartender" Stellung als Teilreserve zurückgehalten.

Im Anfang des Kampfes muß, wie gesagt, das Bestreben des Angreifers darauf gerichtet sein, das Artilleriefeuer des Verteidigers hervorzulocken, dann sich gegen die durch das Aufblitzen der Schüsse oder den aufgewirbelten Staub verratende Artillerie des Gegners mit einer größeren Geschützzahl zu wenden und so die Feuerüberlegenheit herbeizuführen. Das Ziel wird derjenige erreichen, der beim allmählichen Einsatz der Artillerie zuletzt noch einen Trumpf in der Hand behält. Erhält man durch das Ergebnis der Erkundung, durch Spione oder den Luftballon vor Beginn des Kampfes genauere Angaben über vom Feinde besetzte Geländestreifen, so darf man mit dem Beschießen dieser Geländestreifen nicht zögern. Verliert man auch hierbei einen Teil der Geschosse, so ist der moralische Eindruck auf den Gegner ein gewaltiger, und ein solches methodisches Feuer ist der erste Schritt zur Herrschaft über den Willen des Verteidigers. Besonders günstig ist in solchem Falle die nächtliche Besetzung der Stellung und Feuereröffnung beim Hellwerden, wie es die Japaner oft gemacht haben.

Das Erkundungsfeuer der Artillerie muß möglichst heftig sein, damit der Gegner darauf antworten muß. Sind geeignete verdeckte Stellungen vorhanden, so kann der Angreifer auch mehr als Erkundungszüge einsetzen, jedoch immer außerhalb der wahrscheinlichen Angriffsrichtung. Doch wird auch in diesem Falle der Verteidiger alles nur mögliche tun, um sich nicht zu verraten. Hier hilft dem Angreifer nun nichts anderes, als seine Infanterie vorgehen zu lassen. Von vornherein muß Artillerie und Infanterie Hand in Hand gehen, mit Beginn des Artilleriefeuers muß auch die Infanterie energisch vorschreiten, um den Verteidiger zu Gegenmaßregeln zu zwingen und so der Artillerie Ziele zu schaffen. Denn durch das Vorgehen der Angriffsinfanterie wird die Verteidigungsartillerie gezwungen, ihr Feuer zu eröffnen, und nach Maßgabe der Annäherung der Infanterie wird auch der Verteidiger seine Schützengräben besetzen müssen. Dann ist also auch die Artillerie des Angreifers in der Lage, ihrer Infanterie das Vorgehen zu ermöglichen und damit ein zweckentsprechendes Zusammenarbeiten der beiden Waffen gewährleistet.

Klärung der Lage.

Das rauchschwache Pulver im Bunde mit der verdeckten Aufstellung der Artillerie und der Wirkung des
heutigen Feuers haben dazu gezwungen, Deckung und Maskierung besondere Aufmerksamkeit zu schenken und die
sogenannte Leere des Schlachtfeldes hervorgerufen. Daher
ist es schwer, selbst wenn der Kampf schon im Gange ist, etwas
von seinen eigenen und anderen Truppen zu sehen, sich ein Bild
davon zu machen, was vorgeht, und erst mit vieler Mühe, nach
sorgsamen Erwägungen unter Zuhilfenahme der besten Gläser wird
es gelingen, die einzelnen taktischen Episoden zu erfassen. Durch
eintreffende Meldungen der Unterführer aber wird man sich erst
ein Bild davon machen, wie es vorn steht. Die Anforderungen
an die höheren Führer sind ganz erheblich gewachsen,
und oft genug werden diese sich nur auf Grund dessen, was sie
mit ihrem „inneren Auge" sehen, entschließen müssen. Anderseits aber dauern, infolge der Vorsicht und Langsamkeit des
Manövrierens im feindlichen Feuer, die Kämpfe länger, mithin
auch die die Schlacht einleitenden Zeiträume. Daher verfügen die
höheren Führer über mehr Zeit zur Überlegung und können ihre Anordnungen in größerer Ruhe treffen.

Die erwähnte Leere der Schlachtfelder hat für die Artillerie
die Folge, daß die Beschießung gut sichtbarer Ziele immer seltener
und seltener wird und sie sich auf eine allgemeine Beschießung
der Geländestreifen beschränken muß, in denen sich nach den ein-
getroffenen Meldungen der Gegner befindet. Diese Finsternis, die
das ganze Schlachtfeld umhüllt und auf den Entschlüssen des Führers
lastet, kann nur durch Berührung mit dem Gegner und zwar nicht
durch einzelne Erkundergruppen, sondern durch ganze Detachements
erhellt werden. Diese Detachements müssen den Gegner ermüden,
seine schwachen Punkte herausfühlen, so daß durch ihre Tätigkeit
der entscheidende Schlag einigermaßen vorbereitet wird.

Diese Aufgabe muß mit verhältnismäßig geringen Kräften geleistet werden, damit man möglichst starke Reserven für den entscheidenden Schlag zurückbehält. Dieser Grundsatz gilt auch für
die Artillerie. Im allgemeinen gesprochen gilt es in dieser Periode,
auf den Gegner zu drücken, sich seiner vorgeschobenen Stellungen
zu bemächtigen und Gelände zu gewinnen. Erfolge und Mißerfolge
hierbei haben keine entscheidende Bedeutung. Der Erfolg schafft
dem Angreifer Gelände zum Heranbringen der Reserven, beim Mißerfolg wird der Angriff mit größerem Nachdruck wiederholt. Dieser

vorbereitende Kampf kann ganze Tage währen. Krisen wobei die ganze vordere Linie ins Schwanken gerät, können hierbei eintreten, dann ist es die Pflicht der Artillerie, den Gegenangriff des Feindes zum Stehen zu bringen. Die Infanterie aber wird durch ihre Teilreserven verstärkt, ohne die Hauptreserve in Mitleidenschaft zu ziehen. Der Grundgedanke jeder Kampfhandlung, am entscheidenden Punkte der Stärkere zu sein, behält auch seine Bedeutung bei diesen Teilkämpfen, die nur zusammenhängende Glieder des großen Ganzen sind.

Angriff der Infanterie.

Wir verließen die Artillerie in verdeckter Aufstellung mit ihrer zugeteilten Bedeckung bei der Einleitung des Kampfes. Es befinden sich in diesem Moment nur verhältnismäßig schwache Teile der Infanterie vorn, die sie gegen unerwartete Angriffe schützen sollen. Der Verteidiger steht ebenfalls verdeckt und, wenn er auf das Feuer antwortet, so bemüht er sich hierbei, seine Aufstellung nicht zu verraten. Die Infanterie des Angreifers versucht in folgender Weise an den Gegner heranzukommen. Solange sie sich noch hinter ihrer Artillerie befindet, ist sie verhältnismäßig wenig gefährdet und hat Freiheit im Manövrieren in allen Formationen, vorausgesetzt, daß sie das Gelände gewandt benutzt. Je mehr sie jedoch in die Grenze des wirksamen Artilleriefeuers des Gegners eintritt, um so mehr muß sie flüssige Formen annehmen: Schützenlinien oder Kolonnen von geringer Frontbreite, ja, wenn es die Gefechtslage zuläßt, auch die Kolonne zu einem. Augenzeugen berichten, daß die Japaner von dieser Formation in ausgedehntem Maße Gebrauch gemacht haben. Vorbedingung für die Abschwächung des feindlichen Artilleriefeuers ist ein solcher Zwischenraum zwischen den Kolonnen, daß ein Schrapnell nicht zwei Kolonnen auf einmal treffen kann, also 20 bis 30 m. Welche Formationen man indessen anwenden mag, die Schnelligkeit und Kraft des heutigen Artilleriefeuers sind so groß, daß jeder beliebige Geländestreifen mit einer beliebigen Menge Blei überschüttet werden kann und die schmalsten Formationen bei ihrer Tiefe, die der Tiefe entbehrenden bei ihrer Breite doch immer ernsten Verlusten ausgesetzt sind. Hiergegen hilft einzig und allein sorgfältigste Geländebenutzung, wobei man durch die Art des Vorgehens vermeidet, sich der Sicht des Gegners längere Zeit auszusetzen. Das Durchschreiten der Artillerie in diesem Stadium des Kampfes wird keine besonderen Schwierigkeiten bieten, da die allmählich nacheinander vorgesandten

Bataillone zwischen den bereits eingesetzten Artillerieabteilungen unschwer durchkommen werden. Die Führer der Artillerie werden von den wahrscheinlichen Angriffszielen der vorgehenden Infanterie benachrichtigt, die man bei der noch ungeklärten Lage indessen mit Genauigkeit nicht bezeichnen kann. Der schon vorn befindlichen Infanterie liegt es ob, hier nach Möglichkeit Klarheit zu schaffen. Aufgaben der Artillerie in dieser kurzen Periode sind Beschießen 1. schon erkundeter Batterien des Gegners, 2. der Geländestreifen, in denen nach früher eingelaufenen Nachrichten der Gegner schon steht. In der allgemeinen Annahme, daß sich die Infanterie in einer Entfernung von $4^1/_2$—5 km vom Gegner entwickelt, der seine Infanterie ungefähr 1—$1^1/_2$ km vor seiner Artillerie vorgeschoben hat, kommt man zu dem Schlusse, daß der Angreifer unter Artilleriefeuer nur eine Zone von $1^1/_2$—$2^1/_2$ km zu durchschreiten hat, daß er dann aber schon in den Bereich des feindlichen Infanteriefeuers tritt. Je weiter er nun vorschreitet, je mehr Artillerie muß der Gegner einsetzen, um ihn am Herankommen bis auf wirksame Gewehrschußweite möglichst zu verhindern. Hierdurch werden sich allmählich auch der Angriffsartillerie mehr Ziele bieten, auf die sie ihr Feuer vereinigen kann. Außer Artilleriezielen werden dies vielleicht auch Teilreserven des Gegners sein, die an die durch den Angriff bedrohten Teile der Stellung herangezogen werden. Jedoch kann man hierauf zunächst nicht rechnen, da der Gegner im Vertrauen auf die Kraft der heutigen Feuerwaffen die Verteidigung nur den vorgeschobenen Teilen anvertrauen wird. Man darf nicht vergessen, daß heutzutage beim Wachsen der Gefechtsausdehnungen nach Breite und Tiefe, wodurch auch das Herankommen der Reserven längere Zeit erfordert, der Gegner die Verteidigung längere Zeit mit seinen vorgeschobenen Teilen führen kann und sich mit dem Einsetzen seiner Reserven nicht zu übereilen braucht. Jedenfalls wird der Verteidiger durch das Auftreten der Infanterie des Angreifers gezwungen, sich mit seiner Artillerie auch mit dieser zu beschäftigen. Darum kann sie sich gegen die gegnerische Artillerie nicht mehr mit voller Kraft wenden. Zwar sprechen für den Verteidiger die verstärkte Stellung, eine gründliche Geländekenntnis und die größere Verdecktheit seiner Geschütze, dafür hat der Angreifer den Vorteil der Initiative.

Wenn sich die Angriffsinfanterie dem Gegner auf $1^1/_2$—2 km genähert hat, so bildet sie Schützenlinien. Diese zeigen natürlich keine geraden, geordneten Linien, wodurch sie eine leichte Beute für das Artilleriefeuer würden, sondern kleine Gruppen, die das Gelände gewandt benutzen. Diese Gruppen, denen ihr Abschnitt genau zugewiesen sein muß, gehen im Schritt, Laufschritt oder auch kriechend, je nachdem das Gelände es verlangt, vor. Hinter ihnen folgen die Teilreserven. Je kleiner die Entfernung wird, um so größer wird die Tiefenwirkung des Schrapnells. Daher dürfen die Reserven (der 2., 3., 4. usw. Linie) nicht näher als 350—450 m hinter der vor ihnen befindlichen Linie folgen. Die Drohung mit dem Angriff zwingt den Gegner, die Schützengräben zu besetzen und seine Reserven aus den Deckungen näher heranzuziehen. **Nun entfaltet die Angriffsartillerie ihre Haupttätigkeit.** An Zielen für Schnellfeuer wird kein Mangel sein. Es ist nur die Frage, wie diese rechtzeitig zu fassen sind, da sie sich natürlich nach Kräften bemühen werden, den Vorteil der Deckung oder das Gelände auszunutzen. Die Aufmerksamkeit der Artillerieführer wird naturgemäß geteilt sein, sie können nicht sofort davon unterrichtet werden, welches das augenblicklich wichtigste Ziel ist. Auch sehen sie die Ziele vielleicht nicht so gut, als die vorn befindliche Infanterie. Hieraus geht hervor, daß **die engste Verbindung zwischen Artillerie und Infanterie unabweislich ist**, daß die letztere die erstere dauernd auf dem Laufenden erhält und ihr dauernd mitteilt, gegen welche Ziele das Feuer verstärkt oder vermindert werden muß oder kann. Von besonderer Wichtigkeit sind Angaben über die Lage und Entfernung der Ziele in bezug auf besonders gut zu sehende Geländegegenstände (Dörfer, einzelne Bäume usw.). Das beste Verbindungsmittel, das sich hierfür auch im Kriege bewährt hat, sind die **Winkerflaggen.** Jedoch muß **die Ausbildung im Frieden nicht nur bei jeder Truppe für sich, sondern von den verschiedenen Waffengattungen in Verbindung miteinander** sorgfältigst geübt werden. Es empfiehlt sich, für bestimmte Meldungen besondere, für **alle Waffen** gültige Zeichen zu bestimmen. Jedenfalls kann die Artillerie bei ihrer Feuerschnelligkeit und Treffsicherheit jetzt auch **bei allgemeinen Angaben** Schluchten oder Hänge rechtzeitig mit einer genügenden Menge Blei überschütten, wenn sie auch den dort befindlichen Feind selbst nicht sieht. Eine solche Unterstützung ist besonders dann von größter Wichtigkeit, wenn die eigene Infanterie offenes Gelände zu durchschreiten hat. In solchen Augenblicken werden auch schon zum Schweigen gebrachte feindliche Batterien im Schnellfeuer wieder eine verderbenbringende Tätigkeit entfalten können, wenn sie nachher auch vernichtet werden. In solchen Momenten muß daher die Artillerie rechtzeitig benachrichtigt werden, damit sie zum Schweigen gebrachte feindliche Artillerie wieder bekämpft oder die feindlichen Reserven in ihren Deckungen zurückhält. Geschieht dies nicht, so können nach den Kriegserfahrungen schwere

Rückschläge eintreten. Am Schaho war es unserer Artillerie gelungen, eine sehr lästige, verdeckt stehende japanische Batterie zum Schweigen zu bringen, was den Angriff sehr erleichterte. Ein russisches Bataillon ging über offenes Gelände vor, ohne unserer Artillerie davon Meldung zu machen. Die japanische Batterie gab eine Lage ab und setzte damit 72 Mann (10 %) außer Gefecht.

In der ganzen bisher geschilderten Periode kommt es für den Angreifer darauf an, Infanterie und Artillerie möglichst sparsam einzusetzen. Daher kann man entscheidende Erfolge auch nicht erwarten. Hauptsache ist es, sich der vorgeschobenen Stellungen zu bemächtigen, sich vor der Front des Gegners festzusetzen, den Gegner zu beunruhigen, zu erkunden und zum Verraten seiner Aufstellung zu zwingen. Dann erhält man vor der feindlichen Stellung genügend Bewegungsfreiheit zur Konzentrierung seiner Truppen für den entscheidenden Schlag nicht aufs Geratewohl, sondern nach Maßgabe der gemachten Erfahrungen.

Charakteristisch für die Tätigkeit der Artillerie in dieser Periode ist ihre Tätigkeit mit großen Pausen. Der Gegner zeigt sich so wenig als möglich, nur hier und da entwickeln sich ernste Kämpfe, daher werden die Pausen in der Tätigkeit für die Artillerie größer sein als die Zeit des in Wirkungtretens. Hierzu zwingt auch der Munitionsverbrauch. Man muß für den entscheidenden Augenblick unter allen Umständen noch über genügende Munition verfügen. Bieten sich lohnende Ziele, so darf natürlich mit der Munition nicht gespart werden, doch beschäftige ich mich hier nur mit den Verhältnissen im allgemeinen im Rahmen der ersten vorbereitenden Kampfhandlungen bei der geplanten Angriffsschlacht.

Eine zweite Eigentümlichkeit des Artilleriefeuers in dieser Periode ist eine gewisse Planlosigkeit desselben. Die Ausdehnung der gegnerischen Front ist eine zu große, um eine planmäßige Bekämpfung zu gestatten. Es ist noch nicht geklärt, wo die Reserven des Feindes stehen und wo der entscheidende Schlag zu führen ist. Der ganze Kampf besteht aus einer Reihe von Teilgefechten auf der ganzen Front. Stellenweise können Angriffsbatterien Mißerfolge erleiden. Dann müssen Batterien in dem betreffenden Abschnitt aus der „abwartenden" Stellung zur Unterstützung vorgezogen werden. Dies darf indessen nur auf Befehl des höchsten Artillerieführers des betreffenden Abschnittes geschehen, da sonst jede Übersicht und Leitung bald aufhören würde. Nur z. B. bei Abwehr von Nahangriffen dürfen einzelne Batterien selbständig in Stellung gehen und ihr Feuer eröffnen.

(Schluß folgt.)

III.

Die Erziehung der Truppenführer zur Willenskraft.

Von

Thilo v. Trotha, Oberstleutnant.

Unter diesem Titel ist vor kurzem von der „Gesellschaft der Förderer militärischen Wissens" (in Rußland) ein von Baron Korff verfaßtes Schriftchen herausgegeben, welches in mehrfacher Beziehung interessiert und zu Betrachtungen anregt.

Daß der „Wille zum Siege" ein Hauptfaktor jedes Erfolges ist und sein muß, darauf habe ich bei verschiedenen Gelegenheiten, zuletzt in meiner Betrachtung „Die Kugel eine Törin, das Bajonett ein Mann" nachdrücklich hingewiesen.

Auch Kuropatkin in seinen bekannten und viel besprochenen „Abschiedsworten an die 1. Mandschurische Armee" spricht es klar und deutlich und mit erschütterndem Hinweise auf sich selbst aus, „daß der unbeugsame Wille, einen Auftrag ohne jede Rücksicht auf Verluste bis zu Ende durchzuführen" — überall im russischen Heere gefehlt habe, vom jüngsten Soldaten bis hinauf zu den höchsten Führern.

Korff behauptet: in der russischen Armee geschehe so gut wie nichts zur moralischen Erziehung der Truppen für den Kampf; was in dieser Richtung etwa getan würde, sei nichts als Routine. Der unglückliche Verlauf des japanischen Krieges weise deutlich darauf hin, daß unter den zahlreichen Schwächen der russischen Armee unzweifelhaft die bedenklichste sei, daß die höheren Führer für ihre Stellungen mangelhaft vorbereitet seien und zwar nicht nur im Sinne mangelnder Kenntnisse, sondern ganz besonders im Sinne mangelnder Selbständigkeit und mangelnder Willenskraft.

Wenn man die Ereignisse des letzten Krieges auf Grund des bereits vorliegenden umfangreichen und zum Teil recht brauchbaren Materials eingehend studiert, dann kann man den wiedergegebenen Anschauungen Korffs nur beipflichten: Die Ursachen der russischen Niederlagen sind vor allen Dingen in den Mängeln der höheren und höchsten Führung zu suchen, weit weniger in den Mängeln der Truppen selbst — und zwar treten diese Mängel viel mehr auf dem moralischen Gebiet, auf dem Gebiet der Charakter- und Willensstärke hervor, als auf dem Gebiet moderner Gefechtstechnik.

Dieser geradezu erschreckende Mangel an moralischen Eigenschaften fällt ganz besonders auf bei einer Armee, die in Suworow
ihren Nationalhelden und ihr hohes Vorbild verehrt und von der
man annehmen durfte, daß sie im Sinne dieses bizarren, aber kriegs-
und menschenkundigen Generals erzogen werde.

Der Gedanke lag nahe, daß die taktische Erziehung à la
Suworow vielleicht in Verkennung der veränderten Verhältnisse
nicht auf der Höhe der Zeit stehen werde, daß aber dafür die moralischen Eigenschaften im Sinne Suworows gepflegt und entwickelt,
die taktischen und technischen Schwächen ausgleichen würden.

Fast das Gegenteil trat ein.

Schon der türkische Krieg 1877/78 zeigte die verschiedenen
Stufen der höheren russischen Führung im allgemeinen nicht gerade
in vorteilhaftem Lichte, aber das schließliche Niederwerfen des
Feindes ließ diese Mängel doch nicht so grell hervortreten, wie dies
im Laufe des durchweg unglücklich geführten japanischen Krieges
der Fall war.

Diese traurigen Erscheinungen veranlassen Korff zu seinem
schweren aber sichtlich begründeten Vorwurf gegen die mangelhafte kriegerische Erziehung des russischen Heeres und besonders
seiner Führer.

Mit vollem Recht sagt Korff, daß man die Entwickelung der
Willenskraft nicht ausschließlich von der Eigenarbeit der einzelnen
Persönlichkeit erwarten dürfe, sondern daß eine systematische Erziehung, Ausbildung und Diensttätigkeit der Truppen hierbei mitwirken müsse.

Bis hierher stimme ich mit Korff durchaus überein, aber seine
weiteren Entwickelungen — welche die Erziehung zur Selbständigkeit und zur Willenskraft im Auge haben — sind zum Teil
nicht einwandfrei, zum Teil beruhen sie auf einseitigen Anschauungen
und sind daher falsch.

Zunächst will Korff die Manneszucht von einem höheren als
dem bisherigen Standpunkt aufgefaßt wissen: sie soll nicht die
Selbständigkeit und die Initiative ertöten; sie soll nicht ausschließlich auf der Furcht vor Strafe beruhen.

Vollkommen einverstanden.

Die Anforderungen der Führer sollen auf streng gesetzlichem
Boden stehen. „Willkür" und „eigenes Ermessen" dürfen keine
Rolle spielen.

Hier fängt die Sache an bedenklich zu werden.

Entweder die Forderungen Korffs sind hohle Phrasen, oder

sie sind alles andere eher als Mittel zur Erzielung von Selbständigkeit und Willenskraft.

Die Forderung, daß der Führer „auf streng gesetzlichem Boden
stehen muß" in allem, was sich auf die materiellen — und moralischen — Gebührnisse seiner Untergebenen bezieht, ist natürlich.
selbstverständlich, aber doch nur insoweit, als er in eigenem Interesse diese Gebührnisse nicht verkürzen darf; höhere dienstliche
Interessen aber können ihn wohl in die Lage bringen, vorübergehend von einer völligen Befriedigung der den Untergebenen zustehenden Gebührnisse absehen zu müssen.

Auch in bezug auf die persönliche Behandlung der Untergebenen
und auf die von ihnen zu fordernden dienstlichen Leistungen muß
der Führer natürlich den hierüber bestehenden Bestimmungen Rechnung
tragen — aber mehr als papierne Bestimmungen muß ihn hierbei
der militärische Takt leiten, der ihm eingegeben wird, in welcher
Tonart er — zwecks bester Erfüllung seiner dienstlichen Aufgabe
— mit seinen Untergebenen zu verkehren hat; in welchen Fällen
er Rücksicht auf menschliche Schwächen nehmen oder anderseits
seine Anforderungen über das gesetzlich normierte Maß hinaus-
steigern darf und muß.

Wehe dem Führer — und der Truppe! — wenn ersterer bei
jeder Gelegenheit peinlich darauf bedacht ist, gegen keinen Para-
graphen dieser oder jener Bestimmung zu verstoßen!

Ein Führer, der die bestehenden „gesetzlichen Bestimmungen"
stets und überall mit unterschiedsloser Peinlichkeit zur Anwendung
bringt, ohne den oft außerordentlich verschiedenen Anforderungen der
jeweiligen Lage Rechnung zu tragen und der gar keine Rücksicht kennt
auf den physischen und moralischen Zustand seiner Untergebenen — der
wird trotz der vollkommensten „Gesetzlichkeit" seiner Handlungsweise bei den Untergebenen als pedantischer Nörgeler unbeliebt sein,
und seine Leistungen werden sich im besten Falle niemals über
ein dürftiges Mittelmaß erheben.

Weiter fordert der Herr Verfasser von dem Truppenführer:
„Willkür und eigenes Ermessen dürfen keine Rolle spielen."

Hätte er statt „Willkür" gesagt „Laune", so hätte ich ihm in
diesem Punkte vollkommen zugestimmt, in bezug auf die „Willkür"
kann ich dies nur in bedingtem Maße — wenn man sich nämlich mit
der „Willkür" eine gewisse Ungehörigkeit irgend welcher Art verbunden denkt, was doch nicht immer der Fall zu sein braucht.

Durchaus ungehörig ist aber das Verlangen: der Führer dürfe
nie „nach eigenem Ermessen" handeln.

Umgekehrt; wer nicht versteht, gegebenenfalls „nach eigenem Ermessen" zu handeln, sondern wer nur an dem Buchstaben eines Gesetzes, einer Bestimmung oder selbst eines Befehls klebt, der verdient nicht, Führer einer Truppe zu sein

In weiteren von ihm entwickelten Anschauungen verlangt der Herr Verfasser ein verändertes System der Auszeichnungen und Beförderungen.

Auszeichnungen sollen nicht für eine gewisse Dienstzeit gegeben werden, sondern nur für „tatsächliche Verdienste". Grundsätzlich hat er mit dieser Forderung Recht, und man darf nicht verkennen, daß das Verfahren, wie im allgemeinen — in Rußland sowohl wie auch anderswo — Auszeichnungen verliehen werden, vielfach eine berechtigte Kritik herausfordert, aber es dürfte kaum möglich sein, ein wirklich sachgemäßes System hierfür vorzuschlagen. Wer die Dienstzeit als solche als Grund für Auszeichnungen völlig ausschalten will, vergißt, daß es zwei Arten von Verdienst gibt: Verdienst durch eine Tat und Verdienst durch eine Tätigkeit. Verdienste durch eine Tat erworben, fallen natürlich mehr in die Augen und finden bei der großen Masse mehr Verständnis, als Verdienste durch eine vielfach gar nicht in die Augen fallende pflichtgemäße, mühevolle und wirkungsvolle Tätigkeit. Das Urteil darüber, inwieweit eine solche Tätigkeit verdienstvoll war oder nicht, muß doch immer von Menschen gefällt werden und ist daher wie alles Menschliche vielfach dem Irrtum unterworfen — daran würden auch die sorgfältigsten gesetzlichen Bestimmungen nichts ändern, die man vielleicht austifteln könnte. So wie die Verleihung von Auszeichnungen im allgemeinen wohl überall — nicht nur in Rußland — gehandhabt wird, werden stets zahlreiche Fälle vorkommen, wo die Kritik mit mehr oder weniger Recht die erfolgte Auszeichnung für unbegründet erklärt; würden nach dem Vorschlage des Herrn Verfassers nur „tatsächliche Verdienste" ausgezeichnet, so würde die Kritik wahrscheinlich gegen ebenso viele Fälle den Vorwurf der Ungerechtigkeit erheben.

Nimmt man noch dazu, daß das ganze Auszeichnungswesen im Grunde doch nur ein Zugeständnis an die menschliche Eitelkeit ist, so darf man wohl sagen, daß man dem hierbei befolgten Verfahren nicht zu viel Wert beilegen soll.

Anders liegt die Sache bei der Beförderung zu einem höheren Range oder vielmehr zu einer höheren Stellung; hier verlangt das Interesse der Armee allerdings unbedingt eine möglichst richtige Beurteilung und Bewertung der in Frage kommenden Eigenschaften des zu Befördernden.

Der Beförderungskandidat soll für die erfolgreiche Ausfüllung seiner neuen Stellung in jeder Beziehung geeignet sein; die Gewährleistung für diese seine Eignung muß in der Art und Weise gesucht werden, wie er sich in seiner bisherigen Stellung bewährt hat. Das Urteil über diese seine bisherige Bewährung kann natürlich nur von seinen bisherigen Vorgesetzten gefällt werden; die richtige Beurteilung eines Beförderungskandidaten und seine richtige Verwendung in höherer Stellung wird daher stets von der Urteilskraft, dem militärischen Takt und der unparteiischen Wahrheitsliebe der bisherigen Vorgesetzten abhängen, also von der ganzen Persönlichkeit der urteilenden Vorgesetzten; die Aufstellung sorgfältig ausgeklügelter Bestimmungen über Grundsätze und Modalitäten der Beförderung ist daher ohne jede praktische Bedeutung.

Um schädlichen Folgen von Mißgriffen in dieser Beurteilung — die sowohl unabsichtlich wie absichtlich vorkommen können — möglichst vorzubeugen, ist es natürlich notwendig, daß das endgültige Gesamturteil aus den Urteilen einer Reihe verschiedener Vorgesetzten sich zusammensetzt, deren Übereinstimmung eine gewisse Gewähr für ihre Richtigkeit bietet, während ihre etwaige Unstimmigkeit der höheren bzw. höchsten Instanz auffallen und sie zu einer eingehenden Prüfung des betreffenden Falles veranlassen wird.

Der Verfasser der dieser Betrachtung zugrunde liegenden Schrift verlangt nun, wie bereits erwähnt: die Beförderung soll nur von den Verdiensten des zu Befördernden abhängen, nicht von der Länge der Dienstzeit.

Diese Betonung der Verdienste ist logisch, wo es sich um Auszeichnungen handelt, aber unlogisch, sobald es sich um die Beförderung zu einer höheren Stelle handelt.

Es kann ein Offizier in seiner bisherigen Stellung sich tatsächlich anerkennenswerte Verdienste um die Truppe und die Armee erworben haben und doch zur Verwendung in einer höheren Stellung nicht geeignet erscheinen. Die Beförderung soll sich allerdings stützen auf bereits bewiesene Leistungen, insofern aus diesen auf gute Leistungen in der höheren Stellung geschlossen werden kann, sie soll aber keine Belohnung für diese Leistungen bzw. Verdienste sein.

Aus demselben Grunde darf natürlich auch die Beförderung nicht als Belohnung für langjährige Dienstzeit betrachtet werden, wohl aber hat eine verhältnismäßig lange Dienstzeit vielfach Gelegenheit geboten, die Leistungen des betreffenden Offiziers in jeder Beziehung kennen zu lernen und aus ihnen auf künftige Leistungen zu schließen; die Länge der Dienstzeit darf daher niemals der alleinige Grund zur Beförderung sein, wohl aber bietet sie einen wertvollen Maßstab für die Beurteilung des Beförderungskandidaten.

Weiter wird verlangt: die Ausbildung der Truppen soll ausschließlich Gefechtszwecke verfolgen, da die Truppen nur für das Gefecht da sind; alles, was keine unmittelbare Beziehung zum Gefecht hat, soll auf ein Mindestmaß beschränkt werden.

Diese ihrer Fassung nach hochmoderne Forderung beruht zum Teil auf einer ebenfalls hochmodernen einseitigen Anschauung.

Gewiß ist das Gefecht nicht nur der Glanzpunkt der kriegerischen Tätigkeit, sondern auch meist (nicht immer!) der entscheidende Schlußakt eines bestimmten Abschnittes derselben — aber trotzdem ist das Gefecht an und für sich noch nicht der Krieg, und eine gefechtsbrauchbare Truppe ist durchaus noch nicht immer auch kriegsbrauchbar — man denke unter anderem an die für den Krieg absolut minderwertigen Buren, welche im Sinne moderner Gefechtstechnik entschieden musterhaft veranlagt und vorgebildet waren.

Eine kriegsbrauchbare Truppe muß nicht nur verstehen zu fechten und womöglich zu siegen, sondern sie muß es verstehen zu marschieren, zu hungern und zu dursten, unter Schnee und Eis wie unter tropischer Sonnenglut monatelang Strapazen zu erdulden und, wenn es sein muß, auch ohne Aussicht auf Sieg für die Rettung der Waffengefährten, für das Wohl des Vaterlandes, zur Wahrung höherer Interessen nicht nur ohne Murren, sondern mit heiliger Begeisterung in den Tod zu gehen.

Diese weitgehenden Anforderungen kann aber nur eine Truppe erfüllen, die — ganz abgesehen von der natürlich erforderlichen Gefechtstechnik — in wahrhaft kriegerischem Geist erzogen und gestählt, zu einem organischen selbstbewußten Ganzen zusammengewachsen und in der Hand ihres Führers zwar kein blindes, aber ein mit gegenseitigem Vertrauen erfülltes und erfüllendes, unbedingt zuverlässiges Werkzeug ist.

Was zur Kriegsbrauchbarkeit der Truppe nicht erforderlich ist, soll nicht nur auf ein Mindestmaß beschränkt, sondern ganz beiseite gelassen werden — aber zur Kriegsbrauchbarkeit gehört eben weit mehr als zur Gefechtsbrauchbarkeit.

Daß die Grundsätze und Methoden für die kriegsbrauchbare Ausbildung der Truppen sich im Laufe der Zeit sehr verschoben haben, daß sie jetzt ganz andere sind und sein müssen als vor 20, vor 50 und vor 100 Jahren, ist ganz selbstverständlich.

Manche Momente der Ausbildung und Erziehung, die man früher

— und angesichts der damaligen Verhältnisse nicht ohne Grund — für notwendig hielt, erscheinen jetzt veraltet, überflüssig und daher zum Teil schädlich. Manches, was man früher mit Sorgfalt vermeiden zu müssen glaubte, wird jetzt in den Kreis planmäßiger Übungen gezogen, und die neuen Ausbildungsvorschriften wohl aller Armeen tragen im allgemeinen theoretisch den Anforderungen des modernen Gefechts vollauf Rechnung, wenn auch natürlich hier und da mancherlei überflüssige Formen und Vorschriften beibehalten worden sind.

Man kann darüber verschiedener Meinung sein, ob diese oder jene Form oder Vorschrift noch nötig oder nützlich oder durch eine andere zu ersetzen sei — im großen und ganzen aber muß man sagen, daß nach den modernen Reglements der verschiedenen Heere die Truppen entschieden kriegsgemäß ausgebildet werden können. Ob sie wirklich kriegsgemäß ausgebildet werden, das hängt wieder von der Persönlichkeit der leitenden Vorgesetzten ab.

Das beste Reglement an und für sich verbürgt nicht die richtige Ausbildung der Truppen; andererseits kann eine Truppe selbst auf Grund eines mangelhaften Reglements vortrefflich ausgebildet und geführt werden.

Die napoleonische Infanterie wurde auf Grund eines Reglements ausgebildet, das noch der Lineartaktik angehörte.

Das Reglement, nach welchem die preußische Infanterie ausgebildet war, die 1866 und 1870 Sieg auf Sieg erfocht, stand durchaus nicht auf der Höhe der Zeit.

Wenn daher für die russischen Truppen eine wesentlich veränderte Ausbildung verlangt wird, so dürfte es sich weniger um die Änderung der Reglements handeln, als um die rationelle Erziehung und Ausbildung des Offizierkorps nicht nur im Sinne der modernen Gefechtslehre, sondern ganz allgemein im Sinne der Kriegslehre überhaupt — ich möchte sagen im Sinne der Kriegslehre eines Clausewitz.

Nur ein Führer, der für den Krieg, seine Erscheinungen und seine Anforderungen einen klaren weiten Blick und richtiges Verständnis hat, kann die Ausbildung der ihm unterstellten Truppen in kriegsgemäße Bahnen lenken; auf den Wortlaut des Reglements kommt es dabei weniger an, obgleich der Wert guter Reglements natürlich nicht verkannt werden soll.

Daß die Ausbildung der russischen Offiziere in der angedeuteten Richtung bis vor kurzem noch eine ziemlich mangelhafte war, hat der verstorbene General Woide in seinen letzten ebenso offenherzigen wie sachlichen Ausführungen deutlich ausgesprochen. (M. W.-B. 1905, No. 97.).

Ich komme nun zu dem Punkte, der meines Erachtens den Kern der von Korff aufgeworfenen und behandelten Frage bildet: zur Einwirkung der Vorgesetzten auf die Ausbildung der Truppen und der ihnen unterstellten unteren Führer.

Einerseits werden nun alle theoretischen Vorschriften und Weisungen, mögen sie gedruckt, geschrieben oder mündlich gegeben sein, nur dann wirklichen Nutzen bringen, wenn ihre Ausführung von sachkundigen Vorgesetzten persönlich überwacht und geleitet wird; anderseits werden die Vorgesetzten die Leistungsfähigkeit und Brauchbarkeit ihrer Untergebenen nur dann richtig beurteilen, wenn sie dieselben in der Ausübung ihrer Tätigkeit eingehend zu beobachten in der Lage sind.

So mancher Untergebene sträubt sich nun wohl gegen die „Kontrolle" seiner Tätigkeit durch den Vorgesetzten, indem er den Satz hinstellt: „Meine Pflicht tue ich auch ohne Kontrolle und ohne fortwährende Bevormundung." Mancher fügt auch noch hinzu: „Ist der Vorgesetzte mit meiner Tätigkeit nicht einverstanden, so kann er es ja bei der ‚Besichtigung' sagen."

Diese scheinbar von Pflichtgefühl und Selbstbewußtsein eingegebene Anschauung ist nur bis zu einem gewissen Punkte berechtigt: die Grenze liegt in den Begriffen „Bevormundung" und „Überwachung". Bevormundung ist stets von Übel, und der Untergebene, der tatsächlich „bevormundet" werden muß, füllt seinen Platz überhaupt nicht aus, Überwachung aber und sachgemäße Leitung ist unbedingt notwendig. Durch sie kann sich auch kein Untergebener verletzt und beengt fühlen — im Gegenteil, ein dienstfroher und selbstbewußter Offizier muß eine gewisse Genugtuung empfinden, seinen Dienst unter den Augen seiner Vorgesetzten auszuüben und ihnen so seine Tüchtigkeit beweisen zu können. Um nicht mißverstanden zu werden, möchte ich hier bemerken, daß ein derartiges, in meinen Augen nicht nur berechtigtes, sondern unbedingt notwendiges „Strebertum" (wie manche es abfällig nennen werden) natürlich nichts gemein hat mit Augendienerei und Schaumschlägerei, diesen kläglichen Mitteln einer kläglichen Mittelmäßigkeit.

Auf Grund des von mir entwickelten Gedankenganges muß es als wünschenswert betrachtet werden, daß die Tätigkeit einer Truppe und eines Unterführers möglichst stets unter den Augen ihrer höheren Vorgesetzten erfolgen; eine weitere Folge dieser Anschauung muß natürlich der Wunsch sein, schon im Frieden dauernd möglichst große Truppenverbände in sich versammelt zu halten.

Die vielfachen Vorteile eines solchen Zustandes brauche ich hier wohl nicht im einzelnen zu erörtern; in dieser Richtung liegen die Vorteile der großen und die Nachteile der vielfach mit einem unmilitärischen Beigeschmack als „idyllisch" bezeichneten kleinen Garnisonen; die Nachteile der dauernden Massenkonzentrationen liegen auf wirtschaftlichem und zum Teil auf sozialem, also nicht auf eigentlich militärischem Gebiete.

Denken wir uns z. B. ein Armeekorps dauernd konzentriert, so daß die verschiedenen Führerinstanzen täglich in der Lage sind, sich von der Tätigkeit und dem Zustande der einzelnen Truppenteile und von der Einwirkung der einzelnen Kommandeure durch den Augenschein zu überzeugen, so würde hierdurch die Notwendigkeit jeder besonders angesetzten „Besichtigung" mit allem ihrem mehr als die Besichtigung selbst den regelrechten Dienstbetrieb störenden Drum und Dran völlig überflüssig.

Da nun aber aus den verschiedensten Gründen eine dauernde Versammlung der großen Truppenverbände, also die ständige Überwachung der Ausbildung durch die höheren Instanzen nicht möglich ist, so muß als Notbehelf — denn ein solcher bleibt es — das System der zeitweisen kurz bemessenen „Besichtigungen" eintreten.

Auch der Wert dieses Zweiges der Truppenausbildung ist wesentlich von der Persönlichkeit des besichtigenden Vorgesetzten abhängig und auch in diesem Falle ist ein gewissermaßen gesetzlich genau bestimmter Modus ohne große Bedeutung.

Daß es für einen Vorgesetzten, der einen Truppenteil bzw. einen Untergebenen nur dann und wann in einem zeitlich und sachlich eng begrenzten Rahmen besichtigt, weit schwerer ist, sich ein richtiges Urteil zu bilden, als wenn er dessen dienstliche Tätigkeit fast täglich und bei den verschiedensten Gelegenheiten vor Augen hat, ist klar.

Anderseits wird ein Untergebener durch das Gefühl, daß seine Beurteilung mehr oder weniger von momentanen Zufälligkeiten abhänge, leicht befangen und in seinen Leistungen unsicher gemacht — ganz abgesehen davon, daß er vielleicht die befürchtete ungünstige Beurteilung seiner militärischen Leistungen durch gewandtes Verhalten auf nichtmilitärischem Gebiet auszugleichen sucht. In diesem Sinne klagt bereits der oben erwähnte General Woide: In Rußland gelte in bezug auf die Besichtigungen nur allzuhäufig die Devise: „Bereite dich auf das Steckenpferd des Vorgesetzten vor und schmiere seine Brille!"

Endlich fehlt bei diesen sporadischen Besichtigungen die

dauernde belehrende Einwirkung des Vorgesetzten auf den Untergebenen.

Diese verschiedenen mit dem Besichtigungswesen unleugbar verbundenen Nachteile können aber nach Lage der Dinge weder durch
einfache Beseitigung der Besichtigungen noch durch genaue Regle-
mentarisierung derselben aufgehoben werden, wohl aber können
sie dadurch wesentlich vermindert werden, daß der Besichtigende
den vielfachen wichtigen Aufgaben seiner Stellung nicht nur als
kenntnisreicher, scharfblickender Fachmann, sondern auch als cha-
rakterstarker menschenkundiger Mensch vollkommen gewachsen ist.

Mit einem Wort: Die kriegsgemäße Ausbildung eines Heeres
und die kriegsgemäße Heranbildung seiner verschiedenen Führerstufen
wird im großen und ganzen stets darauf beruhen, daß in der Armee
überall der richtige Mann an der richtigen Stelle steht — was natürlich nur möglich ist, wenn von den unteren Dienstgraden an
bereits eine streng sachgemäße „Zuchtwahl" stattfindet, welche alle
als solche hervortretenden Mittelmäßigkeiten beseitigt, bevor sie in
weiteren Kreisen schädlich wirken können.

Wie schwer in der Praxis die Erfüllung dieser Forderung im
allgemeinen und im besonderen für Rußland ist, erkennt General
Woide an, wenn er klagend sagt: zurzeit sei in Rußland die Besetzung aller Regimentskommandeurstellen mit wirklich hierfür geeigneten Leuten einfach unmöglich.

Die Erziehung der Truppenführer zur „Willenskraft" soll sich
nach Korffs Forderung gründen auf: Gesetzlichkeit, Freiheit und Verantwortlichkeit.

Ich möchte — vielleicht nicht ganz im Sinne Korffs — diese
drei Grundlagen in folgender Auslegung anerkennen:

Die Erziehung zur Gesetzlichkeit muß den Truppenführer
genau über alles orientieren, was das Gesetz, das Reglement, die
Theorie als Grundsatz hinstellt und aus welchen Gründen.

Die Erziehung zur Freiheit soll ihn von dem sklavischen Buch-
stabenglauben freimachen und ihm Gefühl und Verständnis dafür
beibringen, daß unter Umständen eine Abweichung von der scheinbar feststehenden Norm, von dem scheinbar kategorisch gegebenen
Befehl im Interesse der Sache unbedingt geboten sein kann.

Die Erziehung zur Verantwortlichkeit endlich soll ihn befähigen, eine derartige als notwendig erkannte Abweichung von der
Norm und von dem erhaltenen Befehl ohne Schwanken auch wirklich
auszuführen und nicht vor dem Gespenst der „Verantwortung" zurück-
zuschrecken.

Wie der Vorgesetzte den Untergebenen in diesem Sinne „ausbilden" soll, ist eine Sache des militärischen Scharfblickes und Taktes und kann nicht reglementarisch festgelegt werden — nur ein ganz allgemeiner Grundsatz für die richtige Erziehung in obigem Sinne dürfte feststehen: Irrt der Untergebene in der zu ergreifenden Maßregel, so ist er zu belehren; unterläßt er es aber aus Mangel an Nachdenken oder aus Unentschlossenheit, überhaupt eine Maßregel zu ergreifen, so ist er zu tadeln.

Einer meiner früheren Vorgesetzten, von dem man trotz seiner mancherlei Absonderlichkeiten viel lernen konnte, hatte die Gewohnheit, wenn ein Untergebener irgend etwas tat oder anordnete, was nach seiner Meinung nicht richtig war, zunächst zu fragen: „Weshalb haben Sie dies oder jenes getan oder befohlen? Was wollten Sie damit bezwecken?" — Ging die Antwort einigermaßen auf die Frage ein, so fiel die Kritik selbst eines recht bedenklichen Mißgriffes milde aus und beschränkte sich vielfach auf eine eingehende Belehrung.

Berief sich der Gefragte aber etwa einfach auf den Wortlaut einer Bestimmung oder eines Befehls oder blieb er gar die Antwort ganz schuldig, dann konnte die Kritik sehr scharfe Formen annehmen. Als ich nach einer Übung dem betreffenden Vorgesetzten mein Erstaunen aussprach, daß ein vorgekommener, wirklich recht schwerer Fehler von seiner Seite so milde beurteilt worden sei, gab er mir zur Antwort: „Was wollen Sie? Was N. N. gemacht hatte, war allerdings falsch, ganz unglaublich falsch; aber der Mann hat sich bei seiner Anordnung etwas Bestimmtes gedacht, er hat auf seine allerdings grundfalsche Überlegung hin einen Entschluß gefaßt und diesen Entschluß ausgeführt — das ist immerhin etwas wert; mancher lernt es. nie!"

IV.

Felddiensthefte als Mittel für die Ausbildung der Unteroffiziere im Felddienst.

Von

Generalmajor z. D. von Gersdorff.

„Die Ansprüche, die der Krieg an die Truppe stellt, sind maßgebend für ihre Ausbildung im Frieden," lautet der erste Punkt der Einleitung der Felddienstordnung vom 1. Januar 1900.

Die Träger der Ausbildung der Truppe sind die Offiziere und demnächst die Unteroffiziere. Es wird daher hauptsächlich darauf ankommen, diese für die Ansprüche des Krieges auszubilden.

Die Wege hierzu gibt die Einleitung zur Felddienstordnung an. Sie sind praktischer und theoretischer Natur. Beide, die praktische und theoretische Ausbildung gehen Hand in Hand.

Die theoretische, vorbereitende Gedankenarbeit, auf welche die praktische Ausführung fußt. Aber auch umgekehrt folgt der praktischen Ausführung die theoretische Reflektion.

Hieraus folgt: theoretische Aufgabestellung, praktische Ausführung und theoretische Beurteilung als Gedankenreihe für die Ausbildung unserer Führerschaft für den Krieg.

Aufgabestellung und Beurteilung können mündlich oder schriftlich erfolgen, oder sowohl mündlich als schriftlich. Der praktischen Ausführung der Aufgabe kann sich die schriftliche Berichterstattung anschließen.

Für diese, soweit die Arbeiten der Offiziere dabei in Betracht kommen, hat die Anleitung zur Abfassung von Gefechtsberichten und ähnlichen Arbeiten im Anhange der Felddienstordnung die formellen Gesichtspunkte angegeben.

Wenn die Ausbildung der Offiziere für den Dienst im Felde die Sache der höheren Vorgesetzten aller Grade ist, so liegt gemäß Punkt 15 der Felddienstordnung diese Ausbildung der Unteroffiziere der Hauptsache nach in der Hand der Kompagnie-, Eskadron- und Batteriechefs. Sie ist nach denselben Grundsätzen, wie die für die Ausbildung der Offiziere maßgebenden mit der Einschränkung zu betreiben, daß die vorgenommenen Übungen im engeren Rahmen von den Anforderungen ausgehen, die im Felde an den Unteroffizier herantreten.

Ebenso, wie der Offizier in der schriftlichen Berichterstattung und in derjenigen durch bildliche Darstellung — Kroki und Skizze — geübt wird, so hat dies auch beim Unteroffizier im oben bezeichneten beschränkten Umfange zu geschehen.

Ein Mittel unter andern hierzu ist das Felddienstheft des Unteroffiziers. Seiner äußeren Form nach ein gewöhnliches Schreibheft, wie es in den Schulen gebräuchlich ist.

Inhaltlich werden diesem Hefte seitens des Unteroffiziers diejenigen Arbeiten aus dem Bereich des Felddienstes eingetragen, deren schriftliche Bearbeitung ihm von seinen Kompagniechefs usw. anbefohlen werden. Es werden in der Regel jährlich fünf oder sechs solcher Berichte genügen.

Gegenstand dieser schriftlichen Bearbeitungen sind meist Aufträge aus dem Bereiche des Felddienstes, welche dem Unteroffizier während der Ausbildung der Truppe im praktischen Felddienst bereits zugefallen sind. Es kann sich aber auch um die Bearbeitung besonderer Aufträge handeln, wie sie den Distanzeritten und sonstigen Übungsritten der Kavallerie eingeschaltet werden.

Jedenfalls hat die theoretische Bearbeitung in den Felddienstheften der Unteroffiziere mit ihren Dienstobliegenheiten im praktischen Felddienst Hand in Hand zu gehen. Hierdurch wird viel Zeit und Arbeit erspart.

Selbstverständlich erscheint es, daß die den Unteroffizieren zur schriftlichen Berichterstattung in den Felddienstheften bezeichneten Aufgaben und Aufträge sich im Rahmen der dienstlichen Obliegenheiten halten, die dem Einzelnen unter ihnen seinem Dienstalter und seiner Dienststellung nach zukommen.

Innerhalb dieser Einschränkung mag man auch hier systematisch vorgehen, wobei der Lehrgang der Felddienstordnung die beste Handhabe liefert.

Die Bestimmung über die formelle Einrichtung der Felddiensthefte ist auf das notwendige Maß zu beschränken. Zunächst erfolgt die Eintragung des Auftrages oder der Aufgabe in Abschrift, oder nach Diktat, demnächst der Bericht, oft nur eine Meldekarte oder eine kurze Aufzeichnung über den Verlauf der Übung mit den zugehörigen, anzuheftenden Meldekarten, Skizzen und Krokis.

Hinter dem Bericht schließt sich die schriftliche Beurteilung

4*

des Vorgesetzten an, welcher die Aufgabe stellte, und eventuell ihr folgend die Bemerkungen der höheren Vorgesetzten.

Die Einführung von Felddienstheften für die Unteroffiziere, wie sie beispielsweise früher im Bereich des dritten Armeekorps durch Korpsbefehl bestand, birgt viele Vorteile, die bei oberflächlicher Beurteilung vielleicht verloren gehen.

Abgesehen von der allgemeinen Förderung des Dienstes im Felde übt die schriftliche Berichterstattung die schwere Kunst des knappen, militärischen Ausdrucks, bei dem ein Wort zuviel ebensogut ein Fehler ist, wie ein Wort zu wenig, deren der Unteroffizier, ebenso wie der Offizier, für seinen Beruf bedarf. Sein Interesse an dem Gegenstand seines Berichts wird sich durch intensivere schriftliche Beschäftigung mit ihm im gleichen Masse erhöhen, wie sein militärisches Verständnis für die Sache.

Aber auch für die Vorgesetzten entspringen durch die Felddiensthefte der Unteroffiziere manche Vorteile.

Zunächst übt sich der den Auftrag oder die Aufgabe stellende Kompagniechef usw. selbst in der Technik des schriftlichen Befehls oder Auftrages. Falls er aber seinen Oberleutnant mit der Führung der Felddiensthefte der Unteroffiziere ganz oder zum Teil beauftragt, so bereitet sich dieser in angemessener Weise für seine demnächstige Dienststellung vor, während dem Kompagniechef usw. die Gelegenheit geboten wird, nicht nur den Bericht des Unteroffiziers, sondern auch die Aufgabestellung und Beurteilung des Oberleutnants seinerseits unter Kritik zu stellen.

Für alle höheren Vorgesetzten aber erwächst durch die Felddiensthefte der Unteroffiziere der Vorteil, und sei es auch nur durch Stichproben, von der Handhabung der Ausbildung aller Grade im Felddienst ihres Befehlsbereiches sich überzeugen und die Gelegenheit rechtzeitig durch Belehrung eingreifen zu können.

V.

Zur Geschichte des preufsischen Ingenieur- und Pionierkorps.[1)]

Von

Schweninger, Oberst.

Endlich — dürfen wir sagen — lüftet sich der Schleier über dem vielleicht dunkelsten Teile der Geschichte des preußischen Heerwesens. Daß dies auf Veranlassung der Generalinspektion geschieht, gilt uns als eine gute Vorbedeutung dafür, daß man endlich gewillt ist, nicht nur sich selbst, d. h. dem Korps, sondern vor allem auch der Armee und ihren hohen und höchsten Gewalthabern den Spiegel der Geschichte vorzuhalten, daraus zu lernen und zu lehren!

Eine bereits — gleichfalls in zwei Bänden — vorhandene „Geschichte des preußischen Ingenieurkorps und der Pioniere" aus der Feder des Generals von Bonin führt zu den ersten Anfängen eines militärisch organisierten Ingenieurkorps (1728) zurück, erreicht aber die Mitte des 19. Jahrhunderts nicht, sie ist in ihrer Fortsetzung bis in die siebziger Jahre aus unbekannten Gründen Handschrift geblieben.

Das vorliegende Werk von Frobenius ist anscheinend ganz unabhängig von diesem Vorgänger verfaßt, denn selbst in dem „Rückblick auf die Entwickelungsjahre von 1810 bis 1848", welcher die geschichtliche Darstellung der Zeit von 1848 bis 1886 einleitet, ist eine Bezugnahme auf jenes ältere Geschichtswerk offenbar absichtlich vermieden. Es muß dies um so auffallender erscheinen, als Frobenius diesen Rückblick und damit sein Geschichtswerk mit dem etwas apodiktischen Satze beginnt: „Als Geburtstag des preußischen Ingenieurkorps muß man den 4. November 1809 betrachten." Wenn Friedrich d. Gr. das lesen würde, würde sein lapidares Urteil über die preußischen Ingenieure nicht gerade günstig beeinflußt werden. Man könnte vielleicht an eine Art Wiedergeburt denken, wenn es richtig wäre, daß die an diesem Tage gegebene A.K.O. „die bisher getrennten

---

[1)] Geschichte des preußischen Ingenieur- und Pionierkorps von der Mitte des 19. Jahrhunderts bis zum Jahre 1866. Auf Veranlassung der K. Generalinspektion nach amtlichen Quellen bearbeitet von Hermann Frobenius, Oberstlt. z. D. 2 Bände. Berlin 1906. Druck und Verlag von Georg Reimer.

Dienstzweige der Mineure, Sappeure und Pontoniere mit dem Offizierkorps der Ingenieure zu einem einheitlichen Organismus verschmolz." Wie wenig einheitlich dieser Organismus war, das zeigt die Geschichte — auch die Teilgeschichte des vorliegenden Werkes — zur Genüge. Und eine Verschmelzung kann dieses Zusammenketten von zwei Sonderexistenzen, von zwei heterogenen Friedens- und Kriegsaufgaben in einen Körper um so weniger genannt werden, als weder das Ingenieurkorps noch die Pioniere ihre Eigenart bisher verleugnet oder aufgegeben, sondern im Gegenteil bis zum heutigen Tage mit besonderem Eifer zu entwickeln bestrebt waren.

Weder das Ingenieurkorps noch die Pioniere können den 4. November 1809 als ihren Geburtstag betrachten — als den Tag ihrer konventionellen Vereinigung (Wasser und Öl) ja!

Nur allzulange hat eine Geschichte des Ingenieur- und Pionierkorps, welche die Mitte des vorigen Jahrhunderts überschreitet, auf sich warten lassen. Nun sie in ihrem wichtigsten Teile, in der Zeit glänzendster Armeegeschichte vor uns liegt, gibt sie uns das Bild einer Riesenarbeit der Ingenieure wie der Pioniere, in Frieden und Krieg, enthüllt sie uns aber auch die endlosen Kämpfe, Schwierigkeiten und Reibungen im Innern, eine mit Widerwillen gepaarte Verständnislosigkeit von außen, — Störungen und Beeinflussung in der Entwickelung von innen und außen, wie sie bei einem anderen als dem jüngsten Kinde der Armee zweifellos nicht wieder sich finden.

Fürwahr — ein dunkles Blatt in der Geschichte der Heeresorganisation und Verwaltung — auf dem aber doch verzeichnet steht, wie ein von Natur aus leidender, aber in einzelnen Organen immerhin noch kräftiger Organismus manche schlechte und falsche Medizin, jahrelange Quacksalberei verträgt, ohne zugrunde zu gehen — allerdings auch ohne in seiner gesunden Entwickelung wesentlich gefördert zu werden.

Guter und verständnisvoller Wille hierzu war ja seit hundert Jahren in reichstem Maße vorhanden — die Geschichte und auch das vorliegende Werk beweist es —, aber er wurde von verständnisloser Hand erdrückt und in den unersättlichen Akten vergraben.

Es liegt außer dem Bereich der Möglichkeit, auf eine materielle Würdigung und Beurteilung des umfangreichen, und namentlich auch durch seine oft sehr drastischen Urteile inhaltschweren Werkes hier des Näheren einzugehen. Wir müssen uns eine solche Betrachtung dieser Teilgeschichte an sich und in ihrer Wirkung auf Gegenwart und Zukunft des künstlich — aber ohne Kunst —

zusammengefügten und zusammengehaltenen Korps vorbehalten. Hier müssen wir uns darauf beschränken, auf den überaus reichen und — auch in seinen Mängeln — lehrreichen Inhalt des Werkes hinzuweisen und zu seinem Studium anzuregen. Vom Korps selbst und seinen Freunden kann dieses Geschichtswerk das wärmste Interesse beanspruchen, wenn auch über manche sachliche Beurteilung und persönliche Qualifikation zum Teil sehr große Meinungsverschiedenheiten bestehen werden.

Aber ganz besonders soll dieses Werk der obersten Führung, Leitung und Verwaltung des Heeres und ihren Organen zum Studium empfohlen werden. Vielleicht* erwächst hieraus ein besseres Verständnis für Tätigkeit und Leistung eines Korps, das — wie diese Geschichte beweist — durch alle Zeiten bis in die Gegenwart nur zu kämpfen hatte, um gegenüber den heterogensten Anforderungen seiner Organisation und seiner mit absolutistischer Gewalt herrschenden Chefs sich über Wasser zu halten und auf dem Wege der Kriegstüchtigkeit einigermaßen vorwärts zu schreiten, das aber gleichwohl mit leider nur zu tief begründetem Rechte als „Stiefkind der Armee" sich betrachtet und behandelt sieht — wenigstens im Frieden, während im Krieg alles mit stets gesteigerten Anforderungen nach ihm schreit.

Trotz seines großen Umfanges umspannt das vorliegende Werk nur eine verhältnismäßig kurze Zeit — Band I von 1849—1869, Band II von 1870—1886 —, kaum mehr als ein Menschenalter, in das allerdings die für die Entwickelung der Armee schwerwiegendsten Ereignisse sich zusammendrängen.

Ein kurzer „Rückblick auf die Entwickelungsjahre 1810—1848" schildert die ganze Misere, in welcher „Offizierkorps" und „Truppe" sich kümmerlich ihr Dasein fristen. Die genannte Geschichte des Generals von Bonin kann hierzu den ausführlicheren Kommentar liefern.

Den breitesten Raum — fast mehr als die Hälfte des Werkes — nehmen die Kriegsereignisse in Anspruch — die Revolutionsjahre 1848/49, die Feldzüge 1864, 1866, 1870/71. Zum ersten Male wird uns hier „Ingenieurstab" und „Pioniertruppe" — letztere in den einzelnen Kompagnien — im Zusammenhang mit den operativen und taktischen Kriegshandlungen also so dargestellt, wie sie als Grundlage von Organisation, Ausbildung und Erziehung im Frieden nie betrachtet wurde und wird.

Vier mehr oder minder tiefgreifende Neuorganisationen — 1860/61, 1867, 1873 und 1885 — werden in ihrer Vorbereitung und Durchführung mit allen wesentlichen Einzelheiten

sachgemäß geschildert, wodurch wir ein getreues Bild der Ent-
wickelung von „Offierkorps" und „Truppe" sowie des großen
Apparates von Behörden bekommen, die den Festungen und den
Pionieren gleichmäßig zu dienen berufen sind und daher Licht und
Schatten der sogenannten „Verschmelzung" deutlich erkennen lassen.

Ausgehend von der Entwickelung des Festungswesens unter
dem Einfluß der gezogenen Geschütze (1860—1870) schildert der
Verfasser mit der ihm eigenen großen Sachkenntnis in den einzelnen
Zeitperioden die „Befestigung" (Theorie) und den „Festung-
bau" (Praxis) in ihrer Entwickelung, für welche der Krieg
1870/71 einen so entscheidenden Wendepunkt bildete. Landes-
befestigung im großen, Land- und Küstenbefestigung im einzelnen, werden uns an der Hand der Gutachten der höchsten Behörden, also nach den jeweils maßgebend gewordenen Ansichten in
ihrer Entwickelung so dargestellt, wie es in solch übersichtlicher
Zusammenfassung wohl kaum zu finden ist.

Im Zusammenhange hiermit werden auch die theoretischen und
praktischen Vorbereitungen für den Festungskrieg erörtert, welche
eigentlich erst durch den Krieg 1870/71 eine kriegsmäßigen Anforderungen entsprechende Gestalt gewonnen haben.

Zahlreiche (52) Anlagen unterstützen die geschichtliche Darstellung eines so großen und weitverzweigten Gebietes, wie das In-
genieur- und Pionierwesen in seiner beispiellosen Vielseitigkeit es
umfaßt. Mit glücklicher Hand hat der Verfasser es verstanden, die
Entwickelung von Nebenzweigen (Eisenbahntruppe, Telegraphen-,
Luftschiffer-, Seeminenwesen, Panzer usw.) sowie der größeren technischen Übungen in Anlagen zu verweisen und dadurch nicht nur
in diesen Anlagen sehr lehrreiche Einzeldarstellungen zu schaffen,
sondern vor allem die geschichtliche Entwickelung des Behörden-
organismus, des Offizierkorps, der Truppe und des gesamten
Festungswesens als Kern des Werkes festzuhalten und übersichtlich
zu gestalten.

Den interessantesten und wohl auch meistumstrittenen Teil des
verdienstvollen Werkes bildet die Darstellung der in der kurzen Zeit
über das Korps regierenden sechs Chefs, ihres Werdeganges, ihrer
Ansichten, Tätigkeit und Einwirkung nach innen wie außen.

Im Anschlusse hieran sucht dann der Verfasser auch jeweils
die Frage zu beantworten, welchen Wert der einzelne der sechs
Chefs für das Korps und seine Entwickelung nach innen und außen
hatte. Und hier wird er den größten Meinungsverschiedenheiten
begegnen und auch mit Recht. Denn die Beantwortung einer solchen
Frage entspringt nur selten sachlich objektiven Erwägungen, ist

vielmehr meist der Ausdruck persönlichen Geschmackes, der im-
Korps verschieden war, ist und bleibt, je nachdem der Beurteilende-
mit seinen Ansichten und Neigungen mehr den Pionieren oder den
Festungen den Kriegs- oder Friedensaufgaben sich zuwendet und
keinen Standpunkt findet, der hoch genug ist, um die seit einem
Jahrhundert feindseligen Stiefgeschwister auf dem Wege zum gemeinsamen Ziele zu einigen.

Sachlich können wir nur eines als feststehend betrachten.
Wenn — nach des Verfassers Urteil — der „Wechsel in der Person,
des Korpschefs" von Aster zu Brese (1849) einen „Systemwechsel" bedeutet, so können wir jeden weiter folgenden 1860,.
1866, 1868, 1873 und 1885 nur um so mehr als einen solchen
Systemwechsel bezeichnen, da sie zum Teil sogar viel schroffer sich
bemerkbar machten. Und dieser Systemwechsel ist dann für uns:
entweder ein in der Natur der Sache bedingter oder ein von der
obersten Heeresleitung und Verwaltung jeweils gewollter. — Beides
scheint als unsicheres Experimentieren gleich bedauerlich.

Für uns scheidet aber hiernach die Frage aus, ob z. B. Brese-
„für die Stellung als Korpschef besser geeignet war" als Aster —
die Wiederholung dieser Frage für alle Nachfolger müßte die-
Urteilskraft auch des Verfassers auf eine sehr harte Probe stellen.
Selbst dem schärfsten Urteil des Werkes, daß die „Ära Biehler"
(1873—1884) ein „trauriges Vakuum" in der Entwickelung be-
zeichne, können wir nicht vorbehaltlos zustimmen; denn Biehler war
— ebenso wie Brese — eine offenbar auserlesene Frucht der Erziehung im Korps selbst, worüber schon vor hundert Jahren
General Grolman das heute noch gültige abfällige Urteil gesprochen hat.

Der in rascher Aufeinanderfolge — bedingte oder gewollte —
Systemwechsel, welchen das vorliegende Werk auf Grund amtlicher-
Quellen feststellt, ist das sachlich Entscheidende in der ganzen geschichtlichen Entwickelung. Der Verfasser täuscht sich, wenn er
glaubt, daß unter diesem Systemwechsel die innere Kraft des Korps-
konstant geblieben und event. gegen den Willen des Chefs wirksam
geworden ist.

An dem Vakuum der Ära Biehler laboriert z. B. das Korps
heute noch, weil in derselben Zeit bei den anderen Stäben und-
Truppen doppelt und dreifach gearbeitet wurde, um die Fehler und
Mängel des Feldzuges zu beseitigen, während das Korps in stolzer-
Selbstgefälligkeit auf ihnen ausruhte. Diesen Vorsprung der anderen
Armeeteile hat das Korps heute noch nicht eingeholt.

Geblendet durch das dunkle Vakuum B.s war es blind gegen:

den Fortschritt, den sein Nachfolger dem Korps in all seinen Teilen
bringen wollte, aber durch höhere Mächte daran verhindert wurde.
Nein! Dieser Systemwechsel, d. h. eigentlich diese Systemlosigkeit, ist und bleibt die Quelle alles Übels in der Entwickelung
des Korps und kein sachliches noch viel weniger ein persönliches
Urteil kann die Geschichte über das Korps und seine Teile fällen,
ohne aus dieser reichen und wie es scheint unversiegbaren Quelle
mildernde Umstände zu schöpfen.

Über Ursache und Wirkung dieser Systemlosigkeit habe ich in
diesen Blättern kein Wort mehr zu verlieren; seit Jahren habe ich
darüber aufzuklären gesucht — auch den Generalstab zum Vergleich
herangezogen, der fast in dieser ganzen von der vorliegenden Geschichte betrachteten Zeit nur einen Chef, nur ein System der Erziehung und Ausbildung kannte, nach einem Ziel, d. i. der Krieg!

VI.

Langensalza.[1]

Von

Fr. von der Wengen.

Zum 40. Jahrestage des verhängnisvollen Treffens von Langensalza ist Fr. Regensberg mit einer neuen Publikation vor die Öffentlichkeit getreten, welche den Hannoverschen Feldzug von 1866 behandelt. Verfasser ist bestrebt gewesen, aus der einschlägigen
Literatur eine objektive Schilderung dieser Ereignisse zusammen-
zustellen, und wir können ihm die Anerkennung nicht versagen, dem
Leser ein anschauliches Bild von diesem kurzen, aber denkwürdigen
Feldzuge zu bieten.

In der Vorgeschichte führt R. sehr richtig aus, daß Preußen,
entschlossen zur Reorganisation des deutschen Bundes, Hannover
mehrfach vor einer feindlichen Haltung gewarnt hatte, wenn die
Verhältnisse zum Kampfe mit Österreich führen sollten. In den

---

[1] Fr. Regensberg, Langensalza 1866 und das Ende des Königreiches
Hannover. Mit Illustrationen von G. Lebrecht und 2 Karten. Stuttgart
1906, Franckhsche Verlagshandlung. Geheftet Mk. 1,50.

unter dem Vorsitze des Königs Georg stattfindenden Ministerkonseils am 13. und 14. Mai siegte auch eine besonnene Auffassung der Lage, indem man sich für die Wahrung der Neutralität entschied und nach Wien eine ablehnende Antwort sandte. R. folgt hinsichtlich dieser Konseils der Darstellung des Majors v. Hassell in dessem Werke: „Geschichte des Königreichs Hannover", II. Abteilung, Seite 321 ff., welcher zufolge dieserhalb zwei Beratungen stattfanden, nämlich eine Vorberatung am 12. und die entscheidende Sitzung am 13. Mai. Aber die eigentlichen Ministerkonseils waren, wie ich in meiner „Geschichte der Kriegsereignisse zwischen Preußen und Hannover" dargelegt habe, am 13. und 14. Mai. Ich stütze mich hierbei auf die Aufzeichnungen des Generals v. Jacobi, welcher an beiden Sitzungen teilnahm. Ich will gar nicht bezweifeln, daß am 12. Mai abends eine Vorberatung stattgefunden hat, aber es steht auch außer allem Zweifel, daß die von mir geschilderten Ministerkonseils am 13. und 14. versammelt waren.

Prinz Solms, welcher als österreichischer Sendbote in Hannover erschien, stimmte aber den König Georg wieder um, der Neutralitätsgedanke wurde fallen gelassen, und die hannoversche Politik lenkte in Bahnen ein, welche für sie verhängnisvoll werden sollten.

Am 14. Juni nachts erfolgte Preußens Kriegserklärung. Die hannoversche Armee konzentrierte sich bei Göttingen und trat von hier am 21. den Marsch südwärts an.

Seite 35 tadelt R., dabei auf Lettows Werk Bezug nehmend, daß Manteuffel mit seinem bei Harburg über die Elbe gegangenen Korps zu lange dort stehen blieb: seine Avantgarde 48 und sein Gros 24 Stunden. Das läßt sich nicht unbedingt so abfällig beurteilen. Seine Avantgarde passierte die Elbe am 15., das Gros am 16. Juni. Schon am letzteren Tage den Vormarsch gegen Stadt Hannover anzutreten, war doch wohl nicht ratsam, da man keine bestimmten Nachrichten über die hannoversche Armee hatte. Vor dem 17. Juni morgens hätte Manteuffel mit seinem Gros den Vormarsch nicht antreten können, und wenn dies erst am 17. nachmittags, wo noch gegen drei Meilen marschiert wurden, geschah, so braucht man dieserhalb noch nicht den Stab über Manteuffel zu brechen. Allerdings trug sich Manteuffel mit dem Gedanken, die Unternehmung gegen die benachbarte Festung Stade persönlich zu leiten, und es kostete einige Mühe, ihn zum Aufgeben jenes Entschlusses zu bewegen. Aber daß sein Korps um einen halben Tag später aufbrach, ist nicht gerade von hervorragender Bedeutung gewesen, denn er konnte nicht so ohne weiteres in das Blaue hineinmarschieren.

Auf Seite 39 kommt R. auch auf den allgemeinen Operations-

plan für Nordwestdeutschland zu sprechen, von welchem ich in
meiner „Geschichte der Kriegsereignisse zwischen Preußen und
Hannover 1866" sage, daß er hinsichtlich der Mitwirkung der Division Beyer nicht richtig veranlagt war, indem es ratsamer gewesen
sein würde, dieselbe nicht bei Wetzlar, sondern bei Warburg (in
Westfalen) zu konzentrieren, um sie von hier aus auf Kassel zu dirigieren. R. eignet sich hier Lettows in dessen Werke: „Geschichte
des Krieges von 1866" vertretenen Standpunkt an, welcher mir
widersprechen zu müssen meint und die Konzentrierung bei Wetzlar
damit rechtfertigen will, daß für die Division Beyer nicht nur eine
Operation gegen Kurhessen, sondern auch gegen Nassau in Betracht
kam. Nassau fiel aber nicht so schwer ins Gewicht, vielmehr drängte
die Situation zu einer raschen Entscheidung gegen Kurhessen und
Hannover, zu deren Erzielung der Marsch der Division Beyer von
Warburg nach Kassel ungleich mehr beitragen konnte, als wenn sie
im Fußmarsche von Wetzlar nach der kurhessischen Hauptstadt
rückte. Übrigens konnte man zur Maskierung gegen Frankfurt und
Wiesbaden ein Detachement bei Wetzlar stehen lassen. Man lese
darüber meine Ausführungen in meinem Werke Seite 291—294
nach. [1]

Von den mit dem Abmarsche der Hannoveraner aus der Göttinger
Gegend nach Süden beginnenden Operationen gibt R. eine gedrängte,
aber übersichtliche und objektive Schilderung. Falckensteins Eigen-
sinn und Mißgriffe führten zu der bekannten Verwirrung der Lage,
welche mit Recht eine Komödie der Irrungen genannt werden kann,
und zu den aus Preußens Initiative hervorgehenden Verhandlungen
in Gotha.

Sowohl diese, wie auch die Mission des Generals v. Alvensleben
und die Vorgänge in Eisenach am 24. und 25. Juni bringt der Verfasser unter Klarlegung der verworrenen Lage zum Verständnisse.

Wenn R. mit Rücksicht auf diese Situation Seite 87 dem General
v. Göben den Vorwurf einer Unterlassungssünde macht, daß er nicht
am 25. nachmittags eine Erkundung gegen die Hannoveraner anordnete, so tut er dem General Unrecht, denn vor Eisenach stand
die hannoversche Brigade Bülow, bei Mechterstedt aber das Detachement Knipping und die Reservekavallerie. Eine solche Erkundung wäre daher ohne Waffengewalt nicht möglich gewesen, wozu
man mit Rücksicht auf die im Gange begriffenen Verhandlungen

---

[1] Wie mir mitgeteilt worden ist, wäre für die Aufstellung der Division
Beyer bei Wetzlar der Wunsch der Königin Augusta, ihr liebes Koblenz
gedeckt zu wissen, wesentlich maßgebend gewesen.

nicht schreiten konnte. Die Aussendung von Spionen ist dagegen eine Maßregel, welche nur zu häufig unzuverlässige Resultate ergibt. Nachdem der 26. Juni unter neuen Kollisionen vergangen war, kam es am 27. Juni zum Treffen bei Langensalza, indem der aus der Richtung von Gotha anrückende preußische General v. Flies, welcher mit dem Feinde in Fühlung bleiben sollte, zum Angriffe schritt. Aus des Autors Darstellung Seite 91 könnte man zu dem Schlusse gelangen, daß Flies zu einem Entscheidungskampfe entschlossen war. Dies ist jedoch nicht der Fall gewesen; denn der General wollte, wie er dem bei Langensalza eintreffenden Generalstabsoffizier Göbens (Hauptmann v. Jena) sagte, den Feind, dessen Nachhut er vor sich zu haben glaubte, nur über die Unstrut zurückwerfen, mit seinem Detachement aber diesen Fluß nicht überschreiten. Indessen kam es anders; Flies wurde unwohl, die Oberleitung ging verloren und es kam zu einem blutigen Kampfe, anstatt zu einem nur hinhaltenden Gefechte, welches unter den gegebenen Umständen genügt hätte.

Den blutigen Kampf, welcher sich an der Unstrut entspann, veranschaulicht R. dem Leser in anziehender Darstellung. Sehr richtig ist es, daß er sich besonders auch mit den Reiterkämpfen eingehender beschäftigt hat. Zwei ebenbürtige Gegner rangen hier in heldenmütiger Aufopferung miteinander. Nur möchte ich mir dazu die berichtigende Bemerkung gestatten, daß die 2. Eskadron des hannoverschen Dragonerregiments Cambridge bei der Attacke auf das Karree des Barres nicht von ihrem Chef, dem Rittmeister von Schnehen, sondern von dem II. Rittmeister Dörrbecker vorgeführt wurde. In dem Momente, wo es zur Attacke gehen sollte, war Schnehen vor der Front der im offenen Felde haltenden Eskadron nicht zu sehen, weshalb ihn aber kein Vorwurf treffen kann, da man nicht geglaubt hatte, daß es noch eines Angriffes bedürfen würde, um die bis zu Tode erschöpften Preußen zu überwältigen. Schnehen ist aber noch herbeigeeilt, hat an dem Angriffe teilgenommen und sich seine Todeswunde geholt. Diese Frage ist schon mehrfach der Gegenstand der Polemik gewesen, welche hauptsächlich in den Jahrgängen 1901 und 1902 der „Allgemeinen Militär-Zeitung" geführt wurde.

Ich hätte gewünscht, daß der Autor auch einen kleinen Blick auf die Verhältnisse bei den preußischen Truppen am Abend nach dem Kampfe geworfen hätte. Wie ich aus eigener Anschauung bestätigen kann, bewiesen die unter dem Eindruck einer Niederlage stehenden preußischen Truppen eine bewunderungswürdige Haltung. Die preußische Disziplin bewährte sich, der preußische Soldat hatte

Erziehung im Leibe. Noch steht es mir lebhaft vor den Augen, wie
ein Bataillon Elfer auf den Wiesen bei Westhausen zur Ver-
lesung schritt; wie mancher antwortete nicht mit: „hier". Dann aber
brachten die Kompagnieführer dem allerhöchsten Kriegsherrn die
Huldigung seiner Soldaten dar mit dem Rufe: „Seine Majestät der
König lebe hoch, hurra!" Und mit dreimaligem Hurra aus voller
Brust antwortete die Mannschaft. Und daneben auf der Gothaer
Straße erinnerten die langen Wagenzüge mit den wimmernden Verwundeten an die Schrecknisse des stattgefundenen Kampfes. Ich
muß offen gestehen, daß mir die Augen feucht wurden ob dieser
Treue, dieser Hingebung.

Regensbergs Buch ist eine empfehlenswerte Erinnerungsschrift,
der wir recht viele Leser wünschen wollen. Er hat es verstanden,
in anziehender Form ein anschauliches Bild von der hannoverschen
Episode jenes großen Kampfes zu geben, durch welchen unser
Deutsches Reich zusammengeschweißt wurde und entstanden ist.

VII.

Das Militärschreibwesen.

Von
Lüersfen, Hauptmann und Lehrer an der Kriegsschule in Glogau.

Bisher gibt es keine einheitliche Vorschrift für den militärischen
Schriftverkehr. Die Bräuche sind in den einzelnen Korps verschieden;
in manchen sind noch die althergebrachten Höflichkeitsformeln in
Geltung wie „ganz gehorsamst", „hochgeneigtest" und „mit vorzüglicher Hochachtung" oder gar „mit der Versicherung der vorzüglichsten Hochachtung" und dgl. In anderen Korps ist dieser
ganze Ballast über Bord geworfen.

Eine einheitliche Vorschrift erscheint auf jeden Fall wünschenswert. Es ist nicht angenehm, bei Versetzungen umlernen zu müssen.
Auch für die Ausbildung der Kriegsschüler ist es recht störend,
ihnen keine festen Vorschriften mit auf den Weg geben zu können.
Die Folge dieses Mangels einer für das ganze Heer geltenden Vor-

schrift ist eine gewisse Unsicherheit. Nicht selten müssen im Truppendienst Eingaben zurückgegeben werden, weil sie den Formen der betreffenden Behörden nicht entsprechen. Deshalb ist eine Schriftverkehrvorschrift von nöten. Dem Geist unserer neuen Dienstvorschriften entspräche es, wenn die einfache schlichte Form zum Gesetz erhoben würde. Das Formelwesen der Zopfzeit ist für das Empfinden der Gegenwart unschön. Schneiden wir den Zopf ab, so sparen wir Tinte, Papier und vor allem Zeit; Zeit, welche in unserer schnelllebenden Gegenwart ein so kostbares Gut bedeutet. Man empfindet die Höflichkeitsformeln heute eher als Unhöflichkeit, da die zwecklosen Umschweife den Leser ungeduldig machen. „Euer Hochwohlgeboren melde ich ganz gehorsamst, daß ich an . . . . . erkrankt bin." Weshalb nicht einfach: „Ich bin an . . . . . erkrankt."? Für den Empfänger ist dies in gleichem Maß schneller zu lesen wie für den Absender einfacher zu schreiben.

Neben der Zeitersparnis haben wir bei Aufgabe des Formelwesens einen weiteren wichtigen Vorteil: wir üben in jedem Schriftstück die kriegsmäßig nötige knappe Klarheit des Ausdrucks und haben „im Kriege nichts von dem abzustreifen, was wir im Frieden geübt".

Im folgenden versuche ich einen kurzen Entwurf zu einer zeitgemäßen „Schriftverkehrvorschrift" zu geben:

Schriftverkehrvorschrift.
(D. V. No . . .) (Schr. V. V.)

1. Bei allen Angelegenheiten, welche auf den Dienstweg angewiesen sind (einschl. Urlaub), ist die Dienstform anzuwenden. (Die Privatdienstform fällt weg.)

2. Der außerdienstliche Schriftverkehr richtet sich in seiner Form nach dem bürgerlichen Brauch; nur die Adressen sind auch hier kurz, ohne Beiwerk (z. B. An Herrn Major v. K . . ., Spandau).

3. Die Gedanken müssen in klaren Ausdruck gefaßt sein, so knapp, wie es die Deutlichkeit zuläßt. Derjenige Ausdruck ist der beste, welcher den gewollten Gedanken des Absenders dem Empfänger am schnellsten übermittelt und dabei keinen Zweifel aufkommen läßt.

4. An Papier ist der weiße Militärbogen zu verwenden, je nach dem zu erwartenden Umfang des Schriftstücks (einschl. des Verkehrs durch alle Behörden, welcher grundsätzlich urschriftlich erfolgt) sind der viertel, der halbe oder der

ganze Bogen bzw. mehrere zusammengeheftete Bogen zu
wählen. An Stelle des Viertelbogens kann stets die Meldekarte oder wenn nötig die Postkarte genommen werden.

5. Als Adresse ist stets die Behörde, nicht die Person anzu-
geben. (Welche ärgerlichen Zeitverluste verursacht oft die
an die Person gerichtete Adresse, wenn diese Person zurzeit
abwesend ist!) Die Adresse lautet z. B.: An I./I. R. 27;
An F. A. 23; An 22. Kav. Brig. (Die Post ist findig genug,
diese Abkürzungen zu verstehen.)

6. In der Regel sind mit Vordruck versehene Bogen zu gebrauchen. Beispiel (halber Bogen):

Betrifft: Ort, Zeit:

Urlaub des Hptm. K . . . . .,   *Posen, 17. 8. 06.*
                      F. A. 5.

An:
    II./F. A. 5

                    Gesuch.

            Ich bitte um 45 Tage Urlaub
            nach . . . .
                            K . . . . .
            II./F. A. 5. Durch 18. 8. 06 be-
            fürwortend.
                            L.
            F. A. 5.
            Durch 19. 8. 06. Befürwortet.
                            M . . . . .
                    usw.

Mancher wird die althergebrachten schönklingenden Redewendungen vielleicht nicht gern missen. Möge er das Opfer dem
neuen Zeitgeist bringen. Jedenfalls entspricht eine solche Neuerung
einem allgemeinen Bedürfnis und würde einen zeitgemäßen Fortschritt bedeuten.

VIII.

Eine Schilderung der inneren Verhältnisse des russischen Heeres von einem General des russischen Generalstabes.

Je mehr in der Zeit seit Beendigung des letzten Feldzuges von teilweise unberufenen Federn über die russische Armee geschrieben ist, je mehr die Leidenschaft des Parteiinteresses oder persönliche Interessen die Motive der Veröffentlichungen waren, um so größere Bedeutung verdient das Urteil eines russischen Offiziers, der sich an der Spitze seiner Truppe im Feldzuge hervorgetan und der trotz des Freimutes, mit dem er die Schwächen des Offizierkorps kennzeichnete, auf eine hervorragende Stelle berufen wurde.[1]

Wir sind in dem günstigen Urteil über die offene, vorurteilsfreie Darlegung der Gründe, welche die Ursachen der Niederlagen im letzten Kriege waren, auch nicht erschüttert worden durch eine Verdächtigung — sit venia verbo — der deutschen Politik, die, nach unserem russischen Gewährsmanne, es ist der Generalmajor im Generalstabe Martynow, Rußlands Interesse am fernen Osten zu fesseln gewußt hätte, um es von seinen wahren Interessen im Westen und im „Blishnij Wostok" (im „nahen Orient") abzulenken. Wer die Geschichte Rußlands in den letzten Dezennien verfolgt hat, der weiß, welche Hoffnungen man auf die Erreichung eines nie gefrierenden Hafens im „fernen Osten" setzte. Sonst empfehlen wir ihm den „Alleruntertänigsten Bericht" zu studieren, den Minister Witte im Jahre 1903 an seinen kaiserlichen Herrn richtete und den wir als die beste Widerlegung des Ausfalls des Generals Martynow bezeichnen zu können glauben.

Man hat sehr viel über den Geist des russischen Heeres geschrieben, der im letzten Kriege wesentlich beeinflußt war durch die Abneigung des Volkes gegen den Krieg für eine ihm ferne liegende Sache. Dies ist gewiß richtig. Martynow hebt aber noch ein anderes Moment hervor, das, mutatis mutandis, auch die kriegerische Kraft der anderen europäischen Nationen schwächen kann, wenn man es nicht zu überwinden versteht: Es ist die Lehre von der Not-

---

[1] E. J. Martynow, Generalmajor im russischen Generalstabe. Die Ursachen und Wirkungen der russischen Niederlagen. Deutsch von O. von Schwartz. Berlin 1907. Siegismund. Mk. 2,50.

wendigkeit des ewigen Friedens, jene entnervende Lehre, die sich
auch bei uns breit macht. In Rußland hatte man von den Lehr-
stühlen der Universitäten wie in den Volksschulen die Idee verbreitet, daß der Krieg ein Verbrechen und ein Anachronismus sei und
daß kriegerische Tugend keine Achtung verdiene. In einer kurz
vor dem Kriege abgehaltenen Adelsversammlung erklärte ein Mitglied
bei Erörterung der Frage betreffend Errichtung eines neuen Kadettenkorps, es sei verfehlt, Gelder zur Erziehung von „Menschenmördern"
auszugeben. Nach Martynows persönlicher Erfahrung, nahmen
sogar die Zensurbehörden diese Ideen im Namen der Haager Konferenz unter ihren Schutz, obwohl sie den kriegerischen Geist des
Volkes und Heeres untergruben. Es wurde verboten, gegen die
„Pazifisten" aufzutreten. General Martynow wurde es untersagt,
eine Übersetzung der Broschüre des deutschen Universitätsprofessors
Stengel herauszugeben, in welcher dieser die Unmöglichkeit einer
Abrüstung dargelegt hatte.

Als nun plötzlich der Krieg ausbrach, fand die im Felde stehende
Armee hinter sich kein Volk wie die Japaner, die alles taten, um
die Begeisterung in der vor dem Feinde stehenden Armee zu erhalten. „Die dunklen Massen des Volkes" — sagt Martynow —
interessierten sich für den ihnen unverständlichen Krieg nur insoweit,
als er ihr Familienleben oder ihre wirtschaftlichen Verhältnisse berührte .... Die Mehrzahl der gebildeten Gesellschaft aber verhielt
sich dem Kriege gegenüber ganz gleichgültig. Man ging ruhig seiner
gewohnten Beschäftigung nach, und während der traurigen Tage von
Ljaojang, vom Schaho, Mukden und Tsushima waren die Theater,
Restaurants und · Vergnügungslokale so besetzt wie immer. Die
Kreise aber — und es waren dies in erster Linie die Vertreter der
sogenannten Intelligenz —, welche von einem unglücklichen Ausgange des Krieges einen Umsturz der Verhältnisse oder doch Reformen erhofften, stützten ebenfalls durch solche Gesinnung die Armee
nicht. Wir entsinnen uns, noch unter der Herrschaft der Zensur das
Schicksal Port Arthurs mit dem von Ssewastopol in Vergleich gestellt gesehen zu haben.

Wie die Niederlage im Krimkriege die Reformen Alexanders II.,
so hieß es, würde im Mandschurischen Kriege eine neue Ära der
Reformen herbeiführen. In der Heimat erregte man schon damals
Unruhen, ja man begrüßte in dem eben gedachten Sinne die
Niederlagen als Glück verheißende Ereignisse, durch die eine Besserung
der Verhältnisse angebahnt werden sollte. Martynow entschuldigt
oder erklärt diese ungeheuerlichen Verhältnisse durch den Gang der
russischen Geschichte.

Durch die jahrhundertelange Zurückhaltung der Gesellschaft von der Teilnahme an den öffentlichen Angelegenheiten hätte man das Verständnis für dieselben verloren. Sonst wäre es doch ganz unmöglich gewesen, daß russische literarische Kritiker sich dazu hergegeben hätten, zwei Erzeugnisse der Tendenzliteratur, die während des Krieges erschienen, gerade als rechtzeitige Veröffentlichungen zu begrüßen: „Das rote Lachen" von Andrejew, durch das dem Volke noch mehr Abscheu vor dem Kriege eingeflößt werden sollte, und „Das Duell" von Kuprin, das die Verhältnisse innerhalb des Offizierkorps in geradezu entwürdigender Weise schilderte. Von der Art, wie man in der Tagespresse den Geist der Armee zu heben suchte, spricht am besten der Umstand, daß in der vielgelesenen „Nascha Sshisnj" den Studenten, welche die ausmarschierenden Regimenter geleiteten, zugerufen wurde, sie hätten dadurch ihr studentisches Kleid befleckt.

Was die Charakteristik des Oberfeldherrn anlangt, so bestätigt Martynow das Bild, welches in dieser Zeitschrift von Kuropatkin entworfen ist. Er faßt sein Urteil dahin zusammen, daß dieser General seiner ganzen Charakter- und Verstandesanlage nach vielleicht ein vortrefflicher Intendant, auch wohl ein guter Stabschef unter einem talentvollen Oberkommandierenden gewesen wäre, aber niemals ein Feldherr. Für letzteres fehlte ihm der schöpferische Geist, die unerschütterliche Entschlossenheit und jene Seelengröße, ohne die ein wahrer Feldherr undenkbar ist.

Die Hauptschuld an dem unglücklichen Ausgange des Krieges trägt nach Martynow das Fehlen von richtigen Persönlichkeiten in den maßgebenden Stellungen. Die Mehrzahl der russischen Truppenführer bereitete sich in den fashionablen Restaurants, den Petersburger Kanzleien und auf dem höfischen Parkett auf ihre kriegerische Tätigkeit vor. General Kuropatkin selbst sagte in seinem Abschiedsbriefe an die Offiziere hierüber: „Leute mit starkem Charakter, selbstbewußte Persönlichkeiten, wurden in Rußland in vielen Fällen leider nicht nur nicht befördert, sondern sogar verfolgt. Im Frieden erschienen diese Männer ihren Vorgesetzten als unruhige schwierige Charaktere, wurden dementsprechend beurteilt und nahmen daher oft den Abschied. Leute ohne Charaktere und Überzeugungen dagegen, unterwürfige Kreaturen, die sich bereitwillig den Ansichten ihrer Vorgesetzten fügten, wurden auf jede Art begünstigt." Geradezu vernichtend aber ist, was Martynow von der Art berichtet, wie die höchsten Truppenführer im Frieden, also die Oberkommandierenden der Militärbezirke, Kommandierenden Generale usw. ihre Aufgabe auffaßten. Wörtlich sagt er: „Haben sie erst ihre hohen Stellungen erreicht, so betrachten unsere militärischen Würdenträger dieselbe meist als eine Art Sinekure und beschäftigen sich mit dem Dienste nur insoweit, als dies des äußeren Scheines wegen nötig ist. Einen soldatischen Beruf fühlen sie meist nicht in sich und haben keine Veranlassung, die fortschreitende Entwickelung des Heerwesens zu verfolgen, an ihrer eigenen Weiterbildung zu arbeiten und die Truppen zweckentsprechend auszubilden. Ihre dienstliche Stellung ist auch ohnedies vollkommen gesichert. Was sie auch tun mögen, welche Beweise von Unwissenheit, Nachlässigkeit und Dünkelhaftigkeit sie auch geben mögen, welche unsinnigen Anforderungen sie auch an die Truppen stellen, sie bleiben trotz alledem auf ihrem Posten, bis sie wegen Altersschwäche oder unheilbarer Krankheit einen stillen Unterschlupf in einer der obersten Reichsbehörden aufsuchen. Dies System der völlig mangelhaften Beaufsichtigung der führenden Personen ist im Frieden so tief bei uns eingewurzelt, daß es auch im Kriege beibehalten wurde .... Unfähige, unwissende Generale führten weiter ihre Truppen auf die Schlachtbank und zwar so lange, bis es ihren vereinten Kräften gelungen war, den ganzen Krieg zu einem kläglichen Ende zu führen."

Was Martynow über das russische Offizierkorps sagt, deckt sich zum Teil mit dem, was unsere Leser aus den Monatsberichten über Rußland kennen.

Er betont, daß das Offizierkorps zurzeit in keiner Gesellschaftsschicht irgend welchen Sympathien begegnet. Eine Folge dieser und anderer ungünstiger Verhältnisse ist es, daß viele Offiziere sich danach sehnen, den Frontdienst zu verlassen. Wem es nicht gelingt, auf eine der Militärakademien zu kommen, der wird Erzieher oder tritt zur Intendantur, der Zollverwaltung, Polizei, Grenzwache, Gendarmerie oder in einen der verschiedenen Verwaltungszweige über, wo man besser bezahlt wird und ein bequemeres Leben führt.

Ferner weist er auf eine Erscheinung hin, die zum Teil die ungenügenden Leistungen der höheren Führer erklärt. Es klingt diese Behauptung freilich scheinbar parodox, so daß wir dem General Martynow ihre Vertretung überlassen müssen. Er meint, daß eine weitere Folge des allmählichen Ausscheidens der fähigen, selbständigen und unternehmungslustigen Elemente darin bestände, daß mit Ausnahme einiger passionierter Soldatennaturen nur die unbegabteren Offiziere — er sagt „die ungebildetsten und indolentesten" — weiter dienen. Hierdurch erkläre es sich, daß der mittlere Bildungsgrad der Leutnants durchweg höher ist als der der Bataillonskommandeure. Während in allen anderen Armeen eine Durchsiebung der Offiziere vor jeder Beförderung in einen höheren Dienstgrad stattfindet, bei der alle ungeeigneten Elemente ausgesondert werden, wäre in Rußland das Gegenteil der Fall.

Unter den vielen Reformvorschlägen, die der General zur Hebung dieser Übelstände macht, erwähnen wir nur die Abschaffung der vielen „Zivilgenerale und -offiziere“, die mit der Armee nichts zu tun haben, wohl aber in den verschiedensten Ressorts, wie in dem des Ministeriums des kaiserlichen Hauses, des Ministeriums des Innern, der Hauptverwaltung der Institute der Kaiserin Maria Feodorowna usw. angestellt sind. Dann will er eine volle Übereinstimmung des Dienstgrades und der Dienststellung herbeigeführt wissen. Gegenwärtig sind nach Ansicht vieler einsichtiger Offiziere alle Stellungen außerhalb der Front mit Leuten von unverhältnismäßig hohem Dienstrange besetzt. Ein Generalleutnant ist Museumsdirektor, ein anderer Zeichenlehrer, ein Generalmajor ist Bibliothekar usw. Entgegen den gesetzlichen Bestimmungen beförderte man den Chef der Militärkasse zum General. Kürzlich ernannte man sogar die Klasseninspektoren der einzelnen Kadettenkorps zu Generalen. Sehr abfällig spricht er sich über die Riesenzahl der verabschiedeten Generale aus. Auf 1400 aktive Generale kommen in Rußland wohl an die 10000 (?) verabschiedete. Fast jeder Magazininspektor wird bei seiner Verabschiedung zum General befördert.

Etwas unverständlich, wenigstens für das Gefühl des deutschen Offiziers, ist, was Martynow bei Gelegenheit der Forderung, die Verwendung des Militärs zu polizeilichen Zwecken auf die notwendigsten Fälle einzuschränken, sagt. Abgesehen davon, daß in dem gegenwärtigen Zustande der Revolution die Polizei der dauernden Unterstützung bedarf, erscheint uns der folgende Satz aus der Feder des Offiziers eines monarchischen Staatswesens sehr bedenklich: „Eine auf der allgemeinen Wehrpflicht beruhende Armee ist ihrem innersten Wesen nach eine staatliche Einrichtung, aber nicht eine Waffe in der Hand der gerade regierenden Partei. Daher kann in abstrakterem Sinne die bewaffnete Macht auch nur gegen die Feinde des Staates, nicht aber gegen die Feinde eines bestimmten Regimes verwandt werden.“ Hier scheint der Begriff des Monarchen und seiner Regierung doch etwas sehr übersehen zu werden.

Ist das Bild, welches Martynow vom Offizierkorps gibt, ein trübes, so sind auch die Schilderungen des Soldaten wenig erfreulich. Wenn auch die russische Tapferkeit hervorgehoben wird, so wird doch unumwunden eingestanden, daß er an geistiger Selbständigkeit dem Japaner nachstand. „Sobald die Offiziere ausfielen, verwandelte sich die Kompagnie, die vorher tapfer gefochten hatte, in eine hirtenlose Heerde und wurde unfähig zu irgend welchen überlegten Ge-

fechtsbandlungen." An Körperkraft und Ausdauer sei der russische
Soldat nicht mehr das, was er vor einem Vierteljahrhundert war.
Von den nicht national-russischen Elementen in der Armee bezeichnet
er die Juden als das schlechteste Menschenmaterial. Bei der Mobil-
machung suchten sie sich mit allen möglichen Mitteln der Einberufung
zu entziehen. Nach dem „Russischen Invaliden" konnten von 59262
Juden, die im letzten Vierteljahr 1904 einberufen wurden, nur 21371
Mann eingestellt werden. Der Ausfall mußte durch Einberufung von
Christen ersetzt werden. Auf dem Kriegsschauplatz suchten sich die
Juden nach Möglichkeit zu Kommandos hinter der Front zu drängen.
In einer Division desertierten vom 1. April 1904 bis 1. Juli 1905
256 Juden, von Soldaten aller anderen Nationalitäten nur 8. Einen
guten russischen Truppenteil mit einem starken Prozentsatz von Juden
versehen, heißt deshalb soviel, wie denselben auf die sicherste Weise
demoralisieren.

In der militärischen Ausbildung wäre der russische Soldat dem
japanischen in keiner Weise gewachsen gewesen, in der Disziplin
hätte er viel zu wünschen gelassen. Im Frieden beruhe die Disziplin nicht sowohl auf dem Pflichtgefühl des Soldaten als auf der
Furcht vor Strafe. Das Selbstbewußtsein des Soldaten wurde im
Frieden systematisch unterdrückt. Waggons und Wartesäle 1. und
2. Klasse waren ihm verboten, ebenso der Besuch von Theatern, man
ließ ihn nicht in das Innere der Straßenbahnwagen hinein, in einigen
Städten durfte er sogar nicht einmal auf dem Bürgersteige gehen usw.

Sehr abfällig spricht sich Martynow über den russischen Generalstab und seine Pflanzschule, die Generalstabsakademie, aus. Zu
ihrer Reform erklärt er es für unbedingt notwendig, die Hälfte aller
Professoren zu entlassen, ferner die allgemeinen dienstlichen Verhältnisse so einzurichten, daß die Akademie einer Hochschule entspricht.
Endlich müsse die bisher ganz ungesunde Unterrichtsmethode von
Grund aus geändert werden. Jedem infolge seiner guten Examina
nach Absolvierung der Akademie in den Generalstab versetzten
Offiziere ist nach menschlicher Berechnung der Posten eines
Divisionskommandeurs gesichert, wenn nicht — nach Martynow —
eine Eigenschaft seine Laufbahn zuschanden machte: die Selbst-
ständigkeit. Des Generalstabsoffiziers gewöhnlicher Dienst bestand
in der Arbeit in den Kanzleien, die taktischen Aufgaben und
Übungsritte wurden nur pro forma erledigt. So bereitete die Friedens-
tätigkeit den Generalstabsoffizier in keiner Weise auf das vor, was
er im Kriege zu tun hatte. Der Armee konnte das alles nicht ent-
gangen sein und daher sah sie in den ausgedehnten Privilegien der
Generalstabsoffiziere eine Ungerechtigkeit und eine unverhältnismäßig

große Belohnung dafür, daß sie einmal die Akademie absolviert hatten.

Mit den Kriegsorden wurde in den letzten Kriegen ein empfindlicher Mißbrauch getrieben. Martynow behauptet, daß im letzten Kriege geradezu eine Massenverschwendung von Orden stattgefunden hätte. Auch mit dem Georgsorden, der zwar nicht so zahlreich verliehen wurde, wäre es ähnlich getrieben worden. So hätte man während der Belagerung von Port Arthur telegraphisch Georgsorden an „Helden" verliehen, die nicht einmal ihre einfachsten militärischen Pflichten erfüllt hätten.

Die großen Etatszahlen der Armee, deren Stärke beim Friedensschlusse an absoluter Zahl den Japanern überlegen war, schmolzen durch die unglaublich vielen Abkommandierten hinter der Front wie Butter an der Sonne zusammen. Als Beispiel führt Martynow ein Infanterieregiment an, das nicht weniger als 1800 Abkommandierte im Januar 1905 zählte. Im Juli 1905 erließ das Oberkommando einen Befehl, in dem gesagt wurde, daß aus den Frontrapporten der Truppen aus den letzten Schlachten hervorgegangen sei, daß von den Mannschaften, die bestimmungsgemäß hätten in der Front sein müssen, nicht mehr als ein Drittel wirklich am Kampfe teilnahm.

Um so zahlreicher waren die Stäbe, auch die hinter der Front. Der „Rücken" saugte wie ein Schwamm den Saft der Armee aus. Während man „in der Front" mit vielen Entbehrungen zu kämpfen hatte und die Offiziere in hohem Grade einfach lebten, verstanden es die Herren „hinter der Front", sich mit allem Komfort einzurichten. In Charbin herrschten aber sogar während des ganzen Feldzuges geradezu „babylonische Zustände".

Einen helleren Ton bringt Martynow in dies sonst so dunkle Gemälde, und der betrifft die Verpflegung der Armee. War diese in den früheren Kriegen Rußlands aus den verschiedensten Gründen stets die schwache Seite der Kriegführung, so muß man gerecht sein in der Anerkennung, daß die russische Intendantur sich diesmal ihren nicht leichten Aufgaben weit mehr gewachsen zeigte, als früher. Martynow, der soviel Tadel für Kuropatkins Führung hat, gesteht in dieser Hinsicht dem Oberkommandierenden ein besonderes Verdienst zu, dessen administrativen Fähigkeiten und dessen ständiger Fürsorge für die Truppen dies Ergebnis in erster Linie zu verdanken ist. Wenn die russische Armee in irgend einer Beziehung Not litt, so lag das nicht an Unterschlagungen bei der Intendantur, sondern an den ungeheuren Schwierigkeiten, den Verpflegungsdienst auf dem entlegenen Kriegsschauplatze zu organisieren. Gegen die Intendantur kann man allerdings vielleicht den Vorwurf erheben, daß sie,

wenn auch im Interesse der Truppen, diese zu sehr für die Dienstleistungen zur Verpflegung herangezogen und so die Zahl der „im
Rücken" abkommandierten Mannschaften in sehr hohem Maße vermehrte.

Wir brechen hier die an der Hand der Martynowschen Schrift
gegebene Schilderung der Zustände in der russischen Armee vor
1906 ab. Sie ergänzten und bestätigten in vielen Punkten das in
unseren Monatsberichten Gesagte. Sie gewinnen aber an Wert dadurch, daß sie von einem russischen hervorragenden Offizier stammen
und daher, wenn auch persönlich gefärbt wie wohl jedes
menschliche Urteil, doch unter allen Umständen mehr Wahres
bieten als die meisten Beobachtungen der außerhalb des russischen
Heeres Stehenden.

Umschau.

Deutschland.

Schwere
illerie des
ldheeres.</div> Nachdem die Geheimhaltung der Vorschriften über die Verwendung der schweren Artillerie des Feldheeres aufgehoben und der
3. Teil des Exerzierreglements der Fußartillerie, welcher diese Verwendung behandelt, erschienen ist, kann dieselbe, nun auch öffentlich erörtert werden, wie dies im Laufe der Zeit bereits in ausländischen Fachzeitschriften vielfach geschehen ist.

Die schwere Artillerie des Feldheeres ist hervorgegangen aus
dem Bedürfnis, die Sperrforts und andere permanente Befestigungen
an der französischen Grenze schnell wegzunehmen oder in ihrer
Tätigkeit lahm zu legen, um den deutschen Heeren den Weg frei
zu machen zum Einmarsch in Frankreich, welcher durch die bald
nach dem Kriege begonnene ununterbrochene Befestigungslinie, gesperrt ist. Diese zusammenhängende Verteidigungslinie beginnt bei
Pt. de Roide südlich von Belfort an der schweizerischen Grenze
und geht über Belfort, Epinal, Toul, Verdun bis Montmédy. Diese
befestigten Plätze sind durch eine Reihe von Sperrforts verbunden.
Vor dieser zusammenhängenden Verteidigungslinie sind die Be-

festigungen von Lunéville, Nancy und Longny vorgeschoben und dahinter liegen noch die Befestigungen an der oberen Maas, Langres und Neufchâteau. Zum Kampf gegen diese mehrfachen Befestigungslinien wurden im Jahre 1880 zwei „Spezialartilleriebelagerungstrains" aus je 40 Geschützen und zwar je 12 schweren 12 cm, 20 kurzen 15 cm-Kanonen und 8 21 cm Mörsern gebildet, welche dazu bestimmt waren den Heeren unmittelbar zu folgen. Im Laufe der Zeit hat sich den Fortschritten in der Konstruktion der Geschütze folgend die Zusammensetzung und die Organisation dieser ursprünglichen Belagerungstrains geändert, bis sie sich zur Fußartillerie mit Bespannung und dann zur schweren Artillerie des Feldheeres ausgewachsen hat, welche durch die Bildung und Zuteilung von Bespannungsabteilungen schon im Frieden wesentlich kriegsbereiter und zugleich fähiger geworden ist, als vierte Waffe ein integrierender Teil des Feldheeres zu sein.

In nicht geringem Maße durch die Lehren des Krieges in der Mandschurei beeinflußt, hat sich die oben dargelegte ursprüngliche Aufgabe der schweren Artillerie dahin erweitert, daß letztere als eine wesentliche Verstärkung der Feldartillerie in allen Fällen, wie auch die anderen Waffen auf dem Schlachtfelde, insbesondere zur Zerstörung von Feldbefestigungen, für welche die eigentliche Feldartillerie nicht ausreicht, verwendet werden soll. Dieser doppelte Zweck erfordert einerseits ein so bewegliches Geschütz, daß es den Truppen auf dem Schlachtfelde folgen kann, anderseits ein so wirksames Geschütz, daß es die zu erwartenden Panzerungen zu zerstören vermag.

Der erfolgreiche Abschluß der Konstruktion gezogener Wurfgeschütze und die weitere Ausbildung des Rohrrücklaufs für Haubitzen und schwere Kanonen haben eine sehr zweckentsprechende Zusammensetzung der schweren Artillerie für diese Doppelaufgabe ermöglicht.

Das Reglement sieht z. Zt. nur den 21 cm-Stahlmörser und die schwere (15 cm) Feldhaubitze vor.

Der 21 cm-Mörser schießt eine Langgranate von 120 kg Gewicht mit einer größtzulässigen Erhöhung von über 60°, ist also ein sehr leistungsfähiges Geschütz. Er ist aber auch 5610 kg schwer und zwar das Rohr 3000 kg, die Lafette 2090 kg und die Protze 520 kg. Dieses Gewicht zwingt dazu, Rohr und Lafette getrennt zu transportieren. Da das Geschütz noch keine Rohrrücklauflafette hat, muß es von einer (recht schweren) Bettung schießen, welche auf 2 besonderen Bettungswagen von 3—5000 kg Gewicht fortgeschafft wird. Das Einlegen des Rohres in die Lafette und das

Strecken der Bettung vermindert die Feuerbereitschaft so sehr, daß eine Mörserbatterie erst etwa˙ 4 Stunden nach ihrem Eintreffen schußbereit ist. Auch wird durch Rohr- und Bettungswagen der Troß der Batterie sehr vermehrt. Bei der ballistischen Leistungsfähigkeit des Mörsers und dem dadurch bedingten hohen Rohr- und Lafettengewicht läßt sich der gesonderte Transport von Rohr und Lafette für ein Geschütz, welches der Feldarmee folgen soll, auch in Zukunft nicht umgehen. Die Franzosen haben ihn sogar schon bei der 15 cm R.-Haubitze mit in den Kauf genommen. Dagegen wird sich das Mitführen und Strecken der Bettung ganz oder doch wenigstens zum größten Teil künftig vermeiden lassen, sobald bei den 21 cm-Mörsern eine Rohrrücklauflafette eingeführt sein wird, was ja nur eine Frage kurz bemessener Zeit sein kann. Denn der Übertragung dieses Prinzips auf den Mörser stehen bedeutende Schwierigkeiten nicht mehr im Wege.

Z. Zt. besteht eine Mörserbatterie aus 4 Rohrwagen, 4 Lafetten mit Protzen, 8 Bettungswagen, 1 Beobachtungswagen, 1 Vorratswagen, 1 Feldschmiede, 1 Futter- 1 Pack- und 1 Lebensmittelwagen. Das sind 22 größtenteils 6 spännige Fahrzeuge. Die Munition wird in einer leichten Munitionskolonne und in den Artillerie-Munitionskolonnen nachgeführt. Die Gefechtsbatterie besteht aus dem Beobachtungs- und den Bettungswagen, die Geschützstaffel aus den Lafetten, den Rohr- und dem Vorratswagen, sowie den Offizier- und Vorratspferden.

Ein Bataillon Fußartillerie bildet zwei 21 cm-Mörserbatterien. Jedem Bataillon wird noch ein Bataillon Infanterie dauernd zugeteilt, welches dazu bestimmt ist, im Notfalle beim Fortschaffen der Fahrzeuge und sonst bei den Erdarbeiten usw. Hilfe zu leisten. Die Batterie bewegt sich ausschließlich im Schritt.)

Die Länge der Marschkolonne und ihre geringe Beweglichkeit lassen es nicht zu, die 21 cm-Mörser in die Marschordnung der Armeekorps einzureihen. Da man sie unvorhergesehen nie verwenden wird, so ist ihre dauernde Zuteilung zu den Armeekorps auch nicht erforderlich. Deshalb werden sie den Armeekommandos unterstellt, welche sie je nach dem voraussichtlichen Bedarf einem Truppenteil zuweisen.

Die schwere (15 cm) Feldhaubitze ist unter Beibehalt ihrer Seele und ihrer Munition in ein Rücklaufgeschütz M. 1902 umgewandelt worden. Dabei ist in der Batterie die Zahl der Geschütze von 6 auf 4 und die der Munitionswagen von 12 auf 8 herabgesetzt worden unter Bildung von leichten Munitionskolonnen. Dadurch ist die Batterie um 6 Fahrzeuge erleichtert und gleichzeitig

die Munitionsmenge für jedes Geschütz erhöht worden. Eine s. F.-
Haubitzbatterie besteht aus:

1. der Gefechtsbatterie: 1 Beobachtungswagen, 4 Geschütze und
   4 Munitionswagen,
2. der Staffel: 4 Munitionswagen, 1 Vorratswagen, die Offizier-
   und Vorratspferde,
3. der Bagage: 1 Feldschmiede, 1 Futter-, 1 Pack- und 1 Lebensmittelwagen.

Die s. F.-Haubitze schießt eine 42,3 kg schwere Brisanzgranate
mit 7 kg Geschoßfüllung mit Az m. oder o. V. je nach der Art des
Zieles. Größte Erhöhung 42°, größte Schußweite über 6000 m.
Das Geschütz als Fahrzeug, Rohr mit Lafette und Protze, wiegt annähernd 2600 kg und leistet sechsspännig die Marschgeschwindigkeit
der Infanterie. Regelmäßige Gangart ist 100 m Schritt in der
Minute. Trapp mit 200 m in der Minute wird angewendet, wenn
die Gefechtslage es erfordert. Ein Fußartilleriebataillon umfaßt
4 schwere Haubitzbatterien und 8 Munitionskolonnen.

Aus dieser kurzen Charakterisierung dieser beiden Geschütze
ergibt sich ihre Bestimmung.

Nur die schwere Feldhaubitze ist leicht genug, um allen Bewegungen des Feldheeres folgen zu können, ebenso genügt ihre
Feuerbereitschaft, um sie in der Feldschlacht verwenden zu können,
und das Gewicht ihrer Granate läßt noch die Möglichkeit zu, eine
angemessene Munitionsmenge mitzuführen ohne die Marschkolonne
unzulässig zu verlängern. Ihre Granate ist wirksam genug gegen
alle in kurzer Zeit herstellbaren Feldbefestigungen und genügt auch
um die Tätigkeit der Sperrforts lahm zu legen, nicht aber um sie
wegzunehmen. Dazu bedarf es der Mörser. Diese letzteren können
ihrer geringen Beweglichkeit halber und in Rücksicht auf ihre
schwere und kostspielige Munition nur gegen von langer Hand vorbereitete stark befestigte Stellungen, gegen Sperrforts und Festungen
verwendet werden, also nur dann, wenn genügend Zeit bleibt,
sie vorzuziehen, da man auf solche Befestigungen nicht unvermutet
stößt.

Die Haubitzbataillone können und werden in jeder Feldschlacht
also im Begegnungsgefecht verwendet werden, sobald sich geeignete
Ziele für sie finden, die Mörserbataillone aber nur im Kampf um
Stellungen.

Aus dieser Verschiedenheit ihrer Verwendung ergibt sich auch
die Zuteilung zu den Truppen. Die Haubitzbataillone sind integrierende
Teile der Armeekorps geworden und sind organisatorisch ihnen zugeteilt. Amtlich ist ihre Zahl nicht bekannt gegeben, aber es läßt sich

annehmen, daß jedes Armeekorps 1 Bataillon gleich 4 Batterien mit
zusammen 16 15 cm-Haubitzen im Kriege hat. Sie marschieren
gewöhnlich hinter der Infanterie des Gros. Wenn aber der Angriff
auf eine Stellung vorausgesehen wird, sind sie bis nahe an die Spitze
der Kolonne vorzuziehen, damit ihr rechtzeitiges Eingreifen in den
Kampf gesichert ist. In diesem Falle sind die Beobachtungswagen
schon beim Abmarsch in die Vorhut einzureichen und die Offizier-
aufklärer soweit als möglich vorzuziehen. Solange die Batterien
noch nicht vorgegangen sind, marschieren die leichten Munitionskolonnen unmittelbar hinter ihrem Bataillon, andernfalls am Schlusse
der fechtenden Truppen hinter den leichten Kolonnen der Feldartillerie.
Die schwere Artillerie tritt in Tätigkeit sobald der Gefechtszweck
es erheischt. Die Aufgaben, welche ihr zugewiesen werden, müssen
den Verbrauch der kostbaren und schwer heranzuschaffenden Munition
rechtfertigen. Die Haubitzen sind deshalb vorwiegend gegen widerstandsfähige Ziele, gegen Schildbatterien, gegen Ziele, die durch
starke Feldbefestigungen gedeckt sind, gegen Laufgräben, Ortschaften
und hochstämmige Wälder zu verwenden. Die Hauptaufgabe der
Haubitzen bleibt in inniger Verbindung und vollster Übereinstimmung
mit der Infanterie und Feldartillerie die beabsichtigte Einbruchstelle sturmreif zu machen. Dazu bedarf es in erster Linie der
Niederkämpfung des feindlichen Artilleriefeuers. Ist dies geschehen
so sorgt die Feldartillerie dafür, daß es nicht wieder auflebt und
die Haubitzen vereinigen ihr Feuer auf die Einbruchstelle und unterhalten es dagegen solange als es ohne Gefährdung der anstürmenden
Infanterie möglich ist. Dann wird das Feuer nach rückwärts verlegt, um die Heranführung von Reserven und den Munitionsersatz
zu erschweren und den Rückzug aus der Stellung durch beschießen
von Brücken, Hohlwegen, Straßen, Stützpunkten usw. zu belästigen.
Der richtige Zeitpunkt für die Verlegung des Feuers wird von
Offizieren der Fußartillerie, welche mit der Infanterie vorgehen und
Verbindung mit dem Bataillon halten, diesen bekannt gegeben. Um
sich von Anfang an eine Feuerüberlegenheit zu sichern, sollen die
Haubitzen in Massen auftreten, deshalb ist die Verwendung der geschlossenen Bataillone die Regel, einzelner Batterien nur Ausnahme.
Die Feuerleitung liegt dem Bataillonskommandeur ob, und sobald
die schwere Artillerie in Verbindung mit der Feldartillerie tätig
ist, dem ältesten Artillerieoffizier.

Bei dem Angriff auf Sperrforts fällt den Haubitzbatterien, wenn
auch nicht die entscheidende, so doch eine sehr bedeutende Rolle
zu. Sie werden im Verein mit den leichten Haubitzen und den
Feldkanonen das Feuer der Sperrforts niederzuhalten und diese

letzteren außer Tätigkeit zu setzen suchen. Wenn man über eine genügende Überlegenheit verfügt, kann das Feuer eröffnet werden, ohne das Eintreffen der Mörserbatterien abzuwarten. Die schweren Haubitzen und die Mörser kämpfen gegen die gepanzerten Geschütze. Nach Schwächung des feindlichen Feuers werden diese Geschütze durch Zerstörung der Flankierungsanlagen, der Hindernisse usw. den Sturm auf das Werk vorbereiten.

Ist die Reihe der Grenzsperren beseitigt, so daß der Vormarsch der Heere durch Befestigungsanlagen nicht mehr behindert ist, so ist die Tätigkeit der Mörserbatterien beendet und sie können bei Durchführung von Belagerungen verwendet werden. Die schweren Feldhaubitzen dagegen bleiben bei den Armeekorps, weil sie in dem nachfolgenden Kampfe die oben entwickelten Verwendung finden.

Unter Bezeichnung „schwere Artillerie des Feldheeres" sind also schwere Geschütze zusammengefaßt, die wesentlich verschiedenen Zwecken dienen und daher nach Art ihrer Verwendung und Zuteilung zu den Feldtruppen sehr verschieden sind.

Nach den „Neuen milit. Blättern" wird beabsichtigt, im Kriege dem Hauptquartier jedes Armeekorps und jeder Division eine Fernsprechabteilung zuzuteilen, um Fernsprechverbindungen mit allen Einheiten bis zum Regiment einschließlich herstellen zu können. Da das in den 4 Telegraphenbataillonen ausgebildete Personal dazu nicht ausreicht, werden Infanteristen bei diesen Bataillonen in dem Gebrauch des Fernsprechers ausgebildet. Bahn.

Fernsprecher- bindung im Feld

Österreich-Ungarn.

Die Aufmerksamkeit, welche Österreich-Ungarn seiner italienischen Grenze schenkt, beleuchtet der diesjährige Wechsel in den Garnisonen und die Abhaltung der Manöver an der italienischen Grenze. Während von der russischen Grenze 3 Bataillone fortgezogen sind und zwar je eines vom 1., 10. und 11. Armeekorps aus Krakau, Nisko und Lemberg, ist die Besatzung der italienischen Grenze um 1 Regiment Kavallerie, welches dem 3. Armeekorps in Graz zugeteilt ist, und um 2 Bataillone Infanterie und 1 Festungsartilleriekompagnie, welche dem 14. Armeekorps in Innsbruck einverleibt sind, verstärkt worden; und zwar geht das 11. Husarenregiment nach dem Manöver nach Goritz, wohin bereits der Stab der 56. Infanteriebrigade verlegt ist. Die 2. Kompagnie des 1. Fußartillerieregiments ist von Wien nach Riva und die dort liegende Kompagnie nach Trient versetzt. Das 13. Jägerbataillon ist von

Garniso wechse Manöve Marine

Bielitz nach Innsbruck, das 4. von Nisko nach Braunau, dafür das
dort stehende 3. nach Salzburg verlegt worden.

Diese beiden Grenzarmeekorps, das 3. und 14. werden in
diesem Jahre Kaisermanöver in der Nähe der italienischen Grenze
in den Tälern des Gail und Isonzo abhalten. Daran werden die
3., 6., 18. und 28. Infanteriedivision, die 22. und 44. Landwehrdivision, im ganzen 50 bis 60000 Mann teilnehmen.

In diesem Jahre werden 3 neue Linienschiffe von je 14500 t
und 1 Kreuzer von 3500 t, zu denen die Vorarbeiten schon begonnen haben, auf Stapel gelegt. Damit hat auch Österreich-Ungarn
den Tonnengehalt seiner Linienschiffe gesteigert, wenn es damit
auch nicht die Größe der neuen englischen und japanischen Schiffe
erreicht. Die 1903, 4 und 5 vom Stapel gelaufenen 3 Linienschiffe
„Erzherzog Ferdinand Max“, „Erzherzog Friedrich“, „Erzherzog Karl“
haben eine Wasserverdrängung von nur 10600 Tonnen und stehen
damit den neuesten italienischen Schlachtschiffen Roma, Napoli,
Vittorio Emanuele und Regina Elena um 2000 Tonnen nach. Bemerkenswert sind die Strömungen in höheren Marinekreisen, die
daraufhin drängen, statt der bewilligten 14500 t-Schiffe, solche von
18000 t zu bauen. Indessen sind die Vorarbeiten für die bewilligten
Schiffe aber bereits so weit vorgeschritten, daß an eine derartige
Änderung von Grund aus, abgesehen von den ganz bedeutend höheren
Kosten, natürlich nicht gedacht werden kann. Die Baukosten für diese
4 Schiffe sind mit 121700000 Kronen veranschlagt, wovon für 1907
10 Millionen bewilligt sind. Durch die fortgesetzte Steigerung des
Tonnengehaltes der Schiffe von 5600 t im Jahre 95/96 auf 8340
1900/1902, auf 10600 1903/05 und 14500 t 1907 ist der Bedarf
an Mannschaften gewachsen. Der Mehrbedarf wurde bisher aus den
Rekruten des Landheeres gedeckt. Da dieses aber selbst in Schwierigkeiten geraten ist, so muß jetzt die Besatzung der detachierten
Schiffe und vor allem die Zahl des an Land bediensteten Personals
vermindert werden, um das Adriatische und das Mittelmeergeschwader
voll zu besetzen. Die laufenden Ausgaben des ordentlichen Etats
sind um 13¼ Millionen auf 43095110 Kronen gestiegen; die des
außerordentlichen nur um 1¼ Millionen Kronen, welche vorwiegend
zum Bau eines zweiten schwimmenden Docks aus Stahl für Pola
bestimmt sind.

Die in den Jahren 1904, 5 und 6 für die Erneuerung der Torpedofahrzeuge, (das jüngste vor 1905 gebaute ist der „Magnet“ der
1896 schon vom Stapel gelaufen ist), für den Bau von Unterseebooten, für die Beschaffung von Reservekanonen, von Kohlen- und
Munitionsvorräten und für verschiedene Arbeiten in Pola bewilligten

außerordentlichen Kredite konnten in jenen Jahren während der
ungarischen Krise nicht voll verfügbar gemacht und verausgabt werden.
Für dieses Jahr sind nun dem Marineminister für diese Zwecke
19 480 000 Kronen zur Verfügung gestellt. (Nach Revue mil. des
armées étrang. u. a.) Bahn.

Frankreich.

Hatte die Frage der Entlassung des Jahrgangs 1903 in der Vollzoge
Kammer, die eigentlich zur sofortigen Heimsendung des genannten und noc
erwarten
Jahrgangs, trotz Einwendungen des Kriegsministers, fest entschlossen Neuerun
war, dank dem Eingreifen des Ministerpräsidenten durch eine
Tagesordnung ihre vorläufige Erledigung gefunden, so kann man
jetzt mit Sicherheit aussprechen, daß neuer Druck von seiten der
Kammer die Regierung veranlaßt, die Heimsendung bis Ende Juni
oder Mitte Juli zu bewirken. Von diesem Zeitpunkte ab hat man
also nur zwei Jahrgänge unter der Waffe, den nach dem Gesetz von
1889 noch ausgehobenen und zu 3 jähriger Dienstzeit verpflichteten,
aber auch schon den durch Dispensierte und Familienstützen verminderten Jahrgang 1904 und den nach dem Gesetz vom 21. März 1905
ausgehobenen Jahrgang 1905. Nicht unmöglich, daß man sich vorübergehend durch Reservisten hilft, um ausbildungsfähige Einheiten zu
erhalten, von Beginn des Juli bis zum Ende der Herbstübungen
aber Reservisten dauernd unter den Waffen zu halten, um den ent-
lassenen Jahrgang 1903 zu ersetzen, erlauben die für Übungen des
Beurlaubtenstandes ausgeworfenen Mittel nicht. General Luzeux
kommt in der France Militaire zu einer wenig optimistischen Ansicht über die Sicherstellung des Ersatzes der Cadres. Die Ergebnisse bezüglich der Korporalkapitulanten und Unteroffizierkapitulanten
werden nach General Luzeux ganz andere sein, als man vom Re-
gierungstische im Parlament bei Beratung des Gesetzes betreffend
die 2 jährige Dienstzeit in Aussicht gestellt hatte. Bei den Korporal-
und Gemeinekapitulanten hat man, so betont General Luzeux, mit
Recht, das Fiasko, die· getäuschten Hoffnungen, schon zugeben
müssen, bei den Unteroffizierkapitulanten hat man zunächst ·einen
Zuwachs erlebt, nachdem das Gesetz, betreffend die 2 jährige Dienstzeit die zulässige Zahl der kapitulierenden Unteroffiziere auf $^3/_4$
des Sollbestandes erhöht hatte. Die zulässigen 31 000 hat man
aber heute noch nicht und die Erfahrung, so führt der General aus,
ergibt, daß der Zudrang zur Laufbahn des Berufsunteroffiziers mit
der Abkürzung der Dienstdauer der Mannschaften abgenommen hat.

Man muß daher mit Leuten rechnen, die ihre gesetzmäßige Dienstpflicht erfüllen und mit Rücksicht darauf kommt die Mahnung des
Kriegsministers an die Sicherstellung der Cadres jetzt schon zu
spät. Man hätte damit im Januar 1907 beginnen müssen, die
Unteroffiziere des Jahrgangs 1903, die nicht kapitulieren wollten, zu
entlassen und durch solche des Jahrgangs 1904 zu ersetzen, die
nicht kapitulierenden Unteroffiziere und Korporale des Jahrgangs 1904
aber bis zum 1. April 1908 unter der Waffe zu halten und dann
durch Leute des Jahrgangs 1905 zu ersetzen. Um eine ausreichende
Zahl von Unteroffizierkapitulanten bei 2 jähriger Dienstzeit zu erreichen gebe es nur einen Weg, eine wesentliche Steigerung der Geld-
prämien und diese werde zu einer neuen, bei der Beratung der
2 jährigen Dienstzeit nicht vorgesehenen Ausgabe führen. Man
werde sich auf seiten der Regierung baldigst klar darüber werden,
daß man mit dem übereilten Übergang zur 2 jährigen Dienstzeit,
ohne Sicherstellung der notwendigen höheren Zahl an Kapitulanten
einen Sprung ins Dunkle gemacht habe. In derselben Sitzung, in
welcher die Regierung den Gesetzentwurf betreffend Entlassung des
Jahrgangs 1903 zum 17. Juli einbrachte, erfolgte auch von Klotz schon
eine Anfrage betreffend Entlassung des Jahrgangs 1904 und der
Ministerpräsident gab die Antwort, daß dieser Herbst 1907 entlassen
werde.[1]

Unter dem 19. April hat der Kriegsminister auch nähere Bestimmungen für die Ausführung des Artikel 1 des Gesetzes vom
19. April 1903 erlassen, die Artikel 1, dahin lautend: „Niemand
kann zum Korporal oder Brigadier befördert werden, wenn er nicht
als Gemeiner 6 Monate in der Armee gedient hat," der Zusatz geben:
die Leute, die nachweisen, daß sie vor ihrer Einstellung gewisse
Fertigkeiten erlangt haben, die die militärische Ausbildung beschleunigen und durch einen Beschluß des Kriegsministers bestimmt
werden, können schon nach 4 Monaten aufrücken. Diese Bestimmungen enthalten die allgemeinen Regeln für die Anwendung
des Gesetzes von 1903, die von den betreffenden nachzuweisende

---

[1] Während des Druckes hat die Kammer mit Genehmigung der Regierung die Entlassung des Jahrgangs 1903 am 12. Juni 1907 beschlossen
und der Kriegsminister die Entlassung des Jahrgangs 1904 am 28. September
1907 zugesagt. Über die tatsächliche Wirkung dieser Entlassung, die der
Kriegsminister in der Kammer eigentlich recht rosig auffaßte, auf die Iststärke an ausgebildeten Leuten unter den Waffen, auf die Schulung vom
13. Juni 1907 bis zum Schluß der Herbstübungen, sowie auch das Aus-
bildungs- und Unterführerpersonal der Unteroffiziere und Korporale be-
handelnd vom Herbst 1907 ab, endlich über einen Erlaß des Kriegsministers,
der neue Mittel zur Vermehrung der Kapitulanten und länger dauernden
Freiwilligen bei der Kavallerie sucht, wird noch zu berichten sein.

Eignung und die aus der Feststellung der Eignung sich ergebenden Folgen. Für die Vorbildung im Schießen vor Eintritt in die Armee, die in den Mittelschulen und Lehrerseminaren den jungen Leuten gegeben, und auf Grund des Artikel 99 des Gesetzes vom 21. März 1905 obligatorisch werden soll, entwirft ein besonderer Ausschuß die näheren Bedingungen. Der Kriegsminister wird dieser Vorbildung alle möglichen Erleichterungen bieten und will auch für jéden Teilnehmer, der 15—17 Jahre alt ist, Gewehre und jährlich 50 Patronen zur Verfügung stellen, auch sollen die Anstalten, an denen derartige Schießen betrieben werden, die Militärschießstände, Scheiben usw. benutzen dürfen. Die Ausbildung übernehmen Unteroffiziere, Offiziere überwachen. Die Verordnungen des Kriegsministers treten mit Beginn des Schuljahres 1907/08 in Kraft.

In enger Verbindung mit der in dem letzten Bericht erwähnten, durch das Sinken der Durchschnittsiststärke bei 2 jähriger Dienstzeit bedingten Auflösung vierter Bataillone dürfte der Erlaß vom 2. Mai 1907 stehen, den der Kriegsminister dem Präsidenten der Republik zu unterzeichnen veranlaßte und der schon jetzt wesentliche Verschiebungen in den Offizierkorps einer Reihe von Subdivisions-Infanterieregimentern und -Jägerbataillonen hervorgerufen hat und noch größere hervorrufen wird. Nach dem Erlaß vom 19. Dezember 1887 stand den kommandierenden Generalen bis jetzt die Befugnis zu, die Bataillone und Kompagnien mit Offizieren des entsprechenden Dienstgrades des betreffenden Truppenteils zu besetzen und auch Verschiebungen von Hauptleuten und Leutnants in ihren Korpsbezirken in besonderen Fällen anzuordnen. Der Erlaß vom 2. Mai 1907 nimmt ihnen diese Befugnis, soweit die Infanterie in Frage kommt. Die Begründung des Erlasses durch den Kriegsminister enthält dem Sinne nach das Folgende: Seit mehreren Jahren sind bei der Artillerie die Batteriechefs nicht mehr grundsätzlich den ältesten Hauptleuten entnommen worden, man hat vielmehr die jüngsten Hauptleute an die Spitze der Batterien gestellt und damit sehr gute Resultate erzielt. Dieser Grundsatz soll nun auch zum Nutzen für die Mobilmachung und für die Laufbahn der Offiziere selbst auf die Infanterie Anwendung finden. Die jüngsten Hauptleute sollen sofort nach ihrer Ernennung, zunächst für die im Gesetz vorgesehene Mindestzeit von 2 Jahren, die Führung einer Kompagnie übernehmen, dann, wenn sie nach dem Dienstalter heran sind, zum cadre complementaire übertreten (womit auch gesagt ist, daß man diesem cadre complementaire bei Auflösung der 4. Bataillone beizubehalten gedenkt, woraus wiederum folgt, daß die Mobilmachung der Subdivisionsregimenter mit

4 Bataillonen planmäßig bleibt), um erst später als Adjutanten Verwendung zu finden. Die ältesten Hauptleute werden für die Führung von Einheiten der Reserve verfügbar, wodurch deren Einrahmung eine festere, deren Verwendung sicherer wird. · Aus dem gleichen Grunde sollen die ältesten Majors und die ältesten Leutnants dem cadre complementaire angehören. Daß die Ausführung dieser Grundsätze große Verschiebungen in der Stellenbesetzung mit sich bringen muß, hebt die Begründung des Kriegsministers selbst hervor und die Durchführung unter Wahrung der Einheit der Gesichtspunkte einesteils, der berechtigten Interessen der Offiziere anderseits, hält sie nur für möglich durch die Zentralstelle des Kriegsministeriums. Die letzten Personalveränderungen haben allein bei einem Infanterieregiment 21 Verschiebungen in der Verwendung der Offiziere gebracht, danach kann man sich eine kleine Vorstellung von dem Wechsel machen, der die Durchführung der genannten Verordnung bedingt. Die im letzten Bericht erwähnte Nachricht, betreffend Auflösung der 4. Bataillone (zu der in Pariser Armeekreisen eine Ergänzung dahin rundlief, man wollte die den 4. Bataillonen bisher zugeschriebenen Reservisten zur Bildung von Ersatzformationen verwenden, aus denen die mobilen Feldregimenter vollzählig erhalten würden) hat die France Militaire noch ergänzt. Nach dieser arbeitet man gegenwärtig im Kriegsministerium mit Hochdruck an einem neuen Cadresgesetz, das unter anderem auch die Bestimmung enthalten wird, Regimenter können sowohl von Oberstleutnants, als Obersten, kommandiert werden, sowie die Zahl der ohne Gehalt bis zu 3 Jahren zu beurlaubenden Offiziere nicht unwesentlich erhöht, als Mittel, den Überschuß an Offizieren aufzubrauchen. Weiter erhält sich das Gerücht, man werde baldigst die Auflösung von Kavallerieregimentern beantragen und zwar zunächst von 4 in Afrika. Eine derartige Maßnahme würde wohl mit der ja auch von Piquart „als notwendig erkannten und unter möglichster Schonung der Kavallerie durchzuführenden" Vermehrung der Feldartillerie in ursächlichem Zusammenhang stehen.[1]) Während ein Major Jesson von der Kolonialartillerie jüngst in einem Artikel „La guerre se fera" andeutete, daß man eine Vermehrung der Feldartillerie um je 6 Batterien pro Korps, also um 120 Batterien à 4 Geschütze für die 20 Armeekorps, plant, allerdings nicht verrät, wie man sich diese Möglichkeit denkt,

---

[1]) Dem gegenüber steht ein in der Kammer von mehreren Deputierten eingebrachter Antrag, die 1887 beschlossene Vermehrung der Kavallerie, an welcher noch 2 Regimenter fehlen, endlich durchzuführen.

hat man an die Schießübung der 19. Feldartilleriebrigade auf dem Truppenübungsplatz Mailly andere Schlüsse geknüpft, die als erste Schritte zur Vermehrung der Feldartillerie mehr Wahrscheinlichkeit für sich haben. Der genannten Schießübung wohnte auch General Dalstein, Mitglied des oberen Kriegsrats, Gouverneur von Paris, bei und äußerte sich in seinem Urteil dahin, daß die französische Artillerie, die ihre Waffe mit Meisterschaft handhabe, in dieser Beziehung Deutschland weit voraus sei, ebenso wie bezüglich der Munitionsausrüstung der französischen Artillerie unmittelbar bei der fechtenden Truppe. Zu dem ersten Teil seiner Behauptung hat General Dalstein zunächst zweifellos einige Berechtigung, da die Franzosen ihr Rohrrücklaufgeschütz und ihr auf dieses zugeschnittenes Reglement schon längere Zeit besitzen. Die Zuweisung einer leichten Munitionskolonne an jede deutsche fahrende Abteilung hat aber die Verhältnisse in bezug auf Munition ($102\,^2/_3$ Schuß mehr pro Geschütz) nicht unwesentlich geändert. Bei dem Schießen auf dem Truppenübungsplatz Mailly waren unter 17 Batterien der Regimenter 12 und 13 auch 4 Batterien mit der 15,5 cm-Rohrrücklauf-Rimailho Haubitze der schweren Artillerie des Feldheeres ausgestattet, die man also wohl der Feldartillerie einzugliedern zu wollen scheint. In Heereskreisen kündigt man die Umwandlung von 36 reitenden Batterien, die nicht für Kavalleriedivisionen bestimmt sind, in 72 fahrende als ersten Schritt zur Vermehrung der Feldartillerie an. Die wirkliche Vermehrung würde dabei für jedes der 20 Korps aber noch nicht 2 Batterien ausmachen und sich so nur als ein geringes Hilfsmittel ergeben. Eine weitere nach der France Militaire im Kriegsministerium in der Vorbereitung begriffene und baldigst durchzuführende Maßnahme würde nicht unbedeutende Truppen- verschiebungen zur Folge haben. Diese sollen beginnen mit der Verlegung der zur Pariser Garnison gehörenden Einheiten der Kolonialinfanterie. Das Blatt bemerkt dazu, daß Vorkommnisse der letzten Zeit zu der Überzeugung geführt, ohne diese Verschiebung könne es unter gewissen Verhältnissen zu „recht unangenehmen Zwischenfällen" in Paris kommen. Was unter diesen „unangenehmen Zwischenfällen" zu verstehen ist, läßt sich aus einem jüngst ergangenen Rundschreiben des kommandierenden Generals des Kolonial- korps Archimard an das unterstellte Offizierkorps schließen, das dieses auf eine zielbewußte Behandlung der vielen „mauvais sujets" hinweist, die sowohl an Ausgehobenen, wie an Freiwilligen den Kolonialtruppen heute noch zufließen.

Ein Rundschreiben des Kriegsministers vom 30. April ist inso-

fern von Interesse als es 1. im Gegensatz zu dem, was von Bänken
des Parlaments und in der Presse vielfach ausgesprochen wurde,
feststellt, nach den bei den Übungen gemachten Erfahrungen seien
die planmäßigen Landwehrformationen durchaus geeignet, die ihnen
im Kriegsfalle zufallenden Aufgaben zu erfüllen und selbständig ihre
Mobilmachung zu bewirken, 2. den Kommandeuren der aktiven
Truppe aufgibt, bei Übungen der Landwehr aktive Offiziere und
Unteroffiziere zu kommandieren, welche Landwehroffiziere und Unteroffiziere die Reglements lehren sollen. Das deckt sich nicht und
bei der Mobilmachung wird man weder die aktiven Elemente für
diesen Zweck noch auch die nötige Zeit verfügbar haben.

chinen-
wehr-
lungen.
　　　　Das Kriegsbudget 1908, bei dessen Vorlegung in der Kammer
der Finanzminister Caillaux bemerkte, durch Abstriche, die er bei
den Forderungen aller Ministerien vorgenommen, sei es ihm gelungen, die ursprünglichen Mehrforderungen von 120 Millionen
Frank auf 44 Millionen herabzudrücken, d. h. weniger als
die 2 jährige Dienstzeit, das neue Schiffsbauprogramm und die
Altersversicherung für das Jahr an Mehrausgaben verlangten
(50 Millionen); es sollen dafür einige Millionen für Maschinengewehre
und ihre Munition verlangt werden. Die wachsende Bedeutung,
die man in Frankreich den Maschinengewehren beilegt, ist in der
letzten Zeit auch noch durch andere Maßnahmen zum Ausdruck gekommen. Dicht vor Pfingsten weilte der Artilleriedirektor im Kriegsministerium, General Oudard in Toulouse, um in dem dortigen
Arsenal eine Werkstatt für die Herstellung von Maschinengewehren, die man ja übrigens auch mit Hochdruck schon in den
Waffenfabriken von Saint Etienne fabriziert — einzurichten. Bis
jetzt verlautet, daß die auf 500 gesunkene Zahl der Arbeiter dieses
Arsenals auf 1500 steigen soll, wonach man sich eine Vorstellung
von der Erweiterung des Betriebes machen kann. Das Streben
nach beschleunigter Ausbildung von Personal für Maschinengewehrabteilungen ist eingestandenermaßen auch einer der
Gründe für die durch Erlaß vom 24. April angeordnete Neugliederung
der Normalschießschule im Lager von Chalons und der
Applikationsschießschulen in dem Lager von Ruchard und
Valbonne. Die Begründung des Erlasses durch den Kriegsminister
führt aus, die Erfahrungen haben ergeben, daß der Schießapplikations-
kursus für Hauptleute an der Normalschießschule, seit alle Leutnants
schon die Lehrgänge an den Applikationsschulen Ruchard und Valbonne
besucht hätten, keinen rechten Zweck mehr habe. Hierzu komme,
daß die Frage der Maschinengewehre seit einiger Zeit eine ganz
ungeahnte Bedeutung erlangt hätte. Die Aufhebung des Applikations-

kursus an der Normalschießschule werde aber gestatten, neue
praktische Lehrgänge für die Schulung des für Maschinengewehrabteilungen bestimmten Personals einzurichten. Nach
dem Erlaß ist die Normalschießschule in Zukunft eine technische
Prüfungs- und Versuchskommission und zu gleicher Zeit eine Lehranstalt, sie vereinigt in sich etwa unsere Gewehrprüfungskommission
und Infanterieschießschule. Sie soll:

1. nach den Fingerzeigen des Kriegsministeriums die für die
   Armee bestimmten Handwaffen und Patronen entwerfen und
   monatlich Proben mit den neu gefertigten Waffen und Patronen
   abhalten;
2. vor der Einführung alle vorgeschlagenen Änderungen an Waffen
   und Munition der Infanterie proben;
3. Verbesserungen an beiden vorschlagen;
4. die technischen Regeln für die Feuerleitung und Ausnutzung
   der Waffen feststellen;
5. fremde Waffen und Munition praktisch prüfen;
6. Maßnahmen vorschlagen, um die Schießschulen über Fortschritte in der Bewaffnung und Schießausbildung der eigenen
   und fremden Armeen auf dem laufenden zu halten.

Für diese Zwecke hat die Schule eine Prüfungskommission und
Waffen- und Patronenwerkstätte.

Als Lehranstalt soll die Normalschießschule

1. die Stabsoffiziere auf dem laufenden über alle Fortschritte in
   der Bewaffnung, den Methoden der Schießausbildung und der
   Feuerleitung halten, dazu ein praktischer Kursus, dessen Zeit
   und Dauer jährlich der Kriegsminister, der auch die zu
   kommandierenden Teilnehmer bestimmt, befehlen wird;
2. in einem jährlichen vom 5. Januar bis 15. April dauernden,
   für einzelne Hauptleute aber, auf Antrag der Schule noch
   2 Monate zu verlängernden technischen Kursus Hauptleute und
   Rittmeister, die besonders qualifiziert erscheinen, zu Mitgliedern
   der Prüfungskommission bzw. zu Lehrern an den Schießschulen ausbilden;
3. die Schulung des für die Maschinengewehrabteilungen bestimmten Personals in praktischen Kursen vertiefen.

Zahl und Dauer dieser praktischen Kurse werden jährlich vom
Minister festgesetzt. Es verlautet, daß 1907 an der Schule
3 Maschinengewehrabteilungen aufgestellt werden sollen. Das
Stammpersonal der Schule zählt 18 Offiziere, 79 Unteroffiziere und
Mannschaften, Zivilarbeiter, dazu ein wechselndes Personal an
Kommandierten. An jeder der Applikationsschießschulen für In-

fanterie in Ruchard bzw. Valbonne sind jährlich 3 Kurse von 5 Wochen Dauer für Offiziere und 2 Lehrgänge von 38 Tagen für Unteroffiziere der Infanterie und des Genies, 1 Kursus von 4 Wochen Dauer für Kavallerieunteroffiziere vorgesehen. Jede dieser Schulen hat 6 Offiziere, 32 Unteroffiziere und Mannschaften als Stammpersonal und als wechselnden Stand, 25 Kommandierte und die Burschen von kommandierten Offizieren.

ations-chtigung Offiziere. Die Volksvertretung und namentlich die Berichterstatter für das Kriegsbudget in den verschiedenen Jahren haben schon mehrfach in der Verminderung der den Offizieren zuständigen Rationszahl Ersparnisse gesucht. Ein Erlaß des Präsidenten der Republik vom 21. April, der Anfang Mai bekannt gegeben worden ist, bringt wieder einen neuen verminderten Pferdeetat für Offiziere der Armee, aus dem wir einige Angaben hervorheben. Beachtenswert ist zunächst, daß man, trotz Strebens nach Ersparnissen, allen Generalen des Ruhestandes und allen pensionierten Obersten, die im Kriege ein Kommando übernehmen sollen, im Frieden dauernd eine Ration läßt. Nach dem neuen Erlaß stehen an Rationen zu: dem Kriegsminister 6, dem Vizepräsidenten des oberen Kriegsrats (designierter Generalissimus) und dem Gouverneur von Paris 5, den Mitgliedern des oberen Kriegsrats, Gouverneur von Lyon, dem Chef des Generalstabes der Armee, kommandierenden Generalen und den Kommandeuren von Kavalleriedivisionen 4, den übrigen Divisions- und Brigadekommandeuren 3, ebensoviel · den Obersten des Generalstabes, allen übrigen Generalstabsoffizieren dagegen 2, wobei zu bemerken ist, daß die brevetierten Offiziere aller Waffen bei ihren Versetzungen im Truppenteile die Rationsbefugnisse behalten, die ihnen im Generalstabe zustehen. Den Intendanten werden dauernd 2, den übrigen Intendanturbeamten 1 Ration gegeben. Regimentskommandeure der Kavallerie beziehen 3, der Infanterie und Artillerie, ebenso wie Kommandeure selbständiger Jäger- und Alpenbataillone, Abteilungskommandeure der Feldartillerie 2, ebenso Eskadrons- und Batteriechefs, während die sämtlichen Kompagniechefs und die Leutnants der berittenen Waffen nur auf 1 Ration Anspruch haben, denjenigen der Kavallerie aber für die Manöver noch ein 2. Pferd zur Verfügung gestellt wird. Sämtliche Ärzte im Truppendienst und im Lazarettdienst sind dauernd beritten, ebenso alle Veterinäre.

deidung. Durch Erlaß vom 22. April ist, wie für die Offiziere und Adjutanten der Artillerie und des Trains, auch für Ärzte, Apotheker, Intendanturverwaltung statt des Dolman der weite Rock und zwar nach dem Schnitt der Infanterie, aber ohne farbige Aufschläge und

Epauletten, eingeführt worden. Der Stehkragen ist für Ärzte aus scharlachfarbenem, Veterinäre granatfarbenem, Apotheker aus grünem Sammet, für die Intendanten aus dem Grundtuch verfertigt.

Ein Bataillon des 26. Infanterieregiments in Nancy wird vom 1. Juli ab eine neue Bekleidung erhalten, 800 vollständige Ausrüstungen sind schon nach Nancy abgegangen. Sie bestehen aus einem graugrünen Mantel mit einer Reihe Knöpfe, Umschlagkragen, von dem hinten eine Kapuze aus wasserdichtem Tuch gleicher Farbe herunterhängt, einer Ärmelweste mit einer Reihe Knöpfe und Klappkragen, Schnürschuhen und Tuchgamaschen, wobei die bisherigen weißen Gamaschen fortfallen.

Der Bericht Labori des Kammerausschusses für die Beratung des Gesetzentwurfs, betreffend die **Kriegsgerichte**, ist fertig gestellt und wird der Kammer vorgelegt werden. Wir geben hier die Grundstriche des vom Ausschuß beschlossenen Entwurfes. Die Kriegsgerichte fallen im Frieden fort. Alle Verbrechen und Vergehen gegen das allgemeine Recht und selbst eine Anzahl der im Dienst begangenen Vergeben, die aber nicht direkt Verstöße gegen die Manneszucht sind, werden den bürgerlichen Gerichten unterworfen. Die Führung von Untersuchungen durch militärische Behörden oder Militärgerichte kommen in Fortfall. Zivilgerichte und Untersuchungsrichter haben allein das Recht der Untersuchung bei den von Militärs begangenen Verbrechen und Vergehen, bei Vergehen gegen die Manneszucht kann aber eine Verfolgung nur auf Antrag der Militärbehörden eintreten. Zur Aburteilung einer geringen Anzahl von Verstößen gegen die Disziplin, Verlassen des Postens, Ungehorsam, Verweigerung des Gehorsams, Widerstand, Tätlichkeit gegen Vorgesetzte (Fahnenflucht also nicht besonders genannt) wird bei einer bestimmten, der militärischen Territorialeinteilung entsprechenden Anzahl von Appellhöfen eine besondere Kammer zur Aburteilung gebildet. Diese Kammer wird gebildet aus einem Zivilvorsitzenden, 3 Räten des Appellhofes und 3 Offizieren, deren Dienstgrad sich nach demjenigen des Angeschuldigten richtet, mindesten aber derjenige des Hauptmanns sein soll. Sie gibt ihr Urteil nach geheimer Abstimmung ab. Wie man sieht, überwiegt selbst in dieser Sonderkammer das Zivilelement. Was die Strafen anbetrifft, so ist es bezeichnend, daß die beiden Militärstrafgesetzbücher abgeschafft und durch ein neues ersetzt werden. Öffentliche Zwangsarbeit und öffentliche Degradation werden u. a. abgeschafft. Wird der Entwurf angenommen, so ist eine günstige Einwirkung auf die Manneszucht nicht zu erwarten. Wenn man Fahnenflucht, eines der schwersten Insubordinationsvergehen, nicht unter dem Ungehorsam rechnen will, so ist das höchst bedenklich.

eneral- Vom 11. Mai (beginnend bei Dammarie) bis zum 17. Mai
sreisen. (endigend bei Commercy) hat unter Leitung des designierten Generalissimus, General Hagron, eine große Armeegeneralstabsreise stattgefunden. Die an dieser Reise beteiligten sehr zahlreichen Generale und Generalstabsoffiziere waren auf die Stäbe von einem Armeeoberkommando, 4 Generalkommandos, 8 Infanterie-, 2 Kavalleriedivisionen verteilt und Etappen und Eisenbahndienst mit Organen besetzt. Es handelte sich um Operationen gegen einen 5 Armeekorps und 2 Kavalleriedivisionen umfassenden Gegner, wobei auf französischer Seite ein Armeekorps und die Kavalleriedivisionen als Avantgarde der Armee einen Tagesmarsch vorausgedacht wurden. 2 Armeekorps wurden von ihren kommandierenden Generalen, die anderen beiden durch die ältesten Divisionskommandeure geführt, die Generalstäbe der Divisionen wurden durch je 1, die der Generalkommandos durch je 2 Generalstabsoffiziere besetzt. Armeeoberkommando und Generalkommandos hatten die ihnen zustehenden Stabswachen, Sekretäre und Radfahrer, sowie auch Selbstfahrer, deren Wagenführer aus dem Beurlaubtenstande einbeordert waren. Erkundungen, Operationsbefehle, Weisungen für Verpflegung, Nachschübe und Vereinigungen erfolgten kriegsgemäß.[1])
Vom 26. Mai bis 2. Juni leitet im Departement Yonne General Michal, Mitglied des oberen Kriegsrats, ebenfalls eine Generalstabsreise, an welcher auch wieder die Stäbe von 4 Armeekorps (derjenigen, deren Besichtigung 1907 dem genannten General übertragen ist), 8 Infanterie-, 2 Kavalleriedivisionen, 1 Armeeoberkommando beteiligt sind. Intendantur und Sanitätsdienst werden durch Organe bei dieser Reise beteiligt sein.

Be- Der Armeeausschuß des Senats erwartete eine Äußerung des
derungs- Kriegsministers zu dem Antrage, betreffend einen Zusatz zum Be-
setz im förderungsgesetz, lautend wie folgt: „Von Bataillonskommandeuren
Senat. aufwärts kann kein Offizier zu einem höheren Dienstgrad befördert werden, wenn ihm sein Alter nicht erlaubt, vor Erreichen der heutigen Altersgrenze noch 5 Jahre in dem neuen Dienstgrade zu bleiben." Der Kriegsminister hat sich für Annahme dieser Änderung des Beförderungsgesetzes ausgesprochen, wenn statt 5 Jahre 4 Jahre gesetzt würden.

---

[1]) Wir werden auf den Verlauf dieser Generalstabsreise, der manches Interessante bot, namentlich auch in den Schlüssen der Leitung, noch zurückzukommen haben.

Für Verstimmungen in französischen Offizierkorps sind übrigens in der letzten Zeit wieder einige Belege zu verzeichnen. Auf Genral Lamiraux' Bemerkungen haben wir im letzten Bericht hingewiesen. Inzwischen hat, anknüpfend an einen Artikel des früheren Ordonnanzoffiziers, des Kriegsministers André, Hauptmann Humbert, der mit dem Bemerken „l'armée n'est pas commandée" eine völlige Umgestaltung in den höheren Kommandoverhältnissen verlangt, ein aktiver General einem Redakteur der France ¡Militaire gegenüber ausgesprochen, daß die Deputierten und Senatoren sich geradezu rühmten, wirksame Empfehlungsbriefe für Offiziere an den Kriegsminister zu schreiben; einer hatte deren zur Zeit der Aufstellung der Beförderungsbücher nicht weniger als 300 losgelassen. General Picquart hat sich zudem jüngst einem Vertreter der Presse gegenüber etwas unvorsichtig geäußert, so daß man zu dem Schlusse berechtigt ist, er strebe nach noch höheren Machtbefugnissen, um ohne Spruch der Disziplinarräte unbequeme Offiziere, namentlich auch höhere, aus der Armee entfernen zu können. General Prudhomme erwartet eine volle Beseitigung des Protektionswesens von Parlamentariern beim Kriegsminister und seines Einflusses auf die Laufbahn der Offiziere nur aus einer vollen Umgestaltung der Kommandeurverhältnisse der Armee und Marine. Kriegs- und Marineminister, beide politische, mit dem jedesmaligen Kabinett stehende und fallende Persönlichkeiten, dürften nach ihm nur noch die Verwaltung der Armee und Marine und deren Vertretung im Parlament behalten. Die Kommandoführung in der Armee und Marine und deren Vorbereitung für den Krieg wären einem Generalissimus bzw. Admiralissimus zu übertragen, die vom Parlament unabhängig und nur durch Altersgrenze zum Ausscheiden gezwungen wären. Nach dem Fiasko des Generals Boulanger könne, so meint der General, doch in Frankreich niemand mehr an einen militärischen Staatsstreich glauben.

Die Entente mit England und der französisch-japanische Vertrag   Mari
bezüglich der Sicherstellung des Besitzes in Asien läßt die französische Fachpresse durchweg mit starker Betonung auf die dadurch gewonnenen Möglichkeiten hinweisen, größere Mittel für Land- und Seestreitkräfte in Europa verwenden zu können. Ist es beim Landheer die Vermehrung der Feldartillerie, auf welche diese Presse besonderen Nachdruck legt, so ist es bei der Flotte der Bau von Linienschiffen. Die Lösung der Frage, wie den 18000 t-Linienschiffen ein erhöhter Schutz gegen die von 36,5 cm auf 45 cm vergrößerten Torpedos und gegen Seeminen zu geben sei, wird im französischen Ministerium sehr eingehend beraten. An Stelle des durch die Altersgrenze am 25. Mai zur Reserve übergetretenen Vize-

admirals Fournier ist Vizeadmiral Touchard als Admiralissimus bestimmt worden. Die französische Marine hat jüngst im Kreuzer Chanzy wieder einen Verlust zu beklagen gehabt.   18.

Rufsland.

us abge-   Im Anschluß an die Mitteilung im Märzheft betreffend Einführung
nderte   des etwas abgeänderten Feldschnellfeuergeschützes M/1902 als M/1903
ellfeuer-
schütz lassen wir heute eine zusammenhängende Beschreibung dieses Ge-
[/1902. schützes folgen.

Das Rohr ist ein Mantelrohr aus Nickelstahl. Die Verbindung zwischen Mantel und Kernrohr mit geteiltem Diebel- und Deckring entspricht der Konstruktion des deutschen Feldrohres C/73. Zur Bildung von Führungsklauen ist vorwärts des Deckringes eine kurz vor dem Mündungskopf festgezwingte Muffe aufgeschoben, welche zur Erleichterung oben weit ausgeschnitten ist. Die unteren Flächen von Mantel, Deckring und Muffe sind als durchlaufende Führungsklauen ausgearbeitet, welche auf den drei Flächen, mit welchen sie die Gleitschienen der Wiege umfassen, mit Kupferblech belegt sind. Hier sind also an Stelle von nur drei Paar Führungsklauen, die mit Deckblechen untereinander verbunden sind, ununterbrochene Führungsleisten geschaffen, wodurch das Rohr schwerer werden muß.

Dieses hat den Schneiderschen Schraubenverschluß. Die hinteren fünf vollen Gänge der Schraube sitzen im Muttergewinde in der Verschlußtür. Vorn sind zwei Sektoren aus dem Gewinde ausgeschnitten, und diese Teile sind nach vorn zu stark verjüngt, um beim Aufdrehen der Tür mehr Raum im Rohr zu gewinnen. Der Verschluß wird durch eine Drehung des auf dem Rohr sitzenden Hebels um 90° nach hinten oder vorn geöffnet oder geschlossen. Der Führungszapfen des Hebels greift in eine in der Tür sitzende Zahnstange und schiebt sie nach rechts. Durch diese Bewegung wird die Verschlußschraube um 90° gedreht und bei weiterer Drehung des Hebels die Tür nach rechts geöffnet.

Der Abfeuerungsmechanismus ist ein solcher mit Wiederspannung. Durch das Heben des Abzugshebels wird einerseits die Hülse der Schlagfeder vor- und anderseits der Schlagbolzen nebst Schlagbolzenmutter zurückgeschoben. Dadurch wird die Schlagbolzenfeder von beiden Seiten zugleich gespannt. Bei weiterem Heben des Abzugshebels wird die Aufhaltenase des Schlagbolzens frei, dieser schnellt vor und entzündet die Zündschraube in der Hülse.

Beim Rücklauf des Rohres fällt der Abzugshebel vermöge seines Eigengewichtes herab, hakt dabei wieder hinter die Abzugsnase des

Schlagbolzens und gibt die Schlagfederhülse frei, welche durch die teilweise noch gespannte Schlagfeder wieder nach rückwärts geschoben wird. Der Auswerfer ist ein langarmiger Winkelhebel, der durch das Anschlagen der offenen Tür betätigt wird. Der Verschluß ist mit einem Sicherheitsapparat versehen, welcher bei Versagern und Nachbrennern das versehentliche Öffnen des Verschlusses verhütet.

Die Lafette ist eine Troglafette aus Stahlblech, die oben durch ein Deckblech geschlossen ist, welches entsprechend der höchsten Rohrerhöhung nach hinten zu geneigt ist, um dem zurücklaufenden Rohre freie Bahn zu geben. Die Lafette hat oben die Schildzapfenlager und unter dem Schwanz einen festen Sporn. Die Achse ist durch die Wände gesteckt. Ebenso durchsetzt kurz dahinter die Seitenrichtmaschine beide Wände. Um die Schwächung der Wände durch diese dicht beieinander liegenden, verhältnismäßig großen Durchbohrungen auszugleichen, sind Verstärkungsbleche an die Wände genietet. Die feine Seitenrichtung wird durch Verschieben des ganzen Lafettenkörpers auf der Achse genommen nach Art des französischen Feldgeschützes, der Schneider-Canetschen u. a. Konstruktionen. Die Vor- und Nachteile dieses Systemes sind schon vielfach erörtert. Es hat den Vorteil, daß ein besonderer Zwischenteil zwischen Wiege und Lafette fortfällt, welcher andernfalls zum Nehmen der feinen Seitenrichtung unbedingt erforderlich ist. Das Verschieben des ganzen Lafettenkörpers namentlich bei gebremsten Rädern und fest eingerammten Sporn erfordert ziemlich viel Kraft und lockert den festen Sitz des Sporns in der Erde. Auf einer „Wandtafel über das dreizöllige Schnellfeuerfeldgeschütz M/1902" des Gardekapitäns Aleksandrovic heißt es: „Wenn jedoch der Sporn stark eingeschnitten ist und die Räder eingesunken sind, so daß sich die Achse nicht verstellen kann, ist das Erteilen der Seitenrichtung nur sehr schwer oder gar nicht möglich." Der Kraftaufwendung entsprechend muß die Einrichtung stark konstruiert werden, was die Lafette schwerer macht. Die Einrichtung wird durch die Stöße auf die Achse beim Fahren und Schießen stark in Mitleidenschaft gezogen und kann leicht verstauben.

Bei dem russischen Feldgeschütz ist die Einrichtung derart angeordnet, daß hinter der Achse und parallel zu derselben eine Hülse in beide Wände eingeschraubt ist. In dieselbe greift von rechts her ein Hohlzylinder, der an seinem linken Ende das Muttergewinde für die Seitenrichtspindel trägt und rechts mittelst einer Kulisse an der Achse ziemlich weit von der rechten Lafettenwand befestigt ist. Dieser Hohlzylinder ist zur besseren Führung im rechten Mundloch der Hülse nochmals gelagert. Die Richtspindel liegt in der linken Lafetten-

wand drehbar, aber unverschiebbar fest und wird von links seitwärts
durch Handrad und Kegelräderübertragung angetrieben. Das rechte
Ende der Spindel greift in die Mutter. Wird die Spindel gedreht,
so schraubt sie sich in die Mutter hinein oder aus derselben heraus
und nimmt bei dieser Bewegung der Lafettenkörper nach rechts oder
links mit, da die Mutter mit der Achse feststehen bleibt. Die Verschiebung der Lafette auf der Achse kann nach jeder Seite 14 cm
betragen und gibt ein höchstes Seitenrichtfeld von $\pm$ 2° 45'. Während
das Seitenrichtfeld nicht einmal zu den größten bei den Feldschnell-
feuergeschützen gehört, ist die Seitenverschiebung mit 14 cm verhältnismäßig groß, weshalb der Hohlzylinder ziemlich lang sein muß,
was für das Arbeiten der Vorrichtung nicht zweckmäßig ist, weil er
auf seiner ganzen Länge freischwebt und nur im rechten Mundstück
der Lafettenhülse verschiebbar gelagert ist.

Noch weiter rückwärts lagern in den Wänden die Zapfen der Richtwelle für die Höhenrichtmaschine. Die Richtwelle enthält in ihrem
Innern die Richtschraubenmutter, welche nahe ihres oberen Endes einen
Zahnkranz trägt, der in ein Kegelrad greift, welches durch die außerhalb der linken Lafettenwand schräg aufsteigenden Welle mit Handrad durch Vermittelung eines konischen Räderpaares bewegt wird.
Die Schraubenmutter läuft oben und unten auf einem Rollager. Die
äußere Richtschraube ist hohl, greift in die Mutter und nimmt die
innere Richtschraube auf, welche zur Erleichterung ebenfalls hohl ist.
Die letztere ist oben fest mit der Wiege verbunden, so daß sie sich
nicht um ihre Achse drehen, sondern nur auf- oder absteigen kann.
Beim Drehen der Mutter, welche selbst eine senkrechte Bewegung
nicht ausführen kann, wird sich die äußere Richtschraube ein- oder
ausschrauben, wenn die Reibung zwischen der inneren und äußeren
Richtschraube größer ist, als die zwischen letzterer und Mutter.
Dann nimmt die äußere Richtschraube die innere mit, als wären
beide aus einem Stück. Dies tritt immer ein, wenn die innere
Richtschraube oben oder unten auf die äußere aufsitzt und die Bewegung im gleichen Sinne fortgesetzt werden soll. Dies kann aber
auch eintreten bei Verletzung oder Verunreinigung der Gewinde, kurz
bei Klemmungen zwischen den beiden Richtschrauben. Wenn indessen die Reibung zwischen der Mutter und der äußeren Richtschraube größer ist, als zwischen den beiden Richtschrauben, so dreht
sich mit der Mutter die äußere Richtschraube, als wären beide aus
einem Stück, und die innere Richtschraube steigt auf oder nieder.
Obwohl hier eine doppelte Richtschraube verwendet ist, so hat das
unter diesem Namen bekannte Prinzip der Beschleunigung der Auf-
bez. Abwärtsbewegung des Rohrbodenstückes keine Verwendung ge-

funden. Die Anordnung ist lediglich zur Vergrößerung der Bewegung einerseits und anderseits als Aushilfe bei etwaigen Klemmungen zwischen einzelnen Teilen angewendet. Das Höhenrichtfeld beträgt $+ 16^0 \, 40'$ und $- 6^0$.

Die Wiege liegt mit ihren seitlichen Schildzapfen in den Lagern der Lafettenwände und ist hinten mit der inneren Richtschraube verbunden. Sie ist ein aus Stahl gezogener Hohlzylinder, an dem oben die Gleitflächen für das Rohr ausgebildet sind und linksseitig der Aufsatzträger sitzt. Sie ist vorn mittelst Bajonetteverschlusses durch einen Deckel geschlossen. Hinten ist die Wiegenwand zweimal rechtwinklig umgebörtelt. Gegen den so gebildeten Boden stützen sich die Vorholfedern hinten beim Rückgang des Bremszylinders. Dieser letztere ist vorn durch die Stopfbuchse geschlossen, welche die Abdichtung zwischen Kolbenstange und Zylinder bewirkt und welche außen einen Flansch hat als vorderes Widerlager für die Vorholfedern, die so zwischen diesem Flansch am Zylinder und dem Wiegenboden mit einer Vorspannung von 262 kg gelagert sind. Die Vorspannung ist so groß gewählt, um das Vorschieben des Rohres in die Feuerstellung unter allen Umständen zu gewährleisten. Es sind 6 einzelne Federn von rechteckigem Querschnitt voreinander über den Bremszylinder geschoben. Gegeneinander sind sie durch bewegliche lose Scheiben getrennt. Die Federn sind abwechselnd rechtsbez. linksgängig. Um ein heftiges Auflaufen des Rohres bei niedriger Erhöhung oder gar bei Senkung infolge der großen Federvorspannung zu verhüten, ist außer der Vorlaufbremse noch ein Kautschukpuffer ringförmig außen gegen den Wiegenboden gelegt, auf welchen ein Flansch der Bremszylinderbodenschraube aufläuft. Diese letztere ist hinten mit dem Rohrzapfen verbunden und trägt vorn eine Gegenkolbenstange. Der Kolben und die eigentliche Kolbenstange sind aus einem Stück und beide hohl. Vorn ist die Kolbenstange in dem Wiegendeckel befestigt, bleibt also mit der Wiege stehen, während der Bremszylinder mit dem Rohr zurückgeht. Der vordere ringförmige Deckel des Kolbens hat 8 Öffnungen zum Durchlassen der Flüssigkeit. In das hintere Ende des Kolbens ist ein Ring eingeschraubt von kurvenförmigem Querschnitt auf der inneren Seite. Durch diesen Ring greift die Gegenkolbenstange und geht durch den Kolben und die Kolbenstange bis nahe an deren Ende. Die Gegenkolbenstange ist von wechselndem Querschnitt, so daß die Durchflußöffnung zwischen ihr und dem Kolbenboden beim Rücklauf der Gegenkolbenstange sich ändert und schließlich mehr und mehr verkleinert, bis sie am Ende der Bewegung fast geschlossen ist. Dies ist also die Regelung des Bremswiderstandes beim Rücklauf, der zu-

erst mit fortschreitender Rückwärtsbewegung zunimmmt. An ihrem
vorderen, außen zylindrischen Ende, mit welchem sie saugend in die
Kolbenstange paßt, ist die Gegenkolbenstange hohl. Unmittelbar
hinter diesem Kolbenkopf sind einzelne Löcher angebracht, durch
welche das im Kolben und in der Kolbenstange befindliche Öl auf
die vordere oder hintere Seite des Gegenkolbenkopfes fließen kann,
je nach den Druckverhältnissen. Auf den vorderen Teil des Kolben-
mantels ist ein Messingzylinder als Kolbendichtung aufgeschraubt.
Über das hintere Ende des Kolbens bis nahe an die Dichtung ist
der Vorlaufsregler eingeschaltet, welcher hinten mit der Verschlußschraube des Zylinders verbunden ist. Die Wirkung der Bremse ist
folgende: Das zurücklaufende Rohr nimmt den Bremszylinder und
dieser die Gegenkolbenstange und den Vorlaufsregler mit. Der Kolben
und die Kolbenstange bleiben mit der Wiege stehen. Dadurch werden
die Vorholfedern gespannt, und gleichzeitig wird das vor dem Kolben
befindliche Öl durch die 8 Öffnungen im Kolbendeckel in den hohlen
Kolben gedrückt und weiter hinter denselben und vor den Vorlaufsregler. Dabei muß es durch die Öffnung im Kolbenboden fließen,
welche mit dem Zurückgehen der Gegenkolbenstange sich mehr und
mehr verengt, bis sie am Ende der Bewegung fast völlig geschlossen
ist. Dadurch wird der Bremswiderstand stärker und stärker, bis die
Rücklaufskraft aufgezehrt ist. Während dieser Rücklaufsbewegung
wird gleichzeitig Öl aus der hohlen Kolbenstange durch die Öffnungen
in der Gegenkolbenstange in den Vorderteil der eigentlichen Kolbenstange gedrückt, wodurch die Vorlaufsbremse gefüllt wird. Beim
Vorlauf des Rohres, des Bremszylinders, des Vorlaufsreglers und der
Gegenkolbenstange drückt letztere auf dieses Öl, welches dabei durch
dieselben Öffnungen wieder abfließt. Durch diesen Vorgang wird
der Vorlauf gebremst. Sobald der Vorlaufsregler zurückkommend
sich wieder um den Kolben legt, drückt er auf das Öl in den beschränkten Raum zwischen Kolben und Vorlaufsregler und schwächt
damit den letzten Stoß der Vorlaufsbewegung ab. Der normale
Rücklauf soll zwischen 0,99 bis 1,04 m liegen, der größtmögliche
ist 1,08 m. Um die Größe des Rücklaufes zu messen, ist an der
linken Seite der Wiege hinten ein Rücklaufsanzeiger angebracht.
Die normale Rücklaufslänge ist im Vergleich mit anderen Konstruktionen, welche 1,10 bis 1,20 m haben, nur gering, und dies fällt
hier um so schwerer ins Gewicht, weil das Geschütz, ebenfalls dem
französischen hierin folgend, zugunsten einer sehr großen Anfangsgeschwindigkeit von 589 bis 597 m oder normal 593 ($\pm$ 4) m des
6,66 kg schweren Geschosses die außerordentlich hohe Mündungsenergie bis zu 115 tm hat gegen etwa 83—85 mt der deutschen Kon-

struktionen. Diese hohe Mündungsenergie im Verein mit dem nicht
genügend langen Rücklauf erfordert einen großen Bremswiderstand,
der das Geschütz beim Schießen mit kleinen Erhöhungswinkeln nicht
völlig stehen läßt, solange die nach rückwärts verlängerte Seelenachse hinter den Lafettenschwanz den Boden trifft. Nach Versuchen
geht die Lafette auf festem Boden beim ersten Schuß 10—15 cm
zurück, bei jedem folgenden um 1,5 cm. · Bei welchem Erhöhungswinkel diese Zahlen ermittelt sind, ist nicht bekannt. Bei 0° springt
die Lafette um 1,5—9 cm. Bei weichem Boden läuft das Geschütz
beim ersten Schuß 75 cm zurück und die Räder sinken 9—12 cm,
der Lafettenschwanz bis 25 cm in den Boden ein. Nach dem ersten
Schuß ist das Geschütz so vollständig aus der Richtung, daß es mit
dem Richtbaum von neuem gerichtet werden muß.

Bei Anbringung des Schildes sind die Achssitze des ursprünglichen M/1902 fortgefallen. Der Schild ist dreiteilig. Der mittlere
Teil ist an der Achse befestigt; der obere und untere umklappbar.
Seine Höhe beträgt 1,68 m, sein unterer Rand steht 26 cm vom Boden
ab. Die Munitionsausrüstung für jedes Geschütz in seiner Protze und
seinen beiden Munitionswagen ist für fahrende und reitende Artillerie
verschieden und in der untenstehenden Zusammenstellung angegeben.
Die Patronen sind zu je 4 in Geschoßkasten von Eisenblech verpackt.

Am Munitionshinterwagen ist die vordere Wand und die nach
unten aufklappende Tür aus Panzerblech und bilden beide zusammen
den Schild für die Bedienung. Der Munitionswagen wird 2 m links
und 8—12 m rückwärts des Lafettenschwanzes aufgestellt.

Sprenggranaten, deren Mangel im Kriege sehr empfindlich fühlbar geworden ist, hat das neue Geschütz vorläufig auch noch nicht,
obwohl solche in Versuch gewesen sind. Das Schrapnell ist ein
Bodenkammerhülsenschrapnell aus Stahl mit Eisenzentrierung und
einem hinteren Führungsband. Bemerkenswert ist seine Art der Laborierung. Die ersten 5 Kugellagen sind mit Rauchmasse, bestehend
aus 45°/₀ Magnesium und 55°/₀ Antimon, festgepreßt, alle übrigen
Lagen mit Kolophon festgegossen. Bodenkammer- und Kammerhülsen-
ladung bestehen aus 75—85 g Schwarzpulver. Der Geschwindig-
keitszuwachs der einzelnen Kugel beträgt 75 m. Das Geschoß hat
Doppelzünder und ist außen zum Schutz gegen Rosten vernickelt.
Es ist mit der messingenen Kartuschhülse zur Einheitspatrone verbunden. Die Hülse reicht bis an das Führungsband des Geschosses
und ist in eine hinter dem Führungsband liegenden Nute eingewürgt.
In der Bodenmitte ist statt eines Zündhütchens eine Zündschraube
eingeschraubt, deren Laborierung augenscheinlich eine Schwarzpulver-

beiladung entbehrlich macht, da die Kartuschladung nur aus rauch-
schwachem Pulver, 1,045 kg in Bandform, besteht.

In Ergänzung der Mitteilungen im Märzheft folgen hier die
wesentlichsten Zahlenangaben des Materials in erweitertem Umfange:

1. Rohr.

Kaliber	7,62	cm
Zahl der Züge	24	
Art und Länge des Dralles . .	30	Kaliber konstant
Drallwinkel	5° 59'	
Länge des Rohres	30	Kaliber = 2,286 m
Gewicht des Rohres mit Verschluß	400	kg
Gewicht des Verschlusses . . .	17,6	kg

2. Lafette.

Feuerhöhe	927	mm
Größtmöglichster Rücklauf . .	1080	mm
Normaler Rücklauf . . .	990—1040	mm
Dicke des Schildes	4,5—5	mm
Vorspannung der Vorholfedern .	262	kg
Geleisebreite	1,52	m
Radhöhe	1,32	m
Breite des Radreifens	57	mm
Horizontales Richtfeld	± 2° 45'	
Seitliche Verschiebung auf der Achse	± 14	mm
Vertikales Richtfeld	$+ 16° 40'$ $- 6°$	
Druck des Lafettenschwanzes auf den Boden	53,2	kg
Gewicht des feuernden Geschützes	1040 (975)[1]	kg

3. Protze und Munitionshinterwagen.

Geleisebreite	1,47	m
Zahl der Kartuschen in der Protze	36 (20)[1]	
im Munitionswagen	88 (72)[1]	
Gewicht der Geschützprotze, be-laden	925 (692)[1]	kg

---

[1] Die eingeklammerten Zahlen gelten für die Geschütze der reitenden
Artillerie.

Gewicht des Geschützes als Fahr-
zeug ohne Bedienung . . . 1965 (1667)[1]) kg
Gewicht der beladenen Munitions-
wagenprotze . . . 950 oder 966 (704)[1]) kg
Gewicht des beladenen Munitionshinterwagens . . . . . . 975 (884)[1]) kg
Gewicht des Munitionswagens
1925 oder 1941 (1588)[1]) kg

4. Munition.

Gewicht des Schrapnells mit Zünder	6,5	kg
Füllkugeln		
Zahl	260	
Gewicht	10,675	g
Durchmesser	12,7	mm
Gewicht der Sprengladung .	75—85	g
Geschwindigkeitszuwachs der		
Kugeln	75	m
Gewicht des Raucherzeugers . .	25	g
Gewicht des Kolophoniums . .	128	g
Gewicht der Pulverladung . .	1,045	kg
Gewicht der fertigen Patrone .	9	kg
Anfangsgeschwindigkeit des		
Schrapnells	593 ± 4	m
Querschnittsbelastung des Ge-		
schosses	142,5	g/qcm
Mündungsarbeitsleistung . . .	515	mt
Größte Schußweite Az	6400	m
Bz	5550	m
Schußzahl in der Minute . . .	20	

Das neue russische Feldgeschütz zeigt viele Anklänge an französische Konstruktion nicht nur in seiner Konstruktionstendenz, große
Anfangsgeschwindigkeit mit ihren Vorteilen und demgemäß sehr
große Mündungsarbeitsleistung, sondern auch in Konstruktionseinzel-
heiten, wie dem Schraubenverschluß und der Verschiebung·der Lafette
auf der Achse. Anderseits sind aber die Flüssigkeitsdruckluftbremse,
die Verankerung der Räder und die unabhängige Visierlinie der
französischen Konstruktionen nicht angenommen worden. Dadurch
ist das Gewicht des feuernden Geschützes nicht so hoch geworden

---

[1]) Die eingeklammerten Zahlen gelten für die Geschütze der reitenden
Artillerie.

wie beim französischen Geschütz, die Feuerbereitschaft höher, die
Feuergeschwindigkeit aber geringer, weil das Geschütz auch infolge
der hohen Mündungsarbeit bei Beschränkung der Rücklaufslänge nicht
völlig stillsteht.

Das Gewicht des Geschützfahrzeuges für die fahrende Artillerie
wird sogar von dem französischen Berichterstatter der Rev. d'Artillerie
als zu hoch erachtet. Nur für die reitende Artillerie sind durch Beschränkung der Munitionsausrüstung in Protze und Munitionswagen
leichte Fahrzeuge hergestellt.

Die Munitionsausrüstung beträgt:

für die fahrende Batterie: $8 \times 284 = 2272$ Schuß,

für die reitende Batterie: $8 \times 204 = 1632$ Schuß.

Die Einrichtung der Bremse mit ihren zahlreichen einzelnen
Teilen ist kompliziert. Man hat durch einfachere Mittel mindestens
die gleiche Wirkung schon erzielt. Bahn.

Japan.

auf von odell-chützen. Die japanische Regierung soll beabsichtigen, amerikanische,
englische, französische und deutsche Geschütze anzukaufen, um der
japanischen Artillerie die Vorzüge und Schwächen der verschiedenen
fremden Artillerien und besonders der amerikanischen Artillerie vorführen, anderseits um auf Grund der Versuchsergebnisse, in Japan
selbst noch wirkungsvollere und vollkommenere Geschütze zu erzeugen. Für diese Versuchszwecke beabsichtige die Heeresverwaltung die Summe von 10 Millionen Yen (?) zu verausgaben. (France
mil.) Erfrischend ist die Offenheit, daß es sich nicht etwa um einen
Wettbewerb behufs Ankauf von Material oder einer Konstruktion,
sondern nur um Feststellung der Bewaffnung anderer Staaten handelt,
die die Grundlage für Neukonstruktionen in Japan bilden soll.

Übrigens ist die Umbewaffnung der Feldartillerie mit neuen
Rohrrücklaufkanonen nahezu beendet. Bahn.

Literatur.

I. Bücher.

Die höheren Aufgaben des jungen Offiziers für Armee und Volk.
In unseren Tagen, wo im unruhigen Hasten und Treiben der zunehmenden Industrialisierung unseres Volkes der Sinn für materiellen Genuß wächst, die in Schule und Heer anerzogene Achtung vor Recht und Gesetz, die Unterordnung des eigenen Wohls unter ein großes Ganzes, der Sinn für selbstlose Pflichterfüllung mehr und mehr zu schwinden drohen, wird gar viel über Erziehung geschrieben. Meist aber betreffen diese Arbeiten zunächst ausschließlich einen bestimmten beruflichen Wirkungskreis, nur die erziehenden Eltern, nur den Berufslehrer, nur den militärischen Erzieher; die gemeinsamen Gesichtspunkte für die gesamte Erziehung unserer deutschen Jugend aller Altersklassen und aller Berufe ist ein literarisch so gut wie noch gar nicht bebautes Feld. Auf diesem Felde muß zunächst einmal geackert werden, damit wir bald Samen streuen können: es ist die höchste Zeit dazu, wenn wir überhaupt noch auf eine Ernte hoffen wollen.

Als ein solcher Ackersmann erweist sich Ed. Preuß in seinem Buche „Die höheren Aufgaben des jungen Offiziers für Armee und Volk"[1]. Wenn der Verfasser seine Arbeit in die zwei Teile teilt:

I. Erweiterung der militärischen Fachbildung zu freier Weltbildung, und

II. Leitende Gesichtspunkte für die rationelle Gestaltung des Selbststudiums,

so werden schon hieraus viele Leser einen Ansporn zur Lektüre dieses Buches nehmen: denn das ist ja gerade das Elend unseres heutigen Kulturlebens, daß wir an unseren hunderterlei Fachbildungen laborieren. Wir können die Spezialisten ja in keinem Berufe mehr entbehren, aber wir verdanken dem modernen Spezialistentum auch etwas sehr, sehr Schlimmes: eine geradezu unglaubliche Verengerung unseres geistigen Horizonts, eine Entfremdung von Stand zu Stand, die schon längst zerstörend gewirkt hätte, wenn nicht die große Idee des Staates — uns bewußt oder unbewußt — den gemeinsamen Hintergrund unseres ganzen Lebens bildete. Dieses Spezialistentum ist denn auch, wie jedes anderen Standes, auch eine Krankheit des Offizierberufs: Tausende fühlen sie und unser Verfasser findet gute Worte, um dieses Gefühl zu klären. Er sagt mit jener schönen Offenheit des kraftvollen Charakters, daß er mit den Schwächen der

---

[1] München, Seitz und Schauer, 1906.

humanistischen Bildung behaftet als junger Offizier von einem fortwährend*en Gefühl der Isoliertheit und Verlorenheit gequält war,
und erst, als er bei den technischen Instituten der Artillerie Verwendung fand, ihm der Sinn für das große Gebiet der Volkswirtschaft
und Sozialpolitik aufging. Er sah, daß die Einseitigkeit unserer militärischen Fachbildung der wahre Grund seines ganzen Elends gewesen
war. Und gegen diese Einseitigkeit, diesen schlimmsten Krebsschaden
des modernen Kulturlebens, die jede Tätigkeit nur spezifisch dafür
„Ausgebildeten" zuweisen und alle anderen ängstlich davon zurückhalten will, gegen diese wendet sich sein Buch. Vielseitigkeit
und Überblick brauchen wir: so gründet Preuß seine Betrachtungen auf Boyens Lebensgeschichte und H. St. Chamberlains Grundlagen des 19. Jahrhunderts. Zusammen mit anderen großen Persönlichkeiten unserer Nation, die er als Leitsterne für unsere Jugend
hinstellt: Goethe, Riehl, Scharnhorst, Gneisenau, York, sind sie allerdings wahrhaft glücklich ausgewählt. Bei solchen Männern gibt es
keine Fachsimpelei, die haben offene Augen für alles, und den Wert
der Anschauung betont auch unser Verfasser, nur hätte er dabei
außer den Grundlagen des XIX. Jahrhunderts auch Chamberlains
Immanuel Kant heranziehen müssen, wo so Schönes und Tiefes über
Anschauung gesagt ist, wie wir es kaum wieder finden.

Also Vielseitigkeit braucht der Offizier. Praktisch ist das schon
dadurch evident, daß es kaum eine militärische Tätigkeit gibt, die
ohne Verbindung mit verwaltender Tätigkeit denkbar ist und daß hohe
Militärs oft genug vor Aufgaben gestellt sind, die staatsmännische
Erfahrung und Blick erfordern.

Wir können hier nun nicht auf die Einzelheiten des Buches eingehen, ein solches Werk, eine so warmherzige Darstellung kann durch
eine trockene Besprechung nur verlieren. Aber einzelne besonders
anmutende Punkte müssen doch noch berührt werden: so die auf
Chamberlain beruhende Gegenüberstellung der deutschen Mythologie
und ihres innersten Gehaltes auf der einen, des brutalen Materialismus
unserer Tage auf der anderen Seite; ferner in weiterer Entwickelung dieser
Gedanken ihre Übertragung auf Gefühls- und praktisches Leben unserer
Soldaten, das Erfassen ihrer innersten, ihnen selbst unbewußten
dämmerhaften Gefühle für selbstloses Tun durch den Offizier, der
mit Hilfe der deutschen Volkssagen wohl fähig sein kann, diese ver-
schlossene Pforte zu öffnen. Das ist Kunst: Künstler aber müssen
wir sein. Das unbewußt in der Seele unserer Zöglinge Schlummernde
müssen wir mit der Kraft der eigenen Persönlichkeit neu schaffen,
dazu bedarf es des innerlichen Lebens mit ihnen, des Fühlens und
Denkens in ihrer Weise. Um das aber zu können, müssen wir unsere
Leute lieb haben. Und einen äußerlichen Ausdruck dieser Zusammen-
gehörigkeit zwischen dem Offizier und seinen Leuten gibt Preuß in
der Anweisung, wie der Rekrutenoffizier unter Zugrundelegung der
pädagogischen Idee des Individualitätsprinzips sein Beobachtungs-

material über seine Leute sammeln soll. „Studiere die Arbeit des
Mannes" sagt er. Recht so!

Doch genug, der Raum ist beschränkt. Man lese das künstlerisch
und eben deshalb eminent praktisch geschriebene Buch! Sobald als
möglich lese man es; aber nicht nur einmal. Und man lese und
durchdenke auch die Werke jener Männer, auf denen Preuß fußt.
So wird man der Fachgelehrsamkeit unserer Tage im eigenen Innern
den heilsamsten Krieg führen.

Meyer, Hauptmann, Komp.-Chef im 133. Inf.-Reg.

Mit Lord Kitchener gegen den Mahdi. Erinnerungen eines preußischen Generalstabsoffiziers an den englischen Sudanfeldzug.
Ad. v. Tiedemann. Mit 5 Porträts u. 2 Kartenskizzen.
1.—4. Tausend. Berlin C. A. Schwetschke & Sohn. 1906. 5 Mk.

Als sich im Sommer 1898 der Sudanfeldzug seiner Entscheidung
näherte, wurde der Verfasser seitens des preuß. großen Generalstabs,
welchem er damals als Major angehörte, als militärischer Berichterstatter zu Lord Kitchener kommandiert. Er kam gerade noch rechtzeitig hin, um das Ende des Feldzugs und die Schlacht bei Omdurmân
mitzumachen. In Briefen an seine Frau und Auszügen aus den Berichten an den Generalstab werden die Reise- und Kriegserlebnisse
in lebendiger und ansprechender Weise mitgeteilt. Besonders interessant ist die Schilderung der Persönlichkeit des Lord Kitchener und
des Lebens und Treibens in der englischen Armee. Auch von
Ägypten, Kairo, dem Nil und dem Sudan erhält man ein anschauliches
Bild. Wie in dem Buch „Aus Busch und Steppe", in welchem Maj.
v. Tiedemann seine Erlebnisse bei der Emin Pascha-Expedition in
den Jahren 1889/90 beschrieben hat und welches im vergangenen
Jahre erschienen ist, so hat sich der Herr Verfasser auch hier wieder
als sehr gewandter und unterhaltender Erzähler bewährt. Man liest
das Buch mit Interesse und Vergnügen. v. Twardowski.

Die Befreiungskriege 1813—1815. Ein strategischer Überblick von
v. Caemmerer, Generalleutnant z. D., mit 1 Karte und 1 Skizze
im Text. Berlin 1907. E. S. Mittler & Sohn, Kgl. Hofbuchhandlung. Preis 3,50 Mk.

Der vorliegende strategische Überblick beleuchtet in zutreffender
Weise die Freiheitskriege und gibt auf 143 Seiten eine kurze Darstellung derselben, wobei als Quellen die Arbeiten von v. Holleben,
Friederich, v. Janson und v. Lettow-Vorbeck gedient haben. Besonders der Feldzug von 1813 gibt ein vollständiges Bild, während
1814 und 15 an manchen Stellen für das allgemeine Verständnis
vielleicht noch etwas ausführlicher hätten behandelt werden können.

Napoleon ist der neueren Geschichtsschreibung entsprechend
weniger als unersättlicher Eroberer, sondern mehr als politisch und
militärisch unerreichte Größe aufgefaßt, dessen Lebensziel die Nieder-

haltung Englands gewesen ist. Mit Frankreichs Fall gewann England die Weltherrschaft. Diese Auffassung hat gewiß viel für sich, wenngleich sie der Umgebung des Kaisers, nach den zahlreichen Memoiren zu schließen, nicht so scharf zum Bewußtsein gekommen ist. Ruhmbegier und Egoismus treten dort als hervorstechende Eigenschaften Napoleons an den Tag und von denselben Triebfedern waren auch seine Marschälle geleitet, die denn auch fast alle nicht daran dachten, sich ihm bei seiner Rückkehr von Elba zu weihen. Bei dem Spiel war der Einsatz zu hoch! Schwarzenberg ist durchgehends in der bei uns ziemlich allgemein verbreiteten Auffassung als doktrinärer Stratege der Schule des 18. Jahrhunderts behandelt. Die neuerdings mehrfach versuchten Rettungen sind erwähnt, aber nicht als zutreffend anerkannt. Immerhin war der Fürst als Diplomat und persönlich tapferer und umsichtiger General eine glänzende Erscheinung und allein imstande, das quasi Oberkommando unter den schwierigen persönlichen Verhältnissen bei den Alliierten zu führen.

York kommt m. E. etwas zu schlecht weg. Im Herbstfeldzug von 1813 wurde seine Landwehr durch die rücksichtslosen Hin- und Hermärsche bei strömenden Regen, mangelhafter Bekleidung und Nahrung tatsächlich ruiniert. Da kann man es ihm doch nicht verargen, daß er Gneisenau, den Urheber dieser, im Prinzip auch vom Herrn Verf. verworfenen Taktik, heftig angriff. 1814 wurden ihm aber anscheinend unmögliche Zumutungen gestellt, Handstreiche auf sturmfreie Festungen, — wie die Perle der alten Fortifikation Metz, — mit seiner Landwehr und etwas Feldgeschütz zu machen. Das ist ein recht delikates Thema, diese Handstreiche, und wir können dabei auch nicht mit Stolz auf 1864 und 70 zurückblicken.

Die Schrift des Glt. v. Caemmerer kann nur weiten Kreisen zur Anschaffung empfohlen werden — eine reichhaltigere Übersichtskarte wäre aber doch erwünscht gewesen. v. Twardowski.

Der berittene Offizier und sein Pferd. Ein Ratgeber und ein Vademekum für alle berittenen Offiziere der Armee. Von Moritz von Kaisenberg, Oberstleutnant a. D. Verlag von Zuckschwerdt & Co., Berlin.

Ein alter erfahrener Reiteroffizier, dessen Name einen guten Klang in der preußisch-deutschen Kavallerie besitzt, will in der vorliegenden Schrift älteren und jüngeren Offizieren aller Waffen, welche beritten sind, ein Nachschlagebuch und einen Ratgeber in allen Pferdeangelegenheiten — beim Ankauf, bei Krankheiten, für den Beschlag und für den Transport usw. — an die Hand geben. Hieran schließt der Autor Ratschläge über den Nutzen und die Ausübung des Rennsportes und des Jagdreitens an.

Wie man bereits aus dem mannigfachen Inhalt ersieht, ist das Buch des Oberstleutnant von Kaisenberg keineswegs eine trockene Lehrschrift. Vielmehr im Plauderton gehalten und mit Humor und

Naturwüchsigkeit geschrieben, erinnert sie an Whyte-Melvilles bekannte und beliebte „Reiterinnerungen", wenngleich das Thema beider
Bücher voneinander abweicht.

Jedermann wird die Kaisenbergsche Schrift mit Vergnügen lesen.
Sie bietet das, was sie verspricht, dem berittenen Offizier ein Rat-
geber auf hippologischem Gebiete zu sein, und wird ihn vor manchem
Irrgang auf diesem bewahren können.   von Gersdorff.

**Unsere Pferde. 35. Heft. Das englisch-arabische Vollblut und
seine Zuchtmethode.** Historisch und kritisch bearbeitet von
Prof. Dr. Fr. Wilh. Dünkelberg, Geh. Regierungsrat und
Direktor a. d. Königl. Landw. Akademie Poppelsdorf-Bonn.
78 Seiten 8⁰. Mit 2 Pferdeporträts. Stuttgart, Verlag von
Schickhardt & Ebner (Conrad Wittwer), 1907.

Im Vorwort sagt der als vorzüglicher Fachmann bekannte Verfasser: „Das anglo-arabische Vollblut darf nicht aus dem Gesichts-
winkel des Halbblutzüchters beurteilt und gewürdigt werden; denn es
entspricht einer Reinzucht aus ebenbürtigen, hochedlen Eltern und
ihrer durchschlagenden Vererbungskraft."

Den Beweis für die Richtigkeit dieses Ausspruches erbringt das
Heft in durchschlagender Weise, wie nicht minder für seine weitere
Behauptung, daß „der Angloaraber einen entschieden günstigeren Ein-
fluß auf die Landespferdezucht ausübt, als es der arabische
Hengst und das englische Vollblut für sich allein zu bewirken
vermögen".

Die unter I. behandelten hippologischen Grundlagen bringen eine
Fülle von Daten auch über die russischen Gestüte Slavuta und
Antoniny und das Königlich ungarische Gestüt Bábolna. Wenn wir
S. 29 erfahren, daß der Züchter, welcher nach den Bruce-Loweschen
Familienstämmen die Zuchtwahl bemißt, „große Irrtümer begehen
kann", so wundert uns das nicht; denn die groben Fehler dieser
Bruce-Loweschen Familieneinteilung hat schon Major Henning (Bern)
vor mehreren Jahren (s. Heft 13 dieser Sammlung) eingehend nach-
gewiesen!

In dieser Beziehung bildet das Quotientensystem des Herrn Verfassers einen entschiedenen Fortschritt bezüglich der verschiedenen
Blutmischungen in der Zucht.

Wenn dagegen der „vererbende Einfluß" (mehr oder minder
potenter Ahnen) in weiten Gränzen wechselt, die „sich jedweder
menschlichen Kenntnis entziehen sollen", so ist das im Prinzip
wohl zuzugeben, wird sich aber durch Eingehen auf weitere, als die
bloßen Blutmischungs- und Exterieurverhältnisse, bei der
Zeugung mitwirkende Faktoren sicherlich noch in einer unsere Kenntnisse bereichernden Weise einschränken lassen (s. den Schluß).

Einen auffallenden Irrtum begeht der Verfasser (S. 40), indem er
von dem bei dem „länger gebauten englischen Renner mit-seinem

geraden Hals, oft steifen Genick", „nach hinten verlegten Schwerpunkt" redet, während doch gerade das umgekehrte stattfindet und
der Schwerpunkt mehr in die Vorhand fällt. Unter III. Grundzüge der Zucht (S. 42—67) erfahren wir die interessantesten Daten
und Einzelheiten sowohl über das alte „Friedrich Wilhelm-
Hauptgestüt zu Neustadt an der Dosse" (1790 begründet) und
das 1895 eingerichtete „neue Hauptgestüt zu Neustadt", die
Bestände des letzeren an Hengsten und Stuten, wie die bisher erreichten Resultate.

Der letzte Abschnitt: IV. Die Erziehung des englisch-
arabischen Vollbluts zeigt im großen und ganzen, wie unsicher
man selbst in unseren großen Staatsinstituten noch über die Elemente
der Aufsucht: die Ernährung, das Klima, den Boden, die Übung, die
Erreichung der sog. Kondition ist, und erst allmählich anfängt, sich
über die Wirkung dieser Elemente klar zu werden.

Dem Verfasser möchte ich in dieser Beziehung raten, sich alles
das, was ich in meiner „naturgemäßen Gesundheitslehre der
Pferde" (4. Auflage 1904 bei Schmorl & v. Seefeld Nachf. in Hannover) über „Behandlung und Bewegung" des Pferdes (S. 155
bis 190) ausgeführt habe, für sein Kapitel: „Kondition" anzusehen,
da diese sog. „Kondition" bis jetzt noch ein Tummelplatz für weit
auseinanderliegende, zum großen Teil sehr irrationelle Ansichten ist.
Ich habe 1862 auf einem edlen ostpreußischen Pferde in 23 Stunden
über 20 deutsche Meilen auf sehr wechselndem Boden hintereinander
und ohne Ruhepausen, nur mit mehrmaligem Tränken des Tieres in
Bächen zurückgelegt, ohne daß dasselbe eine sichtliche Ermüdung
zeigte. Diese Leistungsfähigkeit hatte ihre Grundlage im Blut und
im Gebäude, aber ihre Ausbildung in meiner 3 Jahre lang konsequent
geübten Methode.

Hier möchte ich nun am Schlusse einiges anführen, was ich für
die Zucht edler Pferde und zur Vermeidung von Enttäuschungen durch die Zuchtprodukte für richtig halte.

1. Die Dressur der Zuchthengste. (Für Reitpferde.) Alle
Zuchthengste ohne Ausnahme sollten nicht nur eine vollendete elementare Reitdressur erhalten, sondern auch in hohen Schulen
nach Gebäude und Anlagen geübt werden. Hengste, die sich nicht
zur Passage und Pesade ausbilden lassen, sind zur Zucht von
Reitpferden nicht geeignet.

2. Auch in der Deckperiode wären die Hengste in mäßiger Tages-
arbeit zu üben und nicht, wie jetzt üblich, lediglich nur wenig zu
bewegen. Das „Decken" darf nicht als ausschließliche Leistung
gelten. Ähnliches gilt von den Stuten, die auch in der Trächtig-
keit ausgiebiger Arbeit bedürfen.

3. Vermeidung aller künstlichen Reizungen des Ge-
schlechtstriebes, in erster Reihe durch unnatürliches Futter
(in Kisbér sah ich in den 90er Jahren 10—12 rohe Eier dem Hafer-

futter beimischen. War es ein Wunder, wenn einzelne so ernährte Hengste eine bestialische Wildheit erlangten? Wie z. B. einer kurz vor meiner Ankunft seinen Reitknecht mit den Zähnen gefaßt, getötet und um die Mauern Kisbér's getragen). Auch die Kisbérer Fohlen zeigten fast alle eine gewisse Tücke, während die Bábolnaer durch ihre Frömmigkeit auffielen.

4. Den Hengst lasse man, namentlich da, wo es sich um Züchtung einer anderen Rasse handelt, mitsprechen bei der Wahl der Stute: man führe ihm 2 oder 3, die der Züchter für passend erachtet, vor und lasse ihn selber wählen!

Wo aber ein Hengst eine Stute verschmäht, da gebe man ihm Recht und reize ihn nicht künstlich mit der Hand, einen ihm nicht zusagenden Zeugungsakt zu vollziehen!

5. Man weise keinem Deckhengst mehr als 30, höchstens 40 Stuten in der Deckzeit zu, nicht aber 60—70 und mehr, wie das vorkommt.

Die vorstehenden Andeutungen mögen vorläufig genügen, um anzudeuten, wie auch die geistige Sympathie der Liebe mehr als bisher in der Pferdezucht zur Geltung zu bringen sein und die Vererbung auch erworbener Fähigkeiten des Vater- und Mutterpferdes mehr gesichert werden können. Spohr.

Dr. Christian Meurer „Die Haager Friedenskonferenz". 2. Band: „Das Kriegsrecht der H. F.", München 1907, Verlag von J. Schweitzer (Arthur Sellier).

In gleich gründlicher Weise, wie Dr. Meurer im ersten Bande des oben bezeichneten Werkes das Schiedsabkommen der Haager Friedenskonferenz behandelte, stellt er im 2. Bande die Verhandlungen über das „Kriegsrecht" dar und zwar das Übereinkommen über das Recht des Landkrieges. Die Verhandlungen über ein Seekriegsabkommen sind bekanntlich der neuerlichen Konferenz vorbehalten. Meurer gibt unumwunden zu — was ja jedem Einsichtigen an sich ohne Beweis klar ist — daß, wie ewiger Friede eine Utopie bleiben wird, auch die Abkommen über das Kriegsrecht nur Vereinbarungen über Kriegsgebräuche sein können, begründet auf den herrschenden Grundsätzen des Völkerrechts, wie sie sich unter gesitteten Staaten aus den Gesetzen der Menschlichkeit und aus den Forderungen des öffentlichen Gewissens heraus gebildet haben. Eine strikte Kodifikation in Gestalt eines Gesetzbuchs liegt ebensowenig vor wie die zwingende Gewalt einer Gesetzesexekutive. Meurer verweist in dieser Richtung mit Recht darauf, daß das Korrektiv für Übertreibung der die Kriegsrechtsnormen brechenden Notstandserwägungen lediglich die Aussicht auf Retorsion und Repressalien des Gegners, also Vergeltung des Unrechts mit wenigstens objektivem Unrecht, sein kann. — Das 1. und 2. Hauptstück des Buches behandeln Vorgeschichte und Inhalt des landkriegsrechtlichen Abkommens, die Kriegsparteien, die Kriegsgefangenen, die Kriegsmittel, Spionage, die Parlamentäre, die Kapitulation, den Waffenstillsand, das Besetzungs-, Kontributions- und Requisitionsrecht. Vielfache Bestimmungen in diesen Abschnitten greifen in das positive Militärstrafrecht über und haben gesetzliche Prägung in Strafnormen des Militärstrafgesetzbuchs˙ gefunden, z. B. die militärische Unterordnung in der Kriegsgefangenschaft, Bruch des Ehrenwortes eines Kriegsgefangenen, Plünderung, Beutemachen u. a. Sehr interessant sind insbesondere die Ausführungen über die Frage der Berechtigung einer Volkserhebung im Kriege, Freischaren, freies Heldentum usw. Die geschichtliche Darstellung dieser, wie der meisten Kapitel über Kriegführung wird auch für den Nichtjuristen, insbesondere für Militärs, höchst anregend sein. — Ein weiterer Abschnitt behandelt Neutralitätsfragen und hieran logisch anschließend die zweite Abteilung das Kriegssanitätswesen.

Während in den vorstehend angeführten Punkten im großen und ganzen positive Übereinkommen zustande kamen, mußte man sich in folgenden Punkten auf Erklärungen beschränken: „Das Werfen von Geschossen aus Luftschiffen, das Verbot von Geschossen mit dem einzigen Zwecke der Verbreitung erstickender oder giftiger Gase sowie von sich leicht ausdehnenden oder plattdrückenden Geschossen. ˙ Diese, aus dem Buren- und dem russisch-japanischen Kriege interessierenden Fragen sind im Meurerschen Buche mit einer hervorragenden waffentechnischen Sachkenntnis erörtert. — Die von Meurer zum Schlusse behandelten „Wünsche": „Kriegsmittelstillstand und Rüstungsstillstand" können nach präziser Stellungnahme Deutschlands als ad acta gelegt gelten. — Diese kurze Übersicht über den Inhalt des Buches mag vielleicht genügen, um auf die außerordentliche Reichhaltigkeit, die tiefgründige und˙ anziehende Stoffbehandlung und die aus diesem Werke sich ergebende Anregung zu weiterer völkerrechtswissenschaftlicher Arbeit hinzuweisen.

Kriegsgerichtsrat Endres˙-Würzburg.

Handbibliothek des Offiziers. Elfter Band. E. S. Mittler & Sohn. Grundsätze der Militärgesundheitspflege für den Truppenoffizier. Zusammengestellt von Dr. Barthelmes, Stabsarzt bei der Inspektion der K. Bayer. Militärbildungsanstalten. Mit 2 bunten Tafeln und 12 Abbildungen im Text. Berlin 1907. Ernst Siegfried Mittler & Sohn, Königliche Hofbuchhandlung, Kochstraße 68—71. Gr. 8⁰. 146 Seiten. Preis 2,50 Mk.

Der alte Satz, Sanitätsoffizier und Truppenoffizier müssen zusammenarbeiten an der Gesundheit des Soldaten, hat eine sehr erfreuliche Bestätigung gefunden im Erscheinen dieses Buches. Die Grundsätze der militärischen Prophylaxe und der Hygiene müssen, das habe ich wiederholt ausgesprochen, hinein in das Heer, nur dann können sie wirksam. werden. · Wenn dem Offizier an der Hand einer so gründlichen, eingehenden wissenschaftlichen Belehrung. wie sie

Stabsarzt Dr. Barthelmes gibt, Gelegenheit wird, die Grundsätze der Krankheitsverhütung in sich aufzunehmen, so wird das Wort wahr, das ich in dieser Zeitschrift sagte, daß jede Maßregel, die auch nur einen Waffenträger dienstfähig erhält, wirksam wird. Die Schrift gibt eine sehr gute anatomische Einleitung, bespricht genau die einzelnen Dienstverrichtungen vom hygienisch-prophylaktischen Standpunkte, die Einzelausbildung und die Massenausbildung, schildert die Krankheitsursachen, stellt die persönliche Gesundheitspflege dar und legt die Grundsätze nieder, wie sie an der Hand der Bestimmungen über Ernährung, Wohnung, Kleidung erlassen sind. Der Mitwirkung des Offiziers bei der Feststellung regelwidriger Geisteszustände ist ein besonders klar geschriebenes Kapitel gewidmet. Ein Sachregister beschließt das Buch. Das Buch ist aufs wärmste zu empfehlen; es sollte in der Tat in keiner Handbibliothek, von der es ja einen Teil bildet, fehlen. Oberstabsarzt Dr. Neumann-Bromberg.

Aus dem Lande der Unzufriedenen. Gedanken über Flotte, Heer und System. Von Nissen-Meyer, Major a. D. Berlin 1907. Hermann Walther. 1,50 Mk.

Ein Titel, der, wenn der Verfasser Offizier ist, einen gewissen Leserkreis schafft, ob aber zum Nutzen unserer Armee und des Offizierkorps, bezweifeln wir. Sein Inhalt trägt zu sehr den Stempel rein persönlicher Auffassung, bietet zu wenige große, freie Gesichtspunkte. Jede Armee, und sei sie die kriegstüchtigste, auch das ritterlichste Offizierkorps hat Elemente, die Schwächen, die Fehler haben. Wer hätte sie nicht? Zu bessern gibt es stets. Aber diese persönlichen Eindrücke den schmutzigen Instinkten der armeefeindlichen, in ihrem sittlichen Werte oft recht niedrig stehenden Elementen preiszugeben, scheint uns nicht geraten. Recht viele Urteile sind nicht neu, manche aber bestreitbar, so, daß unser deutsches Volk im Laster der Trunkenheit sich ganz besonders vor anderen Nationen auszeichnet.

II. Ausländische Zeitschriften.

Kavalleristische Monatshefte. (Mai.) Aphorismen über Soldatenreiterei. — Ein Mittel gegen Influenza. — Eine Verbesserung des Militärhufbeschlages. — Militärischer Reitsport in Frankreich.

Journal des sciences militaires. (Mai.) Die orientalische Frage. — Rückblicke. — Rekrutenersatz und Mobilmachung. — Schnellfeuerkanonen der Feldartillerie (Fortsetzung). — Die Soldaten der Revolution (Fortsetzung).

Revue militaire des armées étrangères. (Mai.) Die schwere Feldartillerie in Deutschland. — Die großen Manöver des chinesischen Heeres 1905/06.

Revue d'Infanterie. (Mai, Juni.) Das Selbstladegewehr. -- Neues vom Auslande. — Die olympischen Spiele 1906. — Betrachtung über den Krieg in der Mandschurei (Schluß). — Die Gefechtsfront der Infanterie. — Entwurf einer Felddienstordnung für die japanische Infanterie. — Vergleichende Studie über die neue deutsche und französische Schießvorschrift für die Infanterie.

Revue d'Artillerie. (Februar-März 1907.) Taktische Übungen im Gelände im Artilleriebrigadeverband. — Reihenfolge und Leitung des Unterrichtsschießens. — Schießübungen im Zimmer. Die Art sich ihrer zu bedienen. — Bemerkungen über Schießen in gedeckter Stellung. — Russisches Schnellfeuerfeldgeschütz M/1902. — Das Selbstladegewehr Halle.

Revue de l'armée belge. (März-April 1907.) Das Schnellfeuergeschütz in dem russisch-japanischen Kriege. — Die Verteidigung Belgiens. — Deformationslafetten, ihre Konstruktion, ihre mechanische Theorie und ihre Leistung. — Studie über Schießen. — Schießreglement der Kavallerie. — Die großen Manöver von 1906. — Die Arbeiten des gemischten Ausschusses über die zweite Verteidigungslinie Antwerpens.

Mitteilungen über Gegenstände des Artillerie- und Geniewesens. Heft 5. Gattung, Kaliber und Zahl der Geschütze moderner Küstenbefestigungen. — Über Luftschiffahrt. — Handfeuerwaffen. — Bericht des Ausschusses des Österreichischen Ingenieur- und Architektenvereins zum Studium der Abnahmeverfahren und Prüfungsmethoden für das Material eiserner Brückenkonstruktionen. — Qualitative Methoden zur Analyse von Erdpech, Bergteer, Petroleumrückständen und ähnlichen bituminösen Stoffen. — Distanzermittlung bei automatischen Aufsätzen der Küstengeschütze und Distanzmesser mit vertikaler Basis.

La France militaire. (Mai.) Die Gefahr der Empfehlungen durch die Deputierten. — Die Engländer in Ägypten und der Rücktritt des Lord Cromer III. von Oberst Septans. — Die vierten Bataillone, 1. — Nochmals die Vermehrung der Feldartillerie, III. von Aubrat, Chef der Eskadron der Artillerie, 3. — Die Zahl im Kriege von General Prudhomme, 5/6. — Die Reorganisation der indischen Armee durch Lord Kitschner. — Das französisch-japanische Übereinkommen, 7. — Die militärische Erziehung des japanischen Volkes, 8. — In der Intendantur. — Die Ergänzung des Offizierkorps im deutschen Heere (kennzeichnet den herrschenden Luxus), 9/10. — Die Bitten um Empfehlung von General Prudhomme, 11. — Para bellum (Krieg unvermeidlich) von Major Jesson. — Die Kolonialinfanterie, 14. — In den anektierten Landen — ein Unsinn, selbst zu groß für eine französische Feder, 15. — Intendantur und Verwaltungsdienst von General

Prudhomme. — Der Schutz gegen Torpedos. 16. — Das Fechten im
Heere, 17. — Die Unruhen in Indien von Oberst Septans, 18. — Der
Ersatz von 1903 von General Luzeux, 19/20. — Frankreich in Asien,
21/22. — Nochmals die Altersgrenze. — Die Mitrailleusen in der Offen-
sive, 23. — Der Antimilitarismus von General Lamiraux, 24. — Die
Altersgrenze von General le Joindra, 25. — Die Kolonisation von
Major Jesson. — Der Feldgesundheitsdienst, 26/27. — Der Ergänzungs-
kader von General Luzeux, 29. — Von den Kolonien von General
Prudhomme, 30. — Die Militärgesetze von General Prudhomme. —
Das Brückengerät der Kavallerie, 31.

Allgemeine Schweizerische Militärzeitung. No. 19. Zur Wehr-
reform. — Kanaltunnel und Splügen. — Die Bedeutung des An-
schlusses Spaniens an England. — **Nr. 20.** Zur Schießausbildung. —
Einiges über Militärtelephonie und ihre Bedeutung für die schweizerische
Armee. — Die Verminderung der Seerüstungen und die Haager Konferenz. — **No. 21.** Der Unteroffizierersatz in der deutschen Armee. —
Einiges über Militärtelephonie und ihre Bedeutung für die schweizerische Armee. — **No. 22.** Moderne Hilfsmittel der Truppenführung. —
Schweizerische Schießvorschrift.

Schweizerische Zeitschrift für Artillerie und Genie. Heft 5.
Studie über die Neuordnung der Genietruppen. — Taktische Grundsätze der deutschen schweren Artillerie des Feldheeres. — Entfernungs-
messer. — Halbautomatische Geschütze, eine von Österreich ausge-
gangene Idee? — Kriegstechnische Eindrücke und Beobachtungen aus
dem russisch-japanischen Krieg.

III. Seewesen.

Mitteilungen aus dem Gebiete des Seewesens. (Mai.) Die
Organisation einer modernen Schlachtflotte, ihre Führung im Kampfe
usw. — Über sanitäre Einrichtungen in der japanischen Kriegsmarine
und über Erfahrungen aus dem Kriege im Jahre 1904—1905. —
Budgetvoranschlag der italienischen Kriegsmarine für das Jahr
1907/1908. — Das Preisscheibenschießen in der englischen Flotte im
Jahre 1906.

Army and Navy Gazette. Nr. 2463. Marinebekleidung. — Der
Unglücksfall der Jéna. — **Nr. 2464.** Die Kolonien und die Marine.
— Voraussichtlicher Bau von Schwimmdocks für Rosyth, da der
Boden für den Bau von Trockendocks ungeeignet. — **Nr. 2465.** Die
Marinedebatten. — **Nr. 2466.** Ein neuer Seewechsel (Eintritt und
Erziehung). — Beabsichtigte Dockbauten bzw. Änderungen.

IV. Verzeichnis der zur Besprechung eingegangenen Bücher.

(Die eingegangenen Bücher erfahren eine Besprechung nach Maßgabe ihrer Bedeutung und des verfügbaren Raumes. Eine Verpflichtung, jedes eingehende Buch zu besprechen, übernimmt die Leitung der „Jahrbücher" nicht, doch werden die Titel sämtlicher Bücher nebst Angabe des Preises — sofern dieser mitgeteilt wurde — hier vermerkt. Eine Rücksendung von Büchern findet nicht statt.)

1. Steinmetz, Die Philosophie des Krieges. Leipzig 1907. Johann Ambrosius Barth. Mk. 7.

2. Aufgaben der Aufnahmeprüfung für die Kriegsakademie 1907, mit Lösungen. Oldenburg, Gerhard Stalling.

3. Trautz, Was bringt das Exerzierreglement für die Feldartillerie vom 26. März 1907 Neues? Berlin 1907. E. S. Mittler & Sohn. Mk. 0,80.

4. Lehnerts Handbuch für den Truppenführer. Für Feldgebrauch, Felddienst, Herbstübungen, Übungsritte, Kriegsspiel, taktische Arbeiten von Immanuel, Major. 27. Auflage. Berlin 1907. Ebenda. Mk. 1,50.

5. Immanuel, Patrouillendienst, Gefechts- und Nahaufklärung der Infanterie. Ebenda. Mk. 2,75.

6. Regensberg 1870/71. III. Abtlg.: Die Einmarschkämpfe der deutschen Heere. (Die Komödie von Saarbrücken. — Der erste Sieg [Weißenburg]. — Eine improvisierte Schlacht [Wörth]. — Die Soldatenschlacht bei Spichern.) Stuttgart, Franckhsche Verlagshandlung. Mk. 2,60.

7. Ottley, Tibet. Mit der bewaffneten britischen Gesandtschaft bis Lhasa. Berlin 1907. K. Siegismund. Mk. 6.

8. Pinner, Wucher und Wechsel. Ein Leitfaden zum Schutze gegen Bewucherung insbesondere für Offiziere. Berlin 1907. Vossische Buchhandlung. Mk. 1,50.

9. Marenzic, Das Exerzierreglement für die deutsche Infanterie vom Jahre 1906. Wien 1907. Wilhelm Braumüller. Mk. 1.

10. Gädke, Krieg oder Frieden? Berlin 1907. Concordia. Mk. 0,50.

11. Bojan, Ehrengerichte, Disziplinarbestrafung, Beschwerden, Beispiele zum Unterricht. Ebenda. Mk. 0,80.

12. Kolbe, Blücher. Leipzig 1907. Friedrich Engelmann. Mk. 1,25.

13. Holleben, Der Feldwebel. Berlin 1907. Liebelsche Buchh.

14. Poirier, l'officier, le Haut-Commandement et ses aides en Allemagne, Paris 1907. Librairie Mondiale.

15. Die Zukunft der Kavallerie. Wien 1907. C. Komgen. Mk. 5,50.

16. Beck, Prinz Eugen von Savoyen im Lichte der neueren Geschichtsforschung. Ebenda. Mk. 0,85.

17. Bartsch, Hagenau. Ebenda. Mk. 0,85.

18. Schwertfeger, Geschichte der königlich deutschen Legion. 2 Bde. Hannover 1907. Hahnsche Buchh. Mk. 30.

Druck von A. W. Hayn's Erben, Potsdam.

IX.

Die Schießvorschrift für die Feldartillerie vom 15. Mai 1907.

Von

Richter, Generalmajor z. D.

———

Die modernen Feldkanonen haben naturgemäß ihren Einfluß auf die in den Exerzierreglements niedergelegten Gefechtslehren geltend gemacht. Die durch sie ermöglichte Annahme der Schutzschilde hat den Kampf der Artillerien gegeneinander von Grund aus anders gestaltet; noch mehr, denn zuvor, sind Infanterie und Artillerie in enge Wechselbeziehungen gebracht, die eine Waffe da einsetzend, wo die andere ihre Aufgabe nicht allein lösen kann, und umgekehrt. Die Bedeutung des Faktors „Zeit" ist wesentlich gestiegen. Alle Truppen werden sich im Feuerbereich bestreben, die Zeit, während welcher sie sich der feindlichen Wirkung aussetzen müssen, abzukürzen und baldigst wieder Deckung zu gewinnen. Die Gegner bemühen sich, einander mit Eintritt der Wirkung zuvorzukommen, und können es als einen ersten Erfolg erachten, wenn hierbei, trotz vielleicht verhältnismäßiger Geringfügigkeit der verursachten Verluste, der überflügelte Teil in seinem Handeln auf kürzere oder längere Dauer gestört wird. Das sind Verhältnisse, welche der Artillerie die Aufgabe stellen, ihre Vorkehrungen so zu treffen, daß sie so schnell als ausführbar zu sicherer, wenn auch zunächst nur mäßiger Wirkung kommt.

Das neue Geschütz an sich besitzt zur Erfüllung dieser Forderung zwar wesentliche Eigenschaften in der großen Wirksamkeit seines Einzelschusses und in der hohen Feuergeschwindigkeit. Damit allein ist aber die Aufgabe nicht zu lösen, vielmehr bleibt es Sache der Schießvorschrift, ihre Lehren so zu gestalten, daß die dem Geschütz innewohnenden Kräfte in beregter Hinsicht auch voll zur Geltung gebracht werden können. Das gilt nicht bloß in schießtechnischer, sondern ganz besonders in taktischer Beziehung. Mit anderen Worten: Die Schießregeln müssen mit den Grundsätzen des Reglements, mit denen sie ja zum Teil aus gleichen Wurzeln hervorgegangen sind, und deren Absichten sie fördern sollen, im Einklang stehen.

Das Reglement erwartet in Ziff. 363 von überraschendem Auftreten eine noch wesentliche Steigerung der an sich starken Feuerwirkung. Daß damit nicht die Eröffnung des Feuers, der in den Manövern so häufig ersehnte, wenn auch ungerichtet abgegebene, „erste Schuß", gemeint sein kann, ist ohne weiteres klar. Dem Auftreten muß die Wirkung folgen, noch ehe sich der Gegner decken oder zu erfolgreicher Abwehr übergeben kann, sonst ist es mit der Überraschung nicht weit her. Dazu bieten sich die Mittel in vorbereitenden Maßregeln, zu denen besonders Lauer- und Verteidigungsstellungen Zeit und Gelegenheit gewähren; auch kann der Batterieführer durch genaue Erkundung des Zieles, welche „für asche Feuereröffnung und das richtige und schnelle Einschießen von größter Wichtigkeit ist", fördernd wirken. (Ziff. 50 der Schießvorschrift.) Die Hauptsache aber bleibt ein Sicherheit mit Schnelligkeit paarendes Schießverfahren.

Dies vorausgeschickt, wird nunmehr bei Besprechung der Schießregeln der Frage besondere Beachtung zu schenken sein, inwiefern sie der vorstehend berührten Forderung des Reglements Rechnung tragen. Im wesentlichen wird hierbei nur das für die Feldkanone 96 n/A Gültige in Betracht kommen, da sie allein zunächst in ein Schnellfeuergeschütz umgewandelt ist und deshalb auch das Neue im Reglement im allgemeinen nur durch sie beeinflußt werden konnte.

Ihre hervorstechende Eigenart kommt zunächst bei der in den „Vorbemerkungen" behandelten Feuerordnung zur Geltung. Da jedes Geschütz wieder vollkommen schußfertig sein kann, sobald das aus ihm abgefeuerte Geschoß am Ziele angelangt und vom Batterieführer beobachtet ist, so kann das Gabelschießen nunmehr mit einem Geschütz stattfinden. Dadurch wird in der Regel die Ermittelung der Entfernung beschleunigt, weil die richtige Zielauffassung und das Erkennen seitlicher Abweichungen begünstigt ist. Man darf also annehmen, daß man hierbei früher zum Wirkungsschießen gelangt und daß sich dies zutreffender übers Ziel verteilt, da die übrigen Geschütze die Zeit der Gabelbildung zu dessen Erkundung ausnutzen und ihre Richtung entsprechend festlegen konnten. Dies Verfahren steht also durchaus im Einklang mit den Absichten des Reglements.

Ebenfalls durch die Feuergeschwindigkeit ist das Gruppen-feuer ermöglicht, in welchem jedes Geschütz so viel Schuß, wie der Batterieführer kommandierte, hintereinander abfeuert, sobald gerichtet ist. Neben Begünstigung der Beobachtung in gewissen Fällen dient es gehäufter Wirkung in kurzer Zeit. Es kann ebenso wie das Flügelfeuer, welches für Gabel und Wirkungsschießen beibehalten blieb, in seiner Geschwindigkeit abgestuft werden und zwar jenes durch die Größe der bestimmten Schußzahl und das Zeitmaß zwischen je zwei Gruppen, dieses durch Wechsel zwischen „gewöhnlichem" und „Einzelfeuer" (jeder Schuß fällt erst auf Kommando des Batterieführers), zwischen „kurzen" und „langen Feuerpausen". Jede von beiden Feuerordnungen läßt sich also sehr mannigfach den Gefechtszwecken anpassen.

An Stelle des „geschützweisen Feuers" ist das „Schnellfeuer" getreten, welches die höchste Steigerung der Geschwindigkeit zuläßt, aber auch die Feuerleitung am meisten erschwert und den größten Munitionsverbrauch fordert. Es wird daher nur zur Anwendung bei dringender Gefahr empfohlen, aber dann für notwendig erachtet, wenn große Mannschaftsverluste oder Ausfall von Geschützen die geregelte Feuertätigkeit beeinträchtigen.

Salven dienen, wie früher, Zwecken der Beobachtung und auch konzentrierter Wirkung in einem bestimmten Augenblicke.

In den eigentlichen „Schießregeln" ist eine bessere Übersicht und ein erleichtertes Verständnis dadurch erzielt, daß das Verfahren mit Az, mit Schrapnells Bz und Granaten Bz abschnittweise je für sich behandelt wird und zwar sowohl für feststehende als auch Ziele in Bewegung. Durch Zusammenfassen der für die Geschütz- bzw. Geschoßarten gemeinsamen Regeln konnte manche Wiederholung vermieden werden.

Neu hinzugekommen sind:

Schießen mit Schrapnells Bz nach vorhergegangenem Granat-schießen,
Abwechselndes Schießen mit Az und Bz.
Ermittelung des Geländewinkels,
Schießen aus verdeckter Stellung,
Gabelschießen mit Schrapnells Bz,
Schießen gegen Stäbe und Beobachtungsstellen,
Schießen gegen Truppen in hochstämmigen Wäldern.

Wenngleich die meisten dieser Abschnitte schon vor längerer Zeit der Truppe als Deckblätter zur früheren Schießvorschrift zugegangen waren, so haben sie zum Teil doch noch wesentliche

Änderungen erfahren und gelangen weiteren Kreisen erst jetzt zur Kenntnis. Auf einige von ihnen wird später zurückzukommen sein. Die frühere Stoffeinteilung, begründet auf der Entfernung der Ziele bis 1500 m einschließlich bzw. darüber, mußte nach Annahme der Schilde fallen. Jene Abgrenzung hatte ihren Grund darin, daß der im Feuergefecht hauptsächlichste Gegner, die Infanterie, schon auf Entfernungen zwischen 1500 und 1000 m gegen ungedeckte Artillerie beträchtliche Wirkungen ausüben konnte und deshalb gegen ihn ein besonderes, raschen Erfolg versprechendes Verfahren zur Anwendung gelangen mußte. Die Schilde haben diese Entfernung zugunsten der Artillerie auf 600 m herabgedrückt, unterhalb welcher ihre Besatzung erst durch frontales Gewehrfeuer gefährdet wird. Im allgemeinen erfolgt die Abwehr solcher Nahangriffe mit' Schrapnells Bz im Gruppen-, Schnell-, unter Umständen auch Flügelfeuer und zwar beginnt es mit Bz-Gruppen auf der geschätzten Entfernung, sofern für letztere aus vorhergehendem Schießen oder mit „Rohre frei" abgegebenen Az-Geschossen kein Anhalt vorliegt. Erweist sich die kürzeste Brennlänge (jetzt 200, früher 400 m) als zu weit, so wird, wie überhaupt auf Entfernungen bis 100 m einschließlich, mit „Aufsatz tief" Schnellfeuer abgegeben.

Das Schießen mit Az im Flachbahnschuß nach genauer Ermittelung der Entfernung gegen feststehende Ziele hätte sich wohl einfacher gestalten lassen. Sind die Schießenden zu selbständigem Denken und Handeln erzogen, so müßte ihnen zur Fortsetzung des Feuers die Weisung in Ziff. 106, 2 genügen: „Es ist darauf zu achten, daß das Verhältnis zwischen Kurz- und Weitschießen dauernd richtig bleibt. Korrekturen von 25 m werden in der Regel hierzu ausreichen." Nach 40 jähriger Einwirkung der Feldartillerie-Schießschule sollte das Verständnis für sinngemäßes Handeln soweit gefördert sein, daß nicht für jeden besonderen Fall ein Rezept gegeben zu werden brauchte, das noch dazu in folgender Regel mehr der Theorie als der Praxis entspricht. Wenn nämlich die Bildung der 50 m Gabel gelang, so soll auch auf der Zwischenentfernung geschossen, andernfalls der betreffende Geländestreifen durch Vorgehen um je 50 m unter Feuer gehalten werden. Sind auch die 25 m Korrekturen für den Bogenschuß und das Wirkungsschießen mit Granaten Bz nicht zu entbehren, so haben sie doch für ein Wirkungsschießen im Az keine Berechtigung. Die im Kriege im Vergleich zu den schußtafelmäßigen 1 1/2 bis 2 mal größeren Längenstreuungen sorgen ausreichend für ein Ineinandergreifen der um 50 m auseinanderliegenden Schüsse. Wozu also der Unterschied im Schießen je nach Bildung einer Gabel von 50 m oder in weiteren Grenzen?

Ähnlich wird das Gedächtnis mehr als das Urteil durch die Regeln über „Schießen mit Schrapnells Bz nach vorhergegangenem Granatschießen" in Anspruch genommen. War gegen die betreffende Befestigungsanlage nur eine Gabel gebildet, so kann der Schießende auch nur diese dem Schrapnell Bz zugrunde legen, weil ihm weiterer Anhalt nicht zu Gebote steht. Und war die Entfernung genau ermittelt, so wird jeder Batterieführer wissen, daß sie im Schrapnell Bz-Feuer die günstigste Wirkung in Aussicht stellt. Ob noch eine um 50 m größere Entfernung hinzugenommen werden soll, dürfte doch erst die weitere Beobachtung ergeben; es von vornherein zur Regel zu erheben, beengt das den Umständen gemäße Handeln. — Der Wegfall des ganzen Abschnittes würde kaum eine fühlbare Lücke hinterlassen haben.

Von den Regeln für den Gebrauch des Schrapnells Bz, dem Hauptkampfgeschoß gegen die weitaus meisten lebenden Ziele, hätte man voraussetzen dürfen, daß sie auf schnellen Eintritt der Wirkung gestimmt sein würden. Das gesteigerte Deckungsbedürfnis der Truppen zwingt dazu, ihnen auch in der kürzeren Zeit ihrer Sichtbarkeit Verluste zufügen zu können. Dazu wies das Eingabeln in weiteren Grenzen und ferner das Regeln der Brennlänge während, nicht erst nach der Entfernungsermittelung den geeigneten Weg. Aber gerade hier ist man sehr konservativ gewesen.

Gegen feststehende Ziele wird nach der Schießvorschrift die Bildung der 100 m-Gabel angestrebt; erst wenn die Beobachtungsverhältnisse dazu zwingen, muß man sich mit weiteren Grenzen begnügen. Dadurch geht Zeit verloren. Gegen Ziele in Bewegung, deren Geschwindigkeit sich keineswegs vermindert hat, sind sogar die früheren Gabelgrenzen von 200 bis 600 m auf 100 bis 400 m herabgesetzt, wodurch der frühzeitige Übergang zum Bz-Schießen verzögert werden kann.

Wollte man die Entfernungsermittelung im Az als die Regel beibehalten, so bot sich jetzt, wo dazu ein Geschütz genügt, die Möglichkeit, gleichzeitig mit einem anderen Geschütz oder besser Zuge die zutreffende Brennlänge zu ermitteln, so daß an den letzten Gabelschuß der erste wirksame Bz-Schuß angereiht werden könnte. Oder aber man brach mit dem Einschießen im Az und ging zu dem im Bz über, bei welchem das Regeln der Brennlänge mit der Entfernungsermittelung verbunden werden kann. Die Wahl dieses Verfahrens hätte auf den rationelleren Weg zurückgeführt. Allerdings gehört ein Zünderschlüssel nach Art des in Frankreich eingeführten dazu, mit dem ein als vorhanden ermittelter Unterschied zwischen Erhöhung und Brennlänge selbsttätig ausgeschaltet werden kann, um das lästige und zu Versehen Anlaß gebende Kommandieren von Doppelzahlen bei jeder Entfernungsänderung auszuschließen. Schlüssel dieser Art sind seit langem bekannt und versucht; es scheint aber, daß sich noch nicht alle Mängel oder Bedenken haben beseitigen lassen.

Ein Anfang mit dem Gabelschießen im Bz ist für „besondere Fälle" (sofern Ziele auf feuchtem Aufschlagsboden oder in wechselndem Gelände auftreten) in den Schießregeln auch schon gemacht. Vielleicht bildet es den Keim, aus dem sich das Sonderverfahren zur allgemeinen Regel entwickelt. Der jetzt bestehende Dualismus öffnet dadurch Verwechselungen Tor und Tür, daß die zum Regeln der Brennlänge anzuwendenden Mittel für beide Methoden verschieden sind und die dabei sich vollziehenden Vorgänge das Vorstellungsvermögen ganz verschieden beanspruchen.

Nach der Gabelbildung wurde das Schießen mit Schrapnells Bz gegen feststehende Ziele gemäß Schießvorschrift 1899 in lagenweisem Vor- und Zurückgehen um 100 m fortgesetzt. Ein späterer Zusatz bestimmte, daß gegen Schildbatterien auch die dazwischenliegende Entfernung hinzugenommen werden sollte. Die neue Schießvorschrift hat letzteres Verfahren für alle feststehenden Ziele übernommen, wobei außer Lagen auch Gruppen angewendet werden können, und die Reihenfolge in der Weise festgesetzt, daß von der kürzesten über die mittlere zur weitesten und demnächst von dieser wieder zur kürzesten gewechselt werden soll.

Das nur gegen Schildbatterien früher angewandte Verfahren scheint der Einheitlichkeit zuliebe verallgemeinert zu sein. Dadurch wird der unter Feuer genommene Raum zweifellos noch dichter und gleichmäßiger mit Kugeln zugedeckt. Es fragt sich nur, ob das Einschalten der Zwischenentfernung, das damit verbundene Kommando und Zünderstellen, wodurch immerhin Versehen entstehen können, auch lohnt. Im Hinblick auf Ziff. 30 der Schießvorschrift braucht man das keineswegs zu bejahen. Denn nach ihr ergibt das Schrapnell Bz auf den Hauptkampfentfernungen bei Sprengweiten von — 30 bis — 150 m und entsprechender Sprenghöhe sehr gute Wirkung. Danach müßte man mit Entfernungswechsel um je 100 m völlig auskommen können, zumal ja durch die Streuungen dafür gesorgt ist, daß der ganze Geländestreifen nach der Tiefe völlig ausreichend bestrichen wird.

Aber selbst im Hinblick auf Wirkung gegen Schildbatterien scheint das Vorgehen um je 50 m von zweifelhaftem Wert. Wenn schon die Kugeln um so größere Stoßkraft besitzen, je kleiner die Sprengweite, so reicht sie doch zum Durchschlagen der Schilde niemals aus und die Besatzung der Batterie wird nicht mehr gefährdet, als bei großen Sprengweiten. Eher darf das Gegenteil angenommen werden. Denn je kleiner die Sprengweite, um so mehr Wert gewinnt das Strichschießen, zu dem es der Sichtbarkeit des Zieles bedarf. Tritt dieser Fall ein, so kann vielleicht das abwechselnde Schießen mit Az und Bz besseren Erfolg versprechen.

Ganz allgemein ist ferner zu befürchten, daß niedrige Ziele, wie liegende Schützen, leicht überschossen werden, sobald die Sprenghöhe etwas zu groß im Verhältnis zur Sprengweite ausfällt. Die beabsichtigte Verkleinerung der Sprengweiten hat also auch ihre Schattenseiten.

Auffallend ist der grundsätzliche Gebrauch der Richtlatte zum Festlegen der Seitenrichtung des auf das Ziel eingerichteten Geschützes. Der kleine Abstand der ausgesteckten Latte hat mit der Entfernung wachsende, unter Umständen erhebliche Geschoßabweichungen nach der Seite zur Folge, wenn unbeabsichtigte Änderungen in der festgelegten Stellung beider Stücke zueinander entstehen. Da sich die Kanone nach einer starken Seitenkorrektur nicht in der Richtung auf die Latte zurückschießt, so tritt ein solcher Fall ein und es muß ein Umstecken der neuen Richtung entsprechend vorgenommen werden. Zur Beschleunigung des Verfahrens trägt das nicht bei. Nach Einführung der verbesserten Richtfläche war anzunehmen, daß das Festlegen der Seitenrichtung mit dieser nach Geländepunkten erfolgen würde, in deren Auswahl man sehr viel freiere Hand erhalten hätte.

Ein bisher schwer empfundener Übelstand, nämlich der, daß beim Schießen aus verdeckter Stellung entweder ein Geschütz zum Messen des Geländewinkels auf die Höhe vorgebracht oder das höchst ungenaue Schätzen dieses Winkels unternommen werden mußte, ist durch eine entsprechende Einrichtung des Scherenfernrohres so gut wie beseitigt. Freilich ganz ohne Schätzung und eine gewisse Ungenauigkeit geht es auch dann noch nicht ab, wenn zwischen der Stellung der Geschütze und derjenigen des Fernrohres ein größerer Unterschied vorhanden ist und berücksichtigt werden muß. Seine Größe wird beurteilt und bei dem gemessenen Geländewinkel in Rechnung gestellt.

Das Nehmen der Erhöhung mit der Libelle gewinnt an Häufigkeit mit abnehmender Deutlichkeit der Ziele und mit zunehmender Anwendung fast verdeckter und verdeckter Stellungen. Da macht sich eine Einrichtung, wie sie die Franzosen in der „unabhängigen Visierlinie" besitzen, bezahlt, durch welche der einmal berücksichtigte Geländewinkel mittelst der Oberlafette festgehalten wird, so daß das Rohr Anderungen der Erhöhung einfach mit der Höhenrichtmaschine erhalten kann. Das geht ungleich schneller, als wenn von Fall zu Fall erst die Erhöhung eingestellt und die Libelle zum Einspielen gebracht werden muß, und kürzt die Zeit beim Einschießen und Unterfeuerhalten eines Geländestreifens.

Aus diesen Betrachtungen geht hervor, daß die Schießregeln in einigen wesentlichen Punkten den Absichten des Reglements manches schuldig geblieben sind, dessen baldige Begleichung nicht ausgesetzt werden darf. Einzig und allein das Gabelschießen mit nur einem Geschütz ist geeignet, frühen Eintritt der Wirkung zu vermitteln. Die übrigen berührten Punkte lassen erkennen, daß mehr Wert auf kräftige, wenn auch später einsetzende, als auf frühzeitige, wenn auch zunächst nur ausreichende Wirkung gelegt ist. Haben wir durch letzteres Verfahren dem Gegner sozusagen das Konzept verdorben, so ist damit nicht nur ein gewisser Vorsprung erreicht, sondern in der Regel auch die Grundlage für ein gesteigertes Wirkungsschießen geschaffen. Deshalb noch weitere Abkürzung der Zeit, bis die ersten wirksamen Schrapnells Bz ihre Schuldigkeit tun können!

Die Erfüllung dieser Forderung erhält aber erst ihre volle Bedeutung, wenn die noch ausstehenden materiellen Einrichtungen (unabhängige Visierlinie, Zünderschlüssel) mit verbesserten Regeln zusammenwirken können. — Außerdem sind Vereinfachungen in der angedeuteten Richtung zu wünschen, welche dem selbständigen Handeln im Schießen ausgebildeter Offiziere größeren Spielraum lassen.

Nachstehend noch einige Andeutungen über bemerkenswerte Neuerungen von allgemeinerem Interesse.

Bedingt durch die Möglichkeit häufigerer Anwendung verdeckter Stellungen — aus denen übrigens auch Schießen in größerem Verbande geübt werden sollen — hat sich ein schon aus dem Reglement bekannter Wechsel in der Tätigkeit der Batterieführer vollzogen. Früher blieb er bei der Batterie und entsandte einen Hilfsbeobachter nach einem geeigneten Beobachtungspunkte, falls dieser so entfernt lag, daß der Führer von ihm nicht gleichzeitig beobachten und das Feuer seiner Batterie mit der Stimme leiten konnte. Jetzt haben die Führer den geeigneten Beobachtungspunkt aufzusuchen und, sofern dieser außer Rufweite gelegen, sich zur Übermittelung der Kommandos und Befehle mit der Truppe zu verbinden. — Die Bedenken gegen dies Verfahren sind reichlich, auch in den Jahrbüchern, besprochen worden, und die Zahl derer, welche sich ablehnend dagegen verhält, ist im Wachsen begriffen. Die Trennung des Führers von seiner Batterie kann man nur als äußersten Notbehelf ansehen und in diesem Sinne faßt sie die Schießvorschrift wohl auch auf, denn sie sagt unter Ziff. 54: „Wenn sie nicht zu umgehen ist . . . ."

Die mehrfach erhobene Forderung, auch geeignete Unteroffiziere in der Leitung des Feuers einer Batterie auszubilden findet Berücksichtigung. Von den Offizieren wird ein Teil außerhalb der Batterie verwendet und der in ihr verbleibende ist am meisten dem Feuer ausgesetzt, so daß es wohl vorkommen kann, daß Unteroffiziere das Kommando einer Batterie, einzeln auftretender Züge oder Geschütze übernehmen müssen. Leider bringen es die Umstände mit sich, daß sie sich nur bei Schulschießen, welche dem Ernstfalle wenig entsprechen, in der Leitung des Feuers üben können. Fällt einem von ihnen im Gefecht das Kommando zu, so wird es wohl ausnahmslos in Lagen sein, welche die Bekanntschaft mit kriegsmäßigem Auftreten dringend fordern.

Das Einnehmen von Feuerstellungen ist durch die Größe der Gefechtsbatterie und das Einfahren der Munitionswagen in gleicher Höhe mit den Geschützen erschwert. Um so mehr müßte es während der Schießübungen geübt werden. Dazu langen aber beim Schießen in größerem Verbande die Bespannungen nicht aus und man muß sich darauf beschränken, wenigstens 3 Munitionswagen mitzunehmen. Selbst zu den Batterieschießen wird sich nicht immer die Mitführung von 6 Munitionswagen durchführen lassen. Das gibt ein recht unzulängliches Bild von der Wirklichkeit und ihren Reibungen!

X.

Welche Lehren ergeben sich aus dem letzten Kriege für die Verwendung der Kavallerie?

Von

J. Rodić, k. u. k. Generalstabs-Hauptmann.

„Die Kavallerie hat im Russisch-Japanischen Kriege nichts geleistet" oder „für die Kavallerie sind die Erfahrungen aus dem Kriege in Ostasien gering" — so und ähnlich lautete und lautet vielfach noch jetzt das von der Allgemeinheit mitunter nur allzu leicht geglaubte und wiederholte Urteil nicht nur der vielen unberufenen, sondern auch der ernst zu nehmenden Kritiker. Dies hat seine guten Gründe. Da man anfangs von einer erfolgreichen Tätigkeit der Reiterei im letzten Kriege überhaupt nichts vernahm, da ferner dasjenige, was man über dieselbe schließlich in Erfahrung brachte, in gar keinem Verhältnis zu den Leistungen der anderen Waffen, besonders der Infanterie, zu stehen schien, so darf es nicht wundernehmen, daß man daraufhin nur zu leicht geneigt war, den Stab über sie zu brechen, ja, daß oberflächliche Beurteiler ihr jede erfolgverheißende Tätigkeit und selbst die Daseinsberechtigung in der Zukunft absprachen.

Wohl selten sind irrigere Schlußfolgerungen aus den Erfahrungen eines Krieges gezogen worden. Es wurde in solchen Fällen gänzlich übersehen, daß auf Seite beider kriegführenden Mächte die schwerwiegendsten Vorbedingungen für eine gewinnbringende Wirksamkeit der Kavallerie fehlten, es wurde ferner, infolge ungenauer Kenntnis, oft auch Nichtbeachtung vieler wichtiger Einzelheiten, so manches, trotz seiner scheinbaren Unbedeutendheit hochwichtiges Moment nicht genügend gewürdigt und schließlich so manches Ergebnis, welches durch viele, zähe Kleinarbeit der Reiterei erreicht wurde, nicht dieser, sondern anderen, fernliegenden Faktoren zugeschrieben. Aber auch eine gründliche Kenntnis der Tätigkeit einer Waffe im Kriege genügt für sich allein nicht, um allgemein gültige Lehren für ihre Verwendung abzuleiten. Um letzteres zu können, wird man auch alle Gelegenheiten aufsuchen und in Betracht ziehen müssen, welche offenes Feld für eine erfolgverheißende Betätigung der betreffenden Waffe geboten hätten, welche Gelegenheiten aber, sei es durch eigenes Verschulden, sei es infolge der qualitativen oder quantitativen Inferiorität außer acht gelassen wurden bzw. außer acht gelassen werden mußten. Solche Versäumnisse der Reiterei kamen aber im letzten Kriege sehr oft vor, weit öfter als Erfolge.

Diese Gesichtspunkte sind für die nachfolgenden Ausführungen maßgebend. Es werden vorerst jene Tatsachen und Momente, welche besonders geeignet erscheinen, den inneren Wert, die Tätigkeit, Erfolge, Unterlassungen und Versäumnisse der Reiterei im letzten Kriege in klares Licht zu stellen, vorgeführt und auf ihre allgemeine Gültigkeit hin geprüft und so dann aus dem, auf diese Weise gewonnenen Material die Folgerungen gezogen werden.

Es ist wohl ohne weiteres einleuchtend, daß eine Waffe im Kriege nur dann voll zur Wirkung kommen kann, wenn sie in einer, im Verhältnis zur eigenen und feindlichen Gesamtstreitkraft angemessenen Stärke auftritt. Ist dieses Verhältnis ein ungünstiges dann wird auch die Wirkung im Vergleich zu jener der anderen Waffen gering erscheinen und zwar umso geringer, je mehr sie sich infolge mannigfaltiger Verwendungsweise zersplittert. Wenn nun dieses Verhältnis bei zwei kriegführenden Mächten beiderseits ungünstig ist, so kann es für den flüchtigen Beurteiler leicht den Anschein haben, als ob die betreffende Waffe überhaupt nichts geleistet hätte, ja als ob sie überhaupt für die Kriegführung nicht von Belang wäre.

Ein solcher Fall trifft im letzten ostasiatischen Kriege bezüglich der Kavallerie besonders drastisch zu. Das Verhältnis, in welchem sie hier zu den anderen Waffen stand, war ein sehr ungünstiges und wurde umso ungünstiger, je länger der Krieg währte.

So zählte die russische Operationsarmee Ende April 1904 auf 119 Bataillone Infanterie nur 66 Eskadronen und Sotnien, oder auf 145 000 Mann der Gesamtstärke noch nicht 10 000 Reiter. In der Schlacht am Schaho kamen bei den Russen auf 257 1/2 Bataillone nur 143 Eskadronen und Sotnien bzw. auf 200 000 Mann nur höchstens 16 000 Reiter, da die Stärke der russischen Unterabteilungen zu diesem Zeitpunkt bereits stark zusammengeschmolzen waren und die Eskadronen und Sotnien im Durchschnitt kaum mehr als 100 Reiter zählten. Noch ungünstiger gestaltete sich das Verhältnis in der Schlacht von Mukden, woselbst auf etwa 370 Bataillone nur 142 Eskadronen und Sotnien entfielen, bzw. wo von 310 000 Mann des Gesamtstandes höchstens 14 bis 15 000 Reiter waren, da die Gefechtsstände der Kavallerieunterabteilungen noch weiter, vielfach bis auf etwa 70 Reiter in der Eskadron oder Sotnie, gefallen waren.

Auf japanischer Seite war die Reiterei der Zahl nach noch schwächer. Am Schaho entfielen auf 164 Bataillone nur 50 Eskadronen bzw. auf 170 000 Mann etwa 8000 Reiter, bei Mukden auf 263 Bataillone 66 Eskadronen, bzw. auf 310 000 Mann etwa 11 000 Reiter.

Vergleicht man damit die Stärke der Kavallerie in einzelnen großen Schlachten der neueren europäischen Kriege, so findet man, daß das Verhältnis hier zumeist ein weit günstigeres für sie war. So waren bei Gravelotte—St. Privat auf Seite der Deutschen von 187 000 Mann 21 235 Reiter, auf Seite der Franzosen von 112 900 Mann, 13 305 Reiter. Bei Königgrätz entfielen österreichischerseits auf 215 134 Mann 23 822 Reiter, preußischerseits auf 220 982 Mann 27 178 Reiter.[1] Ungünstiger war das Zahlenverhältnis, besonders für

---

[1] Nach Berndt, Die Zahl im Kriege.

die österreichische Armee, im Kriege des Jahres 1859 und im Feldzuge 1866 in Oberitalien.

Während sonach das Verhältnis der Zahl der Reiter zur Zahl
der Gesamtstreitkräfte bei Königgrätz etwa 1 : 9 bzw. 1 : 8, bei
Gravelotte-St. Privat beiderseits 1 : 9 betrug, war es in der Schlacht
am Schaho bei den Russen ungefähr 1 : 12, bei den Japanern 1 : 21,
in der Schlacht von Mukden sogar nur 1 : 21 bzw. 1 : 29.

Aus diesen Angaben erhellt, daß die wiederholt verbreitete Behauptung, die Russen hätten im letzten Kriege zahlreiche Reiterei
besessen, nicht einmal absolut, geschweige denn relativ zutreffend ist.
Auch war die zahlenmäßige Überlegenheit der russischen Reiterei
gegenüber der japanischen, besonders zur Zeit der Schlacht von
Mukden, keineswegs so bedeutend, als vielfach angenommen wurde,
sie betrug kaum 4 bis 5000 Reiter.

Diese zahlenmäßige Schwäche der beiderseitigen Reiterstreit-
kräfte erhöht sich aber noch, wenn man · die unverhältnismäßig
große Ausdehnung der Schlachtfelder im Russisch-Japanischen Kriege
in Betracht zieht.

Konnte eine ausschlaggebende Wirkung der Kavallerie im letzten
Kriege somit schon infolge ihrer geringen Zahl nicht erwartet
werden, so erscheint die Möglichkeit einer ersprießlichen Wirkung
noch mehr beschränkt, wenn man ihre Qualität — besonders auf
russischer Seite berücksichtigt.

Bekanntlich bestand die russische Kavallerie auf dem ostasiatischen Kriegsschauplatz mit Ausnahme von 3 Regimentern Dragoner,
nur aus Kasaken und zwar zum weitaus überwiegenden Teile aus Kasaken 2. und 3. Aufgebots. Diese Kasakenaufgebote können mit einer
europäischen Kavallerie nicht verglichen werden. Die geringe Intelligenz, sowohl ihrer Mannschaften als auch ihrer Offiziere, dann
ihre Untätigkeit ließen sie zum Aufklärungsdienste fast unbrauchbar
erscheinen; der mindere Ausbildungsgrad, die minderwertigen Pferde,
sowie das Fehlen der meisten Eigenschaften, die den Reiter ausmachen, befähigten sie nur in geringem Grade zu Verwendungen,
die eine größere Beweglichkeit und den Kampf zu Pferde erheischten.
Eigentlich sind sie nur als eine Art berittener Infanterie zu verwenden gewesen, sie bekundeten indessen auch im Kampfe zu Fuß
nur geringes Geschick, vor allem ging ihnen aber jene Zähigkeit
und Aufopferungsfähigkeit im Feuergefecht ab, welche die russische
Infanterie charakterisierte. Die Mängel dieser Kasakenformationen
suchte die russische Heeresleitung durch Zuteilung tüchtiger Offiziere
— zumeist von der Garde — zu heben. Doch es zeigte sich, daß
auch tüchtige Führer aus einer Truppe, welcher jeder Reiter-

geist und jede Unternehmungslust fehlten, nichts zu machen vermochten.

Besser war um es die japanische Kavallerie bestellt. Die Mannschaften und Offiziere waren intelligent, tätig, aufopferungsfähig und soweit man urteilen kann, sowohl im Gefecht zu Pferd und zu Fuß, als auch im Patrouillendienste entsprechend ausgebildet. Dagegen ließ das Berittensein viel zu wünschen übrig. Große Marschleistungen, dann schnelle Bewegungen auf dem Gefechtsfelde hat die japanische Kavallerie nicht aufzuweisen. Ob da aber das Pferdematerial allein die Schuld daran trägt, ist fraglich, umsomehr, da ja Japan im Laufe des Krieges im Auslande viel brauchbare Pferde angekauft hat. Es ist wohl nicht ausgeschlossen, daß schlechte Wartung und Pflege der Pferde, die auf keiner hohen Stufe stehende Reitfertigkeit des japanischen Kavalleristen, endlich das in der Kriegführung Japans stets wiederzuerkennende Bestreben — n i e v i e l a u f s S p i e l z u s e t z e n — mit dazu beigetragen haben, die Leistungen der Reiterei herabzusetzen.

Vielfach wird auch als Ursache der geringen Tätigkeit der Reiterei im ostasiatischen Kriege die Ungunst der Terrainverhältnisse angeführt. Diesen Umstand kann man indessen nur in beschränktem Maße gelten lassen. Wenn sich auch ein großer Teil der Kriegsbegebenheiten — zumal im Anfang des Krieges — im Gebirge abspielte, wo schon für die Fortbewegung, noch mehr aber für den Kampf der Reiterei ungünstige Verhältnisse vorhanden waren, so fanden doch anderseits die großen Entscheidungen, besonders die Schlachten am Schaho und bei Mukden, in einem Terrain statt, welches eine Kavallerieverwendung nur im kleineren Teile der Gefechtsfelder behinderte, sonst aber kaum ungünstigere Verhältnisse aufwies, als sie z. B. unsere Reiterei in einem Kriege gegen unsere südlichen Nachbarn vorfinden würde. Dabei soll keineswegs geleugnet werden, daß die in den letzten Tagen der Schlacht am Schaho eingetretenen großen Regengüsse, ferner der gefrorene Boden in der Schlacht bei Mukden das Fortkommen der Kavallerie in rascher Gangart sehr erschwert haben mögen. Doch dies sind Umstände, mit denen im gewissen Grade auch auf einem europäischen Kriegsschauplatz gerechnet werden muß.

Die tatsächlichen Leistungen der Reitereien im letzten Kriege konnten zufolge des bis jetzt Dargelegten keine bedeutenden sein.

Was zunächst den Aufklärungsdienst anbetrifft, so versagte die russische Kavallerie auf diesem Gebiete fast völlig. Allerdings trug die Disponierung mit schuld daran. Die russische Kavallerie war auf die einzelnen Korps und Armeegruppen zersplittert, die

Verbände zerrissen und durcheinander geworfen worden, nur selten wurden im Verlaufe des Krieges größere Verbände zur Aufklärung verwendet. Während längerer Zeiträume waren eigentlich nur die Detachements der Generale Rennenkampf und Mischtschenko im strategischen Aufklärungsdienste tätig. Die Nachrichten, welche die genannten größeren Verbände zustande brachten, waren mehr als unzureichend. Besonders lehrreich ist in dieser Hinsicht das Auftreten der Kasaken Rennenkampfs im Mai und Juni des Jahres 1904 in deren Detailarbeit eine neuere Schrift[1]) bereits deutlich Einblick gewähren läßt. Diese läßt erkennen, daß es einzelnen russischen Nachrichtenpatrouillen und Nachrichtendetachements, ja selbst größeren, von Stabsoffizieren geführten Abteilungen sehr oft nicht einmal gelang in Berührung mit dem Gegner zu gelangen, geschweige denn etwas über ihn zu erfahren. Nur dort, wo General Rennenkampf mit stärkeren Kräften persönlich eingriff, kam man in nähere, dauernde Berührung mit dem Feinde. Dies nützte aber nicht viel, denn der Kampfwert und die Kampfkraft der Kasaken war zu gering, als daß es möglich gewesen wäre den feindlichen Schleier zu durchbrechen und Einblick hinter denselben zu gewinnen. Nach einem, oft viele Stunden lang dauernden Geplänkel, welches aber stets nur verschwindend kleine Verluste zur Folge hat, sieht sich der Führer zumeist genötigt, das Gefecht abzubrechen und zurückzugeben, ohne etwas erreicht zu haben.

Im Verlaufe des Feldzuges war es im großen ganzen nirgends besser. Einzelne Ausnahmen, wie z. B. die rechtzeitige Erkundung des Anmarsches der 12. japanischen Division in der Schlacht bei Liaojang durch die Dragoner des 17. russischen Armeekorps oder die in der Schlacht von Mukden erfolgte Meldung der kaukasischen Reiter, vom Anmarsch der Armee Nogis auf Tawan ändern an dem im ganzen negativen Resultat nicht viel. Im allgemeinen charakterisiert sich die Aufklärungstätigkeit der russischen Kavallerie durch eine totale Passivität und die Unfähigkeit, genügend nahe an den Feind heranzukommen, Umstände, welche selbst befähigte und energische, tatkräftige Führer, wie z. B. Rennenkampf, nicht zu bannen vermögen.

Bei den Japanern konnte auf größere Erfolge im strategischen Aufklärungsdienste schon aus dem Grunde nicht gerechnet werden, weil für denselben nur gar zu geringe Kräfte zur Verfügung standen. Die Japaner hatten nur 2 Kavalleriebrigaden für selbst-

---

[1]) Einzelschriften über den Russisch-Japanischen Krieg. 4. Heft.

ständige Aufgaben. Diese kamen aber um so weniger zur Geltung, als sie sich nie weit aus dem Bereiche ihrer Armee entfernten. Augenscheinlich vermieden es die Japaner, ihre wenig zahlreiche Reiterei vorzeitig aufs Spiel zu setzen und durch große Anstrengungen zu dezimieren. Sie schonten sie, um sie in den großen Entscheidungskämpfen vollzählig und möglichst schlagfertig zur Hand zu haben. Wie die Ereignisse es in der Folge bewiesen, haben sie nicht unrecht damit getan. Sie waren zu einer solchen Handlungsweise um so mehr berechtigt, als ihr vorzüglich organisiertes und funktionierendes Spionagesystem, in dem Offiziere und Mannschaften des Heeres eine große Rolle spielten, sie in allen Fällen, wo ein Kontakt des Gegners noch nicht zu erwarten war, über alle wesentlichen Vorkommnisse und Bewegungen desselben in Kenntnis setzte. Sie benötigten die Dienste ihrer Reiterei erst in der Nähe des Feindes und hier scheint diese, wie noch später näher ausgeführt werden soll, gut gewirkt zu haben. Wo indessen weiter vorgeschobene Kavallerie auf entsprechende Verschleierungsmaßnahmen des Gegners trifft, wie z. B. in den Tagen, welche den Gefechten von Wafangou vorausgingen, vermag sie auch nicht viel auszurichten. Denn auch ihre Handlungsweise läßt, trotz aller nicht zu bestreitenden Rührigkeit, jenes entschlossene Angehen des Feindes mit starken Kräften vermissen, welches in solchen Fällen allein den Erfolg verbürgt.

Was die Erfolge in der Schlacht betrifft, so waren diese auf russischer Seite kaum nennenswerter als in der Aufklärung. nicht zum mindesten durch Unterlassungen der Führung, welche die strategische Bedeutung der Reiterei in der Schlachtführung nicht klar erkannt zu haben scheint. Eine großzügige Verwendung der Reiterei auf dem Schlachtfeld wurde nie versucht. Allerdings war die russische Kavallerie in den großen Schlachten nicht sehr zahlreich, immerhin hätte aber, um so mehr, da der Dienst der Kolonnenkavallerie zum großen Teile von den berittenen Jagdkommanden der Infanterieregimenter versehen werden konnte, ein Zusammenfassen größerer Massen zu selbständigen strategischen Aufgaben platzgreifen können. Gelegenheit für die fruchtbringende Betätigung solcher Massen war, wie später nachgewiesen werden wird, in hervorragendem Maße vorhanden. Durch ihre gleichmäßige Verteilung auf die ganzen Schlachtfronten und ihre Bindung an die einzelnen Armeekörper, kam die russische Reiterei nirgend zu ausschlaggebender Tätigkeit. Sie kämpft wohl an verschiedenen Stellen der Gefechtsfelder und zumeist in der Art der Infanterie, die Resultate dieser Kämpfe sind aber, wenn man von der Tätigkeit der unter den Augen Rennenkampfs fechtenden Kosakenabteilungen am östlichen Flügel der Schlachten am Schaho und bei Mukden etwa absieht, kaum erwähnenswert. Darauf deuten auch die verhältnismäßig geringen Verluste, welche die russische Reiterei im letzten Kriege erlitt. Während bei der Infanterie — die gesamte Dauer des Krieges in Betracht gezogen — auf je 1000 Mann des Gesamtgefechtsstandes 44,9 Gefallene und 279,0 Verwundete entfallen, betragen die entsprechenden Verluste bei der Reiterei nur 15,6 Gefallene und 81,1 Verwundete, somit nicht einmal ein Drittel jener der Infanterie.

Weit öfter ist die, allerdings nach richtigen strategischen Grundsätzen verwendete, japanische Reiterei auf dem Schlachtfelde zur Wirkung gelangt. Im Gefecht bei Wafangou griff sie — im Gegensatz zur russischen, welch letzterer hier nicht nur der Vormarsch der 4. japanischen Infanteriedivision lange verborgen blieb, sondern welche überdies keinen Versuch machte, um letzterer entgegenzutreten — wiederholt in das Gefecht ein. Insbesondere macht sie sich am östlichen Flügel bemerkbar, wo es ihr, durch rechtzeitiges Eingreifen in das Infanteriegefecht gelingt, den Angriff des russischen linken Flügels zum Stehen zu bringen. Damit geht ihr aber allerdings auch der Atem aus. Zu einer Offensive vermag sie sich, obwohl sie fast gar keine Verluste erlitten hatte, nicht aufzuraffen.

In der Schlacht am Schaho machten die Japaner ausgedehnten Gebrauch von den hier zur Verfügung stehenden zwei selbständigen Kavalleriebrigaden. Die vom Prinzen Kanin befehligte 2. Kavalleriebrigade wurde vorerst vor der Front zur Aufklärung angesetzt, später aber auf den rechten Flügel verschoben, während die erste Kavalleriebrigade am linken Flügel gegen Sandepu dirigiert wurde. Letztere stellte bereits am 9. Oktober 1904 die Anwesenheit des, in der Flanke der japanischen Kräfte stehenden Detachements Dembowski, bei Tschantan fest. Besonders verdient das Eingreifen der 2. Kavalleriebrigade am 12. Oktober in das Gefecht am äußersten rechten Flügel der Japaner erwähnt zu werden. Hier war es die 2. Kavalleriebrigade, welche das Gefecht entschied, indem es ihr gelang, unbemerkt in den Rücken der Russen bei Takahoschi zu gelangen und die russischen Reserven unter überraschendes Maschinengewehr- und Karabinerfeuer zu nehmen, worauf diese endgültig gegen Osten abzogen. Nicht genug entschieden und reitermäßig erscheint dagegen das Verhalten der 1. Kavalleriebrigade, welche am westlichen Flügel wiederholt im Feuergefecht zu Fuß gegen die russische Reiterei kämpfte und sich nur damit begnügte, die Angriffe der letzteren zurückzuweisen.

Einwandfrei wurde die japanische Kavallerie von der Armee-leitung in der Schlacht von Mukden verwendet. Hier wurden beide Brigaden, nachdem die eine zunächst die Verbindung zwischen der 7. und 9. Division hergestellt hatte, zu einer Division zusammen-gezogen und nunmehr unter einheitlicher Leitung am strategischen Flügel angesetzt. Die Kavallerie kam hier indessen den Aufgaben, die ihrer harrten, nur unvollkommen nach. Einesteils mag wohl die Ursache dieser Erscheinung sowohl in ihrer geringen Stärke, als auch in der beschränkten Beweglichkeit gelegen haben. In-dessen scheint es, daß ihrer Führung auch die rechte Initiative und Unternehmungslust, ohne welche Eigenschaften besonders bei der Reiterei große Erfolge nicht zu erreichen sind, gefehlt haben. Sie schlägt sich wohl recht brav mit der russischen Infanterie und Kavallerie herum, ist aber weit davon entfernt, den letzten Atemzug von Roß und Reiter einzusetzen. Letztere Forderung wäre aber eben hier nicht abzuweisen gewesen, wollte man die Siegesernte des gigantischen Ringens einheimsen.

Die wiederholten langen Operationsstillstände, dann die beider-seitigen empfindlichen Verbindungen brachten es mit sich, daß die Kavallerien beider kriegführenden Mächte Unternehmungen gegen die gegnerischen Verbindungslinien ins Werk setzten. Auf russischer Seite standen die Erfolge dieser Raids, die unter der Leitung des Generals Mischtschenko wiederholt unternommen wurden, in keinem Verhältnis zum Krafteinsatz: Es konnte nicht anders sein, denn es fehlten alle Vorbedingungen für das Gelingen. Mehr als jede andere Tätigkeit der Kavallerie setzt der Raid voraus, daß das zu er-reichende Ziel klar erkannt ist, daß ferner bei der Ausführung die Kühnheit und Schnelligkeit alles andere beherrscht. Diese Umstände erfordern aber einen klarblickenden, kühnen, energischen Führer, ferner selbständige und unternehmungslustige Unterkommandanten, endlich eine Truppe, die im Kampf aus dem Sattel und zu Fuß gleich gewandt ist. Dies traf bei den Unternehmungen der Russen nicht zu. So wurde bei Ausführung des bekanntesten dieser Raids, nämlich bei jenem, welchen der General Mischtschenko mit einer Masse von mehr als 60 Sotnien gegen Inkon unternahm, die Haupt-aufgabe, nämlich die Forderung, die Eisenbahn gründlich zu zer-stören, nicht erkannt. Infolge des großen Trosses, den Mischtschenko mitschleppte, gingen die Bewegungen so langsam vor sich, daß die Überraschung völlig verloren ging. Da dem Führer die er-forderliche Kühnheit und der nötige Überblick über die Gefechts-lage abgingen, genügten einige wenige Bewegungen der ja-panischen Etappentruppen, um ihn zum vorzeitigen Zurückgehen zu

9

nötigen. So kam es denn, daß nicht nur der materielle Schaden, welcher dem Gegner zugefügt wurde, gering war, sondern daß vor allem der moralische Eindruck, den die Raids auf die Etappentruppen und die gegnerische Armeeleitung hervorbringen sollen, gänzlich ausblieb. Das gerade Gegenteil wurde erreicht. Die Japaner fanden gar bald heraus, daß sie von solchen Unternehmungen der Russen nicht viel zu befürchten hatten.

Ganz andere Früchte trugen einige Raids der Japaner, trotzdem, oder vielleicht weil sie mit verhältnismäßig schwachen Kräften unternommen wurden. Der bemerkenswerteste ist jener, welcher vom Major Naganuma geführt wurde. Am 9. Januar 1905 ritt dieser mit 150 ausgesuchten Reitern von Samapuho bei Heikautsi ab, mit der Absicht, die Eisenbahnbrücke über den Hsinkau, südlich Schangschun, 256 km nördlich Mukden zu zerstören. Es gelang ihm derart überraschend aufzutreten, daß die Russen außerstande waren, rechtzeitig Gegenmaßregeln zu ergreifen und die Zerstörung der Brücke zu verhindern. Aber nicht nur, daß der materielle Schaden, der damit den Russen zugefügt wurde, ein bedeutender war, weit größer war die moralische Wirkung. Aufgebauschte Meldungen über diesen Vorfall, ferner ein Erfolg, den Major Naganuma 3 Tage nach der Brückenzerstörung über 2 Sotnien Kasaken errang, ließen bei Kuropatkin die irrige Meinung aufkommen, daß die Zerstörung der Brücke durch starke japanische Kräfte verursacht wurde. Er sah sich daraufhin veranlaßt, die Eisenbahnschutztruppen durch Abteilungen der Operationsarmee bedeutend zu verstärken. Ja er dirigierte — und dies erscheint uns am folgenschwersten — die wertvollste Reitertruppe, die er vielleicht besaß, nämlich die Don-Kasaken-Division, nach Norden und zwar zu einer Zeit, da er sie am notwendigsten bei der Operationsarmee benötigt hätte, nämlich knapp vor der Schlacht bei Mukden. Der Raid Naganumas glückte, weil alle Vorbedingungen für das Gelingen vorhanden waren. Die Abteilung bestand aus ausgesuchtem Material und hatte einen energischen Führer, welcher sein Ziel deutlich erkannte und demselben, ohne rechts noch links zu blicken, unentwegt zusteuerte. Wenn auch die zurückgelegte Strecke in keinem Verhältnis zu der aufgewendeten Zeit steht, nämlich 480 km in 43 Tagen, so darf hier aber anderseits nicht vergessen werden, daß dies Unternehmen mit Pferden ausgeführt werden mußte, die wahrscheinlich den unseren kaum gleichkommen dürften, daß ferner der Ritt in einem weglosen Terrain bei einer Temperatur von — 25 bis 30⁰ C durchgeführt wurde und daß schließlich die japanischen Reiter, um das Gelingen der Überraschung zu wahren, einen großen Teil des Weges bei Nacht zurücklegten.

Das Bild der Tätigkeit der Reiterei im letzten Kriege wäre unvollständig, wenn man nicht auch deren Kleinarbeit im Dienste als Kolonnenkavallerie berücksichtigen würde. Bei der russischen Kavallerie war diese Arbeit, wie ja nicht anders zu erwarten stand, wenig befriedigend. Bekannt ist, daß Kuropatkin seinen Mißerfolg in der Schlacht am Schabo vorwiegend seiner Kavallerie zuschrieb, welche sowohl in der taktischen Aufklärung und Sicherung, als auch im Verbindungs- und Meldedienst völlig versagte. Auch ist bekannt, daß er aus diesem Grunde, um wenigstens für den eigenen Bedarf eine verläßliche Truppe zu besitzen, eine besondere, aus ausgesuchten und gut berittenen Offizieren und Mannschaften zusammengesetzte Eliteeskadron für das Armeeoberkommando formieren ließ.

Anderseits dürfte bei den Japanern die hauptsächlichste und wertvollste Tätigkeit der Kavallerie in der Detailarbeit der Divisionskavallerie zu suchen sein. Die Japaner waren über den ihnen gegenüberstehenden Gegner fast stets zutreffend orientiert, wurden sehr selten von diesem überrascht. Diese Kenntnis des Gegners hatten sie allerdings, wie bereits erwähnt wurde, zum großen Teil ihrem Spionagesystem zu verdanken, es wäre aber wohl irrig, wenn man annehmen wollte, daß auch noch zu jenen Zeitpunkten, da sich ihre Truppen der taktischen Wirkungssphäre des Gegners näherten, erst im Gefechte — die Nachrichten nur von Kundschaftern hergerührt hätten. Hier dürften es die vielen kleinen, von intelligenten Offizieren und Unteroffizieren geführten Patrouillen der Divisionskavallerie gewesen sein, welche, auf vorgeschobene Infanterieabteilungen gestützt, den Feind ungesehen rastlos umschwärmten, ihn ununterbrochen beobachteten und ihre Stäbe über alle seine Bewegungen im laufenden hielten. Für diesen Dienst standen der japanischen Armee ausreichende Kräfte zur Verfügung, da ihre Felddivisionen während der ganzen Dauer des Krieges über je 1 Kavallerieregiment zu 3 Eskadronen verfügten und letztere sich fast stets auf vollem Stand befanden. Dieser rastlosen, intelligenten, fleißigen wenig ins Auge fallenden Arbeit ihrer Divisionskavallerie haben die Japaner wohl einen großen Teil ihrer Erfolge zu verdanken. Diesem Umstand ist aber bis jetzt viel zu wenig Beachtung geschenkt worden.

(Schluß folgt.)

XI.

Über die Taktik der heutigen Artillerie beim Angriff in Verbindung mit den anderen Waffen.

Von

Bracht, Hauptmann und Kompagniechef im Fußartillerieregiment von Hindersin.

(Schluß.)

Der entscheidende Schlag.

Allmählich werden immer mehr Truppen in den Kampf verwickelt, die Lage klärt sich, und es erscheint der Augenblick für
den entscheidenden Schlag, der jedoch nicht auf der ganzen Front
geführt wird wie der Vorbereitungskampf, sondern nur gegen einen
bestimmten Teil der feindlichen Stellung. Enge Grenzen für das
Ende der einzelnen Kampfesperioden lassen sich naturgemäß nicht
ziehen, jedoch kommt der Moment, in dem es klar wird, daß die
Entscheidung jetzt fallen muß. Die in den Teilgefechten erzielten
Erfolge haben Klärung über die Aufstellung des Gegners gebracht.
Die Besitznahme geeigneter Punkte hat bei dem Oberstkommandierenden den Entschluß ermöglicht, seine Reserven gegen den
wichtigsten Teil der feindlichen Stellung einzusetzen, um hier das
Schicksal der Schlacht zu entscheiden. Außerdem kann auch an
einem beliebigen anderen Punkte des Schlachtfeldes der selbständige
Entschluß eines Unterführers einen derartigen Umschwung herbeigeführt haben, daß der Wunsch, hier den Teilerfolg in einen vollen
zu verwandeln, vollständig berechtigt ist.

Außer dem Zeitpunkt muß noch die Stelle gewählt werden,
gegen die er gemäß der strategischen und taktischen Lage zu führen
ist. Jedenfalls muß die Möglichkeit gewährleistet sein, gegen diesen
Punkt ein überwältigendes Artilleriefeuer zu vereinigen. Von
entscheidender Bedeutung ist hierbei bei der verdeckten Aufstellung
der Schildbatterien des Gegners Flankenfeuer. Die flankierend
aufgestellten Batterien werden nicht immer gegen Seitenfeuer zu
decken sein. Deswegen muß auch die Artillerie der Nebenabschnitte
des Verteidigers niedergehalten werden. Fällt die Entscheidung auf
einem Flügel der gegnerischen Aufstellung, dann fällt die Gefahr
der Flankierung der Angriffsbatterien auf dem äußeren Flügel im
allgemeinen weg. Naturgemäß muß die Möglichkeit für den Ver-

teidiger, den Angreifer selbst zu flankieren, durch zweckentsprechende
Maßnahmen der Leitung ausgeschaltet werden.

Die Lage ist augenblicklich folgende: Beim Angreifer:

1. Seine vorgeschobenen Truppen sind schon einige Zeit im
   Kampfe; teilweise haben sie Mißerfolge erlitten, doch im allgemeinen den Verteidiger zur passiven Tätigkeit gezwungen und
   so die Möglichkeit gegeben, zur Entwickelung gegen den entscheidenden Punkt zu schreiten.

2. Die Artillerie erleidet Verluste, beginnt aber die Feuerüberlegenheit zu erringen. Einige Batterien des Gegners werden
   überall niedergehalten. Von einer Herrschaft über das Schlachtfeld kann noch nicht die Rede sein, da kaum die ganze Artillerie
   des Gegners erschüttert sein kann. Wenn ein Teil derselben
   verstummt ist, so ist dies nur zu dem Zweck geschehen, ihre
   Kraft für die Abwehr des Hauptangriffs aufzusparen. Der
   größte Teil der Batterien, die sich in der Hauptstellnng befinden, sind nur wenig geschwächt.

3. Die über die Aufstellung des Gegners herrschende Unklarheit
   ist im allgemeinen gewichen, seine Flügel sind festgelegt, mehr
   oder weniger seine schwachen Stellen erkundet, an einigen
   Stellen ist es gelungen, die Lage der Batterien und die Stärke
   der Befestigungen festzustellen.

4. Die Hauptreserve mit ihrer Artillerie ist noch unberührt, ja es
   ist möglich, daß auch noch Teile der Artillerie der im Kampf
   befindlichen Truppenteile noch nicht eingesetzt ist.

5. Die schwere Artillerie hat noch nicht oder nur mit kleinen
   Teilen am Kampf teilgenommen.

Beim Verteidiger:

1. Obgleich einige vorgeschobene Stellungen verloren sind, macht
   sich eine ernstliche Unterlegenheit noch nicht fühlbar.

2. Die aus dem Kampf gezogenen Batterien suchen wieder in
   Ordnung zu kommen und sind nicht alle kampfunfähig.

3. Die Hauptreserve ist noch unberührt.

4. Die Möglichkeit, den Kampf aktiv zu führen, ist zum Teil
   verschwunden, da die vorgeschobenen Truppen des Angreifers
   sich festgesetzt haben und obwohl sie festgehalten werden,
   doch einen Schleier bilden, der die Bewegung, folglich auch
   die Absichten ihrer Reserven verhüllt.

5. Das Feuer des Gegners ist gegen einige Teile der Stellung so
   wirksam, daß es die Manövrierfähigkeit stark beeinträchtigt
   und die Truppen an das besetzte Gelände schmiedet.

Im allgemeinen ist das Bild so, daß der Verteidiger
durch Einsatz seiner Reserve den Gegner zurückschlagen
und dann immer noch ihm die Initiative entwinden kann.

Vorbereitung des entscheidenden Angriffs durch die Artillerie.

Die von uns als notwendig hingestellte enge Verbindung
zwischen Infanterie und Artillerie muß jetzt womöglich noch enger
sein. Die Aufgabe der Infanterie ist es jetzt, an den Gegner heranzukommen, ihn an einem gegebenen Punkte zu durchbrechen und
sich in dem gewonnenen Gelände festzusetzen, Aufgabe der Artillerie,
durch Erschütterung des Verteidigers der Infanterie zu helfen. Dies
erreicht man gleichzeitig durch zwei Maßregeln: Ein Teil der
Artillerie bleibt in ihrer ersten Stellung oder vielmehr in dem ihr
zugewiesenen Gelände, in dem sie jederzeit Stellungswechsel
vornehmen kann. Ein anderer Teil geht mit ihrer Infanterie vor
und unterstützt sie in unmittelbarer Nähe. Die Leitung, über die
gegen den zu durchbrechenden Teil der feindlichen Stellung bestimmte Artilleriemasse liegt in den Händen des ältesten
Artillerieführers. Dieser hat zu bestimmen: 1. die Zahl der
Batterien, die die Infanterie zu begleiten haben, 2. die
günstigste Verteilung der übrigen in dem ihnen zugewiesenen Gelände. Letztere stehen im allgemeinen verdeckt so,
daß man ihr Feuer gegen die Durchbruchsstelle vereinigen kann.
Sämtliche Reservebatterien gehen jetzt in Stellung, wobei sie den
Gegner zu umfassen suchen. Ein Zerreißen der Verbände ist
unter allen Umständen zu vermeiden. Jede Abteilung erhält
für Beobachtung und Feuertätigkeit einen Abschnitt zugewiesen.
Jetzt zieht man auch die schwere Artillerie heran, die man vermöge ihres Steilfeuers hinter die leichte stellen kann. Nach
sorgfältigem Treffen der Vorbereitungen eröffnet die Reserveartillerie
ihr Feuer. Dies braucht mit dem Beginne des Infanterieangriffs
nicht zusammen zu fallen, da nur durch die Bedrohung mit dem
entscheidenden Angriff der Verteidiger gezwungen wird, seine
Reserven einzusetzen.

Charakteristisch für die Artillerietätigkeit in dieser Periode ist
folgendes: 1. Es wird fast ununterbrochen geschossen und 2. eine
gewaltige Artilleriemasse einheitlich gegen die Einbruchsstelle eingesetzt. Dadurch wird der Gegner am Manövrieren gehindert, in
seinen Stellungen festgehalten und seine Feuerwirkung gegen die
angreifende Infanterie abgeschwächt. Damit ist natürlich nicht ge-

sagt, daß man fortdauernd Schnellfeuer anwenden muß. Zum
Schweigen gebrachte Batterien des Gegners müssen auch weiterhin
unter langsamem Feuer gehalten werden, da sie anderenfalls mit
auch nur einigen wenigen Lagen der angreifenden Infanterie
äußerst gefährlich werden können.

Der Teil der Artillerie, der die Infanterie nicht unmittelbar begleitet, hat folgende Aufgaben: 1. Zerstörung
der Geländeverstärkungen und Stützpunkte, 2. Vernichtung der feindlichen Artillerie oder die Bedienungsmannschaft zu zwingen, in
Deckungsgräben oder hinter den Schilden Schutz zu suchen, 3. Beschießen von Waldsäumen, Dorfrändern und anderen Geländegegen-
ständen, um die feindlichen Schützen daran zu verhindern, sie als
Deckungen zu benutzen, 4. Beschießen von Infanterie und Artillerie
in der Bewegung.

Die Zerstörung fester Deckungen fällt der Langgranate der
schweren Artillerie zu. Je stärker die Deckungen sind, in um so
höherem Maße wächst die Bedeutung der schweren Artillerie für die
Vorbereitung des Sturmes. Das Feuer der schweren Artillerie die
sich vor übereilter Feuereröffnung zu hüten hat, muß auf einem verhältnismäßig kleinen Raum vereinigt werden. In der Nähe der
schweren Artillerie muß genügende Infanterie und leichte Artillerie
bereit gehalten werden, um hier den Erfolg auszunutzen. Die Ziele
müssen genau verteilt sein. Da heutige befestigte Feldstellungen
aus einzelnen Gruppen bestehen, deren Zwischenräume nur durch
Feuer verteidigt werden, so wird die schwere Artillerie, die an der
Einbruchsstelle liegenden Gruppen zu bekämpfen haben, während die
leichte Artillerie bewegliche Ziele, Reserven und die Zwischenräume
zwischen den Gruppen beschießt. Die Verbindung der schweren
Artillerie mit der Infanterie muß in gleicher Weise ge-
ordnet sein, wie bei der leichten.

Die Batterien, die die Infanterie beim Angriff begleiten, wenden sich gegen diejenigen Ziele, die von der weiter
zurück befindlichen Artillerie nicht wirksam genug gefaßt werden
können und helfen beim Abschlagen von Gegenangriffen. Ferner
bringen sie der Infanterie, wenn diese so nahe an den Gegner
herangekommen ist, daß sie ohne eigene Gefährdung von der weiter
rückwärts aufgestellten Artillerie nicht mehr unterstützt werden kann,
ohne Rücksicht auf Verluste die nötige Hilfe.

Jetzt ist der Augenblick gekommen, in dem die ganze vereinigte Artilleriemasse zur Feuereröffnung und die Infanterie zum
Angriff bereit stehen, was am besten zeitlich zusammenfällt. Einheitlichkeit in der Tätigkeit der Infanterie und Artillerie

auch hierbei ist der sicherste Bürge für den Erfolg. Auch
die in der Nähe der Einbruchsstelle in Stellung befindlichen Truppenkörper müssen von dem Zeitpunkt des Hauptangriffs benachrichtigt
sein, um durch Demonstrationen die Reserven des Gegners an die
falschen Stellen zu ziehen. Selbst Mißerfolge hier können den Erfolg an der Einbruchsstelle herbeiführen.

Die Infanterie, die den Hauptschlag zu führen hat, muß jetzt
aus der Deckung heraus, das von dem allerdings schon geschwächten
feindlichen Artilleriefeuer bestrichene Gelände durchschreiten und,
unter dem feindlichen Gewehrfeuer im Verein mit den schon im
Kampfe befindlichen Teilen, die feindlichen Reserven über den
Haufen werfen. Große Schwierigkeiten macht hierbei das Durchschreiten der eigenen Artillerielinie, da es sich hier natürlich
um große Infanteriemassen handelt. Bei der heutigen Rasanz kann
die Artillerie Infanterie nur dann überschießen, wenn diese sich
500 bis 600 m vor den Geschützmündungen befindet. Stellt man
sich hierbei die große Tiefe der schmalen Kolonnen vor (breite
Fronten kann man hierbei nicht anwenden), so ergibt sich hieraus,
daß ein großer Teil der Artillerie sein Feuer ungefähr eine
halbe Stunde einstellen müßte. Deshalb muß die Infanterie in
Staffeln zu verschiedenen Zeiten und an verschiedenen
Stellen hindurchgeführt werden, wobei sich die Führer der beiden
Waffengattungen genau hierüber zu einigen haben. Ist die Infanterie
ungefähr 600 m von den Geschützmündungen entfernt, so bildet sie
mehrere Linien schmaler Kolonnen, die auf 500 m Abstand hintereinander folgen. Hierbei werden natürlich schon Verluste eintreten,
die nur durch wirksame Unterstützung der rückwärts befindlichen
Artillerie vermindert werden können. Das wichtigste Ziel für die
Angriffsartillerie ist also in dieser Periode die Verteidigungsartillerie und es müssen alle Geländestreifen systematisch unter
Feuer gehalten werden, wo man sie weiß oder vermutet. Bemerkt
der Gegner, daß die feindlichen Reserven heranrücken, dann wird
er seine eigenen Reserven heranziehen und sich mit möglichst zahlreichen Batterien gegen den neuen gefährlichen Feind wenden.

Bei der heutigen verdeckten Aufstellung der Artillerie, namentlich wenn diese gründliche Vorbereitungen getroffen, sich genau mit
dem Gelände und den wahrscheinlichen Angriffsrichtungen vertraut
gemacht hat, gerät die angreifende Infanterie beim Vorgehen in
sehr schwierige Lagen, da auch eine geringe Zahl von gut
manövrierenden, ihre Stellung schnell verändernden Batterien dem Gegner schwere Verluste zufügen können.
Hierfür gibt es viele Beispiele aus dem letzten Feldzug. Daher

muß die Artillerie des Angreifers die des Verteidigers durch heftige
Beschießung dauernd daran verhindern, wenn auch nur für kurze
Zeit sich gegen die Infanterie zu wenden. Ist die Verteidigungsartillerie einmal zum Schweigen gebracht, so genügt langsames
Feuer gegen sie. Die Begleitbatterien haben ihre Stelle vorzugsweise auf den Flügeln ihrer taktischen Infanterieeinheiten. Sie
fahren im allgemeinen offen auf, da sie imstande sein müssen,
Gegenangriffe durch direktes Feuer zurückzuschlagen. Die Erfüllung
ihrer Aufgaben wird naturgemäß bei der so sehr gesteigerten heutigen
Feuerwirkung mit außerordentlichen Verlusten verknüpft sein, doch
müssen diese Opfer gebracht werden, um die Infanterie in
dieser entscheidenden Phase des Kampfes vorwärts zu bringen.

Im Gegensatz hierzu wird die Aufgabe der weiter rückwärts befindlichen Batterien sich immer weniger schwierig gestalten, da die Verteidigungsartillerie immer mehr und mehr zur
Bekämpfung der Angriffsinfanterie übergehen muß und dabei durch
Stellungswechsel sich mehr oder weniger verraten wird. Die rückwärts befindlichen Batterien des Angreifers werden leichtere oder
schwerere Aufgaben finden, je nachdem die gegnerische Artillerie
es versteht, alle Vorteile, die das Gelände bietet, auszunützen oder
nicht. Der Kampf wird jetzt jedenfalls sehr ungleich — die Verteidigungsartillerie muß in ihm allmählich unterliegen. Während-
dessen richtet sich aber Gewehr- und Geschützfeuer auf die Angriffsinfanterie. Sprechen jetzt die Geschütze des Verteidigers
seltener mit, so ist dies ein sicheres Zeichen dafür, daß die Zeit
für den entscheidenden Schlag gekommen ist. Doch muß man
immer damit rechnen, daß hierbei immer noch einige Batterien oder
Züge, die notdürftig wieder zusammengeflickt sind, sich wieder betätigen.

Das Feuer der Artilleriereserve des Angreifers zwingt die
gegnerischen Schützenlinien, wie schon gesagt, vor ihrem Schrapnell-
und Granatfeuer Schutz zu suchen und wird hierbei wirksam gegen
die Stützpunkte durch die schwere Artillerie unterstützt. Die In-
fanteriereserven des Verteidigers sind noch nicht eingesetzt, sondern
stehen verdeckt. Nach Maßgabe der Annäherung der Angriffsinfanterie muß jedoch auch der Gegner seine Schützenlinien verstärken, was er auch bei gewandtester Geländeverstärkung und
-benutzung nicht ganz unbemerkt tun kann. Jetzt muß ein ver-
heerendes Geschützfeuer aller nur irgend in Betracht kommenden,
noch rückwärts stehenden Batterien hiergegen einsetzen. Man
braucht nicht zu befürchten, hierbei zu spät zu kommen. Bei dem
heutigen Schnellfeuer genügen einige Lagen gegen sicht-

bar werdende Ziele vollkommen. Jede für den Gegner in
Betracht kommende Geländedeckung: Hecken, Schützengräben, Wälder,
Dörfer, Wälle, müssen sorgsam überwacht werden, damit jede Bewegung des Gegners aus ihnen heraus im Keime erstickt werden
kann. Dazu gehört, daß sich die in Betracht kommenden Batterien
aufs sorgsamste für alle diese Aufgaben vorbereiten. Handelt es
sich um die Beschießung von Dörfern mit festen Gebäuden, so kann
man sich im allgemeinen mit Unterfeuerhalten des Saumes begnügen, da man einen ganzen Ort doch nicht zusammenschießen
kann. Umgekehrt wird man Vorwerke, einzelne Gebäude und
Wälder der ganzen Tiefe nach unter Feuer nehmen, um Bewegungen
der Reserven zu verhindern. In der Schlacht bei Liaojang am
20. August 1904 hatten wir verabsäumt, beim Angriff gegen die
Armee Kurokis die vorliegenden, bestandenen Gaoljangfelder abzu-
streuen. Die Japaner hatten aber stellenweise Schützengräben in
diesen Feldern angelegt. Vor diesen kam der anfangs glückliche
Vorstoß unserer Infanterie zum Stehen.

Da es sich bei der Beschießung der einrückenden Reserven
um bewegliche Ziele handelt, so muß gerade jetzt für eine vorzüglich arbeitende Verbindung zwischen Infanterie und
Artillerie gesorgt werden. Ferner muß bei den Führern wechselseitig volles Verständnis für die Taktik der Schwester-
waffe herrschen. Dies gilt besonders für die Tätigkeit der Begleitbatterien. Da diese auf den Flügeln befindlich, vom rein artilleristischen Gesichtspunkt aus betrachtet, mit großen Nachteilen
zu kämpfen haben, so werden die Infanterieführer dafür sorgen
müssen, ihr die Einnahme von Stellungen mit großem Schußfeld
möglich zu machen, indem sie diese nicht mit Infanterie besetzen.
Die Begleitbatterien ihrerseits müssen Hand in Hand mit der Infanterie handeln, was größte Aufmerksamkeit erfordert, zumal, da
die Entschlüsse in kürzester Zeit gefaßt werden müssen. Die Begleitbatterien werden Hindernisse, die sich der angreifenden Infanterie
entgegenstellen, schnell hinwegzuräumen und Gegenangriffe abzuschlagen haben. Es handelt sich hier bezüglich der Ziele um flankierend
aufgestellte, eingegrabene Artillerie, Maschinengewehrabteilungen usw.

Wie schon erwähnt, ist die Aufgabe der Begleitbatterien eine
äußerst schwierige. Sie erfordert Gewandtheit in der Geländebenutzung beim Vorgehen, scharfen Blick und Verwegenheit. Sie
wird aber erleichtert durch den Umstand, daß der Gegner seine
Hauptaufmerksamkeit der vorgehenden Angriffsinfanterie zuwendet.
Nutzen bringt die Anwendung schmaler Formationen und das Vorbringen zug-, ja geschützweise. Wenn die Infanterie jetzt

gruppenweise, ja mit einzelnen Leuten sprungweise vorgeht, warum dies nicht auf die Artillerie übertragen? Es ist dies Verfahren mit Vorteil in der Schlacht am Schaho angewendet worden.

Es wird ferner von einigen vorgeschlagen, die Infanterie überall durch einzelne Züge begleiten zu lassen, um sie allerorts durch Geschützfeuer unterstützen zu können. Kriegserfahrungen in bezug hierauf fehlen leider, doch scheint diese Maßregel unter Umständen Vorteile zu versprechen.

Nähert sich die Angriffsinfanterie dem Gegner auf ungefähr 600 m, dann müssen die rückwärts befindlichen Batterien ihr Feuer gegen den rückwärtigen Teil der feindlichen Stellung verlegen, um einerseits nicht die eigenen Truppen zu gefährden, andererseits die etwa herankommende Hauptreserve des Gegners zu bekämpfen. Dies schließt natürlich nicht aus, daß ein Teil der noch rückwärts stehenden Artillerie die feindliche Stellung noch beschießen muß, wenn die Angriffsinfanterie näher als 600 m herangekommen ist. Jedoch ist hierbei große Vorsicht geboten, da die Japaner, die ihre Infanterie bis zur äußersten Grenze mit Geschützfeuer zu unterstützen pflegten, oft sowohl unsere als auch die eigene Infanterie auseinandersprengten.

Trotz des Strebens des Angreifers, koste es, was es wolle, vorwärts zu kommen, wird es Stockungen geben, die zu Rückschlägen führen können. Um diese auszugleichen, müssen Reserven eingesetzt werden. Sind diese noch zu weit entfernt, dann müssen sich die Schützenlinien eingraben. Hier müssen dann außer den Begleitbatterien auch Teile der weiter rückwärts stehenden Artillerie eingreifen, um den Verteidiger hier an Gegenangriffen zu verhindern. Ich kann nur immer wieder darauf hinweisen, daß dies nur möglich ist, wenn den Führern der beiden Waffen die wechselseitige Taktik in Fleisch und Blut übergegangen ist, und die Verbindung ausgezeichnet arbeitet.[1]

Festsetzen in der feindlichen Stellung und Tätigkeit gegen feindliche Reserven.

Der erste Erfolg des Angriffs besteht in der Wegnahme eines Teils der feindlichen Stellung entweder auf einen Schlag

---

[1] Wer dächte hier nicht an den 18. August 1870, wo diesen beiden Forderungen auf deutscher Seite stellenweise so wenig Rechnung getragen wurde. (Siehe Studien zur Kriegsgeschichte und Taktik; herausgegeben vom Großen Generalstabe. V.) (Anm. des Übersetzers.)

oder stellenweise. Dies verbürgt indessen noch nicht den Erfolg, da ein energischer Verteidiger das Verlorene wiederzugewinnen
versuchen wird und zwar mit Hilfe der Reserven und bis jetzt
noch zurückgehaltener Artillerie. Da der Angreifer in dem
genommenen Teil der Stellung fürs erste noch arm an Artillerie
ist, wird der Verteidiger ihn kräftig mit Artilleriefeuer be-
arbeiten, um dann Gegenangriffe auszuführen. Da der Verteidiger
das Gelände genau kennt, hat er ein bedeutendes Plus. Außerdem
haben fürs erste seine frischen angreifenden Reserven nicht unter
dem Feuer einer zahlreichen Artillerie zu leiden. (Es wäre daher
ein großer Fehler, wenn er etwa den Angreifer aus seiner ersten
Stellung heraus mit frontalen Gegenangriffen zurückwerfen wollte.
Derartige Gegenangriffe würden unter dem Feuer der
Angriffsartillerie zusammenbrechen.)

Also muß der Angreifer nach Wegnahme eines Teiles der
feindlichen Stellung sofort zu folgenden Maßnahmen schreiten:

1. Ordnung der Verbände,
2. Herstellung flüchtiger Erddeckungen unter Ausnutzung des Geländes,
3. Heranziehung der noch zurück befindlichen Artillerie,
4. Einsetzen der letzten Reserven zur Ausnutzung des
   errungenen Erfolges.

Die Geländeverstärkung muß so schnell als möglich unter
Hintansetzung alles anderen ausgeführt werden, damit die Truppen
eine wenn auch noch so geringe Deckung finden. Denn wenn auch
vielleicht der Gegenangriff nicht so plötzlich erfolgen wird, da er
erst organisiert werden muß, so hat der Angreifer jedenfalls die
unverzügliche Beschießung seitens frischer feindlicher Artillerie, die
verdeckt steht und die Entfernungen genau kennt, zu gewärtigen.
Der verflossene Krieg hat bewiesen, daß hierdurch der
anfängliche Erfolg in ein Nichts zerfließen kann (Schlacht
bei Mukden). Der Verteidiger wird in diesem Fall stets durch
ein kräftiges Schnellfeuer seiner Artillerie den Gegenangriff seiner
Infanterie vorbereiten. Die Begleitbatterien müssen unverzüglich
in dem neugewonnenen Gelände in Stellung gehen, ohne erst lange
nach den günstigsten Plätzen zu suchen. Bei den heutigen
weittragenden Geschützen ist letzteres nicht mehr so nötig, wie
früher. Sie haben die Aufgabe, jetzt die feindlichen Reserven solange aufzuhalten, bis die eigenen heran sind. Daher dürfen sie
sich jetzt nicht in einen eigentlichen Artilleriekampf einlassen.
Ein gutes Hilfsmittel sind hier die Maschinengewehre, da sie dank

ihrer Schilde vor Schrapnellkugeln geschützt sind. Sie gewährleisten, an den .gefährdetsten Stellen befindlich, der Infanterie eine wirksame Unterstützung bei der Abwehr der ersten Gegenangriffe des Verteidigers.

Die weiter zurück in Stellung befindlichen Angriffsbatterien dürfen nicht eher vorgezogen werden, bis das vorher erwähnte Festsetzen in der feindlichen Stellung gelungen ist, da sie andernfalls den Angriff nicht wirksam genug unterstützen könnten und zwar gerade in dem Augenblicke, wo die Infanterie dieser Unterstützung besonders bedarf. Das Vorziehen dieser Batterien nacheinander, bevor nicht ein Teil der feindlichen Stellung genommen ist, hat auch wenig Zweck, da man sich dann der Gefahr aussetzt, im geeigneten Augenblick vorn und hinten nicht genügend Artillerie zu besitzen. Denn nutzt der Gegner diese zeitweilige Schwächung des Artilleriefeuers aus, so haben Gegenangriffe von den Flanken her Aussicht auf Erfolg.

. Ein näheres Heranziehen der Artillerie verspricht aber auch aus folgenden Gründen rein artilleristischer Art keine besonderen Vorteile: 1. Die Nähe am Ziel gewäheleistet der heutigen Artillerie nicht ein besonders wirksames Feuer. Das Schrapnell wirkt am besten auf 1600 bis 3000 m Entfernung und beginnt erst auf 3½ bis 4 km in der Wirkung erheblich nachzulassen; die Größe der Schußweite hat infolge der verbesserten Richtmittel auf die Genauigkeit des Richtens keinen Einfluß. 2. Dank der Rasanz der Flugbahn auf den Nahentfernungen, begünstigt eine große Schußweite das Schießen über die Infanterie hinweg. Daher wird man die Artillerie mit Ausnahme der Begleitbatterien so lange in ihrer rückwärtigen Aufstellung belassen, bis ein Teil der feindlichen Stellung genommen ist. Dies schließt natürlich nicht aus, daß Stellungswechsel zur besseren Bekämpfung des Gegners und vollkommneren Bestreichung des Vorgeländes vorgenommen werden, doch nur in solchen Grenzen, daß das Artilleriefeuer keine Schwächung von längerer Dauer erfährt.

Sobald aber eine Bresche in der feindlichen Stellung gerissen ist, muß der älteste Artillerieführer, der sich natürlich dauernd auf dem Laufenden über den Stand der Dinge halten muß, einen Teil der rückwärts befindlichen Batterien in beschleunigter Gangart vorziehen. Deren Zahl richtet sich nach der Ausdehnung des eroberten Abschnitts, d. h. es muß soviel Artillerie vorgesandt werden als dort nur irgend Platz findet. Denn daß sich Infanterie ohne ausreichende Artillerieunterstützung dort nicht halten kann, hat uns der Krieg bewiesen. Diese Batterien

fahren an den gefährdetsten Stellen, soweit es ihre Aufgaben nur
irgend gestatten, verdeckt auf, ohne Vermischen der taktischen
Einheiten. Der letzte zurückgebliebene Teil sichert dieses Vorfahren und bietet die nötige Gewähr bei Rückschlägen.

Die schwere Artillerie wird infolge ihrer geringeren Beweglichkeit und der länger dauernden Vorbereitungen für die Feuereröffnung im allgemeinen an der Vorbewegung nicht teilnehmen. Sie
nutzt die äußersten Grenzen ihrer Schußweite aus und ist infolge
ihres Bogenfeuers imstande, das Vorgehen der Infanterie bis zum
letzten Augenblicke zu unterstützen. Setzt sich der Gegner
jedoch nach Wegnahme seiner ersten Stellung in einer zweiten fest,
dann muß auch die schwere Artillerie vor.

Mit der Ankunft der vorgezogenen Batterien in der nenge-
wonnenen Stellung ist die Krisis für den Angreifer vorüber.
Es gilt nun, die feindlichen Reserven zurückzuschlagen und auf den
Flügeln weiter Gelände zu gewinnen, um den Erfolg in einen entscheidenden zu verwandeln. Ist die Kraft des Verteidigers endgültig gebrochen, dann gilt es zu verfolgen.

Hierzu muß man, wenn auch nur mit wenig zahlreichen frischen
Kräften, unter allen Umständen schreiten. Andernfalls bringt der
Sieg (wie die der Japaner im letzten Krieg) keine Entscheidung.
Die Artillerie fährt überall auf, von wo es möglich ist, noch einen
Geschoßhagel auf den Gegner zu schleudern, ohne erst lange nach
Stellungen zu suchen. Denn ein energischer Verteidiger wird alle
seine Kräfte in der vorausgegangenen Schlacht eingesetzt haben
und nur noch über Trümmer verfügen. Daher heißt es jetzt fortwährend Stellung nach vorn zu wechseln, um den Gegner immer
wieder von neuem aufzuscheuchen. Der Erfolg wird dann die Ge-
fangennahme ganzer feindlicher Abteilungen sein."

Aus dem folgenden Abschnitt: Tätigkeit der Kavallerie
und reitenden Artillerie wäre hervorzuheben, daß dem Verfasser zwei Fälle bekannt sind, in denen Kavallerie mit großen
Zwischenräumen zwischen den einzelnen Reitern vorgehend ohne
große Verluste an feuernde japanische Artillerie herankam und
nur durch dort angelegte künstliche Hindernisse davon abgehalten
wurde, die japanische Artillerie wegzunehmen. Winogradskii
weist im weiteren darauf hin, daß im Kampfe von Kavallerie gegen
Kavallerie die Artillerie sich nur offen aufstellen kann, daß sie
aber anderseits beim Kampf gegen gemischte Detachements, z. B.
Avantgarden, von der verdeckten Aufstellung öfters mit großem
Vorteil Gebrauch machen muß, um den Gegner über eigene Stärke
und Aufstellung zu täuschen.

Zum Schluß wird betont, daß man immer darnach trachten·
müsse, die Initiative zu ergreifen, um dem Gegner seinen Willen
aufzuzwingen. Auch die Verteidigung könne nur dann Aussicht auf
Erfolg bieten, wenn sie von vornherein darauf angelegt würde, im
Verlauf derselben zur energischen Offensive überzugehen, darauf
solle auch beim Einsetzen der Artillerie in erster Linie Rücksicht
genommen werden. Die Verteidigungsartillerie müsse unter sorg-
samster Ausnutzung des Geländes in der Regel verdeckt aufgestellt werden und alle Vorbereitungen zum Kampf in technischer
Hinsicht aufs sorgsamste treffen, ohne sich im übrigen an die erst-
malig gewählte Aufstellung zu binden, falls es der Gefechtszweck
verlange.

Aus den Ausführungen Winogradskiis ersieht man, daß nach
den traurigen Erfahrungen in Ostasien ein frischer Geist die russische
Armee, nicht zum wenigsten die Artillerie zu durchwehen scheint
und daß man den durch die so außerordentlich gesteigerte Feuerwirkung hervorgerufenen ganz anderen Anforderungen der Jetztzeit
gerecht zu werden versucht. Für uns haben diese Ausführungen
neben der Beachtung der hier ausgesprochenen Kriegserfahrungen
und Folgerungen, die sich im allgemeinen mit den bei den Franzosen
geltenden Anschauungen decken, den Vorteil, uns Aufschluß über
die Art der Tätigkeit der russischen Artillerie im nächsten Kriege
zu geben. Denn die Ansichten Winogradskiis werden auch von
allen anderen Kriegsteilnehmern im großen Ganzen verfochten.
Überraschend und klärend wirken die Hinweise auch dieses Verfassers auf die gewaltige heutige Artilleriewirkung, die denn doch
im russisch-japanischen Kriege ganz anders gewesen sein muß, als
vielfach behauptet wird und bei zweckentsprechender Verwendung
der Artillerie und Organisation ihrer Erkundung noch ganz andere·
Erfolge zu versprechen scheint.

XII.

Geschichte der Kriegskunst im Rahmen der politischen Geschichte.[1]

Von

v. Caemmerer, Generalleutnant z. D.

Ich habe zunächst geschwankt, ob ich die Besprechung eines
Buches übernehmen könne, das so viele lateinische Zitate enthält,
und ich tue es nur mit dem ausdrücklichen Vorbehalt, daß es mir
ganz fern liegt, in historisch-philologischen Streitfragen mitreden zu
wollen. Ich beschränke mich also auf meinen streng soldatischen
Standpunkt.

Hans Delbrück hat für sein großes Werk über die Geschichte
der Kriegskunst als einen Hauptgrundsatz den angenommen, daß die
kriegsgeschichtlichen Überlieferungen stets nach der inneren Natur
des Kampfes zu prüfen sind, „daß philologische und Sachkritik bei
jedem Schritt und jeder Betrachtung Hand in Hand zu gehen, sich
unausgesetzt gegenseitig belehren und kontrollieren müssen", und
daß die bestimmtesten Angaben der Chronisten zu verwerfen sind,
wenn sie sich vom Standpunkte der Sachkritik aus als unmöglich
erweisen. In diesem Sinne hat er, so viel mir bekannt ist, zuerst,
die eingehende Rechnung mit Marschlängen und Aufmarschzeiten in
die historische Kritik eingeführt, die jetzt in der Truppenführungs-
kunst eine ausschlaggebende Rolle spielt, während sie in früheren
Zeiten auch dort nur allzu häufig nicht die gebührende Beachtung
fand. Delbrück hat ferner, unterstützt durch seine praktische Schulung
als Offizier des Beurlaubtenstandes, die taktischen Vorschriften der
Gegenwart sorgfältiger studiert, als es wohl sonst bei Geschichts-
forschern üblich war, um aus dem militärischen Verfahren und Verhalten in der Gegenwart zu Rückschlüssen auf die Vergangenheit
zu gelangen. Er hat endlich den Fragen der Verpflegung und
Unterbringung eingehende Beachtung geschenkt, wo solche Rückschlüsse besonders berechtigt sind.

So besitzt Delbrück nicht nur eine ungewöhnlich ausgebreitete
Kenntnis der Kriegsgeschichte, sondern zugleich ein sehr gutes Verständnis vom Wesen des Krieges. Wenn er die leitenden Gesichts-

---

[1] Von Hans Delbrück. Dritter Teil. Das Mittelalter. Berlin 1907,
Verlag von Georg Stilke. 700 Seiten.

punkte Karls des Großen bei Anlage seiner Sachsenzüge kurz zu-
sammenfaßt, wenn er die Strategie Ottos I. zur Zeit der Ungarn-
schlacht auf dem Lechfelde entwickelt, wenn er uns die Gründe
von Heinrichs IV. Verhalten in der Schlacht an der Elster aus-
einandersetzt, wenn er die Schlachten von Hastings, von Legnano,
von Bouvines, Crecy und Azincourt oder zahlreiche andere erzählt
— im ganzen behandelt er in diesem Bande etwa achtzig Schlachten
und Gefechte — so gewinnt man den Eindruck, daß die Sache
mit hoher Wahrscheinlichkeit so gewesen ist, wie er es sagt, weil
er die innere Natur der Geschehnisse richtig erfaßt hat.

Auch für das Mittelalter galt es, gerade wie vorher für das
Altertum und die Zeit der Völkerwanderung, eine Fülle von fabel-
haften Zahlenangaben abzuschütteln, in denen die Chronisten sich
gefallen haben. „Der Sieg der Minderzahl über die große Mehrzahl
ist nun einmal die Denkkategorie, in der die Menge sich Heldentaten und strategisches Genie vorstellt" so sagt der Verfasser in
seinem I. Bande. Man kann wohl hinzufügen, daß auch das ungenügende Verständnis für den wirklichen Wert und die Bedeutung
größerer Zahlen mitspricht, das in früheren Zeiten ganz ebenso bei
den Zehntausenden und Hunderttausenden einsetzte wie heute bei
den Billionen, Trillionen und Quadrillionen.

Demnächst waren die Folgen klarzulegen, die der Wegfall aller
wirklich militärischen Disziplin für das Kriegswesen haben mußte.
Die wahrhaft großen Kriegstaten des Altertums waren das Werk
disziplinierter Heere und die weltbezwingende „Überlegenheit des
römischen Kriegswesens beruhte auf dem Heeresorganismus als
Ganzem, der es gestattete, sehr große Massen auf einem Punkt zu-
sammenzubringen, ordnungsmäßig zu bewegen, zu verpflegen und
zusammenzuhalten". Dem Mittelalter dagegen fehlt der Kitt militärischer Disziplin völlig. Eine Schar Ritter ist keine Kavallerie,
eine Anzahl Fußkämpfer ist keine Infanterie; taktisch verwendbare
Truppenkörper sind unbekannt und die Formen der Aufstellung
haben nur Bedeutung für das einfachste Vorrücken zum Kampf.
Der Kampf der schwergepanzerten Ritter selbst ist durchaus Einzel-
gefecht, bei dem jeder Ritter nach Möglichkeit durch seine eigenen
leicht bewaffneten Knappen und Knechte unterstützt wird. Die
Fußkämpfer gehen dazu entweder als Armbrustschützen voraus oder
sie folgen als Spießknechte ins Handgemenge und winden sich
zwischen den Reitern hindurch. Die meisten Schlachten und Gefechte des Mittelalters bestehen aus einem Mischkampf von
Reitern und Fußgängern in buntem Gewirr und die Entscheidung
fällt, wenn die Ritter der einen Partei das Übergewicht erlangen.

Die „Glewe" oder „Lanze", d. h. der Einzelritter mit seinem un-
mittelbaren Gefolge von Knappen und Knechten, sowohl Reitern wie
Fußmännern, bildet hiernach die eigentliche taktische Einheit des
Heeres. Für sie werden zehn Köpfe als Höchstzahl angenommen;
davon bleiben aber stets einige Leute bei dem zugehörigen Troß-
wagen und den Handpferden zurück. Die Mehrzahl der Ritterheere
kommt über ein paar hundert Lanzen nicht hinaus und tausend
Lanzen sind schon eine bedeutende Zahl.

Die Ritter sind durch Standesgefühl und stete Waffenübung
hervorragende „Qualitätskrieger". Das disziplinlose Volksaufgebot
von Spießträgern ist ihnen gegenüber so minderwertig, daß es kaum
der Mühe wert erscheint, sich mit solchen Hilfstruppen zu belasten.
„Im Handgemenge schmelzen die Bürger wie Schnee an der Sonne",
sagt Philipp VI. von Frankreich. Um die moralische Kraft solcher
Haufen zu stärken, greift man vielfach zu dem Mittel, Ritter ab-
sitzen zu lassen und sie wie Offiziere und Unteroffiziere in die Aufgebote einzureihen. Bei ihrer Unbehilflichkeit in der schweren
Rüstung ist das aber ein wahrhaft verzweifeltes Mittel. So kommt
die Einberufung des Volksaufgebotes im Mittelalter rasch ab oder
wird auf seltene Ausnahmen beschränkt. Fußkämpfer erlangen im
Feldkriege eine ernstere Bedeutung erst wieder, als das Söldner-
wesen aufkommt und sich ergänzend und ausgleichend neben das
Ritteraufgebot auf Grund der Lehnspflicht stellt. So sind die englischen Bogenschützen erst als Söldner zu einer ungewöhnlichen
Schießfertigkeit und zugleich zu festerer Organisation und Disziplin
gekommen, so daß sie in der Hand geschickter Führung zum aus-
schlaggebenden Faktor in der Schlacht werden konnten. Es kam
darauf an, das Gelände so auszunutzen, daß den feindlichen Rittern
das gleichzeitige Anreiten in großer Zahl erschwert war (Crecy
1346), oder auch durch mitgeführte und rasch aufgestellte Palli-
sadenhölzer die Front der Bogner unmittelbar zu schützen (Azincourt 1415).

Auf einer merkwürdigen Verbindung von Volksaufgebot und
Söldnertum beruhte die Tüchtigkeit der Schweizerheere, die schließlich das Rittertum überwanden. Es sind Fußkämpfer in altgerma-
nischen Gevierthaufen von ebensoviel Rotten wie Gliedern[1]), mit
Langspießen bewaffnet, durch eine große Zahl kriegserfahrener

---

1) Z. B. 30 Mann breit und 30 Mann tief = 900 Mann; 40 Mann breit
und 40 Mann tief = 1600 Mann; 50 Mann breit und 50 Mann tief =
2500 Mann.

Führer und älterer Mannschaften mit kriegerischem Geiste erfüllt und zur Disziplin angehalten. Jedes Heer besteht aus drei solcher Haufen, der Vorhut, dem wesentlich stärkeren Gewalthaufen und der Nachhut. Sie werden je nach den Umständen des Falles sowohl neben- wie hintereinander oder gestaffelt zum Angriff verwendet und befähigen die höhere Leitung zur Betätigung wirklichen Führergeschicks. So ist in den Burgunderkriegen, in den Schlachten bei Granson und Murten 1476, sowie bei Nancy 1477 das wiedererstandene Fußvolk aufs neue zur Königin des Schlachtfeldes geworden. Und zwar geschah dies nahezu ohne jede Mitwirkung der Feuerrohre, deren sich vielmehr die untergehende Ritterschaft vergeblich bediente. Wenn man die Erfindung des Schießpulvers als das Ende der Ritterschaft bezeichnen will, so darf man wohl an die Bezwingung der Burgen, nicht aber an die Feldschlacht denken.

Das führt uns schließlich zu den strategischen Besonderheiten des langen Zeitabschnitts, von dem unser Buch handelt, nämlich zu der Kürze der Kriege und der großen Stärke der Verteidigung hinter festen Mauern.

Die Verpflichtung der Lehnsmänner zum Kriegsdienst ging selten über 40 Tage hinaus. Und wenn selbst rechtlich eine längere Verpflichtung bestanden hätte, so würde das in der Ausführung von geringer Bedeutung geblieben sein, weil der einzelne Ritter für die Verpflegung seiner Glewe selbst zu sorgen hatte und weil er in einer geldarmen Zeit gar nicht in der Lage war, sich für einen längeren Zeitraum vorzusehen. Unter solchen Umständen zog schon die Länge des Weges zu dem voraussichtlichen Ort des Zusammentreffens mit dem Feinde dem Aufgebot der Lehnsmänner sehr enge Grenzen. Traf nun das verhältnismäßig kleine Ritterheer den Feind nicht alsbald im offenen Felde, mußte es ihn hinter Mauern aufsuchen, dann war der Feldzug in der Regel gescheitert und man konnte nur in der Verwüstung feindlichen Gebiets noch eine Genugtuung suchen. Denn die im Altertum so erfolgreich geübte Kunst der Belagerung erforderte einerseits Kenntnisse und Geschicklichkeiten, die nur selten zu finden waren, anderseits und vor allem aber Zeit, die immer fehlte, weil das Heer auseinanderstrebte. „Dadurch wächst die Kraft der Defensive gegenüber der Offensive, und es wird dem Schwächeren leicht gemacht, sich der Entscheidung zu entziehen, dem Stärkeren aber erschwert, selbst wenn er einen Sieg errungen, davon auch Frucht zu pflücken, denn die Belagerung jeder einzelnen Stadt und Burg ist eine harte Arbeit und es gibt ihrer unzählige" . . . . . .

Der Leser wird aus dieser kurzen Übersicht ersehen, daß der III. Band von Delbrücks Geschichte der Kriegskunst auch wieder eine Fülle von Dingen enthält, die für jeden Soldaten hochinteressant sind. Er reiht sich den früheren Bänden über „das Altertum" und über die „Germanen" in würdigster Weise an.

XIII.
Die Vereinigten Staaten von Nordamerika gegen Japan.

Von

L. P.

Nichts wird sicherer einen Krieg heraufbeschwören, als die Förderung der Überzeugung, daß der Krieg über kurz oder lang doch unvermeidlich ist. Von dieser Überzeugung, sobald sie die breiten Massen eines Volkes ergriffen hat, ist es nur ein kleiner Schritt zu dem Glauben, daß es desto besser sei, je eher es zum Kriege käme.

Im Lande der aufgehenden Sonne gibt es heutzutage schon eine recht große Anzahl von Leuten, die diese Lehre gegen die Vereinigten Staaten predigen, und es wird nicht lange dauern, so wird, trotz aller entgegenstrebenden Bemühungen Theodore Roosevelts, dasselbe in den United states geschehen!

Ein solcher Zustand bleibt erfahrungsgemäß nur kurze Zeit latent. Zum Ausbruch des wechselseitigen Gefühls genügt ein kleiner Zwischenfall, ein Funke, der das Pulverfaß entzündet.

Vor Jahresfrist etwa leistete sich eine angesehene japanische Zeitung, ich glaube es war der „Jiji Shimpo", folgende ungeheuerliche Selbstüberhebung:

„Der russische Idiot hat nun seine Prügel bekommen. Der deutsche Idiot wird gut tun, sich zu überlegen, daß heute andere Methoden in Gebrauch gekommen sind, als erst den Dummen zu spielen und sich dann auf den Rücksitz zu setzen. Germany hat seine paar Morgen Land in Shantung gerade vor Ausbruch der Boxerunruhen gestohlen, und es hat seine Politik der Dummheit, die ebenso gefährlich ist wie die Rußlands, weitergeführt, bis jeder Chinese in Shantung „Die Wacht am Rhein" singen konnte. Man kann sagen, heut ist Deutschland noch das einzige Hindernis für die Großpolitik des Pacific, mit der Japan so brillant angefangen hat. Japan machte das so elegant, daß Deutschland wohl Angst bekommen hat. Deutschland könnte nun aufhören, den Narren zu spielen. Jetzt ist es noch Zeit, sich vor dem japanischen Falken in Sicherheit zu bringen. Wenn Deutschland dies nicht bald einsieht, dann wird der Tag bald kommen, wo es ihm gehen wird wie Rußland" usw.

Heute sind die Rollen vertauscht. Amerika ist an Stelle von Deutschland getreten. Die Ambitionen Japans richten sich in erster Linie auf die Philippinen. Diese erscheinen als ein ungleich wertvolleres Objekt, mit ihren ungehobenen Bodenschätzen, als das immerhin spärlich produktive Shantung.

Die Stimmung bei Onkel Sam, die anfangs enthusiastisch zugunsten der Japaner gegen den russischen Bären sprach, ist umgeschlagen, schon seit den Tagen von Portmouth, da der weltgewandte Meister Witte mit seinen geschniegelten und gebügelten, pariserisch parlierenden Attachés vorteilhaft von den sich auf dem Parkettboden so gar nicht wohlfühlenden ungelenken, zurückhaltenden Japanern abstach.

Aber bald verstärkte sich der Eindruck intensiver, schwerwiegender sich darstellend, als man sich plötzlich darüber klar wurde, daß das siegreiche Japan eine nicht zu unterschätzende Gefährdung der eigenen wirtschaftlichen Stellung in Ostasien bedeute. Das im Yankeemunde häufig geführte Schlagwort von der „Herrschaft im Stillen Ozean" erschien als Utopie, ein vor der gepanzerten Faust des Japaner in nichts zerfließendes Schemen.

Trotz aller Geschicklichkeit des Präsidenten Roosevelt wird die Spannung, die ganz naturgemäß zwischen Amerikanern und Japanern bei der beiderseitigen Rivalität auf dem Pacific, wie auf dem chinesischen Markt eintreten wird und muß, auf die Dauer kaum zu bannen sein.

Die Lage erscheint für die Vereinigten Staaten — solange es keinen Panamakanal gibt — in wenig günstigem Licht. Japan verfügt über eine ungleich stärkere Kriegsmacht. Dem aus der Mandschurei siegreich zurückgekehrten Heere vermag die Union nur ein Söldnerheer entgegenzustellen. Über die Chancen der hauptsächlich in Betracht kommenden Flotte soll weiter unten gesprochen werden.

Der Streitfragen, die zwischen beiden Ländern auftreten können, gibt es gar manche. Sie liegen vor allem an den Küsten und Inseln des Stillen Ozeans, hauptsächlich im Gebiet Ostasiens.

Ehe die Vereinigten Staaten den Spaniern die Philippinen abnahmen, hatten die Japaner schon ein Auge auf diese fruchtbare

Inselgruppe geworfen. Seit 7 Jahren führen nun die Yankees heiße Kämpfe mit den Phillippinos, ohne Herr der Inseln werden zu können. Sollte Japan in seiner Ländergier einmal einige Armee-korps auf Luzon landen, so würde die Insel im Handumdrehen dem amerikanischen Besitz entrissen sein. Die Philippinos würden dabei dem neuen Eindringling hilfreiche Hand bieten. Der nur mit Mühe jetzt von den Amerikanern niedergedämpfte Aufstand würde mit hellen Flammen auf dem gesamten Archipel wieder auflodern.

Für Japan ist es eine Kleinigkeit in Anbetracht der kurzen Entfernung — etwa 1000 Seemeilen — hunderttausend Mann nach Luzon zu werfen. Ihre jetzt auf der Höhe stehende Transportflotte würde diese Aufgabe leicht lösen. Dem hätten die Amerikaner fast nichts entgegenzustellen, da ihr ganzes Heer wenig mehr denn 60 000 Mann stark ist. Außerdem ist der Weg von San Francisco nach Manila etwa 6mal so weit, wie der von Nagasaki dorthin.

Als vor einiger Zeit der Oberbefehlshaber der amerikanischen Truppen auf den Philippinen, General Wood, erklärte, daß er im Falle eines Krieges, um die Inseln zu halten, mindestens 100 bis 150 000 Mann brauche, war man baß erstaunt in Washington. Es war klar, daß der General nur Japan als in Frage kommenden Feind im Auge haben konnte.

Eine weitere Reibungsfläche wird durch das immer bedrohlichere Anwachsen der japanischen Interessen auf den Hawai-Inseln ge-schaffen. Die Inselgruppe ist überschwemmt mit japanischen Ein-wanderern. Von japanischer Seite auf diese Inselgruppe einen Handstreich auszuüben, läge durchaus nicht außerhalb der denkbaren Möglichkeit.

Endlich entstehen Streitfragen durch den zunehmenden Einfluß der Japaner in Kalifornien, wo sich die Erbitterung der Bevölkerung über die Eindringlinge durch Ausschluß der japanischen Kinder aus den Schulen usw. Luft machte. Dies ist selbstverständlich nur ein gesuchtes, rein oberflächliches Mittel, um seinem Haß gegen die gefährlichen Konkurrenten Ausdruck zu geben. . Der tief innerliche Grund ist eben in der unangenehmen Konkurrenz, die die gelben Söhne aus dem Lande der aufgehenden Sonne den Yankees bereiten, zu suchen.

Japaner und Chinesen sind unglaublich anspruchslos, und so arbeiten sie für wahre Hungerlöhne. Während jedoch der schon lange in San Francisco heimisch gewordene Chinamann ein ruhiges, bescheidenes Individuum ist, der keinerlei Ansprüche an den Staat stellt, keinerlei Ehrgeiz hat — nur als Waschmann, als Schuster oder Schneider will er schlecht und recht und ehrlich sein Brot verdienen — ist der Japaner nach dem Kriege hochmütiger, unverträglicher und anspruchsvoller geworden. Dazu von Natur mißtrauisch, versteht er es schlecht, Sympathien für sich zu erwecken.

Japan bietet jetzt alles auf, um seine Stellung als Großmacht zu markieren. Seit der Übernahme der Hawai-Inseln durch die Vereinigten Staaten verlangt es dort Gleichberechtigung für seine Staatsangehörigen in bezug auf Einwanderung, Grunderwerb, Geschäftsbetrieb usw. Dagegen stemmen sich die Amerikaner an.

Das kleine Schulintermezzo in San Francisco war für Japan Anlaß, zunächst mit einer Boykottierung sämtlicher amerikanischer Waren zu drohen. Das wäre der Regierung in Washington wohl sehr peinlich, käme eine solche zur Ausführung, denn die seinerzeit von den Chinesen nur in sehr bescheidenen Grenzen inszenierte erregte doch im Yankeelande einen Orkan der Entrüstung. Es steht so ziemlich fest, daß hinter der chinesischen Boykottaffäre auch die Söhne Dai Nippons steckten!

Selbstverständlich ist, daß Japan seine gefestigte Großmachtstellung auch in wirtschaftlicher Hinsicht ausnutzen will. Es wird den Einfluß Europas und Amerikas in ganz Ostasien zurückzudrängen versuchen und besonders in China ein ausschlaggebendes kulturelles und wirtschaftliches Übergewicht erstreben.

Den gesamten chinesischen Markt hauptsächlich möchte Japan am liebsten allein für sich in Anspruch nehmen. Aber es hütet sich, seine Absichten zu offen den Augen der Welt preiszugeben. Dann hätte es sicher den vereinten Widerstand von ganz Europa und Amerika zu befürchten. Aber immerhin genügt es dem nicht glänzenden japanischen Nationalwohlstand vorläufig, sich den Markt in der Mandschurei gesichert zu haben. Wenn dort auch angeblich nun endlich die Gleichberechtigung aller Nationen eingeräumt ist, so versteht jeder Eingeweihte, hinter die Kulissen zu schauen, und da bemerkt er ein gut Teil privater Begünstigung, heimlich eingeräumte Vorteile usw.

Genug — man wird sich darüber klar sein, daß auf asiatischem Boden jetzt in den Japanern wieder eine Großmacht entstanden ist, die erste seit dem türkischen Ansturm auf das byzantinische Reich!

Aus dem Gesagten wird hervorgehen, wie berechtigt eine Untersuchung darüber erscheint, inwieweit Amerika imstande wäre, einen Angriff der Japaner, und wenn es sich nur um die Wegnahme der Philippinen handelte, abzuschlagen. Denn die wirtschaftlichen

Interessen Japans müssen mit denjenigen der Vereinigten Staaten im Stillen Ozean kollidieren. Nordamerika kann die Stellung auf dem Pacific, die es sich unter Aufwand so großer Mittel, wie die Behauptung der Philippinen z. B. sie nötig machte, erworben hat, nicht aufgeben. Hauptsächlich kommt es hierbei auf eine Besprechung der beiderseitigen Kampfesmittel zur See an, denn — die Beherrschung des Stillen Ozeans und sogar nur eines kleinen Teils desselben an den Küsten Ostasiens zunächst genügt, um die Frage der Überlegenheit zu entscheiden. Wenn die Japaner einmal die Herrschaft in den ostasiatischen Gewässern an sich gerissen haben, so ist die Besitzergreifung der Philippinen, wie schon erwähnt, nur noch ein Kinderspiel.

Eine kurze Notiz über die geographischen Verhältnisse des Kampffeldes muß vorausgeschickt werden.

Das Hauptcharakteristikum der geographischen Lage der amerikanischen Westküste in militärischer Hinsicht ist die große Entfernung von Japan. Diese kommt in erster Linie in Betracht. Denn je größer in einem Seekrieg, wie in jedem Krieg die Entfernung vom Angriffspunkt ist, um so größer muß der Kraftüberschuß sein, über den der Angreifer zu verfügen hat.

Hier kommen Kohlenstationen, Stützpunkte in der Nähe des Operationsfeldes, Plätze, die zur Reparatur geeignet sind usw. in Betracht.

Der Angriffspunkte an der pacifischen Küste Nordamerikas gibt es wenige. Trotzdem erfordert die große Ausdehnung der Westküste zur Behauptung der Seeherrschaft ein gewaltiges Flottenaufgebot.

Die Vereinigten Staaten verfügen hier über 2 erstklassige Stützpunkte: San Franzisko und Bremerton bei Port Orchard-Puget sound und über 2 kleinere, Portland und San Diego. Die ersteren besitzen Werften und Trockendocks für die größten Linienschiffe, die letzteren stellen wenig mehr, als kleine befestigte Kohlendepots dar. In Portland befindet sich auch eine Reparaturwerkstätte für Torpedoboote.

Die Entfernung von Bremerton bis San Franzisko beträgt 800 Seemeilen, von der Columbia Mündung — Portland — bis San Franzisko 650, von San Diego bis S. F. 445 Seemeilen.

Die geographischen Bedingungen dieser so Hafen- und Buchten-, wie Inselarmen Küste gewähren einen vorzüglichen militärischen Schutz gegen feindliche Angriffe.

Dem Angreifer fehlen hier gänzlich, bis er einen der wenigen Häfen in seine Hand bekommen hat, eine Operationsbasis und irgendwelche Stützpunkte.

Hieraus erhellt die erstklassige Defensivstellung der nordamerikanischen Westküste.

Betrachten wir nun die maritimen Machtmittel Amerikas und Japans. Hier fällt ein Vergleich beider sicher nicht sehr zugunsten der Union aus.

Wenn auch die numerische Überlegenheit der Vereinigten Staatenflotte, auf dem Papier wenigstens, vorhanden ist, so muß man doch in erster Linie beachten, daß die Flotte Amerikas jedenfalls bei Beginn eines Krieges zu gleichen Hälften im günstigsten Fall — wahrscheinlich ist, daß im Atlantic mehr Schiffe schwimmen — im Atlantischen und im Stillen Ozean verteilt ist. Die eine Hälfte befindet sich also weit ab vom Kriegsschauplatz, während die japanische Flotte sofort vereint in ihrer gesamten Stärke losschlagen kann.

Weiter aber, auch zugegeben, daß die Ausbildung der Besatzungen, vor allem die artilleristische, der kriegerische Geist, die Disziplin usw. in beiden Marinen die gleichen sind, so sind weder Material noch Personal beider Flotten in verschiedenen Punkten miteinander zu vergleichen.

In der amerikanischen Marine mangelt es an Offizieren wie an Mannschaften. Ein eigentümliches Licht werfen die massenhaften Desertionen — 1905 desertierten etwa 12 % der gesamten Mannschaftsstärke —! Beim Offizierkorps, wie bei dem Maschinen- und Matrosenkorps vermißt man eine durchdachte, einheitliche, ruhig fortschreitende Ausbildung und Organisation.

Ebenso litt der einheitliche Ausbau der Flotte unter dem oft wechselnden Regime. Der durch politische Rücksichten gebotene häufige Wechsel des Staatssekretärpostens war einer stetigen Entwickelung der Marine wenig förderlich.

Wenn Lord Brassey (im Naval Annual 1904) etwas sanguinisch sagt: „the United states will shortly become the second naval power of the world", so muß man dies „shortly" nicht zu eng begrenzt auffassen. Es wird bis zu seiner Erfüllung noch mancher Tropfen den Niagarafall hinunter laufen!

Vergegenwärtigen wir uns nun zunächst an der nachfolgenden Tabelle, die größtenteils dem „Taschenbuch der Kriegsflotten 1907" — als neuester Quelle — entnommen ist, die Stärkeverhältnisse beider Marinen. Die Angaben sind — vorausgesetzt, daß sämtliche jetzt im Bau vorgeschrittenen Schiffe mit Beschleunigung fertiggestellt und ausgerüstet werden — für den Anfang des Jahres 1908 festgestellt.

1908.

Japan.

1. Linien-

A B	21000 t	Armierung:	12—30,5	10—15	12—12 cm
Aki Salsuma	19500 t	„	4—30,5	10—25	12—12 cm
Katori Kashima	16250 t 16650 t	„	4—30,5	4—25	12—15 cm
Mikasa Asahi	15400 t 15450 t	„	4—30,5	14—15	20—7,6 cm
Shikishima	15100 t				
Fuji	12600 t	„	4—30,5	10—15	16—7,6 cm
Iwami	13700 t	„	4—30,5	12—15	20—7,6 cm
Sagami	12880 t	„	4—25	11—15	20—7,6 cm
Hizen	13100 t	„	4—30	12—15	20—7,6 cm
Tango	11100 t	„	4—30	12—15 cm	
Iki	9800 t	„	2—30,5	4—23	8—15 cm
Tschin Jen	7350 t	„	4—30,5	4—15 cm	

Hinsichtlich der Erbauungsjahre und der Geschwindigkeit usw. sind die Verhältnisse bei beiden Flotten etwa die gleichen.

An Küstenpanzerschiffen besitzt Japan 3, deren Tonnengehalt 4200 und 3800 beträgt. Amerika 10 von 4000—2200 Tons.

2. Panzer-

E.	18650 t	25 Sm. Geschwdk.	4—30,5	8—25	8—15 cm
Ibuki Kurama	14800 t	20 Sm.	„	4—30,5	8—20,3 cm
Ikoma Tsukuba	14800 t 14000 t	20 Sm. 20 Sm.	„ „	4—30,5	12—15 12—12 cm

1908.

Amerika.

schiffe.

A.   20500 t Armierung: 10—30,5 cm

New Hamphise ⎫
Minnesota   ⎪
Vermont   ⎪
Kansas   ⎬16250 t   „   4—30,5 8—20,3 12—17,8 cm
Lousiana   ⎪
Connecticut ⎭

Michigan   ⎱16250 t   „   8—30,5 22—7,6
South Carolina ⎰

Virginia   ⎫
Georgia   ⎪
Nebraska   ⎬15200 t   „   4—30,5 8—20,3 12—15 cm
Rhode Island⎪
New Jersey ⎭

Maine   12500 t ⎫
Missouri 12400 t ⎬   „   4—30,5 16—15 cm
Ohio   12700 t ⎭

Alabama ⎫
Illinois ⎬11750 t   „   4—33   14—15 cm
Wisconsin⎭

Keasarge ⎱11720 t   „   4—33   4—20,3 14—12,7 cm
Kentucki ⎰

Jowa   11520 t   „·   4—30,5 8—26,3   6—10 cm

Indiana   ⎫
Massachusetts⎬10450 t   „   4—33   8—20,3   4—15 cm
Oregon   ⎭

Texas   6470 t   „   2—30,5 6—15 cm
Puritan 6150 t   „   4—30,5 4—10 cm

kreuzer.

Montana   16000 t 22 Sm. Geschwdk. 4—25,4 16—15,2 cm
North Carolina   „   22 Sm.   „   „   „
Washington   14700 t 22 Sm.   „   „   „
Tenessee   „   22 Sm.   „   „   „
South Dacota   14000 t 22 Sm.   „   4—20,3 14—15,2 cm

Panzer-

Nisbin	7750 t	20 Sm.	Geschwdk.	4—20,3	14—15 cm	
Kasuga	7700 t	20 Sm.	„	1—25,4	2—20,3	14—15 cm
Adzuma	9500 t	20 Sm.	„	4—20,3	12—15 cm	
Iwate		20 Sm.	„	4—20,4	14—15 cm	
Idzume	9900 t	20 Sm.	„	„	„	
Asama		21 Sm.	„	„	„	
Tokiwa		21 Sm.	„	„	„	
Jakumo	9800 t	21 Sm.	„	4—20,3	12—15 cm	
Tchijoda	2500 t	19 Sm.	„	10—12 cm		
Aso	7850 t	21 Sm.	„	2—20,3	8—15 cm	

Die amerikanischen Panzerkreuzer sind im allgemeinen neueren

3. Geschützte

21 mit einem Gesamttonnengehalt von etwa 80000 t. Geschwindigkeit von ca. 18—23 Seemeilen. Durchschnittsarmierung meist 12 u. 15 cm.

Im allgemeinen ist die japanische geschützte Kreuzerflotte wohl

4. Über ungeschützte Kreuzer und Kanonen-

5. a) Torpedobootszerstörer

a) 57 mit Durchschnittstonnengehalt von 386—350,
Geschwindigkeit 29 Seemeilen.

b) 18 erstklassige, 120—200 Tons,
Geschwindigkeit 29 Seemeilen
und einige Dutzend ältere.

6. Untersee-

Beide Nationen etwa 1 Dutzend.

kreuzer (Fortsetzung).

California	14000 t	22 Sm.	Geschwdk. 4—20,3	14—15,2 cm
West-Virginia	„	22,5 Sm.	„	„	„
Colorado	„	22,5 Sm.	„		
Maryland	„	22,5 Sm.	„	„	
Pennsylvania	„	22,5 Sm.	„	„	
St. Louis	9850 t	22,5 Sm.	„	14—15,2 cm	
Milwaukee	„	22,2 Sm.	„	„	
Charleston	„	22,2 Sm.	„	„	
Brooklyn	9350 t	21 Sm.	„	8—20,3	12—12,7 cm
New York	8300 t	21 Sm.	„	6—20,3	12—10 cm

Datums, als die japanischen.

Kreuzer.

27 mit 99000 t. Geschwindigkeit von 12—24 Seemeilen. Armierung sehr verschieden. So hat die in dieser Klasse befindliche „Olympia" z. B. 4—20,3 cm, 10—12,7 und die „Isla de Cuba" nur 4—10 cm.

höher als die amerikanische einzuschätzen.

boote verfügen beide Nationen gleich.

und b) Torpedoboote.

        a) 32, Tonnengehalt 200—450.
          Geschwindigkeit 24—29 Seemeilen.
        b) 20 von 100—160 t, 22—26 Seemeilen.

boote.

Der gerechte Beurteiler wird, besonders unter der Berücksichtigung des oben über den sprungweisen Ausbau der Flotte
Gesagten, sich der Tatsache nicht verschließen können, daß die
numerische Übermacht der Vereinigten Staatenflotte über die japanische nicht zu hoch bemessen werden darf.

Wesentlich günstiger berechnet in den „Proceedings of the
United States Naval Institute" in einer Studie über die Faktoren,
die bei Aufstellung eines Flottenprogramms zugrunde gelegt werden
müssen, der Schiffbauingenieur W. G. Grosbeck die Verhältnisse
in der amerikanischen Marine. Er stellt folgende Skala für
1908 auf:

	Klasse A	B	C	usw.	Zusammen
Amerika	2	13	6	3	24
,Japan	3	3	6	3	15

für 1906—1916

Amerika	9	8	13	6	36
Japan	3	3	3	6	15

Abgesehen davon, daß die Berechnung für 1916 etwas verfrüht
erscheint, ist auch die Zusammenstellung für 1908 den wirklichen
Tatsachen gegenüber nicht zutreffend.

Zur Erläuterung der Tabellen sei das folgende gesagt: In
Klasse „A" werden sämtliche 4 Jahre alten, in „B" 8 Jahre alten,
in „C" 12 Jahre alten Schiffe aufgeführt. In Klasse „A" der
Linienschiffe befinden sich also z. B. „New Hamphire", Vermont usw.,
in „B" Maine, Missouri, in „C" Wisconsin, Illinois, in „D" Oregon,
Indiana usw. Auf japanischer Seite werden in „A" Satsuma und
Kashima geführt, in „B" Mikasa Fuji usw.

Das Verhalten von A zu B wird durch folgende Tabelle erklärt:

A.

Amerika: „Vermont", 18 Seemeilen, 16000 t, 2200 t Kohle,
4—30,5, 8—20, 12—15 cm.

„Rhode Island", 19 Seemeilen, 19948 t, 1900 t Kohle,
4—30,5, 8—20, 12—15 cm.

Japan: „Satsuma", 18,5 Seemeilen, 19000 t, ? Kohle,
4—30,1, 12—25, 12—12 cm.

„Kashima", 18,50 Seemeilen, 16400 t, ? Kohle,
4—30,5 4—25, 12—15 cm.

B.

Amerika: „Maine", 18 Seemeilen, 1284 t, 2000 t Kohle, 4—30,5, 16—15 cm.

Japan: „Mikasa", 18,60 Seemeilen, 15200 t, 1520 t Kohle, 4—30,5 4—15 cm.

Bei der Abwägung der beiderseitigen Streitkräfte bleibt das Hauptmoment immer in der Tatsache bestehen, daß die amerikanische Flotte bei Beginn eines Krieges nur zur Hälfte nahe dem Kriegsschauplatz sein wird. Wahrscheinlich wird sogar die größere Hälfte im atlantischen Ozean schwimmen. Ehe diese den viel 1000 Meilen weiten Weg um das Kap Horn zurückgelegt hat und auf dem Kampfplatz erscheinen kann, dürfte die Entscheidung vielleicht schon längst gefallen sein.

Die asiatische Flotte der Union besteht zurzeit aus einer Linienschiffsdivision („Ohio" 12500 t, Flaggschiff „Oregon" 10290 t, „Wisconsin" 11720 t) von einer Gesamtstärke von 34510 t, einer Kanonenbootsdivision und einer Division kleiner Kreuzer, sowie einer Torpedobootsdivision von 5 Zerstörern. — Das Philippinische Geschwader setzt sich aus 7 kleinen Kanonenbooten und Hilfsschiffen, ohne jeden Gefechtswert, zusammen.

Ohne sich zu sehr in Einzelheiten zu verlieren und etwa in prophetischer Weise orakeln zu wollen, darf man als feststehend annehmen, daß die Japaner im Konfliktsfalle, der offensiven Eigenart ihres Volkscharakters entsprechend, sofort mit dem Kern ihrer Flotte der Westküste Amerikas zustreben werden. Die Philippinen würden nach leichtem Sieg über die spärlichen Kriegsschiffabteilungen der Amerikaner im Osten durch eine auf Transportschiffen hinübergebrachte Armee kurzerhand erobert werden.

Ebenso schnell würde voraussichtlich das „star spangled banner" von den Flaggenmasten der schwachen Befestigungen bei Honolulu auf den Hawaiinseln herabsinken und die pacifischen Staaten könnten in kurzer Frist die japanische Flotte vor ihren Küsten sehen. Die weißen Flaggen mit der blutroten Sonne im Felde würden am Eingang des „golden gate" vor San Franzisko paradieren, um sich den Besitz der Philippinen und Hawaiinseln garantieren zu lassen.

Politische Konstellationen näher zu erörtern, die zum Waffengange zwischen Amerika und Japan führen könnten, war nicht die Aufgabe dieser Besprechung. Sie wollte nur, auch an der Hand dieses Beispiels zeigen, wie sehr die Seeherrschaft ausschlaggebend für die Machtstellung und die Fortentwickelung — wenn nicht für den Fortbestand — einer Nation ist!

Jeder Laie vermag zwischen den Zeilen zu lesen, wie es wohl Deutschland in einem Konflikt mit Japan ergehen würde! Wenn auch unsere heimatlichen Küsten natürlich kaum bedroht werden könnten, so würde doch unser gesamter Handel in Ostasien vernichtet werden und unsere teuere Kolonie „Kiautschou" nach wenigen Tagen im Besitz des Feindes sein!

XIV.
Verjüngung des Offizierkorps, Anstellung der Offiziere a. D. im Staatsdienst.

Von
Lüersſen, Hauptmann und Lehrer an der Kriegsschule in Glogau.

Wie wichtig junge Führer für das Heer sind, das ist uns im Jahre 1906 bei dem 100jährigen Gedenken an die Ereignisse von 1806 in mehreren Abhandlungen vor Augen getreten, insbesondere in dem Werk des großen Generalstabes: „1806. Das preußische Offizierkorps und die Untersuchung der Kriegsereignisse." Schon Clausewitz hat in den „Nachrichten über Preußen in seiner großen Katastrophe 1806" die Wichtigkeit jugendlicher Führer betont. Er sagt z. B.: „Zu der Vorbereitung des Krieges würde u. a. gehört haben: die Pensionierung der zu alten Generale, Stabsoffiziere und Hauptleute, das Heraufbringen einiger jüngeren in höhere Stellen, die Besetzung der Kommandantenstellen durch jüngere Männer." „Die Kommandanten waren eben so verfallen, wie ein großer Teil der Festungen." „Der Kommandant von Magdeburg, 70 Jahre, körperlich schwach und hinfällig." „Die 19 Generale in Magdeburg zusammen 1300 Jahre alt." „Der Chef des Generalstabes war ein 70jähriger Greis." Über Hohenlohe sagt Clausewitz: „Daß er bei Jena geschlagen wurde, war kein großes Wunder; es würde dem Besten nicht besser ergangen sein. Er hatte 33 000 Mann und gegen sich Bonaparte an der Spitze von 60 000. Daß er aber bei Prenzlau

kapitulierte, kam nur von den 70 Jahren her, die einer solchen Anstrengung und Sorge nicht mehr gewachsen waren." Tatsächlich
war Hohenlohe 1806 erst 60 Jahre alt, wie die Kriegsgeschichtliche
Einzelschrift, Heft 10, feststellt. Jedenfalls aber ist das Alter der
Führer mit schuld gewesen an den zahlreichen Kapitulationen im
freien Felde und der betrübenden widerstandslosen Übergabe der
meisten Festungen.

Im Heere Napoleons 1806 sah es in dieser Beziehung ganz
anders aus. Es waren alt: Napoleon selbst: 37 Jahre, Soult 37,
Lannes 37, Bernadotte 43, Davout 36, Murat 35, Ney 37, Augereau
49 Jahre. Zweifellos mußten diese 35—50 Jahre alten Generale
weit mehr Spannkraft besitzen als ihre 60—70jährigen Gegner.
Die Großtaten der Feldherrnkunst sind überhaupt fast durchweg von
jungen Führern vollbracht. Alexander führte seine Ruhmestaten aus
im Alter von 21—33, Cäsar im Alter von 38—56, Friedrich im
Alter von 28—51 Jahren.

Heutzutage dürfte zwar eine zu große Jugend der oberen
Führer auch nicht angebracht sein. Ein Oberführer, der, wie Napoleon, beim Sturm auf die Brücke von Arcole selbst die Fahne vorweg tragen würde, beginge einen schweren Fehler. So jugendlich
heißes Blut frommt den höheren Führern der Massenheere nicht.
Die Kunst der Heerführung bedarf heute wegen des jetzt so hoch
entwickelten Waffen- und Heerwesens weit gründlicherer wissenschaftlicher Vorbildung als damals; auch langjährige Erfahrung ist
vonnöten. Die Kriege sind in unserer Zeit nicht mehr so zahlreich
wie früher; wurden die Heerführer damals in der Schule des Krieges
selbst gebildet, so müssen sie sich jetzt in langen Friedensjahren
durch wissenschaftliches Durcharbeiten der Kriegsgeschichte auf die
kurzen Kriegszeiten vorbereiten; sie können nicht aus dem Kriege
selbst lernen, was viel leichter und schneller möglich ist, sondern
sie müssen ihre langjährigen Friedenserfahrungen durch wissenschaftliche Arbeit auf den Krieg übertragen. So ergibt sich von selbst
für die höheren Führer ein reiferes Alter. Doch dürfte auch heute
ein Alter von nicht mehr als 50—60 Jahren angemessen sein. Natürlich, rein nach der Schablone das Alter zu bestimmen, ist wenig
ratsam; der eine ist mit 65 Jahren jünger als ein anderer mit 50.
Einer Altersgrenze (in Frankreich recht hoch = 65 Jahre) vorzuziehen, ist die Auswahl nach der Rüstigkeit und Spannkraft der einzelnen Person. Wie schwere Anforderungen der Krieg jedoch gerade an
die oberen Heerführer stellt, weist auch Hoenig in seinen „24 Stunden
Moltkescher Strategie" nach. Wenn auch Fernschreiber und Fernsprecher, Selbstfahrer und Lenkballon den höheren Führern die Über-

sicht über ihre Massen heutzutage erleichtern und ihnen die körperliche
Anspannung ersparen, wie sie früher mit der persönlichen Erkundung
auf weite Strecken zu Pferde verbunden war, so ist doch anderseits
die seelische Anspannung bei der gesteigerten Wichtigkeit jedes einzelnen Entschlusses heute gegen früher beträchtlich gewachsen.

Deshalb sind jugendliche Oberführer erwünscht, vielleicht noch
jüngere als sie bei unserm jetzigen Beförderungsverhältnissen möglich
sind. Unter Stabsoffizieren und Generalen findet zurzeit keine Beförderung außer der Reihe statt. Die unbedingt notwendige, grundlegende praktische Diensterfahrung wird aber in den Kompagniechef-
jahren gewonnen. Wer die Kompagnie 5 Jahre geführt hat, dem
werden stets die Reibungen vor Augen bleiben, welche die Übersetzung der zahlreichen Befehle in die Tat zu überwinden hat. Er
wird stets, im Frieden wie im Kriege, Maß halten in seinen Befehlen — sowohl der Zahl wie dem Inhalt nach. Diese 5 Jahre
der Praxis wirken wie eine Schutzimpfung gegen Theoretisiererei.
Ein Wiederimpfung in jedem höheren Dienstgrade erscheint nicht
nötig. Statt 12 Jahre Stabsoffizier und 8 Jahre General (= 20 Jahre)
vor Erreichung des Korpskommandos würden 8—10 Jahre genügen,
diese Dienststellen zu durchlaufen, für die wenigen zu diesen hohen
Führerstellen Berufenen. Dann hätten wir 50—60jährige Führer
der Divisionen, Korps, und Kavalleriedivisionen — sicherlich ein er-
wünschter Zustand. Die Disziplin würde unter solcher Beförderung
außer der Reihe nicht zu leiden haben; jeder Offizier sieht die Notwendigkeit ein, daß unser Heer für die höchsten Führerstellen solcher
Springer bedarf. Man findet oft einzelne hervorragend beanlagte
Kameraden, deren außergewöhnliche militärischen Fähigkeiten allgemein anerkannt werden; solche sieht jeder Offizier, wenn nicht
freudig, so doch mit einsichtiger Ergebung über sich hinweggehen.
Weniger erbaut ist man, wenn jüngere Kameraden mit einem Vorteil
von nur einem viertel oder halben Jahr die Altersgenossen überholen;
denn hier sieht man nicht die höhere Notwendigkeit für das Wohl
des Ganzen ein.

. Die sprungweise Beförderung einiger weniger Offiziere — der
zu Divisions- und Korpsführern Berufenen — wird die Überalterung
der mittleren Dienstgrade, vor allem der Hauptleute, nicht weiter
steigern. Doch dürfte auch für diese Dienstgrade Vorsorge für
möglichste Jugendfrische in noch höherem Maße als bisher erwünscht
sein. Der Krieg verlangt eben einen Überschuß an Kraft, an körperlicher und seelischer Spannkraft, wie es durch den Umstand berücksichtigt ist, daß Mannschaften über 45 Jahre nicht mehr wehr-
pflichtig sind.

Deshalb muß an alle Dienstgrade der Offiziere bzgl. ihrer Jugendkraft ein scharfer Maßstab angelegt werden. Im Frieden zu weitgehende Rücksichten auf die Wünsche des einzelnen oder die Kosten des Staates rächen sich im Kriege bitter. Unsere jetzigen Bedingungen für das Ausscheiden der Offiziere bedürfen noch der Vervollständigung. Durch die Pensionsgesetze von 1906 ist zwar die Versorgung der Ausscheidenden gegen früher nicht unwesentlich verbessert. Aber genügend zahlreiche Pensionierungen gestatten die Pensionsfonds nicht. Die Kosten werden gemessen an sogenannten finanziellen Erwägungen, auch s t e t s zu hoch sein für den Staat, wenn noch mehr Offiziere als jetzt schon mit 40 bis 50 Jahren ausscheiden, wie es tatsächlich erwünscht ist.

Das jetzige Pensionssystem ist relativ viel zu kostspielig für den Staat, zudem noch immer reichlich hart gegen die Offiziere. Beiden, dem Staat wie den Offizieren, würde geholfen durch ein anderes Versorgungssystem, durch Übernahme sämtlicher ausscheidender Offiziere in den Staatsdienst. Am ehesten ist zur Aufnahme dieser Offiziere die Reichspost geeignet. Der Postdienst verlangt vor allem pünktliche, peinliche Pflichterfüllung im Großen wie im Kleinen. Die nötigen Dienstkenntnisse müssen sich die betreffenden naturgemäß in gründlicher Schulung erwerben, in ähnlicher Weise, wie die schon jetzt in geringer Anzahl ins Postfach übergehenden Offiziere.

Es tauchen bei diesem Vorschlage der Anstellung von Offizieren a. D. im Postdienst mehrere Bedenken auf:

1. Wird die jetzt so glänzende Blüte des deutschen Postwesens geschädigt, wenn an die Stelle der von Jugend an gedienten Postbeamten Offiziere treten, welche nur noch 10—30 Jahre der Post werden Dienste leisten können?

2. Dürfen Postbeamten in größerem Umfange durch Offiziere ersetzt werden und so einer Anzahl Bewerbern des Bürgerstandes dieser Beruf versperrt werden?

Die Offiziere, welche aus den Subalternoffizierstellen abgehen und Versorgungsansprüche haben, werden ja recht lange Postdienst tun können. Die meisten, welche als Hauptleute und Stabsoffiziere übertreten, können nur noch wenige Jahrzehnte Postbeamte sein. Immerhin dürften die übergetretenen Offiziere genügendes leisten, um die Reichspost auf altbewährter Höhe zu halten. Nur für die schwierigsten Stellen bleiben von Jugend an eingearbeitete Postbeamte notwendig; hierfür reicht es aus, wenn neben den Offizieren alljährlich eine beschränkte Anzahl Gerichtsreferendare, welche den Postdienst als Lebensberuf erwählen, für die Laufbahn des höheren Postfaches zugelassen werden.

11*

Ein anderer häufig gemachter Einwand ist der, die treu gedienten Postbeamten würden durch Einstellung der Offiziere unge-
bührlich benachteiligt. Es versteht sich von selbst, daß man nicht
von heute auf morgen diese Änderung verfügen kann. Es müßte
jetzt nur erwirkt werden, daß weniger Anwärter für das höhere
Postfach eingestellt werden; erst wenn dann nach Jahrzehnten
die höheren Stellen frei werden, entsteht Raum für Offiziere. Den
nicht angenommenen Bewerbern um Aufnahme in die Postlaufbahn
geschieht keinesfalls Unrecht. Es hat doch kein Staatsbürger Anspruch auf Annahme als Beamter; vielmehr muß der Staat die Zahl
seiner Beamten nach Möglichkeit beschränken zwecks tunlichster
Ersparnis für seine Bürger. Und eine Ersparnis würde durch Anstellung der Offiziere im Postdienst zweifellos erzielt; denn jetzt muß
der Staat den Postbeamten ihr Gehalt, den Offizieren ihre Pension
zahlen. Offiziere a. D., welche als Postbeamte drei Viertel ihres
früheren Gehalts beziehen, würden keine Pension erhalten. So würde
der Staat eine beträchtliche Ersparnis erzielen und die Offiziere a. D.
hätten eine gesicherte Lebensstellung.

„Also diese Maßregel wirkt erst in 15—20 Jahren!? Dann
brauchen wir uns doch nicht jetzt schon darum zu sorgen!“ Dieser
Einwurf ist recht kurzsichtig. Sorgen wir uns jetzt nicht darum,
dann wird die Fürsorge für die Offiziere und die Ersparnis für den
Staat noch lange auf sich warten lassen. Es ist auffallend, daß so
selten mit der nicht zu fernen Zukunft gerechnet wird. Die Zeit
lindert alle Schmerzen. Gewisse Härten, die mit jeder Änderung
eines althergebrachten, aber unzweckmäßigen Zustandes verbunden
sind, werden durch lange Zeiträume gemildert. Wie hart wäre z. B.
ein Gesetz: „Sofort werden alle städtischen Wohnungen an Straßen
von weniger als 10 m Breite geschlossen.“ Viele Straßen alter
Städte sind tatsächlich zum Schaden der Gesundheit weit schmäler.
Wie segensreich und viel weniger empfindlich wäre die Bestimmung:
„in 20 Jahren werden diese Wohnungen geschlossen.“!

Soll eine tatkräftige Fürsorge für die zahlreichen ausscheidenden
Offiziere geschaffen werden, welche jetzt nach jahrzehntelangen opfer-
vollen Diensten entlassen werden und sich in wenig aussichtsreichen
Bemühungen oft vergeblich Stellungen suchen müssen, dann wäre
eine Zivilanstellung in obiger oder ähnlicher Art geboten. Der Staat
würde dabei noch Ersparnisse machen; das Heer könnte ohne große
Härte alle nicht mehr unbedingt mit ihrer körperlichen und seelischen
Spannkraft ausreichenden Offiziere ausscheiden.

XV.

Einige Bemerkungen über das „Preisreiten" und „Preisspringen" in Frankfurt a. M. am 16. und 17. Februar 1907.

Von

Spohr, Oberst a. D.

Diesen, von dem „Rennklub Frankfurt a. M." veranstalteten Reiten habe ich an beiden Tagen von Anfang bis zu Ende beigewohnt und halte mich um so mehr verpflichtet, denselben einige kritische Worte zu widmen, als ich dabei Beobachtungen gemacht habe, welche geeignet sind, die Hoffnung zu stützen, daß man ziemlich allseitig daran geht, die unliebsamen Folgen des Plinznerschen Systems auszumerzen, welche bei den gleichnamigen Reiten im März 1906 noch so auffallend zutage traten. Lediglich in diesem Sinne und als unmaßgebliche Winke für fernere reiterliche Bestrebungen mögen die nachstehenden Bemerkungen, welche keineswegs eine eingehende Kritik darstellen, aufgefaßt werden.

An beiden Tagen waren die Konkurrenzen frei für aktive Offiziere der deutschen Armee, wie nach Deutschland kommandierte aktive fremdländische Offiziere, für alle Mitglieder des Rennklubs Frankfurt a. M., des Unionklubs Berlin, des Internationalen Klubs Baden-Baden, des Jockeiklubs von Österreich-Ungarn, des französischen und englischen Jockeiklubs. Endlich durften auch solche Herren konkurrieren, welche von zwei der vorerstgenannten Berechtigten dem Vorstande des Rennklubs schriftlich vorgeschlagen und von diesem als „Herrenreiter" anerkannt worden waren. Für die „Reitkonkurrenzen" fanden Vorprüfungen an den Vormittagen der befreffenden Tage statt, während die eigentlichen Konkurrenzen von nachmittags 3 Uhr ab geritten wurden.

Für die bei Konkurrenzreiten zu stellenden Anforderungen waren die Bestimmungen der Königl. preußischen Reitinstruktion maßgebend. Außer bei Seitengängen und beim Springen waren die Pferde mit einer Hand zu reiten (Zivil beliebig)[1], vorübergehendes Zufassen mit der rechten Hand war überhaupt gestattet.

Wie man sieht, waren diese Bedingungen hinsichtlich der Führung sehr liberal und nicht geeignet, ein völlig zutreffendes

---

[1] Der Sinn dieses Privilegiums ist nicht recht ersichtlich.

Urteil über den Grad der Reitdressur zu gestatten. Zu meiner Freude sah ich nachher eine ziemliche Anzahl von Offizieren auch die Seitengänge auf bloße — ein neuerer Reitschriftsteller im Mil. Wochenblatt führt als neuen, aber keineswegs klaren und zweifelsfreien terminus technicus den der „blanken" Kandare ein, worunter man doch eigentlich nur ein, nicht mit irgend einer Umwickelung versehenes, Gebiß zu verstehen hätte — Kandare vorführen. Gerade diese Pferde zeichneten sich durchweg durch gute Halshaltung und Kopfstellung aus.

Alle Pferde waren ohne Hilfszügel und ohne Bandagen, die Offizierpferde im „Dienstadjustement" (warum nicht Dienstausrüstung?). Die Pferde der Herrn vom Zivil „mit Stangenzaum" zu reiten.

Für den Anzug der Reiter war bestimmt: bei den Offizieren: Waffenrock, Achselstücke und hohe Stiefel, für die Herren vom Zivil: dunkler Taillenrock, lange Hosen und Zylinder. Die in den beiden letzten Bekleidungsstücken, welche doch für alles Reiten die denkbar unzweckmäßigsten sind, zutage tretende Modenanglomanie kann im Interesse der Reitkunst nur bedauert werden.

Am 1. Tage (16. Februar) fanden 2 Reitkonkurrenzen, nämlich 1. eine Artilleriereitkonkurrenz, 2. eine Staatspreisreitkonkurrenz, am 2. Tage (17. Februar) 4 Reitkonkurrenzen, 1. eine Kavalleriereitkonkurrenz, 2. eine Reitkonkurrenz für prämiierte Pferde, 3. eine Ermunterungsreitkonkurrenz und 4. eine Damenreitkonkurrenz statt.

Bezüglich der Leistungen in allen diesen Konkurrenzen waren keine besonderen Bestimmungen getroffen. Ob die Herren Preisrichter in denselben verschiedene Anforderungen stellten, ist mir unbekannt geblieben, trat wenigstens, abgesehen von einem galanteren Urteil gegenüber den Damen, nicht zutage.

Bezüglich der Offizierreitkonkurrenzen waren ausgediente Chargenpferde, als Chargenpferde eingestellte eigne Pferde, sowie solche Pferde, welche in Reitkonkurrenzen schon einen ersten Preis errungen hatten, ausgeschlossen. Von der Ermunterungsreitkonkurrenz waren überhaupt schon prämiierte Pferde ausgeschlossen. Im übrigen sollten die teilnehmenden Pferde seit dem 1. Januar 1907 im Besitze des betreffenden Reiters und seitdem ausschließlich von diesem gearbeitet sein. Welche weitgehende Lizenz in diesem „seitdem" liegt, wird Niemanden entgehen. Jedenfalls würde ein Remontereiten, bei welchem nur Pferde, die noch roh oder eben angeritten etwa seit einem Jahre im Besitze des betreffenden Reiters und nur von diesem geritten wären, der „Ermunterung" für Dressurpassion besser dienen!

In den nachstehenden Bemerkungen beschränke ich mich auf diejenigen Erscheinungen, welche bei den Reitkonkurrenzen allgemeiner hervortraten und deren Abstellung oder fernere Vervollkommnung im Interesse unserer Kampagnereiterei liegt.

Da war zunächst mit Befriedigung festzustellen, daß die im März 1906 so allgemein ins Auge fallenden krausen Hälse, überzäumte Haltungen, festes totes Aufliegen auf dem Gebiß mit „Pfunden in Hand" beträchtlich abgenommen hatten. Wo sie ausnahmsweise noch zu sehen waren, war offenbar auch schon an der Beseitigung der „Folgen aus der Zeit der absoluten Beizäumung" gearbeitet und auch nicht ganz ohne Erfolg gearbeitet worden.

Die Backenränder oder „Ganachen" lagen an den Ohrspeicheldrüsen und diese an den Flügeln des Atlas und den oberen Halsmuskeln wenigstens an, wenn auch die weiche Durcharbeitung der Ohrspeicheldrüsen noch vielfach zu wünschen ließ.

Die günstigen Folgen zeigten sich in dem freieren, räumigeren Treten der Pferde sowohl im Schritt, wie im Trabe.

Dagegen ließ die Durcharbeitung des Rückens durchweg noch viel zu wünschen, das freie Federn desselben und die dadurch elastisch schwunghaft gewordenen Gänge sah man nur ausnahmsweise. Dadurch war dann auch der Hankenbiegung, der ersichtlich mehr Aufmerksamkeit seit vorigem Jahre zugewendet worden war, eine zu enge Grenze gezogen.

Sehr auffallend und in allen Reiten an beiden Tagen hervortretend war das zu starke Abrunden der Ecken. Es muß bei Preiskonkurrenzen verlangt werden, daß der Bogen, welchen das Pferd beim Passieren der Ecken bildet, nur durch seine, d. i. des Pferdes Länge in der Weise bestimmt wird, daß, wenn der Kopf des Pferdes, nur um die halbe Breite seines Leibes inkl. Reiterschenkels getrennt, an der neuen Wand steht, die Hüfte des Tieres sich in normalem Abstande — hier hindert der Reiterschenkel nicht — an der alten Wand befindet. Dann wird sich die Mitte des Pferdes bzw. der äußere Reiterschenkel von der Verbindungslinie beider Wandlinien nicht weiter als 50—60 cm entfernen dürfen. Mit andern Worten: Der Bogen, welchen das Pferd in der richtig genommenen Ecke beschreibt, darf nicht etwa $^1/_4$ der gewöhnlichen Volte betragen, sondern einer Volte, deren Durchmesser nur gleich ist der Länge des betr. Pferdes.

Auf das Nehmen der Ecke in solcher Weise, auf das Hineinwirken des Pferdes in die Ecke — wohlgemerkt, ohne das Hinterteil aus dem Bogen ausfallen zu lassen — wurde in älterer Zeit der höchste Wert gelegt. Mit Recht, denn es bildet die Grundlage für den Schenkelgehorsam des Pferdes.

Seit Jahren beobachte ich bei Militärreittouren wie das Abrunden der Ecken immer mehr in ein Ausweichen des Pferdes nach dem Innern der Bahn hin ausartet. Bei den Reitkonkurrenzen in Frankfurt war das in solchem Maße der Fall, daß die Mitte des Pferdes sich oft um 2—3 Pferdelängen von der Kantenlinie der Ecken entfernte. Das ist kein Beweis für den Schenkelgehorsam der Pferde, den man recht gut schon nach diesem Eckenpassieren beurteilen kann.

Die Trabtempos waren besser, als im vorigen Jahre, die Tritte räumiger. Doch ließ der starke Trab bei manchen Pferden noch viel zu wünschen, und die Distanzen vergrößerten sich demgemäß trotz des starken „Abrundens" der Ecken oft um das Doppelte bis Dreifache.

Bedeutende Besserung zeigten die Seitengänge. Es wurden alle Seitengänge, auch Travers und Renvers, im Schritt und Trabe gezeigt. Die Kopfstellungen waren durchweg richtig, ganz besonders auch bei den Pferden, deren Reiter es löblicher Weise unternahmen, die Seitengänge ohne Anfassen der Trense vorzustellen. Wenn das willige und weiche Abstoßen am Gebiß noch zu wünschen ließ, so lag das weniger an der ungenügenden Durcharbeitung der Ohrspeicheldrüsen, als des Rückens, wie schon oben bemerkt. Auf diese und die Bearbeitung der Hinterbeine (Hanken-(biegung) würde noch weit mehr hinzuwirken sein.

Besser geworden war auch das Anspringen zum Galopp, obgleich es nur ausnahmsweise à tempo aus dem Halten und dem Schritt erfolgte. Aus dem Trabe ließ sich das Anspringen auf's Kommando infolge der Art, wie das letztere gegeben wurde (s. das über die Regie weiter unten Bemerkte), nicht mit Sicherheit beurteilen. War der Galopp auch etwas losgelassener, die einzelnen Sprünge freier und mehr auf der Mittelband — besonders im verlängerten Galopp —, so würde doch eine vermehrte Ausbildung des Rückens auch in dieser Beziehung größere Fortschritte zeitigen.

Daß unter diesen Umständen auch die Volten, namentlich im Galopp, recht ungleich ausfielen, ist nicht zu verwundern.

Beim Parieren aus dem Galopp fielen weder die halben Paraden zum Trabe oder Schritt, noch die ganzen à tempo aus oder doch nur ganz ausnahmsweise, woran übrigens auch wieder das Kommando mitschuldig war.

Wenn dasselbe nur ansagungsweise, wie z. B.: „Antraben", „bei der nächsten Ecke angaloppieren", „bei der kurzen Wand in

Schritt fallen", „in Schulierherein (Travers, Renvers) übergeben" usw. abgegeben wurde, so gestattet das kein Urteil über den Momenten-gehorsam des Pferdes und der Momentenherrschaft der Reiter, sondern öffnete persönlichen Liebhabereien und Lizenzen, um ein-zelne Schwächen der Dressur zu verbergen, Tür und Tor. Es sollte wohl mehr eine kavaliermäßige Art und Weise darstellen, weniger „kommissig" sein. Aber hier wäre das echtpreußisch „Kommissige", die scharfe Trennung und akkurate Abgabe der Ansagungs-(Avertissements-) und Ausführungskommandos wohl am Platze gewesen. Die längere oder kürzere Trennung beider gibt dann einen weiteren Maßstab für die Zeit, welche der Reiter für die Ausführung des Befohlenen bedarf.

Zu den „Reitkonkurrenzen" dürfte auch noch die am ersten Tage stattgehabte Qualitätsprüfung I. Klasse, offen für alle eigenen Pferde der Herrenreiter, zu rechnen sein, bei der auch das Springen über feste, 1,1„ m hohe, nicht unter 5 m breite Hindernisse gezeigt werden mußte. Obgleich bei diesem Reiten also auch ältere, gründ-lich durchdressierte Pferde gezeigt werden konnten, trat doch eine besondere Überlegenheit in den vorstehend genannten Punkten nicht hervor. Namentlich wurden die Erwartungen bezüglich des à tempo-Gehorsams beim Parieren aus dem Galopp, bei den Übergängen aus einer Gangart in die andere usw. nicht erfüllt. Beim Springen sah man wohl der Mehrzahl nach glatte Sprünge in Jagdmanier, aber keinen Campagnesprung, so daß im allgemeinen das, was ich noch über das Springen bei den Springkonkurrenzen zu sagen habe, auch hier gilt.

Also zu diesen Springkonkurrenzen!

Am ersten Tage wurden geritten eine Damen-Springkon-kurrenz (Hindernisse nicht höher, als 85 cm fest), eine Er-munterungs-Springkonkurrenz (Hindernisse 1 m fest, hoch) und ein Konkurrenz-Hochspringen (offen für alle Pferde, Herrenreiten. Hindernisse: 5 m lange Balkenwand, 1,30 m hoch, durch lose liegende Balken noch zu erhöhen, Hürde davor. Drei-maliges Refüsieren oder Stehenbleiben vor dem Hindernis oder zweimaliges Abstreifen in derselben Höhe schließen von der weiteren Konkurrenz aus).

Am 17. Februar fand eine offene „Jagdspringkonkurrenz", Herrenreiten (Hindernisse 1 m fest hoch resp. 2,50 m breit), und eine „Kaiserpreis-Springkonkurrenz" (Hindernis 1,20 m hoch mit immer weiter davorgelegter Absprungstange) statt.

Wie man sieht, waren die Bedingungen relativ keine allzu schwierigen, und in den über niedrige Hindernisse (0,85 und 1 m) führenden Rennen hätte man wohl Campagnesprünge, d. h. Fußen mit allen Vieren zugleich jenseits des Hindernisses erwarten dürfen. Ich habe nur einen solchen Sprung seitens einer Dame über das 85 cm hohe Hindernis bemerkt, keinen einzigen über die höheren und ebensowenig über den 2,50 m breiten Graben. Ersichtlich war die zu einem solchen Sprunge erforderliche Verlegung des Schwerpunktes des aus Reiter und Pferd bestehenden, Bewegungskörpers unter bzw. hinter den Mittelpunkt des Sitzdreiecks noch nicht gelungen.

Für ein Preiskonkurrenzspringen hätte man wohl auch erwarten dürfen, daß schon ein einmaliges Refüsieren des Hindernisses disqualifiziere, und erwartet wurde von manchen fachmännischen Zuschauern, daß ein wiederholtes Refüsieren nicht vorkommen werde. Es kam aber doch und wiederholt vor. Pferde, bei denen solches nicht mit Sicherheit ausgeschlossen erscheint, sollten doch bei solchen öffentlichen Konkurrenzen vor großem Publikum nicht vorgeführt werden. Dazu dürfte selbst die mögliche Aussicht auf einen Geld- oder Ehrenpreis nicht verführen.

Wenn man aber sah, daß einzelne Pferde unter ihrem Reiter in die Reitbahn von Burschen und Bediensteten eingeführt werden mußten, wobei sich sogar einige dieser „Einführung", und anfänglich nicht ohne Erfolg, widersetzten, einige aber ihrer Abneigung gegen die von ihnen erwartete Leistung einen deutlichen Ausdruck dadurch verliehen, daß sie sofort nach ihrer Einführung sich wieder der die Bahn vom Vorstall abschließenden Bande anschlossen und ihren Kopf sehnsüchtig nach dem Vorstall hinausstreckten, so bekam man schon dadurch eine leider sehr richtig bemessene Vorstellung, wie es mit dem Gehorsam dieser Tiere eigentlich bestellt sei, und welches System bei ihrem „Einspringen" Anwendung gefunden habe. Die später, meist recht unangebrachte, strafmäßige — nicht anfeuernde — Anwendung der Peitsche, eines Instruments, welches bei einem Preisspringen von Campagnepferden ganz ausgeschlossen sein sollte, ließ über das „Übungsverfahren" keinen Zweifel.

Nun beruht aber jede tüchtige, kunstmäßige Leistung im Springen auf der „Springlust" des Pferdes, die mit der Peitsche nicht eingebläut werden kann! Wenn einmal eine „Gehorsamsverweigerung" bei einem der Springfähigkeit des Tieres durchaus überwindbaren Hindernis mit gründlichen Peitschenhieben gebrochen werden sollte, so müßte eine solche Zwangslektion doch von so vielen freiwillig gut geleisteten und demgemäß auch belohnten gefolgt sein, daß die Notwendigkeit einer wiederholten

Strafe ganz ausgeschlossen ist. Man sollte doch meinen, die Empfindlichkeit von Herrenreitern gegen den, bei solchen Gelegenheiten
ausbrechenden ironischen Beifall des Publikums müßte hinreichen,
von der Vorführung solcher unsicheren Pferde abzuhalten. Eine Ab-
härtung der Empfindlichkeit in dieser Richtung erscheint entschieden
nicht wünschenswert.

Was ferner jedem Kenner auffiel, wer die große Zahl der das
Hindernis in schiefer Richtung passierenden und der im oder vor
dem Sprunge abchangierenden Pferde. Beides deutet auf die
ungleichmäßige Bearbeitung der beiden Seiten des Pferdes.
Pferde, die schief springen, weichen in der Regel von ihrer
„weichen Seite" her mit der Kruppe aus, und das Abchangieren erfolgt ebenfalls regelmäßig aus dem der harten, d. h. weniger durch-
gearbeiteten Hand entsprechenden Galopp in den der weichen
Hand.

Für niedere bzw. schmale Hindernisse (1 m hoch oder
2,50 m breit) darf indessen bei Springkonkurrenzen das gerade
Springen im richtigen Galopp der betreffenden Hand un-
nachsichtlich gefordert werden, während das Gegenteil vom Siege
ausschließen müßte.

Bei Hoch- und Weitsprüngen werden auch die besten Pferde
aus Rücksichten auf ihre Ganachen und das hauptsächlich fördernde
Hinterbein eine Vorliebe für die eine oder andere Hand zeigen und
auf dieser ihr Bestes leisten. Es würde unrichtig sein, ihnen die
höchste Leistung auch auf der ihnen unsympathischen Hand ab-
zwingen zu wollen. Dagegen muß vom Reiter verlangt werden,
daß er diese Hand kennt und, wo ein bestimmter (Rechts- oder
Links-)Galopp bei Hoch- und Weitsprüngen durch die Bedingungen
nicht verlangt ist, bei solchen Gelegenheiten den betreffenden Galopp
schon beim Anspringen wählt.

Dadurch wird nicht nur das Schiefspringen und Abchangieren,
sondern sicher auch manches Refüsieren vermieden werden. Daß
übrigens vorzugsweise mit krausem Halse fest zusammengerollte
Pferde das Refüsieren übten, darf nicht wundernehmen. Es ist keine
Frage, daß der völlig nachgelassene lange französische Zügel einem
solchen festgebremsten kurzen entschieden vorzuziehen ist. Im
ganzen gewann man beim Springen wieder den Eindruck, daß die
Springkunst mehr durch vorzeitiges Üben ohne sichere
Grundlage, als durch Lehren auf der sicheren Grundlage der Ausbildung von Hals, Rücken und Hanken zu erreichen versucht
worden war.

Die Springfähigkeit dieser Pferde war über jeden Zweifel erhaben, und jedes dieser Pferde hätte sich zu entschieden besseren und sichereren Leistungen heranbilden lassen, wenn man den richtigen Weg eingeschlagen hätte. Über diesen richtigen Weg findet man die nötigen Erläuterungen im II. Teil meiner „Logik in der Reitkunst" S. 73—76 und S. 82. Ausführlichere Anweisungen zur systematischen Übung werden im II. Teil: „Korrektur schwieriger, verdorbener und bösartiger Pferde" folgen.

Was den Reiter betrifft, so bleibt auch für ihn sicherlich der Grundsatz bestehen: „Übung macht den Meister", aber die Lehrlingsjahre müssen doch vorausgegangen sein.

Auch die Springkonkurrenzen zeigten Fortschritte gegenüber dem März 1906, aber es ist doch noch vieles nachzuholen, was durch 20jährige Befolgung eines falschen Systems verloren gegangen ist.

XVI.

Aus dem russischen Heere und der Flotte.

Von

Generalmajor z. D. v. Zepelin.

Die Entwickelung der Dinge in Rußland hat, da die Regierung nach Auflösung der Duma zu Maßregeln zur Niederschlagung etwaiger durch die sozialdemokratischen und die ihnen nahestehenden Landboten veranlaßter Erhebungen und zum Schutze des friedlichen Teils der Bevölkerung gegen Raub, Mord und Erpressung gezwungen war, die Truppen in hohem Grade in Anspruch genommen. In Petersburg hatte man Truppen konzentriert, im Falle etwaiger Aufforderungen der revolutionären Dumamitglieder zum bewaffneten Aufstand ein Einschreiten erforderlich machte. Besondere „Exekutionszüge" wurden bereit gestellt usw. Im allgemeinen genügte aber die energische Haltung der Regierung, alle Störungen der Ruhe fern zu halten. Vor allem mißglückte der Versuch, die Armee und Flotte für die Revolution zu gewinnen, da die ersten Anzeichen der Unordnungen bei den Truppen auf das strengste unterdrückt wurden. Es hatte sich unter dem Patronat einiger der sozialdemokratischen Dumaabgeordneten der sogenannte „Wajennüj Ssojus" gebildet, der sich die Agitation unter der Armee und Flotte zum Ziele gesetzt hatte. Es gelang eine Reihe von˙ Mitgliedern dieses Geheimbundes zu verhaften und die Dokumente der Vereinigung mit Beschlag zu belegen, aus denen sich ergab, daß diese Agitation über ganz Rußland verbreitet war, eine Reihe von revolutionären Soldatenzeitungen herausgab und unter den Truppen verbreitete, so die „Kaserne", den „Militärbund" und die „Soldatenstimme". Welche Beziehungen diese revolutionäre Organisation in der Armee und im Beamtentum gehabt hat, beweist wohl am besten der Umstand, daß die letzte Nummer des „Wajenntij Ssojus" sogar den geheimen Brief des Generalgouverneurs der baltischen Provinzen, Generalleutnants Baron Moeller-Sakomelskij, an den Kaiser bringen konnte.

Im Regiment Sselenginsk No. 41 ist es am 17. Juni abends im Lager bei Kijew zu einer offenen Meuterei gekommen. Der Freiwillige Michail Schewtschenko hatte es versucht, in Gemeinschaft mit anderen Soldaten — von denen vier ermittelt wurden — in der Garnison Kijew einen Aufstand der Garnison zu erregen, um die Staats- und Gesellschaftsordnung umzustürzen. Am Abend des genannten Tages griff Schewtschenko mit seinen Komplicen zu den Waffen, gerade als die Mannschaften zu dem in Rußland üblichen Abendgebet beim Zapfenstreich angetreten waren. Nach einem Signalschuß ging er gegen die ihm entgegentretenden Offiziere vor und schoß auf seinen Kapitän. Es gelang ihm jedoch infolge des energischen Einschreitens der Offiziere nicht, die Truppe mit sich fortzureißen, er wurde mit seinen Komplicen verhaftet, auf Befehl des Oberkommandierenden der Truppen des Militärbezirks Kijew, Generals Ssuchomlinow, mit diesen vor ein Kriegsgericht gestellt und alle nach ihrer Verurteilung am 25. Juni morgens erschossen. Auch eine im 21. Sappeurbataillon in der Nacht vom 17. zum 18. Juni stattgehabte Meuterei wurde unterdrückt. Da hier anscheinend die Offiziere des Bataillons nicht die nötige Haltung bewiesen, wurde durch einen Tagesbefehl des Generals Ssuchomlinow der Bataillonskommandeur, Oberst Kappel, sowie sämtliche Kompagniechefs vom Dienste suspendiert und durch Offiziere der anderen Bataillone der 3. Sappeurbrigade ersetzt. Auf Befehl des Kaisers verlor das Bataillon auch die ihm 1900 verliehene Fahne.

Inzwischen fährt die Regierung fort, auch durch Verbesserung der Lage der Angehörigen der Armee und Flotte den Geist der Truppen zu heben. So hat man, und zwar mit rückwirkender Kraft vom˙ 1. Januar 1905, bestimmt, daß die Familien von Angehörigen den Armee und Flotte, die bei Volksunruhen, Meute-

reien usw. getötet, oder die sonst von den Revolutionären ermordet
wurden, oder an den bei solchen Veranlassungen erhaltenen Wunden
gestorben sind, die gleichen Pensionen aus der Emeritalkasse erhalten
sollen, als wenn diese im Kriege gefallen wären. Wie soeben die
russischen Blätter melden, ist die Anklageschrift gegen die
Generäle Stössel, Fock, Reuß und Ssmirnow veröffentlicht
worden, deren Inhalt die Nachricht zu bestätigen scheint, daß die
frühere Formulierung der Anklage durch eine Reihe neuer Momente
ersetzt bzw. verändert wurde, die im Laufe der Untersuchung zur
Sprache kamen. Es sind in der Fassung der Anklage, wie sie die
Presse bringt, einige vom Standpunkte des deutschen Offiziers ganz
unverständliche Punkte enthalten. So, daß Stössel sich das
Kommando in Port Arthur angemaßt habe, falsche Berichte über
seine Teilnahme an Gefechten, denen er nicht beigewohnt hatte,
abstattete, den Georgsorden an die keinerlei Verdienste vor dem
Feinde aufweisenden Genräle Fock und Reuß gegeben zu haben
und anderes. Wir werden uns nach Beendigung dieses Prozesses
noch näher mit ihm beschäftigen.

Ein anderer Prozeß in Rjasan läßt einen Blick in die
inneren Zustände des Offizierkorps tun, der nichts weniger als Er-
freuliches darlegt. Bekanntlich hatte Leutnant Smirnskij den
Abgeordneten Jakubsohn wegen Beleidigung der russischen Armee
zum Zweikampfe gefordert, einer Forderung, der sich dieser Herr
zu entziehen wußte. Hierüber kam es zu einer heftigen Zeitungs-
polemik. Unter anderem erschien im „Russkoje Sslowo" eine
Zuschrift von acht Offizieren des 137. „Neshinschen" und einem
Offizier des 138. Bolchowschen Infanterieregiments, welche die
Überschrift trug: „An die Adresse des Leutnants Smirnskij."

In diesem offenen Schreiben war eine Kritik verletzendster Art
der Heeresleitung enthalten, in der es u. a. hieß: „Die Organisation
unserer Armee ist nicht auf ernsten, klaren Prinzipien begründet.
Die Anekdote von dem Befehle des Generals Kuroki ist eine Frucht
des Mißtrauens zu den Führern . . . Bisher sahen wir keine wesentlichen Reformen. Immer dieselben autoritativen Befehle der
Friedenzeit und immer dieselben Forderungen . . . Die Armee
erwartet mit Ungeduld Reformen. Die bürgerliche und militärische
Pflicht eines jeden Offiziers besteht darin, alle Schäden aufzudecken.
Die Erfolge unserer Armee und eine gründliche Änderung derselben zu erreichen verhindern . . . Nur bei Erfüllung dieser Pflicht
können wir vor dem Vaterlande gerechtfertigt erscheinen."

Am 27. Juni wurden die Kammerpagen, die Junker der
Paul-, Militär-, der Nikolai-Ingenieur- und der Nikolai-

Kavallerieschule in das Große Peterhofer Palais befohlen, um nach bestandenem Offizierexamen dem Kaiser durch den Chef des Militärunterrichtswesens, Großfürsten Konstantin Konstantinowitsch, vorgestellt zu werden. Der Kaiser schritt die Front der Junker ab, wünschte ihnen Glück zu ihrer Beförderung zum Offizier und hielt eine sehr warme Ansprache an sie, in der er u. a. hervorhob, daß er wohl zu berücksichtigen wisse, in wie schwerer Zeit sie ihren Dienst in der Armee antreten, und er die Überzeugung hege, daß sie sich gerade im Hinblick auf diese schweren Verhältnisse mit noch mehr Eifer, Mühe und Liebe zur Sache ihrem neuen Berufe widmen würden. „Glauben Sie an Gott und verfallen Sie nie in Mutlosigkeit. Seien Sie dem Throne und ihrer Pflicht ergeben!"

Im „Istoritscheskij Westnik" veröffentlichte ein Herr Schumskij eine Schilderung seiner Erlebnisse in der Gefangenschaft der Japaner, die die russischen Gefangenen durchaus nicht immer so gut behandelten, wie es ein Teil der nicht russischen, namentlich die liberalen Presse, dargestellt hat. Der Berichterstatter behauptet, daß die geringste Verletzung der für die Lebensführung erlassenen Verordnungen in grausamster Weise gestraft worden sei. Ganz ungeheuerlich wäre es, wenn die Japaner — wie es Schumskij eingehend schildert — eine revolutionäre Propaganda unter den sonst auf das schärfste gegen Nachrichten aus der Heimat abgeschlossenen Russen zugelassen hätten. Nachdem im zweiten Jahre der Gefangenschaft das Verbot russischer und französischer Zeitungen nach und nach aufgehoben war, wären zunächst von russischen die bekannten revolutionären Organe „Oswoboshdenije" und „Revoluzionnaja Rossija" zugelassen worden. Gleichzeitig hätte sich ein wahrer Strom von revolutionären Broschüren und Proklamationen über die Gefangenen ergossen. Es wurden — namentlich auf Veranlassung der „Gesellschaft russischer Freunde" in Amerika und deren Vertreter — sogar Meetings abgehalten und seit dem März 1905 von Japanern eine eigene Zeitschrift „Rußland und Japan" herausgegeben. Nach den „Erinnerungen" des Herrn Schumskij sollen die groben Disziplinarvergehen der russischen Gefangenen gegen ihre Offiziere während des Rücktransportes nach Europa auf diese Agitationen zurückzuführen sein. Vieles in diesem Artikel scheint so wunderbar, daß wir dem „Istoritscheskij Westnik" die Verantwortung für seine Mitteilungen überlassen müssen. Ganz aus der Luft gegriffen können diese Angaben aber nicht sein.

Die Revolution zwingt zu einer besonders sorgfältigen Überwachung der Grenze. Wenn früher bei der Auswahl der Offiziere

der hiermit betrauten „Grenzwache" nicht immer die nötige Sorgfalt aufgewandt wurde, so ist in einem neuerdings erlassenen Kaiserlichen Befehl darauf hingewiesen worden, daß in Zukunft zur Grenzwache nur Offiziere mit guter Qualifikation zu kommandieren sind.

Soeben sind vom „Zentral-statistischen Komitee" die Angaben
über die im Jahre 1905 in 16 Gouvernements des europäischen Rußlands stattgefundenen Militärpferdezählung veröffentlicht worden. Hierbei wurde festgestellt, daß der Bestand an
Pferden sich 1905 nicht unbedeutend vermehrt hatte. (965 053 Pferde
mehr wie bei der letzten Zählung.)

Sehr lebhaft wird noch immer die „Kasakenfrage" ventiliert.
Es bedarf keines Beweises, daß die Kasaken sich während des
letzten Feldzuges sowohl ihrer Führung, Ausbildung, wie ihrer
Leistung nach als minderwertig erwiesen haben. Vortreffliche Dienste
haben sie dagegen als Polizeitruppe während der Revolution geleistet. Niemand leugnet aber, daß die Organisation des Kasaken-
heers einer völligen Umformung bedarf. Freilich werden hierbei
soviele materielle Interessen berührt, so daß die Lösung dieser Aufgabe sehr schwer ist. In einer der letzten Nummern des „Russkij
Invalid" wird nun verlangt, daß der Etat an Offizieren vermehrt
werden und daß die Ausbildung der Kasaken in der sogenannten
Vorbereitungskategorie verbessert werden müßte. Daß ein Teil der
Offiziere sich stets längere Zeit in der „Lgota", d. h. beurlaubt befindet, hat natürlich seine sehr großen Nachteile nach verschiedenen
Richtungen hin.

Über die Wege, auf welchen man aber das Ziel der Reform
erreichen will und kann, gehen die Ansichten sehr auseinander. Auf
der einen Seite will man die Lasten des Dienstes der Kasaken verringern, auf der anderen stellt man größere Anforderungen. Ein
peinliches Dilemma, namentlich in einer Zeit wie der jetzigen!

Die amtlichen Blätter bringen noch immer lange Reihen von
Gnadenbeweisen für die Tätigkeit im Feldzuge. Und mag
auch in Rußland so mancher, wie z. B. der General Martynow in seinem
auch in diesen Blättern erwähnten Werke, mit Recht über den übertriebenen Ordenssegen spotten, daß der Kaiser seinen Truppen auch in
einem unglücklichen Feldzug ihre Leistungen als solche, d. h. ihre Tapferkeit im Gefecht und ihre Hingebung bei der Erduldung der Strapazen
anerkennt, ist wohlberechtigt. Für die Leistungen im Frieden will
uns manche Belobigung der Pflichterfüllung, namentlich bei Offizieren,
zu viel erscheinen. Wenn z. B. das Offizierkorps des 4. Kuban-
Plastunen-Bataillons durch seine Vorgesetzten dem Kaiser Kenntnis
gibt, daß es von einem revolutionären Komitee eine aufrührerische

Broschüre zugesandt erhalten habe zur Verteilung an die Offiziere, diese aber nicht allein nicht angenommen, sondern sogar zurückgewiesen, und nun vom Zaren eine Belobigung für seine Treue erhält, so erscheint uns dies zu viel. Denn daß ein Offizierkorps seinen Eid und die Treue hält, erscheint uns deutschen Offizieren für so etwas Selbstverständliches, daß man es weder dem Kaiser mitzuteilen, noch hierfür eine Anerkennung für erforderlich halten dürfte. Dasselbe gilt von der Geldbewilligung an Mannschaften für gut erfüllte Pflicht und gehaltene Treue. Sehr richtig schlägt ein Ungenannter im „Russkij Invalid" vor, an Stelle des Geldes Medaillen mit einer entsprechenden Inschrift zu verteilen.

In der Marine ist die Stärke des Mannschaftspersonals, einschließlich der Unteroffiziere, für 1907 in der baltischen Flotte auf 31359 Köpfe festgesetzt, einschließlich 5400 Rekruten, für die Gardeequipage auf 2000 Köpfe, von denen 400 Rekruten, und für die Flotte des Schwarzen Meeres auf 10 722 Köpfe, davon 2100 Rekruten. Entsprechend der. Verminderung des Personals und Materials .der Marine ist die Zahl der Flottenequipagen von 20 auf 9 herabgesetzt — ausschließlich Gardeequipage, Flottenhalbequipage von Reval und Flottenkompagnie von Sweaborg.

Wenn auch der Marineminister im vergangenen Jahre dem Reichsverteidigungsrat eine Denkschrift über die Notwendigkeit des unverzüglichen Ausbaues der·Flotte eingereicht hatte, so scheint doch mit Rücksicht auf die finanzielle Lage des Landes vorläufig nur wenig gebaut zu werden, wohl nur zur Beschäftigung der Arbeiter auf den Werften. Auch der geplante Bau zweier Linienschiffe des „Dreadnoughttyp", wofür voraussichtlich der Posten von 10,8 Millionen Mark im Budget 1907/08 bestimmt ist, scheint noch nicht in Angriff genommen zu sein. Dies Budget bleibt übrigens um fast 50 Millionen Mark gegen das des Jahres 1906/07 zurück. Es beläuft sich auf 174 960 000 Mark, wobei der Posten „Schiffsbau" um 24,1 Millionen Mark gekürzt wurde.

Nur die Kanonenboote zur Verteidigung der Küsten des Amurgebietes, über die wir schon früher berichteten, werden auch ferner in großer Zahl hergestellt werden.

Eine neue Verordnung über die „Ausübung der Dienstpflicht" regelt den Wirkungskreis usw. der einzelnen Chargen, in denen die des Kapitänleutnants neu eingeführt wurde.

XVII.
Verdeckte Artillerie- und offene Infanteriestellungen?
Von
Wolf, Hauptmann im 6. k. bayr. Infanterieregiment.

Es ist das gute Recht der Theorie von einfachen Annahmen
auszugehen und die verwickelten Lagen der Praxis zu überlassen.
Wenn man aber — bei Betrachtung des Kampfes — von allem
anderen absieht und nur „die Hauptwaffe" gelten läßt, schafft man
nicht einfache, sondern einseitige Voraussetzungen. Gewiß vermag
die Infanterie allein den Angriff durchzuführen, wenn sie den Feind
überrascht, überflügelt oder sonst einen besonderen Vorteil wahrnehmen kann; aber wenn die Verhältnisse auf beiden Seiten ungefähr gleich liegen, wie beim Angriff auf eine entwickelte Front,
geht es über einen gewissen Punkt nicht vorwärts, wenn nicht die
Artillerie dem Infanterieangriff — um einen aus der Mode ge-
kommenen, aber immer noch guten Ausdruck zu gebrauchen — den
Weg bahnt. Lange genug haben wir „das Ringen mit nur einem Arm"
zum Gegenstand der Erörterungen gemacht und für das Zusammenwirken der Waffen nur gelegentlich der Taktik der verbundenen
Waffen einige Bemerkungen übrig gehabt.

Bei Betrachtung des regelrechten, auf die Entscheidung ab-
zielenden Kampfes müssen die Waffen in dem Verhältnis zu Wort
kommen, als sie aller Voraussicht nach daran Anteil nehmen werden.
Wenn nachfolgend der Artillerie eine gewichtigere Rolle zugewiesen
wird, als sie im russisch-japanischen Kriege im allgemeinen zu
spielen berufen war, so bleibt zu berücksichtigen, daß die Artillerie
neuerdings leistungsfähiger und zugleich — dank den Schutzschilden
— feldtüchtiger geworden ist, während der Infanterie es versagt
war Fortschritte zu machen. Man mache sich nur an der Hand
von Schießergebnissen eine Vorstellung davon, was für Leistungen
gegen feldmäßige Ziele heutzutage von den beiden Waffen auf
deren Gebrauchsentfernungen zu erwarten sind, und vergleiche
untereinander!

Die Unzulänglichkeit der artilleristischen Leistungen im mandschurischen Kriege findet zum Teil ihre Erklärung darin, daß vielfach behelfsmäßig oder doch mehr als flüchtig befestigte Linien zu
bekämpfen waren, wozu Feldkanonen an sich wenig geeignet waren,
jedenfalls weniger als leichte Feldhaubitzen, die aber fast gänzlich

fehlten. In stärkerem Maße noch als die Ungunst der Verhältnisse hat anscheinend das dort beliebte taktische Verfahren dazu beigetragen die Leistungen der Artillerie herabzudrücken: je länger der Krieg dauerte, desto gründlicher pflegte die Artillerie sich zu decken; die Deckung wurde sicherer, die Wirkung in demselben Maße unsicherer. Man bedenke nur, daß auf Seite der Russen die Verlustprozente, waffenweise berechnet, bei der Artillerie nur den vierten oder fünften Teil betragen, als bei der Infanterie; weniger, als bei der Kavallerie. Da ist es nicht zu verwundern, wenn beispielsweise die Gefechtsverluste der I. japanischen Armee in den Schlachten am Schaho und bei Mukden nur zum sechsten Teil von Artilleriegeschossen herrühren (Streffleur, Oktoberheft 1906).

Die Artillerie wird freilich für alle Zeiten nur relative Verwendbarkeit besitzen; aber sie wird ebenso nützlich wie notwendig sich da erweisen, wo die Entscheidung gesucht wird. Die Statistik wird auch in Zukunft ihr schwerlich gerecht werden.

Wie man — selbst auf die Gefahr hin, daß die Sache verwickelt wird — beide Waffen in den Kreis der Betrachtungen über den Kampf ziehen muß, so darf auch das Gelände nicht schlechthin — mit der „neutralen Ebene" — ausgeschaltet werden. Der Schauplatz des Kampfes stellt in der Regel, im Profil besehen, ein Tal vor, wenn nicht in geographischer Bedeutung, so doch in dem militärischen Sinne, daß von Punkten in der Nähe der Artilleriestellungen aus das Gefechtsfeld einigermaßen zu übersehen ist. Das Tal mag ja recht verschiedene Gestalt zeigen. Wenn wir mit gutem Willen daran gehen, werden wir „Berg" und „Tal" fast in jeder Landschaft finden und in der Tat wird es wenig Schlachtenpläne geben, auf welchen wir nicht sofort die braunen oder schwarzen Schraffen entdecken.

Wie finden sich die Waffen auf und an den Höhen oder Hängen zurecht?

Zuerst beim Verteidiger!

Nach dem Exerzierreglement für die Feldartillerie[1]) ist die „Aufstellung hinter dem Kamm von sanft nach dem Feinde zu abfallenden Höhen vorteilhaft". Der Verteidiger, der doch damit rechnen muß, der Angreifer werde zum mindesten ebenbürtig sein, stellt die Geschütze keinesfalls offen auf, sondern hinter den Höhen-

---

[1]) Der Aufsatz ist bereits vor Erscheinen des neuen Exerzierreglements für die Feldartillere geschrieben; die fragliche Stelle findet sich in anderer Fassung auch im neuen Reglement.

kamm, um den Artilleriekampf nicht auch noch durch die Art der
Aufstellung ungleich und aussichtlos zu machen. Von der Artilleriestellung aus wird man sonach nur eben den Kamm der gegenüber-
liegenden Höhen sehen, d. i. die feindliche Artilleriestellung. Im
übrigen soll die Streitfrage „wie weit hinter die Höhe" hier uner-
örtert bleiben. Ich nehme die Aufstellung so an, daß die Batterieführer das Feuer noch persönlich beobachten und leiten können.
Es wird aber nicht schwer fallen, auch für eine andere Art der
Aufstellung die Schlüsse zu ziehen.

Das vornehmste Ziel der Artillerie des Verteidigers wird die
Artillerie des Angreifers bilden; diese soll verhindert werden, sich
gegen die Infanterie des Verteidigers zu wenden. Wenn nun auch
der Verteidiger da, wo der Kampf sich zur Entscheidung zuspitzen
wird, aller Wahrscheinlichkeit nach gegen überlegene Artillerie sich
wehren muß, so braucht er doch nicht zu besorgen, daß seine
Artillerie förmlich zu Boden gestreckt wird. Die verdeckte Aufstellung machen das Ziel so schwierig und die Schutzschilde machen
es so wenig dankbar, daß der Verteidiger nur wünschen kann, es
möge der Angreifer seine Munition hier — und nicht anderswo —
zum Einsatz bringen.

Schwierig wird die Sache erst, wenn die gegnerische Infanterie
zum Angriff ansetzt. Dann soll diese aufs Korn genommen werden,
ohne das feindliche Geschützfeuer zu beachten und — wenn nötig
— unter Aufgeben der Deckung. Dies wird bei Höhenstellungen
fast immer nötig sein. Gegen vorgehende Infanterie ist nur direktes
Feuer oder wenigstens unmittelbar geleitetes Feuer von hinlänglicher
Wirkung. Beides fordert den Übergang zur offenen Aufstellung —
offen in bezug auf die Artillerie des Angreifers. Denn entweder
ist der Deckungswinkel so groß, daß sich die Flugbahn nicht mehr
senken läßt — dann müssen die Geschütze aus der Deckung heraus
— oder der Deckungswinkel ist kleiner; der Höhenrücken ist alsdann in der Regel so flach, daß der Beobachter, um in das Tal zu
sehen, ein gutes Stück vorwärts schreiten muß — die Geschütze
müssen dann nachrücken. Die Kanonen sollen also vorgebracht
werden angesichts der überlegenen gegnerischen Artillerie? ruck-
weise, d. h. nach Maßgabe des Vorschreitens der Infanterie des Angreifers oder gleich so weit, daß sie annähernd das ganze Tal
beherrschen? und wenn die Infanterie des Angreifers nur einen
großen Sprung gemacht und in einer Bodenfalte wieder Deckung
gesucht hat, sollen die Geschütze in der offenen Stellung verbleiben?
wann ist der Zeitpunkt gekommen, der das Vorbringen der Geschütze
und damit ihre Bloßstellung unabweisbar fordert? Diese Fragen

sind im Ernstfall nicht leicht zu beantworten und in der Regel wird es bei den guten Vorsätzen sein Bewenden haben.

Steigen schon bei der Aufstellung der Artillerie Bedenken auf, so wird uns die Unterbringung der Infanterie nicht weniger Sorge machen. Nach dem Exerzierreglement der Infanterie „muß sich die Infanterie in angemessener Entfernung vor der Artillerie befinden; erwünscht ist ein Abstand von etwa 600 m". Die Infanterie soll also auf den vorderen Hang. Diese Stellung ist ohne Zweifel stark gegenüber der feindlichen Infanterie; ihre Schwäche liegt darin, daß die feindliche Artillerie ausgezeichnete Beobachtungsverhältnisse vorfindet. Der Angreifer sieht die Ziele von erhöhtem Standpunkt aus; sie erscheinen deutlicher, sogar größer als in der Ebene; der Angreifer kann fast abschätzen, um wieviel die Geschosse zu kurz oder zu weit gehen. Dagegen kann auch die Anpassung der Infanterie an das Gelände nur in beschränktem Maße schützen. Die Infanterie kann sich decken, solange die gegnerische Infanterie mit dem Angriff zögert; sie kann jeden Angriff abweisen, welcher der Beihilfe der Artillerie entbehrt. Kritisch wird die Lage, wenn beide Waffen zugleich in Tätigkeit treten. Die Infanterie sei noch so sehr bereit, Wunden gering zu achten; Schläge, gegen welche sie sich nicht wehren, welche sie nicht vergelten kann, werden ihr doch nahe gehen.

Aber wohin sonst mit der Infanterie?

In eine Linie mit der Artillerie? Das Feuer, welches der einen Waffe gilt, wird dann auch der anderen zur Last fallen; und die eine Linie des Verteidigers soll den zwei Linien des Angreifers standhalten? So ungünstig diese Anordnung erscheint, so findet man sie doch nicht eben selten. Bei der Befestigung Port Arthurs scheinen die Russen von vornherein darauf verzichtet zu haben, die Artillerie und Infanterie auseinander zu halten. Auf der Nordostseite, der Hauptfront, haben die Befestigungen, einschließlich der Batterien, eine Tiefe von 300—400 m, liegen somit so dicht beisammen, als ihre natürliche Ausdehnung es überhaupt zuläßt. Die Anlagen krönen die äußere Hügelkette, auf der sich der alte chinesische Wall hinzieht. In ähnlichem Stil sind die Befestigungen auf den vereinzelten Bergen in der westlichen Hälfte der Festung, auf dem Eckberg, dem Langen Berg und dem Hohen Berg gehalten. Der größte Teil der Batterien stand in den Werken, in ihrer Nähe oder auf den Höhen, so daß sie das Gelände unter direktes Feuer nehmen konnten, dafür freilich auch aus dem Vorgelände, besonders von den Höhen des Angriffsfeldes leicht erkennbar waren. Die Entwickelung der Festungsartillerie war „hauptsächlich für die Auf-

gaben des Nahkampfes erfolgt; in dieser Hinsicht kann sie als
zweckentsprechend bezeichnet werden" (Einzelschriften 37/38, S. 32).
Die geringe Überlegenheit des Angreifers, namentlich an Artillerie,
ließ nachteilige Folgen nicht erwachsen. Im übrigen zeigt die Anlage der Tempel- und Wasserleitungsreduten, daß die Russen es auch
anders konnten. Diese Reduten lagen 1 bis 2 km vor jener Haupt-
verteidigungslinie, aber noch unter dem Feuer der Festungsgeschütze;
sie wurden mit großer Zähigkeit verteidigt.

Nicht selten läßt sich die Infanterie auf dem Hang so weit vor
oder vielmehr so weit hinunterschieben, daß sie von der feindlichen
Artillerie nicht mehr gefaßt werden kann. Die Infanterie verzichtet
dabei in der Regel auf weites Schußfeld; sie kann dafür dort nur
mit der Waffe angegriffen werden, welche sie selbst führt, d. h. mit
dem Gewehr. Noch besser in diesem Sinne ist die Stellung „drüben"
d. i. jenseits der Talsohle, um den Hang hinaufzuschießen. Die
Infanterie findet dort leicht Deckung und kann bei der Abwehr von
Angriffen am ehesten von der eigenen Artillerie unterstützt werden.
Das Verhältnis der Infanterie zur Artillerie hierbei ist das gleiche,
wie beim Angreifer, wenn der Angriff unmittelbar vor der feindlichen Stellung zum Stehen kommt. Der Gegenangriff aus solchen
Stellungen heraus ist leichter wie sonst; der Verteidiger steht dort
gleichsam auf dem Sprungbrett.

Wo die Wahl bleibt, würde ich dieser Art der Linienführung
den Vorzug geben. In unserer neuen Feldbefestigungsvorschrift
spielt die Rücksicht auf die Artillerie des Angreifers — im Gegensatz zur früheren Vorschrift — eine große Rolle — Ziff. 12, 26
und 27 —, wenn auch nach wie vor und in Übereinstimmung mit
dem Exerzierreglement für die Infanterie — Ziff. 400 und 401 —
hauptsächlich auf weites Schußfeld gesehen werden soll.

Man wird schon jetzt zugeben, daß das Zusammenwirken der
Waffen, insbesondere bei Höhenstellungen, durch die Natur der
Verteidigung nicht eben begünstigt wird. Wenig Stellungen entsprechen in dem Maße den Anforderungen der Theorie, wie die
Stellung St. Privat-Point du Jour und doch würde es heutzutage
schwer halten, die Besetzung in einer Weise vorzunehmen, daß
man dem Angriff mit Vertrauen entgegensehen kann. In seinem
Grundriß der Taktik (3. Aufl. 1895) zeigt Meckel durch je ein
Beispiel die Verteidigung im Gelände bei Roncourt und den Angriff im Gelände bei Gravelotte-Point du Jour. Im ersten Fall
stehen die Batterien bei Roncourt in einer Linie mit der Infanterie;
im zweiten Fall stehen die Geschütze des Verteidigers — hinter
der Infanterie — auf der Kuppe nordöstlich Point du Jour. Von

dort ist aber der Westhang des Rückens nicht einzusehen und es bleibt fraglich, ob die Geschütze sich an der Abwehr des Nahangriffs beteiligen können. Meckel selbst sagt an anderer Stelle eben im Hinblick auf die Schwierigkeiten in Verwendung der Waffen, daß die Verteidigung vielleicht mehr Rätsel zu lösen habe als der Angriff.

Dagegen bietet der Angriff in der Regel Gelegenheit, die Waffen in ausgiebiger Weise zusammenwirken zu lassen. Geeignete Punkte zu finden und hierauf die weiteren Maßnahmen zu treffen muß als elementare Pflicht der Gefechtsführung angesehen werden, wenn andere Wege nicht gangbar erscheinen.

Hier soll uns das Profil, wenn es vielleicht im praktischen Fall auch nicht die Hauptsache, noch weniger den einzigen Vorteil, darstellt, welchen der Angreifer in seine Wagschale werfen kann, doch allein beschäftigen.

Meistens wird die Artillerie aus einer Stellung, d. h. hinter dem Höhenkamm bleibend, die feindliche Artillerie und Infanterie bekämpfen können. Zwar handelt es sich nicht bloß darum die gegnerische Infanterie zu sehen, die Artillerie muß auch die eigene Infanterie in ihren Bewegungen und die mitvorgehenden artilleristischen Winker und Melder ins Auge fassen. Weitgehende Veränderungen sind indes schwerlich vonnöten; allenfalls wird es genügen auf den Höhenkamm vorzurücken und dies kann hier die Artillerie um so eher leisten, als für lokale Überlegenheit der Artillerie gesorgt sein wird und die Artillerie zudem in dieser offenen Stellung nur eine bemessene Zeit wird aushalten müssen. In großen Verhältnissen werden für Bekämpfung der feindlichen Infanterie wohl besondere Batterien verfügbar gemacht werden, welche von vornherein, d. h. sobald sie in Verwendung treten, offene Aufstellung nehmen.

Die Infanterie des Angreifers hat in der Regel einen Hang hinabzusteigen oder eine Ebene zu durchschreiten; dann geht es gegen die feindliche Stellung noch bergauf. Der letzte Akt, welcher ja mit der Vertreibung des Gegners enden soll, ist der schwierigste; aber die Infanterie ist hier in der Lage zu kämpfen und nicht mehr bloß zu dulden. Der Hang hinab liegt offen, der Hang hinauf bietet tote Winkel. Dort wird die Infanterie · durch feindliche Infanterie und Artillerie beschossen; hier hat sie nur wieder mit Infanterie zu tun und wird von der eigenen Artillerie unterstützt.

Im russisch-japanischen Krieg hat oftmals die Artillerie, besonders auf Seite des Verteidigers, keinen merklichen Einfluß auf den Gang des Kampfes auszuüben vermocht; anderseits gelang es

dem Angreifer mehr als einmal — wo andere Mittel versagten —
mittelst geschickter Kombination der Waffen den Sieg zu erringen.
In der Schlacht am Yalu am 1. Mai 1904 gelingt es der
allerdings vielfach überlegenen japanischen Artillerie, die russische
Artillerie — 24 Geschütze — völlig niederzuhalten. Die japanische
Infanterie geht, den Aiho durchwatend, fast in einem Zuge vorwärts
— wobei sie empfindliche Verluste durch Infanteriefeuer erleidet —
und bricht, unterstützt von ihrer Artillerie, in die Stellung der
Russen zwischen Potetynzy und Tjurentschen ein. Während des
ganzen Angriffs hat der japanische Infanterist nur 20 Patronen verschossen. (Vgl. Frhr. von Lüttwitz, Das Angriffsverfahren der
Japaner, die wichtigste Quelle für die hier angeführten Beispiele.)
    In der Schlacht bei Kintschou am 26. Mai 1904, wo freilich
infolge. der Mitwirkung von Schiffsgeschützen ungewöhnliche Verhältnisse eintraten, wurde die russische Artillerie bereits wenige
Stunden nach Eröffnung des Artilleriekampfes zum Schweigen
gebracht; die russische Feldartillerie ging in eine Aufnahmestellung
zurück; die Festungsgeschütze scheinen sich an dem weiteren Kampf
wenig beteiligt zu haben. Die versuchten Nahangriffe der Japaner
scheiterten alle an dem feindlichen Infanteriefeuer und den —
Drahthindernissen. Der Angriff der 4. japanischen Division, welche
den rechten Flügel bildete, führte dank einer übermächtigen Artillerie
binnen einer Stunde zum Ziel. Die japanische Infanterie hatte 120
Patronen pro Gewehr verschossen; wieviel oder wie wenige bei der
4. Division, ist nicht bekannt.
    Am 26. Juni 1904 wurde die erste russische Vorstellung auf
der Kwantung Halbinsel angegriffen (Einzelschriften 37/38, S. 45).
Das Gefecht nahm den ganzen Tag in Anspruch und endete am
späten Nachmittag damit, daß die Russen den Houyandschan, den
stärksten Punkt ihrer Stellung, räumten. „In der Mitte, sagt die
Einzelschrift, war die Stellung der Russen eingedrückt worden.
Diesen Erfolg verdankten die Japaner dem energischen von der
Artillerie gut unterstützten Vorgehen ihrer Infanterie."
    In der Schlacht bei Wafankou am 15. Juni 1904 gingen die
Japaner mittags mit ihrer Mitte und dem linken Flügel zum Angriff
über, während noch ihr rechter Flügel durch die Division Gerngroß,
die bereits am frühen Morgen den Angriff aufgenommen hatte, bedroht wurde. Das russische Zentrum wich vor dem Angriffe der
Japaner, welcher durch starkes Artilleriefeuer vorbereitet wurde,
zurück; infolgedessen trat auch die Division Gerngroß, welche schon
bei ihrem Vorgehen durch Artilleriefeuer empfindlich gelitten hatte,
den Rückzug an. Die russische Artillerie war von Anfang an

batterieweise verteilt oder in der Reserve zurückgehalten worden, die Zusammenfassung zu längeren Artillerielinien ist unterblieben.

Die russischen Linien in diesen Gefechten — den ersten größeren des ostasiatischen Krieges — waren mehr oder weniger befestigt, bei Kintschou behelfsmäßig. Allerdings waren die Anlagen, insbesondere die Geschützstände, für direkten Schuß gebaut, vom Angreifer aus. meist deutlich zu erkennen. Obwohl in allen vier Fällen russische Geschütze in der Schlachtlinie verloren gingen, hört man soviel wie nichts von einem Anteil der Artillerie des Verteidigers an der Bekämpfung der japanischen Infanterie.

In den späteren Kämpfen standen und blieben die russischen Batterien großenteils ganz verdeckt und konnten schon.darum — mochten sie auch mittlerweile in der Kunst des indirekten Schießens es weit gebracht haben — in nicht höherem Maße wie zu Anfang des Krieges gegen die japanische Infanterie zur Wirkung kommen. In einem Bericht über die Kämpfe der japanischen 2. Gardebrigade in der Schlacht bei Mukden — der Schauplatz der Kämpfe war das obere Schahotal — heißt es: am 4. März griffen wieder etwa 30 russische Geschütze in das Gefecht ein; der größte Teil von ihnen schoß indirekt. Die japanischen Truppen nördlich des Schaho konnten von ihnen nicht gefaßt werden. Einzelne russische Geschütze, die bis zur vorderen Linie der Hauptstellung vorgebracht wurden, mußten sich unter dem Feuer der japanischen Batterien bald wieder zurückziehen.

Verdeckt stehende Batterien sind, obwohl die Geschütze noch nicht mit Schutzschilden versehen waren, im mandschurischen Kriege kaum je bis zur Wehrlosigkeit niedergekämpft worden. Die japanische Artillerie, welche ebenfalls aus verdeckter Stellung feuerte, wandte sich denn auch, wo angegriffen wurde, bereits bei Beginn des Gefechts der russischen Infanterie zu, ohne daß — wie es den Anschein hat — die russische Artillerie sie hierin viel zu stören vermochte. Was hat dem Verteidiger seine Artillerie sonach genützt? Wenn für die Japaner der Erfolg dennoch bisweilen ausblieb, so lag dies zum guten Teil an Mängeln der Bewaffnung; auch muß immer wieder darauf hingewiesen werden, daß die russische Infanterie meist in tiefen Schützengräben stand. Gegen flüchtig eingegrabene Infanterie hat Artilleriefeuer gewöhnlich rasch den Ausschlag gegeben, gleichviel ob die eigene Infanterie einen großen oder kleinen Anlauf in feindlichem Feuer zu durchmessen hatte. Frhr. von Lüttwitz berichtet in dem angeführten Werke S. 23, 24 und 25 über drei Episoden aus der Schlacht am Schaho, welche als Belege dienen könnten. Näher einzugehen auf die

Leistungsfähigkeit der Artillerie des Angreifers läge nicht im Rahmen dieser Betrachtungen.

Nach allem scheint man auf russischer Seite — mit oder ohne Absicht — wenig in der Richtung getan zu haben, die beiden Waffen zu gegenseitiger Ergänzung in der Wirkung zu bringen. Insoweit die Verteidigung in Frage kommt, wird man sich davor hüten müssen unbillige Forderungen zu stellen. Bei der Abwehr eines Infanterieangriffs, der von überlegener Artillerie unterstützt wird, werden nur zur Abgabe von Schrägfeuer verdeckt aufgestellte Kanonen oder Maschinengewehre zuverlässige Hilfe leisten. Dieses Verhältnis der Waffen hat sich in Port Arthur im Verlauf der Verteidigung mehr und mehr herausgebildet; hierdurch wurde die völlige Wegnahme der Stützpunkte lange Zeit hintangehalten. Man sucht aber auch unter den vielen Angriffen, welche die Russen in diesem Kriege unternahmen, vergebens nach vorbedachtem Zusammenwirken der beiden Waffen, wie es doch auf japanischer Seite des öfteren zustande kam. Jedenfalls kann hieraus der Schluß gezogen werden, daß die beiden Waffen sich keineswegs ohne weiteres in die Hände zu arbeiten pflegen, daß — mit anderen Worten — die Führung dafür sorgen muß.

Von der Feuerkraft der Infanterie kann der Verteidiger, von jener der Artillerie der Angreifer den größeren Vorteil ziehen. Die intensivste Wirkung überhaupt — wenn auch nur stellenweise — kann der Angreifer erzielen. Nicht einmal in Ansehung des frontalen Kampfes kann sonach die Verteidigung für die stärkere Form erklärt werden.

Bei der Besetzung von Stellungen darf von den beiden Waffen weder schematisch noch gar zu „selbständig" verfahren werden. Danach genügt es in der Regel nicht, im Befehl den Truppen die Abschnitte zu bezeichnen, welche gehalten werden sollen; es sind noch Winke zu geben, um die beiden Waffen zu einheitlicher Wirkung zu bringen. Hieraus ergibt sich die Notwendigkeit beim Exerzieren größerer Körper, das doch immer waffenweise abgehalten wird, bezüglich der anderen Waffe allemal bestimmte Annahmen zu machen. Sonst kann ein Auftrag, wie „das Bataillon soll diese Höfe besetzen", zu keinen klaren, durchgehends übereinstimmenden Maßnahmen führen. Hierzu kommt, daß bei der Besetzung von Stellungen neben der Eigenart des Geländes auch die Gefechtsabsichten — ob man nur bis zu einem gewissen Moment oder bis zur Entscheidung sich halten oder ob man später zum Angriff schreiten will — mitsprechen und bei der Artillerie und Infanterie — wenn

die Sache nicht besonders geregelt wird — vielleicht wenig har-
monierende Manöver hervorrufen. So fuhren in der Schlacht bei
Noisseville die preußischen Batterien 1000 Schritt vorwärts der
Linie auf, welche die Infanterie besetzt und befestigt hatte.

Die Lehre vom weiten Schußfeld, das die Infanterie suchen
soll, ist recht zweischneidig. Wenn man mit Artillerie nicht
rechnet, springt der Vorteil des weiten Schußfelds so in die Augen,
daß man gar nicht erst darauf aufmerksam zu machen braucht.
Mit Infanterie, die in diesem Gedankengang erzogen ist, hat der
Führer seine Not: sie bricht gern aus dem Rahmen „um Schußfeld
zu haben" und wenn sie mal „kein Schußfeld" hat, ist sie nicht
zufrieden. Solange nur feindliche Infanterie ins Gefecht tritt, wird
sich die Sache mit dem weiten Schußfeld immerhin gut machen.
Warum sollte aber der Verteidiger in solchem Fall bei kurzem
Schußfeld nicht widerstehen können? Wehe aber der Infanterie, die
— im nächsten Kriege — das Feuer überlegener Artillerie über
sich ergehen lassen muß, während gleichzeitig die feindliche Infanterie
angreift! sie wird so in Sprengwolken gehüllt werden, daß sie von
dem weiten Schußfeld gar nicht Gebrauch machen kann — und dazu
den Hagel!

Was den Angriff betrifft, müssen wir Infanterieoffiziere bereits
im Frieden ein Urteil darüber zu gewinnen suchen, unter welchen
Bedingungen der Angriff durchführbar erscheint; wo hierüber
nicht klare Begriffe bestehen, kommt es bei tapferen Führern zu
vorzeitigem Verbrauch der Kräfte — ich will keine Beispiele anführen —, bei weniger schneidigen Führern leicht zu gar keinem
Ziele. Dies gilt besonders vom Angriff auf einen entwickelten Gegner.
Die Japaner besaßen ein feines Gefühl für das auf dem Schlachtfeld Mögliche. Man hat ihr Verfahren im Angriff bisweilen „umständlich" genannt; es war nur „planmäßig". Gerade das Zusammenwirken mit der Artillerie wird oft nur bei allmählichem Anfassen der feindlichen Linien und unter einem gewissen Aufwand
von Zeit, um die verschiedenen Vorbereitungen zu treffen, sich ermöglichen lassen.

Umschau.

Deutschland.

La france militaire ist der Ansicht, daß der letzte Besuch des französischen Kriegsministers und der Generale de Lacroix und Hagron, welcher den neuen Verstärkungsarbeiten bei Belfort galt, deutscherseits mit dem Besuch Mülhausens durch den Chef des Generalstabes, Generals von Moltke und mit der Ankündigung der Erbauung von Forts bei Neuberg, Einwald und Pont du Rhin beantwortet sei. Außerdem solle die Garnison Mülhausens um ein Feldartillerieregiment und eine Bespannuungsabteilung für schwere Artillerie des Feldheeres vermehrt werden.

Bei dem Xe Armeekorps ist die Anordnung getroffen worden, die Quartiere von Truppenteilen, welche sich auf den Truppenübungsplätzen befinden, oder aus anderer Veranlassung aus ihrer Garnison abwesend sind, von den Truppen benachbarter Garnisonen bezogen werden, um diesen dadurch Gelegenheit zu geben, in ihnen fremdem Gelände zu üben.　　　　　　　**Bahn.**

Österreich-Ungarn.

Die Mitteilungen über Gegenstände des Artillerie- und Geniewesens bringen in ihrem 6. Heft 1907 die Beschreibung einer Notfähre zum Transport von Fahrzeugen, welche ebenso praktisch in der Verwendung, wie leicht herstellbar zu sein scheint, weil das dazu benötigte Material nicht schwer zu beschaffen ist.

Am Lande wird ein Rahmen hergestellt, dessen beide Längsseiten aus je 6 Fässern bestehen. Zwischen diesen Fässerreihen liegt die Fährbrücke aus Pfosten. Das Zusammensetzen des Flosses dauert 45 Minuten. Diese Notfähre ist im Jahre 1906 von der reitenden Batteriedivision Nr. 11 beim Übersetzen des bei Mariampol 120 m breiten Dniester, der daselbst 1 m Wassergeschwindigkeit hat, versucht und sehr zweckmäßig befunden worden.

Die Heeresausgaben für 1907 für die beiden Reichshälften einschließlich Bosniens und der Herzegowina schließen ab mit 416 285 211 Kronen und verteilen sich wie folgt:

1. Ausgaben für die gemeinsame Armee . . . 320 696 583 Kr.
2. 　　 „ 　 für die österreichische Landwehr . 47 785 021 „
3. 　　 „ 　 für die Honvedarmee . . . . . 42 663 607 „
4. 　　 „ 　 zu Lasten von Bosnien und der
　　　　Herzegowina (annähernd) . . . . . 5 140 000 „

Im ganzen　416 285 211 Kr.

Hierin sind nicht enthalten die einmaligen außerordentlichen Ausgaben, welche durch Anleihe gedeckt werden, die Pensionen jeglicher Art und die Kosten für die Gendarmerie.

1. Ausgaben für die gemeinsame Armee.

		Gegen 1906
a) Ordentliche	299 280 828	+ 6 376 048 Kr.
b) Außerordentliche	13 752 755	+ 487 494 „
c) Besatzungskorps in Bosnien usw.	7 663 000	± 0 „
Im· ganzen	320 696 583	6 863 542 Kr.

Die Vermehrung der ordentlichen Ausgaben um nahezu 7 Millionen ist hauptsächlich veranlaßt durch die Verteuerung aller Materialien, welche eine bemerkenswerte Steigerung der Unterhaltungskosten für den Soldaten verursacht hat. Dann ist aus Anlaß der Verteuerung des Lebensunterhaltes die bisher nur einer Anzahl älterer Hauptleute und Ärzten gewährte Alterszulage von 240 bzw. 600 Kr. für das Jahr auf die Hauptleute aller Waffen und den Gleichgestellten aller Dienstzweige ausgedehnt worden mit der Maßgabe, daß die Truppenoffiziere früher, als die Angestellten anderer Dienstzweige diese Alterszulage beziehen. In den ersten 5 Jahren werden 240 Kr. und von da ab 600 Kr. gewährt. Von welcher Dienstzeit ab die Zulage zugesprochen wird, bestimmt der Minister nach Maßgabe der etatsmäßigen Mittel. Dadurch erhält die Maßregel etwas Unsicheres und kann im Laufe der Zeit zu manchen Ungleichheiten führen. Für das Jahr 1907 erhalten diese Zulage die Hauptleute nach 13jähriger, die Ärzte, Auditeure Zahlmeister nach 15jähriger und die übrigen Angestellten nach 16jähriger Dienstzeit.

Außerdem ist die Pensionskasse für die Angestellten und Zivilarbeiter, welche dem Kriegsministerium unterstellt sind, mit 200 000 Kr. dotiert worden. Sie dient fast den gleichen Zwecken wie unser Fond im Kapitel 45 zu Gewährungen von Unterstützungen und Zuschüssen zu der gesetzlichen Alters- und Invalidenpension. 20 000 Kr. sind der Kasse zur Unterstützung der Witwen und Waisen von Unteroffizieren zugewiesen worden.

Der außerordentliche Etat weist an neuen Forderungen auf:

a) 150 000 Kr. als erste Rate eines Anschlages von 450000 Kr. zur Beschaffung von Fernsprecheranlagen für die Festungs-, Belagerungs- und schwere Artillerie des Feldheeres,

b) die erste Rate von 120000 Kr. eines Anschlages von
380 000 Kr. zur Umänderung der Werkstätten für Räucherei
und Salzerei infolge neuerlicher Erfahrungen auf diesem Gebiete.
2. Die Ausgaben für die österreichische Landwehr übersteigen
mit 47 785 021 Kr. den vorjährigen Betrag um 2 340 289 Kr.
Diese Mehrausgabe ist veranlaßt durch einige Neuformationen
und durch Erhöhung des Etats einzelner Formationen um
75 Offiziere und Beamte, 2000 Mann und 145 Pferde.
3. Ausgaben für die Honvedarmee übersteigen mit 42 663 607 Kr.
diejenigen von 1906 um 2 653 945 Kr. Die Etatsstärken sind
gegen 1906 fast unverändert geblieben. Die Mehrausgaben
werden verursacht durch die Verteuerung aller Lebensmittel
und des Futters, durch Verbesserung der Kasernen und durch
Änderung des Dienstbetriebes in den Remontedepots.

Zu den vorstehend besprochenen Ausgaben treten noch
hinzu die aus Anleihen zu deckenden einmaligen außerordentlichen Ausgaben:

a) Die schon 1904 und 1906 bewilligten Kredite für Anfertigung
des neuen Feldartilleriematerials mit 85 Millionen Kronen
und für die Umänderung des militärischen Arbeitsgerätes mit
67 Millionen Kronen, Kredite, welche infolge der ungarischen
Krise s. Zt. nicht verfügbar gemacht werden konnten.

b) Auf den oben schon besprochenen Kostenanschlag von
165 Millionen Kronen für die Anfertigung des neuen Feldartilleriematerials werden weiter 30 Millionen neu gefordert,
so daß noch 50 Millionen für das kommende Jahr zu fordern
bleiben.

Der Istbestand des österreichisch-ungarischen Heeres in seiner
Gesamtheit beziffert sich auf:

	Offiziere	Beamte	Mannschaften	Pferde
Gemeinsame Armee .	16 817	5 716	292 194	72 842
Österreichische Land-				
wehr	2 953	1 006	34 436	5 472
Honved	2 868	862	28 266	6 347
Bosnische Truppen (etwa)	360	34	6 740	182
	22 998	7 618	361 636	84 843

Das Kontingent an Rekruten für 1907 ist festgesetzt auf
103 100 Mann für die gemeinsame Armee und die Marine,
14 500   „   „   „ österreichische Landwehr (ausschließlich Tirol
                                und Voralberg),
12 500.   „   „   „ Honvedarmee.

Auf die durch die Umbewaffnung der Artillerie und ihre Organisationsänderung bedingte und wiederholt angekündigte Vermehrung des Rekrutenkontingents ist auch im Heereshaushalt für 1907 verzichtet, obwohl, wie bereits früher unter der österreichisch-ungarischen Marine ausgeführt ist, durch das zu geringe Kontingent allerlei Schwierigkeiten im Heere und bei der Marine entstehen. Aber die allmächtige ungarische Volksvertretung ist der nötigen Vermehrung zuzustimmen nur gesonnen gegen entsprechende Kompensationen, als welche vielleicht späterhin die dreijährige Dienstzeit geopfert werden wird (n. Revue militaire des armées étrangères).

Bahn.

Frankreich.

Der Akademie der Wissenschaften in Paris ist eine Erfindung eines Herrn Dautriche vorgelegt worden, die Verbrennungsdauer von Explosivstoffen mittelst Zündschnüre zu messen.

Der Revue d'Artillerie Aprilheft 1907 entnehmen wir dem Sinne nach folgende Beschreibung der Methode. Dieselbe baut sich auf dem Grundsatz auf, daß gleich lange Enden Zündschnur auch genau gleiche Zeiten brennen. Zwei Zündschüre werden mit je einem Ende in eine mit Knallquecksilber gefüllte Hülse, in welcher die gleichzeitige Entzündung der beiden Zündschnüre vor sich gehen soll, befestigt. Mit ihrem freien Ende werden sie auf eine etwa 25 mm dicke Bleiplatte derart befestigt, daß sie auf eine gewisse Länge in einem bestimmten Abstand parallel miteinander laufen. Wenn nun die Zündschnüre, in der Hülse entzündet, fortbrennen, so wird das Feuer der einen auf die andere überschlagen, sobald sich beide Feuer in den parallelen Enden genügend genähert haben. Dieses Überschlagen des Feuers verursacht in der Bleiplatte einen merklichen geradlinigen Eindruck, welcher die Richtungslinie der beiden Zündschnüre unter einem Winkel von 45° miteinander verbindet. Dieser Eindruck soll so tief sein, daß er sich auf der Rückseite als leichte Auftreibung kenntlich macht. Nun soll diese Auftreibung merkwürdigerweise im Winkel von 60° zur Richtungslinie der Zündschnüre liegen. Ein Grund für diese Abweichung ist nicht angegeben, aber auch nicht ohne weiteres erkennbar. Meistens sind solche Auftreibungen, weil von vielen Zufälligkeiten abhängig, sehr unregelmäßig, und deshalb erscheint es auffällig, daß sie hier regelmäßig einen Winkel von 60° bilden sollen. Doch das mag auf sich beruhen, da dieser Winkel und auch seine Abweichung von dem Winkel auf der Vorderseite mit dem Meßverfahren nichts zu tun haben.

Trifft nun die oben angegebene grundlegende Voraussetzung zu, daß gleiche Längen Zündschnur genau gleiche Zeiten brennen, so müssen die bis zum Überschlagen des Feuers abgebrannten Enden Zündschnur gleich sein. Wird nun in eine der beiden Zündschnüre ein Widerstand z. B. ein Röhrchen mit dem zu untersuchenden Explosivstoff eingeschoben, so muß diese beim Abbrennen zurückbleiben und zwar zeitlich genau um das Maß,· welches der Explosivstoff zu seiner Verbrennung gebraucht hat, und dies wird kenntlich in der geringeren Länge des bis zur Feuerübertragung abgebrannten Stückes Zündschnur gegenüber der anderen Zündschnur. Da die Zeitdauer des Verbrennens von Explosivstoffen eine sehr kurze ist, können nur sehr schnellbrennende Zündschnüre und sehr geringe Längenunterschiede in Betracht kommen. In der Revue d'Artillerie ist angegeben, daß der Unterschied von 1 mm in der Länge der abgebrannten Zündschnüre $^1/_{600\,000}$ Sekunde entspräche. Dies würde eine Verbrennungsgeschwindigkeit von 600000 mm oder 600 m in einer Sekunde ergeben (Revue d'Art. sagt: regelmäßige Detonationsgeschwindigkeit von 6000 m. Gibt aber die Länge und die Zeitbestimmung nicht an). Schon diese außerordentlich hohe Verbrennungsgeschwindigkeit zeigt an, daß gewöhnliche Sicherheitszündschnur zu den Versuchen nicht verwendet werden kann, ganz abgesehen davon, daß die Regelmäßigkeit ihres Brennens für so feine Zeitunterschiede unbedingt nicht ausreichen würde.

Die Methode ist theoretisch durchaus richtig erdacht und verblüffend einfach, besonders im Hinblick auf die sehr kleinen Zeitmaße, welche gemessen werden sollen. Ob dieselbe praktisch einwandfreie Ergebnisse liefern kann, ist zunächst zweifelhaft. Wenn auch nach obigem eine besondere sehr schnell brennende Zündschnur für diese Untersuchungen gefertigt werden muß, so ist es doch fraglich, ob es gelingt, sie trotz aller Sorgfalt so genau herzustellen, daß ihre Brenndauer an jedem Teil der Zündschnur bis auf 1 mm genau gleich lang ist. Daß es überhaupt gelingen sollte, verschiedene Fertigungen von Zündschnur so herzustellen, daß je 600 m eine Sekunde brennen, erscheint unmöglich. Dann bleibt nur übrig, mit einer genauen Meßuhr die Verbrennungsgeschwindigkeit jeder Fertigung festzustellen, um das genaue Zeitmaß eines 1 mm Zündschnur berechnen zu können. Es wäre ganz interessant, wenn die Feuerwerkslaboratorien und das Militärversuchsamt darüber Versuche anstellten, in welchem Maße eine Regelmäßigkeit in der Brenndauer gleicher Stücke Schnellzündschnüre überhaupt zu erreichen ist. Selbst wenn diese Frage günstig gelöst wäre, blieben noch genügend Schwierigkeiten, welche die Genauigkeit der Messungen beeinträchtigen können. Es ist bekannt, wie Luftdruck, Feuchtigkeitsgehalt der Luft und Länge der Lagerung die Brenndauer einer Zündschnur beeinflussen. So große Vorsorge für ein gleichmäßiges Entzünden der beiden Zündschnüre durch die Einrichtung des Zündapparates auch getroffen werden mag, ist es doch kaum zu verhindern, daß die heftige Detonation des Knallquecksilbers um 1 bis 2 mm weiter auf das eine Ende als auf das andere der beiden Zündschnüre einwirkt und dadurch das Abbrennen jenes beschleunigt. Beim Einfügen des zu untersuchenden Stoffes muß die Zündschnur zerschnitten und in das Röhrchen mit dem Stoff eingeführt werden. Daraus ergibt sich abermals eine doppelte Feuerübertragung, welche geringe Unregelmäßigkeiten von 1 mm Brennlänge verursachen kann, denn es muß hierbei immer berücksichtigt werden, daß es sich um das Messen sehr kleiner Zeiten handelt.

Nichtsdestoweniger soll es dem Erfinder gelungen sein, mit dieser Methode für eine Reihe von Sprengstoffen die Geschwindigkeitskurve ihrer Detonation als eine Funktion ihrer Dichtigkeit festzustellen, und er hofft weitere Aufklärungen. Mit Rücksicht hierauf wäre es vielleicht zweckmäßig, wenn bei uns diese Methode auf ihre Zuverlässigkeit geprüft würde, um die Zweckmäßigkeit ihrer Benutzung beurteilen zu können.

Die Kommission, welche beauftragt ist, die Ursachen der Explosion auf der Jena zu ermitteln, hat vor kurzem eine Sitzung abgehalten unter Vorsitz des Herrn Delcassé, in welcher General Naquet-Laroque, Direktor des technischen Artilleriekomitees, ausführte, daß er infolge zahlreicher Versuche mit dem Pulver B zu der Ansicht gelangt sei, daß die Aufflammung dieses Pulvers nur unter der Wirkung starker atmosphärischer Veränderungen vor sich gehen konnte. La France mil. sagt hierzu mit Recht: „Diese Schlußfolgerungen stehen in unbedingtem Widerspruch mit verschiedenen bisher aufgestellten Hypothesen." Die wahrscheinlichste davon ist und bleibt doch die, daß das Pulver infolge chemischer Veränderung sich selbst entzündet hat, da die Nitropulver zu Zersetzungen neigen, wenn nicht bei der Herstellung auf chemische Beständigkeit mit der größten Sorgfalt und Gewissenhaftigkeit hingearbeitet, die Beständigkeit während der Lagerung wiederholt geprüft wird und diese Prüfungen und ihre Ergebnisse von einer Zentralstelle überwacht werden. Nach Andeutungen in französischen Zeitungen sollen aber die befohlenen Untersuchungen auf dem Schiffe nicht oder nicht regelmäßig ausgeführt worden sein. Wenn die Ansicht des Herrn General Maquet-Laroque zutreffend sein sollte, so wäre damit das Pulver B gerichtet, denn wenn es die vorkommenden starken atmosphärischen

Jena-strop

Veränderungen nicht ertragen kann, so ist es absolut unbrauchbar
und die Sache scheint dann schlimmer zu sein, als eine zufällige
chemische Unbeständigkeit, welche man bei der Fabrikation vermeiden und bei der Abnahme und den laufenden Untersuchungen
bei Gewissenhaftigkeit mit leichter·Mühe feststellen kann.

Bahn.

---

neszucht   Narbonne, Agde, Béziers, Montpellier, Avignon, sowie die Nummern
Heere, 100, 17, 40, 84, 11, 134, 15 und 12 der Linieninfanterieregimenter
de für
deren   werden auf lange Zeit hinaus an Meutereien im französischen Heere
inken. erinnern, bei denen auch Vorgesetzte und die Regierung zum Teil
vor den Meuterern kapituliert haben, natürlich nicht zum Vorteil der
Herstellung straffer Manneszucht. Die Tatsache, daß im Marine-
waisenhause Villeneuve, bei Brest, halbwüchsige Waisenjungen sich
schon gegen ihre Vorgesetzten auflehnten, sie mit „Mort aux vaches,
à bas les galonnés" traktierten und die Internationale sangen, beweist, wie schon in die Jugend der Geist der Unbotmäßigkeit eingedrungen ist und der Antimilitarismus auch hier Wurzel geschlagen
hat. Daß der Antimilitarismus bei den Meutereien eine Rolle spielt,
hat nach ursprünglichem Leugnen selbst die Regierung zugeben
müssen. Er ist aber nicht die einzige Triebfeder. Politische Blätter
Frankreichs, z. B. Figaro, machen für die Meutereien, zu deren
Niederhaltung man aus 4 Korpsbezirken Truppen in Bewegung
gesetzt hat, die Regierung verantwortlich, und zwar zunächst das
Kabinett Combes, dann aber auch das Kabinett Clemenceau. Beiden
wirft das Blatt Schwäche gegen die politischen Parteien und Buhlen
um die Gunst des Herrn Jaurès vor, die dazu geführt hätten, die
Manneszucht in der Armee schädigende Anordnungen — unter dem
Kriegsminister André die bezirksweise Ergänzung, unter dem
Kabinett Clemenceau vorzeitige Entlassung der Jahrgänge 1903 und 1904
— zu treffen bzw. zuzulassen. Nicht viel anders denken 4 Generale
mit bekannten Namen im französischen Heer, Donop, Prudhomme,
Galliffet, Langlois und zwar übereinstimmend mit dem Unterpräfekten
von Narbonne, von dem man doch wohl nicht behaupten kann,
daß er durch die militärische Brille sieht. Auch sie schieben, neben
dem Antimilitarismus, der sog. bezirksweisen (subdivisionsweisen),
vor 2 Jahren von André bis in die äußersten Konsequenzen durchgeführten Rekrutierung das Sinken der Manneszucht zu. Wir wollen
hier nicht unterlassen, darauf hinzuweisen, daß man in der Armee,
neben Schattenseiten der bezirksweisen Ergänzung bei deren Einführung, doch auch Lichtseiten hervorsuchte und darauf hinwiesen

wurde, wie schon längere Zeit der Generalstab mit Anträgen auf ihre Annahme bombardiert worden sei, damit bei der Mobilmachung, wo schon die „regionale Ergänzung" bestand, die Truppen, besonders Infanterie, die Leute zurückerhielten, die bei ihnen aktiv gedient hätten. Besonders nachdrücklich betont General Galliffet, die Regierung ernte jetzt nur, was sie selbst gesät, Donop, Langlois und Prudhomme sagen mit weniger drastischen Ausdrücken dasselbe. Das Rekrutierungsgesetz war, so führte General Lamireux aus, solange vortrefflich, als es die jungen Leute auf ganz Frankreich verteilte, sie von ihren Eltern und Verwandten wegnahm und sie durch ihre aktive Dienstzeit in völlig neue Verhältnisse brachte. Nach ihrer aktiven Dienstzeit wurden sie dann ja als Reservisten schon zu Truppenteilen des Bezirks ihres Wohnsitzes einbeordert. Nur um politischen Parteien um Deputierten einen Gefallen zu tun, und Wünsche zu erfüllen, die diesen von ihren Wählern ausgesprochen waren, hat General André die Bestimmungen des Rekrutierungsgesetzes geändert und die bis ins Äußerste getriebene bezirksweise (subdivisionsweise) Ergänzung durchgeführt. Dieser Kriegsminister, der eine gewisse Virtuosität im Nachgeben gegenüber den Deputierten entwickelt hat, machte nach derselben Richtung hin auch noch einen zweiten Fehler. Er beseitigte die Garnisonwechsel der Regimenter. Blieben so die Rekruten am Schürzenbändel der Mütter, in engster Verbindung mit der Familie und den Einflüssen des Kreises ausgesetzt, in dem sie sich vor ihrer Einstellung bewegt und dessen Ansichten sie mit der Muttermilch eingesogen, lebten sie so halb in der Kaserne, halb in der Familie, so kann man sich nicht wundern, zumal der Franzose nach General Galliffet ein geborener „Frondeur" ist, wenn die Leute auch ihre alten, immer wieder wach gehaltenen Ansichten beibehalten und der militärische Geist bei ihnen nicht durchschlagend wird. Mehrfach haben die Meuterer ja auch erklärt, sie hätten den Gehorsam verweigert, um nicht gegen ihre Verwandten die Waffen führen zu müssen. Die Offiziere, die lange in demselben Bezirk stehen, fährt der General fort, verheiraten sich dort, knüpfen Beziehungen an und kommen schließlich dazu, so zu denken, wie das Milieu, in dem sie verkehren. Daß in die Mannschaftskreise aus manchen Familien, in denen sie verkehren, der Antimilitarismus eindringen konnte und eingedrungen ist, leugnen die vier Generale nicht. Nur sofortige Rückkehr zur nationalen Rekrutierung und zu öfteren Garnisonwechseln, die auch die Heiraten etwas einschränken, damit auf die Disziplin günstig einwirken würden, während die vielen verheirateten und in der Stadt wohnenden Unteroffiziere die Manneszucht nachteilig beeinflußten, kann nach ihnen das Übel einigermaßen abstellen, das sonst in absehbarer Zeit nicht ausschlösse, daß die Truppen gegen die Regierung die Waffen gebrauchten. Nahe genug daran ist es im XVI. Korps gewesen. Man darf es, nach den Geschehnissen der letzten Wochen und den im Ministerrat gefaßten Beschlüssen als ziemlich sicher ansehen, daß man die Regimenter im Süden durch solche aus dem Norden, Zentrum und Nordwesten ersetzt und für einzelne Bezirke auch zur nationalen Rekrutierung zurückkehrt. Für Truppenverlegungen — auch das 84. Regiment in Avesnes, bei dem vor einiger Zeit Gehorsamsverweigerungen stattfanden und Leute die „Internationale" sangen, kommt dabei in Betracht — sind schon umfassende Anordnungen getroffen, um die meuternden Verbände dem Einfluß der Zivilhetzer, die ihnen u. a. aus erbrochenen Pulvermagazinen Patronen besorgten, zu entziehen. Die Meutereien scheinen auf die von der Kammer zum 12. Juli beschlossene Entlassung des Jahrgangs 1903, die gegenwärtig dem Senat vorliegt, einen nachhaltigen Einfluß üben zu sollen. Die durch die scharfe Kritik des Kammerbeschlusses, betreffend die Entlassung des genannten Jahrganges, einschließlich mit ihnen eingetretene Freiwillige für längere Dienstzeit, in Heereskreisen hatten schon den General Picquart, obwohl er doch dem ersten Kammerbeschluß zugestimmt, dazu veranlaßt, im Armeeausschuß des Senats die Wiederherstellung der Regierungsvorlage zu beantragen, da nach Kammerbeschluß 38000 Mann mehr entlassen werden müßten als die Regierung vorgesehen hat, darunter eine große Zahl an nicht kapitulierenden Unteroffizieren und Korporalen dieses Jahrgangs. Nach einer sehr scharfen Verurteilung des für die Armee durch die Entlassung des Jahrganges 1903 sich ergebenden Zustandes — Unmöglichkeit der Ausbildung der Verbände, Mangel an Bereitschaft der troupes de converture, ungenügend geschultes Ausbildungspersonal, Deckungstruppen, die nur mit Kompagnien von 50 Mann, Eskadrons mit 50 Pferden, Batterien zu höchstens zwei Geschützen, sofort, wie ja planmäßig, ausrücken könnten, Erschütterung aller Verbände der Armee — durch den General Langlois hatte der Armeeausschuß des Senats sich für die Wiederherstellung der Regierungsvorlage entschieden, aber den 12. Juli als Entlassungstag beibehalten.[1]) Die Entscheidung des Senats ist, wie oben bemerkt, durch die Nachwirkung der Meutereien, die auch auf das Gesetz, betreffend die Aufhebung der Kriegsgerichte, einen Einfluß üben dürften, hinausgeschoben worden und vielleicht wird der Entlassungstag etwas später liegen, zur Entlassung

---

[1]) Die endgültige Entscheidung in der Entlassungsfrage ist während des Druckes erfolgt.

aber wird es kommen, das, so sagt ein französischer Generalstabsoffizier in der France Militaire, ist schon unumstößlich wegen der
Rücksicht auf die Wähler, welcher die wichtigsten Interessen des Landes
geopfert werden.

Bezeichnend ist es übrigens, daß derselbe Kriegsminister
Picquart, der bei der Beratung des Gesetzentwurfes „betreffend die
Entlassung des Jahrganges 1903" in der Kammer auf eine kritische
Bemerkung bezüglich der ausscheidenden nicht kapitulierenden Unteroffiziere und Korporale die Antwort gab, man werde diese aus
Leuten des Jahrgangs 1904 und vom Herbst 1907 ab aus Leuten
des Jahrgangs 1905, d. h. also solchen, die 11 Monate dienen, ersetzen, unmittelbar hinterher an die kommandierenden Generale ein
Rundschreiben in entgegengesetztem Sinn erließ. Er forderte nämlich
die Truppenkommandeure, Hauptleute und Offiziere auf zu veranlassen, besonders auch bei der Kavallerie Leute des Jahrgangs
1903 und 1904 zu längerem Verbleiben unter den Waffen zu über-
reden, indem sie ihnen die Vorteile vorführten und weitere Vergünstigungen in bezug auf Bekleidung, Urlaub für länger dienende
Leute in Aussicht stellten. Das Rundschreiben gab auch ziemlich
unverblümt zu, daß man bei der Kavallerie für Spezialisten, Remonte-
reiter, Sapeure, Aufklärer, Patrouillen, Mannschaften für Bedienung
von Maschinengewehren, nur Leute von längerer Dienstzeit brauchen
könnte. Das ist eigentlich eine Bankerotterklärung der zweijährigen
Dienstzeit für die Kavallerie.

Konnte die Regierung das Eindringen des Antimilitarismus in
die Armee gegenüber den lautsprechenden Tatsachen nicht leugnen, so
stellte General Prudhomme jüngst fest, daß nicht nur bei den jungen
Leuten die Lust zum Soldatenberuf sinke, sondern auch der Offiziere
und Unteroffiziere sich stellenweise ein Zustand der Unlust, der Entmutigung bei ihren schweren Friedensaufgaben bemächtigte. Gerade
aus diesem Zustande seien mehrere Erscheinungen zu erklären, die
früher im französischen Heere nicht wahrgenommen worden sind,
die aber gerade bei der zweijährigen Dienstzeit große Bedeutung
haben. Die Liebe zum Beruf, sagt General Prudhomme, gab unseren
Cadres früher eine große Kraft. Heute ist das vielfach nicht
mehr so und der Gründe dafür sind manche, ihr letzter ist die oben
schon erwähnte, vom Eindringen des Antimilitarismus in das Heer
herrührende Entmutigung der Offiziere und Unteroffiziere in der
Arbeit ihres Berufes. Das den französischen Offizieren und Unteroffizieren früher eingeräumte „Prestige" entschädigte sie für manches.
Der General weist auf den frischen Zug hin, der zur Zeit der Re-
generation der Armee 1875 und 1887 durch die Armee ging, als

man diese auf einen möglichen, in absehbarer Zeit zu erwartenden
Krieg vorbereitete, sie für diesen organisatorisch ausgestaltete und
dem Heer das Bewußtsein seiner Stärke zu geben bemüht war. Von
dem kläglich verlaufenden Boulangerabenteuer ab begann dann aber
— wie der General ausführt — die Einmischung übereifriger
Patrioten mit Reformen, die das Heer vor den „Velleitäten einer
Verwickelung in den Kampf der politischen Parteien" bewahren
sollten und unter dem Schlagwort Gleichheit vor dem Blutssteuer-
gesetz die aktive Dienstzeit zu nivellieren anfingen. Daher eine
erste Herabsetzung der aktiven Dienstdauer von 5 auf 3 Jahre,
um das ganze Rekrutenkontingent wenigstens 1 Jahr unter den
Waffen halten zu können, dann die zweite Herabminderung von
3 auf 2 Jahre mit dem Schlagwort der Beseitigung aller Dispenze
und der Gleichheit der Dienstdauer für alle. Damit glaubte man
nun einstweilen den Zweck erreicht zu haben, aber das Streben nach
einem Herabsetzen auf 1 Jahr ist latent zweifellos bei einer großen
Anzahl Deputierter vorhanden und — so meint der General — da
schon ein General es für ungefährlich erklärt, ist es nicht unwahrscheinlich, daß bei den nächsten Wahlen ein großer Teil der Wähler
ihren Abgeordneten das Versprechen abnimmt, dafür einzutreten.
Den Übergang zu 3 Jahren konnte man, so fährt General Prudhomme fort, noch vertreten, die Ausbildungsarbeit war bei dieser
Dauer auch noch zu leisten. Die Bildung der „cadres complemen-
tairs" und der vierten Bataillone beschleunigte die Beförderung, die
Notwendigkeit einer größeren Zahl an Unteroffizieren hatte als
Gegengewicht besonderer Aufbesserung der Bezüge und des
schnelleren Aufrückens in die neugeschaffenen Stellen der „adjudants" für die Kompagnien, beides entschädigte für die vermehrte
Arbeit in der Ausbildung. Dann aber begann das Stocken in der
Beförderung Mißvergnügen zu erregen. Die durch das Sinken der
Iststärke bedingte Auflösung der meisten vierten Bataillone steigerte
dieses. Hinzu kommt das durch politische Ursachen ·sinkende Ansehen des Waffenberufs. Dies sind die Gründe für die vielen Abschiedsgesuche, Anträge auf Versetzung in den vorläufigen Ruhestand
bzw. Beurlaubung auf 3 Jahre ohne Gehalt bei den Offizieren, den
wachsenden Mangel an Kapitulanten bei Unteroffizieren, Korporalen
und Gemeinen mit Einführung der zweijährigen Dienstzeit. Wir sind,
so sagt der General, nach dieser Richtung hin zu einer Krise gekommen, die schwere Bedenken hervorrufen muß, zumal durch die
Bresche des Mißvergnügens der Antimilitarismus Eingang in die
Armee findet, für welche die Regierung sich baldigst mildere Straf-
gesetze und Aburteilung durch Zivilisten aufzwingen zu lassen scheint.

Verliert aus Mißvergnügen oder Erschlaffung, die Armee, der Eckstein der Ordnung, ihre innere Kraft, dann ist die Anarchie in Frankreich da und das Land die Beute der Gegner.

In welchem Zusammenhange mit der Meuterei bzw. mit Besorgnissen gegenüber dem Auslande die eilige Rückbeförderung des 4. Fußartilleriebataillons und einer ganzen Infanteriebrigade vom Truppenübungsplatz Mailly nach Verdun und die Verschiebung des Aktionsziels der Batterien des 40. Feldartillerieregiments von dort nach Mailly gestanden haben, wäre interessant zu erfahren.

Bei einem Besuch der Applikationsschule für Artillerie- und Genieoffiziere in Fontainebleau hat der Kriegsminister, nach Vorstellung der Offiziere dieser Schule, öffentlich erklärt, daß eine Zerlegung der Schule in je eine für Artillerie und Genie geboten erscheine. Man darf also dieser Neuerung in absehbarer Zeit entgegensehen. Eine für alle Schießschulen wichtige Neuerung hat der Kriegsminister soeben angeordnet. Um die Unterweisung an diesen Schulen, die lange Zeit unter der falschen Ansicht gelitten hat, daß Schießen und Taktik von einander unabhängig seien, mit den besonders auch an der höheren Kriegsschule gepflegten taktischen Grundsätzen fortlaufend in Einklang zu halten, wird dem Stammpersonal jeder Schießschule ein im Besitz des Generalstabsbrevets befindlichen Hauptmann zugeteilt. Ein Erlaß des Kriegsministers vom 31. Mai hat die auf Grund der Wettbewerbsprüfungen von 1907 zur Schule von St. Cyr zuzulassende Zahl an Offizieranwärtern — die vor dem Eintritt in die Schule aber nach dem Gesetz vom 21. März 1905 erst noch 1 Jahr aktiven Dienst als Gemeine Korporale und Unteroffiziere in der Truppe abzuleisten haben — werden auf 225 festgestellt, davon 140 für die Heimats-, 25 für die Kolonialinfanterie und 60 für die Kavallerie. Wenn man demgegenüber unsere frühere Mitteilung hält, nach welcher aus St. Maient und Saumur, zusammen 308 aus dem Unteroffizierstande hervorgegangene Unterleutnants der Infanterie und Kavallerie und ferner 30 Adjudants ohne jede Prüfung befördert worden sind, zusammen also 338 für beide Waffen, so hat man wieder den ziffermäßigen Beweis dafür, daß man nicht nur über das gesetzmäßige ein Drittel des Jahresbedarfs an Unterleutnants aus dem Unteroffizierstande ernannt, sondern schon die Hälfte des Jahresbedarfs weit überschritten hat.

Die letzten Beförderungen in der Generalität (20. Juni) haben sich auf 8 Divisions- und 17 Brigadegenerale erstreckt. General Pendezec, der frühere Chef des Generalstabs und nachher Mitglied des Oberen Kriegsrats, wurde wegen Erreichens der Altersgrenze in

die Reserve versetzt. Das Parlament hat den Gesetzentwurf der
Regierung, der dem in der Dreyfußsache seines Dienstgrades ent-
hobenen Hauptmann des Generalstabes der Territorialarmee Reinach
seinen Diensttitel wieder verleiht, angenommen. Die Verschiebungen
in der Infanterie zur Durchführung der in dem letzten Bericht schon
erwähnten Verfügung vom 2. Mai 1907 sind auch im Juni wieder sehr
zahlreich gewesen. Beifall finden diese Bestimmungen durchaus
nicht überall in der Armee. Aus einer Abhandlung der France-
Militaire über sie wird übrigens ersichtlich, daß man eine Anzahl von
Reserveregimentern statt mit drei Bataillonen nur mit zwei
solchen mobil machen will. Auf Grund der vorgekommenen Verurteilung von Offizieren des Beurlaubtenstandes durch Kriegsgerichte
weil sie, nicht zum Dienst einbeordert und nicht in Uniform, politische
Ansichten geäußert, die nicht mit denjenigen der gerade am Ruder
befindlichen Regierung übereinstimmten, ist in der Kammer von einer
Anzahl Deputierten ein Gesetzentwurf eingebracht worden, der
lautet, wie folgt: Offiziere der Reserve bzw. der Territorialarmee
werden, wie jeder Staatsbürger, nach den Grundsätzen des allgemeinen Rechts und von Zivilrichtern abgeurteilt, wenn sie außerhalb militärischer Dienstleistungen und in bürgerlicher Tracht öffentlich ihre Ansichten aussprechen.

Das Gesetz vom 31. März 1905 rechnet bekanntlich mit
einem großen Zufluß von Reserveoffizieren — deren Manko noch
immer sehr groß ist — aus solchen Leuten, die nach Ablauf ihres
ersten aktiven Dienstjahres bereit sind, sich einer Prüfung zu
unterziehen erklären, daß sie die Beförderung zum Reserveoffizier
erstreben und bereit sind, außer den gesetzmäßigen noch 3 weitere
Übungen abzuleisten. Der Kriegsminister hat nun ein Reglement
betreffend die in der Prüfung aufzuweisenden Kenntnisse herausgegeben. Daraus wird ersichtlich, daß diese Kenntnisse nicht allein
militärischer Natur sind, sondern sich auch auf allgemeine Bildung
erstrecken sollen. Verlangt werden nach dieser Richtung einige
arithmetische Kenntnisse, Geographie und Geschichte.

Bei der von 3—8/6 im Departement Yonne stattgehabten
Generalstabsreise des 5. Korps hat der leitende General Millet besonders auch das Heranführen großer Verbände mit der Eisenbahn
bis dicht an das Schlachtfeld, auf dem 4 Korps seit mehreren
Tagen einen Frontalkampf gegen einen starken Gegner führten,
berücksichtigt. Die Heranführung des 5. Armeekorps zu 3 Divisionen wurde durch 2 Kavalleriedivisionen und 1 Infanteriedivision
gedeckt und als auf den rechten Flügel der eigenen Armee, gegen
die linke Flanke des Gegners erfolgend, angenommen.

Der Kriegsminister hat bestimmt, daß, ausgenommen das 5. und Vers
20. Korps, aber einschließlich Kolonialkorps, bei jeden Armeekorps mit Sc
ein Regiment Vergleichsversuche mit dem für Infanterie vorge- zeu
schriebenen und dem von Oberst Brnzon erfundenen Schanzzeug
während 6 Monaten anzustellen hat. Die Regimenter erhalten dazu
60 Werkzeuge des System Bruzon, beim 5. und 20. Korps werden
je ein Regiment 800 Schanzzeuge Modelle Bruzon und 400 des
anderen Modells geliefert, da diese Regimenter mit den Versuchen
bezüglich Erleichterung des Iufanteriegepäcks beauftragt sind. In
Toul ist das 40. Feldartillerieregiment mit der Erprobung von neuen
Fahrzeugen für die Artillerieparks des Armeekorps beauftragt. Die
Wagen werden von 3 Pferden in einer Front gezogen, vom Bock
gefahren und mit 4000 K. beladen.

Ein Generalstabshauptmann Dubert hat mit Genehmigung des Selbstf
Kriegsministers Vorschläge für die Bildung eines Selbstfahrer- ko
korps entworfen, die mit 2 Arten von Selbstfahrern rechnen, die
sog. Spezialwagen (gepanzerte, mit Maschinengewehren) die vom
Kriegsministerium beschafft werden und Selbstfahrer, die durch Bei-
treibung zusammeugebracht und zum Transport von Leuten benutzt
werden. Die Vorschläge schätzen die Zahl der Selbstfahrer, die
man bei der Mobilmachung beitreiben könnte, auf 30000. Sie
sollen bis zu 6 Regimenter zu je 4 Bataillone rund 24000 Mann bei
der Mobilmachung bilden. Im Frieden soll jedes Korps ein Bataillon
besitzen. Im Kriege würde das Selbstfahrerkorps dem Generalissimus
zur Verfügung stehen und von einem General kommandiert werden.

Ein französischer Dragonerrittmeister Chauveau hat in den Franzö
Nummern vom 10. und 11. Juni der France Militaire den Ab- Ansicl
rüstungsgedanken ehrlich und offen als Unding bezeichnet und jede Abrüst üb
Verminderung der Rüstungen solange als ausgeschlossen, als sich
nicht Frankreich und Deutschland geeinigt hätten über ein Verhältnis der Rüstungen, das auf der Bevölkerungszahl jeder Macht
einerseits, auf die Dauer der Dienstzeit anderseits sich aufbaue.
Kämen Frankreich und Deutschland zu dieser Einigung, wobei Deutschland sich ja eine größere Landmacht in Europa sichere, so würde
sie das ganze kontinentale Europa nach sich ziehen. England würde
allein sich ärgern, da die Mächte das, was sie an den Heeren er-
sparten, auf ihre Flotten verwenden könnten. Es müsse dann aber
Farbe bekennen und zeigen, ob es wirklich die Abrüstung wolle,
indem es für seine Flotte die gleichen Grundsätze anwende, nämlich
für die Marine nur die seemännische Bevölkerung zu verwenden und
sich mit den übrigen Mächten über die Dauer der Dienstzeit dieser
seemännischen Bevölkerung zu einigen.

Der Kriegsminister beabsichtigt — und in den Artillerie-
garnisonen finden bezüglich der Unterbringung schon Erhebungen
statt — bei der Einstellung des nächsten Rekrutenkontingents den
Mannschaftsstand der fahrenden und reitenden Batterien
auf nicht erhöhtem Etat, auf 103 bzw. 105 Köpfe, zu steigern.
Diese Hebung des Etats dürfte der erste Schritt sein, der eine
vermehrung der Zahl der Batterien in Frieden anbahnt. Naturgemäß muß der Zuschuß an Rekruten, der der Feldartillerie gegeben wird, anderen Waffen abgezogen werden, zunächst wohl der
Infanterie, bei welcher man vor Einstellung der Rekruten die Auflösung der weiteren 4. Bataillone bewirken dürfte. Einem Gerücht
zufolge, das aber bis jetzt noch nicht amtlich bestätigt ist, soll das
Rekrutenkontingent 1906 allerdings nicht unwesentlich höher sein,
als das zuletzt eingestellte.

Obwohl man in Frankreich nicht zugibt, daß auch an Bord
des Panzerkreuzers Victor Hugo eine Meuterei stattgefunden, bleiben
politische Blätter doch fest bei dieser Behauptung und eine Reihe
von Anzeichen spricht dafür, daß diese Blätter richtig geurteilt
haben. Der parlamentarische Ausschuß für die Marine hat in den
ersten Tagen des Juni an die Kommandanten sämtlicher in Dienst
gestellten Schiffe einen vertraulichen Fragebogen von großem Umfange gerichtet und sie aufgefordert, ihre persönliche Ansicht
über den gegenwärtigen Zustand der Marine auszusprechen und
Wege vorzuschlagen, auf denen man die Hebung dieses Zustandes
erzielen könnte. Ein bekannter französischer Marineoffizier hat sich
jüngst über sehr wichtige, die Marine betreffende Fragen, in einer
Fachzeitschrift ausgesprochen. Frankreich, so sagt er, wird in absehbarer Zeit mit 17 Panzerkreuzern moderner Typen, aber von ver-
schiedenem Werte, ausgestattet sein, 3 Typs Montcalm, 3 Typs
Kleber, 4 Typs Gloire und 7 des vergrößerten und verbesserten
Typs Léon Gambetta. Zunächst in beschränkter Zahl und mit
mäßigem Deplacement für Zwecke der Aufklärung gedacht, hat der
Panzerkreuzer bald nachher in Frankreich die Hauptanstrengungen
in der Bautätigkeit beansprucht. Wir haben einen falschen Weg
eingeschlagen, nämlich die Aufklärungs- und Sicherungstätigkeit
überschätzt und der Nebensache die Hauptsache, den Bau von
gefechtsmäßigen Linienschiffen, geopfert. Eine schlecht unterrichtete
Presse hat die öffentliche Meinung und die Minister auf den falschen
Weg gebracht, die Schnelligkeit als taktische Waffe vor Panzerung
und Armierung gestellt, die Folge ist der Bau einer Anzahl von
„Schiffsbastarden" gewesen, die weder Kreuzer, noch Linienschiff,
aus militärischen und finanziellen Gründen zweckmäßig aber durch

Einheiten ersetzt worden wären, die ausgesprochen einem dieser Typs angehörten. Man muß aber heute mit vollendeter Tatsache rechnen und so ist in Marinekreisen ein Plan für die zweckmäßige Verwendung dieser Panzerkreuzer entworfen worden. Ein Blick in das Marinebudget 1907 zeigt folgende Verteilung der Panzerkreuzer: Das Nordgeschwader wird gebildet aus Montcolm, Gueydon, Dupetit Thouars, Marseillaise, Jeanne d'Arc, Dupuy de Lôme, mit einem Mittel von 11000 t Deplazement. Dem ersten Mittelmeergeschwader sind 3 große Kreuzer von je 12000 t, Léon Gambetta, Jules Ferry, Victor Hugo, dem 2. drei andere von je 10000 t zugeteilt. Diese Verteilung betrachtet man in bezug auf Deplazement und Wert der Einheiten als durchaus fehlerhaft. Das sog. Nordgeschwader hat nur Schiffe von 11000 t, die je nur zwei 19 cm- und acht 16 cm-Geschütze tragen, die dem 2. Mittelmeergeschwader zugeteilten Panzerkreuzer dürften in der Lage sein, die Aufgaben als Aufklärer zu erfüllen, die dem ersten zugewiesenen dagegen durchaus nicht. Die dem ersten Mittelmeergeschwader zugeteilten nähern sich, bis auf den Panzerschutz, den Linienschiffen. Sie tragen bei über 12000 t Deplazement je vier 19-cm und sechzehn 16-cm Geschütze. Diese Gefechtskraft wird man im Ernstfalle nicht nach allen Richtungen der Windrose zerplittern, sie vielmehr, nach der neuen französischen Seetaktik, an die Linienschiffe für Seekämpfe heranhalten und diese unterstützen lassen. Die Gambettaklasse, die für diese Zwecke geeignet erscheint, zählt aber nur 3 Einheiten. Ernest Rénan und Jules Michelet zu 13500 t werden bald in den Dienst treten können. Obwohl man, um die Geschwindigkeit von 22 auf 23 Knoten zu bringen, ihre Armierung herabgesetzt, tragen sie doch noch je vier 19 cm- und zwölf 16 cm-Geschütze. Endlich baut man in Brest bzw. Lorient 2 Edgard Quinet und Waldeck Rousseau von je 14000 t und mit vierzehn 19 cm-Geschützen. Für das Nordgeschwader wird im Plan die Zusammensetzung aus 3 Schiffen der Léon Gambettaklasse, ferner Jules Michelet, Ernest Rénan, Edgard Quinet und Waldeck Rousseau verlangt. Man käme dann zu 22—23 Knoten Durchschnitt an Geschwindigkeit, 12500 bis 14000 t Deplazement, 2200 Seemeilen Aktionsradius. Rechne man dazu 12 Linienschiffe moderner Typs im Mittelmeer, so habe man 19 moderne Einheiten. Für die Aufklärung und für Sonderaufträge habe man dann die Panzerkreuzer von 10000 t, die man für Kampfeszwecke nicht gut verwenden könne. Stark armierte Panzerkreuzer im Kampfe an Seite der Linienschiffe zu verwenden, sei möglich; Togo habe ja durch Nischin und Kasuga, Panzerkreuzer, 2 am Tage von Tsuschima nicht kampffähige Linienschiffe ersetzen lassen,

8 japanische Panzerkreuzer hätten an der Seite der Linienschiffe
im Kampf gestanden und nicht einer sei zum Sinken gebracht worden.
Man sei in Frankreich gezwungen, ebenso zu handeln und sich bei
Zeiten darüber klar zu werden.

Die diesjährigen Flottenmanöver werden vom 1. Juli bis
1. August stattfinden und zwar unter Leitung des Vizeadmirals
Touchard. Das Nordgeschwader verläßt nach der Parade vor dem
Präsidenten der Republik Royan, das Mittelmeergeschwader gleichzeitig Oran. Zunächst finden Aufklärungsübungen gegeneinander
statt, bis am 8. oder 9. Juli im Atlantischen Ozean die Vereinigung
eintritt, dann finden bis zum 13. Juli gemeinsame Evolutionen
statt. Die Divisionen begeben sich dann in verschiedene Häfen
Algeriens um das Nationalfest zu feiern und Kohlen einzunehmen.
Daran schließen sich im Mittelmeer taktische Übungen nach den
von Admiral Fournier entworfenen Grundsätzen, wozu sich Caillard
und der Sonderausschuß an Bord begeben. Schließlich finden bei
Toulon gemeinsame Übungen mit Truppen des Landheeres statt.
Mobilmachung von Personal und Material sind für die diesjährigen
Flottenmanöver nicht vorgesehen.   18

Großbritannien.

Trotz britisch - französisch - spanischen Abkommens über die
gegenseitige Garantie des Status quo im und am Mittelmeer berät
man in den leitenden Kreisen die Schaffung eines sog. „Mediter-
ranean Command", daß dem Herzog von Connaught, nach Abschluß
seiner Tätigkeit als Generalinspekteur der Armee, übertragen
werden soll. Gerade jetzt verdient die Wiederbelebung der Frage
ein besonderes Interesse. Wenn man genau zusieht und bei Army
and Navy Gazette, Broad Arrow sowie Standard zwischen den
Zeilen zu lesen versteht, so wird es bald klar, daß „Egyptian
Command" die richtigere Bezeichnung wäre und daß man aus dem
Lande der Pharaonen ein britisches „Command" machen- will.
Hier sollen starke Kräfte aufgestapelt und Vorbereitungen getroffen
werden, um auf das Gebiet zwischen dem Roten Meer, das schon
ein britischer See, und dem Persischen Meerbusen, das von der
neuen Landesverbindung mit Indien durchquert wird, die Hand zu
legen. Man spricht ja in britischen Heereskreisen schon jetzt davon,
daß es notwendig werden könnte, in Arabien, wo dauernd Unruhen
und von wo aus für Port Sudan, Persien, Aden Gefahren entstehen

könnten, britischerseits zu intervenieren. Einzelne Stimmen sprechen
für Gibraltar, andere für Malta als Sitz des Mittelmeerkommandos
Standard von 8. Juni erklärt Egypten als den günstigsten Sitz.
Am 1. Mai 1907 hatte man im Mittelmeer an britischen Truppen
12 Bataillone, 1 Kavallerieregiment, 1 reitende, 9 Festungsbatterien,
7 Pionierkompagnien. Hierzu kommt die ganze ägyptische, von
britischen Offizieren kommandierte Armee. Standard fordert für
Ägypten eine volle, kriegsbereite und starke britische Division,
weil es 1. in Ägypten gäre, 2. diese Division ein Verbindungsglied
zwischen dem Mutterlande und Indien bilde. Eine 19000 Mann
starke Division würde auch für Indien, wohin sie aus Ägypten
schnell transportiert werden könnte, ein sehr wichtiger Rückhalt
sein. Es liegt nicht fern, die wirklichen Gründe für das Verlangen
des Standard in den Ereignissen zu suchen, die sich in Yemen,
nicht weit nördlich von Aden, abspielen und hinzuzurechnen die
Eifersucht Englands auf irgend welchen deutschen Einfluß in Persien.
Wäre nicht ein Mittelmeerkommando mit Ägypten als Zentrum das
fehlende Verbindungsglied zwischen Malta und Persien und sollte
die neue in Suakim endigende Nilbahn nur den Zweck der Güter-
transporte haben? Die Kette von Posten Gibraltar, Malta, Cypern,
Suakim, Aden, ergänzt durch Ägypten würde eine ununterbrochene sein.

Broad Arrow erklärt die Haltung der Generale im Armeerat,
die die Vorschläge des Kriegsministers Haldane für die Reorganisation
der Armee unterstützen, für unverständlich, es sei denn, daß sie
beabsichtigt hätten, den Kriegsminister einem Mißerfolg auszusetzen
und das Land so zwingen wollten, zur allgemeinen Dienstpflicht, die
in absehbarer Zeit die Feldmarschälle Roberts und Wolseley doch
für notwendig hielten, seine Zuflucht zu nehmen. Eine eben erschienene Broschüre weist nach, daß während die britischen Besitzungen sich im Laufe des 19. Jahrhunderts an Umfang und
Bevölkerung mehr als verdoppelt, die Landstreitkräfte 50000 Mann
weniger betragen, als vor hundert Jahren. Ungenügend sei der
Bestand der Artillerie an Mannschaften und Material. 30 fahrende
Batterien hätten noch nicht das neue 18-Pfündergeschütz erhalten
und sollten mit umgeänderten 15-Pfündern ausgestattet werden und
unter den Hinweis darauf, daß man nicht die Geldmittel habe, diese
Batterien mit neuen Geschützen auszustatten, habe man die Iststärke
an Mannschaften vermindert und die Regierung denke daran, den
Bestand der Artillerie um 6000 Mann herabzusetzen. Die Ausgabe
von 30000 Pfund zur Umgestaltung der alten 15-Pfünderbatterien
sei eine Verschwendung. Der Kriegsminister beabsichtige eine Verminderung des Personals in den Staatswerkstätten. Dann sei man

aber außerstande, das für eine Feldarmee I. Linie von 160000 Mann nötige Material herzustellen. Auch aus Army and Navy Gazette kann man ersehen, daß es heute kaum möglich wäre, eine Feldarmee I. Linie von 160000 Mann für Entsendungen außer Landes bereit zu stellen, da große Mankos an Material und Personal bestehen. Army and Navy Gazette fordert den früheren Kriegsminister Arnold Forster auf, von Haldane eine klipp und klare Antwort auf die Frage zuverlangen, ob er mit den Mitteln — sieben Millionen —, die nach dem Burenkriege für die Beschaffung neuen Artilleriematerials und Sanitätsmaterials ausgeworfen wurden, deren letzte Rate von 400000 Pfund im Budget 1904/05 erschienen und für eine Armee von höchstens 135100 Mann, einschließlich Reserve, bestimmt waren, auch für die neue Feldarmee von 160000 Mann auszukommen denke. Das Blatt bezweifelt stark, daß dies möglich sei. Im Burenkriege haben, wie die Untersuchungen ergeben haben, die Reservevorräte gefehlt, die Fachblätter meinen, man habe aus den damaligen Erfahrungen noch immer nichts gelernt. Arnold Forster hat seitdem an den Plänen Haldanes im Standard eine scharfe Kritik geübt. 18

Belgien.

ehrung
Feld-
allerie.
növer.
rsuche
Feld-
bitzen.

In Belgien empfindet man, wie auch in Frankreich die Notwendigkeit, die Feldartillerie zu vermehren und ' hier wie dort erschwert der Mangel an Pferden und Mannschaften die Durchführung dieser als notwendig anerkannten Maßregel. Es verlautet, daß der Kriegsminister, den französischen Vorschlägen folgend, beabsichtigen soll, die fünften Schwadronen der. Kavallerieregimenter aufzulösen, um Mannschaften und Pferde der Artillerie zu überweisen. Es wird mit Recht auf die Schädigung hingewiesen, welche durch eine solche Maßregel der Dienst erleiden muß, welchen die Kavallerie im Kriege leisten muß und auch nur die Kavallerie leisten kann. Man fordert deshalb, daß seitens der Regierung bei der Kammer die für die Vermehrung der Artillerie nötigen Kredite gefordert werden sollen, ohne auf eine Verminderung der Kavallerie bedacht zu nehmen. Aus Sparsamkeit finden in diesem Jahre keine großen Feldmanöver statt. Die Übung, nur alle 3 bis 4 Jahre solche Manöver abzuhalten, wird mit Recht als der Ausbildung von Offizieren und Mannschaften abträglich verurteilt. In Namur, Antwerpen und Lüttich werden in diesem Jahre Festungsdienstübungen ausgeführt werden.

Die Versuche zur Auswahl einer Feldhaubitze sind seit einiger Zeit beendet. Beschreibung der diesen Versuchen unterworfenen verschiedenen Modelle sind in einzelnen ausländischen Zeitschriften bereits erschienen. Die Ausführung der Versuche selbst, ihre Ergebnisse und namentlich die Entscheidung des Kriegsministers über die Wahl des Modelles sind noch nicht veröffentlicht. Ich möchte mir deshalb erlauben, von der Mitteilung einzelner Bruchstücke abzusehen und werde lieber im ganzen über den Gang der Versuche berichten, wenn alles Material vorliegt. **Bahn.**

Bulgarien.

Jeder der vorhandenen 9 Infanterie-Divisionen ist je 1 Kompagnie berittener Infanterie zugeteilt worden. Diese Kompagnien sollen lediglich Scharfschützen zu Pferde sein, die mit großer Geschwindigkeit an Punkte geworfen werden können, deren schnellebahntru Besetzung und kräftige Verteidigung notwendig ist. Danach ist Bulgarien der erste der modernen Staaten, welcher die berittene Infanterie eingeführt hat (n. d. Kölnischen Zeitung). Ferner ist ein zweites Bataillon Eisenbahntruppen geschaffen worden, für welches 400000 Fr. in den Haushalt für 1907 eingestellt sind. Dieser schließt mit einer Ausgabe von 28821804 Fr. ab und überschreitet den vorjährigen nach Rückrechnung von Ersparnissen um rund eine Million. Der größte Teil der Mehrausgaben entfällt auf den Sold für Offiziere und Mannschaften. **Bahn.**

Japan.

Der Zweck jeglicher Beschießung ist, den getroffenen Gegner kampfunfähig zu machen und zwar sofort und für möglichst lange Zeit, am besten für die Dauer des ganzen Krieges. Die Frage nach ausreichender Verwundungsfähigkeit war bei den großkalibrigen glatten Gewehren und Weichbleikugeln nicht wichtig, sie wurde es erst mit dem Streben, ballistischer Vorteile willen das Kaliber der gezogenen Gewehre mit Langgeschossen mehr und mehr zu verkleinern, so daß man die untere Grenze für die Größe des Kalibers bereits erreicht und versuchsweise mit einem 5 mm-Gewehr sogar unterschritten zu haben scheint. Die Ansichten darüber, welches das für ausreichende Verwundungsfähigkeit und Aufhaltekraft noch zulässige kleinste Kaliber sei bzw. welches Kaliber nach Abwägung aller Verhältnisse — Flugbahn, Verwundungsfähigkeit, Munitionsausrüstung — das zweckmäßigste sei, gehen noch weit auseinander, wie die Bewaffnung der verschiedenen Staaten zeigt. Der Seelendurchmesser der z. Z. eingeführten Gewehre ist:

8 mm in Osterreich-Ungarn, Frankreich, Dänemark, Bulgarien,
7,92 „ „ Deutschland,
7,69 „ „ England,
7,65 „ „ Belgien und der Türkei,
7,62 „ „ Rußland und den Vereinigten Staaten,
7,50 „ „ der Schweiz,
7,00 „ „ in Spanien und Serbien,
6,7 „ „ Japan,
6,5 „ „ Italien, den Niederlanden, Rumänien, Griechenland,
    Schweden und Norwegen.

Das Kaliber ist aber nicht allein und unmittelbar maßgebend
für die Größe der Verwundungsfähigkeit der Geschosse, dabei sprechen
Gewicht, Form, Material und Auftreffgeschwindigkeit sehr wesentlich
mit und zwar in dem Sinne, daß leichte, schlanke Geschosse aus
widerstandsfähigem Material mit scharfer Spitze und großer Auftreffgeschwindigkeit unter sonst gleichen Verhältnissen die Geschoßwirkung gegen Knochen herabsetzen. Langgeschosse aus Stahl oder
Hartblei mit Stahlmantel und scharfer Spitze gehen weit eher durch
einen Knochen ohne sich zu deformieren, als kugelförmige Geschosse
aus Weichblei, welche schon beim Anprall auf weniger widerstandsfähige
Gegenstände die Form verändern und dadurch die Verwundung schwerer
machen. Ein leichtes Geschoß von kleinem Querschnitt durchschlägt
mit großer Auftreffgeschwindigkeit eher einen Knochen glatt ohne
Splitterung und ohne den Getroffenen sofort außer Gefecht zu setzen,
als ein schweres Geschoß von größerem Durchmesser mit geringerer
Endgeschwindigkeit.

Die kleineren Kaliber werden gerade gewählt, um ein leichteres
Geschoß mit günstiger Querschnittsbelastung und großer Anfangs-
bzw. Endgeschwindigkeit verwenden zu können; insofern treten also
die die Verwundungsfähigkeit beeinträchtigenden Faktoren bei ihnen in
höherem Maße auf als bei den größeren Kalibern, wodurch das
Mißtrauen in die Verwundungsfähigkeit und Aufhaltekraft der Geschosse kleineren Kalibers begründet ist.

Von dem Russisch-Japanischen Kriege konnte man in dieser Beziehung Aufklärung erwarten. Die Japaner waren mit einem 6,7 mm,
die Russen mit einem 7,62 mm bewaffnet. Das japanische Gewehr
gehört demnach mit zu den kleinsten der bisher eingeführten
Kaliber. Im Laufe der Zeit sind auch schon viele Beobachtungen
von Ärzten, welche an dem Feldzug teilgenommen haben, veröffentlicht worden, u. a. auch von dem deutschen Stabsarzt Dr. Schäfer.
Dadurch ist bekannt geworden, daß anscheinend schwer verwundete
Russen nach ihrer Verwundung noch große Märsche bis zu ihrer

Aufnahme in das Lazarett zurückgelegt und stundenlange Strapazen ertragen haben. Anderseits ist berichtet worden, daß anscheinend schwer verletzte Japaner in auffallend kurzer Zeit geheilt wurden. Man schrieb dies seiner Zeit vorwiegend der Enthaltsamkeit der Japaner im Trinken und der Einfachheit ihrer Lebensweise zu. Auf die Russen konnte diese Erklärung aber doch keine Anwendung finden. Wirksam wird die Verwundung erst dann, wenn sie sich der Empfindung des Verletzten in dem Maße geltend macht, daß derselbe den Kampf sofort aufgibt. Daß dies bei Verwundungen mit modernen Geschossen nicht immer der Fall ist, dafür erzählt Herr Major v. Dani in Streffleurs Militärzeitung einen beredten Beweis aus dem letzten Feldzuge, dem er auf seiten der Japaner beiwohnte. Der Herr Verfasser ist auf Grund seiner Beobachtung der Ansicht, daß die große Masse der Kämpfenden geneigt ist, sich aus der Kampfeslinie zurückzuziehen, sobald eine nur leichte Verwundung dies gestattet, und daß es eine seltene Ausnahme sei, wenn ein Leichtverwundeter freiwillig zur Front zurückkehrt, eine so seltene, daß z. B. ein leicht am Fuß verwundeter Soldat der 2. Gardebrigade, der freiwillig wieder in die Kampflinie vorging, den fremden Offizieren mit Stolz gezeigt wurde. Wenn dies bei den von unbestreitbarem Patriotismus und Mut beseelten Japanern eingetreten ist, so läßt sich annehmen, meint der Herr Verfasser, daß auch in den europäischen Heeren, deren Reihen mit Anarchisten und Antimilitaristen durchsetzt sind, ein besseres Verhalten nicht zu erwarten sei. Sobald der Soldat seine Verwundung bemerkt, wird er die Front verlassen. Über das physische Empfindungsvermögen bei einer Verwundung wird nach der Erzählung eines japanischen Offiziers ein sehr interessantes Beispiel angeführt:

„Im Kampf von Kapungaï am 10. März 1905 während der Schlacht von Mukden ging eine Kompagnie des japanischen 29. Infanterieregiments, befehligt vom Hauptmann Jamada, durch das Bett des Hun-ho vor. Die Kompagnie zählte ungefähr 90 Mann in erster Linie. Sie überschritt mittelst eines Laufes von 500 m einen steinigen Teil des Flußbettes und der Hauptmann Jamada bemerkte, daß die russischen Geschosse die kleinen Steine aufspringen ließen. Plötzlich fühlte er am linken Arm einen geringen Schlag, sicherlich verursacht durch einen Stein. Angekommen auf eine Insel mit sandigem Boden fühlte er einen zweiten Schlag am Oberschenkel. Als er auf einer Furt einen zweiten Flußarm überschritt, fühlte er, daß ihm der Atem verging und stand einen Augenblick im Wasser still, nicht weit von dem Ufer, welches die Russen besetzt hatten, und sah seine Mannschaften weiterlaufen und ihn überholen.

Er freute sich, festzustellen, daß seine Kompagnie keinen Verlust hatte. Indem er zufällig das Wasser betrachtete, bemerkte er, daß es rot geworden war und erkannte dann, daß er verwundet war; alsbald fühlte er einen lebhaften Schmerz und sah sich außerstande, weiter vorzugehen. Inzwischen hatte die Kompagnie an dem steilen Ufer Schutz gefunden und hielt dort an. Die Russen räumten ihre Stellung ohne Zweifel in dem Glauben, daß ihr Feuer wirkungslos gewesen sei. In Wirklichkeit waren aber von den 90 Mann 40 verwundet. Indessen alle waren weitergelaufen und hatten erst bemerkt, daß sie verwundet waren, als sie anhielten und in Schutz waren. Die 7,62 mm-Geschosse der Russen hatten also nicht genügt, den in Bewegung befindlichen Gegner aufzuhalten, welche nicht einmal bemerkt hatten, daß sie verwundet waren."

Wenn man diesen Vorgang in Verbindung bringt mit der oben vorausgesetzten Annahme, daß jeder Verwundete sobald als möglich die Feuerlinie verläßt, so ist er ein bedenkliches Zeichen dafür, daß die Aufhaltekraft selbst des 7,62 mm-Kaliber nicht genügt. Der Umstand, daß bei dem Vorstürmen im feindlichen Feuer alle Nerven und Muskeln aufs höchste angespannt sind und dadurch das Empfindungsvermögen herabgesetzt sein mag, kann nicht berücksichtigt werden, denn die Wirkung des Infanteriegeschosses muß danach bemessen werden, daß ein großer Prozentsatz der Getroffenen sofort kampfunfähig wird, um den Ansturm der Infanterie oder die Kavallerieattacke dadurch zu brechen. Von attackierenden Pferden ist es längst bekannt, daß sie nach erhaltener Verwundung weiter galoppieren und unter Umständen in die feindliche Truppe gelangen können. Wenn schon das 7,62 mm russische Geschoß nicht genügt hat, den Ansturm der Gegner aufzuhalten, so kann von den 6,5 mm-Geschossen der Japaner keinesfalls mehr erwartet werden.

Nach Herrn Major von Dani waren die japanischen Offiziere nicht einstimmig darin, daß das 6,5 mm-Kaliber genügend verwundungsfähig sei, aber selbst diejenigen, welche eine größere Geschoßwirkung wünschten, um den getroffenen Feind sicher außer Gefecht zu setzen, meinten doch, daß das japanische Gewehr sich in diesem Punkte dem russischen nicht unterlegen gezeigt habe. Diese letztere vielleicht auch nur dem japanischen Nationalstolz zuliebe gemachte Bemerkung entkräftigt die vorher ausgesprochene Ansicht nicht, denn es ist sehr leicht möglich, daß der geringe Kaliberunterschied von noch nicht 1 mm zwischen beiden Gewehren nicht in die Erscheinung getreten ist. Um einen Unterschied in der Verwundungsfähigkeit und Aufhaltekraft beider Kaliber festzustellen, müßten sehr umfangreiche und eingehende statistische Untersuchungen von Sachverständigen angestellt werden. Jene Bemerkung würde höchstens beweisen, daß sich das um ein geringes kalibergrößere russische Geschoß nicht besser verhalten hat. Wenn hierbei noch berücksichtigt wird, daß nach ärztlichen Mitteilungen der größte Teil der schweren Verwundungen und meist die schwersten von Schrapnellkugeln und nicht von Infanteriegeschossen herrühren, wenn von Verwundungen durch Sprenggranatsplitter abgesehen wird, so ermutigen die Ergebnisse des Krieges jedenfalls nicht, dem Drange nach Verkleinerung des Kalibers weitere Folge zu geben. Neuerdings hat man auch allgemein den Weg betreten, die Flugbahnverhältnisse durch Steigerung der Anfangsgeschwindigkeit, Erleichterung des Geschosses und Änderung seiner Form zur leichteren Überwindung des Luftwiderstandes zu verbessern. Deutschland, Frankreich, Vereinigte Staaten, Belgien und andere haben bereits neuere Spitzgeschosse eingeführt und es liegt deshalb ein dringendes Interesse vor, wie die Verwundungsfähigkeit und Aufhaltekraft dieser neuen Geschosse ist. Deutscherseits sind Versuche über die Verwundungsfähigkeit der Geschosse angestellt und deren Ergebnis auf Befehl der Medizinalabteilung des Königlich preußischen Kriegsministeriums durch Herrn Oberstabsarzt Dr. Kranzfelder und Herrn Stabsarzt Dr. Oertel in der Deutschen medizinischen Wochenschrift veröffentlicht worden. Darin wird zunächst festgestellt, daß „das S-Geschoß im Vergleich mit anderen Spitzgeschossen von größerer Länge und Schwere auf Grund seiner Kürze und seines geringen Gewichts in seiner Verwundungsfähigkeit nach einigen Richtungen etwas zu wünschen übrig läßt." (Es ist dies der praktische Beweis für die oben besprochene Theorie, daß die Verwundungsfähigkeit mit dem Geschoßgewicht abnimmt.) „An sich betrachtet, ist seine Verwundungsfähigkeit auf denjenigen Entfernungen, für welche seine Hochleistungen erwartet werden, ausgezeichnet und noch auf 1350 m gut ausreichend. Es wirkt auf 800 m noch mit einem Überschuß von lebendiger Kraft, welche die sagittalen Durchmesser des menschlichen Körpers mit seinen stärksten knöchernen Widerständen glatt durchschlägt, dann noch ausreicht, weitere ernste Verletzungen zu machen und bei Körperlängsschüssen große Eindringungstiefen erreicht. Es wurden Schußkanäle beobachtet auf

	800 m	1350 m
1. in derber Muskulatur bis zu . . .	460 mm	400 mm
2. in weniger dichten Weichteilen, Eingeweiden von Brust- und Bauchhöhle (bei gleichzeitiger Durchschlagung		

14*

kleiner   Knochenwiderstände   wie
Rippen, platte Schädelknochen) bis zu 600 mm   380 mm
Beim indirekten Schuß mit voller Querstellung des Geschosses vermindert sich die Länge des Schußkanals in derber Muskulatur auf
130 mm bei 1350 m Entfernung. Die Länge der Splitterzonen der
großen Röhrenknochen unter dem Beschuß aus 1350 m ist beim
S-Geschoß n a h e z u ebensogroß, wie beim alten deutschen
zylindroogivalen und anderen Spitzgeschossen von größerer Länge
und Schwere und entsprechendem Kaliber (und bei 800 m?). So
wird der Schaft eines starken Os femoris auf 150 mm, der eines
kräftigen Radius auf 80 mm Länge zersplittert. Von den erzielten
38 reinen Weichteilschüssen wurden in Wirklichkeit auf

	800 m	1350 m
1. sofort außer Gefecht gesetzt haben .	36,4 %	43,8 %
2. auf längere Zeit felddienstunfähig gemacht haben	27,3 %	37,3 %

Von Weichteilknochenschüssen würden:

1. getötet haben	20,8 %	11,1 %
2. sofort außer Gefecht gesetzt haben .	79,2 %	88,9 %
3. auf längere Zeit felddienstunfähig gemacht haben	75,0 %	88,9 %

Dieses Ergebnis wird vom kriegschirurgischen Standpunkt als
eine sicherlich sehr gute Leistung bezeichnet. Die Aufhaltekraft
des neuen Geschosses, welche ja nur im Kriege festgestellt werden
kann, muß hier auf Grund derjenigen Schüsse, welche getötet und
sofort außer Gefecht gesetzt haben würden, beurteilt werden. Dabei ist
es nur fraglich, ob bei letzteren Verwundungen die physische Unmöglichkeit vorlag, den Kampf fortzusetzen oder ob bei herabgesetztem
Schmerzempfindungsvermögen im Kampf noch ein Weiterstürmen
möglich gewesen wäre.

Vergleicht man die Ergebnisse auf 800 m und 1350 m, so ergibt sich erstens, daß die Prozentzahl der Schüsse, welche getötet
haben würden, auf 800 m größer ist, als auf 1350 m. Das ist
selbstverständlich, denn die Arbeitsenergie des Geschosses ist auf der
kürzeren Entfernung wesentlich größer als auf der weiteren. Zweitens
zeigt sich, daß die Prozentzahl aller übrigen Verwundungen auf der
größeren Entfernung größer sind als auf der kleineren. Bei der
Regelmäßigkeit, mit der diese Erscheinung auftritt, kann dies kein
Zufall sein. Zweierlei ändert sich im weiteren Fluge des Geschosses
an den hier maßgebenden Faktoren. Die Auftreffgeschwindigkeit
und damit die Arbeitsenergie des Geschosses vermindert sich und

die Größe der Pendelungen nimmt zu. Dieser letztere Umstand hat nun mit dem kleinen Kaliber nichts zu tun, sondern er ist durch die schlankere Form der modernen Geschosse mit langer Spitze schwerwiegender geworden. Bei dieser Form liegt der Schwerpunkt des Geschosses weiter rückwärts des Mittelpunktes der Geschoß-längsachse und dadurch nimmt die Größe der Pendelungen des Ge-schosses um die Flugbahntangente zu, wie man sich mittelst des Magnusschen Versuches im physikalischen Laboratorium überzeugen kann. Je mehr die Rotationsgeschwindigkeit mit der Entfernung abnimmt, desto größer werden diese Pendelungen, die zum völligen Querlegen des Geschosses beim Aufschlag führen können.

Haben solche Querschläger die genügende Kraft zum Eindringen in das Ziel, so werden sie meist schwerere Verwundungen hervor-bringen, als wenn die Geschosse mit der Spitze eindringen. Die Schuß-kanäle werden größer und unregelmäßiger und können durch mit-gerissene Kleiderfetzen u. dgl. verunreinigt werden. Auch bleiben Quer-schläger häufig in der Wunde stecken, was durch die oben mitgeteilten Zahlen über die Verminderung der Länge des Schußkanals bei einem Querschläger auf $^1/_3$ praktisch bestätigt wird. Durch die Querschläger nimmt also die Verwundungsfähigkeit der Geschosse zu. Unser Gewehr gehört mit zu den größtkalibrigen aller Armeegewehre. Es kann aber auch als festgestellt erachtet werden, daß durch Er-leichterung und Veränderung des Geschosses seine Verwundungsfähig-keit auf den am meisten in Betracht kommenden Entfernungen noch völlig ausreicht. Schließlich sei noch bemerkt, daß die Verwundungs-fähigkeit unseres deutschen, auch des französischen Geschosses und das der Vereinigten Staaten von Nordamerika Gegenstand der Besprechung im englischen Unterhause gewesen ist. Der Kriegs-minister Haldane erklärte, daß das deutsche Geschoß infolge seiner kolossalen Anfangsgeschwindigkeit nach den Photographien, die er gesehen habe, eine ganz überraschende Wirkung habe. Auf kurze Entfernungen mache das Geschoß ein fürchterliches Loch, es gehe nicht glatt durch, es reiße vielmehr hindurch. Seine Hemmkraft sei gewaltig. Es habe in hohem Maße dieselbe Wirkung, wie ein Sprenggeschoß. Dieser letzten Bemerkung muß aber entgegen-getreten werden. Der schon vorher erwähnte Bericht über die kriegs-chirurgische Wirkung unserer Geschosse stellt ausdrücklich fest: „Die S-Munition ... ist von derselben Unveränderlichkeit der Form im durchschlagenden Widerstande (wie die alten Geschosse). Bei 42 Knochenschüssen kam nur ein Mantelreißer mit Kerndefor-mation vor und zwar beim Beschuß eines Oberschenkels auf 1350 m an einem der stärksten Widerstände des menschlichen Körpers, der

Linea aspera femoris, jener Klippe, an der auch das alte Geschoß und andere kleinkalibrige Vollmantelgeschosse ausnahmsweise zerreißen." Von einer regelmäßigen Deformation des Geschosses bei Knochenschüssen kann also keine Rede sein. Im weiteren Verlauf der Sitzung bemerkte dann noch M. Bright, daß England lieber daran denken solle, etwas zu tun, um ein solches Geschoß durch die Genfer Konvention auszuschließen, als seine Einführung in Betracht zu ziehen. Darauf erwiderte M. Haldane: Was die in Deutschland, Frankreich und in den Vereinigten Staaten verwendeten Infanteriegeschosse betreffe, so gebe er zu, daß die Erhöhung der Wirksamkeit der Zerstörungsmittel eine schreckliche Sache sei. England müsse aber eine ebenso wirksame Waffe haben, wie die festländischen Staaten (ein durchaus richtiger Schluß) und das einzige mögliche Behinderungsmittel sei das Zusammenwirken von Staaten in der Genfer Konvention oder eine Vereinbarung der unterzeichneten Mächte dieser Konvention.

Nach den obigen Darlegungen handelt es sich hier gar nicht um Explosions- oder Deformationsgeschosse oder um irgendwelche künstlichen Mittel, die Verwundungsfähigkeit des Geschosses zu erhöhen. Durch Verhandlungen in der Genfer Konvention würde sich mangels fest bestimmbarer Einrichtungen, welche verboten werden sollen, kaum etwas erreichen lassen, um so weniger, als s. Z. England bei Einführung seiner Dumdumgeschosse anerkannter Deformationsgeschosse eine Vereinbarung auf der Genfer Konvention auch nicht herbeigeführt und niemand in England dagegen Widerspruch erhoben hat.　　　　　　　　　　　　　　　B a h n.

Literatur.

I. Bücher.

Die Kavalleriebrigade Fratricssewics in der Zeit vom 14. Mai bis 4. Juli 1866. Aufzeichnungen ihres Generalstabsoffiziers Rittmeister Heinrich Ritter von Ambrozy, Wien. Verlag von L. W. Seidel & Sohn.

Die österreichische Kavallerie ist die Waffe jenes Heeres, die auf ihre Leistungen im Feldzuge von 1866 mit Genugtuung zurückblicken kann. Besonders durch ihr Verhalten bei Königgrätz hat sie dem Gegner die volle Achtung abgerungen, ihrem Eingreifen ist neben dem der Artillerie die Rettung des kaiserlichen Heeres und das Gelingen des schwierigen Rückzuges über die Elbbrücken zu danken. Es ist daher auch für alle, die sich speziell mit jenem Feldzuge beschäftigen, von Interesse, einen Einblick in die Einzelheiten des Dienstbetriebes einer Kavalleriebrigade zu tun, die schon vom Beginn des Grenzschutzes an in Tätigkeit vorm Feinde gewesen ist. Diese Möglichkeit bietet das Operationsjournal der obengenannten Brigade, die zum Verbande der 1. leichten Kavalleriedivision Baron Edelsheim gehörte und aus dem 5. und 8. Husarenregiment und einer Batterie bestand. Es gibt ein vollständiges Bild von dem Wirken der Brigade und ist von deren Generalstabsoffizier geführt worden.

Von besonderem Wert ist es, daß aus den gewissenhaften Aufzeichnungen der während des Grenzdienstes der Brigade an der preußisch-sächsischen Grenze eingelaufenen Nachrichten und den daraus sich ergebenden Schlußfolgerungen der nichtkriegskundige Offizier ein Bild von den so verschiedenartigen Ergebnissen der Erkundung im Frieden gegenüber dem Kriegsfalle erhält. Die Brigade erhielt, auch in der Zeit vor der Kriegserklärung, meist durch Agenten eine Fülle von Nachrichten, deren Sichtung mit entschiedenem Verständnis erfolgte, und doch, wie viele Irrtümer schlichen sich trotzdem immer wieder in die Vorstellungen über die Lage beim Feinde ein.

Die Daten der eingegangenen Kundschaftsberichte sind von dem Herausgeber mit Unterstützung des Berliner Kriegsarchivs nachgeprüft worden, so daß der Leser imstande ist, sich ein Bild von den von jenen Berichten vielfach abweichenden tatsächlichen Vorgängen zu machen.

Die Veröffentlichung des Tagebuches schließt mit dem 4. Juli ab, weil die weiteren Angaben bei Abfassung der Schriften: „Die erste leichte Kavallerietruppendivision in der Zeit vom 3. bis 15. Juli 1866" von F. Z. M. Johann Freiherrn von Waldstaetten und „Das österreichische Kavalleriekorps Holstein und das Vordringen der preußischen Hauptkraft gegen Wien" von einem Generalstabsoffizier nahezu vollständig verwertet wurden.

Nach erfolgter Kriegserklärung ereigneten sich verschiedene Scharmützel zwischen den österreichischen Husaren und preußischen Patrouillen; auch voreilige Alarmierungen auf Grund falscher, nicht nachgeprüfter Meldungen kamen auf österreichischer Seite vor.

Zu einem ernsteren Scharmützel kam es am 23. Juni bei Friedrichshain zwischen ½ Eskadron preußischer 10. Husaren und 4 Zügen des österreichischen 5. Husarenregiment, das für die Österreicher glücklich auslief. Diesem Scharmützel folgte noch ein solches zwischen der 2. Eskadron preußischen 2. Dragonerregiments und der 5. Eskadron Lichtensteinhusaren bei Schonborn. Angeblich wurde hierbei die preußische Eskadron auf das ihr nachfolgende 3. Jägerbataillon zurückgeworfen, wobei eine Menge (?) Leute zusammengehauen und 4 Gefangene gemacht wurden, während die Österreicher nur 2 leicht verwundete Mann und 3 Pferde verloren.

Die Berichte über die erfolgten Zusammenstöße sind von dem Herausgeber augenscheinlich nicht nach preußischen Quellen nachgeprüft und können daher nicht ohne weitere Forschung als den Tatsachen entsprechend erachtet werden. Dies ergibt schon die Anführung, daß bei jenem Gefecht der österreichische Avantgardenzug durch das Gros der preußischen Eskadron stehenden Fußes mit einer Salve empfangen worden sei. Ein solcher Vorgang ist nach der ganzen Ausbildung der preußischen Kavallerie in jener Zeit völlig ausgeschlossen und wäre schon zur friderizianischen Zeit verpönt gewesen, hier hat die Phantasie des Berichterstatters stark gewirkt.

In der fehlenden Nachprüfung der Vorgänge bei Zusammenstößen, die stark österreichisch gefärbt gegeben werden, liegt ein Mangel des Buches, der seinen Wert einschränkt.

Ein gleiches gilt von der Darstellung der Ereignisse am 26., wo das Zietensche Husarenregiment, das in Kolonnenlinie, die man damals noch gar nicht kannte, vorgerückt sei, nach einigen Schüssen der Brigadebatterie „in wilder Flucht auseinandergestoben sei". Eine Darstellung, die auf geschichtlichen Wert Anspruch erhebt, sollte solche Übertreibungen vermeiden.

Aus dem Gefecht bei Gitschin erfahren wir, daß die Lichtensteinhusaren auf Befehl absaßen und das von preußischer Infanterie besetzte Dorf Zamer zu Fuß angriffen (?). Über den Verlauf des Angriffs erfahren wir nichts, es wird sich wohl um ein paar Schuß aus weiter Entfernung gehandelt haben, denn es gab wohl damals keine Kavallerie, die mit Vorderladerkarabinern sich zu einem Angriff auf Infanterie entschlossen hätte, die eine Ortschaft mit Zündnadelgewehren verteidigte. Später ritt eine Division des 8. Husarenregiments eine Attacke gegen preußische Tirailleure, hinter denen drei Bataillone Karree (?) gebildet hatten und erlitt große Verluste.

Bei Koeniggrätz stand die Brigade im Vorlande der 1. leichten Kavalleriedivision links rückwärts der Sachsen zwischen Problus und Prim. Zur Attacke kam es nicht, nur Aufklärungsabteilungen und die Batterien wirkten.

Mit der Einschränkung, die sich aus der Besprechung ergibt, kann die Schrift mit Nutzen verwendet werden.

Geschichte der königlich deutschen Legion, 1803 bis 1816, von
Bernhard Schwertfeger, königlich sächsischer Hauptmann
und Lehrer an der Kriegsschule in Hannover. Stammgeschichte
für Füsilierregiment Generalfeldmarschall Prinz Albrecht von
Preußen (Hannov.) No. 73, Hannov. Jägerbataillon No. 10, Dragonerregiment König Carl von Rumänien (1. Hannov.) No. 9, Husaren-

regiment Königin Wilhelmina der Niederlande (Hannov.) No. 15,
Königsulanenregiment (1. Hannov.) No. 13, Feldartillerieregiment
von Scharnhorst (1. Hannov.) No. 10, Hannov. Pionierbataillon
No. 10. In zwei Bänden (LXXVIII und 718, II. XIV und 492
Seiten). Mit 1Titelbilde, 1 Briefnachbildung, 5 Bildern im Texte,
6 Plänen, 3 Übersichtskarten, 1 Karte von Spanien und Portugal,
51 Textskizzen, 4 Fahnentafeln und 18 farbigen Uniformbildern,
letztere nach Vorlagen des Rittmeisters Grafen Castell vom vor-
maligen 3. Hannov. Husarenregiment. Hannover und Leipzig.
Hahnsche Buchhandlung 1907 Preis 30 Mk., geb. 35 Mk.

Im Jahre 1803 ging durch die zwischen dem französischen General
Mortier und dem kurbraunschweig-lüneburgischen Feldmarschall Graf
Wallmoden-Gimborn am 5. Juli zu Artlenburg an der Elbe abge-
schlossene Konvention die hannoversche Armee zugrunde. Die unselige Verbindung mit Großbritannien, dessen König zugleich deutscher
Reichsfürst war, die Schwäche der Machthaber im Lande und die
klägliche Heerführung trugen gemeinsam die Schuld an dem Miss-
geschicke einer Truppe, welche seit fast zweihundert Jahren aus zahl-
losen Feldzügen mit Ehren heimgekehrt war, ihren Schild stets flecken-
los gehalten hatte. Sie wurde aufgelöst. Aber unmittelbar darauf
entstand sie jenseits des Meeres zu neuem Leben.

Schon von der Elbe gingen entschlossene Offiziere nach England,
legten dort den Grund zu einer Truppe, die unter dem Namen der
Englisch-Deutschen Legion („King's German Legion") bis zum
Schlußkampfe des Jahres 1815 gegen Napoleon im Felde gestanden,
nie auf seiner Seite gefochten hat. Der schwache Kern, aus dem ursprünglich nur ein Infanteriebataillon werden sollte, entwickelte sich
bald zu einem aus allen Waffengattungen bestehenden Korps, welches,
in der höchsten von ihm erreichten Stärke, am 25. Juni 1812, dem
für das englische Heer allgemein angesetzten monatlichen Musterungs-
tage, an dem der Stand der Truppe nachgewiesen und die Geld-
gebührnisse geregelt wurden, 663 Offiziere, 1056 Unteroffiziere usw.,
14175 Soldaten und 3050 Dienstpferde zählte. Sie standen ihren
britischen Waffengefährten ebenbürtig zur Seite, waren ihnen aber
nach dem Zeugniß gemeinsamer Vorgesetzten und dem Urteile ihrer
Gegner in der Verwendbarkeit für mancherlei Kriegszwecke voraus.
So für den Nachrichten- und den Sicherheitsdienst.

Fast vier Jahre dauerte es, bis die Legion im Felde erschien.
Nachdem die Hoffnung im Jahre 1805 in der Heimat für des Vaterlandes Befreiung vom Korsenjoche fechten zu dürfen gescheitert, war
ein nach dem nördlichen Hannover entsandtes Korps, zu dem sie ge-
gehörte, unverrichteter Sache sich wieder eingeschifft hatte, brachte
im Sommer 1807 ein Zug nach der Ostsee, dessen Ziel die Wegnahme
der dänischen Flotte war, das Vorspiel der nachfolgenden langwierigen
Kämpfe. Schon hier hatte England Gelegenheit, den Wert der deutschen
Krieger zu erproben. Den guten Ruf, den sie auf Seeland erwarben,

rechtfertigten sie dann von 1809 an besonders auf der Pyrenäischen Halbinsel; dort bot England den Portugiesen und den Spaniern über die Grenzen des Landes hinaus bis zum Jahre 1814, opferfreudig und beharrlich, die Bundeshand, bewahrte sie vor dem gallischen Joche. Unter Wellingtons zielbewußter Führung wurde fünf Jahre hindurch immer wieder erfolglos versucht die Franzosen aus Spanien zu vertreiben, jedes Mal mußte der britische Feldherr für den Winter nach Portugal zurückkehren, wo Albions meerbeherrschende Stellung ihm die Möglichkeit gab, sein Heer zu unterhalten, bis es ihm im Herbst 1813, als Napoleons Stern schon im Sinken begriffen war, gelang, die Pyrenäen zu überschreiten und im Frühjahr 1814 in Südfrankreich den Krieg siegreich zu beenden.

Gleichzeitig waren Teile der Legion auf anderen Kriegsschauplätzen tätig: Im Jahre 1809 bei dem unglücklich verlaufenen Unternehmen auf der Insel Walcheren vor der Scheldemündung; seit 1809 als Wache auf Sicilien, von wo sie kriegerische Verwendung auf dem Festlande von Italien, auf Inseln des mittelländischen Meeres und an der Ostküste von Spanien fand, und seit dem Sommer 1813 im nordwestlichen Deutschland unter dem Kommando des Generals Graf Wallmoden-Gimborn, der dort die Schuld seines Vaters, des Kapitulanten vom Jahre 1803, sühnte. Neben der Tätigkeit, zu welcher hier geschlossene Truppenteile der Artillerie und der Kavallerie berufen wurden, ging eine vielfache Verwendung von Offizieren und Unteroffizieren her, welche bei den neuaufgestellten hannoverschen Batterien und Bataillonen Dienst taten.

Den Schluß machte die Teilnahme am Feldzuge von 1815 in den Niederlanden, an den Kämpfen bei Quatrebras und bei Waterloo. Das Verdienst eines jeden der beiden verbündeten Heere um den Gewinn der Entscheidungsschlacht ist hier nach Recht und Billigkeit abgewogen, jedem ist die Anerkennung gezollt, auf die er rechnen darf. Die Legion zählte damals 817 Offiziere, 1075 Unteroffiziere usw., 10163 Soldaten und 3541 Dienstpferde; alle, bis auf zwei Bataillone, die noch in Italien waren oder sich in den Depots in England befanden, erschienen im Felde.

Der Versuch, diese Vorgänge im Zusammenhange darzustellen, ist schon einmal gemacht. Es geschah in den Jahren 1832 bis 1837 durch den großbritannischen Major N. Ludlow Beamish. Offiziere der Legion hatten ihm dabei hilfreich zur Seite gestanden, ihm ihre Vorarbeiten, die bestimmt gewesen waren, gleichem Zwecke zu dienen, zur Verfügung gestellt, ein wertvolles statistisches Material zusammengebracht, für die Übersetzung des englisch geschriebenen und gedruckten Buches in das Deutsche gesorgt. Aber die Arbeit, so freudig sie bei ihrer Zeit begrüßt wurde, genügt nicht den Anforderungen, welche die Gegenwart an ein kriegsgeschichtliches Werk macht. Dazu beruht es auf sehr dürftigen Quellen und ist seit langer Zeit im Buchhandel vergriffen. Diese Mängel wurden schwer empfunden, als am 24. Januar

1899 Kaiser Wilhelm II. die Erinnerungen an die königlich hannoversche Armee und damit das Andenken der Legion zu neuem Leben erweckte, indem er zu Hütern ihrer Überlieferungen die preußischen Regimenter und Bataillone bestellte, welche jetzt die Bezeichnung „Hannoversche" tragen, und als er am 19. Dezember 1903 das Gedächtnis der vor hundert Jahren geschehenen Errichtung der Legion zum Gegenstande einer glänzenden Feier machte, zu welcher die Angehörigen der einstmaligen königlich hannoverschen Armee und ihre Nachfolger berufen wurden. Ein im Jahre 1905 erschienener Neudruck des Buches von Beamish konnte dem Mangel nicht abhelfen, weil er an den nämlichen Gebrechen krankte wie die Urschrift.

Um so verdienstlicher ist das anders geartete Unternehmen des Hauptmann Schwertfeger. Er hat ein ganz neues Werk geschaffen und darin alle Forderungen erfüllt, welche die Jetztzeit an eine kriegsgeschichtliche Arbeit stellt. Es standen ihm für seinen Zweck die Berliner und das Hannoversche Archiv zu Gebote, sowie die in den fünfundsiebzig seit der Veröffentlichung des Beamishschen Buches verflossenen Jahren erschienene reiche Literatur, welche namentlich in Frankreich und in England neue Quellen erschlossen und Licht verbreitet hat. Über alle gibt ein im 2. Bande enthaltenes Verzeichnis Auskunft.

Seine Majestät unser Kaiser und König Wilhelm II. hat den Wert der Arbeit durch Annahme der Widmung anerkannt und solcher Ehrung geht immer eine gewissenhafte Prüfung von berufener Stelle vorauf. In klarer lichtvoller Darstellung entwickelt der Verfasser den Gang der Operationen, hebt auf diesem Hintergrunde die Rolle hervor, welche die Legion bei jedem der geschilderten Ereignisse gespielt hat, und wird den Ansprüchen des einzelnen auf ehrenvolle Erwähnung gerecht. Die Aufgabe, den Anteil der verschiedenen Truppenteile nachzuweisen, war um so schwieriger, als die Legion im Felde nirgends in ihrer Gesamtheit höchstens zu Brigaden vereinigt, aufgetreten ist; die Mischung mit Engländern oder Portugiesen war die Regel. Dazu hat Hauptmann Schwertfeger alle inneren Verhältnisse der Legion voll berücksichtigt, über die Beamish weniges gebracht hat, so daß sein Buch keinen vollen Einblick in ihr Wesen bot.

Von den beiden Bänden enthält der 1. die Darstellung des Verlaufes der Ereignisse und eine zusammenhängende Schilderung der organisatorischen und dienstlichen Verhältnisse. Es sind darin das Entstehen, die Gliederung und die Teilnahme an Feldzügen, die Auflösung und die Aufnahme in den hannoverschen Dienst geschildert. Den Schluß macht der Bericht über die Neubelebung der Überlieferungen durch Seine Majestät den Kaiser und König, das Wiedererstehen der alten Stämme auf frischem Boden durch Verpflanzung der Wurzeln in ein neuerschlossenes Gebiet. Auf der Unterlage der allgemeinen politischen und militärischen Verhältnisse ist der Verlauf eines jeden Feldzuges und der einzelnen Unternehmungen geschildert, die oben

genannt war; in klarer und übersichtlicher Darstellung ist entwickelt was bezweckt wurde, welche Streitmittel zur Erreichung des
Zieles verwendet wurden, was sich zutrug und welches die Endergeb-
nisse waren. Der Truppenteile Mitwirkung und das Verdienst des
einzelnen sind dabei gewürdigt und nach Gebühr eingeschätzt.

In dem 2. weniger umfangreichen Bande ist verwiesen, was
zum Verständnisse der Ereignisse nicht unbedingt nötig ist. Vor allem
ein reiches statistisches Material. Schon Beamish konnte, dank dem
Beistande seiner hannoverschen Mitarbeiter, vieles bringen, Hauptmann
Schwertfeger hat es bedeutend vermehrt und ergänzt. Ebenso hat er
den Kreis desjenigen erweitert, was sein Vorgänger über Persönlichkeiten bot.

Hier ist an erster Stelle ein Verzeichnis aller Offiziere und ihnen
Gleichgestellten zu nennen, die der Legion angehört haben. Es weist
1350 Namen auf. Beamish hat ihre Dienste und den Abschluß ihrer
irdischen Laufbahn bis zum Jahre 1837 nachgewiesen, Schwertfeger
hat die Arbeit ergänzt und bis zum Jahre 1894 fortgesetzt. Da starb
der vermutlich letzte Legionär. Er war einer von den 415 Offizieren,
die im Jahre 1816 Anstellung in der hannoverschen Armee gefunden
hatten, die Legion zählte damals 775. In 150 Fällen versagten die
Quellen. Fast ausnahmslos bei jüngeren Offizieren, welche in den
letzten Jahren in die Legion traten, teils gelockt durch ihren Kriegs-
ruhm, teils Briten, denen die Mittel fehlten, in den Reihen des vater-
ländischen Heeres sich Stellen zu kaufen. Wir begegnen in dem Ver-
zeichnisse zumeist hannoverschen Namen, die noch jetzt guten Klang
haben. Aus der Heimat kam der größte Teil des Ersatzes. Trotz
aller Bemühungen der französischen und westfälischen Behörden gelang
es nicht, die Quelle zu verstopfen. — Nicht ganz so günstig gestaltete
sich das Verhältnis bei der Mannschaft. Scharfe Maßregeln, welche
daheim gegen die Auswanderung ergriffen wurden, und die Kontinental-
sperre standen im Wege; die Forderungen, welche anfänglich an die
Nationalität gestellt waren, mußten ermäßigt werden, Kriegsgefangene
und Überläufer mußten helfen die Reihen vollzählig zu erhalten. Der
Kern der Truppe aber blieb hannoversch. Plattdeutsch, untermischt
mit englischen Brocken, war die Sprache, die in Reih und Glied gebräuchlich war.

In diesem 2. Bande sind auch mehrere Beiträge im Wortlaute abgedruckt, welche aus dem Nachlasse von Angehörigen der Legion zur
Verfügung gestellt und in der Hauptsache schon für die Herstellung
des 1. verwendet waren; die meisten derartigen Aufzeichnungen hatte
schon Beamish ausgebeutet, manches mag noch im verschlossenen
Schreine ruhen.

Neu sind die Abbildungen von Fahnen, Standarten und Kornetten,
deren in Hannover aufwahrte Originale S. K. H. der Herzog Ernst
August von Cumberland für den Zweck zur Verfügung stellte, und in
um die Hälfte vergrößerten Abmessungen, daher deutlicher und er-

kennbarer, sind die im Titel des Buches erwähnten Uniformbilder wiedergegeben, welche auch das Buch von Beamish schmücken.

.   Im einzelnen sind hier ferner die Namen verdienter Unteroffiziere und Mannschaften aufgeführt unter Hinweis auf die Stelle, an welcher sie im 1. Bande erwähnt wurden.

.   Neben dem allgemeinen Interesse, welches das Werk für die Kenntnis eines bisher nach Gebühr noch nicht nach Verdienst gewürdigten Abschnittes der Kriegsgeschichte napoleonischer Zeit bietet, darf es ein solches insbesondere für die Heimat der Legion und deren Nachkommen beanspruchen.   14.

Seekriegsgeschichte in ihren wichtigsten Abschnitten mit Berücksichtigung der Seetaktik. Von Alfred Stenzel, kais. Kapitän z. S. à la suite der Marine. Erster Teil. Mit einem Vorwort von R. Dittmer. Mit 10 Tafeln, Abbildungen und Karten. Hannover und Leipzig. Hahn'sche Buchhandlung 1907.

Nicht dankbar genug kann man dem Verfasser für dieses hervorragende Werk sein, nicht dankbar genug dem gütigen Geschick, welches ihn das Werk noch vollenden ließ, bevor er in die Ewigkeit abgerufen wurde! Noch bei Lebzeiten die dankbare Anerkennung seiner Mühen durch die Kameraden zu finden, blieb ihm leider versagt; der Wert seines Schaffens, das was dieser bedeutende Seeoffizier aus seiner Erfahrung und seines Wissens reichem Schatz der Nachwelt in dem Werk hinterlassen hat, bleibt dagegen bestehen.

Ernst und einfach, von manchen jüngeren Kameraden s. Zt. als Theoretiker bespöttelt, war der Verfasser ein ganzer Seemann und ein hervorragender Führer, getreu dem von ihm im Vorwort niedergelegten Grundsatz, daß eine gesunde Theorie zur Praxis keineswegs im Gegensatz stände, sondern zwischen beiden nur ein Unterschied vorhanden sei wie der zwischen „Lehre“, und „Anwendung“. Der Verfasser war nicht nur ein Mann der „Lehre“, sondern wußte die gewonnene Lehre mit Nachdruck und Erfolg auch anzuwenden. Praxis allein ohne Theorie genügt wohl für zeitweise Erfolge, niemals aber zur Erreichung großer Erfolge zur See, besonders in der Jetztzeit, die an die Leistungen höhere Anforderungen stellt.

Nach einem meisterhaften Vorwort, welches die allgemeinen Grundzüge, den Entwickelungsgang der Waffen und ihrer Anwendungsart im Seekriege schildert, ist im I. Abschnitt des Werkes die Geschichte der Schiffahrt und des Seehandels bis 500 n. Chr. gegeben. Nach dem, was in diesem Abschnitt geboten ist, kann man nur mit Ungeduld auf das Erscheinen der weiteren warten. Schon jetzt kann man mit Fug und Recht behaupten, daß es ein derart fundamentales und vollständiges Werk, lehrreich in allem, über die Seekriegsgeschichte noch nicht gibt.

                                                          v. N.

Regensberg 1870—71. Dritte Abteilung: Die Einmarschkämpfe der deutschen Heere. Die Komödie von Saarbrücken. Der erste Sieg.

Eine improvisierte Schlacht. Die Soldatenschlacht bei Spichern,
Franksche Verlagshandlung. Stuttgart. 2,60 Mk.

Unser so bald nach dem Krieg von 1870/71 erschienenes hervorragendes Generalstabswerk über denselben lag unter den Fesseln,
welche ihm mannigfache Rücksichten, besonders persönlicher Natur
auferlegt hatten. Das Quellenmaterial beschränkte sich im wesentlichen auf die oft recht lückenhaften Kriegsakten der eigenen Armee,
während vom Gegner offiziell noch nichts veröffentlicht war.

Der Herr Verfasser, den keine Rücksichten binden, hat sich nun
die große Aufgabe gestellt, eine auf der Höhe der jetzigen außerordentlich umfangreichen Literatur stehende neue populäre Geschichte
des Krieges zu schreiben, in welcher er beiden Parteien gerecht
werden will, ohne die von sachkundiger Feder aufgedeckten Fehler,
welche beiderseits begangen sind, zu verschweigen. Der Hauptzweck
wird aber darin gesucht, durch Wiederwachrufen der Erinnerung an
„Deutschlands Wunderjahr" dem neuen Geschlecht vor Augen zu
führen, was die Väter damals so schwer erstritten haben, den Mit-
kämpfern, zu denen Verfasser selbst zählt, die große Zeit in Erinnerung
zu bringen und im allgemeinen gegen die sich breit machende Reichs-
verdrossenheit anzukämpfen.

Nach der vorliegenden Abteilung zu urteilen, zeigt sich Verfasser
zur Ausführung seines Vorhabens in hohem Maße geeignet. Er beherrscht augenscheinlich den gewaltigen Stoff völlig und versteht es,
in leicht verständlicher Sprache die Vorgänge anregend und an-
schaulich darzustellen. Die hervortretenden Persönlichkeiten werden
scharf skizziert, die Kriegslagen klar gegeben, die Tätigkeit der Truppen
kurz und zutreffend geschildert. Überall tritt hervor, welch großes
Quellenmaterial verarbeitet worden ist.

Die Kartenausstattung mit den eingezeichneten Truppen in den
Gefechten und Schlachten ist ausreichend. Ein mehr wäre natürlich
erwünscht, würde aber den Preis, der sehr bescheiden genannt werden
muß, sehr erhöhen. Das ganze Werk soll in 10 Abteilungen erscheinen
à 2,60 Mk. Auf die Fortsetzungen kann man gespannt sin.

v. Twardowski.

Die Ausbildung der Kompagnie in Schule und Gefecht. Ratschläge
und Winke von Immanuel, Major, aggregiert dem 7. Loth-
ringischen Infanterieregiment No. 158. Mit zahlreichen Abbildungen im Text. Berlin 1907. E. S. Mittler & Sohn, Königliche Hofbuchhandlung. 2,50 Mk.

Das Buch ist eine Zusammenstellung der wichtigsten Reglements-
vorschriften, wir sind überzeugt, daß es nicht geschrieben worden
wäre, wenn dem Verfasser das ausgezeichnete Troilosche Buch über
die Ausbildung der Kompagnie im Gelände rechtzeitig zu Gesicht gekommen wäre, da dieses den Gegenstand völlig erschöpft, ausserdem
mehr bietet. Berechtigten Widerspruch dürfte es erfahren, den älteren

und jüngeren Jahrgang im inneren Dienst der Kompagnie getrennt zu halten. Praktische Winke hätten wir gern gefunden für Bewegungen im Maschinengewehrfeuer, dann für Bekämpfen von Maschinengewehren. Die auf S. 128 gemachten Angaben über den Zeitpunkt der Anlage von Schützengräben entstammen noch dem alten Reglement, gerade der Bruch mit dieser Einschränkung, daß Schützengräben erst angelegt werden dürfen, wenn die Angriffsrichtung des Feindes mit Sicherheiter kannt ist, ist in der Armee mit besonderer Freude begrüßt worden. B.

Sammlung militärwissenschaftlicher Einzelschriften No. 18. Die Aufklärung im russisch-japanischen Kriege. Von Asiaticus. Berlin 1907. Richard Schroeder. 2,50 Mk.

Der Herr Verfasser ist mit besonderer Aufmerksamkeit den Ereignissen gefolgt, entwickelt die Mängel der russischen Kavallerie und zeigt, wie durchdacht der Gebrauch der japanischen Kavallerie gestaltet wurde, wie ihre Verwendung ihrer geringen Stärke sowie den Schwächen ihrer Ausbildung und Gliederung angepaßt war. Die russische Kavallerieverwendung richtet sich zum Teil schon dadurch, daß die Führung es nicht verstand, von ihrer kavalleristischen Überlegenheit Gebrauch zu machen. Die Mängel in der Ausbildung der Kasaken dürften sich unschwer im Laufe des Feldzuges haben beseitigen lassen. Die russische Kavallerie hätte unbedingt ganz erheblich mehr leisten können, der günstigen Beurteilung Rennenkampfs können wir uns nicht anschließen, gerade er hat der schwachen Kavalleriebrigade des Prinzen Kanin gegenüber vollkommen versagt (12. Oktober 1904). Einzelheiten müssen in dem interessanten Buche von Sir Jan Hamilton (II. S. 240) nachgelesen werden. Die Masse der russischen Reiterei hat aber zweifelsohne durch ihre Anwesenheit schon lähmend gewirkt. Anders auf japanischer Seite. Die Siege der Japaner waren zweifellos Triumphe der Infanterietaktik. Der Verlauf würde sich kaum anders gestaltet haben, wenn die Japaner ausser einigen Reitern für die Nahaufklärung keine andere Kavallerie besessen hätten.

Sehr hübsch ist das Gefecht von Judsjatin am 30. Mai 1904: die Anwesenheit von schwacher russischer Linienkavallerie bringt es zu wege, daß sich auch die Kasaken zu einer Attacke mitreißen lassen, welche die Japaner annehmen. Sonst verbergen die Kasaken ihre geringe Ausbildung durch Anwendung von Karabinerfeuer, während die japanische Reiterei schon bei ihrer geringen Stärke auf das Fußgefecht angewiesen war. Beachtenswert sind die Betrachtungen über Übertragung der hier gesammelten Erfahrungen auf europäische Verhältnisse. B.

Kavallerie-Maschinengewehrabteilungen. Von A d o l f H a y e k - A l i p r a n d i , k. u. k. Leutnant im Dragonerregiment No. 15. Wien 1907. L. W. Seidel & Sohn. 1,60 K.

Der Herr Verfasser behandelt auf Grund seiner Erfahrungen als

Zugführer bei einer Kavallerie - Maschinengewehrabteilung die Verwendung dieser Hilfswaffe. Man wird seinen Ausführungen nur zustimmen können, ich möchte aber empfehlen, bei der Verwendung der
Maschinengewehre mehr Gewicht auf ihre Unterstützung beim Feuergefecht abgesessener Kavallerie als auf ihre Mitwirkung bei der
Attacke zu legen. Die relative Feuerkraft mit Bezug auf die Infanterie
ist reichlich günstig veranschlagt.   B.

Zehn Monate Kriegskorrespondent beim Heere Kuropatkins. Per-
    sönliche Erlebnisse und kritische Betrachtungen aus dem russisch-
    japanischen Kriege von Oskar von Schwartz. Berlin 1906.
    Richard Schröder. 5 Mk.

Der Herr Verfasser war für seine Aufgabe als Kriegskorrespondent
durch seine Sprachkenntnisse, durch längeren Aufenthalt in Ostasien,
dann durch längere praktische Truppentätigkeit und den Besuch
unserer Kriegsakademie hervorragend vorgebildet. Durch sein ganzes
Buch geht der Zug eines erbittert geführten Kampfes gegen die will-
kürlich gehandhabte russische Zensur. Wenn er ihre Härten auch in
unangenehmer Weise am eigenen Leibe erfahren hat, so ist es ein
Beweis für sein gereiftes Urteil, wenn er selbst für eine schärfere
Handhabung der Kontrollvorschriften gegen Militärkorrespondenten
eintritt. Nur ein genauer Kenner ostasiatischer Verhältnisse konnte
derartige Angaben über die Yalugesellschaft bringen, deren Verhalten
zweifellos den Kriegsausbruch beschleunigt hat. Ein treffliches Beispiel von der Gefährlichkeit der „friedlichen Durchdringung halb-
kultivierter Länder". Was hier der Herr Verfasser bietet, ist durchaus
neu. Dann die Tätigkeit des Herrn Günzburg in Port Arthur!

Mit vollem Recht tritt der Herr Verfasser der sogenannten Stackel-
berglegende nach Wafanku entgegen; tatsächlich trifft sein persönliches Verhalten auch nicht der geringste Vorwurf.

Militärisch tritt der Herr Verf. für eine Vermehrung der Maschinengewehre, der leichten und schweren Feldhaubitzen ein, empfiehlt die
Mitführung schwerster Geschütze (28 cm) bei Feld- und Belagerungsformationen, redet dann für den Stellungskrieg der Einführung ganz
leichter Steilfeuergeschütze das Wort. Die primitiven Versuche mit
Raketenapparaten und improvisierten Katapulten bestätigen dieses. Das
Buch sei auf das allerwärmste empfohlen, es gehört mit zu dem besten,
was uns auf dem Gebiet der Literatur über den russisch-japanischen
Krieg zu Gesicht gekommen ist.   Balck.

Über die Anwendung der Longe in der Dressur des Soldatenpferdes.
    Von Oberleutnant Groos, Feldartillerieregiment No. 63. Oldenburg-
    Berlin, Gerhard Stalling. 8°. VIII und 112 Seiten. Preis 2.60 Mk.

Der Verfasser ist ein beredter Fürsprecher der Longe. Sie war
ein geschätztes und kaum zu entbehrendes Hilfsmittel bei der Abrichtung des Pferdes, als man dieses in der Blütezeit der Reitkunst

für die Hohe Schule vorbereitete. Die dabei verfolgten Ziele waren die, denen die Rosse der Ritter des Mittelalters zu genügen hatten: „Leichte Wendbarkeit und die Fähigkeit, den gewichtigen Lanzenstoß durch elastische Flankenbiegung aufzunehmen." Doch das Pferdematerial war damals ein ganz anderes. Jetzt gilt es mit dem, welches unseren berittenen Waffen zu Gebote steht, weite Märsche auszuführen, große Strecken querfeldein in rascher Gangart hinter sich zu bringen und, für die Kavallerie, in vollem Rosseslaufe in die Reihen des Feindes einzubrechen. Dazu bedarf das Pferd einer anderen Schulung und und so kam es, daß die Longe aus der Reihe der Dressurmittel schied. Oberleutnant Groos will sie, auf Plinzner sich berufend, wieder unter sie aufnehmen.

Er will „Rückengänger" heranziehen. Den Rücken sieht er als das eigentliche Bewegungsorgan an; die Beine sind ihm nur Werkzeuge, mit denen jener sich über den Boden erhebt und durch deren Hebelwirkung und ihrer Muskelentwickelung seine ursprüngliche Bewegungsart potenziert wird. Von der Tätigkeit des Rückens hängen Schwung und Elastizität, Einheitlichkeit der Bewegung und davon Sicherheit des Ganges und Haltbarkeit des Pferdes ab. Den Rücken bei der Ausbildung zu schonen, ist daher eine der wichtigsten Aufgaben der Dressur, ihre Bedeutung wächst durch die auf Rennleistungen hinzielende Neigung der Zucht eine mächtige Hinterhand und einen langen Rücken für die Verlängerung des Galoppsprunges zu verwerten. Als das geeignetste Mittel, den noch in der Entwickelung begriffenen Rücken des Remontepferdes, zumal wenn seine Beschaffenheit nicht einwandfrei ist, zu schonen, ihn für das Tragen der Reiterlast und des Gepäckes vorzubereiten, empfiehlt, von solchem Gedankengange ausgehend, des Verfassers Arbeit.

Sie bespricht zunächst die Longearbeit und ihr Verhältnis zur Dressur im allgemeinen, entwickelt dann den Gang der Ausbildung und gibt Verhaltungsregeln für die Anwendung in der Praxis, namentlich für das Handwerkszeug, die Zügel und die Peitschenführung, und berührt schließlich die nebenhergehenden Übungen, das Abbiegen, Abbrechen, Seitwärtsübertreten, Rückwärtsrichten und einen piaffeartigen Trab.

Viele Leser werden der Longearbeit eine nennenwerte Bedeutung für die Ausbildung des Soldatenpferdes nicht einräumen. Schaden wird sie, wenn von kundiger Hand geübt, gewiß nicht. Aber sie kann lediglich den Grund legen, kann nur vorbereiten, denn unter dem Reiter muß das Pferd Haltung und Gleichgewicht von neuem gewinnen und er erst ist imstande, ihm das volle Verständnis für seine Hilfen zu vermitteln. Und wer auf dem Standpunkte des Verfassers steht, muß sich fragen: Woher Zeit, Übungsplätze und das erforderliche Personal an Longe- und an Peitschenführern nehmen? Jungen Pferden Bewegung zu machen, den Stallmut zu nehmen, Gehorsam zu erzwingen, kitzliche Stuten zum Hergeben des Rückens geneigter zu machen und für verwandte Zwecke ist das Longieren ein sehr brauchbares Hilfsmittel, an eine umfassende Einführung in den Gang der Ausbildung, wie die Schrift wünscht, ist wohl nicht zu denken. Die Verlagshandlung hat für angemessen erachtet, das Buch ohne Angabe des Erscheinungsjahres in die Welt zu schicken, der Verfasser datiert sein Vorwort aus Mainz im Juli 1906.   14.

Wucher und Wechsel. Ein Leitfaden zum Schutze gegen Bewucherung, insbesondere für Offiziere. Von Justizrat Albert Pinner, Berlin 1907. Vossische Buchhandlung. Preis 1 Mk.

In letzter Zeit hat die Bewucherung von Offizieren mehrfach die Gerichte beschäftigt und die öffentlichen Verhandlungen haben die gemeinen und schändlichen Machenschaften der „Halsabschneider" bloßgelegt, denen der junge Offizier zum Opfer fällt. Unkenntnis und Unerfahrenheit, zu denen sich als dritter im Bunde noch der Leichtsinn gesellt, sind es, die dem Wucherer und Wechselgeber ihr erbärmliches Geschäft so leicht und gewinnbringend machen! Wie manches blühende hoffnungsvolle Leben ist durch Unkenntnis mit den gesetzlichen Bestimmungen des Wechselrechtes vernichtet, wie manche tüchtige Kraft dadurch dem Heere verloren gegangen. Der Versuch des Verfassers von „Wucher und Wechsel" mit seiner Schrift hier Abhilfe zu schaffen, die verderbenbringende „Unkenntnis" durch in allgemein verständlicher Form gehaltene Belehrung in Aufklärung zu wandeln ist als gelungen zu bezeichnen.

Das kurze, nur 64 Seiten starke Heftchen will kein juristisches Hilfsbuch wissenschaftlicher Auseinandersetzungen sein, sondern einzig und allein den praktischen Zweck verfolgen, vor dem gefährlichen Verkehr mit dem „gefälligen" Geldgeber zu warnen! Die den Erläuterungen Wechselrechte vorangestellte „Einführung" ist meisterhaft geschrieben und zeugt von aufrichtiger Hingabe für den Offizierstand. Das Büchlein verdient die weiteste Verbreitung in den Kreisen des Heeres!   v. B.

II. Ausländische Zeitschriften.

Kavalleristische Monatshefte. (Juni.) Kavalleriepionierzüge. — Ein Distanzritt durch Bosnien. — Die Brigade Appel am Tage vor Königgrätz. — Kolin. — (Juli.) Welche Lehren ergeben sich aus dem Kriege in Ostasien für die Verwendung der Kavallerie? — Die Ausstattung der Kavallerie mit Maschinengewehren. — Zur Tätigkeit der russischen Kasaken im russisch-japanischen Kriege. — Die amerikanische Reitweise und die Soldatenreiterei. — Die reiterliche Ausbildung der russischen Kavallerieoffiziere.

Journal des sciences militaires. (Juni.) Die Mittelmeerflotte und das afrikanische Heer. — Taktische Artilleriefragen. — Historische Studie über Infanteriekanonen. — Die russische Infanterie in ihren Winterquartieren.

Revue militaire des armées étrangères. (Juni.) Eine große Pionierübung in Deutschland. — Die großen Manöver des chinesischen Heeres 1905/06. — Neue Antwerpener Befestigungen. — Die englischen Streitkräfte 1907.

Revue d'historie. (Juni.) Der Feldzug dec Nordheeres 1794. — Der Feldzug 1805 in Deutschland. — Der Krieg 1870/71: Operationen im Osten.

Revue du génie militaire. (Mai.) Etévé: Die Aëroplane (Flugmaschinen), ihre Bewegungen, ihre Stetigkeit. — Saconney: Photographische Erkundungen zu Lande, auf dem Meere und vom Ballon aus (Forts.). — Nivellierfernrohr mit Quecksilberhorizont. — Vorschrift für die Anwendung von Eisenbeton vom 20. Oktober 1906.

Revue d'Artillerie. (April 1907.) Können die ballistischen Funktionen zweiter Ordnung auf Funktionen mit nur einer Veränderlichen zurückgeführt werden? — Feldbeobachtungsstände.

Mitteilungen über Gegenstände des Artillerie- und Geniewesens. (Heft 6.) Aufgabe aus der flüchtigen Befestigung. — Geschütze der schweren Artillerie des Feldheeres und der Belagerungsartillerie. — IV. Kongreß des internationalen Verbandes für die Materialprüfung der Technik im Jahre 1906 in Brüssel. — Russische Anschauungen über die Verwendung der Feldartillerie. — Mittel zur Trockenhaltung des Mauerwerks.

Allgemeine Schweizerische Militärzeitung. No. 23. Moderne Verbindungsmittel und Artillerieführung. — Unsere Schießausbildung. No. 24. Politik und Militär in Frankreich. — Militärischer Bericht aus dem deutschen Reich. — Etwas aus der neuen deutschen Rang- und Quartierliste. No. 25. Ausbildung. — Japan und die Union. — Die militärische Lage Österreich-Ungarns am Balkan. — Errichtung neuer Remontedepots in Österreich-Ungarn. No. 26. Die zweite Haager Konferenz. — Der Umbau der deutschen Festungen. — Lehrreiches aus einem interessanten Buche.

Schweizerische Zeitschrift für Artillerie und Genie. (Juniheft.) Das neue deutsche Exerzierreglement für die Feldartillerie. — Der veränderliche und der ständig lange Rohrrücklauf bei Steilfeuergeschützen. — Vom russisch-japanischen Kriege 1904/05, I. Teil. — Auszug aus dem Bericht des Militärdepartements vom Jahre 1906.

La France militaire. (Juni.) Der Ersatzkadre von General Luceux, 1. — Die Unruhen in Indien von Oberst Septans, 2/3. — Die Fechtkunst erstirbt. — Die Marokkanische Polizei. — Brückengerät für die Kavallerie, 4. —. Die Marokkofrage, 6. — Das deutsche S-Ge-

schoß (keine humane Waffe), 7. — Der innere Wert der Heereskadren
von General Prudhomme (ein caveant consules). — Die gegenwärtige
Verfassung des englischen Heeres von Oberst Septans, 8. — Marinefragen, die Verwertung unserer Panzerkreuzer. — Die Begrenzung
der Rüstungen von Kapitän René Chauveau, 9/10, 11. — Von den
Sappeurs. — Unstimmigkeiten in der Kavallerie (reglementarisch), 11.
— Die Entlassung des Jahrganges von 1903 (Besorgnis für die Sicherung der Ostgrenze) von einem Generalstabsoffizier im Osten. — Die
antimilitaristische Propaganda in der Kaserne (ist festgestellt), 12. —
Soziale und militärische Vorgänge (Niedergang des militärischen
Geistes), 13. — Unsere militärische Lage von General Prudhomme
(empfiehlt die Eroberung von Algier, selbst auf Kosten eines Krieges
mit Deutschland). — Maritime Fragen. Die Blockhäuser, 14. — Die
Begrenzung der Rüstungen auf der Haager Konferenz (als Utopie bezeichnet). — Die Vorfälle beim 100. (Regiment) von General Prudhomme (für Aufgaben des Regionalsystems), 15. — Von den Kriegs-
gerichten von General Lamiraux. — Remontefragen, 16/17. — Die
deutsch-französische Annäherung von Oberst Septans, 18. — Die Abschaffung des Train. — Die militärische Lage in Indien don Oberst
Septans, 20. — Über die Kriegsgerichte von General Lamiraux. —
Die Zuaven und die zweijährige Dienstzeit, 21. — Die Bildung neuer
Kavallerieregimenter. — Der Aufstand im Süden, 23/24. — Die Meutereien im Süden von General Prudhomme, 26. — Marinefragen. —
Der Chef des Generalstabes. — Unsere Truppen im Osten, 27. — Das
englische Heer und die Kritiken des Herrn Arnold Forster vom Oberst
Soptans (ungünstiges Urteil). — Marokkanische Fragen (chauvinistisch).
— Die regionale Rekrutierung. — Das neue deutsche Geschütz (nach dem
Artikel des Generalleutnant Rohne in den Jahrbüchern), 28. — Die
zweijährige Dienstzeit von General le Joindre. — Deutsche Ansichten
über die Feldhaubitzen. — Die schriftstellerische Freiheit. — Die
Transporte mittelst Kraftwagen, 29. — Die 4. Bataillone. — Marinefragen. Die Gehaltserhöhung der Offiziere, 30./1. Juli.

Wajennüj Ssbornik. 1907. (Mai.) Die Schlacht bei Guttstadt
und Heilsberg 1807. — Zur Wiederkehr des Tages von Kuschk. —
Die Schlacht bei Wafangou. — Die Pferdezucht im Gouvernement
Astrachan und ihre Bedeutung für die Remontierung der Armee. —
Die Verpflegung der Armee im russisch-japanischen Kriege. — Ein
Kommando nach Sachalin 1905. — Aus den Papieren der Kanzlei des
Grafen Kamenskoi 1806. — (Juni.) Michael Dmitrijew Skobelew. —
Friedland den 2./14. Juni 1807. — Das Regiment Tambow in den
Kämpfen um Mukden. — Die Kapitulation und die Waffenstreckung
seitens ganzer Truppenteile. — Ein Entwurf des Infanterieexerzier-
reglements.

Rufskij Inwalid. 1907. No. 115. Von der italienischen Armee.
— Das Schießen auf unsichtbare Ziele. — No. 117. Die Schlacht bei

Heilsberg. — **No. 126.** Graf Nikolaj Nikolajewitsch-Murawiew-Amurskij.
— Die neue Felddienstordnung und Gefechtsvorschrift der englischen
Armee von 1906. — Zur Frage der Organisation des Dienstes der
donischen Kasakenoffiziere. — **No. 140.** Über das Bajonett in der
russischen Armee. — Aus Frankreich. — **No. 141.** Fragen des See-
kriegs auf der Haager Konferenz. — Die donischen Kasaken.
Morskoj Ssbornik. 1907. (April.) Port Arthur. — Über das
Personal unserer Flotte. — Über die Aufstellung eines Schiffsbau-
programms. — Die wissenschaftlichen Grundlagen der drahtlosen
Telegraphie. — Die Schlacht bei Tsushima und die Schiffspanzer.

III. Seewesen.

Mitteilungen aus dem Gebiete des Seewesens. No. VII.
Die Flottenführung in der Seeschlacht. — Wissen und Können in der
Heranbildung der Seeoffiziere. — Etat für die Verwaltung der kaiser-
lich deutschen Marine auf das Rechnungsjahr 1907. — Unglücksfälle
und Havarien an Bord der französischen Kriegsschiffe. — Die
Bergung des gestrandeten Dampfers „Suevic" der White Star Line.
— Erhitzer für Torpedos.
Army and Navy Gazette. No. 2467. Die Premierminister der
Kolonien in Portsmouth. — Die beabsichtigte Vergrößerung des Kaiser
Wilhelm-Kanals. **No. 2468.** Die Heimat-Wacht (Home-Fleet). — Französische Flottenmanöver. **No. 2469.** Ligaangehörige in Beratung
(Deutscher Flottenverein und englische Flottenliga). — Percy Scott
und die allgemeinen Ergebnisse des Scheibenschießens der Schiffe im
Vergleich zu früher. — Die Klagen des deutschen Flottenvereins über
den Stand der deutschen Flotte und Graf Reventlows „Weltfrieden
oder Weltkrieg". **No. 2470.** Marinevermessung. — Die neue könig-
liche Yacht „Alexandra". — Allgemeine Angaben über die Größe der
neu zu bauenden russischen Linienschiffe. **No. 2471.** Die Küsten-
wache. — Berichtigung zu den Beanstandungen des „Dreadnought".
No. 2472. Das ideale Schlachtschiff. — Der Besuch der japanischen
Schiffe. — Spanische Marine. — Verbesserungspläne. — Deutsche
Betrachtungen darüber. **No. 2473.** Die Corditesorge (Jena-Katastrophe).
No. 2474. Der Feldzug des Jahres 1805. — Admiral Fourniers
Karrière. **No. 2475.** Die Haager Konferenz (das Seewesen betreffende
Vorschläge der Mächte). — Die Auslassungen über „die billige Marine".

IV. Verzeichnis der zur Besprechung ·eingegangenen Bücher.

(Die eingegangenen Bücher erfahren eine Besprechung nach Maßgabe ihrer Bedeutung und des verfügbaren Raumes. Eine Verpflichtung, jedes eingehende Buch zu besprechen, übernimmt die Leitung der „Jahrbücher" nicht, doch werden die Titel sämtlicher Bücher·nebst Angabe des Preises — sofern dieser mitgeteilt wurde — hier vermerkt. Eine Rücksendung von Büchern findet nicht statt.)

1. **Junk,** Die Kavallerie im russisch-japanischen Kriege 1904/05. Leipzig 1907. O. Gracklauer. Mk. 2,20.

2. **Gossart,** Les allures du cheval. Paris 1907. Berger-Levrault et Co. Frs. 5,—.

3. **Duval,** vers Sadowa. Ebenda. Frs. 6,—.

4. **Sazerac** de Forge, la conquête de l'air. Ebenda. Frs. 10,—.

5. **Klade,** Waldenfels und seine Offiziere. Kolberg 1907. Dietz & Maxerath.

6. **Wessely,** Lehrbuch der Kartographie. I. Teil. Bremerhaven 1907. L. v. Vangerow. Mk. 6.—.

7. **Noël,** General von Neumann, der tapfere Verteidiger der Festung Cosel. Kattowitz 1907. Gebr. Böhm.

8. **v. Bernhardi,** Organisation und Ausbildung der Kavallerie für den modernen Krieg. Berlin 1907. E. S. Mittler & Sohn. Mk. 1,75.

9. **Schlachtenatlas** des 19. Jahrhunderts. Lief. 56/62, je 5,30. Iglau 1907. P. Bäuerle.

10. **Kiesling, v.** Gefechtsbefehle. Berlin 1907. R. Eisenschmidt. Mk. 2,30.

11. **Spohn,** Bedeutung, Stellung und Pflichten des Ehrenrates. Ebenda. Mk. 1,30.

Druck von A. W. Hayn's Erben, Potsdam.

XVIII.

Pädagogisches.

Eine Erwiderung zu dem Aufsatze von Hauptmann Meyer.[1]

Von

Uhl, Hauptmann und Batteriechef im k. b. 6. Feldartill.-Reg.

Mit großem Interesse habe ich die Anregung verfolgt, die mir aus dem oben genannten Aufsatze geworden ist. Da ich in manchen Punkten anderer Meinung wie der Herr Verfasser bin, so hoffe ich, daß die Debatte über den so hochwichtigen Gegenstand eine recht lebhafte wird.

Was zunächst den sozialpolitischen Unterricht im Heere betrifft, so bin ich der Meinung, daß hierzu nicht nur die Lehrer, sondern auch die Schüler nicht reif genug sind. Bleiben wir vorerst bei den Lehrern!

Wohl jedermann hat an sich selbst empfunden, wie verhältnismäßig spät er zu einigem politischen Urteile gelangte. Politik ist eben so eine Art Quintessenz aus fast allem menschlichen Wissen, besonders aus der Geschichte der Völker in ihrem weitesten Umfange. Diese aber so zu beherrschen, daß ein eigenes Urteil, eine eigene Weltanschauung daraus wird, dazu gehört eine gewisse Abgeklärtheit, die eben nur der reifere Mensch besitzt und mancher Himmelsstürmer zeitlebens nicht erlangt.

Nun — wir wollen unsere Soldaten ja auch nicht zu Abgeordneten und nicht zu Bierbankpolitikern erziehen; sie sollen nur soviel Politik verstehen, daß sie nicht jedem politischen Agitator wehrlos in die Arme fallen.

Dazu aber — gehört noch weit mehr! Gerade die Grundprinzipien einer Materie, noch dazu einer so schwierigen wie Politik,

---

[1] Jahrbücher für die deutsche Armee und Marine, Märzheft 1907.

einfachen Leuten vollkommen und überzeugend klar darzulegen, das
gehört mit zu dem Schwierigsten, was man unternehmen kann.
Meines Erachtens hat das bisher nur einer — Naumann — fertig
gebracht. Jeder Gebildete aber, der sich in der Politik als Laie fühlt
und zu seiner Belehrung Naumanns Schriften gelesen hat, muß zugestehen, daß er manchen Satz zwei- und dreimal durchlesen mußte,
bis er ihn ganz erfaßte. Wie schwierig erst muß ein solcher Stoff in
den Köpfen von einfachen Leuten zur Verarbeitung gelangen?

In unseren militärischen Vorschulen, wie Kadettenkorps und
Kriegsschulen, fehlt zu politischem Unterrichte außer der Zeit vor
allem der Nährboden. Man könnte diesen aber entschieden besser
vorbereiten für seine spätere Bearbeitung im Leben, die jedem
einzelnen überlassen bleiben muß. Denn noch mehr wie etwa
Strategie oder Taktik ist Politik eine Sache, über die sich jedermann
seine eigene Meinung zu bilden hat; gerade in ihr gibt es nichts
aus Büchern oder Vorträgen zu Erlernendes.

Ich komme da auf den Kernpunkt der ganzen Frage — wir
befinden uns noch immer bei den zukünftigen Lehrern in politicis —
und dieser ist nach meiner Ansicht „Die Schulreform“. Wir erziehen
auf allen unseren Mittelschulen zu wenig fürs praktische Leben und
ich meine, ohne die Frage „humanistisches oder Realgymnasium“
berühren zu wollen, daß, solange bei uns unter den leitenden
Geistern Kämpfe, wie der jetzige um die Simultanschule, überhaupt
entstehen können, wir in unserem gesamten Schulwesen, von der
Volksschule bis zum Gymnasium, von einer bedauerlichen Rück-
ständigkeit befangen sind.

Also zunächst eine organisiertere, systematischere Erziehung
aller derjenigen, die einst berufen sind, dem Volke als Lehrer zu
dienen; dann, ja dann fragt es sich immer noch, ob die politischen
Anschauungen, die der einzelne vertritt, sich dazu eignen, Soldaten
vorgetragen zu werden.

Nun zu den politischen Schülern selbst! Ihnen muß ich zu
meinem großen Bedauern aber auch nur die geringste Befähigung
zu irgend einer politischen Auffassungsgabe vollkommen absprechen.
Der rüde Ausdruck „Stimmvieh“ ist leider nur zu bezeichnend,
das Volk wählt und wird noch auf absehbare Zeiten nur Männer
wählen, denen es gerade gelungen ist, Einfluß auf dasselbe zu
erringen. Der Arbeiter, dem erzählt wird, daß sein Los ein un-
würdiges sei, wählt rettungslos den Sozialdemokraten, wenn ihm
nicht ein Liberaler noch größere Garantien für eine glänzende Zukunft bietet, und der Bauer wählt nach seinem Ortsgeistlichen, weil
ihm sonst der Himmel sein Korn verhagelt und er in die Hölle

kommt. Die Masse ist stets zu beeinflussen, da es ihr an Überlegung fehlt, und der einfache Mann versteht nur das, was nicht über seinen Beruf oder seine Wirtschaft hinausgeht — für mehr hat er eben zu wenig gelernt.

So komme ich wieder auf die Schule, hier zur Volksschule. Solange der Volksschullehrer täglich 6—7 Klassen, Knaben und Mädchen zusammen zu unterrichten, dazu noch den so entwürdigenden Küsterdienst, den Dienst als Organist und als Gemeindeschreiber zu versehen hat, solange kann auf eine individuellere Erziehung unseres Volkes nicht gerechnet werden. Gewiß, wir haben so gut wie keine Analphabeten mehr — aber Volksschüler können auch kaum mehr, als daß sie eben obigen Namen nicht mehr verdienen. Die einfachsten Gebiete der Geographie, Geschichte oder gar der Naturwissenschaften sind ihnen vollständig fremd, und ich könnte in dieser Richtung mit Unterrichtsblüten dienen, welche diejenigen, mit denen unsere Witzblätter die Heiterkeit ihrer Leser erregen, noch weit übertreffen. Welcher Ansicht über diesen Punkt übrigens heute noch in Deutschland einflußreiche Persönlichkeiten sind, möge ein Ausspruch erhellen, den ich zufällig in einer Tageszeitung fand und den ein bekannter Abgeordneter einer Wählerversammlung zurief. Er lautet: „Je unterrichteter einer von der Schule kommt, desto größer wird nachher der Lump"; eine Tendenz, die ich anläßlich der Manöver von manchem Schullehrer auf dem Lande bestätigt fand, nämlich: „Das Volk in möglichster Dummheit zu erhalten!"

So bin ich der Meinung, unsere Schulen, von der Volksschule bis zum Gymnasium, die uns gegenüber anderen Ländern zweifellos auf einem hohen Grad von Bildung gebracht haben, sind von Grund auf zu reorganisieren. Die Volksschule durch Vermehrung und bessere gesellschaftliche Stellung ihrer Lehrer, die Hoch- und Mittelschulen durch die Reform, die ja bereits angestrebt wird, deren Durchführung aber, wie jeder Kulturfortschritt, einer langen Reihe von Jahren zur Entwickelung bedarf.

Die an die Volksschule angehängte Fortbildungsschule bereitet die jungen Leute auf ihren engeren Beruf vor und sucht sie vor der systematischen Irreführung in den Entwickelungsjahren zu bewahren. Sie gibt den jungen Leuten Anregung, sich weiter zu bilden, und ist sicherlich einem ganz natürlichen Bedürfnis entsprungen. Sie könnte aber das Doppelte leisten, wenn die jungen Leute mit einem größeren Fond von Können und Wissen zu ihr kämen.

Nehmen wir nun einmal an, wir wären soweit, daß wir Offiziere hätten, die befähigt wären, sozialpolitischen Unterricht zu erteilen und Mannschaften, die denselben vollkommen erfassen könnten. Das

wäre ideal, aber wäre es auch praktisch, nun in der Kaserne Politik
zu lehren? Wir sehen an Frankreich, wohin ein politisierendes Heer
kommt und ich glaube, wir würden sofort die Parole ausgeben:
„Du bist jetzt Soldat und hast es mit Leib und Seele zu sein; alle
Politik bleibt außerhalb der Kaserne." Selbst bei den Kriegervereinen
möchte ich keine aktiven Soldaten sehen. Das Vereinswesen paßt
nicht zum Militär, es stört die Kameradschaft und setzt die Leute
Einflüssen aus, die, so gut sie vielleicht auch gemeint sind, doch zu
Mißhelligkeiten führen.

Das Heer ist ganz von selbst eine der besten Schulen gegen
die Sozialdemokratie dadurch, daß es die jungen Leute gerade in
der gefährlichsten Zeit ihrer Einwirkung entzieht, durch die Kameradschaft und durch den Anschauungsunterricht, den es jedem erteilt,
der sehen will: nämlich, daß alles, was eventuell draußen über
Staat und Heer gelogen wird, eben nicht wahr ist. Gerade auf
letzteren Punkt die Leute öfters, besonders bei ihrem Eintritt und
bei der Entlassung hinzuweisen, leistet sicher gute Dienste, ohne daß
es mehr zu sein braucht, als eine mehr oder weniger schwungvolle
Ansprache. Im Ernstfalle aber erschien mir die Politik immer die
verständlichste und einleuchtendste, die in den Worten liegt, welche
General von Degenfeld in den denkwürdigen Tagen an der Lisaine
seinen Badensern zurief: „Leute, denkt an eure Frauen und Kinder
zu Hause; der Wald muß wieder unser werden!"

Den Vorschlag, die Avantageure und Fähnriche noch mehr und
länger mit der Mannschaft in Berührung zu bringen, finde ich recht
unglücklich! Was soll ein junger Mann, der eben absolvierte, also meist
jünger ist wie seine übrigen Stubengenossen, dort lernen?

Bei aller Liebe zu unserem Volke — das Abiturium berechtigt
einen jungen Mann auf ein höheres Niveau gestellt zu werden, als
das von Fabrikhandwerkern und Bauern ist. Er muß lernen, in
diesen den Menschen und den Mann zu respektieren, der seinem
Vaterlande nach seinen Kräften ebensoviel leistet, wie er selbst;
aber er braucht sich weder mit den Mannschaften noch den Unteroffizieren auf gleiche Stufe zu stellen. Seine rasche Beförderung ist
ebenso, wie die des Einjährigen berechtigt, weil beide mehr —
auch militärisch Brauchbares mehr — gelernt haben. Möchte der
Herr Verfasser wohl einen Sohn $^1/_4$ Jahr und mehr in einer Mann-
schaftsstube untergebracht wissen? Soll er etwa dort die Seele des
Volkes begreifen lernen? Dazu müßte er ein Dichter sein, und die
gibts überhaupt und besonders zwischen 18 und 20 Jahren doch nur
in Ausnahmefällen. Besser gefiele mir, wenn der Avantageur und die
Einjährigen einer Kompagnie usw. während $^1/_4$ Jahres in einer eigenen

Stube unter einem älteren, ein wenig scharfen Unteroffiziere untergebracht wären, anstatt in dem leidigen Fähnrichszimmer, in welchem
allerdings Dünkel und viele Dummheiten in allen Ecken lauern.

Auch ich hasse alle Soldatenspielerei, sowohl vor wie nach der
Dienstzeit. Obgleich ich Kadett war, muß ich das Kadettenkorps
doch, objektiv geurteilt, verwerfen. Die militärische Vorschule geht
bei allen Kadetten in den ersten zwei Dienstjahren vollkommen unter,
schon während der Kriegsschule unterscheidet sich der Kadett durch
nichts mehr vom Avantageur, nur daß jener sowohl im Leben als in
der Gesellschaft weit gewandter und erfahrener ist, als der nur an
wenigen Sonntagen des Jahres auf einige Stunden in der großen Welt
auftauchende Kadett.

Ähnlich wie in geistiger Hinsicht aber verhält es sich mit aller
körperlichen Ausbildung; hier herrscht auf den Schulen ein körperlicher Analphabetismus, der geradezu grauenhaft ist.

Trotz aller Reden in unseren Kammern und bei fast allen Ärzte-
versammlungen wird viel, viel zu wenig geturnt. Was soll man
sagen, wenn von meinen diesjährigen 46 Rekruten 38 noch niemals
geturnt haben?!

Ja, ja — die Schulreform! Es müßte von sämtlichen deutschen
Schulen verlangt werden, daß täglich eine Stunde geturnt wird, daß
einmal in der Woche große Spaziergänge, eventuell mit entsprechender
geistiger Anregung, wie vom Herrn Verfasser vorgeschlagen, oder
Turnspiele abgehalten werden müssen. Und zwar in Knaben- und
Mädchenschulen, denn letztere haben uns die Mütter unseres Heeres
zu liefern, die ebenso gesunde Körper brauchen und ihre Jungen
auch daraufhin erziehen sollen.

So liefere uns die Schule an Körper und Geist gesunde Soldaten,
dieselben brauchen gar nicht vor Begeisterung zu lodern, wenn sie die
Kaserne betreten. Sie sollen einen gewandten und leistungsfähigen
Körper — gute Augen — haben und als pflichtgetreue Staatsbürger
ihrer Dienstzeit Genüge leisten. Haben sie aber soviel gelernt, daß
sie wenigstens die engeren Gebiete der Geographie und Geschichte
beherrschen, so läßt sich leicht darauf weiterbauen und der Horizont
der Leute so erweitern, daß, wenn der Mann dann wieder ins Leben
hinaustritt, es ihm Bedürfnis geworden ist, auf den angefangenen
Gebieten selbst fortzuschreiten.

Wir wollen trachten, die Allgemeinbildung zu heben und zu vertiefen, die Körperausbildung aber mit allen Mitteln zu steigern, damit wir unsere Jugend mit klugen, geschickten Köpfen und schönen,
leistungsfähigen Körpern — nicht zum Militär schicken — sondern
ihrem Beruf übergeben können.

Ich halte nämlich die einseitige Erziehung unserer männlichen Jugend auf die Dienstzeit hin, wie sie in letzter Zeit so vielfach vorgeschlagen wird, geradezu für ein Verbrechen, das wir am Volke begehen würden.

Denn nicht für das Heer, fürs Leben hat der Staat sein Volk zu erziehen. Tüchtige Handwerker, geschickte Landwirte, kluge Kauf-leute, die sind es, die ein Staatswesen heben und kräftigen. Sie bilden auch ganz von selbst gute Soldaten, für welche die 2—3jährige Dienstzeit vollkommen genügt um die Waffe führen und nach der Väter Weise das Vaterland verteidigen zu lernen.

Unser Heer hat doch gerade in der letzten Zeit ganz Vortreff-liches geleistet. Der Feldzug in Südwestafrika hat dem staunenden Auslande gezeigt, was deutsche Soldaten zu leisten vermögen. Gerade unsere Schießausbildung muß nach unseren Erfolgen in Süd-west als mustergültig bezeichnet werden und dies, ohne daß unsere Jungen schon in der Volksschule nach der Scheibe schießen und Schützenlinien formieren.

Der Geist zum Soldaten steckt in unserem Volke, das Soldaten-material aber könnte entschieden gehoben werden. Daß letzteres der Fall werde, erhoffe ich von einer Schulreform, die den einzelnen befähigt, bei gut ausgebildetem Körper eigenes, gesundes Urteil zu haben und das Gute, das der Staat bietet, anzuerkennen. Ebenso, wie wir trachten, unsere männliche Jugend moralisch so zu festigen, daß sie nicht den Verführungen der Prostitution ohne weiteres in die Arme fällt, so müssen wir dies auch gegenüber allen staatsfeindlichen Ver-führerkünsten anstreben. Ob es uns stets gelingen wird, ist fraglich und vorläufig kaum durchführbar, aber natürlich ist stets daran weiter-zuarbeiten.

Die vorzüglichen Vorschläge des Herrn Verfassers über Schul-reform, die mir nur etwas zu ideal gefärbt scheinen um in absehbarer Zeit verwirklicht werden zu können, vermag ich nur in einem Punkte nicht zu unterschreiben. Das ist die für jedes Kind anzulegende „Stammrolle"! Damit ziehen wir jedem unserer Bürger eine Zwangs-jacke an, die überlästig empfunden würde, die viele zu Strebern oder gänzlich Indolenten machen, auf keinen Fall aber etwas Gutes stiften könnte.

Ich habe als beste Erziehungsmethode die gefunden, die es dem Vorgesetzten gestattet, allen Leuten gänzlich unbefangen gegen-über zu treten, und so lange von jedem das Beste zu erwarten, als er nicht vom Gegenteil überzeugt. Ich suche aus dem Grunde alle Vorstrafen der Leute bei Unteroffizieren und Offizieren möglichst in

Vergessenheit geraten zu lassen, und habe stets gute Erfolge damit erzielt.

So sind wir denn einig in der Ansicht, daß unsere Schulen auch im Hinblick auf die Militärpflicht einer gründlichen Reform bedürfen; wie ich mir dieselbe denke, habe ich im vorhergehenden anzudeuten versucht.

XIX.

Welche Lehren ergeben sich aus dem letzten Kriege für die Verwendung der Kavallerie?

Von

J. Rodić, k. u. k. Generalstabs-Hauptmann.

(Schluß.)

Die Lehren, die sich nun aus dem Dargelegten für die Verwendung der Reiterei ableiten lassen, bestätigen im großen ganzen die Anschauungen, die schon seit längerer Zeit von weiten, nicht durch Vorurteile getrübten Kreisen erkannt und verfochten wurden. Daß die moderne Waffenwirkung und Infanterietaktik, die bessere Ausbildung und Disziplinierung der Heere nebst anderen Ursachen, nicht ohne Rückwirkung auf eine erfolgverheißende Tätigkeit der Reiterei in einem nächsten Kriege sein würden, bestreitet wohl kein Einsichtiger mehr. Die Ansichten bewegten sich wohl noch oft in Extremen, der richtige Mittelweg wurde indessen immer besser erkennbar. Die präziseste Fassung fanden diese neuen Ansichten und Forderungen über die Wirkung und Verwendung der Reitermassen im modernen Kriege, in einem mehrere Jahre vor Ausbruch des letzten Krieges erschienenen, epochemachenden Werke des preußischen Generalmajors von Bernhardi. Dasjenige, was in dem genannten Werke über Verwendung und Kampf der Reiterei gesagt

wird, findet in den Folgerungen, die sich aus den Erfahrungen des
letzten Krieges ableiten lassen, seine volle Bestätigung, kaum daß
vielleicht hier und da einzelne Ausführungen nunmehr auf Grund
der ostasiatischen Erfahrungen gleichsam stärker unterstrichen, bestimmter zum Ausdruck gebracht werden könnten.

General von Bernhardi faßt am Schlusse seines Werkes die
Gesichtspunkte für die hinkünftige Kriegsverwendung der Reiterei
in folgende Worte zusammen:

„Der Wert der Kavallerie ist infolge der Verhältnisse des
modernen Krieges bedeutend gestiegen, da ihre strategischen Aufgaben an Wichtigkeit gewonnen haben, und sich ihr auf dem Schlachtfelde neue Chancen des Erfolges bieten. — Ihre Bedeutung liegt
in der Zukunft vornehmlich auf strategischem Gebiete. — Das
Feuergefecht ist als gleichberechtigte Fechtart neben dem Kampf
zu Pferde getreten. — Erfolge in taktischer und strategischer Hinsicht lassen sich nur durch Masseneinsatz erzielen."

Solche strategische Aufgaben, die der Reiterei im Kriege
zufallen werden, die sie aber im letzten Kriege nicht erfüllt hat,
und wegen der früher erwähnten Umstände nicht erfüllen konnte,
sehen wir in der Schlacht bei Mukden gleichsam wie in einem
Schulbeispiel vorgezeichnet. In dieser Schlacht hätten am westlichen Flügel der russischen Schlachtfront vorgeschobene, dort rasch
und rücksichtslos vorgehende Reiterkräfte die Aufgabe gehabt, vorerst das Vorrücken der Armee Nogis festzustellen. Mit dieser Erkundung wäre aber nur die eine Hälfte der Aufgabe gelöst gewesen.
Die zweite Hälfte hätte aber erfordert, sich den vorrückenden
Armeekolonnen mit Aufopferung entgegenzuwerfen und dieselben um
jeden Preis solange aufzuhalten, bis von der Armeeleitung die erforderlichen Gegenmaßregeln bzw. an anderer Stelle die Schlacht
entschieden war.

Aufgabe der japanischen Reiterei war es anderseits, vor der
Armee Nogis vorgehend alle Hindernisse fortzufegen, die sich dieser
entgegenstellen konnten, somit vor allem die russische Reiterei aus
dem Feld zu bringen, sodann aber aus der Front links hinauszu-
schwenken und gegen den Rücken des umfaßten Gegners zu operieren,
um ihn um seinen Rückzug besorgt zu machen bzw. ihm diesen zu
versperren.

Ähnliche Aufgaben werden der Reiterei in jeder Schlacht harren.
Sie setzen aber das Vorhandensein und den Einsatz großer, einheitlich geleiteter Massen voraus, welche unter dem Befehle besonders fähiger, weitblickender, energischer und unternehmungs-
lustiger Führer stehen, ferner eine Zusammensetzung, Ausbildung

und Ausrüstung der Reiterei, welche letztere zu einem langandauernden, zähen Kampf gegen starke Verbände aller Waffen befähigen.

In welcher Stärke solche Kavalleriekörper unter einheitlicher Führung zur Verwendung werden gelangen können, kann nur der spezielle Kriegsfall bestimmen. Zweifellos ist es aber, daß in Fällen, wo es sich darum handeln wird, feindlichen Armeekorps, ja aus mehreren Korps bestehenden Armeegruppen entgegenzutreten, einzelne Kavallerietruppendivisionen nicht ausreichen werden. Es werden Fälle eintreten, wo Massen von 10 000 und mehr Reitern von einem Führer zum taktischen Schlag werden gebracht werden müssen.

Aber nicht nur die Tätigkeit der Reiterei in und unmittelbar vor der Schlacht, sondern auch die große, mit dem Beginn der Operationen einsetzende Aufklärung wird nach einem großzügigen Plane erfolgen müssen, soll sie dem Feldherrn zu Nutz und Frommen dienen. Eine schematisch, auf den ganzen Raum vor der noch in breiter Front vorrückenden Armee gleichmäßig verteilte, somit zersplitterte Kavallerie, die überall aufklären und dabei womöglich noch die ganze Armeefront verschleiern soll, dürfte wohl keine großen Erfolge zeitigen.

Der letzte Krieg lehrt, daß, wenn man über den Gegner näheres erfahren will, man vorerst dessen Verschleierungslinien durchbrechen, also kämpfen muß. Erst bis man durchgebrochen ist, wird man die Fühler ausstrecken und Einblick hinter den zerrissenen Vorhang gewinnen können. Dieses Zerreißen des Vorhanges dürfte aber meist keine leichte Aufgabe sein, da in demselben mitunter nicht unbeträchtliche, gut postierte Infanterieabteilungen, ja aus allen Waffen zusammengesetzte Gruppen den Widerstand leisten werden. Daraus folgt, daß auch im strategischen Aufklärungsdienste nur durch Einsatz starker Kavalleriekräfte und aufopferungsvollen Kampf dieser, Erfolge zu erzielen sein werden. Da aus demselben Grunde eine Zersplitterung der Kräfte vermieden werden muß, so folgt daraus weiter, daß den einzelnen Kavalleriekörpern nicht breite Zonen zur Aufklärung zugewiesen werden dürfen. Die Führung wird vielmehr darauf bedacht sein müssen, die Reiterei nach strategischen Gesichtspunkten in jenen Richtungen bzw. gegen jene Punkte zu disponieren, deren Aufhellung in erster Linie vonnöten ist.

Zur Verschleierung der Bewegungen der eigenen Armee werden aber diese großen, zur Aufklärung vorgeschobenen Kavalleriekörper nicht berufen sein. Sie werden aber erstere oft indirekt unterstützen, insofern, als sie bei ihrem Vorgehen das Bestreben haben

werden, die erreichbaren, aufklärenden Abteilungen des Gegners
aus dem Wege zu räumen, was in der Regel zu größeren Kavallerie-
zusammenstößen führen dürfte.

Den Verschleierungsdienst werden die vorrückenden
Armeekolonnen selbsttätig zu lösen haben. Dies wird wohl
praktisch auf jene Art geschehen können, wie sie von den Japanern
gepflegt wurde, und insbesonders in der Schlacht am Schabo deutlich
zu erkennen ist, nämlich durch vorgeschobene, aus Infanterie und
der Kolonnenkavallerie zusammengesetzte Abteilungen.

Während die großen und einheitlich geführten Kavalleriemassen
nur in den entscheidenden Richtungen, oft weit vor- und seitwärts
der vormarschierenden Armeefront in Tätigkeit kommen werden, wird
sich vor den marschierenden Armeekolonnen ein dichter
zusammenhängender Gürtel derartiger Verschleierungsabteilungen bewegen. Dieser wird infolge seiner Zusammensetzung
aus Kavallerie, Infanterie, ev. auch Artillerie befähigt sein, einerseits
feindlichen Aufklärungsabteilungen den Einblick in die eigenen Verhältnisse zu verwehren, anderseits aber selbst durch einzelne Patrouillen die
Aufklärung, allerdings in beschränktem Umfang zu besorgen. Die Entfernung der Verschleierungsabteilungen von den Teten der marschierenden Kolonnen wird, ebenso wie die Aufklärungszone der ersteren, nicht
zu groß sein dürfen. Ein Tagmarsch dürfte wohl das zulässige
Maximum der Entfernung dieser Verschleierungsabteilungen darstellen,
andernfalls wäre eine Unterstützung letzterer im Falle übermächtiger
feindlicher Angriffe schwer möglich. Ebenso werden sich die zur
Aufklärung entsendeten Patrouillen von den Gros der Verschleierungsabteilungen nicht zu weit entfernen dürfen, wenn sie an diesen den
nötigen Rückhalt finden sollen. Diese Patrouillen werden um so
bessere Erfolge erzielen können, je beweglicher sie sind, je rascher
und rücksichtsloser sie reiten, je besser Roß und Reiter bei Kräften
sind. Letztere Bedingungen schließen es aus, daß solche Patrouillen
zu lange in einem Zuge im Dienste belassen werden, jedenfalls
wird es kaum rätlich erscheinen, sie länger als einen Tag oder eine
Nacht ihrer schweren Aufgabe obliegen zu lassen. Je kürzer die
Dauer der jeweiligen Verwendung, je zahlreicher die Entsendungen,
um so besser dürften die Erfolge sein.

Die Stärke der zur Verschleierung bestimmten Abteilungen
wird je nach den obwaltenden Verhältnissen, und zur Breite des zu
verschleiernden Raumes, Entfernung vom Gegner, Terrain, Witterungsverhältnisse usw. verschieden sein, jedenfalls aber schon mit Rücksicht auf den aufreibenden Dienst nicht zu schwach bemessen sein
dürfen. Namentlich wird man mit der Beigabe der Kavallerie, soll

letztere nicht vorzeitig verbraucht werden, nicht sparen dürfen. Auch wird dies keine minderwertige Reiterei sein dürfen, denn, wie der letzte Krieg zeigt, ist eine solche gegenüber einem aktiven Gegner zum Aufklärungsdienste nicht zu gebrauchen. Daraus erhellt, daß auch die höheren Armeekörper mit erstklassiger, dabei zahlreicher Reiterei versehen sein müssen.

In neuester Zeit wurden wiederholt Stimmen laut, die Divisionskavallerie im Kriege möglichst zu vermindern, der Infanterietruppendivision nur zwei, ja selbst nur eine Eskadron zu belassen. Einem solchen Vorschlage kann nicht beigestimmt werden. Hierfür bietet der russisch-japanische Krieg ebenfalls einen guten Anhaltspunkt.

Bekanntlich beließen die Japaner ihren Infanteriedivisionen bis zum Schlusse des Krieges ihre Divisionskavallerie von drei Eskadronen Stärke, obwohl sie den Wert und die Notwendigkeit größerer, selbständiger Kavallerieverbände in der Schlacht wohl erkannten, worauf unter anderem deutet, daß sie im Verlaufe des Krieges ihre beiden Kavalleriebrigaden um je vier Eskadronen verstärkten.

Bei der bekannten Anpassungsfähigkeit der Japaner, die sich im Verlaufe des Krieges wiederholt zu erkennen gab, ist wohl nicht anzunehmen, daß die japanische Armeeleitung ihren Divisionen die zahlreiche Reiterei belassen hätte, wenn diese dort nicht unentbehrlich gewesen wäre.

Es kann hier noch die Frage aufgeworfen werden, ob es nicht zweckmäßiger erschiene, die Korps, aber nicht die Divisionen mit Kolonnenkavallerie zu versehen. Von großem Belang ist eine solche Frage nicht, da ja innerhalb des Korpsverbandes die Kavallerie leicht zusammengefaßt bzw. aufgeteilt werden kann. Immerhin hätte die Zuweisung der Kavallerie an die Korps manches für sich. Es könnte hierdurch einem Verzetteln der Kavallerie leichter gesteuert werden, der Wirkungskreis des Regimentskommandanten wäre besser gewahrt. Außerdem kommt es seltener vor, daß jede Division ihre eigene Marschlinie erhält, sondern daß vielmehr in der Regel das ganze Korps auf eine Marschlinie gewiesen und in solchem Falle die Queuedivision nur sehr wenig Reiter benötigen wird.

Kaum wahrnehmbar ist im letzten Kriege die Verwendung der Reiterei zur Verfolgung des geschlagenen Gegners. Und doch hätte hier eine selbst wenig zahlreiche, allerdings aber noch leistungsfähige und aktive Reiterei überraschende Erfolge erringen können. Nicht nur in jenen Fällen, in denen die gegnerische Infanterie in Auflösung zurückging, denn diese waren sehr selten — in größerem Maßstab ist dies nur aus der Schlacht bei Mukden bekannt —

sondern bei jedem Rückzuge, insofern das Terrain die Bewegung
der Kavallerie nur halbwegs möglich machte.

Ist es auch den eigenen Kräften nicht gelungen, die Auflösung
des Gegners im Gefecht herbeizuführen, zieht auch der Feind geschlossen vom Schlachtfelde ab, so wird doch dessen moralische
Verfassung fast immer infolge der bewältigten Anstrengungen und
der daraus entstandenen Erschöpfung gelitten haben. Es wird sodann oft nur ein kleiner Impuls genügen, um die oft in vieltägiger
aufregender Gefechtsarbeit übermüdeten Massen in Erregung, Unordnung und schließlich völlige Auflösung zu versetzen.

Dem russischen Soldaten kann man gewiß nicht nachsagen, daß
er leicht erregbar, nervös und zur Panik geneigt ist, und doch überliefert uns die Geschichte des letzten Krieges Beispiele, die Katastrophen durch solche Umstände fast herbeigeführt hätten.

Besonders lehrreich in dieser Beziehung ist ein Vorkommnis im
Korps Stackelberg nach der Schlacht von Wafangou. Nach dem
Gefecht am 15. Juni 1904 gingen die Russen in guter Ordnung
und von den Japanern unbelästigt zurück, nächtigten, und marschierten auch am nächsten Tage weiter, ohne von den Japanern
behelligt zu werden. In dem vom 16. auf den 17. Juni stattgefundenen Nachtmarsch kam es aber infolge von Unordnungen und
unvorhergesehenen Aufenthalten zweimal zu einer großen Panik,
welche schließlich dahin führte, daß sich die Truppen gegenseitig
anschossen, ja, daß sich sogar eine Gruppe gegen ein Kasakende-
tachement regelrecht zum Gefecht entwickelte und in diesem Verhältnisse so lange verblieb, bis der Tagesanbruch über den Irrtum
endlich Aufklärung brachte. Liegt da die Frage nicht nahe, welche
Unordnung erst entstanden wäre, wenn auch nur ganz untergeord-
nete feindliche Reiterabteilungen an mehreren Stellen in die marschierenden Kolonnen hineingefeuert und sodann in . die in Unordnung geratenen Abteilungen mit der blanken Waffe eingehauen
hätten? Oder noch besser, wenn sie, unter Umständen mit Artillerie,
den marschierenden feindlichen Kolonnen auf Seitenwegen voraus-
geeilt und sich sodann deren Spitzen entgegengeworfen hätten?

Und dabei entstand diese Panik ¿im Stackelbergschen Korps
nicht etwa in der Nacht unmittelbar nach der Schlacht, sondern erst
in der darauffolgenden, als man sich bereits vom Gegner weit entfernt und die Aufregungen des Gefechtes hinter sich hatte.

Von den Japanern wurde indessen nie etwas versucht, um
beim Gegner eine Auflösung des Verbandes nach der Schlacht herbeizuführen. Soll da immer die Erschöpfung der Reiterei und das
Unvermögen, vorwärts zu kommen, Schuld daran getragen haben?

Es ist dies kaum anzunehmen, denn besonders große Marschleistungen hatte die japanische Reiterei vor und in einer Schlacht nie bewältigt, auch ist sie nie viel in scharfer Gangart geritten. Die erforderliche Anzahl von Kilometern wäre wohl noch manchmal bei solchen Anlässen aus den minderwertigen Gäulen herauszupressen möglich gewesen.

Chancen, wie sie für die Verfolgung durch Reiterei nach der Schlacht kaum idealer gedacht werden können, bestanden in der Schlacht von Mukden am westlichen Flügel. Hier versagt die japanische Reiterei aber in einem Augenblick, da ein großer, vielleicht ein überwältigend großer Erfolg zum Greifen nahe gerückt war. Am 7. März 1905 bis auf wenige Kilometer an die russische Rückzugslinie herangekommen, gelang es ihr nicht, an den Bahnhof Wusytai vorzukommen und in den nächsten Tagen läßt sie sich von der passiven russischen Reiterei bannen.

Welch Feld für sein Wirken hätte ein Reiterkörper unter entsprechender Führung bei Mukden finden können? Kavallerieabteilungen in die Rückzugslinie der in Unordnung zurückgehenden 2. russischen Armee vorgeschoben, andere diese parallel verfolgend, hätten nicht nur ihre völlige Zersplitterung bewirken und ihr Entkommen hindern, sondern unter Umständen auch Teile der 1. und 3. Armee mit in das Debâcle ziehen können.

Ähnliche Gelegenheiten dürften in einem Zukunftskriege wiederkehren.

Den Rückzug des geschlagenen Feindes zu einer Katastrophe zu gestalten, wird es indessen nur jenem Führer und einer Reiterei möglich sein, welche bei einem solchen Beginnen die Brücken hinter sich verbrannt hat. In einem solchen Falle muß Alle, vom Führer bis zum letzten Reiter, nur ein Gedanke und ein Wunsch beseelen, nämlich beim Feinde um jeden Preis das Chaos zu erzeugen. Die Massen werden daher nicht lange zusammenbleiben können, sondern sie werden sich zerteilen, um den ganzen Raum zu durchfluten, rastlos bei Tag und Nacht durch Feuerüberfälle und Angriff zu Fuß, wo sich noch widerstandsfähige Abteilungen finden; sie werden mit blanker Waffe aber dort wirken müssen, wo die Ordnung bereits gelockert ist, dabei den Gegner bei Tag und Nacht nicht zur Ruhe kommen lassend und jeden Gedanken an ein Zurückkommen aufgebend.

Ist dies gelungen, ist der Gegner nunmehr eine haltlose, jedes Zusammenhalts bare Masse geworden, dann hat sich die Aufopferung der Reiterei bezahlt gemacht, wenn auch von ihrem wilden Ritte nur Splitter zurückkommen sollten. Ein Gegner, der durch die verfolgende Reiterei auf eine solche Weise durcheinandergerüttelt ist, wird, sofern er nicht die Beute des Siegers geworden ist, wohl nicht sobald den moralischen Wert und Zusammenhalt wiedergewinnen, um sich erneuert stellen zu können.

Schließlich wäre noch die Verwendung der Reiterei zu Operationen gegen die feindlichen Verbindungen der Erwägung zu unterziehen. Der Gedanke ist nicht von der Hand zu weisen, daß die Möglichkeit solcher Unternehmungen — die Durchführung von Raids — auch in einem zukünftigen europäischen Kriege vorhanden sein wird. Dürften hier auch die Verbindungen in der Regel keinen so empfindlichen Punkt bilden, als dies im letzten Kriege bei den Russen und in geringerem Grade auch bei den Japanern der Fall war, ein Schwächemoment bleiben sie immerhin, welches um so mehr in die Wagschale fällt, je rascher die Offensive des Gegners ist und je weiter sie vorgeschritten ist. Gelingt es die Verbindungen des Feindes, wenn auch nur auf kurze Dauer, wirksam zu unterbinden, so dürfte dies auf seine Entschlüsse manchmal lähmend wirken. Ja, schon eine wirksame Bedrohung der feindlichen Etappenlinien kann oft schwer ins Gewicht fallen, wenn sie den Gegner verleitet, oder zwingt, Kräfte, die er dringend in vorderster Linie benötigen würde, zum Schutze der ersteren zu verwenden.

Allerdings sind Raids an gewisse, nicht immer zutreffende Vorbedingungen geknüpft. Ihre Ausführung setzt voraus, daß man entbehrliche, zahlreiche Kavallerie besitzt. Ob aber ein Führer während der Operationen von seiner Kavallerie Teile für solche Zwecke wird abgeben können, ist fraglich.

Dagegen dürfte bei Operationsstillständen mehr Gelegenheit zu solchen Unternehmungen sein, allerdings werden sie aber in einem europäischen Kriege kaum in einer solchen Dauer vorkommen, als in Ostasien.

Eine besondere Ausbildung und Vorbereitung der Reiterei erfordern die Raids nicht. Erfüllt die Kavallerie die sonstigen Bedingungen, welche an sie im Kriege gestellt werden, so besitzt sie auch ohne weiteres die Fähigkeit, Raids mit Aussicht auf Erfolg und Nutzen ausführen zu können.

Faßt man nun die Lehren kurz zusammen, welche sich aus einer gründlichen, nicht einseitigen Prüfung der Ergebnisse des letzten russisch-japanischen Krieges für die Verwendung der Reiterei ergeben, so findet man, daß dieselbe

einerseits in der Einteilung als Kolonnenkavallerie bei größeren

Armeekörpern (Korps oder Truppendivisionen) berufen sein wird, durch eine ununterbrochene, rührige und rastlose Tätigkeit im engeren Aufklärungs- und Sicherungs-, dann im Verschleierungsdienste die Erfolge in der Schlacht vorzubereiten;

daß aber der größere Teil, unter besonders ausgewählten Führern und in großen Verbänden, zumeist selbständig und nach großen strategischen Gesichtspunkten zu entscheidenden Kriegsaufgaben und zwar sowohl bei Erkundung des Gegners und dessen Absichten als auch im Rahmen der großen Schlacht, endlich zu Unternehmungen im Rücken des Gegners zur Wirkung gelangen dürfte.

Eine solche Kavallerieverwendung ist aber — soll sie ganze Erfolge zeitigen — an schwerwiegende Voraussetzungen geknüpft. Die Aufgabe wäre unvollkommen gelöst, wenn dieselben hier nicht wenigstens in Kürze berührt würden.

Die erste Voraussetzung großer Erfolge der Reiterei ist deren entsprechende Stärke im Kriege. Wie an einer Stelle früher erwähnt wurde, darf das Verhältnis der Reiterei zur Gesamtstärke des Heeres nicht zu gering sein. Denn ist die Zahl der Reiter in einem Kriege unzureichend, so ist schließlich ein Moment unausbleiblich, wo ihr — wie der japanischen Reiterei wiederholt, insbesondere bei Mukden — der Atem ausgeht und ihre Tätigkeit nicht mehr voll in die Wagschale fallen kann.

Das Verhältnis der Reiter zur Gesamtzahl der Streitkräfte hat aber seit dem vorigen Jahrhundert stetig abgenommen. Während sich die Zahl der Bataillone vervielfacht hat, ist die Gesamtzahl der Schwadronen kaum merklich gestiegen. Noch viel stärker wird sich aber dieser Umstand im Falle eines Krieges geltend machen. Während neue Bataillone wie Pilze aus dem Boden schießen und die Verluste der anderen aus dem vorhandenen großen Menschenreservoir stets zu decken sein werden, wird es sehr schwer fallen, die Schwadronen im Kriege auf einem günstigen Stande zu erhalten und noch viel schwerer, neue zu improvisieren.

Soll die Reiterei in einem nächsten Kriege nicht in ein Mißverhältnis zu den anderen Waffen gelangen, so wird man schon im Frieden auf ihre Vermehrung bedacht sein müssen. Die geringste Forderung ist aber wohl die, im Falle von Erweiterungen des Rahmens der Armee, die Reiterei nicht wie bisher stiefmütterlich zu behandeln, sondern in gleichem Maße, wie die anderen Waffen zu vermehren.

Eine weitere Voraussetzung großer Leistungen der Reiterei ist in ihrer Beweglichkeit, Manövrierfähigkeit und großen Marschfähig-

keit zu suchen, Bedingungen, die im guten Berittensein, in der Reitfertigkeit und der Fähigkeit, das Pferdematerial konservieren zu
können, wurzeln. In dieser Beziehung steht unsere Reiterei wohl
auf einer guten Grundlage, wenn auch nicht geleugnet werden
kann, daß eine Steigerung dieser Eigenschaften durch Verbesserung
des Pferdematerials, sowie durch entsprechende Änderungen in der
Ausrüstung, wünschenswert und möglich wäre.

Die wichtigste Voraussetzung einer jeden ersprießlichen Tätigkeit
der Reiterei wird aber in der Zukunft, wie zu allen Zeiten, in ihrer
hervorragenden Kampffertigkeit, Kampflust und Führung zu suchen sein.

Die Wichtigkeit der Kampflust, des Reitergeistes und insbesonders der Führung wird wohl allgemein anerkannt, vielfach
sehr strittig sind jedoch die Ansichten über die Kampfart im
nächsten Kriege.

Der Russisch-Japanische Krieg hat scheinbar nichts dazu beigetragen, um die Ansichten zu klären. Und doch ist dem nicht so.

Eine Attacke im großen Stil, ja selbst nur einen kleineren
Kampf, in dem die blanke Waffe allein den Erfolg davongetragen
hätte, zeigt uns der letzte Krieg allerdings nicht. Soweit bis jetzt
bekannt, sind Attacken eigentlich nur in der ersten Zeit des Krieges
und auch da nur ganz vereinzelt und ohne Einfluß auf den Gang
des Gefechtes im großen zu üben, geritten. So kam es in dem
Gefechte bei Judsjatun (südlich Wafangou), in welchem sich die
vorgeschobenen Kavalleriekräfte Stackelbergs und Okus gegenüberstanden, in einer Episode des Gefechtes zu einem Kampfe mit
der blanken Waffe, in welchen 2 russische Sotnien und 1, später
3 japanische Schwadronen eingegriffen haben sollen und bei welcher
Gelegenheit sich angeblich die Überlegenheit der Lanze gezeigt haben
soll. Ebenso sind einige, von ganz untergeordneten Kräften unternommene Attacken gegen intakte Infanterie überliefert, die ergebnis-
los verliefen.

Weit häufiger läßt aber der Verlauf der Kriegsbegebenheiten
Fälle erkennen, die zu einem Kampf zu Pferde geradezu heraus-
gefordert hätten, Gelegenheiten die sich aber sowohl die japanische
als auch russische Reiterei entgehen ließen.

Anderseits waren aber nicht weniger Fälle vorhanden, in
welchen ein Erfolg nur durch einen Kampf zu Fuß und zwar nur durch
ein zähes, den Charakter des Infanteriekampfes tragendes, bis zur
Entscheidung geführtes Feuergefecht der Reiterei zu erzielen gewesen wäre.

Diese Tatsachen genügen. Sie beweisen einerseits die Berechtigung und Notwendigkeit des Kampfes mit der blanken Waffe,

zeigen aber anderseits, daß das Feuergefecht als gleichberechtigte Kampfart neben den Kampf zu Pferde getreten ist. Es ist dies nichts Neues, man anerkannte dies schon vielfach vor dem letzten Kriege. Das beste Zeugnis hierfür bietet wohl, nebst dem früher erwähnten Ausspruch des Generals v. Bernhardi, der Umstand, daß eine Kriegsmacht, die auch auf neuere Kriegserfahrungen, wenn auch allerdings auf einem exotischen Kriegsschauplatz zurückzublicken, in der Lage ist, nämlich England, dieser Forderung in ihren neuen, vor Beendigung des Russisch-Japanischen Krieges erschienenen Kavallerieexerzierreglement, bereits Rechnung getragen hat. Doch auf dem europäischen Festlande sträubte und sträubt man sich vielfach noch jetzt, die Richtigkeit dieses Satzes anzuerkennen und zwar mit der Begründung, der Reitergeist wolle sich mit dem Gefecht zu Fuß nicht reimen. Doch solche Anschauungen verraten nur das Verkennen des echten Reitergeistes. Dieser verflüchtigt nicht, wenn er einmal vorhanden ist, denn er wurzelt im Herzen. Ihn charakterisiert das frische, kecke Wagen, die Lust und Freude an gefährlichen, verwegenen Taten, oder, ins Militärische übersetzt, das Bestreben und der feste Wille, so oft und so schnell als möglich an den Feind heranzukommen, sei es in sausender Gangart und hoch zu Roß, sei es, wenn dieser verborgen und zu Pferde unerreichbar ist, nach Art des Jägers, der sich an sein Wild anschleicht.

Es wird gewiß niemandem einfallen, den kühnen, wilden Reitern Stuarts und Sheridans Reitergeist absprechen zu wollen, und doch kämpften diese gleich oft und gleich gut zu Fuß und zu Pferde. Und von welch überquellendem, stolzen Reiterbewußtsein waren die von Roosevelt so prächtig gezeichneten, mut- und kraftstrotzenden, Gefahren und Anstrengungen mit gleicher Unbekümmertheit entgegensehenden „rauhen Reiter" erfüllt, obwohl es ihnen nicht einmal vergönnt war, ihre Pferde auf den Kriegsschauplatz in Kuba mitzunehmen. Und besser konnten sie ihren Reitergeist gewiß nicht beweisen, als durch ihren siegreichen Angriff in der Schlacht vor San Jago, wobei sie in eintägigem Gefecht 20 % Verluste erlitten, das ist weit mehr, als die russische Reiterei während der ganzen Dauer des letzten Krieges an Verlusten gehabt hat.

Aber diesen Reitergeist wird die Kavallerie im Feuergefecht zu Fuß nur dann in vollem Maße betätigen können, wenn sie dieses mit demselben Geschick und derselben Zähigkeit zu führen gelernt hat, wie die Infanterie.

Die Forderung einer so hohen Kampffertigkeit, sowie auch die sonstige Tätigkeit der Kavallerie setzt aber weiter grosse Intelligenz und Selbständigkeit sowohl beim einzelnen Reiter, als auch beim Offizier voraus. Wenn auch die Reiterei zumeist in großen Massen in Verwendung gelangen dürfte, so werden sich diese Massen in den großen Räumen, in denen sie zum Kampf gelangen werden, oft in kleine Partikel zerteilen, welche einzeln dem großen Ziele zustreben müssen. Dies bedingt aber die weitgehendste Selbständigkeit aller.

Selbständig, ruhig und klar handeln kann aber nur derjenige, der die Lage geistig beherrscht. Im modernen Kriege ist dies aber nicht leicht, zumal wenn man auf sich selbst gestellt ist. Dazu sind nebst einer gründlichen Berufsausbildung entsprechende geistige Fähigkeiten erforderlich. Aus diesem Grunde ist für eine moderne Kavallerie ein hochgebildetes Offizierkorps vonnöten.

Nach einer Reiterei, die allen hier entwickelten Forderungen Genüge leisten kann, dürften wir gegenwärtig vergeblich Umschau halten. Sie wird auch nicht eher vorhanden sein, solange nicht durch besondere strenge Auswahl nur die Geeignetsten, zum Reiterdienst Tauglichsten in ihre Reihen gelangen, mit anderen Worten, ehe sie nicht eine Elitewaffe geworden ist.

Wenn man die Kriegsgeschichte verfolgt, so findet man, daß wahrhaft große Reitertaten nur dort vorkamen, wo in der Reiterei die Elite des Kriegsvolks diente. So war es zur Ritterzeit, so in der Zeit des 30jährigen Krieges, wo der Pappenheimer mehr galt als der gemeine Söldner, so bei den meisten kriegerischen Völkern, wo nur der Edle zu Rosse diente. So war es auch in neuester Zeit, in den von uns viel zu wenig gekannten und gewürdigten, für die Kavallerieverwendung aber in so mancher Hinsicht vorbildlichen Tätigkeit der Reiterscharen im nordamerikanischen Sezessionskriege. Die hervorragenden und vielfach unübertroffenen Leistungen dieser amerikanischen Reiterei finden hauptsächlich darin ihre Erklärung, daß sich ihre Angehörigen nicht aus der großen Masse, sondern nur aus bevorzugten und für den Reiterdienst besonders geeigneten Bevölkerungsklassen ergänzten. Nur bei einer ähnlich sorgfältigen Auswahl des Rekrutenmaterials wird es möglich sein, unsere Reiterei auf einen, dem Ideal möglichst nahe kommenden Stand zu bringen.

Als Ideal einer Kriegsreiterei schwebt aber dem Schreiber dieser Zeilen ein diszipliniertes, mit der Feuerwaffe und dem Säbel gleich vertrautes Korps von intelligenten, verwegenen rough-ridern vor, geführt von militärisch hochgebildeten, physisch und geistig gleich leistungsfähigen, wagemutigen und verantwortungsfreudigen Generalen.

XX.
Von der französischen Armee.

Schon bei der Beratung des Gesetzentwurfes, betreffend die Entlassung des Jahrgangs 1903 in der Form, wie ihn die Kammer genehmigt, hatte der Berichterstatter des Armeeausschusses des Senats, Waddington, um Einwände gegen die für den Herbst vorgesehene Entlassung des Jahrgangs 1904 zu widerlegen, ausgesprochen, er wisse aus offiziellen Angaben, daſs das Rekrutenkontingent 1906 rund 245 000 Köpfe umfasse und es sei schon wegen der Kasernierung, aber auch wegen des Budgets unmöglich, noch einen größeren Teil des Jahrgangs 1904 über den Herbst 1907 hinaus unter den Waffen zu halten. Man komme mit den Jahrgängen 1905 und 1906, einschließlich permanenten Stamms, auf 600 000 Mann (?). Obwohl noch nicht sämtliche Angaben eingelaufen, gibt das Kriegsministerium jetzt bekannt, daß das Rekrutenkontingent 1906 dasjenige des Vorjahres um rund 20 000 Mann übersteige. Es bleibt freilich abzuwarten, wieviel von den Leuten des in den ersten Tagen des Oktober einzustellenden Rekrutenkontingents noch wegen Dienstunbrauchbarkeit entlassen werden müssen. Nach dem Bericht des Kriegsministers hat das im Herbst 1906 eingestellte Rekrutenkontingent übrigens rund 248000 Mann für den Dienst mit der Waffe, 11000 Leute der Hilfsdienste ergeben, zusammen also 259000 Mann.

Die Verhandlungen über die Entlassung des Jahrgangs 1903 haben im großen und ganzen zu dem Ergebnis geführt, daß die ursprüngliche Regierungsvorlage angenommen worden ist. Man hat also die Zusätze der Kammer, welche auch die zum Jahrgang 1903 gehörenden Zurückgestellten und die Freiwilligen auf längere Dienstzeit, die noch nicht volle 2 Jahre gedient, heimsenden wollten, abgelehnt, nicht ohne sehr heiße Kämpfe. Dadurch sind der Armee rund 38000 Mann, die sonst am 12. Juli heimgekehrt wären (darunter zahlreiche Korporale bzw. nicht kapitulierende Unteroffiziere), erhalten worden. Der Regierung ist es auch gelungen, den 12. Juli als Tag des Beginns der Entlassungen, nicht der Durchführung sämtlicher Entlassungen, festsetzen zu lassen, so daß z. B. die Leute, welche Truppenteilen, die nach dem Süden zur Aufrechterhaltung der Ordnung entsendet waren, angehören, erst nach ihrer Rückkehr in die Garnison entlassen werden. Dem Kriegsminister ist ferner die Befugnis geblieben, wenn die Verhältnisse es gebieten, durch Einzelorders die Leute des Jahrgangs 1903 bis zum 1. November wieder einzuberufen; endlich, und gerade um diese Bestimmungen haben sich in der Kammer die heftigsten Kämpfe abgespielt, hat das Parlament auch zugegeben, daß die an Gehorsamsverweigerungen beteiligten Leute des Jahrgangs 1903 nicht entlassen werden. Außer den nach Gafra transportierten 550 Unteroffizieren, Korporalen und Leuten des 17. Regiments hat man eine ganze Anzahl von Korporalen und Leuten, besonders auch des Regiments 100, in andere Truppenteile versetzt und disziplinarisch mit Gefängnis bis zu 60 Tagen bestraft, also sehr große Milde walten lassen, so zwar, daß in der Kammer nicht mit Unrecht die Frage aufgeworfen wurde, warum nicht die Artikel 217 und 225 des Militärstrafgesetzbuches angewendet wurden, die Meuterei doch bestraften. Bezeichnend war die Antwort des Berichterstatters der Kammer, die dahin lautete, die Leute seien verführt, 170 Offiziere und Unteroffiziere hätten nicht die nötige Energie besessen, sie zur Vernunft zu bringen. Nicht nur bei manchen Deputierten, sondern auch bei der Regierung (Kriegsminister, Ministerpräsident) war Neigung vorhanden, die Hauptschuld an den Gehorsamsverweigerungen den Vorgesetzten zuzuschieben. Da erscheint es angezeigt, die Gründe für die auf eine Zersetzung der Disziplin — von der wir aber durchaus nicht behaupten wollen, daß sie im Kriege auch nur die Leute des Südens mit heftigem Temperament hindern würde, sich brav zu schlagen — etwas näher zu beleuchten.

Daß die sog. „subdivisionale Rekrutierung", die von André ins Extrem getriebene Ergänzung aus dem Bereich der Standorte der Subdivisionsregimenter, die hier in der Hauptsache in Betracht kommen, mit dem dauernden Zusammenhange der jungen Leute mit ihren Familien, ihrem bisherigen Umgangskreise, einen der Gründe bildet, hat der Berichterstatter Waddington, neben vielen Offizieren der Armee, unverblümt ausgesprochen. Und daß der Kriegsminister auch einigermaßen daran glaubt, beweist seine Erklärung, es werde notwendig sein, für einige Departements von der „subdivisionsweisen Ergänzung" abzusehen. In der Kammer ist ja von den Bänken der Deputierten aus auch schon ein Gesetzentwurf eingebracht, der das Rekrutierungsgesetz dahin ergänzen will, daß, von Leuten der Hilfsdienste abgesehen, niemand in dem Subdivisionsbezirk, in dem sein Wohnsitz liegt, eingestellt werden dürfe. Als einen zweiten Grund bezeichnet General Galliffet die Beseitigung des häufigen Wechsels der Garnisonen, wodurch Offiziere und Unteroffiziere früh zum Heiraten kämen und, in der Stadt wohnend, die Kontrolle der Disziplin nicht immer in genügender Weise übten, die Unteroffiziere auch leicht mit Kreisen in Verbindung bringe, in denen der Antimilitarismus Aufnahme gefunden. Daß der Antimilitarismus auch in die Armee eingebrochen und bei den Leuten, die von Natur „Frondeure", Anhänger hat, das beweisen die Geschehnisse der letzten Zeit deutlich genug. Einen weiteren Grund hat der Abgeordnete Raiberti in der Kammer hervorgehoben. Er sagte dem Sinne nach, die Vorgesetzten wagen kaum noch, Untergebene nachdrücklich zu bestrafen, aus Besorgnis, den Kriegsminister, der seinerseits Interpellationen im Parlament fürchtet, zu ärgern; die Leute wüßten das, und darunter leide die Manneszucht. Früher hätten die Vorgesetzten das durchschlagende Mittel gehabt, ungehorsame, die Manneszucht schädigende Elemente zu den Strafkompagnien abzuschieben, das habe der Erlaß Andrés vom 12. November 1902 aber so gründlich beschnitten, daß schlechte Subjekte auch davor keine Furcht mehr hätten. Hierzu komme ein weiteres Übel, die Mischung von schlechten mit den guten Elementen, die dadurch angesteckt würden.

Mit dem Erlaß vom 12. November 1902 haben bis 1907 nach dem auf offizielles Material sich stützenden Bericht Kiota die kriegsgerichtlichen Verurteilungen um 70 % zugenommen. Der Abgeordnete Raiberti hat in der Kammer denn auch einen Gesetzentwurf eingebracht, der das Rekrutierungsgesetz, das erlaubt, Leute, die wegen Unsittlichkeit, Diebstahl, Betrug, Vertrauensbruch mit mehr als 6 Monaten bestraft worden sind, in die Heimattruppen einzustellen, im Artikel 5 dahin ändern will, daß solche Leute, wie lange auch die Dauer der ihnen zugemessenen Strafe sein mag, den Bataillonen der leichten afrikanischen Infanterie überwiesen werden. Erst wenn sie sich dort ein Jahr musterhaft geführt haben, sollen sie auf Antrag ihres Kommandeurs in die Heimat zurückversetzt werden dürfen. Wie man sieht, wirkt eine ganze Reihe von Gründen zusammen, Gehorsamsverweigerungen im größeren Umfange möglich erscheinen zu lassen, und in Maueranschlägen an Kasernen sowohl wie in dem Absingen der Internationale sind sogar Aufforderungen zu finden gewesen, welche die Ermordung von Vorgesetzten empfehlen. Falsch verstanden hat der Begriff „Gleichheit" in weiten Kreisen des französischen Volkes schon die Zucht stark angefressen, die Autorität der Behörden herabgesetzt, der Geist des Volkes kommt aber auch in der Armee zum Ausdruck, er muß also zur Selbstzucht zurückgeführt werden. Ob das heute noch möglich ist, ist eine andere Frage, die wir hier nicht erörtern können.

Die Hinweise darauf, daß man in Zukunft vom Oktober bis

zum Ende März nur einen Jahrgang geschulte und für Feldzwecke
verwendbare Leute unter den Waffen haben werde, hat einen französischen General im Parlament, zu dem Vorschlag der semester-
weisen Rekruteneinstellung veranlaßt. Er berechnet, daß man,
selbst wenn man die 60 000 Kapitulanten wirklich erreiche, die das
Gesetz, betreffend die 2jährige Dienstzeit, in Aussicht stellt, von
denen man aber heute noch sehr weit entfernt sei, in der genannten
Zeit höchstens 280 000 Mann mobilmachungsfähige Leute in Dienst
habe. Den Vorschlag des Generals Le Joindre, vierteljährlich Rekruten
einzustellen, weist der General zurück, obwohl er den Vorteil gewährte, stets mit 400 000 geschulten Leuten der aktiven Armee
rechnen zu können. Gegen den Vorschlag spricht seiner Ansicht
nach die Tatsache, daß die Armee dann zu größeren Übungen keine
Zeit habe, da sie dauernd in der Heranbildung von Rekruten begriffen sein müsse. Bei Einziehung der Hälfte des Rekrutenkontingents
im Oktober, der anderen Hälfte am 1. April, könne man die
Rekruten sorgfältig schulen und habe für die Herbstmanöver die Einheiten aus nur geschulten Leuten zusammengesetzt und das ganze
Jahr hindurch ³/₄ das Bestandes mobilmachungsfähig.

Im schroffen Gegensatze zu der Erklärung des Kriegsministers
in der Kammer bei der ersten Beratung des Gesetzentwurfes, betreffend die Entlassung des Jahrgangs 1903 (bei welcher auch die
Heimsendung des Jahrgangs 1904 berührt wurde), daß man
bei der Kavallerie genügenden Zufluß an Kapitulanten-
Unteroffizieren und auch an länger dienenden Freiwilligen
habe, stehen die vom Kriegsminister als notwendig erachteten,
vom Parlament genehmigten Änderungen des Rekrutierungsgesetzes vom 21. März 1905, betreffend die Kavallerie und
reitende Artillerie, deren Bedeutung ein Rundschreiben vom
9. Juli den Kommandeuren von Kavallerieregimentern als besonders
dringend ans Herz legt. Die französische Fachpresse spricht sich
kurz und bündig dahin aus, es sei kindisch, von diesen neuen Verordnungen eine Hebung des Übels zu erwarten, man gestehe damit
vielmehr stillschweigend ein, daß man mit dem Gesetz
vom 21. März 1905 bei der Kavallerie Fiasko gemacht, und
dieses Gesetz die Waffe desorganisiere. Für die Dressur junger Pferde
habe man nicht genug kapitulierende Unteroffiziere, Gemeinekapitulanten bzw. Korporalkapitulanten wären in manchen
Eskadrons nicht vorhanden, und man habe von offizieller Seite
schon den Gedanken ausgesprochen, als Remontereiter die Offizieranwärter der Kavallerie zu benutzen, die vor Besuch von St. Cyr

ihr erstes Jahr bei den Regimentern abdienten. Wenn man Kapitulanten wolle, müsse man sie hoch bezahlen. Die früheren
Gesetze hätten in bezug auf Aufbesserung der Bezüge zuviel Enttäuschungen gebracht, und die Leute wüßten, daß es, um eine gute
Zivilstellung zu erhalten, wichtiger sei, einen einflußreichen Abgeordneten zum Fürsprecher, als eine tadellose, dienstliche Vergangenheit zu haben. Die Änderungen des Rekrutierungsgesetzes vom
21. März 1905, deren Vorteile der Kriegsminister besonders auch
den vor der Entlassung stehenden Leuten des Jahrgangs 1903 noch
deutlich klar gemacht sehen will, bestehen in Folgendem:
1. Zulässigkeit der Kapitulation nur auf 1 Jahr, 2. Ausdehnung
der Kapitulation für Brigadiers der Kavallerie und reitenden Artillerie bis auf 8 Jahre, statt 5 bisher, 3. Vermehrung der zulässigen
Zahl an Brigadierkapitulanten auf die Hälfte, statt $^1/_4$ des Sollbestandes, 4. Zahlung der Prämien an Kapitulanten mit dem Augenblick der Unterzeichnung der Verpflichtung, in Verbindung mit dem
dann nach Erlaß vom 30. August 1907 auch zulässigen 30 tägigen
Urlaub, 5. Befreiung von jeder Übung in der Reserve für diejenigen
Leute, die 4 Jahre gedient haben, 6. Anspruch auf eine Reihe von
Zivilstellen, die bisher den Korporalen und Unteroffizieren vorbehalten
waren, für die Leute, die 5 Jahre gedient haben, 7. Bevorzugung der
4 Jahre dienenden Leute bei der Anstellung in Remontedepots, berittener Gendarmerie, republikanischer Garde.

Bezüglich der Beförderung von Leuten des in diesem Herbst zu
entlassenden Jahrgangs 1904 hat der Kriegsminister in einem Rundschreiben an die kommandierenden Generale ausgesprochen, daß
das Einrücken von Unteroffizieren und Korporalen in die durch die Entlassung des Jahrgangs 1903 frei werdenden Stellen so zu erfolgen habe,
als wenn der Jahrgang 1904 volle 3 Jahre dienen würde. Das sei notwendig — wenn auch die Truppenkommandeure vielleicht einen
Widerwillen gegen die Beförderungen von Leuten hätten, die nur
noch wenige Monate unter den Waffen bleiben würden — 1. um
den Nachwuchs an Reserveunteroffizieren nicht zu schädigen, 2. um
einer Anzahl von Leuten zu ermöglichen, Reserveoffiziere zu werden,
3. um für die Ausbildung und untere Führung bis zum Herbst doch
Unteroffiziere und Korporale zu besitzen, die wenigstens etwas erfahrener sind, als das noch nicht 1 Jahr dienende Personal des Jahrgangs 1908.

Es ist nicht ohne Interesse, zu beobachten, zu welchen Vorschlägen man im Bestreben, mit der 2jährigen Dienstzeit auszu-
reichen, in französischen Kavalleriekreisen kommt. Jetzt steht die
Spezialisierung in erster Linie. Bei der verhältnismäßig kurzen

Zeit, die für die Ausbildung verfügbar ist, müsse man, so meint
man in Reiterkreisen, die einzelnen Reitergattungen nur für ihre
Spezialaufgaben schulen und nicht von den Husaren die geschlossene Attacke, wie von den Kürassieren und von
letzteren nicht Felddienst, wie von der leichten Kavallerie,
verlangen. Von der falschen Auffassung, jede Reitergattung sei für
jede Aufgabe der Kavallerie geeignet, geht, so sagt die Fachpresse,
die Verwirrung aus, die unrichtige Kritiken zeitigt. Das Übel hat
seit einigen Jahren noch eine Steigerung erfahren durch eine Art
von „Snobismus" in der französischen Kavallerie, die der Schnelligkeit alles opfern will. Wenn man — wir folgen immer noch den
Ideen der französischen Fachpresse — die Aufgaben für den Krieg
berücksichtigt, so muß man zugeben, daß es überflüssig ist, die
Pferde der Kürassiere abzutreiben, indem man von ihnen
Galopps, wie von den Husaren, verlangt, mehr als ihr Blut
ihnen zu leisten erlaubt. Sie brauchen das nicht, sie sind für die
„Mauerattacke" bestimmt, bei welcher es in der Hauptsache auf
Geschlossenheit ankommt. Felddienst braucht dagegen, nach Ansicht mancher französischer Reiteroffiziere höchstens das
Kaderpersonal zu lernen; diese Reitergattung ist nicht für den
Felddienst, nur für das geschlossene Exerzieren und Evolutionieren
bestimmt. Schnelligkeit und Manövrierfähigkeit müssen dagegen von der leichten Kavallerie verlangt werden. Ihr
falle auch die Aufklärung zu, und sie müsse den Karabiner im Fußgefecht zu benutzen verstehen, der den Kürassieren nur zur Verteidigung von Unterkünften dient. Dragoner müßten sowohl für die
geschlossene Attacke, wie für die Verwendung als leichte Kavallerie
geeignet sein, sie brauchten deshalb auch einen ganz hervorragenden
Mannschaftsersatz, und das Gesetz müsse den jungen Leuten besondere Vergünstigungen zubilligen, die sich freiwillig zum Dienst
bei den Dragonerregimentern verpflichteten. Die Dragonerregimenter,
die noch Korpskavalleriebrigaden angehörten, müßten diesen entnommen
und zu Kavalleriedivisionen vereinigt werden. Ein leichtes Regiment
genüge für das Armeekorps, das heute doch nicht mehr selbständig
operiere.

Hierzu ist zu bemerken, daß man bei uns 1870/71 bei Ausstattung jeder Division mit einem Regiment Divisionskavallerie, vielfach diese Regimenter mit solchen aus den Kavalleriedivisionen aus-
tauschen mußte, weil sie durch den Melde-, Sicherungs- und Verbindungsdienst stark ausgenutzt waren. Die „Spezialisierung", die
wie im vorstehenden geschildert in französischen Reiterkreisen angestrebt wird, schaltet mehr als $^1/_7$ der ganzen französischen

Kavallerie, 13 Kürassierregimenter, aus dem Aufklärungs- und Sicherungsdienst einfach aus, behält diese Regimenter für den „choc en muraille" zurück. Eines Kommentars bedarf eine solche Absicht nicht, sie beweist, wohin man auf Grund falscher Voraussetzungen gelangen kann. Wir glauben freilich nicht, daß man an maßgebender Stelle auf diese Vorschläge eingehen wird, es besteht dort vielmehr die Neigung, zu gleichmäßig aus je einer schweren, einer Dragoner- und einer leichten Brigade zusammengesetzte Division zurückzukehren.

Der Budgetausschuß der Kammer hat bei der Prüfung des Kriegsbudgets 1908 bis jetzt nur 340000 + 173000 = 513000 Franks gestrichen. General Picquart hat der Kammer vor ihrer Vertagung einen Gesetzentwurf überreicht, der die bisherige Applikationsschule für Artillerie und Genie in Fontainebleau und die Militärschule Versailles in je eine Sonderschule (Nationalschule) für beide Waffen zerlegen will. Damit wird einem auch im Parlament vielfach geäußerten Wunsch entsprochen. Der Kriegsminister hat ferner die Zuweisung der jungen Leute, die vor der eigentlichen Zulassung zu den sog. „großen Schulen", darunter St. Cyr (225 junge Leute, davon 140 Heimats-, 25 Kolonialinfanterie, 60 Kavallerie) und die polytechnische Schule, erst ein Jahr in der Truppe abzudienen haben, an die einzelnen Waffen und Truppenteile bekannt gegeben.

Beim 26. Infanterieregiment in Nancy hat man die neue Bekleidung und die wesentlich erleichterte neue Ausrüstung zu erproben begonnen. An der Kopfbedeckung wird zunächst weiter nichts geändert, an Stelle des Waffenrocks tritt eine dunkelblaue Ärmelweste mit Klappkragen, der auch aufgeklappt werden kann, 2 Taschen vorn und 5 kupferne Knöpfe hat. Die rote Hose wird einstweilen noch beibehalten. Der Stiefel wird durch den sog. neapolitanischen Schuh ersetzt. Der Tornister mit der steifen Einlage fällt fort, an seine Stelle tritt eine Art „Jagdtasche", deren Gewicht in der Hauptsache von den Hüften getragen werden soll. Kochgeschirr und Feldflasche werden aus Aluminium hergestellt. Gleichzeitig beginnt bei demselben Regiment der Versuch mit fahrbaren Feldküchen neuen Modells, 2spännig und die Möglichkeit bietend, zugleich Suppe, Gemüse mit Fleisch und auch Kaffee zu kochen. Im Kriege gehören weiter zu diesen Feldküchen ein Wagen mit Gefrierräumen für frisches Fleisch und ein Wagen mit Konserven.

Die Herbstübungen der 39. Division (XX. Korps, Nancy), die ursprünglich eine Dauer von 14 Tagen erreichen sollten, sind auf 9 Tage abgekürzt worden, wovon noch 3 auf Manöver der 39. gegen die 11. Division (desselben Korps) zwischen Lunéville und den Vogesen entfallen. Der Chef des Generalstabes der Armee, General Brun, reiste Ende Juli nach Petersburg, um mit dem Chef des russischen Hauptstabes, General Palitrin, der im vorigen Jahre zu demselben Zwecke in Paris weilte, die Vereinbarungen für die in einem eventuellen Kriege nötige Kooperation der Armeen beider Staaten zu treffen.

Aus einer Betrachtung der „France Militaire" über die in diesem Herbst bevorstehende Auflösung aller 4. Bataillone von Subdivisionsregimentern, ausgenommen die der Grenzkorps, wird ersichtlich, daß man beabsichtigt, auch nach Auflösung der 4. Bataillone die Subdivisionsregimenter doch mit 4 Bataillonen mobil zu machen.

Wir haben wiederholt schon darauf hingewiesen, daß man in Frankreich mit Nachdruck daran arbeitet, das Zusammenwirken von Infanterie und Artillerie auf den Gefechtszweck hin sicher zu stellen und daß man darum jährlich gemischte Verbände bis zur Division aufwärts auf mindestens einige Wochen auf Truppenübungsplätzen vereinigt. Anordnungen der kommandierenden Generale arbeiten nach derselben Richtung. Das beweist wieder ein eben bekannt gewordenes Rundschreiben eines kommandierenden Generals. Dieses handelt im 1. Teil von dem absolut notwendigen Fühlungnehmen der Offiziere der verschiedenen Waffen miteinander, namentlich derjenigen der Infanterie und Artillerie. Das Bezeichnende für den heutigen Kampf ist das enge Zusammenwirken von Infanterie und Artillerie von der Einleitung bis zur Entscheidung. Es heißt dort: Die Infanterie kann entweder gar nicht oder nur unter den schwersten Verlusten vorwärts kommen, wenn sie im Feuer der feindlichen Artillerie der Unterstützung der eigenen entbehren muß. Die Feldartillerie vermag eine durchschlagende Wirkung nicht zu erzielen, wenn die eigene Infanterie durch nachdrückliches Vorgehen und Anfassen den Gegner nicht zwingt, seine Kräfte zu zeigen und dem Artilleriefeuer auszusetzen. Um das Zusammenwirken im Gefecht zu sichern, müssen die Offiziere jeder der beiden Waffen mit den Kampfeseigentümlichkeiten der anderen durchaus vertraut sein, um den Moment zum Handeln auszukaufen und der von der anderen Waffe errrungenen Vorteile teilhaft zu werden bzw. sie auszunutzen. Die taktische Schulung für die Offiziere beider Waffen muß, nach dem Rundschreiben, daher eine gemeinsame sein. Bei den breiten Fronten und der großen Tiefenentwickelung der heutigen Kämpfe ist die oberste Führung nicht in der Lage, rechtzeitig immer das Zusammenwirken aller Einheiten zu befehlen, es muß vielmehr von diesen selbst ausgehen. Häufige und genügend langdauernde ge-

meinsame Übungen beider Waffen, möglichst verbunden mit Scharfschießen, werden die Offiziere beider Waffen die jedesmalige taktische Lage übereinstimmend beurteilen und sie übereinstimmend
handeln lassen. Offiziere und Leute der Infanterie müssen die
physischen und moralischen Wirkungen des Artilleriefeuers kennen
lernen, um Vertrauen zu der Hilfe dieser Waffe zu fassen, sie müssen
auch lernen, daß in dem Überschossenwerden durch die eigene
Artillerie keinerlei Gefahr liegt. Die Infanterie muß ferner verstehen
lernen, daß die Momente, in denen die eigene Artillerie durch
„heftige Feuerwellen" dem sich zeigenden Gegner die Möglichkeit
raubt, die eigenen Waffen anzunutzen, die geeignetsten für ihr Vorgehen sind. Die Artillerie aber muß wissen, wann sie durch Steigerung der Feuergeschwindigkeit diese „Feuerwellen" entsenden soll,
die geeigneten Augenblicke dazu wählen, da die Rücksicht auf den
Munitionsvorrat zwingt, nicht zu oft mit ihnen zu arbeiten. Nur
durch dauernde gemeinsame Übungen spielen sich beide Waffen zu
solchem Zusammenwirken ein. Gemeinsame Übungen sind daher für
den Erfolg im Kriege unabweisbar nötig.

Zu dieser richtigen Ansicht des französischen kommandierenden
Generals wird man sich auf praktischem Gebiete auch bei uns wohl
mit der Zeit bekennen und daraus die nötigen Folgerungen ziehen
müssen.

Eine Anzahl von militärischen Stimmen hat einen der Gründe
für die Gehorsamsverweigerungen der letzten Zeit darin gesehen, daß der
Armee und Flotte ein eigentlicher oberster Kriegsherr, ein Oberkommandierender, fehle. Die in der französischen Fachpresse schon öfter
behandelte Frage der Schaffung eines Generalissimus, der auch im
Frieden schon die oberste Kommandogewalt haben sollte, ist dadurch
wieder angeschnitten worden. Tritt in der „France Militaire" General
Prudhomme mit einer Begründung dieser Forderung unter Hinweis
darauf, daß man heute nicht einmal den Namen des designierten
Generalissimus kenne und ihm, entgegen der bisherigen Gepflogenheit, auch nicht die Vizepräsidentschaft des oberen Kriegsrats übertragen sei, hervor, so kommt eine andere Forderung zu dem Ergebnis, den designierten Oberkommandierenden zum Unterstaatssekretär im Kriegsministerium zu machen, so daß der
mit jedem Kabinett stehende und fallende Kriegsminister, eine
politische Persönlichkeit, nur Verwaltungsaufgaben und die
Vertretung im Parlament behalte.

Auf Vorschlag des Ministerpräsidenten Clemenceau hat der Prä-
sident der Republik am 15. Juni einen jetzt bekannt gewordenen
Erlaß unterzeichnet, der sich auf Rang und Vortritt der ver-

schiedenen Behörden und auf die diesen zustehenden Ehrenbezeugungen bezieht und geeignet ist, in Heer und Flotte
böses Blut zu machen. Daß es politische Gründe sind, die zu
den neuen von den bisherigen wesentlich abweichenden Bestimmungen
geführt haben, kommt in der Begründung ziemlich unverblümt zum
Ausdruck, in der als ihr Zweck bezeichnet wird: 1. Die Unterordnung der Militärgewalt unter die Zivilgewalt zum Ausdruck zu bringen, 2. die Bestimmungen über Ehrenbezeugungen
und Vortritt mit den republikanischen Einrichtungen in
Einklang zu setzen, 3. den gewählten Körperschaften einen ihrer
Bedeutung entsprechenden Rang zu geben, 4. Vereinfachungen der
Ehrenbezeugungen. An einer anderen Stelle sagt die Begründung,
der Erlaß gebe in der Reihenfolge die 1. Stelle den Behörden, die mit der Verwaltung betraut seien, die 2. denjenigen, deren Aufgabe die Landesverteidigung sei und die 3. den
mit der Rechtspflege betrauten. Es ist eine zum mindesten heute
nicht zweckmäßige Maßnahme, wenn man den Kriegs- und Marineminister die doch die eigentlichen Chefs der Armee und
Flotte sind, die ihnen bis jetzt zustehenden besonderen militärischen Ehrenbezeugungen genommen und sie mit den anderen
Ministern und Unterstaatssekretären gleichgestellt hat. In der Rangordnung für Paris folgen dem Präsidenten der Republik zunächst
die Präsidenten des Senats und der Deputiertenkammer, dann die
Minister und Unterstaatssekretäre, weiter Senat und Kammer des
Staatsrats, der Großkanzler der Ehrenlegion, der Kassationshof, der
Rechnungshof, dann erst an 11. bzw. 12. Stelle der obere
Kriegs- und Marinerat, an 15. Stelle der Präfekt des Saine-
departements und an 17. Stelle der Generalgouverneur von
Paris, obwohl dieser Mitglied des oberen Kriegsrats ist und früher
grundsätzlich designierter Generalissimus war. Weit hinter der
Handelskammer rangiert der Generalstab des Gouverne-
ments Paris. In dem Departement rangiert an erster Stelle
der Präfekt, dann erst an 5. Stelle der kommandierende
General des Armeekorps. Wenn ein Präfekt zum erstenmal in
einen Garnisonort seines Departements kommt, so haben sich bei
ihm alle Militärbehörden zu melden — also auch der kommandierende
General —, es wird ihm eine Ehreneskorte von 30 Mann unter einem
Offizier gestellt, und alle Wachen, bei denen er in Uniform vorüber-
kommt, haben ins Gewehr zu präsentieren unter Trommelschlag.
Bei einem Unterpräfekten, der zum ersten Male in eine Garnisonstadt
seines Arrandissements kommt, haben sich sogar die Brigadegenerale,
die anwesend sind, zu melden, obwohl der Unterpräfekt auch in der

neuen Rangordnung unter diesen steht. Wachen treten ins Gewehr, Offiziere und Mannschaften haben Unterpräfekten in Uniform militärisch zu grüßen. Man kann es auch nicht gerade eine Vereinfachung der Ehrenbezeugungen nennen, wenn bei der Ankunft irgend eines Unterstaatssekretärs in einer Garnison sämtliche Truppen unter präsentiertem Gewehr Spalier bilden, eine Eskorte von einer Eskadron unter einem Stabsoffizier und 40 Mann Ehrenwache unter einem Hauptmann aufgeboten werden, oder zu der Beisetzung eines Großoffiziers der Ehrenlegion die Hälfte der Truppen z. B. von Paris herangezogen würden. Die Begründung sagt, die Rangordnung sei bestimmt worden nicht nach der Ausdehnung der Tätigkeit der betreffenden Behörde, sondern nach der Wichtigkeit ihrer Aufgaben. Mit der Rangierung der Militärbehörden hinter die Zivilbehörden deutet man also allgemeinverständlich an, daß man deren Aufgabe, die Landesverteidigung, als die weniger wichtige betrachtet, und das kann in der öffentlichen Meinung nur herabsehend wirken.

Der bekannte Major Dreyfuß soll seinen Abschied aus dem Grunde erbeten haben, weil ihm, gegenüber seinen Altersgenossen, die ihm zuerkannte Stellung eines Abteilungskommandeurs nicht genügt, er vielmehr auf die Stellung des Oberstleutnants Anspruch erhebe. Der Kriegsminister Picquart hat sich geweigert, dem auf ihn behufs Beförderung Dreyfuß' zum Oberstleutnant von der sozialistischen Partei geübten Druck nachzugeben. Angenommen ist das Abschiedsgesuch noch nicht. In der Armee sagt man, Picquart sei, seit er Kriegsminister geworden, von der Schuldlosigkeit des Dreyfuß nicht mehr so überzeugt wie früher.

Der Kriegsminister hat für das Budget 1908 fünf Millionen Franks Extrakredit verlangt und bewilligt erhalten, um lenkbare Luftschiffe und Maschinengewehre neuen Modells zu beschaffen. Der Bedarf an lenkbaren Luftschiffen wird zunächst auf 16 angegeben, je 2 für die 5 gegen Osten bestimmten Armeen, 2 für deren großes Hauptquartier, 4 für die großen Festungen im Osten.

Abteilungen von 4 mit je 2 Pferden bespannten Maschinengewehren beabsichtigt man in größerer Zahl Infanterietruppenteilen beizugeben.

Der Generalissimus Hagron hat seinen Abschied erbeten und erhalten — die Gründe für diesen Schritt sind in der politischen Presse schon dargelegt worden. Mit ihm sind auch Michel und Metzinger aus dem oberen Kriegsrat zurückgetreten. Als Generalissimus und, was Hagron nicht war, Vizepräsident des oberen Kriegsrats,

wurde General de Lacroix bestimmt; der bisherige kommandierende
General des I. Korps Labon und der kommandierende General des
VI. Korps, Trémenau, letzterer an der Spitze des Korps bleibend,
sind in den oberen Kriegsrat berufen worden.   18

XXI.
Routine.

„In einem Offizierkorps, das im Ernstfalle die breite Masse
des Volkes hinter sich weiß und mit dieser zu rechnen gewohnt ist,
schärft sich das Gefühl der Verantwortlichkeit weit mehr, fassen
große kriegerische Gedanken weit eher Wurzel. Hier nur erhält
sich der Idealismus, dessen der Offizier bedarf, wenn ihm sein
Beruf bei längerem Frieden nicht eintönig werden, wenn nicht jener
schlimmster aller Tyrannen die Oberhand gewinnen soll, als den
schon Lloyd die Routine bezeichnet." So Freytag-Loringhoven, in
seiner „Macht der Persönlichkeit im Kriege".

Unter dem Titel Vieille Routine veröffentlicht in der La France
militaire vom 23. und 24. Juni ein General Betrachtungen, die, ganz
abgesehen von dem Dienstgrad des Verfassers, gerade bei den
jetzigen Ereignissen in Frankreich Interesse erwecken, die aber
auch mit einer ehrlichen Gewissenserforschung verbunden, jedem
Offizier, der seinen Beruf liebt, sicher etwas zum Nachdenken geben.

Der französische General schreibt:

Wenn Offiziere meines Alters so weit sind, wie ich, in den
Ruhestand treten zu müssen, schauen sie in ihrer unfreiwilligen
Muße bei ihren Gedanken und reichen Erinnerungen gerne rückwärts
und suchen einen Überblick über alles Erlebte.

Wer wie ich an den blutigen Schlachten der Rheinarmee teilnahm, wer die unselige Übergabe von Metz miterlebte, den Jammer
und die Schmach der Gefangenschaft spürte und die Greuel der
Kommune mitansehen mußte, wer dann wärend 36 Jahren die tägliche mühevolle Arbeit teilte, die unerhörten Anstrengungen be-
wundern konnte, die alle unsere Truppen ohne Ausnahme, ebenso
wie manche unserer Kommandobehörden auf sich nahmen, um unserer
neuen Armee ihr Höchstmaß von Schlagfertigkeit und Kraft, Frankreich seine alten, rechtmäßigen Grenzen wiederzugeben und wer
nun Zeuge unserer gegenwärtigen Lage ist, der, meine ich, hat

vielleicht ein ganz besonderes Recht, aus solchen Tatsachen einige heilsame Lehren abzuleiten.

Es ist nicht übertrieben, wenn ich von „unerhörten" Anstrengungen rede. In welcher Geschichte, bei welchem Volk könnte man so viel Aufopferung, Ausdauer, eine solche Unsumme von Arbeit finden wie seit jenem unheilvollen Krieg in unserer neuen Armee. Man hat mit Recht die Schnellkraft gerühmt, mit der nach Jena die preußische Armee wieder hochkam. Ihre Neuschaffung war weniger verdienstvoll als die unseres Heeres, vor allem kostete sie weniger Mühe. Zunächst sah Preußen seine Niederlage in sehr kurzer Frist gerächt, schon 1813, 1814 und noch nachdrücklicher durch Waterloo. Dann vollzog sich aber auch dort die Heeresorganisation nicht sprunghaft, sondern mit einer Sicherheit in der Leitung und einer planmäßigen Einheitlichkeit, die sehr bemerkenswert sind. Die preußische Armee fand immer Stütze, Ermutigung in dem entschlossenen Patriotismus der Nation; Verwaltungsbehörden, Schriftsteller, Hochschulen, ein ganzes Volk mit seinen höher gesteckten Zielen, alles half da einmütig mit.

Unser Heer dagegen sah seit 1870 35 Minister an seiner Spitze, darunter 7 Nicht-Soldaten. Es wartet immer noch auf erlösende Erfüllung seiner unentwegten Hoffnungen. Welch schweren Prüfungen, welch gehässigen Angriffen es ungestraft ausgesetzt werden durfte, braucht man dabei gar nicht zu erwähnen.

Um soviel Mühe lahm zu legen, wirkten verschiedene Ursachen mit. Manche sind zu allgemeiner Natur, zu empfindlich, um sie hier offen besprechen zu können. Aber etwas ganz Besonderes, mehr unmittelbar berufsmäßiger Art möchte ich hier näher beleuchten.

Studiert man genau die sogenannten Verbesserungen in unserer Armee seit ihrer Reorganisation, prüft man die Art und Weise, wie diese Verbesserungen entworfen, in die Vorschriften aufgenommen wurden und besonders, wie sie zur Anwendung gelangten, so sieht man durch die entsetzlich vielen Einzelheiten hindurch, über dem Ganzen schwebend, einen Geist der Routine, der ebenso unheilbar ist, wie er schädlich jeden wirklichen Fortschritt beeinflußt.

Die Routine ist nicht bloß eine einfache, mehr oder minder harmlose Krankheit, wie man sie oft im Privatleben bei manchen Verrückten findet, eine Verschrobenheit, die ohne sichtbar drohende Gefahr, den Kranken nur einen genau abgesteckten Weg gehen, immer den gleichen Kreistanz vollführen läßt. Faßt die Routine Wurzel und greift sie in das öffentliche Leben über, besonders in einem Körper, wie ihn die Armee bildet, so nimmt sie sehr rasch den Charakter einer ganz komplizierten Krankheit an, wird äußerst an-

steckend, wie ein wahrer Krebsschaden. Erkennt man die Symptome
nicht rechtzeitig, bekämpft man das Vorschreiten nicht energisch,
so wirkt sie zerstörend.

Das Gebiet, auf dem die Routine ohne Hemmung sich breit
macht, wird immer größer. Der Pfad, den sie einschlägt, wird bald
ein breiter Weg, wenn nicht gar eine große Heerstraße, der die
Masse ohne Überlegung, alles nachmachend, folgt. Statt aufwärts
zu steigen, die höchsten Gipfel als Ziel, wie es jeder Fortschritt
machen muß, zieht sich dieser Herdenweg stets an den immer gefähr-
licheren und bedenklichen Hängen hin und strebt fortgesetzt abwärts.

Man sagt mit vollem Recht, Gewohnheit werde zur zweiten
Natur. Während sich aber die Gewohnheit dem Guten zuwenden
kann, dem Suchen und der Pflege der Wahrheit, reißt die Routine
uns unfehlbar in die verhängnisvolle Tiefe groben Irrtums. Immer
wiederholt, wird für sie Falsches zu unbestreitbarer Wahrheit;
Phrasen, im Brustton der Überzeugung vorgetragene Schlag-
worte gewinnen die Bedeutung glaubwürdiger Tatsachen, beweis-
kräftiger Erfahrungen. Und, um eine sichere, drohende Gefahr nicht
sehen zu müssen, glaubt sie einfach nicht daran.

Die Routine äußert sich in tausenderlei Formen. Aus Gleich-
gültigkeit und Energielosigkeit hervorgehend, lähmt und tötet sie
rasch alle unsere geistigen und seelischen Kräfte. Der zum
Routinier gewordene Offizier verliert nach und nach, ohne es zu
merken, das Bewußtsein seiner elementarsten Pflichten. Sein Ge-
sichtskreis wird immer enger, kleinlicher; er denkt nur an sich.
Die Spannkraft seines Willens läßt täglich mehr nach. Sein Urteil
geht, weil ohne Übung, verloren, sein Charakter wird schwach, weil
er immer die geringste Anstrengung wählt. Wo eine Entscheidung
zu treffen ist, zaudert er und seine Hauptsorge ist stets, sich ja
nicht bloßzustellen. Gerät er, natürlich ohne es zu wollen und
durch unvorherzusehende Verhältnisse, in eine schwierige Lage, in
der er wohl oder übel zu einem Entschluß kommen muß, so wird er
immer eine halbe Maßregel vorziehen. Seine Anordnungen sind
unklar, verschwommen, weil sie ihm immer eine Hintertür, eine
innerlich unwahre Ausflucht offenhalten, seiner Verantwortungsscheu
die Möglichkeit eines entlastenden Gegenbefehls bieten sollen.

Genau genommen, fehlt diesen Routiniers oft gar nicht das
Gefühl ihrer Minderwertigkeit. In der Hoffnung, den üblen Eindruck
bei ihrer Umgebung zu verwischen, suchen sie das Ungenügende,
Leere ihrer Befehle durch ewiges, lästiges Einmischen in Einzel-
heiten, in die unbedeutendsten Kleinigkeiten zu verdecken. Das
Resultat, das aber dabei, wenigstens in den Köpfen ihrer Unter-

gebenen, herauskommt, ist gerade das Gegenteil von dem, was sie erreichen wollen. Die Untergebenen, die oft schärfer beobachten, als mancher Vorgesetzte ahnt, schätzen den Wert eines solchen Kommandeurs durchaus richtig ein. „Wenn er," sagen sie, „seinen ganzen Ehrgeiz darin sieht, unsere Arbeit zu tun, so beweist er uns damit nur selbst, daß man ihn besser in einer untergeordneten Stellung belassen hätte."

Im Urteil seiner Vorgesetzten wird der Routinier leider nicht immer so strenge gewürdigt, als er es verdient. Sie brauchen nur in den gleichen falschen Anschauungen groß geworden zu sein und, ohne je Persönlichkeit zu zeigen, die gleichen Mittelchen zum Vorwärtskommen benutzt zu haben, so werden sie mit Recht einen solchen Untergebenen für ganz musterhaft halten. Strenge werden sie mit gutem Grund nie auftreten, sehen sie doch in ihnen nur eine Gewähr für die eigene Ruhe. „Diese Leute," das ist der Leitgedanke, „werden mir keine Schwierigkeiten in der Ausübung meines Kommandos bereiten, sie werden mir keine Geschichten machen. Ihr passives Verhalten, wie ihr passiver Gehorsam sind mir eine sichere Bürgschaft dafür." Braucht dagegen bei einer Gelegenheit ein ungerecht behandelter Untergebener Schutz, eine Verteidigung seines klar verkannten Rechts, so wird ein derartiger Vorgesetzter sich dazu nur verstehen, wenn er sich damit selbst nicht schadet.

Trotz dieser traurigen Erscheinungsformen, trotz allen Protestes nimmt die Routine ihren Lauf, üppiger denn je. Die, welche ihr wirksam zu Leib gehen könnten, verdanken gerade ihr nur zu oft ihre bevorzugte Stellung.

Wie alle dem gemeinen Besten schädlichen Mißstände hat auch die Routine ihre geheimen Triebfedern, ihr System, ihren Anhang. Dafür gibt es sehr viele Zeugen. Wer kennt nicht ähnliche Kompromisse, wie ich sie oben geschildert? Wer hat nicht schon Menschen, häufig sogar in sehr hohen Stellungen, beobachten können, deren Haupttätigkeit in einer langen Dienstzeit die tägliche Flucht vor jeder Verantwortung war?

Je mehr solche Offiziere die Stufen der militärischen Leiter erklimmen, desto verderblicher werden die Folgen dieses moralischen Bankerotts, dieser wahren Feigheit für das allgemeine Wohl der Armee. Nachlassen des Charakters und der Willensstärke, der absolute Mangel an Selbsttätigkeit können in manchen Zeiten zu einem die Allgemeinheit schwer treffenden Unglück werden. Die Geschichte des Krieges 1870 liefert uns dafür zahlreiche Beispiele. Ach! was werden uns jene harten Lehren schließlich genutzt haben?

XXII.
Die Kolonialtruppen der europäischen Staaten 1907.

Von

Generalmajor **Obermair.**

———

Die verlustreichen, schwierigen und lange dauernden Kämpfe in Südwestafrika — die vollkommene Ruhe dürfte überhaupt noch nicht so bald hergestellt sein — die Kolonialdebatten im Reichstag mit ihren anfänglich negativen Resultaten, die teilweise recht unliebsamen Vorkommnisse in der Kolonialverwaltung und dadurch begründete sachliche und parteipolitische Erörterungen in Presse und Literatur, die naturgemäß vielfach das Ziel überschießen, haben endlich die allgemeine Aufmerksamkeit und das Interesse auch weiterer Kreise für das Kolonialwesen und die Kolonialbestrebungen in unserem Vaterlande erweckt. Daß dabei in erster Linie immer wieder auch die Frage der Notwendigkeit und Nützlichkeit des Kolonialbesitzes für Deutschland überhaupt aufgeworfen wird, kann so, wie die Verhältnisse nun einmal liegen, doch wohl nur als reine, zweck- und aussichtslose akademische Erörterung angesehen werden: der ärgste Kolonialfeind muß doch wohl zugeben, daß das, was wir nun einmal ob erwünscht oder nicht, besitzen, auf jeden Fall erhalten und mit allen Mitteln gefördert werden muß, und niemals mehr aufgegeben werden kann.

Die Frage kann sich also nur darum drehen, wie die Verwaltung und Verwertung, Erhaltung und Förderung etc. der Kolonien sich gestalten kann und muß.

Einen Punkt von besonderer Wichtigkeit bilden dabei naturgemäß die militärischen Verhältnisse und Einrichtungen, die Stärke und Organisation der zur Beherrschung, zum Schutz und zur Verteidigung des Kolonialbesitzes gegen äußere und innere Feinde nötigen militärischen Kräfte.

Daß unsere deutschen Einrichtungen in dieser Hinsicht den Verhältnissen nicht ganz entsprachen, das haben die Ereignisse und der Verlauf der Kämpfe in Südwestafrika in den jüngsten Jahren wohl hinlänglich erwiesen und dürfte auch jederzeit aus einem Vergleich

mit den einschlägigen Einrichtungen, Anordnungen, Aufwendungen etc.
anderer Kolonialstaaten zweifellos zu ersehen sein.

Die Stärke der militärischen Besetzung einer Kolonie richtet
sich in erster Linie nach deren wirtschaftlicher und militärischer
Bedeutung, dann aber auch nach dem Charakter und kriegerischen
Geist, Organisation und Gliederung, Aufklärung und Unternehmungslust etc. der Eingeborenenbevölkerung. Alle diese Gesichtspunkte
verlangen für Südwestafrika, das, nebenbei erwähnt, seiner klimatischen Verhältnisse wegen allein von allen deutschen Kolonien die
Verwendung weißer Truppen zuläßt, eine starke Kolonialtruppe, die,
ohne für Verwaltungszwecke in Anspruch genommen zu sein, stets
zur Verwendung, auch ohne weitere Verstärkungen und Nachschübe
aus der Heimat, in genügender Stärke bereit ist; für die übrigen
Kolonien dürfte ja wohl die bisherige Organisation mit einigen geringen Verstärkungen bzw. Änderungen genügen.

Das war eben der Hauptfehler bei Ausbruch des Aufstandes in
Südwestafrika, daß die Schutztruppe an sich zu schwach war und
daß sie überdies bei ihrer großen Zerstreuung über ein so außerordentlich ausgedehntes Gebiet fast in erster Linie zu Verwaltungs-
und Polizeizwecken verwendet wurde, wie das ja leider in Kamerun
und Ostafrika immer noch der Fall ist.

Als nun verhältnismäßig unerwartet der Aufstand entflammte,
fehlte es durchaus an einer genügend starken, operationsfähigen
Truppenmacht zur Unterdrückung desselben; es mußten erst Neu-
aufstellungen in der Heimat aus Freiwilligen der ganzen Armee, bei
der Dringlichkeit der Lage natürlich unter möglichster Beschleunigung,
geschaffen werden; bei diesen neu formierten Verstärkungstruppen
zeigten sich sehr bald alle die unvermeidlichen Mißstände solcher
in Eile geschaffener Neubildungen: Führer und Truppen waren sich
gegenseitig fremd, die Verbände waren nicht genügend gefestigt, ein
großer Teil der Offiziere und Mannschaften war mit der Eigenart
der kolonialen Kriegführung, mit den Erfordernissen und Bedürfnissen der Lebensweise im Tropenklima nicht vertraut; auch die
Intendantur war den an sie herantretenden, allerdings ganz außerordentlich hohen Anforderungen mangels der nötigen Praxis vielfach
nicht gewachsen; zudem bietet der koloniale Kriegsschauplatz an
sich schon ganz andere Bilder und erfordert eine ganz andere
militärische Ausbildung wie die auf den europäischen Übungs-
plätzen gewonnene, abgesehen von der Eigenart des Verhaltens der
Gegner.

Zwar hat der militärische Geist und die Disziplin, die Opferfreudigkeit und Schneidigkeit, die Ausdauer und spartanische Ein-

18*

fachheit und Genügsamkeit unserer braven Afrikaner mit der Zeit alle
Hindernisse glücklich überwunden; immerhin mag die Frage gestattet
sein, — und sie wird wohl auch zu bejahen sein —, ob nicht bei
einer günstigeren Organisation unseres kolonialen Militärwesens große
Geld- und Menschenopfer hätten erspart werden können. Durch
Schaden wird man aber hoffentlich auch in kolonialen Dingen klug;
das nächste Ergebnis dieser Erkenntnis sollte naturgemäß die Bildung
eines besonderen Kolonialkorps von entsprechender Stärke sein, für
das die vorhandenen Schutztruppen, unter vollständiger Lostrennung
von den Verwaltungsaufgaben, für welche nur mehr Eingeborenen
polizeitruppen unter deutschen Führern in Verwendung kommen
sollten, als Grundstock dienen können.

Auch in der Fachliteratur sind, abgesehen von Äußerungen der
Tagespresse, in neuester Zeit bemerkenswerte Stimmen für Bildung
einer Kolonialarmee laut geworden, z. B.: „Eine deutsche Kolonialarmee" von Hauptmann von Häften in den Vierteljahrsheften für
Truppenführung und Heereskunde, 1905, IV und „Ein Beitrag zum
Studium der Kolonialartillerie" von Generalleutnant von Rohne,
ebenda, 1906, III; „Die Bildung einer Kolonialtruppe" in:
Deutsches Offiziersblatt, No. 43, 1906; eine übersichtliche Darstellung bietet des weiteren Oberstleutnant z. D. von Bremen in der
Broschüre: „Die Kolonialtruppen und Kolonialarmeen der Haupt-
mächte Europas".

Deutschland hat als Kolonialstaat noch zu wenig Erfahrungen,
als daß es nicht von anderen, älteren Kolonialmächten lernen könnte
und müßte; am meisten ähnlich sind unseren Kolonialverhältnissen
wohl jene Frankreichs, dessen Kolonialeinrichtungen für uns daher,
unter Berücksichtigung der vielfach erprobten englischen, wohl in
den meisten Beziehungen nachahmenswert sein dürften, obgleich auch
hier, wie überhaupt bei allen Kolonialmächten, die Anschauungen
immer noch nicht vollständig geklärt und gefestigt sind, in mancher
Hinsicht das Versuchsstadium noch nicht überschritten ist und selbst
bei strammster und erprobtester Organisation ab und zu noch Mißerfolge vorkommen und wohl nie ganz vermieden werden können.
Im allgemeinen dürften für uns in erster Linie die Verhältnisse des
afrikanischen Kolonialbesitzes in Betracht kommen, da ja in Asien,
Amerika und Australien die Verhältnisse ganz andere, eigenartige
sind, so daß sich der Kolonialbegriff für den größten Teil der
dortigen Kolonien unserer Kolonialauffassung gegenüber wesentlich
verändert hat; besonders interessant und lehrreich sind auch die
Verhältnisse im Kongostaat.

Erfahrungs- und naturgemäß wird bei allen Verwickelungen

und Kämpfen in den Kolonien in erster Linie auch die zugehörige
Marine als erste Hilfe und Unterstützung herangezogen; diese
Unterstützung kann aber mit Rücksicht auf die Möglichkeit weiterer
Verwickelungen und die sonstigen Aufgaben der Flotte, in der
Regel in nur ganz beschränktem Maße stattfinden und wird,
sobald die gegnerische Flotte auf dem Kriegsschauplatz er-
scheint, meist ganz aufhören müssen. Jedenfalls kann die Tätigkeit
der Marine in den Kolonien jeweils eine nur vorübergehende sein
und darf dieselbe daher bei Betrachtung der kolonialen militärischen
Streitkräfte wohl außer Ansatz bleiben.

Bezüglich der anzustrebenden künftigen Organisation und der
wünschenswerten Änderungen bei unseren deutschen Schutztruppen
sei auf den oben erwähnten Aufsatz von Häften verwiesen. Als
Grundbedingung dürfte jedenfalls die Forderung zu stellen sein, daß
die ganze Organisation und demnach auch die Unterordnungsver-
hältnisse einheitlich durchgeführt werden müssen; als erschwerend
kommt dabei der Umstand in Betracht, daß die Kolonialtruppen als
Reichstruppe eine Sonderstellung einnehmen, und daher nicht ohne
weiteres einer preußischen Kommandobehörde angegliedert werden
können. Auf jeden Fall sind dieselben von der Verwaltung vollständig loszutrennen und wohl am besten unter einem, alle Truppen-
angelegenheiten selbständig besorgenden Truppen-Oberkommando
dem Kolonialminister oder dem Generalstabe zu unterstellen, wie
das ja während des Aufstandes als zweckmäßig sich erwiesen zu
haben scheint.

Der Generalstab ist durch seine besondere Kolonialabteilung
am besten in der Lage, die militärischen Verhältnisse und Bedürfnisse der Kolonien entsprechend würdigen zu können und die
richtige Verfügung über die Verwendung der Truppen in die Wege
zu leiten. Daß dabei die engste Fühlung mit der Kolonialverwaltung
und den Kolonialbehörden einer-, wie mit der Marineverwaltung
anderseits obwalten muß, ist wohl selbstverständlich. In den Kolonien selbst dürfte sich wohl eine territoriale Gliederung der Truppen
durch Besetzung verstärkter Zentralpunkte und weithin verteilter
Außenposten sowie stete Verbindung unter diesen durch fliegende
Korps, nach Anordnung der militärischen Distriktskommandeure,
empfehlen; daraus ergibt sich die Notwendigkeit, mindestens einen
großen Teil der Truppen als berittene Infanterie mit Zuteilung von
Maschinengewehren zu formieren. Daß auch die Eingeborenen
bei den Kolonialtruppen vorzüglich Verwendung finden können,
lassen die englischen und französischen Lokaltruppenformationen in
überzeugender Weise ersehen.

Des weiteren muß verlangt werden, daß die in den Kolonien stationierten Truppenteile, ohne durch Verwaltungsinteressen in Anspruch genommen zu werden, in genügender Stärke vorhanden sein müssen, um nicht bloß defensiv, sondern, wenn nötig, auch offensiv die an sie herantretenden Aufgaben lösen zu können; ferner, daß eine Reserve zu ihrer Ergänzung und Verstärkung in einer „Auslandstruppe" in der Heimat, die insbesondere auch die Ausbildung des Ersatzes zu betätigen hätte, heranzubilden ist; diese letztere, die je nach den Verhältnissen, im Kriegsfall auch im Verbande der Landarmee Verwendung finden könnte, könnte analog den bisherigen Seebataillonen auch dem Marineministerium unterstellt werden, müßte aber dem Generalstabe bzw. dem bez. Abteilungschef auf Anfordern jeder Zeit zur Verfügung und mit dem Oberkommando in steter Verbindung stehen, sofern sie nicht von Haus aus diesem unterstellt werden will (mit den nötigen Einschränkungen bezüglich ihrer Verwendung).

Während in wirtschaftlich minder wichtigen und vollständig pazifizierten Kolonien schwache Polizeitruppen (Eingeborene unter deutschen Führern) zur Aufrechterhaltung der Ordnung genügen, müssen in allen wichtigeren oder durch die Möglichkeit von Angriffen von außen oder durch Aufstände im Innern gefährdeten Kolonien entsprechend starke Schutz- oder Kolonialtruppen jederzeit kampfbereit zur Verfügung stehen. Trotz der wohl fast durchweg anzunehmenden bedeutenden Überlegenheit an Bewaffnung und sonstigen Kampfmitteln der modernen Technik, trotz Intelligenz und Wissenschaft, trotz Patriotismus und vorzüglichsten kriegerischen Eigenschaften, denen allerdings meist der Fanatismus der Naturvölker gegenübersteht, trotz aller geistigen und vielfach auch physischen Überlegenheit des Europäers über den Farbigen, spielt doch auch die „Zahl" in den Kolonialkämpfen eine nicht zu unterschätzende Rolle; hierin, das heißt in der ziffermäßigen Schwäche der deutschen Schutztruppe, lag, wie schon erwähnt, einer der Hauptgründe des Anwachsens der Aufstandsbewegung in Südwestafrika. Daß andere Kolonialstaaten in dieser Beziehung vorsichtiger und weitschauender waren, sowie daß und inwieweit eine Vermehrung unserer kolonialen Truppenmacht unbedingt notwendig ist, dürfte sich zur Genüge allein schon aus einem ziffermäßigen Vergleich mit dem Besitzstand und den Besatzungsstärken fremder Kolonien ergeben, wofür im nachstehenden einige Anhaltspunkte gegeben werden sollen.

Übersicht des Kolonialbesitzes der europäischen Mächte.

Kolonien	Flächeninhalt □ k	Einwohnerzahl in Tausend	Davon Weiße	Kolonial- bzw. Polizeitruppen	Eisenbahnen (in Klammer: in Bau od. Projekt)	Es treffen auf 1 Soldaten rund □ k	Einw.
A. Deutschland.							
Togo mit Porto Seguro und Kl. Popo	87200	1250	243	160 Pol.	165 (95)	545	7812
Kamerun	495600	3500	890	1150 M. (150 Deutsche) 440 Pol.	(160) 50	300	2200
Südwestafrika (mit Damara und Namaqua)	835100	200	6372	940 M.*) (120 Farb. u.100Pol.)	1092	890	192
Ostafrika	995000	6703	2465	2700 M. (330 Erp.)	170 (185)	368	2500
Afrika: Summe	2412900	11653	9970	3990 M. (1200 Deutsche) 1400 Pol.	1480 (440)	347	2162
Im grofsen Ozean (Kaiser Wilhelmsland, Bismarckarchipel, Marschallinseln, Karolinen, Marianen, Palau- u. Samoainseln)	245048	389	1240	500 Pol.	—	490	778
In Ostasien (Kiautschou) . .	501	33	4750	3600 M. (mitMil.)	240	0,14	9
B. Frankreich.							
Algier	480000	4450	643000	}55000 M.	3460 }72		95
Einflußgebiet der Sahara. .	3500000	790	?				
Tunis	130000	1600	54000	20600 M.	1100	6	77
Westafrika (Senegal, Guinea, Elfenbeinküste, Dahomey)	778800	4522	—		2120 (1070)	75	44
Territorien von Senegambien-Niger (Einflußgebiet) . .	958600	8200	—	}10400 M.	—	mit Territor. 167	1223
Französisch Congo	1762000	3500	?	1700 M. (200 Erp.)	—	1049	2083

*) Vor dem Aufstande.

Kolonien	Flächeninhalt □ k	Einwohnerzahl in Tausend	Davon Weiße	Kolonial- bzw. Polizeitruppen	Eisenbahnen (in Klammer: in Bau od. Projekt)	Es treffen auf 1 Soldaten rund □ k	Einw.
Ostafrika (Madagaskar, Réunión, Komoren, Mayotte, Kerguelen, St. Paul- und Neu - Amsterdam - Inseln, Somaliküste)	620545	2953	15000	13600 M. (4150 Erp.)	900 (200)	46	217
In Asien: Vorder-Indien (Pondichéry, Karikal, Mahé etc.) und Indochina (Tonkin, Cochinchina, Anam, Laos, Kambodscha, Kuangtschou)	663309	18135	10000	33000 M. (14500 E.)	1450 (850)	20	540
Ozeanien = Pacifiquegruppe (Neu-Kaledonien, Taiti) .	24225	89	?	600 M.	144	40	150
Amerika = Antillengruppe (St. Pièrre, Miquelon, Martinique, Guadeloupe, Guyana)	82000	428,5	?	1250 M.	224	66	343
C. Großbritannien (außer Gibraltar, Malta und Cypern.)							
Westafrika (Gambia, Sierra Leone, Goldküste, Lagos, Nigeria)	1343898	16419	?	10000 M.	1150	135	1640
Süd- und Zentralafrika (Kapkolonie, Basuto, Natal, Transvaal, Oranje, Rhodesia, Betschuana, Zentralafrika)	3079403	8006	2000000	40000 M.	12700	77	200
Ostafrika (Sansibar, Ostafrika, Uganda, Somaliland) . .	1289640	6200	?	5600 M.	935	230	1107
Inseln (St. Helena, Mauritius mit Cargados, Garajos etc., Seychellen)	2642	397	?	4000 M.	194	0,6	99
Afrika: Summe	5715583	31022	?	57600	15000	100	538
Kaiserreich Indien (mit Aden, Hydarabad, Kaschmir, Sokota etc.)	4809104	295213	?	230000 M. (75000 brit.)	44352	21 (64)	1300 (3900)

Kolonien	Flächeninhalt □ k	Einwohnerzahl in Tausend	Davon Weiße	Kolonial- bzw. Polizeitruppen	Eisenbahnen (in Klammer: in Bau od. Projekt)	Es treffen auf 1 Soldaten rund	
						□ k	Einw.
Übrige Kolonien in Asien (Ceylon, Straits Settlements, Malaiische Schutzstaaten, Hongkong und Wei-a-wei, Labuan, Nordborneo Sarawak etc.)	365667	6793	30000	13500 M. (6700brit.)	1600	27	500
Australische Bundesstaaten .	7929000	4580	?	60000 M. Mil. etc.	21500	130	76
Übrige Kolonien in Australien und Ozeanien (Neuseeland, Fidschi-, Faning-, Salomons- etc. Inseln) . . .	328324	1240	?	12000 M. Volnt.etc.	3800	27	100
Canada	9897571	5604	?	50000 M. Milizen	32000	200	115
Übrige Kolonien in Amerika (Neu-Foundland, Bermuda, West-Indien, Honduras, Guyana, Falklandinseln) .	443101	2275	?	3500 M.	1700	126	650
D. Italien.							
Erytrea und Somali-Gebiet (mit Benadir)	490000	732	?	4850 M. (1100Ital.)	115	110	165
E. Niederlande.							
Ostindien (Java, Madura, Borneo, Sumatra, Celebes, Bali, Timor etc.)	1520628	37494	76000	36000 M. (13000 E.)	2373	42	140
Übrige Kolonien (West-Indien, Guyana, West-Guinea etc.)	525020	385	?	3500 M.	—	150	1110
F. Portugal.							
In Afrika (Kap Verdische Inseln, Guinea, Thomé, Principe, Angola, Mozambique, Laurenço etc.) . .	1969961	6459	?	9500 M.	869	207	680
In Asien (Goa, Salcete, Macao, Ost-Timor, Kambing etc.)	19918	796	?	2100 M.	531	9	380

Kolonien	Flächeninhalt □ k	Einwohnerzahl in Tausend	Davon Weiße	Kolonial- bzw. Polizeitruppen	Eisenbahnen (in Klammer: im Bau od. Projekt)	Es treffen auf 1 Soldaten rund □ k Einw.
G. Spanien. Nordafrika, Canarische Inseln, Guinea, Rio d'Oro . . .	220374	673	?	12000 M.	—	18	56
H. Kongostaat (belgisch, mit 11 Provinzen)	2382800	19000 (30 000?)	2600	13650 M. (510 Erp.)	650 (2000 proj.)	175	1392
I. Ägypten mit Sudan.	3029668	14518	200000	30000 M. (3500 Brit. u. 6200 Poliz.)	5252 1450 im Sudan	100	480
K. Tripolis (Türkei).	1051000	1000	?	10000 Türk.	—	105	100
L. Dänemark (Grönland, Westindische Inseln)	88457	43	300	—	—	—	—

Einteilung der Kolonial-, Schutz- und Polizeitruppen.

A. Deutschland.

Die bisher in den deutschen Kolonien verwendeten Truppen sind teils Marine-, teils Schutz-, teils Polizeitruppen, die letzteren durchweg Farbige unter deutscher Führung.[1]

Marinetruppen stehen normal nur in Kiautschou, werden aber nach Bedarf auch in den andern Kolonien verwendet, und bilden somit eine Art allgemeiner Kolonialreserve (3 Seebataillone, Matrosenartillerie und Marinefeldartillerie).

1. Kamerun.

Die Schutztruppe ist stark: 42 Offiz., 11 Sanit.-Offiz., 9 Zahlmstr. und Beamte, 69 Unteroffiz., sämtlich Deutsche; sowie an Farbigen: ungefähr 1090 Unteroffiz. und Mann.

---

[1] Sämtliche Schutztruppen sind dem Reichskanzler unterstellt, dessen Unterorgane die Kolonialabteilung für alle Verwaltungsangelegenheiten, das Schutztruppen-Oberkommando für alle Kommandoangelegenheiten sind.

Die Polizeitruppe zählt (unter deutschen Militärpersonen, 75): 40 Unteroffiz. und etwa 400 Mann, sämtlich Farbige (bei den Bezirksämtern).

Die Schutztruppe ist eingeteilt in: 9 Kompagnien und 1 Artilleriedetachement; eine 10. Kompagnie soll 1907 errichtet werden. Stab: Soppo. 1. (Stamm-)Komp. und Artill.-Detach.: Duala, Bascho und Iko, 2. Komp. Bamenda, 3. Kusseri, 4. Bango und Joko, 5. Ebolora und Lolodorf, 6. auf Expedition, 7. Garua, 8. Fontendorf, 9. auf Expedition im Bez. Sanga-Ngoko. 1 Kompagnie hat 4 Offiz., 1 Arzt, 6 deutsche, 6 farbige Unteroffiz. und etwa 130 Mann (Farbige).

Bezirksämter befinden sich in Victoria, Duala, Edea und Kribi.

Sitz des Gouverneurs ist Buëa.

2. Togo.

Die Schutztruppe (bisher noch Polizeitruppe) ist stark: 2 Offiz., 5 Unteroffiz. (Deutsche) und 150 Unteroffiziere und Mannschaften (Farbige); dieselben befinden sich bei den Bezirksämtern Lome (Stadt und Land) und Anecho. Außer diesen beiden sind noch die Verwaltungsbezirke Misahöhe, Atakpame, Ketc-Kratji, Sokode, Mangu-Jendi vorhanden.

Sitz des Gouverneurs ist Lome.

3. Südwestafrika.

Vor dem Aufstande war die Schutztruppe stark: 59 Offiz., 8 Ärzte, 2 Roßärzte, 10 Unterbeamte, 142 Unteroffiz., etwa 600 Mann, lauter Europäer und 120 Mann Farbige.

Die Polizeitruppe war stark 37 europäische Unteroffiziere und 100 Eingeborene; die Unteroffiziere der Polizeitruppe wurden auch im Zolldienste verwendet und waren von der Schutztruppe abkommandiert.

Die Schutztruppe war in 4 Kompagnien, 1 Feld- und 1 Gebirgsbatterie eingeteilt, mit den Stabsquartieren Outjo, Windhuk (Sitz des Gouverneurs), Omaruru, Keetmanshop; der größte Teil war auf den weit im Lande zerstreuten kleineren Stationen verteilt.

Außer den vorgenannten Stabsquartieren waren noch Offiziersstationen: Rehoboth, Gobabis, Bethanien, Warmbad, Swakopmund, Zesfontein, Grootfontein, Maltahöhe und Nauchas.

In bezug auf die Verwaltung ist die Kolonie geteilt in 6 Bezirke: Keetmanshop, Gibeon, Windhuk, Swakopmund, Omaruru und Outju.

Zur Unterdrückung des Aufstandes wurden allmählich ungefähr 15000 Mann als Ergänzung bzw. Verstärkung nach Südwestafrika geschickt und diese nicht unbedeutende Truppenmacht in folgender Weise formiert:

1. beritt. Feld-Rgt. à 2 Batt. à 3 Komp. $\Big\}$ = 12 Komp.,
2. „   „   „   „ 2 „   „ 3   „

5 berittene Etappenkomp.; 4 beritt. Ersatzkomp.,

Maschinengewehrabtlg. I à 6 Gewehre,
„   „   II „ 6   „

1. reitende Feld-Art.-Abt. $\Big\{$ zusammen 7 reitende, 2 Ge-
2. ·   „   „   „   „   birgs-, 2 Ersatzbatt., außerdem

8 Maschinenkanonen,

5 Kolonnen-Abtlgn. (I—V) und zwar 3 Proviant-Kol.-Abtlg. zu je 5 Kolonnen und 2 Fuhrpark.Kol.-Abtlg., (I und IV);

1 Eisenbahnbatt. mit 1. und 2. Bau- und 1 Betriebskomp.,

1 Etappenkommando,

1. und 2. Funkentelegraphen-Abteilung,

1. und 2. Feldtelegraphen-Abteilung,

Feldvermessungstruppe,

Signalabteilung, 1. und 2. Scheinwerferabteilung,

Pferdedepot, Artilleriedepot, Bekleidungs- und Ausrüstungsdepot, Proviantamt, 16 Feldlazarette, Feldintendantur.

Die Gesamtstärke betrug nach dem Etat 1906: 471 Offiz., 140 Sanitätsoffiz., (davon etwa die Hälfte in den Lazaretten), 342 Militärbeamte, 13373 Unteroffiziere und Mannschaften (Weiße) und 4700 Farbige.

Anfang 1907 betrug die Stärke nur mehr 8200 Mann mit 66 Geschützen, im Frühjahr 1907 noch 6000 Mann, die im Laufe des Jahres voraussichtlich auf 4000 Mann reduziert werden. Als Truppenkommandeur ist ein Oberst normiert.

Ob die Bildung von Regimentern, ja selbst von Bataillonen von besonderem Vorteile, oder überhaupt nötig war, mag dahingestellt bleiben; tatsächlich kamen durchweg, wie das bei den eigenartigen Verhältnissen der Kolonialkämpfe kaum anders sein kann, nur Kompagnien in Verwendung und waren die größeren Verbände in der Regel zerrissen. Wie die Organisation der Schutztruppe sich nach der vollständigen Niederwerfung des Aufstandes gestalten wird,[1] ist noch nicht zu ersehen; jedenfalls ist das der

---

[1] Siehe Vierteljahrshefte für Truppenführung und Heereskunde 1907, III, Seite 622 und Skizze 25.

geeignete Moment, um der Frage der Bildung einer Kolonialarmee energisch näher zu treten und bleibt nur zu wünschen, daß diese Frage in befriedigendem Sinne zum Wohl und Gedeihen unsrer Kolonien gelöst werde.

4. Ostafrika.

Die Schutztruppe besteht aus: dem Stab und 15 Kompagnien mit im ganzen 72 Offiz., 65 Sanitätsoffiz., 18 Zahlmstr. und Beamte (3 Büchsenmachern), 169 Unteroffiz., sämtlich Deutsche; an farbigem Personal aus 12 Offiz., 2010 Unteroffiz. und Mann (darunter etwa 120 Rekruten); vorhanden sind ferner 60 Feldgeschütze und Maschinen-gewehre, sowie einige Schiffe, und zwar: der Seedampfer Kaiser Wilhelm II., der aus Privatmitteln geschaffene Dampfer Hedwig Wißmann auf dem Tanganjikasee, eine in Tanga stationierte Pinasse, eine auf dem Viktoriasee befindliche Aluminiumpinasse (Ukerewe), ein Dampfer (Hermann v. Wißmann) auf dem Njassasee, sowie einige andere kleinere Fahrzeuge. Das seemännische Personal be-steht aus 44 Weißen, den nötigen Handwerkern und 150 Schwarzen.

Die Polizeitruppe hat 2 Offiz., 33 Unteroffiz., Deutsche, 120 farbige Unteroffiziere und 1320 (700?) farbige Saldaten (Askaris), sowie 50 Irreguläre.

Der Stab und die 5. Kompagnie stehen in Dar es Salam (Sitz des Gouverneurs) und Morogoro; 1. Komp. in Moschi und Arusha, 2. Iringa, 3. Lindi, 4. Kilimatinde und Mpapua, 6. Bismarck-burg, 7. Bukoba, 8. Songea, 9. Udjidji und Usumbura, 10. Tabora, 11. Muanza und Schirati, 12. Mahenge, 13., 14. Kompagnie auf Expedition und zwar: 13. im Bezirk Songea, 14. im Bezirk Kilwa; 15. Muansa.

Stationen der Polizeitruppe sind außerdem:

Wilhelmstal, Tanga (Ausgangspunkt der Eisenbahn nach Mombo), Pangani, Sadani, Bagamojo, Dar es Salam, Neu-Langenburg, Wied-hafen, Liwale, Kilwa, Tschole, Lindi, Mikindani, Mohoro, Kilossa.

Neuestens sind sämtliche Polizeiabteilungen von der Schutz-truppe losgelöst und dem Gouverneur direkt unterstellt worden.

5. **Neu-Guinea:** Farbige Polizeitruppe, ungefähr 280 Mann.

a) Der Bismarckarchipel: Sitz des Gouverneurs Herbertshöhe; Stationen: Nusa, Kaewing, Namatanai, Kieta.

b) Kaiser-Wilhelmsland: Bezirksamt: Friedrichs-Wilhelms-hafen.

c) Karolinen, Pelauinseln und Marianen: Stationen (Bezirks-sitze): Ponape, Jap, Seisan.

6. Die Marschallinseln::

Sitz des Landeshauptmanns: Jaluit, Bezirksamt auf Nauru. Polizeitruppe: 13 Mann.

7. Samoainseln:

Zum deutschen Schutzgebiet gehören seit 1899 die Inseln: Sawaii, Upolu (Sitz des Gouvernements), Manono, Apolima; Polizeitruppe ungefähr 60 Mann.

8. Schutz-(Pacht-)Gebiet von Kiautschou in Ostasien.

Die Verwaltung des Schutzgebietes untersteht dem Reichs-Marineamt. Die Bevölkerung des Stadtgebietes zählt ungefähr 29000 Chinesen, 1250 Europäer (außer Militär), über 200 Japaner usw., die Bevölkerung des Landgebietes ist etwa 100000 Chinesen, jene der 50 k-Zone ist unbekannt.

Die Besatzung von Kiautschou besteht aus:

1. Dem Gouvernement mit Stab (8 Offiz.),
2. Dem III. Seebataillon zu 5 Kompagnien mit einem Stand von 21 Offiz., 112 Unteroffiz., 1004 Mann. Demselben ist die Marinefeldbatterie mit 5 Offiz., 14 Unteroffiz., 93 Mann, 184 Reit- und Zugtieren, angegliedert.

   Zur Ergänzung dient das III. Stamm-Seebataillon in Wilhelmshafen mit 2 Stammkompagnien (mit 8 Offiz., 54 Unteroffiz. und 522 Mann) und 1 Stamm für die Feldartillerie (3 Offiz., 6 Unteroffiz., 46 Mann),
3. einer Matrosen-Artillerieabteilung von 4 Kompagnien (14 Offiz.) zur Besetzung der Werke, für welche in der Heimat eine Stammabteilung (2 Offiz.) von 2 Kompagnien (Stab und 1. Kompagnie Cuxhafen, 2. Kompagnie Lehe) steht.
4. der Artillerie- und Minenverwaltung, der Fortifikation usw., sowie außerdem ein bestimmtes Personal der Matrosen- und Werftdivisionen,
5. eine Chinesenkompagnie (2 deutsche Offiziere, 11 deutsche Unteroffiziere, 128 Chinesen, von denen 20 beritten sind), als Polizeitruppe.

   Im ganzen (ohne Stammabteilungen) etwa 48 Offiz., 16 Ärzte, 9 Zahlmstr. und Beamte und 2250 Mann. (3000?)

9. Die Gesandtschaftswache in Peking besteht aus:

Dem Stab, der 1. und 2 Infanteriekompagnie und 1 Artillerie-zug. Als Reserve derselben stehen in Tientsin:

Die 3. Infanteriekompagnie, davon 1 Zug in Tangku; 1 Maschinengewehrzug;

Die 4. (berittene) Infanteriekompagnie mit 1 Maschinengewehrzug; 1 Lazarett.

Die bisherige ostasiatische Brigade ist aufgelöst.

Die Gesamtstärke der in den deutschen Kolonien (ohne Gesandtschaftswache in Peking) stehenden Truppen beträgt rund:

1. Marine: 65 Offiz. und Ärzte, etwa 2250 Mann,
2. Schutztruppen:
   a) Deutsche: 240 Offiz. und Ärzte, 390 Unteroffiz., 600 Mann,
   b) Farbige: 12 „   „   „   225   „   2660 „
       Im ganzen: 6440 Mann, wovon etwa 2900 Mann Farbige sind.
3. Dazu kommen noch etwa 1800 Mann Polizeitruppen, wovon 60 Mann Deutsche sind.

Bezüglich des Ersatzes der gesamten in den Kolonien verwendeten Truppen wird auch fernerhin daran festzuhalten sein, daß die farbigen Mannschaften angeworben, die Weißen als Freiwillige oder Kapitulanten aus der Landarmee oder Marine übertreten, sofern nicht eine neu aufzustellende „Auslandstruppe" den Ersatz selbsttätig, also durch Freiwillige, nötigenfalls auch durch ausgehobene Mannschaften, sichern muß.

B. Frankreich.

Das für den Schutz und die Beherrschung der Kolonien bestimmte, starke französische Kolonialheer besteht teils aus europäischen, sich ausschließlich durch Franzosen ergänzenden Truppenteilen, die zum Teil im Heimatlande, zum Teil in den Kolonien stehen, teils aus Eingeborenen-Truppenteilen mit französischen Stämmen und Führern.

Das Heimatkorps dient als Stamm und Reserve für die Truppen in den Kolonien; anderseits ist es aber auch im Falle eines europäischen Krieges an der Seite der Landarmee zu verwenden und ist es daher auch ausschließlich dem Kriegsminister unterstellt.

Der Ersatz findet in erster Linie durch Freiwillige mit 3—5-jähriger Dienstzeit (sowie durch Kapitulation) statt, die sich mit Aussicht auf beträchtliche Geldvorteile zahlreich zum Kolonialdienst verpflichten. Sollte auf diese Weise der Ersatzbedarf nicht gedeckt werden können, dann werden normal ausgehobene Mannschaften herangezogen, die aber dann in den Kolonien nicht (außer mit Einwilligung) verwendet werden können. Von den durchschnittlich 21000 Mann des Heimatkorps waren bisher stets 14—15000 Mann Freiwillige.

Die Truppen in den Kolonien ergänzen sich durch ausgebildete, tropendienstfähige, mindestens 21 Jahre alte Freiwillige des Heimatkorps, aus den wehrpflichtigen und wehrfähigen französischen Kolonisten, sowie durch geworbene und ausgehobene Eingeborene; für die Kolonisten bestehen jedoch noch gewisse einschränkende Sonderbestimmungen. Zurzeit stehen in den Kolonien unter Waffen: 58146 Mann, davon in Indochina 32736 Mann (darunter 18427 Eingeborene), in Ostafrika 12961 Mann (in Madagaskar allein 4368 Mann, im ganzen 12556 Eingeborene); im ganzen sind: 60 Offiz., 1056 Unteroffiz. und 34540 Mann Eingeborene vorhanden. Hiervon entfallen etwa 4000 Franzosen und 2000 Eingeborene auf die Artillerie, die übrigen auf die Infanterie; Kavallerie kommt nur mit wenigen Hundert Reitern in Betracht.

Für das Heimatkorps stellt das Budget 1906 eine Stärke von:

1176 Offiz., 20890 Mann der Infanterie,
281 „ 4790 „ „ Artillerie,
im ganzen mit den Stäben und Behörden, von:
1853 Offiz., (davon 338 Ärzte, Intendanturoffiziere usw.)
und 25724 Mann und 1557 Pferden fest.

Das Budget für die Kolonialarmee pro 1907 beträgt 33848340 Francs, die Gesamtausgaben für die Kolonien beziffern sich pro 1907 auf 95430243 Francs.

Die Eingeborenen-Infanterietruppen sind Regimenter von verschiedener Stärke; an Eingeborenen-Kavallerie bestehen nur 2 Eskadrons.

Im allgemeinen findet in den Kolonien mit Rücksicht auf das Klima für die Europäer eine regelmäßige Ablösung und zwar in der Regel alle 2—3 Jahre statt.

Außer den Truppen der Kolonialarmee stehen für Verwendung in den Kolonien auch noch die Truppen des 19. Armeekorps zur Verfügung und zwar besonders:

die Fremdenregimenter (10500 Mann),

die 4 algerischen Tiralleurregimenter (Turkos = 21000 Mann),

5 Bataillone leichter afrikanischer Infanterie (Zephyrs = 7700 Mann),

endlich die 4 Zuavenregimenter (= 13000 Mann), von denen in Algier jedoch nur 8500 Mann stehen.

Die Gesamtstärke der Kolonialarmee beträgt rund 80000 Mann; einschließlich der erwähnten Regimenter des 19. Armeekorps kann die für Kolonialzwecke verfügbare Armee auf 130000 Mann gebracht werden; in letzter Linie käme auch noch die Flotte in Betracht.

I. 19. Armeekorps: Algier.

Subdivisionen: Alger, Medéah, Laghouat, Oran, Mascara, Tlemcen, Aïn-Sefra, Constantine, Batna, Sétif.

1. Division Alger. (12¹/₄ Bat., 15 Esk., 3 Batt.).

1. Inf.-Brig.: Alger.	**1. alger. Kav.-Brig.: Medéah.**
1. Zuaven-Rgt.	1. Rgt. Chass. d'Afrique,
(V. Bat. Paris),	5. „ „ „
1. alger. Tiraill.-Rgt.,	1. Rgt. Spahis.
4. Straf-Füs.-Komp.	

Außer Brig.-Verband:

2. Bat. leichte afrik. Inf.,
1 Gruppe von 3 fahr. Batt. (No. 14, 17, 18) 12. Art.-Regts.,
1. Gend.-Komp.,
2. „ „
19. Sekt. Administr.-Arbeiter,
19. „ Militär-Krankenwärter,
6. Komp. Remonte-Reiter,
1 Detach. 4. Art.-Arbeit.-Komp.,
17. Train-Esk. (11., 12., 13. Komp.).

2. Division Oran. (18¹/₄ Bat., 15 Esk., 3 Batt.).

2. Inf.-Brig.: Oran.	**3. Inf.-Brig.: Mascara.**
2. Zuaven-Rgt.	1. Fremd.-Rgt.
(V. Bat. Paris),	(II. und IV. Indo-Chine),
2. alger. Tiraill.-Rgt.	2. Fremd.-Rgt.
	(III. u. V. Indo-Chine).

2. alger. Kav.-Brig.: Tlemcen.

2. Rgt. Chass. d'Afrique.
6. „ „ „
2. Rgt. Spahis.

Außer Brig.-Verband:

1. Bat. leichte afrik. Inf.,
3. Straf.-Füs.-Komp.,
1 Gruppe von 3 fahr. Batt. (No. 13, 15, 16) 12. Art.-Rgts.,

1 Detach. der 2. Art.-Arbeiter-Komp.,
18. Train-Esk. (11., 12., 13. Komp.,
20. Sekt. Administ.-Arbeiter,
20. „ Militär-Krankenträger,
7. Komp. Remonte-Reiter,
4. Gend.-Komp.

3. Division Constantine (11¹/₄ Bat., 10 Esk., 3 Batt.).

4. Inf.-Brig.: Constantine.	3. alger. Kav.-Brig.: Sétif.
3. Zuaven-Rgt.	3. Rgt. Chass. d'Afrique,
(V. Bat. Paris),	3. Rgt. Spahis,
3. alger. Tiraill.-Rgt.	2. Straf-Füs.-Komp.

Außer Brig.-Verband:

1 Gruppe von 3 fahr. Batt. (No. 14, 15, 18) 13. Art.-Rgts.,
1 Detach. der 7. Art.-Arbeiter-Komp.,
5. Train-Esk. (11., 12., 13. Komp.),
20. Sekt. Administr.-Arbeiter.
21. „ Militär-Krankenwärter,
8. Komp. Remonte-Reiter,
3. Gendarm-Komp.,
5.   „   „

4. Saharatruppen
unter dem Kommandeur der Subdivision d'Ain-Sefra.

I. Komp. du Touat (für die Oasengruppe Touat-Gourara): Adrar,
2. Komp. du Tidikelt-Salah; beide Kompagnien stehen unter einem gemeinsamen Kommandeur in Adrar,
3. Komp. de la Saoura (für das Territor. von Beni-Abbes-Saoura),
4. Komp. de Colomb (für das Zousfanatal).
Die Stärke einer Saharakompagnie ist im Durchschnitt 6 Offiz., 36 Franzosen, 300 Eingeborene, 52 Reitkamele, 100 Lastkamele, 42 Pferde und 5 Maultiere (als Kavallerie), 1 Feldgeschütz sowie 2 Maschinengewehre; die Kompagnien sind immer auf Kriegsfuß.
5. Im Bereich des 19. Armeekorps, aber aufser Divisionsverband. 11. Fuß-Art.-Bat.; 26. Genie-Bat. (des 2. Genie-Rgts.); 2 Komp. des 19. Genie-Bat.; 19. Sektion Schreiber; 19. Gend.-Legion; 3 Remontedepots.
Gesamtstärke des Armeekorps: 40¹/₄ Bat., 39 Esk. (1 Esk. Chass. ist in China); 9 Batt., 1 Fuß-Art.-Bat., 1¹/₂ Genie-Bat.

6. Territorialtruppen der 19. Region:

1., 2., 3., 4., 6., 7., 8., 9., 11., 12., 13. Territ.-Zuaven-Bat.
Je 1 Territ.-Esk. des 3., 6., 5. Rgts. Chass. d'Afrique.
1 Territ.-Gruppe des 11. Fuß.Art.-Bataillons.
Das 19. Territ.-Genie-Bataillon.

II. Okkupationsdivision von Tunis.

($14^1/_4$ Bat., 10 Esk., 6 Batt., 1 Fuß-Art.-Bat., 2 Genie-Komp.).

1. Inf.-Brig.: Tunis.	2. Inf.-Brig.: Sousse.
3. Bat. leichte afrik. Inf.,	4. alger. Tiraill.-Rgt.[1])
4. „ „ „ „	5. Bat. leichte afrik. Inf.,
4. Zuaven-Rgt.	1. Straf-Füs.-Komp.
(V. Bat. Paris).	

Kavall.-Brig.: Tunis.
4. Rgt. Chass. d'Afrique.
4. „ Spahis.

Außer Brig.-Verband::

3. Fuß-Art.-Bat..
1 Gruppe von 3 fahr. Batt. (No. 16, 17, 21) 13. Art.-Rgts.,
1 „ „ 3 „ „ (No. 1, 2, 3) 6. Art.-Rgts.,
1 Detach. der 6. Art.-Arb.-Komp.,
6. und 7. Komp. 26. Genie-Bataillon,
16. Train-Esk. (11, 12., 13. Komp.).
Detach. 19. Sekt., Schreiber,
25. Sekt. Administr.-Arbeiter,
25. „ Militär-Krankenwärter,
Gend.-Komp. Tunis.

Territorialtruppen in Tunis.

15. Territorial-Zuavenbataillon.

Die 2 Fremden- und 4 Zuavenregimenter zählen je 5 Bataillone
(à 4 Kompagnien) und 2 Depotkompagnien, die 4 algerischen
Tirailleur(Turko-)Regimenter haben je 6 Bataillone (à 4 Kompagnien)
und 1 Depotkompagnie, die 5 Bataillone leichte afrikanische Infanterie (Zephyre) haben je 6 Kompagnien.

---

[1]) Aus dem 5. und 6. Bataillon 4. alger. Tiraill.-Rgts. und 2 neuen
Bataillonen soll das 5. Turkoregiment gebildet werden.

III. Das Kolonial-Armeekorps: Paris.

1. Kolon.-Inf.-Divis.: Paris.

3. Kolon.-Inf.-Brig.: Rochefort.   5. Kolon.-Inf.-Brig.: Paris.
3. Kolon.-Inf.-Rgt.: Rochefort,   21. Kolon.-Inf.-Rgt.: Paris.
7. „ „ „ „   23. „ „ „ „

2. Kolon.-Inf.-Divis.: Toulon.

4. Kolon.-Inf.-Brig.: Toulon.   6. Kolon.-Inf.-Brig.: Toulon.
4. Kolon.-Inf.-Rgt.: Toulon,   22. Kolon.-Inf.-Rgt.: Hyéres,
8. „ „ „ „   24. „ „ „ P. centr.:
    Perpignan;
    Partie secondaire: Cette.

3. Kolon.-Inf.-Divis.: Brest.

1. Kolon.-Inf.-Brig.: Cherbourg.   2. Kolon.-Inf.-Brig.: Brest.
1. Kolon.-Inf.-Brig.: Cherbourg,   2. Kolon.-Inf.-Brig.: Brest.
5. „ „ „ „   6. „ „ „ „

Kolon.-Artillerie-Brigade: Paris.

1. Kolon.-Art.-Rgt.: Stab und 7 Batt. (3 fahr.. 2 Gebirgs-,
2 Fuß-): Lorient.
    Partie secondaire: Stab und 2 Batt. (Fuß-): Rochefort.
2. Kolon.-Art.-Rgt.: Stab. und 9 Batt. (3 fahr., 2 Gebirgs-
4 Fuß-): Cherbourg.
    P. second.: Stab und 6 Batt. (Fuß-): Brest.
3. Kolon.-Art.-Rgt.: Stab und 6 Batt. (2 Gebirgs-, 4 Fuß-):
Toulon.
    P. second.: Stab und 2 Fußbatt.: Nimes.
1. Kolon.-Art.-Arbeiter-Komp.: Cherbourg, 2. Brest, 3.
Lorient, 4. Rochefort. 5. Toulon.
Kolon.-Art.-Feuerwerkerkomp.: Toulon.
Kolon.-Disziplinarkorps: Depot Oléron.
Die Kolon.-Inf.-Rgt. haben je 3 Bataillone.

Gesamtstärke des Kolonialkorps (in der Heimat): 36 Bataillone,
6 fahr., 6 Gebirgs-, 20 Fußbatterien.

Die gesamten Kolonialtruppen unterstehen in administrativer
Beziehung der Direktion des troupes coloniales in Paris, mit ihren
4 Bureaus: 1. Technik, 2. Infanteriepersonal, 3. Artilleriepersonal,
4. Material.

IV. In den Kolonien.

Die Kolonien werden in 6 Gruppen (Generalgouvernements) eingeteilt.

1. Gruppe: Indo-China. Hauptquartier: Hanoï.

1. Division: Hanoï (24 Bat., 10 Batt.).

1. Brigade: Hanoï.

9. Kolon.-Inf.-Rgt.: Hanoï (3 Bataillone),
1. Rgt. tonkin. Tiraill.: Hanoï (4 Bataillone),
4. „   „   „   Nam-Dinh (4 Bataillone).

2. Brigade: Bac Ninh.

10. Kolon.-Inf.-Rgt.: Dap Cau (3 Bataillone),
2. Rgt. tonkin. Tiraill.: Sept-Pagodes (5 Bataillone),
3. „   „   „   Bac-Ninh (4 Bataillone),
1 Bat. chinesischer Grenztirailleure: Moncay.
4. Kolon.-Art.-Rgt. (2 Fuß-, 4 fahr., 4 Gebirgsbatterien): Hanoï.
6. gemischte Komp. Art.-Arbeiter: Tonkin.
1 Zug der Kolon.-Straf.-Komp.: Moncay.

2. Division: (Cochinchina): Saïgon (12 Bat., 12 Batt.).

3. Brigade: Saïgon.

II. Kolon.-Inf.-Rgt.: Saïgon.
1. Rgt. anamit. Tiraill.: les Mâres (3 Bataillone).

4. Brigade: Saigon.

12. Kolon.-Inf.-Rgt.: Saïgon (3 Bataillone),
2. Rgt. anamit. Tiraill.: Mitho (3 Bataillone),
1 Bat. Kambodscha-Tiraill.: Pnom-Penh.
5. Kolon.-Art.-Rgt. (4 fahr., 3 Gebirgs-, 5 Fußbatt.): Saïgon.   .
7. gemischte Art.-Arbeiter-Komp.: Saigon.

Von der Landarmee in Tonking, Annam und China: (4 Bat., 1 Esk., $\frac{1}{2}$ Genie-Komp.).

II. und IV. Bat. des 1. Fremden-Rgts.: Viétri bzw. Sontay.
III. und V. Bat. des 2. „   „   Tuyen-Quang bzw. Langson.
1 Esk. Chass. d'Afrique (6. Rgts.?),
1 Detachement des 7. Genie-Rgts: (Eingeborenenkompagnie von Tonkin: Hanoi, Eingeborenenkompagnie von Cochinchina: Saigon).

1 Zug Remonte--Reiter,

1 Komp. Gendarme: Hanoi.

Bisheriges Okkupationskorps in China:
(Bleibt voraussichtlich in Tonkin) (9 Bat., 6 Batt.).
Hauptquartier: Tien-Tsin.

16. Kolon.-Inf.-Rgt.: Tien-Tsin (3 Bataillone),
1 gemischte Gebirgs- und Feldbatt. mit Park- und 1 Fuhr-
wesendetachm.: Tien-Tsin.

$^1/_2$ Genie-Komp. des 7. Genie-Rgts.

Als Reserve in Tonkin (2. Brigade): Haiphong.

18. Kolon.-Inf.-Rgt.: Haiphong (4 Bat.); I Bat. in Quang-
Tebéau-Wan,

5. Rgt. tonkines. Tiraill.: Phu-lien (2 Bataillone),
I Gruppe von 5 Batterien (1 Feld-, 4 Gebirgs-),
1 Fuhrwesenkomp. und 1 Parkdetachement.

Gesamtstärke in Indo-China: 49 Bat., 1 Esk., 28
Batt., $2^1/_2$ Geniekompagnie.

2. **Gruppe: Westafrika** (Sénégal, Guinea, Elfenbeinküste Dahomey,
Territor. von Haut-Senegal, Moyen-Niger, Congo und Tschad).

a) Eigentliches Westafrika: Dakar.

1 Bat. Kolon.-Inf.: Dakar,

1. senegal. Tiraill.-Rgt. (2 Bat. = 7 Komp.): St. Louis,
(eine Komp. des 2. Bat. beritten),

2. senegal. Tiraill.-Rgt. (3 Bat. = 12 Komp., von denen eine
des 3. Bat. beritten): Kati,

4. senegal. Tiraill.-Rgt. (3 Bat. = 9 Komp., von denen eine
des 3. Bat. beritten): Dakar,

1 Bat. senegal. Tiraill. v. Zinder (4 Komp.): Niamey,

1 „ „ „ de la Côte d'Ivoire (5 Komp.),

1 „ „ „ v. franz. Guinea (3 Komp.): Conakry,

1 „ „ „ v. Timbuktu (3 Komp.),

1. Esk. Senegal-Spahis: St. Louis,

Kolon.-Straf-Komp.: Qua-Kam,

6. Kolon.-Art.-Rgt. (3 Fuß-, 2 fahr., 3 Gebirgsbatt. = 8 Batt.:)
Dakar und Kati.

1 Fuhrwesensektion: Kati,

8. gemischte Art.-Arbeit.-Komp.: Dakar,

gemischte Art.- Arbeit.-Detach.: Kayes.

Von der Heimatsarmee:

Vom 5. Genie-Rgt.-Detachements: vom Sudan, von Guinea, Elfenbeinküste und Dahomey,

1 Eingeborenen-Geniesektion: Dakar,

Gendarm.-Detachements v. Senegal und Sudan.

Gesamtstärke: 47 Komp. (3 beritt.), 1 Esk., 8 Batt., Geniedetachements.

Die Schützenkompagnien sind durchschnittlich 3 Offiz., 10 Unteroffiz. Europärer, 1 Offiz., 18 Unteroffiz., 120—170 Mann Eingeborene stark.

b) Gabon-Moyen Congo: Brazzaville.

1 Bat. vom Congo (Eingeborene): Brazzaville.

Noch im Laufe des Jahres 1907 sollen die vorhandenen 8 Komp. von 150 Mann auf 250 Mann gebracht und soll an der Grenze von Südkamerun eine 9. Kompagnie aufgestellt werden.

c) Oubanghi-Chari-Tschad: Fort Lamy.

1 Bat. (Senegalschützen) vom Tschad (4 Komp.): Fort Lamy,

1 gem. Sektion Gebirgsartill. v. Tschad: Tchekna,

1 Esk. (Eingeborene) vom Congo: Fort Millot (N.-Gouri).

Für Westafrika ist die Errichtung von Milizen geplant, hauptsächlich für Polizeizwecke zur Entlastung der regulären Truppen von der Verwendung zu solchen Diensten.

3. Gruppe: Ostafrika.

a) Madagaskar: Tananarive.

13. Kolon.-Inf.-Rgt. (2 Bat.): Tananarive,

3. Rgt. Senegalschützen (4 Bat.): Majunga,

7. Kolon.-Art.-Rgt. (1 fahr., 3 Gebirgs-, 4 Fußbatt. = 8 Batt.): Diego-Suarez und Emyrne,

1. Rgt. malgass. Tiraill. (3 Bat.): Tananarive,

2. „ „ „ (3 „): Tamatave,

3. „ „ „ (3 . „): Diego-Suarez,

1 Bat. Kolon.-Inf. von Diego-Suarez,

2. Zug der Kolon.-Strafkomp.: Diego-Suarez,

10. gemischte Art.-Arb.-Komp.: Tananarive,

11. „ „ „ „ Diego-Suarez,

13. Komp. des 2. Genie-Rgts. (von der Heimatarmee),

1 Detach. der 15. Sekt. Administ.-Arbeiter.

b) R é u n i o n: St. Denis.

1 Bat. Kolon.-Inf. (2 Komp.): St. Denis,
1 Gendarm-Detachement.
Gesamtstärke: 16 Bat., 8 Batt., 1 Genie-Komp.

4. Gruppe der Antillen.

a) M a r t i n i q u e: Fort de France.

1 Bat. Kolon.-Inf. (3 Komp.), 1 Gruppe von 3 Fußbatt., 1
Detach. Artill.-Arbeiter, 1 Gendarm-Detachement, sämtlich:
Fort de France.

b) G u a d e l o u p e: Basse-Terre.

1 Komp. Kolon.-Inf. (vom vorgenannten Bat.), 1 Gend.-Detach.:
Basse-Terre.

c) G u y a n a: Cayenne.

1 Komp. Kolon.-Inf. (gleichfalls vom Antillen-Bat.), 1 Gend.-
Detach.: Cayenne,
Gend.-Detachem. auch auf Miquelon- und St. Pierreinseln (Nord-
amerika).

5. Gruppe Pacifique.

a) N e u - C a l e d o n i e n: Nouméa.

1 Bat. Kolon.-Inf. (3 Komp.), 1 Fußbatt., 1 Art.-Arb.-Detach.,
1 Gendarm-Detach., sämtlich: Nouméa.

b) T a i t i: Papeete.

1 Detach. Kolon.-Inf., 1 Gend.-Detach.: Papeete.

Gesamtstärke der Truppen in den Kolonien: 83 Bat., 3
Esk., 48¹/₃ Batt., 3¹/₂ Genie-Komp.

(Schluß folgt.)

XXIII.

Das System der Hanken-Arbeit in absoluter Einstellung.

Von

Stallmeister Schmidt.

Herr Leibstallmeister z. D. Plinzner, dessen Schriften seit geraumer Zeit das Interesse der Reiterwelt wach erhalten, hat bei Friedrich Engelmann in Leipzig ein neues Buch unter dem Titel „Das dressierte Pferd im praktischen Leben" erscheinen lassen. Dies will er als eine Fortführung seiner gesamten literarischen Tätigkeit angesehen wissen, nicht nur als Fortsetzung des von ihm vor mehr als 20 Jahren veröffentlichten „Gymnasium des Pferdes". Denn dieses war eine Überarbeitung von Aufzeichnungen seines Lehrers, des Stallmeisters Steinbrecht. Das neue Werk aber soll mehr eine Folge der Plinznerschen militär-reiterlichen Schriften darstellen, weil das unter seinem Namen bekannt gewordene System sich doch in manchen Punkten von dem seines Lehrers unterscheidet. Begründet sei diese Wandelung darin, sagt Herr Plinzner, daß er durch seinen Lebensgang auf die Bahn des Campagnereiters gewiesen wurde, während Steinbrecht schließlich „nur Schulpferde" ausarbeitete. Trotzdem aber stände er noch auf Steinbrechtschem Boden, d. h. eigentlich auf New Castleschem. Denn, unbewußt, jedoch, wie er meint, durch Steinbrechts Vermittelung — indem dieser ihm das Buch des Herzogs schenkte — sei er auf diesen gelangt. Unbewußt, weil er erst zu dieser Erkenntnis kam, nachdem sein, das „Plinznersche System" bereits feststand. Dieses aber, wolle man „das System der Hanken-Arbeit in absoluter Einstellung" nennen, gleichsam um das Wort von der „tiefen Beizäumung" zu vergessen, das dem Verfasser so viel Mißverstehen und Verdruß bereitet habe. Die neue Bezeichnung für sein System soll also „Einstellung" lauten.

Zur noch besseren Verdeutlichung dieses Ausdruckes dienen die beiden dem Buche beigegebenen Abbildungen: Herzog von New Castle und Stallmeister Plinzner zu Pferde, in einer Wendung um die Hinterhand, genannt „Pirouettevolte im Galopp". Daß aber diese Wendung mit Hanken-Biegung ausgeführt wurde, ist nach der Vorstellung, die wir bisher von einer solchen Wendung hatten, nicht erkennbar. Wohl aber ist die abgebildete „Einstellung" ganz entsprechend dem Bilde, das wir uns von der „tiefen Beizäumung" ge-

macht haben. Zu dem kommt noch, daß das Pferd des Herrn Leib-
stallmeisters Plinzner, nach den bis jetzt geltenden Regeln, eine entschieden falsche Kopfstellung hat; denn der Kopf steht nicht in
einer senkrechten Ebene, sondern schräg, mit der Nase weit voraus.
Mit den Vorderfüßen schreitet das Pferd natürlich, wegen des vorn-
über hängenden Halses, unter sich. Das Pferd des Herzogs ist
wenigstens mit erhabener Aktion dargestellt!

Louis Seeger wies in seinem „System der Reitkunst" nach, daß
infolge der Hanken-Biegung das Pferd eine freie Aktion der
Vorderfüße annehmen muß. Was darunter zu verstehen sei, wurde
gleichfalls gesagt, und in diesem Sinne wurde überall gearbeitet;
denn das führt zu einem praktischen Gange. Die Hanken-Biegung
soll also eine gymnastische Übung sein, um eine freie und damit
erhabenere Aktion des Pferdes herbeizuführen, als sie ihm in der
natürlich-zwanglosen Fortbewegung eigen ist. Diese Forderung ist
begründet auf dem natürlichen Mechanismus des Ganges des Pferdes,
das auch, wenn es im freien Zustande energischer gehen will, sich
versammelt, auf die Hinterhand und damit auf die Hanken setzt, indem es die Hinterfüße heranholt, Kopf und Hals aufrichtet und eine
erhabenere Aktion annimmt. Wie man ein Pferd dazu bringt, sich
auf die Hinderhand zu setzen, so daß es eine Hanken-Biegung annehmen muß, hat Seeger und alle Anhänger der alten Schule gesagt:
durch Heranholen der Hinterfüße im Trabe, Aufrichten des Halses
und Herbeistellen der Nase. Diese Haltung entspricht nicht nur der
natürlichen Beanlagung des Pferdes, sondern sie verschönt es auch,
macht seine Bewegungen bequem und gibt ihm ein aufgewecktes,
stolzes Aussehen, das den Beschauer sogar für den Reiter einnimmt,
der die Fähigkeit zu besitzen scheint, ein so feuriges Tier beherrschen
zu können. So dient die Reitkunst „zu Nutz und Zier des Reiters
und des Pferdes" wie schon Grisoni um 1550 schrieb.

Steinbrecht war der Schüler und Schwiegersohn Seegers und
daher unzweifelhaft mit dem System der Reitkunst, wie es Seeger
in seinem Buche geschildert hat, bekannt. Daß er es sich auch
in gewissem Maße zu eigen gemacht hat, konnte man daran erkennen, wie er seine Pferde in angemessener, selbst hoher Aufrichtung und mit freier Aktion durch den Tiergarten ritt. Auch hat
Steinbrecht in mündlicher Unterredung Seegers „System der Reitkunst" als ein „gutes Buch" bezeichnet. Als wissenschaftlich ge-
bildeter Mann, der er war, konnte er auch das Buch richtig verstehen. Daß Steinbrecht zum Schulreiter wurde, spricht für die
hohe Stufe reiterlicher Geschicklichkeit, zu der er es gebracht hatte
(denn das sind die besten Campagnereiter!) und, daß die von ihm

gearbeiteten Pferde „trotzdem" im Zirkus von Ernst Renz exzellierten, ist nur ein Beweis mehr für den Wert der Reitkunst, die das Pferd befähigt auch unter solchen Umständen sein Bestes zu zeigen. Aber noch in anderer Weise konnte der den Wert der alten Reitkunst erkennen und schätzen, der, vor etwa 45 Jahren, bei Renz die von Steinbrecht gearbeiteten Schulpferde mit einem, wie es scheint nach dem System des Vicomte d'Aure gerittenen Pferde, dem Djalma, vergleichen konnte: dort Schwung und Elastizität in den Gangarten und eine, man möchte sagen, vom Pferde empfundene Freude an seinen Leistungen; hier ein hinterhaltiges Wesen, das in hölzernen Bewegungen, unter laut klappendem Aufeinanderschlagen der Zähne, aufs deutlichste erkennen ließ, daß nur die unnatürliche Haltung zu der es abgerichtet war — mit tief gestelltem Kopfe und fast wagerecht gehaltenem Halse — daß nur diese Haltung das Pferd verdroß. Denn Djalma war an sich ein schöner, edler Silberschimmelhengst mit schwarzer Mähne und Schweif. In dem Buche des Vicomte d'Aure und noch besser in der „Geschichte der Reitkunst in Bildern" (Histoire pittoresque de l'équitation par Aubry) sind uns ganz zutreffende Darstellungen dieser unnatürlichen Haltung vor Augen geführt. Namentlich das Aubrysche Bild mutet einen wie ein Porträt des Djalma an, denn es ist eine durchaus naturgetreue Darstellung, die uns das Resultat jenes „Systems" viel besser zeigt, als die abschreckenden Abbildungen in New Castles und Bauchers Werken. Nur eine Wahrheit enthalten die meisten Bilder in dem Buche des Herzogs von New Castle: die dicken Fesselgelenke, die eine natürliche Folge der Haltung seiner Pferde und der Methode sind, mit der er sie in diese Haltung zwang.

Pferde, in solcher Tiefstellung, wie sie der Herzog von New Castle, Vicomte d'Aure, Baucher etc. produzierten, gehen nicht nur, nach den Regeln der alten Schule, nicht gut, sondern auch für das Gefühl eines jeden, der bequem reiten will, weil ihnen der Schwung im Gange fehlt, und dies kommt daher, daß sie keine Hanken-Biegung haben. Denn diese wird, wie uns schon die Natur zeigt, durch eine richtige Aufrichtung von Hals und Kopf herbeigeführt, nachdem die Hinterfüße zur Aufnahme eines Teiles von dem Gewichte der Vorhand bereitgestellt wurden. An dieser Anschauung halten wir Reiter der alten Schule auch heute noch fest, wenn wir auch bei den meisten unserer modernen Pferde den Hals nicht senkrecht auf die Schultern stellen können.

Herr Leibstallmeister Plinzner war, wie alle praktischen Reiter, genötigt seine Pferde anfänglich tief gestellt zu reiten, um den Hals an den Schultern festzustellen. Daß er das erkannte und zu-

wege brachte, ist ein Beweis für sein Talent. Daß er die üblen
Folgen andauernd zu tiefer Stellung nicht kennen lernte, hat seinen
Grund darin, daß er diese Pferde auch immer wieder in freieren
Tempos reiten mußte, die dann das etwaige Zuviel an Tiefstellung
aufhoben; denn ein Pferd mit solch tiefer Stellung, wie sie ein
Herzog von New Castle produzierte, kann nicht in freien Gängen
gehen. Auch, daß Herr Plinzner es fertig brachte, ein Pferd in
eine solche Haltung zu versetzen, wie sein Bild uns zeigt, ist ein
Beweis für seine Geschicklichkeit. Aber es läßt des Pferdes Hals
nicht mehr einen Zusammenhang mit den Seeger-Steinbrechtschen
Prinzipien erkennen; ebensowenig, wie daß Steinbrecht einen besonderen Wert auf die Lehren eines Herzogs von New Castle legte,
dessen Buch doch nur noch einen historischen Wert besitzt.[1])
    Dies zu dem Vorwort, das Herr Stallmeister Plinzner seinem
Buche gegeben hat. Auf seine Anfeindungen aller der „talent-
und gefühllosen Anhänger der Aufrichtung, die unter dem Einfluß
steifer, verknöcherter, pedantischer Lehrer stehen", die also an den
Grundsätzen der alten Schule festhalten, soll hier nicht eingegangen
werden. Es sei nur noch hervorgehoben, daß in dem System
Plinzner die „absolute Einstellung" das bedeutet, was wir Über-
zäumung nennen (S. 12 Zeile 3' und 4 v. u.), daß auch das dressierte Pferd beständig am Sporn zu halten ist, und zwar das lebhafte,
selbst auf der Jagd, noch mehr als das phlegmatische (S. 35 und ff.),
während man bisher verlangte, daß das gerittene Pferd möglichst
weniger Hilfen bedürfen sollte, und daß zur Hanken-Arbeit (S. 25)
ein aufgewölbter, elastisch vibrierender (!) Rücken gehört (wonach
also Hanken-Arbeit wohl nicht mit Hanken-Biegung zu verwechseln
sein dürfte). Eine gewisse Berechtigung findet seine Methode vielleicht im Hinblick auf solche Reiter, wie er sie, nach S. 32, im Auge
hatte. Im übrigen beansprucht Herr Stallmeister Plinzner für
sein System alle Vorzüge, die bisher für das System der alten
Schule geltend gemacht wurden. Der Vorwurf aber, den er den
aufrichtenden Reitern macht, daß sie, nämlich im Gebrauch, ihre
Pferde nach Bedarf wieder mehr zur natürlichen Haltung zurückkehren lassen[2]), und daß sie das können, dient ihnen zum höchsten
Ruhme; denn die wahre Kunst führt ja zur Natur zurück!

---

[1]) Vgl. von Unger: „Georg Engelhardt von Löhneysen" 1904, Seite VI
„Aber obgleich der Text französisch ist, werden doch nur wenige Fanatiker
den wunderlichen, immer wiederholten Behauptungen über mehrere Seiten
gefolgt sein." Wenn man dabei dennoch etwas Brauchbares findet, so ist
das in anderen Büchern gewiß besser gesagt.

[2]) Vgl. Reitinstruktion v. J. 1882 II S. 185.

XXIV.
Ein Beitrag zur Bedienung der Rohrrücklaufgeschütze.
(Mit 2 Abbildungen.)

————

Mit der Einführung des Rohrrücklaufs haben an den Feldgeschützen verschiedene Teile, welche für den Schießgebrauch wichtig
sind, so besonders die Richtmittel, zwar an Vollkommenheit gewonnen, aber naturgemäß auch an Einfachheit der Einrichtung
eingebüßt. Das betrifft mehr oder minder sämtliche Herstellungs-
arten. Angesichts dessen sind mancherseits Zweifel an genügender
Einfachheit der Bedienung laut geworden. Solches geschah
auch neuerdings in einem südamerikanischen Staate gelegentlich der
Versuche mit einer Kruppschen 7,5 cm-Feldkanone L/30.

Das Geschütz war den besonderen Bedürfnissen des Landes angepaßt. Es verband gute Leistung des Einzelschusses mit sehr
günstigen Gewichtsverhältnissen, völliger Standfestigkeit, hoher Feuergeschwindigkeit und sämtlichen Vervollkommnungen der letzten Zeit,
besonders an der Richt- und Zieleinrichtung. Die Rück- und Vor-
laufeinrichtung war die übliche der Kruppschen Geschütze mit
Flüssigkeitsbremse und Vorholfedern, ebenso die Einrichtung zum
Erteilen der feinen Seitenrichtung mittelst Drehzapfens unter dem
Wiegenkasten. Es betrugen: Geschoßgewicht 6 kg, die Mündungs-
geschwindigkeit 510 m, die Mündungsleistung also 79,6 mt; das
Gewicht des abgeprotzten Geschützes mit 5 mm starkem Schutzschild
etwa 940 kg, des Geschützfahrzeuges mit 32 Schuß in der Protze
und 40 kg Ausrüstung etwa 1610 kg, des gepanzerten Munitionswagens mit 88 Schuß und 70 kg Ausrüstung etwa 1580 kg; die
Kugelzahl des Schrapnells 330 zu 9 g. Die Verwertung der Gewichte war demnach eine besonders hohe bei bewährter Dauerhaftigkeit im Gebrauch. Die Schießverwertung stellte sich auf 85 mkg
für 1 kg des abgeprotzten Geschützes; das Munitions- und Aus-
rüstungsgewicht der Geschützprotze betrug, unter Zugrundelegung
von 7,81 kg Patronengewicht, 43 %, das des Munitionswagens 48 %
des Gesamtgewichts. Das Gesamtgewicht der Füllkugeln war gleich
dem halben Geschoßgewicht. An neueren Einrichtungen für die Bedienung hatte das Geschütz: unabhängige Ziellinie, Panoramafernrohr
auf schräggestelltem Aufsatz zum Ausgleich der schußtafelmäßigen
Seitenabweichung mit Vorrichtungen zum Ausschalten des Einflusses

schrägen Radstandes und zum Messen des Geländewinkels; der
Munitionshinterwagen: Zünderstellmaschine.

Mit diesem Geschütz waren auf Grund des wohldurchdachten
Prüfungsplanes bereits gegen 500 Schuß zu scharfer Erprobung unter
den verschiedenartigsten Umständen verfeuert worden. Die Bedienungsmannschaft war einem der Artillerieregimenter entnommen und vor Beginn der eigentlichen Versuche sorgfältig eingeübt worden. Geschütz und
Mannschaft hatten sich während des ganzen Verlaufs trefflich bewährt.

Würde aber dasselbe Geschütz auch in der Hand einer weniger
geübten Mannschaft im kriegsmäßigen Schießen eine genügende Treffgenauigkeit, Feuergeschwindigkeit und Wirkung aufweisen? Würde
es überhaupt bei seiner Anhäufung von Hilfsmitteln, wie unabhängiger
Ziellinie, Panoramafernrohr, Ausschaltungen aller möglichen Gelände-
einflüsse, Zünderstellmaschine gegen Bedienungsstörungen und Unfälle
sicherstellen?

Daß solche Fragen dort seitens der Versuchsabordnung aufgeworfen wurden, beweist ein gutes Verständnis für den Grundsatz:
„Im Kriege hat nur das Einfache Erfolg".

Der Vorschlag zu ihrer Erledigung und die Art der Durchführung dürften von allgemeinem Werte sein. Sind doch eine Reihe
von Staaten zurzeit in der Neubewaffnung mit Rohrrücklaufgeschützen
begriffen und stehen vor der Möglichkeit einer Feldzugseröffnung
mit Kanonieren, die teilweise mit jenen noch nicht vertraut gemacht
sein können.

. Der Vorschlag lautete: 5 Rekruten eines Kavallerieregiments,
welche kurz vorher eingestellt waren, noch nie eine Kanone gesehen
hatten und nur zum Lesen von Zahlen begabt genug waren, während
dreier Stunden an jenem Geschütz einüben und am selbigen Tage
ein kriegsmäßiges Schießen ausführen zu lassen.

Dieses Schießen sollte umfassen:

1. 10 Schuß Schnellfeuer ohne Nachrichten gegen eine 3×3 m
   große Scheibe auf 300. m Entfernung;

2. Sprenggranatschießen auf 2500 m gegen zwei gepanzerte Schild-
   geschütze bei 40—50 m Zwischenraum von Geschütz zu Geschütz, jedes mit nebenstehendem, gepanzertem Munitionshinterwagen;

3. Schrapnellgranat-Bz-Schießen im Tiefen- und Breitenstreuen
   gegen 4 Kolonnenscheiben von je 30 m Breite und 0,70 m
   Höhe (kniende Infanterie), von 2700 m bis 3000 m um je
   100 m gestaffelt; hierbei Entnahme der Munition aus dem
   Munitionshinterwagen neben dem Geschütz und Stellen der
   Zünder mittelst Zünderstellmaschine.

Bild 1.

Bild 2.

Das erste Schießen sollte hauptsächlich einen Maßstab abgeben für die von Geschütz und Mannschaft erreichbare Feuergeschwindigkeit, das zweite für die Treffgenauigkeit, das dritte für das Verhalten in der schwierigsten Schießart der französischen Schießvorschrift.

Die 5 Rekruten, welche 2 Tage zuvor in ihr Kavallerieregiment eingestellt worden waren, wurden in folgender Verteilung am Geschütz eingeübt und verwendet:

ein Barackenarbeiter als Richtwart,

ein Handlungsgehilfe als Verschlußwart,

ein Kutscher als Lader,

zwei Tagelöhner als Zündersteller und als Zuträger.

Nach zwei Übungsstunden waren die Leute genügend zum Scharfschießen vorbereitet und verfeuerten in der dritten zu ihrer Gewöhnung an ein solches 26 Granaten, 5 Schrapnells und 5 Schrapnellgranaten.

Verlauf des Vorstellungsschiefsens.

1. Schnellfeuer ohne Nachrichten:

4 Schuß zum Festsetzen des Sporns, dann in 31¹/₂ Sekunden. 10 Schuß, welche sämtlich in der Scheibe saßen.

2. Spronggranatschießen:

Die Stahlschilde der beiden Zielgeschütze und Munitionshinterwagen waren 1,3 m hoch, 1,5 m breit und wegen ihres grauen Anstrichs auf 2500 m ohne Fernrohr sehr schwer sichtbar. Hinter jedem Geschütz mit Munitionswagen waren 7 Holzpuppen völlig gedeckt zum Darstellen der Bedienung aufgestellt.

Gegen das erste Geschütz: 5 Sprenggranaten in 57 Sekunden einschl. des Einschießens, darunter 2 Volltreffer, von denen der Geschützschild aus 5 mm starkem Sonderstahl zertrümmert, 6 der Holzpuppen völlig zerrissen, die siebente schwer verletzt wurden (s. Bild 1). Einzelne Trümmerstücke des Schutzschildes wurden bis über 70 m hinter das Geschütz geschleudert.

Gegen das zweite Geschütz: 2 Sprenggranaten in 9 Sekunden; beides Volltreffer; der 3 mm-Stahlschild und sämtliche Holzpuppen zerschmettert (s. Bild 2).

Die Sprengladung der Sprenggranaten war die übliche von etwa 140 g Pikrinsäure.

3. Tiefen- und Breitenstreuschießen:

Der das Schießen leitende Offizier schoß sich gegen die vorderste Scheibe mit 5 Schuß auf 2750 m Aufsatzstellung und 75 m mehr

Brennlänge ein. Auf sein Kommando „Tiefen- und Breitenstreuen zu je 4 Schuß — Aufsatz 2750 — Schieber 75 mehr — Geschütz — Feuer!" wurden, ohne daß ein Eingreifen in die Bedienung nötig geworden wäre, 16 Schuß mit 4 verschiedenen Seitenrichtungen auf den 4 Entfernungen 2750 — 2850 — 2950 — 3050 m in 1' 35" abgegeben.

Die sofortige Aufnahme ergab an scharfen Treffern:

in der ersten Scheibe 121
in der zweiten Scheibe 145
in der dritten Scheibe 96
in der vierten Scheibe 65

Zusammen   427

Die 6 kg schweren Schrapnellgranaten enthielten 245 Kugeln zu 9 g und im Granatteil 40 g Sprengladung. Die Bodenzünder waren noch von einer inzwischen überholten Art und setzten die Sprengstückwirkung gegen die sonst erreichte herab.

Überhaupt muß allerdings zugegeben werden, daß die Schießergebnisse mit demselben Geschütz bei der länger eingeübten artilleristischen Mannschaft einige Tage vorher beträchtlich höhere nach Zeit und Wirkung waren. So wurden z. B. im Tiefen- und Breitenstreuen gegen ein gleiches Ziel auf gleicher Entfernung mit 20 Wirkungsschüssen von Schrapnells in 1' 11" etwa 800 scharfe Treffer, von Schrapnellgranaten (trotz desselben veralteten Bodenzünders) in 1' 7" etwa 950 scharfe Treffer erzielt.

Was zur Herabminderung der Wirkung bei jenem Schrapnellgranatschießen der Kavallerierekruten fernerhin beigetragen haben muß, ist das vierfache Breitenstreuen gegen das nur 30 m breite Ziel. Es dürften zahlreiche Schrapnellkugeln beiderseits der Scheiben vorbeigegangen sein. Die französische Schießvorschrift sieht ein nur dreifaches Breitenstreuen vor, wenn das Ziel ohne ein solches nicht in seiner ganzen Breitenausdehnung überschüttet werden kann.

Auch kam ein sehr hoher Sprengpunkt infolge eines Bedienungsfehlers vor. Es war dieses übrigens die einzige Unregelmäßigkeit bei der ganzen Vorführung.

Das Einschießen gegen die Zielgeschütze und gegen die Kolonnenscheiben war lediglich auf die eigene Beobachtung des Leitenden, nicht etwa auf telephonische Meldung vom Ziel gegründet. Allerdings werden ihm Art und Entfernung der Ziele bekannt gewesen sein. Man darf daher aus der überraschend schnell und umfangreich

erzielten Volltrefferzahl gegen die Zielgeschütze auch nicht übertriebene Folgerungen ableiten.

Immerhin lehrt jene Vorführung für die Allgemeinheit folgendes:
Die Rohrrücklaufgeschütze, sofern sie nur nach gesunden Gesetzen
aufgebaut sind, haben im Vergleich zu den früheren Lafettenrücklaufgeschützen durchaus nicht durch ihre vervollkommneten Einrichtungen an Dauerhaftigkeit des Gebrauchs und Einfachheit der
Bedienung eingebüßt; die Bedienung des Geschützes und besonders
die Leitung des Schießens haben sich sogar gegen früher infolge
des Ersatzes rechnerischer Erwägungen durch Handgriffe vereinfacht;
anderseits haben die vervollkommneten Einrichtungen dermaßen
die Wirkung gesteigert, daß neuzeitige Rohrrücklaufgeschütze selbst
in ungeübten Händen den veralteten Lafettenrücklaufgeschützen mit
bester Bedienung beträchtlich überlegen sind. Mag man auch die
Tüchtigkeit der Mannschaft auf allen übrigen Gebieten des Krieges
mit vollstem Recht noch so hoch einschätzen: die bestausgebildete
Mannschaft mit Lafettenrücklaufgeschütz muß gegen eine weniger
geübte mit Rohrrücklaufgeschütz innerhalb weniger Minuten im
offenen Kampf unterliegen.

Umschau.

Deutschland.

Das Schießen gegen Ziele, welche von der Batterie aus nicht
zu sehen sind, und das indirekte Schießen aus ganz verdeckten
Stellungen macht besondere Einrichtungen notwendig, vermöge deren
das Ziel gesehen, seine Lage festgestellt und die Lage der Schüsse
zum Ziel beobachtet werden kann. Je näher ein Beobachtungsstand
der Batterie liegt, um so günstiger ist es, weil der Batteriechef
neben der Beobachtung gleichzeitig das Feuer seiner Batterie leiten
kann und die Vermittelung zwischen Beobachter und Batterie, sei
es durch Fernsprecher oder Winkerflaggen oder andere Zeichen
fortfallen kann. Wenn die Fernsprechverbindung zwischen Beobachter und Batterie bei den ausnahmslos indirekt schießenden

Batterien der schweren Artillerie die Regel sein kann, so ist sie doch für die wesentlich andere Verwendung der Feldbatterien gewiß nicht erwünscht. Der Batteriechef wird das Feuer seiner Batterie jedenfalls besser in der Hand behalten, wenn er in unmittelbarer Nähe der Batterie beobachten kann. Geeignete erhöhte Beobachtungsstände in der Nähe der Batterie, welche nicht die Aufmerksamkeit des Gegners auf sich ziehen, werden selten anzutreffen sein. Einmal ist es zu vermeiden, die Batterien in der Nähe von Gegenständen auffahren zu lassen, welche sich im Gelände abheben und dem Gegner dadurch Anhaltspunkte für die Feststellung der Entfernung und zugleich Hilfszielpunkte bieten. Auch wird die gegnerische Artillerie nicht versäumen, solche für die Beobachtung geeigneten Gegenstände heftig unter Feuer zu nehmen, um eine Beobachtung zu erschweren oder unmöglich zu machen. Danach wird es zu den Seltenheiten gehören, wenn von den 24 Batterien eines Armeekorps eine oder die andere einen im Gelände vorhandenen Beobachtungsstand findet, den sie ohne weiteres benutzen kann. Unter diesen Verhältnissen ist es unerläßlich, daß die Batterien selbst Einrichtungen mit sich führen, um sich die Beobachtung zu ermöglichen oder zu erleichtern. Von der Mitführung eines besonderen Beobachtungswagens, wie ihn die schwere Artillerie des Feldheeres hat, kann bei der Feldartillerie, welche durch ihre starke Munitionsausrüstung schon sehr viel Platz in der Marschkolonne beansprucht, keine Rede sein, um so weniger, als es sich gleich um 24 Batteriebeobachtungswagen für ein Armeekorps handeln würde, abgesehen von solchen Wagen für die Stäbe. Es kommen also nur Einrichtungen in Frage, welche ohne wesentliche Vermehrung des Gepäckgewichtes, leicht transportiert, sowie schnell und leicht aufgestellt und zusammengesetzt werden können und dabei möglichst unabhängig von der Geländegestaltung sind, damit sie überall aufgestellt werden können, auch da, wo vierräderige Fahrzeuge nicht hingelangen können. Anderseits sollen sie eine möglichst große Beobachtungshöhe gestatten und so eingerichtet sein, daß der Beobachter stundenlang, vielleicht den ganzen Tag auf seinem Posten ausharren und mit Aufmerksamkeit das Ziel, die Batterie und das Vorgelände beobachten kann. Ein Panzerschutz für den Beobachter ist ebenfalls erwünscht.

Die Anforderungen an einen solchen Beobachtungsstand sind also sehr vielseitig und schwer erfüllbar. Die Lösung dieser Frage ist aber für die Feldartillerie eine brennende. An Versuchen in dieser Richtung hat es in den verschiedenen Militärstaaten nicht gefehlt. Das deutsche Offizierblatt hat in Nr. 35 und 36 1906 eine Zusammenstellung über die vornehmlich in Deutschland ausgeführten Versuche gebracht und Revue d'artillerie April 1907 eine solche über französische Versuche.

Zur Ausnutzung von Bäumen und Telegraphenstangen im Gelände ist die Verwendung von Steigeisen, Klettersporn vorgeschlagen worden unter Improvisierung eines Auftrittes oder Sitzes aus dem vorhandenen Geschirr- und Sattelzeug, z. B. Steigbügel, Steigbügelriemen, Übergurten, Trensenzügeln u. dgl. Die Konstruktion der Steigeisen für Bäume und Stangen verschiedener Stärke ist nicht so einfach, wie diejenige solcher für Telegraphenarbeiter, welche für Stangen gleicher Stärke bestimmt sind. Auch ist die Benutzung dieser Hilfsmittel ohne Übung und Fertigkeit nicht ohne weiteres von jedermann zu verlangen. Vor allem aber ist die Gelegenheit, Bäume und Stangen als Beobachtungsstände benutzen zu können, selten. Die Verwendung von Strickleitern oder hölzernen bzw. eisernen Sprossenleitern ist da, wo sich Gelegenheit findet, sie zu befestigen oder anzulehnen, zweckmäßig. Daran wird es aber im Gelände sehr häufig fehlen und man muß deshalb solche Stützpunkte aus dem vorhandenen Material der Batterien herzustellen suchen. Die Leitern müssen aber verhältnismäßig lang sein, wenn sie eine genügende Beobachtungshöhe haben sollen, und sind dann schwierig fortzuschaffen, wenn sie nicht zusammenlegbar sind. In Berücksichtigung dieser Verhältnisse sind eine große Anzahl verschiedener Konstruktionen daraus entstanden, daß zerlegbare oder zusammenlegbare Maste und Leitern verschiedenster Art in Verbindung mit einer oder mehreren Protzen oder Munitionshinterwagen gebracht werden. Dieser Gedanke ist an sich insofern gut, als er die Höhe der vorhandenen Fahrzeuge ausnutzt und dadurch die Höhe der Leitern oder Masten beschränkt, wodurch sie leichter an Gewicht und leichter fortzuschaffen sind. Sie haben aber den Nachteil, daß ein oder sogar mehrere Fahrzeugteile nicht sofort verwendungsfähig sind, wenn ein Wechsel der Stellung eilig notwendig wird, sondern daß diese erst durch Abbau des Beobachtungsstandes dazu wieder hergerichtet werden müssen. Sie haben den ferneren Nachteil, daß sie sehr vom Gelände abhängig sind, indem für die Beobachtung geeignete, aber mit schweren Fahrzeugen breiter Spurweite nicht erreichbare Punkte für ihre Benutzung ausscheiden. Immerhin ist diese Art von Beobachtungsständen, von dem, was zurzeit an Vorschlägen vorliegt, die beste; denn einzelne Beobachtungsmaste, welche von dem soliden Unterbau eines schweren Fahrzeuges unabhängig sind und deshalb an jedem Ort verwendet werden können, entbehren, wenn sie leicht und hoch genug sind, meist der

nötigen Standfestigkeit, um dem Beobachter eine ruhige und sichere
Benutzung des Fernglases zu gestatten. Sind sie aber leicht und
genügend standfest, so reicht meist ihre Höhe nicht aus.

Zu dieser Kategorie gehören die Beobachtungsmaste von Wangemann (1891) und von dem argentinischen Major Martinez (1902).
Der Mast des letzteren ist 5,50 m hoch und mit Sprossen versehen.
Er wird durch einen Fuß und 3 Ankertaue in seiner senkrechten
Stellung gehalten. Die Kruppsche Fabrik stellte eine Beobachtungs-
leiter aus 2 durch Sprossen verbundenen Stahlrohren her, denen ein
3. Stahlrohr als Stütze dient. Oben ist eine stärkere Sprosse als
Auftritt für den Beobachter. Die verlängerten Leiterbäume bieten
demselben einen festen Stützpunkt. Das Gewicht der Leiter beträgt
21 kg, seine Länge in zusammengelegtem Zustand 2,14 m, die
Beobachtungshöhe 3,6 m. Letztere wird auf 4,90 m erhöht, wenn
die Leiter auf einem Munitionshinterwagen aufgebaut wird. Diese
Leiter ist also für beide der oben besprochenen Arten zu verwenden,
was sehr praktisch ist. Von Wangemann und von der Firma Krupp
sind später verschiedenartige Einrichtungen getroffen worden, die
Leiter durch Ausweichen der Sprossen beim Aneinanderlegen der
Leiterbäume zusammenzulegen und dadurch leichter fortschaffbar
zu machen. Das Gewicht einer solchen ebenfalls vom Fahrzeug abhängigen Leiter beträgt 25,5 kg, Beobachtungshöhe 3,75 m, Länge 3,27 m.

Von den in ausschließlicher Verbindung mit einem Fahrzeug
befindlichen Beobachtungsständen sind zu erwähnen:

1. Eine an dem senkrecht aufgekippten Munitionswagen hochwind-
   bare Leiter der Rhein. Metallwaren- und Maschinenfabrik von
   9,20 kg Gewicht, welche eine Augenhöhe bis 5,60 m und durch
   ein an die Sprossen zu hakendes loses Brustschild bis 4,85 m
   Panzerschutz gewährt.

2. Eine aufgekippte Protze, deren Deichsel senkrecht steht, wird
   durch 3 Ankerleinen in dieser Stellung festgehalten. Die Deichsel
   soll für die Sprossen, als welche die Seitengewehre der Mannschaft dienen, durchbohrt sein. Hauptnachteil große Schwächung
   der Deichsel und umständliche Herrichtung.

3. Konstruktion Ehrhardt. Die Deichsel wird um ihren Deichsel-
   bolzen senkrecht aufgerichtet, so daß der Deichselkeil auf
   den Boden sich stützt. Sie wird durch Einhaken an der
   Protze in ihrer Stellung erhalten. Zum Ersteigen des Sitzes an
   der Deichselspitze dient eine Strickleiter. Augenhöhe 4,65 m.

4. Eine andere Konstruktion Ehrhardts besteht darin, daß an einer
   hohen Stahlrohrdeichsel die Sprossen mittelst Scharniere auf- und
   zugeklappt werden können. Mehrgewicht 8 kg.

5. Konstruktion Krupp. Die Protze wird senkrecht aufgekippt und durch Stützen in dieser Stellung erhalten. Die Deichsel hat Knaggen, auf denen die über die Deichsel geschobenen Schellen mit seitlichen Armen als Sprossen ruhen. Augenhöhe 5,5 m. Durch Aufstecken des vorderen Teils der Vorratsdeichsel kann die Augenhöhe auf 7,3 m erhöht werden. Wird dieser Teil der Vorratsdeichsel auf den dazu eingerichteten Langbaum des aufgekippten Munitionshinterwagens gesteckt, so gibt dies eine Beobachtungshöhe von 5,5 m, mit den beiden Teilen der Vorratsdeichsel aber von 7 m.

6. Improvisierter Stand des Kapt. Pierre. Unter der Protzöse des senkrecht aufgekippten Munitionswagens wird der Vorratsdeichselkeil wagerecht festgebunden, dessen beide Enden wegen der größeren Sicherheit gegen Kippen durch Stricke an den Rädern befestigt werden. Senkrecht wird der Ansetzer festgebunden als Stützpunkt für den Beobachter. Augenhöhe 4,20 m.

7. Kapt. Froissart gewinnt eine Augenhöhe von 4,50 m durch Befestigung zweier senkrecht stehender Stangen an den Enden der Achse. Oben tragen die Stangen eine Gondel mit Tisch und Fernrohr.

8. Leutn. Jaricot. 3 Protzen werden so aneinandergeschoben, daß ihre Deichseln ein aufrechtstehendes Dreieck bilden. Die Steuerketten werden zu einem gleichseitigen Dreieck zusammengehakt, welches den Sitz des Beobachters bildet. Eine Strickleiter führt hinauf. Augenhöhe 5 m etwa. Sind die Protzen nicht kriegsmäßig beladen, so haben sie die Neigung, rückwärts überzuschlagen. Um dies zu verhindern, werden die Spitzen der Deichseln mit einem Würgekranz fest zusammengebunden. An Stelle des sehr unbequemen Sitzes auf den Steuerketten können die 3 Deichselspitzen auch durch einen eisernen Ring verbunden werden, an welchem mittelst eines Taues das Standbrett für den Beobachter hängt.

9. Kapt. Ohresser. An den Hals der Protzöse ist eine oben spitz zulaufende eiserne Leiter derart befestigt, daß sie dem fast senkrecht aufgekippten Munitionswagen als Stütze dient. Oberhalb und längs der Langbäume und an diesen befestigt läuft eine zweite Leiter, welche die Protzöse soweit überragt, daß eine Beobachtungshöhe von 4,8 m erreicht wird. Das obere Ende dieser Leiter ist durch 2 senkrechte Streben auf die untere Stützleiter abgestützt. Beim Fahren wird die zusammengeklappte Einrichtung über den Hinterwagen gelegt. Dieselbe ist aber 37 kg schwer.

10. Ähnlich in dem Grundgedanken ist der Beobachtungsstand des
Kapt. Repelin. Von 2 leichten Leitern, welche um einen Bolzen
am Langbaum des Munitionswagens drehbar sind, bildet die
eine die Stütze des aufgerichteten Wagens, die andere die Verlängerung des Langbaumes auf 5 m Beobachtungshöhe. Beide
Leitern werden für den Transport, zusammengeklappt, unter den
Langbäumen und dem Wagenkasten fortgeschafft.

11. Ein anderer Beobachtungsstand des Kapt. Pierre ähnelt einer
3teiligen, ausschiebbaren Feuerleiter, welche auf dem Hinter-
wagenkasten fortgeschafft wird. Ausgezogen wird sie durch die
Tragebäume des Munitionswagens und deren Verlängerung
gestützt. Die Augenhöhe liegt 6,70 m über dem Boden.

12. Schneider-Canet verlängert die Tragebäume des Munitionswagens
durch ein mannshohes Schutzblech, welches unten einen Auftritt
und oben in Augenhöhe einen Visiereinschnitt hat. Diese Einrichtung schützt zugleich den Beobachter vor Gewehrfeuer und
Schrapnellkugeln von vorn.

13. Kapt. Joly läßt an den senkrecht in die Höhe stehenden Trage-
bäumen einen $3^{1}/_{2}$ m langen Tannenmast mittelst Seilzuges in
die Höhe winden und erhält bei 30 kg Gewicht eine Augenhöhe von 5,70 m.

Alle diese Einrichtungen haben das gemein, daß sich der Beobachter möglichst hoch über den Boden erhebt. Er gewinnt dadurch eine gute Übersicht über das Vorgelände der Batterie, kann
sein Ziel leicht suchen, die Lage der Schüsse auf einem großen
Geländeabschnitt beobachten und seine Batterie übersehen. Eine
andere Art, das Problem zu lösen, ist die, mittelst Spiegelung das
Ziel und das für die Streuung in Betracht kommende Gelände nach
unten in Augenhöhe des Beobachters zu werfen. Es ist dies die
Theorie des alten Wallspiegels, der in seiner ursprünglichen und
mehr als einfachen Herstellung wenig leistete. Den Fortschritten der
Optik und Feinmechanik ist es zurzeit vielleicht möglich, hierin etwas
Vollkommneres und Brauchbares zu schaffen. Eine solche Vorrichtung
würde manches für sich haben, so z. B. in bezug auf das Gewicht
und die Leichtigkeit der Aufstellung und Verwendung. Anderseits
wird die Übersicht über das Terrain, die Spiegelung eines genügend
großen Geländeabschnittes und das Suchen des Zieles vielleicht
Schwierigkeit machen. Aber die Notwendigkeit, in dieser Beziehung etwas Brauchbares und recht Praktisches zu besitzen, spornt
vielleicht die Erfindungstätigkeit an.   Bahn.

Österreich-Ungarn.

Der neue Chef des Generalstabes der Armee hat eine Reihe von Verfügungen erlassen, die für die Truppen bei den Kaisermanövern zweifellos größere Anstrengungen, für die beiderseitigen Führer aber volle Freiheit der Entschlüsse im Gefolge haben werden. Bisher wurden vielfach den beiden Parteien die Zeiten für den Beginn der Bewegungen, stellenweise auch die zu erreichenden Marschziele vorgeschrieben, nächtliche Unternehmungen von dem Einverständnis der Leitung abhängig gemacht und bestimmte Abgrenzungen für den Übergang zur Ruhe festgesetzt. Daß dabei die Rücksicht auf die dem kaiserlichen Kriegsherrn, der ja in seiner bekannten Pflichttreue den großen Übungen beizuwohnen pflegt, in seinem hohen Alter zuzumutenden Strapazen eine Rolle spielte, ist nur verständlich. Zudem war die oberste Manöverleitung meist mit dem kaiserlichen Hoflager vereinigt, also auch in ihren Bewegungen gebunden. Kaiser Franz Josef wird nun in diesem Jahre den Manövern des III. und XIV. Korps nur an 2 Tagen beiwohnen und die Manöverleitung in St. Veit unterkommen, während für das kaiserliche Hoflager Klagenfurt gewählt ist. Damit fallen die oben berührten Beschränkungen fort und kann beiden Führern volle Freiheit der Entschlüsse gelassen werden, ein mehr kriegsmäßiger Verlauf der Übungen ist damit gewährleistet. Beim V. Korps sind durch den kommandierenden General unter Benutzung von Zeltlagern Anordnungen getroffen worden, die den Truppen schon vom Regiment aufwärts ermöglichen, im unbekannten und wechselnden Gelände zu üben.

Neue „Organische Bestimmungen für die Honved-Erziehungs- und Bildungsanstalten" sind genehmigt worden. An solchen Anstalten bestehen: Eine Oberrealschule (Sopron-Oedenburg), die Ludowikaakademie in Pest und die Kadettenschulen in Großwardein und Fünfkirchen. Die Zulassungen zu den Anstalten werden dem Umfange nach fallweise vom Honvedministerium bestimmt. Die aus den genannten Anstalten nach Bestehen der Prüfungen ausgemusterten Offiziere und Kadetten können, auf Antrag und wenn sie den dienstlichen Anforderungen entsprechen, nach Maßgabe der vorhandenen Etatsstellen auch in das Heer eingestellt werden. Akademiker, die die Prüfungen mit „gut" bestehen, treten als Leutnants, die mit „genügend" bestehenden und die Abiturienten der Kadettenschulen, die mit „gut" bestehen, als Kadettoffizierstellvertreter in den Dienst.

Vom 1. Juli ab ist im Kriegsministerium die bisherige 15. zu einer selbständigen Abteilung umgeschaffen worden. Sie bearbeitet alle Angelegenheiten, die sich auf Voranschläge für Friedens- und

[marginal notes right column:] Größe Spielra bei d Manöv

Honved ziehun und Bildun anstalt

Reich kriegs ministeri

Kriegsverhältnisse, Flüssigmachung und Verteilung der bewilligten Kredite, die zugewiesenen Quoten der Budgets und ihre Verwendung, sowie die Ermittelung des Geldbedarfs für alle organisatorischen Änderungen, sowie zu schaffende Friedens- und Kriegsformationen beziehen. Die Einstellung der Rekruten ist für dieses Jahr auf den 16. Oktober festgesetzt worden.   18

Italien.

resunter-chungs-sschuß.
Am 3. Mai hat die Regierung zum großen Arger der Opposition, die besonders auch gegen die gegenwärtige Heeresverwaltung seit leiniger Zeit Sturm lief und welcher der Ministerpräsident so ein Schnippchen schlug, einen Gesetzentwurf, „betreffend die Einsetzung eines parlamentarischen Ausschusses zur Untersuchung aller vom Kriegsminister abhängigen Dienstzweige" eingebracht und dieser Gesetzentwurf ist von der Kammer am 16. Mai, später auch vom Senat genehmigt worden. In den sämtlichen Reden, die am 16. Mai bei Beratung dieses Gesetzentwurfes gehalten wurden — ausgenommen diejenigen Costas von der äußersten Linken — sowie im Bericht Onoffrio über den genannten Gesetzentwurf, war deutlich die Absicht zu erkennen, an die Beratung des dem Zwölferausschusse zur Beratung von Militärgesetzen vorliegenden Gesetzentwurf, betreffend die außerordentlichen Ausgaben bis 1917, nicht zu rühren. Das war um sobemerkenswerter, als die Blätter der Opposition den Gesetzentwurf, betreffend die Einführung einer Untersuchungskommission als einen Schachzug der Regierung bezeichnen wollten, der die Opposition zu entwaffnen und die vorliegenden Gesetzentwürfe, besonders auch denjenigen, betreffend die außerordentlichen Ausgaben bis 1917 ohne zu starken Widerstand durchzubringen erlauben sollte. Von seiten der Opposition wurde verlangt, daß die außerordentlichen Ausgaben bis 1917 unter keiner Bedingung bewilligt werden dürften, bevor der parlamentarische Ausschuß seine Tätigkeit abgeschlossen — was ein volles Jahr Stocken in Umbewaffnung und Landesverteidigungsarbeiten bedeutete, und die Tribuna wollte, bis der Untersuchungsausschuß in alle Ecken des Heeres hineingeleuchtet und seinen Bericht niedergelegt habe, nur Jahresquoten für die außerordentlichen Ausgaben bewilligt sehen. Sie hielt die vom Kriegsminister nachdrücklich betonte Forderung, die Umbewaffnung der Feldartillerie in 4 Jahren durchgeführt zu sehen — wozu der Kriegsminister schon bei den Werken der Privatindustrie angefragt, welches ihre Maximalleistung in bezug

auf Teile des neuen Artilleriematerials in 4 Jahren sein könne, um
sie danach mit Lieferungen zu bedenken — für zu weitgehend.
Hatte bei der Beratung den am 16. Mai genehmigten Gesetzentwurfs,
betreffend die Bildung eines Untersuchungsausschusses für alle vom
Kriegsminister abhängigen Dienstzweige — vom Abgeordneten Costa
abgesehen — durchweg die Überzeugung Ausdruck gefunden, daß
die Arbeiten für Kriegsbereitschaft und Landesverteidigung
Verzögerungen nicht erleiden dürften, so haben sich im
Zwölferausschuß der Kammer für die Beratungen von Militärgesetzen
bei dem Gesetzentwurf, betreffend die außerordentlichen Ausgaben
bis 1917, Reibungen ergeben. Auch nach den Äußerungen des Kriegsministers am Schluß der allgemeinen Beratung und vor Eintritt in
die einzelnen Artikel hat man sich für die Annahme der Tagesordnung Rubini entschieden, die unterscheidet zwischen dringend
notwendigen und nicht dringenden Ausgaben. Soweit verlautet, hatte man die dringend notwendigen Ausgaben auf 130
bis 135 Millionen geschätzt, die in 4 Jahren für Waffen, Geschütze, Munition, Bauten und sonstige Arbeiten verbraucht werden
müßten. Der Kriegsminister hatte bekanntlich den Verwendungs-
plan der außerordentlichen Ausgaben bis 1917, 200 Millionen, wie
folgt entworfen:

Feldartilleriematerial . . . . 100 Millionen
Küstenartilleriematerial . . . . 15 „
Festungsartilleriematerial und Zubehör . . 15 „
Handwaffen und Munition . . . . . . 10 „
Mobilmachungsvorräte und Verkehrswege . 10 „
Küstenverteidigung und Befestigung . . . 34 „
Gebäude, Pferde, Material der Eisenbahn-
brigade . . . . 14 „

Der Kriegsminister verlangte zunächst vom Zwölferausschuß die Bewilligung der ganzen 200 Millionen, mindestens
aber die für Feldartilleriematerial und Befestigungen angesetzten
Beträge, da er sonst nicht in der Lage sei, auch nur den dringendsten
Teil seines Programms in 4 Jahren auszuführen. Wenn der Zwölferausschuß und die Kammer das Verlangen, ihm die für die nächsten
4 Jahre nötigen Mittel zu gewähren, abschlagen sollten, könne er
als Kriegsminister die Verantwortung für die Folgen nicht
übernehmen.

Kriegsminister und Ministerpräsident haben mit der Begründung,
daß die 60 Millionen, die der Zwölferausschuß bis 1910 in den
Extraordinarien genehmigen wollte, mit den noch nicht verbrauchten
Krediten und den Erträgen aus Verkäufen an Waffen und Festungs-

gelände ausreichen würden, um die dringendsten Arbeiten fortzusetzen, sich für die Annahme des Vorschlags entschieden und Kammer und Senat den so geänderten Gesetzentwurf auch genehmigt. Die Bewilligung weiterer Mittel innerhalb des Zeitraums bis 1910 ist aber nicht ausgeschlossen, sobald der Armeeuntersuchungsausschuß sein Gutachten abgegeben hat. Die 60 Millionen verteilen sich mit 4 Millionen auf das Budget 1906/07, 16 Millionen auf 1907/08 und je 20 Millionen auf das Budget 1908/09 und 1909/10.

Damit sind aber die Summen, die für die Zeit bis 1910 für die Extraordinarien zur Verfügung stehen, noch nicht erschöpft, es kommen vielmehr noch hinzu: 6 Millionen noch nicht verbrauchter Kredite (Angabe des Ministerpräsidenten), 16 Millionen Extraordinarium, die schon für 1906/07 bewilligt worden und 5 Millionen, die man nach Angabe des Kriegsministers aus Verkäufen von veralteten Waffen und von Festungsgelände zu erzielen hofft. Zusammen also 60 + 16 + 6 + 5 = 87 Millionen.

Allein unter Zurechnung der bewilligten 60 Millionen und der 16 Millionen schon bewilligten Extraordinariums für 1906/07 werden die Budgets bis 1910 also aufweisen:

1906/07 = 290 050 000 Lire, 1907/08 = 286 050 000 Lire, 1908/09 und 1909/10 je 200 050 000 Lire, einschließlich Pensionen, Carabinieri usw.

Die Erklärung des Kriegsministers bei Beratung des Gesetzentwurfs, betreffend die Bildung eines Untersuchungsausschusses, verdient übrigens dem Sinne nach wiedergegeben zu werden. General Vigano erklärte, daß von der Übernahme des Kriegsministeriums an bei ihm der Wunsch bestanden habe, durch einen nicht mit dem Kriegsministerium im Zusammenhange stehenden Ausschuß aus unabhängigen, verständnisvollen Männern objektiv einmal die w i r k - l i c h e n B e d ü r f n i s s e d e s H e e r e s u n d d e r L a n d e s v e r t e i d i - g u n g festgestellt zu sehen, damit endlich die häufig sich wiederholenden und schädlichen Erörterungen über alle möglichen und unmöglichen Heeresfragen im Parlament und Presse aufhörten und man einen fest vorgezeichneten Weg habe, den man gehen könne.

Die Äußerungen des Ministerpräsidenten lassen dem Untersuchungsausschuß, der aus sechs von der Kammer bzw. dem Senat zu wählenden Deputierten bzw. Senatoren und fünf von der Regierung zu bestimmenden Mitgliedern besteht, und von dessen Tätigkeit man für die Armee die Gewinnung der Stabilität, wie in der Tätigkeit des Untersuchungsausschusses für die Marine gefolgt ist, erwartet, e i n e n s e h r w e i t e n S p i e l r a u m auf allen auf Heer und Landesverteidigung betreffenden Gebieten. Giolitti erwähnte:

1. alle Verträge,
2. Lieferungen,
3. Kontrolle des Rechnungshofes usw.,
4. Prüfung der allgemeinen Rechnungslegung,
5. Besichtigung und Prüfung von Magazinen,
6. Kammern und Material der Truppen,
7. Tätigkeit der verschiedenen Ausschüsse und Dienstzweige,
8. Erforschung der Gründe für die „sog. Verdrossenheit und Unzufriedeneit im Heere". Dabei werden die schon bewilligten, vorliegenden und noch vorzulegenden Gesetze bzgl. des Personals und seiner Lage, unter Berücksichtigung der finanziellen Lage des Landes, zu prüfen sein,
9. Arbeiten an Kriegsvorbereitung und Landesverteidigung,
10. Vorbereitung der Mobilmachung,
11. Truppeneinheiten, Cadres, Militär- und Zivilpersonal,
12. geheime Sachen, Kriegsformationen, Aufmarsch usw., wobei von den Mitgliedern strengste Verschwiegenheit erwartet werden muß.

Die in der Oppositionspresse und auch im Zwölferausschuß hervorgetretene Unlust zur Bewilligung der 200 Millionen außerordentlicher Ausgaben mit einem Male muß um so mehr auffallen, als der Ausschuß der Kammer für die Beratung des Kriegsbudgets 1907/08 in dem Bericht Pais-Serra sich nach jeder Richtung hin anerkennend über das neue Feldartilleriematerial ausgesprochen und die Vorführungen in Nettuno diese Ansicht nur bestätigt haben. Der Bericht hebt die ballistische Leistung, Beweglichkeit, Feuergeschwindigkeit (30 Schuß in der Minute bei mechanischer Zünderstellung), Leistung des Einzelschusses und Munitionsvorräte (312 Schuß unmittelbar bei der Batterie) hervor. Der Bericht Pais-Serra läßt auch klar erkennen, daß man in Italien die mobilen Batterien aus 4 Geschützen, 12 Munitionswagen (diese à 96 Schuß, Geschützprotze 36) zusammengesetzt sehen will, und betont, man dürfe aber die bisherige Zahl von 96 Geschützen für das mobile Armeekorps nicht herabsetzen, das würde also eine Vermehrung der heutigen 16 Batterien auf 24 pro Korps bedeuten. Die Mitglieder des Zwölferausschusses der Kammer, die sich am 30. April auf Einladung des Kriegsministers in Dienstselbstfahrern nach dem Schießplatz von Nettuno begaben, sahen dort nicht nur das 7,5 cm-Rohrrücklaufgeschütz, sondern in Modellen auch die 10,5 cm leichte Feldhaubitze und 14,9 cm-Haubitze des schweren Feldheeres sowie Maschinengewehre. Eine aus 4 Geschützen und

5 Munitionswagen, alle 6spännig, bestehende, vom 13. Feldartillerieregiment besetzte Kruppbatterie wurde ihnen in Bewegungen in
schwierigem Gelände, die deutlich genug für die ausgiebige Beweglichkeit des Materials sprachen, dann im Schießen aus verdeckten,
fast verdeckten und offenen Stellungen vorgeführt, zuerst 15 Schrap-
nellschuß eines einzelnen Geschützes auf 4000 m gegen rechtwink-
lige Scheiben, um die ballistische Leistung zu beweisen, dann
2 Schrapnellschießen in der Batterie auf 300 m gegen eine Kompagnie in Gefechtsformation bei sofortiger Feuereröffnung nach dem
Abprotzen, weiter Granatschießen auf 200 m gegen alte, aber mit
Schutzschilden versehene Geschütze (39 Schuß, wobei 2 Geschütze
völlig zerstört wurden), endlich ein Schießen aus verdeckter Stellung
gegen verdeckte Ziele, wobei der Batterieführer von einem 200 m
entfernten Beobachtungspunkt das Feuer leitete. Die Ergebnisse
waren durchweg gute und widerlegten vor allem auch glänzend
die Behauptung oppositioneller Blätter, nach welchen die
Schrapnellkugeln auf 3000 m nicht mehr genügende Durchschlagskraft besitzen sollten, um Menschen und Pferde außer
Gefecht zu setzen.

teres aus   Aus dem schon angezogenen Bericht Pais-Serra über das Kriegs-
Bericht budget 1907/08 heben wir weiter hervor, den Hinweis darauf, daß
Budget-
schusses man in Italien bei 270 Millionen Ordinarium des Heeresbudgets
Kammer.(darin noch Pensionen, Carabinieri usw.) nur etwa 12,7% der Ge-
samtausgabe auf das Heer verwende und für diese Zwecke nur
6,5 Lire auf den Kopf der Bevölkerung kommen, weniger als in
irgend einer anderen Großstadt. Weiter wies der Bericht die
im Parlament und Presse immer wieder hervortretende alte Forderung der Auflösung von 2 Armeekorps ab als nicht die Ersparnisse
ergebend, die man glaube, dagegen die ganze Gliederung des Heeres
umwerfend und zu Improvisationen bei der Mobilmachung zwingend.
Die als Grund für das Verlangen nach dieser Auflösung angeführte
Hebung der Iststärke der Einheiten werde ja auch mit Genehmigung
des General Vigano vorgelegten Rekrutierungsgesetzes beseitigt, wie
schon die Zeit der „Forza minima", seit der 1905 eingetretenen
Steigerung des Ordinariums um 11 Millionen auf wenige Wochen
abgekürzt und durch die imneuen Rekrutierungsgesetzes vorgesehene
Einbeorderung von Reservisten im Herbst, nach Entlassung des
ältesten Jahrganges, ganz fortfallen würde. Der Zwölferausschuß hat
übrigens, wie wir hier gleich bemerken wollen, den Grundgedanken
des neuen Rekrutierungsgesetzes, die zweijährige Dienstzeit, angenommen und wünscht nur für die Spezialwaffen die dreijährige beibehalten zu sehen.

Der Admiralsrat unter Vorsitz des Herzogs von Genua hat entschieden, daß die großen Linienschiffe nicht mehr 4, sondern
6 bis 8 30,5 cm-Geschütze, dafür aber weniger mittlere und kleinere
Kaliber tragen sollen. Der Bericht Arlotta über das Marinebudget
1907/08 erklärt den Bau von 4 großen Linienschiffen und eine
Reihe anderer Arbeiten für unabweisbar, wenn man die Flotte den
Interessen des Landes entsprechend ausgestalten wolle. Für die
neue Bauperiode hält Arlotta 200 Millionen für nötig.

Der Chef des Admiralstabes, Vizeadmiral Bettolo, hat einen Plan
für die diejährigen Flottenmanöver vorgelegt. Danach sollen
diese drei Abschnitte umfassen:

1. Vorbereitungsübungen,
2. Übungen der einzelnen Geschwader,
3. Übungen der vereinigten Geschwader,

der zweite Abschnitt wird sich im jonischen und tyrrhenischen Meer,
der dritte an der Küste Siziliens abspielen.

Aus dem vom Kriegsminister Vigano am 2. Februar 1907 vorgelegten Gesetzentwurf, betreffend Änderungen des Rekrutierungsgesetzes, hatte der Zwölferausschuß eine Anzahl von Artikeln herausgegriffen, die er zur Annahme empfahl und der Bericht Saluzzo
über diesen neuen Gesetzentwurf lag fertig. Gleichzeitig wollte man
der Regierung aufgeben, innerhalb 6 Monaten einen Gesetzentwurf
einzubringen, der den übrigen Inhalt des Viganoschen Gesetzentwurfes
umfasse. An der Notwendigkeit einer Änderung des Rekrutierungsgesetzes auch über die eigenen Vorschläge hinaus zweifelte der
Zwölferausschuß keinen Augenblick, seine Vorlage wollte ja auch
schon Einschränkung der Überweisung zur III. Kategorie, damit
unmittelbar zum Landsturm, und damit Steigerung des Rekrutenkontingents I. Kategorie. Die Begründung führte aus, daß man in
letzten Jahren nur rund 75000 Mann I. Kategorie eingestellt, d. h.
19% der Dienstpflichtigen, 20% aber der III. Kategorie überwiesen (bis zu 96000 und 98000 Mann). Bei nur 75000 Mann
I. Kategorie fehlten aber an geschulten Leuten für die planmäßigen Formationen des Feldheeres I. Linie 154000 Mann,
des Heeres II. Linie (Landsturm) 47000 Mann. Durch die ohne Härte
mögliche Verminderung der Zuweisungen zur III. Kategorie wollte
man das Rekrutenkontingent, bei 220000 Mann Durchschnittsstärke,
auf 108000 (+ 33000) Mann bringen. Dem Kriegsminister sollte
zunächst die Befugnis bleiben, von den auf 3 Jahre eingestellten
nach 2 Jahren soviel zu entlassen, als das Budget erfordere (früher
64% in den letzten Jahren nur 25%). An die Beratung des
ganzen Viganoschen Gesetzentwurfs wollte man nicht herantreten,

bis der Armeeuntersuchungsausschuß sein Gutachten abgegeben. Auf Wunsch der Regierung ist nun die Beratung auf die Herbstsitzung verschoben worden, wo dann auch die Frage der aktiven Dienstdauer entschieden werden soll.

rbesse-
ng der
ge der
balternfiziere.
Für das aktive Heer sowohl, wie für die Marine sind, neben den Gesetzentwürfen, betreffend die Verbesserung der Lage der Unteroffiziere, auch je ein Gesetzentwurf, betreffend die Erhöhung der Bezüge der Subalternoffiziere, genehmigt worden.

Neue
nsionsestimungen.
Die genehmigten Veränderungen zu dem Pensionsgesetz von 1895 enthalten, wenn wir nur die Kombattanten Waffen in Rechnung ziehen, folgende Bestimmungen:

Die Pensionen werden berechnet

	pro Jahr von den ersten 2000 des pensionsfähigen Einkommens	von dem weiteren Einkommen.
bei Unterleutnants .	je 1/34	je 1/51
bei Leutnants . . .	„ 1/31	„ 1/51
bei Hauptleuten . .	„ 1/33	„ 1/50
bei Majors	„ 1/35	„ 1/52
bei Oberstleutnants .	„ 1/37	„ 1/56

Bei den nicht kombattanten Offizieren und den Karabinieri stellen sich die Sätze etwas anders, ihre Pensionen für Verwundungen oder im Dienst zugezogene Krankheiten werden aber auch stets nach den oben angegebenen Normen berechnet. Bei den Sanitätsoffizieren werden die 6 letzten Studienjahre vor dem Staatsexamen, bei den Veterinären die 3 letzten, bei den Artillerie- und Genieoffizieren, die die Akademie besuchten, die 3 letzten Jahre vor der Beförderung zum Offizier als Dienstzeit berechnet.

Die Offiziere des aktiven Heeres, die in die Stellung z. D. (posizione ausiliaria) versetzt werden, können nicht endgültig in den Ruhestand — disziplinare oder Gesundheitsgründe ausgenommen — versetzt werden, bevor sie die Maximalpension ihres Dienstgrades erreicht haben, längstens aber 8 Jahre in der Stellung z. D. verbleiben. Dasselbe gilt auch für Offiziere, die von weiterer Beförderung ausgeschlossen sind, aber die Eignung für ihre innehabende Dienststellung noch besitzen. Stabsoffiziere können jedoch auch ehe sie 52 Lebensjahre und 30 Dienstjahre vollenden, ihre Versetzung in den Ruhestand beantragen, wenn sie das Maximallebensalter und Dienstzeit für die Hauptleute besitzen. Sie werden dann unter Anrechnung der Dienstjahre als Stabsoffizier nach den Sätzen für Hauptleute pensioniert. Für Offiziere des aktiven Heeres wird die Dienstzeit als Ersatzoffizier, wenn sie Einjährig-Freiwillige gewesen, angerechnet.

Am 31. Mai 1907 waren die Hauptleute und Subalternoffiziere der kombattanten Waffen zur Beförderung heran

A. Hauptleute.	Patent.	Dienstzeit seit
Infanterie . . .	3. April 1893	1882
Kavallerie . . .	2. Juni 1896	1884
Artillerie . . .	11. Dezember 1892	1882
Genie	17. Juli 1893	1883

B. Leutnants.	Patent.	Dienstzeit seit
Infanterie . . .	4. Juli 1895	1891
Kavallerie . . .	18. Oktober 1896	1892
Artillerie . . .	7. August 1894	1891
Genie	7. Oktober 1894	1891

Für die großen Herbstübungen, die sich vom 28. August bis 6. September im Bereich des I. Korps, im allgemeinen zwischen Novara und Domodossola, wo auch die große Generalstabsreise jüngst endete, abspielen werden, sind am 9. September im Giornale Militaire nähere Bestimmungen gegeben worden. Neu ist in diesen u. a., daß die beiderseitigen Versammlungsräume nicht allgemein, sondern nur den Führern bekannt gegeben werden und ausgesprochen wird, daß Schlußgelände des Manövers könne jetzt noch nicht mit Bestimmtheit genannt — was also auf einen kriegsgemäßen Verlauf und auf große Freiheit der Entschlüsse für die Führer schließen läßt, ein Schluß der eben ergangenen Anordnungen voll bestätigen — daher auch noch nicht bestimmt werden, aus welchen Raum genau die am Manöverschluß zu bewirkende Entlassung der einbeorderten Reservisten zu erfolgen habe. Die Leitung der Armeemanöver liegt in der Hand des Chefs des Generalstabs der Armee, Saletta, als dessen Generalstabschef der Oberquartiermeister Massone bestimmt ist. Der Oberleitung sind außer einer Anzahl von Generalstabsoffizieren, den Schiedsrichtern (Oberschiedsrichter General Pedotti), der Leitung des Intendantur- (General Prudente), Sanitäts-, Geniedienstes, eine Transportabteilung (4 Generalstabsoffiziere), Feldpost- und Telegraphendienst, eine Anzahl von Selbstfahrern, eine Telegraphenkompagnie, eine Funkenspruchabteilung, 2 Eisenbahnkompagnien beigegeben.

Rot hat folgende Gliederung: Oberkommandierender General Maynoni d'Intignano, Chef des Generalstabes General Porro, Oberquartiermeister. Außer Generalstabsoffizieren, Stabswachen ist dem roten Oberkommando auch eine Armeeintendantur beigegeben.

Groß
Herbs
übung

Truppen: I. Armeekorps, General Barbieri mit Generalstab und Adjutantur, Kommandeuren von Artillerie und Genie, Sanitätsdienst, Intendantur, Stabswache. 1. Division. Stab, Brigaden Bergamo und Calabria zu je 2 Regimentern, 6 Batterien Divisionsartillerie (7,5 cm-Batterien), Geniekompagnie Artilleriemunitionskolonne, je ein Zug Sanitäts- und Verpflegungstruppen. 2. Division. Normal zusammengesetzt. Verfügungstruppen des Korps je 1 Bersaglieri- und Kavallerieregiment, 6 Batterien Korpsartillerie (8,7 cm), Telegraphenkompagnie. Dienstzweige des Korps: 1 Munitionskolonne, je 1 Sanitäts- und Verpflegungssektion, Artilleriepark des Korps, Lebensmittelkolonne, Proviantmagazin, Bekleidungsreserve, 1 Zug Feldbäckerei, leichtes Feldlazarett mit 50 Betten, Kriegslazarett des Roten Kreuzes, Reservelazarett zu 100 Betten.

III. Korps. General Constantini, Generalkommando wie beim I. Korps zusammengesetzt. 5. Division wie 1. Division. 6. Division. Ebenso, Verfügungstruppen des Korps, je ein Bersaglieri- und Kavallerieregiment, 6 Batterien Korpsartillerie. 1 Telegraphenkompagnie. Dienstzweige des Korps, wie beim 1. Korps, aber noch 1 Sanitätskompagnie des Roten Kreuzes, 2 leichte Feldlazarette und 1 Kriegslazarett des Roten Kreuzes zu 50 Betten.

Blau. Oberkommandierender General Rogier, Chef des Generalstabes General de Chaurand; außer Generalstab noch eine Intendantur.

II. Korps. General Goiron, normale Zusammensetzung des Generalkommandos. 3. Division. Zusammengesetzt wie 1. 4. Division ebenso. Verfügungstruppen der Korps wie beim I. Korps. Dienstzweige des Korps ungefähr wie beim III. 7. Division. Wie die 3. und 4. zusammengesetzt.

Kavalleriedivision: Ulanenbrigade und leichte Brigade, 4 Regimenter zu je 6 Eskadrons, 2 reitende Batterien, 1 Kompagnie Bersaglieriradfahrer, je ein Sanitäts- und Verpflegungszug, leichte Munitionskolonne für reitende Abteilungen, Proviantmagazin, Feldbäckereikolonne, Schlachtviehpark, Luftschifferabteilung, Reservekriegslazarett zu 100 Betten. Einer Armeeabteilung zu 4 Divisionen stehen also 3 Infanterie- und 1 Kavalleriedivision gegenüber. Auch die an den Armeemanövern beteiligten Truppen werden zum Teil vorher in Übungslagern in gemischten Verbänden geschult.

18

Frankreich.

Über das Schulschießen des Mittelmeergeschwaders am 29. und
30. Juli d. Js. bringt „Le Moniteur de la Flotte" vom 3. August 1907
folgenden Bericht:

Mange
haftes
halten
Muniti
beim Sc
schießen
Mittelm
geschwa(

„Der erste Eindruck ist der, daß die Ziele nur wenig beschädigt
waren, und wenn man bedenkt, daß jedes von ihnen ungefähr
20 Minuten lang das Feuer von 12 Panzerschiffen auszuhalten hatte,
so muß man sagen, daß das Schießen wenig genau war. Zwar war
man im allgemeinen gut eingeschossen, da die Aufschläge um die
Scheiben herumlagen, aber die Streuungszone war sehr groß und die
Dichtigkeit der Aufschläge in jedem Teile dieser Zone sehr gering.
Die Richtung des Feuers scheint also gut gewesen zu sein, und bei
der ausgezeichneten Beleuchtung und der guten Sichtbarkeit der
Scheiben dürften die Richtkanoniere keine großen Fehler gemacht
haben. Diese Streuung muß also dem Material und zwar hauptsächlich der Unregelmäßigkeit der Pulver zugeschrieben werden.

Dieser ersten Feststellung muß aber eine noch viel ernstere angefügt
werden: ein beträchtlicher Teil der verfeuerten kriegsmäßigen Geschosse krepierte auf der Flugbahn und gelangte nicht ans Ziel!

Das Schulschießen erfolgte mit Gefechtsladung, wie gewöhnlich
aber mit geladenen Granaten (aus Gußeisen und Schwarzpulver
sprengladung). Es war das vorschriftsmäßige Schießen des 4. Viertel-
jahres. Schon in den vorgehenden Jahren, besonders 1906, hatte
man einigemal vorzeitiges Krepieren von Granaten festgestellt, das
war aber bei 16,5 cm-Kanonen.

Diesmal waren es die Schüsse aus den 30,5 cm-Kanonen. welche
vorzeitig krepierten und in welchem Umfange!"

Aus den Angaben der Zeitschrift über die vorgekommenen Frühkrepierer läßt sich folgende Tabelle zusammenstellen:

Schiff	Kanonen cm	Zahl	
		der Schüsse	der Früh- krepierer
„Carnot"	30,5	5	3
	27,4	6	1
„République"	30,5	?	1
	16,5	?	16
„Suffren"	30,5	12	6
	16,5	?	einige
„Saint Louis"	30,5	12	11 (!)

Dies sind jedoch noch nicht alle aufgetretenen Frühkrepierer. Le Moniteur führt dann fort: „Wir führen nur wirkliche Tatsachen an, es wäre auch unnütz, andere Angaben zu machen: unsere Granaten krepieren auf 50 m vom Rohr. Dichte Rauchwolke, ein Hagel von Sprengstücken schlägt auf eine Strecke von 500—600 m auf das Wasser. Mit den Anfangsgeschwindigkeiten von 900 m bei unseren Kanonen war glücklicherweise von den Sprengstücken, welche durch die Explosion der Schwarzpulverspreugladung nur eine Geschwindigkeit von 500—600 m bekommen, nichts zu fürchten; was wäre aber geschehen, wenn die Granaten mit Melinit geladen gewesen wären?

Unsere Richtkanoniere haben fortwährend Fortschritte gemacht, ebenso war die Feuergeschwindigkeit sehr zufriedenstellend. Beim größten Teil der 30,5 cm-Türme war der Durchschnitt demjenigen früherer Jahre überlegen, und auf zahlreichen Schiffen erreichte man bei den 16,5 cm-Kanonen 8 Schuß in 2 Minuten."

Weitere Aufschlüsse über die zutage getretenen Mißstände gibt ein interessanter Brief des Generals Gossot, directeur de l'artillerie, an einen Redakteur des Echo de Paris, den dieser in seiner Zeitung veröffentlicht hat.

Danach sollen seit 1904 zu viel Frühkrepierer bei den mit Schwarzpulver geladenen Granaten der Schiffsartillerie z. B. an Bord der „Suffren" 1904 allein 25% vorgekommen sein. Es handelte sich dabei um die 16 cm-Geschütze Mod. 1893 und 96 und um Schießversuche mit Gefechtsladung.

Diese Vorkommnisse wiederholten sich in geringerem Maße im Jahre 1906. Frühkrepierer von 30,5 cm-Geschosse kamen jedoch nicht vor.

Bei den Schießübungen vom 29. und 30. Juli d. Js. kamen nach General Gossot beim 30,5 cm-Kaliber 22% Frühkrepierer und zwar 21 auf 99 Schuß vor; der darauffolgende stärkste Prozentsatz der Frühkrepierer betrifft das 16,5 cm-Kaliber.

Was die Ursachen anbelange, so kämen hauptsächlich zwei Möglichkeiten in Betracht: 1. zu schwache Geschoßwände, die den Stoß beim Schuß nicht aushalten können, 2. zu empfindliche Zünder.

Hinsichtlich des ersten Punktes seien in Gâvres umfangreiche Versuche gemacht worden mit Granaten mit Sandfüllung und 10% stärkeren Gasdrücken als bei Gefechtsladungen. Kein einziges Geschoß sei dabei zu Bruch gegangen. Auch seien die ersten Schießübungen 1907 mit Granaten mit Sandfüllung ohne Anstände ausgeführt worden.

Die Ursache müsse also bei den Zündern gesucht werden.

Am 11. Mai 1907 habe der Marineminister den Ersatz der früheren Zünder, die für die neuen Schießbedingungen (erhöhte Gasdrucke) zu empfindlich waren, durch den weniger empfindlichen Zünder Mod. 1898 angeordnet. Diese Verordnung habe keine rückwirkende Kraft gehabt, so daß in den Beständen noch Schwarzpulvergranaten mit dem früheren, für die jetzigen Schießbedingungen zu empfindlichen Zünder von 1883 vorhanden seien. Dagegen seien alle Melinitgranaten mit dem neuen Zünder versehen worden.

Bisher habe sich daraus kein Mißstand ergeben, da die Schießübungen mit verminderten Ladungen abgehalten wurden. Nun habe aber der Minister vor kurzem verfügt, daß alle Schießübungen mit Gefechtsladungen und mit Schwarzpulvergranaten mit Zündern auszuführen seien. Solche Schießen fanden in diesem Jahre zum ersten Male statt. Bei den 3 ersten Schießen wurden aber — wie bereits gesagt — mit Sand gefüllte Granaten verwendet, und es kam nichts Absonderliches vor, beim vierten Schießen mit Schwarzpulvergranaten kamen sodann die Frühkrepierer vor.

Nach anderer Quelle verlautete, daß bei diesen Schießübungen die Benutzung alter Munition ausdrücklich angeordnet worden sei, um mit den alten Beständen aufzuräumen.

Diese Verzwickung von Umständen faßt die der Regierung nahestehende Zeitung „Le Temps" dahin zusammen, daß das mangelhafte Verhalten der Munition darauf zurückzuführen sei, daß der von dem Marineminister am 11. Mai 1907 angeordnete Ersatz der alten für die jetzigen Schießbedingungen zu empfindlichen Zünder durch weniger empfindliche noch nicht ausgeführt worden war. Der Marineminister habe Anordnungen ergehen lassen, daß diese Verfügung nun schleunigst ausgeführt wird. Außerdem sollen sobald als irgend möglich die Schießübungen mit Gefechtsladungen, welche diesmal so mangelhafte Ergebnisse lieferten, wieder aufgenommen werden.

Es ist sehr bezeichnend für die Zustände in der französischen Marine, daß eine Schießübung wiederholt werden muß, angeblich wegen Nichtbeachtung einer ministeriellen Verfügung, in Wirklichkeit aber — wie sich aus dem obigen zu ergeben scheint — wohl wegen sich widersprechender oder doch nicht miteinander in Einklang zu bringender Anordnungen von maßgebender Stelle.

Wenn den Richtkanonieren Lob erteilt wird für ihre Tätigkeit, so rühren, wie behauptet wird, die sehr großen Streuungen von Unregelmäßigkeiten in der Wirkung des Pulvers her. Entweder liegt also eine sehr große Toleranz hinsichtlich der Gleichmäßigkeit der Anfangsgeschwindigkeit bei der Abnahme des Pulvers vor, oder dieses hat durch die Lagerung an Gleichmäßigkeit unzulässig eingebüßt, was auf

eine Veränderung des Pulvers schließen lassen würde. (Nach einer
französischen Quelle soll ein Los Pulver des Kreuzers „d'Arsas", welches
auf diesem Schiff eine 2jährige Campagne gemacht hatte, bei der
darauf vorgenommenen Erprobung einen Überdruck von 1000 kg
pro qcm ergeben haben!) Dabei muß man sich der Katastrophe auf
der „Jena" erinnern, welche aller Wahrscheinlichkeit nach auch auf
Zersetzung des Pulvers beruhte.

Zu empfindliche, also nicht genügend rohrsichere Zünder können
so gut wie Frühkrepierer auch Rohrkrepierer geben. Wenn auch
die Granaten mit Schwarzpulver geladen waren (mit Melinit wird
man solche Übungsgeschosse überhaupt nicht laden), so ist zwar
eine Gefahr für die Bedienung und für ein Springen der Rohre nicht
zu befürchten, aber auch Schwarzpulvergranaten vermögen bei Rohr-
krepierern durch ihre Sprengstücke die Seelenwände so zu beschädigen,
daß eine umfangreiche Reparatur nötig wird und die Treffähigkeit
des Rohres sehr leiden kann. Das Schlimmste aber ist, daß die
Bedienung nicht den Nutzen von der Übung hat, den sie davon haben
könnte und sollte, und daß sie das Vertrauen zur Güte ihrer Waffe
verliert, da sie die Ursachen und den Zusammenhang solcher Vorkommnisse nicht zu übersehen vermag.   Bahn.

---

arine.   Der Marineminister hat es endlich für richtig befunden, gegen
das weiter als allgemein bekannt, in der Flotte verbreitete Opium-
rauchen einzuschreiten. Die französische Marine hat in der
Berichtzeit eine Reihe von Bränden an Bord von Schiffen, und auch
mehrere Mißerfolge bei Schiffsproben erlebt. Daran anknüpfend hat
der nationalistische Vizeadmiral Bienaimé an der Marineleitung in
der Kammer, bei der Beratung des Marinebudgets, eine außerordentlich scharfe Kritik geübt, die in der Behauptung ausklang, der Zustand der Flotte sei ein derartiger, daß man, wenn jetzt ein Krieg
ausbräche, den jetzigen Marineminister und seinen Vorgänger wegen
Vernachlässigung ihres Dienstes unter Anklage stellen müsse. Der
Mißerfolg bei den Schießübungen am Schluß der Flottenmanöver, wo
eine ganze Reihe von Geschossen dicht vor der Mündung barsten,
hat Bienaimé in einzelnen Beziehungen Recht gegeben. Eine Untersuchung dürfte folgen. Am 28. Juni liefen in Cherbourg 2 Unterseeboote, Rubis und 51, verschiedener Typs' vom Stapel. Erstes
ist nach dem Typ Eméraude Opale gebaut, 400 Tons Deplacement,
47 m Länge, letzeres wies 450 Tons auf. Am 6. Juli hat sich beim
Rubis schon derselbe Übelstand, wie bei Gymnote herausgestellt,
daß das Boot nämlich dem Wasserdruck nicht widerstand. Entgegen

dem Gutachten aller Marineingenieure hat man mit der Reparatur
der „Jena" doch begonnen. Sie wird 20 Millionen kosten und
2 Jahre dauern. Linienschiff Démocratie hat bei den Probefahrten
über 19000 indizierte Pferdekraft und 19,5 Knoten Fahrt ergeben.

18

Rußland.

Über keine Armee sind in der Presse so viele unklare Nachrichten verbreitet worden, wie über die Rußlands. Wir wollen gar
nicht an die übertriebenen Mitteilungen in gewissen Organen der
Sozialdemokratie und der ihr nahestehenden Kreise erinnern, die
stets über das Versagen der Truppen der Revolution gegenüber
zu melden wußten. Wäre es doch auch nicht zu wunderbar gewesen, wenn die energischen und umfassenden Bestrebungen der
revolutionären Partei hier und da auf noch fruchtbareren Boden gefallen wären, als bisher. Es ist aber auch für den mit dem inneren
Leben der russischen Armee Vertrauten oft schwer, in dem Wust
der Erscheinungen, auf welche er in der russischen Presse trifft, sich
zurecht zu finden, wenn er nicht die Qualität der Persönlichkeiten
kennt, welche in ihr das Wort führen. So fanden wir in der
„Nowoje Wremja" einen Artikel des bekannten Publizisten Men-
schikow, in dem er allen Ernstes für Rußland die Rückkehr zum
Söldnerheer vorschlägt, und zwar, weil das jetzt bestehende Volksheer nicht geeignet sei, die innere Ordnung gegen die Revolution
aufrecht zu erhalten. Er meint, daß infolge der allgemeinen Wehrpflicht von den revolutionären Agitatoren verführte Elemente in das
Heer einträten, um dort die revolutionäre Propaganda zu betreiben
und die Treue der Truppen zu erschüttern. Wenn man statt dessen
eine geworbene Truppe schaffe, so würde sich diese als Kaste dem
übrigen Volke gegenüber fühlen und ihren Interessen fremder gegenüberstehen, wie ein Volksheer. Die numerische Schwäche eines mit
Rücksicht auf die finanziellen Anforderungen für Rußland von Men-
schikow auf rund 500 000 Mann berechneten Heeres den Volks-
heeren der anderen Militärstaaten gegenüber gliche sich nach des
Verfassers Ansichten aus durch die militärisch bessere Qualität der
einzelnen Berufssoldaten. Wenn man bedenkt, daß jahrzehntelang
Rußland gerade im Hinblick auf die Stärke seiner Bevölkerung seine
Kadres unausgesetzt vermehrte, daß gerade in diesem Lande die
„Rage du nombre" eine große Rolle gespielt hat und noch spielt,
wenn man sich erinnert, daß die russischen Zaren mit dem Prä-
torianertum der Strelitzer recht unangenehme Erfahrungen gemacht
haben, so erscheint es mehr als gewagt, dem russischen Volke,

dessen moderne Entwickelung doch von der Einführung der allgemeinen Wehrpflicht datiert, eine Rückkehr zu den Zeiten des
Kaisers Nikolaus zuzumuten, unter dem im Krimkriege die alte
Heeresorganisation zusammenbrach. Mit welcher Un—verfrorenheit lügnerische Nachrichten
über die Armee in die Welt geschickt worden, beweist eine in
einer der letzten Nummern des „Russkij Inwalid" enthaltene Richtig-
stellung der Notiz eines sich mit dem Namen der „Duma"
schmückenden Blattes, des „Dumskij Listok", seitens der Hauptverwaltung der Kasakenheere. In diesem Blatte war unter der
Spitzmarke „Golos Obishenntich" (Die Stimme der Übervorteilten)
ein Artikel aus der Feder des früheren Dumaabgeordneten Petrowskij
gebracht, in welcher er sich als Vertreter von Kasaken des 27. Donischen Regiments hingestellt hatte, das am japanischen Kriege teilgenommen und nun demobilisiert wäre. Diese Kasaken hätten sich,
nach Herrn Petrowskij, in einem Briefe darüber bitter beklagt, daß
ihnen ihre Löhnung und sonstige Kompetenzen nicht richtig verabfolgt seien, daß ihnen schlechte und nicht passende Bekleidung gegeben sei usw. Auch hätten sie ihren Regimentskommandeur sowie
einen Wachtmeister der Feigheit beschuldigt, weil diese nach ihrer
Ansicht während des Kampfes sich in einem Graben versteckt hätten
(Spratalis w Kanawu).

Diese Mitteilungen, die unter der Ägide eines Abgeordneten so
schmähliche Anschuldigungen eines Truppenteils und dessen Kommandeurs veröffentlicht wurde, wird als völlig unwahr erklärt. Das
27. Donkasakenregiment hat keinen Anteil am japanischen Kriege
genommen, ja es dient in seinen Reihen kein Mann, der in Asien
gewesen. Es hatte aber das Regiment bis zu seiner Rückkehr in
das Dongebiet im Jahre 1906 im Militärbezirk Petersburg Dienste
getan und ist auch bis dahin nicht demobil gemacht worden. Die
Verpflegung, Fourage usw. wurden stets richtig von der Intendantur
geliefert. Eine Benachteiligung durch die Vorgesetzten war daher
ganz ausgeschlossen.

Während die Monarchen Rußlands und Deutschlands auf der
Rhede von Swinemünde die gegenseitigen guten Beziehungen, auch
ihrer Völker, bei ihrer Zusammenkunft befestigten und öffentlich be-
tonten, fand sich in St. Petersburg ein dort mit ungewöhnlicher Aufmerksamkeit behandelter Gast ein, gewissermaßen zur Erinnerung
an die „nation alliée et amie". Waren in letzter Zeit so manche
Stimmen in Rußland laut geworden, die nicht durchaus freundlich
sich über manche Vorkommnisse jenseits der Vogesen äußerten, so
gab die Anwesenheit des Chefs des französischen General-

stabes, Generals Brun, der am 29. Juli in St. Petersburg eintraf, die Gelegenheit, die Waffenbrüderschaft mit den alten Gegnern
der Jahre 1805 bis 1815 und des Krimkrieges zu feiern. Gewissermaßen als ein unfreiwilliges Dementi des gesunden Menschen-
verstandes und der Macht geschichtlicher Wahrheit bringt der
„Russkij Inwalid" den Bericht der zwischen dem Kommandeur des
in Moskau garnisonierenden 3. Grenadierregiments Pernau, Oberst
Kisseleff und dem Deutschen Kaiser gewechselten Telegramme. Das
Regiment feierte nämlich die hundertjährige Wiederkehr des Tages
von Heilsberg, an dem es den Adler des französischen 55. Regiments
eroberte, und des Tages von Friedland, an dem es ebenfalls einen
französischen Adler nahm. Für diese Auszeichnungen wurden ihm
zwei Georgsfahnen verliehen mit bezüglichen Inschriften. Bekanntlich trägt das Regiment den Namen König Friedrich Wilhelms IV.,
und infolgedessen gedachte der Kommandeur des jetzigen Kaisers und
Königs, indem er auf die Veranlassung zur Feier des Tages hinwies.

Kürzlich fand ein Dauerritt von Kowno nach Wilna statt
— 95 Werst, gegen 100 Kilometer, zu dem der Wilnaer Rennverein
Preise gestiftet hatte. An diesem nahmen vorzugsweise Offiziere der
aktiven Armee teil. Als Sieger von 17 Teilnehmern am Ritte ging
der Oberleutnant (Porutschik) Chabarow auf einem Vollblutpferde
mit 4 Stunden 58 Minuten hervor. Vier Pferde fielen hierbei, entweder am Tage des Reitens oder in der Nacht nach demselben.
Der Ritt fand allerdings an einem sehr heißen Julitage und auf
schwierigem Boden statt. Die Hitze erreichte 30° Reaumur.

Daß die russische Kavallerie im letzten Feldzuge außerordentlich geringe Leistungen aufzuweisen hatte, darüber sind sich alle
Kreise des russischen Offizierkorps klar. Besonders eingehend beschäftigt man sich mit der Frage der Reform des Kasakenwesens.
Daß die Kasaken in ihrer heutigen Gestalt keineswegs den Anforderungen an eine vor dem Feinde nach allen Richtungen bin
leistungsfähige Kavallerie entsprechen, darüber sollten sich — meinen
wir — wohl alle maßgebenden Kavalleristen klar sein. Das wesentlichste Hindernis einer neuen Regelung der Kasakenfrage liegt wohl
auf finanziellem Gebiete. Die bisherige Organisation der Kasaken
ermöglicht es, mit verhältnismäßig geringen Mitteln eine verhältnismäßig starke Kavallerie zu halten.

Am 27. Juli veröffentlichte der „Russkij Inwalid" den Wortlaut der kriegsministeriellen Verordnung über die Ausführung eines Versuches, die Wirtschaft der Truppenteile
Intendanturbeamten anzuvertrauen. Der Versuch wird unter
der Oberleitung eines hierzu bestimmten „Leiters" (Rukowoditelj) bei

je einem Infanterie-, Kavallerieregiment und einer Artilleriebrigade
gemacht werden. Ende September dieses Jahres wird die Verwaltung
des gesamten Eigentums dieser Truppenteile der vom Kriegsministerium eingesetzten Intendanturkommission unterstellt.

Diese Kommissionen stehen zwar unter dem Befehle der Kommandierenden der Truppenteile, denen sie zugeteilt sind, doch sind
sie in allen Fragen, die den Wirtschaftsbetrieb betreffen, dem
„Leiter" unterstellt. Dasselbe gilt sinngemäß für den Divisions-
intendanten in seinem Wirkungsbereich.

Mit der Frage der Erneuerung der russischen Flotte
beschäftigt sich nicht nur die fachmännische Presse, sondern auch
die politische.

So fanden wir in einer Zeitung der Residenz die Frage erörtert: „Was für eine Flotte braucht Rußland?" „Fünf
Linienschiffe und 6, größtenteils unfertige, Panzerkreuzer" — heißt
es u. a. in demselben — „bilden unseren ganzen Reichtum! Natürlich zählen wir nur wirklich tüchtige und gute, sowie einigermaßen
moderne Schiffe mit. Wahrscheinlich werden aber sämtliche in
Betracht kommende Staaten, vor allem aber England, die Vereinigten
Staaten, Deutschland und Japan um diese Zeit wesentlich stärker
dastehen. Um also mit einem dieser Mächte (von England ganz
abgesehen) in Konkurrenz treten zu können, überhaupt auch nur als
Gegner gefürchtet zu werden, oder als Bundesgenosse zur See gesucht zu sein, müßte Rußland sich wenigstens — rechnen wir die
vorhandenen, einigermaßen brauchbaren und neuen Schiffe ab und
nehmen wir oben genannte Ziffern als Mindestzahlen an — in
diesem Zeitraum 26 Linienschiffe, 9 Panzerkreuzer und 5—6 Schnellkreuzer bauen" . . .

Es wird nun eine Betrachtung über den Gefechtswert der vorhandenen neuen und neueren Linienschiffe und Panzerkreuzer angestellt, wobei der Verfasser zu dem Schluß kommt, daß ein Vergleich mit den neuen deutschen Schiffen der betreffenden Klassen
im allgemeinen sehr zuungunsten der russischen ausfiele. Da auch
die Finanzen Rußlands in absehbarer Zeit der Schonung bedürfen
werden, so ist der Verfasser zu der Erwägung geneigt, ob bei der
geringen Leistungsfähigkeit der russischen Werften, des geringen
Außenhandels Rußlands, des gänzlichen Mangels an überseeischen
Kolonien, es nicht ratsam sei, darauf zu verzichten, eine neue Flotte
nach Art der japanischen, deutschen und englischen Flotte zu schaffen.
Den Küstenschutz könnte eine kleine, aber erstklassige Flotte von
einigen Linienschiffen, unterstützt von einigen Panzer- und Schnell-
kreuzern und einer großen Torpedoflotte, übernehmen. Wenige

Panzer- und kleine Schnellkreuzer würden genügen, um die russische Flagge auf dem Weltmeere zu zeigen und im Falle eines Krieges zwischen anderen Mächten das russische auf der See schwimmende Gut vor Piratentum und Kaperei zu schützen (?).

Es sei dahingestellt, wie weit sich diese Anschauungen mit denen der maßgebenden Kreise begegnen. Tatsache ist, daß man seitens der Oberleitung der Marine zunächst an die Reorganisation des Personals der Flotte und die Hebung seines Geistes und der technischen Leistungsfähigkeit zu gehen scheint. Der Ministerrat hat zwar den Marineminister ermächtigt, in den Jahren 1908—1911 alljährlich für Neubauten, einschließlich Artillerie- und Torpedoarmierung, 31 Millionen Rubel = 67 Millionen Mark, in den Etat einzustellen, sowie einen Kredit von 5,832 (2,7 Millionen Rubel) aus dem Etat von 1906 nachträglich für Neubauten zu verwenden, gleichzeitig ist aber die Errichtung einer Marinegeneralstabsakademie für den Herbst 1908 verfügt und sind neue Bestimmungen über Zusammensetzung, Beförderung und Verwendung des Seeoffizierkorps erlassen, durch welche die teilweise Einführung der Beförderung durch Wahl — die der oberen Stellen ausschließlich, eingeführt wird. Auch wurden Altersgrenzen festgesetzt: Für Mitschmans 10 Jahre Dienstzeit in der Charge; für Leutnants und Kapitänleutnants das 47., für Kapitäns 2. Ranges das 51., für Kapitäns 1. Ranges das 55., für Kontreadmirale das 60., für Vizeadmirale das 65. und für Admirale das 70. Lebensjahr.

Zu den „Offizieren von der Marine", die zwei Jahre das Gehalt beziehen, das sie erhielten, ehe sie zu dieser Kategorie übertreten und dann verabschiedet werden, treten alle Stabsoffiziere über, die, ·
5 Jahre in den Anwärterlisten geführt, nicht für eine entsprechende Stelle gewählt wurden, ferner alle Offiziere, die 3 Jahre lang keinen Dienst auf dem Schiffe getan haben, und endlich solche, die in der „Freiwilligen Flotte" Dienst tun.

Norwegen.

Das Skyfahren ist heutzutage nicht mehr allein ein gesunder Sky-T Sport, sondern es ist auch eine sehr notwendige militärische Übung geworden, weil die Skyfahrer in einem schneereichen Winterfeldzuge von großem Nutzen sind. Auf schneebedecktem, nicht getretenem Wege kommt die Kavallerie nur schwer fort, außerhalb derselben wird sie nur selten zu verwenden sein, · und auch die Marschgeschwindigkeit und Leistung der Infanterie wird durch hohen Schnee sehr verringert. Bei einer Schneedecke von 20—30 cm Höhe kommen

die Skyer sehr viel schneller fort als der Infanterist im offenen Gelände, und sie können ohne größere Anstrengung wesentlich höhere
Marschleistungen geben als die Infanterie. Sie können deshalb, wenn
Kavallerie und Infanterie im verschneiten Gelände als Aufklärer versagen, mit großem Erfolg für beide eintreten, weil sie unabhängig
von den Straßen sind und große Marschgeschwindigkeit haben. Ihrer
großen Geschwindigkeit halber können sie vorteilhaft zu Überflüge-
lungen, Umgehungen oder als allgemeine Reserve verwendet werden,
weil sie sehr schnell an entfernte Punkte geworfen werden können.
Die Notwendigkeit militärischer Skyfahrer und die Größe solcher
Truppe hängt von den klimatischen Verhältnissen der zu erwartenden
Kriegstheater ab. Für Norwegen sind Skyfahrer gewiß am meisten
notwendig und findet sich deshalb ihre Verwendung dort auch von
altersher. Von den modernen Staaten ist Norwegen derjenige,
welcher zuerst eine besondere Truppe Skyfahrer eingerichtet hat.
Seit 1899 bestehen dort 2 solcher Kompagnien, welche in diesem
Jahre auf 5 vermehrt werden sollen, so daß jede gemischte Brigade
eine erhält, die im Kriege dem Kavallerieregiment zugeteilt wird.
In der nun siebenjährigen Verwendung dieser Truppen sind in Nor-
wegen reiche Erfahrungen über die Bekleidung, Ausrüstung und das
Biwakieren der Skyfahrer gesammelt, die allgemeines Interesse habe.
Im Juniheft der Revue militaire suisse, der diese Angaben entnommen
sind, gibt ein norwegischer Offizier über diese Verhältnisse Auskunft.
Danach begünstigt die norwegische Regierung den Skysport durch
Prämien und Unterstützung von Gesellschaften, weil es besonders im
Hinblick auf die kurze Dienstzeit in Norwegen nicht möglich ist,
Skyfahrer während ihrer Militärzeit so vollständig auszubilden, wie
dies für eine Kriegsverwendung notwendig ist. Die Regierung hat
mit ihrer Maßnahme das Interesse am Skysport im ganzen Lande so
gehoben, daß es leicht wird, den Bedarf an völlig ausgebildeten Sky-
fahrern in dem jährlichen Rekrutenkontingent zu finden. Da die
Skyfahrer nur im Winter verwendet werden können, dienen sie im
Sommer als Radfahrer. Die Ausrüstung der Skyer ist die des Infanteristen. Bemerkenswert ist es, daß der norwegische Infanterist
keinen Mantel hat, sondern daß dieser durch ein dickes Trikot aus
isländischer Wolle ersetzt wird, welches unter dem Waffenrock getragen wird. Außerdem hat jeder Soldat seinen Ranzen und einen
Schlafsack aus wasserdichtem Leinen, in welchen er sich nachts legt
und den Ranzen zusammengerollt unter dem Kopf hat. Die Verbindung des Trikots mit dem Schlafsack hat sich für das Biwak
sehr günstig erwiesen, und der norwegische Infanterist biwakiert
meist, weil die wenigen Quartiere den berittenen Truppen vorbehalten

bleiben. Auf dem Marsche braucht der Soldat den Mantel nicht, vor Regen schützt ihn seine über die Schulter geworfene Zeltbahn und gegen Kälte sein Trikot aus isländischer Wolle. Die Zeltbahn des einzelnen Mannes hat die Form eines gleichseitigen Dreiecks und hat längs seiner drei Seiten Schnürösen. Vier solcher Zeltbahnen zusammengeschnürt, geben wiederum ein gleichseitiges Dreieck von doppelt so großer Seitenlänge als die einzelne Zeltbahn. Aus vier solcher verschnürten Stücke wird dann ein oben spitzes Zelt errichtet, das man unter Zuhilfenahme von möglichst vielen Zeltstangen, wenn möglich, annähernd rund zu machen sucht. Von der Spitze des Zeltes, die oben nicht bedeckt ist, hängt an eisernen Drähten ein Korb aus Drahtgeflecht, welcher die Feuerung aufnimmt. Die Soldaten liegen in ihren Schlafsäcken im Kreise um die Feuerstelle herum, die Beine nach dem Feuer, die Köpfe nach der Zeltbahn gerichtet. Ein solches Zelt dient zur Aufnahme von 18—22 Mann. Diese Einrichtungen haben sich so gut bewährt, und Offiziere und Mannschaften sind an diese Art des Biwaks so gewöhnt, daß man sie ohne Gefahr bei 20—30° C Kälte mehrere Nächte hintereinander biwakieren lassen kann. Bahn.

Griechenland.

Vom 18. April bis 22. Juli ds. Js. haben in der Nähe von Athen mit Geschützen von Armstrong, Ehrhardt, Krupp und Schneider vergleichende Versuche stattgefunden, welche zur Auswahl eines Modells für die griechische Feldartillerie abgehalten wurden. Letztere ist gegenwärtig noch mit 8,7 cm- und 7,5 cm-Krupp-Geschützen ausgerüstet, die, nachdem sie sich lange Jahre hindurch im Frieden wie auch im Kriege vorzüglich bewährt hatten, veraltet und allmählich dringend ersatzbedürftig geworden sind. Schon im Jahre 1904, als es den Bemühungen des Oberbefehlshabers des griechischen Heeres, dem Kronprinzen Konstantin, gelungen war, eine Neuordnung des griechischen Heerwesens gesetzlich festzulegen, war man an die Frage einer Neubewaffnung der Artillerie herangetreten. Eine aus höheren Offizieren gebildete Kommission zur Begutachtung der Neuanschaffungen für das Landheer hatte die verschiedenen Waffenfabriken bereist und ihr Urteil dahin abgegeben, daß das System Krupp für Griechenland das geeignetste Feldartilleriematerial sei. Zu einer Anschaffung war es aber damals nicht gekommen, weil Regierungsschwierigkeiten und finanzielle Gründe hindernd im Wege standen. Im Jahre 1906, als diese Schwierigkeiten nicht mehr vorlagen und der Ersatz des alten Materials sich nicht mehr länger aufschieben ließ, trat man aufs neue an die Frage heran. Dem früheren Be-

schluß der Einführung von Kruppschen Geschützen wurde aber nicht
Folge gegeben, sondern man entschied sich jetzt dafür, Vergleichsversuche mit verschiedenen Modellen in Griechenland selbst abzuhalten und hiernach die Wahl zu treffen. Es erging eine Einladung
zur Vorführung von Geschützen an 8 Firmen, von denen jedoch nur
die oben genannten 4 der Einladung Folge leisteten. Von diesen
stellten Ehrhardt, Krupp und Schneider je 2 Systeme vor, während
Armstrong nur 1 Geschütz entsandte. Die hauptsächlichsten Merkmale der Versuchsgeschütze waren folgende:

Armstrong:

76,2 mm - Geschütz, Federvorholer (Teleskopfedern), Bremszylinder über dem Rohr; Drehung der Oberlafette um einen vertikalen Pivot-Zapfen; primitive unabhängige Visierlinie; langes Ziel-
fernrohr auf Visierstange; Keilverschluß; Protze und Munitionswagen
mit liegender Einzelverpackung;

Gewicht des Geschützes in Feuerstellung . . 1045 kg
Gewicht der Protze ohne Munition . . . . 505 „

Ehrhardt:

a) 75 mm-Geschütz, bekanntes System, gewöhnliche Visierlinie;
Gewicht des Geschützes in Feuerstellung . . . 962 kg
Gewicht der Protze ohne Munition . . . . . 443 „

b) 75 mm-Geschütz mit unabhängiger Visierlinie; Protze mit
Korbverpackung; Munitionswagen mit liegender Einzelverpackung;
Gewicht des Geschützes in Feuerstellung . . . 980 kg
Gewicht der Protze ohne Munition . . . . . 443 „

Krupp:

a) 75 mm-Geschütz, bekanntes System mit unabhängiger Visierlinie; Kippmunitionswagen; Protze mit stehender Einzelverpackung;
Gewicht des abgeprotzten Geschützes . . . . 1062 kg
„ der Protze ohne Munition . . . . 454 „

b) 76,2 mm-Geschütz, ebenfalls mit unabhängiger Visierlinie;
Protze mit liegender Einzelverpackung;
Gewicht des abgeprotzten Geschützes . . . . 1074 kg
„ der Protze ohne Munition . . . . 448 „

Schneider:

a) 75 mm-Luftvorholergeschütz bekannten Systems;
Gewicht des abgeprotzten Geschützes . . . . 1095 kg
„ der Protze ohne Munition . . . . 500 „

b) 76,2 mm-Federvorholergeschütz, mit 2 Federsäulen, im übrigen mit dem Luftvorholergeschütz identisch;

Gewicht des abgeprotzten Geschützes . . . . 1060 kg

„ der Protze ohne Munition . . . . 500 „

Eine chronologische Übersicht über die verschiedenen Schieß- und Fahrproben nebst Zusammenstellung einiger Versuchsergebnisse ist in den „Artilleristischen Monatsheften" vom August veröffentlicht worden, auf die wir hiermit verweisen. Bemerkenswert ist, daß die beiden deutschen Firmen die Versuche nicht bis zu Ende mitmachten, sondern ihr Material infolge parteiischer Bevorzugung der französischen Geschütze vorzeitig zurückzogen, ein Schritt, dem sich anzuschließen auch Armstrong anfänglich beabsichtigt hatte, den er aber auf Drängen der Franzosen und Griechen zu tun schließlich unterließ.

Die näheren Gründe für diesen Rücktritt und die daran anschließenden Vorgänge in Griechenland sind in der Tagespresse, sowie in dem vorerwähnten Artikel der „Artilleristischen Monatshefte" so ausführlich erörtert, daß wir auf eine Wiedergabe hier verzichten zu können glauben. Hinzuzufügen ist nur, daß in dem nach Beendigung der Versuche aufgesetzten Schlußprotokoll sich die Kommission mit 6 gegen 3 Stimmen für das Schneider-Material erklärte. Der Vorsitzende Prinz Nikolaus stimmte mit der Majorität. Die Minderheit der 3 Offiziere wird einen gesonderten Bericht einreichen. Den endgültigen Beschluß über die Bestellung hat der Verwaltungsausschuß des Fonds der nationalen Verteidigung zu fassen, der gegenwärtig aus Premier- und Kriegsminister Theotokis, Finanzminister Simopulos, Generalkommandeur des Heeres Kronprinz Konstantin und Generalstabschef Sapuntsakis besteht. Es darf wohl erwartet werden, daß über die Versuche und die von den verschiedenen Versuchsgeschützen erzielten Resultate noch Ausführlicheres bekannt werden wird. Bahn.

Argentinien.

Zur Neubewaffnung der argentinischen Feldartillerie, die zurzeit noch mit Kruppschen Federsporngeschützen aus dem Jahre 1898 bewaffnet ist, finden zurzeit vergleichende Schießversuche auf dem Maifeld bei Buenos Aires statt. Es werden Rohrrücklaufgeschütze von den Firmen Ehrhardt, Krupp, Schneider, Armstrong und Vickers erprobt. Die Schießversuche mit den Kanonen der 3 erstgenannten Firmen haben bereits stattgefunden; über den Ausfall schrieb El Diario, daß die Schneider-Kanone keine Aussicht auf Annahme habe.

Nachdem auch die Geschütze der beiden englischen Firmen ihre Schießversuche erledigt haben werden, finden die Fahrversuche mit dem gesamten Versuchsmaterial statt. Es dürfte sich um eine Neubewaffnung von im ganzen etwa 30 Batterien handeln. **Bahn.**

Japan.

senbahn
a Fusan
nach
nkden.
Neuer
rmee-
evolver.

Sofort nach der Besetzung Koreas bei Beginn des Krieges im Februar 1904 begannen die Japaner den Bau einer Eisenbahn von Fusan, ihrem Ausschiffungshafen auf Korea nördlich Tsu-Schima, vorläufig bis Söul. Über die beiden Meerarme bei Tsu-Schima geht die kürzeste Verbindung von Japan nach Korea, und so bildete jene Eisenbahn die unbedingt notwendige Verbindung der japanischen Heere mit der Heimat. Den gleichen Wert behält die Eisenbahn und ihre Verlängerung trotz der Besetzung Koreas durch Japan auch für etwaige spätere kriegerische Tätigkeit in der Mandschurei. Die Verlängerung der Eisenbahn bis Widschu am Jalu und Überbrückung dieses Flusses ist z. Zt. von um so größeren Wert, weil durch den Vertrag von Portsmouth die Benutzung der Eisenbahn von Niu-tschwang bis Mukden für militärische Transporte im Kriege verboten ist. Ist eine feste Brücke über den Jalu hergestellt, kann im Kriegsfalle die Bahn bis Mukden verlängert werden, so daß die Japaner auf die Linie Niu-tschwang—Mukden verzichten können. Nach dem „Russischen Invaliden" ist die Bahn Fusan—Widschu fast völlig fertig gestellt, und man arbeitet an dem Bau einer großen massiven Brücke über den Jalu. Die Brücke kommt stromabwärts von Widschu gegenüber von Antung zu liegen.

Dem Vernehmen nach ist ein von dem Infanterieleutnant Ifino erfundener neuer Revolver soeben für die japanische Armee angenommen worden. Dieser Revolver soll bei den Versuchen gute Ergebnisse geliefert haben, seine Handhabung sehr einfach und die Durchdringungsfähigkeit des Geschosses sehr beträchtlich sein.

Bahn.

Literatur.

I. Bücher.

Organisation und Ausbildung der Kavallerie für den modernen Krieg. Von v. Bernhardi, Generalleutnant und Kommandeur der 7. Division. Vortrag, gehalten in der Militärischen Gesellschaft zu Berlin am 6. März 1907. Berlin, E. S. Mittler & Sohn.

Wer die Schrift des Verfassers „Unsere Kavallerie im nächsten Kriege" kennt, dem wird das vorliegende Heft wesentlich Neues nicht bringen. Man begegnet den gleichen vielfach gewürdigten Grundsätzen, die in Anlehnung an die Erfahrungen des mandschurischen Krieges in interessanter, anregender Form von neuem betont werden.

Die Hälfte der 68 Seiten starken Schrift füllen Anmerkungen zu dem ersten Teil, die wohl zu umfangreich waren, um in den Vortrag selbst eingefügt zu werden. Es wäre erwünscht für das Studium und die Einheitlichkeit der Arbeit gewesen, hätte der Verfasser diese Anmerkungen im Texte selbst verarbeitet.

Der Herr Verfasser ist, wie bekannt, ein eifriger Vorkämpfer für eine weitere Anpassung der Kavallerie an die Forderungen der neuzeitlichen Bewaffnung und Kampfweise der anderen Waffen. In Kreisen der Reiterwaffe werden die Ansichten des Verfassers wohl nur in der Frage der Friedensorganisation in Divisionen und in der Taktik im Reiterkampfe Widerspruch begegnen.

In der Frage permanenter Kavalleriedivisionen bleibt der Verfasser, jetzt wohl ganz isoliert, auf dem Standpunkt stehen, ihre Bildung, die sich in allen Armeen, wo sie besteht, trefflich bewährt, nicht zu wünschen. Er hält es aber neuerdings für wünschenswert, schon im Frieden die im Kriege nötigen Kavalleriestäbe als Inspektionen zu formieren und sie mit Munitions- und Verpflegungskolonnen, Sanitätseinrichtungen, Signalabteilungen und kleinkalibrigen Maschinengeschützen derart auszurüsten, daß Beweglichkeit und Selbständigkeit der Truppe für die Operation wie für das Gefecht völlig gesichert ist. Mit einer solchen Maßregel, die ja für die Kriegsbereitschaft, der zu improvisierenden Kavalleriedivisionen von Vorteil sein würde, würde man aber die Zahl der Kavallerieinspekteure, die heute ohne Kommandogewalt über eine Truppe eine wenig beneidenswerte Stellung einnehmen, noch vermehren und das wird wohl niemandem wünschenswert erscheinen. Für diese verschiedenen Kolonnen usw. würde das Personal naturgemäß erst im Mobilmachungsfalle einberufen werden. Wie sollen wohl die starken Stäbe bei solcher Organisation Beschäftigung finden?

Gegen Kavalleriedivisionen in fester Organisation im Frieden ist der Verfasser, weil wir, bei der Verschiedenheit der Anforderungen, die an die Stärke der Kavallerie je nach der Eigenart der Operation zu stellen ist, „einer außerordentlich flüssigen Organisation" bedürfen.

dort eine Brigade, dort ein Kavalleriekorps einsetzen müssen. Ich vermag absolut nicht einzusehen, was diese unbestreitbare Tatsache mit einer festen Friedensorganisation von Kavalleriedivisionen zu tun hat. Es ist nicht das Geringste dagegen einzuwenden, daß im Frieden Kavalleriedivisionen in verschiedener Stärke, etwa zwischen 5 und 8 Regimentern, aufgestellt werden. Hierbei werden aber Friedensrücksichten — Garnisonierung, Kommandoverhältnisse — maßgebend sein, nicht operative. Was hindert denn bei den Operationen, einzelne Divisionen durch Teile anderer, wenn es nottut, zu verstärken, ebenso wie man, wenn erforderlich, einzelne Bataillone, Regimenter, Brigaden usw. der anderen Waffen aus ihren Verbänden abkommandiert? Und doch haben wir feste höhere Verbände bei allen anderen Waffen. Das gegen die wohl einstimmig von der Kavallerie herbeigesehnte Reform angeführte Argument erscheint daher gänzlich hinfällig.

Was die Taktik des Reiterkampfes anbetrifft, so ist der Herr Verfasser von jeher für den flügelweisen Kampf gegenüber der Dreitreffentaktik gewesen. Die Erwägungen hierüber spielen sich bisher lediglich auf theoretischem Felde ab, entscheidend über solche Dinge können nur Prüfungen auf dem Übungsfelde sein.

Grundsätzlich betonen möchte ich nur die große Bedeutung einer einheitlichen Kommandoführung mit sicherer Verfügung über eine Reserve durch den oberen Führer, der in der Lage sein muß, durch eine solche die letzte Entscheidung zu bringen. Ob diese Einwirkung des Führers bei dem flügelweisen Kampfe nach Kommandoeinheiten ebenso gesichert ist, wie bei der Dreitreffentaktik, wo er stets sicher über das dritte Treffen verfügt, würde erst durch praktische Versuche zu erweisen sein. Wichtiger als diese taktische Erwägung möchten Versuche der Truppe mit lockeren Bildungen im starken feindlichen Feuer und ihre Verdichtung im gegebenen Augenblick sein und ferner die möglichste Vervollkommnung des Manövers.

Wie allen Arbeiten des Herrn Verfassers wird man auch den vorliegenden Ausführungen in weiteren Kreisen die gebührende Würdigung zuteil werden lassen.

Die Kavallerie im russisch-japanischen Kriege 1904/05. Betrachtungen über deren Leistungsfähigkeit, Verwendung und Führung. Von J u n c k , Major a. D. der Kavallerie. Leipzig, Verlag von O. G r a c k l a u e r . Mk. 2,20.

Die Schriften über den russisch-japanischen Krieg bilden bereits eine stattliche Bibliothek. Über die Kavallerie im besonderen liegen bisher von deutscher Seite einheitliche Darstellungen nicht vor, dagegen sind in Österreich, so in den Kavalleristischen Monatsheften, kritische Arbeiten veröffentlicht worden.

Die kleine Schrift des Major Junck wird vielen, die sich über die Tätigkeit der Kavallerie in jenem Kriege unterrichten wollen, willkommen sein. Sie gewährt über die allgemeinen Vorgänge einen

guten Überblick, näher auf diese einzugehen, dazu fehlte dem Verfasser
wohl der Raum, auch wäre die Beigabe mindestens von Kartenskizzen
im Text erwünscht gewesen.

Die Betrachtungen, die Major Junck an seine Schilderung der
Ereignisse knüpft, sind durchweg wohldurchdacht und lehrreich, so
daß das Heft bestens empfohlen werden kann.

Das Exerzierreglement für die deutsche Infanterie vom Jahre 1906.
Von Franz Graf Marenzi, k. u. k. Generalmajor. Wien und
Leipzig. Wilhelm Braumüller, Universitäts-Buchhändler. 1907.

Es ist nicht leicht, sich voll und ganz in den Geist eines fremden
Reglements hineinzudenken. Jedenfalls gehört zu solchem Studium
eine genaue Kenntnis der betreffenden Armee. Ein verdienstvolles
Werk ist es, sowohl für die österreichische wie für die deutsche Infanterie, wenn Verfasser beide Reglements vergleicht.

Für einen Österreicher ist die von uns beibehaltene Unterscheidung
der Gruppenkolonne und der Marschkolonne unverständlich. Wir legten
Wert darauf, der letzteren eine möglichst geringe Breite zu geben;
darum jener Unterschied.

Bei den „Aufmärschen" hätte auch unseres Erachtens das Prinzip
der kürzesten Linie größere Betonung verdient.

Dagegen stimmen wir dem nicht zu, daß es unnötig sei, bei
schrägem Aufmarsche zunächst die neue Front zu nehmen. Gewiß
ist das Einhalten der kürzesten Linien überall am Platze, wo es angeht. Hier erscheint uns die richtige neue Front wichtiger wie die
kürzeste Linie.

In der „geöffneten Ordnung" wird vom Verfasser mit etwas Sorge
auf die große Selbständigkeit des Zugführers im Gefehht hingewiesen.
Wir freuen uns dieses unverkennbaren Fortschrittes unseres Reglements. Es ist nicht zu befürchten, daß die Zugstaktik den Kampf
noch mehr „atomisieren" und daß die Tätigkeit des Kompagnieführers
auf Kosten der Zugsführer vermindert werden solle.

Auch wir setzen für das Bataillon sehr selbständige Kompagnieführer voraus und erwarten von ihnen selbsttätiges Handeln.

Für das „Gefecht" sind die leitenden Grundsätze nach Ansicht
des Verfassers „aus der Kriegserfahrung aller Zeiten geschöpft und
dem modernen Kriege entsprechend." Gewiß eine schöne Anerkennung!
Der Abschnitt „Gefecht" ist sehr eingehend behandelt. Wir greifen
nur einiges heraus.

Vielfach findet Verfasser die Antworten auf wichtige Fragen der
Führung nicht ausreichend. So z. B. diejenige über die Reserven.
Und doch erscheint es uns genügend, wenn es heißt: „Die hauptsächlichste Einwirkung auf den gesamten Gang des Gefechtes besitzt
der Führer in den noch nicht verausgabten Kräften, der Reserve."
Wie er die Reserve, wann und wo er sie einsetzt, hängt vom Feinde
und vom Vorwärtsschreiten des eigenen Angriffes ab.

Daß man neue Linien in der richtigen Front entwickeln muß, wenn sich beim weiteren Vorgehen die erst angenommene Front als falsch erweist, ist eine in der Kriegsgeschichte vorkommende Tatsache. Verfasser fragt, „wie das Bilden neuer Linien gedacht wird." Wir antworten, daß nur aus der Tiefe heraus dieses Verfahren anwendbar ist.

Daß jetzt auch im deutschen Reglement das „hinhaltende Gefecht" und das „Drohen mit dem Angriff" enthalten ist, dürfte mehr als wie „nur ein Verfahren sein, welches auch bei den Friedensübungen der Deutschen Anwendung findet." Über den Abschnitt „Umfassung", zu dem das „Hinhalten und Drohen" gehört, sowie über den „Gegenangriff" hat Verfasser etwas von der unserigen abweichende Ansichten. Das ändert nichts an dem Wert seiner Darlegungen. Denn es kann für uns nur von Vorteil sein, wenn wir auch gegenteilige Ansichten zu hören bekommen. So sagt Verfasser, daß „das Kapitel über Verteidigung im deutschen Reglement großenteils auf Theorie und Friedensübungen basiere". Die fremden Kriegserfahrungen in der Verteidigung seien gewiß sorgfältig verfolgt worden. Aber sie seien sozusagen nicht in den vollen eigenen geistigen Besitz übergegangen, es fehle die Tradition." Sicherlich liegt hierin viel Wahres!

Wir können nach allem das Büchlein nur warm empfehlen.

63.

Feldzeugmeister Benedek und der Krieg 1866. Von k. k. Oberleutnant Otmar Kovařik. Leipzig 1907. Verlag v. O. Gracklauer.

Die Schrift enthält den Zusatz: „Neue Daten zum österreichisch-preußischen Feldzuge". Dieselben sind teils persönlicher Art und meistens für die Betreffenden wenig schmeichelhaft, teils beziehen sie sich auf ein Tagebuch, geführt von einem Offizier des Regiments Crenneville, der zur Besetzung von Josephstadt gehörte und auch an dem Gefecht von Skalitz teilnahm.

Der Herr Verfasser sucht Feldzeugmeister Benedek zu entlasten hinsichtlich einer Schuld an dem unglücklichen Ausgang des Feldzuges in Böhmen, und es berührt gewiß jeden Soldaten sympathisch, wenn für einen tapferen Mann, der sich um sein Vaterland große militärische Verdienste erworben hatte, energisch eingetreten wird, auch trotz seines Unglückes. Für letzteres wird aber in erster Linie nicht der Feldzeugmeister — wie das seitens des österreichischen Generalstabswerkes seinerzeit geschehen — sondern das ganze militärische System des Kaiserstaates vor 1866, hauptsächlich die sogenannte Protektionswirtschaft, sowie eine falsche Sparsamkeit, verantwortlich gemacht.

Keim.

Aus ruhmvollen Tagen. Blätter der Erinnerung an die Stiftung des Maria-Theresia-Ordens. Verlag von „Danzers Armeezeitung". Wien 1907.

Ein recht verdienstliches Werkchen, das die 150jährige Wiederkehr des Stiftungstages des ehrwürdigen und hochangesehenen Ordens

zu einer kurzen Geschichte desselben benutzt. Auch sind die Perso-
nalien sämtlicher Mitglieder des Ordens seit seiner Stiftung aufgeführt,
nebst Angabe der Tat, für welche das Kreuz verliehen wurde. Der
kaiserlichen Armee gehörten seit 1757 im ganzen 833 Ordensmitglieder
an, darunter 42 Großkreuze, 102 Kommandeure und 689 Ritter. Von
diesen wurden 9 dreimal und 86 zweimal promoviert. Interessant ist
es zu hören, das fünf Landgrafen von Hessen-Homburg, sämtlich
Brüder, sich den Orden erworben haben. Überhaupt ist die Zahl der
Ordensmitglieder aus dem Reiche (also Reichsdeutsche) eine große, sie
beträgt 133. Der einzig noch lebende Ordensritter ist General
v. Fejérvary, der bekanntlich auch als Minister der Devise des Ordens
„Fortidini" alle Ehre machte als treuer Diener seines kaiserlichen Herrn.

Keim.

Schweinschädel und Königgrätz. Meine Kriegserinnerungen als
Kommandant des 7. Husarenregiments. Von Christoph Graf
von Degenfeld-Schönburg, k. und k. Wirklicher Geheimrat,
General der Kavallerie und Oberstinhaber des 83. Infanterieregiments.

Prinz Eugen von Savoyen im Lichte der neueren Geschichtsforschung.
Von Oberleutnant Ignaz Beck.

Haynau. Eine psychologische Studie. Von Oberleutnant Rudolf
Bedsch.

Alle drei im Verlage von Karl Konegen (Ernst Stülpnagel), Wien
1907. Das erstgenannte erschien bereits in den „Kavalleristischen
Monatsheften" und ist in seiner Art ein wertvoller Beitrag zu dem
Gefecht von Schweinschädel und zur Schlacht von Königgrätz. In
letzterer hat das 7. Husarenregiment Hervorragendes geleistet, namentlich bei Deckung des Rückzuges und zwar unter den schwierigsten
Verhältnissen. Graf Degenfeld war anerkannt ein besonders schneidiger
Kommandeur, und sind seine Kriegserinnerungen ein neuer Beweis
für die Bedeutung der Persönlichkeit im Kriege.

Im „Prinz Eugen von Savoyen" wird in aphoristischer Form, aber
in formgewandter,. von hohem patriotischen Schwung getragene Dar-
·stellung an die Verdienste des „edlen Ritters" als Feldherr, Staatsmann,
als Förderer von Kunst und Wissenschaft erinnert. Auch sein selbstloses Menschentum wird beleuchtet. Man liest immer gern über Eugenio
von Savoy — wie er sich in drei Sprachen unterschrieb — als einem
der Großen aller Zeiten!

In unserer Zeit der „Humanitätsduselei"· ist es gewissermaßen
ein Wagnis, die Hyäne von Brescia, wie die Demokraten seiner Zeit
den Feldmarschall v. Haynau nannten, rehabilitieren zu wollen. Für
den Kenner der Kriegsgeschichte war das weiter nicht nötig, aber
solche Kenntnis konnte naturgemäß nur auf einen kleinen Kreis
beschränkt bleiben. Deshalb ist es auch ein literarisches Verdienst, ein-

22*

mal den ganzen frivolen Schwindel nachzuweisen, wie das hier geschieht
der speziell mit dem durchaus korrekten Verhalten Haynaus vor und
in Brescia auch „geschichtlich" getrieben worden ist. Man wird im
Gegenteil das Vorgehen des Generals gegenüber Bestien in Menschen-
gestalt, welche, wie aktenmäßig nachgewiesen, kranke Soldaten von
Metzgern kunstgerecht abschlachten ließen, als mehr wie gerechtfertigt ansehen. Jedenfalls bleibt Haynau, der spätere Besieger
des ungarischen Aufstandes, eine der markantesten, von stahlharter
Energie beseelte Persönlichkeit aus den Revolutionsjahren 1848/49.
　　　　　　　　　　　　　　　　　　　　　　　　　　Keim.

**Geschichte des Grofsherzoglich-Mecklenburgischen Füsilierregiments
No. 90, 1788—1906.** Auf Befehl des Regiments zusammengestellt
von Major v. Wrochem und Premierleutnant Haevernick.
Fortgesetzt und mit neubearbeiteter Offizierstammliste versehen
von Major v. Below. 2. Auflage. Berlin 1907. E. S. Mittler
& Sohn.

Als am 12. Juli 1888 das Regiment das erste Jahrhundert seines
Bestehens vollendete, erschien die 1. Auflage seiner Geschichte. Als
sie vergriffen war, entstand auf Veranlassung des Regiments die hier
vorliegende 2. Auflage. Dieselbe enthält vielfache sachgemäße Um-
arbeitungen, besonders des Feldzuges 1870/71, aber auch einige
Kürzungen. Trotzdem ist das Buch 400 Seiten stark. Aber ein Regiment, das „in Holland, in Rußland und im schönen Bayernlande seine
ruhmgekrönten Fahnen wehen ließ", darf seine Geschichte, besonders
die der kriegerischen Ereignisse ausführlich wiedergeben. Der „Vorgeschichte" bis zu seiner Stiftung folgt die „Zeit in Holland, der Feldzug in Rußland. in Schleswig-Holstein 1848 und derjenige von 1866".
Hiermit endet der erste Teil, der auch die Friedensjahre, soweit sie
die innere Entwickelung des Regiments betrifft, berührt. Der zweite
Teil behandelt die Friedensjahre des „Großherzogl. Mecklenb. Füsilierregiments No. 90", wie es seit 1867 heißt, und in eingehender Weise
die Kriegsjahre 1870/71. Auch die weiteren Friedensjahre sind in den
Abschnitten 4 und 5 besprochen. Ein Anhang enthält die Vorgesetzten,
eine Stammliste der Offiziere des Regiments von 1788—1906 und ein
Namensverzeichnis. Die beigegebenen Karten erleichtern wesentlich
das Studium dieses vortrefflichen Buches.

　　　Das Regiment kann auf eine ruhmreiche Geschichte zurückschauen.
Wie eigenartig mutet es uns an, wenn um 1790 durch landes-
herrliche Verordnung bestimmt wurde, daß die Söhne der Dominial-
bauern, bevor sie die Stelle des Vaters erhielten, 4 Jahre beim Militär
zu dienen hatten. Die Kompagnien waren Eigentum des Chefs, die
Leibkompagnien die der Regimentschefs. Das Gehalt der Leutnants
war so gering, daß die Kompagniechefs angewiesen waren, sie häufig
zum Mittagessen einzuladen. Wenig ereignisreich verlief der Krieg
zwischen Holland und Frankreich 1793—95, in dem das Regiment die

oranische Kokarde trug. Aus der Zeit von 1797—1806 stammt die noch jetzt vom I. Bataillon des Regiments geführte blaue Fahne, auch liegt uns ein Militärstrafgesetzbuch von damals vor. Am 22. März 1808 trat Mecklenburg dem Rheinbunde bei, hatte Uniform nach französischem Muster und auch das französiche Exerzierreglement wurde eingeführt. 1809 wurde Rostock ohne Gegenwehr an Schill übergeben, was dem Regiment zum Vorwurfe gereichte. 1810 war die allgemeine Dienstpflicht, allerdings mit Stellvertretung, statt der Werbung durchgeführt. Im Februar 1812 hatte sich das mecklenburgische Rheinbundskontingent marschbereit zu halten, verließ Mitte März Rostock, [erfuhr aber erst im Juni, auf dem Marsche von Gumbinnen nach Wilna, daß Napoleon gegen Rußland gehe. Die Teilnahme an diesem Kriege ist entschieden der fesselnste Teil des ganzen Buches. Die Erlebnisse in demselben, besonders die Strapazen des Rückzuges sind außerordentlich packend dargestellt. Von 51 Offizieren und 1664 Mann, mit denen das Regiment ausgerückt war, kehrten am 30. Januar 1813 mit den Fahnen nur 17 Offiziere und 25 Mann nach Mecklenburg zurück. Diese Zahlen sprechen allein dafür, was das Regiment durchgemacht hat.

Stolz erwähnt Verfasser, daß Herzog Friedrich Franz, welcher als letzter dem Rheinbunde hatte beitreten müssen, sich als erster am 14. März 1813 von demselben lossagte. Am 26. März wurde die Nationalkokarde in den Landesfarben „rot, blau, goldgelb" gestiftet. Treu hielt das Regiment während der Freiheitskriege zur Sache der Verbündeten. Auch in den späteren Kriegen um Deutschlands Einheit zeigten sich die Mecklenburger voller Verständnis für die Bestrebungen Preußens, und so finden wir sie auch 1866 unter preußischem Oberbefehle. 1870 zunächst zum Küstenschutz bestimmt wurde die Mecklenburgische Division im August, wie Verfasser sagt, „endlich" in Feindesland geführt. Sowohl vor Metz wie vor Paris, in den Schlachten von Orleans, von Beaugency-Cravant, von Le Mans und in einer großen Zahl von Gefechten bewiesen die Mecklenburger Füsiliere, daß sie ihrer Vorfahren, deren Gebeine auf den Gefilden Rußlands bleichen, würdig seien. So hat der Verfasser recht, wenn er das Vorwort zu seiner Neuauflage damit schließt:

„Alt-Mecklenburg für immer!" 63

Waldenfels und seine Grenadiere. Ein Beitrag zur Geschichte der Belagerung Kolbergs im Jahre 1807. Von Dr. Hermann Klaje, Oberlehrer am kgl. Domgymnasium. Kolberg 1907. Kommissionsverlag von Dietz & Maxerath. Preis Mk. 1.50.

Hundert Jahre waren am 2. Juli 1907 vergangen, seitdem Kolberg den Angriff der Franzosen siegreich überstand. Gneisenau, Schill, Nettelbeck, die leuchtenden Vorbilder für die heranwachsenden Geschlechter, sie stehen im Mittelpunkt der Geschichte jener denkwürdigen Belagerung.

Da ist es wohl am Platze, auch eines Mannes zu gedenken, der

an der Spitze seiner Grenadiere bei Wiedereroberung des Wolfsberges
geschmückt mit dem Orden Pour le mérite, den Heldentod starb.

Zur Seite des altersschwachen ersten Kommandanten, Oberst
Lucadou, stand der Vizekommandant, Hauptmann von Waldenfels. Leider
hat es der letztere nicht verstanden, den ersteren zu einer entgegen-
kommenden Haltung gegenüber der Bürgerschaft zu bestimmen. Beiden
ist diese Versäumnis zum Schaden ausgeschlagen. Denn trotz alles
für die Verproviantierung, das Rechnungswesen, die numerische Verstärkung der Garnison und die Befestigung der Werke an den Tag
gelegten Eifers, hatte sich v. Waidenfels doch zu sehr mit dem alten
Lucadou identifiziert. Letzterer hatte schließlich seine Stellung auch
moralisch verwirkt und so kam es, daß Gneisenau sie beide zur
Seite schob.

Mit welcher Sicherheit hat Gneisenau die Bürger behandelt und
besonders Nettelbeck an den Platz gestellt, an dem sein patriotischer
Eifer der Verteidigung nutzen konnte. Wie wenig verstand es
hingegen Lucadou, mit schwierigen Persönlichkeiten, wie z. B. mit
Schill, fertig zu werden. Hier versuchte Waldenfels, wenn auch
umsonst, zu vermitteln. Waldenfels berichtete, gleich anderen,
direkt an den König; er nimmt Lucadou in Schutz, fügt sich aber als
zum Gehorchen erzogener preußischer Offizier in stiller Resignation.
Weiter mit dem Rechnungswesen betraut, trat er unter Gneisenau
mehr in den Hintergrund, denn dieser war sein eigener Vizekommandant.

Dafür beschäftigte sich Waldenfels immer eifriger mit dem Dienst
des Bataillonskommandeurs. Mehr und mehr gingen aus England und
Schweden Schiffsladungen mit Kriegsmaterial ein und nun galt es,
die Truppen zu schulen und zu stählen. Denn bald genug erhielten
auch die Belagerer Verstärkungen aller Art und schickten sich an,
den von Gneisenau befestigten Wolfsberg zu nehmen. Daß dies zunächst mißlang, ist in erster Linie dem Eingreifen Waidenfels und
seiner Grenadiere zu danken. So erhielt er denn auch für diese Tat
den Verdienstorden. Nicht lange danach ging der Wolfsberg aber
doch verloren, und bei der Wiedereroberung, wie Gneisenau sagt, „im
schönsten Momente", fiel Waldenfels an der Spitze seines Bataillons;
für Gneisenau „ein großer Verlust!"

„Recht wie ein Kriegsmann im Felde kam er zu Grabe: ohne
Sarg ward er eingesenkt, weil Gneisenau kein Holz übrig hatte."

Das Bataillon Waldenfels erhielt später den Ehrennamen: „Leib-
grenadierbataillon" und wurde sodann in das Leibregiment übergeführt.
In dieser Formation blieb es bis zum Frieden von 1814. Da ward es
dem Kaiser Alexander-Gardegrenadierregiment einverleibt, dessen
erstes Bataillon es seitdem bildet.

Nettelbeck ließ Waldenfels aus eigenen Mitteln einen stattlichen
Gedenkstein setzen, und als er selbst gestorben war, da grub man
zur Seite von Waldenfels ein neues Grab und legte Nettelbeck hinein,

der neben ihm ausruhen wollte „von den Stürmen seines vielbewegten Lebens".

63

Joachim Nettelbeck. Eine kurze Lebensbeschreibung. Von **Paul Kolbe**, Oberst a. D. Mit zwei Bildern und einem Plane. 2,40 Mk.

August von Goeben. Ein Gedächtnisblatt an einen großen Mann aus großer Zeit von **H. Barth.** Mit einem Bildnis. Leipzig, Fr. Engelmann, 1907.

Beide Schriften haben das Ziel, in populärer Weise auf Grund des in unserer Literatur vorhandenen reichen Materials dem Volke die Erinnerung an seine großen Männer ins Gedächtnis zu rufen, zum eigenen Beispiel. Dem Lebensbild des Generals von Goeben sind Auszüge aus seinen „Reise- und Lagerbriefen aus Spanien etc." und aus seinem Werke „Vier Jahre in Spanien" beigegeben.

Militärische Betrachtungen nach 42jähriger Dienstzeit. Von Oberst z. D. **Lidl.** Berlin. Vossische Buchhandlung, 1907.

Ein verdienter deutscher Offizier gibt in der kleinen Schrift einen Rückblick auf die Erfahrungen seines Soldatenlebens und einen Einblick in die aus diesen entstammenden Anregungen und Wünsche. Die Anschauung, welche wie ein roter Faden in der kleinen Schrift hervortritt ist die Betonung der Notwendigkeit einer hohen Gesinnung und eines edlen Handelns für den Offizier, der auf den Soldaten nicht nur durch seine Lehre, sondern auch durch sein Beispiel wirken soll. Der junge Offizier wird aus der kleinen Schrift nicht nur Anregung, sondern auch Belehrung empfangen.

Die Bedeutung, Stellung und Pflichten des Ehrenrates unter besonderer Berücksichtigung der für die Offiziere des Beurlaubtenstandes maßgebenden Verhältnisse. Von **Spohn,** Oberstleutnant. Berlin 1907, Eisenschmidt.

Die Tätigkeit des Ehrenrates ist eine so vielseitige und schwierige, sie ist von solcher Bedeutung für jedes Mitglied des Offizierkorps, daß, wie wir dem Verfasser zustimmen, nur Männer ihr genügen werden, die die Achtung des ganzen Kameradenkreises besitzen, und die neben einer vorbildlichen Ehrenhaftigkeit noch mit besonderen Gaben des Herzens und des Geistes ausgerüstet sind. Daneben aber treten an den in den Ehrenrat gewählten Offizieren eine Reihe von rein formalen Dingen heran, die er beherrschen muß. Hierfür einen Ratgeber zu schaffen war des Verfassers Ziel. Es ist ihm trefflich gelungen.

Winterarbeiten und Vorträge aus dem Gebiete der neuesten Kriegsgeschichte 1871—1906. Von Major **Immanuel.** Berlin 1907. E. S. Mittler & Sohn.

Vorliegende Sammlung ist in der gleichen Weise durchgeführt, wie das Werk des verstorbenen Majors Kunz „1736 Themata für Winterarbeiten und Vorträge". Sie bildet einen Nachtrag zu der unverändert gebliebenen alten Sammlung, der sie in Stoffeinteilung und Auffassung entspricht. Neben bisher von Kunz nicht erwähnten oder seit 1900 erschienenen neuen Quellen für den Feldzug 1870/71 enthält die Sammlung Themate über folgende kriegerische Ereignisse: Japanisch-chinesischer Krieg 1894/95, spanisch-amerikanischer Krieg 1898, Burenkrieg 1899/1902, China 1900/01, russisch-japanischer Krieg 1904/05, Deutsch-Südwestafrika 1904/06, Marokko seit 1900.

Guerre et Marine. Paul Fontin, Ancien Secrétaire de l'Admiral Aube. Essai sur l'unité de la défense nationale. Avec une préface de M. A. Messimy, deputé, rapporteur du budget de la guerre. Berger-Levrault & Cie., Editeurs. Paris 1906.

In Anbetracht der früheren Stellung des Verfassers als Sekretär eines berühmten französischen Admirals verdienen seine Ausführungen, die sich wohl mit denen jenes Admirals decken sollten, Interesse. Wie aber Herr Messimy in seinem als Vorwort vorangesetzten Brief einige Ansichten des Verfassers und namentlich die hauptsächlichste „der Notwendigkeit eines kontinentalen Krieges" bekämpft, wird auch von den meisten diese Notwendigkeit bestritten werden. — Zweck des Buches ist doch, die Stärkung der französischen Marine zu empfehlen, die vom französischen Standpunkte auch nötig erscheint. Was hat damit aber die Bemerkung des Verfassers zu tun, die auf einen Ausspruch des Admirals Réveillère hinweist: „Alle etwaigen Siege zur See in einem Kriege gegen Deutschland können eine Niederlage an der Grenze nicht wettmachen?" Die Marine hat ihre eigenen Aufgaben, zu denen sie fähig gemacht werden muß, wenn sie es nicht ist. Wenn der Verfasser dies aber durch einen Ausbau des Unterseeboot-materiales erreichen will, so steht er mit seiner Ansicht zwar nicht in Frankreich, aber überall im Auslande allein da und verkennt den Einfluß der Seemacht im Kriege, der nicht durch Unterseeboote, sondern durch Schiffe gewonnen wird. Er baut seine Pläne auf Verteidigung aus Furcht vor einem Angriff Deutschlands und verzichtet auf Offensive. v. N.

II. Ausländische Zeitschriften.

Streffleurs militärische Zeitschrift. (Juli, August.) Die Einverleibung Dalmatiens. — Über die Zugehörigkeit der Belagerungshaubitzendivisionen. — Motorwasserfahrzeuge der Pioniertruppe. — Die Amureisenbahn.

Revue d'Infanterie. (Juli, August.) Schießübungen der Infanterie. — Das Maschinengewehr Schwarzlose. — Die Ausbildung der englischen Infanterie. — Fahrbare Feldküchen. — Der Säbel der Infanterieoffiziere. — Befehlsvermittlung auf dem Schlachtfelde. — — Entwurf eines Exerzierreglements der russischen Infanterie.

Revue militaire des armées étrangères. (Juli.) Reorganisation des japanischen Heeres. — Die großen Manöver in Belgien 1906. — Die englischen Streitkräfte im Jahre 1907. (August.) Das neue Exerzierreglement und die neue Schießvorschrift für die Feldartillerie des deutschen Heeres. — Die Militärvorlage des Deutschen Reiches 1907. — Neuorganisation des Trains im russischen Armeekorps. **Journal des sciences militaires.** (Juli.) Betrachtungen über den russisch-japanischen Krieg. — Napoleons Schlachtpläne. — Die Mittelmeerflotte und das afrikanische Heer (Schluß). — Militär-Pädagogisches. — Berittene Infanterie in Verbindung mit Kavallerie. **Revue d'histoire.** (Juli.) Die ersten Mitrailleusen (1342—1725). — Der Feldzug des Nordheeres 1794 (Forts.). — Der Krieg 1870/71: Operationen im Osten (Forts.). **Kavalleristische Monatshefte.** (August, September.) Betrachtungen über die Tätigkeit der Kavallerie während der Schlacht. — Die Verwendung der Maschinengewehre im Verbande der Kavallerie. — Entwurf einer neuen Schießinstruktion für die Kavallerie. — Der militärische Wert der Distanzritte. — Schiedsrichter. — Über die Ausbildung der Plänkler, Schwarmführer und Zugkommandanten. — Die Inspizierung des Übungsschießens.—Die beiden Großmächte im Stillen Ozean. **Revue de Cavalerie.** (April.) Die Kavallerie und ihre Zerstörer. — Die Regimenter der Division Margueritte und die Attacken von Sedan, von General Rozat de Mandres (Forts.). — Der Felddienst der deutschen Kavallerie (nach der Schrift des Obersten Frhr. v. Malzahn), von P. S. — Die leichte Kavallerie in Frankreich am Ende des „ancien régime". — Saxo-Husaren vom Kommandanten Cazenove. — Die neuen militärischen Crosse-country. (Mai.) Briefe eines alten Kavalleristen, von General Donop, 2. Serie, 4. Brief. — Gegen den Küraß, von Pierre Lehaucourt. — Die Regimenter der Division Margueritte und die Attacken, von Sedan von General Rozat de Mandres (Forts.). — Der Felddienst der deutschen Kavallerie, von P. S. (Forts.) — Die leichte Kavallerie in Frankreich am Ende des „ancien régime". — Saxe-Husaren vom Kommandanten Cazenove. —. Reiten. — Neues, Mitteilungen. (Juni.) Briefe eines alten Kavalleristen, von General Donop, 2. Serie, 5. Brief. — Die Regimenter der Division Margueritte und die Attacken von Sedan, von General Rozat de Mandres. — Der Felddienst der deutschen Kavallerie, von P. S. (Schluß). — Die Ausbildung mit dem Säbel. — Die gegenwärtige, deutsche Gefechtslehre. — Pferdedressur in Außenarbeit. **Revue d'Artillerie.** (Mai 1907.) Artillerie verdeckt oder offen. (Übersetzung aus dem Deutschen.) — Beziehungen der lebendigen Kraft der Geschosse und der Schwere der Verwundungen, welche sie verursachen können. — Berechnung der Tabellen für das Schießen mit großen Geländewinkeln. **Mitteilungen über Gegenstände des Artillerie- und Geniewesens.** (Heft 7.) Die verdeckte Stellung der Feldartillerie. —. Die Grundsätze

der Verpflegung moderner Heere, erläutert am russisch-japanischen
Kriege. — Artilleriepatrouillen. — Sind Zersetzungen explosiver Salpeter-
säure-Ester durch Pilze möglich?
Allgemeine Schweizerische Militärzeitung. Nr. 27. Vom russisch-
japanischen Kriege 1904/05. — Politik und Militär in Frankreich. —
Die neuen Abkommen der Westmächte. — Lehrreiches aus einem
interessanten Buche. **Nr. 28.** Die Aufgabe der Avantgarde. — Referen-
dum und neue Militärorganisation. — Die militärische Situation
Italiens gegenüber Österreich. **Nr. 29.** Gedanken über ein neues
Infanteriereglement. — Der Stand der Maschinengewehre in Deutschland. — Die militärische Volkserziehung in Japan. **Nr. 30.** Die Ehre
des Wehrwesens. — Abkommandierungen zu den Manövern fremder
Armeen. — Politik und Militär in Frankreich. — Die Übungsfahrt der
amerikanischen Flotte. **Nr. 31.** Gedanken über ein neues Infanteriereglement. — Kavalleristische Lehren aus dem russisch-japanischen
Kriege. — Der Fortbestand des Dreibundes.
　　Schweizerische Zeitschrift für Artillerie und Genie. (Juli
1907, Heft 7.) Das V. eidgenössische Pontonierwettfahren 1907 in
Schaffhausen. — Versuche mit der Kruppschen 7,5 cm-Schnellfeuer-
kanone vor einer serbischen Kommission 1905. — Auch ein Beitrag
zur Beurteilung von Visiereinrichtungen. — Ein zeitgemäßer Fortschritt
im Ausbau schwerer Geschütze für den Kampf um Festungen. —
Auszug aus dem Bericht des Militärdepartements vom Jahre 1906.
　　La France militaire. (Juli.) Unsere Militärgesetzgeber vom
General Prudhomme. — Die Erhöhung des Soldes der Offiziere, 2. 3. 4.
— Die Jahrgänge 1903 und 1904 vom General Luzeux. — Das anglo-
russische Übereinkommen in Zentralasien vom Oberst Septans, 3. —
Der Chef des Generalstabes und der Generalissimus. — Das provi-
sorische Reglement der japanischen Infanterie vom 1. Oktober 1906.
— Die Unterleutnants der Reserve, 4. — Der Marine-Generalstab. —
Die Kavallerie und der zweijährige Dienst, 5. 7./8. — Die örtliche
Rekrutierung. — Die Truppen im Süden (schlechte Unterkunft), 6. —
Halbjahrs-Rekrutierung (1. Okt., 1. Apr.), 9. — Marinefragen (die Be-
freiung vom Opium), 10. — Das Lächeln Wilhelms (Hetzartikel), 11.
— Die Bewegung der Geister im fernen Orient vom Oberst Septans,
12. — Die Vereinigten Staaten und Japan vom Kommandanten Frogrés.
— Die Reform der Verwaltung im Heere, 13. 14./15. 16. 17. — Das
größere Deutschland nach den Prophezeihungen eines teutonischen
Sehers (nach dem Buche des Geheimrat Martin: „Kaiser Wilhelm II.
und König Eduard VII.") vom Oberst Septans. — Die Kapitulanten in
der Kavallerie, 14./15. — Ehrenbezeugungen und Vortritt (für die
Armee gefordert) vom General Prudhomme, 16. 17. — Der Chef des
Generalstabes, 16. — Ein Brief des Abgeordneten Humbert (betrifft
Urteile über die französische Disziplin von Loebell 1906 und einen
Aufsatz des Generals Keim im „Tag"). — Deutsche Ansichten über
Artilleriereserven nach General Richter, 18. — Die militärische Bilanz

nach einem Jahre der Gesetzgebung. — Die Regional-Rekrutierung und der Garnisonwechsel, 19. — Lehren der Artillerietaktik aus dem russisch-japanischen Kriege. — Lenkbare Militärluftschiffe, 20. — Die lenkbaren Ballons (Grenzen ihres Nutzens), 21./22. — Der nötige Imperialismus. — Der Gesundheitsdienst im Kriege, 23. 24. 25. — Eine historische Studie über das Dekret vom 15. Juni 1907 vom General Lamiraux (betrifft die Rangordnungen). — Deutsche Ansichten über das Höchstgewicht des Feldartilleriemateriales (nach General Rohne in den Jahrbüchern), 24. — Fluchwürdige Politik (des Parlaments gegenüber der Armee), 25. — Die amerikanische Flotte im Stillen Ozean. — Die Trennung der Schulen der Artillerie und des Genie, 26. — Verabschiedungen nach Verhältnis (nach dem Projekt Humbert). — Der Kampf der Kavallerie. — Russischer Brief von der russisch-deutschen Grenze von Fr. Deville, 27. — Die Verabschiedung des Generals Hagron, ihre Ursachen und ihre Folgen vom General Prudhomme. — Das Gesetz über die 2jährige Dienstzeit, nötige Verbesserungen. — Die Taktik der einzelnen Eskadron, 30. — Die indische Gefahr vom Oberst Septans. — Die Befehlsführung der Kompagnien. — Kapitulanten-Unteroffiziere. Für den Train, 31.

Morskoj Ssbornik. 1907. (Mai.) Port Arthur. — Über den Personalbestand unserer Flotte. — Die Mängel der russischen Flotte und die Mittel zu ihrer Ausrottung. — Der Einfluß des russisch-japanischen Krieges auf die Veränderungen im Bau der Kriegsschiffe in den fremden Marinen. — Versuch einer kritischen Beurteilung der heutigen Unterseeboote mit Rücksicht auf deren Verwendung in der Küstenverteidigung und in der Seeschlacht. — Über die Aufstellung eines Schiffsbauprogramms. — Die italienischen Seemanöver im Jahre 1906. — Die wissenschaftlichen Grundlagen der drahtlosen Telegraphie.

Rufskij Inwalid. 1907. **Nr. 158.** Aus Frankreich. — Zur Frage der Reorganisation der Kurse der Offizierschießschule. **Nr. 159.** Italien. Truppenmanöver. — Zu der Frage des Ingenieurwesens bei den Truppen. **Nr. 160.** Aus der chinesischen Armee. — Zur Frage des Unterrichts in den Junker- und Kriegsschulen. — Handgranaten. **Nr. 161.** Aus der chinesischen Armee. — Im Laufschritt sich zurückziehen oder weglaufen?

III. Seewesen.

Mitteilungen aus dem Gebiete des Seewesens. No. VIII. Verwandtschaftsbeziehungen zwischen den Flugbahnen der Flachbahngeschütze. — Das Budget der Vereinigten Staaten-Marine für 1907/08. — Die Erweiterung des Kaiser Wilhelm-Kanals. — Der Schutz der Schiffe gegen Seeminen und Torpedos. — Probefahrten des Dreadnought mit den neuen Propellern. — Die Cordite-Debatte im englischen Parlament. — Französisches Torpedo-Vedetteboot. — Fiat XV beim Meeting in Monaco. — Kilroys Warnungssignalsystem für Geschütztürme.

Army and Navy Gazette. Nr. 2476. Die Marinen der Nationen. — Beabsichtigter Bau zweier Dreadnoughts von ca. 20000 t Deplacement in der U. S.-Marine. **Nr. 2477.** Die Marine-Liga. — Die Ansammlung englischer Kriegsschiffe in der Nordsee keine Kriegsdrohung gegen Deutschland, sondern eine Kriegsvorbeugungsmaßregel? — Die in den Stillen Ozean zu entsendenden U. S. Marinestreitkräfte. — Brand auf der „Hoche". — Die neuen deutschen Schulschiffe. **Nr. 2478.** Eine mobile Reserve. **Nr. 2479.** Bereit, seid bereit. — Die beabsichtigte Änderung der deutschen Linienschiffe der „Kaiser"- und „Wittelsbach"-Klasse. **Nr. 2480.** Die Marinedebatte. — Amerikanische Kritiken der „Dreadnought".

IV. Verzeichnis der zur Besprechung eingegangenen Bücher.

Die eingegangenen Bücher erfahren eine Besprechung nach Maßgabe ihrer Bedeutung und des verfügbaren Raumes. Eine Verpflichtung, jedes eingehende Buch zu besprechen, übernimmt die Leitung der „Jahrbücher" nicht, doch werden die Titel sämtlicher Bücher nebst Angabe des Preises — sofern dieser mitgeteilt wurde — hier vermerkt. Eine Rücksendung von Büchern findet nicht statt.)

1. **Rège,** Der innere und äußere Dienst der Kompagnie. Berlin 1907. Vossische Buchhandlung. Mk. 2,40.

2. **Fonck,** Deutsch-Ostafrika. Heft 2: Reisen und Expeditionen im Innern. Ebenda. Mk. 2,00.

3. **Bertin,** Evolution de la puissance défensive. Paris 1907. Berger-Levrault & Co. Frs. 2,50.

4. **Palat,** La stratégie de Moltke en 1870. Ebenda. Frs. 10,—.

5. **Colin,** L'infanterie au 18⁰ siècle. — La tactique. Ebenda. Frs. 6,—.

6. **Desbrière et Sautai,** La cavalerie pendant la révolution. Ebenda. Frs. 10,—.

7. **Jahrbuch** des Kaiserlichen Automobilklubs und der mit ihm in Kartellvertrag stehenden deutschen Automobilklubs. Glogau 1907. C. Flemming, A.-G. Mk. 7,50.

8. **Nordmann,** Friedrich Wilhelm I. Leipzig 1907. Friedrich Engelmann. Mk. 1,20.

9. **Das Militärhinterbliebenengesetz** vom 17. Mai 1907 nebst Erläuterungen. Oldenburg, Gerhard Stalling. Mk. 0,60.

10. **Mummenhoff,** Die modernen Geschütze der Fußartillerie. I. Teil Leipzig 1907. Göschensche Verlagsbuchhandlung. Mk. 0,80.

11. **Goldbeck,** Erste Hilfe bei Unglücksfällen und Erkrankungen der Pferde. Berlin 1907. Liebelsche Buchhandlung.

12. **Reinelt,** Aufgaben, gestellt in der Aufnahmeprüfung für die Kriegsakademie im Jahre 1907. 4. Aufl. Ebenda.

13. **Melchior,** La marine et la défense des côtes. Paris 1907. Frs. 2,50.

XXV.
Die Kunst des Befehlens.

Von

Spohn, Oberst beim Stabe des Infanterieregiments von Alvensleben.

Befehlen eine Kunst? fragt vielleicht mancher in dem Gefühl, daß nichts leichter sei, als befehlen. Aber wer so denkt, der kennt nicht die Tatsache, daß nur derjenige befehlen kann, der gelernt hat, zu gehorchen, ist doch nur dann ein Befehl gerechtfertigt, wenn er nach den einschlägigen Verhältnissen unbedingt nötig war; ist er doch nur dann gutzuheißen, wenn er seiner Art oder Form nach nicht verletzend war.

Jeder Befehl versetzt den Dienenden, wie den Untergebenen in eine Zwangslage, der er sich ohne jede Frage gern fügt, wenn er die Notwendigkeit einsieht — in solchem Falle ist der Gehorsam nicht eine knechtische Unterwürfigkeit, sondern das freie Geschenk des freien Mannes —, der er sich aber nur widerwillig unterzieht, wenn nur die Freude am Befehlen oder die Sucht, die eigene Macht hervortreten zu lassen, den Befehl diktierte.

Herrschergelüste führen zur Tyrannei und reizen zum Ungehorsam; sie schaffen nicht, sondern gefährden die Disziplin. Das können wir in der Armee tausendfach sehen, denn es gibt Vorgesetzte, die selbst den Unbotmäßigen zu freudigem Gehorsam zwingen, ebenso wie auch Vorgesetzte zu finden sind, die sogar ruhige Leute widersetzlich machen.

Nur wer selbst gehorchen kann, wer also am eigenen Leibe erfahren hat, wie weh ein nicht zeitgemäßer oder überflüssiger Befehl tut und wie namenlos schwer es ist, in solchem Falle die sich regende Lust zur Auflehnung niederzuhalten, wird im Befehlen niemals fehlgreifen.

Das müssen wir Soldaten uns jederzeit vor Augen halten, denn wir gebrauchen in der Armee einen frischen, fröhlichen, nicht aber

einen sklavischen, knechtischen Gehorsam; nur der erstere führt zu
der unerläßlichen Dienstfreudigkeit, sichert eine feste, durch nichts
zu erschütternde Disziplin und begeistert zu Heldentaten auch im
Kampfgewühl, wenn die Todesboten grüßen; nur der erstere wirkt
erzieblich und läutert den Charakter, der letztere dagegen führt die
Geknechteten, selbst wenn sie während ihrer aktiven Dienstzeit aus
Furcht vor Strafe den Trotz unterdrücken, totsicher in die immer
zum Empfange bereiten Arme der Sozialdemokratie.

Darum sind Vorgesetzte, die nicht befehlen können, eine große
Gefahr für die Armee und in weiterer Folge auch für den Staat.

Aber damit nicht genug, auch einen weiteren schweren Nachteil
schließt die Befehlswut in sich, gleichviel, ob sie aus Herrschsucht
geboren oder nur eine Folge der Sorge ist, daß es ohne Befehl
nicht geht, nämlich den Nachteil, daß jede Selbständigkeit, jede
Selbsttätigkeit und jede Verantwortungsfreudigkeit in den Untergebenen getötet wird. Und doch verlangt — wie Ziffer 2 der Einleitung zum Exerzierreglement treffend sagt — das Gefecht denkende,
zur Selbständigkeit erzogene Führer und selbsthandelnde Schützen,
die aus Hingebung an ihren Kriegsherrn und das Vaterland den
festen Willen zu siegen auch dann noch betätigen, wenn die Führer
gefallen sind.

Solche Führer und Schützen erziehen wir nicht durch Befehle,
die an sich überflüssig sind und über das Ziel hinausschießen, wir
gewinnen sie aber unzweifelhaft, wenn wir nicht mehr befehlen, als
befohlen werden muß, und wenn wir jede selbsttätige Handlung
auch dann beloben, wenn sie nicht angebracht war. In solchem
Falle muß zwar das Falsche getadelt werden, aber nicht bitter, nicht
scharf, nicht in Form einer Rüge, sondern nur mit wohlwollender
Belehrung. Niemand läßt sich gern in scharfer Weise tadeln, aber
jeder nimmt die Belehrung gern hin und macht es an anderer Stelle
besser; wer den Tadel fürchten muß, verlernt die Selbsttätigkeit,
indem er sich selber sagt: „Wenn ich doch eine Rüge zu erwarten
habe, dann will ich auch lieber zurückhalten; vielleicht bleibt es
unbemerkt."

Was nun die Form des Befehls anbetrifft, so ist auch diese zu
bedenken, denn nur ein bestimmter, möglichst kurzer Befehl, in dem
auch nicht ein Wort zu viel gesagt ist, schließt Mißverständnisse
aus. Jeder Vorgesetzte, der einem Mißverständnis gegenübersteht,
sollte zunächst die Schuld in sich selbst suchen, und wenn er sie
trotz ernster Prüfung nicht findet, dann, aber erst dann mag er
weitergeben und den Untergebenen befragen.

Es wäre ein großer Segen, wenn alle Befehle im Gefecht

schriftlich gegeben werden müßten, denn abgesehen davon, daß sie zu jeder Zeit Beweismaterial sind, wird der befehlende Vorgesetzte vor Übereilungen bewahrt, und der Empfänger versteht leichter, was er schwarz auf weiß vor sich sieht, als dasjenige, was ihm der Adjutant oder ein Meldereiter, oft genug im Fluge, zuruft. Ich erinnere mich einer Besichtigung, die lange Jahre zurückliegt bis in meine Leutnantsjahre und das vorher Gesagte illustriert. Bei der Brigadebesichtigung hatte nämlich ein hochgestellter Offizier in Gegenwart des kommandierenden Generals seinen ersten Gefechtsbefehl gegeben, und was geschah? Der kommandierende General sagte fast wörtlich: „Schade, Herr . . . . ., daß Sie diesen Befehl nicht schriftlich gegeben haben. Wollte ich Ihnen denselben jetzt wortgetreu wiederholen, so würden sie glauben, ich scherze, und nimmermehr würden Sie zugestehen, daß Sie den Befehl in dieser Fassung gegeben haben."

Das ist menschlich durchaus natürlich, denn der Vorgesetzte weiß genau, was er befehlen wollte, aber was er im Eifer des Gefechts wirklich befohlen hat, das entzieht sich seiner Beurteilung; in seiner Erinnerung lebt eben nur das, was er in dem gegebenen Augenblick gewollt hat, nicht aber der Wortlaut des Befehls, und doch kommt es allein auf diesen an.

Verlassen wir einmal das Gefechtsfeld für einen kurzen Augenblick und kehren in unsere Häuslichkeit ein! Wie viel dumme Geschichten weiß nicht jeder von seinem eigenen Burschen zu erzählen, und von wieviel Mißverständnissen weiß nicht jeder zu berichten, so daß der Offizierbursche schon eine typische Figur auf den Brettern geworden ist, die die Welt bedeuten. Aber sind denn unsere Burschen so dumm, daß sie tatsächlich bei jedem Auftrage, den sie erhalten, nur Unfug machen?

Nein, ganz gewiß nicht, und wenn wir hier die Mißverständnisse prüfen und ihrem Ursprung auf den Grund gehen, so wird sich häufig genug die Schuld bei uns finden.

Wenn z. B. ein Leutnant seinem neu eingetretenen Burschen befiehlt: „Diese Handschuhe lassen Sie waschen" (ein Fall, den ich erlebt habe), wie will er sich dann wundern, wenn der Mann dieselben zur Waschfrau trägt? Oder, wen trifft die Schuld, wenn dem Burschen befohlen wird: „Holen Sie mir ein Glas Bier!" und der Mann bringt nun statt des gewünschten Münchener Bieres — Pilsener, oder er holt es statt von A. von B.?

Solche und ähnliche Beispiele wiederholen sich alle Tage, und dann geht es meistens über den unglücklichen Burschen her, weil seine Nase nicht die richtige Witterung gehabt hat. Nicht selten sind auch die Mißverständnisse auf dem Gebiet der Geselligkeit, und woher kommen sie? Der unglückliche Bursche, der unter den einfachsten Verhältnissen aufgewachsen ist und nie in seinem Leben anders gesprochen hat, als ihm der Schnabel gewachsen war, soll plötzlich in wohlgesetzter Rede Bestellungen ausrichten, die weit über sein Verständnis hinausgehen und darum in notwendiger Folge zu allerlei Irrtümern oder Verwechselungen führen müssen.

Mit dieser kleinen Abschweifung wollte ich nur zeigen, wie schwer es schon im Alltagsleben ist, so zu befehlen, daß eine falsche Auffassung unmöglich wird, um dadurch die Schwierigkeiten des Gefechtsbefehls in das rechte Licht zu rücken. Dort wird ja in aller Ruhe, unbeeinflußt durch äußere Verhältnisse, befohlen, hier aber auf dem Gefechtsfeld spricht die Erregung des Augenblicks mit, die gar zu leicht zu einem unbedachten, unbesonnenen und übereilten Befehl hinreißt.

Machen wir uns die möglichen, vielleicht oft recht traurigen Folgen derartiger Befehle im Ernstfalle klar, so werden wir uns sicherlich der Erkenntnis nicht verschließen können, daß das Befehlen eine Kunst ist, die wohl gelernt und geübt sein will, ja daß sie nur demjenigen gelingt, der hohe Anforderungen an sich selbst stellt, sich selbst beobachtet und durch strenge, rücksichtslose Selbsterziehung an sich arbeitet.

Draußen im praktischen Dienst, der stets besondere Aufmerksamkeit fordert und seiner Eigenart entsprechend geleitet sein will, ist keine Zeit, sich im Befehlen zu üben, darum sollte es niemand versäumen, sich zu Hause nach der Karte Aufgaben zu stellen und die Befehle oder Anordnungen nun dem Ernstfall entsprechend schriftlich niederlegen. Es ist interessant, zu sehen, wieviel Korrekturen sofort vorgenommen werden, und wie viele sich noch später dazu gesellen, wenn Aufgabe und Befehl längere Zeit beiseite gelegt werden.

Ein weiteres und besseres Hilfsmittel, die Kunst des Befehlens zu erlernen, sind die Kriegsspiele, taktischen Übungsgänge und Ritte, wenn die Leitung mit aller Strenge darauf hält, daß die Führer aller Grade im Laufe des Gefechts ihre Befehle ausnahmslos in Befehlsform und im Befehlston geben, also nicht „ich würde nun das X.-Bataillon auf dem linken Flügel einsetzen", sondern: „Major v. O., entwickeln Sie ihr Bataillon links vom N.-Bataillon, das Regiment greift an." Ist genügend Zeit vorhanden, so müssen alle Befehle schriftlich gegeben werden.

Wie muß nun ein Befehl abgefaßt sein, wenn er klar und für die Untergebenen verständlich, jedes Mißverständnis ausschließen soll? Unsere reglementarischen Bestimmungen geben Fingerzeige genug, an uns also ist es, sie uns zu eigen zu machen.

Nach der Felddienstordnung, die in' den Ziffern 46—51 über Befehlserteilung spricht, soll ein Befehl alles das, aber nur das enthalten, was der Untergebene wissen muß, um zur Erreichung des Zweckes selbständig handeln zu können. Dementsprechend muß der Befehl kurz, klar und bestimmt, auch dem Gesichtskreise des Empfängers angepaßt sein. Befehle, während deren Beförderung die Verhältnisse sich ändern können, oder deren Ausführung sich unter Umständen vollziehen kann, die nicht vorher zu übersehen sind, müssen sich besonders der Einzelheiten enthalten. An Stelle des Befehls tritt dann die Direktive. Sie muß den Zweck betonen, auf den es ankommt, die Mittel der Ausführung aber überlassen.

In der Zeit weit vorgreifende und ins einzelne gehende Anordnungen gelangen selten vollständig zur Ausführung.

In Übereinstimmung mit diesen Weisungen lesen wir im Exerzierreglement Ziffer 274: „Da sich für das Gefecht kein Schema geben läßt, muß auch die Abfassung von Gefechtsbefehlen sich von jedem Schema frei halten. In der' Regel kommt es zunächst darauf an, die Truppe durch mündlichen Befehl schnell in die gewollte Richtung zu bringen; die näheren Weisungen folgen nach" und in Ziffer 275: „Die höheren Führer sollen nicht mehr befehlen, als von ihnen befohlen werden muß. Sie haben sich von jedem Eingehen in Einzelheiten fern zu halten und den Unterführern die Wahl der Mittel zu überlassen."

Das sind weise Anordnungen, aber werden sie von allen Führern und in jedem Falle beherzigt? Treibt nicht der Mangel an Vertrauen zu den Fähigkeiten des Untergebenen oder der Wunsch, den Befehl genau so ausgeführt zu sehen, wie man es sich selbst gedacht hat, doch manchmal dazu, den hier ganz bestimmt ausgesprochenen Befehl zu übertreten?

Möge jeder sich die Hand aufs Herz legen und dann prüfen. So viel steht fest, daß wir nur selbständige, selbsttätige und verantwortungsfreudige Unterführer erziehen und heranbilden, wenn wir sie nicht einengen, sondern ihnen in dem gegebenen Rahmen die freie Bewegung gestatten, die sich — richtig geleitet — nie zu der in Ziffer 276 des E.R. gegeißelten Willkür auswachsen wird. Dem Unterführer die berechtigte Selbständigkeit nehmen, heißt aber auch, ihn der Dienst- und Schaffensfreudigkeit berauben, ihm das Interesse und damit den Keim alles Lebens mindestens verkleinern.

Alle diese Sätze lassen erkennen, daß das Befehlen in der Tat eine Kunst ist, denn es heißt inhaltlich die gebotene Grenze finden und nicht überschreiten, aber doch bis an dieselbe herangehen und formell den Wortlaut so fassen, daß die Absicht zweifelsfrei und scharf pointiert hervortritt, ein Mißverständnis also vollkommen ausschließt.

Solchen Anforderungen wird nur ein Kommandeur gewachsen sein, der schon in jüngeren Jahren daran gewöhnt ist, richtig und zweckmäßig zu befehlen und der nie aufgehört hat, sich darin zu üben. Wir dürfen eben nicht aus dem Auge verlieren, daß ein gedeihliches Zusammenwirken der Kompagnien im Bataillon, der Bataillone im Regiment usw. geradezu unmöglich wird, wenn die erteilten Befehle nicht von A bis Z durchdacht sind.

Im Frieden ist es noch denkbar, einen einmal gegebenen Befehl fünf Minuten später zu ändern oder aufzuheben, obwohl auch hier oft genug das Wort „Ordre — contreordre — désordre" zur Wahrheit wird, im Kriege aber ist mit Sicherheit anzunehmen, daß der Befehlsüberbringer sein Ziel nicht erreicht.

Demgemäß müssen die Befehle an die Unterführer bei Beginn des Gefechtes so abgefaßt sein, daß sie auch dann noch Gültigkeit haben — wenigstens sinngemäß —, wenn das Gefecht fortschreitet.

Einige Beispiele mögen erläutern, wie ich mir die Befehlserteilung denke.

Gefechtslage I.

Ein im Vormarsch befindliches Regiment stößt auf den Feind. Welchen Befehl gibt der Regimentskommandeur dem Führer der Avantgarde?

Das Reglement sagt in Ziffer 356 und 357: „Der Avantgarde fällt die Aufgabe zu, dem Gros Zeit und Raum zur Gefechtsentwickelung zu sichern, der Führer gibt dem Avantgardenkommandeur die hierzu erforderlichen Befehle. Vor allem muß die ausersehene Artilleriestellung gesichert werden. Vor- und seitwärts befindliche wichtige Geländepunkte, namentlich das beherrschende Höhengelände, müssen schnell entschlossen gewonnen werden, nötigenfalls durch Kampf."

„Die Avantgarde darf sich nicht scheuen, eine breitere Front einzunehmen, als nach ihrer Stärke zur Durchführung eines ernsten Kampfes angezeigt ist. Die heraneilende Artillerie bringt ihr bald Erleichterung."

Aus diesen Bestimmungen ist ersichtlich, daß der Regimentskommandeur, selbst wenn er es wollte, gar nicht in der Lage ist, einen alle Möglichkeiten in sich schließenden Befehl zu geben, ohne dadurch Mißverständnisse hervorzurufen, er kann daher nur seine Absicht zum Ausdruck bringen, er befiehlt also:

Die Avantgarde führt ein hinhaltendes Gefecht!

und überläßt dem Kommandeur die Mittel, die in den Ziffern 417 bis 420 des Reglements, sowie in den vorstehend wiedergegebenen Ziffern zu finden sind.

Der obige Befehl enthält alles, was befohlen werden muß und befohlen werden kann, läßt also die Absicht des Führers deutlich erkennen. Der Feind soll beschäftigt werden, um seine Aufmerksamkeit zu fesseln, er soll aber unter keinen Umständen zum Angriff gereizt werden, denn der Führer will noch freie Hand behalten. Die Avantgarde geht also so nahe an den Feind heran, daß sie das Feuer eröffnen und den Gegner glauben machen kann, er sei von einem Angriff bedroht, sie geht aber unter keinen Umständen so nahe heran, daß der Kommandeur nicht mehr Herr seiner Handlungen bleibt oder sich gar der Gefahr aussetzt, vom Feinde — falls dieser Schneid genug hat — über den Haufen gerannt zu werden.

Der Befehl in der hier gewählten Form schließt jedes Mißverständnis aus, läßt dem Kommandeur volle Selbständigkeit und gibt nur den Rahmen.

Würde befohlen worden sein:

„Die Avantgarde besetzt die Höhe X. und beschäftigt von dort aus den Feind!"

so hätte der Führer nicht reglementarisch gehandelt, und was soll der Avantgardenkommandeur tun, wenn Höhe X., die vom Platz des Führers aus gesehen, nur höchstens 1000 m vom Feinde entfernt lag, tatsächlich 1500 m entfernt oder wenn sie bereits im wirksamsten Schußbereich gelegen ist?

Im ersteren Falle könnte die Avantgarde das Feuer nicht eröffnen, ohne sich einer strafbaren Munitionsverschwendung schuldig zu machen, mithin ist der Auftrag unausführbar; in letzterem Falle würde sie das Feuer nicht lange aushalten, sie müßte also zurück oder zum Angriff schreiten, mit anderen Worten in den sicheren Tod.

Macht die zu weit entfernte Höhe X. das hinhaltende Gefecht unmöglich, so beraubt die der feindlichen Stellung zu nahe gelegene Höhe X den Führer der Entschlußfreiheit; nun schreibt der Feind ihm das Gesetz vor.

So wird der Avantgardenkommandeur zum Ungehorsam gezwungen, denn unter keinen Umständen dürfte er den in dieser Form gegebenen Befehl ausführen.

Gefechtslage II.

Die dem Regiment zugeteilte Batterie fährt auf der Windmühlen-höhe auf, und das Bataillon am Anfang des Gros hat den Befehl erhalten, die Artilleriebedeckung zu geben. Was befiehlt der Bataillonskommandeur?

„Die 10. Kompagnie übernimmt die Deckung der auf der Windmühlenhöhe aufgefahrenen Batterie!"

Die Artilleriebedeckung hat sich in der Regel seitwärts-vorwärts einzurichten und zwar auf dem äußeren Flügel, aber es wäre falsch, wollte der Kommandeur den Platz bestimmen, selbst dann, wenn Geländegegenstände dazu einladen. Der Kompagnieführer wird sich schon den richtigen Platz aussuchen, d. h. einen solchen, der ihm die Erfüllung seines Auftrages gewährleistet.

Angenommen 400 m rechts und 300 m vorwärts läge eine Schonung, die der Kommandeur für den richtigen Platz der Artilleriebedeckung hielte und er würde nun befehlen:

„Die 10. Kompagnie geht in die rechts vorwärts des Windmühlenberges gelegene Schonung und übernimmt die Deckung der Batterie!"

so wäre über das Ziel hinausgeschossen, denn erstens ist die Mittelwahl Sache des Kompagnieführers, und was nun, wenn die Schonung so dicht ist, daß sie ein Betreten unmöglich macht? was nun, wenn die Artillerie gar nicht auf dem bezeichneten Berg in Stellung gegangen ist, sondern aus zwingenden Gründen weiter vorwärts, rechts oder links?

Gefechtslage III.

Der Regimentskommandeur entschließt sich zum Angriff, setzt das zweite Bataillon ganz ein, befiehlt aber dem III. Bataillon, zwei Kompagnien hinter dem linken Flügel zu seiner Verfügung zu halten. Welchen Befehl erteilt der Bataillonskommandeur?

„Die 11. und 12. Kompagnie bleiben hinter dem linken Flügel zur Verfügung · des Herrn Oberst!"

Jeder andere Befehl, z. B. die Bestimmung des Platzes im Gelände oder eine vorgeschriebene Formation oder endlich ein inne zu haltender Abstand wäre grundfalsch, denn so sind dem Kompagnieführer die Hände gebunden.

Wie nun aber erst, wenn die Kompagnie an der befohlenen Stelle plötzlich Artilleriefeuer bekommt und erhebliche Verluste zu erleiden hätte? Obwohl diese letzteren vielleicht schon durch eine Formationsveränderung oder durch ein geringes Vor-, Zurück- oder Seitwärtsrücken aufgehoben werden könnten, ist der Führer doch an seinen Befehl gebunden und wird ungehorsam, sobald er von demselben abweicht. Nun ist es selbstredend, daß kein verständiger Kompagnieführer unter solchen Umständen an dem Wortlaut des Befehls festhalten wird, der nur Tod und Verderben in seine Reihen bringt, und kein Vorgesetzter wird solchen Ungehorsam tadeln, im Gegenteil, hier würde nur der Gehorsam zur Verantwortung gezogen, aber warum den Kompagnieführer überhaupt in solche Lage bringen?

Im Ernstfalle, wo die Geschosse allein Richter über Recht oder Unrecht sind, gibt es bei der Beurteilung solcher Fragen einen Zweifel nicht, aber wie steht es damit im Frieden? Weicht der Kompagniechef von einem bestimmt gegebenen Befehl ab, sagen wir, weil er nicht gedeckt ist, oder weil irgendwelche anderen Umstände ihn dazu nötigen, und der Kommandeur erkennt die Gründe nicht an, fragt vielleicht gar nicht einmal danach, sondern wird unwillig, was dann?

Gefechtslage IV.

Der Angriff soll vorgetragen werden, indessen hat das Regiment die Feuerüberlegenheit noch nicht erlangt, der Bataillonskommandeur beschließt also, noch eine Kompagnie einzusetzen. Welchen Befehl gibt er?

„Die 11. Kompagnie entwickelt sich links neben der 10.!"

Es wäre falsch, die Art und Weise der Entwickelung oder die Stärke der letzteren vorzuschreiben. Das wird der Hauptmann schon wissen, auch wäre es falsch, zu befehlen, daß die Kompagnie unmittelbar an dem schon liegenden Flügel anschließen soll, denn vielleicht liegt nicht zu weit entfernt eine vortreffliche Feuerstellung, die der Hauptmann längst erkannt hat. Sollte die unbenutzt bleiben? Welch ein Fehler, wenn z. B. das Regiment unter dem Feuerschutz dieser Stellung vorwärts Gelände gewinnen könnte und diese wäre unbenutzt geblieben!

Der Hauptmann weiß, daß das Regiment die Feuerüberlegenheit erringen will, er wird daher nicht im Zweifel sein, wieviel Gewehre er einzusetzen hat, und welche Feuerstellung dem Zweck am meisten dient.

Oder:

Das Regiment will angreifen, vorher aber noch eine Kompagnie einsetzen, dann müßte der vorher genannte Befehl noch den Zusatz erhalten:

„Das Regiment greift an!"

Würde der Zusatz anders lauten, „z. B. reißen Sie die Schützenlinie vor!" so wäre hier dem Kompagnieführer nicht nur vorgegriffen,
sondern ein Befehl erteilt, dessen Befolgung unter Umständen ganz
unmöglich wäre.

Wenn auch in dem Augenblick, als der Befehl gegeben wurde,
die Ausführung möglich war, — dann hätte es der Hauptmann sicher
von selbst getan, — so ist doch an ein Vorgehen nicht mehr zu denken,
wenn der Feind während der Entwickelung und des Vorrückens der
Schützen seine Feuerkraft erheblich verstärkt hat, und dem Hauptmann bleibt nichts anderes übrig, als liegen zu bleiben und so lange
zu warten, bis die Feuerüberlegenheit erneut errungen ist.

Gefechtslage V.

Der Regimentskommandeur erkennt, daß er auf überlegene
Kräfte gestoßen ist und daß sein Angriff keinen Erfolg haben
würde, er beschließt daher, in eine andere Stellung zurückzugehen
und den Angriff des Feindes dortselbst anzunehmen. Um den Gegner
an einem zu scharfen Nachdrängen zu hindern, soll die noch verfügbare 12. Kompagnie das Regiment aufnehmen. Wie lautet der Befehl
an den Hauptmann?

„Das Regiment geht mit seinem linken Flügel auf X.,
nehmen Sie das zurückgehende Regiment auf!"

Jeder Zusatz, jede Sonderbestimmung wäre ein Eingriff in die
Rechte des Kompagnieführers. Es darf nicht heißen: „Entwickeln
Sie Ihre Kompagnie auf der Grundlinie!" oder „Besetzen Sie den
Waldrand" usw., denn so wäre die freie Entschließung des
Hauptmanns unterbunden, und er müßte, obwohl er von seinem
Standort aus eine viel geeignetere Stellung erreichen könnte, doch
dem Befehle nachkommen oder ungehorsam sein. Aber auch vorausgesetzt, die Besatzung des Waldrandes hätte im Augenblicke der
Befehlserteilung der eigenen Absicht des Kompagnieführers entsprochen, so wäre der Befehl doch nicht zu rechtfertigen, denn —
völlig abgesehen davon, daß die Mittelwahl zu überlassen ist, lassen
die mancherlei Wechselfälle einer Schlacht sehr bald falsch erscheinen,
was kurz vorher noch richtig war.

Gefechtslage VI.

Ein im Vormarsch befindliches Regiment muß ein Defilee
passieren. Der Feind ist ebenfalls noch im Vormarsch. Das
Regiment schiebt daher zur Deckung seines Durchmarsches das Avant-
gardenbataillon vor; mit welchem Befehl?

„Die Avantgarde deckt den Durchmarsch des Regiments durch das Defilee!"

Ohne Zweifel wird der Avantgardenkommandeur sich nach einer geeigneten Stellung vorwärts des Defilees umsehen, weit genug und seitlich vorgeschoben, um ein Einschlagen feindlicher Geschosse in dasselbe zu verhindern. Der Befehl läßt ihm völlig freie Hand und gestattet ihm, sich nach allen Seiten hin zu wenden.

Wäre ihm dagegen vorgeschrieben, wie weit er vorgehen soll, oder wäre die Besetzung eines bestimmten Geländeabschnittes, wohl gar noch in bestimmter Form vorgeschrieben, so hätte der Regimentskommandeur dreifach falsch gehandelt, denn erstens schreibt der Befehl die Mittel zur Lösung der Aufgabe vor, zweitens kann der Regimentskommandeur, auch wenn er z. Z. der Befehlserteilung vorne war, doch nicht übersehen, wie sich der weitere Verlauf gestalten wird und endlich drittens ist das Bataillon an einem bestimmten Platz gefesselt.

Angenommen vor dem Defilee läge durchaus günstig eine Waldparzelle, so wird sie ohne Frage das nächste Ziel des Avantgardenkommandeurs sein, und es könnte daher scheinen, als ließe sich nach der Lage nichts dagegen einwenden, wenn der Kommandeur von vornherein durch Befehl darauf hingewiesen würde, aber dem ist doch nicht so. Kommt nun z. B. der Feind von der Seite und nimmt das debouchierende Regiment unter Feuer, so muß sich die Avantgarde selbstredend gegen diesen Feind entwickeln, und wir stehen wieder vor einem Ungehorsam, zu dem ein Befehlsübergriff nötigte.

Der Befehl „die Avantgarde deckt usw." legt dem Kommandeur keinen Zwang auf, fordert aber von ihm ein umsichtiges, verständiges und richtiges Handeln je nach den Umständen.

Gefechtslage VII.

Rot ist geschlagen und hat im Rückzuge an der Waldparzelle dem Defilee gegenüber noch einmal Front gemacht, augenscheinlich, um den nachfolgenden Feind aufzuhalten. Der Besitz der Waldparzelle ist für Blau beim Durchschreiten des Defilees von großer Bedeutung. Was befiehlt der Regimentskommandeur dem vorderen Bataillon?

Keinesfalls darf der Befehl lauten:

„Greifen Sie die Waldparzelle an!"

Denn dieser Befehl nötigt den Bataillonskommandeur selbst dann zum Angriff, wenn er wahrnimmt, daß der Feind sich schon zum

Rückzug anschickt und die Parzelle nur noch ganz schwach besetzt hat. Der Angriff zwingt Rot zu ernentem Widerstand, und statt einfach von der geräumten Waldparzelle Besitz zu nehmen, muß sie mit Blut erkauft werden; unter Umständen machen auch die feindlichen Reserven wieder Front und setzen zähen Widerstand entgegen.

Hier handelt es sich nicht mehr darum, zu kämpfen, sondern lediglich um den Besitz der Waldparzelle, unter deren Schutz das Überschreiten des Defilees ermöglicht werden soll. Der Befehl hat also zu lauten:

„Setzen Sie sich in den Besitz der Waldparzelle!“

So bleibt es dem Major überlassen, den Rückzug, also die freiwillige Räumung der Parzelle abzuwarten, um dann sofort und ungesäumt zu folgen, oder aber eine Stellung zu nehmen, von der aus die feindliche Rückzugslinie bedroht ist, so daß der Feind zur Fortsetzung seines Rückzuges genötigt wird, jedenfalls hat der Bataillonskommandeur bei diesem Wortlaut des Befehls die Mittelwahl in der Hand und an ihm ist es, das Zweckmäßigste zu wählen, das ja der Angriff sein **kann** aber nicht sein **muß**.

Gefechtslage VIII.

Ein Bataillon stößt auf eine feindliche, vorbereitete Stellung, vermag aber Ausdehnung und Stärke derselben, sowie Stärke und Art der Besatzung nicht zu erkennen. Das nötigt zunächst zur Aufklärung über die Verhältnisse beim Feinde. Wie lautet nun der zu gebende Befehl?

„Die 10. Kompagnie klärt gegen die feindliche Stellung bei Z. auf!“

Der Kompagnieführer geht mit der Kompagnie bis zu einem Punkte vor, der ihm die größtmöglichste Übersicht gestattet und doch so weit zurückliegt, daß der Feind ihm nicht das Gesetz vorschreiben kann. Die Aufklärung selbst übernehmen Offizierpatrouillen oder Gruppen oder je nach den Verhältnissen auch Halbzüge, für welche die Kompagnie den erforderlichen Rückhalt bildet. Die Aufklärung selbst erstreckt sich natürlich auf alles Wissenswerte, nämlich Art der Befestigungen, Anlage von Hindernissen im Vorgelände, Stärke der Befestigungen, sowie schwache Punkte, Art der Besetzung, Stellung der Reserven usw.

Falsch wäre es, wollte der Kommandeur befehlen, wie weit die Kompagnie vorrücken soll, denn dieser vermag weder zu übersehen, ob der von ihm bezeichnete und von seinem Standort aus wohl richtig und zweckmäßig erscheinende Platz auch wirklich die Durchführung der gestellten Aufgabe ermöglicht, noch kann er wissen, ob jene Stellung die Kompagnie nicht schon zum Kampfe nötigt, der doch zunächst vermieden werden soll.

Gefechtslage IX.

Das Regiment, mit zwei Bataillonen in erster Linie, das dritte noch zurückgehalten, sieht sich im Angriff in seiner linken Flanke bedroht. Befehl:

„Das III. Bataillon deckt die linke Flanke des Regiments!"

Jeder Zusatz wäre vom Übel. Wollte der Kommandeur z. B. befehlen:

„Das III. Bataillon besetzt den Kirschberg und deckt die linke Flanke des Regiments!"

so wäre der Befehl für den Augenblick vielleicht richtig und deckt sich vollkommen mit der Absicht des Bataillonskommandeurs. Aber wie steht es nun mit diesem Befehl bei dem weiteren Verlauf des Gefechts, wenn z. B. das Regiment weiter vorgeht? Die Besetzung der Höhe hat nun keinen Zweck mehr, weil sie die Deckung der Flanke nicht mehr ermöglicht. So wird die Erteilung eines neuen Befehls nötig, während der erste Befehl das Bataillon zwingt, den Bewegungen des Regiments ohne weiteres zu folgen. Schlimmer noch sieht die Sache aus, wenn die Sicherung der linken Flanke vom Kirschberg aus überhaupt nicht möglich ist, denn so stehen wir zwei Befehlen gegenüber, die nicht in Einklang zu bringen sind, sondern einander aufheben. Bleibt der Major auf dem Kirschberg, so kann er seinen zweiten Auftrag nicht erfüllen, und deckt er die Flanke, so kann er den Kirschberg nicht besetzen, also den ersten Befehl nicht ausführen, und doch wird es kaum einen älteren Offizier geben, der nicht schon solche Befehle erhalten hätte. Davor müssen wir uns ganz entschieden hüten.

Gefechtslage X.

Das Bataillon liegt defensiv im Gefecht; der feindliche Angriff schreitet immer weiter vor und der Kommandeur sieht sich genötigt, die 10. noch zurückgehaltene Reservekompagnie einzusetzen. Wie lautet der Befehl?

„Die 10. Kompagnie sucht den Angriff zum Stehen zu bringen."

Dem Führer bleibt es nun überlassen, die Kompagnie so und an der Stelle zu entwickeln, die ihm für die Lösung seines Auf-

trages die beste zu sein scheint, wobei es dann völlig belanglos ist,
ob die Schützenlinie verlängert wird oder ob der Führer in eine
Stellung geht, die ein flankierendes Feuer ermöglicht, denn jede.
Stellung ist richtig, welche die Durchführung des Befehls gewährleistet.
Ebenso kann der Auftrag auch offensiv gelöst werden, wenn z. B.
das Gelände ohne große zeitraubende Umgehungen einen Vorstoß
gegen die Flanke erlaubt und rätlich erscheinen läßt.

Der Kompagnieführer hat nur zu bedenken, daß der Angriff
verlustreicher ist, als die Verteidigung, und daß er nur dann von
Erfolg sein kann, wenn entweder der Gegner keine Reserven mehr
hat, oder wenn der Gegenstoß überraschend kommt, so daß der
Feind keine Zeit mehr findet, seine Reserve zu entwickeln.

Bleibt der Kompagnieführer defensiv, so muß er seine Feuerstellung nicht zu weit entfernt vom Feinde wählen, weil der letztere
unter entsprechender Verwendung seiner Reserve die Vorwärtsbewegung ungehindert fortsetzen könnte und würde; aber der Hauptmann darf dann auch nicht zu weit herangehen, weil sein eigenes Vorgehen dem Feinde Zeit läßt, Gegenmaßregeln zu treffen. Die Kompagnie würde, losgelöst aus dem Rahmen des Bataillons, überrannt
werden.

Gefechtslage XI.

Wie vor, nur bedroht der Feind die linke Flanke des Bataillons
durch Umfassung. Befehl:

„Die 10. Kompagnie wehrt den Flankenangriff ab!"

So ist der Hauptmann nicht gebunden und behält freie Hand.
Fordern die Geländeverhältnisse zu einem Gegenstoß auf, so schließt
sich dieser an einen voraufgegangenen Feuerüberfall an. Hält der
Kompagnieführer es für richtiger, defensiv zu bleiben, so wählt er
eine Stellung, die rückwärts und zugleich seitwärts der Stellung des
Bataillons liegt, denn so nötigt er den Feind, entweder noch weiter
auszuholen oder die Umfassung aufzugeben.

Gefechtslage XII.

Das Regiment, im Gefecht gegen einen Feind, dessen Überlegenheit sich erst im weiteren Verlauf gezeigt hat, will sich durch
sein Reservebataillon vom Feinde loslösen. Welchen Befehl erteilt
der Regimentskommandeur?

„Das I. Bataillon macht das Regiment vom Feinde frei!"

Das Bataillon kann nun einen Gegenangriff machen oder den
Feind in der Flanke bedrohen oder jedes andere Mittel anwenden,
welches ihm zur Lösung seiner Aufgabe richtig und zweckmäßig

erscheint; es hat vollkommen freie Hand. Hätte der Befehl aber gelautet:

„Greifen Sie den Feind in der rechten Flanke an!"

so müßte das Bataillon selbst dann die Angriffsbewegung fortsetzen, wenn der Kommandeur die Wahrnehmung macht, daß der Feind vom Angriff abläßt, denn der so eingekleidete Befehl läßt nicht die Absicht des Regimentsführers, sich vom Feinde loslösen zu wollen, erkennen.

Es leuchtet ein, daß die Fortsetzung des Angriffs in dieser Lage ein Fehler wäre, denn die Loslösung vom Feinde wird nun unmöglich, und der Kommandeur hat ein Bataillon aus der Hand gegeben, also seine Kräfte zersplittert.

Diese Beispiele mögen genügen, um das zu beweisen, was ich vor Augen führen wollte.

Dürfen wir auch getrost voraussetzen, wie ich dies schon in einem Beispiel ausgesprochen habe, daß kein verständiger Offizier im Gefecht an dem Wortlaut eines Befehls festhalten, sondern in richtiger Verantwortungsfreudigkeit den verfolgten Zweck höher stellen wird, so kann das doch nie den Vorgesetzten von der Pflicht entbinden, niemals mehr zu befehlen, als befohlen werden muß und kann.

Wir haben, Gott sei Dank, kein Schema und kein Normalgefecht, darum darf auch kein Vorgesetzter in den Fehler verfallen, den Verlauf eines Gefechts in die von ihm gedachten Bahnen lenken zu wollen.

Die einmal eingesetzte Truppe ist dem oberen Führer aus der Hand, und ein Eingreifen ist dann im Ernstfall unmöglich. Was aber für den Ernstfall gilt, ist auch für den Frieden maßgebend, sonst halten wir nicht daran fest, daß wir auf den Exerzierplätzen nichts lernen dürfen, was wir im Kriege wieder abstreifen müssen. Aus Fehlern und Reibungen lernen wir am meisten, also ist es nur richtig, sie auslaufen zu lassen. Unzeitiges Eingreifen, Wiederholungen u. dgl. mehr geben statt der anzuerziehenden Sicherheit, Selbständigkeit und Selbsttätigkeit nur Unsicherheit und Schwanken, ja sie ertöten auch die Verantwortungsfreudigkeit.

Soviel steht jedenfalls fest, daß diejenigen Vorgesetzten, die ihren Untergebenen im Gefecht und überall da, wo es angebracht ist, die ihnen gebührende Selbständigkeit lassen, ja sie sogar von ihnen fordern, nie im Stiche gelassen werden, sondern ihre Truppen bis zur Gruppe herunter in und nach dem Gefechte stets auf dem richtigen Platz finden werden, wie sich dies ganz von selbst versteht.

XXVI.
Erkundung für den Artilleriekampf.
Von
Richter, Generalmajor z. D.

Aus den zahlreichen Erörterungen der letzten Zeit über die von der Feldartillerie in Zukunft für das Artillerieduell einzunehmende Stellung klang stets als Unterton die Vermutung heraus, daß ein erfolgreiches Bekämpfen des Gegners, wenn überhaupt in Aussicht zu nehmen, jedenfalls viel Zeit und Munition kosten werde. Gegen Schrapnell-Bzfeuer bieten die Schilde, gegen Azfeuer die zu erwartende geringe Trefferzahl auf den hier in Betracht kommenden Entfernungen ausreichenden Schutz. Die Aussicht auf Erreichung des gewollten Erfolges wird nahezu völlig in Frage gestellt, wenn die verdeckten Stellungen so gewählt sind, daß weder Mündungsfeuer noch Rauch zum Verräter werden, und auch die Erkundung versagt.

Nach den im russisch-japanischen Kriege gemachten Erfahrungen wurde allseitig der Ruf nach rechtzeitiger und gründlicher Erkundung erhoben. Die Russen, welche ihre Unterlassungssünden auf dem Gebiete der Aufklärung am nachhaltigsten fühlten, sollen mit der Aufstellung besonderer Detachements für diesen Zweck in der Weise vorgehen, daß jede Abteilung über 1 Offizier und 25 Mann, jede Batterie über 11 Mann verfügt. Die Beteiligten würden mit allen Obliegenheiten, welche ihr Dienst mit sich bringen kann, vertraut zu machen sein. Hierzu ist nicht nur die Erkundung des Geländes und Zieles, die Verwendung als Hilfsbeobachter und Meldereiter zu rechnen, sondern auch das Vertrautsein mit Fernsprecher und Winker. Man trägt sich sogar mit dem Gedanken, aus allen Waffen zusammengesetzte Erkundungsdetachements zu bilden und sie unter dem Schutz der Kavalleriedivisionen um etwa einen Tagemarsch vor die Marschkolonnen vorzuschieben.[1]) Welche Bedenken der Entsendung des Erkundungspersonals auf so weite Entfernungen entgegenstehen und die hauptsächlich in der Wahrscheinlichkeit begründet sind, daß die gemachten Beobachtungen nicht rechtzeitig zur Kenntnis der Führer und Artilleriekommandeure gelangen, soll hier nicht näher erörtert werden. Abgesehen davon ist es zweifellos

---

[1]) Vgl. „Artilleristische Erfahrungen aus dem russisch-japanischen Kriege" im Militär-Wochenblatt 1906, No. 160.

wertvoll, über ausreichendes Personal zu verfügen, welches für seine
Aufgaben gut geschult und befähigt ist, das Gesehene für die vorliegenden Sonderzwecke richtig zu beurteilen, zutreffend und schnell
zu melden. Bekannt ist, daß die Franzosen nicht nur die Bedeutung
dieser Vorbedingung artilleristischer Tätigkeit längst erkannt, sondern
ihr auch dadurch Rechnung getragen haben, daß sie die Stäbe auf
Kriegsfuß reichlich mit Offizieren und die Batterien schon im Frieden
mit einer angemessenen Zahl berittener Aufklärer und Meldereiter
ausstatteten, für welche 3—4 Pferde mehr als bei unseren fahrenden
Batterien vorhanden sind. So sind sie in der Lage, den Übungen
den entsprechenden Umfang nach Zahl und Ausdehnung zu geben.
In der Bildung besonderer Detachements braucht man dem russischen
Beispiele ebensowenig zu folgen, wie betreffs der sogenannten
Jagdkommandos. In dieser Hinsicht liegen die Verhältnisse dort
wesentlich anders, als bei uns. Dahingegen ist es von Bedeutung,
im Frieden so viel tüchtige Reitpferde zu besitzen, daß die Ausbildung im Erkundungsdienst auf eine hohe Stufe gebracht werden
kann und diese Tiere im Kriege nicht für andere Zwecke verwendet
zu werden brauchen. Denn von ihrer Gängigkeit hängt unendlich
viel ab. Ein Pferd, welches weder gehorsam, noch flott ist,
darf selbst unter einem tüchtigen Reiter für die hier vorliegende
Tätigkeit nicht eingestellt werden. Zudem wächst der Gesamtbedarf
an Berittenen und geeigneten Reitpferden der Feldartillerie noch
dadurch, daß in Zukunft auch Offiziere mit der Kavallerie und zur
vordersten Gefechtslinie unter Umständen zu entsenden sind, welch
letztere durch Winke zurückzumelden haben, wenn das gegen die
Einbruchstelle über die eigene Infanterie hinweg gerichtete Feuer
eingestellt werden muß, um diese nicht zu gefährden. (Z. 447 des
Exerzierreglements für die Infanterie und 376 desjenigen für die
Feldartillerie.) Mindestens e i n Berittener wird jedem dieser Offiziere
beizugeben sein, in erster Linie als Pferdehalter, dann aber auch,
um den Offizier unter Umständen ersetzen zu können und eine größere
Gewähr dafür zu besitzen, daß die Verbindung mit der Infanterie
nicht unterbrochen wird.

    Zweifellos aber sind Fälle denkbar, wo die Erkundung durch Auf-
klärer versagt. Es braucht nur angenommen zu werden, daß ein Angriff auf einen zur Verteidigung entwickelten Feind erfolgen soll, der
seine Maßregeln frühzeitig beenden konnte und der seine Artillerie in
verdeckter Stellung aufgefahren hat. Gewähren überhöhende Geländepunkte, die gewiß nicht immer zu finden sind, keinen Einblick, liegt
der Stellung, wie meist der Fall, ein breiter deckungsloser Raum vor,
welcher durch die vorgeschobene Infanterie in der Front beherrscht

wird, und wehren die Kavallerie oder seitwärts-rückwärts gestaffelte Reserven die Annäherung um die Flügel herum ab, so kann trotz bester Ausbildung die Aufgabe des Erkundungspersonals vereitelt werden. Versagt die von den Organen der Führung und Truppe betriebene Erkundung, so gilt der Angriff stärkerer Infanterieabteilungen als ultima ratio, um Einblick in den Feind zu gewinnen. Z. 134 der Felddienstordnung vom Jahre 1900 hält diese Maßregel nur gerechtfertigt als Einleitung eines beabsichtigten allgemeinen Angriffs zu Aufklärungszwecken oder wenn mit anderen Mitteln Nachrichten über den Feind nicht zu beschaffen sind. Ein so angestellter Versuch will in erster Linie dem Führer die Grundlagen für seine Entschlüsse schaffen. Daß auch die Truppen bestrebt sein müssen, ihrerseits für ihre Zwecke daraus Nutzen zu ziehen, ist selbstredend. Nun geht aber das Exerzierreglement für die Infanterie einen Schritt weiter, indem es in Z. 330 mit der Annahme rechnet, daß ein Vorgehen der Infanterie noch während des beiderseitigen Geschützkampfes den Feind zwingen werde, seine Truppen zu zeigen und der Wirkung des Artilleriefeuers auszusetzen. Dadurch wird die Maßregel über die Zwecke der allgemeinen Aufklärung hinaus unmittelbar in den Dienst der Artillerie gestellt, damit sie mit ihrer Fernwirkung einzusetzen vermag. Gleichzeitig können natürlich auch die Führung und die anderen Waffen einen gewissen Aufschluß erhalten.

Nun kann aber auch die Feldartillerie ihrerseits in ähnlichem Sinne zur Aufklärung beitragen, indem sie das Feuer der feindlichen Artillerie herauslockt. Aus dem russisch-japanischen Kriege sind die sogenannten Köderbatterien (Batteries amorces) bekannt geworden, welche, auf sehr großer Entfernung aufgestellt, das Feuer eröffneten. Antworteten nun die Russen und verrieten dadurch ihre Stellung, so traten die auf wirksamer Schußweite bereitgestellten übrigen japanischen Batterien in den Kampf ein, wobei sie den Vorteil der Überraschung und besserer Vorbereitung des Feuers besaßen. Diese List versagte, nachdem sie von den Russen bemerkt und in Benutzung von Entfernungsmessern das Mittel gefunden war, die Köderbatterien als solche an dem übermäßigen Abstande zu erkennen. Durch Einführung der Schilde ist nun aber die Möglichkeit gegeben, mit solchen Batterien näher an den Feind heranzugehen, ohne sie allzu schweren Verlusten auszusetzen. In fast verdeckten Stellungen auf Kampfentfernung mit breiten Zwischenräumen planmäßig aufgefahren, betasten sie mit ihren Geschossen die feindliche Stellung, gleichzeitig die Entfernungen nach verschiedenen Punkten ermittelnd. Durch ihren gefechtsmäßigen Abstand vom Gegner erwecken sie den Eindruck, daß sie ernst zu nehmen sind, durch ihre Ausdehnung rufen sie die Vorstellung einer größeren Masse hervor. Beides läßt die Annahme berechtigt erscheinen, daß diese Batterien nicht als quantité négligeable angesehen, vielmehr alsbald unter Feuer genommen werden. Geht die Voraussetzung in Erfüllung, so richtet sich das weitere Verhalten danach, ob genügende Anhaltspunkte zur Beurteilung der feindlichen Kräfteverteilung und -aufstellung gewonnen sind, so daß die bereitgestellte Masse der Artillerie in den Kampf eintreten kann oder nicht. In jenem Falle setzen die Köderbatterien ihr Feuer gemeinsam mit der übrigen Artillerie fort. In diesem kann es überlegener Wirkung gegenüber nötig werden, vorübergehend zu schweigen und die Besatzung sich decken zu lassen. Geschieht dies, so wird auch das feindliche Feuer voraussichtlich bald eingestellt und das Verfahren kann geeignetenfalls wiederholt werden.

Die Gefahr, daß derart verwendete Batterien in kurzer Zeit zusammengeschossen werden könnten, scheint nicht so groß, daß man dieserhalb von der Maßregel Abstand zu nehmen brauchte, es sei denn, daß mit Flankenfeuer zu rechnen wäre. Verluste durch Schrapnellkugeln werden durch die Schilde gemindert und das Azfeuer erfordert außerordentliche Munitionsmengen und lange Zeit, wenn die Geschütze und ihr Mündungsfeuer der Sicht entzogen sind.

Allerdings läßt sich annehmen, daß die Stellung dieser Batterien scharf im Auge behalten und erneut mit Feuer überschüttet wird, sobald in ihr die Tätigkeit wieder auflebt. Allein dieser Übergang vollzieht sich auch nicht im Augenblick, wenn, wie vorauszusetzen, die feindliche Artillerie inzwischen andere Ziele aufs Korn genommen hatte. Denn da Herumerfen und erneute Richten der Geschütze beansprucht eine gewisse Zeit, zumal wenn es so umständlich ist, wie bei unserem westlichen Nachbar. Hatten die zur Erkundung angesetzten Batterien die Entfernungen nach wichtigen Punkten festgelegt, so dürfte ihnen die Möglichkeit vorbehalten sein, einige wirksame Lagen auf geeignete Ziele abgeben zu können, bevor sie sich erneut zum Decken der Besatzung gezwungen sehen. Zum mindesten lenken sie vorübergehend die Wirkung von anderen Zielen ab und bringen sich dadurch zur Geltung.

Zweierlei soll nicht verkannt werden. Einmal der Einfluß des Geländes. Es muß die Verwendung der Köderbatterien an anderer Stelle gestatten, als da, wo die Masse der Artillerie auftreten soll. Ist diese gezwungen, mit jenen im Zusammenhange aufzufahren, so dürfte es wunderbar zugehen, wenn der Verteidiger von der Bereitstellung in einem Geländeabschnitt nichts merken sollte, auf welchen

24*

seine Aufmerksamkeit ganz besonders gelenkt ist. Der Angreifer
würde voraussichtlich des Vorteils überraschenden Feuerüberfalls
verlustig gehen und alle Teile der Verteidigungsartillerie, welche
den Kampf mit den Eröffnungsbatterien aufgenommen hatten, besäßen
die annähernd ermittelte Entfernung als Vorsprung. — Aus ähnlichen
Erwägungen scheint die Forderung eines höheren russischen Artillerie-
offiziers [1]) hervorgegangen zu sein, die zum Herauslocken des Feuers
bestimmte Artillerie stets außerhalb der wahrscheinlichen Angriffsrichtung und der für die Masse der Artillerie in Betracht kommenden
Stellung einzusetzen. Dazu hält er zugweises Auftreten für genügend,
es sei denn, daß geeignete verdeckte Stellungen eine stärkere Entwickelung begünstigen. Da aber der Verteidiger von der allgemeinen
Angriffsrichtung in der Regel Kenntnis haben wird, so dürfte er den
Zweck der außerhalb derselben auftretenden Artillerie um so eher
durchschauen, wenn sie nur aus Zügen besteht, die doch den Eindruck größerer Stärke nicht lange vortäuschen können. Er wird sich
ihnen gegenüber nicht leicht verraten, noch weniger auf das Feuer
verdeckter Batterien vorzeitig eingehen. Der „Köder" muß des An-
beißens wert sein und ist er das, so wird er nicht ungerupft weg-
kommen. Auf Verluste muß man sich also gefaßt machen.

      Sodann braucht das angedeutete Verfahren nicht unbedingt die
erhoffte Einsicht zu vermitteln. Und dieser Fall kann eintreten, wenn
die Artillerie des Gegners zwar das Feuer erwidert, aber so weit
von der Deckung absteht, daß weder Blitz, noch Rauch, noch Staub
zum Verräter werden. Ein ähnlicher Mißerfolg kann aber ebenso
vorgehender Infanterie beschieden sein, da die Artillerie auch gegen
bewegliche Ziele aus verdeckter Stellung zu wirken befähigt ist
und sich des Vorteils der Nichtsichtbarkeit erst dann begeben dürfte,
wenn es zum Entscheidungskampfe kommt.

      Das inzwischen erschienene Exerzierreglement für die Feld-
artillerie hat das besprochene Erkundungsverfahren in Ziffer 468
aufgenommen. Dadurch, daß es den Versuch, den Gegner zum Verraten seiner Stellung zu verleiten, mit einzelnen Batterien unternehmen will, bekundet es, daß der Handlung ein größerer Nachdruck,
als mit Zügen möglich, gegeben werden soll.

      Ein besonders aussichtsreiches Mittel, Aufschluß über die feind-
liche Artilleriestellung zu erhalten, bietet das Verfahren nicht. Das
Hauptbedenken seiner Anwendung liegt in der Schwierigkeit, die
Stellungen der Erkundungsbatterien so zu wählen, daß einerseits

---

[1]) Vgl. den Aufsatz: „Über die Taktik der heutigen Artillerie beim Angriff" in den Jahrbüchern für die deutsche Armee und Marine, 1907, Juliheft.

der Gegner ihre Herausforderung annimmt, anderseits nicht ungünstige Vorbedingungen für die zur Durchführung des Kampfes
bestimmte Masse der Artillerie geschaffen werden.

XXVII.

Die Flotten der Seemächte im Jahre 1907.

Von

Einem Seeoffizier.

> Dans toutes les grandes guerres, la
> victoire et les profits sont toujours
> restés à la coalition de puissances
> maîtresses de l'océan.
> Contreadmiral Réveillère.

Der volkswirtschaftliche Fortschritt der modernen Großstaaten
wies die Nationen auf das Meer und zwang sie zur Schaffung von
Kriegsflotten. Nur eine Macht, die über eine starke Flotte verfügt,
vermag dem Welthandel ihres Volkes Schutz und damit Gedeihen
zu gewährleisten. Seemacht stärkt den Unternehmungsgeist, da sie
für die Sicherheit der Handelswege sorgt. Somit ist Seemacht bei
einem arbeitsamen, handelsbetriebsamen Volke die unmittelbare Vorbedingung für wirtschaftlichen Reichtum.

Das deutsche Volk muß immer wieder angeleitet werden, diese
unumstößliche Wahrheit zu begreifen. Der Hinweis auf die See und
die Seemacht kann nicht eindrücklich genug gepredigt werden. Betätigung auf dem Meere war stets das Zeichen starker und gesunder
Nationen, Einbuße der Seemacht immer das der Degeneration eines
Volkes, des staatlichen und wirtschaftlichen Rückganges.

Wer kein Interesse an der Seemacht seines Landes bekundet,
wer ihrem Wachsen und Wesen verständnislos oder gar ablehnend
gegenübersteht, der macht sich bei diesem Rückgangsprozeß zum
Mitschuldigen, er vergißt seine Pflichten gegen das Vaterland.

Oft wird bei uns dem Flottenverein der Vorwurf gemacht, „mit
seiner über das Ziel hinausschießenden Agitation gleichsam un-
patriotisches Handeln zu verbinden, indem er die relative Schwäche
der deutschen Flotte zu sehr in die breite Öffentlichkeit zerrt".

Nur gänzliche Laien können solche Redensarten im Munde
führen. Die reine Wahrheit über unsere, wie über jede andere

Flotte kennt jeder, den es wirklich angeht. Auch dem Laien ist es möglich, sich ein einwandfreies Bild zu verschaffen. Er braucht nur — allerdings mit einigem Fleiß und hieraus resultierendem Verständnis — eine der authentischen Flottenstärkelisten, wie man sie im „Nauticus", im „Taschenbuch der Kriegsflotten" usw. findet, durchzulesen. Dann weiß er Bescheid.

Wie dieser ausfällt, soll für „keinen Nauticus- usw. Besitzenden" in den nachfolgenden Zeilen gesagt werden.

Bei den Angaben werde ich mich der strengsten Objektivität befleißigen, um nicht in den Verdacht zu kommen, gleichsam pro domo zu reden. Ich bin tatsächlich nicht Mitglied des Flottenvereins!

Die überzeugende Erkenntnis von der Bedeutung der Seemacht in der Weltpolitik war die Folge des russisch-japanischen Krieges. Ihr entsprechend sehen wir fast alle Nationen sich mit äußerster Energie auf den Ausbau ihrer Flotten werfen. Nächst England, welches sich immer mehr dem „three power standard" nähert, d. h. in Wirklichkeit auf alle — selbst dem sanguinischsten Sanguiniker zu kühn — Eventualitäten gerüstet sein will, indem es einer Vereinigung der amerikanischen, französischen und deutschen Flotte die Spitze zu bieten vermag, sehen wir besonders Japan unter Anspannung aller Kräfte und mit Hintenansetzung aller anderen Kulturaufgaben die Rüstung seiner Kriegsmarine betreiben.

Die Folge des verstärkten und beschleunigten Ausbaues der japanischen Flotte ist wegen der veränderten politischen Lage im Pacific die Vergrößerung der Marine der Vereinigten Staaten. Auch Frankreich beabsichtigt eine erhebliche Verstärkung seiner maritimen Machtmittel, und selbst Seemächte zweiten Ranges, wie Österreich-Ungarn, Italien und Spanien, ebenso wie bisher maritim nie in die Erscheinung getretene Staaten, wie die südamerikanischen Republiken, sind eifrig bemüht, ihre Seestreitkräfte zu vermehren.

Hier sollen nur die für Deutschland interessanten größeren Seemächte näher besprochen werden.

Durch nachfolgende Zusammenstellung der modernen Schlachtschiffe wird zunächst ein flüchtiger Überblick gewonnen werden, wie sich die Stärkeverhältnisse der einzelnen Flotten zueinander verhalten. Da man in letzter Zeit immer mehr zu der Ansicht neigt, daß in einem Seekriege nur noch die größeren und modernen Linienschiffe und Panzerkreuzer als ausschlaggebend anzusehen seien, so sollen in der nachfolgenden Tabelle nur diese beiden Hauptfaktoren der Flotten Beachtung finden.

In diesem Sommer verfügten die einzelnen Seemächte über

folgende fertige Linienschiffe — Anzahl und Tonnengehalt —, die jünger als etwa 20 Jahre nach dem Stapellauf waren:

England rund 680 000 t in 53 Linienschiffen,
Vereinigte Staaten 345 000 t in 26 Schiffen,
Frankreich 290 000 t in 23,
Deutschland 230 000 t in 20,
Japan 165 000 t in 12,
Italien 124 000 t in 10 und
Österreich 73 000 t in 9.

Ferner über folgende fertige Panzerkreuzer:

England 477 000 t in 38 Kreuzern,
Frankreich 170 000 t in 24,
Vereinigte Staaten 160 000 t in 13,
Japan 96 000 t in 10,
Deutschland 56 000 t in 10,
Italien 39 000 t in 6 und
Österreich 19 000 t in 3.

Nach ihrer Gesamtstärke würden die Flotten also in folgender Weise zu rangieren sein:

England 91 gepanzerte Schiffe mit zusammen 1 157 000 t,
Amerika 39 mit 505 000 t,
Frankreich 47 mit 460 000 t,
Deutschland 26 mit 286 000 t,
Japan 22 mit 261 000 t,
Italien 16 mit 163 000 t,
Österreich 11 mit 82 000 t.

Rußlands Seemacht wird hier außer Betracht gelassen. Man hört verschiedentlich von „Plänen" zur Reorganisation der Marine, aber greifbare Gestalt haben sie noch nicht angenommen. Die Überbleibsel der Flotte bestehen aus 11 Linienschiffen mit 125 000 t, von denen sich jedoch nur 3 in der Ostsee befinden. Die anderen sind im Schwarzen Meer stationiert. An Panzerkreuzern besitzt Rußland z. Zt. nur 3 mit 42 000 t.

Vorstehende Zusammenstellung kann nun keineswegs den Anspruch darauf erheben, etwa dem Laien ein klares Bild von der Stärke der einzelnen Flotten zu geben. Dazu müssen noch eine ganz bedeutende Reihe weiterer Zahlen angeführt werden. Hier sprechen so unendlich viele Faktoren mit, die man bei gegenseitiger Abwägung der Kampfesstärke von Kriegsflotten in Betracht ziehen muß, daß es selbst dem Fachmann schwer, fast unmöglich wird, sich eine zutreffende, unanfechtbare Ansicht über den wirklichen Wert von Schiffen zu bilden, wieviel mehr erst dem Laien. Zudem, grau ist jede Theorie!

Jedoch soll auch der dieser Materie fernstehende Laie durch diese Zeilen in Stand gesetzt werden, sich einigermaßen ein Urteil zu bilden. So mag das folgende dazu dienen,˙ ihm klar zu machen, woraufhin er die einzelnen Schiffe miteinander vergleichen muß:

Man darf wohl stets sagen, jedes neuere Schiff wird dem älteren überlegen sein. Daß England als älteste seefahrende und Schiffe bauende Nation die größte Erfahrung auch im Kriegsschiffbau hat, braucht nicht erörtert zu werden. Daß also ein an Jahren älteres englisches Schiff immer noch einem einer anderen Nation gehörigen vielleicht überlegen sein kann, muß in den Bereich der Möglichkeit gezogen werden.

Weiter, jedes größere Schiff wird dem kleineren in der Regel an Gefechtswert voranstehen. Es ist klar, daß man auf ein größeres Schiff mächtigere Kanonen, einen stärkeren Panzer und eine gewaltigere Maschine setzen kann, als auf ein kleineres.

Mit größeren Kanonen kann ich weiter schießen und eine stärkere Wirkung verursachen, als mit kleineren. Die neuen großen Linienschiffe, wie die englische „Dreadnought", die japanische „Aki" und „Satsuma" usw. haben eine große Anzahl von 30,5 cm-Geschützen an Bord. In unserer Marine kennen wir bisher als stärkstes nur das 28 cm-Kaliber. Das Schiff mit dem kleineren Kaliber kann also unter Umständen vernichtet werden, ohne daß es selbst dem Gegner den geringsten Schaden zuzufügen vermag.

Der stärkere Panzer auf dem größeren Schiffe gewährt naturgemäß einen besseren Schutz als ein schwächerer.

Endlich befähigt die stärkere Maschine des größeren Schiffes zu höherer Geschwindigkeit, die wieder wertvoll ist bei Erringung einer günstigen Anfangsposition, als auch in den verschiedenen Phasen des Gefechts. Auch kann das mit größerem Deplacement ausgestattete Schiff in seinem ausgedehnteren Leib mehr Kohlen aufnehmen, als das kleinere. Kohlen bestimmen den Aktionsradius, also die Wegstrecke, die das Schiff mit dem vorhandenen Quantum Brennmaterial zurücklegen kann.

Zur Bestimmung der Gefechtsstärke werden hauptsächlich folgende Faktoren von Wert sein: Datum des Stapellaufes (Alter), Armierung, Deplacement und Geschwindigkeit. Vom Panzer, seinen Stärken und seiner Anordnung, ebenso wie von der Art der Aufstellung der Geschütze, von der Torpedoarmierung usw. soll hier abgesehen werden.

Einerseits würde eine solche Betrachtung zu weit führen und besonders für den Laien unverständlich sein; anderseits gehen die Meinungen der Fachleute, ob diese oder jene Anordnung empfehlenswerter sei, so weit auseinander, daß es hier keinen Wert hat, diese Verhältnisse zu beleuchten.

Betrachten wir zunächst die englische Flotte. An modernen Linienschiffen sind die folgenden verwenlungsbereit:

2 „Barfleur"-Klasse zu 10 650 t, vom Stapel: 92, Armierung: 4—25,4 cm, 10—15 usw., Geschwindigkeit: 18,5 Seemeilen.

8 „Royal Sovereign" zu 14 400 t, v. St. 92, Armierung 4—34,3 cm, 10—15 usw., Geschw.: 18 Sm.

1 „Renown" zu 12 550 t, v. St. 95, Armier. 4—25,4 cm, 10—15 usw., Geschw. 18,7 Sm.

9 „Majestic" zu 15 150 t, v. St. 94—96, Armier. 4—30,5 cm, 12—15 usw., Geschw. 18,5 Sm.

6 „Canopus" zu 13 150 t, v. St. 97—99, Armier. 4—30,5 cm, 12—15 usw., Geschw. 18,5 Sm.

5 „Duncan" zu 14 200 t, v. St. 01, Armier. wie „Canopus", Geschw. 19 Sm.

8 „Prinz of Wales" zu 15 250 t, v. St. 98—02, Armier. wie „Canopus", Geschw. 18,4 Sm.

2 „Triumph" zu 12 000 t, v. St. 03, Armier. 4—25,4 cm, 14—19 usw., Geschw. 20 Sm.

Diese beiden Schiffe waren ursprünglich für Chile gebaut.

8 „King Edward" zu 16 600 t, v. St. 03—05, Armier. 4—30,5 cm, 4—23,4 cm, 10—15 cm, Geschw. 18,5—19,8 Sm.

2 „Nelson" zu 16 750 t, v. St. 06, Armier. 4—30,5 cm, 10—15 cm, Geschw. 18 Sm.

1 „Dreadnought" zu 19 457 t, v. St. 06, Armier. 10—30,5 cm, Geschw. 21,6 Sm.

3 weitere Schiffe vom „Dreadnought"-Typ befinden sich bereits im vorgeschrittenen Baustadium. Von ihnen lief „Bellorophon" im Juli vom Stapel, „Temeraire" wird im August folgen.

An modernen Panzerkreuzern sind vorhanden:

6 „Cressy"-Klasse zu 12 200 t, vom Stapel: 99—01, Armierung: 2—23,4 und 12—15 cm-Geschütze, Geschwindigkeit: 21,5 Seemeilen.

4 „Drake" zu 14 300 t, v. St. 01, Armier. 2—23,4, 16—15 cm. Geschw. 23,5 Sm.

10 „Manmouth" zu 9950 t, v. St. 01—02, Armier. 14—15 cm, Geschw. 24,5 Sm.

6 „Devonshire" zu 11000 t, v. St. 03—04, Armier. 4—19, 6—15 cm,
Geschw. 23 Sm.

6 „Duke of Edinburgh" zu 13750 t, v. St. 04—05, Armier. 6—23,4
4—19 bzw. 10—15 cm, Geschw. 23,5 Sm.

3 „Minotaur" zu 14800 t, v. St. 06, Armier. 4—23,4. 10—19 cm,
Geschw. 23 Sm.

3 „Indomitable" zu 17530 t, v. St. 07, Armier. 8—30,5 cm,
Geschw. 25 Sm.

Letztere 3 Schiffe sind noch nicht fertig.

An geschützten Kreuzern besitzt England 78 mit zusammen
434370 t. Ferner sind eine Anzahl ungeschützter Kreuzer und eine
große Zahl von Kanonenbooten vorhanden. Die Torpedobootsflotte
besteht aus 174 Torpedobootszerstörern und 91 Torpedobooten, von
denen 30 neuesten Datums sind.

Der Bau von Unterseebooten wird eifrig betrieben. 40 Boote
mit einem Deplacement von je 124—320 t sind fertig, eine große
Zahl befindet sich im Bau.

Die überwältigende Stärke der englischen Flotte über alle
anderen bedarf keiner weiteren Ausführung.

Die stolzen Worte, die Mr. Robertson kürzlich im Parlament
sprach, geben Zeugnis von der Zuversicht, die England in bezug
auf seine Marine beseelt: „We are suprême and never was there
such another naval power on the World."

Freilich, England bedarf einer starken Flotte. Sein über alle
Meere gehender Handel, ebenso wie der ausgedehnte Kolonialbesitz
können des Schutzes nicht entbehren. England steht und fällt mit
seiner Flotte. Die Theorie der „blue water school" ist durchaus
richtig: „Die Sicherheit nicht nur Großbritanniens, sondern des gesamten englischen Reiches beruht auf der Flotte und der Vor-
herrschaft zur See. Das britische Reich verdankt sein Dasein
der See und kann nur fortbestehen, wenn alle seine Teile die See
als die wesentlichste Quelle ihrer Existenz und ihrer Kraft betrachten."

Zurzeit befindet sich England in einer politisch überaus günstigen
Lage. Durch das Bündnis mit Japan und die Niederwerfung Rußlands wurde es aller äußeren Sorgen in Asien ledig. Es konnte
die ostasiatische und indische Station fast ganz von Kriegsschiffen
entblößen. Diese Streitkräfte wurden verfügbar und dienen nun zur
Verstärkung der heimischen Flotte.

Allerdings mehren sich schon, besonders in den australischen
Kolonien, die Kassandrarufe. Man wird dort nervös durch das be-

drohliche Auftreten der jüngsten Großmacht im fernen Osten. Wie
lange wird es dauern, und die Verhältnisse spitzen sich auch hier
zu. Es ist sehr die Frage, ob England auch in Zukunft an
seinem Bündnis mit Japan Freude erleben wird.

Als Kaiser Wilhelm s. Zt. das bekannte Bild „Völker Europas,
wahrt Eure Heiligsten Güter" zeichnete, hatte König Eduard wohl
nur ein mokantes Lächeln für das Bildchen übrig. Als er dann den
kleinen Gelben aus dem Lande der aufgehenden Sonne an seine
offene Seemannsbrust zog, meinte er sicherlich, der gewandteste
Diplomat aller Zeiten zu sein. Wer weiß, wer der letzte Lacher
sein wird, unser die drohende Zukunft mit dem Bleistift skizzierender
Kaiser oder der König von England.

Vorläufig sind es nur die Kinder des Landes der aufgehenden
Sonne, mit denen man zu rechnen hat, über kurz oder lang werden
es auch die des gewaltigen Landes der Mitte sein. Das bekannte
Wort des chinesischen Ministers Wen Hsiang ist immerhin beachtenswert: „You are all to anxious to awake us and to start us on a
new road, and you will do it. But you will regret it, once awaked
and started we shall go fast and far — farther than you think —
much farther than you want!"

Die Verteilung der englischen Flotte in diesem Sommer zeigt,
wie fast die gesamte Seemacht in oder nahe der Heimat stationiert ist.

1. Die Kanalflotte, aus 14 erstklassigen Linienschiffen und 3 geschützten Kreuzern bestehend, hat ihren Stützpunkt in Portland. Zu ihr gehört außerdem das erste Kreuzergeschwader,
das sich aus 4 Panzerkreuzern zusammensetzt.

2. Die atlantische Flotte ist in Berehaven stationiert. Zu ihr gehören 6 Linienschiffe, 3 geschützte Kreuzer, das zweite Kreuzergeschwader mit 4 Panzerkreuzern ist ihr beigegeben.

3. Die Mittelmeerflotte — 6 Linienschiffe und 4 geschützte Kreuzer
— liegt meist in Malta. Das ihr attachierte Kreuzergeschwader,
das dritte, besteht aus 4 Panzerkreuzern.

Die sogenannte Heimatflotte zerfällt in 3 Divisionen: Nore —
Porthmouth — Devonport. Zur Noredivision gehören 6 Linienschiffe und 9 Kreuzer, zur Portmouth- 4 und 15 und zur Devonport-
3 und 9.

Im Ausland hat England das vierte Kreuzergeschwader, das aus
3 Panzerkreuzern und einigen kleineren Schiffen besteht, auf der
nordamerikanischen und westindischen Station. Die „östliche Flotte"
ist in China stationiert. Sie zählt 4 Panzerkreuzer, 2 geschützte
und eine große Zahl von kleineren Kreuzern und Kanonenbooten usw.

In Ostindien liegen 4 Kreuzer, in Australien 9 und am Kap der guten Hoffnung 3.

Kurz soll hier einiges über das Personal der englischen Marine, als das uns am meisten interessierende, gesagt werden. Das Wort „nicht Schiffe, sondern Menschen fechten" hat noch immer eine gewisse Gültigkeit. Freilich wird für den Seekrieg schon aus dem Gesagten unschwer gefolgert werden, wie unendlich wichtig eine starke moderne Waffe, also ein erstklassiges gutes Material bleibt, wie es fast ein Unding ist, wenn man mit minderwertigen Schiffen und Geschützen gegen einen mit stärkerem und besseren Material gerüsteten Gegner auftreten will.

Es ist ein heikles Thema, über die Kriegstüchtigkeit des Personals einer fremden Flotte zu sprechen. Hin und wieder werden in der Presse an der Hand einzelner vorgekommener Disziplinlosigkeiten usw. Rückschlüsse auf die Tüchtigkeit des Personals der gesamten betreffenden Marine gezogen. Dies ist natürlich gänzlich verkehrt, denn Subordinationsvergehen z. B. kommen zuweilen auch selbst im deutschen Heere vor und dieses ist doch unbestritten auf der ganzen Welt als das best disziplinierteste bekannt. Absprechende Urteile, besonders ohne jede eingehende Begründung sind eine Taktlosigkeit, wie kürzlich die von dem japanischen Admiral Sakamoto veröffentlichte Kritik über die amerikanischen Seeoffiziere usw. Sakamoto soll gesagt haben, die amerikanischen Marineoffiziere machten brillante Figuren auf Bällen, aber im Ernstfall seien sie beruflich unzulänglich usw.

Man sollte hier sehr vorsichtig sein. „Rien ne réussit, que le succès." So darf man wohl zurzeit über die Bemannung keiner Flotte ein festbegründetes Urteil aussprechen, mit Ausnahme der japanischen, daß ihre Offiziere und Mannschaften zurzeit große Kriegserfahrung haben, und der russischen, daß sie gering zu bewerten sind. Sehr- bezeichnend ist die Meinung, die das Kriegsgericht Ende Dezember 1906, über die Kapitulation der Schiffe Nebogatows aussprach: „Die Niederlage bei Tschusima bedeutet nicht so sehr einen Seesieg der Japaner, als das einfache Ergebnis der Korruption der russischen Marine. Der traurige Zustand der Schiffe, ihres Personals usw. die in Rußland fast allgemein durch viele Generationen des Volkes gehende Korruption, der Mangel an Ordnung und Gewissenhaftigkeit in der Verwaltung tragen die Schuld."

Daß den englischen Seeoffizieren und Mannschaften der Vorrang, was Güte der Ausbildung, Befähigung für den Marinedienst und hauptsächlich Erfahrung im see-

männischen Beruf betrifft, eingeräumt werden muß, scheint
logisch durchaus begründet. England war von jeher eine seefahrende Nation. Mit Stolz darf die Flotte auf eine lange Reihe
siegreicher Seekriege zurückblicken. Der englische Marineangehörige
ist der Seemann „par excellence". Die lange Dienstzeit der
Matrosen und Heizer ist ein wesentlicher Vorteil, den die englische Marine z. B. vor der unsrigen hat. Die Ansicht, daß
England im Mobilmachungsfall Mangel an Mannschaften
haben würde, ist irrig. Das gesamte aktive Personal beziffert
sich auf 128000 Köpfe. Im letzten Jahr fehlten an dieser Zahl nur
300 Heizer. An Matrosen war Überfluß vorhanden. Mit Reserven
ist das Personal der Marine etwa 188000 Mann stark.

Die Ausbildung der Leute muß als auf der Höhe stehend bezeichnet werden. Die mit großer Freimütigkeit alljährlich veröffentlichten artilleristischen Schießresultate sind glänzend zu nennen.
Die authentischen Quellen entstammenden Angaben über forcierte
und Dauerfahrten der Schiffe geben Zeugnis von dem hohen Standpunkt des Ingenieur- und Heizerkorps.

Als vor einigen Jahren ein englisches Geschwader vor Swinemünde lag, las man öfters in unseren Zeitungen, daß die englischen
Schiffe unreinlich, und die Mannschaften wenig militärisch aus-
schauten.

Ich gebe Beides zu. In der Tat machten die Schiffe, äußerlich
besonders, keinen sehr sauberen Eindruck. Dies lag jedoch daran,
daß das Geschwader nach längerem Manövrieren auf Swinemünde
Reede zu Anker ging. Bei anhaltenden Seefahrten büßt auch der
schönste Anstrich an Glanz ein, man kann nicht immer ausbessern.
So erscheint dann dem Laienauge das Schiff unansehnlich. Die
Fachleute verstehen besser, das Wesentliche vom Unwesentlichen
zu unterscheiden. Die englischen Schiffe befanden sich in einem
sehr „kriegsbereiten" Zustand!

Bei einer Unterhaltung über Inspizierungen von Kriegsschiffen
wurde einst dem bekannten englischen Admiral Lord Beresford erzählt, daß in der deutschen Marine die Schiffe stets vor jeder Inspizierung vollkommen neu gemalt und in Stand gesetzt werden
müßten, auch wenn das Schiff vielleicht nachher gleich in die Werft
einliefe und außer Dienst gestellt würde. Er schüttelte mißbilligend
den Kopf und sagte „ich verlange bei Inspizierungen nie, daß ein
Schiff rein ist, nur Ordnung soll herrschen. Im Kriege wird ein
Schiff auch nicht immer sauber sein können, das beeinträchtigt die
Kriegsbereitschaft keineswegs, aber ordentlich muß es stets sein,
das unterstützt die Kriegsbereitschaft."

Verallgemeinert mag diese Anschauung richtig sein, im einzelnen stehen ihr freilich Beobachtungen aus dem russisch-japanischen Krieg gegenüber. Wo immer man japanische Schiffe sah, auch zuweilen unmittelbar nach einem Gefecht, machten ihre Besatzungen stets einen sauberen Eindruck, und selbst die Fahrzeuge sahen tadellos aus. Dies mag freilich seinen Grund in der sprüchwörtlich bekannten Reinlichkeit der Japaner haben. Es gibt wohl kaum eine Marine, bei welcher der Verbrauch an Wasser und Seife größer ist, als bei der japanischen.

Wir gehen zur Flotte der Vereinigten Staaten von Nordamerika über.

Die seit dem Ende des vergangenen Jahres sich über dem Stillen Ozean zusammenballenden Kriegsgewitterwolken erzeugten ein starkes Interesse für die nordamerikanische Marine. Die Frage, ob die Flotte der Union in einem Kampfe gegen Japan mit Ehren würde bestehen können, wurde aller Orten besprochen. Hier soll dieses Thema nur kurz gestreift werden. Einerseits gehört es nicht in den Rahmen dieser Betrachtung, und der Leser kann sich selbst aus den Gegenüberstellungen sein Urteil bilden, welche der Flotten mehr Chancen auf Sieg hat, anderseits erscheint nach den neuesten Erfahrungen nichts gewagter und verkehrter, als hier den Propheten spielen zu wollen.

Nordamerika ist das Land der unbegrenzten Möglichkeiten. Ich möchte Japan das Attribut der noch unbegrenzteren Unmöglichkeiten zuerteilen. Bei niemandem ist man vor Überraschungen weniger sicher, als bei diesem Volke.

Ihnen gegenüber versagt jede Kombination. Man denke nur daran, wer wohl Anfang 1904 vor Ausbruch des russisch-japanischen Krieges überhaupt nur die Möglichkeit einer Niederlage Rußlands in Betracht gezogen hätte. Wohl jeder war der Ansicht, daß es von der japanischen „Mücke" der reine Wahnsinn wäre, den russischen übermächtigen „Bären" zu reizen, und daß es für diesen ein kindlicher Zeitvertreib sei, mit seiner gewaltigen Tatze dieses freche Mücklein zu zermalmen.

Für einen Krieg zwischen Amerika und Japan, ebenso wie für fast jeden anderen — mit wenigen Ausnahmen —, hängt von dem Erringen der Seeherrschaft der Ausgang, jeglicher Erfolg ab. Die amerikanische ist der japanischen Flotte zurzeit, was das Material anbetrifft, nicht unerheblich überlegen. An Zahl der Linienschiffe besonders, ist die amerikanische die bei weitem stärkere. Nun sagt man, die Seemacht der Union sei zur Hälfte bzw. jetzt noch größten Teils im Atlantischen Ozean stationiert und so zähle sie höchstens halb. Ehe die Amerikaner im Stillen Ozean erscheinen könnten, würden die Philippinen und Hawai im Besitz der Japaner sein, oder sie würden schon auf dem Nordamerikanischen Kontingent festen Fuß gefaßt haben. Möglich — sogar für die Philippinen wahrscheinlich, für Hawai — fraglich. Japan würde an diesen 2 fetten Bissen zugleich doch wohl ersticken, unwahrscheinlich aber betreffend die Okkupation amerikanischen Festlandes.

Was macht's, wenn Japan die Seeherrschaft nicht festhalten kann! Ob diese ihm einige Wochen früher oder später streitig gemacht wird, spielt keine zu große Rolle bei dem Einsatz! Hauptsache bleibt, daß Nordamerika ohne Übereilung, wohl vorbereitet mit seiner gesamten Flotte aus der Entscheidungsschlacht, gleichgültig wann sie fällt, gegen Japan siegreich hervorgeht! Seeherrschaft sagt auch hier alles. Ohne diese können die Japaner weder den errungenen Besitz in den Philippinen, noch in Hawai halten, auch werden sie in den Philippinen nicht gerade freundlich von den eingeborenen Tagalen aufgenommen werden! Noch beißt sich Japan die Zähne an dem s. Zt. im chinesischen Kriege geschluckten zu harten Brocken „Formosa" aus. Immer neue Truppen werden entsandt, und doch war es bisher kaum möglich, den Eingeborenen auch nur einen schmalen Küstensaum abzutrotzen! Und die Tagalen sind den Japanern gar nicht bold. Wenn sie schon eine Herrschaft ertragen müssen, so nehmen sie die sanfte und freigiebige Hand Onkel Sams lieber in Kauf.

The last but not the least: Für jede Kriegsfrage ist der wesentlichste Faktor der „nervus rerum!" Geld ist jetzt in Dai Nippon ein rarer Begriff, bei den Yankees spielt es keine Rolle!

Die amerikanische Flotte verfügt über folgende moderne Linienschiffe:

„Texas" zu 6416 t von Stapel: 92, Armierung: 2—30,5 und 6—15 cm. Geschwindigkeit: 17,8 Seemeilen.

3 „Oregon" zu 10450 t, v. St. 93, Armier. 4—33, 8—20,3, 4—15 cm, Geschw. 16 Sm.

„Jowa" zu 11520 t, v. St. 96, Armier. 4—30,5, 8—20,3 cm, Geschw. 17 Sm.

2 „Kentuky" zu 11720 t, v. St. 98, Armier. 4—33, 4—20,3 cm, Geschw. 16,3 Sm.

3 „Wisconsin" zu 11750 t, v. St. 98, Armier. 4—33, 14—15 cm, Geschw. 17 Sm.

3 „Ohio" zu 12500 t, v. St. 01, Armier. 4—30,5 und 16—15 cm, Geschw. 17 Sm.

5 „New Jersey" zu 15200 t, v. St. 04, Armier. 4—30,5, 8—20,3, 12—15 cm, Geschw. 19 Sm.

6 „Kansas" zu 16250 t, v. St. 04—06, Armier. 4—30,5, 8—20,3, 12—17,8 cm, Geschw. 18,9 Sm.

2 „Idaho" zu 13200 t, v. St. 05, Armier. 8—17,8 cm, Geschw. 17 Sm.

Noch auf Stapel, jedoch in einem vorgeschrittenen Baustadium: 2 Michigan zu 16250 t, Armierung: 8—30,5, Geschwindigkeit: 18,5 Seemeilen und

2 Utah zu 20500 t, Armier. 12—30,5, Geschw. 21 Sm.

Mit letzteren 4 Schiffen kann allerdings kaum vor etwa 2 Jahren gerechnet werden. An Küstenpanzerschiffen sind 10, mit in Summa 36000 t vorhanden.

Moderne Panzerkreuzer besitzt Nordamerika 13 mit zusammen 160600 t:

„NewYork" zu 8300 t, von Stapel: 91, Armierung: 6—20,3 und 12 bis 10 cm, Geschwindigkeit: 21 Seemeilen.

„Broklyn" zu 9350 t, v. St. 95, Armier. 8—20,3 12—12,7 cm, Geschw. 21 Sm.

3 Charleston zu 9850 t, v. St. 04—05, Armier. 14—15,2 cm, Geschw. 22,4 Sm.

6 Pensylvania zu 14000 t, v. St. 03—04, Armier. 4—20,3, 14 bis 15,2 cm, Geschw. 22 Sm.

2 Tennesse zu 14700 t, v. St. 04—05, Armier. 4—25,4 und 16 bis 15,2 cm, Geschw. 22 Sm.

Noch nicht ganz fertig sind 2 North Carolina zu 16000 t. Sie liefen 1906 und 1907 von Stapel, ihre Armierung ist 4—25,4 und 16—15,2 cm, ihre Geschwindigkeit beträgt 22 Seemeilen.

An geschützten Kreuzern, teilweise neuesten Datums, weisen die Listen 24 mit einem Gesamttonnengehalt von 87600 auf. Hierzu treten 15 ungeschützte Kreuzer und Kanonenboote. Die Torpedobootsflotte ist recht schwach. Nur 32 Torpedobootszerstörer und 20 ältere Torpedoboote sind vorhanden. Unterseeboote gibt es 7, eine größere Anzahl befindet sich im Bau.

Es ist fraglos, daß Theodore Roosevelts Bestrebungen, die Flotte weiter auszubauen, Verständnis und Zustimmung im Volke finden werden. Nun, in Anbetracht der zugespitzten Lage ganz besonders. An Einschränkung der Rüstungen, etwa zu Liebe Englands, denkt in den Vereinigten Staaten niemand. Diese Tatsache wurde treffend durch das „Army and Navy Journal" charakterisiert, das sich über die Haager Friedenskonferenz ausließ: „Das ganze phantastische

Projekt einer Abrüstung beruht auf einem Vorschlage, welcher dem ersten Grundsatz der Souveränität ins Gesicht schlägt. Ein solcher Beschluß würde jede Partei zwingen eines der hauptsächlichsten Attribute der Souveränität aufzugeben und es einer Körperschaft zu übertragen, welche gar nicht die Macht besitzt, die Ausführung ihrer eigenen Beschlüsse zu erzwingen. Wir denken nicht daran abzurüsten und werden dankbar sein, wenn die Beschlüsse im Haag schließlich den Weltfrieden nicht gefährden, anstatt ihn sicherzustellen."

Anfang dieses Jahrhunderts, nach dem glücklichen Ausgang des Krieges mit Spanien, erfreute sich die Marine in den Vereinigten Staaten hervorragender Sympathien. Man gerät in Amerika leicht in Extase, und so feierte man z. B. den Admiral Dewey als den „Helden von Cavite", obgleich wirklich herzlich wenig Grund vorlag. Viel Heldentum gehörte nicht dazu, armselige kleine zu Anker liegende Schiffe, die selbst keinen Schuß abgaben, deren Besatzungen sogar größtenteils, „sicherheitshalber", vorher ausgestiegen waren, in den Grund zu schießen!

Nach dem spanischen Kriege gefielen sich dann die Yankees in nicht zu „bescheidenen Prahlereien". Man drohte aller Welt mit dem „big stick" und gebrauchte gern das Sprüchlein: „we can lick the whole world". Nun ist die Stimmung ins Gegenteil umgeschlagen. Vor allem, da es mit dem Bau der Flotte nicht von heute zu morgen geht. Ein wesentlicher Hemmschuh wird dem Baueifer durch die geringe Leistungsfähigkeit der amerikanischen Werften angelegt.

Für einen Krieg im Pacific fehlt es aber vor allem an Stützpunkten für die Flotte an der gesamten Westküste. Hier sind Docks für große Linienschiffe mit der Laterne zu suchen. Für Schiffe von 14000 t ist nur eins im Puget sound vorhanden. Das in Olongapo — bei Manila, Subic bay — befindliche Schwimmdock „Dewey" ist allerdings für Schiffe bis zu 16000 t brauchbar. Da die dortigen Werften aber erst in der Entstehung begriffen sind, nützt das Dock zunächst herzlich wenig.

Die Fertigstellung des Panamakanals braucht nicht erörtert zu werden. Es wird noch manch Tröpflein den Niagarafall hinunterrieseln, ehe er fertig wird!

Wir gehen zur französischen Flotte über, die zurzeit an dritter Stelle steht. Früher litt der Ausbau der Flotte unter den wechselnden Ansichten der jeweiligen, nicht zu lange ihren Posten einnehmenden Marineministern. So sehen wir eine Musterkarte der verschiedensten Typen auftreten. Kaum werden zwei Schiffe nach den gleichen Plänen gebaut. In England hat man gleiche Klassen von 6 und auch 8 Schiffen, in Deutschland jetzt solche von 5.

Seit Thomson im Marineministerium das Zepter schwingt, ist jedoch die Durchführung eines fest aufgestellten Programms gewährleistet.

Clemenceaus Worte geben eine treffende Darstellung auch der Marinepolitik: „Wir können nicht abrüsten und so aus eigener Initiative unsere Macht untergraben, wenn die gesamte Menschheit den Frieden lediglich durch gewaltige Rüstungen gewährleistet sieht."

Frankreich verfolgt, wie Deutschland jetzt, den Ausbau seiner Flotte nach einem bestimmten Plan. Dieser sagt, daß in etwa 12 Jahren 40 Linienschiffe, 20 Panzerkreuzer, über 100 Torpedobootsjäger, 170 Torpedoboote und 120 Unterseeboote usw. vorhanden sein sollen.

An modernen Linienschiffen — seit 90 von Stapel gelassen — besitzt Frankreich die folgenden:

Magenta 10850 t, von Stapel: 90, Armierung: 4—34, 14 cm, Geschwindigkeit: 16 Seemeilen.

Brennus 11370 t, v. Stap. 91, Armier. 3—34, 10—16,5 cm, Geschw. 17 Sm.

2 Valmy 6580 t, v. St. 92, Armier. 2—34, 4—10 cm, Geschw. 16 Sm.

2 Bouvines zu 6800 t, v. Stap. 92, Armier. 2—30,5 8—10 cm, Geschw. 16 Sm.

2 Jaureguiberry zu 11900 t, v. St. 93, Armier. 2—30,5, 2—27,4, 8—10 cm, Geschw. 17,5 Sm.

Carnot zu 12150 t, v. St. 94, Armier. 2—30,5, 2—27,4, 8—14 cm, Geschw. 17 Sm.

Massena zu 12320 t, v. St. 95, Armier. 2—30,5, 2—27,4, 8—14 cm, Geschw. 17 Sm.

3 Charlemagne zu 11280 t, v. St. 95, Armier. 4—30,5, 10—14 cm, Geschw. 18 Sm.

Bouvet zu 12000 t, v. St. 96, Armier. 2—30,5, 2—27,4, 8—14 cm, Geschw. 18 Sm.

„Jena" zu 12050 t, v. St. 98, Armier. 4—30,5, 8—16,5, 8—10 cm, Geschw. 18 Sm.

Nach den neuesten Nachrichten wird das s. Zt. durch eine Pulverexplosion teilweise zerstörte Schiff wieder in den Dienst eingestellt werden können.

„Henri IV." zu 8950 t, von Stapel: 99, Armierung: 2—27,4, 7—14 cm, Geschwindigkeit: 17 Seemeilen.

Suffren zu 12730 t, v. St. 99, Armier. 4—30,5, 10—16,5 cm, Geschw. 18 Sm.

2 Patrie zu 14850 t, v. St. 02—03, Armier. 4—30.5, 18—16,5 cm, Geschw. 19,4 Sm.

4 Democratie zu 14850 t, v. St. 04—07, Armier. 4—30,5, 10—19,4 cm, Geschw. 18 Sm.

Auf Stapel befinden sich 6 Danton zu 18000 t, ihre Armierung besteht aus 4—30,5 und 12—24 cm. Ihre Geschwindigkeit soll 19 Seemeilen betragen.

An Panzerkreuzern verfügt Frankreich über die folgenden:

„Depuy de Lome" zu 6780 t, von Stapel: 90, Armierung: 2—19,4, 6—16,5 cm, Geschwindigkeit: 20 Seemeilen.

4 Bruix zu 4800 t, v. St. 92—94, Armier. 2—19,4, 6—14 cm, Geschw. 18,3 Sm.

Pothuan zu 5460 t, v. St. 95, Armier. 2—19,4, 10—14 cm, Geschw. 19,2 Sm.

Jeanne d'Arc zu 11270 t, v. St. 99, Armier. 2—19,4, 14 cm, Geschw. 21,8 Sm.

3 Dupleix zu 7710 t, v. St. 00—02, Armier. 8—16,5, 4—10 cm, Geschw. 21 Sm.

3 Gueydon zu 9510 t, v. St. 00—01, Armier. 2—19,4, 8—16,5, 4—10 cm, Geschw. 21—22 Sm.

4 Marseillaise zu 10000 t, v. St. 00—02, Armier. 2—19,4, 8—16,5, 6—10 cm, Geschw. 21 Sm.

3 Victor Hugo zu 12550 t, v. St. 01—04, Armier. 4 -19,4, 8—16,5 cm, Geschw. 23,3 Sm.

Jules Michelet zu 12570 t, v. St. 05, Armier. 4—19,4, 8—16,5 cm, Geschw. 23 Sm.

Ernest Renan zu 13640 t, v. St. 06, Armier. 4—19,4, 8—16,5 cm, Geschw. 23 Sm.

2 Waldeck Rousseau zu 14000 befinden sich noch im Bau. Ihre Armierung: 14—19,4, ihre Geschwindigkeit 23 Seemeilen.

An geschützten Kreuzern sind 31 mit 108500 t vorhanden, ferner einige ungeschützte und Kanonenboote.

Ende des vorigen Jahrhunderts glaubte man im „Kreuzer" das französische Linienschiff der Zukunft sehen zu sollen, und vernachlässigte den Bau von Linienschiffen. Man meinte im Fall eines Krieges, da man England als wahrscheinlichen Gegner sah, den englischen Handel am besten zum Angriffsobjekt ausersehen zu sollen, und zur Schädigung dieses genügten ja Kreuzer. Nun, da die Beziehungen zu Großbritannien wieder die besten geworden,

und nur Deutschland als mutmaßlicher Feind ins Auge zu fassen ist,
wird der Bau von Linienschiffen mehr kultiviert. Jedenfalls erkennt
man, daß für die Zukunftsschlacht nur die starken großen Schiffe
in Frage kommen werden. Der bekannte frühere Marineminister
Locroy sprach ein beherzigenswertes Wort: „Wir brauchen große
Schiffe, sie stellen die Offensive dar, und die Offensive ist das beste
Mittel zum Siege. Die Defensive allein, möge sie auch noch so
gut ausgebildet sein, kann immer nur zur Niederlage führen."

    Der bisherige Marineminister Pelletan war ein begeisterter An-
hänger der Torpedo- und Unterseeboote. Von jeher haben ja die
Franzosen eine Vorliebe für die „modernsten Waffen" gehabt. Die
sanguinischen Hoffnungen, die man in neuerer Zeit auf das Unterseeboot als Kampfesmittel setzte, haben sich abgeschwächt, und die
Existenzberechtigung des Panzerschiffes, die man schon anzuzweifeln
wagte, wird wieder voll anerkannt. Thomson hat jetzt den früher
überstürzten Bau der Unterseeboote in gesunde Bahnen geleitet.
Reine Unterseeboote werden nicht mehr gebaut. Man hat sich endgültig für die Tauchboote entschieden.

    An Torpedobootszerstörern besitzt Frankreich 67, an Hochsee-
torpedobooten sind 40 vorhanden, Tauchboote 8 und 22 befinden
sich im Bau.

    An vierter Stelle stehend würde die deutsche Flotte nun folgen.
Deutschlands zurzeit verwendungsbereite Linienschiffe sind die
folgenden 20 mit einem Tonnengehalt von zusammen 230000:

Deutschland zu 13200 t, von Stapel: 04, Armierung: 4—28 und
    14—17 cm, Geschwindigkeit 18 Seemeilen.
5 Braunschweig zu 13200 t, v. St. 02—04, Armier. wie Deutsch-
    land, Geschw. 18 Sm.
5 Wittelsbach zu 13200 t, v. St. 00—01, Armier. 4—24, 18—15 cm,
    Geschw. 17,5 Sm.
5 Kaiser zu 11150 t, v. St. 96—00, Armier. wie Wittelsbach, Geschw.
    17,5 Sm.
4 Wörth zu 10060 t, v. St. 91—92, Armier. 6—28, 8—10, 5, Geschw.
    16 Sm.

    Weitere Linienschiffe, die hier in Frage kämen, besitzt Deutsch-
land nicht. Auf den Werften liegen noch einige ganz alte Panzerschiffe, wie Baden, Sachsen, Oldenburg. Diese Fahrzeuge stammen
aus den Jahren 77 und 80 und haben ein Deplacement von 5200
bzw. 7300 t. Wegen ihres ungenügenden Panzers, ihrer mangelhaften Geschütze und ihrer unzureichenden Geschwindigkeit usw.
können diese Schiffe heute nicht mehr wagen, in ein Gefecht zu

gehen. Der Leser wird aus dem Erbauungsjahr allein schon ersehen, daß das ehrwürdige Alter eine Verwendung im Kriege ausschließt. Bei den anderen Marinen haben wir Schiffe aus den 80er Jahren nicht mehr erwähnt, geschweige denn aus den 70er Jahren!

Demnächst sollen 2 weitere Schiffe der Deutschland - Klasse „Pommern" und „Hannover", die im Jahre 05 vom Stapel liefen, und in diesem Herbst ihre Probefahrten erledigen, in die Flotte eingereiht werden. Im nächsten Jahre treten die beiden letzten Vertreter dieser Klasse in Dienst, und damit ist dann ein Zuwachs für unsere Marine für längere Zeit nicht zu erwarten. Die neuen Linienschiffe, Ersatz Baden - Klasse, sind erst in diesem Jahre auf Stapel gelegt. Mit ihnen ist also vor 4 Jahren keinesfalls zu rechnen.

Panzerkreuzer sind 6 mit 56600 t zurzeit dienstbereit:

2 Roon zu 9500 t, von Stapel: 03—04, Armierung: 4—21 und 10 bis 15 cm, Geschwindigkeit 21 Seemeilen.

2 Friedrich Carl zu 9000 t, v. St. 01—02, Armier. 4—21 und 10 bis 15 cm, Geschw. 20 Sm.

Prinz Heinrich zu 8900 t, v. St. 00, Armier. 2—24 und 10—15 cm, Geschw. 20 Sm.

Fürst Bismarck zu 10700 t, v. St. 97, Armier. 4—24 und 12—15 cm, Geschw. 18 Sm.

Scharnhorst und Gneisenau, 2 neue Kreuzer, sollen im Herbst in Dienst kommen. Sie haben ein Deplacement von 11600 t, liefen 06 von Stapel.

Weitere Panzerkreuzer besitzt Deutschland nicht. Mit dem Bau von 2 neuen, einer von 15000 t und einer von etwa 19000 t soll in diesem Jahre begonnen werden. Irgend etwas Genaueres ist nicht bekannt.

Außer diesen Schiffen werden noch folgende Fahrzeuge in den Listen geführt: 8 Küstenpanzerschiffe mit 32880 t, ein Dutzend aus den 70er Jahren stammende Panzerkanonenboote, 6 größere geschützte Kreuzer und 22 kleine Kreuzer, einige Kanonenboote usw. — Die Torpedobootsflotte zählt 128 fertige große Boote, etwa 47 kleine. 12 weitere sollen gebaut werden. Endlich haben wir noch ein Unterseeboot.

Fast unsere gesamten Machtmittel zur See sind in heimischen Gewässern stationiert. Unsere stets im Dienst befindliche, also kampfbereite Heimatflotte zählt 16 Linienschiffe, 3 große und 6 kleine Kreuzer, sowie einige Torpedobootsflottillen. Im Ausland haben wir mit Ausnahme von „Fürst Bismarck" auf der ostasiatischen Station nur kleine Kreuzer und Kanonenboote in unsern Kolonien.

Die japanische Flotte ist der deutschen durch die Beute, die sie im letzten Kriege einheimste, an Tonnengehalt moderner Schiffe nahe gekommen.

An Linienschiffen sind vorhanden:

Katori, Kashima zu 16500 t, von Stapel: 05, Armierung: 4—30,5 und 4—25,4 cm, Geschwindigkeit 20 Seemeilen.

3 Mikasa zu 15100 t, v. St. 98—00, Armier. 4—30,5 und 14—15 cm, Geschw. 18,6 Sm.

Iwami, Fuji zu 13700—12600 t, v. St, 96—02, Armier. 4—30, 5, 12—15 cm, Geschw. 18.5 Sm.

2 Sagami, zu 12880 t, v. St. 98—00, Armier. 4—25, 4 und 11 bis 15 cm, Geschw. 17 Sm.

Hizen, Tango zu 13100—11100, v. St. 00, Armier. 4—30, 5 und 12—15 cm, Geschw. 18 Sm.

Iki zu 9800, v. St. 89, Armier. 2—30, 5 und 4—23, und 8—15 cm, Geschw. 18 Sm.

Von Stapel gelaufen sind Satsuma und Aki zu 19500 t, ihre Armierung besteht aus 4—30,5 und 10—25,4 cm, ihre Geschwindigkeit soll 22 Seemeilen betragen. Diese beiden Schiffe werden bald dienstbereit sein. Im Bau befinden sich 2 weitere Linienschiffe von sehr großem Deplacement — man spricht von 21000 t —, die eine Armierung von 12—30,5 und 10—16,2 cm erhalten sollen. Genaueres ist jedoch nicht bekannt. Der Japaner versteht es meisterhaft, seine militärischen Geheimnisse zu wahren und alles, was auf Flotten-pläne Bezug hat, in undurchdringliches Dunkel zu hüllen.

An modernen Panzerkreuzern sind 12 vorhanden mit zusammen 114300 t.

Ikoma, Tsukuba zu 14800 t, von Stapel: 05—06, Armierung 4—30,5, 12—15 cm, Geschwindigkeit 20 Seemeilen.

Tsukuba besuchte in diesem Sommer bereits den Kieler Hafen.

Nishin, Kasuga zu 7750 t, v. St. 03, Armier. 4—20,3, 14—15 cm, Geschw. 20 Sm.

Adzuma zu 9500 t, v. St. 99, Armier. 4—20,3 und 12—15 cm, Geschw. 20 Sm.

4 Iwate zu 9900 t, v. St. 98—99, Armier. 4—20,3 und 11—15 cm, Geschw. 21 Sm.

Jakumo zu 9800 t, v. St. 99, Armier. 10—12 cm, Geschw. 21 Sm.

Aso zu 9850 t, v. St. 00, Armier. 2—20,3 und 8—15 cm, Geschw. 19 Sm.

Tschijoda zu 2500 t, v. St. 89, Armier. 2—20,3 und 8—15 cm, Geschw. 21 Sm.

Im Bau befinden sich Ibuki und Kurama von je 14800 t, deren Armierung aus 4—30,5 und 8—20,3 bestehen wird. Ferner heißt es, daß ein Kreuzer von 18650 t sich im Bau befindet. Seine Geschwindigkeit ist auf 25 Seemeilen veranschlagt.

Geschützte Kreuzer sind 17 mit zusammen 66500 t fertig, 4 befinden sich im Bau. Ferner sind noch verschiedene ungeschützte Kreuzer und Kanonenboote vorhanden. Die Torpedobootsflotte besteht aus 57 Torpedobootszerstörern, etwa 20 großen Torpedobooten und einigen Dutzend kleineren. Auch 7 Unterseeboote sind in Dienst.

Die japanische Flotte hat den Vorzug, fast nur modernes Material zu besitzen. Freilich leidet die Homogenität des Schiffsbestandes durch die eingestreuten russischen erbeuteten Schiffe. Dies sind unter den Linienschiffen 6, nämlich: Sagami früher Pereswjet, Iwani ex Orel, Suwo ex Pobjeda, Hitzen ex Retwisan, Tango ex Pultawa, Iki ex Nicolai, und unter den Panzerkreuzern einen, Aso ex Bajan. Nach ostasiatischen Pressenachrichten beabsichtigt die japanische Regierung den Ausbau der Flotte im Geschwindschritt zu unternehmen und man spricht von mehreren Doppelgeschwadern zu je 8 Schiffen, die in 4 bis 5 Jahren schon schwimmen sollen. Es scheint ein müßiges Unterfangen, diese Nachrichten hier wiederzugeben.

Die italienische Flotte verfügt über folgende moderne Linienschiffe:

4 Roma zu 12630 t, von Stapel: 04—07, Armierung: 2—30,5 und 12—20,3, Geschwindigkeit 22 Seemeilen.

2 Benedetto zu 13430 t, v. St. 01, Amier. 4—30,6 und 4—20,3 usw., Geschw. 20 Sm.

2 Emanuele zu 9750 t, v. St. 97, Armier. 4—25,4 und 8—15 cm, Geschw. 18—20 cm.

An Panzerkreuzern:

3 Varese zu 7450 t, von Stapel: 99—02, Armierung: 1—25, 2—21,3 und 14—15 cm, Geschwindigkeit 19—20 Seemeilen.

2 Vettor Pisani zu 6500 t, v. St. 96, Armier. 12—15 cm, Geschw. 20 Sm.

Marco Polo zu 4600 t, v. St. 92, Armier. 6—15 cm, Geschw. 19 Sm.

4 Kreuzer zu je 9830 t und 22,5 Seemeilen Geschwindigkeit und einer zu 6000 t und 25 Seemeilen befinden sich im Bau. An geschützten Kreuzern sind 13 mit zusammen 34400 vorhanden, ferner einige ungeschützte Kreuzer, Kanonenboote, 13 Torpedobootszerstörer, 27 große und etwa 100 kleinere Torpedoboote. Eine

größere Anzahl von Torpedofahrzeugen befinden sich im Bau, auch etwa 12 Unterseeboote.

Österreich-Ungarn führt in seinen Listen folgende Schiffe auf: Linienschiffe 9 mit 73 600 t:

3 Erzherzog Carl zu 10 600 t, von Stapel: 03—05, Armierung: 4 bis 24 und 12—19 cm, Geschwindigkeit 20,5 Seemeilen.

3 Habsburg zu 8340 t, v. St. 00—02, Armier. 3—24, 12—15 cm, Geschw. 19 Sm.

3 Monarch zu 5600 t, v. St. 90—96, Armier. 4—24, 6—15 cm, Geschw. 17 Sm.

3 Panzerkreuzer mit 19 000 t:

Sankt Georg zu 7300 t, von Stapel: 03, Armierung: 2—24 usw., Geschwindigkeit 22 Seemeilen.

Kaiser Karl zu 6300 t, v. St. 98, Armier. 2—24 usw., Geschw. 21 Sm.

Kaiserin M. Theresia zu 5200 t, v. St. 93, Armierung wie Georg Geschw. 19 Sm.

Ferner 8 geschützte Kreuzer mit 20 000 t, einige Panzerkanonenboote, etwa 19 Torpedobootszerstörer, hiervon 6 noch im Bau — 8 Hochseetorpedoboote, weitere 22 werden gebaut und einige Dutzend kleine Torpedoboote.

Sämtliche hier gegebenen Daten sind den neuesten Quellen — wie „Nauticus", „Taschenbuch der Kriegsflotten" usw. entnommen. Aus dem Gesagten wird der Leser sich selbst ein Urteil über den Wert unseres Flottenmaterials im Vergleich zu dem der anderen Nationen bilden können. Es erscheint angebracht, daß die Kenntnis von der wirklichen Stärke unserer Flotte ins weitere Publikum dringt, damit endlich solch verkehrte Ansichten, als beabsichtige Deutschland eine der englischen Flotte ebenbürtige zu schaffen, ad absurdum geführt werden.

Solch ungereimtes Gerede bedeutet zugleich eine stete Gefahr für uns. Durch dergleichen alarmierende Nachrichten muß schließlich auch im englischen Publikum die Meinung laut werden, daß die deutsche Flotte zu einem drohenden Faktor anwächst, mit dem man ernstlich rechnen müßte.

Verständige Leute gibt es ja auch in England genug, die über die deutsche Flotte ein richtiges Urteil fällen. Kürzlich fiel folgende Bemerkung während einer Debatte im Unterhaus: „Die deutsche Flotte ist zurzeit „unbedeutend" (Sir Dilke).

Unsere Flotte verfügt zurzeit, und dies ist die bekannte und durchaus begründete Ansicht von Fachleuten allenfalls über 11 moderne Linienschiffe (1 Deutschland-, 5 Wittelsbach-, 5 Braunschweigklasse). Vielfach wird allerdings der Wittelsbachklasse, verschiedener Gründe halber, das Attribut „modern" abgesprochen. Jedenfalls aber kommen außer diesen 11 weitere Schiffe nicht in Betracht, wenn es sich um einen Kampf gegen einen modernen Gegner handelt. England stellt diesen 11 sehr kleinen Schiffen (13000 t) ca. 40 „erstklassige" Linienschiffe, die sämtlich größer und besser armiert sind, gegenüber. Bei der Betrachtung der Panzerkreuzer ist unsere Schwäche eine noch viel bedeutendere: England 38 und Deutschland 6.

Es ist dringend zu hoffen, daß unser Flottengesetz vom 14. Juni 1900 baldigst abgeändert wird, d. h. daß es den schnelleren Ersatz von kriegsunbrauchbaren Schiffen — nicht wie jetzt erst nach 25 Jahren, sondern wie in England z. B. nach etwa 15 Jahren schon — vorsieht, damit unsere kleine an Schiffen so schwache Flotte wenigstens als „modern" gelten kann, über wirklich gefechtstüchtige Linienschiffe und Panzerkreuzer verfügt.

In Großbritannien ist kein Schlagwort populärer, als der Ruf nach weiterer Verstärkung der Seemacht. Nirgends werden maritime Rüstungen mit größerem Enthusiasmus begrüßt, als in Frankreich und in den Vereinigten Staaten. In England, wie in Amerika und Frankreich haben eben das gesamte Volk die ausschlaggebende Bedeutung der Seemacht begriffen. Auch in Deutschland hat diese Erkenntnis dank dem deutschen Flottenverein große Fortschritte gemacht, aber hier scheinen wieder Faktoren ein Hemmnis zu bilden für den rascheren Ausbau unserer Flotte.

Des Deutschen Reiches Machtstellung, die es infolge seiner Interessen über See einnimmt, beruht auf der Kraft seiner Flotte. In der Weltpolitik steht Deutschland allein, ohne jeden Bundesgenossen. Nur seine Kriegsflotte ist hier der Ausdruck seiner Macht, der über Krieg und Frieden gebietet. Ohne eine starke Flotte kann Deutschland weder seinen wirtschaftlichen Interessen gerecht werden, noch sein politisches Prestige behaupten. Es wird weder als Freund begehrt, noch als Feind gefürchtet. Es spielt keine Rolle, wenn es sich um Aufrechterhaltung des Friedens handelt, noch wird es im Kriege siegreich sein können.

Wir schließen mit den Worten Sr. Königliches Hoheit des Admirals Prinz Adalbert: „Wehrhaftigkeit zur See ist eine Lebensbedingung für den Staat, der gedeihen und nicht bloß ein geduldetes Dasein fristen will." L. P.

XXVIII.
Deutsche Reiterei und die französische Gefechtslehre.

Von
Generalmajor z. D. von Gersdorff.

I. Deutsche und französische Kavallerie.

a) Die Friedens- und Kriegsgliederung der französischen Kavallerie.

Die französische Kavallerie zählt im Frieden 89 Regimenter mit 445 Eskadrons. Und zwar 13 Kürassier-, 31 Dragoner-, 21 Chasseur-, 14 Husaren-, 6 Chasseur d'Afrique- und 6 Spahisregimenter.

Sämtliche Regimenter zu 5 Eskadrons, wovon eine bereits im Frieden die Ersatzeskadron bildet.

Abgesehen von der Kolonialkavallerie ist die französische Kavallerie in 8 Kavalleriedivisionen und in Korpsbrigaden formiert. Jede Division zu 2 oder 3 Brigaden, diese zu 2 oder 3 Regimentern. Jeder Division sind 2 reitende Batterien zugeteilt.

Bisher unterschied man schwere und leichte Kavalleriedivisionen. Die schweren Divisionen bestanden aus 1 oder 2 Kürassierbrigaden und einer Dragonerbrigade; die leichten aus zwei leichten oder einer leichten und einer Dragonerbrigade.

Diese Formation wird aber im Herbst dieses Jahres eine Änderung dahin erfahren, daß die Kürassiere in Brigaden formiert auf die Kavalleriedivisionen verteilt werden sollen.

Jedes der 19 europäischen Armeekorps besitzt eine Korpskavalleriebrigade zu 2 Regimentern von je 5 Eskadrons; das Armeekorps in Algerien dagegen 40 Eskadrons.

Sämtliche Kavallerieregimenter sind in Frankreich mit dem Karabiner ausgerüstet. Die Dragoner haben Lanzen; im übrigen werden Säbel geführt.

Die Kriegsgliederung der französischen Kavallerie ist der Friedensformation angepaßt. Die im Frieden 141 Pferde zählenden Eskadrons verstärken sich bei der Mobilmachung auf 160 Pferde durch Abgaben seitens der Depoteskadron.

Außerdem werden 38 Reserveregimenter bei der Mobilmachung gebildet, ebensoviele Territorialeskadrons.

Zu jeder Kavalleriedivision tritt ein Sanitätsdetachement, ebenso zu jeder Korpskavalleriebrigade. Diese gibt an jede Infanteriedivision eine Eskadron als Divisionskavallerie ab.

Die bestehende Kriegsgliederung der französischen Kavallerie wird sich indessen vermutlich im Ernstfalle ändern. Es ist darauf zu rechnen, daß jeder Kavalleriedivision ferner eine Maschinengewehrabteilung und ein starkes Radfahrerdetachement beigegeben wird. Auch ist zu vermuten, daß die Korpskavalleriebrigaden bei Beginn des Feldzuges den Kavalleriedivisionen angegliedert werden. Weiter ist es sicher, daß ein Teil der afrikanischen Kavallerie sofort bei Ausbruch des Krieges auf dem Kampfplatze erscheinen wird (vermutlich 6 afrikanische Regimenter).

Da die Franzosen darauf rechnen, daß sich der Kampf zunächst ohne Hinzutreten der Verbündeten zwischen Deutschen und Franzosen allein abspielen wird, so werden wir sämtliche verfügbare französische Kavallerie unmittelbar nach der Kriegserklärung an der Nordwestgrenze Frankreichs versammelt finden.

b) Folgerungen für die Deutschen.

Es geht aus dem vorstehenden hervor, daß die französische Kavallerie mit 83 Regimentern, zu Kavalleriedivisionen oder zu Kavalleriekorps vereinigt, sofort bei Ausbruch des Krieges gegen die deutsche Kavallerie bereit sein wird.

Die Regimenter der Divisionen zu 4, diejenigen der Korpskavalleriebrigaden zu 3 Eskadrons. Jede Eskadron zu 160 Pferden.

Wie wir sahen, wird diese Kavalleriemasse unterstützt durch bereits im Frieden formierte Radfahrerkompagnien, durch 16 reitende Batterien und vermutlich in nicht zu ferner Zeit durch 8 Maschinengewehrabteilungen, jede zu 6 Gewehren.

Deutscherseits stehen, um dieser gegnerischen Gefechtskraft nicht nur gewachsen, sondern, worauf es ankommt, überlegen zu sein, am 31. März 1910 107 Kavallerieregimenter zu 4 bzw. 3 Eskadrons, im Höchstfalle jede zu 150 Pferden, zur Verfügung.

Es kommt darauf an, von dieser, wenn auch nicht allzu großen Überlegenheit Gebrauch zu machen und den Feldzug gleich beim ersten Schlage mit einem sicheren Erfolg zu krönen.

Bei Beginn des Feldzuges können sich unsere gemischten Divisionen nach französischem Beispiele wohl mit einer Eskadron als Divisionskavallerie begnügen; die Reservedivisionen mit noch weniger, etwa mit zwei Zügen sofort bereitstehender Reservekavallerie. Man kann sich mit nur wenigen Reitern als Spitze bzw. als Patrouillenreiter während der Nacht behelfen. Das übrige tun bei der Sicherung die Radfahrer und unsere weittragenden Gewehre.

In der modernen, großen Schlacht aber treiben sich stärkere Kavallerieabteilungen nur unnütz vor oder hinter der Front der Infanterielinien herum. Die Sicherung der Flügel ist die Sache der selbständigen, großen Kavalleriekörper.

c) Die Gefechtslehre der französischen Kavallerie für das Reitergefecht.

In den meisten Fällen, welche den Dienst im Felde im Sinne unserer Felddienstordnung berühren, decken sich die französischen mit den deutschen Gefechtslehren im Prinzip. Nur wird in Frankreich die Aufklärungstätigkeit der Kavallerie strenger als bei uns von der Sicherung geschieden.

Anders verhält es sich dagegen mit der Gefechtslehre der Franzosen bezüglich des Kavalleriekampfes in größeren Gruppen. Im Unterschiede zur deutschen hält sie lediglich am Kampf mit Kommandoeinheiten — hier Brigaden — und am Manöver fest; sie verwirft somit die in Deutschland immer noch übliche Treffentaktik gänzlich.

Gelände, die Verhältnisse beim Feinde und die Absicht veranlassen immer zu neuen Gruppierungen der Brigaden zum Gefecht. Ein Schema ist deshalb ausgeschlossen.

Indessen, stets kommt es darauf an, den kavalleristischen Feind zu umschnüren, sei es nun, daß diese Umschnürung von zwei Seiten oder nur von einer Seite erfolgt.

In der Front attackieren die Kürassierbrigaden; wo solche nicht vorhanden sind, Dragoner mit der Lanze. Die leichten Brigaden suchen die auswendigen Flügel der rückwärtigen Staffeln des Feindes anzugreifen. Es besitzen alle Brigaden verschiedene Attackenbasen. Die Aktion ist konzentrisch, gleichgültig, ob die Brigaden aus gleicher Höhe zum Angriff übergehen oder von vornherein bereits gestaffelt auftreten. Der konzentrische Angriff aber erfordert den nötigen Entwickelungsraum zwischen den Brigaden bereits beim Anreiten.

Die Direktive des französischen Reglements, nie mehr Kräfte zu verwenden, als der vorliegende Fall erfordert, deutet schon auf eine Reserve hin, die stets zur Verfügung des obersten Führers zurückzuhalten ist. Sie soll bei einer Kavalleriedivision nie schwächer als ein Regiment sein.

Beim Fußgefecht der französischen Kavallerie ist zu erwähnen, daß bei ihm Offensive wie Defensive gleich bewertet werden, daß ferner der Nachdruck auf Überraschung und Schnelligkeit gelegt wird. Die Franzosen üben überdies ihre Reiter im Einrichten von

Örtlichkeiten usw. zur Verteidigung, was darauf hindeutet, daß sie von ihrer abgesessenen Kavallerie gegebenenfalls eine zähe Verteidigung bis auf den letzten Mann verlangen.

Im Überwinden von Wasserläufen, im Zerstören und Herstellen von Brücken, Eisenbahnen usw. finden wir die französische Kavallerie gleichfalls wohl geübt und vorbereitet.

Bei einer nur zweijährigen Dienstzeit wird die Ausbildung der französischen Kavallerie in allen diesen verschiedenartigen Dienstzweigen nur unter angestrengtester Tätigkeit sämtlicher Organe zu bewältigen sein.

Bisher stand die französische Kavallerie durchaus auf anerkennungswerter Höhe der Ausbildung. Das Pferdematerial der Kürassierregimenter besitzt zu geringes Blut, um den Anforderungen im gestreckten Galopp gerecht zu werden; hingegen sind die leichten Regimenter und die Dragoner gut beritten. Die Dienstzeit des französischen Soldatenpferdes ist um zwei Jahre kürzer als diejenige des deutschen. Das Pferdematerial der französischen Kavallerieoffiziere ist gut, teilweise sogar vorzüglich.

Die Franzosen sind der Meinung, in der Campagnereiterei, insbesondere im Nehmen von Hindernissen, keiner europäischen Armee nachzustehen.

Es erübrigt noch, einige Worte über die Methode des mit reitender Artillerie und den Radfahrerkompagnien verbundenen Kavalleriegefechtes zu sagen.

Im allgemeinen teilt das französische Reglement der reitenden Artillerie dieselbe Rolle zu, wie das deutsche.

Maschinengewehre sind unseres Wissens bisher in größerer Anzahl der Kavallerie bei ihren Übungen noch nicht zugeteilt worden.

Die Radfahrerkompagnien sind dazu bestimmt, der Kavallerie an geeigneten Geländeabschnitten den nötigen Rückhalt zu gewähren, ferner sollen sie mit ihrem Feuer die Feuerkraft der abgesessenen Schwadronen bei gegebener Gelegenheit verstärken. Schließlich will man es versuchen, die feindliche Kavallerie in das Feuer dieser Radfahrerkompagnien hineinzulocken. Bei allen Feuergefechten der Kavallerie ist eine Reserve zu Pferde vorgesehen.

Französische Taktiker befürworten den Überfall einer mit reitender Artillerie und Maschinengewehren versehene Kavalleriemasse durch Feuer und mit ihm verbundenen Reitergefecht an denjenigen Punkten der Schlachtordnung, bei denen die Entscheidung liegt.

d) Folgerungen für die Deutschen.

Die deutsche Kavalleriedivision wird in Zukunft der manövrierenden französischen Kavalleriedivision ebenfalls das Manöver entgegenzusetzen haben. Sie muß bestrebt sein, aus exentrischen zu konzentrischen Attackenlinien überzugehen. Daher sollte sie sich nur bei dringender Not massieren. Eine Reserve zum Entscheidungskampfe ist stets in der Hand der obersten Führung zu halten.

Gleiche Führung und Ausbildung vorausgesetzt, wird die Entscheidung aber nur in dem Falle sicher zugunsten der Deutschen ausfallen, wenn diese es durch Heranziehung aller verfügbaren Kräfte verstehen, das Übergewicht an Zahl auf ihre Seite zu bringen. Denn „der liebe Gott ist meist auf Seite der großen Bataillone".

Sich so stark als nur irgend möglich zu machen, ist um so dringender, als, wie erwähnt, kein Zweifel ist, sämtliche französischen, nur irgend entbehrlichen Kavalleriekräfte zu Beginn eines Krieges in erster Linie anzutreffen.

Diese Vermutung stützt sich unter anderem auch auf das Dekret vom 28. Mai 1885, nach welchem es dem Führer einer französischen Armee freisteht, sämtliche ihm unterstellten Kavallerieabteilungen, seien es Divisionen oder die Korpskavalleriebrigaden, nach Gutdünken zu verwenden. Die einzige Ausnahme hiervon bildet die Divisionskavallerie (eine Eskadron bei jeder gemischten Division).

II. Die deutsche Kavallerie und die französische Schlachtenlehre.

a) Die französische Schlachtenlehre.

Im Gegensatz zu der französischen Lehre über das Kavalleriegefecht steht diejenige über die Schlacht.

Während erstere ihr Heil in der Wirkung auf die äußeren feindlichen Flügel sucht, so steht letztere dieser Methode skeptisch gegenüber. Sie hält die Einwickelungstheorie nur einem schwächeren oder wenig unternehmungslustigen Gegner gegenüber am Platze.

Die französische Schlachtenlehre huldigt dem Grundsatze, keine bestimmte Methode zu haben, sondern stets die jemalige Kampfweise den jemaligen Umständen anzupassen. „On s'engage un peu partout, et puis l'on soit" war die bekannte Maxime Napoleons I., mit welcher er seine Schlachten schlug und gewann.

Oder, wie ein zeitgenössischer französischer Militärschriftsteller sich ausspricht:

„Alle Theorien haben die Verbindung des Feuers mit dem Choc

als Mittel zum Erfolg gemein. Den Deutschen ist hierbei in der Regel das die Flügel abgewinnende Manöver eigentümlich, während die französische Methode den Angriff auf einen oder mehrere Punkte nach Wahl der höchsten Führung den jeweiligen Umständen entsprechend ansetzt."

Der Verschiedenartigkeit der Gefechtsform im Angriff, in der Verteidigung und im Begegnungsgefecht entspricht die Verteilung der Kräfte.

In allen Fällen ist indessen gewiß, daß eine starke Generalreserve, aus allen Waffengattungen bestehend, vorhanden sein wird, um die Entscheidung durch die schneidigste Offensive herbeizuführen. Sie ist, je nach der Gefechtsabsicht, hinter dem einen oder hinter beiden Flügeln oder aber hinter der Mitte der Gefechtslinie zu suchen, sowohl in der Offensive, wie in der Defensive oder beim Begegnungsgefecht.

Diese Generalreserve wird stark an Kräften bemessen sein, denn in der Wucht der „Contreattacke" setzt die französische Lehre ihr ganzes Vertrauen.

Der Einrede, daß eine solche Reserve sich selten am rechten Platze zum Übergang in die „Contreattacke" befinden werde und daher Gefahr laufe, zu spät dahin zu gelangen, wo sie benötigt ist, begegnen die Franzosen mit der Organisation einer höchst beweglichen Generalreserve.

Nach des bekannten Generals Négrier Ausspruch soll sich die gesamte Kavallerie zu ihr begeben, nachdem sie den Aufklärungsdienst verrichtet hat; sie soll ferner aus allen nur auftreibbaren, reitenden Batterien, aus Fahrradbataillonen und Maschinengewehrabteilungen bestehen, welchen dann die leichtfüßigen Jäger und Voltigeure folgen.

An der Stelle, wo es die Umstände erfordern, sei es aus der Flanke oder aus der Front, soll die „Contreattacke" im Moment der Gefechtskrisis erfolgen.

In seinem trefflichen Buche „Die Schlacht der Zukunft" hat Major Hoppenstedt auf Seite 216 eine solche „Contreattacke" aus der Phantasie beschrieben.

Über die Aussichten eines solchen Gegenangriffes äußert sich Major Hoppenstedt auf Seite 236 wie folgt:

„Wenn ein Reitergeschwader einer Windsbraut gleich durch die ungeordneten Reihen der Infanterie fährt oder die Artillerie bedroht, wird sie auf breitem Raum Verwirrung, Unruhe und selbst augenblickliche Bestürzung hervorrufen, und diese kann die eigene Führung zum Heranarbeiten der Infanterie, Stellungswechsel der Artillerie, Heranziehen der Reserven, Sturmeslauf, Gegenstoß oder Rückzug verwenden. Vorbedingung ist nur, daß die anderen Waffen den mehr oder weniger kurzen Moment sofort ausnutzen. Die Mauerbrecher- oder Schleierattacken können in der Tat ausschlaggebend werden."

b) Folgerung für die Deutschen.

Gleichzeitig mit den Vortruppen der deutschen, im Vormarsch begriffenen Heeressäulen haben die verstärkten deutschen Kavalleriedivisionen die französische Sperrfortlinie und den französischen Grenzschutz durchbrochen.

Bald darauf stoßen sie auf französische Kavalleriemassen. Im beißen Gefecht erringen die stärkeren, deutschen Reitergeschwader den Vorteil.

Die französischen weichen seitlich, von den deutschen verfolgt, aus. Sie finden Schutz hinter den Têten der anrückenden französischen Infanteriekolonnen.

Die deutsche Kavallerie hat nunmehr freies Feld behufs Erkundung der feindlichen Stärke und deren Anmarschrichtungen. Unterdessen verengt sich der Raum zwischen Freund und Feind; die deutsche Kavallerie macht Platz und begibt sich nach den äußeren Flügeln.

Es beginnt die Schlacht. Wie wird die deutsche Kavallerie angesichts der französischen Lehren ihre Aufgabe lösen können?

Zunächst hat sie sich vor Augen zu halten, daß der Schlachtenerfolg heute noch, wie zu allen Zeiten, auf einer glücklichen Verbindung der Tätigkeit aller Waffen beruht. Dieses Ziel wird um so besser erreicht werden, als es vorher gelungen ist, den feindlichen, kavalleristischen Gegner unschädlich zu machen. Daher ist seine Bekämpfung das zunächstliegende Streben.

Demnächst ist die Tätigkeit der Kavallerie hauptsächlich auf die Erkundung der Stellung der feindlichen Generalreserven zu richten.

Hierbei werden Fesselballons und lenkbare Luftschiffe Hilfe zu leisten haben.

Findet man sie, mit der Masse der Kavallerie vereinigt, hinter einem Flügel des Feindes gestaffelt oder im Anmarsch von der Flanke, so ist die Aufgabe der diesseitigen Kavallerie erleichtert.

Sie heftet sich ihr an, um bei der gemeinsamen Schlußaktion zur Stelle zu sein.

Schwieriger gestalten sich die Verhältnisse, wenn eine Generalreserve, aus allen Waffen bestehend, hinter der feindlichen Gefechtslinie erkundet wurde.

In diesem Falle ist ihre fernere Beobachtung erschwert, wenn nicht für die Kavallerie in vielen Fällen gänzlich ausgeschlossen. Es werden die Luftschiffer hier wiederum aushelfen müssen.

Um so mehr scheint es in diesem Falle für die Kavallerie geboten, engen Anschluß an die anderen Waffen zu deren Unterstützung in der Gefechtskrisis zu nehmen.

Von den Verhältnissen wird es abhängen, ob sich die Kavallerie hierbei vorwärts-seitwärts der Flügel oder hinter der Mitte der Gefechtslinie verteilt aufstellt.

Jedenfalls sei sie bereit, der französischen „Contreattacke", mag diese nun von der Front oder von der Flanke aus erfolgen, den Todesstoß zu geben.

XXIX.

Die Kolonialtruppen der europäischen Staaten 1907.[1)]

Von

Generalmajor Obermair.

(Schluß).

C. Grofsbritannien.

Bei der eigenartigen Heeresorganisation Großbritanniens, die so ganz von der der anderen europäischen Staaten abweicht, ist das gesamte englische Landheer im Grunde genommen nichts weiter als eine Reserve für die bereits auswärts, hauptsächlich in den Kolonien, befindlichen, nicht unbeträchtlichen Streitkräfte, jederzeit bereit, mit geringeren oder größeren Teilen dorthin abzugehen; auch der Hauptzweck der neuesten Heeresreform war, eine jederzeit verwendungsfähige Feldarmee von 150 000 Mann (in 6 Divisionen) zu schaffen; die Truppen in Indien und den Kolonien wurden durch sie überhaupt nur wenig berührt.

[1)] Berichtigung. Im Septemberheft, Seite 277 und 278 muß es heißen:

„Die V. Bataillone des 2. bezw. 3. Zuavenregiments stehen im Lager von Sathonay (XIV. Armeekorps, Lyon), nicht in Paris."

Von den 157 Bataillonen, 31 Kavallerieregimentern, 28 reitenden, 8 Gebirgs- und 150 fahrenden Batterien der englischen Armee stehen 52 Bataillone, 9 Kavallerieregimenter, 11 reitende und 45 fahrende Batterien in Indien, ca. 30 Bataillone, 4 Kavallerieregimenter, 2 reitende und 12 fahrende Batterien in den Kolonien (einschließlich Gibraltar, Malta und Ägypten).

Speziell für den ständigen Dienst in den Kolonien ist ein besonderes **Kolonialkorps** bestimmt, das, in der wechselnden Stärke von etwa 280 Offizieren und 10 000 Mann, aus folgenden Truppenteilen besteht:

a) Das Westindia-Rgt. = 2 Bat. Infanterie (à 8 Komp.) und 1 Depot;

b) das West-Africa-Rgt. = 1 Bat. à 8 Komp. (etwa 30 engl. Offiz., 9 engl. Sergeanten und 1040 afrikan. Unteroffiz. und Soldaten);

c) 8 von der indischen Armee abkommandierte Inf.-Bat.

Summe: 11 Kolonialbataillone mit 11 Maschinengewehrzügen.

Dazu treten noch die aus Eingeborenen gebildeten **Lokaltruppen**:

a) Das Nordnigeria-Rgt. (2 Batt., 2 Bat. Inf., 1 Bat. beritt. Inf.); .

b) das Südnigeria-Rgt. (1 Bat. und 1 Batt.);

c) das Goldküste-Rgt. (2 Bat.);

d) das Lagos-Bat.; das Sierra-Leone-Bat.; die Gambia-Komp.;

e) die King's African Rifles (2 zentralafrik., 1 ostafrik., 1 Uganda-, 1 Somali-Bat.).

Summe der **Lokaltruppen**: 13 Bat., 1 Komp., 3 Batt., sämtlich unter englischen Offizieren und mit afrikanischen Unteroffizieren und Mannschaften.

Ferner an **Artillerie** (Lokalbataillone, Festungsartillerie):

3 Bat. (Hongkong-Singapore, Ceylon-Mauritius und Westindia); 1 Komp. Sierra-Leone.

Für den Dienst auf **Malta** besteht ein besonderes Malta-Artilleriekorps von 4 Komp. und 1 Depot.

Die nach Indien abkommandierten Teile der englischen Armee bilden im Verein mit den eingeborenen indischen Truppenteilen die **englisch-indische Armee. Indien**, seit 1877 zum Kaiserreich erklärt, ist fast vollkommen unabhängig vom Mutterlande, entspricht jedenfalls unserem Begriff von Kolonien nur mehr ganz unvollkommen, so daß es im nachstehenden wohl genügen dürfte, die bezüglichen Verhältnisse nur leicht zu berühren.

Abgesehen von Indien zerfallen die englischen Kolonien in 3 Klassen: 1. Kolonien mit eigener Regierung und Volksvertretung, bei denen der englischen Regierung nur eine Kontrolle über die Beamten außer dem Gouverneur, den sie aber ernennt, zusteht, sowie ein Veto in Fragen der Gesetzgebung. Die englischen Besatzungen sind fast ganz zurückgezogen; die betreffenden einheimischen militärischen Organisationen siehe unten (Canada, Neufoundland, Capland, Neuseeland und von den australischen Staaten Neu-Südwales, Viktoria, Queensland, Tasmania und Südaustralien). 2. Kolonien mit Volksvertretung, aber ohne eine dieser verantwortlichen Regierung (West-Australien, Bahama, Bermuda, Brit. Neu-Guinea, Lewards-Inseln, Natal und Malta).

3. Die Kronkolonien, in denen die britische Regierung Gesetzgebung und Verwaltung ausübt; dieselben rechnen ganz, auch in finanzieller Beziehung, zum Mutterlande (hierher gehören alle vorstehend nicht genannten Kolonien), stehen militärisch unter englischem Kommando und haben Besatzungen aus englischen bzw. Kolonialtruppen.

I. Indien.

Die Gesamtstärke der englisch-indischen Armee ist nach dem Etat 1906/07: 236 239 Köpfe, einschließlich 6538 europäischer und 3031 eingeborener Offiziere, mit 38 686 Pferden; die Eingeborenenarmee allein zählt 154 219 Mann mit 2632 britischen Offizieren und Unteroffizieren.

Hierzu treten ferner: eine Armeereserve von ca. 11 000 Mann (aus nach 5—12jähriger Dienstzeit ausgeschiedenen Mannschaften); die nach englischem Muster aufgestellten Freiwilligen (25 000 Mann Europäer und Mischlinge); die von Lehensstaaten zu stellenden Imperial-Service-Troops (etwa 21 000 Mann).

Gesamtstärke der englisch-indischen Armee demnach etwa 280 000 Mann mit 520 Gesch. oder:

180 Bat. (davon 136 Eingeborene, von denen jedoch 8 zum Kolonialkorps gehören), 48 Kav.-Rgtr. à 4 Eskadr. (9 engl.), 11 reit., 45 fahr. (darunter 8 Haubitz-) und 8 Gebirgsbatt. (sämtlich engl.), 10 Eingeborenen-Gebirgsbatt., 1 einheim. Festungsbatt., 28 engl. Festungsartill.-Komp. (darunter 6 schwere Batt. und 2 Belagerungsbatt.), 23 einheimische pioniertechnische und 2 Eisenbahnkomp., 26 Sanitäts-, 32 Krankenträger-Komp. und 23 Trainabteilungen (sämtlich Eingeborene).

Das Land ist in 3 Armee-Kommandos und 2 selbständige

Divisionskommandos eingeteilt; das Kommando in Aden (Brigade) ist jenem in Bombay unterstellt. Eigentliche Divisions- und Brigadeverbände bestehen im Frieden nicht; im Kriege werden die höheren Verbände aus englischen und eingeborenen Truppenteilen gemischt. Die aus Eingeborenen gebildete, etwa 16 000 Mann starke Militärpolizei steht mit Ausnahme der Bataillonskommandeure unter eingeborenen Offizieren (21 Korps).

An Lokaltruppen (Besatzungstruppen in einigen Städten suzeräner Staaten, Schutzwachen britischer Residenten bei eingeborenen Fürsten usw.) sind vorhanden: 5¹/₂ Bataill., 7 Eskadronen = 6000 Mann. An Miliz (II. Linie) sind 8 Bataillone Grenzmiliz verfügbar.

Außerdem: 80—90000 Mann und 30—40000 Reiter Irreguläre der eingeborenen Fürsten.

An Freiwilligen (III. Linie): 47 englische Schützenkorps, 8 Korps berittene Infanterie, 7 Korps Kavallerie, 7 Festungsartillerie usw.

Wesentliche Stützpunkte findet die englisch-indische Armee in den starken Küstenbefestigungen von Aden, Karachee, Bombay, Hugli und Rangoon, sowie sie auch durch die eigene Marine unterstützt werden kann. Dieselbe besteht aus 2 Panzerschiffen, 1 Depeschenschiff, 9 Torpedofahrzeugen, 8 Minenbooten und einer Anzahl von Transportschiffen und Flußdampfern.

a) Nord-Kommando: Rawal-Pindi.

1. (Peshawur-), 2. (Raval-Pindi-), 3. (Labore-) Division:

14 Bat., 3 Kav.-Rgtr., 4 reit., 8 fahr., 5 Gebirgsbatt., 7 Festungsart.-Komp. (darunter 3 schwere Haub.), sämtlich englisch;

40 Bat., 16 Kav.-Rgtr., 8 Gebirgsbatt., 1 Festungsbatt., 7 Pionier-, 1 Eisenbahn-Komp., sämtlich indische Truppen.

b) West-Kommando: Poona.

4. (Quetta-), 5. (Mhow-), 6. (Poona-) Division:

14 Bat., 1 Kav.-Rgt., 2 reit., 19 fahr., 3 Gebirgsbatt., 11 Festungsart.-Komp., 1 Pionierdetachement, sämtlich englische Truppen;

40 Bat., 15 Kav.-Rgtr., 8 Pionier-, 1 Eisenbahnkomp., sämtlich indische Truppen.

c) Ost-Kommando: Naini Tal.

7. (Meerut-), 8. (Luknow-) Division:

15 Bat., 3 Kav.-Rgtr., 3 reit., 10 fahr. Batt., 7 Festungsart.-, 1 Pion.-Komp., sämtlich englische Truppen;

27 Bat., 3 Kav.-Rgtr., indische Tuppen.

d) 9. (Secunderabad-) Division: Ootacamund.

5 Bat., 2 Kav.-Rgtr., 2 reit., 8 fahr. Batt., 1 Festungsart.-Komp., 1 Pion.-Detach., sämtlich englische Truppen; 14 Bat., 3 Kav.-Rgtr., 7 Pion.-Komp., indische Truppen.

e) 10. (Burma-) Kommando (Division): Maymyo.

4 Bat., 2 Festungsart.-Komp., englische Truppen; 7 Bat., 2 Gebirgsbatt., 1 Pion.-Komp., indische Truppen.[1])

II. Dominion Canada: Ottawa.

Hauptgarnisonen Halifax und Esquimalt.

1. Von englischen Truppen stehen daselbst nur mehr:
   Festungsart.-Komp. Nr. 58, Festungspion.-Komp. Nr. 48, 1 Zeug- und 1 Traindetach.

2. Reguläre kanadische Truppen (stehende Miliz), zur Ausbildung der aktiven Miliz bestimmt:
   1 Eskadr. Leibgarde des Gouvern., 1 Inf.-Rgt. à 10 Komp., 1 Rgt. (Bat.) beritt. Infant., 1 Kav.-Rgt. à 4 Eskadr., 2 reit. Batt., 4 Festungsart.-Komp., 2 Komp. Ingenieure, Train-, Sanitäts- und Zeug-Korps.
   Im ganzen 4760 Mann, 1096 Pferde, 8 Gesch.

3. Aktive Miliz (jährlich 12 tägige Übung, dreimalige Wiederholung, dann Übertritt zur Milizreserve):
   66 Inf.-, 20 Schützen-Rgtr. à 1—2 Bat. (à 6—12 Komp.), 1 selbständiges Bat. (à 4 Komp.), 1 Jägerkomp., 11 Komp. beritt. Inf. = 95 Bat., 12 Komp.;
   12 Kav.-Rgtr. à 4 Eskadr., 4 selbständige Eskadr., 1 Meldereiter- (Guiden-) Korps; 24 Feld- (à 6 Gesch.), 1 Gebirgsbatt. (à 4 Gesch.). die in Brigaden mit Munitionskolonnen gegliedert sind, 33 Festungsart.-Komp. (6 Rgtr. und 1 Komp.), 4 Pion.-Komp., 1 Signalkorps, 8 Sanitäts-, 8 Train-Korps, 16 Feldambulanzen;
   Im ganzen: 45 700 Mann, 8300 Pferde, 106 Gesch.

4. Reserve-Miliz: 250 000 Mann (davon nur 50 000 militärisch etwas ausgebildet) und 14 000 Mann Schützenvereine (wertlos).
   Stehende und aktive Miliz: Eintritt freiwillig mit 3 jähriger

---

[1]) Daß bei allen kolonialen bzw. Auslandsunternehmungen Englands dessen mächtiger Flotte mit ihren Marinetruppen (zum Landen verfügbar und bestimmt) mindestens die Rolle einer starken Hauptreserve zufällt, braucht wohl nicht weiter betont werden.

Verpflichtung; Reserve-Miliz: alle nicht gesetzlich befreiten britischen Untertanen vom 18.—60. Lebensjahr.
Neufoundland hat nur eine Polizeitruppe von ca. 130 Mann.

III. Australische Kolonien.

a) Die australischen Bundesstaaten (Neu-Südwales, Queensland, Südaustralien, Tasmania, Viktoria, Westaustralien).

1. Stehende Stämme (auf 5 Jahre geworben, zur Ausbildung der übrigen Truppen) = 90 Offiz., 1376 Mann, darunter das Royal-Art.-Rgt. als einziger dauernder, bestehender Truppenkörper.

2. Feldtruppen: im Frieden 14 500 Mann mit 60 Gesch., im Kriege 28 000 Mann mit 84 Gesch. Sie gliedern sich in 3 Inf.-Brig. à 4 Rgtr. (im Frieden à 1 Bat.), 3 Kav.-Brig. à 3 Rgtr. (à 4 Eskadr. zu je 72 Pferden) mit je 1 Pompon-Gesch. und 2 Maschinengewehren.
   Jeder Inf.-Brig. sind 3 Batt. (à 4 Gesch. und 72 Mann) zugeteilt, jeder Kav.-Brig. 1 Batt., im ganzen also = 15 Batt. = 60 Gesch. (engl. 18 Pfünder). Jeder Inf.-Brig. ist außerdem noch 1 Genieabteilung angegliedert.

3. Freiwillige: als Garnisonstruppen zur Besetzung wichtiger Punkte = 12 000 Mann mit 26 Gesch. (im Frieden 5000 Mann).

4. Schützenvereine: 30 000 Mann, Jugendwehrverbände 8700 Mann (wertlos). Eine einheitliche Oberleitung besteht im Frieden nicht.

Australien beginnt 1907 mit der Schaffung einer eigenen Kriegsmarine von 4 Torpedokreuzern, 16 Torpedobootszerstörern und 4 Torpedobooten I. Klasse, die in etwa 5 Jahren fertiggestellt werden sollen.

b) Neu-Seeland: Wellington.

Die Streitkräfte unterstehen dem Gouverneur.

a) Reguläre Miliz: 3 Komp. Festungsart., 1 Torpedokomp. = 350 Mann mit 15 Offiz.

b) Volunteers: 126 Schützen-, 4 Radfahrerkorps, 72 Korps berit. Inf., 6 Feldbatt., 9 Festungsart.-Komp., 6 Komp. Ingenieure; im ganzen etwa 12 000 Mann, 24 Gesch.

Für einen Krieg außerhalb des Gebietes wird eine sogenannte Imperialreserve bereitgehalten, aus Leuten bestehend, die sich auf 3 Jahre für einen eventuellen Auslandskrieg verpflichten.

IV. Südafrikanische Kolonien.

1. Kapkolonie (Distrikt): Capetown.

a) Englische Truppen: Capetown (Middelburg-Subdistrikt).

III. Roy.-Fusiliers (City of London) (7.): Middelburg;
II. Yorkshire (Alexandra Pr. of W.) (19.): Wynberg;
4. Garde-Drag.-Rgt. (Roy.-Irish.): Middelburg;
13. Feldart.-Brig.: Middelburg (2., 8., 44. Batt.);
84. Festungsart.-Komp.: Capetown;
97.   „   „   : Simonstown; . .
46. Feld-Pion.-Komp.: } Capetown;
47.   „   „   „   :
9. Trainkomp.: Capetown;
19.   „   : Middelburg;
1. Zeugkomp.: Capetown;
1 Sanitätsdetachement.

b) Reguläre einheimische Truppen:

1 Rgt. beritt. Schützen (8 Komp.), 50 eingeborene Aufklärer = 900 Mann. Berittene Kappolizei = etwa 2500 Mann mit einigen kleinkalibrigen Schnellfeuergesch. und Maschinengewehren.

c) Volunteers: 17 Korps Schützen (ca. 40 Komp.).

8 Komp. beritt. Schützen, 3 Feldbatt., Garnisonsartillerie, Ingenieure und Sanität, im ganzen etwa 5700 Mann, 18 Gesch.

7 berittene Schützenklubs und 34 Schülerkorps haben keinen militärischen Wert.

2. Natal: Maritzburg.

a) Volunteers: mehrere Korps berittener Schützen, 1 Feldbatt., Garnisonsartillerie, zusammen: 900 Mann, 6 Gesch.

b) Natalpolizei (mit Zululand): 550 Mann mit einigen Schnellfeuergesch. und Maschinengew.

3. Transvaal and Orange River Kolonie: Johannesburg.

a) Transvaal-Distrikt: Pretoria.

Pretoria-Sub-Distrikt:

III. Lancashire Fusiliers (20.): Pretoria;
II. Loyal North Lancashire-Rgt. (47.): Pretoria;
II. Queen's Own Cameron Highlanders (79.): Pretoria;
2. Garde-Drag.-Rgt. (Queen's Bays): Pretoria;
2. reit. Art.-Brig. (V., W. Batt.): Pretoria;

55. Feldpion.-Komp.: Pretoria;
    Telegraph.-Sekt.: Pretoria;
 2. Feldpioniertrupp.: Pretoria;
24. Trainkomp.: Pretoria;
 9. Zeugkomp.: Pretoria;
    Sanitätsdetachement: Petroria.

Middelburg-Subdistrikt:

III. Middlesex-Rgt. (Duke of Cambridge) (57.): Middelburg;
III. Manchester-Rgt. (63.): Middelburg;
  5. Rgt. beritt. Inf. (3 Komp., nämlich je 1 von I. Norf. R.,
     III. Lan. Fus. und II. Bord. R.): Middelburg;
 84. Feldbatt.: Middelburg (11. Feldart.-Brig.);
 31. Trainkomp.: Middelburg;
     Sanitätsdetachement: Middelburg.

Potchefstroom-Subdistrikt:

 II. Border-Rgt. (34.): Potchefstroom;
  4. (Queens Own) Husar.-Rgt.: Potchefstroom;
 16. Feldart.-Brig. (89., 90., 91. Batt.): Potchefstroom;
 58. Feldpion.-Komp.: Potchefstroom;
  7. Trainkomp.: Potchefstroom;
     Sanitätsdetachement.

Standerton-Subdistrikt:

III. Roy. Warwickshire-Rgt. (6.): Standerton;
  6. Rgt. beritt. Inf. (4 Komp., nämlich je 1 von III. Manch.
     R., III. North' d. Fus., II. Cam'n. Highrs., II. Norf. R.):
     Standerton;
 83. Feldbatt. (11. Feldart.-Brig.): Standerton;
 30. Trainkomp.: Standerton;
     Sanit.- und Zeugdetach.: Standerton.

b) O r a n g e   R i v e r   C o l o n y d i s t r i k t: Bloemfontein.

Bloemfontein-Subdistrikt:

III. Northumberland Fusiliers (5.): Bloemfontein;
  I. Norfolk-Rgt. (9.): Bloemfontein;
 II.   „   „   „
  5. Garde-Dragon. (Prinzess Charlotte): Bloemfontein;
 17. Feldart.-Brig. (10., 26. 92. Batt.): Bloemfontein;
 54. Feldpion.-Komp.: Bloemfontein;
 33. Trainkomp.: Bloemfontein;

6. Zeugkomp.: Bloemfontein;
Sanitätsdetachement: Bloemfontein.

Harrismith-Subdistrikt:
II. East-Kent-Rgt. (Buffs) (3.): Harrismith;
2. Rgt. beritt. Inf. (3 Komp., nämlich je 1 von II. N. Lan.
R., III. Midd'x. R. und III. R. War. R.): Harrismith;
85. Feldbatt. (11. Feldart.-Brig.): Harrismith;
12. Trainkomp.: Harrismith.

V. Westafrikanische Kolonien (Westafrikakommando).

a) Gambia: Bathurst.

1 Eingeborenenkomp. (Gambiakomp.) mit 3 englischen Offiz.

b) Goldküstekolonie: Accra.

Eingeborenen-(Lokal-)Truppen:
Goldküste-Rgt.: I. Bat.: Kumasi (36 engl. Offiz.), II. Bat.:
Gambaga (20 engl. Offiz.);
1 Art.-Abteilung (Batt.) mit 3 engl. Offiz.
Mit Lagos eine Polizeitruppe von etwa 1000 Mann Einge-
borene.

c) Lagos: Lagos.

Lagosbataillon: Lagos (mit 18 engl. Offiz.).

d) Nordnigeria: Zungeru.

Nordnigeria-(Eingeborenen-)Rgt.: Zungeru (mit 110 engl.
Offiz. und Beamten): I. Bat.: Zungeru; II.: Lokoja; III.
(beritt. Inf.): Zaria;
Artillerie (2 Batt.) mit 8 engl. Offiz.

e) Südnigeria: Old Calabar.

Südnigeria-Rgt. (Eingeborenen-): Old Calabar;
1 Bat. mit 38 engl. Offiz.;
1 Art.-Abteilung (Batt.) mit 4 engl. Offiz.

f) Sierra Leone: Freetown.

a) Eingeborenen-(Lokal-)Truppen:
Sierra-Leone-Bat.: Freetown (mit 22 engl. Offiz.);
3. und 4. Komp. des Westindian-(Lokal-)Bat. Fußart.: Sierra
Leone (mit je 4 engl. Offiz.);
1 Lokalkomp. Fußart.: Sierra Leone (mit 4 engl. Offiz.).

b) Im Kommando stehende englische Truppen:
I. West-India-Rgt.: Sierra Leone (mit 44 engl. Offiz.) ⎱ Kolonial-
West-African-Rgt.(1Bat.): SierraLeone(37engl.Offiz.) ⎰ korps
Fuß-(Festungs-)Art.-Komp. No. 50: Sierra Leone;
Festungs-Pion.-Komp. No. 36: Sierra Leone;
1 Train- und 1 Sanitätsdetachement.

VI. Ost- und Zentralafrika.

a) Brit. Zentralafrika-Protektorat: Zomba.

King's African Rifles (Lokal-Eingeborenen-Rgt.): II. (Zentral-
Afrika) Bat.: Zomba (20 engl. Offiz.); attach. 1 indisches
Kontingent mit 2 engl. Offiz.

b) Ostafrika-Protektorat: Mombasa.

King's African Rifles: I. (Zentralafrika) Bat.: Nairobi (22 engl.
Offiz.);
III. (East-Africa): Nairobi (mit 24 engl. Offiz.);
1 Kameelreiterabteilung (Komp.) mit 1 engl. Offiz.

c) Somaliland-Protektorat: Berbera.

King's African Rifles: V. (Somaliland) Bat.: Berbera (14 engl.
Offiz.), kommand. 2 Komp. beritt. Inf. der indischen Armee.

d) Uganda-Protektorat: Entebbe.

King's African Rifles: IV. (Uganda) Bat.: Entebbe (21 engl.
Offiz.), attach. 1 indisches Konting. mit 4 engl. Offiz. der
indischen Armee.

VII. Mauritius (eine der Maskareninseln, östlich Madagaskar):
Port Louis.
a) Lokaltruppen: 1. und 2. Komp. des Ceylon-Mauritius-Lokal-
Fußart.-Bat. (mit je 3 engl. Offiz.);
b) englische Truppen: Das englische Infanteriebataillon wurde
1907 in die Heimat zurückgezogen, die beiden indischen Bataillone der Garnison nach Ceylon verlegt zum Ersatz der von
dort abgehenden englischen Bataillone. Es verbleiben somit
nur mehr: Festungsart.-Komp. Nr. 56 und 57, Festungspion.-
Komp. Nr. 43; je 1 Detach. Train-, Sanitäts- und Zeugkorps.

VIII. St. Helena: James Town.

Die Besatzung wurde 1907 ganz eingezogen und die Armierung
beseitigt.

IX. Bermuda-Inseln (südöstlich Neuyork): Hamilton.

II. Hampshire-Rgt. (37.);
Bermuda Volunteers Rifle Corps (3 Komp.);
Festungsart.-Komp. Nr. 3 und 95;
Bermuda Art.-Miliz (2 Komp.);
Festungspion.-Komp. Nr. 27;
Bermuda submarine Miners-Division (Miliz);
je 1 Detachement Train-, Sanitäts- und Zeugkorps.

X. Jamaica (große Antillen, Westindien): Kingston.

a) Englische Truppen: II. West-India-Rgt. mit Rgts.-Depot
(Kolon.-Korps);

Festungsart.-Komp. Nr. 66	Detachierungen
1. Komp. des Westindia-Lokal-Fußart.-Bat.	nach Honduras,
Festungspionierkomp. Nr. 44	Barbados usw.

Je 1 Detachement Train, Sanitäts- und Zeugkorps.
b) Volunteersmiliz (mit 3 Jahren Dienstverpflichtung, jährlich
15 Übungstagen und 1 Schießkurs): 6 Komp. Inf., 3 Komp.
beritt. Inf., $1^1/_2$ Komp. Garnisonsart. = etwa 1000 Mann.
Polizeitruppe = 700 Mann.

Britisch-Honduras: Belize.

Kleine Detachierung von Jamaica und Polizeitruppe.

Bahama-Inseln: Nassau.

Polizeitruppe und kleine Detachierung von Jamaica.

XI. Barbados-Kommando (kleine Antillen): Bridgetown.

Barbados, Lewardinseln, Windswardinseln, Trinidad und Brit.
Guyana: Jeweils nur kleine Polizeitruppen- und Volunteersabteilungen,
besonders in Guyana 4 Komp. und 1 Batt. à 4 Gesch.

XII. China.

a) Nordchina mit Wei-ha-wei: Tientsin.

$^1/_2$ II. Roy. West-Kent-Rgt. (50.): Wei-ha-wei (4 Komp.).

41. Dogras-Rgt. (indisch): Shan-hai-Kwan	vom Kolonialkorps.
47. Sikhs-Rgt. (indisch): Tientsin	

(Chinesen-Inf.-Rgt. (13 engl. Offiz.): Wei-ha-wei wurde 1. 4. 06
aufgelöst.)
Je 1 Detachement Artillerie, Train, Sanität, sowie Detachements
indischen Trains, Sanitäts- und Zeugkorps.

b) Südchina mit Hongkong: Hongkong.

1. **Englische und indische Truppen:**
$^1/_2$ II. (mit. Stab) Roy. West-Kent-Rgt. (50.): Hongkong (4 Komp.).
119. ind. Inf.-Rgt. (Mooltan-Rgt.): Hongkong   } vom Kolo-
129. Duke of Connaught's Own Baluchis (ind.):   } nialkorps.
Hongkong
Festungsart.-Komp. Nr. 83, 87, 88: Hongkong.
1., 3., 4., 5. Komp. des Hongkong-Singapore-Lokal-Fußart.-Bat.:
Hongkong.
Festungspionierkomp. Nr. 25 und 40: Hongkong.
Je 1 Detachement Train, Sanitäts- und Zeugkorps.
2. **Polizeitruppe,** aus Sikhs und Chinesen gebildet, außerdem
1 Freiwilligenkorps.

XIII. Straits settlements.

Diese Kolonie, die sich aus der Ansiedlung in Singapore entwickelte und jetzt außer dieser Stadt auch noch Penang, Malacca
usw. umfaßt, hat folgende Besatzung:

I. Nottinghamshire and Derbyshire (45.): Singapore.
95. (indisch.) Russels Inf.-Rgt.: Singapore.
Festungsart.-Komp. Nr. 78 und 80: Singapore.
2. Komp. des Hongkong-Singapore-Lokal-Fußart.-Bat.: Singapore.
Festungspionierkomp. Nr. 41: Singapore.
Je 1 Detachement Train, Sanitäts- und Zeugkorps, außerdem
eine kleine, aus Europäern bestehende Freiwilligentruppe
und eine gemischte Polizeitruppe.

XIV. Ceylon: Colombo.

11. Rajuts-Rgt. (ind.)   } je 1 Bat., seit 1907 in Colombo.
75. Carnatic-Rgt. (ind.)   }
Festungsart.-Komp. Nr. 93.
Ceylon-Mauritius-Lokal-Fußart.-Bat. 3. Komp.
Festungspionierkomp. Nr. 31.
Je 1 Detachement Train, Sanitäts- und Zeugkorps.
Die britische Flotte ist im Hafen von Trincomale stationiert;
dieses und Colombo sind stark befestigt.

Von den sonstigen außerhalb Großbritannien befindlichen Gebiets-
teilen englischer Machtsphäre (Gibraltar, Cypern, Malta und Ägypten)
kommt, wenn auch nicht als Kolonie, so doch wegen seiner politischen
und internationelen Bedeutung Ägypten noch besonders in Betracht.

XV. Ägypten: Cairo.

a) Ä g y p t i s c h e T r u p p e n :

9 ägyptische Bat. à 4 Komp. (mit 12 engl. Offiz.);

6 sudanesische Bat. à 6 Komp. (24 engl. Offiz.);

¹/₂ arabisch. beritt. Bat. zu 2 Komp. (1 engl. Offiz.);

3 Komp. Kameelreiter (beritt. Inf.) ⎫
1 Komp. beritt. Inf. auf Maultieren ⎬ (5 engl. Offiz.);

4 ägyptische Eskadrons ⎫
2 sudanes.   „   ⎬ Kavallerie (4 engl. Offiz.);

4 Feldbatt. à 6 Gesch. (mit Maultieren bespannt);

1 Maximbatt. à 8 Gesch. ⎫
3 Festungsart.-Komp.   ⎬ (7 engl. Offiz.);

Sanitäts-, Artillerie- und Geniedienst-, Zeug-, Train-, Eisenbahn-
usw. Dienstanstalten.

Im ganzen: etwa 100 englische, 670 eingeborene Offiziere,
18500 Mann, außerdem: Stadtpolizei (Alexandrien, Cairo, Port
Said, Suez) mit 37 europäischen und 38 eingeborenen Offizieren,
380 europäischen und 2410 eingeborenen Unteroffizieren und Mannschaften; Provinzialpolizei mit 207 Offizieren und 3127 Mann;

ferner die Küstenwache mit 2 europäischen und 151 eingeborenen Offizieren und 1700 Mann.

b) e n g l i s c h e T r u p p e n (Okkupation):

II. Roy. Inniskilling Fusiliers (27.); I. Lancash. Fus. (20.);

II. (Princess Charlotte of Wales) Roy. Berkshire-Rgt. (49.);

I. King's Royal Rifle Corps;

¹/₂ I. Roy. Dublin Fusiliers (102.);

1 Komp. beritt. Infant.;

1 Detachem. beritt. Polizei;

Festungsartill.-Komp. No. 2;

Festungspion.-Komp. No. 2;

6. Inniskill. Drag.-Rgt.

U. reit. Batt.

1 Komp. vom Malta Art.-Bat.

1. K. Own. Scott. Broderers?

III. Coldstream Guards?

71. Trainkomp.; 7. Zeugkomp.; 1 Sanitätsdetachement (33. Komp.).

D. Italien.

Die Kolonialtruppen unterstehen dem Minister des Äußern und
bestehen entweder ganz aus Italienern, oder aus Italienern und Eingeborenen, oder bloß aus Eingeborenen.

Die italienischen Mannschaften sind sämtlich Freiwillige der aktiven Armee und Reserve, die Eingeborenen rekrutieren sich durch Werbung.

Die Truppenstärke ist: 127 Offiziere, 5 Beamte, 662 Italiener, 3839 eingeborene Mannschaften, mit 130 Offizierpferden, 58 Truppenpferden und 683 Maultieren.

Kommando: Asmara (mit Generalstab, Kommissariat, Sanität.). Depot: Neapel.

1. Komp. Carabinieri reali (nur Italiener): Asmara;

1. „ Jäger: Adi Ugri ⎫
2. „ „ Asmara ⎬ nur Italiener.
3. „ „ Saganeiti ⎭

I. Eingebor.-Bat.: Adi Ugri.
II. „ Saganeiti.
III. „ Asmara.
IV. „ Cheren.

(zu 4 und 5 Komp.).

1 Küstenkomp. (Eingebor.): Assab.
1 Eskadr. (Eingebor. u. Ital.): Godofelassi.
1 Genie-Komp. (Eingebor. u. Ital.): Asmara.
1 Gebirgs-Bat. (Eingebor. u. Ital.): Cheren.
2 Fußart.-Komp. (Ital.): Asmara.

Trainkommando mit 2 Trainkomp. (Ital. u. Eingebor.): Asmara.

Massaua und Assab sind auch Stationen für die Flotte.

1906 wurden in die Kolonie Benadir (Süden von Somali) geschickt: 4 Komp. Inf. u. 1 Artill.-Komp. = 15 ital. Offiz., 1326 Eingeborene.

Die Stationen dieser Truppe sind:

1. Komp. und Artill.-Komp.: Mogadichio, 2. Komp. Merca, 3. Brawa, 4. Dijoumbo, sämtlich mit Detachements, teilweise unter italienischen Offizieren in: Itala, Quarschek, Tschesira, Djelib, Bardora und Lough.

Zu einer etwa notwendig werdenden Verstärkung der Kolonialtruppen müßte die Landarmee neben der Flotte herangezogen werden und kämen dabei wohl zunächst die Truppen in Süditalien und Sizilien in Betracht und zwar hauptsächlich die ihrer Ausbildung und Organisation noch am meisten geeigneten Bersaglieri und Gebirgsbatterien.

Es stehen das 9. Bersaglieri-Rgt. (28., 30., 32. Bat.) in Neapel; das 8. Bersaglieri-Rgt. (3., 5., 12. Bat. u. 1 Radfahrer-

komp.): in Palermo; 3 Gebirgsbatt. (No. 16—18) vom 22. Art.-Rgt.
sind in Messina.

E. Niederlande.

Ähnlich wie Britisch-Indien besteht auch der niederländisch-
indische Kolonialbesitz 1. aus vollkommen unterworfenen Gebieten,
in denen die niederländische Regierung alle Gewalt ausübt, 2. aus
fürstlichen Gebieten, denen zum Schein eine gewisse Selbständigkeit, z. B. fürstliche Leibtruppen zu Paradezwecken, belassen ist,
3. aus vollkommen unabhängigen, bis jetzt noch keineswegs unterworfenen, aber zunächst auch nicht feindlich gesinnten oder feindlich
auftretenden Schutzstaaten.

Die niederländisch-indische Kolonialarmee, deren Stärke zwischen
30000 und 40000 Mann wechselt (1905: 1311 Offiziere, 36973
Mann), ist von der Armee des Mutterlandes vollkommen unabhängig;
sie ist nur dem Generalgouverneur unterstellt, während die Kolonialreserve in der Heimat (als Kern für die nach Ostindien bestimmten
Kolonialtruppen niederländischer Nationalität, sowie zur Einstellung
von wegen vorübergehender Untauglichkeit zurückkehrenden Mannschaften) dem Kriegsminister direkt unterstellt ist. Das ganze
Kolonialgebiet ist in verschieden große und verschieden wichtige
Militärbezirke eingeteilt.

. Die Truppen bestehen aus Regulären und Irregulären; die
ersteren ergänzen sich durch Werbung aus Niederländern, Eingeborenen und Freiwilligen auf Handgeld; die Hälfte der Europäer
sind Niederländer, von den übrigen die meisten Deutsche. Im
ganzen sind in der niederländisch-indischen Armee 13000 Europäer
einschließlich 1600 Offiziere, die mit Rücksicht auf Klima usw. einen
jährlichen Nachersatz von 1900 Mann erfordern.

Die Armee zählt:

20 Feldbataillone à 4 Komp.; davon 27 Komp. Europäer, 15 Komp.
   Amboinesen, 38 Komp. Javaner);

4 Depotbataillone, 5 Subsistentenkadres zur Aufnahme der
   Ersatztruppen aus dem Mutterlande und der zur Rückkehr bestimmten Mannschaften bis zu deren Einschiffung;

10 Garnisonbataillone mit mobilen Kolonnen verschiedener
   Stärke, die zur Besatzung vorgeschobener Posten und Wachen
   (87 Stationen) bestimmt sind, insbesondere an der Ost- und
   Westküste von Sumatra, auf Borneo, Celebes und Amboina;

1 Regiment Kavallerie in 8 Kompagnien à 60 Reiter (nämlich
   4 Feld-, 1 Depoteskadron, 1 Detachement auf Celebes, 2 Es-

kadrons Leibwachedragoner) nur Europäer, zum Ordonnanz- und Sicherheitsdienst bestimmt;

4 schwere, 1 leichte Feldbatterie, 4 Gebirgsbatterien, erstere à 8, letztere à 16 Geschütze; ungefähr die Hälfte der Mannschaften sind Europäer;

7 Festungsartilleriekompagnien in den festen Plätzen von Java, und in den Küstenbefestigungen von Batavia und Samarang;

5 Garnisonartilleriekompagnien auf den Außenposten von Sumatra, Borneo, Celebes und den Molukken.

Außerdem an Artillerieanstalten: 1 Büchsenmacherschule, 1 Konstruktionsarsenal, 3 Pulverfabriken, 1 Feuerwerkslaboratorium, 1 Prüfungsanstalt für Handfeuerwaffen usw.;

Das Geniekorps besteht aus einem Stabe und 4 Kompagnien, die auf die festen Plätze und die Strandbatterien verteilt sind;

endlich 1 Strafdetachement, 1 Handwerkerkompagnie, 1 topographische und Erkundungsabteilung, die Intendantur und das Sanitätskorps, eine Waisenerziehungsanstalt für Soldatensöhne zu 2 Kompagnien, eine Militärschule und eine Artillerieschule für Unteroffiziere als Offiziersaspiranten.

Die unter dem Schutze Hollands stehenden Lehensfürsten sind zur Stellung von Hilfstruppen (Barissons) verpflichtet.

Die Truppen der unabhängigen Fürsten auf Java und Madura bestehen aus 5500 Mann Infanterie, einer Dragonerleibwache, $^1/_2$ Batterie, sämtlich Eingeborene mit eingeborenen Offizieren. Ein Teil davon bildet die Schuttery (nach dem Muster des Mutterlandes, = Miliz), ein anderer Teil die Leibwache der Fürsten; dazu kommt noch ein eingeborenes Gendarmeriekorps mit europäischen Offizieren (Djayanysecars); ein ähnliches Gendarmeriekorps (Maréechaussée) besteht in Stärke von 492 Mann (= 5 Divisionen) auch in Atchin.

Die Kolonialreserve in der Heimat besteht aus einem Stabe, 3 feldtüchtigen Kompagnien in Nymwegen und 2 Rekonvaleszentenkompagnien in Zütphen.

Die niederländisch-indische Flotte (ostindische) ist stark:

5 gepanzerte oder geschützte Schiffe (darunter 1 Linienschiff III. Kl.: 4360 t), 1 geschützter Kreuzer 1720 t, 1 ungeschützter Kreuzer 1300 t, 13 Kanonenboote (aus den Jahren 1878—1900) 550—850 t, 6 neue Torpedoboote (1897—1903) 84—103 t, außer-

dem mehrere Spezialschiffe, im ganzen somit etwa 30 meist ältere Fahrzeuge mit 280 Geschützen.

Das Marinepersonal zählt 3500 Köpfe.

Als Reserve kann gewissermaßen die nicht unbeträchtliche niederländische Flotte gelten, die unter 61 gefechtsfähigen Fahrzeugen 17 Panzer, sowie ein Flottenpersonal von 6 Admiralen, über 400 Offizieren, 430 Ärzten, Ingenieuren usw. und 6200 Matrosen und außerdem noch 52 Offiziere und 2200 Mann Marineinfanterie besitzt, die wohl in ähnlicher Weise Verwendung finden kann, wie die deutschen Seebataillone.

F. Portugal.

Die Kolonialtruppen unterstehen dem Marine- wie dem Koonialministerium. Sie ergänzen sich aus Freiwilligen des aktiven Standes oder der Reserve, oder aus solchen Wehrpflichtigen, die sich vor der Einstellung der Dienstpflicht zu entziehen versuchten; der Rest wird aus dem 1. Jahrgang des stehenden Heeres ausgelost. Die Dienstpflicht dauert 2 Jahre, für die, welche wegen Verstoß gegen das Wehrpflichtgesetz eingestellt wurden, 3 Jahre; nach Beendigung der Dienstpflicht kann auf 2 weitere Jahre kapituliert werden. Eingeborene werden auf 2 bzw. 5 Jahre eingestellt.

Die Kolonialtruppen werden in I. und II. Linie unterschieden; die Truppen der I. Linie stehen in den verschiedenen Bezirken verteilt; die II. Linie sind Einheiten, die jederzeit aufgestellt werden können, tatsächlich aber nur zu Zeiten von Unruhen oder zu den Ausbildungsperioden einberufen werden; ihre Organisation, Zusammensetzung und Zahl richtet sich nach dem Bedürfnis der Kolonien.

Die portugiesische Kolonialarmee ist stark:

6 europäische, 32 eingeborene Infanterie-, 8 Depotkompagnien;

3 Eskadrons und 4 selbständige Züge Dragoner;

6 aus Gebirgsartillerie und Infanterie zusammengesetzte (gemischte) Kompagnien;

2 aus Garnisonsartillerie und Infanterie zusammengesetzte (gemischte) Kompagnien;

3 aus Gebirgs- und Garnisons-(Fuß)-Artillerie zusammengesetzte gemischte Batterien;

1 europäische und 1 Eingeborenen-Garnisonartilleriekompagnie;

6 Polizeikorps; 2 Strafbataillone;

5 europäische und 4 eingeborene Musikkorps;

Im ganzen: 10—12000 Mann.

Verteilung der Kolonialarmee:

1. Angola: 1 europäische, 16 eingeborene Infanterie-, 4 Depotkompagnien; 1 Eskadron Dragoner; 1 gemischte Batterie; 2 gemischte (Gebirgsartillerie- und Infanterie)kompagnien; 1 Polizeikorps; 1 Strafbataillon (4 Kompagnien); 3 europäische
Musikkorps.

2. Mozambique: 2 europ., 10 eingebor. Inf.-, 4 Depot-Komp.
2 Eskadr.-Dragoner, 1 gemischte Batt., 2 gemischte Komp. (je
1 aus Gebirgs-Artill. und Inf., und Garnison-Artill. und Inf.);
1 Polizeikorps; 1 Strafbataillon (2 Komp.); 2 europ. Musikkorps;

3. Indien: 1 europ. Inf.-Komp.; 6 eingebor. Inf.-Komp.; 1 selbständ.
Drag. Zug; 1 gemischte Batterie; 1 Polizeikorps; 1 indisch.
Musikkorps;

4. Macau: 1 europ. Komp. Garnison-Artill.; 1 europ. Inf.-Komp.;
1 Polizeikorps; 1 indisch. Musikkorps;

5. Cap Vert: 1 europ. Inf.-Komp.; 1 eingebor. Komp. Garnison-
Artill.; 1 Polizeikorps; 1 indisch. Musikkorps;

6. Timor: 2 gemischte Komp. (Gebirgs-Artill. und Infant.); 1 selbständ. Dragon.-Zug;

7. Guinea: 1 gemischte Komp. (Gebirgs-Artill. und Inf.); 2 selbständ. Dragonerzüge;

8. St. Thomas und Principe: 1 gemischte Komp. (Garnison-Artill.
und Inf.); 1 Polizeikorps; 1 indisch. Musikkorps.

Die Friedensstände schwanken sehr stark: bei den europ.
Inf.-Komp. zwischen 82 und 218, bei den indischen Inf.-Komp. zw.
118 und 210, bei den Drag.-Eskadr. zw. 108 und 157, bei den
gemischten Batt. zw. 117 und 171, bei den gemischten Komp. zw.
123 und 221 Mann; die 6 Polizeikorps sind zwischen 813 und
1423 Mann stark.

Ein aus der Landarmee zusammengestelltes, besonderes Expeditionskorps, das dem Minister für die Marine und die Kolonien zur
Verfügung gestellt ist, besteht aus:
1 Bat. Inf. zu 4 Komp. (Mannschaften des 12. und 13. Inf.-Regt.);
1 Jäger-Komp. (Mannschaften des 6. Jäg.-Bat.) mit Maschinengewehren;
1 Eskadron des 9. Kavall.-Regts.;
1 Batt. (Mannschaften der reit. Artill.);
1 Genie-Komp. (Mannschaften der Telegr.-, Eisenb.-, und Ponton-
Komp. des Genie-Regts.);
Die nötigen Hilfsdienstzweige (Sanität, Verwaltung);

Im ganzen: 68 Offiz., 1076 Unteroffiz. und Mannsch., 205 Pf., 140 Maultiere.

Das Expeditionskorps wurde später um 1 Inf.-Bat. (je 2 Komp. Mannschaften des 14. und 15. Regts.), 43 Dienstgrade und einige Mann anderer Waffen auf 92 Offiz., 1773 Unteroffiz. usw. nebst 228 Pferden und 178 Maultieren vermehrt.

Von dem etwa 5000 Mann starken Personal der portugiesischen Flotte stehen etwa 400 Mann in den Kolonien.

G. Spanien.

Spanien hat durch seinen letzten unglücklichen Krieg den größten und weitaus wertvollsten Teil seiner Kolonien verloren, so daß es jetzt außer den Canarischen Inseln und den Présidios in Nordafrika nur mehr in Westafrika kleinen, ziemlich bedeutungslosen Kolonialbesitz hat.

Die spanische Armee (7 Armeekorps stark) hat eine Kolonialtruppe im eigentlichen Sinne nicht, dagegen bilden die Provinzen außerhalb des Mutterlandes besondere Militärbezirke (Balearen, Canarische Inseln und Présidios in Nordafrika), von denen nur die beiden letztgenannten im Sinne von Kolonien in Betracht kommen; immerhin mögen auch die Militärverhältnisse der Balearen Erwähnung finden, da sie ja, wie auch die Besatzung des Campo di Gibraltar, schon infolge ihrer Organisation, in erster Linie als Reserve für die Truppen in den erwähnten Kolonien in Betracht kommen.

Die Flotte hat sich von den schweren Verlusten des letzten Krieges noch nicht ganz erholt, hat aber bereits eine Anzahl tüchtiger neuer Fahrzeuge, die zur Erhaltung einer gesicherten Verbindung zwischen Mutterland und Kolonien genügen dürften. Außer 14000 Mann Flottenpersonal sind auch etwa 9000 Mann Marinetruppen (mit 350 Infanterie- und 60 Artillerieoffizieren) vorhanden.

Generalkapitanat Militärbezirk Balearen.

1. Gouvernement Mallorca, Ibiza, Formentera, Cabrera: Palma.

Inf.-Rgt. Palma) je 3 Bat. zu 8 Komp., von denen nur die beiden
Inf.-Rgt. Inca) ersten aus aktiven Mannschaften, die anderen aus Reservisten, im Frieden also nur aus Stämmen bestehen:

Bat. Ibiza zu 4 Komp. (1 aktiv, 3 Stämme);
1 Eskadr. Mallorca-Jäger;
1 Gruppe Feld-Artill. (1 fahr. und 1 Gebirgs-Batt., 212 M. mit 111 Pf.);
1 Batt.-Garnis.-(Fuß-)Artill. (1 Detach. auf Ibiza);

27*

1 Komp. Sapp.-Mincnre (1 Detach. auf Ibiza), mit Telegr.-Detach.;
1 Verwaltungssektion;
1 Sanitätssektion.

2. Gouvernement Menorca: Mahón.

Inf.-Rgt. Mahón Nr. 69 zu 2 Bat., ⎰ jedes Regiment à 1200 Mann,
Inf.-Reg. Menorca Nr. 70 zu 2 Bat. ⎱ die, sobald es finanzielle Rücksichten gestatten, auf Kriegsstärke gebracht werden sollen:
Mahón (1 Bat. Fortalezza Isabel II.);
1 Eskadr. Menorca-Jäger;
1 Gruppe Feld-Artill. (1 fahr. und 1 Gebirgsbatt. = 212 M. mit 111 Pf.);
1 Batt. Garnis.-Artill.;
1 Komp. Sapp.-Mineure mit Telegr.-Abteil.;
1 Verwaltungssektion, 1 Sanitätssektion.

Die (2.) Jägerbrigade des Campo de Gibraltar (II. A. C.)
besteht aus 6 Jägerbataillonen (Nr. 1, 5, 7, 12, 17, 18), 3 Gebirgsbatt., 1 Eskadr. 6. Lanciers-Regts., 1 Gebirgstelegr.-Sektion, 1 Ver-
waltungssekt. und 1 Gebirgsambulanz, von welchen Truppen das
Jägerbat. Nr. 7 und 1 Gebirgsbatt. nach Ceuta abkommandiert sind.

Militärbezirk Nordafrika.

1. Gouvernement Ceuta:

Inf.-Rgt. Ceuta Nr. 60 ⎰ à 3 Bat. à 4 Komp. (sämtlich aktiv,
Inf.-Reg. Serallo Nr. 61⎱ à 600 Mann);
1 Jägerbat. des II. A. C. (Bat. Ciudad Rodrigo Nr. 7);
1 Batt. Garnis.-Artill.; 1 Gebirgsbatt. (der Abteilung Gibraltar);
1 Komp. Sapp.-Mineure;
Die freiwillige Miliz von Ceuta: 1 Komp. arabischer Schützen, 1 Eskadr.
Jäger und 1 Marinekomp.;
1 Verwaltungs- und 1 Sanitätsabteilung mit 1 Ambulanz.

2. Gouvernement Melilla (mit den benachbarten Inseln).

Inf.-Rgt. Melilla Nr. 59 ⎱
„ „ Africa „ 68 ⎰ à 3 Bataillone zu je 4 Komp.
(sämtlich aktiv, jedes Regiment = 2030 Köpfe): Melilla;
(1 Komp. Alhugemas, 2 Komp. Chafarinas,
1 „ Peñon de Velez de la Gomera);
1 Disziplinar-Bat.: Melilla; 1 Komp. Sapp.-Mineure;
1 Eskadr. Jäger z. Pf.; 1 gemischte Art.-Brig. (1 fahr. und 1 Gebirgs-
Batt. = 248 M. m. 127 Pf.);
1 Marinekomp.;
1 Verwaltungs- und 1 Sanitäts-Abteil., 1 Ambulanz.

Militärbezirk Canarische Inseln.

1. Gouvernement Teneriffa mit den Inseln las Palmas, Gomera und Hierra.

Inf.-Rgt. Tenerifa zu 3 Bat. à 8 Komp., von denen je die beiden
ersten aktiv sind: Teneriffa;
Inf.-Rgt. Orotava zu 3 Bat. à 4 Komp., von denen je die erste aktiv
ist: Tenerifa;
1 Jäger-Bat. zu 8 Komp., wovon 2 aktiv, die anderen nur Stämme:
las Palmas;
1 Inf.-Bat. zu je 4 Komp., wovon 1 aktiv: Gomera;
1 „ „ „ „ 4 „ „ 1 „ Hierro;
1 Eskadr. canarische Jäger: Teneriffa;
1 Batt. Garnis.-Art., 1 Gebirgs-Batt., 1 Komp. Sapp., Mineure;
1 Telegr.-Detachem., 1 Verwaltungs- und 1 Sanitätssektion, sämtlich:
Tenerifa.

2. Gouvernement Gran Canaria nebst Lanzarote und Fuerteventura.

Inf.-Rgt. las Palmas zu 3 Bat. à 8 Komp., wovon 2 aktive: Gran
Canaria;
Inf.-Rgt. Guia zu 3 Bat. à 4 Komp., wovon die erste aktiv: Gran
Canaria;
1 Inf.-Bat. zu 4 Komp., wovon die erste aktiv: Lanzerote;
1 „ „ „ 4 „ „ „ „ „ Fuerteventura;
1 Eskadr. canarische Jäger: Gran Canaria;
1 Batt. Garnis.-Aitill. (1 Detach. Lanzerote), 1 Gebirgs-Batt.;
1 Komp. Sapp., Mineure, 1 Telegr.-Detach.;
1 Verwaltungs- und 1 Sanitätssektion, sämtlich: Gran Canaria.

H. Kongostaat: Boma.

Der Kongostaat hat, wie eine eigene selbständige Verwaltung,
so auch seine eigene Armee. Die Einstellung in dieselbe erfolgt
durch freiwilligen Eintritt oder durch Aushebung von Eingeborenen.
Die Ausbildung der Eingestellten erfolgt in 4 Übungs- oder Lehr-
lagern: Jumbi, Yrebu, Umangi und Lukula Bavu (am unteren
Kongo), letzteres für die Reserve; nach einjähriger Ausbildung werden
die daselbst ausgebildeten Mannschaften den aktiven Kompagnien
überwiesen.

Die Dienstpflicht dauert seit 1900 7 Jahre in der aktiven
Armee und 5 in der Reserve; die Dienstzeit der Freiwilligen darf

7 Jahre nicht überschreiten. Jährlich werden etwa 1500 Mann ausgehoben (ungefähr 1 auf 10000 Köpfe); an Freiwilligen waren 1903 5000 Mann vorhanden, die Reserve ist ca. 9000 Mann stark. Bis zum Jahre 1891 bestand die Armee nur aus Freiwilligen und hatte zuletzt eine Stärke von 1623 Mann.

Die Gesamtstärke der Armee betrug 1906: 15736 Köpfe, worunter etwa 510 Offiziere (Belgier) und 300 europäische Unteroffiziere. Die Armee ist ausgerüstet mit dem Albini-Gewehr M 53/67, in den einzelnen Bezirken sind einige wenige kleine Geschütze, außerdem die Artillerie- und Genieausrüstung des Forts Shinkassa bei Boma.

2600 Mann stehen in den befestigten Stationen an der östlichen und nördlichen Grenze zum Schutz gegen die Araberstämme; 1 Komp. zu 500 Mann ist Besatzung von Shinkassa, der Rest sind 21 aktive Komp., die auf 21 Distrikte und Zonen verteilt sind.

Die Durchschnittsstärke der Kompagnie beträgt 500 Mann, wovon etwa 200 M. in der Stabsgarnison stehen, der Rest in Gruppen von 30—50 M. unter Offizieren oder weißen Unteroffizieren auf einzelne Stationen im Distrikt verteilt ist. 3000 Mann sind in der Regel an Rekruten vorhanden.

Vom Budget des Kongostaates entfallen 7,7 Mill. Frs. auf die Wehrmacht.

An Schiffen besitzt der Staat etwa 80, darunter 37 Dampfer, von denen 30 auf dem Kongo laufen. Auf Hunderte von Kilometern ist der Kongo eine vorzügliche Wasserstrasse, deren einzelne Teile durch an Stelle der nicht schiffbaren Strecken eingeschaltete Eisenbahnlinien miteinander verbunden sind, oder noch verbunden werden. Durch diese Bahnprojekte wird es möglich, die Kongomündung mit dem Albertsee, dem Tanganyka und dem äußersten Südosten des Staates zu verbinden.

XXX.
Ein griechisches Urteil über die unlängst in Athen stattgehabten Feldgeschützvergleichsversuche.

Über die sogenannten griechischen Feldgeschützvergleichsversuche (vgl. Septemberheft dieser Zeitschrift, Seite 319) veröffentlichte die Athener Zeitung „Akropolis" am 30. und 31. August d. J. einen Aufsatz, welcher offenbar aus der Feder eines griechischen Artillerie-offiziers stammt, der den Versuchen mit großer Aufmerksamkeit gefolgt ist. Im Interesse der Klärung der Angelegenheit geben wir nachfolgend eine wörtliche Übersetzung des „Akropolis"-Aufsatzes: „In der Athener Zeitung „Patris" vom 27. August 1907 werden Urteile und Bemerkungen von „Fachleuten" über die Geschützversuche veröffentlicht, wodurch versucht wird, den Beweis für die Überlegenheit der Schneiderschen Geschütze zu erbringen. Diese Urteile und Bemerkungen sind so unbegründet und stützen sich so wenig auf die Resultate der Versuche, daß es leicht ist, sie in allen Punkten zu widerlegen. Dies tun wir in folgendem, indem wir zu den Bemerkungen der „Patris" der Reihenfolge nach unsere Gegenbemerkungen setzen. —

Patris A. „In den Fahrversuchen haben beide Geschütze von Schneider und Krupp eine gleich große Widerstandsfähigkeit bewiesen".

Die Schneidergeschütze haben jedoch tatsächlich bei den Fahrversuchen eine sehr schlechte Widerstandsfähigkeit an den Tag gelegt. Nach dem Schlusse der Fahrversuche hat die Kommission folgende Beschädigungen festgestellt: 10 Speichen sind ganz gebrochen und die übrigen haben Risse. Die Verbindungen der Speichen mit den Felgen und den Naben sind vollkommen gelockert. Die Randreifen sind gänzlich abgeschliffen, so daß sie keine gerade Fläche mehr bilden, sondern halbkreisförmig geworden sind. Die Räder sind überhaupt deformiert und fast achteckig geworden.

Das Federvorholergeschütz Schneiders hat eine große Menge Glyzerin verloren und die Geländewinkelvorrichtung hat sich verbogen und ist ungangbar geworden. Überdies hat sich die Verbindung zwischen Wiege und Achse gelockert.

Dagegen hat das Material von Krupp keinen Schaden erlitten. Räder, Achsen und Verbindungen befanden sich nach dem Marsche in bestem Zustande, obwohl dieses Material viel härteren Proben unterworfen worden war, als das von Schneider. So ist z. B. das 75 mm-Geschütz beim Fahren über einen sehr steilen Hang umge- fallen und von den Pferden 3 Meter weit auf dem Felsen geschleift worden. Und doch ist es völlig unversehrt geblieben. Der Offizier, welcher den Marsch leitete, hat sogar den anderen Geschützen ver- boten, über dieselbe Stelle zu fahren, weil, wie er sich ausdrückte, „er nicht die Verantwortung für die Zerstörung aller übrigen Ge- schütze und Fahrzeuge und für den Tod der Pferde und vielleicht auch der Mannschaften übernehmen könne".

Patris B. „In bezug auf die Vorholer und Bremsvorrichtungen sind die französischen Geschütze von Schneider den deutschen von Krupp überlegen gewesen, insofern als die Vorholer und Bremsvor- richtungen der französischen Geschütze immer gut und unter allen Verhältnissen gleichförmig funktioniert haben, während die betreffen- den Vorrichtungen der Kruppschen Geschütze gut zu funktionieren aufgehört haben, sobald das Feuer länger dauerte oder im Schnell- feuer geschossen wurde." —

Die Vorholer und Bremsvorrichtungen der Schneider- schen Geschütze sind hinter denen Krupps weit zurück- geblieben. a) Das Schneidersche Federvorholergeschütz ist, nachdem es schon auf dem Marsche einen großen Teil seines Glyzerins verloren hatte, nach dem zweihundertsten Schuß gänzlich unbrauchbar geworden und war genötigt, sich von den Versuchen zurückzuziehen. Es ist zu bemerken, daß die Bremsvorrichtung dieses Geschützes ge- nau dieselbe ist, wie die des Luftvorholergeschützes. b) Das Schneidersche Luftvorholergeschütz hat, wie schon vom 400. Schuß an bemerkt wurde, ebenfalls Glyzerin und Druckluft verloren und infolgedessen an Stabilität und Unbeweglichkeit beim Schießen ein- gebüßt. In der Tat wurde bei der Messung, die nach Beendigung der Versuche vorgenommen wurde, festgestellt, daß 110 Gramm Glyzerin und 6 Atmosphären Druckluft entwichen waren. Außer- dem hatte bei dem Schießen zur Messung der größten Schußweite der Luftvorholer nicht die Kraft, das Rohr ganz in seine Lage zurückzubringen. Es blieb bei einem Erhöhungswinkel von kaum 16 Grad, um 10 mm zurück.

Dagegen haben die Bremsvorrichtungen der Kruppschen Ge- schütze vom ersten bis zum letzten Schuß tadellos funktioniert. Sie haben keinen Tropfen Flüssigkeit verloren. Die Vorholfedern haben das Rohr bei jeder Stellung in seine frühere Lage zurückgebracht. Niemals haben im Schnellfeuer die Bremsvorrichtungen und Vor- holer versagt. Nur bei dem Widerstandsschießen sind infolge der Überhitzung und starken Ausdehnung des Glyzerins die Rohre um

15—18 cm hinter der Schußstellung zurückgeblieben. Dies ist darauf
zurückzuführen, daß die Bremszylinder Krupps vollständig gefüllt
waren, während die der französischen Bremsvorrichtungen nur zu
Dreiviertel voll waren, und das, weil, wie die französischen Vertreter selbst sagten, „es sich um Schießplatzversuche handelte,
während, wenn es sich um Geschütze auf Bestellung handelt, auch
sie ihre Bremszylinder ganz füllen". Überdies haben die Franzosen
selbst vor der Kommission gestanden, daß wenn auch ihre Zylinder
vollständig gefüllt gewesen wären, wie dies reglementsmäßig ist,
dann auch bei ihren Geschützen ein Zurückbleiben der Rohre eingetreten wäre. Die deutschen Vertreter haben wiederholt gebeten,
daß ihnen gestattet werde, etwas Flüssigkeit auslaufen zu lassen,
um so den Beweis zu liefern, daß bei etwas verminderter Quantität
des Glyzerins der Rücklauf ein vollständiger sein werde. Die Kommission hat dies indessen sonderbarerweise nicht gestattet, und obwohl sie den deutschen Vertretern die Wiederholung des Versuchs
mit teilweise gefüllten deutschen und ganz gefüllten französischen
Zylindern versprochen hatte, hat sie dieses Versprechen nicht gehalten.

Patris C und D. „In bezug auf die Richtwerkzeuge und
Richtvorrichtungen sind die französischen überlegen, weil sie
an diesen Geschützen einfacher und leichter zu handhaben sind,
während die Kruppschen komplizierter und demnach weniger hand-
lich sind als die französischen. Die unabhängige Visierlinie der
französischen Geschütze ist einfach und präzise, während die Krupps
kompliziert ist und der Präzision entbehrt." —

Vor allem ist zu sagen, daß nicht einmal Versuche indirekten
Zielens zur Erprobung der unabhängigen Visierlinie gemacht
worden sind. Ein Vergleich zwischen den längst veralteten französischen collimateur und dem modernen deutschen Panoramafernrohr
ist überhaupt nicht gestattet. Wir begnügen uns, anzuführen, daß
Frankreich nach eingehenden Vergleichsversuchen, die es auf seiner
Mittelmeerflotte hat anstellen lassen, in seiner Marine die collimateurs
durch Fernrohre ersetzt. Auch Bulgarien, Spanien und Portugal,
Staaten, welche ihre Geschütze bei Schneider bestellen mußten,
sollen daran denken, die französischen collimateurs durch Panorama-
fernrohre zu ersetzen, wie sie in der optischen Anstalt von C. P. Görz,
A.-G. Berlin-Friedenau, gefertigt werden.

Patris E. „Das französische System der Seitenrichtung durch
Verschiebung der Oberlafette auf der Achse der Räder übt keinen
nachteiligen Einfluß auf die Stabilität des Geschützes, gleichviel, ob
es mit dem Rohr in der Mitte oder in dessen seitlichen Lagen

schießt, während die Seitenrichtmaschine des Kruppschen Geschützes
(vermittelst des Pivotzapfens) die Stabilität sehr nachteilig beeinflußt,
wenn das Geschütz mit nach den Seiten abgedrehtem Rohre
schießt."

Das nach den französischen Theorien. Die Versuche aber haben
das Gegenteil bewiesen. In allen Präzisionsschießen haben die
Kruppschen Geschütze die französischen übertroffen. Einen
viel größeren nachteiligen Einfluß übt, wie sich erwiesen hat, das französische System der Verschiebung des Rohres auf der Achse auf die
Präzision aus, als das deutsche System der Drehung um einen
Pivotzapfen. Wie sich sowohl bei den hier als auch bei den anderswo
abgehaltenen Versuchen gezeigt hat, hat das Geschütz, wenn nach
dem französischen System die Oberlafette seitlich verschoben wird,
infolge des viel größeren Gewichtes, das auf das eine Rad fällt,
die Neigung zu springen, wobei sich dann natürlich die Seiten-
und Höhenrichtung verändert.

Überdies funktioniert das System der Verschiebung des Rohres
auf der Achse mit sehr großer Schwierigkeit und strengt das Geschütz viel mehr an. Der geringste Schmutz und Staub auf der
Gleitfläche macht das Verschieben der Oberlafette unmöglich.

Um die Seitenrichtung zu ändern, genügt es bei dem deutschen
System, daß das Rohr mit der Wiege gedreht wird, bei dem fran-
zösischen dagegen muß die ganze Lafette mit den zwei auf ihr
sitzenden Artilleristen, sowie die Wiege mit dem Rohr, also ein
Gewicht von ungefähr 1000 kg, verschoben werden, und überdies muß
eine große Reibung auf der Achse und der starke Widerstand des
Spatens und der Räder überwunden werden. Wenn der Spaten nicht
vollständig in den Boden eingedrungen ist, was auf den felsigen
Terrains Griechenlands gewöhnlich der Fall sein wird, so wird keine
Veränderung der Seitenrichtung erreicht, denn die ganze Lafette bewegt sich parallel zu sich selbst. Außerdem können die Räder,
wenn sie in den Boden eingedrungen sind, sich nicht drehen, und
folglich wird das ganze Funktionieren der französischen Seitenrichtvorrichtung unmöglich. Anderseits kann die Radbremse nicht angezogen
werden, und wenn man auch annehmen wollte, daß auch ohne sie
die Stabilität eine vollkommene ist, so besteht doch die sichere Gefahr, daß auf nach vorne geneigtem Terrain das Geschütz nach
jedem Schuß nach vorn rollt und auf dem nach hinten geneigten
zurückgeht, in welchem Falle dann sicher von einem Unverändert-
bleiben der Seiten- und Höhenrichtung nicht die Rede sein kann.

Bei dem tirance fouchage, von dem nach den neuen Reglements
sehr häufiger Gebrauch gemacht wird und bei dem nach jedem Schuß

die Seitenrichtung durch die Richtvorrichtung geändert wird, wobei also nach dem französischen System die Lafette sich auf der Achse bewegt, d. h. um den Spaten gedreht wird, wird dieser letztere bei jedem Schuß seine Lage ändern. Infolgedessen wird er nicht mit seiner ganzen Fläche am Boden anhaften und folglich nicht den für die Stabilität des Geschützes notwendigen Widerstand bieten. Von den oben genannten Nachteilen des französischen Systems genügt ein einziger, um es zu verwerfen.

Hinsichtlich der Dauerhaftigkeit ist es ganz unmöglich, daß dieselbe bei dem französischen System ebenso groß ist wie bei dem deutschen. Bei dem französischen System ist die Basis die Achse, welche gerade bei den Märschen am meisten in Anspruch genommen wird. Die geringe Widerstandsfähigkeit derselben zeigte sich übrigens auch bei den hiesigen Versuchen, bei denen an dem Federvorholergeschütze Schneiders nach einem Marsche von kaum 460 km die Verbindung zwischen Wiege und Achse sich lockerte. Nach dieser Lockerung der Verbindung war es unmöglich, daß die Seitenrichtvorrichtung funktionierte.

Patris F. „Die Verschlüsse beider Geschütze erfüllen die Anforderungen des Dienstes gut." —

Diese Ausdrucksweise ist sehr gelungen. Wenn sie nur bedeuten soll, daß beide Verschlüsse sich öffnen und schließen, dann haben wir nichts einzuwenden. Im übrigen ist aber doch die Überlegenheit des Keilverschlusses so bekannt, daß wir uns darüber nicht weiter auszulassen brauchen. Es genügt, wenn wir anführen, daß das Vaterland des Schraubenverschlusses, Frankreich, diesen für seine Feld- und Gebirgsartillerie aufgegeben hat. Bei den hiesigen Versuchen hat der französische Verschluß dem französischen Ladekanonier die Finger der rechten Hand zerquetscht. Gehört etwa auch das zu den Anforderungen des Dienstes? Auf dem französischen Schiffe „Couronne" ist ein Schuß vorzeitig losgegangen und sind ungefähr 10 Menschen getötet und verwundet worden. Gehört etwa auch das zu den Anforderungen des Dienstes? Es muß noch hinzugefügt werden, daß am letzten Tage der Versuche der französische Verschluß sich nur mehr mit großer Schwierigkeit schließen ließ, weil die Schraubengänge des Verschlusses nicht mehr mit den Windungen des Bodenstückes übereinstimmten.

Patris G. „Im Präzisionsschießen mit Nachrichten waren die Resultate des Kruppschen Geschützes etwas besser, wegen der größeren Anfangsgeschwindigkeit seines Geschosses."

Die besseren Resultate des Kruppschen Geschützes sind nicht der größeren Anfangsgeschwindigkeit zuzuschreiben, sondern der

besseren Konstruktion der Geschütze. Zwischen dem Schneider-
Geschütz und dem Kruppschen 75 mm-Geschütz bestand ein Unterschied in der Anfangsgeschwindigkeit von kaum 5—10 m. Dieser
Unterschied allein hätte nicht die viel bessere Präzision herbeiführen
können, wenn nicht auch das Rohr dazu beigetragen hätte. Was
hindert übrigens die Franzosen, ihren Geschossen eine größere Anfangsgeschwindigkeit zu geben, damit sie auf diese Weise ebenfalls
eine größere Präzision erreichen? Nichts anderes als die mangelhafte Qualität des Metalles, aus dem das Geschützrohr gefertigt ist
und das keinen Vergleich aushalten kann mit dem weltberühmten
Kruppschen Nickelstahl, sowie die schlechte Berechnung bei ihrer
Konstruktion, die nur bei einer Anfangsgeschwindigkeit von 500 m
im Maximum und bei einem viel höheren Gewicht, als es das Kruppsche
Geschütz hat, Stabilität und Unbeweglichkeit bietet. Das Kruppsche
76,2 mm-Geschütz, das an den Versuchen teilnahm und das den
neuesten und vollkommensten Typus eines Rohrrücklaufgeschützes
darstellt, ist, trotzdem es dem Geschoß eine Anfangsgeschwindigkeit
von 550 m gibt, immer noch leichter als das französische 75 mm-
Geschütz, das eine Anfangsgeschwindigkeit von nur 500 m hat.
Und trotz alledem hat dieses 76,2 mm-Geschütz, obwohl es leichter
ist als das französische und viel wirkungsvoller, bei den hiesigen
Versuchen die beste Stabilität, Widerstandsfähigkeit, Präzision und
Wirkung gezeigt und alle übrigen Geschütze in jeder Hinsicht weit
übertroffen.

Patris H. „Im Wirkungsschießen haben beide Geschütze gute
Resultate gegeben." —

Diese Behauptung stützt sich sicher nicht auf die Resultate der
Versuche, denn durch diese wurde augenfällig die bessere Leistung
der deutschen Schrapnells erwiesen. Übrigens wurden nicht einmal
alle in dem Programm vorgesehenen Wirkungsschießen ausgeführt,
so daß die Kommission überhaupt keine sichere Meinung in dieser
Hinsicht abgeben kann.

Patris I. „Das Pulver der französischen Geschütze ist besser
als das der deutschen. Das Pulver der deutschen hat zur Basis das
Nitroglyzerin, das zwar gleichmäßigere Schießresultate gibt, aber
schwerer zu unterhalten ist und in der Seele sehr hohe Temperaturen und demnach Gasdrücke entwickelt, welche Ausbrennungen
verursachen, welche die Dauerhaftigkeit des Rohres gefährden (dieses
wurde bei dem unlängst in Italien stattgehabten Versuchen an vier
Kruppschen Geschützen bemerkt, worüber die Zeitung „Tribuna"
einen ganzen Artikel veröffentlicht hat, den wir wiedergegeben
haben). Das Pulver der französischen Geschütze hat zur Basis die

Nitrozellulose, welche zwar etwas weniger gleichmäßige Schießresultate hat, anderseits aber viel geringere Gasdrücke entwickelt
und auch eine größere Beständigkeit bei der Aufbewahrung hat." —

Es wird in der „Patris" also zugestanden, daß das deutsche
Pulver gleichmäßigere Schießresultate gibt, folglich ist jede Diskussion
darüber überflüssig; die von dem deutschen Pulver hervorgebrachten
gleichmäßigeren Gasdrücke sind eine Erklärung für die besseren
Schießresultate der deutschen Geschütze und für deren größere
Präzision.

Was die angebliche größere Beständigkeit des französischen
Pulvers bei seiner Aufbewahrung anlangt, so genügt es, die infolge
der Zersetzung des Pulvers in Frankreich vorgekommenen Unglücksfälle anzuführen.   Dieselben sind für das Jahr 1906—1907 die
folgenden:

Besançon, 16. September 1906. Das Pulvermagazin des Forts
Montfaucon flog in die Luft. Grund: Zersetzung des Pulvers infolge
der Hitze. 9 Tote und 15 Verwundete.

Toulon 1907. Gänzliche Zerstörung des Franz. Panzerschiffes
„Jéna". Grund: Zersetzung des Pulvers infolge der Hitze. Sehr
viele wurden getötet und verwundet.

In den Depots unseres Arsenals liegt eine große Quantität
französischen Pulvers, das von dem Etablissement Schneider geliefert
wurde. Nach den Berichten sehr vieler Kommissionen, die eingesetzt
wurden, um dieses Pulver zu untersuchen, hat sich dasselbe zersetzt
und ist vollkommen unbrauchbar.

Übrigens sind nach den ernsten Unfällen, die sie erlitten haben,
die Franzosen selbst jetzt damit beschäftigt, ein neues Pulver zu
fabrizieren.

Die von dem deutschen Pulver entwickelten größeren Gasdrücke
und Temperaturen können den deutschen Rohren keinen Schaden
machen; denn diese sind so hergestellt, daß sie diese Gasdrücke
und Temperaturen aushalten, wie auch durch die hiesigen Versuche
erwiesen wurde, bei denen die deutschen Rohre keine Ausbrennungen
gezeigt haben. Die französischen Rohre dagegen haben sehr starke
Ausbrennungen gezeigt, welche die französischen Vertreter damit
erklärten, daß sie sagten, im Depot sei das Rohr an einen Nagel
gestoßen. Die Franzosen haben also zugegeben, daß das Metall,
aus dem die gewöhnlichen Nägel gemacht sind, härter ist als das
Metall ihrer Rohre.

Was die Veröffentlichungen der „Tribuna" über Ausbrennungen
anlangt, die an den in Italien geprüften Kruppschen Geschützen
bemerkt worden sein sollen, so handelt es sich um Gerüchte, die

diejenigen, welche ein Interesse daran haben, ausgebeutet haben, die aber auf die offiziellste Weise von der italienischen Regierung dementiert worden sind.

Patris K. „Die Zünder der deutschen Geschütze haben etwas regelmäßiger als die französischen funktioniert." —

Nicht bloß etwas, sondern viel regelmäßiger haben die deutschen Zünder gewirkt. Abgesehen davon, daß die Kruppschen Zünder viel regelmäßigere Sprenghöhen und -weiten bei allen Schüssen gegeben haben, führen wir an, daß bei dem Schrapnellschießen auf 1600 m ein französisches Geschoß 100 m von der Mündung des Rohres und ein anderes gar nicht krepierte. Bei dem Schießen auf 3000 m krepierten 6 Schrapnells . nicht in der Luft, wie es hätte sein sollen, sondern erst beim Aufschlagen auf dem Boden.

Patris L. „Der Sprengstoff der französischen Sprenggranaten hat zur Basis das Schneiderit, das viel stärker und unvergleichlich sicherer ist als der Sprengstoff der deutschen Sprenggranaten, der die Prikrinsäure als Basis hat, einen inkonstanten und folglich gefährlichen Stoff, wie dies auch die Explosion einer . solchen Granate bei den Fahrversuchen bewiesen hat. Besser aber als alle Sprengstoffe, die versucht wurden, erwies sich der des Armstronggeschützes, der das Armstrongit zur Basis hat." —

Das berühmte Schneiderit ist nicht bloß nicht stärker, sondern im Gegenteil viel schwächer als der deutsche Sprengstoff. Beim Schießen gegen Wall und Mauer haben beide, Krupp und Schneider, fast dasselbe Resultat erreicht, Schneider aber mit einer Sprengladung von 650 g und Krupp mit 140 g. Die Explosion der Kruppschen Granate kam nicht von der Sprengladung her, und wir zweifeln auch, daß die Majorität der Kommission dieselbe diesem Grunde zuschreiben wird, denn die angestellte Untersuchung hat erwiesen, daß die Explosion entstanden ist infolge eines Zünders neuen Systems an einer Schrapnellgranate neuen Systems und nicht an einer Sprenggranate. Über diese Explosion wurde genug geschrieben und die Frage hinreichend aufgeklärt, so daß wir gestehen müssen, daß die versuchte Verdrehung der Wahrheit uns unerklärlich erscheint.

Bei dem Schießen gegen den Erdwall sind von den 20 Granaten, die im ganzen jedes Geschütz verfeuerte, 6 bis 8 Schneideritgranaten nicht krepiert. Auch das ein Beweis der guten Qualität der Schneiderschen Munition!

Die von Armstrong mit den Sprenggranaten erreichten Resultate waren in der Tat die besten. Es ist jedoch zu bemerken, daß die Sprengladung der Armstronggranaten 227 g wog, während, wie ge-

sagt, die der Kruppschen Granaten nur 140 g wog. Folglich ist,
absolut betrachtet, der deutsche Sprengstoff sogar dem englischen
überlegen.

Was die Transportsicherheit des Schneiderits anlangt, so brauchen
wir nur anzuführen, daß die französischen Vertreter selbst den Vorschlag unterbreitet haben, es sollten auf den Märschen behufs Vermeidung eines Unglücksfalles nicht auch Sprenggranaten mitgeführt
werden. So großes Vertrauen hatten sie in die Sicherheit ihrer
Munition.

Die Beständigkeit und Lagerungsfähigkeit des deutschen Sprengstoffes ist anerkannt. In unseren Artilleriedepots befinden sich seit
vielen Jahren Kruppsche Sprenggranaten, die keine Veränderung
erlitten haben. Dagegen beweisen die letzten Manöver der französischen Flotte die Unbeständigkeit des französischen Sprengstoffes.
Von 20 Granaten sind 15 kurz vor der Mündung krepiert, weil die
Sprengladung infolge langer Lagerung sich zersetzt hatte und durch
die Erschütterung des Schusses sich von selbst entzündete.

Im Jahre 1906 sind in Frankreich infolge der Empfindlichkeit
und Unbeständigkeit des französischen Sprengstoffs folgende Unglücksfälle vorgekommen::

T o u l, 10. März: Explosion eines Patronenkastens im Arsenal.
2 Mann verwundet.

V e r d u n, 25. April: Explosion von Sprengstoffen in der Zitadelle.
6 Mann verwundet.

L a n g e n a u d, 21. Mai: Auf dem Schießplatze der Firma Saint-
Chamond ereignete sich beim Zerlegen von Geschützpatronen eine
Explosion von Pulver und Melinit. 1 Mann schwer verwundet.

S c h i e ß p l a t z C h a m b a r a u d, 15. Juli: Explosion eines blind-
gegangenen Geschosses, beim Versuche, es zu zerlegen. 1 Mann
tot, 2 Mann verwundet.

L o r i e n t, 28. Juli: Explosion einer 6,5 cm-Sprenggranate im
Arsenal. Ursache unbekannt! 1 Mann schwer verwundet.

T o u l o n, 25. September: Explosion einer 16,4 cm-Melinitgranate
beim Zerlegen usw.

Nachdem wir nun alle Urteile und Bemerkungen der „Fachleute" der „Patris" widerlegt haben, erübrigt uns noch, einen weiteren
wichtigen Fehler anzuführen, der sich bei den hiesigen Versuchen
gezeigt hat. Das Seelenrohr des Schneidergeschützes ist bis zu dem
letzten Tage um 2 mm über den Mantel hervorgetreten. Das zeugt
von der schlechten Verbindung zwischen Seelenrohr und Mantel.
Die Resultate dieses Hervortretens des Seelenrohres, das noch stärker
geworden wäre, wenn die Versuche nur noch einige Tage fortgesetzt

worden wären, begannen sich bereits dadurch bemerkbar zu machen, daß sich der Verschluß nur mit Schwierigkeit schließen ließ. Ein halbes Millimeter fehlte höchstens, so wäre das Funktionieren des Verschlusses unmöglich geworden.

Derselbe Fehler des Hervortretens des Seelenrohres über den Mantel hat sich nach sehr wenigen Schüssen auch bei den Schneidergeschützen unserer Panzerschiffe gezeigt, welche Geschütze nach den Rapporten, die von den Offizieren gleich nach dem Kriege verfaßt wurden, gänzlich unbrauchbar sind. Indem wir in kurzen Worten obiges zusammenfassen, sagen wir, daß die Vorzüge der Kruppschen Geschütze, wie sie sich aus den hiesigen Versuchen ergeben haben, folgende sind:

1. Viel größere Widerstandsfähigkeit gegen die Strapazen des Marsches;
2. viel einfachere und besser abgedichtete Bremszylinder, sowie immer tadellos funktionierende Vorholer;
3. vollkommenere Richtinstrumente;
4. eine präzisere und vollkommenere unabhängige Visierlinie;
5. eine einfachere, robustere und in allen Fällen gutes Funktionieren gewährleistende Seitenrichtvorrichtung;
6. ein einfacherer, dauerhafterer, sicherer, handlicherer und kräftigerer Verschluß;
7. eine höhere Präzision;
8. eine größere Schußwirkung;
9. ein beständigeres und lagerungsfähigeres Pulver;
10. regelmäßiger funktionierender Zünder;
11. ein stärkerer und sicherer Sprengstoff;
12. überhaupt ausgezeichnete Munition;
13. eine bessere und unverändert bleibende Stabilität des Geschützes;
14. eine bessere Qualität des Metalles des Rohres sowohl wie der übrigen Teile des Geschützes;
15. eine vollkommenere Konstruktion;
16. ein kleineres Gewicht.

„Vorzüge der Schneidergeschütze finden wir nicht."

Umschau.

Österreich-Ungarn.

Dem Vorgange anderer Staaten folgend, sind auch in Österreich- Ungarn Versuche ausgeführt, durch Änderung des Geschosses die Anfangsgeschwindigkeit und dadurch die ballistische Leistung des eingeführten Infanteriegewehrs zu steigern. Die Vorversuche, über deren Ergebnisse Einzelheiten noch nicht bekannt geworden sind, sind so weit gediehen, daß zu Truppenversuchen übergegangen ist. Neues Infanteri geschof

Der k. k. Hauptmann im Pionierbattaillon Nr. 10, Herr Basilius Malenković, zugeteilt dem technischen Militärkomitee, hat weitläufige Versuche über die Zersetzung von Nitroglyzerinen und Nitrozellulose angestellt und darüber im 7. Heft 1907 der „Mitteilungen über Gegenstände des Artillerie- und Geniewesens" berichtet unter dem Titel: „Sind Zersetzungen explosiver Salpetersäureester durch Pilze möglich?" Das Endergebnis der allgemeines Interesse beanspruchenden Untersuchungen sei nachstehend mitgeteilt: Zersetzu von Nit glyzeri und Nit zellulos

„1. Weder Nitrozellulose noch Nitroglyzerin sind an und für sich einer direkten Zersetzung durch Pilze zugänglich.

2. Nitroglyzerin ist jedenfalls, Nitrozellulose wahrscheinlich ein Pilzgift.

3. Nitrozellulose, die neben in Zersetzung begriffenen organischen Stoffen lagert, wird mit zersetzt.

4. Nasse Nitrozellulose sollte niemals in Papier, pflanzliche Gewebe usw. eingehüllt werden und auch nicht in unausgeschlagenen Holzkisten lagern."

Streffleurs Militär-Zeitschrift macht den Vorschlag, die Brücken- trains mit einem oder zwei Dampf- oder Motorbooten auszurüsten, welche, auf niedrigem Hakett verladen, leicht ins Wasser gelassen, nützliche Schlepperdienste leisten könnten beim Übersetzen von Truppen, besonders von Artillerie über breite Flüsse. **Bahn.** Motorbo bei de Brücke train.

Wenn die ungarische Obstruktion das Reichskriegsministerium bisher an der notwendigen und ohne jede Härte durchführbaren, schon lang beschlossenen Ausgestaltung des gemeinsamen Heeres hindert, so kann man der Heeresleitung selbst anderseits die Anerkennung nicht versagen, daß sie für die Ausbildung der Truppen und ihre Vorbereitung auf den Krieg tut, was nur irgend die verfügbaren Mittel erlauben. Das tritt auch bei den Herbstübungen dieses Jahres Herbs übunge wieder deutlich hervor. Außer den Armeemanövern finden nämlich bei der Mehrzahl der Armeekorps Korpsmanöver statt. Das hängt ja allerdings auch damit zusammen, daß in jedem Korpsbezirk eine Landwehr- bzw. Honveddivision vorhanden ist, die zur Feldarmee I. Linie rechnet und also auch wie die aktive Truppe geschult werden muß. Nach den ·Bestimmungen üben ·in Korpsverbänden:

I. Korps (Krakau). Der ganze Bestand des Korps 2 Tage nach vorherigen Brigade- und Divisionsmanövern, sowie Sonderübungen der Kavalleriedivision bei Bielitz.

II. Korps (Wien). 4. und 47. Division 2 Tage, 25. und 13. Landwehrdivision 2 Tage, Kavallerie Sonderübungen.

IV. Korps (Budapest). 40. und 41. Honveddivision Korpsmanöver, 33. Division und 1. Kavalleriebrigade Divisionsmanöver.

V. Korps (Pressburg). 14. Infanterie, 37. Honveddivision 3 Tage Korpsmanöver, 35. Division und 1 Kavalleriebrigade Divisionsmanöver.

VI. Korps (Kaschau). Korpsmanöver des ganzen Korps und der 39. Honveddivision.

VII. Korps (Temesvar). 34. Infanterie, 23. Honveddivision Korpsmanöver, 17. Infanteriedivision Divisionsmanöver.

VIII. Korps (Prag). IX. Korps (Josefstadt). X. Korps (Przemysl) 3 Tage Korpsmanöver des ganzen Bestandes.

XI. Korps (Lemberg). 11. und 30. Infanterie, 43. Landwehrdivision Korpsmanöver, gemeinsam Sonderübungen der Kavalleriedivisionen Lemberg und Stanislau.

XII. Korps (Hermannstadt). Korpsmanöver des ganzen Bestandes.

XIII. Korps (Agram). 36. Infanterie, 42. Honveddivision Korpsmanöver, Rest Divisionsmanöver.

XV. Korps (Serajewo). 2 Tage Korpsmanöver des ganzen Bestandes, 9. Gebirgsbrigade einstweilen Sonderübungen im Gebirge.

18

Italien.

roße erbstungen.

Im letzten Bericht ist bei Angabe der Zusammensetzung der an den großen Armeemanövern vom 28. August bis 6. September teilnehmenden Truppen, die übrigens durch Einbeorderung von 35000 Mann des Beurlaubtenstandes (Jahrgänge 1879, 1881 und 1882) auf rund 60000 Köpfe kommen und in 31 Regimentern Infanterie und Bersaglieri mit 93 Bataillonen, 7 Kavallerieregimenter mit 42 Eskadrons, 55 Batterien mit 220 Geschützen, Geniekompagnien und Dienstzweigen, etwas mehr als $1/4$ des aktiven Bestandes der aktiven italienischen Armee umfassen werden, bereits erwähnt worden, daß den Führern große Freiheit der Entschlüsse gelassen werden soll. Unterdessen sind Verordnungen für den Sanitäts- und Verpflegungsdienst bei diesen Manövern ergangen, die diese Ansicht voll bestätigen und auf die wir weiter unten zurückkommen. Hier sei kurz darauf hingewiesen, daß die Manöver auch nach anderer Richtung noch besonderes Interesse beanspruchen werden. Die italienische Partei wird Operationen auf der inneren Linie gegen den Gegner, der wohl als aus den östlich und westlich des Lago Maggiore mündenden Talstraßen kommend zu denken ist, auszuführen, der Gegner Scheinoperationen zum Täuschen des Verteidigers an der einen Stelle bis zur Entwickelung der Kräfte aus den tiefen Marschkolonnen zu breiter, leichter Bewegungen und raschem Aufmarsch verbundene Front zu vollziehen haben, um sich nicht Einzelniederlagen auszusetzen, bevor er zum Angriff schreitet. In diesen Manövern wird auch eine neue Infanterieausrüstung System Grassi erprobt. Sie hat den großen Vorteil, daß die Truppe, wenn es wünschenswert erscheint, ohne Schwierigkeit alles ablegen kann, was sie nicht für das Gefecht braucht, weiter, daß der Soldat im Rucksack 2 Patronenpakete tragen und sie auch im Gefecht dem Rucksack leicht entnehmen kann, wenn die normale Ausstattung von 168 Patronen nicht ausreichen sollte, ferner gestattet, im Liegen bequem zu feuern, den Leuten bequemeres Schuhzeug zu geben, das auch auf dem Marsche gewechselt werden kann und endlich bei vollem Gepäck um 1,6 kg leichter ist.

Die Versammlungsräume für die Ausgangslage werden nur den beiden Parteiführern bekannt gegeben und die ganzen für die Manöver ausgeworfenen 10 Tage finden Verwendung für Operationen und werden durch keine Parade beschränkt. Von der Leitung wird für keinen Tag durch Signal oder Befehl die Zeit für den Beginn der Bewegungen oder den Manöverschluß bestimmt, die beiderseitigen Führer haben volle Freiheit, nur beschränkt durch die Entscheidungen der Schiedsrichter auf Grund der gerade bestehenden Lagen und durch Leistungsfähigkeit der Truppen. Auf Grund der Entscheidungen der Schiedsrichter gehen beide Parteien kriegsgemäß zur Ruhe in Ortsunterkünften oder Biwaks über. Sicherheits- und Aufklärungsdienst dauern unausgesetzt fort und Gefechtsvorposten sind nicht ausgeschlossen. Selbstverständlich behält der Leitende die Befugnis, Entscheidungen der Schiedsrichter zum Herbeiführen besonderer Lagen am folgenden Tage zu ändern. Jedenfalls wird aber den beiderseitigen Führern die Möglichkeit gelassen, voll zu beweisen, was sie können. Der Armeeuntersuchungsausschuß wird

den Armeemanövern beiwohnen und Gelegenheit haben, bei einer
Abteilung aus einer 7,5 cm-Batterie 1896 und einer neuen Kruppschen
Rohrrücklaufbatterie die Leistungsfähigkeit der letzteren im Gelände
ausgibig zu prüfen. Der Sanitätsdienst soll völlig kriegsgemäß
funktionieren. Was der Verpflegungsdienst anbetrifft, so haben wir
dessen Organe für die Manöver schon im letzten Bericht aufgeführt.
Die Tagesration für die Leute ist sehr reichlich bemessen, sie weist
u. a. $^1/_2$ Pfund Fleisch auf, Kaffee gibt es täglich 2 Portionen, von
denen eine durch Wein (25 Zentiliter) ersetzt werden kann. Die
Leitung des Verpflegungsdienstes übernimmt, unter Verantwortung
des Führers, bei jeder Partei ein Armeeintendant. Die Ausführung
liegt bei jedem Korps in der Hand des Korps, die jeder Division
und der Verfügungstruppen des Korps in der Hand des Divisions-
intendanten (Chef des Kommissariatsdienstes). Bei jedem vorgeschobenen Lebensmittelmagazin der Parteien besteht eine Ver-
pflegungstruppensektion, welche den Dienst in den genannten Magazinen und in den Feldbäckereien übernimmt. Lebensmittel, außer
Fleisch, Wein, Heu, die möglichst freihändig anzukaufen sind, werden
aus den vorgeschobenen Magazinen geliefert. Wenn infolge schneller
Bewegungen der Nachschub von Verpflegung nicht rechtzeitig eintreffen sollte, so können die Führer das Aufbrauchen der eisernen
Portionen und Rationen anordnen, müssen aber behufs Ersatz sofort
Meldung machen. An Mitteln für den Verpflegungsdienst stehen
jeder Partei zur Verfügung:

1. Ein vorgeschobenes Lebensmittelmagazin oder ein Spezial-
korpsmagazin mit Schlachtviehherde. 2. Eine vorgeschobene Bäckerei
mit Material 1897. 3. Eine Proviantkolonne aus 2—3 Zügen pro
Korps mit requirierten Fahrzeugen. 4. Die Verpflegungszüge der
Division bzw. der Verfügungstruppen. Auf diese Weise erzielt man
eine große Unabhängigkeit von den Rücksichten auf Verpflegung.

bere   Nach Giornale Ufficiale haben in diesem Jahr 38 Offiziere mit
egs-   Erfolg die obere Kriegsschule absolviert, ihre Namen sind bei den
hule.   Personalveränderungen bekannt gegeben worden.

isionen.   Der Bericht über die Pensionen für Angehörige des Heeres und
der Marine läßt erkennen, daß vom Juli 1905 bis Ende Juni 1906
die Zahl der Pensionierten um 1170, die Summe der Pensionen um
557000 Lire (auf 42161422, davon 6623000 für Vereine, Rest für
das Heer) gewachsen sind.

arine.   An den großen Flottenmanövern, die zum letzten Male der Herzog
von Genua mit Vizeadmiral Bettolo als Admiralstabschef leiten
wird, da in Zukunft die Leitung in die Hand des Chefs des Admiralstabes liegen soll, wird auch ein vom Kreuzer Elba mitgeführter

Fesselballon und werden 4 Unterseeboote, die jetzt in Venedig liegen,
beteiligt sein. Die Manöverflotte setzt sich zusammen wie folgt:
Blaue Partei, Geschwader A.: Margherita, Brin, Emanuele Fili-
berto, Agordat, sowie eine Flottille Torpedoboote I. Kl. Geschwader B.: Garibaldi, Varese, Fercuccio, Conait und 2 Flottillen
von Torpedobootsjägern.

Rote Partei: (die den Gegner bildet, soll das Maximum von
Kräften darstellen, das voraussichtlich eine andere Macht rasch
zwischen der Enge von Messina und dem jonischen Meer vereinigen könnte), Sicilia, Umberto, Sardegna, Saint Bon, Iride, Piemonte, 2 Flottillen Torpedobootsjäger und die in Messina stationierten
Torpedoboote. Dauer der Manöver in 2 Abschnitten vom 25. September bis 8. Oktober und vom 9. Oktober bis 28. Oktober. Das
Linienschiff Regina Elena nimmt im Mittelmeergeschwader an den
Manövern teil.

Im Einvernehmen mit dem Staatsrat hat der Minister am
1. August die Kontrakte mit den Werften Orlando in Liovrno und
Odero in Genua für die Lieferung von 2 großen Panzerkreuzern
abgeschlossen. 1 Fregatten-, 1 Korvettenkapitän und 1 Linienschiffs-
leutnant nehmen an den großen Armeemanövern teil. Die neue
Torpedofabrik Spezia wird schon im April 1908 die ersten Torpedos
für die Marine liefern.   18

Frankreich.

Die Unfälle bei Geschützen mit Schraubenverschlüssen mit
plastischer oder mit Hülsenliderung haben sich in den letzten Jahren
so sehr gehäuft, daß sie unwiderlegliche Beweise für die Nachteile
des Schraubenverschlusses gegenüber dem Keilverschluß sind. Über
die Unfälle beim Schraubenverschluß mit plastischer Liderung verweise ich auf die Mitteilungen unter „Vereinigte Staaten" in diesem
Heft. Der neuerdings, am 2. August d. J., auf dem französischen
Artillerieschulschiff „La Couronne" vorgekommene schwere Unfall
zeugt ganz zweifellos gegen die Verwendung des Schraubenverschlusses
bei Hülsenliderung, während diese letztere in Verbindung mit dem
Keilverschluß eine geradezu ideale Liderung ist.

Der in Rede stehende Unfall ereignete sich gelegentlich eines
Unterrichtsschießens auf dem Artillerieschulschiff „La Couronne".
Nachdem die Ladung für den 28. Schuß in ein 10 cm-Rohr eingebracht worden war und der Verschlußwart die Verschlußschraube
eingeschwenkt hatte, entzündete sich die Ladung. Der Verschluß
wurde nach rückwärts geschleudert, riß dabei dem Verschlußwart

Unfall
auf „La
Couronn

beide Hände fort, drückte ihm den Brustkasten ein und drang dann
in die Küche ein, zwei Menschen daselbst tötend. Der Hülsenboden
wurde gegen die Küchenwand geschleudert und blieb darin stecken.
Die Konsole wurde abgerissen, durchbohrte das Deck und rico-
chettierte unter einen Wasserbehälter. Alle Personen, welche sich
um das Geschütz befunden hatten, wurden mit den Toten durcheinander geworfen. Dem Richtkanonier, welcher auf der linken Seite
des Geschützes stand, wurde der rechte Arm halb ausgerissen. Dem
Munitionszuträger, welcher gerade hinter dem Verschlusse stand,
scheint der Verschluß zwischen den zur Empfangnahme einer Hülse
ausgebreiteten Armen durchgeflogen zu sein, denn er ist an den
Unterarmen und dem Unterleib schwer, wenn auch nicht lebens-
gefährlich, verletzt. Dem Korporalschaftsführer sind beide Trommel-
felle geplatzt. Der Schiftsleutnant und der Fähnrich haben beide
mehrfache Quetschungen und Brandmale davongetragen. Das ist
der Tatbestand nach dem Unfall, wie ihn „Le Moniteur de la Flotte"
angibt. Dieses Blatt zieht daraus folgende Schlüsse:
      „Man hat eine fast unbedingte Sicherheit über die Ursachen
des Unfalls. Die Zeugen haben den Schuß abgeben sehen in dem
Augenblick, wo der Verschlußwart den Verschluß vorwärts schob.
Diese Tatsache ist beurkundet durch den Richtkanonier, welcher den
Abzug nicht betätigt hat und durch die Art der Verwundung des
Verschlußwartes. Die Hände dieses letzteren sind tatsächlich mit
einer solchen Heftigkeit abgerissen worden, daß sie weit auf das
Deck geschleudert wurden, was mit unbestreitbarer Augenscheinlich-
keit beweist, daß seine Hände im Augenblick der Entzündung der
Kartusche auf dem Handgriff und der Kurbel waren und daß folglich der Unfall noch während der Bewegung des Verschlusses
eintrat.
      Außerdem hat die Prüfung der Knaggen, welche völlig unver-
sehrt waren, gezeigt, daß ein Losschrauben des Verschlusses nicht
in Frage kommen kann und daß infolgedessen der Verschlußwart
noch nicht zu schrauben begonnen hatte. Endlich beweist der Umstand, daß das Geschoß bei seinem Austritt aus dem Rohr unmittelbar vor der Mündung in das Meer gefallen und die Schlußscheibe
der Kartusche in der Seele liegen geblieben ist, daß die Pulvergase
hinten keinen festen Rückstoßboden hatten. Daraus geht ferner
hervor, daß die Schraubengewinde, welche ebenfalls völlig unversehrt
waren, noch nicht eingegriffen hatten. Jedoch trägt die Hülse eine
Schlagmarke, wenn auch eine unvollständige. Dies zeigt an, daß
die Spitze des Schlagbolzens angeschlagen hat, sei es, daß sie infolge eines Schadens am Mechanismus oder eines Arbeitsfehlers ein

wenig vorstand, sei es, daß sie durch die Verschlußbewegung leicht vorgeschleudert wurde. Aber diese Feststellung hat nur eine geringe Bedeutung, denn es ist durch Versuche bewiesen, daß der Abgang des Schusses in den französischen Geschützen mit Hülsen unter gewissen Umständen hervorgerufen werden kann durch den bloßen Anstoß der Verschlußplatte gegen die Hülse. Dieses Ergebnis von Versuchen hatte der Berichterstatter im Sinne, der darauf hinwies, daß die Katastrophe vom 2. August ebenso wie diejenige vom April 1906 a. B. der „Couronne", nicht auf unglückliche Zufälle beruhe, sondern auf „einen besonderen Fall des Funktionierens" des Verschlusses, welcher glücklicherweise ziemlich selten ist, aber bei einer großen Schußzahl unvermeidlich eine gewisse Anzahl vorzeitiger Entzündungen herbeiführen muß. Auf dem Geschwader und besonders auf „Suffren" traten unter denselben Bedingungen vorzeitige Entzündungen auf. Das Losreißen des Verschlusses wurde nur durch Nachbrenner verhindert, welche erlaubten, einen Teil der Schraubengänge einzuschrauben."

Gegen die Folgerichtigkeit der Schlüsse, daß es sich im vorliegenden Falle um eine durch die Vorwärtsbewegung des Schraubenverschlusses hervorgerufene vorzeitige Entzündung der Ladung handelt, ist gewiß nichts einzuwenden. In dem Vorgang und seiner Erklärung liegt der unzweideutigste Beweis, daß die Verwendung des Schraubenverschlusses bei Hülsenliderung darum außerordentlich gefährlich ist, daß die Verschlußschraube genau in der Richtung der Seelenachse vorgeschoben wird und dabei der Schlagbolzen auf das Zündhütchen im Hülsenboden gerichtet ist. Schon auf Grund theoretischer Überlegung kommt man zu dem Schluß, der durch die oben erwähnten Versuche bestätigt ist, daß eine vorzeitige Entzündung erfolgen kann, wenn die Kartuschhülse nicht tief genug angesetzt ist und vom Verschluß vorgestoßen wird, wenn das Zündhütchen vor dem Boden vorsteht, was durch mangelhafte Anfertigung oder durch den Transport der Hülsen eintreten kann, oder wenn der Schlagbolzen vor der Verschlußplatte vorsteht oder sein Vorschleudern durch völlig zuverlässige Sicherung nicht gänzlich ausgeschlossen ist. Daß solche Fehler vorkommen und in einer gewissen Anzahl vorzeitige Entzündungen herbeiführen, ist nicht nur durch die Versuche, sondern auch durch die Praxis bei den Schießübungen bewiesen.

Bahn.

Im Gegensatze zu dem, was nach dem vorigen Bericht in der
französischen Fachpresse für die Zusammensetzung der französischen
Reiterdivisionen als Folge der 2jährigen Dienstzeit gefordert wurde,
nämlich „Spezialisierung bis ins Äußerste", hat nach Antrag
des technischen Kavalleriekomitees der Kriegsminister jetzt die Rückkehr zur gleichmäßigen Zusammensetzung der Kavalleriedivisionen angeordnet. Dies mit Recht, denn nur bei gleichmäßiger
Zusammensetzung ist eine gleichmäßige Verwendung möglich. Die
neue Zusammensetzung der 8 bestehenden Kavalleriedivisionen soll
nach den Herbstübungen durchgeführt werden, aber bereits jetzt hat
der Kriegsminister vorläufige Verschiebungen in der Zusammensetzung
der Kavalleriedivisionen angeordnet, und die Divisionen, für welche die
letztgenannten Ordres gelten, nehmen in der neuen Gliederung an
den Sonderübungen der großen Reiterkörper teil, zu denen bekanntlich in diesem Jahre die sämtlichen 8 im Frieden bestehenden
Kavalleriedivisionen herangezogen werden. Die jetzt schon erlassenen
Befehle beziehen sich in der Hauptsache auf Divisionen, die bisher
2 Kürassierbrigaden enthielten und eine von diesen an eine andere
Division abgeben sollen. Die normale Zusammensetzung soll je eine
schwere, eine Dragoner- und eine leichte Brigade, ferner 2 reitende
Batterien, ein Pionierdetachement auf Fahrrädern eine Maschinengewehrabteilung aufweisen und fallweise durch ein bis zwei Radfahrerkompagnien ergänzt werden. Wenn man berücksichtigt, daß
8 Reiterdivisionen auf diese Weise 8 Kürassierbrigaden brauchten
und daß nur 13 Kürassierregimenter vorhanden sind, so leuchtet
ein, daß eine absolut gleichmäßige Zusammensetzung ausgeschlossen
ist, man wird für 3 an dem Bestande von 8 Kürassierbrigaden
fehlende Kürassierregimenter wohl 3 Dragonerregimenter setzen
müssen. 8 Divisionen zu je 6 Regimentern ergeben 48 Regimenter,
von den 79 in Frankreich selbst vorhandenen Kavallerieregimentern
bleiben also nur 31 verfügbar für Korpskavallerie, also 9 zu wenig,
um 20 Korps mit je einer Korpskavalleriebrigade auszustatten. Daß
der Gedanke der bisherigen Gliederung in selbständige Divisionen
für die weite Aufklärung und Verschleierung und Korpskavallerie für
die nähere Aufklärung und Sicherung (cavalerie de sûreté) aufgegeben
worden, ist aber bis jetzt nicht bekannt geworden. Man wird also
für die Aufstellung der Korpskavalleriebrigaden wohl auf Reserve-
formationen zurückgreifen müssen, was sehr viel Mißliches hat,
zumal man für die Divisionskavallerie (je eine Eskadron) schon Re-
serveeskadrons braucht. Jedenfalls spricht die befohlene gleichmäßige Zusammensetzung der Kavalleriedivisionen nicht dafür, daß
man an eine Verminderung der Kavallerie denkt. Auf welchem Wege

die Vermehrung der Feldartillerie auch ohne Verminderung des Bestandes der Kavallerie an Regimentern und Eskadrons angebahnt
werden soll, beleuchten wir weiter unten. Die gleichmäßige Zusammensetzung der Kavalleriedivisionen läßt auch noch eine andere
Frage akut werden, die wir hier gleich berühren wollen. Ist die
nach dem vorigen Bericht von der Fachpresse aufgestellte Behauptung,
die Kürassierpferde seien nach ihrem Bau und nach ihrem Blute
nicht in der Lage, längere Strecken die Schnelligkeit zu entwickeln,
wie die Pferde der leichten Brigaden, zutreffend, so muß bei gleichmäßiger Zusammensetzung die Bemessung der Dauer des verstärkten
Galopps entweder nach den Leistungen erfolgen, die die Kürassiere
aufweisen können, oder man muß die Kürassierregimenter mit
leichterem Mannschaftsmaterial und Ausrüstung und mit Pferden mit
mehr Blut beritten machen. Eine geeignete Verwendung der bisherigen Kürassierpferde hätte man ja in den Bespannungen der
fahrenden Batterien. An Verschiebungen in den Kavalleriedivisionen
sind bereits jetzt folgende angeordnet:

1. Die 6. Kürassierbrigade (St. Germain) ist von der 1. Kavalleriedivision (Paris) zur 3. Kavalleriedivision (Châlons s. M.) übergetreten.
2. Die 3. Kürassierbrigade (St. Menehould) wurde von der 5. Kavalleriedivision (Reims) der 4. (Sedan) überwiesen, an deren großen Sonderübungen sie auch, wie die 6. Kürassierbrigade an denen der 3.,
teilnimmt. 3. Das 5. Chasseurregiment (Neufchâteau) verläßt nach
den Sonderübungen der 2.- und 8. Kavalleriedivision die 2. Chasseurbrigade in Luneville (2. Kavalleriedivison) und geht nach Châlons s. M.
In seine Kasernen in Neufchâteau rückt, wie wir weiter unten sehen
werden, ein neu zusammengestelltes Halbregiment (39.) Divisionsartillerie der 39. Division ein. Ferner tritt das 15. Chasseurregiment
(Châlons) von der 7. Dragonerbrigade (3. Division, Châlons) zu der
aus dem 5. und 15. Chasseurregiment (Châlons) bestehenden neuen
3. Chasseurbrigade, die, mit dem Stabe in Châlons stehend, der
5. Kavalleriedivision (Reims) angehören wird. Auf diese Weise hat
die 3. Kavalleriedivision in Châlons nur noch den Stab und die
beiden reitenden Batterien und steht eine Verlegung des Stabs-
quartiers wohl unmittelbar bevor, da die Division ihre Regimenter
dann in Meaux, Senlis, Epernay, St. Germain und Rambouillet
haben wird.

Hier ist auch der Platz, einige Angaben über die sehr umfassenden Sonderübungen der großen Reiterkörper folgen zu lassen.
Im voraus sei gleich bemerkt, daß, obwohl die Sonderübungen gleichzeitig immer 2 Divisionen unter einheitlicher Leitung umfassen —
nur bei der 6. Division kann sich das möglicherweise noch ändern —,

Gro
Kavall
Sond
übung

die Übungen durchweg mit Evolutionen von Division gegen Division
abschließen, ein Kavalleriekorps von den Leitenden also nirgends wo
gebildet wird. Die Franzosen scheinen also auf den Einsatz einer
solchen Reitermasse unter einem Befehl verzichten zu wollen, und
diese Absicht hat entschieden für die Verhältnisse der heutigen
Schlacht etwas für sich. Die 2. und 8. Kavalleriedivision (letztere
geht nach Schluß der Sonderübungen auch noch zu den Korpsmanövern
des VII. Korps) üben vom 22. August bis 2. September unter Leitung
des Generals Burnez, und Mitglied des oberen Kriegsrats, und zwar
von der Brigade aufwärts bis zur Division gegen Division. Den
Evolutionen von Division gegen Division sind 3 Tage gewidmet,
der Leitende behält sich dabei vor, unerwartet im Laufe der
Übungen Wechsel in der Ortsunterkunft eintreten bzw. Biwaks beziehen zu lassen, wenn ihm dies für den Verlauf der Manöver zweckmäßig erscheint. Die 1. und 2. Kavalleriedivision üben vom
25. August bis 3. September unter Leitung des Mitglieds des oberen
Kriegsrats, kommandierenden Generals des VI. Korps Tréneau, Präses
des technischen Kavalleriekomitees (wurde bei Berufung in den oberen
Kriegsrat an der Spitze des VI. Korps nicht ersetzt, da er, mit den
Verhältnissen in den Grenzgebieten vertraut, eine der Ostarmeen
führen soll). Hier sind 4 Tage den Evolutionen von Division gegen
Division bzw. Manövern mit Zweiseitigkeit gewidmet. Beachtenswert
ist hier, daß der Kavallerietelegraph, soweit das Staatsnetz nicht ausreicht, die Verbindung mit den Divisionsquartieren und diese mit
den Brigadestäben erlauben soll. Die 7. und 9. Kavalleriedivision
üben unter Leitung des Generals Trémeau vom 1.—10. September,
auch hier sind 4 Tage für Evolutionen und Manöver von Division
gegen Division angesetzt. Für die 6. und 7. Division gelten ziemlich gleiche Grundsätze (Übungszeit vom 3. September bis 10.), doch
ist es unwahrscheinlich geworden, ob nicht die 6. Division (die bis
jetzt in Detachements im Süden wegen der Unruhen zersplittert
war) und dann natürlich auch die 7. Division allein für sich üben
sollen.

roße   Uns vorbehaltend, wie alljährlich, so auch diesmal über die
erbst-   großen Armeemanöver einen Sonderbericht zu bringen, halten wir
ungen.   es doch heute, der allgemeinen Übersicht und der Manöver wegen,
die im Sonderbericht zum Belege von Ansichten und Urteilen wohl
angezogen, aber nicht eingehend beleuchtet werden, für angezeigt,
die Anfang August bekannt gegebene Zeiteinteilung im großen für
die Herbstübungen kurz zu berühren. Die Armeemanöver im Südwesten, die an Stelle Hagrons General Millet leiten wird und an
denen das XII. und XVIII. Korps, sowie die 3. Kolonialbrigade

teilnehmen, das Korps verstärkt durch je 2 Abteilungen Artillerie, sowie durch je 2 Eskadrons (Divisionskavallerie) anderer Korps, dauern vom 5. September bis 14. September, spielen sich in dem Raum Angoulême—St.Yrieux—Houtecourt—Bergerac—Montpou—Barlezieux ab und zerfallen in 2 Abschnitte, 5., 6., 7. September Brigade- und Divisionsmanöver, 10.—14. September Manöver von Korps gegen Korps. Im übrigen verweisen wir auf den Sonderbericht im Novemberheft.

Korpsmanöver in der Dauer von 10 Tagen (4.—13. September bzw. 3.—12. September) halten ab außer dem VI. Korps mit den Divisionen 12, 40, 42 unter Leitung des Generals Trémeau, der ja bei seiner Berufung in den oberen Kriegsrat an der Spitze des Korps geblieben ist, das I. und VII. Korps. Das I. Korps erhält dazu 2 Abteilungen zu 3 Batterien von anderen Korps und ebenso 2 Eskadrons. An seinen Manövern nehmen teil eine Marschdivision (1 Kolonialbrigade, 4 Zuavenbataillone, 1 viertes Bataillon, 2 Artillerieabteilungen) und die 5. Kavalleriedivision. 4 Tage sind für die Korpsmanöver angesetzt. Das VII. Korps, das im Frieden schon 3 Divisionen dauernd besitzt, erhält 2 Eskadrons und 2 Artillerieabteilungen Verstärkung, außerdem nimmt an seinen Manövern die 8. Kavalleriedivision teil. Die Manöver zerfallen in 2 Abschnitte. Vom 3.—7. September operiert die Mehrheit des Korps gegen 2 feindliche Abteilungen, die ihre Vereinigung anstreben, vom 8.—12. September Korpsmanöver gegen einen markierten Feind, die aber mehr den Charakter von Entwickelungen großer Verbände und Gefechtsexerzieren tragen zu sollen scheinen. Bei den übrigen Korps sind Brigade- und Divisionsmanöver angesetzt, nur die 7. Division begnügt sich mit Evolutionen und Gefechten großer gemischter Verbände auf dem Truppenübungsplatz Châlons und bleibt während der Herbstübungen in Paris. Wir haben mehrfach den Ausdruck „Evolutionen" angewendet. Ein französischer kommandierender General gibt für diesen Begriff vor Beginn der Herbstübungen folgende Erklärung Unter Evolutionen versteht man die Bewegungen größerer Verbände. Regimenter, Brigaden, Divisionen, in geschlossener Ordnung, entweder, um unter Leitung des Führers Gelände zu gewinnen oder sich für den Kampf bereit zu stellen. Solche Bewegungen müssen außerhalb feindlicher Sicht und feindlichen Feuers ausgeführt werden und dabei den Verband zum sofortigen Handeln bereit halten.

Durch Evolutionen werde die Annäherung an den Gegner und die Bereitstellung großer Verbände gegenüber ihrem Gefechtstreifen bewirkt, dabei ist das Gelände behufs Deckung, Erleichterung des Marsches und der Verbindung auszunutzen. Zur gründlichen Aus-

nutzung des Geländes und zur rechtzeitigen Übermittelung von Befehlen müssen die höheren Führer ihren Verbänden bis zu 1¹/₂ km
vorausreiten, ohne dieses kommen die Befehle zu spät an und treffen
die Verbände in falscher Richtung schon angesetzt. Die Evolutionen
sind daher eine Schule für Divisionsführer, Generalstabs- und Ver-
bindungsoffiziere. Derselbe Erlaß verbietet Bewegung langer zusammenhängender Schützenlinien, da sie für den Gegner gut erkennbare Scheiben böten, nur Gruppen von 4—5 Mann sollen sich gleichzeitig vorbewegen. Die ganze Kraft der Verteidigung beruhe in der
Stellung, die sie wählt; sie müsse den Gegner zum Angriff zwingen,
da er sonst den Verteidiger durch Umgehen zum Räumen der Stellung
veranlasse. Kleine Detachements müßten daher den Gegner vor die
Front der Stellung locken. Wir unterlassen nicht, zu bemerken, daß
damit in der französischen Kriegsgeschichte wiederholt und nicht immer
glückliche Versuche gemacht worden sind. Die Defensive einem der
Führer bestimmt in der Kriegslage vorzuschreiben, sei unrichtig. Es
dürfe ihm nur ein Auftrag gegeben werden, und es müsse ihm überlassen
werden, wie er ihn ausführen wolle. Dieser Weisung wird durchaus noch
nicht überall voll Rechnung getragen. Während man, wie wir weiter
unten sehen werden, bemüht ist, den Armeemanövern eine möglichst
kriegsgemäße Anlage, Leitung und Durchführung zu geben, tritt an
anderer Stelle das frühere, für jeden Tag im voraus das Verhalten
jeder Partei genau regelnde Programm doch noch zutage. So
z. B. beim XV. Korps, obwohl der kommandierende General Matthis „von
größtem, jedem Führer gelassenen Spielraum" spricht. Für die Brigademanöver bei diesem Korps ist aber für jeden Tag jeder Partei
vorgeschrieben, ob sie angreifen oder verteidigen soll, und sogar die
Stellungen, die zu besetzen sind, finden wir vorgeschrieben. Da
kann doch wohl von großem, dem Führer gelassenen Spielraum
keine Rede sein.

  Bei den großen Manövern macht dem Kriegsminister die Sicherstellung ausreichender Iststärken einiges Kopfzerbrechen. Er hat
schon angeordnet, daß, um die durch Entlassung des Jahrgangs 1903
bereits stark verminderte Iststärke nicht noch mehr sinken zu lassen,
in den Garnisonen nur die Kranken zurückbleiben; die Eskorten
der höheren Führer sollen auf ein Minimum herabgesetzt und möglichst aus Radfahrern gebildet, ferner die Begleiter und Führer
der Feldfahrzeuge der Infanterie und Kavallerie dem Train entnommen werden. General Picquart rechnet, nach der französischen
Fachpresse, damit, durch Einbeorderung von Reservisten die Kompagnien beim XII. und XVIII. Korps auf rund 180 Köpfe zu
bringen, selbst auf Kosten der Einheiten anderer Korps, weil bei

den Armeemanövern fremdherrliche Offiziere anwesend sind. Daß
man dabei dann Kompagnien haben wird, die zu $^2/_3$ aus Reservisten
bestehen, wird jedem einleuchten, der die Bestandverhältnisse der
Kompagnien nach Entlassung des Jahrgangs 1903 auch nur
einigermaßen kennt. Anhaltspunkte dafür liefern auch im übrigen
Verfügungen von kommandierenden Generalen. So hat z. B. General
Millet, Mitglied des oberen Kriegsrats, für die Übungen der im Lager
von Châlons zu Übungen in gemischten Verbänden vereinigte 6. Division befohlen, daß mit Rücksicht auf die geringen Istbestände aus
jeder Brigade ein Regiment zu 4 Bataillonen zu bilden sei und
die Division als eine gemischte Brigade zu üben habe. Die
10. Division, die im Lager von Mailly übt, rückte in ihren Infanterieregimentern — obwohl doch die Istbestände in Paris sicher nicht
schwächer gehalten sind, als die der Regimenter im Innern Frankreichs — zu je 3 Bataillonen mit zusammen 6000 Mann, pro Regiment also 1500 Mann, ein. Am 22. August sind Reservisten eingetroffen, die die Kompagnien auf je 150 Mann bringen sollen. Dabei
sei gleich bemerkt, daß die „subdivisionsweise Ergänzung" im
großen und ganzen jetzt ihr Ende erreicht haben wird. Infolge der
Meuterei im Süden hat General Picquart den Rekrutierungsbureaus
für die Zuteilung der in Ostorten einzustellenden Leute neue Weisungen
zugeben lassen, welche die bisherigen, bis ins Extreme getriebenen
Grundsätze subdivisionsweiser Zuteilung der Rekruten von Grund aus
ändern.

Wir haben oben schon hervorgehoben, daß man bemüht sei, die
großen Armeemanöver des XII. und XVIII. Korps möglichst kriegsgemäß zu gestalten. Zu den Vorkehrungen dafür gehören auch die
Anordnungen, die man getroffen hat, um die Operationen von der
Rücksicht auf die Verpflegung möglichst unabhängig zu machen. Die
einschlägigen Verordnungen enthalten in großen Zügen das Folgende:
Die Truppen führen unmittelbar mit sich 3 eiserne Portionen beim
Mann, 2 Tagesportionen auf dem Lebensmittelwagen, zusammen mit
dem, was freihändig angekauft werden soll und den Viehpark bei
den Armeekorps die Verpflegung für 5 Tage. Für jedes der
beiden Armeekorps wird zudem in Limoges bzw. Bordeaux ein sog.
Fabrikationszentren angelegt, welches das an Verpflegung enthält,
was man im Kriege an den Regulierungsstationen bzw. Magazinstationen der Eisenbahnetappen aufhäuft, Brot, Hafer, Zucker,
Kaffee, Preßheu, Konserven. An beiden Orten werden, unter Generalstabsoffizieren als militärischen Kommissaren, sog. Eisenbahn-
regulierungskommissionen eingerichtet. Den Generalstabsoffizieren werden Offiziere des Beurlaubtenstandes, die für die Ver-

wendung im Eisenbahn- und Etappendienst im Kriege bestimmt sind,
unterstellt. An diese Reputierungskommissionen richten die Korps
jedesmal für den folgenden Tag ihre Forderungen und geben die
Bahnhöfe an, bis zu welchen die Verpflegungszüge vorgeschoben
werden sollen. Auf diesen Bahnhöfen empfangen, unter Aufsicht von
Offizieren des Beurlaubtenstandes und unter Überwachung von Generalstabsoffizieren, die die Offiziere des Beurlaubtenstandes zu beraten
haben, die Lebensmittelwagen der Truppen dann die Vorräte. Sind
die Truppen im Laufe der Operationen von der Bahn zu weit entfernt, um rechtzeitig den Empfang bewirken zu können, so werden
durch die Intendantur aus ermieteten Fahrzeugen Proviantkolonnen gebildet, die den Lebensmittelwagen entgegenfahren. Statt
der Züge können auch 40 Lastselbstfahrer von je 20 t Tragfähigkeit Verwendung finden, die täglich 50 km hin und ebensoweit
zurückmachen sollen, und denen die Etappenlaststationen angewiesen
werden, an denen sie Anschluß an die Lebensmittelwagen der Truppen
gewinnen sollen. Den Regulierungskommissionen sind auch Züge
von Etappentruppen zugeteilt.

ltschiffe.   Der Bedarf an lenkbaren Luftschiffen wird von der Fachpresse
jetzt zunächst auf 16 berechnet, 2 sind fertig, 2 weitere bestellt.
Von den nötigen 16 sollen entfallen 2 auf das große Hauptquartier,
je 2 auf die 5 gegen Osten bestimmten Armeen und 4 auf die
großen Festungen im Osten. Man reicht für den Aufklärungsdienst
bei einer Armee nach französischer Ansicht mit einem lenkbaren
Luftschiff aus, will aber ein zweites hinzufügen, um eins in Reserve zu
haben für den Fall, daß das eine Havarie erlitte. Die Kosten für
die 16 Luftschiffe schätzt man auf 6 Millionen.

ehrung   Wir haben oben angedeutet, daß die Neugliederung der Ka-
Feld-   valleriedivisionen und die größere Zahl der dazu nötigen Regimenter
erie.   für die Korpskavallerie nicht genug Regimenter in Frankreich selbst
übrig lassen und man daher wohl nicht an eine Auflösung von
Regimentern wegen der allgemeinen, auch von der leitenden Stelle,
als notwendig betrachteten Vermehrung der Feldartillerie denken
werde. Für diese Vermehrung hat man nun einen Weg beschritten,
den man auch weiter verfolgen zu wollen scheint. Ein Erlaß des
Kriegsministers vom 18. Juli, der erst jetzt allgemein bekannt wird,
ordnet Verschiebungen von Batterien aus Feldartillerieregimentern
in andere und Umwandlungen von Batterien der Fußartillerie-
Bataillone in fahrende Batterien an, die bis zum 1. Oktober 1907
bewirkt sein sollen und Schlüsse auf den Weg zur Vermehrung der
Feldartillerie ziehen lassen. Nebenher betrachtet man die Be-
spannungsetats der fahrenden Batterien auch als zu niedrig und die

„France Militaire" spricht in einem Bericht über die Parade von Longchamps am 14. Juli von fahrenden Batterien, die mit „elenden 4 bespannten Geschützen und 4 bespannten Munitionswagen" vorübergezogen seien. In Deutschland laboriert, trotz neuem Reglement, $^1/_3$ der Batterien an dem Übel, nur 4 bespannte Geschütze aufweisen zu können und an Zahl der Pferde hinter den Maschinengewehrabteilungen zurückzubleiben. Unsere westlichen Nachbarn müßten dafür also noch einen kräftigeren Ausdruck als „elend" haben.

In Neufchâteau bildet man aus 3 Batterien des 12. (Vincennes) und aus 3 Batterien des 20. (Poitiers) Feldartillerieregiments ein neues Halbregiment Divisionsartillerie für die 39. Division, XX. Korps (Nancy) das damit auf 26 Batterien kommt, 2 dem 16. Fußartilleriebataillon entnommene Batterien werden in fahrende umgewandelt und bilden mit einer ebenfalls zum 20. Regiment (Poitiers) übertretenden fahrenden Batterie des 13. Regiments eine Gruppe (Abteilung) der schweren Artillerie des Feldheeres (mit Rimailhohaubitzen). Das 20. Regiment hat damit 15 Batterien. Ebenso wird in Vincennes mit einer in eine fahrende Batterie umgewandelten Batterie des 16. Fußartilleriebataillons, die als 1. zum 12. Regiment tritt, und 2 fahrenden Batterien eine Gruppe der schweren Artillerie des Feldheeres formiert. Die Regimenter, die 15 Batterien haben, bzw. erhalten, wie z. B. das 6. „Ljon-Valence, scheinen alle eine Gruppe schwere Artillerie des Feldheeres, und zwar bespannt, aufweisen zu sollen. Man darf also annehmen, daß man die angestrebte Vermehrung der Zahl der Geschütze damit einleitet, daß man jedem Korps eine Abteilung schwerer Artillerie des Feldheeres zu 3 Batterien gibt. Die Bedienung dieser Geschütze wird von der Fußartillerie (Beispiel ja schon 16. Fußartilleriebataillon) zur Feldartillerie überwiesen und bei der Fußartillerie durch eine vermehrte Zahl der Rekruten, die ja übrigens auch der Feldartillerie zufließt, wie die Verteilung der Rekruten im Herbst 1906 nach den offiziellen Daten beweist, ersetzt. Die französische Fachpresse fährt fort, 30 Batterien à 4 Geschütze als des Armeekorps zu betrachten.

Über die Tagesereignisse in Marokko, französische Streitkräfte und ihr Verhalten, hat die Tagespresse laufend berichtet. Eine Verstärkung der Truppen des General Drude durch 1 Kolonialbrigade und 1 Schützenregiment auf 5000 Mann dürfte nach dem Ergebnis der letzten Ministerberatungen wohl eintreten. Wir können uns hier einstweilen, unter Vorbehalt eines späteren Gesamturteils, damit begnügen, festzustellen, daß die Ansichten über

Marok

den Bedarf an Truppen für eine völlige Niederwerfung der
Marokkaner in der französischen Fachpresse zwischen „einige Tausend
und 300000 Mann schwanken, der mit den Verhältnissen durchaus
vertraute Kommandant Jibé in der Grande Revue aber höchstens
25000 Mann für nötig hält, da selbst bei Erklärung des sog.
„heiligen Krieges" der Sultan oder ein religiöser Chef nicht mehr
als 40000 Mann aufbringen könne. Jibé meint, die Kosten würden
ja sehr große, die Schwierigkeiten aber durchaus keine unüber-
windlichen sein. Die französische Fachpresse verlangt in sehr be-
stimmtem Ton eine Revision der Algecirasakte, so daß Frankreich
die Befugnis erhalte, Marokko einzuverleiben, bzw. zu „tunisieren".
Vielleicht würde Deutschland später ein Veto einlegen, man müßte
Deutschland also jetzt schon Kompensationen bieten und sich auf
diese Weise mit ihm einigen. Die übrigen Vertragsmächte würden
keinen Protest erheben und Spanien solle erhalten, was ihm zukomme. Wir glauben nicht, daß man sich in Frankreich zu einem
durchgreifenden Eroberungszuge in Marokko entschließt. Dagegen
spricht, 1. daß man die enormen Kosten scheut, 2. das sich mehr
und mehr demokratisierende und antimilitarisierende Volk kaum zur
Bewilligung der 25000 bis 30000 Mann, die nebst gewaltigem
Material für einen solchen Zug mindestens erforderlich, entschließen wird, 3. daß man ein Einschreiten der Vertragsmächte
von Algeciras in letzter Linie doch fürchtet. Bezüglich der Leistungen
der französischen Truppen in Casablanca scheint man die Lichter
doch etwas stark aufgetragen zu haben. Dem Kriegsminister ist
der Vorschlag gemacht worden, das lenkbare Luftschiff Patrie nach
Afrika behufs Verwendung in der Erkundung zu senden. Von fach-
technischer Seite ist dem widersprochen worden, jedoch hat diese
Seite empfohlen, Fesselballons zu entsenden, die sich in Kolonialkriegen schon wiederholt bewährt hätten.

ehrung   Während man in Frankreich selbst daran denkt, weitere
der   4 Bataillone aufzulösen, weil man mit der Iststärke bei 2jähriger
erischen Dienstzeit für sie nicht ausreiche (nachdem das in diesem Oktober
railleur- einzustellende Rekrutenkontingent nach Angabe des Ministers selbst
taillone. 20000 Mann stärker sein wird, als das letzte) fährt man in Afrika
fort, neue Truppenverbände aufzustellen. Durch die Personalveränderungen vom 2. August befohlene Verschiebungen von Offizieren
innerhalb der Regimenter 19, 25, 34, 41, 47, 48, 49, 50, 52, 57,
62, 63, 64, 65, 66, 68, 70, 76, 78, 83, 89, 93, 97, 103, 107, 118,
120, 124, 128, 129, 137, 140, 144, also zusammen bei 33, sind die
Folge der bewirkten Auflösung der vierten Bataillone. Am
1. Oktober sollen nach France Militaire die übrigen 4. Bataillone,

ausgenommen beim VI., VII., XX. Korps und bei der Division Nizza, aufgelöst werden. - Die cadres complementaires bleiben bestehen, man will die Regimenter also doch mit 4 Bataillonen mobil machen. Nach France Militaire sollen die Kompagnien in Toul im Oktober auf 240 Köpfe kommen, auch die Batterien vermehrt werden, so daß Toul 22000 Mann Garnison erhält. Ein Erlaß des Präsidenten der Republik vom 30. Juli ordnet, auf Veranlassung des Kriegsministers, die Aufstellung eines 7. und 8. Bataillons bei dem 4. algerischen (Turko-) Regiment an. Rechnet man mit 4 Turkoregimentern in dieser Stärke, so hat man allein schon die Streitkräfte von 2 starken Divisionen. Die weitere Ausgestaltung der Truppen in Afrika will der französischen Fachpresse besonders wichtig erscheinen seit der englisch-französisch-spanischen Entente. Schien es eine Zeitlang, als werde fortan mit der Möglichkeit eines Herüberschaffens von Truppen aus Afrika wegen der möglichen Störung der Überfahrt zum Einsatz in einen europäischen Krieg nicht mehr gerechnet, so scheint man jetzt die Lage anders aufzufassen. In Fachblättern liest man jetzt schon wieder, daß ein Armeekorps aus Afrika für den Krieg im Mutterlande in Betracht komme und mit dem Kern der 4 in Frankreich selbst vorhandenen Zuavenbataillone für dieses Korps eine 3. Division gebildet werden könne. Solange die Verhältnisse in Marokko nicht eine völlige Klärung erfahren haben, dürfte jedoch diese Berechnung nicht zutreffend sein.

Nach einer Bemerkung der France Militaire ist für die Kavallerie die Einführung eines neuen Karabiners zu erwarten und verlangt man in kavalleristischen Kreisen, daß diese Karabiner mit einem Bajonett versehen werden. *Neu Karab·*

Auf die Leute, die, mit ausreichender Schulbildung versehen, sich nach einjähriger Dienstzeit freiwillig verpflichten, eine Prüfung abzulegen und in der Reserve über die Pflichtübungen hinaus noch 3 weitere zu je 6 Wochen zu machen, legt man in Frankreich als Nachwuchs für die an Zahl bei weitem noch nicht ausreichenden Reserveoffiziere bekanntlich großen Wert. In diesem Jahre finden nun zum ersten Male die ersten praktischen und theoretischen Prüfungen statt, und hat der Kriegsminister eine Zentralkommission bestimmt, welche die theoretischen Arbeiten der Offizieranwärter der einzelnen Waffen aus den verschiedenen Korpsbezirken korrigiert. Die Zahl der Reserveoffizieranwärter beträgt 900. Die praktischen Prüfungen werden bei den Truppen selbst abgelegt. Vor 1910 wird man kaum ein abschließendes Urteil über die Wirkung dieser Ersatzquelle gewinnen können. *Reserv offizie*

Infolge des Ersatzes der Applikationsschule für Artillerie und

Genie in Fontainebleau und der Militärschule für Artillerie und
Genie in Versailles durch je eine „Nationalschule" für jede der
beiden Waffen, womit man eine Verschmelzung der Offiziere, die
aus der polytechnischen Schule und derjenigen, die aus dem Unteroffizierstande hervorgehen, die unité d'origine anstrebte, sie aber
wohl nur auf Kosten der Allgemeinbildung erreichen wird, ist die
bisherige „technische Artillerieabteilung" der Applikationsschule als
„oberer technischer Artilleriekursus" in das Zentrum .der Werkstätten, nach Bourges, verlegt worden.   Als Direktor steht dem
„oberen technischen Artilleriekursus" ein Oberstleutnant vor.

arine.   Die Erfahrungen, die man mit Schiffskesseln mit Vertikalrohren
bei Jules Ferry und bei 2 Torpedobooten gemacht hat, veranlassen
den Marineminister zu der Verordnung, daß alle diese Kessel
schleunigst durch andere ersetzt werden sollen — eine Arbeit und
eine Ausgabe, die nicht zu unterschätzen sein dürfte.   Die bei den
Schießübungen am Schluß der Flottenmanöver beobachtete Erscheinung von Frühkrepierern in großer Zahl gerade bei den Geschossen der schweren Schiffskaliber wird nicht nur im Parlament
zu sehr heftigen Erörterungen führen, — Admiral Bienaimé hat den
Marineminister schon eine Interpellation, betreffend die „Porzellan-
geschosse" an Bord der Linienschiffe angekündigt — sondern hat
auch eine eingehende Untersuchung unter Vorsitz des General
Grossot von der Marineartilleriedirektion des Marineministeriums
veranlaßt.   Bis jetzt hat diese Untersuchung ergeben, daß die
von 1888 bis 1900 gefertigten Zünder die Ursache für das
frühzeitige Zerspringen der Geschosse gebildet haben, also entweder einen Konstruktionsfehler aufweisen, oder nicht lagerungsfähig
sind.   Der Marineminister hat daher angeordnet, daß sämtliche mit
diesen Zündern versehene Geschosse von Bord an Land zu bringen
und mit neuen Zündern auszustatten sind.   Für die 6 Linienschiffe
des neuen Bauplans, 18 50C t, Turbinenmaschinen von 22500 indic.
Pferdekräften, erprobt man in Hâvre gegenwärtig einen Schutz gegen
Torpedoangriffe unter der Wasserlinie.   Sie sollen an den Bord·
wänden Panzerschotten erhalten und die Schwimmfähigkeit der Schiffe
auch bei wirksamem Auftreffen eines Torpedos nicht in Frage kommen.
Im übrigen erprobt man auch einen neuen Torpedo des amerikanischen
Ingenieurs Bless-Laawitt.   18

Belgien.

aschinen-   Das Kriegsministerium hat für die bewegliche Verteidigung von
ewehre. Antwerpen 40 Maschinengewehre System Hotchkiß bei der Waffen-
fabrik de la Meuse in Bestellung gegeben.   Bahn.

Niederlande.

Die Niederlande haben für die Umbewaffnung ihrer Feldartillerie
mit modernen Schnellfeuergeschützen ein 7,5 cm-Rohrrücklaufgeschütz
von Krupp bezogen, welches durch nachstehende Zahlenangaben im
großen und ganzen charakterisiert wird.

Länge des Rohres	30	Kaliber
Geschoßgewicht	6	kg
Zahl der Schrapnellkugeln	270	
Gewicht „ „	11	g
„ der Sprengladung des Schrapnells .	75	g
„ „ „ der Granate . .	165	g Pikrins.
Querschnittsbelastung des Geschosses . . .	136	g/qcm
Anfangsgeschwindigkeit	500	m
Mündungsarbeitsleistung . . . , ...	76,4	mt
Größte Schußweite Az	6400	m
Bz	5600	m
Senkrechtes Richtfeld	— 8° + 16°	
Wagerechtes „	± 3¹/₂°	
Gewicht des abgeprotzten Geschützes . . .	990	kg
„ „ Fahrzeuges mit 40 Schuß in der Protze	1767	kg
Gewicht des Munitionswagens	1847	kg
Schußzahl im Munitionswagen	104	

Bemerkenswert ist, daß das Geschütz keine Achssitze und keine
unabhängige Visierlinie hat. Es ist mit Visierfernrohr und 4 mm
starken Schilden ausgerüstet. Die Granaten haben nur Az, keinen
Doppelzünder. Geschoß und Kartusche sind zur Einheitspatrone
verbunden. Der Munitionswagen wird nicht aufgekippt und
hat deshalb eine gepanzerte Rückwand, ein Ober- und ein Unter-
schild.

Jede Batterie besteht aus 6 Geschützen und 9 Munitionswagen,
davon bilden die 6 Geschütze und 6 Munitionswagen die Gefechtsbatterie, die 3 übrigen Munitionswagen mit den Verwaltungsfahr-
zeugen die Staffel. Jede Abteilung von 3 Batterien führt eine leichte
Munitionskolonne von 9 Munitionswagen, so daß auf jede Batterie
noch 3 Munitionswagen entfallen. Außerdem ist für jedes Regiment
eine halbe Artilleriemunitionskolonne vorhanden. Jede Kolonne hat
36 Munitionswagen mit je 84 Schuß. Für jede Batterie sind demnach 3 Wagen der Artilleriemunitionskolonne vorgesehen. Danach
berechnet sich die Munitionsausrüstung für jedes Geschütz:

1. in der Gefechtsbatterie
   a) in der Protze . . . .   40 Schuß
   b) im Munitionswagen 104   „
   ·
                           im ganzen 144 Schuß
2. in der Staffel . . . .   52 „
3. in der leichten Munitionskolonne . . . . .   52 „
4. in der Artilleriemunitionskolonne . . $\frac{3 \times 84}{6}$ = 42 „

                           im ganzen 290 Schuß

Diese Schußzahl verteilt sich auf 51 Granaten und 289 Schrapnells, wovon in der Gefechtsbatterie und der leichten Munitionskolonne für jedes Geschütz 44 Granaten und 204 Schrapnells sich befinden, der Rest von 7 bzw. 35 Geschossen in der Artilleriemunitionskolonne. Bezogen sind von Krupp 204 Schnellfeuerkanonen, die sich wie folgt verteilen:

4 Feldartillerieregimenter zu 6 Batterien zu
   6 Geschützen . . . . = 144 Geschütze
1 reitendes Artilleriekorps zu 2 Batterien . = 12   „
4 Reservebatterien . . . . = 24   „

                           im ganzen 180 Geschütze

Die fehlenden 24 Geschütze sind vermutlich für 4 Ersatzbatterien zu je 6 Geschützen, also für jedes Regiment eine bestimmte.

                                             Bahn.

Schweiz.

Freiwilliges Automobilkorps. Die Schweiz hat ihren Bedarf an Personenkraftfahrzeugen für den Krieg und die Friedensübungen ähnlich wie andere Staaten durch Vertrag mit dem schweizerischen Automobilklub sichergestellt. Der Klub hat sich verpflichtet, ein freiwilliges Automobilkorps in solcher Stärke zu bilden, daß den Anforderungen des Militärdepartements genügt wird. Eingereiht in dieses Korps dürfen nur Automobilisten schweizerischer Nationalität werden, deren wirtschaftliche Verhältnisse es gestatten, daß sie einen guten Personenwagen dauernd in diensttauglichem Zustand erhalten können, deren Bildung, Erziehung und Vertrautheit mit dem Automobil sie zur Ausübung einer solchen Stellung befähigen, und welche sich verpflichten, ihren eigenen Motorwagen selbst zu führen. Die normale Leistung des Wagens soll zwischen 15 und 35 Pferdekräfte betragen. Die Auswahl der in das Korps Aufzunehmenden ist dem Militärdepartement vorbehalten, ebenso ihre Zuteilung zu den verschiedenen Stäben. Der Chef des Korps wird von genannter Behörde gewählt. Jedes Mitglied hat für seinen Wagen einen geeigneten Mechaniker zu bezeichnen, welcher schweizerischer Militär ist, von den Militärbehörden zum Dienst aufgeboten wird und seinen Sold nebst Zulagen von den Behörden erhält. Nichtmilitärs werden nur dann zugelassen, wenn sie schweizerischer Nationalität sind, sich zu einer längeren Dienstzeit verpflichten, und wenn der Automobilbesitzer die Besoldung und Verpflegung seines Mechanikers selbst übernimmt.

Denjenigen Mitgliedern des Korps, welche nicht Offiziere sind, wird der Rang von Subalternoffizieren beigelegt. Die Klubmitglieder der ersten Klasse, d. h. diejenigen, welche sowohl den Instruktions- als den aktiven Dienst leisten wollen, haben im Dienst eine Uniform zu tragen, zu deren Beschaffung ihnen ein Beitrag von 75 Fr. gewährt wird. Reitermantel und Pistole wird ihnen unentgeltlich geliefert, einen Prismenfeldstecher können sie gegen den ermäßigten Preis von 130 Fr. von der Verwaltung beziehen.

Die wehrpflichtigen Mitglieder des Korps werden, so lange sie den regelmäßigen Dienst als Mitglied erster Klasse leisten, vom Dienst als Militär und von der Ersatzsteuer befreit. Die Freiwilligen erhalten einen Sold von 10 Fr. und für ihren Wagen eine Tagesentschädigung für jeden Reise- und Diensttag von ebenfalls 10 Fr. Die Betriebsmittel werden von der Militärverwaltung geliefert oder vergütet. Unterkunft wird seitens der Quartiermeister besorgt. Während der Dauer des Dienstes untersteht das Personal des freiwilligen Automobilkorps der militärischen Disziplin und Gerichtsbarkeit und hat den Kriegseid zu leisten. Die Wagenführer sind Vorgesetzte ihrer Mechaniker und Gehilfen.

Auch die Schweiz hat, den Vorgängen aller übrigen Staaten folgend, mit einem neuen Infanteriegeschoß Versuche angestellt. Die erreichte Anfangsgeschwindigkeit soll 800 m, die Kernschußweite 600 m betragen. Ebenso hat auch Norwegen, was hier gleich angefügt sein mag, solche Versuche ausgeführt. Das versuchte Geschoß soll dem deutschen S-Geschoß ähnlich sein. Bahn.

Neu Infant(gesch

Montenegro.

Die Kriegsverwaltung hat bei der Firma Vickers, Sons & Maxim 12 Maschinengewehre von 7,5 mm Kaliber bestellt, deren Patrone mit dem des Infanteriegewehres übereinstimmt. Bahn.

Maschi gewel

Vereinigte Staaten von Nordamerika.

Nachdem erst am 13. April 1904 a. B. des Schlachtschiffes „Missouri" der Vereinigten Staaten ein schwerer Unfall, der 32 Menschen

Unfälle Schifi geschüt

das Leben kostete, dadurch entstanden war, daß die Beutelkartusche
durch glimmende Reste des Kartuschbeutelzeugs des vorhergegangenen
Schusses oder durch einen Nachflammer vorzeitig entzündet wurde,
ist am 15. Juli d. J. aus ähnlicher Ursache wiederum ein schweres
Unglück verursacht worden. Während des Rekordschießens fing
beim Laden eines 20,3 cm-Geschützes in der oberen Etage des
Doppelturmes a. B. des Schlachtschiffes „Georgia" eine Pulver-
teilladung Feuer, ehe sie in das Geschützrohr eingesetzt werden
konnte, und entzündete die noch im Munitionsaufzug liegende andere
Teilladung. 17 Personen wurden verwundet, davon sind 10 gestorben. Seit dem Jahre 1904 ist dies der achte ähnliche Unfall
in den Vereinigten Staaten mit mehr oder weniger schweren Folgen.

Diese häufige Wiederkehr solcher Unfälle zeigt aufs klarste,
daß die Ursachen im Geschützsystem liegen und daß die nach dem
Unfall auf dem Missouri angeordneten Vorsichtsmaßregeln nicht geeignet sind, diese Ereignisse abzuwenden. Damals wurde vorgeschrieben, daß nach jedem Schuß mittelst einer Vorrichtung Luft
durch das Rohr geblasen und ein Kanonier die Seele prüfen sollte,
ob sie frei von Gasen und Flammen wäre. Ehe dies nicht geschehen war, durfte die neue Ladung nicht über den Boden des
Geschützturmes gebracht werden. Solche Vorsichtsmaßregeln sind
mit einem wirklichen Schnellfeuer unvereinbar und die Versuchung
ist groß, sie bei einem Rekordschießen ganz zu unterlassen oder nur
flüchtig und deshalb ungenügend auszuführen. Ereignisse, von denen
unter Umständen das Leben der ganzen Turmbesatzung und im
Gefecht das Schicksal des Schiffes abhängen kann, dürfen nicht von
der Sorgfältigkeit der Bedienung abhängig gemacht, sondern es müssen
konstruktive Maßnahmen getroffen werden, welche sie nach Möglichkeit ausschließen. Ein solches Mittel ist die Verwendung der Metallkartusche an Stelle der Beutelkartusche. Bei den Schnellfeuerfeld-
geschützen ist jene fast allgemein eingeführt, ebenso bei den modernen
Schiffsgeschützen bis zu 15 cm Kaliber bei den schweren Schiffsgeschützen wird sie jedoch außer in Deutschland und Österreich
nicht verwendet. Dies ist auf mancherlei Gründe zurückzuführen.
Die Verwendung von Metallkartuschen beim Schraubenverschlusse
ist, wie die Vorgänge bei der französischen Marine zeigen, nicht
ungefährlich. Nur die Verbindung der Hülsenliederung mit dem
Keilverschluß[1]) schließt schwere Unfälle aus.

Außerdem bietet die Anfertigung von Kartuschhülsen großen

---

[1]) Der exzentrische Schraubenverschluſs kommt nur für kleinere Kaliber
in Frage.

Kalibers erhebliche Schwierigkeiten und die Industrie verschiedener Länder ist in diesem Artikel noch nicht so weit vorgeschritten, wie die Deutschlands und Österreichs. Die Verwendung der Metallkartusche bedingt ferner einen Hülsenauswerfer. Die Konstruktion eines solchen ist bei dem Schraubenverschluß wesentlich komplizierter und schwieriger als beim Keilverschluß und zwar nehmen die Konstruktionsschwierigkeiten mit dem Kaliber und der Länge der Hülsen zu. Wie innig die Verwendung der Metallkartusche mit der Anwendung des Keilverschlusses zusammenhängt, hat der österreichische Marineartillerieingenieur Rusch ausgesprochen, indem er schreibt: „Aus verschiedenen schwerwiegenden Gründen, nicht in letzter Linie im Interesse der Sicherheit der Turmbemannung beim raschen Feuern, ist als Liderung bei schweren Turmgeschützen, besonders aber bei Doppelturmgeschützen, die Metallpatronenhülse, wie sie die österreichische Industrie (auch die deutsche!) in ihrer vollendeten Form liefert, zu wählen. Da kein Schraubenverschluß für schwere Geschütze besteht, mit dem die Hülsenliderung praktisch gut vereinbar ist, kann bei Annahme dieser letzteren nur der Keilverschluß in Betracht kommen." Danach würde also die Einführung der Metallkartuschen in denjenigen Schiffs- und Küstenartillerien, welche den Schraubenverschluß haben, am letzten Ende eine völlige Umwandlung dieser Artillerie erfordern, welch ungeheure Kosten verursachen würde. Diese Ansicht wird bestätigt durch die Auslassungen des amerikanischen Generals Farley, welcher in den Jahren 1901/02 Versuche leitete, die zu der Ausgestaltung des jetzigen Verschlußsystems mit plastischer Liderung der amerikanischen Marineartillerie führten. Derselbe schrieb in einer Fachzeitschrift: „Wenn man um das Jahr 1901 schon die hohe Temperatur, welche bei Verwendung des rauchlosen Pulvers in Schnellfeuerkanonen entsteht, gekannt hätte, wäre die plastische Liderung mit ihren Spaltringen vielleicht nicht bei uns eingeführt worden, sondern wir wären dem Beispiele Krupps gefolgt und hätten die Liderung durch Metallhülsen für alle Kaliber eingeführt . . . Wenn man eines Tages bei uns ein großkalibriges Geschütz mit Hülsenliderung einführt, so wird die Stunde der plastischen Liderung geschlagen haben. Da aber eine Änderung bei unseren jetzigen Kanonen große Kosten und tiefgehende Schwierigkeiten haben würde, sind wir gezwungen, bei unserem jetzigen System zu bleiben und es soviel wie möglich zu verbessern." Dieser letzte Satz wird wohl nur wenig Zustimmung finden. Wenn ein Verschluß- und Liderungssystem als den modernen Verhältnissen nicht mehr entsprechend erachtet wird und wenn dies sich durch häufig wiederkehrende folgenschwere Unfälle immer wieder

.von neuem aufdrängt, so genügen Palliativmittelchen nicht, sondern es muß eine durchgreifende Änderung vorgenommen werden, koste es, was es wolle, denn anderenfalls steht sehr viel auf dem Spiel, einerseits die beklagenswerten Opfer solcher Katastrophen in Friedenszeiten und die Aktionsunfähigkeit oder sogar der Verlust einzelner Schlachtschiffe im Kriege, wenn sich im Gefecht solche Vorfälle ereignen.

Natürlich hat die Streitfrage Schraubenverschluß oder Keilverschluß ihren Wiederhall in der Fachpresse gefunden. In Heft 5 vom 13. Dezember 1905 des „Schiffbau" veröffentlichte der vorteilhaft bekannte Militärschriftsteller J. Castner eine Studie über den Schraubenverschluß mit plastischer Liderung und den Keilverschluß mit Hülsenliderung, in welcher die Vor- und Nachteile beider Systeme sachlich auseinandergesetzt wurden. Zusammenstellungen über die Unfälle mit Schraubenverschlüssen waren der Arbeit beigegeben. Diese Studie hat in allen Militärstaaten Beachtung gefunden und es konnte nicht ausbleiben, daß eine Erwiderung zur Rettung des Schraubenverschlusses versucht .wurde. Das Januarheft der Revue d'Artillerie brachte einen Aufsatz des Majors der Artillerie Herrn L. Ferrus über: „Schraubenverschluß und Keilverschluß, französische Ansichten und deutsche Ansichten". Auf diesen Aufsatz hat Herr J. Castner neuerdings in No. 19 und 20 des „Schiffbau" vom 10. und 24. Juli d. Js. geantwortet und, wie man zugestehen muß, mit Erfolg.

Denjenigen Lesern, welche sich eingehender mit dieser Frage zu beschäftigen wünschen, seien diese Schriften empfohlen.

rlegung In Ansehung irgend einer möglichen kriegerischen Verwickelung
Flotten- mit Japan beabsichtigen die Vereinigten Staaten von Nordamerika
tation. im Stillen Ozean eine Flotte von 19 Panzerschiffen zu stationieren. Durch die Abgabe von 16 Linienpanzerschiffen und 2 Panzerkreuzern würden im Atlantischen Ozean nur noch 7 Panzerschiffe von ziemlich ungleichem Wert verbleiben unter Einrechnung der beiden demnächst fertig werdenden Linienschiffe Michigan und Süd-Carolina. Das Schwierige bei dieser Maßnahme ist die Gewinnung eines geeigneten Flottenstützpunktes an der pacifischen Küste. Am geeignetsten wäre die Magdalenenbay im äußersten Süden von Kalifornien, welche eine vorzügliche, das ganze Jahr über zu benutzende Reede hat. Leider gehört die Reede Mexiko und deshalb müssen wenigstens der Form nach gewisse Rücksichten genommen werden. Der Admiral Dewey tadelt es, daß die Vereinigten Staaten nicht schon seit Jahren darauf Bedacht genommen haben, ihre Oberherrschaft auf dem Stillen Ozean zu befestigen, weil die politischen Erfordernisse dies verlangen und

ein zeitweiliger Mangel an Energie einer solchen Maßregel leicht
eine bedrohliche Absicht verleihen könne. Der Admiral ist ferner
der Ansicht, daß die Philippinen als Flottenstützpunkt ausgeschlossen
seien, einmal des entnervenden Klimas wegen und dann auch um
eine Verzettelung der Seestreitkräfte zu vermeiden. Deshalb müsse
der Stützpunkt an der pacifischen Küste liegen.   Bahn.

Die augenblickliche politische Lage im Stillen Ozean lenkt die
Augen der ganzen Welt mehr als früher auf die militärischen Verhältnisse der Vereinigten Staaten von Nordamerika, deren Kenntnis
im allgemeinen bei uns nur wenig verbreitet ist.

Lage Offizi korp

Unter diesen Umständen dürfte der folgende Streifblick auf die
finanzielle Lage und die derzeitige Stimmung in den Reihen
des Offizierkorps der Regular Army der United States
nicht ohne Interesse sein.

Es ist wohl hinlänglich bekannt, daß die Offiziere des nordamerikanischen Heeres als die bestbezahltesten der Welt anzusehen
sind, wobei allerdings die teueren Lebensverhältnisse im Lande berücksichtigt werden müssen. Dementsprechend sind auch die Pensionen sehr hoch, da sie nach vierzig Dienstjahren bei deren Berechnung die Ausbildungsjahre in der Militärakademie zu West-Peint
mitgezählt werden, 75 v. H. des zuletzt erreichten Gehaltes betragen.
Dennoch ist es unzweifelhaft, daß sich in dem Offizierkorps der
Regular Army der United States seit einiger Zeit eine tiefgehende,
weitverbreitete Mißstimmung bemerkbar macht, zu deren Sprachrohr
sich vielfach und anscheinend nicht ungern die militärische, wie
nichtmilitärische Presse des Landes gebrauchen läßt. Als Grund
der ziemlich allgemeinen Unzufriedenheit wird neben dem zu langsamen und angeblich dem Protektionswesen vielfach unterworfenen
Avancement, ferner den erhöhten Anforderungen des Dienstes besonders auf Cuba (wo zurzeit bekanntlich ein „Pazifikationsheer" von
über 12 000 Mann versammelt ist), und dem oft schwierigen und
teueren persönlichen oder zusammen mit der Truppe erfolgenden
Garnisonwechsel, vor allem die unzureichende Höhe der Gehälter
bezeichnet, die seit langer Zeit keine Verbesserung erfahren haben.[1]

---

[1] Bezeichnend ist die große Zahl von Zeitungsanzeigen, in denen
Offiziere gegen Vergütung der Umzugskosten und auch wohl gegen das
Anerbieten von Barprämien einen Tausch von Truppenteilen, Garnisonen
und selbst Waffengattungen einzugehen wünschen.

In diesem Sinne schreibt z. B. ein Offizier dem angesehenen
Army and Navy Journal über die Einnahmen und Ausgaben in seinem
aus 7 Köpfen (Ehepaar und 5 Kinder) bestehenden Haushalt während
6 Jahren, die er als Leutnant und Captain in drei Garnisonen ver-
bracht hat, folgendes:

„Die Ausgaben setzten sich zusammen aus nachstehenden
Posten:

Für Mobiliar und sonstiges Hausgerät .	805,50	Dollar
„ Wohnungsmiete (wo keine Dienst-		
wohnung).	1 349,10	„
„ Dienstbotenlohn	2 310,20	„
„ Nahrung	4 649,75	„
„ Kleidung	2 348,90	„
„ Heizung und Beleuchtung . . .	706,50	„
„ Arzt und Apotheker	611,29	„
„ Vergnügungen, Theater, Sport . .	84,61	„
„ kirchliche Zwecke, Hochzeits- und		
andere Geschenke, Mildtätigkeit .	1 228,56	„
„ Wagenfahrten und Eisenbahnreisen	1 364,14	„
„ Lektüre und sonstiges	2 159,71	„

Zusammen (6 Jahre) 17 618,26 Dollar
= 12 335 Mk. jährlich.

Demgegenüber betrugen die Einnahmen in derselben Zeit nur:

Gehalt und Zulagen	13 364,01	Dollar
Umzugsentschädigung	791,20	„
Entschädigung für gesundheitliche Aus-		
gaben	358,47	„
Reisegelder für Dienstreisen	1 130,70	„

Zusammen (6 Jahre) 15 644,38 Dollar
= 10 770 Mk. jährlich,

was einen Unterschied von 1990 Dollar oder 8358 Mk. für den genannten Zeitraum ausmacht, die aus privaten Mitteln gedeckt werden
mußte.“

In einer anderen Zuschrift vergleicht ein Offizier die Gehälter
eines Newyorker Polizeibeamten mit denen eines Offiziers der
United States Army in folgender charakteristischer Weise:

Gehalt für einen

Polizeibeamten (das beständig vermehrt wird):		Offizier (das seit 1870 unverändert ist):	
Schutzmann (Gemeiner)	1400 Doll.	Secondlieutenant . .	1400 Doll.
„ (Korporal)	1500 „	Firstlieutenant . .	1500 „
		Captain bei den be-	
„ (Sergeant)	2000 „	rittenen Waffen .	2000 „
Captain der Schutz-			
mannschaft . . .	2750 „	· Major	2500 „
Inspektor . .	3500—5000 „	Colonel	3500 „
		Brigadegeneral . .	5500 „

Diese Gegenüberstellung beweist allerdings, daß die Policemen der Stadt Newyork außergewöhnlich hoch bezahlt werden, der Verfasser läßt aber wohl nicht unabsichtlich außer acht — denn diese Zusammenstellung sollte Stimmung machen für die in diesem Frühjahr dem Kongreß vorgelegte Bill betreffs Erhöhung der Gehälter der Offiziere und der Löhnungen der Unteroffiziere und Mannschaften —, daß alle Offiziersgehälter nach 5jährigem Bezuge eine Aufbesserung von immer 10 % erfahren, so daß nach 20jährigem Verbleiben in seiner Stellung z. B. der Captain (bei den berittenen Waffen, denn bei den nichtberittenen sind die Gehälter etwas niedriger) auf rund 2800, der Major auf 3500, der Oberst auf rund 4500 Dollar steigt; hierzu kommen noch verschiedene Zulagen in besonderen Stellungen und die freie Dienstwohnung, die zwar, namentlich für Verheiratete, nur recht beschränkt ist (der Secondelieutenant hat 2 Zimmer und jeder folgende Dienstgrad nur ein Zimmer mehr zu beanspruchen), aber doch in Rechnung gezogen werden muß und für die, wo sie fehlt, eine Mietsentschädigung bezahlt wird.

Eine recht bezeichnende Äußerung über die für die heutigen Verhältnisse unzureichenden Leutnantsgehälter wird aus dem Munde des Generals Funston, jetzt Kommandeur des Department of California (bis zur neuerlichen Neuorganisation des Heeres Kommandeur der South Western-Division und bekannt durch seine energische Hilfsaktion bei der Katastrophe von San Francisco), bekannt gegeben: „Ein Maurer in San Francisco verdient mehr als ein Leutnant in der Armee."

Da vielfach gegenüber den Klagen über die ungenügenden Offiziersgehälter des nordamerikanischen Heeres wohl auf die viel geringeren Gehälter des deutschen Heeres hingewiesen wird, so stellt ein Captain des 10. Infanterieregiments, der längere Zeit in Deutschland geweilt hat, diese Ansicht in einer Zuschrift an das genannte militärische Blatt folgendermaßen richtig:

„Keiner der deutschen Offiziere in den unteren Dienstgraden gibt zu, nur von seinem Gehalt zu leben. Tatsächlich sehen die jüngeren Offiziere nur wenig von ihrem kleinen Gehalt. Der Zahlmeister stellt die Abrechnung in kleinen Büchern auf, und nach Abzug der Kosten für Kleidung und verschiedenen Regimentsabzügen ist das Gehalt weg (disappeared). Daher bildet ihr Lebensunterhalt (maintenance) eine dauernde Last für ihre Familie bis zur endlichen Erreichung höherer Grade oder bis es ihnen gelingt, die Tochter eines reichen Geschäftsmannes zu finden, deren Mitgift für ihre Bedürfnisse ausreicht (!). Das miserable Gehalt der deutschen Offiziere hat sie zu notorischen Partiejägern (notorious fortune hunters) gemacht."[1]

Der Ausdruck fortune muß sinngemäß hier nicht in der allgemeinen Bedeutung von „Glück", sondern in der ebenfalls mit ihm verbundenen besonderen von „reiche Partie" genommen werden.

Weiter betont der erwähnte amerikanische Offizier, daß der Wert des Geldes auch ein weit höherer in Deutschland sei, als in Amerika und daß dort alles, ausgenommen die Nahrungsmittel (food), viel billiger sei, als in seinem Vaterlande.

Übrigens sei hierbei bemerkt, daß die Bestrebungen der Regierung sowohl wie des Heeres, eine finanzielle Aufbesserung für alle Teile des letzteren um 20 v. H. zu erhalten, zunächst wenigstens, erfolglos gewesen sind: Der Kongreß hat die vom Kriegsminister dringend empfohlene Bill abgelehnt, obwohl der sehr angesehene Generalstabschef General Bell selbst warm dafür eingetreten war und u. a. erklärt hatte, daß seiner Überzeugung nach etwa die Hälfte aller Offiziere verschuldet seien. Die Ablehnung hat im Heere allgemein böses Blut gemacht, es sind jedoch bereits alle Vorbereitungen getroffen, um die Bill im nächsten Kongreß, noch in diesem Winter, wieder vorzubringen und sie dürfte dann auf Erfolg rechnen können.

Japan.

^{eeres-anisation.} Die japanische Regierung scheint nunmehr die Grundlinien festgestellt zu haben, nach denen sie im Laufe der Zeit, in diesem Jahre beginnend, ihr Heer den Aufgaben entsprechend ausbauen will, welche der neuen Großmacht im Indischen Ozean im Laufe der Zeit zufallen können. Man wird dieser Reorganisation eine gewisse Bedeutung beimessen müssen, weil sich in ihr die Lehren, welche die Japaner selbst aus dem letzten Kriege ziehen, aus-

---

[1] Diese Behauptung ist in ihrer Allgemeinheit übertrieben.

Die Leitung.

sprechen müssen. Einzelheiten über die in Aussicht genommenen Veränderungen bringt Heft 7 der Revue des armées étrangères.

Bekanntlich hatte Japan bei Ausbruch des Krieges 13 Infanteriedivisionen (1 Garde und 12 Liniendivisionen), welche durch je eine Reservebrigade verstärkt wurden. Noch während des Krieges wurden 4 weitere Divisionen No. 13, 14, 15 und 16 gebildet, welche nach dem Kriege die Besatzung von Korea und der Mandschurei bildeten. Die 13. und 14. Division sind inzwischen zurückgezogen worden und die beiden anderen werden folgen, sobald neue Besatzungstruppen gebildet sein werden. Diese werden, wie die Truppen auf Formosa und die Besatzungsbrigade in China, durch besondere den Divisionen entnommene Mannschaften, welche jährlich abgelöst werden, zusammengestellt werden.

Zu den dann in Japan vereinigten 17 Divisionen sollen noch 2 neue die 17. und 18. gebildet werden, so daß das japanische Heer dann 19 Divisionen gegen früher 13 zählen würde, das wäre eine Vermehrung um 46 v. H.

Nach dem Vertrage von Portsmouth ist Japan gestattet, eine Bewachungstruppe von ungefähr 15000 Mann längs der chinesischen Ostbahn zu halten. Zu diesem Zweck werden 6 Bataillone Infanterie mit Artillerie und Maschinengewehren aus den Reserven der aktiven Armee bzw. aus der Reservearmee aufgestellt werden. Dies würde eine Truppe von nur ungefähr 7000 Mann darstellen.

Die bisherige Einteilung der Truppen soll nicht geändert werden, scheint sich also bewährt zu haben. Von der früher angekündigten Zusammenfassung von je 2 Divisionen zu einem Armeekorps scheint man abgekommen zu sein. In Friedenszeiten bleibt die Division die höchste Einheit; im Kriege werden dieselben zu Armeen, deren 4 gebildet werden sollen, zusammengezogen. Bei gleichmäßiger Verteilung würden jede Armee aus etwa 5 bzw. eine aus 4 Divisionen der aktiven Armee bestehen.

Wahrscheinlich wird die unabhängige Kavallerie, bisher 2 Brigaden, um eine neue von 2 Regimentern zu je 4 Schwadronen vermehrt und die Divisionskavallerieregimenter von 3 auf 4 Schwadronen erhöht werden. Da auch für die neuen Infanteriedivisionen die Kavallerie neu gebildet werden muß, so bedeutet die geplante Veränderung eine Vermehrung der Kavallerie um mehr als 50 v. H., damit würde der während des Krieges am fühlbarsten und siehtbarsten zutage getretene Übelstand der zu wenig zahlreichen Kavallerie begegnet werden. Dem minderwertigen Pferdematerial soll durch Verbesserung der Pferdezucht aufgeholfen werden.

Bemerkenswert ist, daß von Schaffung einer berittenen Infanterie abgesehen werden soll. Die Kriegserfahrungen scheinen danach unter den Verhältnissen, wie sie im letzten Kriege vorgeherrscht haben, die Notwendigkeit einer solchen nicht zu begründen.

Dagegen will man nach und nach 6 reitende Batterien bilden, welche zu je 2 zu einer Abteilung vereinigt werden sollen, so daß jede der 3 unabhängigen Kavalleriebrigaden eine Abteilung zu 2 Batterien würde erhalten können. Die Kriegserfahrungen müssen wohl auf die unbedingte Notwendigkeit der Zuteilung von reitender Artillerie an die unabhängige Kavallerie hinweisen, da Japan vor dem Kriege keine reitende Artillerie besaß und die während des Krieges improvisierte reitende Batterie den Erwartungen nicht entsprochen hat. Dies letztere wird seinen Grund in der Improvisation haben. Eine sehr wesentliche Veränderung scheint hinsichtlich der Zuteilung von Artillerie zu den Divisionen bevorzustehen.

Vor dem Kriege und auch während desselben hatten 6 Divisionen an Stelle eines Feldkanonenregiments ein Regiment Gebirgsartillerie und die 7. Division eine Abteilung Gebirgsartillerie. Es scheint nunmehr Neigung vorhanden zu sein, alle Divisionen gleichmäßig mit Feldkanonen auszurüsten und die Gebirgsbatterien in 2 oder 3 unabhängige Brigaden zusammenzufassen, welche als Spezialtruppe den verschiedenen Armeen je nach der Geländegestaltung zugeteilt werden sollen. Vorläufig sind schon 4 Divisionen an Stelle Gebirgsartillerie Feldkanonen zugeteilt worden. Danach gewinnt es den Anschein, daß in den Kämpfen in der Ebene, also von Tatschikao an, der gänzliche Mangel in Feldkanonen bei 6 Divisionen nachteilig empfunden ist. Dies ist um so erklärlicher, als in jenem Kriege bekanntlich auf so große Entfernungen geschossen wurde, daß sogar die Schußweite der Kanonen während des Krieges durch besondere Maßnahmen erhöht wurde. Dabei konnten natürlich die Gebirgsbatterien mit ihrer wesentlich kürzeren Schußweite nicht mitwirken.

Wie bekannt, haben die Japaner im Kriege einen ausgedehnten und erfolgreichen Gebrauch von zunächst 12 cm-, später auch 15 cm-Haubitzen und schwerer Artillerie (28 cm-Haubitze) gemacht. Es ist nun beabsichtigt, 2 Brigaden schwerer Artillerie zu 2 oder 3 Regimentern zu je 6 Batterien von 4 Geschützen zu bilden. Für das laufende Jahr ist die Neubildung einer Brigade mit 1 Regiment 12 cm- und 1 Regiment 15 cm-Haubitzen mit beschleunigtem Feuer in Aussicht genommen. Danach scheint diese Brigade vorläufig noch das alte Material vom Feldzug her zu behalten. Für die weitere Formationen dürften dann die bei Krupp beschafften 12 cm-

und 15 cm-Rohrrücklaufhaubitzen sowie Geschütze einheimischer Fertigung bestimmt sein, wozu auch bei Schneider-Creuzot Halbfabrikate bestellt sind. Ferner sollen zurzeit Versuche mit einer 10,5 cm-Haubitze des Arsenals von Osaka im Gange sein. Es gewinnt den Anschein, daß nach befriedigendem Ausfall dieser Versuche, an Stelle der 12 cm-Haubitze diese 10,5 cm-Haubitze eingestellt werden wird. Damit wäre dann in bezug auf das Kaliber eine Ausrüstung wie in Deutschland vorhanden.

Die bisherige Zuteilung von 3 Kompagnien Pioniere zu jeder Division hat im Kriege genügt. Die 4 Eisenbahnkompagnien sollen auf 16 vermehrt werden, so daß im Kriege für jede Armee 1 Bataillon zu 4 Kompagnien vorhanden ist.

Die wenigen und sehr schlechten Wege in der Mandschurei haben zu der Ansicht geführt, daß zur ausreichenden und schnellen Versorgung der Truppen mit Lebensmittel und Munition die Beschaffung von zahlreichem leichten Feldeisenbahnmaterial dringendes Bedürfnis ist, so daß die Legung der Schienen den Truppen in ihren Bewegungen folgen kann.

Hinsichtlich der Schaffung eines Luftschifferparkes ist man noch zu keinem endgültigen Entschluß gekommen. Zurzeit besteht eine Luftschifferabteilung von 170 Mann, deren Kommandeur in Deutschland beim Luftschifferbataillon ausgebildet ist. Gegenwärtig macht die Abteilung Vergleichsversuche mit 2 deutschen Modellen. Wenn die Versuche abgeschlossen sein werden, werden vermutlich 4 Abteilungen, also für jede Armee eine, errichtet werden.

Die 3 Telegraphenkompagnien sollen auf 8 vermehrt werden, so daß jeder Armee 2 dergleichen zugeteilt werden können. Eine Versuchsabteilung für drahtlose Telegraphie besteht schon jetzt.

Um auch für die schwere Artillerie Flußübergänge herstellen zu können, soll demnächst für jede Armee ein schweres Brückenmaterial für 300 m Brückenlänge beschafft werden. Die Divisionen behalten ihren leichten Brückentrain; die Brückenlänge wird aber von 144 m auf 40—50 m vermindert.

Wie schon im Augustheft angedeutet, war für eine ev. Neubewaffnung der Infanterie u. a. auch ein Selbstladegewehr in Aussicht genommen. Versuche mit verschiedenen solcher Modelle haben stattgefunden, aber bisher noch zu keinem befriedigenden Ergebnis geführt. Da eine Neubewaffnung nach dem Kriege notwendig ist, wird das Arisakagewehr unter Beibehalt des bisherigen Kalibers und Anbringung einiger konstruktiver Verbesserungen neu gefertigt. Die Verteilung dieser Gewehre findet noch in diesem Jahre statt. Die Reserve behält das Gewehr 1897.

Was die Kanonenbatterien der Feldartillerie anlangt, so ist die auf Grund der Kriegserfahrungen beschlossene Umbewaffnung mit Kruppschen Rohrrücklaufgeschützen von größerer Leistung und Schußweite, als sie das frühere Arisakageschütz aufwies, durchgeführt. — Bemerkenswert ist, das an Stelle des Schraubenverschlusses der Kruppsche Schubkurbelkeilverschluß angenommen ist. Einzelheiten über die Konstruktion dieses Geschützes sind bisher nicht bekannt geworden. Man wird wohl in der Annahme nicht fehlgehen, daß das Geschütz von der bekannten Kruppschen Konstruktion mit Flüssigkeitsbremse, Vorholfeder, Wiege und Wiegenträger ist.

Sobald die Organisationsveränderung der Gebirgsartillerie durchgeführt sein wird, wird auch wohl an eine moderne Bewaffnung derselben gedacht werden müssen. Im Kriege hatten Feldkanonen und Gebirgskanonen das gleiche Kaliber und die gleichen Geschosse, nur die Pulverladung mußte notwendigerweise verschieden sein. Diesen gesunden Gedanken der möglichst weitgehenden Übereinstimmung beider Geschützarten wird man vermutlich auch in der Folge beibehalten und durchführen. Daraus würde sich die Notwendigkeit der Beschaffung einer 7,5 cm Rohrrücklaufgebirgskanone ergeben, wie sie neuerdings von der Kruppschen Fabrik mit Schildzapfen unter dem Bodenstück angefertigt wird, um dem Geschütz seiner Aufgabe entsprechend ein möglichst großes senkrechtes Richtfeld und einen ständig langen Rohrrücklauf zu geben, wie ihn die neuesten Haubitzkonstruktionen haben.

An Stelle der Hotchkiß-Maschinengewehre sollen, obwohl diese im Kriege gute Dienste geleistet haben, Rexer-Maschinengewehre eingeführt werden, von welchen man voraussetzt, daß sie die Infanterie beim Angriff besser begleiten und sich in der Feuerlinie bewegen können.

Die Reorganisation der Armee läuft danach auf eine Vermehrung derselben um reichlich 50 v. H. gegenüber seiner Stärke vor dem Kriege hinaus. Das würde eine außerordentliche Mehrbelastung der japanischen Finanzen verursachen. Als teilweisen Ausgleich hierfür will man bei der Infanterie, aber auch nur bei der Infanterie, die zweijährige Dienstzeit einführen. Man glaubt dies nach den guten Erfahrungen mit der Ausbildung des Kriegsersatzes in kurzer Zeit und bei der zweifellos guten militärischen Veranlagung der Japaner ohne Schädigung der Kriegstüchtigkeit des Heeres tun zu können. Diese jährlich um 50 v. H. vermehrte Einstellung erhöht zugleich den Bestand an Reserve- und Landwehrmannschaften, was der Mobilmachung und der Stärke des Kriegsheeres zugute kommt.   Bahn.

Literatur.

I. Bücher.

Campana de Prusia en 1806. Jena-Lübeck. Comandante Ibanez Marin, Madrid 1906. Establecimiento Tipografica „el Trabojo".

Ein umfangreiches (562 Seiten Großquart) mit Karten und Skizzen reich versehenes, ungemein gewissenhaft gearbeitetes Werk über den Feldzug 1806 welches in jeder Beziehung literarische Beachtung verdient. Der Herr Verfasser konnte allerdings aufbauen auf zwei Büchern erster Ordnung über denselben Gegenstand, auf den Werken Lettow-Vorbecks und Foucarts. Beide dürfen vorläufig als abschließend gelten was den deutschen und französischen Standpunkt zur Sache betrifft. Aber auch das sonst vorhandene reichhaltige Quellenmaterial ist auf das sorgfältigste benutzt und herangezogen worden. Jedenfalls steckt ein außergewöhnlicher Fleiß in dem gut geschriebenen, überall gesundes militärisches Urteil zeigenden Buche. Ich erachte es auch als einen besonderen Vorzug desselben, daß es den psychologischen und ethischen Seiten der Kriegführung allenthalben nachspürt. Einleitung und Schlußwort ziehen nach dieser Richtung sehr beachtenswerte Folgerungen, auch angewendet auf das Völkerleben der Gegenwart. Was der Verfasser nach dieser Richtung von Preußen-Deutschland sagt, kann uns nur sympathisch berühren.　　　　Keim.

Napoleon im Frühjahr 1807. Von Burggraf und Graf Hannibal zu Dohna, Generalmajor z. D. Leipzig 1907. Georg Wigand.

Das fesselnd geschriebene Buch gruppiert sich um den achtwöchentlichen Aufenthalt Napoleons auf Schloß Finkenstein nach der Schlacht von Eylau. Dieses Schloß, von dessen prächtiger Einrichtung verschiedene geschmackvolle Abbildungen Zeugnis geben, war damals und ist auch heute noch im Besitze der Grafen zu Dohna. Man könnte beim Lesen des Buches vielleicht der Ansicht zuneigen, daß hier eine Art Lokalpatriotismus den Herrn Verfasser veranlaßte, jenen Aufenthalt auf Schloß Finkenstein als den Wendepunkt im Leben Napoleons anzusprechen. In dem Sinne, als er bei der dämonischen Bildung seines Wesens damals angefangen hatte, das Augenmaß zu verlieren für die Wirklichkeit der Dinge, vor allem für die nationalen und ethischen Unterströmungen, die schließlich seinen Sturz herbeigeführt hätten. Ich bin nach dieser Richtung etwas skeptisch. Ja wenn alle deutsche Stämme, wenn Österreich, die Niederlande und Italien von demselben glühenden Patriotismus erfüllt gewesen wären, wie die Preußen und Spanier, so wäre es unter allen Umständen mit Napoleon zu Ende gewesen. Davon war aber gar keine

Rede. Die Rheinbundstruppen z. B. haben 1809 und 1813 mit gleicher
Hingebung gefochten wie 1807 und 1812. Und gleiches gilt von den
zu Franzosen gewordenen Bewohnern des linken Rheinufers. Leider.
Auch daß Napoleon hätte fallen müssen weil er ein „Usurpator" war,
möchte ich bezweifeln. So tugendhaft geht es doch in der Weltgeschichte nicht zu. Er ist im Grunde genommen an der hartnäckigen
Feindschaft des seegewaltigen Englands gescheitert — was jetzt erst
nach und nach historisch erkannt wird — und selbst der Feldzug 1813
wäre ohne den Hinzutritt Österreichs zur Koalition höchst wahrscheinlich
günstig für Napoleon verlaufen. Was aber die Auffassung von Lettow-
Vorbeck betrifft, welche der Herr Verfasser auch zu der seinen macht,
als ob Napoleon hätte sehr haushälterisch umgehen müssen mit den
Kräften Frankreichs, so wird das allein schon durch die enormen,
militärischen wie finanziellen Opfer Frankreichs im Jahre 1813 widerlegt. Daß aber auch schon zur Revolutionszeit weite Kreise Frankreichs nur widerwillig die Blutsteuer zahlten, weiß jeder, welcher sich
mit den Kriegen der Revolutionszeit näher beschäftigt hat. Geradezu
verblüffende Nachweise finden sich z. B. in dieser Richtung in de
Cugnacs „L'armée de réserve 1800". Und doch hat Napoleon den
Feldzug 1800 gewonnen. Also diese „Impedimenta" waren von dem
großen Kaiser schon stets in seinem Kalkul aufgenommen worden und
nicht erst seit 1806. Im übrigen sind das teilweise Ansichtssachen,
wie man zu sagen pflegt. Sie können den Wert des sehr interessanten
Essays und wertvollen Beitrags zur intimen Geschichte Napoleons
nicht beeinträchtigen.   Keim.

Markgraf Ludwig Wilhelm von Baden-Baden. Von Oberstleutnant
a. D. Platz. 1907. J. J. Reiff. Karlsruhe.
    Das Büchlein behandelt die Tätigkeit des Markgrafen als Ober-
befehlshaber der Reichstruppen in den Feldzügen 1693 bis 1697 am
Oberrhein. Diese Seite des verdienstvollen Feldherrntums des
„Türkenlouis" — wie ihn der Volks- und Soldatenmund jener Zeit be-
wundernd nennt — ist seither historisch nicht genügend beleuchtet
worden. Es zeigt allerdings nicht die glänzenden Lichtseiten des
stets siegreichen Türkenbezwingers, aber dafür die Schattenseiten der
Reichskriegsführung mit ihren unendlichen Schwierigkeiten auf
politischem, militärischen und technischen Gebiete. Mit solchen
ungenügenden Kriegsmitteln konnte selbst ein Markgraf Ludwig Wilhelm
nichts leisten. Jene Feldzüge am Oberrhein sind ein drastischer Beitrag zu dem Jammer der alten Reichskriegsverfassung, die der
Markgraf auch als glühender Patriot mit allem Eifer zu beseitigen
strebte. Vergeblich! Es gilt auch hier das Dichterwort: Was im Großen
verpfuscht ist, kann man im Kleinen nicht einrenken wollen. Der Herr
Verfasser hat sich jedenfalls mit der Herausgabe des auf archivalischem
Studium beruhenden Beitrages zur militärischen Geschichte jener Zeit
ein bleibendes Verdienst erworben.   Keim.

Colonel Palat. Chef d'état major du 17e corps d'armée. La stratégie de Moltke en 1870, avec 22 cartes hors texte. Berger-Levrault et Cie., éditeurs, Paris-Nancy 1907. 10 Fr.

Oberst Palat hat im vorliegenden etwa 400 Seiten starken Buch auf Grund deutscher Quellen, besonders Moltkes militärischer Korrespondenz, dessen Tätigkeit als Chef des Generalstabes Schritt vor Schritt verfolgt. Er ist dabei zu dem Ergebnis gekommen, daß Moltke als Heranbilder des preußischen Generalstabs unübertroffen gewesen und daß er dessen Mitwirkung zum großen Teil seine Erfolge zu verdanken hatte. Ebenso bewunderungswert sei die Sorgfalt gewesen, mit welcher er die stattgehabten Kriege vorbereitet habe.

Was indessen die Beurteilung der Kriegslagen im einzelnen Fall, besonders die Einschätzung des Gegners anlangt, so wird versucht nachzuweisen, daß Moltke sich — anscheinend meistens! - geirrt und die gewagtesten Maßnahmen getroffen habe, von denen viele nach den Regeln der Strategie ohne weiteres als fehlerhaft zu bezeichnen seien. Nicht s ei n Verdienst sei es gewesen, wenn er Erfolg gehabt, sondern die Umstände, der Zufall und besonders die Minderwertigkeit der gegnerischen Führung hätten ihm über den verdienten Mißerfolg hinweggeholfen. Somit sei die Bewunderung, welche auch französischerseits Moltke gezollt werde, durchaus übertrieben und meist unbegründet.

Sachlich Neues enthält die Schrift nicht viel, neu ist nur die Art der Behandlung des Stoffs. Die Denkschriften, Mitteilungen und Befehle Moltkes werden nach einander aufgeführt mit dem Refrain „war das nun richtig oder falsch?" wobei immer das nicht ganz als zutreffend erscheinende gebührend hervorgehoben, das richtige aber verschwiegen wird, so daß der unkundige Leser ein ganz falsches Bild erhält.

Das Buch ist somit tendenziös verfaßt und durchaus einseitig. Am schärfsten tritt dies in der Darstellung des Kriegs gegen die Republik Frankreich hervor. Wie kann man jemand den Vorwurf machen, daß er die Widerstandsfähigkeit einer Festung, die eine Millionenstadt wie Paris umschließt, nicht richtig eingeschätzt habe? Der Fall war ohne jedes Beispiel in der Geschichte und Paris konnte eingeschlossen, aus Mangel an Nahrungsmitteln ebensogut nach 6 Wochen, als nach 4 Monaten kapitulieren! Ebenso war ohne Beispiel das aus der Erde stampfen übermächtiger, wohlgerüsteter Heere seitens der Regierung der nationalen Verteidigung unter Führern, die im Durchschnitt höher standen, als die vorher so hoch angesehenen, ja gefürchteten, kriegserfahrenen französischen Marschälle des Kaiserreichs? Hatte man nicht nach den Erfahrungen von 1814 und 1815 allen Grund zu der Annahme, daß die französische Nation nach Sedan Frieden schließen wolle? Moltke stand also in der 2. Hälfte des Feldzugs vor ganz neuen Fragen, die jede auf Grund früherer Kriege gewonnene strategische Regel unanwendbar machten. Dieses Chaos von ungeheueren Friktionen, welche weit diejenigen des Kampfes gegen das Kaiserreich übertrafen,

durchdrang der Blick seines Genies, weicher sich hier schärfer, als
der aller anderen erwies. Zum Geist kam der Charakter, die Kühnheit,
der Wagemut und das unbedingte Vertrauen auf die, wenn auch noch
so geschwächten, eigenen Truppen.

Wer Moltke gerecht werden will, muß ihn in seinen großen Zügen
beurteilen, nicht splitterrichtern wollen, und schließlich ist der dauernde Erfolg noch immer in der Welt der zuverlässigste Richter über
den Wert eines Menschen gewesen. v. Twardowski.

Jules Duval, chef de batailton du génie, breveté d'état-major. Vers
Sadowa, étude stratégique. Avec 2 cartes et 5 croquis. .Berger-
Levrault et Cᵗᵉ., Paris-Nancy. 6 Fr.

Major Duval nennt sein etwa 300 Seiten starkes Werk selbst
„plutôt une causerie", scheint es also mit der étude stratégique nicht
allzu ernsthaft genommen zu haben. Spott und Haß gegen Moltke
(notre héros, wie er ihn nennt), haben die Feder geführt und das
objekte Urteil getrübt. Man vergleiche nur die Darstellung des
Syrischen Feldzugs und der Schlacht bei Nisib mit den Moltkeschen
Berichten, ebenso den hier gegebenen Auszug aus dessen Briefen mit
diesen selbst und man wird genug haben.

Militärisch wird wieder das alte Lied von dem großen Napoleon
und dem kleinen Moltke angestimmt, bereichert durch ausländische
Zitate, wobei wiederum ganz übersehen wird, daß Moltke 1866 kein
Generalissimus war, der die Truppen zu elektrisieren hatte und daß er
für mangelhafte Fühlung mit dem Gegner und für unterlassene Verfolgung nicht persönlich verantwortlich gemacht werden kann. Es ist
wunderbar, daß es den französischen Militärschriftstellern oft unmöglich
zu sein scheint, sich in die Stellung eines Chefs des Generalstabes
der Preuß. Armee 1866 und 1870/71 hineinzudenken. Der König als
Feldherr wird ignoriert, Moltke sollte überall sein, alles dirigieren, für
alles verantwortlich sein, denn so machte es doch Napoleon I. usw.

Im ganzen bringt die „causerie", für den deutschen Leser wenigstens
kaum etwas militärisch Bemerkenswertes, was nicht schon oft von
Moltkes Kritikern vorgetragen und ebensooft widerlegt worden wäre.
v. Twardowski.

Die Zukunft der Kavallerie. Sieben Aufsätze über die kavalleristischen
Lehren aus dem Kriege in Ostasien, als Ergebnis einer Preis-
konkurrenz, veranstaltet von der Redaktion der Kavalleristischen
Monatshefte. — Verlag von Carl Konegen (Ernst Stülpnagel).
Wien. K. 6,50.

An dem Preisausschreiben der Kavalleristischen Monatshefte haben
sich 30 Offiziere beteiligt, drei Ehrenpreise wurden erteilt. Die Arbeiten dieser Herren sowie noch vier von andern Mitarbeitern werden
in dem vorliegenden Bande veröffentlicht. — Die drei ersten Preise
erwarben die Herren im Generalstabskorps Hauptmann Franz Graf
Zedtwitz, Hauptmann Edler v. Lerch, Oberstleutnant Otto Berndt. Zur

Veröffentlichung empfohlen wurden ferner die Arbeiten des Rittmeister Gustav Graf Wrangel, des Kais. Russ. Gardeoberst a. D. Herzog von Leuchtenberg, des ungarischen Oberst Ernst v. Froreich-Szabo und des Oberleutnant Erwin Franz. Zwei der Preisrichter, Feldmarschall-leutnant Adolph Ströhr und Generalmajor de Nadas haben das Buch mit einer Einführung versehen.

Die Arbeiten erschienen zunächst sämtlich in den Kavalleristischen Monatsheften und sind nun im Sonderabdruck vereinigt, um sie weiteren Kreisen zugänglich zu machen. Die Raumverhältnisse gestatten es nicht, auf die einzelnen Arbeiten einzugehen, die naturgemäß oft Gleiches bringen. Leider haben die Herren die Quellen nicht ange-geben, aus denen sie geschöpft haben. Nach einer Äußerung in der Einführung des Generals de Nadas dürften im allgemeinen die gleichen Quellen benutzt worden sein, also die vortrefflichen Streffleurschen Veröffentlichungen sowie die Beihefte und Aufsätze im Militär Wochen-blatt und die Schriften von Bronsart und Tettau.

Die Ergebnisse des Studiums sind im allgemeinen die gleichen, die Begründung ist mehr oder weniger eingehend, zeugt aber bei allen Autoren von gesundem Urteil. Die Herren kamen durchweg zu dem Ergebnis, daß aus den Erfahrungen des Feldzuges irgend die bisherige Erkenntnis umstürzende Folgerungen in bezug auf die Aus-bildung und Verwendung der Reiterei nicht ziehen lassen, daß jeden-falls der Wert der Waffe nicht gemindert erscheint, ihr Gebrauch in der Schlacht nur dahin eine Verschiebung erfahren hat, daß neben dem Gebrauch der blanken Waffe die Feuerwaffe in den Vordergrund getreten ist, mit der die Reiterei unter Ausnützung der ihr eigenen Schnelligkeit besonders gegen die Flanken und die rückwärtigen Ver-bindungen des Feindes zu operieren hat, wobei mehrfach der Nach-weis geführt wird, wie empfindlich die heutigen Heere einer Flanken-bedrohung gegenüber sind, und welche erhöhte Bedeutung die rückwärtigen Verbindungen für den Nachschub aller Art gewonnen haben.

Von besonderem Interesse sind die Erörterungen darüber, wie bei so schwierigen Verhältnissen, wie solche der mandschurische Kriegs-schauplatz bot, die Aufklärung durch Kavallerie zu bewirken sein wird.

Bei der Betrachtung über den Wert der beiderseitigen Reiterei wird die minderwertige reiterliche Ausbildung der Japaner hervor-gehoben und deren trefflicher Geist, sowie die zweckmäßige, durch ihre Minderzahl gerechtfertigte Verwendung betont.

Bei der russischen Reiterei, die allgemein in den Leistungen ent-täuscht hat, werden die Ursachen wohl richtig erkannt, doch scheint die Beurteilung dieser fast nur aus Kasaken, meist sogar 2. und 3. Aufgebots bestehenden Reiterei, die nicht entfernt den Ansprüchen zu genügen vermag, die an mitteleuropäische Kavallerie gestellt werden, vielfach zu milde. Was ihre höchsten Führer betrifft, so sei nur an das Urteil Kuropatkins über Rennenkampfs Verhalten in der Schlacht

am Shaho und bei dessen vorangegangener Aufklärungstätigkeit erinnert, die trotz einer gewissen Geschäftigkeit nur negative Ergebnisse
brachte, ferner an Mischtschenko, der, ein persönlich tapferer Mann,
mit dem ihm zugeteilten mangelhaften Instrument auch nur mäßige
Ergebnisse erzielte. Dabei ist zu beachten, daß ihm, der bis zur
Übernahme des Befehls — auch eine russische Eigenheit — als An-
gehöriger einer andern Waffe — Artillerie — die nötige Vorbildung
für die Aufgabe fehlte.

Die zutreffendste Beurteilung der russischen Reiterei habe ich noch
immer im Jahrgang 1906 der Streffleurschen Hefte gefunden, wo S. 120
gesagt ist, „daß eine Beurteilung des Gefechtswertes der Kavallerie für
eine Feldschlacht aus dem mandschurischen Feldzuge am allerwenigsten
abzuleiten ist, weil die japanische Reiterei überhaupt nicht mitzählte,
und weil die Tätigkeit der russischen Kasakenaufgebote, die im geschlossenen Auftreten gar nicht geübt,[1]) und an die japanischen Ge-
fechtslinien auch nicht herangebracht worden waren, keinerlei Normen
für die Verwendung einer gut ausgebildeten und schneidig geführten
europäischen Reiterei bieten kann",

Jedenfalls hat das Kasakenwesen, das sich überhaupt im Nieder-
gange befindet, an Wertschätzung durch den Verlauf des Krieges
wesentlich eingebüßt, wobei übrigens auch hervorzuheben ist, daß die
drei Regimenter Armee-Dragoner, die als einzige Kavallerie bei der
Armee sich befanden, in ihren Leistungen nirgend besonders hervorgetreten sind.

Für die Beurteilung der Frage über die künftige Kavallerieverー
wendung bringen die vorliegenden Aufsätze interessante Beiträge.

Patrouillen- und Radfahrerkommandos in Lehre und Beispiel von
Hoppenstedt, Major im Füsil.-Regt. Karl Anton von Hohen-
zollern (Hohenzollernsches) No. 40, mit 2 Karten. Berlin 1906.
Verlag von R. Eisenschmidt.

Die Erfahrungen, welche Verfasser 1905 bei Ausbildung der gesamten Radfahrertrupps und Patrouillenkommandos eines Armeekorps
im großen Verbande gemacht hat, werden als zugunsten der „leichten
Infanterie" angesehen. Es handelte sich darum, ob und in welchen
Fällen leichte Infanterie, also Radfahrer und Patrouillen, der Truppenführung Dienste leisten könne und wie sie zutreffendenfalls zusammen-
zustellen, auszubilden und zu verwenden sei.

Wir freuen uns dieses Versuches und auch darüber, daß er geglückt ist. Denn wir stehen tatsächlich anderen Armeen hinsichtlich
der „Bundesgenossen der Kavallerie" nach.

Es erübrigt füglich, zu erwähnen, wann und wo Radfahrer Ver-

---

[1]) In seiner Schrift über den Feldzug führt Major v. Tettau zwar S. 71
an, daß Kasakenregimenter beim Exerzieren geschlossene Bewegungen ausgeführt haben. Doch spricht er als Attackenform nur von der Kavallerie.
Dies sei zur Fußnote 2 S. 66 der Schrift bemerkt.

wendung finden können. Die organisatorich bestehenden Radfahrer-kompagnien anderer Heere haben vor unseren zusammengewürfelten Radfahrern den Vorteil voraus, daß sie technisch wie taktisch für ihre kriegsmäßigen Aufgaben weit gründlicher vorgebildet sind. Daher redet Verfasser den schon im Frieden bestehenden Radfahrerkompagnien das Wort. Auch die Verwendung der Zivilradfahrervereine im Mobil-machungsfalle an der Grenze, zum Küstenschutz und vor allem beim Krieg im eigenen Lande, wie solche in Italien und Österreich vorge-sehen ist, befürwortet Major Hoppenstedt. Wir stellen anheim, ob er mit der weiteren Forderung, schon im Frieden Reserve- und Land-sturmkompagnien von Radfahrern zu formieren, von denen die ersteren im Kriege dem Feldheere anzugliedern sein würden, nicht etwas zu weit geht. Wir stimmen ihm bei, daß das eigentliche Feld der Rad-fahrerabteilungen im Rahmen größerer Verbände liegt, etwa von der Infanteriedivision aufwärts. Die Ansichten über die von den Radfahrern zu lösenden taktischen Aufgaben decken sich mit den sehr geschickt gewählten Übungsbeispielen.

Die Patrouillenkommandos will Verfasser verwendet sehen weit vor der Front, im Nahbereiche der Marschkolonnen, auf Vorposten, im Gefecht, im Festungs-, Grenz- und Etappenkriege. Vor der Front sollen sie verschleiern und einen Rückhalt für die Kavallerie bilden. Seitdem die Waffenwirkung sich so bedeutend gesteigert hat, ist die Bedeutung, besonders der Seitensicherung, wesentlich gewachsen. Auf Vorposten ist ihre Verwendung neuerdings eingeschränkt; denn sie sollen für ihre Tagesaufgaben frisch bleiben; immerhin können sie zu Erkundungszwecken oder zur Besetzung weitvorgeschobener Punkte herangezogen werden. Im Gefecht haben die Patrouillenkommandos dann einzusetzen, wenn, wie dies sehr oft geschieht, die Nahaufklärung der Kavallerie versagt.

Außerordentlich klar sind die Ausbildungsziele auseinandergesetzt, sowie der Gang der Ausbildung. Auch die für Patrouillenkommandos beigefügten Übungsbeispiele sind kriegsgemäß.

Vielfach ist in der Armee noch eine gewisse Abneigung dagegen vorhanden, der Truppe die tüchtigsten Elemente für Sonderaufgaben zu nehmen. Es würde auch nach Ansicht des Verfassers genügen wenn die als Patrouillenführer ausersehenen Offiziere ihre Kommandos im Frieden in wechselndem Gelände schulen. Die Bildung von Patrouillenkompagnien hält er nicht für erforderlich.

Es ist zu wünschen, daß nach den in vorliegender Schrift ange-gebenen Gesichtspunkten recht fleißig gearbeitet werden möchte; sie bietet jedenfalls mancherlei Anregung und ist darum warm zu empfehlen.

63.

Tibet. . Mit der bewaffneten britischen Gesandtschaft bis Lhasa. Von W. J. Ottley, Major und Kommandeur der berittenen Infanterie,

Ein bedeutsames Werk von hervorragendem Interesse liegt hier vor. Es betrifft den Bericht über jenen, das bisher fast unbekannte

Gebiet von Tibet durchquerenden Marsch der Schutztruppen einer britischen Gesandtschaft nach Lhasa, und zwar nach dem Tagebuche des Majors Ottley, Führers einer Abteilung berittener, aus Mannschaften der 23. und 30. Sikh-Pioniere gebildeten Infanterie, die sich während des Feldzugs im Kundschafts- und Aufklärungsdienste vorzüglich bewährt hat. War das Widerstandsvermögen des Gegners auch nur unbedeutend, um so schwieriger und nachteiliger gestalteten sich klimatische Verhältnisse und Bodenbeschaffenheit. Der Vormarsch bewegte sich in Schnee und Eis auf dem etwa 4000 m über dem Meeresspiegel lagernden mittelasiatischen Hochlande, wo schwer zugängliche Pässe, auch steile und schroffe Gebirgsverästelungen zu übersteigen waren. Die Operationslinie erstreckte sich von der Basis der britischen Sikkim-Grenze ausgehend, durch das Quellgebiet eines Nebenflusses vom Brahmaputra, des Kyang Chu, an dessen Uferrande die befestigten feindlichen Stellungen von Gyantse und Kangma angegriffen und genommen wurden, dann vorbei am Westufer des großartig schönen Yamdok-Sees (mehr als doppelt so groß wie der Bodensee), das Tal des Brahmaputra übergehend, auf einer Hochsteppe fort nach Lhasa. Die Entfernung von Sikkim bis Lhasa wird ungefähr 400 km betragen.

Recht erfreulich wirkt die große Natürlichkeit der Schilderung wichtiger, vom Verfasser selbst erlebter Vorgänge des Feldzugs, die viel dazu beiträgt, eine um so stärkere Einwirkung auf den Leser auszuüben. Da diese Darstellung eines Kriegsschauplatzes in Tibet hier zum ersten Male geboten wird, so dürfte sie ohne Zweifel auch das Interesse weiter, insbesondere militärischer Kreise erregen. In der während des Feldzugs niedergeschriebenen Berichterstattung wird mit großer Frische und fachmännischer Beurteilung die Unmittelbarkeit der Strapazen bei unausgesetzter Fühlung mit dem Feinde veranschaulicht. Alle Mühsalen und Entbehrungen aber auch von ihrer interessanten Seite werden zur Sprache gebracht.

Die chronologisch übersichtlich geordnete Arbeit, ausgestattet mit einer reichen Anzahl landschaftlich charakteristischer Abbildungen nebst Orientierungskarte legt Zeugnis ab von scharfer Beobachtungsgabe. Die Arbeit, ein neues wertvolles Glied in der Kette geographischer Forschungen und Militärliteratur ist als ein wertvolles Quellenwerk anzusehen und wird bei dem lebhaften Interesse für die Erschließung Hochasiens, diesem „Dach der Welt", gewiß aufmerksame Leser finden.

Hildebrandt, Oberstleutnant z. D.

„Dreadnought"-Häresie. Eine Streitschrift von B-n-. Wien 1907, Verlag von L. W. Seidel & Sohn, k. u. k. Hofbuchhändler.

Der Bau des „Dreadnought", welcher in den meisten größeren Marinen den Wunsch auf Schaffung gleichwertiger Schiffe entstehen ließ, veranlaßt den Verfasser, in überzeugender Weise darzulegen, daß nicht die Lehren der Schlacht von Tsushima für die Pläne jenes Schiffes maßgebend waren, um gegen die Armierung desselben mit aller Entschiedenheit Stellung zu nehmen. Unter rückhaltloser Anerkennung des raschen Baues und der Wahl des Turbinensystems für einen Neubau solcher abnormer Größe, warnt Verfasser gegen die Fortlassung der Mittelartillerie, die verhängnisvoll werden müsse. Nicht den panzerbrechenden Geschützen größten Kalibers, nein dem Hagel krepierender Granaten der Mittelartillerie mit seiner verheerenden Wirkung auf die Besatzung hätten die Japaner ihren Sieg zu verdanken; „man bekämpft nicht die tote Materie des Schiffes, sondern jenes Objekt, das dem Schiffe das Leben verleiht, den Menschen".

Er will nicht die großen Kaliber ganz fortgelassen sehen, da er deren Wert wohl anerkennt, bestreitet aber, daß nur solche allein wie auf dem Dreadnought zweckmäßig seien.

Unter Berücksichtigung dessen will er das große Deplazement. wenn es ein solches sein muß, besser ausgenutzt sehen und macht sehr bemerkenswerte Vorschläge in dieser Hinsicht. v. N.

II. Ausländische Zeitschriften.

Streffleurs militärische Zeitschrift. (September.) Gefechtsmomente mit vereinigten Waffen. — Die Kämpfe bei Wafangou. — Über Automobilverwendung bei Belagerungshaubitzdivisionen. — Der technische Unterricht für die französischen Fußtruppen. — Die Manöver in China 1906.

Revue d'Infanterie. (September.) Eine japanische Ansicht über die taktische Verwendung der Maschinengewehre in Verbindung mit Infanterie. — Entwurf eines Exerzierreglements der russischen Infanterie (Schluß). — Offizierersatz. — Das neue deutsche Exerzierreglement für die Infanterie. — Afrika und die Krim.

Revue militaire des armées étrangères. (September.) Der russisch-japanische Krieg. — Österreich und die Grenze Italiens. — Das neue Exerzierreglement und die neue Schießvorschrift für die Feldartillerie des deutschen Heeres (Forts.).

Journal des sciences militaires. (August.) Das Heer Afrikas der Kern des Kolonialheeres. — Rückblicke. — Taktische Artilleriefragen. — Militärpädagogisches (Forts.). — Der österreichische Erbfolgekrieg (Forts.).

Revue d'histoire. (August.) Der erste Anfang des österreichischen Erbfolgekrieges. — Der Feldzug 1805 in Deutschland. — Der Krieg 1870/71: Die Einschließung von Metz.

Rivista di artiglieria e genio. (April.) Marietti: Über das (italienische) Reglement der Feldbatterien. — Bemerkungen zu „Bemerkungen über Stegreifbefestigungen" des Hauptmanns Cardona.

(Januar.) — Pappalardo: Betrachtungen über die Bestückung der Küstenbatterien. — Suchet: Die neue deutsche Feldbefestigungsvorschrift. — Gonelia: Die piemontesische Festungsartillerie im Kriege von 1848/49 (Forts.). — Artillerietaktische Fragen auf Grund der Erfahrungen im russisch-japanischen Kriege. — Kanonen und Gasmotoren. — Neue Anwendung des Sauerstoffs in der Metallurgie. — Beobachtungen der elektrischen Entladungen der Atmosphäre. — Vergleich des österreichischen und des italienischen Feldgeschützes bezüglich ihrer Wirksamkeit. — Notizen. Österreich-Ungarn: Fernsprechkursus der Artillerie. Neues Maschinengewehr „Salvenfeuer" des Hauptmanns Odkolek. — Frankreich: Aufnahmebedingungen für die polytechnische Schule zu Paris 1907. Kommission für das Studium des Kriegspulvers. Mechaniker für die Luftschiffe. — Deutschland: Anwendung des Fernsprechers im Felde. Neues Exerzierreglement der Feldartillerie. Schwere 15 cm-Feldhaubitze mit Rohrrücklauflafette (Krupp). 10,5 cm-Schnellfeuerkanone. Vorschrift für die militärische Benutzung der Wasserstraßen. Reglement für den Brieftaubendienst. — England: Neues Feldfernsprechergerät. — Schweiz: Verzeichnis der modernen Befestigungen. Militäretablissements. — Geschwindigkeitsverlust der Geschosse beim Durchdringen einer flüssigen Schicht. Soldatenheim (Straßburg). — (Mai.) Spaccamela: Anwendung des Infanterieschanzzeugs und seine Trageweise. — Strazzeri: Variationen des gewöhnlichen Themas (Artillerieschießinstruktion). — Righi: Vorbereitung des Schusses von der Küste gegen bewegliche Scheiben. — Forni: Müssen wir die Lafettensitze behalten? — Das neue deutsche Reglement für die schwere Feldartillerie. — Geschütze von großem Kaliber in den Vereinigten Staaten. — Pressung von homogenen Eisen- und Stahlblöcken während ihrer Verdichtung. — Versorgung der Feldheere mit Trinkwasser. — Große Eisenbahnüberführung aus Holz über den Niagara-Cañon. — Taktische Verwendung der Maschinengewehre in Verbindung mit der Infanterie bei Angriff und Verteidigung. — Notizen. Dänemark: 75 mm-Schnellfeuerkanonen. — Frankreich: Instruktionen der verbundenen drei Waffen. Vorschrift für Scheibenschießen. Eisenbahneinschiffung der Pferde. Kolonialartillerie. — Deutschland: Die Remonte des deutschen Heeres 1906. Pionierübungen. Fernsprecher bei der Infanterie. Anstrich der Geschütze. — Japan: Erneuerung des Feldartilleriematerials. — England: Petroleummotor für Drachenflieger. — Rußland: Militärtopographenschule. Bussolen im Dienst der Truppenkorps. Teilung der Maschinengewehrkompagnien. — Vereinigte Staaten: Beutel und Flaschen aus Papier. — Türkei: Maschinengewehre. Schnellfeuergeschütze. — Metallurgische Fortschritte. — (Juni.) Francesco Siacci (Nekrolog). — Puglieschi: Die Katastrophe des Militärballons in Rom. — Franzini: Neue Entwickelung und Organisation der Gebirgsartillerie. — Festa: Der indirekte Schuß der Feldartillerie. Natürlicher oder künstlicher Zielfehler? — Maggiorotti: Die mechanischen Transportmittel für den

Heeresdienst. — Maltese: Der Richtkreis in unserer Artillerie mittleren Kalibers. — Monteleone: Die Belagerung von Port Arthur nach den ·Angaben des deutschen Generalstabes. — Die neue österreichische ·8cm-Feldkanone (mit ausführlichen Abbildungen). — Anwendung des Feldfernsprechers während des Kampfes. — Die selbsttätigen Kuppelungen, System Pavia-Caralis, für Eisenbahnwagen. — Das Maschinengewehr beim Angriff. — Notizen. Österreich-Ungarn: Beleuchtungsabteilungen. — Bulgarien: Bewaffnung der Feldartillerie. — Frankreich: Bewaffnung der reitenden Artillerie. Methode der Gefechts-·entscheidung beim Manöver. Von der Ostgrenze und im besondern der Festung Belfort. — Deutschland: Formation der Schnellfeuerfeldbatterien. Vermehrung der leichten Munitionskolonnen. Neuformationen. Schwere 15cm-Feldhaubitze. Neues Exerzierreglement der Fußartillerie. Bewaffnung der französischen und der deutschen Infanterie. — Japan: Die neuen Stahlwerke. — England: Aufbringung und Verwendung ·der Selbstfahrer für den Dienst im Felde. — Montenegro: Organi-·sation des Geniedienstes. — Rumänien: Projekt für die Reorganisation der Feldartillerie. — Rußland: instruktion für die Maschinengewehr-·abteilungen. — Vereinigte Staaten: Mittel zur Verringerung der Erhitzung der Feuerwaffen. — (Juli—August.) Ranza: Photographie und Photogrammetrie. — Buffi: Der Panzer zum persönlichen Schutz. — ·Caldarera: Sammelmotoren für Wechselströme. — Negri: Die Artillerie Garibaldis in den Kriegen Italiens. — Praktische Übungen ·der Feldartilleriebrigade des Major Aubrat der französischen Artillerie. — Neues deutsches Exerzierreglement und Schießvorschrift der deutschen Feldartillerie. — Parisi: Mechanische Zünder der Landtorpedos beim ·österreichisch-ungarischen Heere. Der französische 270 mm-Mörser. — Projekt der Küstenverteidigung der Vereinigten Staaten. — Die ·Geschützzahl der Feldbatterien. — Die Neuordnung der französischen Feldartillerie. — Schnellfeuerfeldhaubitzen in Versuch in Belgien. — Notizen. Österreich-Ungarn: Verteilung der neuen Feldgeschütze. Infanteriemunition. — Belgien: Maschinengewehre. Das Schnellfeuer-·geschütz im russisch-japanischen Kriege. — Frankreich: Das Zweirad bei der Feldartillerie. Kommandostellen der Artillerie. Alpenmanöver. ·Selbstfahrer im Manöver. Küchenwagen. Explosive Äther- und Luft-mischung. Felddienstfähigkeit der Offiziere. — Deutschland: Urteile über die Feldhaubitzen. Neues Telegraphenbataillon und Funkentele-·graphieabteilungen. Anwendung des Fernsprechers im Felde. Ver-·suche mit unter Wasser gesetzter Feldartilleriemunition. Ein neues Luftschiff. — England: Neues Gewehrgeschoß. — Rußland: Sand-·säcke. — Wirksamkeit der Schiffsartillerie gegen Küstenbefestigungen.

Revue du génie militaire. (Juni.) Etévé: Die Drachenflieger (Aëroplane), ihre Bewegungen und ihre Stetigkeit (Forts.). — Militär-photographische Erkundungen zu Land, zu Wasser und im Ballon ·(Forts.). — Herstellung von Pfählen aus Eisenbeton durch Aufrollen. — Eiserne Rollvorhänge als feuersichere Türverschlüsse. — Berechnung und Verteilung der Eisenstangen in geraden Eisenbetonbalken. — (Juli.) Sappeur- und Mineurarbeiten der 1. Kompagnie des russischen 17. Sappeurbataillons in der Mandschurei. — Etévé: Die Drachenflieger (Aëroplane) (Forts.). — Reinigung des Kloakenwassers mit System Vial. — Einfluß des Öls auf Zementmauerwerk. — Respirationsapparat, System Vauginot. (August.) Das Ingenieur- und Pionierkorps in Deutschland. — Bemerkung zur Berechnung von Bauausführungen in Eisenbeton. — Die aërodynamischen Studien bei den italienischen Militärluftschiffern. — Apparat zum sachgemäßen Austrocknen neuer Bauwerke. — Neuerungen bei den bulgarischen Genietruppen. — Berittene Pioniere in Deutschland. — Das „Autoicc". — Festungsgerät für Fernphotographie. — Bestimmungen vom 30. Mai für Neu- und Herstellungsbau von Kasernen und Regimentslazaretten.

Revue de Cavalerie. (Juli.) Küraß oder berittene Infanterie. Antwort an Herrn Pierre Léhaucourt. — Die Regimenter der. Division Marguéritte und die Attacken von Sedan vom General Rozat de Mandres, mit 2 Zeichnungen (Forts.). — Die gegenwärtigen deutschen Lehren über das Gefecht vom General Cardot (Schluß). — Die leichte Kavallerie in Frankreich am Ende des ancien régime, die Sachsenhusaren vom Major de Cazenove (Forts.). — Einige Mitteilungen über die spanische Kavallerie 1907 vom Leutnant G. 'Prod'homme.

La France militaire. (August.) Die Trennung der Artillerie- und der Genieschulen vom General Prudhomme. — Die Alpenmanöver der 28. Division, 1. — Die Krisis des Heeres nach Betrachtungen englischer Blätter vom Oberst Septans. — Marinefragen, Nebensächliches beim Kampf. — Die Kavallerie gegen die Infanterie, 2. — Luftschiffahrt. — Lehren des russisch-japanischen Krieges über Artillerietaktik, 3. — Übertreibungen und die wahren Ursachen unserer Schwäche. — Die Trennung der Artillerie und der Genieschulen, 4./5. 18./19. 23. 24. — Marokkanische Fragen — für Eroberungspolitik. — Die fahrbare Feldküche, eine verloren gegangene Erfahrung des russisch-japanischen Krieges, 6. 7. — Das englische Manöverreglement vom Oberst Septans. — Wieviel lenkbare Luftschiffe brauchen wir? — Die Kavallerie gegen Artillerie, 7. — Der Train. — Deutsche Ansichten über die Zahl der Geschütze im Felde. — Die neue Organisation des' Trains in Rußland, 8. — Die Kriegsluftschiffe vom Oberst Septans. — Die Schießvorschrift für die Kavallerie. — Lehren des russisch-japanischen Krieges, der Bajonettkampf (nach dem Russischen Invaliden), 9. — Die Reform der Heeresverwaltung. 10. — Anderweite Zusammensetzung der Kavalleriedivisionen, 13. — Friedenssachen, der Palast des Lügens. — Die Kavallerieleutnants in Saumur, 14. — Die Befestigungen von Paris. — Der Krieg in Marokko, 15/16. — Die lenkbaren Luftschiffe Patrie, République und Basenack (?). — Ein Projekt Eduards VII. für den Weltfrieden, 17. — Die Transporte und die Gespannverwendung bei den Festungsübungen, 20. 21. — Der Schiedsrichter der Welt (Eduard VII.). — Krieg und Parade von Jean Dacier.

— Betrachtungen über die Artillerie in der Mandschurei. — Bedürfnis eines Bajonetts für die Kavallerie, 22. — Die russisch-japanische Übereinkunft. — Die neue Schießvorschrift der deutschen Feldartillerie, 23. — Kavalleriedivisionen. — Die neue Schießvorschrift der deutschen Feldartillerie, 24. 25/26. 27.— Die Beförderung der Verwaltungsoffiziere, 25/26. — Die Friedenskomödie, Traum und Wirklichkeit (Verhöhnung Englands), 27. — Die Dienstzeit von 30 Monaten (ein Wunsch) vom General Prudhomme. — Lehren des mandschurischen Krieges, Munitionsversorgung und Ersatz, 28. — Trotz den Pessimisten. — Das neue japanische Infanterie-Exerzierreglement. — Charakteristik der mandschurischen Schlachten, 29. — Der englische Oberbefehl im Mittelmeer vom Oberst Septans. — Tahiti (seine Bedeutung), 30. — Die Bajonettattacken der Russen. — Charakteristisches der Schlachten des mandschurischen Krieges, 31.

Wajennüj Ssbornik. 1907. (Juli.) Das Regiment Tambow in den Kämpfen bei Mukden (Schluß). — Zu dem Artikel „Der Untergang der Arrieregarde des Generals Zerpitzkij in der Schlacht bei Mukden. — Zu dem Artikel: „Die Operationen des Kavalleriedetachements des Generaladjutanten Mischtschenko während der Offensive der 2. Armee im Januar 1905. — Die neuen Unterrichtsmethoden in der Kriegsschule. — Zum Artikel: „Die Militärpflicht". — Die praktischen Übungen während der Festungslagerübungen. — Zur Frage der Reorganisation des Ingenieurkorps. — Die Kapitulation und die Waffenstreckung ganzer Truppenteile. — Skizze des früheren Transpendeschen Darwas. Durch Buchara. — Der kleine Krieg. — Verzeichnis der Offiziere, die im letzten Kriege durch den Georgsorden ausgezeichnet wurden. (August.) Die Schlacht an der Tschernaja. — Die erste mandschurische Armee bei Mukden. — Die Besonderheit des Generalstabes. — Bemerkungen über die Kavallerie. — Die Taktik der Festungsartillerie. — Die optische Signalverbindung in den Armeen der Jetztzeit. — Die Moskauer Abteilung des allgemeinen Archivs des Hauptstabes. — Aus einem Kriegstagebuch. — Skizze des früheren Transpendeschen Darwas. — Militärische Skizzen aus Abessynien. — Der kleine Krieg (Forts.). — Alphabetisches Verzeichnis der im Feldzuge 1904/05 gefallenen oder an Wunden gestorbenen russischen Offiziere.

Morskoj Ssbornik. 1907. (Juni.) Port-Arthur. — Über das Personal der Flotte. — Über den Verfall der Disziplin in der Flotte und über die Mittel zu ihrer Hebung. — Der Stand der Radiotelegraphensache im Jahre 1908. — Versuch einer kritischen Bewertung der heutigen Unterseeboote mit Bezug auf ihre Anwendung bei der Küstenverteidigung und im Gefecht. — Das englische Marinebudget für 1907/08. — Zur Reform unserer Werften. — Die Schiffsmaschinen des 20. Jahrhunderts.

Rufskij Inwalid. 1907. **Nr. 129.** Aus Japan. Zur Frage über Artillerieschießübungen in unbekanntem Gelände. **Nr. 139.** Skobelew. — Über dienstliche Formen (Titulaturen usw.). — Kavalleristischer

Rennsport. **Nr. 181.** Aus Österreich-Ungarn. — Einige Stunden in der Berliner Armee-, Marine- und Kolonial-Ausstellung. — Über das Schießen beim Vorgehen der Infanterie zum Angriff. **Nr. 183.** Die Militärluftschiffahrt. — Lager-Bemerkungen. — Einige Nutzanwendungen aus den Manövern bei Helsingfors. — Die Befestigungen Rumäniens. **Nr. 186.** Unser Offizierkorps unter dem Einfluß der Revolution. — Über das Bajonett. — Aus der Presse des Fernen Ostens.

III. Seewesen.

Mitteilungen aus dem Gebiete des Seewesens. Nr. IX. Verwandtschaftsbeziehungen zwischen den Flugbahnen der Flachbahngeschütze (Schluß). — Die Parlamentsverhandlungen über das italienische Marinebudget 1907/08. — Über Luftverhältnisse und Luftverbrauch in Unterseebooten in getauchtem Zustande. — Die Vergleichsversuche zwischen den Tauchbooten „Octopus" und „Lake" der Vereinigten Staaten-Marine. — Der japanische Panzerkreuzer „Tsukuba". — Seerechtliche Diskussionen gelegentlich der Haager Konferenz. — Gesetz, betreffend die Organisation des obersten Marinerates, des Admiralkomitees, sowie des Komitees zur Nachprüfung von Schiffsprojekten in der italienischen Kriegsmarine. — Das Gutachten der Untersuchungskommission über die Ursachen der Katastrophe auf dem französischen Schlachtschiffe „Jéna".

Army and Navy Gazette. Nr. 2481. Die Marineinspektion. — Gutes Schießen der Dreadnought während der Fahrt mit dem König an Bord. **Nr. 2482.** Die Ausgaben des Seeoffiziers. — Der deutsche Marinevoranschlag. **Nr. 2483.** Die Schießergebnisse mit großen Geschützen. — Stapellauf des Téméraire (3. Dreadnought). — Die Flottenverteilung. — Über die französischen Marinemanöver. **Nr. 2484.** Deutschlands Marineprogramm. **Nr. 2485.** Marineverpflegung. — Kriegsgeschichtliches Urteil in Sachen Commonwealth.

IV. Verzeichnis der zur Besprechung eingegangenen Bücher.

(Die eingegangenen Bücher erfahren eine Besprechung nach Maßgabe ihrer Bedeutung und des verfügbaren Raumes. Eine Verpflichtung, jedes eingehende Buch zu besprechen, übernimmt die Leitung der „Jahrbücher" nicht, doch werden die Titel sämtlicher Bücher nebst Angabe des Preises — sofern dieser mitgeteilt wurde — hier vermerkt. Eine Rücksendung von Büchern findet nicht statt.)

1. **Hammann,** Der Streit um das Seebeuterecht. Berlin 1907. Puttkammer & Mühlbrecht. Mk. 1,20.

2. **Delbrück,** Historische und politische Aufsätze. 2. Auflage. Berlin 1908. Georg Stilke. Mk. 7,—.

3. Mummenhoff, Die modernen Geschütze der Fußartillerie. I. Teil: 1850—1890. Leipzig 1907. Göschensche Verlagsh.

4. Anders, Wie führt der Batterieführer seine Batterie zweckmäßig in die Feuerstellung. Berlin 1907. E. S. Mittler & Sohn. Mk. 0,65.

5. Henrici, Deutsches Flottenbüchlein. Hamm 1907. Breer & Thiemann.

6. Partheil, Die drahtlose Telegraphie und Telephonie. 2. Aufl. Berlin 1907. Gerdes & Hödel. Mk. 4,—.

7. Einzelschriften über den russisch-japanischen Krieg. Heft 11/12. Wien 1907. Seidel & Sohn.

8. Napoleons Strategie im Lichte der modernen kriegswissenschaftlichen Kritik, von R. Berlin 1907. Risels Zentrale für Militärwissenschaft. Mk. 2,50.

9. Rusch, Verwandtschaftsbeziehungen zwischen den Flugbahnen der Flachbahngeschütze. Wien, C. Gerolds Sohn.

10. Koppensteiner, Die Namen der Kriegsschiffe. 1. Heft: Rußland und Japan. Ebenda.

Druck von A. W. Hayn's Erben, Potsdam.

XXXI.

Die Ausbildung der Infanterie zum Festungskampf.

Von

Balck, Oberstleutnant.

I. Feld- und Festungskrieg.

„Im Festungskriege herrschen die gleichen Grundsätze
wie im Feldkriege; sie werden nur mit Rücksicht auf das
vorbereitete Kampffeld und mit Rücksicht auf schwerere
und kräftigere Kampfmittel abgeändert."

Diesen Leitsatz stelle ich an die Spitze meiner Arbeit, da er
den Grundzug meiner Ansichten gibt. Er bedarf indessen noch einer
weiteren Erörterung. Sucht der Feldangriff durch Umfassen und
Druck auf die rückwärtigen Verbindungen des Verteidigers den Angriff zu erleichtern, so fallen diese Vorteile für den Festungskrieg
fort. Der Verteidiger einer Festung hat keine Flanke, seine rückwärtigen Verbindungen liegen in der Festung selbst, so ist der Angreifer zu einem zeitraubenden, schwierigen und blutigen Frontalangriff gezwungen, der, um nicht vom ersten Tage ab aussichtslos zu
sein, die Anwendung umfangreicher Deckungen fordert. Die Absicht, die
Ausdehnung der Arbeiten zu beschränken, führt ganz naturgemäß zu dem
„keilförmig gegen eine einzige Einbruchsstelle vorgetriebenen Sappen-
angriff" des Vaubanschen Festungsangriffes. In diesem Punkte liegt
die Schwäche des Angreifers, der sich der Gefahr aussetzt, schon
beim Ansatz zu diesem Durchbruch umfaßt zu werden. Die Frontbreite des von den anderen Waffen unterstützten Infanterieangriffs
mit der technischen Möglichkeit der Arbeitsausführung in Einklang
zu bringen, ist eine Hauptschwierigkeit der Führung. Operativ
handelt es sich im Festungskriege um den Ortsbesitz[1]), denn wir

---

[1]) Metz im Jahre 1870, Plewna 1877 war eine Ausnahme.

brauchen die von der Festung gesperrten Verbindungen für die
Heeresbewegungen, sonst würden wir die Festung ja nicht angreifen;
taktisch handelt es sich ebenso wie im Feldkriege um eine Vernichtung der personellen Streitmittel, verkörpert in Menschen mit
ihren Waffen. Erst dann, wenn diese lahmgelegt sind, tritt die Technik
in den Vordergrund, um die dem taktischen Sturm noch im Wege
stehenden, in langer Friedenszeit vorbereiteten materiellen Wider-
standsmittel zu beseitigen, welche es bislang unmöglich machten, den
mürbe geschossenen Verteidiger mit der blanken Waffe zu erreichen.
In diesem Zusammenwirken von Technik und Taktik besteht das
Wesen der Festungskriegstaktik und der Unterschied mit dem Verfahren im Feldkriege. Kämpfe um Flußlinien, um befestigte Feldstellungen zeigen zur Genüge, daß sich Feld- und Festungskriegstaktik nicht trennen lassen, beide gehen unmerklich ineinander über.
Wer will z. B. angeben, wo beim Angriffe auf Sewastopol, Richmond,
Plewna oder Ladysmith der Feldkrieg aufhörte und wo der Festungskrieg anfing? Wollte man dieses versuchen, man würde nur den
Festungskrieg wieder zum Spezialgebiet, zu einer Domäne der Fußartillerie und Pioniere machen, dem die Armee nur mit sehr geringer Anteilnahme gegenüberstehen würde. Aber auch jetzt noch
ist der Festungskrieg der Armee etwas Fremdartiges. Treffend kommt
dieses zum Ausdruck bei unseren kleineren Felddienstübungen in Nähe
von Festungen, bei denen die in diesem Falle oft recht gekünstelte
Kriegslage fast immer mit dem Zusatze versehen wird: „X. ist offene
Stadt." Aber gerade die Nähe einer noch nicht völlig eingeschlossenen
Festung vermag spielend die Grundlagen für naturgemäßeste Übungs-
anlagen zu bieten von glücklichen Unternehmungen des kleinen
Krieges bis zum entscheidenden Eingreifen der Hauptreserve in die
Feldschlacht. Wie oft sucht ein Kommandeur nach einem Thema
zu einer Winterarbeit für einen jungen Offizier, sie bietet sich so
einfach, wenn ihm aufgegeben würde, z. B. aus den Ereignissen um
Montmédy und Langres im Deutsch-Französischen Kriege diejenigen
Lagen herauszusuchen, in denen die Festungsbesatzung zu einer
offensiven Verwendung außerhalb des Bereichs der Festungsgeschütze
gekommen ist, oder hätte kommen können. Gewiß, man soll nicht
Festungen belagern, solange noch ein Feind im freien Felde steht,
wie einst schon der Herzog von Marlborough gerade in den Tagen
der Blütezeit des Festungskrieges geltend machte. Die Entschei-
dung liegt nicht im Festungskriege, sondern in der Feldschlacht.
Sind erst einmal die Heere im freien Felde geschlagen, so ist die
Einnahme der Festung nur noch eine Frage der Zeit. Unter solchen
Bedingungen ist es begreiflich, wenn der Offizier sich lieber den-

jenigen Lagen der Kriegsführung zuwendet, die eine erhöhte Kunst
in der Truppenführung fordern, während sich ihm im eigentlichen
Festungskriege nur ein weniger dankbares Gebiet zu öffnen scheint
in welchem der schnelle Gedankenflug des Führers gelähmt wird
durch weniger operationsfähige Truppen, durch Rücksichten auf die
Technik, deren Leistungen über ein bestimmtes Maß nicht gesteigert
werden können. Im Gegensatz zum Feldkriege verlangt der Festungskrieg den planmäßigen und einheitlichen Einsatz aller Kampfmittel und die geschickte Regelung ihres Zusammenwirkens unter
Aufwand äußerster Energie. Auch der unteren Führung bietet sich
innerhalb dieses Rahmens ein reiches Feld wirksamer Betätigung.

Unsere westlichen und östlichen Nachbarn sind zweifelsohne
mehr als wir für den Festungskrieg veranlagt. Sewastopol, Port
Arthur, Danzig und Hamburg 1813, sowie Belfort reden eine deutliche
Sprache. Ein stark ausgebauter Festungsgürtel findet sich auf geringer
Entfernung jenseits unserer Grenzen. Beides müßte uns schon bestimmen, uns eingehend im Frieden mit dem Festungskrieg zu befassen.
Wenn schon im Feldkrieg der Sprung vom Wissen zum Können groß ist,
so ist er noch weit größer im Festungskriege, Rückschläge sind von
größerer Tragweite, das Glück entscheidet weniger als eine souve-
räne Beherrschung der Technik. Im Feldkriege kann ein wage-
mutiger Angriff allen Regeln der Taktik zum Trotz glücklich bis in
den Feind hineinführen, im Festungskriege nützt alle Aufopferung,
aller Heldenmut nichts, wenn die Mittel zum Überschreiten des
Grabens nicht ausreichen, wenn nicht Durchgänge durch die Hindernisse geschaffen sind, wenn nicht die Feuerkraft der Grabenwehren
vernichtet ist.[1]) Ich will hier nicht auf die Frage eingehen, ob die
Artillerie in der Lage ist, die Besatzung eines Werkes sturmreif zu
machen. Die Möglichkeit, trotz der jüngsten Kriegserfahrungen
(Putilowhügel bei Mukden, Stürme auf Port Arthur) soll nicht bestritten werden. Aber ist nun endlich die Infanterie mit Hilfe der
Belagerungsartillerie bis an den Grabenrand gelangt, wo die Unterstützung der eigenen schweren Artillerie aufhören muß, um die eigenen
Truppen nicht zu gefährden, da fällt der Infanterie die neue Aufgabe
des Kampfes um die Kontreeskarpe zu: In diesem Ringen versagt
die Artillerie, unmöglich kann sie den Grabenwehren am äußeren
Rande des Grabens beikommen. Hier muß der Pionier, oder besser
gesagt der Mineur eintreten, denn solange die Grabenwehren nicht

---

[1]) So z. B. der Sturm der Engländer auf den Redan von Sewastopol
am 18. Juni 1855 in Viscount Wolseley: The Story of a Soldiers life. I.
S. 164.

lahm gelegt sind, ist an einen Sturm nicht zu denken. Wenn auch
die Lehre vom Zusammenwirken der Waffen ebenso im Festungs-
wie im Feldkriege gilt, so trifft dieses für den Pionier nicht zu, der
für den Kampf um den Graben geschont und frisch gehalten werden
muß; bis in die Sturmstellung hinein kann jede technische Arbeit
auch vom gut ausgebildeten Infanteristen geleistet werden, aber dann
bedarf sie unbedingt der Hilfe durch den Pionier. Die großen Verluste der ohnehin nicht sehr zahlreichen Pioniere waren eine der
Ursachen der Verzögerung der Einnahme von Port Arthur. Es
mußte sich um so mehr rächen, als nur erprobte Linientruppen die
Festung verteidigten, die japanische Artillerie nach Kaliber, Sprengwirkung[1]) und Feuertaktik ihrer Aufgabe nicht gewachsen war,
jedenfalls konnte sie nicht die russischen Hohlbauten durchschlagen.

Nur wenn die Infanterie theoretisch und praktisch ein volles Verständnis für ihre Aufgaben mitbringt, kann sie etwas leisten, nur
das Wissen begründet, abgesehen von unüberlegten Handlungen,
erst die richtige Tätigkeit, die nicht auf Befehle wartet und die auch
den Mut hat, die volle Verantwortung zu übernehmen und sich nicht
hinter Befehle zu verstecken.

„Das geringe Ansehen,“ sagte einmal Generalleutnant Rohne,
„dessen sich die ‚Theorie‘ in der deutschen Armee erfreut, hat
seine Ursache zum größten Teil darin, daß man alles, was man
nicht widerlegen kann, ohne Unterschied als Theorie ausgibt und in
einen Gegensatz zur Praxis stellt! Die ‚Theorie‘ will nichts weiter,
als den inneren Zusammenhang der Dinge erkennen und begreifen.
Bei den Erfahrungswissenschaften, wie alle Kriegswissenschaften
ausnahmslos sind, wird die Theorie stets Lücken aufweisen und daher niemals unbeschränkte Gültigkeit beanspruchen können. Je
inniger Theorie und Praxis Hand in Hand geben, je mehr die Praxis
sich in ihrem Handeln von der Theorie leiten läßt, um so besser
werden beide fahren.“ Kein Geringerer, als Scharnhorst sagt: „Solange wir keine Theorie haben, solange wir nicht aus der Natur
der Sache die Regeln, welche die Kunst vorschreibt, entwickeln
können, solange herrscht in denselben ein großer Widerspruch, und
solange wird es uns unmöglich, die wahren von den falschen Lehren
zu unterscheiden. Wir gleichen in diesem Falle einem Menschen,
der ohne alle eigene Beurteilung jedem nachahmt. Er weiß nic das
Richtige von dem Unrichtigen abzusondern; er erklärt sich bald für
die eine, bald für die andere Meinung, wie es der Zufall fügt.“

---

[1]) Nur ein Teil der 28 cm-Granaten besaß eine schwache Melinitfüllung.
Es erklärt sich dieses dadurch, daß die 28 cm-Haubitze ursprünglich als
Küstengeschütz konstruiert war.

Theorie und Praxis, auf Kriegsgeschichte und Waffenwirkung begründet, Lehre und Anwendung müssen sich somit gegenseitig ergänzen, ohne Wissenschaft, oder, wenn man will, ohne Theorie ist jeder wirkliche Fortschritt ausgeschlossen; die reine Empirie ist hilflos nur gelegentlich durch Zufall kann es ihr glücken, etwas Brauchbares zu finden.

In geistreicher Weise hatte einst der verstorbene russische General Woide dargelegt, wie die Ursachen der deutschen Erfolge im Kriege 1870/71 in hohem Maße der Selbsttätigkeit der Führer aller Grade zu danken sei. Sein Werk war unvollständig geblieben, es reichte nur bis Sedan, er hätte auch noch zeigen müssen, wie die Betätigung der Selbsttätigkeit gerade meist in schwierigen und unglücklichen Lagen, auf dem Rückzuge nach unglücklicher Schlacht versagt, wenn jedem Manne das Gefühl der Überlegenheit des Feindes sich aufdrängt. General Woide hätte auch einmal erklären sollen, wie es kommt, daß Truppen, die so hohe Beweise der Selbsttätigkeit im freien Felde abgelegt haben, in dieser Beziehung den Erwartungen nicht entsprachen, sobald eine Festung in Frage kam. Die Selbsttätigkeit hat ihre Wurzeln im Gefühl der eigenen Überlegenheit, in dem sicheren Gefühl nicht im Stich gelassen zu werden, vom Nachbar, von der oberen Führung, selbst wenn die Dinge einmal unglücklich ablaufen. Eine sichere Beherrschung des Gegenstandes führt naturgemäß zur Selbsttätigkeit. Im Deutsch-Französischen Kriege verdichtete sich die Unkenntnis der Eigenart der Festung und ihrer Kräfte zu einer unerklärlichen Vorsicht. Diese Ehrfurcht vor der Festung als einem unbegreiflichen ‚Etwas‘, war begründet in der Scheu vor dem Festungsgeschütz[1]), die sich noch mehr verstärkte, als mehrere unüberlegte Versuche, mit unzureichenden Mitteln und Kräften feste Plätze zu nehmen, zu Mißerfolgen geführt hatten; der ersten Tollkühnheit folgte eine ausgesprochene Zurückhaltung, die höchstens sich zur Aufforderung zur Kapitulation aufraffte. Aber gerade die Kriegsgeschichte lehrt (Düppel, Sewastopol), daß niemals eine Festung schwächer ist, als bei der ersten Berührung mit dem Feinde, wenn die Besatzung noch nicht eingelebt ist[2]) und vielleicht gar noch unter dem Eindruck vorangegangener Niederlagen steht. Grenzfestungen werden häufig

---

[1]) Ich verweise hier auf Frobenius Kriegsgesch. Beispiele II, S. 103, 113.

[2]) Dieses zeigt sich auch bei Friedensübungen, wenn an ein Feldmanöver sich sofort eine Festungsübung anschließt. Eine mehrtägige Pause, die auch dem Angreifer z. B. zum Ausbau seiner Artillerieschutzstellung zu gute kommt, ist erwünscht.

nur unzureichend ausgebaut und armiert sein. Wenn die Infanterie
1870 mehrfach bis unmittelbar an die Werke von Straßburg und
Toul herankommen, dann aber bei den ungenügenden Vorbereitungen
nicht weiter konnte, so hätte sich wohl eine Wiederholung des Verfahrens mit wirksameren Mitteln gelohnt. Sache der theoretischen
Schulung muß sein, den richtigen Mittelweg zu finden, die günstige
Lage durch schnellen, gut vorbereiteten Angriff (Nikopoli, Kars
1877/78, Port Arthur 1894) auszunützen, dann aber auch durch
Tatkraft und Entfaltung aller Hilfsmittel der Technik der Truppe
den Weg zu ebnen.

II. Grundzüge für die Truppenführung im Festungs-
kriege.[1])

Das Wesen der Tätigkeit der Feldwaffen läßt sich vielleicht
in folgenden Sätzen zusammenfassen, welche am wirksamsten einer
schematischen Auffassung vorbeugen:

[1]) Die während der Einschließung von Metz vom Prinzen Friedrich
Karl erlassenen Armeebefehle (z. T. abgedruckt in v. d. Goltz, Operationen
der II. Armee) enthalten eine solche Fülle wertvoller Kriegserfahrungen,
daß wenigstens ein Hinweis hier am Platze ist.

22. August (S. 176). „Die Vorpostenlinie sämtlicher Korps sind
morgen früh, nachdem nunmehr die ersten Arbeiten für die fortifikatorische
Verstärkungslinie der Zernierungslinie hergestellt, rings um die Festung
so weit vorzuschieben, daß überall unmittelbare Berührung unserer Infanterie-
schleichpatrouillen mit der feindlichen Vorpostenlinie stattfindet. Es ist
meine Absicht, auf diese Weise sämtlichen auf Vorposten stehenden
Truppen Gelegenheit zu verschaffen, in kleinen Patrouillenunternehmungen
gegen die feindliche Postenlinie die Überlegenheit unserer Truppen in der
Felddienstausbildung und im Schiefsen über den Feind zur Geltung zu
bringen."

12. September (S. 255). Unterkunft. Apell an die moralischen Faktoren.

21. September (S. 283). „Es ist zu meiner Kenntnis gekommen, dafs
zwischen den beiderseitigen Vorposten vom Feinde das Ausnehmen der
Kartoffeln in einem Umfange betrieben wird, der wesentlich zum Unter-
halt der cernierten Armee beitragen mufs und dafs eine Störung des
Feindes in dieser Absicht seitens unserer Vorposten unterbleibt. Dieses
Verfahren entspricht nicht meinen Intentionen, es ist vielmehr mein bestimmter Wille, dafs der Vorpostendienst in aller Schärfe betrieben werde
und dafs Unterlassungen — die auf beiderseitigem stillschweigenden Einverständnis beruhend, in früheren Kriegen bei dauernden Vorposten-
aufstellungen vorgekommen sind — nicht geduldet werden. Die Verhältnisse vor Metz bedingen, dafs der Feind in steter Spannung erhalten
und zu diesem Zweck unsererseits gröfsere Aktivität entwickelt werde. Es
gehört hierzu die Beunruhigung der feindlichen Vorposten durch regen
Patrouillengang und wird sich trotz der nahen gegenseitigen Aufstellung

1. Der energische und feste Wille, die Aufgabe, unter
allen Umständen und unter Ausnützung aller Hilfsmittel zu lösen, bleibt die Hauptsache. Ist aber von
diesem Willen nicht jeder Kämpfer durchdrungen, so
ist ein Erfolg sowohl im Angriff und vielmehr noch in
der Verteidigung ausgeschlossen.[1])

2. Alle Maßnahmen des Verteidigers sind zweckentsprechend, welche geeignet sind, die Entscheidung
hinauszuschieben (in diesem Sinne ist auch die Verteidigung
vorgeschobener Stellungen zu beurteilen), alle Anordnungen
des Angreifers sind richtig, welche geeignet sind, den
Verlauf der Belagerung abzukürzen.

3. Der Tag dient zur Ruhe und zum Feuerkampf, die
Nacht zur Arbeit, Bewegung und zum Feuerkampf.
Eine mißlungene Unternehmung des Angreifers schiebt
die Entscheidung mindestens um einen vollen Tag hinaus.

4. Die Vernichtung der personellen und materiellen
Kampfmittel führt den Fall der Festung herbei. Vom
ersten Tage an ist jedes sichtbare Ziel, welches mit
einiger Sicherheit getroffen werden kann, unter Feuer
zu nehmen. Während im Feldkriege die Vorposten
ein Gefecht vermeiden müssen, um die ruhenden
Truppen nicht zu stören, müssen die Vorposten im
Festungskriege das Gefecht suchen. Der Doppelposten
ist Schütze und schießt auf jeden sichtbaren Gegner.

5. „Der Verteidiger will angegriffen sein, wollen wir
ihm diesen Gefallen tun, so müssen wir auch wenigstens
alle Aussicht des Gelingens auf unsere Seite bringen.

---

immer noch — namentlich bei Nacht oder Nebel — Gelegenheit zu
kleinen Unternehmungen bieten, die den Feind einschüchtern und Gefangene einbringen."

27. September (S. 300). Verhinderung feindlicher Fouragierungen.

4. Oktober (S. 330). Der Prinz rügt das Zurückziehen der Einschließungslinie, wodurch der Geländebereich des Feindes erweitert werde.

[1]) Der schlechteste Ort ist eines großen Widerstandes fähig, wenn der
Kommandant entschlossen ist, alle Hindernisse einer kühnen Verteidigung
hinwegzuräumen, und mit Mut dieses Geschäft antritt. Die beste Festung
leistet wenig, wenn jede Rubrik der Versorgungstabelle voll sein soll;
wenn statt des Vorbildes mutiger Verteidigung mit wenig Mitteln unsere
systematischen Unterrichte in der Fortifikation, von unerfahrenen Halb-
gelehrten geschrieben, genommen werden; wenn mehr Wert auf die Form
als auf Mut und Geist gelegt wird.

Scharnhorst, Festungen.

Der Feind ist gestellt, er operiert nicht mehr, sondern
liegt gefesselt auf dem Operationstisch des Angreifers."
(Schlichting).

III. Vorposten (s. Felddienstordnung 274—302).

Es sei hier noch darauf hingewiesen, daß Vorposten im Sinne
der Felddienstordnung meist· schon nach Erreichen der Artillerieschutzstellung, nicht mehr möglich sind. Vorposten sind sowieso
„Kampftruppen", die mehr im Sinne von F.O. 171 sich in ständiger
„Gefechtsbereitschaft" befinden werden. Sicherungs- und Gefechtslinie fallen meist zusammen.

Zunächst handelt es sich darum, den recht widerwilligen Verteidiger auf den Operationstisch zu legen und zu fesseln. Das geschieht durch energisches Herangehen auf der ganzen Front, indem
der Angreifer den Eindruck des ersten Erfolges so weit ausnützt,
als dieses ohne schweren Kampf möglich ist. Je frühzeitiger beherrschende Punkte im Vorgelände in Besitz genommen werden, um
so mehr wird der Verteidiger gehindert, selbst offensiv zu werden.
Bei energischem Vorgehen in den ersten Tagen wird es meist gelingen, Vorteile zu erringen, deren Ausnützung dem Angreifer erst
im Laufe weiterer Kämpfe klar wird.

Für die Waffenwirkung aus der Festung ist es ganz gleichgültig, ob die Einschließungstruppen und ihre Befestigungen dem
Feuer auf 2 oder 4 oder gar 8 km ausgesetzt sind, es sei denn, daß der
Verteidiger sofort das ganze kilometerweite Vorfeld geräumt hätte
und nur einzelne Geschosse der schweren Artillerie die Einschließungslinie erreichen.[1])

Nicht das Vorhandensein örtlich günstiger Gefechtsstellungen
bestimmt die Lage der Einschließungslinie, sondern der feste Wille,
den Verteidiger zu fesseln, ohne jede Gelegenheit zum Wiedergewinnen der Vorhand zu nehmen. Der Angreifer muß vielmehr
den Eindruck seines ersten Erfolges so weit ausnützen, als es die
Waffenwirkung des Feindes zuläßt.[2]) Schließlich muß man doch
einmal heran. Was eine eingegrabene Truppe leisten kann, zeigen
die japanischen Besatzungen der Schanzen 1 und 2 dicht vor der

---

.   [1]) S. Frobenius, Kriegsgesch. Beispiele II S. 50, 103, III S. 145.

[2]) Vergl. hierzu Tätigkeit des V. und VI. Armeekorps am 19. September
vor Paris, Befehl Moltkes vom 15. September 1870. S. Frobenius, Kriegsgesch. Beispiele III S. 80 u. 82. Die Maasarmee machte sich abhängig
vom Gelände und blieb zu weit zurück, die Folge war das offensive Vorgehen der Franzosen im Ost- und Nordabschnitt der Einschliefsungslinie.

russischen Stellung (Port Arthur), die volle 4 Monate aushielten und deren Besatzung angeblich täglich 100 Mann verlor. Ein weiterer Vorteil ist die Verkürzung der Einschließungslinie, welche gestattet, in vorderer Linie mit wenigen Kräften auszukommen. Jeder Kilometer, um den man näher an die Festung herangeht, verkürzt die Einschließungslinie um 3—4 km. Im Deutsch-Französischen Kriege haben wir es erlebt, wie das schwere Festungsgeschütz als Ausdruck der Scheu vor etwas Unbekanntem zum Zauberwort wurde, welches den Truppenführer in seinen Bann schlug, jede offensive Regung lähmte, jeder Führer faßte seine Aufgabe rein defensiv auf. Es zeigte sich nirgends das Bestreben, die Stellungen näher an den Feind heranzuschieben, man glaubte vielmehr, daß es darauf ankomme, die Truppen vor unnötigen Verlusten, sei es durch feindliches Feuer, sei es durch Krankheiten, zu bewahren, beides konnte man besser in weiter von den Festungsgeschützen entfernten Stellungen erreichen, denn mit dem gewonnenen Abstand vom Gegner vergrößerte sich auch der Zeitraum, welcher zur Verfügung stand, um die Truppen in die Gefechtsstellungen einrücken zu lassen. Damit steigerte sich der Grad der ihnen zu gestattenden Bequemlichkeit und Ruhe. So erklärt sich die eigentümliche Erscheinung, daß die Einschließungsstellung, anstatt, dem Impuls zur Offensive folgend, sich enger und enger um die feindlichen Lager zu schließen, stellenweise beginnt, zurückzuweichen und sich zu erweitern.

Gehen wir nicht energisch dem Verteidiger auf den Leib, so können wir uns nicht wundern, wenn dieser sich anrafft, den Angreifer in seinen Stellungen zu bedrängen, daß die Ausfälle sich häufen, daß er schießlich selbst mit dem Spaten gegen uns vorgeht. Vortrefflich haben die Franzosen in Metz und Paris verstanden, die vor Sewastopol so blutig empfangenen Lehren in die Tat umzusetzen. Vergessen wir aber auch nicht die Überfälle von Peltre und Ladonchamps, die Tätigkeit der Franzosen bei Bagneux, le Bourget und im Osten von Paris, die uns zum Angriff auf den Mt. Avron zwang. Wie selten sieht man in der Theorie oder Praxis die Anwendung eines solchen Verfahrens!

Auch die Vorposten des Verteidigers haben dem Angreifer in flüchtig hergestellten Deckungen (Pioniere stehen dazu nicht zur Verfügung) jeden Schritt vorwärts streitig zu machen und, selbst wenn sie am Tage auf die Hauptkampfstellung zurückgeworfen werden, in der Dunkelheit wieder an den Feind heranzugehen. Nur so ermöglichen sie der Hauptreserve, sich unbemerkt vom Angreifer aus der Hauptkampfstellung zu entwickeln. Eine Frage bedarf der

Klärung, d. i. in welchem Maße nehmen die Fortbesatzungen an dem Sicherungs- und Beobachtungsdienst teil; ich bin der Ansicht, daß dieses unbedingt geboten ist, daß es ferner nicht zweckmäßig ist, ganze Bataillone in Fortbesatzungen aufzulösen. Unbeschadet der Selbständigkeit der Fortkommandanten und ihrer Unterstellung unter den Gouverneur empfiehlt sich, von geschlossenen Bataillonen Werkbesatzungen, Vorpostenkompagnien und Vorpostengros stellen zu lassen. Es hat dieses den Vorteil, daß die Bataillonskommandeure einheitlich den Sicherungsdienst im Vorgelände regeln können, daß eine Ablösung der Fortbesatzung durch Kompagnien desselben Verbandes möglich ist, daß innerhalb dieser Abschnitte die Truppe das Gelände besser kennen lernt. Wenn man den Grundsatz aufstellt, daß selbst in dunkeln Nächten niemand ungesehen die Postenkette durchschreiten kann, so bedingt dieses einen Zwischenraum von 50—60 m zwischen den Posten und eine Frontbreite des Kompagnieabschnittes von etwa 500—700 m.[1]) Die Vorposten halten ihre Kampfstellung, ihre einzelnen Glieder stehen häufig nebeneinander, die im Feldkriege vorhandene Tiefengliederung wird ersetzt durch eine steigende Gefechtsbereitschaft der einzelnen Teile. Der Verteidiger hat nur so lange, als die feindliche schwere Artillerie noch nicht in Stellung ist, am Tage dank seiner Artillerie volle Bewegungsfreiheit. Mit dem Aufmarsch der feindlichen Artillerie wird dieses anders, dann bleibt dem Verteidiger nur die Nacht, um feindliche Erkundungen und Unternehmungen zu verhindern. Es empfiehlt sich, Verstecke zu legen und stärkere Patrouillen gegen den Feind vorzuschieben. Diese Abteilungen sollen kämpfen und jede Erkundung verhindern. Dieses bedingt schon eine gewisse Stärke, um nicht vor jeder feindlichen Patrouille das Feld räumen zu müssen.

Der Feind muß durch diese Patrouillen zum Einsatz stärkerer Abteilungen gezwungen werden, die man dann hoffen kann, in den wirksamen Feuerbereich der Festung zu locken. Gerade diese vereinzelten Vorstöße sind für den Angreifer besonders verlustreich. Erkennungszeichen für die eigene Truppe sind zu verabreden.[2])

Unbedingt sind Unteroffizierposten (sog. Horchtrupps) bis dicht an den Feind heranzuschieben, um schnell von jeder Unternehmung des Feindes Kenntnis zu erhalten. (Meldeverkehr vorsehen.)

[1]) Die Einteilung einer Vorpostenkompagnie würde dann sein 2 Züge Feldwachen, Offizier- und Unteroffizierposten, 1 Zug zurückgehalten.

[2]) Z. B. Anleuchten mit elektrischen Taschenlampen, deren Licht durch untergeklebtes Seidenpapier in durch Tagesbefehl bestimmter Weise gefärbt ist. Wer das Lichtzeichen nicht in gleicher Weise erwidert, wird als Feind behandelt.

Während im Feldkriege Vorposten ein Gefecht zu vermeiden haben, sollen sie es im Festungskriege suchen, sie sollen kämpfen, um jeden Versuch des Feindes zu erkunden oder vorzugehen, wenigstens zu verzögern. Die Doppelposten sind in erster Linie Schützen.

Eingegrabene und eingedeckte Maschinengewehre können auch noch vorwärts der Stellung gute Dienste leisten.

Die Ausnützung des Gewehrs.[1])

Die Ausbildung nach Schießvorschrift 230—237 im Aufstellen und Einrichten der Gestelle macht keine Schwierigkeiten. Es ist nur darauf zu achten, daß die Gestelle nicht die Brustwehr verraten (von der Rinde befreites Holz mit Erdbrei bestreichen), daß bei feuchtem Wetter die Gestelle in die Brustwehr einsinken. Ihre Verwendung bedingt genaues Einrichten bei Tage, hat aber in der Nacht den Vorteil, daß die Schützen vom feindlichen Feuer unbelästigt sind. Um einen Anhalt für die Wirkung zu geben, sei folgendes erwähnt. Es schossen bei einem Belehrungsschießen auf 700 m am Tage gegen 90 Figurscheiben von 1,40 m Höhe in 55 m Frontbreite, die mit lockerer Fühlung von 10 cm aufgestellt waren, und hinter denen sich auf 200 m noch eine gleiche Scheibenaufstellung befand, 50 ausgesuchte Schützen zunächst am Tage 500 Schuß.

II. Reihe.

a^2 b^2 c^2

200 m

I. Reihe.

a^1 b^1 c^1

Auf jedem Flügel sollten 20 Scheiben nicht beschossen werden. In der zweiten Scheibenreihe waren nur vier Treffer, da nun das Ergebnis in der ersten Reihe als zu hoch nicht einwandfrei ist, so gebe ich hier die vom Generalleutnant Rohne errechnete Trefferzahl von 33,8 %. Bei einem Beschusse auf gleicher Entfernung unter

---

[1]) Mitteilungen des Ingenieurkomitees, 36. Heft. Die Bedeutung und Verwendung des Gewehrfeuers im Festungskriege.

Benutzung von am Tage eingerichteten Gewehren in Gestellen mit 500 Patronen in völliger Dunkelheit ergaben sich:

in a^1 4 Treffer
   b^1 52   ,,   10,4%   31 getr. Figuren: 62%
   c^1 —   ,,

in der zweiten Reihe:

  a^2 — Treffer
  b^2 31   ,,   6%   24 getr. Figuren: 48%.
  c^2 13   ,,

Nach einem erneuten Beschuß mit 1000 Patronen, also mit der doppelten Patronenzahl, ergab sich:

I. Reihe in a^1 15 Treffer
        b^1 68   ,,   6,5%   32 getr. Figuren: 64%
        c^1 18   ,,
II. Reihe in a^2 2   ..
        b^2 59   ,,   5,9%   38 getr. Figuren: 76%
        c^2 8   ,,

Die erhebliche Ausdehnung der Geschoßgarbe und die damit verbundene Verringerung der Wirkung von 33,8% am Tage bis auf 7,9% in der Dunkelheit bei einem Einsatze von nur 30 Patronen für das Gewehr ist bemerkenswert.

Gestelle eignen sich daher nur zur Abgabe von „Belästigungsfeuer" (z. B. zum Stören von Angriffsarbeiten) sie sind aber nicht geeignet zur Benutzung bei Abwehr eines Angriffs. Hier ist immer noch die bis etwa 200 m brauchbare Leuchtpistole am Platze.

Die Leuchtpistole ist nur in Deutschland und zwar in erster Linie für die Festungsverteidigung zur Bewachung von Hindernissen und zum Erkennen des Sturmes eingeführt worden. Ihre Leuchtwirkung reicht bis etwa 200 m. Auf 100 m Entfernung vom Pistolenschützen sind alle Einzelheiten scharf zu erkennen; auf 200 m ist es noch möglich, einzeln stehende Leute und anschleichende Trupps mit bewaffnetem Auge zu erkennen. Regenwetter beeinträchtigt die Wirkung nicht. Die Beleuchtungsdauer einer Patrone beträgt 8—10 Sekunden. Die Beleuchtung erfolgt von oben, vermeidet also ungünstige Schattenwirkung. Schießversuche haben ergeben, daß bis zu 200 m bei großem Patronenaufwand auch gegen Kopfziele eine entscheidende Wirkung mit dem Gewehr erwartet werden kann, auch wenn wegen mangelhafter Selbstbeleuchtung ein genaues Zielen nicht möglich ist. Der Leuchtende ist aber dem Beleuchteten gegenüber nur dann im Vorteil, wenn er durch vorherige Entwickelung einer überlegenen Feuerkraft (Feuerbereitschaft) in der Lage ist, sofort und kräftig zu wirken. Andernfalls ist der Beleuchtete im Vorteil, weil er Visier und Korn besser erkennt. Für den Leuchtenden ist die Verwendung der Leuchtpistole beim Nachtschießen ferner nachteilig, wenn durch scharf umrissene Formen von Befestigungen, namentlich ohne dunkeln Hintergrund, dem Gegner die Zielaufnahme erleichtert wird, oder wenn sich der letztere überhaupt außerhalb des Wirkungsbereichs der Pistole befindet.

Die Nachteile der Selbstbeleuchtung und der Wunsch, Einblick in die Verhältnisse beim Gegner auf größere Entfernung zu gewinnen, fordern dazu auf, Leuchtpistolenschützen vorzuschieben. Ein solches Verfahren wird aber rasch dadurch begrenzt, daß Visier und Korn von den zurückbleibenden Gewehrschützen nicht mehr zu erkennen sind. Es ist vorteilhaft, die Gewehre schon vorher bei ausreichendem Tageslicht in festen Auflagern auf bestimmte Entfernungen einzurichten. Die Leuchtpistole ermöglicht dann, das Erscheinen der vermuteten Ziele zu erkennen und das Feuer aufzunehmen, das in der Regel wirksam wird.

Die Leuchtpistolen sind hiernach für die Führung eines Feuergefechts mit großer Vorsicht und wegen beschränkter Ausrüstung mit Leuchtpatronen auch nur auf kurze Zeiträume zu verwenden. Eine entscheidende und dauernde Wirkung durch gezieltes Feuer größerer Abteilungen ist bei ihrer Verwendung allein nicht zu erwarten.[1]

Zur Steigerung der Wirkung müssen wir uns mit den einfachsten Mitteln begnügen, so hatten die Japaner dicht über ihren Schützengräben einen Draht gespannt, um einen wagerechten Anschlag zu erzielen. Zweckmäßiger ist, die Schützen anzuweisen, auf 50 m in den Erdboden zu halten. Geringe Höhenunterschiede zwischen der Schützenstellung und dem Ziel können die Wirkung völlig aufheben.

Sobald die Angriffsartillerie das Übergewicht erlangt hat und ihr Feuer gegen die Nahkampfstellungen des Verteidigers richtet, so wird die Aufgabe für die Infanterie immer schwieriger, zumal da Feldartillerie versuchen wird, durch Az-Feuer die Benutzung der auf der Brustwehr stehenden Panzerblenden unmöglich zu machen (s. I.S.V. 229, F.V. 131, Bild 77, 78, 79). Trotzdem „tritt das Infanteriefeuer jetzt an die wichtigste Stelle" (Vert.-Anl.). Schützen-

---

[1] Schießversuche beim Licht der Scheinwerfer s. Streffleur 1906, April, S. 527.

wallspiegel sind nur zur Abgabe eines höchst langsamen Einzel-
feuers geeignet.

Anders ist es mit der Verwendung des sog. versteckten Gewehrfeuers, wie es der k. u. k. Hauptmann Knobloch empfohlen
hat; dieses ist auch dann anwendbar, wenn aus der Verteidigungs-
stellung das Vorgelände nicht einzusehen ist.

Dem Bericht über „Schießaufgaben unter feldmäßigen Verhältnissen, durchgeführt im Jahre 1906 von den Fußtruppen des IX. Korps
im Übungsterrain bei Benatek" (S. 42) sei nachstehendes entnommen:

„Seinem Wesen nach ist das versteckte Gewehrfeuer ein In-
fanterieschießen mit Hilfszielpunkten, wobei diese Hilfszielpunkte
oberhalb des Zieles weiter als das Ziel und in derselben Richtung
wie das Ziel gelegen sein müssen. Daß man nur höchst selten einen
Hilfszielpunkt finden wird, der all diesen Bedingungen entspricht,
ist selbstverständlich."

Aber noch mehr, der Hilfszielpunkt darf auch nicht in beliebiger
Höhe sein, weil eventuell der in Teilstrichen des Aufsatzes aus-
gedrückte Winkel zwischen Ziel und Zielpunkt zu einer negativen
Aufsatzstellung führen würde. Genaueres über das versteckte Gewehrfeuer mag in den betreffenden Schriften des Hauptmann Knobloch nachgelesen werden.[1])

Der praktische Versuch, welcher im Terrain gegen entsprechend
hohe Ziele vorgenommen wurde, fiel bezüglich der Treffresultate
glänzend aus; allerdings mußte der Hilfszielpunkt mit einer Fahne
ausgesteckt werden. Trotz des mit zahlreichen Objekten bestandenen
Geländes, Bäume, Waldlisiéren, Fabrikschornsteine usw. konnte kein
passender Hilfszielpunkt im Terrain selbst gefunden werden. Das
ist wesentlich und für den Wert des versteckten Gewehrfeuers im
Felde bezeichnend."

---

[1]) 1. „Verstecktes Gewehrfeuer. Vorschläge zur Erhöhung des Gefechtswertes unserer Infanterie." Wien 1904.

2. „Feldmäßiges Schießen der Infanterie aus versteckten Stellungen."
Aufsatz im „Organ der militär-wissensch. Vereine", 1. u. 2. Heft, 1906.

3. „Resultate der Schießversuche mit verstecktem Gewehrfeuer."
Aufsatz in den „Mitteilungen über Gegenst. d. Artillerie- und Geniewesens,
12. Heft, 1905.

4. „Verstecktes Gewehrfeuer." Aufsatz im „Armeeblatt". Ausgabe
vom 8. August 1907. (Nimmt zu dem offiziellen Berichte der Armeeschieß-
schule kritisch Stellung und enthält zahlreiche Versuchsdaten.

(Schluß folgt.)

XXXII.

Die Entwickelung des lenkbaren Luftschiffes und seine militärische Verwendung.

Von

Bahn, Generalmajor a. D.

---

1. Geschichtliches und Theorie.

Seitdem der Mensch durch die Erfindung der Brüder Montgolfier in Annonay (Frankreich) gelernt hat, sich in die Luft zu erheben, besteht auch sein Streben, sich unabhängig von der Lufbewegung, d. h. den Luftballon lenkbar zu machen. Hundert Jahre bedurfte es, ehe dies hohe Ziel erreicht wurde. Die Lenkbarkeit eines Luftschiffes ist nur dann möglich, wenn seine Eigengeschwindigkeit den Widerstand der Luft überwindet. Dieser ist abhängig von der Windstärke, welche sich der Fahrrichtung gerade entgegensetzt und von dem Quadrate der Eigengeschwindigkeit. Ist die Windrichtung der Fahrrichtung nicht gerade entgegengesetzt, sondern schräg, so kommt nur diejenige Kraftkomponente in Betracht, welche der Fahrrichtung entgegensteht. Selbst von einzelnen besonders stürmischen Tagen abgesehen, hat man in den Höhen bis zu 1000 und 1500 m, in welchen sich ein Luftschiff unter Umständen wird bewegen müssen, mit Windstärken bis 20 m zu rechnen.

Um gegen diese mit Erfolg anzukämpfen, bedarf es sehr erheblicher Kraftäußerungen. Die Aufgabe, Luftschiffe zu lenken, war erst dann zu lösen, wenn dieselben einen so starken Auftrieb erhielten, daß sie das Gewicht des Motors tragen konnten und wenn andererseits dies unterstützt wurde durch die Herstellung von sehr leichten Motoren, deren Gewicht im Verhältnis zur Leistung und deren Verbrauch an Betriebsstoffen für eine Pferdekraftstunde nur gering waren.

Diese Bedingungen waren nach dem Stande der Wissenschaft und Technik zur Zeit der Erfindung des ersten Luftballons 1783 noch nicht erfüllt. Der Auftrieb und die Verwertung des Motorengewichtes waren noch zu gering. Die ersten Luftballons der Gebrüder Montgolfier wurden mit heißer Luft gefüllt, erzeugt durch ein Feuer aus Stroh und Wolle.

Der Auftrieb, also die Tragfähigkeit dieser Ballons war deshalb zu gering, weil jeder Kubikmeter Balloninhalt nur 0,3471 kg Auftrieb gibt, denn das Gewicht eines Kubikmeters heißer Luft von 100° C. wiegt noch 0,9457 kg gegen 1,2928 kg bei 0° C. und 760 mm Druck. Infolge dieses geringen Auftriebes war die Steighöhe und infolge der Abkühlung und des Entweichens der heißen Luft die Fahrdauer sehr beschränkt. Die Tragfähigkeit wurde erst wesentlich vermehrt, als der französische Physiker Charles das 1776 von dem Engländer Cavendish entdeckte Wasserstoffgas zur Füllung des Luftballons benutzte.

Bei 760 mm Luftdruck und 0° C. wiegt ein Kubikmeter Luft 1,2928 kg, ein Kubikmeter Wasserstoffgas aber nur 0,0896 kg, so daß jeder Raummeter Wasserstoffgas einen Auftrieb von 1,2032 kg liefert. In einer Höhe von 2000 m wiegt ein cbm Luft noch 1,021 kg, ein Kubikmeter Wasserstoffgas aber nur noch 0,071 kg, so daß jeder Raummeterinhalt in dieser Höhe noch einen Auftrieb von 0,95 kg gibt.

Um dem Entweichen des leichten Wasserstoffgases und seine Verbindung mit der Luft (Diffusion) zu begegnen, benutzte Charles anstelle der mit Leinwand gefütterten Papierhülle Montgolfiers eine mit Gummi gefirnißte Seidenhülle. Dieser erste Luftballon Charles stieg unerwartet hoch und platzte infolge inneren Überdrucks, weil dem in der leichteren Luft sich ausdehnenden Gase kein Abzug gewährt war. Dem beugte Charles bei seinem zweiten Ballon, welcher am 1. Dezember 1783 mit Charles und Robert bemannt, aufstieg, durch Anbringung eines Ventils und eines offenen Füllansatzes vor, durch welch' letzteren das Gas mit zunehmendem Innendruck entweichen konnte. Die Ausdehnung der Hülle wurde durch ein Netz begrenzt. Dieser Ballon bewährte sich vortrefflich, tat seine theoretisch berechnete Tragfähigkeit praktisch dar und lieferte manche wertvolle Erfahrung für die Luftschiffahrt.

Die Versuche, den Ballon gegen den Wind fahren zu lassen, setzten schon 1784 mit dem Segelballon von Guyot ein. Er verwandte zur besseren Überwindung des Luftwiderstandes zum ersten Mal die seitdem, allerdings mit manchen Änderungen, für das lenkbare Luftschiff maßgebend gebliebene längliche Form mit wagerecht liegender Längsachse an. Sein Versuch hatte keinen Erfolg, weil die Kraftentwickelung des Segels zu gering war. Ein vielversprechender Entwurf des französischen Leutnants, späteren Generals Meusnieur, welcher dem Luftschiff eine elyppsoidale Form gab, die Gondel starr mit dem Ballon verband und zwischen beiden 3 Luftschrauben an wagerechter Welle zur Fortbewegung anbrachte, kam nicht zur Ausführung. Da damals maschinelle Kräfte noch nicht zur Verfügung standen, sollten die Luftschrauben durch 80 Menschen betrieben werden. Auf diese Weise wäre auf eine ausreichende Eigengeschwindigkeit des Luftschiffes nicht zu rechnen gewesen, denn die Kraftleistung wäre im Verhältnis zum Gewicht der Kraftquelle (etwa 6000 kg) viel zu gering gewesen. Bemerkenswert ist der Entwurf Meusnieurs noch deshalb, weil er zuerst Stabilisierungsflächen und den Luftsack verwendete.

Der erste, welcher maschinelle Kraft zum Antrieb der Luftschrauben verwandte, war der Maschineningenieur Giffard, dem es gelungen war, eine 5 pferdige Dampfmaschine von nur 45 kg Gewicht, d. s. 9 kg auf die Pferdekraft anzufertigen.

Er baute einen spindelförmigen Ballon von 44 m Länge und 12 m Durchmesser mit 2500 cbm Inhalt. Die dreiflüglige Schraube von 3,40 m Durchmesser war an der Gondel befestigt und erhielt eine Geschwindigkeit von 110 Touren durch eine 3 pferdige Dampfmaschine, welche mit Kessel 159 kg, oder 53 kg für eine Pferdekraft wog. Bei dem vorhandenen Auftrieb konnten noch 248 kg Kohle und Wasser mitgeführt werden. Giffard erzielte die errechnete Eigengeschwindigkeit von 2—3 m in der Sekunde. Darüber hinaus konnte er bei dem ungünstigen Verhältnis zwischen Gewicht und Leistung seines Motors sowie bei der geringen Umdrehungsgeschwindigkeit seiner Schrauben nicht viel kommen. Bei seinem zweiten Ballon versuchte er den Luftwiderstand durch eine schlankere Form, 70 m Länge auf 10 m Durchmesser, zu verringern und erreichte hierdurch tatsächlich einen geringen Zuwachs an Eigengeschwindigkeit, trotzdem der Motor derselbe geblieben war. Für die Folge steigerte Giffard die Größe seines Ballons auf 12000 und 25000 cbm und verwendete der größeren Tragfähigkeit entsprechend stärkere Dampfmaschinen und größere Kessel, ohne damit an Eigengeschwindigkeit seiner größeren Ballons gewinnen zu können.

Die Dampfmaschine mit Kesseln und dem großen Verbrauch an Wasser und Kohlen sind wegen ihres hohen Gewichtes im Verhältnis zur Leistung als Motoren für Luftschiffe nicht geeignet. Inzwischen wendete in Deutschland der Ingenieur Haenlein zum Antrieb seiner Schraubenwelle zum ersten Male eine Gaskraftmaschine. Um die Mitführung des Betriebsstoffes zu vermeiden, wurde der Ballon mit Leuchtgas gefüllt, von welchem das Betriebsgas entnommen wurde. Es wurde eine Geschwindigkeit von 5 m/sec. erreicht. Der Auftrieb des Ballons war wegen seiner Leuchtgasfüllung sehr gering. 1883 benutzten die Brüder Tissandier

in Paris eine durch 24 Bichromatelementen gespeiste Siemenssche
Dynamomaschine von 1 $^1/_2$ Pferdestärken. Die Batterie allein wog
187,2 kg, d. s. 125 kg für eine Pferdestärke ohne Maschine. Die
Tourenzahl war mit 180 Umdrehungen in der Minute zu gering.
Die höchste Eigengeschwindigkeit betrug auch nur 3—4 m. Auch
das Luftschiff „La France" der Kapitäne Charles Renard und
Krebs wurde durch eine aus Akkumulatoren gespeiste 8,5 pferdige
Dynamomaschine getrieben und erreichte damit eine Eigenge-
schwindigkeit von durchschnittlich 6,4 m/sec.

Der Ballon dieser Offiziere, welcher am 9. August 1884 aufstieg,
war 50 m lang, sein größter Durchmesser betrug 8,40 m und sein Inhalt 1864 cbm. Die Gondel war 33 m lang, 1,40 m breit und 2 m
hoch. An der Vorderseite der Gondel saß eine 7 m lange Schraube.
Das Gewicht des Fahrzeuges mit Ballast betrug 2000 kg. Den beiden
Luftschiffern Renard und Krebs gelang es, 7,6 km in 23 Minuten
zurückzulegen, dabei eine vollständige Kehrtwendung auszuführen
und wieder an ihre Abfahrtsstelle zurückzukehren. Letzteres gelang
ihnen unter 7 Fahrten fünfmal. Die Aufstiege wurden zwar mit
wechselndem, im ganzen aber überraschend günstigem Erfolge ausgeführt. Mit seiner Eigenbewegung von 6,4 m in der Sekunde
hatte der Ballon eine Windstärke von 2,2 m leicht überwunden,
versagte aber natürlich bei einer solchen von 7 m. Trotz der un-
leugbaren großen Fortschritte, welche die Erfinder erreicht hatten,
lehnte die französische Regierung nach den vielfachen Mißerfolgen
auf diesem Gebiet die Übernahme des Luftschiffes ab, führte auch
die Versuche nicht fort, weil die Eigengeschwindigkeit und der
Aktionsradius zu gering waren. Die Konstrukteure hatten aus den
ihnen nach dem damaligen Stande der Technik zu Gebote stehenden
Kraftmaschinen an Eigengeschwindigkeit des Luftschiffes heraus-
geholt, was nur möglich war.

Bei dem großen Gewicht der Akkumulatoren wird das Verhältnis zwischen Gewicht und Energieverbrauch des Motors einerseits und seiner Kraftleistung andererseits stets zu ungünstig bleiben,
um Dynamomaschinen mit Akkumulatorenspeisung als Luftschiffmotoren zu verwenden. Das Luftschiff bedarf eines in bezug auf
seine Arbeitsleistung leichten und schnellaufenden Motors mit möglichst
geringem Materialverbrauch. Erst als diese Bedingungen durch die
Motoren für schnellfahrende Automobile seitens der Industrie mit
Eifer erstrebt wurden und heute bereits in hohem Grade erreicht
sind, trat die Entwickelung des Luftschiffes in ein neues Stadium,
welches günstige Ergebnisse in schneller Folge zeitigte.

2. Neuere Versuche in Frankreich.

Wie Frankreich während der hundertjährigen Entwickelung der Luftschiffahrt stets an der Spitze stand, hat es auch bei der Entwicklung des lenkbaren Luftschiffes den Vorrang behalten, indem es zuerst ein lenkbares Militärluftschiff besaß. Zunächst war es der Brasilianer Santos Dumont, der durch seine in schneller Folge mit immer neuen Ballons unternommenen, mehr oder weniger glücklichen Fahrten und durch die Umkreisung des Eifelturmes, welche ihm den Preis von Deutsch de la Meurthe einbrachte, die öffentliche Aufmerksamkeit auf sich lenkte und das Interesse für lenkbare Luftschiffe von neuem weckte. Durch seine kühnen Fahrten sammelte er manche Erfahrungen, welche der ganzen Luftschiffahrt zugute kamen, ohne indessen nennenswerte Fortschritte im Bau der Luftschiffe zu machen.

In wenigen Jahren baute er 14 Luftschiffe. Keines derselben überschritt die Eigengeschwindigkeit von 6,5 bis 7 m/sec. und damit nur wenig die von Renard und Krebs bereits erreichte. Deshalb steigerte Santos Dumont zunächst die Leistung seiner Motore von 3 auf 7, 12 und 60 Pferdestärken und mußte, den größeren Gewichten der stärkeren Motore entsprechend, größere Ballons bauen, die von 180 cbm bis auf 1257 cbm wuchsen. Dann ging er wieder auf kleinere Luftschiffe mit schwächeren Motoren von 3, 20 und 14 Pferdekräften zurück.

In dem Verhältnis zwischen Rauminhalt der Ballons und Leistung der Motoren ist keine Gesetzmäßigkeit zu finden. Ebenso schwankend ist das Gewicht seiner Motoren auf 1 Pferdestärke geleisteter Arbeit. Bei der stärksten Maschine beträgt es 2 kg und wechselt dann mit 4 — 10,6 — 1,8 kg ab. Die Ballons Santos Dumonts hatten alle eine schlaffe Hülle mit nur geringer Versteifung. Die pralle Form sollte durch das Ballonet erhalten werden. Gerade in der Verwendung des Luftsackes zu diesem Zweck hat Santos Dumont vielseitige Erfahrungen gemacht. Sein zweiter Ballon knickte am 11. Mai 1899 mitschiffs zusammen, seine Festigkeit gegen Durchbiegung war nicht groß genug, weil der Luftsack zu klein und die Luftpumpe zu seiner Speisung nicht leistungsfähig genug war, um den Verlust an Gas zu ersetzen. Der Luftsack wurde vergrößert und zur Speisung ein Ventilator verwendet. Trotzdem knickte das neue Modell wieder ein. Bei einem späteren Modell wurde durch den Ventilator dauernd Luft in das Ballonet getrieben, welches mit einem Sicherheitsventil versehen war, das bei innerem Überdruck den Überschuß an Luft abbließ. Dem Einknicken sollte ferner

32*

eine Versteifung der Ballonhülle durch einen Bambusstab und später die Anbringung eines hölzernen Kieles verhindern.

Um den Gasverlust zu beschränken, wurde ein verschiebbares Schleppseil angebracht, mit Hilfe dessen der Schwerpunkt des Fahrzeuges nach vorn und hinten verlegt, die Spitze also gehoben oder gesenkt werden konnte. Auf diese Weise sollte das Luftschiff ohne Ballast- und Gasausgabe steigen oder fallen können. Bei einer Fahrt auf dem Mittelländischen Meere knippte der Ballon in die Höhe, weil das leichte Gas nach der nach oben gerichteten Spitze strömte und dadurch der Schwerpunkt des Ballons soweit nach hinten kam, daß er aufknippen mußte. Der Konstrukteur wollte diesen Übelstand später dadurch vermeiden, daß er seinen Ballon durch 2 Scheidewände in 3 Teile teilte.

Alle diese Vorkommnisse waren für die Weiterentwickelung des lenkbaren Luftschiffes lehrreich.

Die Versuche gelangten in Frankreich aber erst zu einem stetigen und erfolgreichen Fortgang, als die Gebrüder Lebaudy durch den Ingenieur Juillot die bisherige Entwickelung der Luftschiffahrt studieren und die errungenen Erfahrungen sammeln und verwerten ließen. Der Ingenieur Juillot entwarf auf technisch und aeronautisch wissenschaftlicher Grundlage die Konstruktion eines lenkbaren Luftschiffes, welches einen durchschlagenden Erfolg erzielte.

Am 13. November 1902 begannen die ersten Versuche des freien Ballons, nachdem ein Monat lang vorher die einzelnen Einrichtungen des Luftschiffes an einem 500 m langen Seil erprobt waren. Der erste Ballon war 57 m lang und hatte einen größten Durchmesser von 9,8 m, sowie einen Rauminhalt von 2284 cbm. Die beiden Schrauben wurden durch einen 40 pferdigen Daimler-Mercedes-Motor von 1200 Touren angetrieben. Die Eigengeschwindigkeit des Luftschiffes wurde auf 11 m/sec. festgestellt. Der Benzinverbrauch betrug 14 kg (etwa 20 l) für die Stunde.

Bis zum Juli 1903 wurden 29 Auffahrten gemacht, bei welchen das Luftschiff 28 mal an seine Abfahrtstelle zurückkehrte. Durch Verletzung an einem Baume wurde die Hülle des Ballons unbrauch- bar. Die Gebrüder Lebaudy ließen darauf ein neues Modell 1904 erbauen. Der Ballon wurde auf 57,75 m verlängert und dadurch auf 2660 Raummeter Inhalt gebracht. Zur Speisung des 500 cbm großen Luftsackes wurde ein leistungsfähigerer Ventilator verwendet, welcher möglichst dicht unter die Plattform angebracht wurde, um die Zuleitung zum Luftsacke abzukürzen. An Stelle des Gummischlauches wurde ein weiter Ärmel von Leinewand benutzt. Der Antrieb des Ventilators erfolgte durch den Motor, bei dessen Still-

stand durch eine Dynamomaschine mit ·Akkumulator. Eine wesentliche Eigenheit des Modells waren die vielen großen Stabilisationsflächen, welche dem Luftschiff eine ruhige Lage in der Luft·
sicherten. Bis zum 28. August 1904, wo der an einem Baum befestigte Ballon losgerissen und dabei beschädigt wurde, waren in
5 Abschnitten im ganzen 63 Auffahrten unternommen worden, bei
welchen der Ballon seine volle und sichere Lenkbarkeit und große
Stabilität bewiesen hatte und stets leicht und ohne Zwischenfälle
gelandet war.

Nach ausgeführter Reparatur wurde am 20. Oktober 1904 mit
einer neuen Reihe von Versuchen begonnen, wobei eine Nachtfahrt,
verschiedene Schnelligkeitsproben und eine Fahrt bei Schneetreiben
unternommen wurden. Die Versuchsreihe wurde am 24. Dezember
abgebrochen und der Ballon einer abermaligen Veränderung unterworfen, wobei sein Rauminhalt von 2660 auf 2950 cbm vermehrt
und ein 50 pferdiger Motor verwendet wurde. Der Auftrieb bei
Wasserstoffgas betrug 3540 kg und gestattete den Benzinvorrat um
75% zu erhöhen. Der Verbrauch an Benzin war auf 20 kg (etwa
30 l) die Stunde gestiegen. Die Versuche mit diesem Luftschiff
begannen am 4. Juni 1905. Nachdem dieselben zur Zufriedenheit
ausgefallen waren, wurde am 3. Juli mit Versuchen begonnen,
welche nach einem Programme des französischen Kriegsministeriums
und unter Beteiligung von mehreren Offizieren ausgeführt werden
sollten. Nachdem der erste Teil des Programms, die Fahrt von
Moisson nach Chalons, zur vollsten Zufriedenheit ausgeführt war,
wurde das Luftschiff im Lager von Chalons durch einen plötzlich
auftretenden Sturmwind losgerissen, in die Bäume getrieben und seine
Hülle derart beschädigt, daß sie in Toul erneuert werden mußte.
Am 8. Oktober konnten dann die Versuche, welche in mehreren
Erkundungsfahrten bestanden, von neuem beginnen. Es wurden dabei verschiedene photographische Aufnahmen vom Gelände und von
Festungswerken und Versuche gemacht, Sandsäcke als Simulaker
von Geschossen in Batterien zu werfen. Die Versuche befriedigten
die französischen Offiziere vollständig, so daß dieses Modell von
seiten des französischen Kriegsministeriums als Militärluftschiff angenommen und danach ein neues, „La Patrie" gebaut wurde, welches
sich von „Lebaudy II" nur wenig unterscheidet. „La Patrie" hat inzwischen ebenfalls 31 völlig gelungene Fahrten zurückgelegt, so
daß unter Hinzurechnung der 79 Fahrten von „Lebaudy II" im ganzen
110 Fahrten ausgeführt sind, die sich inzwischen noch vermehrt
haben werden. Das dritte Luftschiff „La Republique" wird ebenfalls nach demselben Modell z. Z. gebaut, nur noch um

500 cbm Inhalt größer als „La Patrie" ursprünglich war, so daß ihr Inhalt auf 3650 cbm kommen wird. Nach Beendigung der diesjährigen Probefahrten wird dann „La Patrie" durch Verlängerung ebenfalls auf diesen Rauminhalt gebracht.[1]) Die Lebaudyschen Luftschiffe gehören dem halbstarren System an. Die Ballonhülle, aus deutschem Stoff der Hannöverschen Kautschuk- und Guttapercha-Kompagnie und mit chromgelbem äußeren Anstrich, ist auf eine aus Stahlrohr gebildete ovale Plattform von 21,5 m Länge und 6 m Breite befestigt. Diese Plattform ist bei „La Patrie" des bequemen Transportes wegen auseinander zu nehmen. Unterhalb derselben zieht sich ein senkrechter Keil zur Längsversteifung, welcher in seinem hinteren Teil auf 10 qm mit Leinewand bezogen ist, wodurch gleichzeitig eine senkrechte Stabilitätsfläche gebildet wird. Ihre zigarrenähnliche Form erhält die Hülle durch den Innendruck des Gases. Diesen während der Fahrt stets auf gleicher Höhe zu halten, dient der 500 cbm große Luftsack, welcher im Innern des Ballons auf der Plattform ruht. Er ist durch zwei Scheidewände, welche für die Luftbewegung einzelne kleine Löcher haben, in 3 Zellen geteilt. Die Luft wird von dem dicht unter der Plattform befestigten Ventilator, welcher bei 3000 Umdrehungen in der Minute 1 cbm Luft in einer Sekunde schafft, dauernd in die mittelste Zelle gedrückt, von wo sie in die beiden anderen fließt. Der Ventilator wird hier noch von dem Betriebsmotor und nicht von einem eigenen bewegt. Zur Aushilfe dient, wie gesagt, eine Dynamomaschine. Der Inhalt des „Lebaudy" ist z. Z. 2950, der der „Patrie" 3150 cbm; der Auftrieb 3540 bzw. 3780 kg.

Nach französischer Quelle ist der Luftsack bei der Auffahrt immer leer, um den ganzen Balloninhalt mit Gas füllen, also möglichst viel Gas mit auf die Fahrt nehmen zu können. Das bedingt, daß beim Aufstieg Gas statt Luft entweichen muß.

Gegen das Rollen und Stampfen des Luftschiffes dienen verschiedene Stabilisationsflächen. Die hauptsächlichste ist ein Segel von 98 qm von elliptischer Form, welches sich unter der Plattform befindet. Dann der bereits oben erwähnte Kiel. Hinter der Plattform befindet sich noch ein Langbaum in Form einer Schwungfeder, welcher ein langes horizontales und ein vertikales Segel in Kreuzform enthält. Ersteres ist 14, letzteres 10,5 qm groß. Dieser Langbaum ist mittelst wagerechten Gelenkes an die Plattform befestigt. An dem Ende desselben befindet sich ein um horizontaler

---

[1]) Nach neueren Meldungen hat die vergrößerte Patrie bereits ihre erste Fahrt von 2½ Stunden gemacht.

Achse bewegliches Steuer in Form eines liegenden V. Dieses Steuer vermag sich über, aber nicht unter die Horizontale zu bewegen und ist bestimmt, das Luftschiff steigen und fallen zu lassen ohne Ballast hzw. Gasausgabe. Bei „la Patrie" ist dieses Steuer von einer Seite des horizontalen Segels dieses Langbaumes zur andern befestigt. Zur Unterstützung der Wirkung dieses Steuers sind bei „Lebaudy II" schief gestellte aufrollbare Segel unter dem Vorderteil der Plattform angebracht. Bei „La Patrie" sind dieselben ersetzt durch 2 Flügel rechts und links am Vorderteil der Plattform, welche um eine horizontale Welle drehbar sind.

Am äußersten Ende des Langbaumes ist das vertikale Steuer von 12,75 qm Fläche; mittelst dessen die Wendungen in horizontaler Ebene ausgeführt werden. Die hintere Stirnfläche des Ballons umgibt eine große horizontale Stabilitätsfläche von 14 qm, ähnlich einem Vogelschwanz, welche durch eine senkrechte Stabilitätsfläche hinten gekreuzt ist. Sämtliche Stabilitätsflächen sind über Rahmen aus vernickeltem Stahl gespannt.

Im ganzen hat Lebaudy

$$\left. \begin{array}{l} \text{134 qm feste,} \\ \text{16,3 qm bewegliche} \end{array} \right\} \text{horizontale}$$

und

$$\left. \begin{array}{l} \text{22,5 qm feste} \\ \text{12,75 qm bewegliche} \end{array} \right\} \text{vertikale}$$

Stabilitätsflächen bzw. Steuer.

Bei „La Patrie" sind die Zahlen etwas größer.

Rechts und links von der Gondel ist je eine 2flügelige Schraube von 2,44 m Durchmesser angebracht, welche sich im entgegengesetzten Sinne drehen. Sie erhalten eine Umdrehungsgeschwindigkeit von 1000—1200 Touren in der Minute.

„Lebaudy M/2" hatte einen 40pferdigen Mercedesmotor, welcher normal 1000 Touren in der Minute machte, aber von 250—1200 wechseln konnte.

Die Gondel, 4,8 m lang, 1,6 m breit und 0,8 m hoch, ist in 3 Abteile geteilt. Unter der Gondel befindet sich eine umgekehrte Pyramide aus Stahlrohr, welche sich beim Landen mit der Spitze in den Boden eingraben und dadurch den Aufstoß vermindern, den Ballon verankern und die Schrauben vor Beschädigung bewahren soll.

Die Gondel ist mittelst Stahldrahttrossen an der Plattform befestigt, welche in ihrer Gesamtheit eine völlig starre Verbindung mit der Plattform herstellen. Ein Netz hat das Luftschiff nicht. Eine

besondere Eigenheit der Lebaudyschen Luftschiffe besteht darin, daß
die treibende Kraft der Schrauben durch eine besondere Versteifung
von der Gondel auf den vorderen Teil der Plattform übertragen
wird, um auf diese Weise das Drehmoment auszuschalten, welches
dadurch entsteht, daß der Luftwiderstand vorn am Ballon angreift
und ihn aufzurichten strebt, während die Gondel den hinteren Teil
nach vorn zieht, also in demselben Sinne drehend wirkt.

Das ist der Typ des französischen Militärluftschiffes, nach
welchem für die nächste Zeit die beabsichtigte Luftschiffflotille gebaut werden soll. Die Erfahrungen bei weiteren Aufstiegen werden
vielleicht Abänderungen in Einzelheiten bedingen, der Grundtyp soll
aber unverändert bleiben. Die erreichte Geschwindigkeit, welche
11 m/sec. sicher betragen hat, nach einzelnen Mitteilungen aber
auch 14 m/sec. betragen haben soll, strebt man zu erhöhen, worauf
die von Luftschiff zu Luftschiff zunehmende Größe des Rauminhaltes
und der Tragfähigkeit hinweisen.

Der Vollständigkeit halber müssen noch die Versuche von
Henry Deutsch de la Meurthe und des Grafen de la Vaulx erwähnt werden, wenn dieselben bisher gegenüber dem durchschlagenden Erfolge Lebaudys auch noch keine nach allen
Richtungen hin befriedigende Ergebnisse für eine militärische Verwendung geliefert haben.

3. Neuere Versuche in Deutschland.

Der erste Versuch mit einem lenkbaren Luftschiff in Deutschland des Ingenieur Haenlein ist in der Einleitung bereits kurz erwähnt. Sein Luftschiff hatte eine Länge von 50 m und 9,2 m größten
Durchmesser. Der Inhalt betrug 2408 cbm.

Die Hülle bestand aus innen und außen gummierten Seitenstoff
und war genügend dicht. Die Füllung war Leuchtgas. Der Motor
war eine 4zylindrige Gaskraftmaschine System Lenoir von 6 PS.
bei einem Verbrauch an Gas, welches dem Ballon entnommen werden
sollte, von 7 cbm die Stunde. Der Fehlbetrag an Gas sollte durch
Aufblasen des Ballonets ersetzt werden. Die Eigengeschwindigkeit
von 5 m war für jene Zeit immerhin bemerkenswert. Hätten dem
Konstrukteur neuere Motoren zur Verfügung gestanden, würde sein
Luftschiff sicherlich sehr günstige Erfolge errungen haben. Die
Aufstieghöhe war infolge des zu schweren Leuchtgases, dessen Menge
sich dauernd verminderte, nur gering.

1880 verwendeten Baumgarten und Dr. Wöhlert schon einen
Daimler-Benzinmotor. Der Versuch mißlang und 1897 explodierte

ein solcher Ballon mangels einer Sicherheitsvorrichtung am Benzin-
vergaser.

Der österreichische Ingenieur Schwarz wendete 1897 bei einem
verunglückten Versuch eine starre Ballonhülle aus 2 mm starkem
Aluminiumblech an, welche auf einem Gerüst aus gleichem Metall
montiert war.

Die Versuche des Grafen von Zeppelin zur Konstruktion eines
lenkbaren Luftballons begannen 1898. Das Zeppelinsche Luftschiff
ist der einzige Vertreter des sogenannten starren Systems, d. h.
desjenigen, bei welchem nicht nur die Hülle durch mechanische
Hilfsmittel dauernd prall bleibt, sondern auch die Verbindung zwischen
Gondel und Hülle starr ist.

Den Körper des Luftschiffes bildet ein etwa zigarrenförmiges
Gerippe aus Aluminium, welcher bei seiner großen Länge von 128 m
im Innern durch verspannte Umfassungsringe versteift ist. Dadurch
waren bei dem ersten Luftschiff siebzehn einzelne Abteilungen entstanden, in welchen je ein Luftballon Aufnahme fand. Äußerlich war
das Gerippe mit einer Hülle von Pegamoidleinewand bzw. Seide über-
zogen.

Der Vorteil des starren Gerippes besteht darin, daß der Ballon
unabhängig von dem Innendruck des Gases und dem äußeren Luftdruck dauernd seine Form unverändert beibehält, also prall bleibt,
während dies bei den unstarren und halbstarren Systemen auf andere,
weniger bequeme und sichere Weise erreicht werden muß.

Ein starrer Ballon, der im Innern mit Luft erfüllt ist, kann nicht
ohne weiteres durch Eindrücken von Wasserstoffgas gefüllt werden,
weil sich dadurch ein Gemisch von Luft und Wasserstoffgas bilden
würde, welches schwerer als reines Wasserstoffgas und auch gefähr-
licher ist. Der Ballon würde dadurch an Tragfähigkeit bzw. Auftrieb sehr
einbüßen. Zum Füllen solcher Ballons sind also besondere Maßnahmen
erforderlich, um während des Einlassens des Gases die Luft zu verdrängen. Eine derselben besteht darin, daß ein oder mehrere Gassäcke in die starre Hülle gelegt und gefüllt worden. Dabei wird
die Luft verdrängt, ohne daß das Gas mit derselben in Berührung
kommt. Nach beendeter Füllung werden die Gassäcke entfernt.

Der Zeppelinsche Ballon wird nach dieser Theorie gefüllt, nur
bleiben die Hüllen als die eigentlich tragenden Ballons in der starren
äußeren Hülle. Diese Anordnung hat noch den großen Vorzug,
daß zwischen den Ballons und der äußeren Hülle eine isolierende
Luftschicht bleibt, welche die Temperaturschwankungen des Gases
einschränkt. Ferner wirken die einzelnen Ballons in ihren getrennten
Abteilungen, wie die Schotten eines Schiffes. Erhält der Ballon an

einer Stelle eine Verletzung, so kann nicht das Gas des ganzen Ballons entweichen, sondern nur das der verletzten inneren Ballons. Dadurch wird das Luftschiff selbst in einem solchen Falle noch immer tragfähig bleiben, während bei einem einzelligen Ballon leicht eine Katastrophe eintreten kann. Dies ist ein besonderer Vorteil für ein Kriegsluftschiff bei etwaigen Verletzungen durch einzelne Infanteriegeschosse oder einzelne Schrapnellkugeln.

Der größte Durchmesser des Ballons betrug 11,6 m, und das Fassungsvermögen der einzelnen Ballons zusammen 11300 cbm.

Zwei Gondeln waren starr mit dem Ballongerippe verbunden, an dem auch die Schrauben angebracht waren. Jede Gondel trug einen 16 pferdigen Motor, welche beide entweder vereint oder völlig unabhängig voneinander die Schrauben antreiben konnten. Hierdurch ist die Sicherheit gegeben, daß beim 'ersagen eines Motors die Bewegungsfähigkeit des Luftschiffes nicht aufhört. Unter dem Ballon war an einem Stahlseil ein Laufgewicht angebracht, mittelst dessen der Schwerpunkt des Luftschiffes nach vorn oder rückwärts verschoben und dadurch die Spitze des Ballons gehoben oder gesenkt werden konnte. Diese Einrichtung ermöglichte es, das Luftschiff ohne Ballast- oder Gasausgabe nach Drachenart steigen oder fallen zu lassen.

Bei der ersten Auffahrt dieses Luftschiffes traten einige nicht vorherzusehende Störungen ein, welche verursachten, daß eine Eigengeschwindigkeit von nur 4 m/sec. erreicht und im Laufe der Fahrt die Steuerbarkeit des Luftschiffes aufgehoben wurde. Nachdem diese Störungen beseitigt waren, zeigte das Luftschiff bei seiner zweiten Auffahrt am 21. Oktober 1900 eine Eigengeschwindigkeit von 9 m/sec. Die Erfahrungen, welche bei diesen Versuchsfahrten gewonnen worden waren, benutzte Graf v. Zeppelin bei der Herstellung seines zweiten Luftschiffes. Da der erste Ballon sich bei der ersten Auffahrt in senkrechter Ebene um 27 cm durchgebogen hatte, wurde der zweite auf 126 m verkürzt und sein größter Durchmesser auf 11,7 m gebracht. Außerdem wurden zwei neue stärkere Motoren von je 85, statt früher 16 Pferdekräften verwendet. Die 16 Gaszellen faßten 10400 cbm Gas, also 900 cbm weniger als die 17 des ersten Ballons. Das bemannte und ausgerüstete Luftschiff wog etwa 9000 kg, d. s. über 1000 kg weniger als das erste. Die Motoren waren mit je 400 kg Gewicht bei 85 Pferdekräften, d. s. noch immer 4,7 kg für eine Pferdekraft, ziemlich schwer.

Die erste Auffahrt dieses Luftschiffes am 30. November 1905 mißglückte infolge widriger Umstände.

Die zweite Auffahrt am 17. Januar 1906 ergab hinsichtlich der

Konstruktion des Luftschiffes, daß die Vertikalsteuer so kräftig
wirkten, daß stets ein Überdrehen des Luftschiffes hervorgerufen
wurde, also die Ständigkeit der Fahrrichtung nicht gesichert war.
Das Luftschiff mußte auf dem Lande zur Erde gehen und wurde
in der darauffolgenden Nacht durch Wind derart beschädigt, daß sein
Abbruch angeordnet wurde.

Schon am 9. und 10. Oktober konnte Graf von Zeppelin mit
seinem dritten Luftschiff, welches sich weder im allgemeinen Bau,
noch in der Form und Größe von dem zweiten unterschied, die ersten
Auffahrten unternehmen. Die wesentlichste Veränderung an dem
neuen Luftschiff waren die am hinteren Ende angebrachten Stabilisierungsflächen, welche die Stabilität der Längsachse des Ballons in
völlig genügender Weise sicherte.

Die Auffahrt am 9. Oktober bei günstigstem Wetter und einer
Windstärke von nur 2 m/sec. bis zu einer Höhe von 800 m war
ein voller Erfolg. Das Schiff lag sehr gut und ruhig in der Luft
und folgte willig den Steuerorganen, so daß es während zweier
Stunden Bewegungen in den verschiedensten Richtungen nach dem
Belieben seines Führers ausführte, an seine Auffahrtsstelle zurückkehrte und sich sanft auf dem See niederließ. Die Eigengeschwindigkeit des Luftschiffes war 12.5 m/sec.

Die zweite Auffahrt am 10. Oktober, sowie das Landen gingen
bei dem weniger günstigen Wetter mit 3—4 m/sec. und zeitweise
noch stärkerem Wind weniger gut vonstatten, als am Tage vorher. Die Bewegungen in der Luft gelangen vollkommen. Die Eigengeschwindigkeit des Ballons wurde auf 14 m gemessen. In 2 Stunden
17 Minuten wurden 110 km zurückgelegt. Das ergibt eine durchschnittliche Fortbewegung mit und gegen den Wind von 13,4 m/sec.
Wenn auch beim Landen am zweiten Tage ein Steuer zerbrach, so
hatten die beiden Auffahrten doch die gute Stabilität und Lenkbarkeit des Luftschiffes dargetan. Weitere Fahrten sind mit diesem
Modell bis Ende September nicht unternommen worden, wo die auf
dem Bodensee erbaute neue Halle von 150 m Länge und 25 m Höhe,
welche um einen Halbmesser von 250 m drehbar ist, so daß sie
nach dem Winde eingestellt werden kann, um Aufstieg und Landen
zu erleichtern, fertiggestellt war. Am 1. Oktober hat nun Graf
von Zeppelin mit diesem Luftschiff Nr. 3 eine Serie von 5 Auffahrten
mit außerordentlich günstigem Ergebnis beendet. Durch die fast
wagerechten Schwanzflossen ist die · Stabilität des Luftschiffes ausgezeichnet. Die Seitensteuer haben genügt, werden aber vergrößert,
um sie schneller wirksam zu machen. Durch die Höhensteuer
wurde das · Luftschiff ohne Ballastauswerfen und ohne Gasausgabe

dynamisch in jede beliebige Fahrhöhe gebracht. Die letzte Fahrt dauerte 8$^1/_2$ Stunden und hätte das Fahrzeug noch die doppelte Zeit in der Luft bleiben können. Die Hoffnung ist begründet, schon jetzt bei geeigneter Anlage auf dem Lande zu ankern. Die Eigengeschwindigkeit betrug mit beiden Motoren 50 km/Std. = 14 m/sec., mit einem 35 km/Std. = fast 10 m/sec. Wenn die Mitteilungen der Presse zutreffend sind, soll das neue Luftschiff nur 125 m lang, aber 12 m stark werden, also wiederum um 1 m kürzer und etwas stärker, nur 13 Gaszellen mit 11000 cbm Gasinhalt enthalten und eine Tragfähigkeit von 1200 kg haben. Die beiden schon veralteten Daimlermotoren werden durch 2 neue von größerer Leistung ersetzt werden. Dieses 4. Modell soll außerdem, um seine kriegsmäßige Verwendung zu erproben, mit Scheinwerfer und Telefunkenapparat ausgerüstet werden.

Die ersten Versuchsfahrten werden für die nächste Zeit erwartet. Hoffentlich ergeben dieselben einen durchschlagenden Erfolg, so daß die Kriegstüchtigkeit des Luftschiffes durch mehrfache langdauernde Übungsfahrten bewiesen und dargetan werden kann, in welchem Maße dieses neue Luftschiff zu langen Dauerfahrten, großer Tragfähigkeit und großer Eigengeschwindigkeit befähigt ist.

Der bayerische Major von Parseval hat ein unstarres Luftschiff gebaut, bei welchem nur die Gondel, der Motor, die übrigen Maschinenteile und einzelne wenige Versteifungen aus Bambusstäben in den Stabilitäts- und Steuerflächen starr sind, alles übrige aber zusammengerollt, leicht verpackt und transportiert werden kann. Ebenso leicht und einfach ist die Herrichtung zum Aufstieg. Hierin liegt ein großer Vorzug des völlig unstarren Systems, weil es die militärische Verwendung außerordentlich steigert.

Der erste Ballon war eine langgestreckte, vorn halbkugelförmige, hinten eiförmige Hülle von 48 m Länge, 8,57 m größtem Durchmesser. Der Inhalt betrug 2500 cbm. Die Hülle besteht aus doppeltem gummierten Baumwollstoff. Die Anordnung der Luftsäcke, durch welche allein die Hülle starr erhalten wird, ist eine eigenartige. In dem vorderen und dem hinteren Ende des Ballons befindet sich je einer.

Die Luftsäcke werden durch den Ventilator, der von einem besonderen Motor getrieben wird, gespeist und lassen bei Überdruck die Luft durch Sicherheitsventile entweichen. Die Größe der Luftsäcke, welche im Gegensatz zu den Lebaudyballons bei Beginn der Fahrt stramm gefüllt sind, ist so bemessen, daß nach ihrer völligen Entleerung in der beabsichtigten größten Höhe der Gasdruck im Ballon das zulässige Maß nicht überschreitet, also ein Abblasen von

Gas vermieden werden kann. Durch eine Ventilsteuerung, welche in der Gondel bedient wird, ist es möglich, bald den einen, bald den anderen Luftsack zu füllen.

Ebenso kann jeder unabhängig vom anderen durch Ventilziehen entleert werden. Durch diese Anordnung je eines völlig unabhängigen Luftsackes vorn und hinten wird es möglich, den Schwerpunkt des Ballons zu verlegen und dadurch die Stellung der Ballonlängsachse in der senkrechten Ebene zu regeln.

Ist der vordere Luftsack leerer als der hintere, so hebt sich der vordere Teil des Ballons und das Luftschiff steigt, im anderen Falle senkt sich der vordere Teil und das Luftschiff fällt. Auf diese Weise kann also die Höhenlage des Luftschiffes ohne Ballastwerfen und Gasabblasen geregelt werden.

Durch die Ersparung von Ballast und Gas wird die Nutztraglast größer, die Fahrdauer unabhängig von dem Ballast- und Gasvorrat und das Luftschiff kann nach jeder Landung sofort wieder aufsteigen. Der Ballon hat an seinem eiförmigen hinteren Teil zu jeder Seite eine wagerechte Stabilitätsfläche, und unten eine senkrechte, an welcher das Steuer befestigt ist.

Die ersteren sollen das Rollen des Ballons um seine Längsachse verhüten, die letztere soll die Stabilität der Fahrrichtung sichern und einem Überdrehen beim Steuern entgegenwirken. Die Steuerflächen, welche neuerdings durch Bambusstäbe versteift sind, sind gleichsam Luftkissen, welche erst durch vom Ventilator eingeblasene Luft steif werden.

Die Gondel aus Stahlrohrgeripppe mit Aluminiumbekleidung ist 5 m lang und wiegt mit aller Ausrüstung 1200 kg. In ihrem hinteren Teil trägt sie den Motor, und darüber außerhalb der Gondel ist die vierflüglige Schraube angebracht. Die Flügel sind ebenfalls aus Stoff, hängen im Ruhezustand schlaff an der Schraubenwelle und sind durch eingelegte Bleigewichte und Stahlteile beschwert. Durch die Drehung der Welle werden sie vermöge der Zentrifugalkraft auf 2,1 m Länge gespannt und wirken dann mit 300 kg Zugkraft. Sie passen als elastische Schraubenflügel sich jedem Druck mit besonderer Ganghöhe an. Dies ist mit eine der wesentlichsten Eigenheiten dieser Konstruktion. Der Daimler-Mercedes-Motor liefert 90 Pferdekräfte bei etwa 1000 Umdrehungen in der Minute, welche mittelst eines Mannesmannrohres und Kugelrädern auf die Schraubenwelle übertragen werden.

Die Gondel ist 8 m unterhalb des Ballons an Stahltrossen so befestigt, daß sie mittelst Rollen auf schräg nach der Hülle führenden Stahlseilen sich etwas nach vorwärts oder rückwärts verschieben kann. Dadurch wird erreicht, daß der Antrieb der Schraube, die infolge ihrer tiefen Lage das Bestreben hat, beim Anlaufen den Kopf des Ballons zu heben, gleichzeitig ein Vorlaufen der Gondel bewirkt, wodurch diesem Drehmoment sofort entgegengearbeitet wird. (Maj. Groß.) Tragfähigkeit 4 Mann.

Mit diesem Luftschiff hat Major von Parseval im Sommer und Herbst 1906 11 Fahrten unternommen, welche nach dem Urteil der Sachverständigen durchaus zufriedenstellend ausgefallen sind. Die Eigengeschwindigkeit soll 11 m betragen haben. Major Groß schreibt darüber:

„Diese ganze originelle Aufhängung der Gondel hat sich bei den ersten Fahrversuchen sehr gut bewährt; das Schiff liegt sehr ruhig in der Luft, es schwankt so gut wie gar nicht, wozu die weit seitlich ausladenden Horizontalflächen viel beitragen."

Hauptmann Hildebrandt spricht sich dahin aus, daß der Ballon gut Form hält, daß die Fahrt vollkommen schwankungsfrei vor sich geht und daß die Lenkung in der horizontalen und vertikalen Richtung gut möglich ist.

Bei diesen Probefahrten haben sich noch mancherlei kleine Mängel gezeigt und es ist ja der Zweck der Versuche, solche Mängel festzustellen. So mußte ein Versuch am 26. Juli 1906 abgebrochen werden, weil das Ventil am Schlauch des Luftsackes versagte und das Steuer nicht steif wurde.

Der Ballon ist danach in der Ballonfabrik von August Riedinger in Augsburg abgeändert worden. Die Versteifung des Steuers und der Stabilisationsflächen ist schon erwähnt. Der Schlauch zu den Luftsäcken ist anders gelegt und der Ballon durch Verlängerung von 48 auf 50 m und durch Vergrößerung seines Durchmessers auf 3000 cbm Inhalt gebracht worden. Dieses Luftschiff stieg am 27. August dieses Jahres zum ersten Male auf. In der Gondel befanden sich wieder 4 Personen. Nach halbstündiger Fahrt, während welcher es sich als vollkommen lenkbar erwies und eine Höhe von 400 m erreichte, landete es genau an seiner Abfahrtstelle. Der Wind hatte eine mittlere Stärke von 8 m/sec. Der Ballon arbeitete vorzüglich mit und gegen den Wind. Seitdem hat das Luftschiff noch eine ganze Reihe von Auffahrten unternommen, anscheinend alle zur vollsten Zufriedenheit, denn irgendwelche Störungen sind bisher nicht bekannt geworden.

Es verlautet, daß die auf Anregung S. M. des Kaisers gegründete Motorluftschiffstudiengesellschaft, welche Eigentümerin des von Parsevalschen Luftschiffes und aller zugehörigen Rechte und Patente ist, ein neues Luftschiff von 4500 Raummeter Inhalt zu bauen beabsichtigt, welches an Stelle der halbkugelförmigen Stirn eine ogivale Spitze erhalten soll. Nach der Theorie und den praktischen Schießversuchen ist diese Form zur Überwindung des Luftwiderstandes bei Geschossen die günstigste und dürfte deshalb auch bei Luftschiffen geeigneter zu sein als die Halbkugelform. Das Luftschiff würde also durch eine solche Neuerung unter sonst gleichen Verhältnissen wahrscheinlich eine größere Geschwindigkeit erreichen. Nach den bisherigen Versuchen scheint die Hoffnung berechtigt, daß das von Parsevalsche Luftschiff durch eine ununterbrochene Reihe von Dauerfahrten seine volle Kriegstüchtigkeit erweisen wird.

Zu diesen beiden deutschen Luftschiffen, den beiden einzigen Vertretern des völlig starren und des völlig unstarren Systems hat sich in letzter Zeit noch der Ballon des Luftschifferbataillons als Dritter und zwar als Vertreter des halbstarren Systems hinzugesellt, der von dem Kommandeur des Luftschifferbataillons, Major Groß und dem Ingenieur der Versuchsabteilung, Basenach, entworfen sein soll. Seinem Typ nach lehnt er sich an den ebenfalls halbstarren Ballon der Gebrüder Lebaudy an und soll mit diesem in mancher Beziehung übereinstimmen, anderseits aber auch konstruktive Verbesserungen erfahren haben, welche man aus den französischen Versuchsergebnissen ableitete.

Einzelheiten über dieses Luftschiff sind noch wenig bekannt. Vor allem muß betont werden, daß es sich nur um ein Modell handelt, was aus den Größenverhältnissen des Ballons und der geringen Leistung seines Motors hervorgeht. An dem Modell sollen die Konstruktionsprinzipien ausprobiert und Erfahrungen gesammelt werden, um danach das Kriegsluftschiff halbstarren Systems zu bauen.

Der Ballon hat einen Gasinhalt von nur 1800 Raummetern, gegenüber 3000 bei von Parseval und 12000 bei von Zeppelin. Der Motor, welcher infolge der geringen Tragfähigkeit des kleinen Ballons nicht schwer sein darf, hat eine Leistung von nur 30 Pferdestärken gegenüber 90 bzw. 170. Bei dieser geringen Kraftleistung kann also eine große Eigengeschwindigkeit des Ballons, der auch nur mit 2, höchstens 3 Personen aufsteigt, nicht erwartet werden.

Die Ballonhülle hat Zigarrenform und ist auf eine Grundfläche von Stahlrohren mit seiner unteren Seite festgeschnürt, an welcher auch die Gondel befestigt ist. Der Ballon hat nur einen Luftsack, welcher durch den Ventilator unter Druck gehalten wird. Die Gondel soll 2 Benzinmotoren haben, einen vermutlich für den Ventilator, um diesen von dem Betriebsmotor unabhängig zu machen, den anderen zum Antrieb der 2 Schrauben, welche zu beiden Seiten der Gondel sitzen. Die ersten Fahrten dieses Luftschiffes, welche

im Juli d. J. stattfanden, zeigten schon, daß es willig dem Steuer
gehorchte und alle Drehungen und Wendungen in der Wagerechten,
sowie schräges Auf- und Abwärtssteigen tadellos ausführte. Seitdem
sind fast täglich Versuche ausgeführt worden, welche den ersten
Erfolg bestätigten. Der Ballon hat Fahrten bis zu 3 Stunden
27 Minuten ausgeführt, ist an einem Nachmittage viermal ·aufge-
stiegen und immer wieder an seinem Ausgangspunkt gelandet und
dabei 5 Stunden in der Luft geblieben. Die Hülle, welche aus
2 Schichten fester Baumwolle besteht, deren Fäden diagonal liegen
und welche durch dazwischen gepreßte Gummilage gedichtet ist,
hat sich bei der längsten Fahrt sehr gut bewährt, denn man sah dem
Ballon kaum an, daß ein Entweichen von Gas stattgefunden hatte,
so vortrefflich konnte mittelst des einen Luftsacks die Form straff
erhalten werden. So hat nun Deutschland 3 Luftschiffe von völlig
verschiedenen Systemen und es ist zu hoffen, daß alle 3 sich zur
völligen Kriegsbrauchbarkeit entwickeln werden. Sie brauchen sich
nicht gegenseitig zu bekämpfen, sondern müssen sich nebeneinander
entwickeln, weil bei der Vielseitigkeit der Verwendung der Luftschiffe im Kriege und im Sport jedes System an seinem Platz seine
Vorzüge hat.

(Schluß folgt.)

XXXIII.

Die diesjährigen französischen Herbstübungen.

Lange vor Beginn der diesjährigen Herbstübungen hat die französische Fachpresse betont, daß sie besondere Aufmerksamkeit verdienten und dies nicht mit Unrecht. Hatte doch das Kriegsministerium
Vorkehrungen getroffen, die, wenigstens bei den Armeemanövern des
XII. und XVIII. Korps, einen kriegsgemäßen Verlauf ermöglichen
konnten. Es wurde ferner laut ausgesprochen, daß man sich endgültig von den den Verlauf der einzelnen Tage lange im voraus
genau und bindend festlegenden, dem einen Teil Verteidigung, dem
anderen Angriff vorschreibenden Programms frei machen werde.
Zudem übernahm unerwartet ein neues Mitglied des oberen Kriegsrats, Millet, beim XII. und XVIII., beim VII. Korps der neue

Generalissimus Lacroix, die Leitung und endlich waren die Herbstübungen reich an Versuchen aller Art. Einen ganz besonderen interessanten Anstrich erhielten aber nachträglich die Armeemanöver noch durch einen von General Picquart im Ministerrat angeblich eingebrachten dringenden Antrag, den General Altmeyer, kommandierenden General XII. Korps, auf Grund der über ihn bei den Manövern gewonnenen Anschauungen zur Disposition zu stellen — eine Maßnahme, die wir von vornherein bezweifelt haben.

Den Umfang mancher früherer Armeemanöver in bezug auf Zahl der Truppenteile erreichten die diesjährigen im Südwesten nicht, größere Reiterkörper waren an ihnen überhaupt nicht beteiligt. Eigentliche Korpsmanöver fanden beim I. und VII. Korps statt. Beim I. und VI. war je eine Kavalleriedivision beteiligt, auch der 28. Division (XIV. Korps) die 6. Kavalleriedivision beigegeben. Der Rest der Armeekorps hielt Divisions- und Brigademanöver ab. Bei Toul, dessen Besatzung durch Vermehrung der Kompagnien auf 140 Köpfe und der Batterien 22000 Mann erreichen soll, und Verdun waren Übungen im Angriff und Verteidigung fester Plätze vorgesehen, für die sämtlichen Kavalleriedivisionen Sonderübungen in der Dauer von 2 Wochen angesetzt. Dieser Plan erlitt eine Änderung dadurch, daß durch die Unruhen im Süden die Regimenter der 6. Kavalleriedivision nicht zur vollen Durchbildung kommen ließ. Entgegen dem ursprünglichen Plan kam es auch zur vorübergehenden Bildung von Kavalleriekorps, indem durch die Heranziehung der 7. Korpskavalleriebrigade bei den Sonderübungen der 2. und 8. Kavalleridivision die letztere als verstärkte Division erschien. Bei den Übungen dieser Division unter General Trémeaus Leitung zwischen Mirecourt und Vittel operierte ein Kavalleriekorps gegen die aus 1 Regiment Infanterie, 1 Korpskavalleriebrigade, 1 reitende Batterie bestehende Avantgarde eines Armeekorps, die eine Hochfläche bis zum Eintreffen des Korps behaupten sollte. Wir begegnen hier gleich zwei sich öfter wiederholenden Fehlern bei der Kavallerie, nicht ausreichender Erkundung und Mangel an rechtzeitigem Entschluß zum Handeln bei der Korpskavalleriebrigade, die sehr gut Teilerfolge erzielen konnte. Das Kavalleriekorps machte auch nicht genügend von der Schußwaffe Gebrauch, suchte vielmehr das Heil in der blanken Waffe, obwohl die feindliche Infanterie in taktischen Stützpunkten vortrefflich untergebracht war. Ähnlichen Erscheinungen begegnen wir am 7. September bei den als Kavalleriekorps operierenden 3. und 4. Kavalleriedivision, nämlich nutzlosen

Attacken der ganzen 3. Kavalleriedivision gegen 3 unerschütterte in Hecken gut gedeckte Bataillone der zu dieser Übung herangezogenen 12. Infanteriedivision, die im Ernstfall die 3. Kavalleriedivision zertrümmert hätten.

Beachtenswert war der Hinweis des General Burnez darauf, daß das größere Gewicht der französischen Lafette und ihre Verankerung am Boden beim Schuß dazu zwängen, länger in einer Stellung zu bleiben, was Zielwechsel erschwere. Sprungweises Vorgehen kleinerer Reitertruppen von Deckung zu Deckung, Überschreiten deckungslosen Geländes in stärkeren Gangarten, Wiederbildung der größeren Verbände in Deckungen, weites Vorausreiten der Führer, Orientieren durch eigene Inaugenscheinnahme waren die Punkte, auf die man bei den großen Reiterübungen besonderes Gewicht legte.

Wir halten es für zweckmäßig, im Anschluß an die großen Sonderübungen der Kavallerie hier gleich zu bemerken, daß die Fernaufklärung im allgemeinen mehr befriedigte als in früheren Jahren, Nahaufklärung und Verbindungsdienst dagegen sehr oft Lücken zeigten. Beispiele dafür waren u. a. die 5. Kavalleriedivision, die am 30. August unerwartet in der Marschkolonne in das Artilleriefeuer der feindlichen 1. Kavalleriedivision geriet, ein Kürassierregiment gegen diese Artillerie anreiten ließ, das dann von einer Kürassierbrigade in der Flanke angefallen wurde. Die 28. Division, in deren Flanke am 3. September unerwartet große stärkere feindliche Abteilungen erschienen. Die 1. Kavalleriedivision, deren reitende Batterien am 31. August einen Feuerüberfall durch die Artillerie der 5. Kavalleriedivision erlebten. Die 28. Division am 4. September, indem die zugeteilte 6. Kavalleriedivision ihr 2. Dragonerregiment in einem Hohlweg von einem Zuavenbataillon überfallen sieht, und die ganze Kavalleriedivision in konzentrisches Infanteriefeuer gerät, das im Ernstfall Vernichtung bedeutete. Die 23. Division (am 5. Sept.), wo die Avantgarde von Rot unbemerkt an die blauen Marschkolonnen herankam und durch Infanterieschnellfeuer deren Artillerie außer Gefecht setzte.

Mangelhafte Nahaufklärung stellen wir weiter fest bei der 23. Division auch am 7. Sept. (Feuerüberfall), am 6. Sept. beim 5. Korps gegen einen markierten Feind, wo eine ganze Brigade unerwartet in der Flanke auftaucht, am 7. September beim VII. Korps, wo die 8. Kavalleriedivision in das Feuer von vier mit Maschinengewehrzügen ausgestatteten Jägerbataillonen hineinritt und nur durch die Seitendeckung gerettet wurde. Ferner bei den Manövern des XII. gegen das XVIII. Korps am 12. September, wo die 12. Korpskavalleriebrigade, wie die 18. mit einem Rückhalt von Infanterie und einer Abteilung Artillerie weit vorgetrieben, in das Feuer der Infanterieunterstützung der 18. Kavalleriebrigade hineingeriet.

Zur Entlastung der sehr schwachen Divisionskavallerie hatte übrigens der Kriegsminister angeordnet, daß bei der 23. Division (XII. Korps) jedem Infanterieregiment 12 den zum Manöver einbeorderten Reservisten entnommene Meldereiter für die nahe Aufklärung und Verbindung versuchsweise zuzuteilen seien, eine Einrichtung, die sich durchaus bewährt hat und eine dauernde werden soll.

Kommen wir nach diesen durch die Sonderübungen der Reiterdivisionen veranlaßten kurzen Bemerkungen über die Nahanfklärung, die wir als unzureichend wohl erwiesen haben, zu der Anlage der Manöver überhaupt zurück, so seien hier zunächst die Korpsmanöver des I. und VII. Korps und die kürzeren des VI. Korps berücksichtigt, die in der Anlage wesentlich voneinander abweichen.

Die Übungen des I. Korps leitete General Lebon, Mitglied des obersten Kriegsrats. Sie dauerten vom 4. bis 13. September. Man hatte für Nachschub der Verpflegung mit der Bahn in Arras eine Eisenbahn-Regulierungsstation eingerichtet. Der Manöverraum war begrenzt durch Arras—Bethune—Corbie—Cambrai. Beteiligt an diesen Manövern waren:

I. Korps, General Durand, mit der 1. Division (13 Bataillone, 1 Eskadron, 6 Batterien, 1 Geniekompagnie), 2. Division (12 Bataillone, 1 Eskadron, 6 Batterien, 1 Geniekompagnie), 1 Marschdivision (zusammengesetzt aus der 5. Kolonial- und der 1. Marschbrigade, 12 Bataillone, 1 Eskadron, 6 Batterien), Verfügungstruppen des Korps (1. Kavalleriebrigade, 5 Batterien, darunter 2 reitende als Korpsartillerie, 1 Korpsgeniekompagnie), zugeteilt die 5. Kavalleriedivision 4 Regimenter, 1 reitende Batterie, 1 Geniedetachement auf Fahrrädern. Für die Übungen waren angesetzt: bei der 1. und 2. Division Brigade-, bei der Marschdivision Divisionsmanöver. Der 6. September brachte Manöver der 1. gegen die Kavalleriedivision, der 2. Division gegen die Marschdivision, der 8. September 1. Division gegen Marschdivision, 2. Division gegen Kavalleriedivision, 9. September 1. gegen 2., Marschdivision gegen Kavalleriedivision, 11., 12., 13. September Korpsmanöver, 1. und 2. Division gegen Marsch- und Kavalleriedivision und abwechselnd. Beim VI. Korps hatten vom 11. bis 13. September die 12., 40. und 42. Division Korpsmanöver unter Leitung des General Tremeau. das

33*

XX. Korps hielt vom 10. bis 13. September Manöver dicht an der deutschen Grenze ab, der 10. September war dabei der weiten Aufklärung der Kavallerie gewidmet, die sachgemäß zur Durchführung kam. Beim XIV. Korps hatte ein Erlaß des kommandierenden Generals besonders nachdrücklich ausgesprochen, daß den beiden Führern volle Freiheit der Entschlüsse gelassen werde. Die lange im voraus bekannt gegebenen Weisungen für den 29. bis 31. August für die beiden Brigaden der 28. Division zeigen trotzdem das alte Programmschema. Die 55. Brigade sollte die Versammlung ihrer Armee decken und sich dazu am 29. August auf ganz bestimmten Höhen aufstellen, die 56. Brigade als Flankendeckung einer Armee eine ganz bestimmte Höhe erreichen, damit sich ihre Armee hinter ihr durchziehen könne und dazu die 55. angreifen.

Das VII. Korps, dessen Übungen der Generalissimus Lacroix, Vizepräsident des oberen Kriegsrats, leitete, war für die Korpsmanöver wie folgt gegliedert:

Rot: Kommandierender General VII. Korps, Robert 13. Infanteriedivision (12 Bataillone, 1 Eskadron, 6 Batterien, 1 Geniekompagnie). Nicht in den Divisionsverband eingereihte Truppen: 8. Kavalleriedivision, 4 Regimenter, 2 reitende Batterien, 1 Radfahrerkompagnie, 2 Jägerbataillone zu 6 Kompagnien, Korpsartillerie 8 Batterien, 27. Infanteriebrigade, 7 Bataillone.

Blau: 1. sog. Langresdivision (41. Infanteriedivision), 8 Infanterie-, 4 Jägerbataillone mit je einem Maschinengewehrzug, 1 Eskadron, 6 Batterien, 1 Geniekompagnie. Nicht in die Division eingereiht: 1 Bataillon, 2 Regimenter der 7. Kavalleriebrigade, 2. sog. Champagnay- oder Lûredetachement: 14. Infanteriedivision, ohne 27. Brigade, 8 Bataillone, 4 Batterien, 1 Eskadron, 1 Geniekompagnie, zugeteilt 4. Jägerregiment zu Pferde. Aus dieser Gliederung der Kräfte ergibt sich schon von selbst, daß der Hauptteil des im Frieden 3 Divisionen zählenden Korps gegen zwei Gegner fechten sollte, die zusammen stärker, einzeln schwächer waren als er, es also sein Bestreben sein mußte, mit einem der Gegner wirksam abzurechnen, ehe der andere auf Rufweite heran sein konnte; beabsichtigt war also Operation auf der inneren Linie.

Die Anlage der Übungen dieses Korps verdient nicht nur wegen der Persönlichkeit des Leitenden, des Oberkommandierenden der wichtigsten gegen Deutschland bestimmten Armeegruppe, Beachtung, sondern auch wegen der Grundsätze, nach denen sie erfolgt war und die General Lacroix in einem Rundschreiben an die beteiligten Truppen niedergelegt hatte.

Neu sind für uns diese Grundsätze ja nicht, der General hatte sie beim XIV. Korps schon einmal in die Praxis übersetzt. Jetzt verlangt aber die französische Fachpresse, daß sie, als die einzig richtigen für die Vorbereitung auf den modernen Krieg, für alle Armeekorps Geltung gewinnen sollen. Während die Tage vom 5. bis 8. September bei voller (? s. u.) Freiheit der Entschlüsse der Führer das Können der Führer und Truppen des VII. Korps bei Operationen mit Gegenseitigkeit prüfen sollten, trug der 2. Abschnitt vom 9. bis 12. September einen ganz anderen Charakter. Und hier liegt der Schwerpunkt der von Lacroix beim VII. Korps in die Manöveranlage eingeführten Neuerungen. Die Aufgaben für diese Manövertage waren so gewählt, daß nach einem allgemeinen Plan die verschiedenen Phasen des modernen Kampfes von dem Fühlungnehmen der Avantgarden und dem Frontalkampfe (9. Sept.) bis zur Entscheidung (11. und 12. Sept.) durch Umfassung bzw. Durchbruch bzw. Gegenstoß durchgeführt werden sollten. Dabei wurde angenommen, daß die Truppen des VII. Korps im Rahmen einer Armee fochten die Nebentruppen auch markiert wurden; beim Gegner wurde ebenso verfahren. Für den 8. September schloß sich die Aufgabe noch an die vorherigen Operationen an (Annahme); für die folgenden Tage umfaßte sie eine fortlaufende Kampfhandlung. Die Gründe für diese von ihm schon beim XIV. Korps früher erprobten Maßnahmen gab ein Rundschreiben des General Lacroix dem Sinne nach wie folgt an: Es ist eine unbestreitbare Tatsache, daß die Operationen und auch die taktischen Kampfhandlungen bei den Manövern im allgemeinen sofort jede Ähnlichkeit mit den Verhältnissen im Kriege verlieren, sobald die Fühlung mit dem Gegner hergestellt ist. Dann wird die Feuerwirkung des Gegners nicht mehr beachtet, die Ereignisse überstürzen sich derart, daß von einer sachgemäßen Verstärkung der Feuerlinie, einem überlegten Zusammenwirken der Infanterie und Artillerie, einem sachgemäßen Einsatz der Reserven — die man an den Platz, an den sie der Lage nach gehörten, aus Besorgnis, daß sie zur Entscheidung zu spät kämen, überhaupt nicht zu stellen wagt — keine Rede sein kann. Noch weniger kommt eine zweckmäßige Benutzung des Schanzzeuges zum Ausdruck, die doch für den heutigen Kampf eine durchschlagende Bedeutung haben muß. Diese Übel haben nicht unbedenkliche Folgen, vor allem auch die, daß die Herbstmanöver in Mißkredit geraten, während sie, richtig geleitet, doch eine Schule für den Krieg bilden sollen und können.

Wir möchten hier die Bemerkung nicht unterlassen, daß

das, was General Lacroix bei den Manövern, die verschiedenen
Phasen des Kampfes auf die Übungstage verteilend, in die Truppe
hineinbringen will, einenteils doch wohl leicht zum Schema
führen kann und andernteils doch wohl besser auf die
Truppenübungsplätze verlegt wird (wie es ja bei der 6., 10.
und 25. Division z. B. auch geschehen), damit die verbundenen
Waffen vorbereitet und kriegsgemäß geschult auf den Manöverfeldern
erscheinen und dort zeigen könnten, wie sie das Gelernte unter
wechselnden Verhältnissen anzuwenden verstehen.

    Eine Rückkehr zu einer . größeren Ähnlichkeit mit der
kriegerischen Wirklichkeit strebte General Lacroix durch eine
wesentliche Vermehrung der Schiedsrichter und eine genaue Bestimmung ihrer Aufgaben an. Für ihre Entscheidung
hatte die Grundlage die beiderseitige Feuerwirkung abzugeben
und für diese sollte maßgebend sein die Zahl . der Gewehre
und Geschütze, die auf jeder Seite zum Einsatz gekommen und
die Stellung bzw. Lage, aus welcher heraus die Waffen feuerten.
Eine gut in Schützengräben gedeckte oder eine gut gedeckt liegende
Infanterie in der Verteidigung sollte nach den Weisungen viermal
so stark als ihre wirkliche Stärke bewertet werden, eine
in schnellen Sprüngen, unter Ausnutzung aller Deckungen vorgehende,
sich dann geschützt zum Feuern hinlegende Infanterie dreimal
ihre wirkliche Stärke zuerkannt erhalten, eine Infanterie unter
gleichen Verhältnissen, aber nicht liegend, sondern kniend feuernd,
zweimal ihre Stärke, eine von ihrer Artillerie unterstützte Infanterie $1^1/_2$ ihrer Stärke. Für die Artillerie ergingen Bestimmungen
dahin, daß sie auf Infanterie feuernd einen Schuß abgeben und dann
so viel Kanonenschläge abziehen solle, als Batterien gegen die Infanterie feuerten, beim Feuer gegen Artillerie 2 Schüsse und so viel
Kanonenschläge als Batterien gegen das Ziel feuerten. Für die
Schiedsrichter wurde bei Übungen das Ziel, auf welches geschossen wird,
von der Artillerie durch Bestrahlung mit Heliographen (Vial)
kenntlich gemacht. Beim I. Korps wurden auch Heliographen
zu diesem Zweck verwendet. Wir haben, nebenbei bemerkt,
schon vor drei Jahren diese Maßnahme vorgeschlagen, die
jetzt endlich auch bei uns eine Verwirklichung finden zu sollen
scheint.

    Die Zahl der Schiedsrichter beim VII. Korps war sehr groß,
für jede der drei Divisionen war ein Oberschiedsrichter, für jedes
Infanterieregiment und jede Artillerieabteilung ein Schiedsrichter mit
Gehilfen zugewiesen, außerdem standen noch Schiedsrichtergehilfen zur
Verfügung der Divisionsschiedsrichter. Der Oberschiedsrichter der

Division hat dem Divisionskommandeur, wenn dieser selbst taktische Anordnungen traf, gegenüber keine Bemerkungen zu machen, sie aber sofort der Leitung zu melden, die dann die Gegenseite unterrichtet. Es ist nicht ohne Interesse, ehe wir das VII. Korps verlassen, um uns den sog. großen Armeemanövern zuzuwenden, einen Blick auf einzelne Tage vor dem 9. September zu werfen, die mehr operativer Natur waren. Da ist zunächst zu bemerken, daß es dem Führer von Rot, obwohl ihm 3 Brigaden, 6 Batterien und die 8. Kavalleriedivision mit einer Radfahrerkompagnie zur Verfügung standen, nicht gelang, am 4. September die Vereinigung der getrennten Teile des Gegners, der Division von Langres und der Brigade von Lure zu hindern und zwar wegen Mangel an rechtzeitiger Aufklärung, der es verschuldete, daß die Brigade von Lure sich durch einen Nachtmarsch dem nächsten, auf der inneren Linie operierenden Gegner entziehen konnte. Rot machte mit seinen Hauptteilen einen Luftstoß und wenn auch die Division von Langres, deren 7. Kavalleriebrigade von der Kavalleriedivision an weiterer Einsichtsnahme gehindert wurde, sich verleiten ließ, mit einer vollen Infanteriebrigade sich gegen ein der 8. Kavalleriedivision zugewiesenes Infanterieregiment zu entwickeln und eine Zeitlang festhalten zu lassen, so zog doch der Rest der Division hinter dieser Brigade zur Vereinigung mit der Brigade von Lure ab und so erlitt auch die eingesetzte Brigade keine nennenswerten Verluste.

Für den 9. September, dem Tage, mit dem das Durchführen der verschiedenen Kampfesphasen begann, hatte General Lacroix als Aufgabe für Blau Fühlungnahme und Gefecht einer Avantgarde (1 Division) gegen einen entwickelt zu denkenden Gegner, Bewegungen einer 2. Division unter Ausnutzung der Deckungen des Geländes, Entfaltung dieser Division zur Verlängerung der Avantgarde bis zu der für Blau vorgeschriebenen Frontausdehnung, bezeichnet. Die 1. Division war dabei als Armee-Avantgarde zu denken, ihr folgten in der Mitte eine zweite, rechts und links je eine andere Division. Für Rot, das über die 41. Division, 14. Division einschließlich Jägerbataillon 2, 4. Jägerregiment zu Pferde, 8. Kavalleriedivision und 2 Radfahrerkompagnien, 1 Geniekompagnie, 8 Batterien Korpsartillerie verfügte, war eine ähnliche Grundlage gegeben. Für die Ausgangslage bestanden bindende Vorschriften. Der 11. September brachte den Angriff einer verstärkten roten Division gegen einen Flügel von Blau, das am 9. keine seiner Stellungen verloren hatte, sowie ein Gegenstoß von Blau gegen diesen Angriff.

Zum Verständnis der Ziele, die General Lacroix in diesen Tagen anstrebte und der Aufgaben, die für die beiden Parteien gestellt wurden, ist es notwendig, auf die auch den Truppen zugegangenen, früher für das XIV. Korps erlassenen Weisungen für die „Bewegungen von Massen" hinzuweisen; das Schema leuchtet hier etwas durch.

Versammlung. Sie wird vollzogen im „carré de division", Brigaden flügel- oder treffenweise, Regimenter in Doppelkolonnen oder in Kompagniekolonnenlinien hintereinander oder nebeneinander. Sie geschieht mit Brigaden flügel- und Regimentern treffenweise, wenn es sich um einen Frontalangriff handelt, bei dem man nur aufeinanderfolgende Wellen vortreibt, ohne eine Umfassung anzustreben (also reiner Frontalstoß), mit Brigaden treffenweise und Regimentern flügelweise, wenn es sich um einen Flügelangriff handelt, bei dem die vordere Brigade in ihrem Angriff durch eine Staffel und eine für alle Umstände bereite Reserve geschützt werden muß. Die Artillerie wird rückwärts des carrés in der Nähe der Straße in Kolonnenlinie bereitgestellt. Die Pionierkompagnie wird in vier Teile, entsprechend den vier Kolonnenspitzen der Versammlung geteilt, um Hindernisse für die Vorbewegung wegzuräumen und Durchgänge zu schaffen. Die Kavallerie ist vorgetrieben, die Versammlung wird nach allen Seiten durch Postierungen von Infanterie und Kavallerie gesichert.

Vorbereitung des Vorgehens in Massenformation. Während der Versammlung erkunden berittene Offiziere die Deckungen des Geländes, die beim Vormarsch der massierten Division ausgenutzt werden und dienen später als Wegweiser.

Vorbereitungsformation für den Angriff. A) Reiner Frontalangriff: In jeder Brigade hat das vordere Regiment 2 Bataillone in Schützenlinien und Unterstützungstrupps, 3. Bataillon als Staffel hinter dem äußeren Flügel, alle Bataillone gesichert durch Infanteriepatrouillen und durch eine kleine Kavallerieabteilung. Das 2. Regiment hat ein Bataillon als Staffel hinter dem inneren Flügel des vorderen, die Divisionskavallerie ist in der Mitte oder hinter der Brigade bereit, rechts oder links vorzubrechen. B) Flügelangriff: Die beiden Regimenter der vorderen Brigade liefern Schützenlinien, Unterstützungstrupps und Partialreserve. Das 3. Regiment bildet 500 m rückwärts eine debordierende Staffel, das 4. Regiment ist allgemeine Reserve. Die Kavallerie klärt auf dem äußeren Flügel auf. In beiden Fällen geht die Artillerie in eine Feuerstellung, aus welcher sie den Angriff unterstützen kann. Tambours, Hornisten und Musik marschieren mit der allgemeinen Reserve. Es ist unbedingt erforderlich, daß die in der Vorbewegung befindlichen Einheiten der Infanterie der feindlichen Sicht entzogen werden und bis zum letzten Augenblick in der Hand der Führer bleiben. Sie dürfen sich erst entwickeln, wenn sie in das vom Feuer des Gegners bestrichene Gelände kommen. (Das wäre aber nach der Weisung für die Schiedsrichter bei den Armeemanövern schon auf 5000 m). Man muß sich immer wieder gegenwärtig halten, daß entwickelte Truppen nur in einer bestimmten Richtung vorgehen können und die Möglichkeit zu Schiebungen einbüßen.

Gegenstoß. Im Frontalangriff tritt der „retour offensiv", dem Flügelangriff der Gegenangriff entgegen. Um dagegen gewappnet zu sein, muß der Führer vorreiten, um das Gelände zu übersehen und sich Gegenmaßnahmen zu überlegen. Die Artillerie kann am wirksamsten Beihilfe leisten, wenn sie die Stellen festlegt, an denen der Gegner vorgehen wird und ihn hindert, seine Stellung zu verlassen.

Bei Erfolg geht die Teilreserve über die in die feindliche Stellung gelangte Feuerlinie vor, verfolgt den Gegner mit Feuer. Die allgemeine Reserve wird Teilreserve und die bisherige Feuerlinie ordnet die Verbände und wird allgemeine Reserve.

Nach diesen Fingerzeigen wird man verstehen, was Lacroix mit seinen Aufgaben für die Tage vom 9. bis 13. September bezweckte, uns aber auch beipflichten müssen, wenn wir von einer Neigung zum Schema sprechen.

Am 9. September machte übrigens Rot gleich die Erfahrung, daß ein Vorgehen in „carré de division" in einigermaßen schwierigem, bedecktem Gelände seine Grenze findet. Die 41. Division kam massiert in das Feuer von gut gedeckt stehenden Batterien der blauen Partei und war von dem Durchschreiten der Waldstücke auch körperlich erschöpft. Sie hätte unbedingt nicht mehr die Kraft gehabt, den Angriff, zu dem sie noch ansetzte, durchzuführen. Der 11. September zeigt exzentrische Bewegungen beim Angreifer, dessen 41. Division den Frontalangriff führt, während die 14. Division, welcher die 8. Kavalleriedivision dazu unterstellt wurde, die Umfassung bewirken sollte. Die Lücke zwischen der 41. und 14. Division, die ein gut unterrichteter Verteidiger zum Durchbruch hätte benutzen können, wurde durch Teile der 8. Kavalleriedivision geschlossen. Wenn die französische Fachpresse an diese Manöver und an das Lob des Kriegsministers für General Lacroix die Bemerkung knüpft, man habe niemals bisher in Frankreich und in Deutschland so kriegsgemäße und so instruktive Übungen für alle Teile abgehalten, so erlauben wir uns dahinter denn doch ein Fragezeichen zu machen.

Ein kurzer Blick auf das Übungsfeld des I. Armeekorps am 9. September zeigt uns bei einer Operation der durch das 16. Jägerbataillon verstärkten 5. Kavalleriedivision gegen die Marschdivision an einem Abschnitt fehlerhaftes Verhalten eines großen Reiterkörpers. Vor ihre Armee vorgeschoben sollte die 5. Kavalleriedivision Flußübergänge, die am frühen Morgen in ihren Besitz gelangt waren und die sie dann nachhaltiger durch das 16. Jägerbataillon besetzt hatte, bis zum Eintreffen der Armee offen halten. Obwohl ihr bekannt war, daß der Gegner nur schwächere Kavallerie besaß, obwohl die Rückkehr über die Übergänge ihr durch die Jäger gesichert, ging nicht die ganze Kavalleriedivision auf das andere Ufer, sondern nur ein Kürassierregiment, das einen Echeo erlitt. Als die Marschdivision unter dem Feuer ihrer überlegenen Artillerie dann leicht die Übergänge erzwang und die Jäger von der Flanke aufrollte, unternahm die Kavalleriedivision aussichtslose Attacken gegen 3 unerschütterte Bataillone und 4 Batterien. Das Ergebnis wäre im Ernstfall Vernichtung gewesen.

Unter Leitung des General Millet waren an den großen Armeemanövern im Südwesten beteiligt:

XII. Korps, General Altmayer, mit der 13. Infanteriedivision (45. und 46. Brigade zu je 2 Regimentern, 6 Batterien, 1 Geniekompagnie), 24. Infanteriedivision (47. und 48. Brigade zu je 2 Regimentern, 6 Batterien, 1 Geniekompagnie), 12. Korpskavalleriebrigade, 2 Regimenter, 5 Batterien Korpsartillerie, 1 Korpsgeniekompagnie.

XVIII. Korps, General Oudard, mit der 35. Infanteriedivision (zusammengesetzt wie oben) und 36. Division (wie oben), 18. Korpskavalleriebrigade zu 2 Regimentern, 5 Batterien Korpsartillerie, 1 Korpsgeniekompagnie, ferner die 3. Kolonialinfanteriebrigade zu 2 Regimentern.

Der neue Leiter ließ einige Verschiebungen in der von Hagron schon angeordneten Zeiteinteilung eintreten und zwar dahin, daß die Manöver in 3 Abschnitte zerfielen: 5. bis 7. September Divisionsmanöver, 9. und 10. September Korpsmanöver, Division gegen Division, 12. bis 14. September Armeemanöver, Korps gegen Korps.

In den laufenden Monatsberichten ist bereits darauf hingewiesen worden, daß man diesen Manövern einen möglichst kriegsgemäßen Verlauf geben wollte und daher Vorkehrungen getroffen hatte, die Entschlüsse der Führer wenigstens von der Rücksicht auf Verpflegung möglichst unabhängig zu machen. In Limoges und Bordeaux bestanden sog. Fabrikationszentren, die den Truppen Brot, Hafer, Zucker, Kaffee, eventuell auch Preßheu und Fleischkonserven lieferten und die Lebensmittelvorräte enthielten, die im Kriege an

den Eisenbahn-Regulierungsstationen und den Magazinstationen aufgestapelt werden: Jedem der Fabrikationszentren stand ein Inten-
danturbeamter vor, der gleichzeitig auch als Dienstchef die Etappen-
kommandantur der Eisenbahn-Regulierungsstation überwachte. In
Limoges und Bordeaux waren je eine Eisenbahn-Regulierungskommission eingerichtet unter je einem Generalstabsoffizier als Militärkommissar, dem eine Anzahl von im Kriege für den Eisenbahn- und
Etappendienst bestimmten Offizieren des Beurlaubtenstandes unterstellt wurde, um mit den Verpflegungszügen zu den Eisenbahn-
Etappenstationen zu fahren und dort bei der Ausgabe der Lebens-
mittel als Militärkommissare tätig zu sein. Die Generalstabsoffiziere
hatten die Offiziere des Beurlaubtenstandes zu beraten. An den
Regulierungsstationen hatte man auch 40 Mann Etappentruppen in
Tätigkeit treten lassen. Der Nachschub erfolgte mit Zügen oder
Lastselbstfahrern (s. u.), die beiderseitigen Führer gaben den
Eisenbahn-Regulierungskommissionen einen Tag vorher immer den
Bedarf und den Bahnhof an, nach welchem dieser vorzuschieben
war und wo dann der Anschluß an die Lebensmittelwagen erfolgte.
In einzelnen Fällen nur, wo die Operationen die Truppen zu weit
von der Bahn entfernt hatten, als daß ihre Lebensmittelwagen den
Marsch zur Empfangsstation und zurück rechtzeitig hinter sich bringen
konnten, schob man provisorische Lebensmittelkolonnen aus ermieteten
Fahrzeugen ein. Die oben nicht genannten Lebensmittel und Fourage,
außer Hafer, wurden durch freihändigen Ankauf sicher gestellt,
Schlachtvieh führte man mit. Die Truppe führte mit sich 3 eiserne
Portionen und Rationen, 2 Tagesportionen die Lebensmittelwagen,
so daß man im Notfalle 5 Tage vom Verpflegungsnachschub unabhängig war. Das war für die Freiheit der Bewegung sehr wichtig,
ist aber, unserer Ansicht nach, bei den Manövern des XII. und
XVIII. Korps nicht zur vollen Ausnutzung gekommen.

Für die Verwendung der Lastselbstfahrer bei den Armeemanövern hatte der Chef des Generalstabes der Armee, General
Brun, im Auftrage des Kriegsministers eine Sondervorschrift erlassen. Sie fanden beim XVIII. Korps Verwendung und der Zentral-
park befand sich in Bordeaux. Der Kommandant des Parkes hatte
im allgemeinen dieselben Befugnisse und Aufgaben wie der Etappen-
kommandant einer Eisenbahn-Regulierungsstation. Jeder der Lastselbstfahrer konnte 2 Tons transportieren und sollte bis zu 50 km
hin und ebensoviel zurück täglich machen. An jedem Tage gingen
von Bordeaux so viel Lastselbstfahrer als nötig, um den eintägigen
Bedarf des ganzen Armeekorps an Brot, Hafer, Zucker, Kaffee, Kon-
servenfleisch zu transportieren vor und zwar nach dem Orte hin, den

der kommandierende General XVIII. Korps für den Anschluß an die Lebensmittelwagen der Truppe telegraphisch mitteilte. Dabei wurden alle Straßen, die in der Karte 1 : 80000 mit 2 Strichen gezeichnet waren, als für die Selbstfahrer brauchbar betrachtet. In manchen Fällen ist dem Führer der Lastselbstfahrer auch zunächst nur ein Punkt angegeben worden, den er zu einer bestimmten Zeit erreichen sollte und an dem er dann, nach dem Gang der Operationen, einen Offizier mit weiteren Weisungen fand. Soviel bekannt geworden, hat der Nachschub mit Lastselbstfahrern beim XVIII. Korps keine Unzuträglichkeiten, nur Erfolge ergeben. Kommandant des Lastselbstfahrerparks war ein Generalstabsoffizier, der zugleich auch Militärkommissar der Eisenbahn-Regulierungskommission war. Die von Bordeaux abgehenden Lastselbstfahrer teilten sich in soviel Sektionen als Ausgabepunkte für Verpflegung an Truppen Lebensmittelwagen bestimmt waren. Einzelne Sektionen sind bis auf 140 km Weg im Tage gekommen, die Geschwindigkeit hat stündlich 18 km betragen, bei manchen mehr.

Für die Beurteilung der Anlage, Leitung und Durchführung der Armeemanöver im Südwesten ist eine Vorschrift von Bedeutung, die der Leitende, General Millet, für die Schiedsrichter erlassen hatte.

Als Aufgabe der Schiedsrichter bezeichnet diese Vorschrift 1. die Anwendung der Reglements zu beobachten; 2. bei Verstößen gegen diese vorübergehend die Bewegungen einstellen zu lassen; 3. Rückzug oder Gefechtsunfähigkeit einer Truppe vorübergehend anzuordnen, die sich in eine taktisch undenkbare Lage gebracht; 4. jeden Zusammenstoß auf 200 m Entfernung zum Halten zu bringen; 5. vor der Kritik den Leitenden über die gemachten Beobachtungen zu unterrichten. Dann folgen Weisungen, die für die Bewertung der Wirkungsweiten der einzelnen Waffen und ihr Verhalten den Schiedsrichtern als Richtschnur dienen sollen. Sie beziehen sich auf

1. Artillerie: Da die Artillerie schon auf 5000 m ausgiebige Wirkung erzielt, so muß sie Batterien (es ist nicht gesagt alle Batterien) ins Feuer bringen, sobald sie nützliche Wirkung erwarten kann. Ihre Aufgabe wird es dann sein, die feindliche Artillerie zu bekämpfen, den Aufmarsch und den Vormarsch der größeren Verbände zu hindern, diese zu vorzeitiger Entwickelung zu zwingen. Sie hat dazu völlig verdeckte Stellungen einzunehmen. Sie kann aus diesen ganz oder zum Teil, aber immer noch die Deckungen des Geländes bei jeder Bewegung ausnutzend, heraustreten, um durch ihre moralische und materielle Wirkung die

Einleitungskämpfe der Infanterie zu unterstützen und eine neue Stellung so gedeckt wie möglich einzunehmen. Erst in dem entscheidenden Augenblicke, wo es gilt, den Willen zu siegen nachdrücklich zum Ausdruck zu bringen, kann ein Teil der Artillerie, ohne Rücksicht auf Verluste, auf dem kürzesten Wege nahe an das Ziel herangehen, das sie bekämpfen will. (Wir weisen hier darauf hin, daß nach dem Deutschen Exerzierreglement für die Feldartillerie die erste Feuerstellung so nahe am Gegner gewählt werden soll, als es die Verhältnisse erlauben.) Gutes Schießen auf den weitesten Entfernungen, rasche, gedeckte Bewegungen sind das, was man von der Artillerie verlangen muß. Fast immer wird sie lebende Ziele bekämpfen, da es schwierig ist, zu erkennen, ob Örtlichkeiten, Wälder, Dörfer besetzt sind. Aus dieser Beschränkung auf die Bekämpfung lebender Ziele ergibt sich auch eine Beschränkung im Munitionsverbrauch (Beschießen lebender Ziele aus verdeckter Stellung hat für die französische Batterie entschieden aber größere Schwierigkeiten, wenn diese Ziele in Bewegung, eine größere Änderung der Seitenrichtung erforderlich ist und zwar 1. wegen des größeren Gewichtes der französischen Lafette, 2. wegen deren Verankerung am Boden [abattages].)

2. Infanterie: Die große Wirkungsweite von Geschütz und Gewehr zwingt die Infanterie dazu, alle ihre Bewegungen der feindlichen Sicht zu entziehen, sei es, daß sie in größeren geschlossenen Verbänden auf große Entfernung vorgeht oder in kleineren auf mittleren Entfernungen (1500—2000) oder endlich in Schützenlinien von 1200 m ab. In dem ersten Falle haben die Generale und Stabsoffiziere, in den andern die Subalternoffiziere die einzuschlagenden Wege zu bestimmen, also vorweg zu erkunden. Soll die Vorbewegung in Gruppen, Gefechtsrotten oder Mann für Mann erfolgen, so ist es Aufgabe aller Dienstgrade, die aufeinanderfolgenden Bewegungen so zu regeln, daß die Schützenlinien niemals der feindlichen Artillerie oder Infanterie zu sichtbare Ziele bieten. Die Unsichtbarkeit der Infanterie ist eine Forderung des heutigen Kampfes, eine andere ist die Anwendung des Spatens.

3. Kavallerie. Die große Wirkungsweite der Artillerie zwingt die Führer, sich eine sehr tiefe Bewegungszone zu sichern, um in aller Sicherheit die einleitenden Anordnungen für den Kampf zu treffen. Der Avantgarde im allgemeinen und der Kavallerie im besonderen fällt die Aufgabe zu, diese Sicherheit zu schaffen. Dazu müssen beide dem Gegner einen dichten Schleier vorziehen. Durch Fern- und Nahaufklärung und die ihr eigentümliche Kampfesweise hat die Kavallerie wichtige Geländepunkte zu besetzen und bis

zum Eintreffen der Infanterie und Artillerie der Avantgarde zu
halten. Die vorübergehende Zuteilung von Infanterie ohne Gepäck
und der reitenden Batterien der Korpsartillerie zur Kavallerie wird
dieser die genannte Aufgabe erleichtern, vorausgesetzt, daß die
Kavalleriegenerale verstehen, die drei Waffen geschickt zusammenwirken zu lassen. Die Schiedsrichter sollten auf das Zusammenwirken der drei Waffen ihr besonderes Augenmerk richten.

4. Entscheidender Angriff: Die Weisung bezeichnet diesen
als das „Werk der Führung", die Ort und Augenblick dafür wählt
und das Zusammenwirken der drei Waffen sicherstellt. Es muß
aber auf die feindliche Feuerwirkung Rücksicht genommen werden
und entscheidende Angriffe können nur ausnahmsweise von Infanterie
in tiefen Formationen ausgeführt werden.

Wenden wir uns nun den Beobachtungen bei den Manövern
des XII. und XVIII. Korps zu, so haben wir bezüglich des
ersten Tages der Divisionsmanöver der 23. Division (5. Sept.)
oben schon berührt, daß mangelhafte Nahaufklärung der blauen
gemischten Brigade es verschuldete, daß das Avantgarden-
bataillon von Rot überraschend in der Flanke der blauen Marschkolonne erschien und durch Schnellfeuer die blaue Artillerie außer
Gefecht setzte, ehe sie abprotzen konnte. Dabei war mit Seiten-
bedeckungen bei Blau wie Rot wahrer Luxus getrieben
worden, eine Erscheinung, der wir auf fast allen französischen Manöverfeldern dieses Jahres begegnen. Man
hatte gerade bei dieser Division (23.) dem Infanterieregiment auch
12 Meldereiter zugeteilt, die der Brigade zugewiesene Kavallerie,
2 Eskadrons, hatte sich freilich um die Flanke wenig gekümmert
und war einfach vorwärts geritten. Das Kapitel mangelhafter
Nahaufklärung ist in diesem Jahre, wie man sieht, ein recht umfangreiches. Aber auch bei uns ist — wir betonen das noch einmal —
an die Nahaufklärung die bessernde Hand zu legen und der Führer
tut eigentlich gut, sich einen Halbzug Kavallerie an seinen Stiefel-
schaft zu binden, um die Nahaufklärung zu besorgen, wenn diese
sonst versagt.

Am dritten Tage der Divisionsmanöver bei der 23. Division
ist es wieder dieselbe Brigade (gemischte 46.), die wegen
mangelhafter Nahaufklärung durch einen Feuerüberfall der
Artillerie der 45. eigentlich die volle Gefechtskraft ihrer Artillerie
einbüßte. Sache der Artillerie selbst wäre es freilich auch gewesen,
Aufklärungsoffiziere vorzutreiben.

Der erste Tag der Korpsmanöver (9. Sept.) wirft beim XII. Korps
ein Streiflicht auf die den Führern gelassene Entschluß-

freiheit. Die 23. Division hatte die Aufgabe, einen bestimmten Straßenknoten zu decken, da Verpflegungskolonnen in Richtung auf Angoulême ihn passieren sollten, gleichzeitig sollte sie aber auch dem Gegner möglichst viel Abbruch tun. Dieser Gegner, 24. Division, war als von einem Armeekorps, das von Périgueux kam und nach Nordwesten marschierte, vorgetrieben betrachtet. Die Aufgabe für die 23. Division war eine defensiv-offensive, eine zwiespältige. Ging sie, um dem Gegner Abbruch zu tun, auf diesen los, so war es möglich, daß sie die eine Aufgabe, das Abbruchtun, erfüllte, Teile des Gegners aber die Verpflegungskolonnen unterdessen zerstörten oder wegnahmen. Der Führer der 23. Division schob auf alle Straßen, die der Gegner benutzen konnte, Bataillone vor, die sich bei Angriff überlegener Kräfte konzentrisch auf die Hauptkräfte zurückziehen sollten. Ob er diese Bataillone als Rückhalt für die vorgetriebene Kavallerie betrachtete, oder im Sinne von Vorpostengros, ist nicht recht klar. Die Verbindung der Bataillone untereinander war auch nicht so gesichert, daß ein rechtzeitiges Zusammenwirken derselben möglich war, jedenfalls sind sie bei Annäherung der 24. Division sämtlich ziemlich rasch gewichen und man hätte schneller dasselbe durch einige Offizierpatrouillen erreicht. Mangelhafte Nahaufklärung während des Gefechts ist auch hier wieder bei der 23. Division festzustellen, indem ein Bataillon der 24. Division unbemerkt bis zur Aufstellung der Reserve der 23. gelangte und diese überraschend unter Feuer nahm. Im Kriege hätte das eine Panik ergeben. Für den 10. September blieben die Aufträge dieselben, die 23. Division wollte aber, gemäß den Bemerkungen, die der Leitende bei der Besprechung des vorhergehenden Tages gemacht hatte, zu einer „aggressiven Defensive" schreiten, dazu versuchen, den Gegner vor eine von Natur starke und mit Mitteln der Feldbefestigung noch verstärkte Front zu locken, in welche auch die Hauptkräfte der Artillerie beordert waren, während eine Brigade (die linke) mit 2 reitenden Batterien den Gegner, wenn er anbiß, in der Flanke fassen sollte. Bei der Nähe der beiderseitigen Infanterie war für Aufklärung vor der Front wenig Raum, man hatte augenscheinlich auch versäumt, vor Einbruch der Nacht Patrouillen an den Gegner vorzutreiben und sie dort während der Nacht zu belassen bzw. zeitig um die Flügel herum aufzuklären. Der Gegner, die 24. Division, entwickelte sich auf mehr als 5 km Front und gelangte unter Teilkämpfen, denen der Zusammenhang natürlich fehlen mußte und die ein Durcheinanderkommen der beiderseitigen Streitkräfte zeigten, an die feindliche Stellung heran. Aus dem Flankenstoß der Brigade des Verteidigers wurde bei der weiten ˙Frontausdehnung des Angreifers nichts. Die später durchgeführten Theater- angriffe unter rollendem Infanteriefeuer und gewaltigem Kanonen- donner nennt die französische Fachpresse selbst ein T̟heaterbild zum Ergötzen der Zuschauer. Der Leitende soll sich in seiner Kritik ähnlich ausgesprochen haben.

Am 12. Sept. begannen die eigentlichen Armeemanöver des XII. gegen das XVIII. Korps. Angoulême und Périgueux waren dabei als verschiedenen Parteien angehörende befestigte Orte an- genommen. Das XII. Korps sollte Angoulême decken und hatte dazu eine Flankenstellung südöstlich dieser Stadt in Aussicht ge- nommen, als ihm die Nachricht zuging, daß nordwestlich Périgueux starke feindliche Kräfte eingetroffen seien.˙ Der Führer des XII. Korps erhielt die Weisung, sie anzugreifen, seine rückwärtigen Verbindungen sollten über Angoulême nach Norden gehen. Für das XVIII. Korps lautete der Auftrag, Périgueux zu decken. Es sollte dazu eine Flankenstellung im Nordwesten der Stadt nehmen. Die Meldung von dem Eintreffen starker feindlicher Kräfte im Südosten von Angoulême veranlaßte aber den Befehl an den Führer des XVIII. Korps, offensiv zu werden. Seine rückwärtigen Verbindungen blieben dabei über Périgueux nach Süden. Für beide Seiten war also Offensive von der Leitung befohlen. Die Befehle, die daraufhin von den beiden Parteiführern gegeben wurden, sind außerordentlich lang und für unsere Begriffe etwas ver- worren. Sie sehen eine ganze Reihe von Möglichkeiten voraus. Gemeinsam ist beiden, daß eine Vorwärtsbewegung an- getreten und die Kavallerie vorgetrieben wird. Das XII. Korps treibt nicht weniger als 12 Offizierpatrouillen vor, läßt das Gros seiner Kavalleriebrigade, die es durch zwei reitende Batterien und ein Bataillon ohne Gepäck verstärkt, eine Stunde vor der Infanterie der Avantgarde die Vorposten überschreiten und gibt der Kavallerie- brigade einen sehr umfassenden und einzelne Widersprüche enthaltenden Auftrag, nämlich 1. das Vorgehen des Korps zu sichern, die Hauptkräfte der feindlichen Kavallerie aufzusuchen, sie zu hindern, an die Marschkolonnen heranzukommen, ihnen zu folgen und sie zu werfen, wenn sie sich auf den Flügel des XII. Korps wagen sollten; 2. zur richtigen Zeit die Front des Armeekorps frei zu machen, indem sie nach den Verhältnissen entweder auf den be- drohtesten Flügel ausweiche, oder auf beide Flügel, oder auf den Zwischenraum zwischen den Marschkolonnen des Korps, um.an dem späteren Kampfe teilzunehmen, immer aber die Sicherung der Flügel im Auge behaltend. Das Korps selbst marschierte in 3 Kolonnen, rechts 23. Division, ein Infanterieregiment mit seinen Aufklärern und eine Batterie links zur Verbindung mit der mittleren Kolonne und als Reserve zweiter Linie für den Fall, daß eine von den Kolonnen vom Gegner angefallen würde (bei der Entfernung der beiden Parteien voneinander rein unmöglich!!), rechts eine Seitenbedeckung herausschiebend, mittlere Kolonne, 24. Division ohne 48. Brigade, linke Kolonne 48. Brigade, 1 Eskadron, 3 Batterien Korpsartillerie, Korpsgeniekompagnie, links eine Flankenbedeckung. Kaum weniger umständlich war der Operationsbefehl für das XVIII. Korps, das ebenfalls seine Kavalleriebrigade mit 2 reitenden Batterien der Korpsartillerie vortrieb, die 35. Division beauftragte, ein starkes Detachement: 1 Brigade, 1 Eskadron, 3 Batterien, 1 Geniekompagnie, mit der Deckung des Vormarsches des Korps in einer bestimmten Stellung zu betrauen (auch hier wieder muß betont werden bei dieser Entfernung vom Gegner!!) und mit dem Rest in 3 Marschkolonnen (2. Brigade der 35. Division mit 3 Batterien, 36. Division, Kolonialbrigade) vorging.

· Wir haben die Befehle hier erwähnt, weil jetzt eben die französische Fachpresse auf die **enormen Fortschritte in der Klarheit, Kürze und Vollständigkeit der Befehlsgebung** hingewiesen und die Überzeugung ausgesprochen hat, daß man **der deutschen Armee darin über sei.** In der Ausgangslage waren die beiderseitigen Sicherungen rund 50 km voneinander entfernt, was für die Anlage einigermaßen zweckmäßig, jedoch noch nicht weit genug, um der Kavallerie genügend Raum für ihre Aufklärungstätigkeit zu geben, aber doch wohl zu weit, um es am 12. Sept. zu einem Zusammenstoße der Hauptkräfte kommen zu lassen. Die Kavallerie des XII. Korps überläßt es, entgegen ihrem Auftrage (s. o.) der ihr folgenden Infanterie, sich die Kavallerie des XVIII. Korps vom Leib zu halten, obwohl sie die feindliche Kavallerie sieht, nimmt eine Bereitstellung, weil ihr feindliche Kolonnen im Anmarsch gemeldet sind und kann aus dieser Bereitstellung die unvorsichtig und ohne genügende Nahaufklärung sich bewegende Kavalleriebrigade des XVIII. Korps auf 2000 m Entfernung zu Füßen der Höhe unter Feuer nehmen. Sonstige Zusammenstöße waren am 12. Sept. nicht zu verzeichnen. Die beiderseitige Kavallerie hatte es aber aufgegeben, den Puffer zwischen den beiden Armeekorps zu bilden und zu einem Zusammenstoß der Avantgarden hätte es wohl kommen können. Wenn man sich die Aufgaben der beiden Korps etwas näher betrachtet, so sind sie gleichzeitig defensiv, Deckung der beiden befestigten Städte — und offensiv, Vorgehen gegen den Gegner. In Wirklichkeit kann man diese beiden Aufgaben gleichzeitig nur lösen, wenn man soviel Kräfte hat, daß man für jede Aufgabe einen Teil auszuscheiden vermag, was hier nicht der Fall war. Die Zerlegung der beiden Korps in drei Haupt-kolonnen mit kleinen Verbindungskolonnen und Seiten-bedeckungen war entschieden etwas Theaterbild, das langer Vorbereitung und genauer Kenntnis des Geländes bedurfte und in dem jeder eigentlich da war, wo er beim Zusammen-stoß sein mußte, wie ein Kritiker in der „France militaire" sagt. Alles war etwas zu sehr von langer Hand her vorgesehen.

Der 13. September hätte eine Entscheidung bringen müssen, wenn nicht das XII. Korps zum Teil an eine bestimmte Linie gebunden und ihm nur erlaubt worden wäre, eine Schwenkung auszuführen, die ihm gestattete, Front nach Südwest zu marschieren, wenn nicht außerdem schon um 9·30 vormittags das Tages-manöver seinen Schluß gefunden hätte (Freiheit der Entschlüsse!!), wenn endlich nicht das XVIII. Korps statt entschlossen seinen Marsch nach Norden fortzusetzen, eine außerordentlich weite, zeitraubende Umgehung um den feindlichen rechten Flügel angesetzt hätte. So waren um 9·30, als das „Ganze halt" ertönte, die beiden Gegner in breiten Marschfronten noch so weit voneinander entfernt, daß ein Kampf der Hauptkräfte vor 4 Uhr nachmittags nicht hätte beginnen können. Hinzu kam, daß die Leitung den Kampf in ein be-stimmtes Gelände verlegen wollte, wo man Kavallerie und Artillerie in enger Verbindung mit der Infanterie ver-wenden konnte. Man wird uns zugeben müssen, daß auch hier wieder etwas der vorbedachte Plan mitspielte.

Die Bewegungen der Truppen des XII. Korps nutzten höchst geschickt das Gelände aus. Bei den beiderseitigen Führern hat zweifellos die Besorgnis bestanden, in jedem Moment vom Gegner angefallen werden zu können, denn den Batterien wurden nach und nach immer wieder Stellungen angewiesen und die Pioniere hoben Deckungen für Truppen aus, die zum Rückzug gezwungen werden könnten. Mit der Ökonomie der Kräfte, mit dem Bestreben, die Truppen frisch in den Kampf zu bringen, harmoniert das nicht, spricht außerdem für vorgefaßte Meinung.

Beim XVIII. Korps kann man an diesem Tage nahezu von einer Entfaltung reden, die allerdings noch nicht beendet war, als das „Ganze halt" geblasen wurde. Der 14. September sollte den Kampf bringen. Die Weisungen der Leitung banden dem kommandierenden General des XII. Korps die Hände.

In ihnen hieß es, das XII. Korps dürfe mit keinem Mann vor 7 Uhr seine Vorpostenlinie überschreiten und für den zu erwartenden Zusammenstoß seien die nötigen Vorkehrungen zur Verteidigung zu treffen. Die Gegenseite hatte für Kavallerie freie Bewegung. Die beiden Führer wußten gegenseitig voneinander ziemlich viel, mehr als man im Ernstfalle wohl vom Gegner wissen wird. Dennoch erscheint es verfrüht, daß beim XVIII. Korps am 13. September schon 5 Uhr nachmittags ein in Einzelheiten gehender Angriffsbefehl gegeben wurde. Blieb der Gegner, wie das der Führer des XVIII. Korps in Nr. 1 seines Befehls, Nachrichten über den Feind, doch als nicht ausgeschlossen zu betrachten scheint, in der Vorbewegung, so wurde für das XVIII. Korps die im Befehl unter 2 ausgesprochene Absicht, den Gegner an den Übergängen über die Pude anzufallen, unausführbar. Die Kräfteverteilung, die beim XVIII. Korps angeordnet wurde, war die folgende: Die 35. Division, rechts gedeckt durch die 18. Kavalleriebrigade mit einem Bataillon und zwei reitenden Batterien der Korpsartillerie, besetzte eine lange Höhenlinie auf dem linken Pudeufer und hatte eine starke Reserve zurückzuhalten; die 36. Division, links durch eine starke Seitenbedeckung geschützt, sollte auf dem rechten Tudeufer zum Angriff schreiten, 3. Kolonialbrigade, hinter dem linken Flügel der 35. Division die allgemeine Reserve bilden, bei ihr die fahrende Abteilung der Korpsartillerie zur Verfügung des kommandierenden Generals. Beim XII. Korps sprach ein 1·15 nachts erlassener Befehl die Absicht aus, in 3 Kolonnen vorzugehen und die wichtigste von Périgueux auf Angoulême führende Straße zu sperren, ein weiterer Absatz 4 sagte dann aber, daß der Entschluß des Führers erst gefaßt werde, wenn die Nachrichten der Kavallerie die Richtung der feindlichen Marschkolonnen festgestellt hätten. Feststehend sei jedoch der Wille, die wichtigste Aufgabe, Deckung von Angoulême, zu erfüllen.

Beim XVIII. Korps beginnt um 7 Uhr vormittags eine Bewegung, die von einem Gegner eigentlich völlig abstrahiert und die im Ernstfalle für das Korps verhängnisvoll gewesen wäre. Dicht vor der Nase der Vorposten des XII. Korps (24. Division) und in der vollen Reichweite der Geschütze beginnt das XVIII. Korps eine weitausholende Bewegung, um in die rechte Flanke des Gegners zu gelangen. Als die 24. Division XII. Korps diese Bewegungen erkannte, geht sie gegen die feindliche Marschkolonne (35. Division) zum Angriff vor und bringt sie zum Halten, bis die Kolonialbrigade und die Korpsartillerie eingriffen. Scharf zufassend konnte die 24. Division hier einen großen

34*

Erfolg erreichen, das wurde versäumt. Die fortgesetzte Flanken-
bewegung der 36. Division brachte eine Trennung von 8 km
zwischen den beiden Hauptkräftegruppen des XVIII. Korps
hervor, das XII. Korps wollte in diese breite Lücke hineinstoßen,
als die Leitung das Manöver abbrach. Das übertriebene, im Ernstfalle eine Katastrophe sicher verschuldende Ausholen des XVIII. Korps
zur Umfassung zerstörte den Plan der Leitung, am 14. September
als Finale einen einheitlichen Kampf der Gesamtkräfte herbeizuführen, ein Plan, dem zu Liebe man schon die Aufgaben etwas wider-
spruchsvoll gestellt und am 13. und 14. September früh doch auch
dem XII. Korps nicht volle Freiheit des Entschlusses gelassen hatte.

Französische Fachblätter haben in der Beleuchtung der Zeiteinteilung für die Manöver besonders nachdrücklich hervorgehoben,
daß nirgendwo Paraden stattfänden. Beim I. und VII. Korps sind
aber solche abgehalten worden. Sie haben dann des Fehlens jedes
vorher bestimmten Tagesprogramms rühmend gedacht, wir
haben demgegenüber aber schon die 55. und 56. Brigade erwähnt,
bei denen bis in die Einzelheiten alles im voraus festgesetzt war.
Beim VII. Korps schrieb man den Führern für die Tage vom 9. bis
13. September sogar genau die Gefechtsphase vor, die sie durch-
zuspielen hatten, man arbeitete dort entschieden etwas nach einem
Schema, und daß man beim XII. Korps stellenweise künstlich auch
Bilder herbeigeführt hat, ist oben schon erwähnt worden. Daß
weiter auch bei den Armeemanövern im Sinne angestrebter Geschehnisse dem freien Entschluß der Führer einigermaßen
Zwang angetan wurde, bewiesen die durch die Leitung geschaffenen
Ausgangslagen am 13. und 14. September beim XII. Korps und die
Aufgaben für die beiden Parteien bei den Armeemanövern. Daß
Anlage, Leitung und Durchführung der französischen Ma-
növer im allgemeinen eine weit kriegsgemäßere geworden
ist, soll damit nicht bestritten werden. Die Freiheit der
Entschlüsse für die Führer, wie unsere Kaisermanöver,
gewähren sie aber auch heute noch nicht. Durch für die
Leitung zurückgehaltene und dann später der einen oder anderen
Seite zur Verfügung gestellte Truppen einen Einfluß auf den Gang
der Kämpfe zu üben, haben die Leitenden in diesem Jahre ziemlich
überall unterlassen, neue Aufgaben bzw. Ereignisse bei Nebentruppen
oder Hauptarmee wurden als Faktoren für neue Entschlüsse den
Parteien mitgeteilt, stellenweise auch Truppen von der einen zur
anderen Partei verschoben, in umfassendem Maße z. B. beim I. Korps
am 13. September, wo zur Nordpartei eine ganze Brigade · und
sieben Batterien von der Südpartei übertraten. Daß die Annahme

der Leitung ab und zu uns nicht recht kriegsgemäß erschien, haben wir oben an einzelnen Stellen schon angedeutet. Hier noch ein Beispiel. Bei dem Manöver der 3. und 4. Kavalleriedivision, verstärkt durch zwei Jägerbataillone mit Maschinengewehren am 8. September nahm die Leitung an, daß sich die 12. Infanteriedivision, 12 Bataillone, 1 Kavalleriebrigade, 6 Batterien, 1 Geniekompagnie, die völlig unerschüttert, vor den genannten Kavalleriekorps auf dem linken Maasufer nicht halten könne! und um Verstärkungen zu erhalten, bei Dun auf das andere Ufer gehen müsse.

Störend wirkte entschieden die auf allen Manöverfeldern spätestens zu Mittag, gewöhnlich aber schon vorher eintretende Unterbrechung der Feindseligkeiten als Frühstückspause, an die sich nicht immer, selbst bei den Armeemanövern im Südwesten nicht (z. B. 13. Sept.) eine Fortsetzung der Bewegungen schließt. Daraus ergaben sich dann stellenweise seltsame Bilder. Große Reiterkörper, die dicht aneinander gelangt, machen weiter nichts, weil es dicht vor Mittag ist und die Pause bald eintreten muß (3. Sept. z. B. die 8. Kavalleriedivision und 7. Korpskavalleriebrigade beim XII. Korps). Vielfach ziehen die Truppen nach Schluß der Pause in die Ortsunterkünfte, gegen 6 oder 7 Uhr abends werden dann erst die Vorposten ausgestellt, von Fühlunghalten mit dem Gegner kann inzwischen doch keine Rede sein. Ein Abziehen in die Ortsunterkünfte bzw. Ortsbiwaks und ein Aussetzen von Vorposten erst mehrere Stunden später finden wir selbst da, wo die Leitung Gefechtsvorposten angeordnet hat (z. B. 13. Sept. beim XII. und XVIII. Korps). Man wird uns zugeben, daß da die „Kontinuität der Handlungen", die allein doch kriegsgemäß ist, fehlt.

Die sehr große Zahl von Schiedsrichtern sowohl beim VII. wie beim XII. und XVIII. Korps hat doch noch nicht ausgereicht, unnatürliche Bilder haben sich stellenweise doch ergeben, Nichtbeachtung des feindlichen Feuers usw. Wir haben auf einzelne Beispiele bei den Manövertagen, die wir herausgegriffen, schon hingewiesen. Daß, wie die französische politische Presse behauptet, den Führern überall vollste Freiheit der Entschlüsse gelassen worden sei, wird man, nach oben gegebenen Beispielen, und namentlich beim VII. Korps in den Tagen vom 9. bis 13. September nicht ohne weiteres als richtig annehmen können. An diesen Tagen waren die Entschlüsse für die beiderseitigen Führer einfach durch Befehle der Leitung gegeben und es ihnen nur überlassen, wie sie den Angriff gegen die Front oder die Flanke, wie sie den Gegenstoß usw. ausführen wollten, bei der Verteidigung schrieb der Befehl der Leitung sogar die Kräfteverteilung in der Stellung vor. Wir haben oben schon bemerkt, daß eine derartige auf mehrere Tage verteilte Durchführung der einzelnen Kampfesphasen uns auf die Truppenübungsplätze zu gehören scheint, nicht auf die Manöverfelder. Sonderbar berührt es in der Anlage von Manövern, daß die 33. Division sich ganz ohne Kavallerie behelfen mußte, ein Unding für kriegerische Verhältnisse.

Was die Befehle der Führer anbetrifft, so haben wir oben schon einige Beispiele für vorzeitige Dispositionen gegeben, solche, die für den folgenden Tag erlassen wurden, ehe man vom Gegner durch die Kavallerie Nachrichten hatte, Befehle für den Beginn der Operationen, wo Versammlungsbefehle, „ordres péparatoirs" nennt man diese in Frankreich, am Platze waren. Hier ein weiteres Beispiel. Bei dem I. Korps wurde am 11. September bei den Operationen der 1. und 2. Division gegen Marschdivision und 5. Kavalleriedivision, obwohl man vom Gegner nur wußte, daß er in einem bestimmten Raum angekommen und sich vorbewegen wollte, für den Vormarsch sofort eine Reserve ausgeschieden und unter dieser Bezeichnung einer der Marschkolonnen zugeteilt.

Auf den überall getriebenen Luxus mit Seitendeckungen, selbst bei sehr weiter Entfernung vom Gegner, ist schon hingewiesen worden. Am 11. September haben die 1. und 2. Division im Vormarsch allein rechts eine Seitendeckung von 1 Kavalleriebrigade, 1 Bataillon, 2 reitende Batterien, links 1 Bataillon, ¹/₂ Eskadron, 1 Batterie.

Im Angriff bzw. bei dem Willen zum Angriff, begegnen wir in größeren Verbänden, von der Division aufwärts, sehr oft der Erscheinung, daß man einenteils die Angriffstruppen dazu verwendet, eine Stellung zu nehmen und mit dem Spaten zu verstärken, während der andere Teil den Angriff verbergen soll. Die Entscheidung im Angriff wird meist durch Umfassung oder durch Umgehung (XVIII. Korps am 14. Sept.) gesucht. Dabei ergaben sich sehr oft so weit ausgedehnte Fronten (24. Division am 10. Sept. über 5 km), daß der Gegner mit einem Durchbruch Erfolg haben konnte. Durchbrüche finden wir aber verhältnismäßig selten und vielfach zu spät angesetzt, dagegen häufig Gegenstöße. Oft ergaben sich zwischen dem frontal angreifenden und dem umfassenden Teil weite Lücken, in die man aushilfsweise dann Kavallerie einschiebt (z. B. am 12. Sept. beim 1. Korps 1 Kavalleriebrigade, 2 Bataillone, 1 Detachement Radfahrer, wo es übrigens dem Angreifer gelingt, mit der Umfassung nicht nur in die Flanke, sondern in den Rücken des Gegners zu kommen, was nicht für gute Nahaufklärung spricht, um so weniger als der Gegner eine Kavalleriedivision zur Verfügung hatte). Daß das XII. Korps am 14. September die durch die Umgehungsbewegung des XVIII. Korps geschaffene, für es günstige Lage nicht rechtzeitig ausnutzt, wurde schon gesagt. Ebensowenig war dies beim VII. Korps der Fall am 11. September, wo die exzentrischen Bewegungen der 14. Division die 41. Division zu einer ungeheuren Ausdehnung und Verdünnung der Front verleiteten, die von der 13. Division zum Durchstoßen nicht benutzt wurden. An diesem Tage passierte übrigens auch die komisch wirkende Tatsache, daß ein Regimentsstab mit Fahne von feindlicher Infanterie im Rücken des Regiments gefangen genommen wurde.

Eigentümlicher noch, als das Ausscheiden einer Reserve beim Antreten des Vormarsches gegen einen entfernteren Gegner, wirkt die bei der Südpartei des I. Korps am 13. September trotz offensiver Absicht sofort erfolgte Verstärkung einer Aufnahmestellung. In der Handhabung des Spatens, im Ausheben von Deckungen erwiesen sich die Truppen eigentlich überall als sehr gewandt.

Einem geschickt im Morgengrauen durchgeführten Forcieren eines Abschnittes (Allier) angesichts des Gegners begegnen wir am 11. September bei der 25. Division, die Artillerie war schon am Vorabend in Stellung gebracht, in der Morgendämmerung überschritten Spitzen, auf einem südlichen Flügel beginnend, den Wasserlauf. Einem siegreichen Gegner entzog sich am letzten Tage der Korpsmanöver das XX. Korps, 12. September, der 39. Division. Der Gegner, die 11. Division, verlor die Fühlung, macht mit einer vollen entwickelten Brigade einen Luftstoß gegen ein Dorf, das er besetzt glaubte und in dem nicht ein Mann war, verlor dadurch kostbare Zeit und ermöglichte es der 39. Division, eine gute Stellung einzunehmen und eine Brigade zum Gegenstoß bereit zu stellen, die den Angriff der 11. Division zum Scheitern brachte.

Bei den Manövern begegnen wir mehrfach in den von der Leitung gegebenen Lagen der Annahme einer „Armee-Avantgarde", bei der große Reiterkörper der 3. und 4. Kavalleriedivision gegen die 12. Infanteriedivision auch auf eine von der Leitung befohlene „gewaltsame Aufklärung". Damit kommen wir zur Aufklärung überhaupt und können bei dieser nur wiederholen, was wir schon oben gesagt, die Fernaufklärung befriedigte im allgemeinen, Nahaufklärung, Fortsetzung der Aufklärung während des Gefechts, Verbindung und Fühlunghalten mit dem Gegner nach dem Gefecht versagten in sehr vielen Fällen. Manchmal war an dem Ausbleiben von Nachrichten über den Gegner schuld, daß man nicht in der Nacht Patrouillen am Feinde ließ bzw. daß bei Nähe der beiderseitigen Infanterie

bzw. von Abschnitten, nicht versucht wurde, um die Flügel
herum zu sehen, eventuell durch Kampf Einblick zu gewinnen. An einzelnen Stellen wurde mit Offizierpatrouillen, denen
man oft Züge bzw. halbe Eskadrons als Rückhalt folgen ließ, Verschwendung getrieben, die sich im Kriege von selbst verböte. Zuweilen übertrug man aber auch ganzen Bataillonen mit Maschinengewehren (s. o.) Aufgaben, die einige gut berittene Offizierpatrouillen besser hätten lösen können. In der französischen
Fachpresse verlangt man die Zuteilung von Motorrädern an die
Offizierpatrouillen zum Zurückbringen von Meldungen.
Maschinengewehre in Zügen sind, soviel wir haben feststellen können,
bei 8 Jägerbataillonen und einigen größeren Reiterkörpern bei diesen
Manövern zur Verwendung gekommen, in Saint Etienne sind aber
800 weitere jetzt fertig und erwartet man dort eine weitere Bestellung auf 900.

Was die Verwendung der Kavallerie im Kampf der verbundenen Waffen anbetrifft, so haben wir diese an einzelnen Beispielen schon hervorgehoben, unnütz haben größere Reiterkörper
eigentlich nur selten Infanterie und Artillerie attackiert.

Den Eindruck eines bemerkenswerten Fortschrittes
empfing man bei den Manövern vor allem von der Infanterie.
Ihre Ausdauer und ihre Disziplin — letztere übrigens bei allen
Truppen — waren sehr gut. Sie ist entschieden kriegsgemäß
ausgebildet. Wenn wir von einigen Fällen, wie z. B. bei dem
Schul- und Musterangriff der 14. Division am 12. September, wo
dicke Infanteriemassen in das feindliche Feuer gerieten, absehen, so
müssen wir zunächst die sehr gute Ausnutzung des Geländes
hervorheben und die Rücksichtnahme auf feindliche Feuerwirkung. Alle Falten des Geländes und die Geländedeckungen
ausnutzend, gelangten die Schützen meist unbemerkt vom Gegner bis
zu ihrer ersten Feuerstellung. Die Schützen verstanden es, von den
Subalternoffizieren, Unteroffizieren und Korporalen, die vorausgingen,
geleitet, auch in nur wenig Deckung bietendem Gelände dem Gegner
nur kleine oder gar keine Ziele zu bieten. Lange, dicht zusammenhängende Schützenlinien sah man nur vor dem Anlauf. In raschen, kurzen
Sprüngen, gruppenweise oder auch Mann für Mann vorgehend, Gelände,
das gar keine Deckung bot, völlig frei lassend, gelangten die Schützen
von Feuerstellung zu Feuerstellung, hinter jeder Deckung sich erst
wieder zu einer starken Feuerlinie ordnend. Auch der Spaten wurde
schnell, oft und gut verwendet. Die Feuerdisziplin läßt noch etwas
zu wünschen übrig. Die Unterstützungstrupps handelten wie die
Schützen. Die Verbände in zweiter Linie bereiteten ihr Vorgehen

durch Erkundungen sehr gründlich vor, wählten mit wenigen Ausnahmen die geeigneten Formationen, um unter Benutzung aller
Deckungen, möglichst ungesehen vom Gegner, an die Schützenlinien
heranzukommen und sie zu verstärken, was eigentlich ausschließlich durch Einschieben geschah. Die Reserve- bzw. Truppen für
Gegenstöße wurden meist geschickt im Gelände bereit gestellt und
wurden in ihren späteren Bewegungen meist erst sehr spät, oft erst
dann erkannt, wenn sie das Feuer eröffnen. Eine krasse Abweichung
von diesem Verfahren bot am 12. September heim VII. Korps der
sogenannte Musterangriff der 14. Division. Hier erschienen im feindlichen Feuer auf 400 m hinter der Schützenlinie Bataillone, deren
Kompagnien in Marschgruppenformation mit etwa 50 m Zwischenraum vorgingen.

Das Schlußurteil über die französische Infanterie kann
auf den meisten Manöverfeldern nur günstig lauten, sie
hat sehr viel gelernt und ist eine kriegsmäßig geschulte
Waffe. Die Feuerdisziplin kann allerdings noch gebessert werden,
im Vorpostendienst ist mehr Aufmerksamkeit erforderlich.

In der Feldartillerie begegnen wir einer unverkennbar hervortretenden Vorliebe für verdeckte Stellungen. Zu Beginn des
Gefechts wurden sie grundsätzlich genommen, auch da, wo sie
unserer Ansicht nach nicht angebracht waren, wie z. B. wenn die
Unterstützung der Avantgarde Artilleriefeuer gegen Infanterie forderte,
oder wenn vorauszusehen war, daß baldigst Ziele in Bewegung zu
bekämpfen sein würden. Das Verbringen der Geschütze in fast
verdeckte Stellungen dauerte verhältnismäßig lange und hätte in
Wirklichkeit wichtige Ziele in günstigen Momenten nicht bekämpfen
lassen. Beachtenswert war die Sorge, die die Führer darauf verwendeten, die für die Artillerie wichtigen Stellungen durch Infanterie
bald besetzen bzw. auch erkämpfen zu lassen. Ausnutzung des
Geländes und verdecktes Einnehmen der Stellungen befriedigte in
den meisten Fällen durchaus, wir werden noch von der französischen
Feldartillerie in einem Kriege kaum etwas zu sehen bekommen, ehe sie
feuert. Einige Male waren Feuerstellungen allerdings so genommen,
daß der Gegner gegen sie einen Feuerüberfall richten konnte. In
besonderen Fällen wurden Züge größeren Reiterkörper oder Bataillone
beigegeben, im allgemeinen aber die Batterien nicht zerrissen.
Batterien verteilte man allerdings namentlich in der Verbindung
einzeln auf breite Fronten, so daß eine einheitliche Feuerleitung
dann ausgeschlossen war. Im allgemeinen waren in größeren Verbänden die gruppenweise Aufstellung in Abteilungen die Regel.
Lange zusammenhängende Artillerielinien bilden sich nur selten, so z. B.

bei der Nordpartei I. Korps am 13. September auch, wo 11 Batterien in einer Linie standen. Der Infanterieangriff wurde meist nur durch wenige Batterien begleitet. Die Aufklärung der Artillerie selbst befriedigte nicht immer. Der Avantgarde und Seitendeckungen gab man meist Artillerie bei. Der Abtransport von 20000 Mann von den Manöverfeldern im Südwesten auf eingleisigen Bahnen vollzog sich glatt und rasch.

Auch in diesem Jahre wieder zeigen die Ergebnisse der französischen Herbstübungen wesentliche Fortschritte, das Kriegsgemäße der Anlage ist nicht zu bestreiten, der Schwerpunkt scheint uns aber zu liegen in der mit wenigen Ausnahmen völlig kriegsgemäßen Schulung der Hauptwaffe, der Infanterie, die Kavallerie hat in bezug auf Nahaufklärung noch manches zu lernen und die Feldartillerie wird von der nahezu ausschließlichen Wahl verdeckter Übungen etwas zurückkommen müssen.　　　　　　　　　　　　　　　　　18.

XXXIV.

Um befestigte Stellungen.

Von

Oberst Woelki.

Das Interesse für befestigte Stellungen ist in letzter Zeit ziemlich rege geworden. Zwar wird autoritativ, diesseits wie jenseits der Grenzen, immer wieder betont, daß das Heil allein im Angriff beruhe; und danach hätte man sich eigentlich nur auf Begegnungskämpfe gefaßt zu machen. Aber man ist sich in weiten Kreisen denn doch bewußt, daß die Verhältnisse der Wirklichkeit sich nur zu bald als mächtiger wie die besten Vornahmen des Durchschnitts erweisen. Und für jeden, der die zeitliche Entwickelung beobachtet, stehen Kämpfe um Stellungen aus mancherlei Gründen, auf die hier nicht eingegangen werden mag, mehr wie bisher in Aussicht. Und so kommt es zu einschlägigen Erörterungen selbst in Kreisen, die bisher grundsätzlich alle „Stellungsreiterei“ vermieden wissen wollten. Als bahnbrechend kann besonders das Buch

des Majors Hoppenstedt ‚Taktik der Zukunft' angesehen werden.
Jedenfalls hat es mehrfache Anregungen und Erörterungen für und
wider hervorgerufen. Aber auch anderweitige und eigenartige Abhandlungen (so in No. 45, 53, 57 des Mil. W. Bl.) geben Zeugnis
von der neuen Strömung. Es ist auch nicht zu befürchten, daß das
Thema bald erschöpft ist oder das Interesse erkaltet; im Gegenteil
dürften bei weiterem Verfolg und tieferem Eingehen immer neue
Gesichtspunkte und Interessen auftauchen; schon der vielfachen
technischen Fragen wegen, die hierdurch angeschnitten werden, und
die eigentlich nie zum Abschluß kommen können; vielmehr würde
in dem hervorgerufenen Wettstreit jede Beschränkung einem Verzicht
gleich sein und auf ein Strecken der Waffen hinzielen.

Das Nächstliegende ist vorläufig noch die Erkenntnis und Klar-
stellung der Begriffe, zumal bezüglich der Mittel, deren Verschiedenartigkeit bis zum Widerstreit miteinander geht, — der Kenntnis
des überhaupt Erreichbaren, wie der Leistungsfähigkeit der
gegebenen Kräfte, — und zwar durchweg: nach Zeit und Umständen. Erst auf solcher Grundlage kann man auf die Anwendung eingehen, — wenn diese eben mehr als ein Luftgebilde
sein soll, d. h. wenn die Vorschläge einen wirklichen Wert haben.
Der gute Wille, selbst Begeisterung hilft hierbei wenig; das Wort:
qui trop embrasse, mal étreint, trifft auch hier zu. Kühles Abwägen
ist hier so recht am Platz, — steht auch nicht im Widerspruch mit
der vollen Anerkennung der geistigen Kräfte, noch mit der Überzeugung, daß es die führenden Geister der beiderseitigen Heere sind,
welche die jedesmalige Entscheidung herbeiführen. Von diesem
Gesichtspunkte aus ist auch die Befestigung nur ein Kampfmittel mehr,
— bei dem es nicht sowohl darauf ankommt, daß es gebraucht,
als vielmehr: wie es im gegebenen Fall ausgenutzt wird; also ein
zweischneidig Schwert, oder auch eine „Sphynx, die jedem Verderben bringt der ihre Rätsel nicht löst" —; ein Mittel zudem, von
dem es bis zum letzten Moment nicht festzustehen braucht, ob und
welchen Gebrauch der Betreffende davon macht. Ob er z. B. sie,
die Befestigung, nur als Maske, oder als Basis für anderweitige
aktive Maßnahmen der „Hinterhaltigkeit" nimmt, — wobei die Hauptreserve zum Hauptteil und Kern für alle anderen Teile wird, und
dgl. m.

Wie denn überhaupt trotz, oder besser infolge der beispiellosen
Entwickelung von Wissenschaft und Technik, der Mangel an sicheren
Unterlagen, die Unsicherheit, so recht eigentlich ein charakteristisches Merkmal der modernen Kriegführung geworden ist, und
die größte Schwierigkeit — Anwendung der rechten Mittel —

nunmehr in der Diagnosis, in der Erkundung aller in Betracht
kommenden Umstände und im besonderen der gegnerischen Maßnahmen, liegt. — Dies hervorzuheben tut umsomehr not, als die
Friedensgewohnheiten wie eingebürgerten Ansichten wohl dazu angetan sind, völlig falsche Vorstellungen von den Kriegsverhält-
nissen groß zu ziehen, und zwar besonders betreffs der Erkundung
der gegnerischen Maßnahmen und der Leistungsfähigkeit der eigenen
Kräfte und Mittel.

In bezug auf die Unsicherheit über den Gegner usw. haben
die Berichte aus den jüngsten Kriegen erst ganz allgemein eine
schwache Vorstellung betreffs unserer, der mitteleuropäischen, Verhältnisse gegeben. Es fehlt noch viel, bis darüber, ob und inwieweit
Erkundungen einerseits — nach Bedarf verhindert werden kann,
anderseits solche ohne übergroßen Aufwand von Mitteln — durchführbar sind, — wie und in welcher Zeit solche zu leisten sind, —
und besonders inwieweit der Verlauf der Kriegshandlung von
den so veränderten Umständen beeinflußt wird, — also hierüber, —
soweit Klarheit gewonnen wird, daß dies Moment auch nur mit
einiger Sicherheit richtig eingeschätzt und am rechten Ort verwertet
wird.

Auf einzelne neue, noch nicht bewährte, oder gar noch in Aussicht stehende Hilfsmittel, wie etwa die lenkbaren Luftschiffe, dabei
zählen zu dürfen, muß noch abgewartet werden. Sicher ist dagegen,
daß mit all dergleichen Hilfsmitteln wohl der Apparat vermehrt und die
Handhabung verwickelter, unübersichtlicher wird, ohne daß Aussicht
ist, die bis vor kurzem noch vorhandene Erkundungsfähigkeit jemals
zu erreichen.

Überschätzungen aber sind auch hier nicht minder gefährlich
wie Nichtachtung; und allgemeine Redensarten wie „Verschleierung"
nur zu geeignet, Illusionen zu erzeugen.

Erst das nähere Heran- und Eingehen bringt brauchbare Erkenntnis, und wäre es auch nur die der Schwierigkeiten oder vorliegenden Hindernisse. Was es aber mit der Verschleierung für
eine Bewandnis hat, möchte vielleicht am besten ein Erlebnis klar
machen.

Vor einer Reihe von Jahren hatte der Verfasser den Auftrag,
für eine größere Pionierübung ein geeignetes Gelände zu beschaffen.
Mit vieler Mühe und auf Kosten von anderweitig beteiligten Interessen gelang es, einen größeren, mit Buschwald bestandenen Geländeteil zu erwerben, der besonders geeignet erschien, die Maskierung (Verschleierung) einer eingerichteten Stellung darzustellen. —
Das erste nun, was die Truppe (Pionierbataillon), die die Stellung

einzurichten hatte, tat, war, daß sie das Gebüsch, soweit es gerade die Stellung verdeckt hätte, gänzlich beseitigte! Und sie war dazu berechtigt. Verfuhr sie doch genau nach Ziffer 23, zweiter Absatz, der F.V. (Feldbefestigungsvorschrift), wo auch noch heute das Freimachen des Schußfeldes zu Beginn der Einrichtung gefordert wird. Sie hatte zudem um so mehr Veranlassung, als die folgende Angriffsübung sich auch auf die Nächte erstreckte, und das Vorgelände vom Verteidiger aus beleuchtet werden sollte, wobei selbst der unbedeutendste Strauch die Beleuchtung und das Absuchen hindert.

Seitdem ist nun zwar ein halbes Menschenalter vergangen und der Sinn für Verschleierung mag sich inzwischen mehr entwickelt haben; darum ist aber die Schwierigkeit, die sich hierbei widerstreitenden Ansprüche zu befriedigen, nicht vermindert. Es verlangt schon viel Erfahrung und Überlegung, sie soweit auszugleichen, daß keine allzugroßen Mängel nach der einen oder anderen Richtung, für das eine oder andere Bedürfnis dieser oder jener Waffe verbleiben. Mehr ist nicht zu erreichen. Und wenn (von Theoretikern) so nebenher auch noch eine „ordentliche" Verschleierung verlangt wird, so ist das ebenso naiv, wie der (bekannte) Auftrag für eine Pionierkompagnie, in einer Nacht eine Stadt zu beseitigen.

Eine richtige Anschauung auch hiervon zu fördern, bleibt darum eine Hauptaufgabe der Übungen. Dazu gehören aber recht erhebliche Mittel und viel Zeit; klägliche Ansätze und bloße Andeutungen, wobei etwa ein paar herausfordernd angeordnete, aber um so notdürftiger ausgeführte Schützengräben — eine ganze Stellung, ein wenig übergestreutes Unkraut — das Unkenntlichmachen, ein paar eingesteckte Reiser — eine Verschleierung; ein paar unscheinbare Aufschläge von Granaten, oder auch nur von Sprengstücken — eine völlige Zerstörung oder das „Unhaltbar geworden" — darstellen sollen, reichen denn doch nicht hin, um richtige Begriffe zu verbreiten, noch das Urteil über Leistung und Wirkung zu bilden.

Die Feststellung dessen, was in jedem Einzelfall mit den vorhandenen Kräften und Mitteln zu leisten ist, erfordert eben mehr, als so aus dem Stegreif und nach dem Gefühl gefunden werden kann. Solch ein Urteil kann nur bei guter Anlage durch viel Übung in Erkenntnis der Sachlage und Beherrschung der Technik gewonnen werden. Wohlgemerkt, es handelt sich hier nicht sowohl um die Leistungsfähigkeit in den Arbeiten an sich unter normalen oder Friedensumständen, als vielmehr um das, was unter den unsicheren, Verhältnissen des Ernstfalles möglich, oder

besser worauf und womit auch unter schwierigen, nicht ganz vor-
herzusehenden Umständen noch füglich zu rechnen ist. Es kommt
somit immer wieder auf die Notwendigkeit eines tieferen Eingehens,
Gewinnung größerer Sachkenntnis, Ausbildung, Übung und Erfahrung
hinaus; und zwar in allen Graden — bis zum äußersten Maße der
Beteiligten, wenn man Enttäuschungen vermeiden will, und die
Befestigung, wie auch den Kampf um solche, mit dem Erfolg angewendet werden soll, den jeweiligen Gegner auch damit und hierin
zu überholen und zu überwinden.

Die zeitige Befestigung zeigt kein abgeschlossenes System,
noch eine fest umschriebene Manier; sie befindet sich augenscheinlich
in einer Umbildung mit dem Ziele: der neuen Kampfordnung
voll zu entsprechen. Das Letztere ist eben noch nicht derart der
Fall, wie es die natürlich vorhandenen Umstände und zur Tätigkeit gelangenden Kräfte zu ihrer Ausnutzung im Ernstfall verlangen. Wie nun die allgemeine Kampfordnung im Laufe des
letzten Jahrhunderts von der Limar- zur Kolonnentaktik und
weiter zur Zerstreuung und Individualisierung gelangt ist, so
hat sich auch die Befestigung von ihrem wesentlichen Bestandteil,
der (ringsum) fortlaufenden Linie (Enceinte) — über die Schanzen
(und Forts) hinweg bis zu den einzelnen Schützengräben und
Batterien nachgebildet, und steht nunmehr noch vor der Frage:
    ob sie die weitere Verteilung und Vereinzelung mitmachen,
    oder aber, im Gegenteil, zur Stabilierung und Konsolidierung
    berufen, durch Anhäufung ihrer Mittel, ähnlich den Linien-
    schiffen zur See, ihre Aufgabe lösen soll.
    Als Ursachen und treibende Faktoren in diesem Wandel
müssen neben dem gewaltigen Anwachsen der Heere mit verändertem
Gehalt, besonders die außerordentliche Entwickelung der Fernwaffen, aber auch der Treib- und Verkehrsmittel, angesehen werden;
mit dem Hinzufügen noch, daß einseitige Berücksichtigung eines
Faktors, wie es auch die Schußwaffen doch nur sind, auf Ab-
wege führt. Die in der Zukunft noch möglichen Kriegsmittel aber,
wie gepanzerte Selbstfahrer, Bomben(werfer), Luftschiffe usw., beeinflussen noch keineswegs die Anlagen; (sie werfen noch keinen
merkbaren Schatten voraus); die voraufgeführten Faktoren dagegen
beanspruchen um so mehr aktuelles Interesse, als sie eben noch
nicht voll verarbeitet (verdaut) sind.
    Das was der heutigen Befestigung so recht eigentlich ihr Ge-
präge gibt, ist der Schützengraben. Dient dieser doch, nach

vielen Mustern und ungezählten Variationen der Anwendung, nicht
nur für die (Auf-)Stellung der Infanterie, sondern auch in entsprechender Ausführung für Geschütze und Maschinengewehre.
Ferner ist er nicht nur für den dürftigen Ausbau einer Linie
wie zur Darstellung einer „Gruppe" verwendbar, auch nicht nur
zur Wiederholung und Benutzung nacheinander; sondern viel mehr
und besser: auch zur gesicherten Verbindung und Vereinigung
der Verteidigung aus verschiedenen Stellen, wie auch zur Verlegung derselben nach Bedarf nach vorne wie nach hinten oder
seitwärts bei steter Sicherung der Verbindung.

Denkt man sich so ein vollständiges Netz von verteidigungs-
fähigen Gräben („Schützengräben"), dessen einzelne Maschen das
vorliegende Gelände beherrschen, so leuchtet ein, daß es niemals,
auch bei oder nach einer Beschießung, schwer fallen kann, die zur
Abwehr eines Angriffs nötigen Kräfte zur Stelle zu haben, oder
doch noch rechtzeitig heranzuziehen; und zwar um so leichter, als
derartig wirksame Abwehrmittel, wie die Maschinengewehre und
-geschütze jetzt zur Verfügung stehen, und es, bei entsprechendem
Vorrat davon, nicht nötig ist, sie hin- und herzuschaffen, sie vielmehr an ihren (besten) Verwendungsstellen verbleiben können. Mit
diesen Mitteln kann dann auch ein an sich unbedeutendes, im Felde
eben noch herstellbares Hindernis, wohl sturmfrei, nicht nur vorübergehend, sondern auch nachhaltig gehalten werden; aber immer
unter der Voraussetzung des gesicherten Zusammenwirkens der einzelnen Teile!

Auf dem angegebenen Wege der vermehrten Verteilung und
Beweglichkeit, ist selbst eine weitere Verstärkung, nämlich die
genügende Sicherung der Besatzung gegen Volltreffer, oder gar
schwere Artillerie, immer noch am ehesten zu erreichen. Die Verwendung von Panzerschilden und entsprechenden Mitteln wird ja
wohl mehr wie bisher vorkommen; aber allgemein wird dem Sinn
wie den zeitigen Mitteln der Feldbefestigung mehr durch solche Anordnung der Stellung entsprochen,

daß der Verteidiger stets genügend Raum zur Auswahl
nach Bedarf findet, um, unter Vermeidung lohnender Ziele
für die feindliche Artillerie, die wirksamsten Abwehrmittel
voll auszunützen.

Dieser Forderung ist ohne übermäßige Schwierigkeit gerecht
zu werden, wenn die betreffende Stellung schon mit Rücksicht
hierauf gewählt ist; der Verteidiger aber wird vernünftiger Weise
auch nur da sich zur Festsetzung entschließen, wo er die von ihm
erstrebte Verstärkung seiner Kräfte antrifft; und solche ist eben

dargelegt. Von einem Vorurteil gilt es aber noch sich frei zu machen, das, dem Schlagwort Wirkung geht vor Deckung, zufolge, ein übertriebenes Gewicht auf weitestes, freies Schußfeld legt. Gewiß ist für eine volle Ausnutzung der Fernwaffen freies Schußfeld nötig; und für den Verteidiger um so mehr, wenn er den Angreifer schon damit sich fernhalten kann, wenn er ihn zwingt, frühzeitig Halt zu machen und von weit ab, unter den Augen und dem wirksamen Feuer der Verteidigung sich heran zu kämpfen. Dieser Vorteil kommt aber doch nur dann und da zur Geltung, solange und wo der Verteidiger das vorliegende freie Feld wirklich beherrscht; andernfalls ist der Angreifer derjenige, der den Vorteil des freien Schußfeldes mehr ausnutzen kann, dem es also auch mehr zugute kommt.

Wie stellt sich denn auch die Wirklichkeit dazu? Hier, in Mitteleuropa, finden sich nur selten Stellungen mit vollem freien Schußfeld. Wo man solches aber erst schaffen muß, da fällt es, je nach Umständen, recht verschieden weit und frei aus! Was nützt denn aber dem Verteidiger ein Schußfeld, selbst von 2000 m, wenn der Angreifer von weiter her bis von 5000 m her in aller Gemächlichkeit und ungestört ihn, den Verteidiger niederkämpfen kann?! Dann dient das eben vorgefundene oder mühsam hergestellte freie Feld nur noch dazu, das Ziel für die Artillerie des Angreifers sich noch mehr abheben zu lassen, und der Verteidiger kommt vielleicht gar nicht dazu, seine Kräfte (dagegen) einzusetzen. Solche Stellungen, mit solchen Verhältnissen sind dann freilich nur dazu angetan, das Vorurteil gegen Stellungen im allgemeinen zu verstärken, wie das Bestreben zu rechtfertigen, sie und alle Befestigungen zu vermeiden! schließlich lieber davon zu laufen als sich zur Zielscheibe herzugeben!

Die Sicherheit der eigenen Wirkung bis zur vollen Beherrschung kann darum für den Verteidiger allein maßgebend sein, die Weite des vorliegenden Feldes als Vorteil anzuerkennen. Diese Weite wird verschieden sein, oft sogar sich nicht ohne weiteres bestimmen lassen, ja wechseln. Aber damit ist die Möglichkeit, ein passendes, für den Verteidiger überwiegend vorteilhaftes, Schußfeld — auch heute noch — zu finden oder herzustellen, gegen früher nicht vermindert. Denn einesteils sind, wie schon erwähnt, dafür die Abwehrmittel des Verteidigers neuerdings so wirksam geworden, daß die Bedeutung bzw. der Bedarf des freien Schußfeldes dagegen zurücktritt; dann ist aber auch eine zweckentsprechende Verschleierung, wie man sie früher gar nicht anstrebte, wohl imstande, die verfängliche Zielfähigkeit der Stellung auf ein ungefährliches

Maß herabzudrücken; ganz abgesehen noch von dem Hindernis,
das das Bedürfnis nach Schußfeld noch weiter vermindern kann,
unter allen Umständen aber eine wertvolle Zugabe bildet.

Mit der Wertverminderung des freien Schußfeldes ist aber auch
eine Hauptbeschränkung in der Auswahl des für eine Stellung
geeigneten Geländes gefallen; es wird dem ängstlichen Suchen und
Nehmen von Stellungen, der eigentlichen „Stellungsreiterei" der
Boden entzogen, da die Befestigungskunst nunmehr erst imstande
ist, jedes überhaupt nur in Frage kommende Gelände wirksam bis zur nachhaltigen Verteidigung einzurichten. Und nicht
am wenigsten dadurch und dort, daß und wo es gelingt, die
Artillerie des Feindes auszuschalten. (Nebenbei sollte man nie vergessen, daß die eigentliche Hauptwaffe und somit auch die Haupt-
gefahr für die Verteidigung, doch immer die feindliche Infanterie
ist und bleibt. Aus der Stellung herausgeschossen ist und wird
niemals ein auch nur einigermaßen standhafter Verteidiger. Schließlich braucht dieser nicht einmal einen Schützengraben; jeder Auf-
wurf, ja, jede Trace, genügt, um vor oder hinter ihr das Schnell-
feuergewehr auszunutzen.

Über die weitere Anordnung der sich nach vorstehendem ergebenden Stellungen hier nur noch einige Andeutungen.

Je weniger Schußfeld vor der Stellung frei ist oder beherrscht wird, desto engmaschiger muß das oben vorgeschlagene „Netz" des Verteidigers werden. Je weiter das freie
Feld reicht und der Verteidiger, vielleicht bis über die Grenze
seiner Wirkung hinaus ein Ziel bietet, desto weitmaschiger
und weitläufiger muß er seine Stellung ausbauen, ohne jedoch
den äußersten Moment des Angriffs, dessen Abwehr auch von ihm
die größte Kraftentfaltung verlangt, aus dem Auge zu verlieren.

Die Schwierigkeit der Vereinigung von Wirkung und Ver-
deckung (= Entziehung) bleibt mehr oder weniger stets und
zwingt in den meisten Fällen zur Verteilung, also Trennung.
Diese wäre nur da unnötig, wo die (Haupt-)Stellung dauernd und
wirklich verdeckt bliebe. Die eigene Wirkung hat füglich den
Vorrang. Darum ist auch für die Verteilung und Trennung der
bezügliche Zweck die Hauptsache. Solche Zwecke sind: Verhinderung der Erkundung, Verteidigung des Hindernisses; u. U. auch:
Erlangung eines Rückhalts, gelegentlich auch Scheinanlagen;
welche Zwecke stets unter Sicherung des Zusammenwirkens bzw.
Eingreifens zu verfolgen sind. Wo dies letztere aber nicht gewährleistet erscheint, sind die Entsendungen selbstverständlich auf's
Äußerste zu beschränken; dies kann um so eher geschehen, je

mehr für gesicherte Verbindung und Rückhalt (durch die Hauptstellung) geschehen ist. Von solchen Vorurteilen freilich, wie gegen
das „Vorschieben", muß dann abgesehen, vielmehr allein das Haupt-
ziel der Verteidigung im Auge behalten werden.

Für das Verfahren des Verteidigers selbst bleibt immer noch
die eigene „Aktivität" die Hauptsache. Das Heft in der Hand
behalten; es durchaus vermeiden, sich zum bloßen Ziel herzugeben;
vielmehr unausgesetzt tätig, unberechenbar, überraschend, die sich
darbietenden Umstände ausnutzen und bis zur Offensive den Gegner
im Schach halten, das sind die Ziele, die immer noch, und
auf dem vorbezeichneten Wege erst recht, fest im Auge zu behalten sind.

———

XXXV.

Französische Armeeführung im Herbstfeldzug 1813.

Von

von Redern, Hauptmann und Kompagniechef im Infanterie-Regiment
Graf Bülow von Dennewitz.

———

1. Gross-Beeren.

Die Ereignisse, welche zur Schlacht von Gr.-Beeren führten,
dürfen als bekannt vorausgesetzt werden. Wegen Karten und Quellen
wird auf Friederich: „Geschichte des Herbstfeldzuges 1813" und auf
Freytag-Loringhoven: „Studien nach Clausewitz" in den Vierteljahrsheften des Großen Generalstabes, 1907, 1. Heft, ferner auf die Ge-
neralstabskarte 1 : 100000 hingewiesen. Auch die „Offensives contre
Berlin" von Jules Duval haben vorgelegen.

Oudinot konnte dem Wunsche des Kaisers, schon am 18. August
die Grenze zu überschreiten, nicht nachkommen, weil erst an diesem
Tage das IV. und VII. Armeekorps bei Baruth eintrafen. Um so
mehr hatte er Veranlassung, jede neue Verzögerung zu vermeiden.

Mit seinem, dem XII. Korps, war der Herzog von Reggio schon
seit dem 15. August in Baruth. Somit hatte er reichlich Zeit.

die während des Waffenstillstandes eingeleitete Erkundung
aller Verhältnisse zu ergänzen und sonstige Vorbereitungen zu
treffen;

einen klaren Entschluß über die Vormarschrichtung seiner
Marschkolonnen zu fassen und

dem Anmarsch des IV. und VII. Korps eine solche Richtung
zu geben, daß sie auf die Anfangspunkte der ihnen für den
Weitermarsch bestimmten Straßen gesetzt wurden.

Die zahlreiche Kavallerie des XII. Korps, 14 Eskadrons deutscher
Regimenter, war im Gegensatz zu den jungen Konskribierten des
Kavalleriekorps Arrighi durchaus brauchbar. Mindestens fand sich
in dieser Reitermasse die genügende Anzahl von Offizierpatrouillen
zur Aufklärung. Naturgemäß zunächst vor der Front in den Richtungen
Königs-Wusterhausen, Mittenwalde, Zossen; Flankenpatrouillen zur
Einsicht von Osten her auf dem rechten Dahmeufer. Deshalb war
die Aufklärung nach Nordwest und Westen über Speerenberg,
Schöneweide auf Nunsdorf und Trebbin, sowie auf Luckenwalde,
Jüterbog nicht zu unterlassen.

Das Gros der Korpskavalleriebrigade konnte in Form von Auf-
klärungs- und Unterstützungseskadrons verwendet werden. Daß den
kaiserlichen Truppen eine derartige Ausnutzung der Reiterei nicht
fremd war, zeigt der Feldzug von 1805.

Vor allem aber mußte der damals 46jährige Marschall persönlich sehen, um sich ein zutreffendes Bild der so gefürchteten Übergänge über die Notte und Nuthe zu verschaffen. Er konnte, wie
dies auch am 18. — in nicht ausreichender Weise — geschah, mit
genügend starken Truppen vorstoßen, um so den Einblick zu
erzwingen.

Das bis an jene Hindernislinien heranreichende Waldgelände,
sowie die lockere Aufstellung der feindlichen Vorposten, welche nach
Osten nicht über Jachzenbrück hinausreichten, begünstigte solche
Unternehmungen.

Vor der Front, in den Richtungen Mittenwalde, Zossen, war man
20—25 km von der Notte entfernt. Tschernischew mit seinen
Kasaken befand sich an den Straßen von Berlin nach Luckenwalde
und nach Zerbst.

Nebenher war Übergangsmaterial für kurze Brücken bereit zu
stellen und es mußten die Wege erkundet, die Verpflegung vorbereitet
werden.

Kam der Herzog zu dem Entschluß eines Vormarsches, wie er
tatsächlich ausgeführt wurde, so ist zunächst nicht einzusehen, warum
nicht sein auf dem rechten Flügel stehendes XII. Korps auch die

35*

östliche Marschstraße benutzte. Das von Sprottau kommende
IV. Korps war dann auf Merzdorf, Lino zu lenken, das VII. von
Görlitz her auf Luckenwalde. So bekam auch Reynier, der nach
des Kaisers Ansicht „die Sache schon machen würde" und ohne
Zweifel unter den französischen Führern der fähigste war, den Flügel,
welcher die meiste Umsicht erforderte.

Wollte man aber die Anmarschlinien des IV. und VII. Korps
verkürzen, so mußte das XII. Korps am 16. oder 17., spätestens am
18. nach Luckenwalde gezogen werden.

Der Armeeführer war gleichzeitig Korpskommandant und so
war es auch zu rechtfertigen, wenn er sein Korps auf die mittelste
der drei Vormarschstraßen gesetzt hätte. Am besten war die
Führung des XII. Korps dem fähigsten Unterführer anzuvertrauen.

Daß Oudinot die Linksschiebung vornahm, um sich den von
Wittenberg und Magdeburg erwarteten Kolonnen des Zwischenkorps
zu nähern, ist bekannt. Hier liegt aber eine unklare Auffassung der
Lage vor. In taktische Fühlung mit Girard-Lanusse konnte er unmöglich kommen, während Dombrowski mit der kriegstüchtigen
polnischen Division wohl mehr hätte leisten können, als die Deckung
der Etappenlinie Luckau, Wittenberg. An ein taktisches Zusammenwirken mit Davout kann Oudinot erst recht nicht gedacht haben.

Versetzt man sich in diesen Tagen der Vorbereitung in des
Marschalls Lage, so war ein Vormarsch von Baruth geradeaus auf
Berlin, zwischen den Dahme-Seen und den Niederungen der Wühns-
dorfer Seen, des Mellen-Sees und des Dargischower Sees natürlicher.

Dazu drängte nicht allein die Forderung Napoleons, dem der
strategischen Gesamtlage nach an einem schnellen Erfolge liegen
mußte.

Auch taktisch war ein schleuniger Vormarsch auf den kürzesten
Linien dasjenige, was Erfolg versprach.

Oudinot kannte seinen Gegner, den Kronprinzen von Schweden,
genügend. Dem zögernden Erwägen und Zurückhalten gegenüber
mußte blitzartige und wohl berechnete Entschlußfreudigkeit am ersten
ein Gelingen herbeiführen.

Der im ganzen nur schwache innere Halt der französischen
Berliner Armee konnte durch zielbewußtes Handeln und besonders
durch den Sieg zur vollen Kraft des Selbstbewußtseins und des Ver-
trauens in die Führung auswachsen. Für Kreuz- und Quermärsche,
für Unentschlossenheit und Bequemlichkeit des Feldherrn, unverständig
späte Aufbruchzeiten hat auch der gemeine Mann ein feines Gefühl
und die schließliche Niederlage drückt das Siegel unter sein Urteil.

Die gerade Linie von Baruth nach Berlin führt über Zossen. Der Vormarsch in ganzen Korps war bei der napoleonischen Art der Armeeleitung und durch das beschränkte Wegenetz wohl geboten.

Es standen aber in nördlicher Richtung drei Vormarschstraßen zur Verfügung:

Baruth, Neuendorf, Kol. Sputendorf, Motzen, Gr.-Besten, Königs-Wusterhausen;

Baruth, Töpchin, Motzen, Mittenwalde — oder Motzener M., Calinichen, Mittenwalde;

Baruth, Col. Neuhof, Zossen.

Im Schreiben des Kaisers vom 12., Berthiers vom 13. August an Oudinot wird gefordert: Das XII. Korps solle vordringen, um Bertrand und Reynier Platz zu machen. So. wurden am 18. die Borstellschen Vorposten durch einen Vorstoß Oudinotscher Avantgarden bis zur Motzener M. zurückgedrängt. Nimmt man also an, daß das XII. Korps schon am 18. auf die mittelste dieser drei Straßen gesetzt wurde, so konnte am 19. das IV. Korps sich ungehindert durch Baruth auf die östliche, das VII. über Lino, Neuhof auf die westliche setzen, dabei von Neuhof in nordöstlicher Richtung den Baruther Forst durchschreitend und etwa am Motzen-Berge die Straße Baruth, Zossen erreichend.

Das VII. Korps hätte auf diese Art den weitesten Weg gehabt; aber die Notte fließt in nordöstlicher Richtung und so lagen die Marschziele des Korps annähernd gleich weit von den Marschanfangspunkten. Das gleichmäßige Fortschreiten der Kolonnen war durch richtige Abmarschzeiten und durch Erhalten der Verbindung während des Marsches zu regeln.

Das in der Mitte marschierende XII. Korps, um eine Brigade Infanterie und einige Geschütze stärker, als die beiden anderen, war in der Lage, Unterstützung dahin zu senden, wo es not tat. Zur Kolonne Reynier namentlich über Zehrendorf gute Verbindung.

Was in dieser Beziehung möglich ist, erweist der Vormarsch durch den Dornbusch zur Schlacht am Waterberg.

Während das IV. und XII. Korps dicht nebeneinander marschieren, ist das VII. Korps südlich Zossen etwa eine Meile von Motzen entfernt, ein Zwischenraum, welcher nach unseren Begriffen ein Zusammenwirken so starker Teile in keiner Weise ausschließt.

Das am 18. westlich des VII. versammelte III. Kavalleriekorps kann aus Gegend Neuhof über Neuendorf, Clausdorf vorgehend gedacht werden. Durch die Seenkette dort und den Schneide-Gr. mit seinen Sumpfniederungen gedeckt, war diese wenig kampfkräftige und schlecht geführte Kavallerie nicht gefährdet und doch in der Lage, nach der halben und ganzen Flanke hin aufzuklären. Für die Armee selbst bildeten die Seen um Col. Neuhof und der Mellen-See einen weiteren Flankenschutz.

Jedes Korps hatte etwa 20 km Marsch bis an die Engen heran und bei frühzeitigem Aufbruch war man Mittags spätestens am Ziel, das Zürückwerfen der Borstellschen Vorposten eingerechnet.

Ob der Übergang über die Notte noch an diesem Tage zu erreichen war, oder erst am 20. erzwungen werden konnte, hing vom Feinde ab, was weiter unten besprochen werden soll.

Die rechte Flanke dieses Vormarsches ist durch die Dahme-Seen, deren Engen leicht gesperrt werden konnten, völlig gesichert, so daß hier eine Rückwärtsstaffelung, wie sie bei dem historischen Vormarsch in so ausgiebiger Weise vorgenommen wurde, überflüssig war. Dann konnte alle vorhandene Kraft an den Feind gebracht werden. Auch drohte in dieser Flanke kaum eine Gefahr. Wobeser war ja am 22. noch bei Krossen, 15 Meilen von Baruth.

Zur Sicherung der Verbindungen war eine Staffelung in der rückwärtigen linken Flanke der Armee vielleicht geboten. Mit Rücksicht auf die polnische Division genügten hier schwächere Teile, in der Front weniger brauchbare Truppen vom VII. und XII. Korps. Sie fanden für ihre Aufgaben Unterstützung durch das Gelände.

Die Direktiven des Kaisers vom 12. (Berthiers vom 13.) ordnen an, daß die polnische Division Dombrowski zwischen der Berliner Armee und Wittenberg Aufstellung nehme, um die Verbindung mit dieser als Elbübergang und Stapelplatz wichtigen Festung zu sichern. Dambrowskis Vortruppen jagten am 18. die Kasaken über Jüterbog und Belzig hinaus. Ein weiteres Vordringen der Polen, vornehmlich auf der Straße Jüterbog, Berlin wäre für den Vormarsch Oudinots auf Mittenwalde von besonderem Werte gewesen. Das Gros der russischen Kavallerie nahm erst am 19. zwischen Trebbin, Saarmund und Beelitz Aufstellung.

Die Straßen, auf welchen in Wirklichkeit die Berliner Armee vormarschiert ist, hatten an der Nuthe eine doppelte Hindernislinie zu überwinden, zunächst die Übergänge zwischen Dergischow und Trebbin, dann die Niederung des Haupt-Nuthe-Grabens. In dem östlichen Vormarschstreifen dagegen handelt es sich lediglich um die Notteübergänge bei Königs-Wusterhausen, Mittenwalde und Zossen.

Duval unterscheidet la route de Mittenwald, le passage de Junsdorf, le corridor au sud de Groß-Beeren, le couloir d'Abrensdorf. So kurz und treffend lassen sich die Notteengen untereinander nicht vergleichen.

Bei Königs-Wusterhausen zwar handelt es sich lediglich um die nicht breite Notte, welche dort nur von ganz schmalen Wiesenstreifen eingefaßt ist. Der Ort selbst und der nördlich gelegene Mühlenberg gaben zwar gute Artillerie- und Infanteriestellungen zur Verteidigung der Enge, können aber leicht westlich der Waldstücke von Königsberg und Philippsruh umgangen werden. Zur Annäherung dient dem Angreifer der Wald westlich Zeesen und nach gelungenem Übergange findet er Stützpunkte in Deutsch-Wusterhausen und dem Wein-Berg dort.

Auch die Enge von Mittenwalde erscheint nicht sonderlich schwierig. Benutzt die Verteidigung den Mühlen- und Galgen-Berg südlich des Städtchens, so kann dieser von Osten her umfaßt werden. Halbwegs Schenkendorf, Mittenwalde etwa ist eine geeignete Stelle zum Brückenbau, wobei zunächst nur an das Hinüberwerfen von Laufbrücken für Infanterie zu denken ist. Hat man aber Mittenwalde, so hat man auch den Übergang. Selbst eine starke Verteidigung an dieser Stelle muß aufgegeben werden, wenn inzwischen Königs-Wusterhausen fällt. Da das IV. Korps links, das XII. rechts hätte umgehen müssen, so traten die Flügel nahezu in Berührung.

Weniger einfach liegen die Verhältnisse zwischen Zossen und Gr.-Machnow. In einer Länge von nahezu 5 km führt die direkte Verbindung durch einen Wiesengürtel, dessen Gangbarkeit vom Prierow- und Pfähling-See nebst ihren Zu- und Abflüssen beschränkt wird. Eine feindliche Sperrung an der Wuckrow war von Dabendorf und von Westen her leicht zu beseitigen. Thümen mußte beobachtet und, wenn er heran kam, abgewehrt werden. Dann sind nur noch 2,5 km bis Gr.-Machnow, von denen die damalige Waffenwirkung wenig über die Hälfte beherrschte. Man kann aber auch von Schöneiche über Tetz dicht an den Zülowkanal heran kommen und mit dem Fall von Mittenwalde, Königs-Wusterhausen muß bei Gr.-Machnow die Verteidigung räumen.

Übrigens waren die Wiesen trotz angestrebter Überschwemmung gangbar, weil man der Heuernte wegen das Wasser hatte ablaufen lassen. Nasse Wiesen und Sumpf finden sich hier, im Gegensatz zum westlichen Vormarschstreifen, selten. Wald genug für Brückenmaterial war ja vorhanden und die Armee verfügte über sechs Sappeur-Kompagnien.

Wie minderwertig die während des Waffenstillstandes hergestellten Verteidigungseinrichtungen gewesen sind, wußte man auf französischer Seite damals nicht. König Friedrich Wilhelm, welcher die Anlagen am Hallischen Tor und an der Straße nach Potsdam besichtigte, nannte sie „ein Kinderspiel"; Bülow äußert in bezug auf die Arbeiten

an der Notte und Nuthe: „Wenig oder nichts." Als im Gefecht
bei Wilmersdorf Reyniers Truppen endlich den von $1^1/_2$ Bataillonen
Verteidiger bereits geräumten Weinberg stürmten, fanden sie zu
allgemeiner Heiterkeit dort oben eine halbvollendete Flesche.

Aber auch wenn gute Feldwerke diese Engen schützten, mußten
sie genommen werden, und der Kaiser hatte Recht, als er verlangte,
sie unter starkes Artilleriefeuer zu nehmen und dann zu stürmen.
Die französische Artillerie war dieser Aufgabe gewachsen.

Wir haben oben gesehen, daß ein überraschendes Fortnehmen
der Übergänge im Oststreifen schon am 19. wohl möglich war.
Welche Truppen konnten auf seiten der Nordarmee dagegen eingesetzt werden?

Es standen am 19.:

Division Borstell (11—8—8 Geschütze) in Königs-Wusterhausen,
Mittenwalde, Zossen. Vortruppen in Linie Jachzenbrück, Col. Neuhof,
Neuendorf.

Division Thümen · ($9^1/_2$—5—8 Geschütze) bei Trebbin und
Thyrow, Vortruppen in Linie Scharfenbrück, Ruhlsdorf, Berkenbrück,
• Hennickendorf.

Den Befehlen des Kronprinzen entsprechend marschierten
an diesem Tage:

Die Division Dobschütz von Lichtenberg nach dem Südrande
von Berlin und nach Cöpenick,

die Divisionen Krafft und Hessen-Homburg vom preußischen
III. Armee-Korps von Berlin in die Linie Königs-Wusterhausen,
Wasdorf;

das russische Armee-Korps von Spandau in die Gegend
zwischen Lichtenrade und Teltow;

das schwedische Armee-Korps von Charlottenburg nach
Potsdam.

Die Reserve-Kavallerie Oppen, seit dem 16. bei Groß-Ziethen,
schloß sich wohl dem Korps Bülow an.

Diese Truppenverteilung läßt darauf schließen, daß der Kronprinz für den 19. und 20. entschieden mit einem Vorgehen Oudinots
auf Mittenwalde gerechnet hat.

An den Notteengen wären demnach am 19. die Avantgarden
der Berliner Armee lediglich auf die dort verteilte Division Borstell
und vielleicht auf Anfänge der Divisionen Krafft und Hessen-
Homburg gestoßen. Daß Oppens Reiterei nicht sonderlich zu
fürchten war, hat das Gefecht von Wittstock erwiesen.

War der Abmarsch von Baruth recht frühzeitig angetreten, so
hatte man es zunächst wohl nur mit der Division Borstell zu tun.

Es ist anzunehmen, daß die Engen spätestens am 19. Abends im Besitz der Franzosen waren.

Für den 20. war dann die Entscheidungsschlacht zu liefern, unter wesentlich günstigeren Umständen aber, als bei Groß-Beeren. Während das Waldgelände dort bis an das Schlachtfeld heranreicht und der Angreifer sich unter den Kanonen des Feindes daraus entwickeln muß, ist die Gegend nördlich Mittenwalde im ganzen frei von Wald. Zahlreiche Gräben durchzogen auch 1813 das Schlachtfeld von Groß-Beeren; zwischen der Notte und Berlin ist kaum eine Hindernislinie zu finden. Statt der platten Ebene auf dem geschichtlichen Kriegsschauplatz hier ein welliges allerlei Deckung bietendes Gelände, dem auch bedeutendere Erhebungen für Artilleriestellungen und freien Ausblick nicht fehlen.

Durch die an 2,5 km breite Niederung des Haupt-Nuthe-Grabens zwischen Blankenfelde-Jühnsdorf und den Waldungen südlich Groß-Beeren war das französische IV. Korps für den 23. an einem Zusammenwirken mit seiner Armee bei Groß-Beeren durchaus verhindert. Auch im Falle eines Sieges über die Division Dobschütz fand Bertrand in dem über mannstiefen Below-Graben am Ostrande von Groß-Beeren ein Hindernis, dessen Stärke die Division Borstell an wirksamem Eingreifen in die Schlacht verhindert hat. Solche Trennungsmomente bietet das Kampffeld nördlich Mittenwalde nicht.

Die Niederung am Haupt-Nuthe-Graben westlich Jühnsdorf im Verein mit dem Rangsdorfer See bildet bis Blankenfelde hin absoluten Schutz für die linke Flanke einer Armee, welche aus Linie Königs-Wusterhausen, Groß-Machnow nach Norden vorgeht und die rechte Flanke decken die Dahmeseen. Bei Groß-Beeren lag in der französischen linken Flanke ein weites Waldgelände, aus welchem unter anderen das Detachement Hirschfeld auftauchen konnte.

Für den 20. hätte Oudinot damit zu rechnen gehabt, daß ihm auch Wintzingerode und Dobschütz gegenüberstanden, während das schwedische Armeekorps zur Schlacht wohl nicht mehr eintreffen konnte.

Auch auf Thümen war kaum zu zählen, selbst wenn er den Schutz der Nuthe-Übergänge den Kasaken überließ, nachdem erkannt war, daß die polnische Division von Luckenwalde nicht vorging. Wählte Thümen die Richtung über Schünow auf Nächst-Neuendorf, Dabendorf, so konnte er dort mit schwachen Kräften des VII. Korps hingehalten werden, bis nördlich der Notte der Sieg errungen war. Die Enge von Zossen ist nach Westen hin leicht zu verteidigen.

Über Groß-Beeren, Blankenfelde kam er zu spät, wenn der Kampf mit Tagesanbruch eröffnet wurde.

Es waren daher für den 20. auf Seiten der Nordarmee höchstens in Betracht zu ziehen:

Korps Bülow ohne Thümen . . . . 32000 Mann
Korps Wintzingerode, von dem ein erheblicher
    Teil der Kavallerie abgesetzt werden muß, etwa 25000 Mann
Division Dobschütz . . . . 11000 Mann
                                        68000 Mann
mit 210 Geschützen.

Dagegen hatten die Franzosen etwa 69000 Mann mit 216 Geschützen.

Die französische Artillerie war der verbündeten an Kriegstüchtigkeit überlegen. Die Berliner Armee war versammelt, während die Nordarmee erst zusammengezogen werden mußte.

Gelang es dem französischen IV. und entsprechenden Teilen des XII. Korps, sich rechtzeitig in Besitz der Forst Wüstemark zu setzen, so waren einer Umfassung von Osten her die Wege geebnet und bei siegreichem Fortschreiten ein Abdrängen der Verbündeten nach Nordwesten gegen die Havel möglich.

Im Falle eines Mißerfolges konnte die Berliner Armee ihre alten Verbindungen auf Torgau, Dresden, Schlesien beibehalten. Verfolgte die Nordarmee nicht anders, als nach Groß-Beeren, so stand der Rückzug auch nach Wittenberg frei.

Bei dem verminderten Wert der damaligen französischen Truppen, bei der Unentschlossenheit und Untätigkeit ihrer Führung aber haben wir Grund zu der Annahme, daß auch im Falle eines Vorgehens Oudinots über Mittenwalde die preußische Landwehr in Waffenbrüderschaft mit den Russen den Angriff abgewiesen haben würde.

2. Dennewitz.

Die Berliner Armee, etwa in derselben Stärke und Zusammensetzung, wie in den Tagen von Groß-Beeren, stand Anfang September nördlich Wittenberg, Front nach Norden, linker Flügel zurückgebogen in Linie Euper, Thiessen, Dobien, Reinsdorf. Rechts das IV., in der Mitte das XII., links das VII. Korps, III. Kavalleriekorps hinter der Mitte bei Trajuhn.

Von Wittenberg gemessen, beträgt der Radius dieser Aufstellung etwa 5 km, während die Haupttruppen der Nordarmee an 20 km von der Festung entfernt zur Sperrung der Straßen über Jüterbogk, Treuenbrietzen, Hohenwerbig, Belzig und Göritz nach Berlin auf einem 50 km langen Bogen ausgebreitet waren.

Korps Tauentzien mit Teilen der Division Dobschütz bei Zahna, Rest Seyda; Korps Bülow Marzahna, Division Krafft bis Kropstädt, Division Borstell nach Köpenick vorgeschoben. Das russische Armeekorps bei Hohenwerbig, das schwedische bei Raben, Vortruppen (Worenzow und Tschernitschew) bei Grabo und Straach. Division Hirschfeld Göritz.

Die Division Wobeser stand in Luckau.

Grundlegend für die Maßnahmen Neys, welcher von Dresden her am 3. in Wittenberg eintraf und den Oberbefehl übernahm, sind die schriftlichen Direktiven des Kaisers vom 2. September, die am 4. in des Marschalls Hände gelangten.

Er mußte daraus entnehmen, daß Napoleon im Begriff war, beträchtliche Kräfte von Dresden nach Hoyerswerda zu werfen, daß der Kaiser dort am 4. sein Hauptquartier haben werde und daß zur Unterstützung der Berliner Armee am 6. ein Korps bei Luckau bereit stehe.

Seine Armee sollte Ney am 4. in Marsch setzen, um am 6. bei Baruth zu sein. Der Weg dorthin war ihm nicht vorgeschrieben.

. Aus dieser Versammlung war dann die Operation auf Berlin geplant.

Daß . die von Seiten des Kaisers beabsichtigten Truppenverschiebungen nicht zur Ausführung kamen, erfuhr der Herzog von der Moskwa nicht; er hatte also lediglich mit jenen Direktiven zu rechnen. Danach müssen seine Handlungen beurteilt werden. Auch ist zu unterstreichen, daß diese leitenden Gesichtspunkte erst am 4. in Wittenberg eingingen.

Wie des Kaisers klarer Feldherrngeist bei Einleitung der zweiten Offensive gegen Berlin durch Leidenschaft getrübt ist, wie ihm offenbar auch jede Kenntnis von der Aufstellung der Nordarmee fehlt, liegt vor Augen und ist in der Militärliteratur genügend besprochen. Hier aber muß hervorgehoben werden, daß der Marschall verpflichtet war, nach Erkenntnis der Verhältnisse an Ort und Stelle die irrigen Anschauungen seines Souveräns zu berichtigen.

Für den Führer einer Armee ist es geboten, die ihm gewordenen leitenden Gedanken nicht aus den Augen zu verlieren, sich aber dabei der Lage anzupassen, welche er vorfindet. Je schlechter die Verbindung mit der Heeresleitung, um so mehr Selbständigkeit muß gefordert werden. Thiers entschuldigt Ney: · „Mais habitué à ne pas même examiner la valeur des ordres de Napoléon, il continua son mouvement de ganche à droite sans aucune hésitation" (aus Duval).

Bei einem so hohen Führer trifft diese Entschuldigung nicht zu.

Daß man es bei der Berliner Armee nicht verstand, aufzuklären, wurde schon früher besprochen und Oudinot scheint in dieser Richtung nach seinen Niederlagen vom 23. August noch weniger getan zu haben, als vorher.

Soviel aber steht fest, daß man in der Stellung von Wittenberg die Hauptkräfte der Nordarmee sich gegenüber wußte und nach der rechten Flanke hin nur schwächere feindliche Teile vermutete.

Vor den nachfolgenden Verbündeten waren die Franzosen von Groß-Beeren nach Wittenberg zurückgegangen. In dem befestigten Lager nördlich der Festung standen ihnen die feindlichen Vorposten vor der ganzen Front auf wenige Kilometer gegenüber, und zwar Preußen und Russen. Am 3. September wurde ein Angriff von Teilen der Division Borstell auf Thiessen, am 4. ein solcher von Dobschütz auf Euper abgewiesen.

Von Wittenberg über Jüterbog nach Baruth rechnete Napoleon richtig drei Tagemärsche. Der Marschall aber mußte einsehen, daß eine Bewegung in dieser Richtung dicht an der feindlichen Armee entlang ohne Schlacht nicht möglich war.

Er stand also vor der Frage, ob er eine gewaltsame Entscheidung selbständig wagen wollte, in bewußter Abweichung von den Befehlen seiner Heeresleitung, oder ob er unter Meldung der vorgefundenen Lage an den Kaiser die feindliche Armee so lange nördlich Wittenberg fesselte, bis das für den 6. bei Luckau in Aussicht gestellte Korps in Gegend Jüterbogk sein konnte, etwa bis zum 8. oder 9. September.

Auch die linke Flanke der französischen Bober-Armee wäre durch Festhalten der Nord-Armee vor Wittenberg, oder dadurch, daß sie aus dem Felde geschlagen wurde, am besten gesichert gewesen.

Schließlich war es durchaus möglich, den Rechtsabmarsch an die Luckau-Baruther Straße so auszuführen, daß ein ernsthaftes Zusammentreffen mit dem Gegner vermieden und dem Kaiser eine schlagfähige Armee, wenn auch etwas später, zugeführt wurde.

In diesem' Falle überließ man aber, jeder taktischen und strategischen Vernunft entgegen, die feindliche Armee sich selbst, auf deren Vernichtung es doch vor allem ankam. Man gab die Initiative in die Hände des Gegners und verzichtete auf Mitwirkung der Festung Wittenberg.

In Wirklichkeit wählt Ney, blind dem Buchstaben der erhaltenen

Befehle folgend und die Lage auf dem engeren Kriegsschauplatze durchaus ignorierend, die Diagonale zwischen diesen Gedanken und weil er nicht weiß, was er will, kommt es zur Katastrophe.

Die weite Ausdehnung in der Aufstellung der Nordarmee, deren rechter Flügel auch am 6. Abds. noch nicht bei Dennewitz zur Stelle war, und die eigene kampfkräftige Versammlung, dazu die Nähe der Festung mit dem brückenkopfartigen befestigten Lager davor konnten sehr wohl zu dem Gedanken führen, die Schlacht auf eigene Verantwortung zu wagen.

Dazu trat jene Erwägung, daß eine Versammlung bei Baruth zwecklos war, wenn die Nord-Armee zwischen Treuenbrietzen und Wittenberg stand; ferner, daß die Gegend zwischen Wittenberg, Treuenbrietzen, Belzig und Potsdam für den Vormarsch auf Berlin weit günstigere Verhältnisse bot, als der auch den französischen Heerführern genugsam bekannte Landstrich nördlich Baruth, Jüterbogk mit seinen ausgedehnten Waldungen und starken Hindernislinien. Immer blieb es notwendig, die Nordarmee zu besiegen, ehe die preußische Hauptstadt eingenommen werden konnte.

Auch war mit der zögernden und vorsichtigen Heerführung des Kronprinzen zu rechnen und mit der natürlichen Schwäche, welche verbündeten Armeen innewohnt.

Ganz ausgeschlossen mußte es erscheinen, den Hauptangriff gegen den feindlichen rechten Flügel oder auf die Mitte des Gegners zu richten. Ein Abmarsch in westlicher Richtung bedeutete die Preisgabe der Verbindung mit Napoleon; dann mußte Ney sich auf Magdeburg basieren. Zum Angriff gegen die ganze feindliche Front aber war man nicht stark genug.

Es lag vielmehr auf der Hand, die Teile der Verbündeten, welche gerade gegenüber standen, nach Möglichkeit durch die Festung zu binden, den feindlichen linken Flügel aber überraschend und energisch anzugreifen und so zunächst einen Teilsieg zu erringen.

Wie schwer der Kronprinz sich von seiner Aufstellung vor Wittenberg getrennt hat, ist aus der Geschichte des 5. und 6. September zu ersehen. Auch als der Rechtsabmarsch der französischen Armee nach dem Gefecht bei Zahna ganz offenbar war, vermutete er noch immer starke feindliche Kräfte in Wittenberg, und das verspätete Eintreffen der Division Borstell am 6. westlich Göblsdorf ist hierauf zurückzuführen. Die ersten Anzeichen des am 5. um 10° Vorm. beginnenden Abmarsches der französischen Armee aus dem Lager von Wittenberg werden erst 12³⁰ Nachm. von Bülow an den Kronprinzen weiter gemeldet. Wenn dies bei Tage der weiten Entfernungen und der schlechten Verbindung wegen solange dauerte, so war ein Abmarsch bei Nacht wahrscheinlich derart auszuführen, daß eine völlige Überraschung erreicht wurde.

Für die im folgenden gedachten Operationen ist ein verständiger und williger Befehlshaber des französischen XII. Armee-Korps vorausgesetzt.

Die Einleitung des Angriffes auf die linke Flanke der Nord-Armee dürfte zu einem ähnlichen Rechtsabmarsch geführt haben, wie Ney einen solchen am 5. unternahm; nur daß dann nicht die Absicht vorlag, sich an dem Gegner vorbei zu schieben, sondern ein geplanter, wohl vorbereiteter Angriff aller vorhandenen Kräfte auf jene Flanke, während die feindliche Front durch die Ungewißheit der Verhältnisse in Wittenberg vor dieser Festung noch festgehalten wurde. Dabei löste sich die französische Armee von Wittenberg ab und verlegte ihre Basis auf Torgau oder auf Luckau, Hoyerswerda.

Während für ein möglichst rechtzeitiges Eintreffen der Armee bei Luckau und Baruth wenigstens die Nacht vom 4. bis 5. September nicht verloren gehen durfte, kam es bei einem Angriff auf die Korps Thümen und Bülow wenig darauf an, ob am 5. oder noch später geschlagen wurde. Sollte die Unterstützung des Luckauer Korps abgewartet werden, so lag es sogar im Interesse der Berliner Armee, die Entscheidung bis zum 8. hinzuziehen.

Die Zwischenzeit mußte zur Ergänzung der Aufklärung benutzt werden und zur Verständigung des Kaisers über die vorgefundene Lage und die gefaßten Entschlüsse.

Entgegen den Anschauungen Bülows hatte der Kronprinz die Absicht, in der eingenommenen Aufstellung den weiteren Gang der Ereignisse abzuwarten, so daß also Veränderungen durch Initiative der Nordarmee für die nächsten Tage nicht wahrscheinlich waren.

Entschloß sich nun Ney, die Gunst der Verhältnisse ohne die Verstärkung von Luckau auszunutzen, oder erhielt er die Nachricht, daß wegen Auflösung der Armee Macdonalds die vorhandenen frischen Kräfte nach Schlesien geworfen werden mußten; hatte er im Laufe des 3. und 4. durch geeignete Maßnahmen seine Nachrichten über die feindliche Aufstellung ergänzt: so konnte für den 5., spätestens für den 6. der Angriff auf die preußischen Korps ausgeführt werden.

Ein frontales Vorgehen der Franzosen auf Zahna und Köpenick hätte durchaus im Sinne des Kronprinzen gelegen, der für diesen Fall mit dem russischen Korps von Hohen-Werbig über Weddin, mit dem schwedischen von Raben über Berkau heranmarschierend dem mit Tauentzien und Bülow kämpfenden Feinde in die linke Flanke gefallen wäre.

Ehe die Berliner Armee zu einem solchen Angriff schritt, mußte sie in eine Lage versetzt werden, welche sie in jedem Falle der Umfassung durch Russen und Schweden entzog und bei ungünstigem Verlaufe den Rückzug auf Torgau oder an die Straße Hoyerswerda, Luckau sicherstellte.

Sie war, möglichst unbemerkt vom Feinde, nach Osten herauszuziehen und in die Linie Leetza, Bülzig, Euper zu führen.

Ließ man das IV. Korps zunächst bei Euper stehen und beauftragte es mit Deckung des Abmarsches der Armee, so konnte in der Nacht 4./5. oder 5./6. das XII. Korps über Labetz auf der Straße nach Jessen bis in die Gegend östlich Prühlitz vormarschieren und, über Diedrichsdorf, Külso nach Norden abbiegend, frühmorgens sich in Besitz der Übergänge südlich und westlich Leetza setzen, dann den Angriff auf Zahna beginnen.

Gegen Seyda war in Gegend Meltendorf, Zemnick mit starker Kavallerie — eine bis zwei Divisionen des III. Kavalleriekorps — zu sichern und die Verbindung nach Hoyerswerda hin herzustellen. Die Elsterübergänge bei Schweinitz und Jessen waren zu besetzen.

Das VII. Korps hätte so in Marsch gesetzt werden sollen, daß es mit Tagesanbruch von Bülzig aus den Angriff auf Zahna unterstützen und im Verein mit dem IV. Korps sich gegen Bülow wenden konnte.

Bei dem sehr viel kürzeren Wege, welchen dieses Korps im Vergleich zum XII. zurückzulegen hatte, kam eine Marschkreuzung nicht in Frage. Während das XII. Korps bald nach Einbruch der Dunkelheit den Abmarsch einleiten konnte, war es vorteilhaft, das VII. Korps möglichst lange stehen zu lassen, um den Gegner zu täuschen.

Bei Zahna standen an Tauentzienschen Truppen 6 Bataillone, 8 Eskadrons, 11 Geschütze. Das Detachement Beier von der Division Borstell (2—2—2 Gesch.) bei Woltersdorf fiel auf Reynier. Vermutlich war Dobschütz bei Zahna erledigt, ehe Tauentzien von Seyda herankam (9—13—20 Gesch.). Aber auch wenn man mit allen vom preußischen IV. Korps zur Verfügung stehenden Truppen (15—21—31 Gesch.) rechnet und das dort zugeteilte Regiment Kasaken mit einschätzt, so hatte Oudinot diesen 11 500 Mann ein Korps von 36 Bataillonen, 8 Eskadrons und 72 Geschützen, 24000 Mann, entgegenzusetzen. Die kavalleristische Unterlegenheit war durch Teile des III. Kavalleriekorps auszugleichen, welches in seiner Masse ja nicht verwendungsfähig gewesen ist.

Ein schneller Erfolg der französischen Waffen scheint hier gewährleistet. Die Landwehr vom Tauentzienschen Korps hat sich in dem wirklichen Gefecht von Zahna nicht sehr glänzend geschlagen. Daß Oudinot während dieser Operation durch den Zahna-Bach von seiner Armee getrennt war, kommt kaum in Betracht. Bei Zahna selbst und bei Rahnsdorf fand er nach gelungenem Siege über Tauentzien Gelegenheit, nach Bedarf gegen Bülow einzuschwenken. Auch ist der obere Zahna-Bach keine wesentliche Hindernislinie. Seine Niederung wurde während des Gefechtes am 5. nördlich Dorf Zahna von Infanterie durchschritten.

Oudinots Übergang bei Leetza über die Rassdorf-Zahnaer Niederung wäre gegen Seyda hin durch die Sumpfflächen am Wolfswinkel und bei den Zemnicker Wiesen durchaus geschützt gewesen und die auf Seyda vorgeschobenen Teile des III. Kavalleriekorps fanden zwischen Meltendorf und Zemnick mit dem linken Flügel Anlehnung an jene Sümpfe, mit dem rechten Schutz am Seydaer Fließ, so daß selbst diese Kavallerie solcher Aufgabe gewachsen war. Einige Artillerie konnte man ihr ja zunächst beigeben und dieselbe später wieder heranziehen.

Im Falle eines ernstlichen Angriffes gegen seine linke Flanke würde es dem Charakter Bülows und seiner Unterführer durchaus entsprochen haben, wenn etwa Borstell auf Euper, Krafft auf Wüstemark, der Rest des preußischen III. Korps über Werkzahna auf Rahnsdorf vorgegangen wären. Denn die in Wirklichkeit anfänglich von Bülow in diesen Tagen bewiesene Unentschlossenheit hing doch zum großen Teil mit ungenügender Erkenntnis der Lage zusammen.

Dann stieß Borstell auf Bertrand, Krafft auf Reynier. Eine geschickte Armeeführung auf französischer Seite würde es verstanden haben, zum mindesten recht erhebliche Teile des VII. Korps über Zahna gegen Bülow zu entwickeln, während das französische IV. Korps mehr zur Abwehr der Divisionen Borstell und Krafft aufzumarschieren hatte.

Oudinot, aus Linie Zalmsdorf, Zahna zunächst nördlich vorgehend, leitet die Umfassung des preußischen linken Flügels ein und es ist nicht unwahrscheinlich, daß hier ein Sieg errungen werden konnte, ehe die Russen. oder gar die Schweden herankamen. In der eigentlichen Schlacht von Dennewitz waren diese Korps bei Lobbesse nicht weiter vom Schlachtfelde entfernt, hatten viel mehr Zeit, waren viel gefechtsbereiter und erschienen doch nur mit vorausgeeilten Teilen auf dem Kampfplatz.

Ob diese Verbündeten nach einer entschiedenen Niederlage der Preußen sich für die Verteidigung Berlins geopfert hätten, ist mehr als fraglich.

In Wirklichkeit brach Bülow, mit Ausnahme der Division Borstell, am 5. September erst gegen 5° Nachm. aus seiner Aufstellung um Kropstädt und Marzahna auf und schon um 10³⁰ Vorm. hatte sich die Division Guilleminot vom XII. Korps aus Euper entwickelt. Bülow setzt sich also etwa 6 Stunden später in Marsch.

Beabsichtigte Ney den planmäßigen Angriff, so konnte auch der Fall eintreten, daß das preußische III. Korps es vermied, sich noch weiter von den Russen und Schweden zu entfernen und, Tauentzien seinem Schicksal überlassend, bei Marzahna den Angriff erwartete, eine Absicht, welche in einer Meldung Bülows vom 5. ab 1³⁰ Nachm. zum Ausdruck kommt.

In diesem Falle wäre ein energischer Angriff durch das französische VII. und IV. Armee-Korps aus Linie Zahna, Euper, auch wenn das XII. Korps noch nicht ganz heran war, diejenige Lösung gewesen, welche am sichersten zu voller Entwickelung aller preußischen Truppen führen mußte. Dann hatte man freilich unter Umständen auch mit den Russen zu rechnen, so daß die Stärkeverhältnisse etwa so standen, wie sie am Schlusse unserer Betrachtung „Groß-Beeren" zusammengestellt sind.

Der Kronprinz läßt am 5. Abds. an Bülow schreiben, er glaube nicht, daß der Feind die Absicht habe, die Stellung von Marzahna anzugreifen. Die Schweden hätten Befehl, sich für den 6. Morgens an das russische Korps nach Labbesse heranzuziehen. Hirschfeld wird · noch während der Nacht in Richtung auf das schwedische Korps nach Rabenstein in Marsch gesetzt.

Der am 5. September um 10° Abds. vom Kronprinzen ausgegebene endgültige Befehl geht davon aus, daß am 6. Morgens die Franzosen die Bülowschen Truppen angreifen, oder auf Jüterbogk vorgehen werden. Es wird auch mit der Möglichkeit gerechnet, daß noch starke feindliche Kräfte in und vor Wittenberg stehen, welche auf Treuenbritzen vorgehen könnten. Der Befehl läßt Borstell bei Köpenick und Jahmo stehen; Worenzow und Tschernitschew werden ebenfalls in ihren alten Stellungen belassen. Das russische und schwedische Korps sollten am 6. Morgens bei Lobbesse vereinigt bereit stehen.

Die vor Wittenberg festgehaltenen Truppen wurden erst durch einen am 6. um 10³⁰ Vorm. gegebenen Befehl herangezogen. Tschernitschew blieb auch dann noch vor Wittenberg. Die Festung

tat also ihre Schuldigkeit, und zwar lediglich dadurch, daß sie
vorhanden war.

Wir ersehen daraus, wie unklar doch noch am 5. Abends die
·Anschauung über die Lage im Hauptquartier der Verbündeten war
und wie schwierig es ist, eine so weit auseinander gezogene Armee
rechtzeitig am entscheidenden Punkt zu vereinigen. Auch am 6. um
10^{30} Vorm. hatte der Kronprinz noch kein zutreffendes Bild von
den Absichten des Feindes.

Ähnlich möchte sich dies bei dem oben besprochenen Angriff
Neys gegen den linken Flügel der Nordarmee gestaltet haben und
der Marschall hatte daraus seine Vorteile zu ziehen.

Wenn die Grundzüge . der vorstehenden Erwägungen erweisen,
daß ein solcher Angriff nicht ohne Aussicht auf Erfolg war, so muß.
ein solcher den Franzosen in noch viel höherem Maße zugesprochen
werden, sobald Ney sich entschloß, diesen Angriff zu verschieben,
bis das bei Luckau in Aussicht gestellte Hilfskorps heran sein
konnte. Südlich Jüterbogk vorgehend, hätte dieses Korps Bülow
nördlich umfassen oder sich gegen Wintzingerode wenden können.

Es sind das alles Überlegungen, wie sie im Neyschen Hauptquartier am 4. September in Wittenberg wohl anzustellen waren.
Immerhin mußte der Marschall, wenn er sich zu selbständigem Angriff entschloß, seinem Kaiser gegenüber eine große Verantwortung
übernehmen, auch lagen die Verhältnisse beim Gegner nicht so klar
vor Augen, wie wir sie heut sehen.

Aber die politische und strategische Gesamtlage, dazu die
Niederlage an der Katzbach und der Sieg bei Dresden spornten zur
Ausnutzung. von Verhältnissen, welche irgend Erfolg versprachen.
Ein Risiko nimmt jeder Feldherr auf sich, wenn er seine Armee
zur Schlacht führt. Ney schätzte die Nordarmee auf 73 000 Mann.

Wie in Wirklichkeit in der Nacht vom 5./6. September die
Kräfte auf beiden Seiten standen, hatten die Franzosen sowohl die
Möglichkeit, das III. und IV. preußische Korps am 6. entscheidend
zu schlagen, als auch diejenige, sich durch Nachtmarsch in östlicher
Richtung abzuziehen.

Noch während der Schlacht am 6. boten sich dem Marschall
Chancen auf Chancen. Bei der so gänzlich versagenden Leitung
aber, welche von dem Throne des Armeeführers auf die Stufe des
Korps- und Divisionskommandanten herabstieg, verhüllte der Kriegs-
gott schließlich sein Haupt und wendete den Sieg den Preußen zu.

„Avec l'espace gagner le temps, se cacher, se faufiler, glisser
inaperçu, s'écouler vite, fuir en toute hâte: en çela consistait
aujourd'hui le succès, gage pour lendemain d'une victoire impériale.“

So beurteilt Duval die Aufgabe der Berliner Armee für den 6. September, nachdem der Durchbruch durch die Einschließung vollzogen war. Frühzeitiger Aufbruch am 5., etwa Tagesanbruch statt 10° Vorm., über Külso, Bülzig und Zahna konnte an diesem Tage ohne besondere Schwierigkeit die Franzosen in die Linie Schweinitz, Mügeln führen.

Kam man in Wittenberg zu dem Entschluß, die Armee dem Kaiser zuzuführen, ohne mit dem Feinde in ernsthafte Berührung zu treten, so war der sicherste Weg derjenige auf dem linken Ufer der Elbe über Torgau. Abmarsch am 4. angenommen, war diese Festung bis zum 5. Abends mit den Anfängen zu erreichen und am 8. September konnte man in der Gegend von Luckau eintreffen.

Wollte der Marschall die angestrebte Vereinigung auf dem rechten Elbufer vollziehen, so lag die Schwierigkeit darin, die Elsterübergänge bei Jessen und Schweinitz vom Feinde ungestört zu erreichen. Einmal die Elster überschritten, war man hinter diesem Flusse und hinter den nach Norden vorgelagerten Sumpfniederungen durchaus geborgen und konnte den zweiten Uferwechsel ja nach Umständen bei Herzberg, Liebenwalde oder Elsterwerda, oder an diesen drei Übergängen gleichzeitig, vollziehen.

Auch Jules Duval, der übrigens den braven Sachsen bei Göhlsdorf endlich Gerechtigkeit widerfahren läßt, befürwortet diese Lösung der Neyschen Aufgabe.

„Ainsi que Davout à Abensberg en 1809, Ney devait marcher au rendezvous."

Und über die Ausführung sagt er: „que, grâce à meilleures dispositions initiales, Ney passait sans encombre et évitait peut-être Tauenzien, très probablement Bülow, certainement Bernadotte."

Um von Wittenberg nach Jessen zu gelangen, 25—30 km rund je nach Aufstellung der Korps nördlich Wittenberg, war an den Marsch der ganzen Armee auf der einen Straße Wittenberg, Elster, Jessen, zuerst die Elbe, dann die Elster unmittelbar in der rechten Flanke, nicht zu denken. Wohl aber konnte ein Marsch in der Nacht 4./5. das VII. Korps auf dieser Straße. in die Gegend von Listerfehrda und Ruhlsdorf, das XII. über Wiesigk, Külso und über die Enge Meltendorf, Lüttgenseyda, Gentha führen, wobei eine Abwehr zum mindesten der Tauentzienschen Truppen bei Seyda .unvermeidlich war.

Das IV. Korps mußte zunächst den Abmarsch decken, dann in zwei Kolonnen auf beiden Straßen folgen, während die Ausfallbesatzung von Wittenberg seine Stellung um Euper einnahm.

Bei der Stärke der französischen Armee und den zahlreichen
Hindernislinien nördlich beider Marschstraßen, deren Eugen durch
Seitendeckungen feindwärts leicht zu sperren waren, bei den ver-
deckenden Waldungen dort und der Schwäche des preußischen
IV. Korps konnte den Marschkolonnen Neys ein ernsthafter Schaden
nicht zugefügt werden und drängte schließlich auch das Korps
Bülow nach, so trat die Lage ein, welche Duval mit den Worten
schildert:

„L'Armée se trouvait poussée vers son but, comme un navire,
qui, vent arrière, chasse devant la tempête."

Einmal über das Seydaer Fließ und den Wiesenbach hinüber,
war dann eine Schwierigkeit bis Jessen, Schweinitz nicht mehr
vorhanden.

Umschau.

Deutschland.

rahtlose
egraphie
und
ephonie.
Am 19. Juni hat die Gesellschaft für drahtlose Telegraphie in
Berlin den zuständigen Militärbehörden die erste bewegliche Militär-
station vorgestellt, welche zur Anwendung der Telegraphie und
Telephonie ohne Draht im Felde bestimmt ist. Die Einrichtung
der Station ist vollkommen derjenigen ähnlich, welche die Gesellschaft für die Telegraphie ohne Draht schon geliefert hat. Der
transportable Mast von 25 m Höhe entspricht dem jetzt bereits verwendeten. Die zum Betriebe notwendige elektrische Energie wird
von einem Benzinmotor von 3 Pferdekräften geliefert. Die elektrischen Wellen werden durch Vermittelung einer elektrischen Bogen-
lampe hervorgebracht. Die Handhabung, um Depeschen vom Sender
zum Empfänger zu schicken oder Gespräche zu unterhalten, beschränkt
sich auf einige Sekunden und auf das einfache Drehen einer Kurbel.

chinen-
wehre
Etatsver-
hrung.
Am 1. Oktober sind verschiedenen Infanterieregimentern Maschinengewehre zugeteilt worden: beim Gardekorps, dem 2. und
4. Garde-, dem 4. Garde-Grenadier- und dem Garde-Füsilieregiment.
Es handelt sich hierbei nicht, um die Schaffung neuer Maschinengewehrabteilungen analog der schon bestehenden 16 Abteilungen
(Preußen 13, Sachsen 2, Bayern 1), denn in dem Etat für 1907 ist

eine Vermehrung dieser Abteilungen nicht vorgesehen, auch anderweitig eine Vermehrung des Offizier- und Mannschaftsstandes nicht in Ansatz gebracht. Deshalb kann vorläufig nur eine Zuteilung der Maschinengewehre zu vorhandenen Truppenteilen im Rahmen der gesetzmäßigen Zahl der Einheiten und der Sollstärken an Offizieren und Mannschaften in Frage kommen. Möglich daß diese Formationen sich zu selbständigen Kompagnien oder Zügen innerhalb des Regimentsverbandes auswachsen, wenn sich der Versuch bewährt und etatsmäßig ihre Zahl festgelegt ist. Die Maschinengewehre der Infanterie werden nur zweispännig gefahren und lassen die Bedienung nicht aufsitzen. Die vorhandenen Maschinengewehrabteilungen werden dauernd der Kavallerie zugeteilt werden und behalten deshalb den vierspännigen Zug und aufgesessene Bedienung, um der Kavallerie in jedem Gelände in allen Gangarten folgen zu können.

Im Zusammenhange hiermit sei bemerkt, daß zur Fortführung der durch das Gesetz vom 15. April 1905 angeordneten Änderungen in der Organisation des Reichsheeres am 1. Oktober neu gebildet worden sind:

1 Bataillon Infanterie mit niedrigem Etat unter Zuteilung zu dem in Neu-Breisach bestehenden 172. Regiment,
1 Pionierregimentsstab (Kommandeur der Pioniere),
1 Pionierbataillon,
1 Telegraphenbataillon mit 4 Funkentelegraphenabteilungen,
1 Bespannungsabteilung für Telegraphentruppen.

Zum 1. April 1908 wird auf Grund desgleichen Gesetzes eine Kraftfahrabteilung, die erste im Heere, errichtet. Sie erscheint deshalb erst im nächstjährigen Etat.

Bei einigen Armeekorps werden seit einigen Jahren Offiziere von einer Waffe zur anderen kommandiert, um sich mit der Taktik, der Verwendungsart und den Eigenheiten der fremden Waffe vertraut zu machen. Von diesen Kommandos, welche freiwillig sind, wurde eine Förderung des Verständnisses für das innige Zusammenwirken der Waffen erwartet. Der Versuch hat sich bewährt; die Meldungen zu den Kommandos sind zahlreich. Das Verfahren hat sich nunmehr auf fast alle Armeekorps ausgedehnt.

Die Versorgung der Soldaten mit Patronen im Gefecht ist bei den Mehrladegewehren und ihrem Schnellfeuer eine sehr ernste Frage, der allseitig die größte Beachtung geschenkt wird. Wie die Militärzeitung berichtet, sind neuerdings bei einigen Truppenteilen Versuche gemacht worden, „die Kompagniepatronenwagen beim Beginn eines Gefechtes rasch zu leeren und die Patronen an die Mannschaft auszugeben. Zu diesem Zweck sind die Patronen zu je

70 Stück in leichte Zeugbänder verpackt, die um den Hals gehängt und mit ihren unteren Enden an die Patronentaschen gehakt werden können. Diese Bänder sollen von dem vorgefahrenen Patronenwagen im Vorbeimarsch an die Flügelleute der Gruppen ausgegeben und von diesen an die Mannschaften verteilt werden. Die in die feuernde Schützenlinie einschwärmenden Verstärkungen können jetzt mit Leichtigkeit die in Leinwandstreifen verpackten Patronen nach vorn bringen, ohne in ihrer Bewegungsfreiheit durch das Tragen in den Händen von Patronenpaketen behindert zu sein."

In diesem Jahre haben Angriffsübungen gegen die Küsten-befestigungen westlich von Danzig durch die Schiffsartillerie statt-gefunden. Beschossen wurde eine durch die Fußartillerie hergestellte, gedeckte Küstenbatterie auf der Landzunge von Leba nebst Infanterie-zielen. Verwendet wurden der Panzer „Schwaben", 11 800 t Deplace-ment und mit 4 24 cm L/40, 18 15 cm L/40, 12 8,8 cm L/30 Geschützen und 12 3,7 cm-Maschinengewehren bewaffnet; ferner die Küstenpanzer „Aegir" und „Frithjof" von 4150 und 4100 t Deplacement und mit je 3 24 cm L/35, 10 8,8 cm L/30 Ge-schützen und 6 3,7 cm-Maschinengewehren ausgerüstet. Das Er-gebnis dieses Versuches war, daß gegen gut gedeckte Küstenbatterien die rasanten Flugbahnen der Schiffsgeschütze nur dann etwas aus-richten können, wenn die Entfernungen so groß werden, daß man genügend steile Einfallwinkel erhält. Bahn.

Österreich-Ungarn.

Nach dem Anhange zum Verordnungsblatt vom 18. Mai d. J. gibt Revue militaire des armées étrangères (August 1907) folgende Beschreibung zweier Exerzier- bzw. Platzpatronen für Maschinen-gewehre, welche sich nur durch die Art und das Gewicht der Pulver-ladung unterscheiden. Wie die Platzpatronen für das Gewehr sind diese Patronen mit einem Papiergeschoß versehen. Die äußere Form der Platzpatrone entspricht vollständig der der scharfen Patrone. Um das Spiel des Rücklaufmechanismus zu sichern, auf welchem das selbsttätige Laden des Maschinengewehres beruht, ist der Lauf desselben entweder mit einem inneren Lauf von 4 mm Kaliber oder mit einem Rücklaufverstärker versehen, welch' letzterer an der Außen-seite des Laufes befestigt ist und aus einer Art Trichter besteht, dessen Hals sich auf 4 mm Durchmesser verringert.

Beim Schuß setzt das Papiergeschoß, welches bei seinem Durch-gang durch den engeren Teil des Laufes stark zusammengepreßt wird, dem Ausgang der Gase einen Widerstand entgegen, welcher

groß genug ist, um das selbsttätige Laden des Gewehres hervorzurufen. Außerdem ist der innere Lauf mit einer Einrichtung versehen,
welche bestimmt ist, das Papiergeschoß bei seinem Austritt aus dem
Lauf gegen den Boden zu drücken.

Das Militärwochenblatt beschreibt einen zur Einführung gelangenden neuen Tornister wie folgt: „Er besteht aus Hanfgilterstoff,
ist aus einem Stück geschnitten und an dem einen Seitenrand sowie
an dem abgerundeten Boden zusammengenäht; auf dem Mündungs-
saum ist an dem erwähnten Seitenrand ein Tragband, an dem anderen
eine Schlinge aus einer Spagatgurte (Bindfaden) angebracht. Der
Tornister wiegt etwa 290 g. **Bahn.**

Neue Tornist

Die Kaisermanöver in Kärnten haben ihren Abschluß erreicht
und ihr Ergebnis wird in den Heereskreisen als ein recht befriedigendes
bezeichnet. Die Besorgnis, die auch mancher älterer Offizier gehegt,
die den beiderseitigen Führern gelassene Freiheit des Entschlusses,
für welche der neue Chef des Generalstabs, Conrad von Hötzendorf,
so warm eingetreten war, könne zu einem „Auseinanderlaufen"
führen, hat sich als unnötig erwiesen und das Vertrauen zum Geschick der Führer und zu der kriegsgemäßen Schulung der Truppen war
gerechtfertigt. Die Anlage dieser Manöver hat mit derjenigen der
diesjährigen italienischen Armeemanöver das gemeinsam, daß man
ein gebirgiges Gelände gewählt und daß die eine Partei auf der
inneren Linie operieren mußte, mit dem wesentlichen Unterschiede,
daß dies in Kärnten gelang, in Italien dagegen, unserer Ansicht
nach, nicht ohne Schuld der Leitung, mißlungen ist. Die Gliederung
der an den Manövern beteiligten Kräfte war die folgende:

Groß Herbs übung

III. Korps: 6. Infanteriedivision (14 Bataillone, $2^1/_4$ Eskadrons, 16 Feld-, 4 Gebirgsgeschütze, 4 Maschinengewehre),
28. Infanteriedivision (17 Bataillone, 2 Eskadrons, 20 Feld- und
Gebirgsgeschütze, 2 Maschinengewehre), 22. Landwehrdivision
(12 Bataillone, 2 Eskadrons, 20 Feldgeschütze, 16 Feldhaubitzen,
2 Maschinengewehre), 2 Pionierbataillone, Luftschifferabteilung, Feld-
und Gebirgsgeschütze, Fernsprecher, Telegraphenabteilung, zusammen
43 Bataillone, $6^1/_4$ Eskadrons, 60 Feld- und Gebirgskanonen, 16 Feldhaubitzen, 8 Maschinengewehre, 2 Bataillone Pioniere.

XIV. Korps (Erzherzog Eugen): 3. Infanteriedivision (15
Bataillone, $3^1/_4$ Eskadrons, 16 Feldgeschütze, 4 Maschinengewehre),
8. Infanteriedivision (16 Bataillone, 3 Eskadrons, 16 Feld- und
12 Gebirgsgeschütze, 6 Maschinengewehre), 44. Landwehrdivision

(11 Bataillone, 3 Eskadrons, 4 Feldgeschütze, 16 Feldhaubitzen, 2 Maschinengewehre), 2 Pionierbataillone, Luftschiffer usw. wie beim III. Korps, zusammen XIV. Korps 42 Bataillone, 9¼ Eskadrons, 52 Feld- und Gebirgsgeschütze, 16 Feldhaubitzen, 12 Maschinengewehre.

Wenn man die Gliederung beider Parteien näher betrachtet, so fällt auf, daß keiner von beiden ein größerer Reiterkörper, nicht einmal eine Korpskavalleriebrigade, zugewiesen war. Die Erklärung dafür ist aber unserer Ansicht nach einfach. Bei der Trennung der einzelnen größeren Verbände in den gebirgigen Geländen blieb diesen auch die Aufklärung überlassen, große Reiterverbände waren überhaupt nicht zu verwenden, man mußte mit der Divisionskavallerie und andern Mitteln ausreichen. Für die Aufklärung finden wir beim III. Korps 2 Eskadrons, 2 Radfahrerabteilungen, 7¼ Kompagnien verwendet, beim XIV. Korps 1 Kompagnie und 3 Eskadrons, beim III. Korps gingen die Aufklärungsrichtungen naturgemäß exzentrisch auseinander, während sie beim XIV. Korps konzentrisch zusammenliefen.

In der Ausgangslage hatte das III. Korps (3. September abends) einen in 2 räumlich getrennten Gruppen stehenden Gegner sich gegenüber, und es handelte sich für dieses Korps darum, auf der inneren Linie operierend den Gegner in der Trennung zu fassen, mit überlegenen Kräften Teilsiege zu erzielen und sich dann gegen den andern Teil zu wenden. Nötig war es dazu, rasch zu handeln, um die zu schlagende Kräftegruppe noch zu treffen, ehe die andere so nahe, daß sie eingreifen konnten. Das war die eine Rücksicht, die bei der Wahl der zunächst anzugreifenden Gruppe zu nehmen war. Sie wies auf das Vorgehen gegen die 3. feindliche Infanteriedivision hin, da man dieser gegenüber überlegene Kräfte einsetzen konnte. Ein Erfolg gegen diese 3. Division erleichterte dann, moralisch wenigstens, die spätere Operation gegen die 2. feindliche Kräftegruppe. Bedenklich wurde aber die Lage freilich, wenn die 8. feindliche Division, ehe ein voller Erfolg über die 3. erzielt war, nahe genug herankam, da das III. Korps ja eine Frontveränderung zu bewirken hatte, um seinem 2. Auftrage, die Verbindungen der eigenen Armee gegen die aus Tirol nach Oberösterreich im Marsch angenommenen Kräfte zu schützen, nachzukommen. Dem III. Korps ist es gelungen, einen kurzen kräftigen Schlag zu führen und dann auf einem kurzen Rückzuge die Frontveränderung zu vollziehen. Das spricht deutlich genug für das Geschick seines, dieselben Fähigkeiten während des ganzen Verlaufes der Manöver beweisenden Führers.

Für das XIV. Korps kam es darauf an, sich nicht in der

Trennung schlagen zu lassen, seine Kräfte vielmehr baldigst zu vereinigen, den Gegner dabei, wenn möglich, konzentrisch anzufallen. Eventuell mußte die schwächere seiner Kräftegruppen einen kurzen Rückzug antreten, aber dann rechtzeitig und nicht erst nach einer Schlappe. Der Führer des XIV. Korps nahm die Vereinigung auf Völkermarkt in Aussicht, die die Möglichkeit eines konzentrischen Angriffs auf den Gegner bot, und traf dazu für den 4. September durchaus sachgemäße Anordnungen. Der Führer des III. Korps verlangte am 4. September von seinen Truppen eine nahezu doppelte Tagesleistung, auch die Truppen des XIV. Korps gelangten in die zu erreichenden Räume.

Auf die weiteren Ereignisse der Manöver können wir hier Raummangels wegen nicht eingehen, festzustellen aber ist, daß Auffassung der Führer von der Lage, ihre Entschlüsse, ihre Anordnungen ebenso auf der Höhe standen, wie die kriegsgemäße Schulung der Truppen, ihre Manneszucht, Ausdauer im Ertragen von Anstrengungen und Gefechtsdisziplin. Wenn die Obstruktion in Ungarn die Heeresleitung hindert, die lange schon gefaßten Pläne für den unabweisbar nötigen Ausbau der Armee in die Praxis zu übersetzen, so kann man der Heeresleitung nicht die Anerkennung versagen, daß sie in bezug auf Schulung die Vorbereitung der Armee auf den Krieg mit eiserner Energie und großer Umsicht gefördert hat. Wo sie handeln kann, wie sie will, schafft die Heeresleitung Gutes. Daß man ihr in Ungarn in bedauernswerter Kurzsichtigkeit Knüppel zwischen die Beine wirft, ist nicht ihre Schuld.   18

Italien.

Die Bestellung eines Teiles des Bedarfs der neuen Feldgeschütze bei der Firma Krupp in Essen hat in Italien, wie bereits mehrfach in der Umschau mitgeteilt, eine scharfe, skrupellose Preßfehde gegen diesen Beschluß der Regierung sowie gegen das deutsche Material entfesselt. Die ersten Anklagen wurden vom „Pensiero Militare" erhoben, einem Blatte, das den ehemaligen Hauptmann Fabio Ranzi, Republikaner und eifriger Friedensapostel, zum Leiter hat. Seine in Angriffen auf den Kriegsminister Vigano gipfelnden Ausführungen wurden natürlich von der gesamten oppositionellen Presse weitergegeben, so daß sich das Ministerium selbst zur offiziösen Berichtigung herbeilassen mußte. Das Kruppsche Material betreffend wurde z. B. behauptet, daß die Rohre von 4 Rohrrücklauf-Feldkanonen bei Schießversuchen in Nettuno nach Abgabe von nur 300 Schuß derartige Beschädigungen in der Seele erlitten hätten, daß sie nicht mehr ge-

Umbew
nung c
Artille
Angrif
gegen
Regier
und c
Krupps
Materi

laden werden konnten. Nach den offiziösen Erklärungen, die u. a.
im „Giornale D'Italia" veröffentlicht wurden, stellte sich diese Behauptung einfach als eine Erfindung heraus. Von Beschädigungen
in der Seele könne keine Rede sein. Die Kruppschen Rohre hätten
sich im Gegenteil vorzüglich verhalten. Man habe in Nettuno mit
den Kruppschen Geschützen nicht 300, sondern 2672 Schuß abgegeben und die bei dieser Schußzahl beobachtete Klemmung von
4 Patronen hätten mit den Rohren nichts zu tun. Die Klemmungen
seien, wie die Untersuchung des fraglichen Vorkommnisses ergeben
habe, zurückzuführen auf kleine Rückstände von den Preßspan-
böden der Kartuschhülsen; auf die Anwendung des italienischen
Ballistitpulvers, das infolge zu großen Nitroglyzeringehaltes eine
Schmelzung der kupfernen Geschoßführungsringe und damit kleine
Kupferablagerungen in der Seele bewirkt habe; und schließlich auf
den mangelhaften Anstrich der abgefeuerten, in Genua hergestellten
Geschosse, die zu stark lackiert gewesen seien. Alle diese Ursachen
seien völlig belanglos und leicht zu beseitigen. — Die Erklärungen
des italienischen Kriegsministers, die durch damit übereinstimmende
Ausführungen des Unterstaatssekretärs General Valleris unterstützt
wurden, schlossen mit einer Betonung der erprobten Güte des Kruppschen Materials, das gewissermaßen unter den Augen des italienischen Vertreters in Essen entstanden sei und dessen Lafette und
Verschluß greifbare Fortschritte allen neuzeitlichen Geschützen gegenüber aufwiesen.

Was die Erscheinung der Kupferablagerungen in der Seele anlangt, so machte auch ein italienischer Fachgelehrter, der Prof. Pa-
rozzani, in einem offenen Brief an die „Tribuna" (vom 28. Sept.)
das italienische Ballistitpulver hierfür verantwortlich, indem er zugleich unter Wiederholung seiner schon vor Jahren dargelegten Einwände gegen die Anwendung dieses und anderer Nitroglyzerinpulver
auf ihre großen Nachteile (übermäßige Hitzeentwickelung, geringe
Beständigkeit usw.) hinwies.

Trotzdem setzen die italienischen Oppositionsblätter ihre Angriffe gegen das Kruppsche Material, untermischt mit scharfen
Schmähungen gegen die Regierung, weiter fort. Die Triebfedern
für diesen unlauteren und wenig erfreulichen Preßfeldzug sind neuerdings in der Tagespresse gebührend gewürdigt worden: die Ent-
täuschung der bei der Bestellung zurückgesetzten, in Italien domi-
zilierten Geschützindustrie und der Konkurrenzneid ausländischer Fabriken einerseits sowie die in breiten Schichten der italienischen
Subalternoffiziere und Unteroffiziere herrschende allgemeine Unzufriedenheit mit der Heeresverwaltung schüren die Kampagne, die

systematisch betrieben wird, immer wieder von neuem an. Mit be-
besonderem Danke ist es auch zu begrüßen, daß ein Kenner der
italienischen Verhältnisse, der durch seine Veröffentlichungen über
das italienische Heerwesen bekannte Dr. v. Graevenitz die deutschen
Leser über die Tendenz der an der Preßkampagne am meisten beteiligten italienischen Zeitungen aufklärt. Den vorhin erwähnten
„Pensiero Militare" bezeichnet er als Oppositionsblatt quand même,
als Sammelplatz aller unbefriedigten, mißgestimmten und undiszi-
plinierten Elemente der italienischen Subalternoffiziere. Das Blatt
erachte es für seine Aufgabe, die Führung der italienischen
Armee, die Generalität, den Generalstab und das Kriegsministerium in einer, deutschen soldatischen Anschauungen geradezu widerwärtigen Weise, anzugreifen, anonyme Preßartikel und
Kollektivbeschwerden zu organisieren und die sozialistische Presse
mit antimilitaristischem Lesestoff zu versorgen. Auch die „Tribuna"
sei in militärischen Fragen als Oppositionsblatt anzusehen. Dieser
Charakter habe sich unter dem Einfluß des jetzigen militärischen
Redakteurs verschärft, der wegen einer Meinungsverschiedenheit auf
disziplinarem Gebiet mit dem vorigen Kriegsminister Mainoni und dem
Generalstabschef Saletta den Abschied genommen habe und unmittelbar aus seinem Dienstzimmer des Chefs der kriegsgeschichtlichen
Abteilung des Generalstabs in das Redaktionszimmer der „Tribuna"
übergesiedelt sei. Sowohl „Pensiero" wie „Tribuna" seien ferner
eingeschworen auf das „Dogma des Schutzes der nationalen Arbeit".
Das bedeute aber in Italien auf unzähligen Gebieten die Bekämpfung
deutscher Arbeit und deutschen industriellen und kommerziellen Einflusses in Italien.

Inzwischen haben sich die von Krupp gelieferten Geschütze bei
den Versuchen, denen sie während der diesjährigen Armeemanöver
unterworfen worden sind, gut bewährt. Gleichwohl glaubt die „zur
Untersuchung aller vom Kriegsminister abhängigen Dienstzweige"
eingesetzte parlamentarische Kommission, über die s. Zt. in der Umschau berichtet wurde, angesichts der fortgesetzten Preßangriffe noch
ein übriges tun und das Kruppsche Material noch in besonderen
Fahr- und Schießversuchen erproben zu sollen. Um jeglichem Vorwurf in ihrer Amtierung, soweit sie die Begutachtung des kriegsministeriellen Beschlusses zur Einführung des Kruppschen Materials
betrifft, vorzubeugen, hat sie sogar beschlossen, zu den Erprobungen
noch das Material anderer Firmen heranzuziehen und damit gewissermaßen noch nachträglich Vergleichsversuche auf italienischem
Boden selbst herbeizuführen. Daß die Annahme des Kruppschen
Systems auf das Gutachten einer italienischen Offizierskommission

basiert war, welche die verschiedenen Geschützsysteme nur auf den
Schießplätzen der von ihr besuchten Fabriken studiert und geprüft
hatte, bildete nämlich einen Hauptvorwand zu den Vorwürfen, die
der Regierung von der Oppositionspresse gemacht wurden. Dem
Antrage des parlamentarischen Ausschusses entsprechend hat sich
das italienische Kriegsministerium an die in Betracht kommenden
französischen, österreichischen, deutschen und englischen Fabriken
gewendet, um deren Material für die beabsichtigten Vergleiche zu
erhalten. Welche dieser Firmen sich zur Teilnahme daran entschließen werden oder schon entschlossen haben, ist noch nicht bekannt geworden. Die Erprobung des Kruppschen Materials wird indessen fortgesetzt und gerade in diesen Tagen haben vergleichende
Fahrversuche mit den neuen Rohrrücklauffeldgeschützen einerseits
und dem bisherigen italienischen Dienstgeschütze anderseits in dem
Hochgebirge der Piemonteser Alpen vor der Untersuchungskommission
stattgefunden. Über den Ausfall derselben ist einer Meldung der
„Tribuna" zu entnehmen, daß die Versuche trotz besonders schwieriger Gelände- und Witterungsverhältnisse ohne jeden Anstand verlaufen sind und insbesondere die Leichtigkeit der Kruppschen Lafette im Überwinden der für Feldgeschütze ganz anormalen Hindernisse haben hervortreten lassen.　　　　　　　　　　　　B a h n.

---

ebnisse　　　Während man sich in Frankreich gegenwärtig lebhaft mit dem
großen　Umfang des in den ersten Tagen des Oktober, bei der Kavallerie
erbst-
anöver.　sogar schon am 1. Oktober, einzustellenden Rekrutenkontingents,
das rund 233500 Mann für den Dienst mit der Waffe, und
24352 Leute der Hilfsdienste umfaßt, beschäftigt, stehen in Italien
die Äußerungen der Presse entschieden noch unter dem Zeichen der
Ergebnisse der Armeemanöver und der Frage der Kruppschen Feldgeschütze. Der Kriegsminister hat sofort nach der Schlußbesprechung,
die der Leiter der Manöver, Chef des Generalstabes der Armeen,
Saletta, in Gegenwart des Königs, der Parteiführer und der sämtlichen höheren Führer abgehalten hat, einem Korrespondenten der
Stampa gegenüber eine von diesem wiedergegebene und bis jetzt nicht
dementierte Ansicht ausgesprochen, die mit der von Saletta entwickelten Ansicht in schroffem Widerspruch steht. Eine Interpellation
über die Manöver in der Kammer ist dem Kriegsminister bereits
angekündigt. Sie wird voraussichtlich einige Aufklärung bringen,
die Presse ruft zum großen Teile nach dem Armeeuntersuchungs-
ausschusse, der ja zum großen Teile den Manövern beigewohnt und
fordert von ihm Vorschläge zu Reformen an Haupt und Gliedern.

Dem Vertreter der Stampa gegenüber sprach sich der Kriegsminister unter dem Hinweis darauf, daß er den Manövern als Zuschauer beigewohnt, dahin aus, daß er von der Art, wie die Manöver verlaufen, durchaus befriedigt sei. Ähnliches hat General Vigano auch andern Pressevertretern erklärt. Demgegenüber legen die Vertreter aller Journale dem General Saletta bei der Schlußbesprechung folgende Äußerungen in den Mund:

1. Er trete nicht in die Besprechung jeder einzelnen Operation und jedes einzelnen, auch der wichtigen Entschlüsse ein, weil er sich eine eingehende Beurteilung in einem Bericht vorbehalten wolle;

2. was die Zone für die Manöver und die angenommene Allgemeinlage betreffe, so sei die erstere lediglich mit dem Zwecke gewählt worden, Führer und Truppen in einem völlig neuen Gelände zu üben und die Allgemeinlage sei die zweckmäßigste Annahme, von welcher man in diesem Gelände ausgehen könne;

3. suchte er die der blauen Partei aufgelegte Zögerung in den Bewegungen damit zu rechtfertigen, daß er diese Anordnung getroffen, um die Manöverkorps in das geeignete Geände zu bringen, in dem sich die Manöver in der angesetzten Zeit abspielen könnten. Daraus würde sich nun aber, wegen der der blauen Partei später auferlegten Beschränkung in den Bewegungen, ergeben, daß die Aufgabe nicht dem Gelände — das der Leiter der Manöver selbst ausgewählt, ebenso wie er die ursprüngliche Kräfteverteilung angeordnet — entsprach, oder die ursprüngliche Kräfteverteilung nicht genügend mit der angenommenen Lage übereinstimmte, oder endlich, daß die Zusicherung, die Führer sollten volle Freiheit der Entschließungen haben, nicht zutraf. General Saletta hat dann weiter entwickelt, daß

4. die Absichten der Führung den Unterführern nicht genügend bekannt geworden seien, selbst Brigade- und Regimentskommandeuren nicht;

5. die Weitergabe der Befehle nicht mit der durchaus erforderlichen Klarheit erfolgte — er führt die Brigade Siena als Beispiel an;

6. die Infanterie habe sich im Marschleistungen und Ertragen von Anstrengungen ausgezeichnet, nicht aber in der Ausnutzung aller Deckungen des Geländes und in ausgiebiger Aufklärung und Sicherung;

7. bei der Artillerie erkannte er die Schnelligkeit und Sicherheit ihrer Bewegungen und ihr geschicktes Instellunggehen an;

8. bezüglich der Kavallerie behielt er sich jedes abschließende
Urteil vor, bemerkte aber, daß die Blau zugewiesene Kavalleriedivision sich zu weit von dem Raum, in welchem die Entscheidung fiel, ferngehalten, das Gelände für die Verwendung
von Reitermassen auch nicht recht geeignet gewesen, die
Kavallerie aber bis zu 150 km im Tage zurückgelegt habe,
was für ihre Aktivität spreche;

9. den Dienstzweigen uneingeschränkte Anerkennung zukomme,
General Salotta wies dann noch darauf hin, daß die auf den
Manöverfeldern versammelten Streitkräfte nur $^1/_5$ der Kriegs-
stärke ausmachten.

Zwischen den Ansichten des Kriegsministers, der sich voll be-
friedigt erklärt, und des Generalstabschefs, der nach dem Vor-
stehenden eigentlich nur mit der Artillerie und den Dienstzweigen
zufrieden gewesen, bestehen also schroffe Gegensätze. Nach General
Saletta entsprechen der durch die erste Kräfteverteilung geschaffenen
Lage weder die Annahme noch die Entfernung zwischen beiden
Parteien (zwischen den Hauptquartieren Novara für Blau und
Domodossola für Rot 80 km, zwischen Novara Blau und Joven, dem
Korpsstabsquartier des am weitesten vorliegenden roten I. Armeekorps,
60 km) am 27. August, noch die ersten Entschlüsse der Führer,
weiter den Forderungen des Krieges nicht die Tätigkeit der In-
fanterie und Kavallerie, und es fehlte selbst bei einigen Generalen die
Kenntnis von der Lage und den Aufgaben. Nach dem königlichen
Erlaß, der die Aufgaben des Chefs des Generalstabes neu regelte,
ist die Vorbildung des Heeres für den Krieg dessen Aufgabe, ihn
trifft auch die Verantwortung, wenn die Führung die kriegsgemäße
Schulung und die taktische Ausbildung sich als unzureichend erweisen. Dabei hatte der Leitende das Gelände nicht nur erkundet,
sondern in dasselbe auch eine Generalstabswache verlegt. Die
Grundsätze für die Anlage und Leitung der Manöver werden unter
Abstreifung veralteter Ansichten und Gepflogenheiten eine durchgreifende Änderung erfahren müssen. Das ist sicher, wie auch
immer die Aufklärung des scharfen Gegensatzes zwischen
der Meinung des Kriegsministers und Chefs des Generalstabes der Armee, Manöverleiters, erfolgen mag. Die
Verhandlungen im Parlament werden darin ja wohl das nötige Licht
bringen. Wir gehen daher auf die in der Presse hervorgehobenen
Vorschläge heute auch nicht weiter ein, stellen aber schon fest, daß
es ziemlich allgemein als ein Fehler bezeichnet wird, dem Chef des
Generalstabes der Armee, der für die Schulung des Heeres verantwortlich ist, die Wahl des Geländes, die strategische und taktische

Vorbereitung der Manöver, die Einteilung der Offiziere für die Führung und die Dienstzweige, die Stellung der Aufgaben und die Leitung der Manöver zu übertragen.

Der Armee-Untersuchungsausschuß befaßt sich zunächst in der Hauptsache mit der **Frage der Neubewaffnung** der Artillerie. Er erstreckt dabei seine Vernehmungen nicht nur auf Offiziere, sondern auch auf Zivilpersonen, die besonderes technisches Verständnis besitzen. Zunächst hat er den Chef des Generalstabes der Armee, Saletta, dann die kommandierenden Generale, die Feldartillerie- inspekteure, die Leiter der Waffenfabriken zu hören begonnen, dann die Leiter von Privatwerken. Die befragten Persönlichkeiten werden unter Eid vernommen. Nach Abschluß der Vernehmungen über die technischen Fragen will der Untersuchungsausschuß in seiner Gegen- wart sehr umfassende Versuche anstellen. lassen. Die Tribuna will wissen, daß der Ausschuß der Artillerieinspekteure, nachdem er zu- nächst das 7,5 cm-Rohrrücklaufgeschütz als nicht für alle Gebiete Italiens hinreichend beweglich verworfen und ein 7,3 cm-Geschütz vorgeschlagen habe, dann doch das 7,5 cm-Geschütz wieder zur An- nahme empfehle, als der Generalstab, nach den Erfahrungen des russisch-japanischen Krieges, auf ein größeres Kaliber Wert gelegt habe. Das würde eine nicht leichte Verantwortung für den Kriegs- minister bedeuten. Sehr gründlich hat der Ausschuß die Verträge über Lieferung von Artilleriematerial und die einschlägige Kor- respondenz studiert. Die technischen und ballistischen Eigenschaften der verschiedenen Geschütztypen und ihre Verwendung, die bei den einzeln erprobten Typs hervorgetretenen Übelstände und die Gründe, denen sie zuzuschreiben sind, sollen genau festgestellt werden.

Der Abgeordnete General Dal Verme, Mitglied des Zwölf- ausschusses der Kammer für die Beratung von Militärgesetzen, hat dem „Secolo XIX" in einem bedeutungsvollen Briefe seine Ansichten über das neue Rekrutierungsgesetz ausgesprochen und nachdrück- lich betont, daß eine Reform des bis heute geltenden Gesetzes dringender Natur sei, sowohl um die für die planmäßigen mobilen Formationen nötigen Leute sicher zu stellen, als auch um die Last des Militärdienstes gerechter auf die Bevölkerung zu verteilen. Die Weisungen des Kriegsministers für die Bemessung der aktiven Dienstdauer des in diesem Herbst einzustellenden Rekrutenkontingents besagen wiederum, daß 25%, früher 64%, der auf 3 Jahre eingestellten Leute nach 2 Jahren heimgesendet werden dürfen. General Dal Verme stellt fest, daß der von General Vigano vorgelegte Rekrutierungsgesetz- entwurf, soweit die Aufhebung der Dienstbefreiungen in Frage kam, im Zwölferausschuß keinerlei Widerspruch gefunden habe.

Wenn man sich im Ausschusse zu einem Ausschnitte aus dem Gesetzentwurf — unter Aufschieben der Beratung des Restes bis zur
Novembertagung — entschloß, so hatte man dabei im Sinne, schon bei
der nächsten Aushebung die Herabsetzung der Dienstdauer und der
Ausnahme anzuwenden, der Regierung aber die Zeit zu geben, bis
zum November die neuen Reglements für die Ausführung des Gesetzes gründlich vorzubereiten und dem Minister auch zu ermöglichen,
die Ansichten einer Anzahl von Mitgliedern des Ausschusses noch
einmal durchzuprüfen, die für die Kavallerie die 3 jährige aktive
Dienstdauer nicht beibehalten sehen wollten. Dal Verme betont, wie
er dies wiederholt schon im Ausschuß und Kammer getan, daß eine
Verschiebung der praktischen Anwendung des neuen Gesetzes um ein
Jahr die Vermehrung der Differenz der vorhandenen, zu der für die
planmäßige Formation des aktiven Heeres erforderlichen geschulten
Leute der Reserve von 154000 auf 184000 bedeuten würde. Die
Aufhebung der Ausnahmen sei die conditio sine qua non der Herabsetzung der aktiven Dienstdauer auf 2 Jahre und diese Aufhebung
sei auch ohne jede Härte zulässig, ja geboten. Ein Beibehalten des
bisherigen Zustandes bedeute eine gefahrvolle Schwächung des
Heeres, das dann mit jedem Jahre die Zahl seiner genügend geschulten Reservisten heruntergehen sehen werde. Es bedarf nur eines
Blickes in den offiziellen Bericht über die Aushebung des Jahrgangs 1885, um Dal Vermes Ansichten als unwiderleglich zu erkennen, rund 77 950 eingestellten Leuten standen 96 300 unmittelbar der 3. Kategorie, damit dem Landsturm überwiesene, gegenüber.

assung.   Der Kriegsminister hat angeordnet, daß die Einjährig Freiwilligen,
die vor dem 1. Dezember 1906 eingestellt worden sind, mit dem
15. November 1907 zur Entlassung kommen sollen. Diejenigen,
die schon zu Korporalen befördert worden sind, sollen sich in der
ersten Hälfte des November der Prüfung für die Eignung zum
Sergeanten zu unterwerfen haben. Gleichzeitig haben diejenigen, die
noch nicht zu Korporalen befördert werden konnten, den Nachweis
zu erbringen, daß sie im Besitz der nötigen militärischen Schulung
sind, um entlassen werden zu können, oder ob sie noch länger unter
der Waffe zu halten sein werden.

Ein königliches Dekret vom 13. September bringt die näheren
Bestimmungen für die Einrichtung und Tätigkeit eines permanenten
Ausschusses für die Prüfung und die Versuche mit Kriegsmaterial.
Die italienische Mission hat in Argentinien 30 vorzügliche Pferde für
die Armee angekauft. Wenn sich diese Tiere in Italien bewähren,
werden größere Ankäufe in Aussicht genommen werden.

Deckblätter zu der Schießvorschrift für Feld- und reitende Artillerie, zum Teil Ausbildung zu Fuß für Feld- und reitende Artillerie sowie für Gebirgs- und Festungsartillerie sind erschienen.

Am 15. September ist in Livorno in Gegenwart des Marineministers Mirabello der Panzerkreuzer Pisa vom Stapel gelaufen. Rumpf und Maschinen der Pisa sind in sehr kurzer Zeit von der Werft Oriando fertiggestellt worden, die Panzerung und Armierung liefern Vickers und Maxim. Bei 9830 t Deplacement soll die Pisa mit 700 t Kohlenvorrat 22,3 Knoten laufen. Der Panzer wird mitschiffs 203 cm aufweisen und sich nach dem Ende auf 8,2 cm abschwächen. Reduits und Zitadella werden 17,8 cm-Panzer tragen und somit ein für einen Kreuzer sehr starkes defensives System ergeben. An Armierung sind vorgesehen: vier 25,4 Geschütze, die Granaten von 227 kg Gewicht mit der Fähigkeit verfeuern, noch auf 5000 m 27 cm Kruppstahl zu durchschlagen und zu je 2 in Türmen aufgestellt sind. In 4 Seitentürmchen werden 8 Geschütze von 10 cm Kaliber aufgestellt werden, die aus Geschossen von 91 kg noch auf 500 m 16 cm Kruppanzer zu durchschlagen vermögen. Weiter erhält der Kreuzer sechzehn 7,6 cm Schnellfeuergeschütze und 3 Unterwasser-Torpedoausstoßrohre. Nach Ansicht der italienischen Marinekreise ist kein im Ausland zu der gleichen Zeit wie Pisa entworfener Typ in der Lage, mit Pisa zu konkurrieren, die größere Defensiv- und Offensivkraft und vor allem größere Geschwindigkeit aufweisen wird, da die 22,3 Knoten verlangter Fahrt bei den Proben wesentlich überholt werden dürften. Die 4 Panzerkreuzer Typ San Giorgio sind bestimmt, im Geschwader mit den Linienschiffen des Typs Regina Elena verwendet zu werden. Das Schwesterschiff der Pisa ist, wie der Marineminister in seiner Rede beim Stapellauf hervorhebt, in Genua zum Ablaufen bereit. Pisa ist 130 m lang und 21 m breit, seine 2 Maschinen entwickelten 18000 induzierte Pferdekraft bei forziertem, 13000 bei natürlichem Zuge.

Am 12. September hat man in Spezia den Beschuß von 25 mm-Panzerplatten, die in Turin nach Kruppschem Verfahren hergestellt waren, durchgeführt, und zwar mit 25,4 cm-Geschützen. Die Geschosse barsten an dem Panzer, auf dem sie nur ganz leichte Eindrücke hinterließen und der Erfolg der Widerstandsfähigkeit des Panzers kann als ein sehr guter bezeichnet werden. Die Platten sind für die Panzerung des in Genua in Ausrüstung befindlichen Napoli bestimmt.

Die großen Flottenübungen, die vom 25. September bis 16. Oktober dauerten, zerfielen in 4 Abschnitte. Im ersten Abschnitt hatten die beiden Geschwader in Augusta und Siracusa 2 provisorische

Operationsbasen zu schaffen bzw. den praktischen Versuch zu machen, wie eine an einem bestimmten Punkte der Küste vor Anker liegende Flotte, sich an dem betreffenden Punkt das ganze System von Depots, Waffen usw. schaffen kann, das notwendig ist, um die Flotte verhältnismäßig leicht und sicher und ohne feindlichen Angriffen ausgesetzt zu sein, ergänzen zu können. Im 2. Abschnitt fanden Torpedoangriffe statt gegen die an den provisorischen Operationsbasen vor Anker liegenden Flotten. Im 3. Abschnitt blieb ein Geschwader zum Schutz der Straße von Messina und sollte die beiden im Norden und Süden der Enge befindlichen Teile der feindlichen Flotte hindern, sich zu vereinigen. Der 4. Abschnitt war Evolutionen und Manövern auf taktischer Grundlage gewidmet. Die Manöver schlossen mit einer großen Flottenparade vor dem König. Zentrum der Manöver war Messina. Für die Ausgangslage vereinigten sich das Reservegeschwader und die Torpedobootsflottille bei Tarent, das Mittelmeergeschwader bei Gaëta. Die Leitung der Manöver lag in diesem Jahre zum letzten Male in den Händen des Herzogs von Genua, der mit dem Chef des Admiralstabs, dem zukünftigen Leiter der Manöver, Bettolo, an Bord des Lepanto seine Flagge hißte. Das Mittelmeergeschwader, Vizeadmiral Biroccbetti, weist auf:

Linienschiffe 1. Klasse: Margherita, Bene-) zusammen 121000 t,
    detto Brin, Emanuele Filiberto, Saint Bon (131 schwere, 62 mitt-
Linienschiffe 2. Klasse: Garibaldi, Varese,) lere Geschütze, 14
    Francesco Ferruccio . . . . (Revolverkanonen, 32
Kampfschiffe 6. Klasse: Agordat, Coatit .) Torpedoausstoßrohe.
Reservedivision; Linienschiffe 1. Klasse: Sicilia, Re Umberto,
    Sardegna. Aufklärer Iride. 258053 t, 181 Geschütze.
Torpedofahrzeuge: Geschützter Kreuzer Piemonte mit dem Ober-
    kommando der Torpedoboote: 2 Flottillen Torpedobootsjäger,
    2 Flottillen Hochseetorpedoboote, je eine Flottille Torpedo-
    boote I. und II. Klasse.

Hierzu kommen Werkstätten und Hilfsschiffe und die Marine-Luftschifferabteilung an Bord des geschützten Kreuzers Elba. Der erste Abschnitt währt bis zum 3. Oktober, der 2. bis zum 8. Oktober, der 3. beginnt am 9. Oktober.   18

Frankreich.

[dgeschütz /97 mit Feder-orholer.] Es ist bisher im allgemeinen unwidersprochen angenommen worden, daß das französische Feldgeschütz C/97 einen Druckluft-vorholer habe, und oft genug ist dieser als ein charakteristisches

Merkmal des französischen Systems dem deutschen System mit Federvorholer gegenüber hingestellt worden. Im „Deutschen Offizierblatt" vom 12. September d. J. ist nun in einem Artikel: „Ein Beitrag zur Kenntnis des französischen Feldgeschützes" diese Ansicht in Zweifel gezogen worden. Zunächst stellt das Blatt fest, daß jeglicher offizielle Beleg dafür fehlt, daß das französische Feldgeschütz einen Druckluftvorholer habe. Das Reglement spricht nur von einer Flüssigkeitsbremse und vermeidet jede Andeutung über den Vorholer. Während die Flüssigkeitsluftbremsen (frein hydropneumatique) der 120- und 155 mm-Geschütze in den französischen Dienstvorschriften oft genug eingehend beschrieben worden sind, ist dies bezüglich des Vorholers der Feldkanone nie geschehen. Auch in Zeitungen und Zeitschriften wurde niemals näher auf ihn eingegangen, so daß seine Einrichtung völlig im Unklaren blieb. Immerhin erlaubten einige Veröffentlichungen wenigstens Mutmaßungen über das Prinzip. So machte der Konstrukteur des französischen Feldgeschützes, Oberst Deport, in einem in der englischen und französischen Presse veröffentlichten Brief über die charakteristischen Merkmale des Schneiderschen und des französischen Dienstgeschützes hinsichtlich der Bremsen einen besonderen Unterschied. Er sprach mit Bezug auf ersteres von einer „Flüssigkeitsbremse mit langem Hub und unabhängigem Luftvorholer" und bei letzterem nur von einer Flüssigkeitsluftbremse. Ein Unterschied zwischen beiden muß also vorhanden sein. Dies bestätigt auch eine Stelle in einer langen Studie des „Journal des Sciences militaires" vom Mai 1907, die besagt: „Das Material von Schneider-Canet ist das einzige von der Industrie hervorgebrachte, in welchem ein Druckluftvorholer angewendet worden ist, und in dieser Hinsicht weicht es ,— soviel bekannt — durch die Unabhängigkeit von Bremse und Vorholer von dem französischen Dienstgeschütz ab."

Damit ist festgestellt, daß das französische Feldgeschütz keinen unabhängigen Luftvorholer nach Art der Schneiderschen Geschütze hat und es bleiben nur noch folgende beiden Möglichkeiten: entweder ist der Vorholer des französischen Feldgeschützes ein von der Bremse unabhängiger Luftvorholer, oder aber, es wirkt dabei in irgendeiner Weise noch eine Feder mit.

Letzteres ist bereits in früheren Veröffentlichungen, zur Zeit der Einführung des französischen Dienstgeschützes, behauptet worden. So heißt es z. B. in der „Internationalen Revue" vom Januar 1899 (Supplément): „Das Geschützrohr aus Nickelstahl hat 75 mm Kaliber; es ist vom System Deport mit Schraubenverschluß; die Lafette besitzt eine Flüssigkeitsluftbremse, die durch eine Feder ergänzt wird.

Die Ausdehnung der Luft und diejenige der Feder bewirken den Wiedervorlauf in Batteriestellung."

Diese bereits der Vergessenheit anheimgefallenen Angaben werden nun durch eine genauere Beschreibung der Brems- und Vorholvorrichtung des französischen Dienstgeschützes in einem weiteren Aufsatz des „Deutschen Offizierblattes" (vom 10. Oktober) bestätigt. Es geht daraus hervor, daß die französische Brause aus zwei Zylindern besteht, von denen der eine von größerem Durchmesser ist als der andere. Beim Schuß wird durch einen mit dem Rohr zurückgehenden Kolben die in dem engeren Zylinder befindliche Flüssigkeit in den weiteren Zylinder gepreßt und drückt hier einen Doppelkolben zusammen, zwischen dem sich Luft und eine Schraubenfeder befindet. Nach Beendigung des Rücklaufs bewirkt die Ausdehnung von Luft und Feder den Wiedervorlauf des Rohres.

Es handelt sich also im wesentlichen um einen Federvorholer mit verkürztem Hub; was die Luft dabei für eine Rolle spielt, ist nicht genau ersichtlich; sie ist jedenfalls eine nebensächliche, anscheinend eine überflüssige und möglicherweise eine ganz verschwindende und nur trügerische.

Der verkürzte Hub, durch die hydraulische Übertragung des Rohrrücklaufs auf den Vorholer, ist eine Unvollkommenheit, die Abhängigkeit des Vorholers von der Bremse ein ungünstiges Moment, die in der Bremse unseres Feldgeschützes 96 n/A. vermieden sind. Die ganze französische Bremse ist nach heutigen Begriffen zu kompliziert, was sich daraus erklärt, daß das französische Feldgeschütz schon 10 Jahre in Dienst und seine Konstruktion schon vor 13 Jahren abgeschlossen worden ist. Bahn.

Rufsland.

Der russische Generalstab hat das unleugbare Verdienst, eine Reihe hervorragender Forscher auf geographischem Gebiete aus seinen Reihen gestellt zu haben, die das unbekannte Zentralasien erschlossen und die Kenntnisse von Turkestan, Sibirien und dem Amurlande erweiterten und vertieften. In neuester Zeit hat Oberst Koslow in dieser Richtung Hervorragendes geleistet. Im September hat er nun eine neue Forschungsreise nach Innerasien angetreten, bei der er seinen Weg über Irkutsk, Werchneudinsk und Kjachta nehmen wird. Hier wird sich die Expedition zur Vervollständigung ihres Personals mit Dolmetschern und Führern einige Zeit aufhalten. Sie ist auf mehrere Jahre veranschlagt. Im ersten Jahre wird sie Ala-Don, Ordos und das Kuku-Noorgebiet durchforschen.

Der Prozeß gegen den General Stößel ist vertagt worden, anscheinend weil Stößel die Vorladung einer ganzen Reihe neuer Zeugen beantragt hat. Der „Slowo" will wissen, daß die Angelegenheit des Generals neuerdings eine ganz andere Wendung genommen hätte. Das Gutachten des Obermilitärprokurators Gurskij soll von einer besonderen Konferenz des Kriegsministeriums geändert worden sein. Hierdurch wären ganz neue Momente in die Anklage hineingebracht worden, die nach der Behauptung des Verteidigers den Tatsachen absolut nicht entsprächen. Auf Grund dieser neuen Wendung wird an der Zusammenstellung einer neuen Anklageschrift gearbeitet. Inzwischen arbeitet nun unverdrossen ein mehr als schmutziges Zeitungsgezänk weiter an der Zerrüttung des Ansehens des Offizierkorps. Hochgestellte Offiziere lassen sich in Auseinandersetzung mit oft moralisch recht tief stehenden Pamphletisten ein und werden in ihrer Ehre in der oft unglaublichsten Weise angegriffen. So sehr man es erklären kann, daß die verletzte öffentliche Meinung in Rußland nach „Sündenböcken" für die Niederlagen zu suchen bestrebt ist, soviel auch seitens führender Persönlichkeiten verschuldet sein mag, auf jeden unparteiischen Zuschauer muß dies Treiben betrübend wirken. Was soll man davon denken, daß der Mitarbeiter des „Ruß", Kuptschinskij, seit einem Monat unwiderlegt und nicht zur Verantwortung gezogen, den General Fock in seiner Tätigkeit während der Belagerung von Port Arthur in der denkbar schwärzesten Farbe schildert und demselben direkt Lüge, Liebedienerei und Feigheit vorwirft. Daraufhin erklärt General Fock, er hätte den Kuptschinskij wegen Verleumdung vor Gericht verklagt. Dieser hätte durch seine Berichte die Gesellschaft getäuscht, da er die Zustände in der Festung gar nicht kennen konnte, weiter bereits, ehe die eigentliche Belagerung begann, im Juli von den Japanern gefangen genommen wäre. Auf die Bemerkung des Generals, daß die Mitteilungen K.s unwahr seien, erklärt dieser wieder die Angaben Focks für eine freche Lüge.

Ebenso unerquicklich und das Ansehen des Offizierkorps in einer Zeit schädigend, wo dem russischen Volke und Staat nichts notwendiger ist als Hebung der Stellung der Führer der Armee, sind die „Enthüllungen" des K. über das Treiben hinter der Front der Armee, namentlich in der Hauptetappe Charbin, wo der General Nadarow durch die Duldung und Besteuerung der Freudenhäuser sich allein ein Vermögen gemacht hätte.

Daß im vergangenen Feldzuge die russische Intendantur ihre Sache gut gemacht habe, jedenfalls die groben Mißstände früherer Feldzüge nicht zu beklagen waren, ist bekannt und wird auch von urteilsfähigen Zeugen, wie Major Freiherr von Tettau bestätigt. Es ist dies zum Teil ein Verdienst des Generals Kuropatkin, der unstreitig ein ebenso guter Generalintendant gewesen wäre, wie er ungeeignet zum Oberfeldherrn war. Wie man aber trotz alledem es möglich machte, die für die Verbindung der Armee mit dem Mutterlande so wichtige Etappenlinie der Sibirischen Eisenbahn für selbstische Zwecke zu mißbrauchen, beweist die neuerdings erfolgte Aufdeckung der Mißbräuche auf der Transbaikalbahn.

Das Verfahren gegen den früheren Kommandanten von Wladiwostok, dem Generalleutnant Kasbek, ist eingestellt, nachdem dieser als General der Infanterie mit Ruhegehalt verabschiedet worden ist. Soweit bekannt, hatte man dem General vorgeworfen, daß er bei den Meutereien in der Festung nicht geeignete Maßnahmen ergriffen hätte. Während des Feldzuges hat sich dagegen der General durch die Tatkraft und Sachkenntnis ausgezeichnet, mit der er, erst im Januar 1905 zum Kommandanten ernannt, unterstützt durch seinen ungemein tüchtigen Stabschef, den Oberst Baron Budberg, Wladiwostok zu einer sehr starken provisorischen Festung von 80 km Umfang, ausgerüstet mit 1500 Geschützen aller Kaliber, gemacht hatte. Es ist geradezu erstaunenswert, was in dem Zeitraum eines halben Jahres in bezug auf Anlage von Befestigungen und Straßen, Niederlegen des Waldgeländes im Norden und auf der Russeninsel geleistet worden ist. Wenn jetzt die „Birshewüja Wedomosti" melden, daß in Wladiwostok großartige Befestigungen geschaffen werden, so handelt es sich wohl um den Ausbau der provisorischen Befestigungen der Festung, die nunmehr der einzige Stützpunkt russischer Macht am Stillen Ozean ist.

Die Havarie der kaiserlichen Yacht„ Standart", in den finnischen Schären, ist selbstverständlich Gegenstand lebhafter Polemik in der Presse geworden. Es ist bekannt, in wie törichter und gehässiger Weise panslavistische Heißsporne sogar die finnische Nationalität des Lotsen Blomquist als Vorwand für Angriffe gegen die „Fremdstämmigen" benutzten. Nun hat sich wohl ziemlich klar herausgestellt, daß die Hauptschuld an dem Unfall die ungenügenden Karten tragen, d. h. in letzter Instanz die „Hydrographische Hauptverwaltung". Die unter Vorsitz des Admirals von Essen mit der Untersuchung der Ursachen der Havarie betraute Kommission hat ihre Verhandlungen abgeschlossen. Soweit über diese etwas bekannt geworden, wird voraussichtlich weder gegen den Flaggkapitän, Admiral Nilow, noch den Kommandanten der Yacht, Flügeladjutant Tschagin, den Obersteuermann Konuschkow, noch den Lotsen eine Klage erhoben werden.

Die Truppen werden noch immer in sehr hohem Maße durch

den Polizeidienst in Anspruch genommen. In den baltischen Provinzen, wo u. a. die Gardeulanen durch die Leibgardehusaren in diesen Tagen abgelöst wurden, hat der ebenso energische wie umsichtige Generalgouverneur Baron Moeller-Sakomelskij sehr wirksame Bestimmungen für die Verwendung der Truppen gegeben. Es sind neue Militärrayons geschaffen worden, deren jeder von einem Offizier als Chef verwaltet wird. Dieser ist für den Schutz der friedlichen Einwohner verantwortlich. Er hat nach einem bestimmten Plan das Gebiet durchstreifen, und die zur Kontrolle der Bevölkerung angelegten „Hausbücher" revidieren zu lassen usw. Soeben sind die Berichte des Stabes der Grenzwache veröffentlicht, die in diesen schwierigen Zeitläuften von besonderer Bedeutung ist. Von der mühsamen Tätigkeit dieser im beständigen Kleinkriege befindlichen Truppe zeugt schon die trockene Aufführung der statistischen Daten. So waren im Laufe des Jahres 1906 beim geheimen Überschreiten der Grenze 10 908 Personen festgenommen, von denen nur 4581 Personen Konterbande bei sich führten. In 312 Fällen leisteten die zu Verhaftenden bewaffneten Widerstand. Bei den hierdurch veranlaßten Kämpfen wurden 9 Mannschaften der Grenzwache getötet, 37 verwundet, sowie 114 Schmuggler getötet und 168 verwundet. Von anderen Truppen, die in einzelnen Fällen zur Unterstützung der Grenzwache herbeigerufen wurden, sind außerdem 695 Verhaftungen vorgenommen, wobei 398 Schmuggler ergriffen wurden. Nicht weniger als 62 098 Exemplare verbotener Schriften wurden hierbei konfisziert. In neuester Zeit kam es an der persischen Grenze zu einem heftigen Gefecht zwischen einer Abteilung der berittenen Grenzwache und persischen Grenzräubern, die über den Araxes gesetzt waren und ganze Viehherden weggetrieben hatten. Man verfolgte die Perser hierbei bis weit in ihr Land hinein.

Die Gerüchte, daß der Kriegsminister General Rödiger von seinem Posten zurücktreten soll, erhalten sich, obwohl er noch im Amte tätig ist. Als Nachfolger wird in einem freilich nicht durchweg zuverlässigen Blatte der Generalinspekteur der Infanterie General Sarubajew oder der Oberkommandierende der Truppen des Moskauschen Militärbezirkes General Hörschelmann bezeichnet. Der letztgenannte General, zur Zeit Generalgouverneur von Moskau, zeichnete sich als Führer während des letzten Feldzuges aus und hat sich nach demselben besondere Verdienste durch die Herstellung der Ordnung in der alten Zarenstadt erworben.

Es hat sich unlängst eine „Gesellschaft für Kriegsgeschichte" gebildet, die am 12. Oktober ihre erste Sitzung in

Petersburg hielt. Nach ihren Satzungen will sie die kriegsgeschichtliche Vergangenheit des russischen Volkes allseitig erforschen. Zu
diesem Zwecke beabsichtigt die Gesellschaft, alle Persönlichkeiten
und alle Kreise, die sich mit der russischen Kriegsgeschichte und
mit der Erforschung der Vergangenheit Rußlands beschäftigen, zur
Mitarbeit heranzuziehen, ferner die bestehenden kriegsgeschichtlichen
Denkmäler zu erhalten, bzw. wiederherzustellen, neue Denkmäler zu
errichten, sowie Ausgrabungen und Nachforschungen auf Schlachtfeldern anzustellen und kriegsgeschichtliche Museen zu gründen.
Der „Wajenntij Ssbornik" vom September und Oktober d. J. brachte
einen sehr eingehenden Bericht über die schon im Frühjahr
stattgefundene konstituierende Versammlung im Empfangssaal des
Hauptstabes, wo nach einer Begrüßung im Namen des Chefs dieser
Behörde durch den Generalleutnant Myschlajewskij Generalleutnant
Scalon den Vorsitz übernahm und in der die Satzungen festgestellt
wurden. In der ersten ordentlichen Versammlung hielt Herr D. P.
Strukow einen einleitenden Vortrag über die Aufgaben der Ge-
sellschaft, worauf Herr Parenssow einen Vortrag über die jüngsten
Festlichkeiten in Bulgarien und deren Bedeutung für die zukünftige
Kriegsgeschichte Rußlands und des Slawentums hielt.

Die Ovationen, die maßgebende Kreise Bulgariens bei
Gelegenheit der Enthüllung des Denkmals des „Zar-Befreiers"
(Zar-Osswoboditelj) Alexander II, Rußland und der russischen
Armee darbrachten, haben natürlich in der für das Land so
schweren Zeit sehr angenehm berührt, freilich auch die Köpfe
mancher panslawistischen Heißsporne erhitzt. Außer dem großartigen Denkmal des Kaisers in Sofia sind von dem bulgarischen
Komitee „Zar-Osswoboditelj Alexander II" in Plewna, Poradim,
Bjela und Gornij-Studenj historische Stiftungen in Gestalt von
„Gedächtnismuseen" errichtet worden, zu denen auch aus der
russischen Armee bedeutende Beiträge eingegangen waren. So besitzt z. B. das Museum in Plewna Geschenke des Generals Kuropatkin,
deren künstlerische Ausstattung allein 90000 Franks gekostet haben
soll, zu denen u. a. ein großartiges Kartenrelief der Donau bei
Soistowa, Modelle von Brücken und aller russischen, türkischen und
rumänischen Befestigungen, die 1877 bestanden, gehören. Auch
haben verschiedene russische Truppenteile dem genannten Komitee
Zuwendungen gemacht. In der bulgarischen Armee hat es der
Kommandeur der Widdiner Division angeregt, aus Anlaß dieser
Zuwendungen auch solche aus dem Kreise der Armee zu stiften.
Seine Division hat z. B. dem Plewnaer Mausoleum, in dem die Ge-
beine der dort gefallenen russischen Soldaten ruhen, fünf silberne

künstlerisch ausgestattete Kirchenkronleuchter gespendet, auf denen ein ewiges Feuer erhalten werden soll.

Großen Raum nehmen die Bestrebungen und Pläne für die Hebung der Ausbildung und die Sicherstellung der Ergänzung des russischen Offizierkorps ein. Die Spalten der militärischen Journale liefern hierfür die Beweise. Im Beginn des Jahres 1907 wurde unter dem Vorsitze des Generalinspekteurs der Infanterie, Generals Sarubajew, eine Kommission einberufen, die sich mit der Ausarbeitung eines neuen „Systems" der Ergänzung der Armee mit Offizieren", der Verbesserung der Zusammensetzung des Offizierkorps und der Veränderung der Beförderungsvorschriften beschäftigen sollte. Das Ergebnis ihrer Arbeiten hat sich schon in verschiedener Art geltend gemacht. Die größte Schwierigkeit macht sich aber fühlbar in dem Mangel an einer genügenden Zahl geeigneter Offizieraspiranten bei den immer größeren Anforderungen an die dienstlichen Leistungen der Offiziere. Hierin liegt unseres Erachtens das Geheimnis der Reform des russischen Offizierkorps und der Heranbildung desselben für die Führung des Heeres. Die völlige Lösung dieser Frage ist vorläufig ebenso wie die der Unteroffizierfrage, der auch vielfach in der Presse behandelten „Unteroffizierskij Wopross" noch nicht abzusehen. C. v. Z.

Grofsbritannien.

Im Augustheft der artilleristischen Monatshefte sind auf Grund eines Vortrages des englischen Majors Budworth nach dem Journal of the Royal Artillery „Erfahrungen mit dem neuen englischen Feldgeschütz" mitgeteilt worden. An der Hand dieser Erfahrungen ist es möglich, die neuen Geschütze nach einzelnen Richtungen zu beurteilen.

Die Schrapnellwirkung des 18-Pfünders hat außerordentlich und mehr befriedigt, als die des 13-Pfünders. Die größere Ausbreitung der Kugeln macht das Schießen mit dem schwereren Geschütz erheblich leichter als mit dem leichteren. Die Durchschlagskraft der Kugeln reicht bis auf weite Entfernungen aus und der Kegelwinkel ist so bemessen, daß eine 18-pfündige Batterie eine Front von der anderthalbfachen Breite der eigenen unter wirksames Feuer nehmen kann. Diese hervorragende Wirkung des schweren Geschosses läßt es wünschenswert erscheinen, die Leistung des 13-Pfünders durch Vermehrung seines Geschoßgewichtes von 5,7 auf 6,6 kg, was für zulässig erachtet wird, zu steigern. Diese große Wirkung des schweren Geschützes hat nichts Überraschendes, denn dieses englische

Geschütz ist für große Geschoßwirkung besonders konstruiert und man hat derselben zulieb große Gewichte in den Kauf genommen. Die Mündungsarbeitsleistung von 102,1 mt ist etwa 15 bis 20 mt größer als die aller übrigen neueren Schnellfeuerkanonen mit Ausnahme der Frankreichs, welche rund ebensoviel Arbeitsleistung gibt. Das Geschoß ist mit 8,3 kg um fast 1 kg schwerer als das französische. Deshalb muß die Wirkung der 364 Schrapnellkugeln zu 11,05 gr, und die Durchschlagskraft der einzelnen Kugel sehr günstig sein. Der 13-Pfünder hat nur 74,1 mt Mündungsarbeitsleistung und damit die geringste aller neueren Feldkanonen. Wollte man sein Geschoßgewicht unter Beibehalt der Anfangsgeschwindigkeit auf 6,6 kg erhöhen, so würde dadurch eine Mündungsenergie von 85,9 mt entstehen, was eine Belastung von 93,3 kgm auf 1 kg des abgeprotzten Geschützes ergeben würde im Vergleich zu 80,5 kgm jetzt. Das sind 9 kgm mehr als der englische 18-Pfünder hat und würde die höchste Beanspruchung aller modernen Feldkanonen ergeben. Ob die Lafette eine so hohe Beanspruchung auf die Dauer aushalten kann und ob ihre Standfestigkeit bei der jetzigen Rücklaufslänge und der jetzigen Bremseinrichtung genügen werden, scheint zweifelhaft. Sollen aber anderseits diese Verhältnisse, also die zeitige Mündungsenergie, beibehalten werden, so müßte die Anfangsgeschwindigkeit von 505 m für das schwerere Geschoß auf 469,3 m herabgesetzt werden, was ja wohl angängig sein würde, aber doch wieder die Wirkung, besonders die Tiefenwirkung und die Durchschlagskraft der Kugeln auf weiteren Entfernungen beeinträchtigen würde.

Mehr als die gute Geschoßwirkung, welche, wie gesagt, bei dem 18-Pfünder als selbstverständlich erwartet werden mußte, interessiert, wie man sich mit dem großen Gewicht dieses Geschützes abgefunden, wie es sich beim Fahren und Schießen verhalten hat.

Der abgeprotzte 18-Pfünder wiegt 1210 kg, also bedeutend (210 kg) mehr als das vielfach als Norm angenommene Durchschnittsgewicht und noch etwa 80 kg mehr als das für sehr schwer gehaltene französische Geschütz. Nach den Erfahrungen des Vortragenden sind „trotz aller mechanischen Einrichtungen, welche die Bedienung erleichtern und beschleunigen sollen, immer noch 6 Mann für das Geschütz nötig; die Bewegung des Geschützes auf günstigem Boden erforderte 6 Mann und bei wirklichem Schnellfeuer sind diese 6 Mann voll beschäftigt.“ „Das Vorbringen des 18-Pfünders und seines Munitionswagens auf die Höhe, um einem überraschenden Infanterieangriff zu begegnen, scheint auf ungünstigem Boden ausgeschlossen.“ „Das hohe Gewicht des abgeprotzten Geschützes macht es nötig, bei Geschützstellungen auf weichem Boden oder bei nassem Wetter besonders vorsichtig zu sein." Diese Erfahrungen sprechen gewiß nicht zugunsten des hohen Geschützgewichtes, sondern eher dafür, daß die für den Kriegsgebrauch zulässige Grenze bereits überschritten ist. Gerade das heute zur Regel gewordene verdeckte Einnehmen der Stellung wird das Einbringen des Geschützes in die Stellung von Hand den Abhang hinauf sehr häufig verlangen; ebenso das Hervorziehen der Geschütze auf den Kamm aus einer zurückgezogenen Stellung. Wie will man in einem verlustreichen Gefecht auf die Dauer die Feuertätigkeit aufrecht erhalten und Zielwechsel vornehmen, wenn dazu stets 6 Mann gehören und diese beim Schnellfeuer vollauf beschäftigt sind?

Darüber, wie sich die schweren Geschütze beim Fahrgebrauch verhalten haben, ist wenig gesagt. Die Räder sind nicht stark genug; abgeschlissene Stellen am Radreifen haben ungünstigen Einfluß auf die Bremswirkung. Ferner wird gesagt: „Mehr als zwei Leute auf der Protze aufsitzen zu lassen, scheint gefährlich zu sein." Der Grund dafür ist nicht angegeben, so daß nicht zu ersehen ist, ob es für den dritten Mann gefährlich ist, weil er sich nicht genügend festhalten kann, oder ob die Vorderachse dadurch zu sehr belastet oder die Fahrbarkeit beeinträchtigt wird in dem Sinne, daß bei der hohen Lage des Schwerpunktes das Fahrzeug leichter umgeworfen wird. Beim 13-Pfünder kam öfter ein Umschlagen von Geschützen vor.

Über die Standfestigkeit der Geschütze wird geurteilt, daß sie bei günstigem Boden gut ist, und zwar steht der 13-Pfünder fester als der 18 Pfünder, was in der Natur der Sache liegt, denn der 13-Pfünder hat nicht nur absolut, sondern auch im Verhältnis zu seinem Gewicht wesentlich geringere Mündungsarbeitsleistung. Die Standfestigkeit ist so groß, daß die beiden Bedienungsleute schon beim ersten Schuß auf den Lafetten sitzen bleiben können. Bei ungünstigem Boden müssen beide Geschütze nachgerichtet werden. Auf seitwärts geneigtem Stand ändert sich die Richtung bedeutend. Die Standfestigkeit genügt für diesen häufig eintretenden Fall also nicht. Der Vorlauf ist meist gut, scheint indessen nicht genügend geregelt und teilweise so stark zu sein, daß die Lafette nach vorn gerissen wird. Hiergegen wird das Anziehen der Fahrbremse empfohlen.

Verschlußhemmungen wurden beobachtet, wenn das Zündlochfutter in der vorderen Verschlußfläche lose war und wenn das Zündhütchen im Hülsenboden nicht richtig eingesetzt war. Beides außerordentlich schwerwiegende Fehler, welche beim Schraubenverschluß leicht zu vorzeitigen Entzündungen Anlaß geben können, wie die Vorgänge in der französischen Marine gezeigt haben.

Die Richtschraube erwies sich einige Male bei nach hinten abfallendem Gelände zu kurz, um dem Rohr die nötige Erhöhung zu geben. Die größten Schußweiten sind: beim 18-Pfünder 4700; beim 13-Pfünder 5100; bei eingesunkenem Sporn steigern sich dieselben auf 5500 und 5700 m. Das sind für ein neues Feldgeschütz keine besonderen Tragweiten. Die Stellscheiben an der Höhenrichtmaschine zum Anzeigen der Entfernung haben sich nicht bewährt. Die Erfahrungen mit der Zünderstellmaschine sind nicht günstig. Es wird behauptet, daß mit dem selbsttätigen Zünderstellschlüssel schneller als mit der Maschine und am schnellsten mit der Hand gestellt werden kann. Letzteres namentlich dann, wenn nur wenige Zünder hintereinander zu stellen sind. Ebensowenig haben das Visier des Richtkreises, das Instrument zum Messen des Geländewinkels und das Batteriefernrohr befriedigt. Das Fernrohrvisier ist hingegen sehr beliebt. Die Patronenkörbe haben sich besser bewährt als die Patronenröhren.

Die Munition muß als mangelhaft bezeichnet werden, da 4 °/₀ Frühkrepierer auftraten, Blindgänger aber nur selten. Für einzelne Fälle werden Bedienungsfehler angegeben, indem die Zünder auf O statt auf Az gestellt waren. Sonst kann die Ursache darin liegen, daß die Aufschlagszünder für den Stoß im Rohr zu empfindlich oder daß die Geschoßhüllen nicht genügend stark sind.

Die Mündungsfeuer sollen sehr stark sein und ebenso wie der aufgewirbelte Staub die Stellung einer gedeckten Batterie verraten; ein Übelstand, welcher im Russisch-Japanischen Krieg sehr lästig empfunden wurde. Dort legte man Rohrmatten vor die Geschütze, um den Staub zu beseitigen. In England hat ein Besprengen mit wenig Wasser hierzu genügt. Bemerkenswert ist, daß sich die Treffähigkeit des 18-Pfünders zu der des 13-Pfünders wie 2,5 : 1 verhielt, obwohl die Standfestigkeit des letzteren besser sein soll als die des ersteren. Beim Schnellfeuer läßt die Treffähigkeit schon nach dem zweiten Schuß sehr erheblich nach, was nicht sehr für die Standfestigkeit spricht.   Bahn.

Vereinigte Staaten von Nordamerika.

Trotz aller offiziellen Beschwichtigungsversuche und trotz aller Bemühungen der Regierung der Vereinigten Staaten nimmt die Spannung zwischen diesen und Japan mehr und mehr zu, so daß die Vorgänge an den Küsten des Stillen Ozeans zurzeit ein erhöhtes

zifische Flotte.

Interesse beanspruchen. Das amerikanische Volk, insbesondere der Staat Kalifornien wehrt sich mit aller Gewalt gegen die zunehmende Einwanderung der Japaner und gegen ihre bürgerliche Gleichberechtigung im Staate, während die Japaner die gleichen Rechte, welche sie den Amerikanern in Japan gewähren, auch für ihre Untertanen in den Vereinigten Staaten fordern. Dies ist der Zündstoff, an dem sich der Kampf um die Herrschaft auf dem Stillen Ozean entzünden wird. Die Regierung der Vereinigten Staaten tut z. Z. alles, um die Entscheidung hinauszuschieben. Die amerikanische Presse hingegen spricht davon, daß der Krieg mit Japan unvermeidlich sei, besonders wenn erst alle Maßnahmen für die Stationierung der Flotte im Stillen Ozean vollendet sein werden. Daß die Schiffe dorthin lediglich zu Übungszwecken entsendet werden, ist natürlich nur offizieller Vorwand, über den sich die Presse einfach hinwegsetzt. Wie aus Neuyork gemeldet wird, traten die beiden Kreuzer „Tennessee" und „Washington am 12. Oktober als Avantgarde der atlantischen Flotte von Hampton Roads aus die Fahrt nach dem Stillen Ozean um Südamerika an. Die Kreuzer vereinigen sich in der Magdalenenbai mit den neuen Kreuzern „Kalifornia" und „Southdakota".

Beide Gegner bereiten sich mit aller Energie auf eine kriegerische Verwickelung vor. Die amerikanische Marine hat im Jahre 1906 einen Zuwachs von nicht weniger als 7 Schlachtschiffen und 4 Panzerkreuzern erhalten und anfangs dieses Jahres waren alles in allem noch 9 Schlachtschiffe, 4 Panzerkreuzer, 3 geschützte Kreuzer, 6 Torpedobootszerstörer und 6 Unterseeboote in Bau. Das Deplazement ist von 16 250 t auf 20 500 bei den im Bau befindlichen Linienschiffen gewachsen und das der Panzerkreuzer von 14 700 auf 16 000 t.

Die japanische Flotte wurde 1906 um 2 Linienschiffe von 16 250 und 16 650 t, sowie um ein Panzerkreuzer von 14 000 t vermehrt. Auf Stapel befinden sich ein Linienschiff von 19 500 und 2 von 21 000 t, sowie 3 Panzerkreuzer von 14 800 und 2 von 18 600 t Deplazement. Also auch in Japan sind nach englischem Vorgang die Deplazements in den letzten Jahren sehr gestiegen.

Am 1. Januar 1907 hatten fertige Linienschiffe, welche jünger als 25 Jahre nach dem Stapellauf sind: die Vereinigten Staaten 21 Linienschiffe mit 270 400 t; Japan 10 Linienschiffe mit 136 600 t und 11 Panzer bzw. 11 Panzerkreuzer mit 132 700 bzw. 98 500 t Deplazement.

Die Entfaltung der vorläufig noch so überlegenen amerikanischen Flotte ist behindert durch die mangelnde Verbindung der atlantischen und pazifischen Station durch Mittelamerika. Die Vereinigten Staaten

werden alles daran setzen, um ihre Auseinandersetzung mit Japan
bis zur Fertigstellung des Panamakanals hinauszuschieben, wenn
ihnen dies gelingt. Sie haben nicht nur die überlegenere Flotte,
sondern auch einen reichgefüllten Staatsschatz, unbeschränkten Kredit,
große Hilfsquellen im eigenen Lande und eine stark entwickelte
Waffen- und Schiffsbauindustrie. Alles sehr schwer ins Gewicht
fallende Vorteile für einen Krieg, denen Japan seine größere Kriegserfahrung gegenübersetzen kann. Über die Kriegstüchtigkeit der
Flotten läßt sich nicht urteilen; von der amerikanischen ist bekannt,
daß ihre Schiffsartillerie nicht genügende Sicherheit bietet, wie aus
den zahlreichen Unfällen hervorgeht.   Bahn.

Literatur.

I. Bücher.

**Die Ausbildung der Rekruten der Feldartillerie für Offiziere und
Unteroffiziere.** Aus der Praxis bearbeitet in Wochenzetteln von
K u m b r u c h, Generalmajor und Kommandeur der 5. Feld-
artilleriebrigade. Vierte, umgearbeitete und vermehrte Auflage.
Berlin 1907. Verlag von A. Bath. Mk. 1,25.

Das Erscheinen der neuen Auflage der bekannten Kumbruchschen
Wochenzettel für die Rekrutenausbildung ist mit Freuden zu begrüßen.
In denselben sind die neu erschienenen Dienstvorschriften: Exerzierreglement, Schießvorschrift, Feldartilleriematerial 96 n/A, Turnvor-
schrift, sowie die Reitinstruktion in genauester Weise berücksichtigt.
Jeder Lehrer, der sein Ziel erreichen will, muß sich für den ihm zu
Gebote stehenden Zeitabschnitt eine Stoffeinteilung machen. Diese
findet er in dem vorliegenden Buche nach den eingehendsten Erfahrungen aus der Praxis des Herrn Verfassers. Dabei ist der Selbständigkeit des Batteriechefs bzw. des Rekrutenoffiziers in keiner
Weise Eintrag getan. Eine andere Einteilung des Unterrichtsstoffes
z. B., sowie eine etwas andere Verteilung der Übungen auf die einzelnen Wochen kann jederzeit vorgenommen werden, ohne dem
Werte des Buches Eintrag zu tun. Ich selbst möchte die Einteilung,
wie sie für die Übungen vorgenommen ist, als praktisch und ausführbar bezeichnen, da ich sie 7 Jahre lang an der Hand der
früheren Auflagen in meiner Batterie ausgeprobt habe. Als das
Buch zuerst erschien, waren es nur Wochenzettel, und schon diese
boten eine große Hlfe für die Ausbildung. Im Laufe der Zeit hat

der Herr Verfasser bei den einzelnen Übungen seine eigenen praktischen Erfahrungen in treffenden Belehrungen eingeflochten, so daß
selbst dann, wenn die Ausbildung nicht genau nach den Wochenzetteln
betrieben wird, ein gründliches Studium des Buches für den jungen
Offizier sowie für den Unteroffizier von großem Nutzen ist, denn alles,
was darin steht, muß er im Laufe der Zeit lernen und hier findet er
es übersichtlich zusammen. Von besonderem Werte sind die Vorbemerkungen zum I. und II. Teil, von denen folgende besonders erwähnt seien:

Beim Rekrutenexerzierkommando müssen auch während der Rekrutenausbildung jeden Sonnabend die Übungen für die nächste Woche
durchgenommen werden. Der Rekrutenoffizier muß die neuen Übungen
zunächst von den Mannschaften ausführen und in seiner Gegenwart
durch die Lehrer die Fehler der Ausführung berichtigen lassen. Auf
die notwendige Abwechslung in jedem Dienst wird hingewiesen und
auf die Überwachung der Rekruten in ihrem außerdienstlichen Leben
auf der Stube. Dieses gewinnt in den letzten Jahren immer mehr
Bedeutung. Früher wohnte der Unteroffizier stets mit den Leuten
zusammen; nach der neueren Art der Unterbringung liegen die Unteroffiziere aber auf besonderen Stuben. Für die Unteroffiziere hat dies
gewiß seine Annehmlichkeiten; für die Erziehung der Leute aber,
namentlich außer Dienst, entstehen dadurch manche Schwierigkeiten.
Es wird ja wohl kein Batteriechef die Rekruten auf der Stube sich
selbt überlassen, sondern ihnen aus den alten Mannschaften einen
2. Stubenältesten auf die Stube legen. Dabei ist jedoch auch zu bedenken, daß diese selbst erst im zweiten Jahre dienen und häufig
nicht die Fähigkeiten haben werden, in richtiger Weise belehrend und
vermittelnd und besonders ohne eigene Überhebung in das Treiben
der Mannschaften auf der Stube einzugreifen. Daher die Wichtigkeit
häufiger und unerwarteter Besuche des Batteriechefs und des Rekrutenoffiziers auf den Stuben! Auf eine erste Ansprache des Batteriechefs
an die Rekruten im Beisein des Ausbildungspersonals wird treffend
hingewiesen. Der Wink, beim Verpassen der Stiefel den Batterie-
schuhmacher hinzuzuziehen, dürfte nicht übersehen werden. Auch
das Geldkontrollbuch für die zur Aufbewahrung abgegebenen Privat-
gelder findet Erwähnung. Das Geld selbst muß der Batteriechef auf-
bewahren, das Kontrollbuch über Einnahme uud Ausgabe an die einzelnen Leute führt der Wachtmeister. Die Bestimmungen über das
Tragen eigener Bekleidungsstücke sind erwähnt mit dem Ratschlage,
daß die Batterie die von den Leuten gewünschten Bekleidungsstücke
in Bestellung gibt.   Z.

Der k. u. k. Generalstab und sein Chef im Spiegel der Geschichte.
Von K. F. Kurz, Redakteur des „Fremden-Blatt" und Leiter der
„Vedette". Wien 1907. Verlag der „Elbemühl".

Auf 94 Seiten wird eine kurzgefaßte Übersicht von der Geschichte
des österreichischen Generalstabs gegeben, eine mühsame Sammel-

arbeit, da außer einem gedruckten Vortrag des F. W. L. Bilimek, der
schon vor vielen Jahren gehalten worden ist, hierüber bisher nichts
veröffentlicht ist. Die vorliegende Schrift soll nur eine Lücke schließen,
da die beim Wiener Kriegsarchiv in Arbeit befindliche Spezialgeschichte
des Generalstabs mit ihrem Erscheinen noch Jahre lang auf sich
warten lassen wird. Was hier geboten wird, beschränkt sich auf
Quellenangaben mit beigefügten Bemerkungen.

Die ersten nachweisbaren Spuren eines k. u. k. Generalstabes
führen auf die Zeit vor dem 30jährigen Krieg zurück. Seine Aufgabe
bestand darin, zu den evtl. vorhandenen Landkarten Detailskizzen aus
der Vogelperspektive aufzunehmen, die Lager auszumitteln und abzu-
stecken, daher der Name Quartiermeister, Generalquartiermeister oder
Generalquartiermeisteramt, welche Bezeichnung sich in den Türken-
kriegen von 1683—1698 findet. Die Aufgabe blieb, wohl in allen
Heeren Europas, durch Jahrhunderte im wesentlichen dieselbe. Was
wir, beiläufig, noch von alten Karten aus der Vogelperspektive besitzen, zeichnet sich vorteilhaft durch Anschaulichkeit aus; vorzüglich
sind die altfranzösischen aus den Kriegen Turennes.

Die bedeutendsten Feldherrn des 18. und 19. Jahrhunderts haben
dann unausgesetzt an der Weiterausgestaltung des österreichischen
Generalstabes, im ganzen mit sehr langsamem Erfolg, gearbeitet. Die
Überwindung von Schwierigkeiten bezüglich der Rang- und Personalfragen
scheint hier vielleicht noch größer, als in anderen Staaten gewesen zu
sein. Der vielköpfige, meist aus Zivilpersonen bestehende Hofkriegsrat,
die Generaladjutanten und der Kriegsminister wollten ihre entscheidenden Stimmen offenbar nicht preisgeben und an den Generalstab
abtreten. Eine völlige Trennung des Chefs des Generalstabes der
Armee vom Kriegsminister, wie bei uns seit Moltke, ist in Österreich
noch nicht durchgeführt.

Erst 1852 wurde eine unserer Kriegsakademie entsprechende
Kriegsschule eingerichtet, zu der der Andrang sehr gering war. Den
Eifersüchteleien zwischen Generalstab und Adjutantur wurde durch
Verschmelzung beider kurz vor Ausbruch des Krieges von 1866 ein
Ende gemacht, wie Verf. sagt, sehr zum Nachteil der Geschäftsführung
im Kriege, man hätte keinen unglücklicheren Zeitpunkt wählen können.
Für die jetzige Organisation des Generalstabes, die nur kurz berührt
wird, hat sich besonders F. M. L. Gf. Beck verdient gemacht. Die
Schrift ist recht inhaltsreich. .　　　　　　　v. Twardowski.

**Organisation und Ausbildung der Kavallerie für den modernen
Krieg.** Von Generalleutnant von Bernhardi, Kommandeur der
7. Division. Vortrag, gehalten in der „Militärischen Gesellschaft"
zu Berlin, am 6. März 1907. Verlag von E. S. Mittler & Sohn,
Königliche Hofbuchhandlung. Berlin, Kochstrasse 68—71. Preis:
Mk. 1,75.

Nicht allein die kavalleristische, sondern die gesamte militärische

Welt des In- und Auslandes wird die Veröffentlichung dieses bedeutsamen Vortrages mit Freude begrüssen.

Ging ihm doch der Ruf voraus, dass er eine neue Epoche in der Ausbildungs- und Kampfesweise der deutschen Reiterei signalisiere. Und in der Tat ist ihm eine kommissarische Beratung der einschlagenden Verhältnisse auf dem Fuße gefolgt.

Der Raum dieser Besprechung gestattet es nicht, auf alle Vorschläge näher einzugehen, welche, infolge der letzten Kriegserfahrungen und der Vervollkommnung der Technik aller Art für die Organisation und Ausbildung der Kavallerie seitens des Herrn Verfassers gemacht wurden.

Wir heben nur nachstehendes hervor:

Bei der Erörterung der strategischen Gruppierung der Kavallerie wird mit Recht hervorgehoben, wie die Heereskavallerie niemals auf Kosten der Divisionskavallerie geschwächt werden dürfe, wenn auch deren geringe Stärke ohne Zweifel viele Nachteile mit sich führt.

Wir fügen dem hinzu, dass dieses Prinzip um so mehr aufrecht zu erhalten ist, als wahrscheinlich sich die französischen Korpsbrigaden mit der französischen Heereskavallerie bei Beginn der Feindseligkeiten vereinigt finden werden.

Wir halten die Organisation dieser Korpsbrigaden lediglich für eine dem Gegner gelegte Falle, um ihn hinsichtlich der Stärke der französischen Heereskavallerie zu täuschen.

Hiermit hängt die Frage nach der Stärke der deutschen Kavallerie eng zusammen. Sie wird sich aber, falls man mit dem Herrn Verfasser gleicher Ansicht ist, daß 6 Regimenter kaum zur Bildung einer Kavalleriedivision mehr genügen, nur durch eine allgemeine Vermehrung unserer Kavallerieregimenter lösen lassen. Denn einer Verringerung der Anzahl unserer Kavalleriedivisionen zugunsten ihrer Verstärkung kann man wohl angesichts des zurzeit bestehenden Stärkeverhältnisses zwischen unserer Kavallerie und der gesamten Infanterie kaum das Wort reden.

Bei Besprechung der Kriegs- und Friedensorganisation der Kavallerie redet der Herr Verfasser der Flüssigkeit unserer Kriegsorganisation das Wort. Die Verschiedenartigkeit der Kriegslagen bedinge auch die Verschiedenheit der Gefechtsgliederung der Reiterwaffe. Bald werden Kavalleriebrigaden, bald Kavalleriedivisionen, bald Kavalleriekorps auftreten müssen. Bis hierher stimmen wir dem Herrn Verfasser ohne weiteres zu. Wenn er aber aus der Benötigung der Verschiedenartigkeit der Gefechtsstärken unserer Heereskavallerie einen Rückschluß auf die Stimmigkeit der bestehenden Friedensorganisation der Kavallerie macht, so halten wir dies für verfehlt. Wir halten vielmehr daran fest, daß es allein kriegsmäßig ist, Truppen im Frieden in der Weise zu organisieren und auszubilden, wie sie im Kriege im allgemeinen verwandt werden.

Wohl hat Napolèon I. seine Kavallerie, und nicht allein diese, mitten im Kriege nach Bedarf, wie zum Beispiel nach der Schlacht von Jena, umorganisiert; indessen ist es uns nicht bekannt, daß er darum seine Kavallerie in Friedenszeiten unter Generale, die aus anderen Waffengattungen hervorgegangen waren, stellte, noch sie von diesen ausbilden und beurteilen ließ.

Die deutsche Armee leidet nach Urteil berufener, ausländischer Manöverkritiker an einem zu starren Festhalten an der ursprünglichen Gefechtsgliederung; bei Abstellung dieses Fehlers sollte man sich aber wohl hüten, das Kind mit dem Bade auszuschütten, und die prinzipielle Verschiedenheit der Friedens- und Kriegsorganisation der Kavallerie als nützlich zu erachten.

Wenn wir in vorstehendem Punkte von der Ansicht des Generalleutnants von Bernhardi abweichen, so freut es uns um so mehr, seinen Vorschlägen für die veränderte Ausbildungsweise der Kavallerie durchaus übereinstimmen zu können.

Insbesondere sind wir mit ihm einig über alles, was er über den Wert des Fußgefechts und über die Bewaffnung, wie über die Hilfstruppen aller Art der Kavallerie sagt.

Zu unserer besonderen Freude wird der flügelweisen Verwendung von Gefechtseinheiten (Kavalleriebrigaden) gegenüber derjenigen von Treffen im Kampf gegen Kavallerie das Wort geredet.

Der Erweiterung der Tätigkeit der Kavalleriereitschulen im Sinne der theoretischen Ausbildung unserer jungen Kavallerie pflichten wir ferner bei, möchten diese aber auch in Hannover eingeführt sehen.

Zur besseren Ausbildung unserer Kavallerie im Schießdienst möchte man mehr der Neuerrichtung einer Kavallerieschießschule beipflichten, als dem Vorschlage, unsere Fähnriche auf kurze Zeit auf die Infanterieschießschule zu schicken. Es kommt darauf an, daß mit der Zeit sämtliche Unteroffiziere der Kavallerie eine Ausbildung auf der Schießschule genossen haben.

Die Schrift hält, was sie versprochen. Sie bildet einen Merkstein in der Geschichte der deutschen Kavallerie unter der Devise: raste ich, so roste ich. von Gersdorff.

Briefe des Freiherrn v. Dalwigk 1794—1807. Herausgegeben von seinen Enkel Freiherrn v. Dalwigk zu Lichtenfels, Major und Flügeladjutant S. K. H. des Großherzogs von Oldenburg. Oldenburg i. Gr. 1907. G. Stalling. 7 Mk.

Die historische Kleinarbeit, wie sie in Tagebüchern, Briefen usw. geleistet wird und zwar unmittelbar, im Kolorit der Zeit und der Zeitgenossen ist bei gewissenhafter Geschichtsforschung nicht zu entbehren. Ein solcher Beitrag liegt in den Briefen des Freiherrn v. Dalwigk vor. Er war der jüngste von 4 Brüdern, welche sämtlich

Offiziere geworden. Der eine bei den Hessen-Kasselschen Karabiniers, der andere bei dem Emigrantenkorps (Hompesch Husaren), der dritte bei den Hessen-Darmstädtischen Chevauxlegers, der vierte endlich — der Briefschreiber — bei einem preußischen Infanterieregiment. Zuerst fochten sie alle gemeinsam gegen die Franzosen, dann bekämpften sie sich gegenseitig, wie es der Jammer des damaligen Deutschlands mit sich brachte. Etwas Landsknechtstum hing jener Zeit entschieden noch an. Dieser Hintergrund läßt schon erkennen, daß es sich hier um soziale, politische militärische Vorgänge handelt, welche von einem gut beobachtenden gebildeten Manne, wenn auch nur im beschränkten Rahmen geschildert werden. Der Herr Herausgeber hat sich damit auch ein wissenschaftliches Verdienst erworben im Sinne einer Wiedergabe bemerkenswerter Einzelheiten aus den sogenannten Rheinfeldzügen, vor allem aus dem Kriege 1806. Aber auch aus dem Milieu des preußischen Offizierlebens während einer öden Friedenszeit und eines unbeschreiblich eintönigen Garnisonslebens, das wiederholt in sehr drastischen Farben geschildert wird. Das Buch ist gut ausgestattet. Keim.

Der Sozialismus und das Heer. Studie von Oberleutnant v. Mikoss, Köszeg (Güns-Ungarn 1907). 1 Mk.

Ein Werkchen, das in allergedrängtester Form — 31 Oktavseiten — die innere Unhaltbarkeit der sozialistischen Lehren und die Bedeutung des Heeres angesichts der heutigen Fortschritte der Sozialdemokratie behandelt. Zuerst wird die materialistische Geschichtsauffassung und die Marxsche Wert- und Mehrwertteorie zurückgewiesen, und zwar im Verhältnis zu dem sehr geringen Umfange der Arbeit in recht geschickter Weise. Sodann wird betont, daß auch im Heere gegen den Sozialismus gekämpft werden muß, wenn überhaupt mit dem Kampf gegen den Umsturz nicht halbe Arbeit geleistet werden soll. Den Mannschaften soll Lesestoff in die Hand gegeben werden, der die Haltlosigkeit der sozialistischen Lehren in leicht faßlicher Form dartut; es soll Unterricht darüber erteilt, Vorträge über das Thema gehalten werden. Es soll aber fernerhin — und das ist vorläufig, so lange es erfahrene Lehrer über diesen Gegenstand im Heere noch nicht gibt, die Hauptsache — durch strenge, aber gerechte und liebevolle Erziehung der Mannschaften, durch gutes Beispiel, vernünftige Handhabung der Strafgewalt, durch Stärkung der Willenskraft zur Selbstlosigkeit und Selbstüberwindung, durch echtes, schlichtes Christentum den Lehren des Umsturzes der Boden entzogen werden. Und dies stets von neuem zu betonen, ist nötig in unserer, dem Genuß so hingegebenen, dem Pflichtbewußtsein so abholden Zeit. Somit hat sich der Verfasser, wenn auch das und jenes vorläufig noch etwas idealistisch gefärbt sein mag, ein Verdienst um Heer und Gesellschaft mit der Abfassung des Heftchens erworben.

Hauptmann Meyer, Zwickau i. Sa.

Aus Preussens schwerer Zeit. Briefe und Aufzeichnungen meines
Urgroßvaters und meines Großvaters. Herausgegeben von
Magnus von Eberhardt, Oberst und Kommandeur des Garde-
Füsilierregiments. (Mit 4 Porträts und 1 Schlachtenbild.)
Berlin 1907. R. Eisenschmidt. 2 Mk.

Eine sehr wertvolle Schrift, weil sie in den Briefen und Aufzeichnungen zweier altpreußischer Offiziere einen Einblick in die Zustände der alten Armee und in die Verhältnisse und Denkweise ihres
Offizierkorps gewährt. Wenn man oft nach einzelnen Auswüchsen in
tendenziöser Weise über den Geist dieses Offizierkorps geurteilt hat,
das doch auf den Feldern der Schlachten der Jahre 1806 und 1807
blutige Opfer brachte, ohne siegen zu können, weil die Armee und
die Führung nicht auf der Höhe des Gegners stand, so bietet dies
Buch das beste Material zur Widerlegung. Vater und Sohn, die uns
hier in Briefen und Tagebüchern vorgeführt werden, sind ritterliche,
durch und durch tüchtige Naturen, in ihren Familien finden wir Einfachheit und Gottesfurcht. Voller Hingebung an den Dienst ihres
Königs besiegelt der Vater seine Treue durch den Tod, der Sohn
durch eine ihn zum Krüppel machende schwere Verwundung. Wir
glauben, dass unseren jungen, aber auch den alten Kameraden, das
Buch eine belehrende und doch interessante Lektüre sein wird.

C. v. Z.

**Die kriegerischen Ereignisse in Innerösterreich, Tirol, Vorarlberg
und im Isonzogebiet 1796—1866.** Von Major Ludwig
Brunswik von Korompa. Mit 14 Beilagen.
Wien 1907. Seidel & Sohn. 6 Mk.

Das Buch gibt einen kurzen Überblick über den Verlauf aller in
den genannten österreichischen Provinzen stattgehabten Kämpfe der
Jahre 1796, 1797, 1799, 1800, 1805, 1809, 1813, 1848 und 1866 und
zwar zum Zwecke, für das Stellen von Aufgaben für Kriegsspiele,
applikatorische Übungen, taktische Übungsreisen u. dgl. eine historische Grundlage zu schaffen und dem Offizierkorps der in diesen
Provinzen oder in deren Nähe gelegenen Garnisonen Gelegenheit zu
geben, den Verlauf der Gefechte in ihrem allgemeinen Umriß kennen
zu lernen. Für den genannten Zweck dürfte das Buch vollkommen
genügen und denselben Erfolg zu verzeichnen haben, wie das von
dem Verfasser früher veröffentlichte Werk: Militärischer Führer durch
das Donautal.   Fr.

Kaiserliche Waffen in Scheswig-Holstein und Jütland 1864. Von
Hugo Kerchnawe, k. u. k. Hauptmann des Generalstabskorps.
Wien und Leipzig 1907, Verlag v. C. W. Stern. 1,50 Mk.

Ein anspruchsloses Schriftchen des durch mehrere kriegsgeschichtliche Werke vorteilhaft bekannten Verfassers, dem ein im Jahre 1904
vor dem Offizierkorps der Garnison Wien zur 40jährigen Gedenkfeier
der Kämpfe in Schleswig-Holstein gehaltener Vortrag zugrunde liegt.

Trotzdem der Verfasser das reiche Material des k. u. k. Kriegsarchivs
uneingeschränkt zur Verfügung hatte, vermochte er, wie er selbst zugibt, den vorhandenen eingehenden Bearbeitungen nichts wesentlich
Neues hinzuzufügen. Seinen Zweck aber, die glänzenden Waffen-
taten der österreichischen Truppen kurz, übersichtlich und auch dem
Laien verständlich zu schildern, hat er in mustergültiger Weise erreicht. Auch dem preußischen Offizier kann das mit guten Karten
und Skizzen ausgestattete Werkchen nur empfohlen werden. Fr.

II. Ausländische Zeitschriften.

Streffleurs militärische Zeitschrift. (Oktober.) Der Infanterie-
kampf in der oberitalienischen Tiefebene. — Über das innere Wesen
der japanischen und neuzeitlichen Offensive.

Revue d'Infanterie. (Oktober.) Die französische Infanterietaktik in den Schlachten des August 1870. — Entwurf des Exerzierreglements für die japanische Infanterie, II. Teil. — Studie über die
Panik bei den Truppen. — Historische Studie über die Belastung des
Infanteristen.

Revue militaire des armées étrangères. (Oktober.) Das Kriegsbudget Deutschlands für 1907. — Der russisch-japanische Krieg (Forts.).
— Österreich und die italienische Grenze.

Journal des sciences militaires. Betrachtungen über den
russisch-japanischen Krieg. — Die Verteidigung des Königreichs
Neapel 1806. — Militärpädagogisches (Fortsetzung). — Der österreichische
Erbfolgekrieg (Fortsetzung).

Revue d'histoire. (September.) Der Anfang des österreichischen Erbfolgekrieges (Fortsetzung). — Taktische Studien über
den Feldzug 1806, I. Saalfeld. — Der Feldzug 1870/71: Die Einschließung
von Metz.

Kavalleristische Monatshefte. (Oktober.) Flußübersetzungen
der Kavallerie. — Feuergefecht der Kavallerie. — Die russische
Kavallerie bei Mukden. — Türkische Kavallerie.

Revue d'artillerie. (Juni 1907.) Studie über vernunftgemäße
Ballistik. — Die Eroberung der Luft. — Hilfsapparate zum Richten. —
(Juli.) Die Konusse als ballistische Kurven und die Berechnung der
gefährlichen Zonen. — Die Eroberung der Luft (Fortsetzung). — Verschiedene Nachrichten: Deutschland: Einfluß des Eintauchens von Feldartilleriemunition in Wasser. — Japan: Die Maschinengewehre der
Kavallerie während des russisch-japanischen Krieges.

Rivista di artiglieria e genio. (September.) Rocchi: Der Genieoffizier der Zukunft. — Ranza: Photographie und Photogrammetrie vom Ballon aus (Forts.). — Bini: Koordinatenreduktor für Küstenbatterien. — Nagliati: Die moderne Befestigung in Beziehung zum indirekten Schuß. — Pasetti: Die neue französische Feldbefestigungsvorschrift für die Infanterie. — Anzalone: Wiedereinrichtung von Feldsignalistenabteilungen auf Motorrädern. — Lang: Beteiligung der Artillerie bei dem Gefechtsschießen der anderen Waffen. — Das neue Exerzierreglement und die neue Schießvorschrift der deutschen Feldartillerie (Schluß). — Anordnung des Rücklaufs bei Gebirgsgeschützlafetten (bei Ehrhardt, Krupp, Schneider-Canet, Skoda und Vickers-Maxim-Nordenfelt). — Die Neuorganisation der japanischen Armee. — Über den Einsturz der aus Eisenbeton hergestellten Decke des großen Wasserbehälters in Madrid. — Die Begleitung der Infanterie beim Angriff durch einen Teil der Artillerie. — Die Befestigungen Österreichs an der italienischen Grenze. — Notizen. Österreich-Ungarn: Marsch einer Haubitzbatterie im Gebirge. Militärische Übung des Automobilklubs. Formation der Maschinengewehrabteilungen. Gerät der Herbertbrücke für Kavallerie. Motorboote im Brückentrain. — Frankreich: Kompagniekarren für Munition und Werkzeug. Artillerie- und Genieschule. Pulveringenieure. Abtragung der Festungswerke von Paris. — Deutschland: Vier Maschinengewehrkompagnien. Gewehr 88/05. Heliograph zur Festlegung des Ziels. Militärstraßen für Selbstfahrer. Stationen für Funkentelegraphie. — Japan: Verluste im letzten Kriege. Neues Exerzierreglement der Feldartillerie. — England: Gliederung der Feldartillerie. Ein Leuchtturmautomobil. — Rußland: Kosten des japanischen Krieges. — Schweiz: Automobilistenfreiwilligenkorps. Konservierung von Holzpfählen.

Revue de Cavalerie. (August.) Das Fußgefecht und die Ausbildung der Kavallerie im Feuergefecht. — Die Regimenter der Division Marguerite und die Attacken bei Sedan vom General Rozet de Mandres (Schluß). — Bemerkungen über das Gefecht. — Eindrücke bei dem Raid vom Leutnant de Marolles.

Mitteilungen über Gegenstände des Artillerie- und Geniewesens. Heft 8 u. 9 1907. Betoneisenkonstruktionen im Festungsbau. — Deformationen und Splitterungen des Lebel- und D-Geschosses. Einfluß des Terrains auf diese Deformationen. — Über Geschütze mit Rohrvorlauf. — Photographische Bestimmung der fortschreitenden und der Umdrehungsgeschwindigkeit der Geschosse. — Feldmäßige Sprengung der Eisenbahntunnels. — Die Panzerplatten und Panzergeschosse in ihrer letzten Entwickelung. — Versuch einer Ableitung von Grundsätzen für Anlage und Durchführung der Evakuation, dann für Organisierung und Verwendung von Krankenzügen.

Allgemeine Schweizerische Militärzeitung. No. 32. Der Volksentscheid. — Die zweijährige Dienstzeit in Frankreich. **No. 33.** Gedanken über ein neues Infanteriereglement. — Die diesjährigen Sommer-

manöver der englischen Armee. — Schießausbildung. **No. 34.** Oberst
F. C. Bluntschli †. — Zum heutigen Stande der Militärluftschiffahrt. —.
Die diesjährigen Herbstmanöver in Frankreich. **No. 35.** Die deutschen
Kaisermanöver. — Die französisch-spanische Marokkoaktion. — Die
diesjährige Verwendung der deutschen Artillerieschießplätze. — Französische und deutsche Kavalleriepferde. **Nr. 36.** Brigadeübungen der
II. Division. — Kritische Betrachtungen über die Verwendung lenkbarer Luftschiffe ·im Kriege. — Beispiele beweisen. **Nr. 37.** Divisionsmanöver des I. Armeekorps. — Pferdebeschlag. — Beispiele
beweisen. **Nr. 38.** Manöver des I. Armeekorps gegen eine kom-
binierte Division. — Zur Frage der Schießausbildung. — Die Manöver
des k. k. österreichischen Heeres. **Nr. 39.** Die Lehren der letzten
Feldzüge in bezug auf die Bewaffnung der Infanterie. — Zur Frage
der Schießausbildung. — Neues aus dem deutschen Heere. **Nr. 40.**
Die Kaisermanöver in Kärnten. — Die großen Manöver der italienischen
Armee. — Die Festungskriegsübung bei Posen. — Der nähere Verlauf
des französischen Vorstoßes auf Taddert. — Die Kostenfrage der
Kampagne in Marokko.

Schweizerische Zeitschrift für Artillerie und Genie. (August.)
Oberst C. F. Bluntschli †. — Das deutsche Exerzierreglement für die
Feldartillerie 1907. — Zur Berechnung der Ladungen von Minen. —
Auszug aus dem Bericht des Militärdepartements vom Jahre 1906.
— (September.) Das deutsche Exerzierreglement für die Feld-
artillerie 1907. — Automatische Korrektur der Seitenverschiebung bei
Haubitzen. — Beleuchtungsabteilungen in der österreichisch-ungarischen
Armee. — Die Wirkung der modernen Feldartillerie. — Die Unter-
nehmungen Fried. Krupp, Aktiengesellschaft.

La France militaire. (September.) Das Bajonett in der
Kavallerie, 1/2. — Unsere Aufgabe in Oceanien, 5. — Die Trennung der
Artillerie- und Ingenieurschule III vom General Prudhomme. — Unsere
Tätigkeit in Marokko, 6. — Englische Ansichten über die französische
Marine. — Die Spahis. Betrachtungen über die Infanterie in der
Mandschurei. — Die neue Rekrutierungsform, 7. — Der Geist von
Saumar 8/9. — Die Blockade Marokkos. — Die Reservisten (im Manöver).
— Die Ergänzung der Reserveoffiziere. — Die Erfahrungen des russisch-
japanischen Krieges über die Munitionsergänzung im Gefecht. —
Transportable Küchen und die Erleichterung des Fußsoldaten, 13. —
Unsere Offiziere (Pflichten, Politik) vom General Prudhomme, 14, 18. —
Die Vorbereitung und Übermittelung der Befehle im Manöver. —
Biribi (die Strafkompagnien) von Maxime Franc, 18. — Die Ergänzung
der Unteroffiziere. — Die Fortschritte unserer Infanterie, 20. — Aus-
tausch von Meinungen (Unzufriedenheit im französischen Offizierkorps)
vom General Luzeux. — Betrachtungen über die Infanterie in der
Mandschurei. — Die Kavallerie in der Erkundung im Manöver, 21. —
Unstimmigkeiten (Mängel der Aushebung) vom General Prudhomme. —
Die Beförderung (Klagen über die Methode). —. Die Trennung der

Artillerie und der Ingenieurschule, 22/3, 24. — Die bewaffnete Macht
(das neue Gesetz vom 20. August über deren Verwendung bei inneren
Unruhen) 22/23. — Von den Manövern, 24, 25. — Die Befehlsführung. — Übungen im Gesundheitsdienst. — Gebrauch des Auto-
mobils im Kriege, 25. — Die Verwendung der Maschinengewehre. —
Strategische Studie über den Krieg zwischen den Vereinigten Staaten
und Japan vom Oberst Septans II. III. 29, 30. — Vorträge über das
neue Exerzierreglement der Infanterie, 28, 29/30. — Die ersten Schritte
in Algier vom Bourmont bis Bugeaud, 29/30.

Revue de l'armée belge. (Mai, Juni.) Einige Nachrichten über
den Russisch-Japanischen Krieg in bezug auf die Artillerie. — Studie
über Schießen (Forts.). — Bemerkungen über Griechenland und die
Türkei und den Griechisch-Türkischen Krieg von 1897 (Forts.). —
Ein letztes Wort über das Schießreglement der Kavallerie. — Über
das Studium orientalischer Sprachen. — Das Maschinengewehr
Schwartzlose M/1907. — Einfluß des Russisch-Japanischen Krieges auf
die Taktik. — Die Arbeiten der gemischten Kommission über die
zweite Verteidigungslinie Antwerpens.

Rufskij Inwalid. 1907. Nr. 207. Über die großen Manöver im
Allgemeinen. — Die Reform im Wirtschaftswesen der Truppen. — In-
mitten der Opfer des Krieges. Nr. 209. Aus China und Japan. —
Säbel oder Schaschka? — Zu der Frage einer neuen Schießvorschrift.
Nr. 212. Bulgarien. — Die Vereinigten Staaten und Japan. — Be-
merkungen zur Kapitulantenfrage. Nr. 215. Aus der französischen
Armee. — Die Ergänzung des militärärztlichen Personals in den west-
europäischen Armeen. Nr. 216. Der Schlußstein der Organisation der
russischen kriegsgeschichtlichen Gesellschaft. — Über Maßregeln zur
Besserung der agrarischen Verhältnisse in den Kasakenheeren.

Wajennüj Ssbornik. 1907. (September.) Die erste mandschurische Armee in der Schlacht bei Mukden (Schluß). — Auf dem
linken Flügel des Ostdetachements vom 28. Juni bis zum 26. August
1904. — Bemerkungen über die Kavallerie. — Die Taktik der Festungsartillerie. — Schilderung der Tätigkeit der Intendantur des Ostdetachements (des 3. Sibirischen Armeekorps) 1904—1905. — Die Verteidigung der Küste mit Unterseebooten. — Die chinesischen Manöver
1905. — Militärische Skizzen aus Abessynien. — Der kleine Krieg.
(Oktober.) Begegnungen russischer und französischer Generale in
der zweiten Hälfte des Jahres 1812. — Im Kriege. — Etwas über die
Ausrüstung und Fußbekleidung des Infanteristen. — Aus meinem Kriegstagebuch (von Adamowitsch). — Korrespondenz des Generaladjutanten
Fürsten Mentschikoff mit dem Generaladjutanten Kornilow über die
kriegerischen Ereignisse in der Krim während der Jahre 1854—1856.
— Die neuen Truppen Chinas.

III. Verzeichnis der zur Besprechung eingegangenen Bücher.

(Die eingegangenen Bücher erfahren eine Besprechung nach Maßgabe ihrer Bedeutung und des verfügbaren Raumes. Eine Verpflichtung, jedes eingehende Buch zu besprechen, übernimmt die Leitung der „Jahrbücher" nicht, doch werden die Titel sämtlicher Bücher nebst Angabe des Preises — sofern dieser mitgeteilt wurde — hier vermerkt. Eine Rücksendung von Büchern findet nicht statt.)

1. **Michaelis,** Der Dienstunterricht des Infanterieoffiziers. Berlin 1908. R. Eisenschmidt. Mk. 1,30.

2. **Cardinal von Widdern,** Der kleine Krieg und der Etappendienst. Teil II: Aus den Feldzügen 1757, 1806/07, 1813, 1848/49, 1864. Ebenda. Mk. 3.60. Teil IV: Aus den rückwärtigen Verbindungen der Preußen 1866. Ebenda. Mk. 2,60.

3. **Hammann,** Der Streit um das Seebeuterecht. Berlin 1907. Puttkammer & Mühlbrecht. Mk. 1,20.

4. **Deutsches Kolonialhandbuch,** bearbeitet von Fitzner. Ergänzungsband 1906. Berlin. Hermann Paetel.

5. **v. Tettau, Frhr.,** Achtzehn Monate mit Rußlands Heeren in der Mandschurei. Zweiter Band: Nach Liaoyan bis zum Friedensschluß. Berlin 1908. E. S. Mittler & Sohn. Mk. 11,50.

6. **Wernigk-Trautz,** Dienstunterricht für den Kanonier und Fahrer der Feldartillerie. 7. Aufl. Ebenda. Mk. 0,50.

7. **Carlowitz-Maxen,** Entwickelung und Dislokation der russischen Armee. Oktober 1907. Berlin. Zuckschwerdt & Co. Mk. 1,80.

8. **Die italienischen Armeemanöver 1907.** Wien. Seidel & Sohn. 1 Kr. 50 H.

9. **Militärstrafgerichtsordnung.** Handausgabe mit Anmerkungen und Sachregister. Von Herz & Ernst. Berlin 1907. F. Vahlen. Mk. 4,00.

10. **v. Altrock,** Das Kriegsspiel. Eine Anleitung zu seiner Handhabung. Mit Beispielen und Lösungen. Ebenda. Mk. 4,50.

11. **Gundelach,** Exerzierreglement und Festungskrieg. Berlin 1907. R. Eisenschmidt. Mk. 3,00.

12. **Wolff,** Der theoretisch-praktische Patrouillen-, Nachrichtendetachement- und Meldedienst im Feld- und Gebirgskriege. 5. Aufl. Wien 1908. L. W. Seidel & Sohn. Mk. 3,60.

13. **Smekal,** Neue Beiträge zum Infanterieangriff. Ebenda. Mk. 1,20.

14. **Studie über den Feldzug** des Feldmarschalls Grafen von Radetzky 1848. Ebenda. Mk. 2,40.

15. **v. Frisch,** Der Übergang vom Lehendienst zum Solddienst in Österreich. Ebenda. Mk. 1,60.

Druckfehler-Berichtigung.

In Nr. 433 (Oktober), S. 454, Fußnote, 3. Zeile von oben muß es für „Kavallerie" heißen „Lava".

Druck von A. W. Hayn's Erben, Potsdam.

XXXVI

Die Ausbildung der Infanterie zum Festungskampf.

Von

Balck, Oberstleutnant.

(Mit 3 Skizzen.)

(Schluß.)

- — —

Aufklärungsdienst.

Die Tätigkeit aller Organe fällt in das Gebiet der Nahaufklärung, am besten werden die Meldungen durch Skizzen erstattet. Wichtig für den Angreifer ist das Aufsuchen gegen Sicht — zu trennen Sicht aus den Werken und aus dem Fesselballon — und Feuer geschützter Annäherungswege und Aufstellungsräume, Aufsuchen und Bezeichnen von Infanteriestellungen. Bezeichnen der Anmarschwege für Arbeiterabteilungen (Ansichtsskizzen zur Bezeichnung der Richtpunkte), Punkte, welche hell beleuchtet sind, oder wo die Truppe sich gegen den Himmel abheben könnte, sind zu vermeiden. Eine angemessene Teilung der Arbeit hat zu geschehen, man kann nicht verlangen, daß eine Patrouille, welche die Lage einer Infanteriestellung bezeichnet, auch noch gleichzeitig Nachrichten über den Feind sammelt. Ein Hinweis möge genügen, daß die für die Arbeiten bezeichnete Stelle auch besetzt bleiben muß.[1]) Für die Verteidigung ist es von Wichtigkeit, Stellen in den Angriffsarbeiten aufzufinden, welche aus der Festung der Länge nach gefaßt werden können. (Meldung durch Skizze.)

---

[1]) Was man in dieser Beziehung erleben kann. lese man nach in Koettschau, Irrtümer des Friedenssoldaten, II, S. 107. (Nächtlicher Aufmarsch der Korpsartillerie, VI. Armeekorps vor Toul am 22. August 1870) und in Kuropatkin-Krahmer, Kritische Rückblicke auf den russisch-türkischen Krieg, II, S. 133, III, S. 314 (Aufmarsch der Artillerie vor Plewna am 5./6. September 1877).

Da alle diese Erkundungen in der Dunkelheit stattfinden, sei auf die Schrift des Hauptmanns Stavenhagen: Über Himmelsbeobachtungen in militärischer Beleuchtung verwiesen, welche sehr zweckmäßige Winke für die Orientierung enthalten.

Erfahrungen sind ferner über die Sichtbarkeit unserer Bekleidungen zu sammeln. Mit umgehängten Zeltbahnen oder nicht zu sauberem Drillichzeug oder mit dem grauen Mantel bekleidete Mannschaften sind am schwersten zu erkennen, erst auf 100 m, während in der gleichen Nacht Leute im Tuchanzug bereits auf 175—200 m erkannt wurden.

Die in der Armee allgemein üblichen Prismengläser versagen in der Dunkelheit, besser sind die Ferngläser alter Art.

Das Verhalten im Lichte der Scheinwerfer bedarf der Belehrung; ein Versuch, dem Lichtkegel auszuweichen, ist nutzlos, das einzige Mittel, nicht entdeckt zu werden, ist rechtzeitig sich hinzuwerfen, wobei besonders darauf zu achten ist, daß die Orientierung nicht verloren geht, wenn die Weiterbewegung angetreten wird.[1])

Bei hellem Untergrund nützt auch Hinwerfen nichts, eine liegende Abteilung würde sofort erkannt werden. Der tiefe Standpunkt ruft aber lange Schatten hervor, die für die Aufstellung von Vorteil sind.

Ausheben von Infanteriestellungen.

Die Ausbildung verlangt zunächst eine Unterweisung über die Art der auszuführenden Arbeiten, dann geschicktes Bezeichnen und schnelles Anstellen längs der Fluchtlinie der Infanteriestellung, sowie das Ablösen der Arbeiter (Spaten einstecken, von einer Seite Anmarsch, nach der anderen Abmarsch). Bei größerer Nähe des Feindes, z. B. beim Ausheben der Sturmstellung, da man hier bereits von Leuchtkugeln beleuchtet werden kann, ist der planmäßige Aufmarsch am weißen Bande unausführbar. Hier ist das vom Exerzierreglement empfohlene Verfahren (381) zweckmäßiger. Die Truppe geht in Schützenlinie bis zu einer vorher festgelegten Stelle vor, wo sie bestimmt vom Verteidiger nicht gesehen werden kann, dann erfolgt das Vorkriechen einzeln bis in die erkundete Stellung, wo sofort mit der Arbeit (zunächst mit dem kleinen, dann mit dem großen Spaten) begonnen wird. In jeder Gruppe bleibt eine Rotte feuerbereit. Das Vorführen der Arbeiter querfeldein, durch Wälder und über Hindernisse, bedarf der häufigen Vorübung. Man muß von

---

[1]) S. österr. Einzelschrift über Port Arthur S. 88. Bei Kimberley wurden mit Erfolg die elektrischen Beleuchtungsanstalten der industriellen Anlagen benutzt.

der Infanterie fordern, daß sie diese Arbeit allein und ohne jegliche Mitwirkung von Pionieren ausführt. Zahlreiche Übungen, an denen ich teilgenommen habe, zeigen, daß es geht. Anhaltspunkte für die Unterweisung der Arbeiter nach Feldbefestigungsvorschrift Nr. 123, 124. Besonders einzuschärfen ist, daß ohne Befehl nicht zum Gewehr gegriffen werden darf. Das entladene Gewehr, Mantel, Feldflasche und Brotbeutel werden auf 5 Schritt hinter die auszuhebende Stellung niedergelegt.

Neben dieser taktischen Ausbildung tritt dann noch die rein manuelle Schulung im Bewegen von Erde mit dem kleinen und großen Spaten, im Liegen und Knien. Sandsäcke und kleine Spaten werden beim Bau der Sturmstellung und beim Ausheben von Gegenlaufgräben durch den Verteidiger Verwendung finden. Die Führer müssen über Vor- und Nachteile der einzelnen Boten, eine Infanteriestellung auszuheben, unterrichtet sein. Die beste Lehrmeisterin ist die Kriegsgeschichte, die Belagerungen von Straßburg und Belfort liefern die besten Anhaltspunkte für diesen Unterricht. Die Kriegsgeschichtlichen Beispiele von Frobenius (Heft X, XI) enthalten alles, was der Offizier braucht.

Das von Vauban vorgeschlagene Verfahren bestand in der sorgfältigen Auswahl der Lage der I. Parallele durch den Ingenieur, in dem Aufmarsch einer großen Arbeitermenge unter dem Schutz von Deckungstruppen, um in der ersten Nacht die Parallele auszuheben, in der dann schließlich auch noch Batterien aufgestellt wurden. Vor Straßburg machte man sich zunächst von diesem Verfahren frei, indem man den Vorposten befahl, jede Nacht sich an einer anderen Stelle einzugraben. Dieses Mittel versagte infolge ungenügender Erkundung und Beaufsichtigung gänzlich, es fehlte an einer Persönlichkeit in jedem Abschnitt, welche auf Grund der Erkundungen die Stellen für die einzelnen Schützenlöcher bezeichnete, schließlich rührte auch die sich selbst überlassene Infanterie in der Nacht kein Werkzeug an. Auch heute noch wird diese Art empfohlen. Vor Straßburg war es nur gelungen, einen einzigen branchbaren Schützengraben am Kirchhof St. Helena zu schaffen. Anderseits waren bei Port Arthur die Infanteriestellungen aus den Deckungen der Vorposten entstanden. Bei Straßburg griff man dann wieder zu dem alten Mittel des planmäßigen Aufmarsches der Arbeiterkolonnen am weißen Bande unter dem Schutz von Deckungstruppen. Dieses bedingte ein gewaltiges Kräfteaufgebot und gab doch nicht die Garantie der glatten Arbeitsausführung. Das ganze Verfahren enthielt einen Widerspruch. Wenn der ganze Angriff von dem Streben nach vorwärts getragen sein, wenn grundsätzlich ein

einmal vom Angreifer erreichtes Gelände nicht wieder aufgegeben
werden sollte, so konnte der Laienverstand schwer begreifen, daß
eine Deckungstruppe sich 100—200 m vorwärts der Infanteriestellung eine ganze Nacht hindurch behaupten konnte, und daß nicht
gleich von vornherein die Infanteriestellung bis in die Linie dieser
Deckungstruppen vorgeschoben wurde.

Es ergab sich nun bei den Friedensübungen ein neues ein-
facheres Verfahren. Der ganze Divisionsabschnitt von etwa 4 km
Ausdehnung wird in „Gefechtsstreifen" von je 1 km Breite für die
4 Regimenter eingeteilt. Jedes Regiment führt in seinem Gefechtsstreifen die erforderlichen Arbeiten selbst aus. Es hat dies den
Vorteil, daß stets dieselbe Truppe diejenigen Arbeiten ausführt, die
sie zu verteidigen hat, daß das Vertrautsein mit dem Angriffsgelände
die Leistung steigert, daß die Persönlichkeit des Regimentskom-
mandeurs am besten zum Ausdruck kommt. Ferner wird der Abschnittskommandeur, der sich nun nicht mehr um die Einzelheiten
des Infanterieangriffs zu kümmern hat, wesentlich entlastet. Nur
allgemeine Weisungen vermag die obere Führung zu geben, um das
Vorgehen in den einzelnen Gefechtsstreifen in Einklang zu bringen,
wobei auf zusammenhängende Feuerstellungen verzichtet wird. Im
allgemeinen wird die Truppe mit einem Drittel ihrer Stärke sichern,
mit einem Drittel ruhen, mit einem Drittel arbeiten. Die Ausführung
gestaltet sich nun derart, daß unter dem Schutze der Vorposten
die Erkundungen vorgenommen und die Infanteriestellung und die
Anmarschwege bezeichnet werden. Die Arbeitsgruppe wird in der
Dunkelheit einheitlich in dichter Schützenlinie (J.E.R. 379) vorgeführt, legt das Gewehr hinter sich und beginnt unter dem Schutze
von wenigen Horchtrupps sich sofort einzugraben. Die Vorposten
werden, sobald die Arbeit begonnen hat, hinter den Flügeln der
Arbeiterabteilungen als Reserven gesammelt. Bei einem feindlichen
Angriff gehen die Horchtrupps auf die Arbeiter zurück, die nun zum
Gewehr greifen. Das Ausheben von Annäherungswegen wird Pionieren
und den nicht zur Arbeit oder auf Vorposten befindlichen Truppen
überlassen.

Eine Infanteriestellung wird nach den gleichen Rücksichten wie
jede Stellung im Gefecht ausgewählt: ausreichende Feuerwirkung
und genügende Deckung. Schulterwehren werden nach Bedarf meist
erst nachträglich eingebaut (F.V. 115). Maschinengewehre, namentlich an Stellen, von denen aus eine flankierende Wirkung möglich
ist, werden eingebaut, gegnerische Maschinengewehre werden am
besten durch Granatschüsse der Feldartillerie demontiert. Die
Japaner brachten zu diesem Zwecke einzelne Feldgeschütze auf

etwa 1000 m von den Maschinengewehren in Stellung. Einzelheiten
für die Erweiterung der Gräben sind der Feldbefestigungsvorschrift
zu entnehmen. (Ziffer 60—62, 129—132.) Auf folgendes sei noch
hingewiesen. Kochstellen werden zweckmäßig nicht in der Infanteriestellung angelegt, da sie das Feuer auf sich lenken, das Essen wird
von rückwärts vorgetragen. Bei Anlage von Verbandräumen ist
Vorsorge zu treffen, daß Ab- und Zufluß von Verwundeten nicht
auf ein und demselben Wege stattfindet. Ablösung von Mannschaften bei den Fernsprechanlagen ist rechtzeitig ins Auge zu fassen.

Der Kampf um das nähere Vorgelände und um die Kontreeskarpe.

Die Friedensübung tut gut, diesen Teil zu überspringen, da die
zahlreichen Unternehmungen, die hier beim Kampf um das Hindernis
stattfinden, sich im Frieden doch nicht darstellen lassen. Theoretisch
ist auf das Zusammenarbeiten der Infanterie- und Artilleriefeuer-
leitung hinzuweisen. (Benutzung des Fernsprechers.) Erfahrungsgemäß macht sich auch leicht die Erbitterung der Mannschaften in
Raufereien Luft. Die technischen Arbeiten, wie sie bei den diesjährigen Übungen bei Chatham zur Darstellung kamen, werden am
besten von den Pionieren ohne andere Waffen durchgeübt. Der
Offizier muß aber mit der Eigenart des Kampfes vertraut sein.[1] Man
kann nichts besseres tun, als ihn auf die treffliche Schilderung in
dem Buche des Schweden Nörregaard verweisen, der selbst bei Port
Arthur den Kampf als sachverständiger und zuverlässiger Augen-
zeuge beobachtet hat. „Unsere Arbeit in den Laufgräben stößt
fortgesetzt auf Widerstand von seiten des Feindes, für uns, die wir
selbst gesehen haben und wissen, was dieser ‚unablässige Widerstand‘ eigentlich bedeutet, formen sich die trockenen, knappen Worte
zu ganzen Schlachtszenen; kleine russische Patrouillen schleichen
sich durch die Nacht heran, das Gewehr mit aufgepflanztem Bajonett
in der einen Hand und ein paar Handgranaten unter den anderen
Arm gedrückt; vorsichtig und lautlos schleichen sie vorwärts auf
Wegen, die sie bereits bei Tageslicht ausgewählt haben, bin zu der
Stelle, wo sie den regelmäßigen, dumpfen Laut der Spitzhacken
gegen die harte Erde hören. Die japanischen Wachtposten glauben
nun zwar schattenhafte Gestalten zu sehen; ein Schuß knallt; die

[1] Zahlreiche, sich gegenseitig ablösende Schiedsrichter sind einzuteilen.
Die Leitung wird anzuordnen haben, wo die Hindernisse friedensmäßig, wo
kriegsgemäß zu beseitigen sind. Schußlöcher von Granaten im Hindernis,
die einen wesentlichen Faktor für die Aufräumungsarbeiten der Pioniere
bilden, sind zweckmäßig schon vor der Übung im Drahthindernis anzulegen.

Mannschaft wirft ihre Spaten und Hacken hin und greift zu den Gewehren; ein Maschinengewehr knattert los und bald spielt das ganze Orchester auf. Dann ein furchtbares Krachen, eine hohe Flamme schlägt empor; ein neuer Knall und dann noch einer. Dann wieder tiefe Stille und die Nacht ist noch finsterer als sonst. Unten im Laufgraben liegt ein halbes Dutzend Toter, entsetzlich verstümmelt, und ein Gemisch von Blut und Fleischstücken, die Überreste eines noch vor wenigen Augenblicken lebendigen Mannes, die nun mit dem Spaten in einen Sack geschaufelt und weggebracht werden."

Nächtliche Unternehmungen.[1])

spielen für Angreifer und Verteidiger eine gleich wichtige Rolle. Bewegungen und Kämpfe in der Dunkelheit verlangen eine ganz besonders eingehende Schulung und auch Vorübung, ehe die Probe auf das Exempel gemacht wird. Nachtübungen im Sommer verlangen viel Zeit, meist geht durch sie auch der nächste Vormittag verloren. Es empfiehlt sich, die Ausbildung in den Winter zu verlegen. Geht man im November, Dezember und der ersten Hälfte des Januars mit Einbruch der Dämmerung (5 Uhr nachm.) an die feindliche Front heran, so kann die Truppe bis 8 Uhr nachm. spätestens das Heranarbeiten durchgeführt und sich dicht am Feinde in Sturmstellung eingegraben haben. Läßt man dann beide Gegner auf verschiedenen Wegen in die Kaserne und ebenso am anderen Morgen noch in der Dunkelheit, (also um die Jahreswende gegen 7 Uhr vorm.) wieder in die Stellung einrücken, so kann gegen 7 $^1/_2$ Uhr das Feuer beginnen und um 8 Uhr vorm. der Einbruch erledigt sein. Nächtliche Kämpfe werden nicht durch die geringe Feuerwirkung der Infanterie, sondern nur durch die brutale Gewalt (daher geschlossene Ordnung) und durch die Überraschung entschieden. Hier ist zunächst Fürsorge zu treffen, daß die zum Überfall vorgehende Truppe nicht selbst überfallen wird[2]), aus diesem Grunde dürfen die Aufklärungsorgane nicht erst wenige Stunden vor dem Angriff vorgeschoben werden, was den Feind nur aufmerksam machen würde, sondern müssen sich dauernd dicht am Feinde befinden, so daß der Aufmarsch ungestört vom Feinde stattfinden kann. Das Vorschieben von besonderen „Aufklärungskompagnien" wird vielfach nötig werden, um die feindlichen

---

[1]) Siehe J.E.R. 260, 298, 364, 375, 378, 386, 390, 393, 415—460.
[2]) Stormberg und Magersfontein im Burenkriege; am Morgen des 10. September im diesjährigen Kaisermanöver, 79. Infanteriebrigade.

Sicherungen zurückzudrücken, den eigenen Patrouillen das Vorwärtskommen zu ermöglichen.   Um bei einem positiven Beispiel zu bleiben, legen wir die Lage zugrunde (Skizze I), daß der Angreifer versucht, auf etwa 1000 m von den Hindernissen der Hauptkampf-

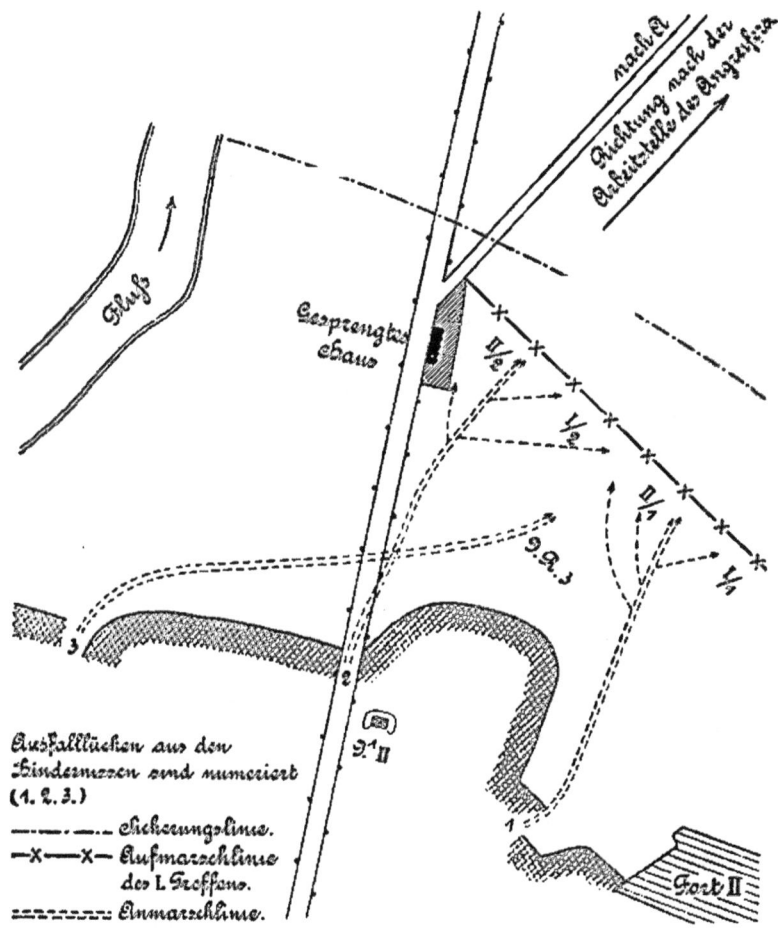

Skizze I.

stellung entfernt planmäßig, d. h. unter dem Schutze von Deckungstruppen, die erste Infanteriestellung auszuheben, daß die aus 6 Bataillonen in 3 Regimentern bestehende Hauptreserve unter Mitwirkung der Abschnittsbesatzung die Arbeiten stören soll.   Es ist nicht empfehlenswert, die Abschnittsbesatzung der Ausfalltruppe zu-

zuteilen, sie bleibt besser in ihrer Kampfstellung bereit für alle
Wechselfälle.

Anordnungen des Führers der Hauptreserve.

1. An Abschnittskommandeur II, Datum, 7°N. (telegraphisch).
„Zur Störung der Arbeiten des Angreifers vor Abschnitt II wird die
Hauptreserve einen Ausfall in Richtung A machen, ich ersuche
um 8° N. je eine Kompagnie an den Ausfalllücken 1, 2, 3 zu
meiner Verfügung zu stellen, die Führer dieser Kompagnien zum
Infanterieraum 1 II (J. 1. II). Von 10° N. ersuche ich mit Infanterie
in Richtung B zu demonstrieren, nach dorthin auch zu feuern und
zu leuchten. Jedenfalls in keiner Weise die Aufmerksamkeit des
Feindes in Richtung A wachzurufen.

2. Telegraphischer Alarmbefehl und Anordnungen für
den Anmarsch: „I.-R. 1 Ausfalllücke Nr. 1, I.-R. 2 nach Nr. 2,
I.-R. 3 nach Nr. 3. Eintreffen 10° N. Feldartillerieabteilung nach
Lücke Nr. 2. Truppe legt weiße Armbinden um den linken Unter-
arm, Sturmanzug ohne Kochgeschirr, Gewehre sind ungeladen. Erkundungsoffiziere von jedem Bataillon mit Begleitung nach J. 1. II.
Ich erwarte dort die Regimentskommandeure.“

3. Befehl für die Kompagnieführer an J. 1 II 8° N., in
Anwesenheit der Erkundungsoffiziere.
„Die Hauptreserve wird um 10° N. einen Ausfall machen in
Richtung auf A, um feindliche Arbeiten etwa 1000 m von unserer
Stellung zu stören. Linker Flügel am Wege gesprengtes Haus-A.
Die Kompagnien legen sich etwa 200 m vorwärts des Hindernisses
so hin, daß sich die Hauptreserve ungestört entwickeln kann.
Linke Kompagnie vom Fluß bis zum gesprengten Hause, dann
3. Kompagnie etwa mit der Front in Richtung auf X., 500 m Front.
Rechte Kompagnie in gleicher Breite und Front im Anschluß an die
3. Kompagnie. Die Kompagnien nehmen lautlos ihre Stellung ein,
sie dienen zum Schutz gegen feindliche Erkundungen und halten sich
möglichst verdeckt. Sie dürfen erst zurückgehen, wenn die Hauptreserve vorgegangen ist und kein Zweifel mehr besteht, daß das
Gefecht begonnen hat. Die Ausfalllücken sind durch zwei Leute mit
brennenden Laternen zu bezeichnen.

4. Von jedem Regiment ging nach einer näheren Anweisung
eine Offizierpatrouille bis an den Feind heran zur Erkundung des
Wegs und der Maßnahmen des Feindes, eine zweite Patrouille hatte
die Aufmarschlinie für die Ausfalltruppe zu bezeichnen.
Zusatz: Die Bekanntschaft des Verteidigers mit dem Gelände war dadurch erreicht, daß schon vor der Einschließung

die Erkundungsoffiziere in der Dunkelheit vorgeschickt waren, um sich mit dem Gelände vertraut zu machen. Es war für eine Patrouille nicht möglich, Aufmarschlinie und Anmarschlinie für zwei Bataillone festzulegen. Diese sorgfältigen Vorarbeiten waren schon deshalb geboten, weil die Ausfallkolonnen mit einer anderen Front, als in der sie später vorgehen sollten, aus den Hindernissen heraustraten. Das Vorschieben der Kompagnien der Abschnittsbesatzung machte den Gegner auf die beginnende Unternehmung aufmerksam, so daß der rechte Flügel der Hauptreserve frühzeitig heftig beschossen wurde. Wirksamer als frontal vorzugehen, wäre ein Angriff gegen einen Flügel gewesen. Demonstrationen müssen, wenn sie wirken sollen, frühzeitiger als der eigentliche Angriff stattfinden.

Es wurde um 9⁰ N. den am Infanterieraum 1. II eintreffenden Kommandeuren folgender Befehl mündlich gegeben:[1]

1. Der Feind hat vorwärts seiner Artillerieschutzstellung, etwa 1000 m von unseren Hindernissen entfernt, begonnen, eine Infanteriestellung auszuheben, Deckungstruppen sind noch weiter vorgeschoben.

2. Die Hauptreserve wird durch Ausfall die Arbeiten stören.

3. Um 10 Uhr 15 N. beginnt das erste Treffen, rechts I.-R. 1, links I.-R. 2 an der von den Erkundungsoffizieren bezeichneten Linie unter dem Schutze der vor dem Hindernis entwickelten Teile der Abschnittsbesatzung aufzumarschieren (Kompagniekolonnen) und Seitengewehr aufzupflanzen. Die Flügelbataillone lassen auf 50 Schritt 2 Kompagnien in zweiter Linie folgen. Jedes Regiment 400 m Frontbreite.

4. I.-R. 3 folgt in Kompagniekolonnen hinter der Mitte.

5. Ich befinde mich auf dem rechten Flügel von I./1 und ersuche die Regimentskommandeure, sich auf den inneren Flügeln ihrer Regimenter zu befinden. Von jedem Regiment zu mir 2 Befehlsordonnanzen und ein Tambour. Antreten des I. Treffens werde ich befehlen, nachdem mir die Regimenter die Beendigung ihres Aufmarsches gemeldet haben.

Ausführungsbestimmungen.

1. „Das 1. Treffen nimmt die Stellung der Deckungstruppen lautlos, ohne zu schießen, ohne Hurrarufe und ohne Trommelschlag, es ordnet sich lautlos, sobald die Deckungstruppen überrannt

---

[1] Besser schriftlich. s. J.E.R. 274.

sind, um sofort einen feindlichen Gegenangriff abzuwehren. Dann wird vermutlich die Reserve bis zur eigentlichen Arbeitsstelle durchstoßen. Einebnen der Gräben hat wenig Wert, nur wo Schulterwehren zu erkennen sind, sind diese niederzutreten.[1]

2. Zeichen zum Zurückgeben: Anschlagen der Tamboure zum Locken beim Parademarsch. Die Ausfalllücken sind durch Laternen bezeichnet. Ich werde Anordnungen treffen, daß der Rückzug durch das Feuer unserer Feldartillerie gedeckt wird."

Wie das Vorgehen gedacht ist, zeigen Skizze II und III.

Zusätze. Der Angriff muß in breiter Front entwickelt auf den Feind stoßen, ich halte es für wünschenswert, treu der Nr. 342 unseres Reglements: „Zu bedenken bleibt, daß die Aufgabe der geschlossenen Ordnung ein Übel ist" nicht auszuschwärmen, sondern in Kompagniekolonne zu bleiben, auch Vorgehen in eingliederiger Linie hat sein Bedenken (in England und Japan versucht).

Einzelne Rotten sorgen für Verbindung zwischen den Kompagnien. Die Bezeichnung der Bataillons- und Regimentsstäbe empfiehlt sich in diesem Falle nicht.

Da es sich um zwei getrennte Aufgaben handelt: Überrennen der Deckungstruppen, dann Störung der Arbeit, so ist dementsprechend die Tiefengliederung angeordnet. Unzweideutige Zeichen für das Zurückgehen und Vereinbarung eines Feuerschutzes durch die Artillerie sind geboten, da es im Interesse der Ausfalltruppe liegt, sobald die Aufgabe beendet ist, lautlos in der Dunkelheit wieder zu verschwinden. Verzichten auf Trommelschlag und Hurrarufen bei einem entscheidenden Angriff hat sich empfohlen, erfahrungsgemäß lenkt auf solche Stellen, wo Gefechtslärm hörbar wird, der Verteidiger seine Reserven. Im Gegensatz zum Tageskampf verlangt ein nächtliches Gefecht ein Schema:

1. Meist handelt es sich nur um ein kurzes einheitliches Vorgehen, bei dem man das Verhalten des Feindes ziemlich sicher voraussehen kann.

2. Eine Geländeausnützung wie am Tage fällt fort.

3. Der Führer kann seinen Einfluß nicht geltend machen, er muß aber die unbedingte Sicherheit haben, daß in dem kurzen Augenblicke des Sturmes auch alles nach seinem Willen verfährt.

---

[1] Es empfiehlt sich, Artillerieoffiziere mitgehen zu lassen, um für ein späteres Beschießen Anhaltspunkte zu gewinnen.

4. Selbständige Handlungen am Tage werden veranlaßt durch den Feind und durch die Nachbartruppe. Am Tage, wo man diese sehen und mit ihr die Handlung in Zusammenhang bringen kann, ist weitgehende Selbständigkeit geboten, in der Dunkelheit muß jeder Führer durch die vereinbarte Art der Ausführung über das Verhalten seiner Nachbartruppe unterrichtet sein.

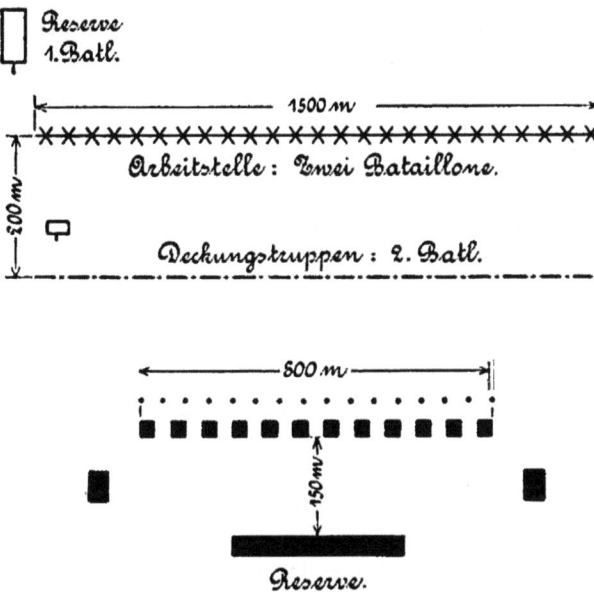

Skizze II.
Ausfall kurz vor dem Sturm auf die Deckungstruppen.

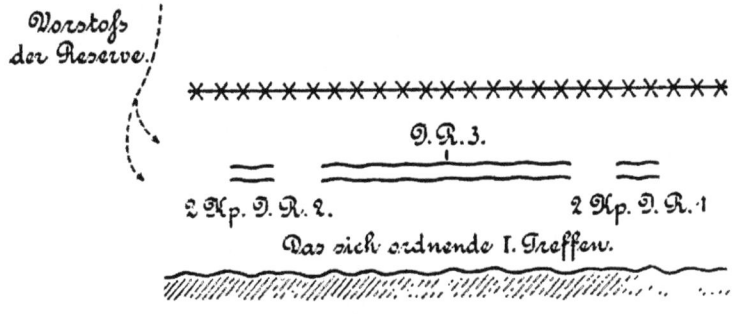

Skizze III.
Ausfall nach Einnahme der Stellung der Deckungstruppe.

Es bedarf der Übung: Antreten und Aufmarsch aus der Gruppen-
und Kompagniekolonne auf elektrische Lichtzeichen. Zweckmäßig
ist eine Entwickelung nach Innen aus der Gruppenkolonne, wenn
die Kolonne geteilt zu beiden Seiten eines Weges, im Schatten der
Bäume vorgeht. Es hat sich gezeigt, daß eine solche Abteilung sehr
spät entdeckt wird; auch die Verluste werden geringer sein, da der
Verteidiger meist auf die Mitte der Straße feuert. Bewährt hat sich
bei kleineren Unternehmungen Anleuchten mit der elektrischen
Taschenlampe, deren Licht durch übergelegtes Seidenpapier gefärbt
werden kann. Durch Tagesbefehl wird die Lichtfarbe bestimmt.
Jede Truppe, die auf ein Anleuchten nicht mit Licht in der bestimmten Farbe antwortet, wird als Feind behandelt. Die Gesichtspunkte für die Verteidigung gegen nächtliche Angriffe enthält J.E.R. 417: „Nach Einbruch der Dunkelheit sind alle Maßnahmen zu treffen, um die feindliche Annäherung zu erkennen und
jede Überraschung auszuschließen. (Verstärkter Patrouillengang, zeitweise Beleuchtung des Vorgeländes; lautlose Stille, um jedes Ge-
räusch beim Feinde zu hören.) Mit Ausnahme der Führer, der Beobachter und einer schwachen Besetzung der Feuerlinie kann die
Truppe ruhen. Ist feindliches Vorgehen erkannt, so wird die Feuerlinie schnell und stark besetzt. Der Feuerkampf ist auf den nächsten
Entfernungen zu führen. Die rückwärtigen Abteilungen müssen nahe
zur Hand sein, um einen etwa in die Stellung eingedrungenen Feind
mit der blanken Waffe hinauszuwerfen." Kenntlichmachung der
Standorte der Stäbe durch (nach dem Feinde zu abgeblendete) Laternen ist zweckmäßig, Offiziere legen leicht erkennbare Abzeichen
an. Empfohlen wird, vorwärts der Deckungstruppen einzelne Posten
einzugraben in Schützenlöcher mit Rückenwehren, um von einem
Angriff rechtzeitig die Deckungstruppen und die noch weiter rückwärts befindliche Artillerie „telegraphisch" zu benachrichtigen, „daraufhin setzt dann deren Feuer nach den schon vorher erschossenen
Richtungen ein. Die kürzesten Sprengpunkte in der ungefähren
Linie dieser vorgeschobenen Posten."[1) Wir halten ein solches Verfahren im Ernstfalle für ganz und gar ausgeschlossen.

Der Sturm.

Die Friedensübung vermag von seinen Forderungen keinen Begriff zu geben, es sei wiederum auf Nöregaard und die österreichische Einzelschrift über die Kämpfe um Port Arthur verwiesen. Nach

---

1) Beiheft zum Militärwochenblatt 1907: Taktische Betrachtungen zum
Kampf um Festungen S. 141.

Suworowschem Branch finden bei Belagerungen Vorübungen an einem Übungswerk statt. Im Frieden kommt zur Vorübung zunächst das angewandte Turnen in Betracht unter Berücksichtigung der im März d. J. ausgegebenen Deckblätter, Ausführung der Übungen schließlich im Sturmanzug, auch Offiziere haben daran teilzunehmen, sie sind es, die zuerst den Wall ersteigen müssen. Überwinden der Hindernisse in der Dunkelheit ist nicht zu üben, da erfahrungsgemäß die meisten Stürme auf Festungswerke am hellen Tage stattgefunden haben.

Taktisch ist zu üben das Vorbrechen des Sturmverbandes aus der Sturmstellung, das Besetzen der Glaciskrone mit dichten Schützen, dann das Heranbringen des Sturmgeräts durch Pioniere, Nachfolgen und Benützen des Sturmgeräts durch die Sturmtruppe. Seitengewehr wird selbständig erst aufgepflanzt, sobald die Leute die Berme erreichen, um von hier aus einheitlich vorzustürmen und die Brustwehr zu ersteigen.

Vorstehendes ist nach Ablauf eines Übungsjahres niedergeschrieben, welches vorwiegend der Vorbereitung für den Festungskrieg gewidmet war. Neben gründlicher praktischer Vorübung, Teilnahme an Festungsübungsritten ist eingehendes theoretisches Studium geboten, obenan stehen unsere leider noch immer „nur für den Dienstgebrauch" oder als geheim bezeichneten Vorschriften über den Festungskrieg, erwünscht wäre es, wenn sie dem Heere in gleicher Weise zugänglich gemacht würden, wie Felddienstordnung und Reglement. Ebenso wie mit diesen müßte auch der Offizier mit den Vorschriften über den Festungskrieg vertraut sein. Geheimnisse gibt es in diesen Vorschriften nicht mehr. Die leitenden Gesichtspunkte findet man in den Werken von Fritsch und von Stavenhagen. In einer sehr lesenswerten Studie „Exerzierreglement und Festungskrieg" hat Major Gundelach den Nachweis geführt, daß die taktischen Ausbildungsvorschriften der Feldwaffen für ihre Tätigkeit im Festungskriege ausreichen. Leider wird das 3. Heft des Oberstleutnant Schwarte über den Festungskrieg in absehbarer Zeit wohl nicht erscheinen. Das Wesen des Festungskrieges kann man nur aus der Geschichte lernen. Frobenius, Kriegsgeschichtliche Beispiele, die erwähnten neueren Schriften über die Belagerung von Port Arthur geben die wichtigsten Fingerzeige für Führung und Ausbildung. Auf jeder Seite der Kriegsgeschichte steht aber, daß nicht die tote Form entscheidet, sondern nur der kriegerische Manneswert, der unbeugsame Wille, zu siegen.

XXXVII.

Die Entwickelung des lenkbaren Luftschiffes und seine militärische Verwendung.

Von

Bahn, Generalmajor a. D.

(Schluß).

4. Versuche in anderen Militärstaaten.

Es konnte nicht ausbleiben, daß die Aufsehen erregenden Erfolge Frankreichs mit den Motorluftschiffen und die Bedeutung derselben für den Krieg bei allen Militärstaaten Versuche zur Konstruktion von Luftschiffen hervorriefen, über welche bisher allerdings sehr wenig bekannt geworden ist. In Österreich sind vor einiger Zeit von Forts 17 in Krakau 3 lenkbare Luftschiffe der österreichischen Luftschifferabteilung und zwar zwei kleinere und ein größeres zu gleicher Zeit aufgestiegen. Dieselben bewegten sich in schnurgerader Richtung einer über dem anderen, umkreisten das Wawel-Schloß und kehrten dann nach Forts 17 zurück. Der Versuch soll den Erwartungen entsprochen haben.

Der italienische Oberst Almerico da Schio hat ein eigenartiges, innerhalb gewisser Grenzen lenkbares Luftschiff hergestellt, welches anfangs Juli 1905 zum ersten Male aufgestiegen ist. Der zigarrenförmige Ballon mit vorderer ogivaler Spitze ist etwa 39 m lang und hat einen größten Durchmesser von 8 m. Seine Oberfläche ist mit Aluminiumpulver bestreut zur Verminderung der Einwirkung des Sonnenlichtes. Die Gondel ist 17 m lang, 1,20 m breit, trägt einen nur 12 pferdigen Motor, eine $4^1/_2$ m große Schraube und das Steuer. Das Eigenartige der Konstruktion besteht darin, daß das Luftschiff keinen Auftrieb hat, sondern ausschließlich dynamisch durch Drachenflug gehoben wird. Zu diesem Zweck trägt die Gondel vorn und hinten je eine 10 qm große Drachenfläche. Vor dem Aufstieg ruht die Gondel auf 3 niedrigen Rädern mit Pneumatik. Durch die Bewegung der Schraube rollt das Luftschiff auf seinen Rädern vorwärts, bis der Luftwiderstand an den Drachenflächen groß genug ist, das Schiff zu heben. Durch verschiedene Neigung der Drachenflächen kann der Auf- und Abstieg geregelt werden.

Der erste Versuch gelang recht gut, mußte aber einer Störung im Motor wegen vorzeitig abgebrochen werden. Die Ergebnisse der Fahrt sind noch nicht bekannt geworden. Es heißt nur, daß der

Konstrukteur beabsichtige, bis zu 1300 m emporzusteigen und eine Eigengeschwindigkeit von 30 m zu erreichen. Das italienische Kriegsministerium unterstützt diese Versuche.

Man darf gespannt darauf sein, inwieweit die Absichten des Konstrukteurs, namentlich auch hinsichtlich der sehr hohen Eigengeschwindigkeit, sich erfüllen werden.

Aus Rom wird vom August dieses Jahres gemeldet, daß im Militärluftschiffpark interessante Versuche mit neuen Luftschiffen veranstaltet worden sind, deren Erfinder ein italienischer Offizier ist. Man kann nicht übersehen, ob es sich auch bei diesen Versuchen um das oben beschriebene Luftschiff des Oberst da Schio oder um andere Konstruktionen handelt. Aus Mailand verlautet, daß dort ein Luftschiff im Bau sei, das sich in mancher Beziehung dem französischen Vorbilde anschließe.

Danach herrscht also auch in Italien eine sehr rege Tätigkeit auf diesem Gebiet.

In England beschäftigt sich die Militärbehörde seit langer Zeit mit dem Bau von Luftschiffen. Schon 1902 wurde mit Dr. Barton ein Vertrag abgeschlossen über den Bau eines lenkbaren Riesenluftschiffes. Von den wunderbaren Leistungen, welche dasselbe s. Z. aufweisen würde, war die Presse voll. Das Luftschiff, welches rund 55 m lang war, einen größten Durchmesser von 12,5 m und 4400 cbm Inhalt hatte, wurde durch 3 Petroleummotoren mit 145 Pferdekräften angetrieben. Es stieg am 22. Juli 1905 bei günstigem Winde zum ersten Male auf, hatte eine nur geringe Eigengeschwindigkeit und zerbrach bei der Landung. Nach diesem mißlungenen Versuch engagierte England den amerikanischen Drachenerfinder Cody für die Luftschifferabteilung.

Von dem unter Codys Beihilfe erbauten Luftschiff, welches vor kurzem seine erste Auffahrt machte, ist nur bekannt, daß es dem Lebaudy-Typ ähneln, also dem halbstarren System angehören soll. Der Ballon soll eine wurstförmige Hülle aus Goldschlägerhaut von etwa 30 m Länge und 9 m Durchmesser haben, welche auf einem Gestell aus Bambusstäben und Stahlröhren verschnürt ist. Die Gondel trägt einen Petroleummotor, welcher angeblich sehr leicht sein soll im Vergleich zu seiner Kraftleistung. Das Luftschiff soll bei der ersten Auffahrt trotz der Leichtigkeit seiner Hülle und des leichten Motors eine Eigengeschwindigkeit von nur 5—6 m bei einer Bemannung von 3 Personen gehabt haben, und erlitt hierbei einen geringen Schaden an der Maschine, welcher zum vorzeitigen Abbruch der Fahrt zwang, aber nach kurzer Zeit wieder behoben war, so daß das Luftschiff nachmittags wieder auffahren konnte. Man hofft, durch geringe Änderungen die Geschwindigkeit auf etwa 10 m/sec. zu steigern und einem neuen Luftschiff eine solche von 12 m/sec. geben zu können. Neuerdings hat dieses in Aldershot erbaute neue Militärluftschiff eine erfolgreiche 2stündige Fahrt gemacht. Es hat an den beiden Seiten Leinwandflügel, welche nach dem Verlassen der Hülle entfaltet werden, und hat hinten einen vogelschwanzförmigen Leinenschirm. Diese Stabilitätsflächen sollen das Rollen und Stampfen des Luftschiffes vermindern. An dem Vorderteil sind Aeroplane zur Erleichterung des Auf- und Absteigens angebracht worden.

Die erreichte Geschwindigkeit soll 32 km/Std., d. s. 9 m/sec. betragen haben. Bei einer späteren Fahrt von Aldershot nach London ging der Ballon am Kristallpalast zu London nieder und lag daselbst mehrere Tage hilflos, weil irgendeine Havarie die Rückkehr nach Aldershot unmöglich machte. Dort wurde er durch einen Sturmwind völlig zerstört.

Neben den Versuchen mit lenkbaren Luftschiffen soll sich die großbritannische Luftschifferabteilung mit bemannten Drachen beschäftigen und den Flugmaschinen große Beachtung schenken.

Belgien macht Versuche mit einem Röhrenballon Leclère-Mary aus Löwen, welcher nur 85 kg wiegen und einen $3\frac{1}{2}$ pferdigen Spiritusmotor haben soll.

In Spanien hat ein Leutnant Kindelan einen Ballon bauen lassen, dessen Querschnitt infolge dreier Längseinschnürungen an die Form eines Kleeblattes erinnert. Die Gondel hängt mit 2 Stahlseilen am Ballon. Zum Antrieb dienen 2 Schrauben, welche beiderseits der Gondel liegen und von zwei 24pferdigen Motoren angetrieben werden. Der Inhalt des Ballons ist 700 cbm, seine Länge 37 m. Über den Zweck der eigentümlichen Form des Ballons ist nichts gemeldet. Sie trägt m. E. nur zur Erhöhung des Luftwiderstandes bei.

In den Vereinigten Staaten stieg im August 1905 das Luftschiff von Roy Knabenshue auf. Das Luftschiff wog nur 380 Pfund, der Motor allein 90 Pfund.

Einer Laffan-Meldung zufolge soll, nach Mitteilung des Luftschiffers Stevens, dieser von der Regierung der Vereinigten Staaten mit dem Bau eines Ballons von 1000 kg Tragfähigkeit betraut sein, welcher zu Versuchen im Werfen von Geschossen und Sprengkörpern verwendet werden soll.

Nach dieser Meldung soll das Kriegsministerium bereits 9 Ballons besitzen. Ob dies Fessel- oder lenkbare Ballons sind, wird nicht gesagt. Es ist aber anzunehmen, daß es letztere nicht sind. Anderseits wird auch gemeldet, daß die Luftschifferabteilung Versuche mit Ballons nach dem System Wright machen werde.

Wenn auch viele dieser ungewissen Nachrichten zunächst noch wenig Positives bringen über Neuerungen und Fortschritte in der Konstruktion von lenkbaren Luftschiffen, so zeigen sie doch, daß in allen Staaten mit Eifer an der Konstruktion und dem Bau von Luftschiffen gearbeitet wird, nachdem durch leichte, aber leistungsfähige Motoren eine Vorbedingung für die Lenkbarkeit der Luftschiffe erfüllt ist. Dieser internationale Wettstreit muß zu einer schnellen Vervollkommnung der lenkbaren Luftschiffe führen.

5. Weiterentwickelung der Luftschiffe.

Will man untersuchen, welche Dienste ein lenkbares Luftschiff im Kriege schon jetzt und in absehbarer Zukunft wird leisten können, so muß zuerst festgestellt werden, welche Leistungen in aeronautischer Beziehung die vorhandenen Luftschiffe bis jetzt aufweisen und in welcher Richtung und in welchem Maße durch eine Weiterbildung der Luftschiffertechnik dieselben wahrscheinlich gesteigert werden können.

Die nachstehende Tabelle gibt eine Übersicht über die Verhältnisse der 3 hierfür vornehmlich in Betracht zu ziehenden Luftschiffe. Der Lebaudy kommt nicht mehr in Frage, weil er durch la Patrie in Leistung und Konstruktion überholt ist. Ebensowenig kann der Groß-Basenachsche Ballon noch nicht in Betracht gezogen werden, weil er nur ein Modell ist, über dessen Größenverhältnisse bisher wenig bekannt geworden ist.

	Patrie	Zeppelin	Parseval
Rauminhalt[1] . . . . cbm	3150	12 000	2300
Arbeitsleistung des Motors in Pferdestärken	70	170	90
Auftrieb[1] des Luftschiffes in kg	3717	11 435	2600
Nutzlast[1] . . . . kg	1260	1 900	?
		(über Meereshöhe)	
Eigengeschwindigkeit . m/sec.	11—12$^{1}/_{2}$	11 oder 15	12$^{1}/_{2}$
km/Std.	40—45	40 mit 1 Motor, angeblich 54 mit 2 Motoren.	45
Größtmögliche Betriebszeit ohne Unterbrechung . . Std.	angeblich 12	120 mit 1 Motor 60 mit 2 Motoren.	?

Für die Leistungsfähigkeit und die Verwendungsgrenzen des Luftschiffes im Kriege sind der Aktionsradius, d. h. diejenige Strecke, welche das Luftschiff ohne zu landen zurücklegen kann, und seine Nutzlast maßgebend. Letztere besonders dann, wenn das Luftschiff als Waffe benutzt werden soll.

---

[1] Nach la conquête de l'air von Capitaine Sazerac de Forge. Revue d'artillerie, August 1907.

Der Aktionsradius ist im luftleeren Raume gleich der Eigengeschwindigkeit des Ballons mal der größten Betriebszeit ohne Unterbrechung, wenn es sich um eine in sich geschlossene Fahrt handelt, bei welcher während der ganzen Fahrdauer die Geschwindigkeit unveränderlich ist. Unter diesen Bedingungen würde der Aktionsradius der Patrie 500—560,5, des Zeppelin 4800 oder 3000, des Parsival 560,5 km betragen. Beim Durchfahren einer gradlinigen Strecke hin und zurück im lufterfüllten Raume vermindert sich der Aktionsradius mit der Windstärke.

Bezeichnet man die Eigengeschwindigkeit eines Luftschiffes mit E, seine Betriebsdauer mit B, die Windstärke, gegen welche das Luftschiff hinfahren und mit welcher es zurückkommen soll, mit W. so läßt sich die zurückzulegende Strecke und die Zeitdauer der Hin- und Rückfahrt nach folgenden Formeln berechnen

1. $x = \dfrac{B}{2}\left(1 + \dfrac{E}{W}\right) = \dfrac{B}{2} + \dfrac{B}{2} \cdot \dfrac{E}{W}$

worin x die Fahrtzeit gegen den Wind bedeutet. Diese Formel leitet sich wie folgt ab:

a) $(E - W)x = (E + W)y$. D. h. die Bewegungsgeschwindigkeit, d. i. Eigengeschwindigkeit weniger Windgeschwindigkeit, mal der Fahrtdauer hin (x) muß gleich sein der Bewegungsgeschwindigkeit (die ist hier Eigengeschwindigkeit + Windgeschwindigkeit) mal der Fahrtdauer zurück (y) und ferner muß sein

b) $x + y = B$. D. h. die Fahrtdauer hin und zurück muß gleich der ganzen Betriebsdauer sein. Daraus ergibt sich $y = B - x$ und

$$x = \frac{(E + W)(B - x)}{(E - W)},$$

aufgelöst $x = \dfrac{B}{2}\left(1 + \dfrac{W}{E}\right) = \dfrac{B}{2} + \dfrac{B}{2} \cdot \dfrac{W}{E}$

wie oben. D. h. die Zeitdauer der Hinfahrt gegen den Wind ist gleich der halben Betriebsdauer plus einem Produkt aus der halben Betriebsdauer mal dem Verhältnis der Windstärke zur Eigengeschwindigkeit.

Die auf der Hin- bzw. Rückfahrt zurückzulegende Strecke H = R ist

2. $\dfrac{B}{2}E - \dfrac{B}{2}\dfrac{W^2}{E}$,

also gleich dem Produkt aus der halben Betriebszeit mal der Eigengeschwindigkeit minus dem Streckenverlust. Dieser ist im ganzen, wie selbstverständlich, direkt proportional der Betriebszeit und wächst im Quadrat der Windstärke dividiert durch die Eigengeschwindigkeit.

Diese Formeln auf die Verhältnisse der 3 oben bezeichneten Luftschiffe angewendet und Parseval der Patrie gleichgesetzt, ergibt bei einer Windstärke von 1 km für letztere beide

1. $\dfrac{B}{2} = 6$ Stunden, $\dfrac{1}{E} = 0{,}022$ km;

für Zeppelin mit einem Motor,

2. $\dfrac{B}{2} = 60$ Stunden, $\dfrac{1}{E} = 0{,}025$ km;

mit zwei Motoren

3. $\dfrac{B}{2} = 30$ Stunden, $\dfrac{1}{E} = 0{,}02$ km;

Danach berechnet sich bei einer Windstärke von

		2,8	5,6	8,4	11,2 m/sec.
		10	20	30	40 km/Stdn.
Patrie und Parseval	Hinfahrzeit . . . Std.	7 $^1/_3$	8 $^2/_3$	10	11 $^1/_3$
	Rückfahrzeit . . . Std.	4 $^2/_3$	3 $^1/_3$	2	$^2/_3$
	Hinfahrstrecke . km ca.	256,8	217,2	151,2	58,8
	Rückfahrstrecke . km ca.	256,8	217,2	151,2	58,8
	Ganze Fahrstrecke . km	513,6	434,4	302,4	117,6
	Streckenverlust gegenüber dem Produkt aus Betriebszeit und Eigengeschwindigkeit . km	26,4	105,6	37,6	422,4
	45 × 12 = 540				
Zeppelin mit einem Motor	Hinfahrzeit . . . Std.	75	90	105	—
	Rückfahrzeit . . . Std.	45	30	15	—
	Hinfahrstrecke . . km	2250	1800	1050	—
	Rückfahrstrecke . . km	2250	1800	1050	—
	Ganze Fahrstrecke . km	4500	3600	2100	—
	Streckenverlust . . km	300	1200	2700	—
	gegenüber 40 × 120 = 4800 km				
Zeppelin mit 2 Motoren	Hinfahrzeit . . . Std.	36	42	48	54
	Rückfahrzeit . . . Std.	24	18	12	6
	Hinfahrstrecke . . km	1440	1260	960	540
	Rückfahrstrecke . . km	1440	1260	960	540
	Ganze Fahrstrecke . km	2880	2520	1920	1080
	Streckenverlust . . km	120	480	1080	1920
	gegenüber 50 × 60 = 3000 km.				

40*

Analog lassen sich die Fahrzeiten und Streckenverluste bzw. der Aktionsradius für jede Windstärke, jede Eigengeschwindigkeit und jede Betriebszeit berechnen. Kommt der Wind nicht direkt von vorn der Bewegungsrichtung entgegen, so kommt naturgemäß statt der ganzen Windstärke nur diejenige Komponente in Rechnung, welche der Bewegungsrichtung des Luftschiffes entgegensteht. Die vorstehende Tabelle zeigt sehr klar den Einfluß der Windstärke und der Eigengeschwindigkeit. Die bisher erreichte höchste Eigengeschwindigkeit von 15 m/sec. d. s. 54 km/Std., welche der Ballon Nr. 3 des Grafen v. Zeppelin bei seinem neuerlichen Aufstieg erreicht hat, würde gegen eine Windstärke von 15 m/sec. nicht mehr aufkommen können und gegen eine solche von 14 m/sec. = 50 km/Std. nur unter Aufwendung erheblicher Zeit und bedeutenden Streckenverlustes. Die Luftschiffe mit nur 45 km/Std. = 12,5 m/sec Geschwindigkeit sind also schon bei einer Windstärke von 12,5 m/sec. aktionsunfähig. Nun sind in Europa in den Höhenlagen von 1000—1500 m, in welcher Luftschiffe ihrer Sicherheit gegen feindliches Feuer wegen fahren müssen, nicht selten. Die Windstärke wächst mit zunehmender Entfernung von der Erde bis 500 m sehr stark, vielfach bis auf das Doppelte. Darauf nimmt sie bis 1500 m langsamer zu. Um in einer Höhe von 1000—1500 m an allen Tagen des Jahres, ausgenommen einzelne Sturmtage, fahren zu können, ist nach der meteorologischen Statistik eine Eigengeschwindigkeit von 20 m/sec. = 72 km/Std. erforderlich, mit den bisher erreichten 15 m/sec. Geschwindigkeit würde nur an 75—80% aller Tage und mit 10 m/sec. nur an etwa 50% aller Tage gegen den Wind gefahren werden können. In geringerer Höhe würde ein Ballon mit 12 m Eigengeschwindigkeit etwa 82%, mit 14 m aber etwas über 90% aller Tage in Europa gegen den Wind fahren können.

Diese Zahlen sind natürlich nur ein Anhalt. Sie zeigen aber, daß Geschwindigkeiten von 12,5 m/sec. die Verwendungsmöglichkeit eines Ballons sehr beschränken, daß man mit 15 m/sec. Eigengeschwindigkeit in vielen Fällen wird auskommen können, daß aber eine Geschwindigkeit von 20 m/sec., wenn möglich noch darüber hinaus unter gleichzeitiger Vermehrung der Betriebsdauer anzustreben sein wird, denn es kommt bei der militärischen Verwendung nicht nur darauf an, daß das Luftschiff auffahren und gegen den Wind Terrain gewinnen kann, sondern daß es bei großen Windstärken noch einen annehmbaren Aktionsradius und genügende Bewegungsgeschwindigkeit behält. Dies ist aber nach obigem nur möglich durch große Eigengeschwindigkeit und lange Betriebsdauer. Beides

ist im wesentlichen eine Frage des Motors und des geringen Luftwiderstandes.

Der stärkste der bisher verwendeten Motoren ist der des
Parsevalschen Luftschiffes mit 90 Pferdestärken, danach folgen die
beiden des Zeppelinschen Luftschiffes mit je 85 Pferdekräften.
Dadurch, daß sie beide zusammenwirken können, hat v. Zeppelin
die größte motorische Kraft. Eine Steigerung derselben in engen
Grenzen ist sehr wohl möglich. Nun wächst zwar der Luftwiderstand nur im quadratischen Verhältnis mit der Geschwindigkeit, die
motorische Kraft zu seiner Überwindung aber im kubischen.

Das Zeppelinsche Luftschiff hat bei seiner neuerlichen Auffahrt
mit 170 Pferdestärken 15 m/sec. Geschwindigkeit erreicht. Will
man dieselbe auf $2 \times 15 = 30$ m/sec. bringen, so gehören dazu
$170 \cdot 2^3 = 1360$ Pferdekräfte oder zwei Motoren von 680 Pferdekräften.

Um die oben geforderte Geschwindigkeit von 20 m/sec. zu
erreichen würden $\dfrac{170 \cdot 4^3}{3^3} = 403$ Pferdekräfte erforderlich sein. Wie
ich aus glaubhaftester Quelle erfahren habe, ist die Höchstleistung
jedes der beiden Motoren für Luftschiff Nr. 4 136 Pferdestärken, im
ganzen also 272, damit würde nach obiger Formel eine höchste
Eigengeschwindigkeit von etwa 18 m/sec. $= 64,8$ km/Std. zu erreichen
sein. Der bereits abgelieferte erste Motor hat bei einem 15stündigen
Bremsversuch eine durchschnittliche Leistung von etwa 110 Pferdestärken gegeben. 220 Pferdestärken würden eine durchschnittliche Eigengeschwindigkeit von etwa 16,5 m/sec. $= 59,4$ km/Std.
liefern. Das wären schon recht gute Leistungen, jedenfalls
die bisher erreichten höchsten. Mit der Größe der Kraftleistung
wächst das Gewicht der Motoren. Wie behauptet wird, wiegen die
vom Grafen von Zeppelin im Luftschiff 3 verwendeten Motoren noch
4 kg für jede Pferdestärke. Das ist allerdings für die heutige
Motorentechnik nicht wenig, denn es soll bereits Motoren von nur
2 oder sogar nur 1,8 kg für die Pferdestärke geben. Dieses Streben
nach Gewichtsverminderung ist für Luftschiffe von geringer Tragfähigkeit von großer Bedeutung, von geringerer jedoch für die große
Tragfähigkeit des von Zeppelinschen Luftschiffs. Die Daimler Motoren-
fabrik ist deshalb nicht auf das außerordentlich geringe Gewicht von
1,8 kg für die Pferdestärke bei den beiden Motoren zurückgegangen,
sondern hat vermutlich aus Gründen der Betriebssicherheit und Zuverlässigkeit ein Gewicht von 2,6 bzw. 3,3 kg für die Pferdestärke
gewählt. Der bereits abgelieferte Motor wiegt 360 kg, das würden
bei der Höchstleistung 2,6 kg, bei der Durchschnittsleistung 3,3 kg

für jede Pferdestärke sein. Dies bedeutet gegenüber den bisherigen
4 kg für 1 Pferdestärke eine außerordentlich zufriedenstellende
Leistung und einen sehr großen Fortschritt.

Auch des Major v. Parsevals Motor soll noch verhältnismäßig
schwer sein, so daß durch Verbesserung desselben eine höhere Geschwindigkeit erzielt werden könnte. Immerhin bedingen bei den
kleineren Luftschiffen starke Motoren, welche 20 m/sec. Geschwindigkeit und darüber liefern, eine Vergrößerung der Tragfähigkeit, also
eine Vergrößerung der Ballonhülle. Und dies ist sowohl bei der
Patrie, deren Hülle um 500 cbm vergrößert und damit auf eine
Nutzlast von 12—1500 kg gebracht worden ist, erreicht, als auch
bei dem v. Parsevalschen Ballon beabsichtigt, da die Motorluftschiff-
Studiengesellschaft einen Ballon von 3000 und später einen solchen
von 4500 kg bauen lassen will.

Die Eigengeschwindigkeit des Luftschiffes hängt auch noch von
dem Wirkungsgrad der Luftschraube ab, d. h. davon, wieviel Prozent
der vom Motor geleisteten Arbeit in Bewegung umgesetzt wird und
wieviel durch Reibungen, schädliche Nebenwirkungen verloren geht.

Da die Wirkung der Luftschraube auf dem Widerstand der
Luft beruht, so gibt eine große Umdrehungsgeschwindigkeit
einen größeren Nutzeffekt als große Flächen der Flügel, weil, wie
bereits mehrfach erwähnt, der Luftwiderstand im Quadrat der Geschwindigkeit wächst. Am vorteilhaftesten sind daher Motoren mit
großer Tourenzahl und deren Übertragung ohne jegliche Übersetzung
auf die Schraubenwelle, um dadurch Verluste bei der Übersetzung
zu vermeiden.

Der österreichische Major Hoernes hat eine Luftschraube konstruiert nach dem Grundsatz, daß stoß- oder schlagartig angefaßte
Luft einen mehr als neunmal so großen Luftwiderstand gibt als
gleichmäßig bewegte Luft. Durch diskontinuierliche Bewegung der
Schraubenflügel wird eine schlagartige Wirkung erzielt. Der
Wirkungsgrad dieser „Planetluftschraube" soll 80 °/₀ statt bisher
50 °/₀ betragen. Ob und wie sich diese Schraube in der Praxis bewährt hat, ist bisher nicht bekannt geworden.

Wenn man heutzutage erfolgreiche Verbesserungen sogar noch
an den Schiffsschrauben zur Erhöhung ihres Wirkungsgrades vor-
nimmt, so ist in dieser Beziehung für die Luftschrauben gewiß noch
manches zu erwarten.

Ferner wächst die Eigengeschwindigkeit des Luftschiffes mit der
Verminderung des Luftwiderstandes. Je geeigneter die Form des
Luftschiffes zur Überwindung des Luftwiderstandes ist, desto größer
wird unter sonst gleichen Verhältnissen die Eigengeschwindigkeit des

Luftschiffes. Die äußere Ballistik gibt hierfür gewiß wertvolle Anhaltspunkte hinsichtlich der Spitzenform und des Verhältnisses zwischen Durchmesser und Länge, wenn auch die Verhältnisse bei der Luftschiffbewegung und bei der Geschoßbewegung in mancher Beziehung verschieden sind. Bei ersterer sind die Verhältnisse dadurch vielleicht einfacher, daß die Geschwindigkeiten geringer und während der ganzen Bewegungsdauer gleich sind und die Drehung um die Längsachse fortfällt. Die für die Überwindung des Luftwiderstandes günstigste Spitzenform der Geschosse ist durch Theorie und Praxis längst festgestellt und es liegt zunächst keine Veranlassung vor, anzunehmen, daß dieselbe Form nicht auch für das Luftschiff die geeignetste ist. Eine halbkugelförmige oder gar ebene Stirnfläche ist jedenfalls wenig geeignet. Ogivale Spitzen sind vorteilhafter. Es verlautet auch, daß das neue Parsevalsche Luftschiff eine solche Spitze erhalten soll. Aus der äußeren Ballistik ist der Wert großer Querschnittsbelastung, also großer Geschoßlänge im Verhältnis zum Durchmesser bekannt. Die bei dem Geschoß notwendige Rücksicht auf die Stabilität der Drehachse, welche die Länge des Geschosses beschränkt, fällt beim Ballon fort. Deshalb würden lange Ballons für die Überwindung des Luftwiderstandes zweckmäßig sein. Die Grenze für das Verhältnis zwischen Durchmesser und Länge liegt bei den unstarren und halbstarren Ballons, welche ihre Form lediglich durch den inneren Druck halten, darin, daß die Ballons eine genügende Festigkeit gegen Durchbiegung, gegen Knickung, haben müssen. Hierfür ist das Verhältnis von 1 : 6 als das günstigste ermittelt. Die starren Hüllen sind darin etwas weniger beschränkt, weil ihr Gerippe auf größere Widerstandskraft gegen Durchbiegung konstruiert werden kann. Immerhin hat auch das seine Grenzen in dem Gewicht des Gerippes, welches aus dem leichtesten Material, Aluminium, hergestellt werden muß.

Es kommt noch eine geeignete Form für Abfluß der Luft hinzu.

Auf diesem Gebiet ist gewiß noch manches zu erreichen, und es ist freudig zu begrüßen, daß die Motorluftschiff-Studiengesellschaft das Studium dieser Frage in Angriff genommen hat.

Die Betriebsdauer eines Luftschiffes hängt von dem Verbrauch an Betriebstoff für eine Pferdekraftstunde, von dem mit Rücksicht auf die Tragfähigkeit des Luftschiffes mitzuführenden Vorrat, sowie von der Zeit ab, welche der Ballon in der Luft zu bleiben vermag.

La Patrie soll in der Stunde 20 kg = etwa 30 l Betriebsmaterial gebrauchen, die beiden von Zeppelinschen Motoren 50 kg, das wären in beiden Fällen bei einer Kraftleistung von 70 bzw. 170 Pferdestärken rund 0,3 kg. Ob sich hierin in absehbarer Zeit eine nennenswerte Verminderung erreichen lassen wird, ist zunächst zweifelhaft.

Die Betriebsdauer bleibt dann beschränkt durch den Teil der Traglast, welcher für die Mitnahme von Betriebsstoff verfügbar bleibt.

In diesem Zusammenhang muß auf die Versuche Graham Bells hingewiesen werden, welcher für einen Drachenflieger einen elektrischen Motor konstruiert hat, welchem von einer elektrischen Station aus der Strom durch Hertzwellen zugeführt wird. Bei einer Höhe bis zu 70 m soll der Motor tadellos gearbeitet haben. Hier handelt es sich um nur geringe Kraft und nur geringe Höhe. Zudem ist auch noch die Entfernung des Luftfahrzeuges von der Station begrenzt, um eine sichere Stromübertragung zu behalten, denn bei jeder Unterbrechung ist das Luftschiff aktionsunfähig. Vorläufig ist die Anwendung dieses Systemes auf freie Luftschiffe noch Zukunftsmusik.

Die in der vorstehenden Zusammenstellung über den Aktionsradius der Luftschiffe angenommene Betriebsdauer von 60, 120 bzw. 12 Stunden ist bisher von keinem der Luftschiffe in der Praxis erreicht worden. Die größte Betriebszeit hat Graf v. Zeppelin mit 8 $^1/_2$ Std. erzielt. Neuerdings sind auch die Luftschiffe von Parseval und Groß-Basenach 7 $^1/_2$ Stunden ununterbrochen in der Luft gewesen, dagegen La Patrie bisher nur 3 Std. 22 Minuten.

Jene Betriebszeiten sind daher bis zu ihrer praktischen Bestätigung nur theoretische Ermittelungen auf Grund des vorhandenen Betriebsstoffes und des stündlichen Verbrauches.

Verschiedene Gründe mögen dafür vorliegen, daß die bisher vorgeführten Fahrzeiten mit den theoretisch möglichen in einem Mißverhältnis stehen. Bei den deutschen Ballons ist dies wohl dadurch zu erklären, daß sie erst jetzt ihre ersten Auffahrten unternehmen und die Fahrdauer erst nach und nach steigern werden. Bei den beiden französischen Luftschiffen Lebaudy und La Patrie kann dies der Grund kaum sein, da ersteres vor kurzem schon 79, letzteres bis 17. August d. J. auch bereits 31, also beide zusammen schon 110 Auffahrten gemacht hatten.

Muß zum Aufstiege, zur Regelung der Fahrhöhe und zum Landen noch Ballastausgabe und Gasabblasen mit benutzt werden, hängt die Fahrdauer natürlich auch von dem Vorrat an Ballast und von dem Gasverlust mit ab.

Gasverlust entsteht aber auch durch die nicht völlige Dichtigkeit des Hüllenstoffes, welcher Gas entweichen und Luft eindringen läßt.

Deshalb ist die Güte der Ballonstoffe ein sehr wesentlicher Faktor für die Betriebsdauer.

Die deutschen Stoffe, doppelte Lage mit diagonal liegender Faser und eingepreßter Kautschukmasse sind bisher, abgesehen von der sehr teuren Goldschlägerhaut, die besten und werden auch in Frankreich verwendet. Die Industrie wendet aber der Verbesserung des Stoffes großes Interesse zu. Auf der Berliner Sportausstellung hatte die Kontinentale Caoutschouc und Guttapercha Compagnie bei Hannover allein 32 Proben Ballonstoffe ausgestellt und ebenso Franz Clouth in Nippes bei Köln einige solcher Proben.

Ein großer Fortschritt würde es sein, wenn der Gasverlust während der Fahrt von der Gondel aus, ersetzt werden könnte. Möglich, daß das Hydrolith oder eine andere Erfindung, welche die Mitnahme komprimierten Wasserstoffgases ohne zu schwere Gefäße oder die Entwickelung von Gas in der Gondel gestattet, einen solchen Fortschritt ermöglicht.

Wenn man berücksichtigt, daß das Problem der Lenkbarkeit von Luftschiffen erst im vergangenen Jahre zufriedenstellend gelöst worden ist, die technische Aus- und Weiterbildung desselben daher noch in den allerersten Stadien der Entwickelung sich befindet, so wird man in manchen konstruktiven Einzelheiten Verbesserungen erwarten dürfen.

Der Lebensnerv des lenkbaren Luftschiffes ist der Motor. Auf seine Vervollkommnung wird daher der größte Nachdruck gelegt. Die Motorluftschiff-Studiengesellschaft trägt zur Lösung dieser Hauptfrage viel bei, indem sie durch Aussetzung eines Preises von 20 000 Mk. die deutschen Motorenfabriken angespornt hat, die Luftschiffmotoren hinsichtlich ihres Nutzeffektes, ihrer Zuverlässigkeit und Betriebssicherheit, Feuersicherheit, Geräuschlosigkeit, Unempfindlichkeit im Gange bei dauernder Veränderung der wagerechten Lage des Motors zu vervollkommnen.

6. Die militärische Verwendung der lenkbaren Luftschiffe.

Diese liegt innerhalb der oben charakterisierten aeronautischen Leistungsfähigkeit auf dem Gebiete der strategischen und taktischen Erkundigung und möglicherweise auch in der Verwendung als Waffe im Feld-, Festungs- und Seekriege.

Abgesehen von den Beschränkungen, welche die Witterung, Wind, Regen, Nebel, Schnee der Beobachtung auferlegen, kann man schon mit unbewaffnetem Auge von einer Höhe von 1000 m noch einzelne Menschen unterscheiden. Man erkennt auch sehr gut die Truppen, welche sich als Gruppen schwarzer Punkte vom Boden abheben und vermag die Marschformation von der Aufmarsch- und Gefechtsformation sehr wohl zu unterscheiden. Einzelne Geschütze treten weniger deutlich hervor, aber die Bespannungen und die Artilleriefahrzeuge sind deutlich zu zählen, so daß auf die Zahl der Geschütze geschlossen werden kann.

Unter Zuhilfenahme von guten Instrumenten wird man auf 1000 m Höhe noch deutlicher unterscheiden können.

Anderseits wird aber vielfach der eigenen Sicherheit wegen aus größerer als 1000 m Höhe beobachtet werden müssen. Dann kann das Gelände im weiteren Umkreise abgesucht werden.

Die Vorbedingungen für eine gute und zuverlässige Erkundung, welche unabhängig vom Gelände, von Festungen und Sperrforts ist, sind gegeben. Die Luftschiffe werden den Aufmarsch des feindlichen Heeres hinter dem für die Kavallerie fast undurchdringlichen Gürtel der Befestigungen unausgesetzt Tag und Nacht beobachten und ihre Meldungen schnell der Heeresleitung übermitteln können, wenn sie mit Scheinwerfern und drahtlose Telegraphie ausgerüstet sind, wie es für Zeppelin IV beabsichtigt ist. Auch ohne solche Einrichtungen werden kleinere Luftschiffe durch Beobachtung tagsüber wertvolle Dienste leisten. Die Gliederung des Heeres und der Anmarsch können ihnen nicht verborgen bleiben.

Die Luftschiffe werden auf dem Schlachtfelde die feindliche Stellung, ihre Flügeldeckung, Aufstellung der Reserven, Befestigungen, Eindeckungen und Artilleriestellungen frühzeitiger und sicherer erkunden, als dies zurzeit ohne lenkbare Luftschiffe, selbst mit Fesselballons, möglich ist. Sie werden auch der Artillerie Anhaltspunkte über die Lage ihrer Ziele und über ihre Wirkung geben können. Vorbereitungen des Gegners zum Rückzug und dessen Richtung werden dem Luftkundschafter frühzeitig bekannt werden.

Dieselben hohen Kundschafterdienste leisten die lenkbaren Luftschiffe im Festungs- und Seekriege. Dort werden sie den Anmarsch des Einschließungsheeres, die Aufstellung der schweren Artillerie, die Heranschaffung des Belagerungsmaterials, Zeit und Art der Parkanlagen, Wahl der Angriffsfront, Batterie- und Schützengrabenbau, Versammlung der Truppen zum Angriff einerseits erkunden, anderseits werden sie die schwächste Front der Festung, Anlage von Zwischenwerken und Batterien, Ansammlung von Truppen zu Ausfällen u. dgl. m. ermitteln.

Sie bieten einen großen Schutz der heimischen Küste gegen überraschenden Angriff einer feindlichen Flotte. Sie können dauernd

Verteilung und Aufenthalt der feindlichen Schiffe feststellen und dadurch unschätzbare Dienste für die Verwendung der eigenen Flotte leisten.

Schon aus dieser summarischen Aufzählung der Tätigkeit lenkbarer Luftschiffe geht hervor, in wie großem Nachteil sich ein Staat befinden würde, welchem keine Kriegsluftschiffe zur Verfügung stehen, gegenüber einem solchen mit einer ausreichenden, wohlgeübten Luftflotte.

Hinsichtlich der Verwendung des Luftschiffes als Waffe kann die Frage des internationalen Verbotes, Sprengstoffe aus Luftschiffen zu werfen, völlig außer Betracht bleiben, da die frühere fünfjährige Vereinbarung ohne Erneuerung abgelaufen und auf der diesjährigen Tagung der Konferenz im Haag ein neuer Antrag nicht gestellt ist, da ein solcher gewiß keine Aussicht auf allseitige Annahme haben würde.

Im Seekriege würde die Verwendung des lenkbaren Luftschiffes als Waffe durch das Bewerfen der Panzerschiffe mit Panzersprenggeschossen vermutlich einen entscheidenden Einfluß haben können, welcher dem Luftschiff als Waffe im Landkriege vorerst nicht zugesprochen werden kann. Das Deck der Schiffe und die gewölbten Decken der Türme und Beobachtungsstände sind am schwächsten gepanzert, weil sie durch das Feuer der rasanten Schiffsgeschütze wenig zu leiden haben und einem Steilfeuer höchstens von Küstenwerken her ausgesetzt sind.

Durch Herabwerfen von schweren Panzersprenggeschossen aus den Luftschiffen würden daher die Panzerschiffe sehr bedeutend leiden, wenn auf eine angemessene Treffähigkeit zu rechnen ist.

Eine solche Verwendung der Luftschiffe würde zu einer Änderung der Panzerschiffe von Grund aus und zur Bewaffnung derselben mit Ballongeschützen zwingen, ohne daß letztere einen wesentlichen Schutz bieten könnten. Das Luftschiff als Waffe kann daher vielleicht ein Mißverhältnis in der Seestärke verschiedener Staaten ausgleichen ohne sehr erhebliche Kosten, denn für ein Schlachtschiff würden vielleicht 50—60 große Luftschiffe beschafft werden können, deren Unterhaltung wesentlich billiger ist als die eines Schlachtschiffes.

Es ist daher selbstverständlich, daß Staaten, welche durch mächtige Flotten sich die Seeherrschaft gesichert haben, zur Erhaltung derselben die Verwendung der Luftschiffe als Waffe ausgeschlossen zu sehen wünschen, während es anderseits ebenso selbstverständlich ist, daß Staaten mit beschränkteren Seestreitkräften sich befleißigen werden, ihre Unterlegenheit durch die Verwendung von Luftschiffen als Waffe auszugleichen oder zu vermindern.

An eine Einigung über ein Verbot, die lenkbaren Luftschiffe als Waffe zu benutzen, ist daher bis auf weiteres nicht zu denken.

Frankreich, welches in der Luftschiffahrt bisher stets und auch heute noch am weitesten ist, beabsichtigt trotz aller offiziösen Ableugnungen die Luftschiffe als Waffe zu verwenden, denn es haben in dieser Beziehung bereits Versuche stattgefunden. Lebaudy hat bei seinen Probefahrten Sandsäcke von etwa 20 kg Gewicht auf vorher bestimmte Ziele — Befestigungsanlagen — mit gutem Erfolg geworfen.

Auch La Patrie hat Geschosse von 20 kg Gewicht aus 400 m Höhe fallen lassen. 50 % derselben sollen in einem Umkreise von 25 qm gelegen haben. Das wäre für die ersten Versuche durchaus keine ungünstige Treffwahrscheinlichkeit, wenn man dabei berücksichtigt, daß 50 Jahre nötig waren, um die Treffähigkeit unserer gezogenen Geschütze auf ihre jetzige Höhe zu bringen. Es handelt sich bei beiden Luftschiffen doch nur um die ersten Versuche. Von einer wissenschaftlichen und technischen Durchbildung irgend einer Wurfvorrichtung kann bei der Kürze der Zeit also noch gar keine Rede sein. Es ist aber gar nicht zweifelhaft, daß im Laufe der Zeit Vorrichtungen ersonnen werden, welche das Ablassen von Geschossen oder Torpedos in der Weise ermöglichen, daß denselben eine geregelte und gesicherte Flugbahn erteilt wird, welche in demselben Maße beherrscht werden kann, wie die aus Kanonen und Wurfgeschützen. Ob man sich dazu einer Art Geschütz oder Torpedo bedient, dem durch komprimierte Luft eine beschleunigte Vorwärtsbewegung und Drehung um die Längsachse verliehen wird, mag dahin gestellt bleiben. Unlösbar ist diese Frage wohl nicht. Ebenso wird man ein Schießverfahren und Hilfsmittel ersinnen, um die Windverhältnisse in den verschiedenen Höhenschichten nach Stärke und Richtung zu ermitteln, und um sie und den Einfluß der Erdbewegung u. a. m. beim Werfen zu berücksichtigen, so daß im Laufe der Jahre auf eine Verbesserung der Treffähigkeit zu rechnen ist.

Sollen solche Sprengkörper gegen die zunächst allein in Betracht kommenden großen und widerstandsfähigen Ziele durchschlagende Wirkung haben, darf mit dem Gewicht nicht zu sehr herabgegangen werden. Geschosse von 20 kg Gewicht, wie sie in Frankreich in Aussicht genommen zu sein scheinen, würden dem 12 cm-Kaliber entsprechen und jedenfalls an der unteren zulässigen Grenze liegen. Zweckmäßig wäre das 15 cm-Geschoß mit etwa 40 kg Gewicht.

Gegen ein hohes Einzelgewicht spricht der Umstand, daß dadurch die mitzuführende Menge der Geschosse, welche sich nach der verfügbar zu machenden Nutztraglast des Ballons richtet, beschränkt und außerdem die Rückwirkung auf das Luftschiff infolge der Ballasterleichterung.

Was das erstere anbetrifft, so sind große Luftschiffe für eine regelmäßige und nachhaltige Verwendung als Waffe geeigneter als kleine, weil nur sie neben genügender Fahrtdauer eine vielleicht ausreichende Anzahl von Geschossen aufnehmen können, denn die Traglast, welche für Sprengmunition verfügbar gemacht wird, geht für Betriebsmaterial ab und beschränkt demgemäß die Fahrdauer und die zurückzulegende Entfernung.

In Frankreich ist die Absicht ausgesprochen, auf La Patrie 300 kg und nach ihrer Vergrößerung vielleicht 500 kg, d. s. etwa $25-30^0/_0$ der gesamten Tragfähigkeit des Luftschiffes, unter Verminderung des Betriebsstoffes für Munition verfügbar zu machen.

Wird der Wirkungsbereich des v. Zeppelinschen Luftschiffes auf 50 bzw. $75^0/_0$ seiner Höchstleistung herabgesetzt, so werden dadurch 1500 bzw. 750 kg Traglast für Munition frei. Das würde bei einem Einzelgewicht von 20 kg eine Ausrüstung mit 15 bzw. 25 Geschossen für La Patrie und 37 bzw. 75 Geschossen für das v. Zeppelinsche Luftschiff ergeben, bei doppelt so schweren Geschossen aber nur die Hälfte. Das ist an und für sich wenig und zwar um so weniger, je geringer die Treffwahrscheinlichkeit ist. Da das Luftschiff nach Verbrauch seiner Munition immer wieder zu seinem Depot zurückkehren und landen muß, um neue Munition einzunehmen, so ergibt sich daraus, daß die zu bewerfenden Ziele nicht sehr weit vom Depotplatz des Luftschiffes entfernt sein dürfen. Das trifft zu bei den Kämpfen um Grenzfestungen und Sperrforts und im Küstenschutz gegen Unternehmungen einer feindlichen Flotte.

Die Wirkung auf das Luftschiff durch Ballasterleichterung hängt ab von dem Verhältnis des Geschoßgewichtes zum Gesamtgewicht des Luftschiffes. Ein Ballon steigt um 80 m, wenn er um $1^0/_0$ seines Gesamtgewichtes erleichtert wird. Das v. Zeppelinsche Luftschiff wiegt 12000 kg, das v. Parsevalsche 2800 kg, ersteres würde danach bei Abgabe eines Geschosses von 20 bzw. 40 kg um 13,3 bzw. 27 m, letzteres um 57 bzw. 114 m steigen. Man ersieht hieraus, daß das größere, also schwerere Luftschiff, dem kleineren, leichteren, hierin wesentlich überlegen ist. Bei Luftschiffen, welche ihre Fahrhöhe lediglich durch Ballastwerfen und Gasablassen regeln können, würde das Abwerfen von Sprengkörpern in jedem Falle mit einem Gasverlust verbunden sein. Lenkbare Luftschiffe, welche ihre

Höhenlage auf rein dynamischem Wege durch Heben oder Senken ihres Vorderteiles oder durch Drachenflächen ändern, würden den Ballastverlust ohne Gasverlust ausgleichen und rechtzeitig Vorbeugungsmaßregeln treffen können, um ein Steigen zu verhindern oder sehr schnell rückgängig zu machen. Dies ist ein großer Vorzug.

Die Zeit, innerhalb welcher ein Luftschiff infolge Balastverlustes aufsteigt, ist um so größer, je größer der Luftwiderstand ist. Dieser ist bei der langgestreckten Form und großen Oberfläche lenkbarer Luftschiffe mit großen wagerechten Stabilitätsflächen wesentlich größer als bei den kugelförmigen Freiballons. Deshalb ist auch jene Zeit viel länger und daher ein rechtzeitiger Ausgleich möglich. Auch hierin sind die großen Luftschiffe den kleinen entschieden überlegen.

Irgendwelcher nachteiliger Einfluß der Explosion der Sprengkörper auf der Erde ist bei der Höhe, aus welcher sie geworfen werden müssen, nicht zu befürchten. Bei Versuchen auf dem Wabner Schießplatz ist selbst in der geringen Höhe von 60—80 m die Detonation von 15 cm-Brisanzgranaten nicht zu spüren gewesen. Demnach stehen wesentliche Schwierigkeiten der Verwendung der Luftschiffe als Waffe nicht entgegen. Doch wird man zunächst auf einen sehr ausgedehnten und wirkungsvollen Gebrauch in dieser Beziehung namentlich in der Feldschlacht noch nicht zu rechnen haben.

Von einer Verwendung der lenkbaren Luftschiffe als Beförderungsmittel ist man zunächst wegen ihrer geringen Tragfähigkeit noch weit entfernt. Graf v. Zeppelin berechnet zwar, daß bei einer Vergrößerung des Tragzylinders um 1 m im Durchmesser und entsprechender Verlängerung sich die Tragfähigkeit des Luftschiffes um weitere 3000 kg vermehren läßt, so daß im Ganzen 50—60 Passagiere oder entsprechende Mengen von Lebensmitteln oder Munition befördert werden können.

Das bedeutet für europäische Kriegsverhältnisse sehr wenig und könnte nur in einem seltenen Ausnahmefall Anwendung finden. In Kolonialkriegen aber in weg- und eisenbahnlosem Gelände und bei Durststrecken usw., wird dieses Beförderungsmittel sehr wertvoll sein.

6. Schlufswort.

Nachdem im Vorstehenden alle in absehbarer Zeit möglichen Verwendungsarten besprochen sind, liegt die Frage nahe, welcher der drei z. Z. in Deutschland in Versuch befindlichen Typen für diese militärischen Aufgaben der geeignetste ist. Bei der bisher geringen Versuchsdauer hat keines der Modelle nach jeder Richtung hin so überwiegende Vorteile gezeigt, daß auf die Weiterentwickelung der beiden anderen Typen verzichtet werden könnte. Jeder Typ hat für die militärische Verwendung seine Vor- und Nachteile und „es hängt", wie Graf v. Zeppelin sagt, „lediglich von den Aufgaben ab, die zu lösen sind und von dem kleineren oder größeren dazu erforderlichen Maß an Sicherheit des Betriebes, an Schnelligkeit, Fahrtdauer und Tragfähigkeit, ob man kleine oder große, starre oder unstarre Ballons baut." Es ist gerade ein ganz besonderer Vorteil, ein Vorsprung Deutschlands, daß es drei verschiedene Typen versucht. Der Vorzug der starren Luftschiffe liegt in der prallen Form des Ballons, unabhängig von dem inneren oder äußeren Überdruck und von Luftsäcken und Ventilatoren, in der starren Verbindung der Gondeln mit dem Ballon, welche erlaubt, die Schrauben in der mittleren Widerstandslinie anzubringen und eine gesicherte und vorteilhafte Kraftübertragung von den Motoren nach den Schrauben ermöglicht; er liegt ferner in ihrer Größe, welche eine bedeutende Tragfähigkeit und damit die Möglichkeit gibt, zwei voneinander unabhängige Motoren verwenden zu können, große Eigengeschwindigkeit und lange Fahrtdauer zu erreichen. Die Betriebssicherheit gewinnt durch die beiden unabhängigen Motoren und die Einrichtung getrennter Gaszellen. Anderseits ist es ein Nachteil, daß das starre Luftschiff ohne Füllung nicht fortgeschafft werden kann und für seine Aufbewahrung an Land eine Halle von sehr großen Abmessungen und günstiges Abstiegfeld gebraucht.

Große starre Luftschiffe sind daher immer an einzelne besonders für sie hergerichtete Depotorte gebunden. Die Grenzfestungen können hierzu eingerichtet werden. Von hier aus werden die großen starren Luftschiffe ihre Reisen unternehmen müssen. Sie verdienen vor den kleineren den Vorzug, wenn es sich um weite Fahrstrecken, um die Erkundung großer Geländeabschnitte, um große Geschwindigkeit selbst bei ungünstigem Wetter handelt; und sie verdienen den Vorzug in der Verwendung als Waffe, weil sie größere Munitionsvorräte mit sich führen können und die Rückwirkung beim Ablassen selbst schwerer Geschosse auf sie geringer ist als auf kleinere Luftschiffe.

Letztere haben aber den großen Vorzug, daß sie zerlegt, transportiert, aufbewahrt und je nach ihrer Konstruktion in mehr oder weniger kurzer Zeit betriebsfähig gemacht werden können. In dieser Beziehung steht das ganz unstarre Luftschiff des Majors v. Parseval allen bisher bekannten voran. Zerlegt kann es in 2 Wagenladungen fortgeschafft und in etwa 4 Stunden wieder zu-

sammengestellt werden, während z. B. Lebaudy dazu 14 Stunden
braucht. Der deutsche Militärballon Groß-Basenach soll hierin
günstiger sein als Lebaudy.

Dadurch ergibt sich die Möglichkeit, daß die kleineren unstarren und halbstarren Luftschiffe mit den Heeresabteilungen vorgehen, die taktische Erkundung auf dem Marsche, die Erkundung
feindlicher Stellungen, den Nachrichten-, Melde- und Sicherheitsdienst
unterstützen können. Besonders in Positionskämpfen sind sie sehr
am Platz.

Allerdings bedürfen sie zur Füllung, bzw. Nachfüllung, zur Aufnahme von Betriebsstoffen u. dgl. m. die Mitführung einer Kolonne
von der Größe zweier kriegsstarker Batterien.

Danach wird man weder das eine noch das andere System in
Deutschland missen wollen, sondern jedes zur Erfüllung verschiedener
Zwecke weiter ausbilden. Frankreich wird längere Zeit und große
Anstrengungen aufwenden müssen, ehe es den Vorsprung einholt,
den Deutschland durch ein nach jeder Richtung so leistungsfähiges
Luftschiff, wie das des Grafen v. Zeppelin, gewonnen hat.

Wir müssen Frankreich uneingeschränkt den Ruhm lassen, bei
der Lösung des Problems der Lenkbarkeit der Luftschiffe allen
Staaten vorangegangen zu sein. Es hat durch die glücklichen Konstruktionen von Charles Renard und Krebs, Santos Dumont und
Juillot die ersten lenkbaren Luftschiffe besessen. Dadurch ist es
Deutschland auch jetzt noch voraus an Erfahrung und in der Ausbildung des Personals.

In der Güte der Luftschiffe haben wir Frankreich zurzeit bereits überholt, denn die Luftschiffe von v. Parseval, Gros-Basenach
stehen der Patrie in keiner Weise nach und Zeppelin Nr. 3 übertrifft sie nach jeder Richtung bei weitem. Auch in der Zahl sind
sie uns nicht mehr überlegen.

Das französische Kriegsministerium besitzt z. Z. 2 fertige und
erprobte Luftschiffe — Lebaudy, welches in Chalon-Meudon als
Unterrichtsschiff für die Luftschifferabteilung zur Ausbildung von
Personal verbleiben, und La Patrie, welches nach Vergrößerung
nach Verdun gehen soll, wo seine Halle bereits fertiggestellt ist.

Für die Beschaffung eines 3. Luftschiffes „La Republique" waren
seitens des Kriegsministeriums 300 000 Fr. von der Kammer gefordert. Dieselbe hat den Kredit indessen auf 650 000 Fr. erhöht,
damit noch ein 4. Luftschiff „La Demokratique" gebaut werde.
Man kann also damit rechnen, daß Frankreich mit Ende des Rech-
nungsjahres 4 fertige Luftschiffe besitzt.

Deutschland verfügt z. Z. über 3 fertige Luftschiffe, den Militärballon Groß-Basenach, das v. Parsevalsche Luftschiff der Motorluftschiff-Studiengesellschaft und das Luftschiff Zeppelin III. Das
neue Modell des Grafen v. Zeppelin wird in einiger Zeit fertig sein
und die Studiengesellschaft will demnächst mit dem Bau eines größeren
Luftschiffes, System Parseval, vorgehen.

Sonach haben wir den Vorsprung Frankreichs nach Zahl, Güte
und Leistungsfähigkeit der Luftschiffe glücklicherweise schon jetzt
eingeholt.

Über die weitere Vermehrung der Luftschifferflottille enthalten
die französischen Fachzeitschriften verschiedene Vorschläge, welche
sich dahin zu verdichten scheinen, daß zunächst für Verdun, Toul,
Epinal, Belfort, Besançon und Lyon je 2 (einzelne Vorschläge wünschen
4) und für Paris 4 Luftschiffe gefordert werden, das würden
16 Luftschiffe für die Festungen sein und dazu würden noch 12 für
die Feldarmeen nötig werden und zwar für jede der 5 Armeen und
für den Generalstab je 2.

Abgesehen von dieser Flottille von 28 Luftschiffen würden nach
und nach noch diejenigen zu beschaffen sein, welche der Marineminister für den Küstenschutz und die Erkundung der Meere für
erforderlich erachtet. Man wird diese Forderungen nicht für übertrieben halten können. Deutschland wird vermutlich zu gleichen
Grundsätzen über die Beschaffung von Luftschiffen kommen. Ob es
aber zweckmäßig ist, in überstürzter Weise den ganzen Bedarf nach
den ersten gelungenen Modellen anfertigen zu lassen, muß entschieden
verneint werden.

Alle Staaten stehen z. Z. erst im ersten Anfang der Konstruktion von Luftschiffen und jeder Tag kann nicht nur, sondern
wird bestimmt Verbesserungen bringen. In einer Reihe von Jahren
werden wir vermutlich Modelle haben, welche die jetzigen Luftschiffe so weit übertreffen werden, daß ein jetzt beschaffter Luft-
schifferpark demgegenüber veraltet sein würde.

Der Weg, welchen die Heeresverwaltung für die Sicherstellung
ihres Kriegsbedarfes an Motorfahrzeugen eingeschlagen hat und
welcher ihr ohne sehr große Opfer allezeit leistungsfähige Fahrzeuge
der besten Konstruktion in ausreichender Menge zur Verfügung stellt,
scheint auch für die Deckung des Bedarfes an Luftschiffen der
vorteilhafteste zu sein. Was indessen nicht ausschließt, daß die
Heeresverwaltung eine beschränkte Anzahl von Luftschiffen hält,
welche durch den natürlichen Abgang und jährliche Erneuerung in
technischer Beziehung auf der Höhe gehalten werden kann.

Daß sich der Sport baldigst der Luftschiffahrt bemächtigen wird, ist mit Sicherheit zu erwarten. Wenn der Staat durch Anregung, Unterstützung und Prämiengewährung fördernd eingreift, kann es nicht fehlen, daß wir in Deutschland unseren Bedarf an Luftschiffen für Manöver und Krieg in bester Güte und ausreichender Menge werden decken können.

XXXVIII.

Der 18. August 1870 in französischer Beleuchtung.[1]

Die Ereignisse des Krieges bis zum Abend des 16. August hatte Oberst v. Schmid in einem Doppelhefte No. 5/6 veröffentlicht, als ihn mitten aus dem Schaffen heraus der Tod ereilte. Oberst a. D. Kolbe hat es übernommen, die bereits fertiggestellte Handschrift des Heft 7 herauszugeben. In pietätvoller Weise hat Oberst Kolbe keine wesentlichen Änderungen in der Handschrift vorgenommen. Er nimmt im übrigen Bezug auf das Vorwort zu Heft 5/6, auf welches auch von uns hingewiesen wird. Zu bedauern ist es, „daß dem Oberst v. Schmidt es nicht vergönnt gewesen ist, die gewaltige Arbeit, die er frisch und im Vollbesitze seiner geistigen Kräfte begonnen hatte, zu Ende zu führen."

Wir können an diesem Hefte nicht mit wenigen Worten vorübergehen, und so ist es wohl am Platze, etwas näher seinen Inhalt zu beleuchten.

Da tritt uns in erster Linie die Tatsache entgegen, daß die offizielle französische Forschung sich außer an das deutsche Generalstabswerk an die Studien von Kunz und Hoenig anschließt. Die Bedeutung des erstgenannten, leider allzufrüh verschiedenen Militärschriftstellers ist so allgemein anerkannt, daß das französische

---

[1] Das französische Generalstabswerk über den Krieg 1870/71. Wahres und Falsches, besprochen von E. v. Schmid, Königl. Württemb. Oberst a. D. Heft 7. Die Schlacht bei Gravelotte, Amanvillers und Saint Privat am 18. und 19. August. Mit 18 Kartenskizzen und 8 Kartenbeilagen. Leipzig 1907. Verlag von Friedrich Engelmann. Geheftet 9 M., gebunden 10 M.

Werk nur dadurch gewinnen konnte, wenn es auf ihn zurückgriff. Anders steht es um die kriegsgeschichtliche Forschung von Hoenig. Denn, wenn man ihm auch sicherlich große Verdienste zuschreiben darf, so sind seine Darstellungen doch nicht völlig frei von Schärfe und Einseitigkeit der Beurteilung. Dies haben sich die Franzosen dann zunutze gemacht, wenn sie eigene Fehler bemänteln oder Ereignisse auf feindlicher Seite in ein besonders ungünstiges Licht stellen wollten.

Eine Eigenart französischer Darstellungsweise ist es, die „Gefechte auf den verschiedenen Kampfplätzen nicht als abgeschlossenes Ganzes zu schildern, sondern sie in verschiedene, nach Zeitstunden getrennte Abschnitte zu teilen". Diese Einteilung ist auch von dem Verfasser beibehalten worden, gewiß mit Recht. Wir finden darin keinen Vorteil für das Studium.

Bekanntlich rechnen sich die Franzosen den 16. August als einen Sieg an. Denn die Franzosen waren „im Besitz des Schlachtfeldes", es hatte das Heer „eine Verteidigungsschlacht gewonnen". So ganz kann man dem nicht zustimmen. Denn, wie das französische Generalstabswerk bezeichnend sagt, „man war nicht imstande, einen raschen Gewaltmarsch für das ganze Heer anzuordnen, durch welchen man sich dem Feinde entziehen konnte". Der strategische Zweck blieb doch immer der Rückzug hinter die Maas. Da nun Bazaine weder mit den wenigen schlagfertigen Divisionen in der Frühe des 17. oder später mit dem ganzen Heere angreifen wollte, blieb ihm nichts übrig, als in die Stellung Rozérieulles—St. Privat zurückzugehen.

Der Rückzug dorthin ist trotz des im höchsten Grade unzureichenden Befehles noch in leidlicher Weise vor sich gegangen. Doch lag das hauptsächlich daran, daß die Deutschen der Meinung waren, „die von Metz weichende Hauptmacht des Feindes nördlich zurückzuwerfen". Da tatsächlich die deutsche Reiterei die Fühlung mit dem Feinde verloren hatte, gelang es den Franzosen unbehelligt in ihre Stellung zu gelangen. Allerdings brauchten sie für die Entfernung von 5—10 km einen ganzen Tag.

„Mit diesem Entschlusse", sagt Verfasser, „hatte Marschall Bazaine das Schicksal seines Heeres besiegelt, denn es war vorauszusehen, daß nun die deutschen Heere ihm den Rückzug an die Maas verlegen würden." Hierfür waren auch am 17. abends 7 Armeekorps und 3 Reiterdivisionen in der Nähe des Schlachtfeldes aufmarschiert, und das II. preuß. Armeekorps konnte ebenfalls noch durch einen Gewaltmarsch herangezogen werden. Da auch am 17. die 5. und 6. Reiterdivision den Armeekorps überlassen blieben und auch am 18. keine Reiteroffiziere direkt auf Saint Privat und Roncourt vorgeschickt wurden, so wurde zu spät die Ausdehnung des rechten französischen Flügels bei Roncourt erkannt. Verfasser sagt richtig „das Gardekorps würde alsdann die Überflügelung der Franzosen durch die Sachsen abgewartet haben, und es würde viel Blut erspart worden sein. Während die Franzosen am 18. 9 Uhr früh auf den Höhen der Linie Point du Sour bis Saint Privat, d. h. senkrecht zur Front der deutschen Armee, standen, war das große Hauptquartier noch immer der Meinung, der rechte Flügel stehe bei Amanvillers. Erst kurz nach 11 Uhr brachte Leutnant Scholl vom 2. hessischen Reiterregiment die ungemein wichtige Meldung, der Feind habe bei Saint Privat ein Lager bezogen. Bazaine hatte schon am 17. den Entschluß gefaßt, sich in eine noch weiter rückwärts gelegene Stellung zurückzuziehen. Er hielt die am 18. eingenommene für unangreifbar und wollte unter ihrem Schutze den rechten Flügel zurücknehmen. Der hierfür redigierte Befehl ist uns total unverständlich, und Verfasser sagt richtig, es sei wohl noch niemals in der Kriegsgeschichte vorgekommen, daß ein Rückzug zum Teil damit begründet wird, daß die Truppe sich waschen könne. Doch kam es zunächst noch zu keinem Rückzuge. Dagegen erweckten bei den Deutschen die auf Metz zurückgehenden Truppenfahrzeuge und Munitionswagen, welche Lebensmittel und Munition holen sollten, den Anschein vom Zurückgehen des französischen Heeres.

Hatte die rückgängige Bewegung des französischen Heeres am 17. nur unter dem Schutze einer einzigen Division stattgefunden, so hatten die in der neuen Stellung angelangten Truppen so gut wie nichts für die Aufklärung getan; jedenfalls waren, wie so oft, die notwendigsten Maßnahmen für die Sicherung verabsäumt. Daher kam es zumeist, daß man sich beim IX. preußischen Korps die Gelegenheit nicht entgehen lassen wollte, den südwestlich Amanvillers beobachteten Gegner zu überraschen. Das sich hieraus entspinnende Gefecht, der Beginn der Schlacht von Amanvillers, von den Franzosen als eine Attaque imprudante der Deutschen bezeichnet, kennzeichnete sich von Anfang an als ein Artilleriekampf, in dem schließlich 6 preußische Batterien 19 französische zum Zurückgehen brachten. So hatte gegen 5 Uhr nachm. das IX. preußische Korps den großen Erfolg, außer den vorgenannten Batterien auch noch 5 feindliche Bataillone zum Aufgeben des Kampfes genötigt zu haben.

Während dessen hatte Marschall Canrobert mit dem französischen rechten Flügel von Saint Privat aus die vorgeschobene Stellung von St. Marieaux Chênes besetzt und den Hauptwert auf seinen linken Flügel gelegt, während ihm doch in erster Linie die Umgebung seines rechten Flügels bedrohlich erscheinen mußte. Obwohl auch hier zunächst die deutsche Artillerie in der Minderzahl, war sie doch bereits um 3 Uhr Herrin des Schlachtfeldes. Die Artillerie des 6. französischen Korps war, wie das französische Generalstabswerk sagt „peu à peu près hors de cause".

Auf den Höhen von Gravelotte hatte inzwischen General Steinmetz die Artillerie des VII. Korps eingesetzt. Diesen 108 preußischen Geschützen stellten die Franzosen nur 54 gegenüber, während 20 Batterien mit 120 Geschützen vollständig untätig blieben. Daher stand bald hier keine einzige Batterie beim 2. französischen Korps mehr im Feuer.

Der nun folgende Angriff der 30. preußischen Infanteriebrigade, eine Folge jener ausgedehnten Artilleriestellung, welcher die Manceschlucht durchschritt, begegnete zwar starken feindlichen Kräften. Aber es wäre den Franzosen ein Leichtes gewesen, die Preußen in die Schlucht zurückzuwerfen. Denn es standen der 15. Division in erster Linie 19, in zweiter Linie 33 Bataillone gegenüber. Aber die Franzosen hielten sich unbegreiflicherweise defensiv und führen als Grund dafür das gewaltige Geschützfeuer des Feindes an. Auch vermieden es die Franzosen, die zusammenhanglose Masse deutscher Infanterie, welche sich bei St. Hubert — cohue sans consistance — durch tatkräftige Gegenangriffe zurückzuwerfen. Als einen schweren Mißgriff kann man nur das Vorgehen der 1. Reiterdivision „hinter St Hubert herum" ansehen. Denn von einem „im Rückzuge befindlichen Feinde" konnte nicht die Rede sein. So war der Erfolg ein negativer. Aus der französischen Darstellung können wir entnehmen, daß auf der Gefechtslinie vorwärts Gravelotte die Deutschen 22 Bataillone in vorderster Gefechtslinie und 15 Bataillone im 2. Treffen hatten, während die Franzosen insgesamt über 69 Bataillone in sehr starken Stellungen verfügten, mit welchen es ihnen bei einiger Tatkraft ihrer Generale gelungen sein würde, die Deutschen in den Wald von Vaux und über die Manceschlucht zurückzuwerfen. Wir müssen hierbei anführen, daß gerade die so zusammengeworfenen Haufen ein großes Hindernis für spätere, z. B. von der 32. Brigade unternommene Angriffsversuche bildeten. Hätte der Gegner hier energisch angegriffen, die Panik hätte ihm wesentlich zum Siege verholfen. Wir bedauern mit dem Verfasser, daß diese Situation nach Hoenigs starker Übertreibung in das französische Generalstabswerk aufgenommen worden ist. Allerdings sagt dasselbe Werk bei dem späteren Angriff des II. preußischen Korps, Hoenig habe sehr schwarz gemalt. Aber stützt doch seine Angaben zumeist auf diejenigen von Hoenig.

Die taktischen Betrachtungen, welche Verfasser an die Darstellung des Schlachtbildes von Gravelotte anknüpft, gipfeln darin,
daß „frontale Angriffe, namentlich gegen verschanzte Stellungen,
nicht zum Ziele führen". Einen Hauptfehler für die verlustreichen
Kämpfe vor Gravelotte erblickt Verfasser darin, daß General Steinmetz die Weisung nicht beachtet hat, die I. Armee solle von Gravelotte und vom Walde von Vaux aus angreifen. Wäre die ihm vorgeschriebene Umgehung des linken Flügels im Auge behalten
worden, so würde es genügt haben, mit den Truppen des VIII. Korps
die Waldränder am Osthange der Manceschlucht, St. Hubert und die
Kies- und Steinbrüche zu besetzen. Dann aber blieb das ganze
VII. Korps verfügbar, um es gegen den linken französischen Flügel
einzusetzen. Das am späten Abend erfolgte Einsetzen des II. preußischen
Armeekorps erfolgte lediglich unter der fälschlichen Annahme, die
Stellung Moscou-Point du Jour sei genommen und von den Franzosen zurückerobert worden. In Wirklichkeit sind deutsche Truppen
niemals weit über St. Hubert vorgedrungen. Die Franzosen haben
auf diesem Teile des Schlachtfeldes ihre Gefechtsaufgabe trotz ihrer
geringen Angriffslust gelöst. Denn sie hielten ihre Stellungen so
lange, bis die Entscheidung bei Saint Privat und Amanvillers fiel.
Der Rückzug des französischen linken Flügels ist notorisch auf Grund
eines am 18. vor der Schlacht erlassenen Befehles des Marschalls
Bazaine erfolgt. Dieser Befehl ist gleichbedeutend mit einem Auf
geben jeder Offensividee, und so bezeichnet denn die an den Kaiser
erstattete Meldung von der Absicht, nach Norden auszuweichen und
über Montmédy auf der Straße St. Ménehould-Châlons zurückzugeben,
weiter nichts als eine Phrase, der auch sofort der Nachsatz folgt:
„wenn diese nicht stark besetzt ist." Die Kämpfe bei St. Privat
werden gesondert behandelt und auch mit Recht. Leider muß man
es der Ungeduld des Prinzen Friedrich Karl beimessen, daß der
Angriff ein übereilter war. Denn es waren nicht einmal hinreichende
Geländeerkundungen vorausgegangen. Und doch liegt der Haupt-
grund für die schweren Verluste der Garde darin, daß ihre Artillerie
den Angriff nicht vorbereitete. St. Marie fiel, da keine feindliche
Artillerie zur Stelle war, den Deutschen in die Hände. Der Gegenangriff des Generals Cissey scheiterte daran, daß er nur den Vormarsch des Feindes zum Stehen brachte; er machte den Vorstoß mit
nur 3 Bataillonen und verwendete 11 Bataillone gar nicht bei demselben. Hätte er mit seinen beiden Divisionen angegriffen, so warf
er mit 26 Bataillonen die Garde zurück. Dem Angriff der 1. Garde-
Infanteriebrigade trägt unserer Ansicht nach der französische Bericht
zu wenig Rechnung; es macht fast den Eindruck, als sei ernsthafter

Widerstand in St. Privat nicht mehr gefunden worden. Der Angriff der Garde war verfrüht, das muß zugegeben werden. Aber dieser Fehler entsprang nicht nur der Ungeduld der Führer. Denn „hätte man schon gegen Mittag Nachricht davon gehabt, daß sich der feindliche rechte Flügel weit über Saint Privat ausdehne, dann konnte das sächsische Korps frühzeitiger und auf kürzerem Wege auf Roncourt in Marsch gesetzt werden". „Aber ganz unbegreiflich ist es doch, daß, trotz wiederholter Bitten um Unterstützung, der Marschall Bazaine das ganze Gardekorps mit seinen 28 Batterien bis zum späten Abend untätig bei Plappeville stehen ließ." So hat Verfasser recht, wenn er den französischen Oberbefehlshaber dafür verantwortlich macht, daß sein 6. Korps zurückgeschlagen und hiermit die ganze Schlacht verloren wurde. In Wirklichkeit hat der Angriff der Sachsen auf den äußersten rechten Flügel die Schlacht entschieden. Dies die kurze Zusammenstellung der Ereignisse, soweit sie aus den beiderseitigen Schilderungen sich ergeben.

Es wurde bereits das Verhalten Bazaines gestreift. Es ist uns vollkommen unverständlich und nur ein erneuter Beweis dafür, daß er nicht zum Feldherrn geschaffen war.

Man sieht aber auch weiter, welche Folgen mangelhafte Aufklärung zeitigen. Sie fehlte auf beiden Seiten vor und nach der Schlacht.

Einer der Waffen den Hauptanteil am Siege zubilligen zu wollen, erscheint uns nicht am Platze. Bei Gravelotte errang die deutsche Artillerie das Übergewicht und entschied hier die Schlacht, während bei Saint Privat erst nach blutigem Kampfe der Infanterieangriff gegen eine starke, vorbereitete Stellung und ohne genügende artilleristische Vorbereitung zum Ziele führte.

Auch sehen wir, wie es außerordentlich schwer ist, ein im großen Rahmen begonnenes Gefecht „abzubrechen".

Endlich aber möchten wir es als einen, eines hochgestellten Führers würdigen Entschluß betrachten, daß der Kronprinz von Sachsen auf eigene Verantwortung hin so marschierte, daß er den linken Flügel der Garde nötigenfalls verlängern konnte. Allerdings holte er hierzu sehr weit aus; aber sein Entschluß war doch von höchster Wichtigkeit. Wir heben diese Auffassung eines deutschen Führers nur deswegen besonders hervor, weil auf der anderen Seite jedes selbständige Handeln fehlte.

„So endeten denn", wie der französische Bericht sagt, „die vom General Moltke eingeleiteten Operationen. Der Erfolg war immense."

Dem Werk, das wir so ausführlicher Besprechung unterzogen haben, wünschen wir auch unter dem neuen Herausgeber besten Erfolg und betonen besonders die klare und knappe Art, die Handlungen zur Darstellung zu bringen und beiden Teilen Gerechtigkeit widerfahren zu lassen. 63.

XXXIX.

Die neue Militärorganisation der schweizerischen Eidgenossenschaft.

Von

Generalmajor a. D. Gradinger.

Durch das Ergebnis der am 3. November stattgehabten Volksabstimmung ist der am 12. April vom Ständerat und Nationalrat beschlossenen Militärorganisation der schweizerischen Eidgenossenschaft nunmehr die Einführung gesichert.

Zur richtigen Würdigung des durch die neue Militärorganisation angebahnten Fortschrittes des eidgenössischen Wehrwesens scheint ein kurzer Rückblick auf dessen Entwickelung seit dem Zeitpunkte angezeigt, wo es zuletzt vor die Aufgabe gestellt gewesen war, in größerem Umfange eine Probe seines Wertes und Genügens abzulegen. Es war dies bekanntermaßen während des Krieges 1870/71, als zunächst zur Wahrung der Neutralität, dann zur Entwaffnung und Internierung der auf schweizerisches Gebiet übergetretenen Armee Bourbakis ein größeres Aufgebot des Bundesheeres erfolgte. Diese Probe hatte die Mängel des herrschenden Systems in bedenklicher Weise bloßgelegt. Der von der Bundesversammlung als Oberbefehlshaber und General gewählte Oberst Herzog hatte sich in seinem Berichte über die gemachten Erfahrungen u. a. dahin geäußert, daß von einem wirklich schlagfertigen Heere nicht gesprochen werden könne, daß eine unverhältnismäßig große Zahl der Mannschaften dauernden Strapazen durchaus nicht gewachsen sei, daß die taktische Brauchbarkeit einzelner Bataillone und die Schießausbildung ungemein viel zu wünschen gelassen und die Reibung im ganzen Mechanismus der Armee unglaublich gewesen sei.

Das Heerwesen der Schweiz beruhte 1870 auf der Bundesverfassung von 1848 und der Militärorganisation von 1850. Erstere hatte aus dem Staatenbunde einen Bundesstaat gemacht und die Kleinstaaterei der 25 Kantone erheblich eingeschränkt, so daß das vielköpfige politische Gemeinwesen das äußere Ansehen eines Einheitsstaates gewann. Das Militärwesen blieb dagegen zwischen Bund und Kantonen geteilt; das Bundesheer setzte sich aus den Kontingenten der Kantone zusammen, während gleichzeitig der Bund sich eine Reihe wichtiger Teile der Ausbildung, des Unterrichts, der Verwaltung usw. vorbehielt.

Die der Bundesverfassung von 1874 im gleichen Jahre folgende Neuorganisation des Wehrwesens vermochte die 1870/71 zutage getretenen Mängel nur zum Teil zu beseitigen. Wie erstere eine weitere Stärkung der Bundesgewalt auf Kosten der Souveränität der Kantone brachte, so setzte letztere zwar an Stelle des bisher lose gefügten Kontingentsheeres der Kantone endlich ein Bundesheer, ohne ihm jedoch die Grundlage einer vollständig einheitlichen Verwaltung durch den Bund zu geben. So verblieb den Kantonen die Aufstellung der Infanteriebataillone, Dragonerschwadronen und Artillerie-Einheiten, während über die übrigen — nicht in diese kantonalen Verbände eingestellten — Wehrpflichtigen der Bund ohne Rücksicht auf die kantonalen Grenzen zur Bildung anderweitiger Formationen verfügte. Dem Bunde war übrigens die Verfügung über das gesamte Bundesheer und alle vorhandenen Streitmittel ausdrücklich gewahrt. Die Kantone waren zur Mitwirkung bei der Rekrutierung und Kontrolle herangezogen, hatten für den militärischen Vorunterricht zu sorgen, die Beschaffung und Ergänzung der Bewaffnung und persönlichen Ausrüstung der Wehrmänner zu betätigen, die Offiziere der kantonalen Korps zu wählen, die Militärsteuer zu erheben, die ihnen gehörigen Militärgebäude und das Kriegsmaterial ihrer Truppen zu verwalten.

Wurden die Kantone auch in all diesen Zweigen der Heeresverwaltung vom Bunde kontrolliert, so lag es doch in der Natur der Dinge und der besonderen Verhältnisse der Kantone, daß der Betrieb keinen einheitlichen und gleichmäßigen Charakter tragen konnte. Spätere Anregungen zur Herstellung einer vollständigen Zentralisation der gesamten militärischen Einrichtungen scheiterten stets an dem Souveränitätsgefühle der Kantone. Neben unzureichenden Bewilligungen für das Heeresbudget erschwerte der Widerstand gegen die Forderung größerer personeller Opfer die

Hebung des Heerwesens auf die seiner Aufgabe im Ernstfalle· entsprechende Stufe der Vollkommenheit. „Das Krebsübel unseres Wehrwesens", schreibt 1906 die Allgemeine schweizerische Militärzeitung, „war von alters her Organisation und Arbeit auf den Schein hin; man sollte und wollte etwas sein, was man mit den gewährten Mitteln nicht sein konnte. Mächtig waren die Anstrengungen in den letzten 2 Jahrzehnten, sich aus diesem Zustande herauszuarbeiten, und Großes ist erreicht worden, aber genügend konnte es nicht sein . . . . . Die irrige Ansicht über zu große Forderungen hat ihre Ursache · darin, daß unser, seine Wehrkraft so sehr liebender und auf seine militärische Charge so stolzer freier Bürger bis jetzt so gar wenig hat leisten müssen, um den militärischen Titel zu erwerben; in Deutschland hat der Bürger, um Reserveleutnant zu werden, für diese niedere Charge mehr Dienst zu machen, als bei uns bis zum Bataillonskommandeur." Von den bedeutendsten Militärs und Staatsmännern wurde auf das Ungenügen der durch die Organisation von 1874 und deren seitherigen Ausbau geschaffenen Verhältnisse seit Jahrzehnten nachdrücklich hingewiesen.

Unter Festhaltung des Grundsatzes der allgemeinen Wehrpflicht hatte die Organisation vom Jahre 1874 diese vom vollendeten 20. bis zurückgelegten 44. Lebensjahre festgesetzt. Für alle jene, welche die Militärdienstpflicht nicht persönlich erfüllen, wurde außerdem durch Gesetz vom Jahre 1878 eine Wehrsteuer (Militärpflichtersatz) einheitlich eingeführt, nachdem eine solche schon in vielen Kantonen vorher seit langer Zeit, aber nach verschiedenen Grundsätzen, erhoben worden war. Das Bundesheer zerfiel in zwei Aufgebote: Auszug und Landwehr. Ersterer, die 12 jüngsten Jahrgänge umfassend, bildete die eigentliche Feldarmee, zu deren Ergänzung und Verstärkung die Landwehr im Kriege herangezogen werden konnte. Die Landwehr formierte, weil die materiellen Elemente hierzu fehlten, zunächst keinen organisch gegliederten Bestandteil der Armee. Nur bei der Infanterie und den Schützen entsprachen die einzelnen Truppeneinheiten jenen des Auszuges. Im Frieden hatte die Landwehr vorerst keine Übungen abzuleisten, sondern nur Inspektionen der persönlichen Ausrüstung und Bekleidung zu bestehen.

Das Gebiet der Schweiz war in 8 Divisionskreise eingeteilt, deren Grenzen im allgemeinen mit den Kantonsgrenzen zusammenfielen. Jeder Kreis hatte die zu einer Armeedivision gehörigen Fußtruppen und soweit möglich auch die übrigen Truppenkörper zu stellen. Die Kantone waren wieder derart in Kreise geteilt, daß jeder 1—3 Bataillone Infanterie zum Auszug und die gleiche Zahl zur Landwehr aufbringen sollte.

Trotz der der Organisation von 1874 noch anhaftenden Schwächen brachte sie den großen Vorteil, daß der gesamte Militärunterricht nunmehr einheitlich vom Bunde geregelt wurde. Die militärische Schulung zerfiel in den Vorunterricht, den Rekrutenunterricht und die Wiederholungskurse. In dem den Kantonen übertragenen Vorunterrichte sollte die männliche Jugend vom 10. Lebensjahre ab durch angemessenen Turnunterricht (bzw. auch durch Schießübungen) auf den Militärdienst vorbereitet werden. Die auf diese Vorschulung gesetzten großen Erwartungen scheinen sich nur in mäßigem Grade erfüllt zu haben. Der Rekrutenunterricht, durch welchen der Mann zum Soldaten herangebildet werden soll, war für die einzelnen Waffengattungen in verschiedener, aber für eine gründliche Schulung jedenfalls durchweg sehr knapp bemessener Dauer festgesetzt. Er umfaßte für die Infanterie 45, für die Kavallerie 60 (später 80), die Artillerie 55, die Geniewaffe 50 Tage. Den Rekrutenschulen hatten — ebenfalls sehr kurze — Kadreskurse voranzugehen. Die ungenügende Dauer dieses Rekrutenunterrichts bildete den Gegenstand beständiger Klage darüber, daß sich während derselben eine gründliche Ausbildung nicht erzielen lasse, daß sich Überhastung und Nervosität beim Ausbildungspersonal, Überlastung und Mißstimmung bei den Rekruten geltend mache. Besonders bei der Infanterie mußte sich die knapp bemessene Zeit gegenüber den fortwährend sich steigernden Anforderungen an die Ausbildung schließlich als durchaus unzureichend erweisen, und die Frage nach dem zulässigen Minimum der Dauer der Rekrutenschulen für die Infanterie hat denn auch den am heftigsten umstrittenen Punkt der nunmehr in Kraft getretenen Gesetzesvorlage gebildet. Die Wiederholungskurse sollten das in den Rekrutenschulen Erlernte festigen und kriegsmäßigen Übungen in den Einheiten und in größeren gemischten Verbänden dienen. Auch sie waren nur kurz bemessen; für Infanterie, Artillerie und Genie alle zwei Jahre wenig mehr als 14 Tage, für Kavallerie alljährlich 10, später 12 Tage. (Erwähnt sei hier, daß der Kavallerist nur 10 Jahre für den Auszug verpflichtet war, eine Vergünstigung für die auferlegte Verpflichtung zur ständigen Haltung eines gebrauchsfähigen Pferdes.)

Für die anfangs von jeder Übungspflicht befreite Landwehr wurde eine solche 1881 in dem Umfange eingeführt, daß Infanterie und Artillerie jedes 4. Jahr einen 5-, bzw. 6tägigen Wiederholungskurs durchzumachen hatten; die übrigen Angehörigen der Landwehr sollten zu Übungen jedoch nur eingezogen werden, wenn ein Aufgebot zu Kriegszwecken in Aussicht stand. Infanterie und Schützen waren außerdem auch zu jährlichen Schießübungen verpflichtet.

Schießlust und -Fertigkeit sollte überdies möglichst durch freiwillige Schießvereine gefördert werden, zu denen der Bund einen Beitrag für die Kosten der Munition leistete. Obwohl eine große Zahl solcher Vereine in den Städten und auf dem platten Lande besteht, scheint die Schießfertigkeit auf wenig befriedigender Höhe zu stehen. So äußert sich ein Artikel in der Allgemeinen schweizerischen Militärzeitung (1907, Nr. 17) über die Schießausbildung wie folgt: „Jedes Jahr wird die im Militärbudget für Förderung des Schießens außer Dienst ausgesetzte Summe größer, aber die ungenügende Einzelausbildung der Masse unserer Infanterie bleibt sich immer · gleich. Unsere Infanterie steht auf einer über das Maß des Erlaubten niederen Stufe der Schießfertigkeit . . . . Jedermann weiß, daß die Standhefte einer bedenklich großen Zahl unserer Infanteristen lauter Nullen aufweisen, und für jene, welche nur schießen, um den Ausweis zu erhalten, daß sie ihre vorgeschriebenen 30 Schuß verknallt haben, denen es ganz gleichgültig ist, ob sie dabei etwas treffen oder nicht, hat man die Bezeichnung Mußschützen erfunden.“

Zur weiteren Pflege militärischer Vorbildung — einschließlich Schießen — gelangte in vielen Kantonen die Einrichtung von Kadettenabteilungen (militärisch organisierte Jugendwehren der Sekundär- und Mittelschulen), sowie von Fortbildungskursen für die jungen Leute vom 18. bis 20. Lebensjahre zur Durchführung.

1886 war durch Gesetz die Landsturmpflicht für jeden nicht in Auszug oder Landwehr stehenden Schweizer vom zurückgelegten 17. bis zum vollendeten 50. Lebensjahre eingeführt und später (1894) die jährliche Einberufung des bewaffneten Landsturms vom 20. Jahre ab auf je einen Tag zur Kontrolle und Inspektion bestimmt worden, ebenso die Verpflichtung für die Infanterie, an den Schießübungen der freiwilligen Schießvereine teilzunehmen. Die Kadres des bewaffneten und unbewaffneten Landsturms konnten alljährlich für 1—2 Tage zu Übungen einberufen werden. Das Jahr 1894 brachte die bedeutsame Organisation des Bundesheeres in 4 Armeekorps, und mit dem 1897 erfolgten Bundesgesetz über die Neuordnung der Landwehrtruppen und die Verstärkung der Divisionskavallerie gelangte die 1874 angebahnte Reorganisation zu einem gewissen Abschlusse. Nach letzterem Gesetze bildeten die Jahrgänge vom 33. bis 39. Lebensjahre das erste, jene vom 39. bis 44. Lebensjahre das zweite Aufgebot der Landwehr, für welche alle 4 Jahre kurze Wiederholungskurse vorgesehen waren. Das Heer gliederte sich im Frieden, wie im Kriege in:

a) die vier Armeekorps,
b) die Festungs- und Sicherheitsbesatzungen,

c) die Truppenkörper, die keinem höheren Verbande .angehören, und

d) den Landsturm. .

Zur Heran- und Weiterbildung der Offiziere und Unteroffiziere dienten nach der Militärorganisation von 1874 eine Reihe von Schulen und Ausbildungskursen; außerdem wurde am eidgenössischen Polytechnikum in Zürich eine eigene militärwissenschaftliche Abteilung gebildet, in welcher Kriegsgeschichte, Strategie, Taktik, Heeresorganisation, Verwaltung, Waffenlehre, Befestigung gelesen wird, deren Besuch jedoch nicht obligatorisch ist. So sehr die Einrichtung geeignet ist, die Lücken auszufüllen, welche die kurze Dauer der Offiziersbildungsschulen in der wissenschaftlichen Bildung der Offiziere offen läßt, so können die Vorteile derselben selbstredend doch nur einer beschränkten Zahl zugute kommen.

Die Ausbildung der Kadres und der Rekruten war in die Hände von Instruktionsoffizieren gelegt. Bei der Kürze der den Rekrutenschulen vorangehenden Kadreskurse fehlte naturgemäß dem Kadrespersonal vielfach die nötige Gewandtheit und Sicherheit zur Ausbildung der Rekruten, so daß diese der Hauptsache nach von den Instruktionsoffizieren bis ins einzelne besorgt werden mußte, wodurch sie einerseits lediglich die Rolle von Drillmeistern einnahmen, während anderseits den Milizoffizieren und -Unteroffizieren jede selbständige Tätigkeit in der Ausbildung entzogen blieb. Im Laufe der Zeit ist jedoch in diesem Verhältnis Wandel eingetreten und die Ausbildung dem Kadrepersonal selbst unter der Leitung der Instruktionsoffiziere überlassen.

Zur Hebung der Stellung und des Wirkens der Instruktionsoffiziere wird in der Militärliteratur vielfach für eine gründlichere Ausnützung der militärwissenschaftlichen Abteilung am Züricher Polytechnikum durch die Instruktoren eingetreten und geltend gemacht, daß unter dem bisherigen System der Instruktionsoffizier zu leicht zum bloßen Routinier werde, der den Milizoffizier über das beschränkte Gebiet der rein formalen Schulung hinaus wenig zu fördern .und anzuregen vermag und im übrigen militärischem Wissen und Können nicht höher als dieser steht, während er doch nach allen Richtungen als Lehrer des Milizoffiziers wirken sollte. An der Spitze des Instruktionskorps jeder Waffe stand ein Oberinspekteur, bei der Infanterie war überdies ein eigener Instrukteur für das Schießwesen aufgestellt.

Die Dienstpflicht der Offiziere war zuletzt wie folgt festgesetzt: Im Auszug für die Leutnants bis zum 34., für die Hauptleute bis zum 38. Lebensjahre, in der Landwehr I. Aufgebots für Leut-

nants und Hauptleute bis zum 44., in der Landwehr II. Aufgebots
bis zum 48. Lebensjahre; für Stabsoffiziere im Auszug und in der
Landwehr bis zum 48. Lebensjahre. Nach dieser Zeit wurden
letztere übrigens nur auf Gesuch ihres Kommandos enthoben und
ebenso erst auf Ansuchen nach zurückgelegtem 55. Lebensjahr aus
der Wehrpflicht überhaupt entlassen.

　　Dies in großen Zügen das Wesentliche der seitherigen Organisation. Im Juli 1904 hatte das Schweizer Militärdepartement den
Vorentwurf einer neuen Militärorganisation mit der Begründung veröffentlicht, hierdurch allen denjenigen, die sich für die Entwickelung
des Heerwesens interessieren, Gelegenheit zur Äußerung und zur
Geltendmachung ihrer Ansichten zu geben, bevor die Angelegenheit
dem Bundesrat und der Bundesversammlung unterbreitet würde;
diese Veröffentlichung hatte in allen Kreisen eine lebhafte Besprechung militär-organisatorischer Fragen veranlaßt, welche noch
dadurch gesteigert worden war, daß von den höheren Truppen-
führern nachträglich dem Militärdepartement ein in manchen Teilen
abweichender Entwurf eingereicht und ebenfalls bekannt gegeben wurde. Nach eingehender Würdigung aller militärischen
und volkswirtschaftlichen Interessen wurde mit Botschaft vom
10. März vorigen Jahres vom Bundesrate der Bundesversammlung
der Entwurf zum neuen Organisationsgesetz vorgelegt und hierbei
betont, daß er sich nur nach gründlicher Prüfung aller in Betracht
kommenden Verhältnisse entschließen konnte, die Vorlage zu machen,
deren Durchführung Mehrausgaben in diesem Umfange fordere; daß
er es aber in der Überzeugung getan habe, daß die verlangten
Opfer für das Wehrwesen das Mindeste dessen sind, was für die
Sicherheit des Landes gefordert werden muß. Das im April vom
Nationalrat und Ständerat angenommene Gesetz bedeutet zwar noch
keine vollkommene Zentralisierung des ganzen Militärwesens und
befriedigt die von den Vertretern einer möglichst gründlichen Ausbildung und hohen Schlagfertigkeit der Armee gestellten Forderungen
nicht vollständig; allein die bei der ersten revidierten Militärvorlage
1895 gemachte Erfahrung, daß hochgespannte Forderungen die ganze
Vorlage scheitern machten, riet zur Nachgiebigkeit und zum Eingehen
von Verständigungen in der einen und anderen wichtigen Frage. Eine
solche Vereinbarung wurde vor allem in der Frage der Dauer der
Rekrutenschule für die Infanterie und das Genie eingegangen, für
die im Interesse einer einigermaßen gediegenen grundlegenden
Schulung 70 Tage als das Mindeste bezeichnet wurden und für welche
Dauer auch eine sehr beträchtliche Zahl von Stimmen aus den
Kreisen der Offiziere und des schweizerischen Unteroffiziersvereins

eingetreten war. Große Landesteile hatten aber durch ihre Vertreter erklären lassen, daß das ganze Gesetz für sie unannehmbar sei, wenn an dieser Forderung festgehalten würde. Man einigte sich schließlich in Würdigung dieser Stimmung und in der Erwägung, daß der Ausfall von 5 Tagen durch Vereinfachung des Unterrichts und gewandtere Instruktion eingebracht werden könne, auf 65 Tage. Jedenfalls beweist das Eintreten von rund 70 % der Offiziere und etwa 4000 Unteroffizieren, daß ein guter patriotischer Geist und große Dienst- und Opferfreudigkeit in der eidgenössischen Armee vorhanden ist. Hervorgehoben muß auch werden, daß in der Presse fast der ganzen deutschen Schweiz, besonders der Ostschweiz und des Kantons Bern, sich mit seltener Einmütigkeit die Stimmung des Volkes für die Ausdehnung der Rekrutenschulen auf 70 Tage kundgegeben hat. Nach Vorwegnahme dieses Punktes der neuen Organisation — auf den übrigens später an geeigneter Stelle nochmals zurückzukommen sein wird — sei nun auf die wesentlichsten Bestimmungen des Gesetzes übergangen. Wie bisher ist für das eidgenössische Milizheer durch die organisatorischen Bestimmungen kein Unterschied zwischen Kriegs- und Friedensfuß weder bezüglich der Stärke der Truppen- etc. Einheiten, noch der Zusammensetzung der höheren Verbände vorgesehen. Das Heer besteht aus Auszug, Landwehr und Landsturm.

Die Wehrpflicht umfaßt die Pflicht zur persönlichen Leistung des Militärdienstes — Militärdienstpflicht — und die Pflicht zur Bezahlung eines Ersatzes — Militärsteuerpflicht. Letztere ist nun bis zur Vollendung des 40. Lebensjahres zurückgesetzt worden. Die Militärdienstpflicht beginnt mit dem Jahre, in welchem das 20., und endet mit dem Jahre, in welchem das 48. Altersjahr vollendet wird. Die Aushebung unterscheidet Diensttaugliche, zu Hilfsdiensten Taugliche und Dienstuntaugliche.

Die Militärdienstpflicht der Diensttauglichen erstreckt sich auf den Instruktionsdienst (Dienst zur Ausbildung) und auf den aktiven Dienst (Dienst zur Behauptung der Unabhängigkeit des Vaterlandes gegen außen, sowie zur Handhabung von Ruhe und Ordnung im Innern), außerdem auf die Beobachtung der zur Aufrechthaltung der Kontrolle, zur Instandhaltung der Bekleidung, Bewaffnung und persönlichen Ausrüstung bestehenden Vorschriften, endlich auf die Teilnahme an den vorgeschriebenen Schießübungen. Jeder Wehrmann kann zur Bekleidung eines Grades und zur Leistung des hierfür vorgeschriebenen Militärdienstes, sowie zur Übernahme jedes Kommandos angehalten werden.

Die zu Hilfsdiensten Tauglichen werden zu Pionierarbeiten,

Diensten für das Sanitäts-, Verpflegungs-, Nachrichten- und Transportwesen, deren die Armee im aktiven Dienste bedarf, herangezogen und sind in den Jahren, in denen sie keinen Dienst leisten, militärsteuerpflichtig.

Der Bund versichert die Militärpersonen gegen die wirtschaftlichen Folgen von Krankheiten und Unfällen, ebenso sind Angehörige von Wehrmännern, die durch den Militärdienst in Not geraten, durch die Gemeinden, deren Auslagen hierfür Bund und Kanton tragen, ausreichend zu unterstützen. Von besonderer Bedeutung ist die Bestimmung, daß diese Unterstützung nicht mehr den Charakter der Armenunterstützung tragen darf.

Von einschneidender Wichtigkeit sind im zweiten Teil (Organisation) des neuen Gesetzes die Bestimmungen des Artikels 35, welche durch Verkürzung der Altersgrenzen für Landwehr und Landsturm eine Verjüngung und damit eine Erhöhung der Feldtüchtigkeit der Armee bedeuten. Indem nunmehr die Landwehr (in der ein I. und II. Aufgebot nicht mehr unterschieden wird) die Jahresklassen des 33. bis zum zurückgelegten 40. Altersjahre umfaßt und die Landsturmpflicht nur mehr bis zum vollendeten 48. Lebensjahre ausgedehnt ist, werden die Jahresklassen der früheren Landwehr II. Aufgebots dem Landsturm einverleibt, und wird die Angehörigkeit zu diesem mit einem früheren Lebensjahre beendet.

Hauptleute sind im Auszuge bis zum zurückgelegten 38., in der Landwehr bis zum vollendeten 44. (früher 48.) Lebensjahre dienstpflichtig; Stabsoffiziere im Auszug und in der Landwehr bis zum zurückgelegten 48. Lebensjahre. Die Landsturmpflicht erstreckt sich für sämtliche Offiziere bis zum vollendeten 52. Altersjahre. Mit ihrem Einverständnis können Offiziere auch über diese Altersgrenzen hinaus verwendet werden. Offiziere im auszugpflichtigen Alter können auch der Landwehr oder dem Landsturm, im landwehrpflichtigen Alter dem Landsturm zugeteilt werden. Im Kriegsfalle kann die Landwehr zum Ersatz im Auszuge, der Landsturm zum Ersatz in der Landwehr herangezogen werden.

Das Heer umfaßt: die Kommandostäbe, den Generalstab, die Truppengattungen, die Dienstzweige und die Hilfsdienste.

An Truppengattungen bestehen: Infanterie (Füsiliere, Schützen, Radfahrer, Mitrailleure); Kavallerie (Dragoner, Guiden, reitende Mitrailleure); Artillerie (Feld-, Gebirgs-, Fuß- und Parkartillerie); Genie; Festungstruppen (Festungsartillerie, Mitrailleure, Festungspioniere, Festungssappeure); Sanitätstruppen; Veterinärtruppen; Verpflegungstruppen und Traintruppen (Armeetrain, Linientrain und Säumer).

Die Dienstzweige umfassen: Militärjustiz, Feldprediger, Feldpost und Feldtelegraph, Etappen- und Eisenbahndienst, Automobildienst, Offiziersordonanzen, Stabssekretariat (die Stabssekretäre besorgen den Bureaudienst der Stäbe), Heerespolizei und Territorialdienst. Der Territorialdienst wahrt die militärischen Interessen des Landes, soweit dies nicht durch die Feldarmee geschieht, stellt den Nachschub für die Feldarmee und kann auch zu lokalen Verteidigungsaufgaben außerhalb des Bereichs der Feldarmee herangezogen werden.

Die Bestimmung, daß die Justizoffiziere als Truppenoffiziere gedient haben müssen, ist jedenfalls von großem Werte für eine, die besonderen militärischen Verhältnisse wie die Wahrung der militärischen Disziplin gleichermaßen berücksichtigende Militärstrafrechtspflege.

Der Armeestab besorgt den Dienst beim Oberkommando der Armee; im Frieden werden seine Geschäfte von der Generalstabsabteilung erledigt. Kommandostäbe werden den Kommandanten der Heereseinheiten und der Truppenkörper beigegeben. Nach einer ersten vierjährigen Dienstleistung im Generalstab sind die Generalstabsoffiziere in der Regel zur Truppe zurückzuversetzen.

Zahl und Bestand der Truppeneinheiten der einzelnen Waffengattungen, Zahl und Zusammensetzung der Truppenkörper und höheren Verbände, sowie die Zahl der von jedem Kanton zu stellenden Kompagnien, Füsilierbataillone und Dragonerschwadronen werden durch die Bundesversammlung festgesetzt.

3—6 Kompagnien bilden das Bataillon, 2—4 Bataillone das Regiment, 2—3 Regimenter die Brigade. Aus 2—3 Dragonerschwadronen wird das Kavallerieregiment, aus 2—3 Regimentern und einer reitenden Mitrailleurkompagnie die Brigade zusammengesetzt. 2—4 Batterien der Feld-, Gebirgs- oder Fußartillerie formieren die Abteilung, 2—3 Abteilungen das Regiment. Aus Truppenkörpern und Einheiten verschiedener Truppengattungen werden Divisionen, aus mehreren Divisionen nebst weiteren Truppenkörpern oder Einheiten Armeekorps gebildet.

Ernennung und Beförderung der einzelnen Dienstgrade und der Offiziere erfolgt durch ein Fähigkeitszeugnis. Bis zum Hauptmann einschließlich werden diese Zeugnisse nach erfolgreichem Bestehen der vorgeschriebenen Schulen oder Kurse vom Chef der zuständigen Dienstabteilung des Militärdepartements ausgestellt und unterliegen bei den im Divisionsverbande stehenden Truppen der Genehmigung des Divisionskommandanten, sonst der Genehmigung des Armeekorps- bzw. Festungskommandanten. Die Beförderung zum

Oberleutnant erfolgt nach Bedarf und Dienstalter, weiter hinauf nach Bedarf und Tüchtigkeit. Die Fähigkeitszeugnisse für die Ernennung und Beförderung der Stabsoffiziere stellt die Landesverteidigungskommission aus. Durch die nunmehrigen Bestimmungen über die Beförderung der Offiziere ist ein regelmäßiges, gleichmäßiges und gerechtes Avancement innerhalb der ganzen Armee gesichert und sind die nötigen |Schutzmittel gegen kantonale Ungleichheit in Behandlung von Personenfragen gegeben.

Die Bundesversammlung erläßt die allgemeinen Bestimmungen über die Bewaffnung, die persönliche Ausrüstung, die Korpsausrüstung und das übrige Kriegsmaterial. Bewaffnung und persönliche Ausrüstung werden dem Wehrmanne unentgeltlich verabfolgt, und zwar in der Regel durch den Kanton, in dem die Aushebung stattfand. Sie bleibt in der Regel während der ganzen Dienstzeit in den Händen des Mannes und geht nach vollständiger Erfüllung seiner Dienstpflicht in sein Eigentum über. Die Offiziere haben ihre Bekleidung selbst zu beschaffen, wofür sie entsprechende Entschädigung erhalten. Die übrige persönliche Ausrüstung, Bewaffnung und Reitzeug wird ihnen unentgeltlich vom Bunde verabfolgt. Gegen den gestellten Antrag, den Offizieren auch die Uniformierung in natura durch den Staat zu liefern, war mit Recht geltend gemacht worden, daß eine solche Einführung nur geeignet sei, den Unterschied zwischen bemittelten und unbemittelten Offizieren in ungesunder, das Gleichheitsgefühl im Offizierkorps ungünstig beeinflussender Weise in die Armee zu tragen, indem die besser gestellten Offiziere sich doch neben den abgegebenen Uniformsstücken noch eigene beschaffen würden, wodurch ein Gegensatz in der äußeren Erscheinung zu den weniger bemittelten oder ein gleiches Verfahren dieser hervorgerufen würde, welches mit ihren finanziellen Verhältnissen nicht im Einklang stände.

Die Anschaffung, Abrichtung und Haltung von Reitpferden wird den berittenen Offizieren durch besondere Bestimmungen erleichtert. Die im Auszuge befindlichen Offiziere, Unteroffiziere und Mannschaften sind verpflichtet, ständig ein diensttaugliches Reitpferd zu halten. Ihre Pferde werden entweder vom Bunde angekauft oder von den Verpflichteten selbst gestellt, im ersteren Falle vom Übernehmer mit der Hälfte des Schätzungswerts bezahlt, im zweiten Falle ihm mit dem gleichen Betrage vergütet. Der Rest des Schätzungswertes wird in beiden Fällen durch jährliche Rückzahlung eines Zehntels während der 10jährigen Angehörigkeit zum Auszuge getilgt. Das Pferd bleibt in den Händen des Mannes, solange er auszugpflichtig ist, und geht dann in seinen Besitz über, sofern

er mit dem gleichen Pferde die ganze 10jährige Dienstzeit durchgemacht hat.

Weitaus die größte Bedeutung kommt den neuen Bestimmungen
über die Rekrutenschulen zu. Es wurde schon erwähnt, wie
die Frage der unerläßlich notwendigen Dauer dieses grundlegenden
Unterrichts die heftigst umstrittene der ganzen Gesetzesvorlage bildete.
Obwohl, wie gleichfalls schon angedeutet, die nun bestimmte Dauer
des Rekrutenunterrichts die am weitest gehenden Forderungen nicht
befriedigt, so bedeutet sie doch durchweg eine — zum Teil erhebliche
— Verlängerung der bisherigen ersten Ausbildungsperiode. Sie ist
nunmehr festgesetzt: für Infanterie und Genie auf 65 (45), Kavallerie
90 (80), Artillerie und Festungstruppen 75 (55), bei den übrigen
Truppen 60 (42—55)[1]) Tage. Bemerkenswert ist, daß die Rekrutenschule für die Artillerie länger festgesetzt wurde, als der Bundesrat
in der Gesetzesvorlage verlangt hatte, während weder das Eintreten
von gegen 1000 Offizieren und Unteroffizieren der Infanterie, noch
die ernsten Darlegungen der Vertreter des Bundesrates und der
höheren Offiziere, welche diesem angehören, vermochten den Nationalrat zu bewegen, für die als unerläßlich notwendige für die
Infanterieausbildung geforderte Dauer von 70 Tagen zu stimmen.
Wenn auch die für Organisation und Entlassung nötige Zeit in der
Dauer der Kurse und Schulen nicht inbegriffen ist, so ergibt doch
der Ausfall der Sonn- und Feiertage eine Kürzung, welche die
Ausbildungszeit, in der der junge Bürger zum fertigen Soldaten
werden soll, noch immer recht knapp bemessen erscheinen läßt.
Mit Nachdruck wurde von berufener Seite darauf hingewiesen, daß
den wenigen Wochen gegenüber, die hierfür zur Verfügung stehen,
in den Nachbarstaaten viele Monate aufgewendet werden, und daß
doch, wenn es einmal zum Kriege kommt, die an den Schweizer-
soldaten herantretenden Anforderungen ganz die gleichen sind, wie
sie an die stehenden Heere des Nachbarn gestellt werden.

Im Auszug finden jährlich Wiederholungskurse von 11, bei der
Artillerie und den Festungstruppen von 14 Tagen statt, und zwar
haben die Soldaten, Gefreiten und Korporale 7, bei der Kavallerie
8, die Unteroffiziere vom Korporal aufwärts 10 durchzumachen.
Dadurch, daß diese Wiederholungskurse nun Jahr für Jahr folgen,
statt wie bisher alle 2 Jahre, wird die Ableistung des Dienstes
im Auszuge auf die jüngeren Jahre konzentriert, in denen der
Wehrmann in der Regel noch der Sorge für eine Familie enthoben ist und in seinen Erwerbsverhältnissen durch die Einziehung
weniger beeinträchtigt wird als in vorgerücktem Alter.

---

[1]) ( ) bisherige Dauer.

In der Landwehr findet für sämtliche Truppengattungen, mit Ausnahme der Kavallerie, alle 4 Jahre ein 11 tägiger Wiederholungskurs statt; Soldaten, Gefreite und Korporale haben jedoch nur einen zu bestehen.

Bei den Wiederholungskursen des Auszugs soll ein angemessener Wechsel von Übungen im kleineren Verbande mit solchen in größeren Truppenverbänden Platz greifen. Die Bundesversammlung ist außerdem berechtigt, bei einer Neuorganisation der Verbände, einer Neubewaffnung u. dgl. besondere Kurse, wie für einzelne Teile des Landsturms zu besonderen Zwecken Übungen von 1—3 Tagen anzuordnen.

Die mit Gewehr oder Karabiner ausgerüsteten Angehörigen des Auszugs und der Landwehr, einschließlich der Subalternoffiziere, haben jährlich an vorschriftsgemäß abzuhaltenden Schießübungen in Schießvereinen teilzunehmen, welche der Bund unterstützt, insofern sie nach militärischer Vorschrift stattfinden.

Der Bund unterstützt auch anderweitige, der militärischen Ausbildung dienende Tätigkeit nach Maßgabe ihrer Bedeutung, sofern sie organisiert ist und sich der Kontrolle des Bundes unterzieht.

Vergleicht man die frühere Dienstzeit mit der jetzigen unter Einrechnung von je 2 Tagen für Einrücken und Entlassung, so ergibt sich folgende Zusammenstellung für die Hauptwaffe, die Infanterie:

Rekrutenschule 67 (47) Tage[1]),
Wiederholungskurse 7 je 13 Tage = 91. (6 je 18 Tage = 108),
ein Landwehr-Wiederholungskurs zu 13 Tagen. (2 je 7 Tage = 14),
also jetzt 171, früher 169 Tage.

Von einer eigentlichen Vermehrung der gesamten Dienstzeit kann also nicht gesprochen werden, wenn auch immerhin die Verlängerung gerade der grundlegenden Rekrutenschule in ihrer Bedeutung nicht zu unterschätzen ist.

Während die Bestimmungen über die Ausbildung der zu Unteroffizieren vorgeschlagenen Mannschaften in den Unteroffiziersschulen die Dauer dieser für die Infanterie und Kavallerie um einige Tage kürzen, sind den Offizieren durch teilweise bedeutende Verlängerung der für ihre erste Ernennung, für die Beförderung und für die Ausbildung im Generalstabsdienste bestimmten Schulen (Offiziersschulen für die einzelnen Waffen, Zentralschulen und Generalstabsschulen) erhöhte persönliche Opfer auferlegt. Die neuen Ausbildungsbestimmungen für die Offiziere gewährleisten nicht nur eine eingehendere

---

[1]) ( ) bisherige Dienstzeit.

praktische und theoretische Schulung der Offiziere, sondern auch
eine größere Sicherheit und Selbständigkeit in der Führung, wie in
den einzelnen Zweigen des militärischen Dienstes überhaupt. Für
die Ausbildung der Offiziere werden überdies Schießschulen, technische und taktische Kurse durch die Bundesversammlung angeordnet;
besondere taktische und operative Übungen, an den auch die Armeekorps und Divisionskommandanten mit ihren Stabschefs und die
Festungskommandanten teilzunehmen haben, sind für die Schulung
der höheren Stäbe und der Stäbe vorgesehen. Alle Schulen und
Kurse unterliegen der Inspektion durch die zuständigen Vorgesetzten,
Kommandanten oder der Chefs des Militärdepartements.

Von besonderer Bedeutung ist die Regelung der Beziehungen
der Truppenführer zu den ihnen unterstehenden Truppeneinheiten.
Geht die Ordnung dieser Beziehungen auch nicht so weit, als vielfach für wünschenswert erachtet wurde, so sichern die einschlägigen
Bestimmungen nunmehr den Truppenkommandanten doch immerhin
den notwendigen Einfluß auf die Kriegstüchtigkeit und die Kriegsbereitschaft ihrer Truppe. Sie haben die Vollständigkeit der Bestände ihrer Truppen zu beaufsichtigen, das Vorhandensein und den
Zustand der persönlichen Ausrüstung und Bewaffnung, sowie der
Korpsausrüstung ihrer Truppe zu kontrollieren, sich vom Stande der
Ausbildung, der Kriegstüchtigkeit und Kriegsbereitschaft zu überzeugen und die Vorbereitungen für das Aufgebot und die Mobilmachung zu überwachen.

Wie schon erwähnt, hat auch das neue Gesetz eine vollständige
Zentralisierung der gesamten Militärverwaltung in der Hand des
Bundes nicht geschaffen. Die Verfügung über das Heer steht dem
Bunde zu, die Kantone verfügen jedoch über die Wehrkraft ihres
Gebiets, solange dies nicht vom Bunde geschieht. Dem Militär-
departement, welches die Militärverwaltung besorgt, soweit sie nicht
Sache der Kantone geblieben ist, sind die Chefs der verschiedenen
Dienstabteilungen (Generalstabsabteilung, Abteilungen der einzelnen
Waffengattungen, des Festungswesens, Oberfeldarzt, Chef der Kriegs-
materialverwaltung usw.) unterstellt; die Kantone üben die Kontrolle
über die Wehrpflichtigen und die den Hilfsdiensten Zugeteilten; über
die Stäbe und Truppeneinheiten führen sowohl die zuständigen
Militärbehörden des Bundes und der Kantone, als die Kommandanten der Stäbe und Einheiten Kontrollisten. Wie bisher, stellen
die Kantone die Kompagnien und Bataillone, die Dragonerschwadronen
und die Bataillone des Landsturms, wie die Hilfsdienste; die übrigen
Einheiten, Truppenkörper und Stäbe, sowie die Dienstzweige organisiert
der Bund. Die Kantone ernennen die Offiziere der von ihnen ge-

stellten Einheiten und die Infanterieoffiziere der Stäbe der Füsilierbataillone, der Bundesrat die übrigen Offiziere. Der Bund beschafft
die Bewaffnung der Korpsausrüstung und das übrige Kriegsmaterial,
während den Kantonen die Stellung der persönlichen Ausrüstung der
kantonalen und eidgenössischen Truppen obliegt. Die Kantone verwalten und unterhalten ferner die Korpsausrüstung der kantonalen
Einheiten und Truppenkörper. Die Verfügung über die persönliche
Ausrüstung, die Bewaffnung, das gesamte Korps- und Kriegsmaterial
steht dem Bunde und für die Bedürfnisse des kantonalen Dienstes,
unter Vorbehalt der Rechte des Bundes, den Kantonen zu.

Die Bestimmungen über den Oberbefehl gewähren dem im Be-
darfsfalle hiermit betrauten Generale die erforderliche Selbständigkeit
und Machtvollkommenheit. Sobald ein größeres Truppenaufgebot
angeordnet oder in Aussicht ist, wählt die Bundesversammlung den
General, der den Oberbefehl über die Armee und vom Bundesrat
Weisung über den durch das Aufgebot zu erreichenden Endzweck
erhält. Er befiehlt alle militärischen Maßnahmen, die er zur Erreichung des letzteren nötig erachtet, und verfügt hierzu über die
gesamten personellen und materiellen Streitmittel des Landes nach
eigenem Ermessen. Ohne an die Vorschriften des Militärorganisations-
gesetzes gebunden zu sein, entscheidet er über die Kriegsgliederung
des Heeres; fordert er das Aufgebot weiterer Heeresteile, so wird
dies durch den Bundesrat verfügt und vollzogen.

Die in vorstehendem in ihren wesentlichsten Punkten skizzierte
und besprochene Neuorganisation des eidgenössischen Wehrwesens
ebnet dem schweizerischen Heere, das bisher trotz aller durch das
System und die besonderen innerpolitischen Verhältnisse verursachten
Schwierigkeiten das überhaupt Mögliche erreicht und geleistet
hat, die Bahn zur weiteren Vervollkommung seiner Kriegstüchtigkeit
und Schlagfertigkeit. Wenn sie auch nicht alles gewährt, was Erkenntnis der gesteigerten Anforderungen der heutigen Verhältnisse
und Würdigung der ernsten Lage der Schweiz bei jedem eintretenden
Konflikte der angrenzenden großen Nachbarstaaten fordern zu müssen
glaubte, so bedeutet sie doch immerhin einen wesentlichen Fortschritt gegenüber dem bisherigen System, und es darf nicht verkannt werden, daß bei Durchbringung des neuen Gesetzes ein hoher
Grad von Patriotismus und Opferfreudigkeit in breiten Schichten der
eidgenössischen Bevölkerung zutage getreten ist. In bemerkenswerter Weise hat sich das Verständnis kund gegeben, das auch in
dem demokratischen Schweizerlande bei Einsichtigen für die er-
zieherische und sozialpolitische Bedeutung des militärischen Dienstes
herrscht. Die Worte, welche das Mitglied des Nationalrats, Geilinger,

in der Sitzung vom 9. April dieses Jahres in dieser Beziehung gesprochen hat, mögen auch bei uns in den Kreisen beherzigt werden, in denen bei jeder Gelegenheit gegen den Moloch „Militarismus" geeifert wird, der — selbst durchaus unproduktiv — nur unersättlich Opfer fordert und verschlingt. Sie lauten auszugsweise:: „Er (der junge Rekrut) kommt zusammen mit Leuten seines Alters, die er sonst nie gekannt hatte, und es bildet sich da ein Band unter der Jugend, das nicht hoch genug einzuschätzen ist. Nun tragen sie alle, jung und alt, das gleiche Kleid; sie haben das gleiche Lager, das manchem etwas hart vorkommen mag, sie haben die gleiche Arbeitszeit, die gleiche Arbeit und die gleiche Nahrung. Das sind Verhältnisse, die sehr wohltätig wirken, Verhältnisse, in welchen überhaupt einzig so recht der Unterschied zwischen reich und arm aufgehoben wird. Es kommt dazu, daß diese Zeit in die Entwickelung des jungen Mannes fällt, und da ist es seiner körperlichen Entwickelung, seiner Gesundheit wohltätig, wenn er hinauskommt aus seinen Arbeitsräumen und aus den oft schlechten Wohnungsverhältnissen, hinaus in die freie Luft; wenn er eine andere Nahrung erhält und wenn er die Anregung der Jugend hat, die sich in größeren Verhältnissen zusammenfindet .... Ich habe eingehends bemerkt, daß ich die verlängerte Rekrutenschule als einen wirtschaftlichen Vorteil von großer Bedeutung erachte .... Die Wechselwirkungen zwischen Ausbildung zur Wehrkraft und den bürgerlichen und persönlichen Aufgaben des jungen Mannes sind außerordentlich innerliche und tiefwirkende; die Vorteile sind ganz unschätzbare. Wollte man sie in Geldeswert umsetzen, so würden sich ganz außerordentliche Kapitalien ergeben. So halte ich denn dafür, daß eine möglichst lange Rekrutenschule nicht eine Last, sondern das sie eine Wohltat sein wird."

Das Schweizer Volk hat durch seine Votierung gezeigt, daß es entschlossen ist, die zur Aufrechterhaltung seiner politischen Unabhängigkeit erforderlichen Opfer für seine Wehrkraft zu bringen. Die neue Wehrorganisation, welche in einzelnen Teilen eine Weiterentwickelung, bzw. ein Zurückkommen auf die der Organisation von 1874 zu Grunde gelegenen, seither aber nur unvollkommen oder noch nicht verwirklichten, ursprünglichen Intentionen des Schöpfers derselben darstellt, ist jedenfalls geeignet, die Wehrkraft der Eidgenossenschaft und deren Ansehen. nach außen erheblich zu fördern. Abzuwarten wird sein, inwieweit die Besorgnisse begründet sind, zu welchen einige der neuen Bestimmungen Anlaß bieten. Die besonders für die Vorbildung der Unteroffiziere der Infanterie empfindliche Kürzung der Unteroffizierschule und die für die zum

Besuche der Offiziersohule vorgeschlagenen Unteroffiziere weggefallene Verpflichtung des Besuchs einer Rekrutenschule birgt immerhin die Gefahr einer Minderung der praktischen Befähigung des unteren Ausbildungspersonals in sich. Ebenso läßt die weitgehende Aus- stattung der Kommandanten der Heereseinheiten, Truppenkörper und Truppeneinheiten mit administrativen Kompetenzen und Verpflichtungen die Frage berechtigt erscheinen, ob diesen hiermit nicht eine Last aufgebürdet wird, welche die ihnen bei gleichzeitiger Ausübung ihrer bürgerlichen Berufstätigkeit verbleibende Zeit und Kraft in einer Weise beansprucht, daß das wichtigste Moment ihrer militärischen Friedensarbeit, die Vorbereitung für die Aufgaben der Führung, nach- teilig beeinflußt wird.

XL.

Ein erheiterndes Kuriosum während der Belagerung von Paris 1870/71.

Von

Reinhold Wagner, Oberstleutnant a. D.

Prinz Kraft zu Hohenlohe-Ingelfingen schreibt im IV. Bande (S. 419) seines Buches: „Aus meinem Leben" (Berlin 1907) unter dem 12. Januar 1871:

„Heute fiel ein Kuriosum vor, das uns später recht er- heiterte. Leute, die in Paris genau Bescheid wußten, wollten genau in Erfahrung gebracht haben, daß in St. Maur, oberhalb von Paris, ein Pumpwerk existierte, das die Stadt mit Trinkwasser ver- sorge, als Ersatz für das Trinkwasser, das wir ihr durch Ableitung des Kanals de l'Ourcq entzogen hatten. Würden wir dies Pumpwerk zerstören, so hieß es, dann hätte Paris kein Trinkwasser mehr und müßte kapitulieren. Kameke hatte einen Ingenieuroffizier beauftragt, zu rekognoszieren, ob man dagegen eine Stellung ausfindig machen könne, das Pumpwerk zu treffen. Der Offizier sandte heute einen wunderschönen Bericht mit Zeichnung. Auf dem Mont Mesly, süd- lich von Creteil, war die Stellung für einige Batterien gefunden, und sie brauchten eine Infantriebrigade Bedeckung. Da aber die Batterien

Nr. 16 und Nr. 17 des Ostangriffes näher an dem Pumpwerk waren als der Mont Mesly, so hielt ich es für besser, diese Batterien telegraphisch zu beauftragen, einmal danach zu schießen. Sie meldeten dann auch, wie günstig sie getroffen, und daß das Pumpwerk nicht mehr arbeite. Die Kapitulation brachte das Pumpwerk in unsere Hände. Es ward besichtigt. Es war weder ein Pumpwerk, noch getroffen. Der Schornstein war der einer seit langem verlassenen bankerotten Fabrik. Vielleicht hatten die Unternehmer einmal gepumpt (sic). Ein anderes Pumpwerk existierte dort gar nicht."

So der Prinz Hohenlohe!

Ein Kuriosum liegt allerdings hier vor, aber nicht im Sinne Hohenlohes. Es besteht vielmehr darin, daß die Erzählung, mit der er sich über den Versuch, das Pumpwerk von St. Maur zu zerstören, lustig macht und seine Leser erheitern will, in allen wesentlichen Punkten unrichtig ist.

Zunächst hatten nicht beliebige „Leute, die in Paris genau Bescheid wußten", den Anlaß dazu gegeben, daß General von Kameke einen Ingenieuroffizier mit der Rekognoszierung beauftragte. Den Vorschlag, die Zerstörung des fraglichen Pumpwerks durch Artilleriefeuer zu versuchen, hatte vielmehr nur ich, der ich niemals in Paris gewesen war, in meiner Eigenschaft als Hauptmann im Ingenieurstabe der III. Armee gemacht, als welchem mir im besondern auch das Planwesen unterstand.

Vor Paris waren aber in der Villa des Ministers Rouher außer einem großen Plane der Stadt und des Seinedepartements im Maßstabe 1 : 5000, auch Spezialpläne der Wasserleitungen und der Kanalisation von Paris in gleicher Größe gefunden. Ich hielt es sowohl für meines Amtes, als auch an sich keineswegs für überflüssig, diese Pläne zu studieren, sobald sie — erst zu Anfang des November — in meine Hände gelangt waren. Leider gab es keinen erläuternden Text, so daß mancherlei unklar blieb.

Da es schon beim Anmarsch auf Paris für nützlich gehalten war, die aus der Gegend von Chateau Thierry kommende Quellwasserleitung der Dhuis, und bei der Einschließung der Stadt die Wasserleitung von Arceuil abzuschneiden, sowie den Ourcqkanal abzuleiten, obwohl letzterer kein Trinkwasser, sondern nur sonstiges Gebrauchswasser lieferte, so lag es doch nahe, zu prüfen, ob die Wasserversorgung von Paris nicht noch anderweitig gestört werden könnte, denn ihm das Wasser gänzlich zu entziehen, war selbstverständlich unmöglich, da die Seine und Marne nicht abgeleitet werden konnten. Auf die möglichste Erschwerung der Wasserversorgung war aber um so mehr Wert zu legen, je hartnäckiger an der Idee der bloßen Einschließung festgehalten wurde, obwohl sich die trotz aller Gegengründe in gewissen Kreisen aufgestellte Behauptung, daß Paris nur auf 6 Wochen verproviantiert sei, bereits als Täuschung erwiesen hatte. Wenn Paris nur durch die allmähliche Verschlechterung der Existenzbedingungen der Bevölkerung bezwungen werden sollte, konnte die Erschwerung der Beschaffung eines ersten Lebensbedürfnisses, wie es das Wasser ist, doch wohl zum Erfolge beitragen.

Obige Pläne ergaben nun, daß nach Abschneidung der erwähnten Wasserleitungen,[1]) und abgesehen von ein paar artesischen Brunnen, welche quantitativ nicht in Betracht kamen, Paris nur noch durch Dampfpumpwerke mit Wasser versorgt wurde, welche dies aus der Seine und Marne durch Röhrenleitungen in entsprechend hochliegende Reservoirs beförderten, von wo es durch weitere Röhrenleitungen über die Stadt verteilt wurde.

Aus der Seine schöpften 4 Pumpwerke, von denen 3 innerhalb der Stadt lagen, daher, so lange wir die Fortkette nicht durchbrochen hatten, von unserm Geschützfeuer nicht zu erreichen waren. Daraus folgte nicht nur, daß die Wasserversorgung der von diesen Pumpwerken abhängigen Stadtteile nicht gestört werden, sondern auch, daß diejenigen Stadtteile, denen das Ourcqwasser entzogen war, wegen Zusammenhanges der Röhrensysteme, von hieraus wahrscheinlich Ersatz für das Ourcqwasser erhalten konnten.

Dagegen konnten zwei andere Pumpwerke, die sich außerhalb der Stadtumwallung befanden, mit unserem Geschützfeuer auf etwa 6000 Schritt = 4500 m Entfernung wohl gefaßt werden. Das eine bei Jvry schöpfte aus der Seine, das andere bei St. Maur aus der Marne. Beide versorgten hauptsächlich die östlichen, höchstgelegenen Stadtteile, indem sie die dortigen Reservoirs von Charonne resp. von Menilmontant und Belleville füllten, und von diesen waren letztere beide, mit einem Fassungsvermögen von beinahe 150000 cbm, nicht nur durch ihre Größe, sondern auch dadurch die wichtigsten, daß

---

[1]) Seit 1871 sind, was zu beachten bleibt, noch mehrere Quellwasserleitungen hinzugekommen:

    1. Die Leitung der Vanne aus deren Tale zwischen Troyes und Sens 1874.

    2. Die Leitung der Avre aus dem Quellgebiet des Breuil und der Vigne an der Grenze der Departements Eure et Loire und Eure 1885.

    3. Die Leitung des Loing und Lunain aus der Gegend von Nemours 1899.

    Siehe die Assanierung von Paris von Dr. Th. Weyl, Leipzig 1900.

sie allein — durch ihre Höhenlage auf ca. 107 resp. 134 m über dem Meere, oder bis zu 100 m über den Seineufern — die Möglichkeit boten, die höchstgelegenen Stadtteile, eben Belleville und Menilmontant, mit Wasser zu versorgen.

Jene Stadtteile waren aber nicht nur die am dichtesten bevölkerten von Paris, sondern diese meist aus Arbeitern bestehenden Volksmassen auch von jeher am ehesten zu revolutionären Bewegungen geneigt, wie sich wieder eben erst, Ende Oktober, gezeigt hatte, und bald im Kommuneaufstand furchtbar erweisen sollte. Kam zu den sonstigen Entbehrungen dieser unbemittelten Volksmassen noch Wassermangel hinzu, so ließen sich davon füglich Rückwirkungen auf die Verteidigung der Stadt erwarten, welche deren Fall beschleunigen konnten. War hierauf auch nicht mit absoluter Gewißheit zu rechnen, so hatte doch anfänglich auch Moltke Hoffnungen auf unruhige Bewegungen in der Stadt gesetzt.

Man stelle sich nur vor, als eine wie große Kalamität die Einwohnerschaft von Berlin es empfinden würde, wenn unter der in Paris zutreffenden Voraussetzung, daß Straßen- und Hofbrunnen nicht vorhanden seien, die Wasserleitung versagte, und lediglich Wasser aus der Spree und dem Landwehrkanal zu Gebote stünde und in Tonnen herangefahren werden müßte.

Am Schlusse eines Mitte November verfaßten kleinen Promemoria hob ich daher besonders die Folgen hervor, „wenn es gelänge", den zuletzt erwähnten Stadtteilen durch Zerstörung der betreffenden Pumpwerke das Wasser zu entziehen.

Es ist also unrichtig, wenn Prinz Hohenlohe schreibt, die Zerstörung des Pumpwerkes von St. Maur sei vorgeschlagen, weil es Paris mit Trinkwasser als Ersatz für das Ourcqwasser versorge. Und wenn er weiter schreibt: „Würden wir dies Pumpwerk zerstören, so hieß es (sic), dann hätte Paris kein Trinkwasser mehr und müßte kapitulieren" — so ist das lediglich eine Phantasie Hohenlohes, denn kein urteilsfähiger Mensch hätte bei oberflächlichster Kenntnis der Verhältnisse und am wenigsten auf Grund meines Pro memoria auf solche Idee kommen können. Sicherlich hat auch im besonderen General von Kameke nichts Derartiges dem Prinzen Hohenlohe gesagt.

Mein Pro memoria hatte zunächst gar keine Folge. Obwohl es zuförderst nur darauf angekommen wäre, festzustellen, ob die fraglichen Pumpwerke zu sehen, und welche Maßregeln eventuell zu dem Versuch ihrer Zerstörung zu treffen seien, wurde nicht einmal eine Rekognoszierung befohlen. Erst, fast 2 Monate später, nachdem General von Kameke die Leitung der Ingenieurpartie des

Angriffs übernommen, und er von anderer Seite Kenntnis von meinem Pro memoria bekommen hatte, erhielt ich von ihm den Befehl, die Situation des Pumpwerkes von St. Maur zu rekognoszieren. Da er dieserhalb am Nachmittage des 7. Januar mich persönlich aufsuchte, so ist wohl zu folgern, daß wenigstens er die Zerstörung des Pumpwerkes nicht für nutzlos hielt.

Sofort abreitend, mußte ich, da die Nacht hereingebrochen war, in Choisy le Roi beim Generalkommando des VI. Korps bleiben, wo ich von Generalstabsoffizieren erfuhr, daß man den Schornstein des Pumpwerkes täglich ohne Unterbrechung dampfen sehe. Am nächsten Tage (8. Januar) rekognoszierte ich längs der ganzen Vorpostenlinie zwischen Seine und Marne, von La Folie bis zum östlichen Ende von Bonneuil, konnte jedoch nur von einer Stelle aus — am östlichen Abhange des Mont Mesly das Pumpwerk sehen. In der Richtung auf den auch in meiner Gegenwart dampfenden Schornstein ließ ich 2 Pfähle einschlagen.

Am 9. Januar schrieb ich in Versailles den hier folgenden „Rekognoszierungsbericht betreffend das Dampfpumpwerk der Wasserleitung der Marne nach den Reservoirs von Belleville und Menilmontant" — eine Überschrift, aus welcher deutlich hervorgeht, welchem begrenzten Zweck die Zerstörung dienen sollte.

Nach Bezugnahme auf den mir am 7. Januar erteilten Befehl berichtete ich wie folgt: „Das Terrain zu beiden Seiten der Marne südlich von Port de Creteil ist viel bedeckter, als der anliegende Plan[1]) ergibt. Infolgedessen ist das Maschinengebäude am südwestlichen Ende des Tunnels des Kanals von St. Maur von keinem Punkt unserer Vorpostenstellung zwischen Mesly und Bonneuil in seiner ganzen Ausdehnung zu sehen. Dagegen gewährt die Höhe des Mont Mesly rechts von dem im anliegenden Plan in roter Tinte angegebenen Gehöft, welches von einem bayerischen Piquet besetzt und durch ein Fanal besonders kenntlich ist, einen Standpunkt, von welchem aus der Dampfschornstein des fraglichen Maschinengebäudes in seiner ganzen Höhe und ein Teil des Daches des Maschinengebäudes zu sehen ist — selbst bei nicht klarem Wetter, wie am Tage der Rekognoszierung. Die Entfernung dieses Punktes vom Maschinengebäude beträgt 5600—5700 Schritt.[2])"

---

[1]) Es war dies der Plan im Maßstabe 1:30000 der für die Belagerung vom Generalstabe besorgt war.

[2]) Der Schritt wurde damals zu 0,75 m gerechnet. Die Entfernung betrug also 4200—4275 m.

„Ob die Demolierung des Gebäudes auf diese Entfernung hin, unter Benutzung des Dampfschornsteines als Richtobjekt möglich erscheint — diese Frage zu entscheiden, würde Sache der Artillerie sein.¹)"

. „Die im Pro memoria vom 15. November v. J. hervorgehobene Bedeutung des fraglichen Pumpwerkes findet darin ihre Bestätigung, daß man laut Angabe von Offizieren des Generalkommandos des VI. Armeekorps den Schornstein täglich ohne Unterbrechung dampfen sieht, was auch vom Unterzeichneten selbst am Tage der Rekognoszierung — einem Sonntage — beobachtet wurde."

„Der Bau einer Batterie an dem im Plane bezeichneten Punkte würde dadurch erleichtert sein, daß sich daselbst bereits ein Erdwerk von ca. 3 Fuß Relief befindet. Der Boden ist ferner weniger schwer, als er sonst in der Umgegend von Paris gefunden wird. Die Vollendung der Batterie dürfte daher in einer Nacht gelingen. Andernfalls würde die in der ersten Nacht begonnene Arbeit, wegen der bereits vorhandenen Rudera einer Verschanzung und wegen der weiter vorwärts eingegrabenen Vorposten wahrscheinlich am ersten Tage nicht als etwas Neues bemerkt, und daher in der zweiten Nacht noch ohne Gefährdung der Arbeiter vollendet werden können."

„Wünschenswert bliebe die durchgängige Traversierung der Batterie gegen Schrägfeuer vom Fort. de Charenton und von etwaigen Geschützaufstellungen auf der Halbinsel St. Maur. Die Wirksamkeit des ersteren ist an vielfachen Granataufschlägen, Sprengstücken und nicht krepierten Granaten auf dem Mont Mesly zu erkennen; die Wirkung der letzteren würde anderseits durch die Batterien bei Chenevières abgeschwächt werden können."

„Die Armierung der Batterie könnte, durch den rückwärtigen Abhang des Mont Mesly gedeckt, auf guten Straßen bequem erfolgen."

„Die Gefährdung der Batterie durch Ausfälle würde kaum eine größere sein, als die der beiden Batterien zwischen L'Haye und Chevilly, welche gegen Hautes Bruyères feuern. Von den diesseitigen Vorposten besetzt, springt links der Ort Mesly, rechts eine Gruppe von Schützengräben und das von einer Mauer umschlossene Gehölz am östlichen Abhange des Mont Mesly nach dem toten Arme der Marne hinab, vor das Emplacement der Batterie vor. Der äußerste französische Vorposten (detachierter Unteroffizierposten?) befindet

---

¹) Meine persönliche Ansicht war, daß eine Batterie von vier 12-Pfündern genügen würde.

sich in dem auf dem Plane bezeichneten Hause, ca. 1200 Schritt von der Batterie.“

„Beginnt das Feuer überraschend bei Tagesanbruch, so dürfte im Laufe des ersten Tages ein größerer Ausfall gegen die Batterie wegen der zeitraubenden Vorbereitungen kaum zu fürchten sein. Die Aufgabe der Batterie kann aber wohl schon am ersten Tage gelöst werden. Das Aufhören des Dampfes aus dem Schornsteine würde darauf schließen lassen, und das Zurückziehen der Geschütze gestatten.“

„Sollte eine mehrtägige Fortsetzung des Schießens und dann ein größerer Schutz gegen Ausfälle erforderlich sein, so können Reserven am rückwärtigen Abhange des Mont Mesly gedeckt plaziert, und in Voraussicht dieser Eventualität daselbst schon im voraus Epaulements zum Schutze der Reserven gegen Sprengstücke angelegt werden. Alles zusammengefaßt, erklärt sich der Unterzeichnete daher, wenn die Artillerie ihre Wirkung gegen das angegebene Objekt auf der angegebenen Entfernung als ausreichend erachtet, für die Erbauung einer Batterie am Mont Mesly, unter Benutzung der vorhandenen Anfänge eines Erdwerkes, mit gehöriger Traversierung der Geschütze, unter gleichzeitiger Anlage eines Epaulements am rückwärtigen Abhange des Mont Mesly, zur gedeckten Bereithaltung einer Reserve gegen einen Ausfall.“ —

Unrichtig ist es nun zunächst, daß es sich nach Hohenlohe um die Erbauung einiger Batterien handeln sollte, denn es war nur von einer Batterie die Rede, und mehr als eine für 4 Geschütze wären ganz überflüssig gewesen. Wenn Hohenlohe hinzufügt, die Batterien brauchten eine Infanteriebrigade zur Bedeckung, so ist das, wie er wohl hätte sagen sollen, nur seine persönliche Ansicht. General von Kameke wenigstens scheint sie nicht geteilt zu haben, denn zur Erklärung des Befehls an die Batterien 16 und 17, nach dem Pumpwerk zu schießen, sagte er mir bei nächster Gelegenheit nur: Die Artillerie will sich den Bau einer neuen Batterie ersparen.

Ich vermag auch jetzt nicht anzuerkennen, daß für die Batterie eine ganze Brigade als besondere Bedeckung nötig gewesen wäre. Kleinere Ausfälle wären unter den in meinem Bericht dargelegten Umständen nicht zu fürchten gewesen und ein großer Ausfall war in Anbetracht der Gesamtlage, nachdem ein solcher gegen den Mont Mesly am 30. November gescheitert und nun seit dem 5. Januar der Angriff auf die Südforts in vollem Gange war, überhaupt nicht wahrscheinlich. Geschah er aber doch, so stand (seit dem 3. Januar) hinter der Stellung am Mont Mesly, bei Valenton, Brevanne und Boissy, das I. bayrische Armeekorps (v. d. Thann), welches während der voraussichtlich nur kurzen Tätigkeit der Batterie bereit gehalten werden konnte.

Meine Meinung, daß hier ein aktives Verhalten des Verteidigers nicht mehr zu gewärtigen sei, erwies sich auch später als richtig. Gerade am 8. Januar, während ich selbst auf dem Mont Mesly war, kam dorthin General v. d. Thann mit zahlreichem Stabe, um die Stellung zu besichtigen, und noch an demselben Tage wurden recht ansehnliche Verschanzungen zwischen Seine und Marne begonnen, zu allererst eine große und starke Schanze auf dem Gipfel des Mont Mesly in exponiertester, weil überall sichtbarer Lage, und obwohl nicht nur bei Nacht, sondern auch bei Tage mit Ablösung, in Schichten von je 200 Mann, gearbeitet wurde, versuchte der Verteidiger die Arbeit doch nur wenig durch Feuer aus Fort Charenton und aus einer Batterie bei Creteil zu stören.[1]

Tatsächlich unrichtig ist es, daß Hohenlohe den Befehl an die Batterien 16 und 17 damit begründen will, daß diese dem Pumpwerk näher als solche am Mont Mesly gelegen hätten. Gerade das Umgekehrte war der Fall. Denn, während die von mir vorgeschlagene Baustelle 5600—5700 Schritt (4200—4275 m) vom Pumpwerk entfernt war, betrug die Entfernung der Batterien 16 und 17 rund 6300 Schritt (4725 m), also 600—700 Schritt (450—525 m) mehr, und gerade dies hat allem Anschein nach, wie sich noch zeigen wird, die beabsichtigte Wirkung gegen das Pumpwerk vereitelt. Nicht etwa deshalb, weil nach General v. Müller[2] die Schußweite der Batterien in der Regel 4000 m (5333 Schritt) nicht überstieg, sondern deshalb, weil ihre größte Schußweite von 4600 m (6130 Schritt) noch hinter der Entfernung von 4725 m (6300 Schritt) um 125 m (ca. 170 Schritt) zurückblieb.

Diese größte Schußweite haben sie nach v. Müller[3] vom 11. Januar ab angewendet. Obwohl aber als Ziel nur die Brücke von Joinville angeben wird, ist doch füglich zu vermuten, daß auf diese Entfernung auch gegen das Pumpwerk von St. Maur geschossen wurde, und daß gerade der Befehl dies zu tun, die Veranlassung zur ersten Anwendung dieser größten Schußweite am 11. Januar gewesen ist. Hohenlohe sagt zwar unter dem 12. Januar: der

---

[1] Siehe Heyde und Froese: Geschichte der Belagerung von Paris, 2. Teil, S. 360.
[2] Tätigkeit der deutschen Festungsartillerie 1870/71. Bd. 4, S. 300.
[3] a. a. O., S. 195.

(mit der Rekognoszierung beauftragte) Offizier sandte heute seinen Bericht. Daß aber auch dies unrichtig ist, geht schon daraus hervor, daß General von Kameke meinen am 9. geschriebenen Bericht noch an demselben Tage erhielt, wonach die Erörterung der Frage zwischen ihm und Hohenlohe doch wahrscheinlich nicht erst am 12., sondern am 10. stattgefunden haben wird. Da dann Hohenlohe den Befehl an die Batterien 16 und 17 telegraphisch erteilte, so stimmt es hiermit, daß die Batterien ihr Feuer auf die obige größte Schußweite am 11. begannen. Nur zur Beleuchtung der Zuverlässigkeit Hohenlohes im vorliegenden Falle sei auch dies beiläufig bemerkt.

Ein wahres Kuriosum aber ist schließlich seine Versicherung, daß das Pumpwerk, welches die Batterien 16 und 17 so günstig getroffen haben wollten, daß es zu arbeiten aufgehört habe, überhaupt nicht vorhanden gewesen, sondern nach der Kapitulation an seiner Stelle nur eine seit langem verlassene, bankerotte Fabrik gefunden worden sei.

Selbst scheint er dort nicht gewesen zu sein, sonst würde er es wohl gesagt haben. Gleichviel aber, ob er seine Behauptung nach eigener Besichtigung der Örtlichkeit, oder nur nach den Aussagen anderer Leute aufgestellt hat — sie ist völlig aus der Luft gegriffen und unrichtig. Denn das Pumpwerk war — und ist noch — vorhanden. Es liegt auf dem linken, südöstlichen Ufer des Kanal von St. Maur, links neben der von der Brücke von Creteil kommenden Chaussee. Vermutlich sind diejenigen, die es nicht gefunden haben, von der anderen Seite gekommen, und haben eine am rechten, nordwestlichen Ufer des Kanals liegende Gruppe von Fabrikgebäuden mit hohen Schornsteinen für das Pumpwerk gehalten, ohne sich weiter danach umzutun. Es ist nicht einmal anzunehmen, daß sie im Innern dieser Gebäude nachgesehen haben, welcher Art die dort stehenden Maschinen waren, sonst hätten sie ihren Irrtum gewahr werden müssen.

Auch nachträglich noch hätte Prinz Hohenlohe dahinter kommen können, wenn er den großen Plan (1:25000) zu der 1874 erschienenen Geschichte der Belagerung von Paris von Heyde und Froese[1]) angesehen hätte. Denn darin ist sowohl auf der einen Seite des Kanals von St. Maur die Gruppe der Fabrikgebäude mit der Bezeichnung Usines, als auch auf der anderen Kanalseite das Pumpwerk mit der Bezeichnung Pompe angegeben.

----

[1]) Das französische Original, welches diesem Plane zugrunde liegt, ist die während der Belagerung vom Ing.-Géomètre O. T. Lefèvre herausgegebene Carte du Departement de la Seine, dressée d'après la Carte hydrographique et l'Atlas communal 1 : 25000.

Gleich nach der Kapitalation bin ich selbst in dem Pumpwerk
gewesen, und habe die großen Maschinen (von 1500 Pferdekräften)
gesehen. Aber nicht nur das, sondern mich auch durch den Augenschein überzeugen können, daß das Pumpwerk nicht ungefährdet
geblieben war. Die Batterien 16 und 17 hatten offenbar die Richtung
ganz gut herausgefunden, das Maschinengebäude — eine große
Halle — jedoch nicht mit unkrepierten Granaten erreicht, weil wie
oben gesagt die Entfernung noch etwa um 125 m über ihre größte
Schußweite von 4600 m hinausging. Dagegen war das Gebäude
auf der den Batterien zugewendeten Seite sichtlich von Sprengstücken getroffen, die, trotz der steilen Einfallswinkel der Granaten,
auf dem gefrorenen Boden hatten weitergehen können. Daß sie
keine geringe Gefahr gebracht hatten, ergab sich daraus, daß man
die großen Fenster und sonstige Öffnungen auf der bedrohten Seite
mit Sandsäcken versetzt hatte. Der russische General von Guern,
der mit mir dort war, sagte: „Das Pumpwerk würde zerstört sein,
hätten die Batterien nicht zu kurz geschossen".

Eine Batterie am Mont Mesly hätte bei einer Entfernung von
4200 m, nicht zu kurz geschossen.

In der Tat ein erheiterndes Kuriosum.

XLI.

Pferde.

Da jahraus, jahrein zahlreiche Pferde der hergebrachten Blister-
und Schmiermethode bei Bein- und Hufleiden — leider auch im
deutschen Heere — zum Opfer fallen bzw. der Invalidität zugeführt werden, so dürfte der nachstehende, an mich gerichtete
Brief des Herrn Grafen Theobald v. Czernin auf Dymohur in
Böhmen, welcher über die, in den letzten drei Jahren in neun bei
seinen Pferden vorgekommenen Erkrankungsfällen erreichten Heil-
resultate berichtet, wohl für unsere Offiziere, wie für jeden gebildeten Pferdebesitzer, von größtem Interesse sein. Die einfache,
objektive und klare Darstellung, wie die kurze Erwähnung kritischer
Erscheinungen machen den Bericht besonders lehrreich.

Spohr, Oberst a. D.

Dymohur, den 12. Juni 1907.

Sehr verehrter Herr Oberst!

Ich erlaube mir heute, Ihnen neun Fälle von gelungenen Heilungen von Lahmheiten aufzuzählen, die ich nur Ihrer ausgezeichneten Methode, beschrieben in Ihrem Buche „Bein- und Hufleiden der Pferde"[1]) verdanke. Teilweise waren diese Fälle schon vorher medizinisch behandelt worden, was dann selbstverständlich die Heilung verzögerte, die indessen doch schließlich erreicht wurde.

1. The Flue, 6jährige Fuchsstute vom Reveur a. d. Mathilde II, bekam voriges Jahr, als ich sie einem Bekannten in Training gab, um sie für eine Steaplechase vorbereiten zu lassen, eine Sehnenscheidenentzündung, die nicht beachtet wurde. Ich nahm sie nach Haus, das Bein war rundum geschwollen. Nach Ihrer Methode behandelt, war das Pferd in 14 Tagen gesund, ohne die geringste Anschwellung, das kleinste Anzeichen zu hinterlassen, blieb auch durch die ganze Jagdsaison intakt.

2. Ein Pferd meines Bruders bekam eine Sehnenscheidenentzündung und wurde mit rotem Blister eingerieben. Einige Monate später sah ich es, das Bein war haarlos, das Pferd hatte sich losgerissen und die Blisterkruste abgebissen. Das Bein war heiß und geschwollen. Ich nahm das Pferd zu mir und behandelte es drei Wochen mit Wechselbädern nach dem Kapitel „chronische Piephacke". Es bildete sich Ausschlag und fauliger Strahl, die Geschwulst fiel ab. Nach einer Behandlung von fünf Wochen, zuletzt mit 16° R. Bädern und Einpackungen, war das Pferd gesund.

3. Ein Wagenpferd bekam, wie ich glaube, von einer schlecht passenden Gamasche, einen dicken Fessel, Blister wurde geraten. Statt dessen wurden dreimal täglich Wechselbäder (33° R und 16°) gemacht. Die Geschwulst entzündete sich mehr und mehr, ging schließlich auf und eiterte, 8 Tage nach der Krise war der Fessel in Ordnung; heute könnte niemand finden, an welchem Fuße das Übel war.

4. Ein Irländer bekam vor 2 Jahren bei einer Jagd in Pardubitz eine Sehnenscheidenentzündung. Der sie behandelnde Tierarzt blisterte sie ohne jeden Erfolg. Nach Ihrer Methode behandelt, besserte sich das Bein zwar langsam, aber doch so, daß man jeden Monat einen Fortschritt konstatieren konnte; im September war das Pferd ganz gesund, nachdem es seit Februar naturgemäß behandelt.

---

[1]) 7. Auflage, 1903, bei Arwed Strauch, Leipzig.

worden war. Das Tier war damals schon 14 Jahre alt und ist gewiß mehreremal in seinem Leben geblistert gewesen. Deshalb dauerte die Heilung länger, es entstanden dreimal neue Entzündungen und Eiterungen. Nach jeder Krise war das Bein etwas dünner. Während der ganzen Zeit wurde es rücksichtslos gebraucht und für die Jagden in Kondition gesetzt. Als die letzte Eiterung abgelaufen, war die Sehne ganz rein und die Stute gleichzeitig soweit in Kondition, daß ich sie vom 1. Oktober an in Pardubitz Jagd gehen lassen konnte; heute steht sie wieder in Behandlung, weil ihr auf einer der letzten Jagden dasselbe auf dem anderen Bein passierte.

5. Ein brauner englischer Wallach, seit 5 Jahren in meinem Besitz, bekam vor 3 Jahren an beiden Vorderfüßen Überbeine resp. Exostosen, gewiß nach vorhergegangener medizinisch behandelter Sehnenscheidenentzündung. Ich hatte damals einen ziemlich selbständig gestellten Reitknecht, der viel mit Einreibungen arbeitete. Die Sehnenscheiden waren verdickt, und das Pferd ging sehr oft krumm.

Leider wußte ich damals noch nichts von Ihrem Verfahren, und so wurde das Tier gefeuert (Punktfeuer) und gleichzeitig geblistert. Der Erfolg war gleich Null. Die Überbeine blieben natürlich und die Empfindlichkeit war auch unverändert. Ich nahm ihn im Februar 1906 in Behandlung mit Wechselbädern, Massage und Packungen, genau nach Ihrer Methode; es entstand ein Ausschlag mit Krustenbildung während des ganzen Jahres. Trotzdem machte er, ohne zu lahmen, die ganzen Jagden mit, obgleich die Sehnenscheiden noch nicht ganz rein waren. Jetzt, im Frühjahr, ließ ich die Beine abscheren, um die Krusten zu entfernen. Die Beine sind zwar ganz nackt, aber glockenrein, die Überbeine viel kleiner, und die Beine beginnen sich wieder zu behaaren. Der Gang ist tadellos. Nachdem die Beine geblistert und gefeuert worden waren, brauchte die Heilung ein volles Jahr. Andernfalls wäre es wahrscheinlich in viel kürzerer Zeit gut geworden.

6. Ein Zugpferd in meiner Ökonomie hatte nach der Meldung des Verwalters seit 6 Tagen schon ausgekegelte [1]) Schenkel. Ein Tierarzt hatte dies „konstatiert". Auf was für Ideen die Menschen kommen? Ich ließ es auf Rheumatismus („Schenkelbeinschuß") behandeln. Das Übel wanderte in das Sprunggelenk, um dann zu verschwinden, ein Zeichen, das ich recht hatte.

---

[1]) Aus dem Kniegelenk ausgekugeltes Unterschenkelbein.

7. Ein schönes Zugpferd, noch dazu tragende Mutterstute, auf einem entlegenen Meierhofe wurde mir reif zum Schlachten vorgeschlagen, weil es einen unförmlich verdickten Hinterfessel hatte, mit dem es nicht auftreten konnte und weil alle Einreibungen vergeblich gewesen waren!

Die Stute wurde 6 Wochen mit Wechselbädern behandelt, worauf sie nicht mehr lahmte, und die Geschwulst sich fast verlor.

8. Ein elfjähriges englisches Pferd hatte seit drei Jahren einen stark verdickten Fessel an dem rechten Fuß. Dieses Leiden rührte anfänglich von einer Fesselverstauchung her und von einer Wunde, die gebrannt worden war. Der Fessel war früher einigemal geblistert gewesen. Diese Verdickung des Fessels war doppelt so stark, als normal, wollte lange auf die Behandlung nicht reagieren, manches Mal war der Fessel etwas schwächer, schwoll aber immer wieder an. Das Pferd stand seit Februar 1906 in Behandlung, nachdem ich vorher sehr ernstlich daran gedacht hatte, es erschießen zu lassen. Heute ist der Fessel vollkommen normal, und machte die Besserung erst dann größere Fortschritte, als ich auch den Huf mit einpacken ließ. Noch während das Pferd in Behandlung war, bekam es nach einer Jagd eine Hufkronenentzündung rechts vorne. Dieselbe ist dank Ihrer Methode und freundlichem persönlichen Rat fast ganz geheilt. Das Fesselgelenk ist noch $\frac{1}{2}$ cm dicker, als das andere, zeigt aber momentan ohne Eisen, auch auf hartem Boden, nicht die geringste Spur von Empfindlichkeit. Seitdem ich Ihnen das letzte Mal schrieb, machte es noch einmal eine Kurperiode mit Wechselbädern durch, worauf abermals die stinkende Schmiere[1]) aus dem Strahl floß, und hoffe sicher, daß das Tier nun endgültig geheilt ist.

9. Außerdem habe ich noch ein Pferd in Besitz, das als „unheilbar" in meinen Besitz kam. Die Beine waren ganz rein, so stellte ich die Diagnose nach Ihrem Buch auf „chronischen Rheumatismus", da ich wußte, daß es mehreremal geblistert worden war. Demgemäß wurde die Behandlung eingeleitet. Das Pferd wurde täglich geritten, 5mal täglich in 18^0 R. Wasser bis zu den Knien gebadet, in 20^0 Wasser eingepackt bis zu den Knien inkl. Hufen. ·Nach einer Woche entstand eine akute Entzündung im Fesselgelenk mit heftigen Schmerzerscheinungen. Diese Entzündung wiederholte

---

[1]) Wahrscheinlich eiterige Aussonderung früher angewandter grauer Salbe.

sich nach einem Monat, um sich, wie die erste, nach 10 Tagen zu verlieren. Heute ist das Pferd nicht mehr krumm, aber noch sehr spießig auf hartem Boden; wie ich glaube, ein Zeichen, daß die Hufe von dem Rheumatismus noch empfindlich sind. Es treten auch von Zeit zu Zeit blutige Flecken an den Tragerändern der Hufe auf, die selbstverständlich bei fortwährenden Einpackungen stets bald verschwinden. Die Behandlung besteht momentan in folgendem: 5 Uhr früh nach erfolgtem Bad wird das Pferd in einen Auslauf gelassen, wo sich gute Weide befindet; um 10 Uhr Bad mit 18° R. und Einpackung der Hufe und Beine bis zum Knie, wie der Schultern bis zum Knie herunter. Um 3 Uhr nachmittags und 8 Uhr abends wird die Prozedur wiederholt. Selbstverständlich bin ich mir bewußt, daß noch Geduld notwendig sein wird, um ein volles Resultat zu erzielen; sind nämlich die Hufe in Mitleidenschaft gezogen, so muß selbstverständlich die gänzliche Erneuerung derselben abgewartet werden, was erst Ende dieses Jahres eintreten kann; trotzdem beabsichtige ich, das Tier in 6 Wochen wieder in Arbeit zu nehmen, um es auf weichem Boden in Jagdkondition zu setzen.

Zum Schluß kann ich Ihnen versichern, daß ich als Anhänger Ihrer Methode nicht alleine stehe, sondern daß besonders in der Kavallerie viele Offiziere mit Erfolg Ihre Methode angewendet haben.

Mit dem Ausdrucke ausgezeichneter Hochachtung

Ihr ergebener

Theobald Graf von Czernin.

Unterm 16. November d. J. (1907) teilt mir Herr Graf von Czernin mit, daß alle die in vorstehenden Briefen geschilderten Sehnenkuren sich sehr gut bewährten. Trotz langer Jagden auf teilweise sehr schlechtem, hartem Boden haben alle Beine gehalten, ohne anzuschwellen oder warm zu werden.

Umschau.

Deutschland.

eues rpedo. Durch manche deutsche Zeitung und auch durch ausländische läuft die Nachricht, daß der Ingenieur Weidemann eine wichtige Erfindung gemacht habe, Torpedos vom Boot aus zu lenken. Wenn diese Erfindung Aussicht auf Erfolg hat, wird allzuviel darüber nicht in die Öffentlichkeit gelangen und namentlich nicht viel Zuverlässiges. Da die Sache aber ·von hoher Bedeutung für die Marine und deshalb von allgemeinem Interesse, darf sie hier nicht übergangen werden. Bekannt geworden ist, daß das neue Torpedo von einem nur 8 m langen Boot auf mehrere Kilometer Entfernung lanciert werden kann. Mittelst besonderer Einrichtungen, von welchen einige Nachrichten behaupten, daß sie mit elektrischer Kraftübertragung ohne Draht nichts zu tun haben, andere dagegen, daß sie gerade auf diesem Prinzip beruhen, und letzteres scheint mir das Wahrscheinlichere zu sein, kann der Lauf des Torpedos im Wasser gelenkt und das Torpedo in jedem beliebigen Augenblick über oder unter dem Wasser zur Entzündung gebracht werden.

· neue nter- eboot. La France militaire bringt über einen Versuch unseres ersten Unterseeversuchsbootes folgende Mitteilung: Das durch 2 Motoren von 225 Pferdekräften angetriebene Boot soll von Helgoland nach Kiel gefahren sein und dabei das Skagerrak passiert haben. Es würde also die beträchtliche Entfernung von 1100 km mittelst seiner eigenen Betriebskraft durchlaufen haben, ohne anderweite Hilfe in Anspruch genommen zu haben.

Die Richtigkeit dieser Meldung läßt sich schwer nachprüfen, da die Versuche sehr geheim gehalten werden: M. W. werden die Versuche in Kiel ausgeführt, und deshalb wäre es notwendig gewesen, daß das Unterseeboot erst von Kiel nach Helgoland hätte gehen müssen.

Neue iform. Die Versuche mit der neuen Uniform scheinen beendet und mit der Massenanfertigung begonnen zu sein. Als Farbe ist für Infanterie, Kavallerie, Artillerie, Pioniere und Train Feldgrau, für die Jäger und Schützen Feldgrün gewählt worden. Auffallendes ist meist vermieden. Die Knöpfe sind brüniert. An Stelle der farbigen Kragen, Achselstücke und Aufschläge sind solche von der Rockfarbe getreten, welche nur eine farbige Einfassung haben. Die Litzen der Garde- und einiger Linienregimenter sind leider beibehalten worden. Der Waffenrock hat eine Taillenschnur, vorne 2 Schoßtaschen, sowie einen Umlegekragen, der aufklappt, die Ohren schützt. An Stelle

der Binde tritt ein graues Halstuch. Im nächstjärigen Etat sind
bereits 4665390 Mk. zur Anfertigung der neuen Uniform ausgeworfen.

In der Umschau ist wiederholt auf die Bedeutung der Last- Lastsel
fahrzeuge für den Armeetroß und auf die Notwendigkeit hingewiesen fahre
worden, diesen letzteren mit Selbstfahrern auszurüsten.

Bei der sehr beschränkten Ladefähigkeit und der geringen
Marschleistung der Trainfahrzeuge mit tierischem Zug wächst bei
den heutigen riesigen Heeren die Zahl der benötigten Trainfahrzeuge ins Unglaubliche, und die Bewegung der Truppen ist in gewissen Grenzen an das Eisenbahnnetz gebunden, auf welchem der
unerläßliche regelmäßige Nachschub an Verpflegung und Munition,
sowie der Rücktransport von Kranken und Verwundeten bewirkt
werden kann.

Die Ladefähigkeit, Marschleistung und Geschwindigkeit der
Selbstfahrer sind so wesentlich größer, als die der jetzt gebräuch-
lichen Trainfahrzeuge, daß die Verwendung von Selbstfahrern erlaubt, die Zahl der Fahrzeuge herabzusetzen, die Entfernung der
Truppe von der Eisenbahn zu vergrößern und an Schlachttagen und
in außergewönlichen Fällen, z. B. bei größeren Fahrtbindernissen
und Aufenthalten, durch erhöhte Geschwindigkeit sich der Truppe
zu nähern.

Außerdem beträgt der für die Verpflegung der Pferde mitzuführende Vorrat an Futter etwa $10^0/_0$ der Nutzlast für die Truppe,
während die Versorgung der Selbstfahrer mit Betriebsstoff wesentlich
leichter ist und der Vorrat weniger Raum einnimmt. Auch kann der
Ersatz des Betriebsstoffes aus der Heimat durch die Eisenbahn bis
zum nächsten Hauptetappenort leicht herangeschafft werden.

Um sich die Bedeutung der Lastselbstfahrer für die Kriegsführung zu vergegenwärtigen, muß man einen, wenn auch nur flüchtigen Blick auf die Troßverhältnisse eines Armeekorps werfen.

Jedes deutsche Armeekorps führt mit sich:

a) für den Munitionsersatz:

2 Munitionskolonnenabteilungen, bestehend aus

	Köpfe	Pferde	Wagen	Nutzlast t	Marschlänge km
2 Stäben	40	16	6	—	—
4 Infanteriemunitions- kolonnen	800	800	104	77,5	—
8 Artilleriemunitions- kolonnen	1440	1520	232	146,6	—
Im ganzen	2280	2336	342	224,1	7,6

b) für die Verpflegung:

6 Proviantkolonnen:

etwa { 3—2spännige .	240	300	114	85,5	1,35
3—4spännige .	300	420.	87	87	1,35
7 Fuhrparkskolonnen	770	1120	434	390	4,90
2 Feldbäckerei-					
kolonnen. . . .	520	200	50	—	0,80
Im ganzen	1830	2040	685	562,5	8,40

c) für Sanitäts- und andere Zwecke:

12 Feldlazarette . .	120	60	14	—	1,80
1 Sanitätsbataillon .	1000	200	52	—	1,04
2 Pferdedepots . .	120	220	6	—	0,38
Im ganzen	1240	480	72	—	3,22
Alles in allem	5350	4856	1099	786,6	19,22

Das bedeutet eine Marschlänge von rund 20 km. Rechnet man dazu, daß die erste Staffel dieses Trosses einen halben Tagemarsch, das sind 10—12 km, hinter der fechtenden Truppe marschiert, so gibt dies ein Bild von der Marschleistung, welche erforderlich ist um Munition und Verpflegung den Truppen zuzuführen. Der Einfachheit halber sei von einer Verwendung von Selbstfahrern für die Gruppe unter c ganz abgesehen, obwohl es nicht ausgeschlossen ist, einzelne der Fahrzeuge (z. B. der Pferdedepots und des Sanitätsbataillons) durch solche zu ersetzen.

Nimmt man hingegen an, daß die gesamte Nutzlast der Gruppe a und b von 786,6 t durch einzelne Lastselbstfahrer zu nur 3 t Traglast fortgeschafft werden soll, so wären dazu nur 263 Fahrzeuge mit etwa 530 Fahrern erforderlich, an Stelle von 1027 Fahrzeugen, 4376 Pferden und vielleicht 3000 Fahrern und Pferdewärtern. Da es sich bei der Munition um 6spännige, bei der Verpflegung meist um 4-, nur teilweis um 2spännige Fahrzeuge handelt, so sind die einzelnen Lastfahrzeuge im Durchschnitt wesentlich kürzer als die jetzigen Trainfahrzeuge. Man ersieht hieraus, welche Verkürzung der Marschkolonne eintreten muß und wie sich die Zahl der Wagen und Pferde vermindert. Werden an Stelle der einzelnen Lastselbstfahrer Lastzüge verwendet, so treten diese Vorteile noch mehr hervor.

Die Tagesmarschleistung einer Kolonne ohne Infanteriebegleitung kann unter günstigen Umständen vielleicht zu 50 km angenommen werden. Ein Lastselbstfahrer legt aber in ebenem Gelände bequem 100 km zurück, vereinzelt sind sogar 140 km gemacht worden.

Aus dieser mindestens doppelt so großen Tagesleistung der Lastselbstfahrer, aus ihrer fast ununterbrochenen Marschleistung Tag und
Nacht ohne Ruhepausen, wenn für eine Ablösung der Fahrer gesorgt
wird bzw. werden kann, ergibt sich die Möglichkeit, den vorhandenen
Troß noch weiter zu vermindern oder aber die größte Entfernung
der Truppe von ihrem nächsten Etappenort zu vergrößern, eine
Notwendigkeit, welche in einem mit dichtem Eisenbahnnetz ver-
sehenen Kriegsschauplatz und bei reichlichem eigenen Feldeisen-
bahnpark sehr selten eintreten wird. Nimmt man diese größte Entfernung zu 100 km und, wie oben gesagt, die Tagesleistung des
Pferdezuges zu 50 km an, so gebraucht ein Verpflegungsfahrzeug
4 Tage, um diese Entfernung zwischen Truppe und Etappe hin und
zurück zu fahren. Das Armeekorps muß also mit einem 4 tägigen
Vorrat versehen sein. Durch Lastselbstfahrer mit 100 km Tagesleistung läßt sich unter gleichen Verhältnissen dieser Vorrat auf die
Hälfte, d. h. von 562,5 t auf 282 t, vermindern, in gleichem Maß
die Anzahl der erforderlichen Lastwagen oder die zulässige Entfernung kann bei gleich großem Vorrat verdoppelt werden. Ebenso
wäre vielleicht eine Verminderung der Munitionskolonnen möglich,
weil sie ihren Vorrat in kürzerer Zeit aus den Etappenmunitions-
depots ergänzen können. Ähnlich, wie die Verhältnisse bei den
deutschen Armeekorps liegen, sind sie auch bei den anderen
Heeren.

So besteht z. B. nach dem Handbuch für Generalstabsoffiziere
der Artilleriepark eines französischen Armeekorps aus 3 Staffeln,
von denen die beiden ersten die Munition in Munitionswagen nach-
führen, die dritte aber in Transportkasten auf Parkwagen. Die
erste Staffel schafft etwa 125 t, die zweite und dritte 175 t Munition
fort. (Im ganzen also 300 t gegen 224 t in Deutschland.) Nach
Ansicht der „France militaire" würde für die erste Staffel der
Pferdezug als unerläßlich anzusehen sein, um den Munitionsersatz
zu vereinfachen. Wird dagegen die Munitionslast der zweiten und
dritten Staffel von 175 t mittelst Selbstfahrer zu 3 t Ladefähigkeit
fortgeschafft, so würden dazu noch nicht 60 Wagen mit rund 120
Fahrern erforderlich sein gegen 200 Wagen mit 800 Pferden und 400
Fahrern jetzt. La France militaire setzt sogar die oben besprochene
Möglichkeit voraus, daß infolge der größeren täglichen Marschleistung
in Verbindung mit der größeren Geschwindigkeit die zweite Staffel
unmittelbar aus dem Etappenmunitionspark gespeist werden, die
dritte also ganz fortfallen könnte. Unter dieser Annahme würden
nur 30 Lastwagen mit 60 Fahrern für den Artilleriepark eines
Armeekorps erforderlich sein.

˙Der Verpflegungsbedarf eines französischen Armeekorps wird zu
150 t angegeben, wenn frisches Fleisch, Hafer, Stroh unberücksichtigt bleiben. Zur Bewegung dieser Last in 4tägiger Periode
sind 650 Fahrzeuge und 1800 Pferde, aber nur 100 Selbstfahrer zu
3 t Tragfähigkeit erforderlich, bei einer größten Entfernung der
Truppe vom nächsten Etappenort von 100 km.

Die ungeheuren Vorteile der Lastselbstfahrer sind durch diese
Berechnungen gewiß klargestellt. Ein möglichst weitgehender Ersatz der jetzigen Fahrzeuge durch Selbstfahrer wird aber auch noch
durch die von Jahr zu Jahr immer schwieriger werdende Beschaffung
von Mobilmachungspferden zur dringenden Notwendigkeit. Einzelne
Militärstaaten sind infolge des großen Bedarfes an Pferden für die
Artillerie, Kavallerie und die Truppenfahrzeuge schon jetzt an der
Grenze ihrer Leistungsfähigkeit angelangt. Dieses Mißverhältnis
zwischen Bedarf und Bestand an kriegstüchtigen Mobilmachungspferden verschiedenen Schlages für die verschiedenen Verwendungs-
zwecke wird von Jahr zu Jahr zunehmen, denn die Personenselbst-
fahrer führen mehr und mehr zur Abschaffung einer großen Menge
von tüchtigen Wagenpferden, welche früher vorzügliche Artillerie-
pferde im Kriege abgegeben haben. Die Verwendung der Lastfahrer
in der Industrie (Brauereiwagen, Rollwagen, Geschäftswagen usw.),
die Umwandlung der Straßenbahnen in elektrischen Betrieb und
die zunehmende Einführung selbstfahrender Omnibusse, die Verwendung der Selbstfahrer bei der Post, die Abwendung der Loko-
mobile und Feldeisenbahnen in der Landwirtschaft und manches
andere vermindern dauernd den verfügbaren Bestand an guten Mobilmachungspferden. Die geringere Nachfrage im wirtschaftlichen
Leben vermindert auch den Umfang der Aufzucht. Die Wirkung
dieser nachteiligen Einflüsse steigert sich naturgemäß in dem Maße,
wie die allgemeine Verwendung der Selbstfahrer zunimmt.

Deshalb haben auch alle größeren Militärstaaten, wie hier fortlaufend berichtet ist, in den letzten Jahren sehr eingehende und
umfangreiche Versuche mit Lastselbstfahrern gemacht.

Bei den diesjährigen großen französischen Manövern zwischen
dem 12. und 18. Armeekorps sind für den Verpflegungstrain Lastselbstfahrer der Privatindustrie verwendet worden.

Der französische Generalstab hatte mit Rücksicht auf die Haltbarkeit der Straßen und die Tragfähigkeit einzelner Brücken vorgeschrieben, daß die Ladefähigkeit 3 t nicht überschreiten sollte.
Unter 2 t sollte nicht herabgegangen werden. An dem Wettbewerb
hatten sich 17 Fabriken mit 34 Wagen beteiligt. Als Betriebsmittel
kamen Dampf, Spiritus, Benzin und Naphthalin zur Verwendung.

Im Kolonnenverbande wurden 12—15 km die Stunde gefahren und einzelne Tagesleistungen von 140 km gemacht. Die Versuchsfahrzeuge haben sich durch die Sicherheit ihrer Bewegung in jedem Gelände ausgezeichnet. Die Zufuhr der Verpflegung war regelmäßig.

In Deutschland waren für die diesjährigen Versuche umfangreichere Mittel im Etat bereitgestellt, weil sie auf breiterer Grundlage ausgeführt, der Verwaltung Unterlagen bieten sollten, die günstigste Konstruktion zu ermitteln und Bedingungen für die im Kriege zu verwendenden Lastfahrzeuge aufzustellen.

Im Versuch standen:

I. einzelne Lastkraftfahrzeuge ohne Anhängewagen von:
1. Büssing,
2. Dürrkopp,
3. Gaggenau & Ducommun, je 1 Wagen mit einer Tragfähigkeit von 3—3$^{1}/_{2}$ t;

II. Zugkraftwagen, welche bis zu 3 Anhängewagen schleppten:
1. 2 Modelle von Daimler mit 6 Zylindern und 4 Antriebsrädern. Jeder Motorwagen zog 3 Anhänger mit einer Nutzlast von 8 t,
2. 6 andere Modelle von Daimler mit nur je 2 Antriebsrädern und nur 2 Anhängern, 6 t Nutzlast ziehend,
3. 3 Dampfwagen von Stoltz mit je 1 Anhänger und 6 t Nutzlast;

III. Lastzüge:
1. 1 Siemens-Schuckertlastzug von 6 Wagen. Jeder von ihnen wird durch einen besonderen Elektromotor bewegt. Der erste Wagen trägt die durch Benzinmotor betriebene Dynamomaschine. Nutzlast 13$^{1}/_{2}$ t,
2. 1 Freibahnzug von Exzellenz v. Alten, bestehend aus einem Dampfzugwagen mit 4 Anhängewagen. Nutzlast ebenfalls 13$^{1}/_{2}$·t,
3. 2 Straßenlokomotiven System Fowler. Eine mit 2 Wagen und 10 t Nutzlast und eine mit einem Wagen und 5 t Nutzlast,
4. 1 Zugmaschine der neuen „Neuen Automobilgesellschaft" mit einem Werkzeugwagen leichteren Modells.

Diese große Kolonne wurde benutzt, um Material für die Belagerungsübung von Berlin nach Posen und zurück zu schaffen. Um die Fahrzeuge nicht nur in dem meist ebenen Gelände zwischen Berlin und Posen, sondern auch in wechselndem und gebirgigem zu prüfen, ging der Rückmarch mit großem Umweg durch die Grafschaft Glatz. Auf diese Weise haben die Fahrzeuge 1000 km zurückgelegt und sind 7 Wochen im Versuch gewesen.

Die tägliche Marschleistung der Einzelfahrzeuge (I) und der Kraftfahrzeuge mit Anhängewagen (II) bzw. der Lastzüge (III) betrug:

		I u. II	III
im ebenen	Gelände	100 km	60 km
„ wechselnden	„	80 „	45 „
„ Gebirge	. . . .	60 „	30 „

Nach Ansicht der „Neuen Mil. Blätter", denen die Unterlagen für die deutschen Versuche entnommen sind, sind die Lastzüge deshalb vorteilhafter als die Modelle zu I und II, weil für ein und dieselbe Nutzlast die Kolonnen weniger lang werden. Was gewiß ein großer Vorzug ist. Dabei sind die Straßenlokomotiven von Fowler für große Lasten, welche nicht zerlegt werden können, am besten.

: In Ansehung der Sicherheit des Antriebes ist aber das Modell der Siemens-Schuckert-Werke am zweckmäßigsten, weil jeder Wagen seine Antriebsachse hat.

Diese wenigen Angaben genügen nicht, um sich ein eigenes Urteil über die verschiedenen Modelle zu bilden. Gleiche Sicherheit und Zuverlässigkeit der Betriebsmaschinen und des Fahrbetriebes vorausgesetzt, ist zur Beurteilung noch zu wissen erforderlich: die Größe des Eigengewichtes der Fahrzeuge in bezug auf eine 1 t Nutzlast; die Belastung jeder einzelnen Achse; das Gewicht der für 1 t Nutzlast und 1 km Fahrstrecke verbrauchten Betriebsstoffe und schließlich der höchsten Geschwindigkeit.

Man kann auf die Weiterentwickelung dieser höchst wichtigen Frage und auf die Entscheidung der Behörden gespannt sein. Der den vielseitigen Bedürfnissen entsprechenden verschiedenartigen Verwendung der Trainfahrzeuge wird m. E. am besten entsprochen durch verschiedene Systeme. Einzelwagen für die Teile des Trosses, welche die Verbindung mit den Truppen zu pflegen haben, Lastzüge ür die Verbindung der Etappenorte mit den Kolonnen.

Bahn.

Österreich-Ungarn.

eleuch-
ungs-
ilungen. Einer eingehenden Darstellung des Beleuchtungswesens in der österreichisch-ungarischen Armee im Militär-Wochenblatt entnehme ich inhaltlich und auszugsweise folgendes:

Die fahrbaren Beleuchtungsabteilungen, welche den Feldtruppenteilen, Belagerungskorps und Festungen zugeteilt werden, gliedern sich in das Abteilungskommando und in mehrere Beleuchtungszüge, welche entweder mit 35 cm oder 90 cm Beleuchtungsapparaten ausgerüstet sind. Erstere haben eine Leuchtweite von etwa 1000 m, letztere von 3000 m gegen Land und 5000 m gegen See. Zu jedem Beleuchtungszuge gehören: ein sechsspänniger Maschinenwagen, ein vierspänniger Scheinwerferwagen und ein einspänniger Requisitenwagen, wenn der Zug mit 90 cm-Apparaten ausgerüstet ist. Bei den 35 cm-Apparaten führt er einen einspännigen Maschinenkarren oder zwei einspännige Batteriekarren, wenn Akkumulatorenbetrieb verwendet wird, einen vierspännigen Scheinwerferwagen und einen einspännigen Requisitenkarren. Von den 90 cm-, wie von den 35 cm-Beleuchtungsapparaten gibt es je 3 Konstruktionen, wie sie die aufeinanderfolgenden Verbesserungen bedingt haben. Verwendet werden Gleichstrombogenlicht und Dynamomaschinen oder Akkumulatoren. Die Beleuchtungsapparate dienen in erster Linie zur Aufklärung des Geländes, ausnahmsweise auch zur Signalgebung und zwar mittelst des Morsealphabetes, wenn andere Mittel nicht zur Verfügung stehen. Ein Beleuchtungszug ist eingeteilt in die Beobachtungsgruppe, bestehend aus dem Zugführer, einem Beobachtungsoffizier, einem Fernsprecher mit zwei Fernsprechapparaten, in die Maschinengruppe, die Scheinwerfer- und Bespannungsgruppe.

In den befestigten Plätzen, teilweise auch in Alpensperrforts und in Pola und Cattaro sind stationäre Beleuchtungsanlagen vorhanden, deren Dynamomaschinen durch Dampfmaschinen oder größere Akkumulatoren angetrieben werden. Sie sind ausgerüstet mit Scheinwerfern verschiedener Größe, je nach Bedarf.

Für das Okkupationsgebiet sollen Gebirgsbeleuchtungsapparate eingerichtet werden, deren Ausrüstung in einzelne Traglasten zerlegt werden kann.

Offiziere und Mannschaften für die Beleuchtungsabteilungen werden bei dem technischen Militärkomitee in Wien in besonderen Kursen ausgebildet.

In allen Staaten finden zurzeit eingehende Versuche statt, die Neue Bekleidung und Ausrüstung der Truppen sowohl nach Art als nach uniform Farbe den Anforderungen des Krieges gemäß abzuändern, um dem Soldaten das Tragen des unumgänglich nötigen Gepäcks zu erleichtern, seine Marschleistung durch angemessene Kleidung und zweckmäßige Anbringung des Gepäcks zu steigern, ihn gesundlich vor den Einwirkungen der Witterung möglichst zu schützen und im Felde so unsichtbar wie möglich zu machen, und ihm es zu erleichtern, in jeder Stellung und Lage längere Zeit sicher schießen zu können.

. Österreich hat soeben dahingehende Versuche für die Alpen-
regimenter beendet und 2 Regimenter Landesschützen und die Land-
wehrregimenter mit der neuen Bekleidung und Ausrüstung versehen.
Die Bekleidung trägt augenscheinlich dem besonderen Verwendungs-
gebiet dieser Truppen und der Gewöhnung ihres Ersatzes Rechnung.
Sie besteht nach Revue militaire des armées étrangères aus einer
Bluse mit zurückgeschlagenem Kragen, Kniehose, Wadenstutzen,
Halbstiefel und Kapuze. Die Halsbinde ist ganz fortgefallen. Das
Hemd hat einen weichen Kragen, welcher gegen den Schweiß auf
den Blusenkragen zurück- oder zum Schutz gegen Kälte hochge-
schlagen werden kann. Kurze Strümpfe und Handschuhe sind von
Wolle. Der Paradehut ist abgeschafft und es ist nur die Mütze geblieben. Ausgerüstet ist der Soldat mit 1 Decke und 1 Zeltbahn.
Die Offiziere haben eine besondere Paradeuniform und eine Feld-
uniform erhalten. Erstere kann hier unberücksichtigt bleiben. Letztere
besteht ebenfalls aus Bluse mit zurückgeschlagenem Kragen und
Taschen, Kniehose, Wadenstutzen und Mütze. Der Offizier trägt
eine weiche Halsbinde, welche lose umgelegt wird. Eigenartig und
in seiner vielseitigen Verwendung sehr praktisch ist der Leibriemen,
welcher mit einigen Ringen versehen ist, die bestimmt sind zum
Tragen des Säbelgehänges, der Revolver- und Fernrohrtasche, der
Kartentasche und der Feldflasche.

Zum leichteren Tragen dieses Leibriemens, welcher durch die
vielen angehängten Gegenstände verhältnismäßig schwer ist, sind
hinten 2 Trageriemen an demselben befestigt, welche über die
Achseln gehen und mittelst zweier Karabinerhaken vorn in den
Leibriemen eingehakt werden. An den Trageriemen sind hinten
noch 2 Riemen angebracht, um den gerollten Mantel daran zu
tragen. Das Lederzeug ist entweder dunkelbraun oder naturfarben.
Alle Metallteile sind bruniert oder mattiert. Die Bekleidungsstücke
sind aus grauem Tuch oder grauer Wolle.   Bahn.

Italien.

arine-
anöver.

Das diesjährige Manöver der italienischen Flotte ist dadurch
besonders interessant geworden, daß die Aufgabe gestellt war, die
zweckmäßigste Verwendungsart der Torpedoboote festzustellen. Bisher wurde die Hauptverwendung und der Hauptwert der Torpedoboote darin erblickt, daß sie sich den Linienschiffen und Kreuzern
bis auf günstige Lanzierentfernung, das sind 5—600 m, unbemerkt
nähern und ihr Torpedo loslassen sollten. Ihre Wirksamkeit hängt
hierbei davon ab, daß es ihnen auch gelingt, von den Schiffen nicht
bemerkt zu werden, andernfalls sind sie verloren, ehe sie ihr Torpedo

abgegeben haben, denn die Kriegsschiffe sind zur Abwehr der Torpedoboote außerordentlich stark armiert. Sie führen eine große Zahl
Schnellfeuerkanonen (meist 8,8 cm in Deutschland), welche 20 Schuß
in der Minute feuern und wirksame Schußweiten von 2—3000 m
haben. Gelingt es ihnen, also ein sich näherndes Torpedoboot rechtzeitig zu entdecken, so werden sie sich desselben zweifellos erwehren
können. Die italienischen Manöver haben nun gezeigt, daß es
während ihrer ganzen Dauer keinem Torpedoboot gelungen ist, sich
den Schiffen so weit zu nähern, um wirksam werden zu können.
Unter solchen Verhältnissen sinkt natürlich der Wert des Torpedo-
bootes als Angriffswaffe sehr. Günstiger würden die Verhältnisse
werden, wenn es gelänge, wie unter Deutschland berichtet ist, ein
Torpedo auf mehrere Kilometer Entfernung von kleinen, wenig sichtbaren Booten lancieren und ihren Lauf dauernd regeln zu können.
Solange dies aber nicht möglich ist, werden die Torpedoboote wert-
vollere Dienste leisten im Zusammenwirken mit den Schlachtschiffen,
wie es bei Tsoushima geschah, indem sie den Schlachtschiffen,
welche im Kampf mit feindlichen Schiffen und unter deren Artilleriefeuer stehen und bereits dadurch gelitten haben, den Rest geben.
Dies sind die Ergebnisse der italienischen Manöver in bezug auf die
Verwendung der Torpedoboote.

Neuerdings haben in Italien Versuche stattgefunden, die Rad- Radfah
fahrer auch in größeren geschlossenen Verbänden zu verwenden. übun
Dazu wurde in Rom ein etwa 1000 Mann starkes Regiment zu
3 Bataillonen gebildet, von denen 2 aus freiwilligen Radfahrern
bestanden und das 3. aus 4 Radfahrerkompagnien der Bersaglieri
zusammengestellt war.

Nachdem die Truppe einexerziert war, löste sie am 1. Juni
eine taktische Aufgabe zur vollsten Zufriedenheit und legte 'dabei
Proben von großer Ausdauer und Übung ab. Nach Beendigung
dieser Übung machten die 4 Bersagliericompagnien noch einen
Dauermarsch von 1300 km mit einer Durchschnittsleistung von
100 km am Tage. In einem Einzelfall betrug die Leistung sogar
160 km bei starkem Platzregen. Diese Ergebnisse sind um so an-
erkennenswerter, als Ausrüstung und Material zu wünschen übrig
ließen, insbesondere, da einzelne Räder bis zu 32 kg schwer waren.

Auch in Frankreich wird in militärischen Kreisen die Idee für Einführung von Radfahrerbataillonen lebhaft verfochten. General Langlois
hat die Umwandlung von 18 Jägerbataillonen in Radfahrerbataillone
und die Zuteilung von je einem zu jeder Kavalleriedivision vorgeschlagen. Doch ist dort zunächst keine Aussicht vorhanden, daß
diese Idee verwirklicht wird, weil der Generalstab derselben ab-

geneigt ist. In Anbetracht, daß fast in allen Heeren den Kavalleriedivisionen fahrbare Maschinengewehre mit aufsitzender Bedienung
zugeteilt sind oder werden sollen, welche der Truppe in jedem Gelände und in jeder Gangart folgen können und welche eine sehr
große Feuerkraft haben, ist ein besonderer Nutzen von der Zuteilung
von Radfahrerbataillonen zu den Kavalleriedivisionen nicht recht abzusehen. Zum schnellen Fortkommen ist der Radfahrer immer an
die Straße gebunden, bei Bewegungen abseits der Straße quer über
Feld, an der Ausnutzung geringer Geländedeckungen und beim
Schießen usw. hindert ihm die Mitnahme seines Rades. Einen Vorzug dieser Bataillone gegenüber den Maschinengewehrabteilungen
wird man kaum finden.   Bahn.

----

wendig-
it eines
len Re-
ierungs-
setzes.

Wenn es noch eines Beweises für die Dringlichkeit eines neuen
Rekrutierungsgesetzes behufs einer ohne jede Härte möglichen stärkeren Anspannung der Wehrkraft bedurfte, so wird dieser durch
einen Rückblick auf die Ergebnisse der Aushebung der letzten fünf
Jahrgänge voll erbracht. Bei den Jahrgängen 1882 bis 1886 hat
die Zahl der Dienstuntauglichen bzw. Zurückgestellten im Durchschnitt rund 239 000 Mann betragen, der III. Kategorie sind im
Durchschnitt jährlich 93 000 Mann zugewiesen worden, für die
I. Kategorie ausgehoben im Durchschnitt 80 000, von denen im Jahrgang 1885 aber nur 77 851 und vom Jahrgang 1886 nur 75 500
wirklich zur Einstellung gelangt sind, In dem von ihm eingebrachten Rekrutierungsgesetz wollte der Kriegsminister Vigano
durch Änderung der Bestimmungen für die Zuweisung zur
III. Kategorie die dieser bis jetzt im Durchschnitt zugefallenen
93 000 Mann wie folgt verteilt wissen: 45 000 Mann zur I., je 24 000
zur II. und III. Kategorie, die II. Kategorie dabei als eine Art Er-
satzreserve betrachtet und sechs bis neun Monate geschult. In dem
Zwölferausschusse, der die Notwendigkeit der Beseitigung der 150 000
am Bedarf der mobilen Feldtruppen I. Linie fehlenden geschulten
Leute der Jahrgänge 1—8 sehr wohl erkannte und auch nicht wollte,
daß durch Fehlen von 30 000 Mann an der Sollstärke jedes Jahrgangs I. Kategorie das Manko noch vergrößert würde, traf die Regierung aber auf eine Minderheit, die, wie in der Kammer eine größere
Anzahl von Abgeordneten, die einzigen und erstgeborenen Söhne, ohne
Rücksicht auf Lebensalter und Vermögensverhältnisse der Eltern,
der II. Kategorie zugewiesen sehen wollten. Damit hätte sich aber,
da General Vigano diese Zuweisung zur I. Kategorie verlangt, gegenüber den 108 000 Mann Bedarfs an Leuten der I. Kategorie, mit

denen Vigano rechnete, ein Ausfall von jährlich 30000 Mann I. Kategorie ergeben und das Übel wäre bestehen geblieben. Das war der Grund dafür, daß die Regierung in den letzten Sitzungen der Sommertagung den Gesetzentwurf, nicht aber den Übergang zur zweijährigen Dienstzeit enthaltenden Ausschnitt aus diesem, zurückzog und nun Regierung und Zwölferausschuß vor der Notwendigkeit stehen, baldigst nach Beginn der Herbsttagung das ganze Gesetz zu beraten. Beide scheinen auch dazu gewillt zu sein, und zwar auch mit Rücksicht darauf, daß die Genehmigung vor Weihnachten erfolgt sein muß, wenn die neuen Bestimmungen auf den nächsten Rekrutenjahrgang Anwendung finden sollen. Längeres Hinauszögern würde ein Verbrechen an der Wehrkraft des Landes sein und das hat auch der Vorsitzende des Zwölferausschusses ausgesprochen.

An der Zentralschießschule für Feld-, Gebirgs- und reitende Artillerie in Nettuno finden in der nächsten Zeit fünf Kurse statt, nämlich der erste vom 2. bis 22. Dezember 1907, zweite vom 7. bis 26. Januar 1908, dritte vom 3. bis 23. Februar 1908, vierte vom 2. bis 22. März und fünfte vom 20. März bis 15. April. An diesen Kursen nehmen teil: 1. Offiziere der fahrenden und reitenden Artillerie, 2. die Abteilungskommandeure der Abteilungen, die eine Batterie Materials 1906 n A erhalten, 3. die Chefs der Batterien, denen solches Material zugewiesen wird, 4. je ein Subalternoffizier dieser Batterien, 5. eine bestimmte Anzahl von Hauptleuten des Gebirgsartillerieregiments und der Gebirgsartillerieabteilung in Venetien, 6. einige Hauptleute des Generalstabs, die bald zu Artillerieregimentern zurückkehren, 7. die Oberleutnants der Feldartillerie, die die Eignungsprüfung zu Hauptleuten abzulegen haben. Es finden auch drei Kurse über das 7,5 cm-Material n A 1906 statt, an denen ein Offizier, ein Unteroffizier und ein Waffenmeistergehilfe, die Feldartillerieregimenter und die Applikationsschule für Artillerie und Genie teilnehmen, und zwar dauern diese Kurse vom 4. bis 12. November, 15. bis 21. November, 22. bis 30. November 1907.

Zu dem Spezialkursus für die Heranbildung von Unteroffizieren zu Offizieren an der Militärschule von Modena werden in diesen zugelassen: 76 Anwärter für die fechtenden Waffen und 12 für die Zahlmeisterlaufbahn. Zum ersten Kursus der Militärschule sind 43 Zöglinge der Militärkollegien und 274 Anwärter, die die Wettbewerbsprüfung bestanden, einbeordert, zum ersten Kursus der Militärakademie 16 Zöglinge der Militärkollegien und 66 Anwärter, die sich der Aufnahmeprüfung unterzogen.

Sergeantenlehrkurse werden vom 1. Januar 1908 eingerichtet bei

(Randnotiz: Zulassun zu Sch und L kurse)

16 Infanterie-, 3 Bersaglieri-, 4 Alpen-, 5 Kavallerie-, 6 Feldartillerie-
Regimentern, je 2 Festungs- und Küstenartillerieregimentern, 3 Genieregimentern und der Eisenbahnbrigade, sowie den Regimentern
reitender und Gebirgsartillerie. Zugelassen werden bei jedem Infanterieregiment bis zu 60, Bersaglieri 30, Kavallerie 25, Feldartillerie 40, Küsten- und Festungsartillerie je 30, reitende Artillerie 15,
bei den Genieregimentern 30 bzw. 31, und 50 bzw. 59 und 40, bei
der Eisenbahnbrigade 35. Bei den Alpenregimentern und der Gebirgsartillerie ist die Zulassung unbeschränkt. Junge Leute, die,
ohne an einer Aushebung teilgenommen zu haben, sich melden,
müssen mindestens 17 Jahre, Korporale und Soldaten, die sich
melden und dem Jahrgang 1887 angehören, nicht unter 20 Jahre
alt sein. Beim 3. Genieregiment in Florenz wird am 12. November
ein vier Monate dauernder Kursus für die Heranbildung von Infan-
terie- oder Bersaglieri-Radfahrer und der Kavallerie-Sappeure im
Telephonieren und Telegraphieren eröffnet, zu denen von jedem
Bersaglieri- und Kavallerieregiment ein Offizier kommandiert wird.

Wegen des nicht zu einem vollen Generalstreik gewordenen
Ausstandes des Eisenbahnpersonals hat der Kriegsminister die Ent-
lassung des ältesten Jahrgangs (1884) der Kavallerie auf unbestimmte
Zeit hinausgeschoben.

Am 19. Oktober sah der Armee-Untersuchungsausschuß im
Zentralmagazin Turin die neue Infanterieausrüstung Grassi, prüfte
jedes einzelne Stück und erklärte sie als eine sehr wesentliche Verbesserung der bisherigen.

nsionen.   An Pensionen hatte der Staat am 1. Oktober 1907 jährlich im
ganzen 81 818549 Lire, und zwar an 86986 Personen zu zahlen.
Davon entfielen auf das Ressort des Kriegsministeriums 35 929673 Lire
bzw. 39581 Personen, auf das Ressort des Marineministeriums
7 070212 Lire bzw. 8158 Personen. In den drei ersten Monaten
des Finanzjahres ist im ganzen eine Steigerung der Pensionen um
rund 320000 Lire eingetreten.   18

Frankreich.

Die   „La France militaire" weist in längeren Artikeln auf die Bedeutung deutung Cherbourgs als Kriegshafen hin und behauptet, daß die
erburgs
Kriegs- Regierung dieser Bedeutung beim Ausbau des Hafens nicht genügend
hafen.   Rechnung trüge. Für Deutschland sind diese Ausführungen insofern
von Interesse, weil sie uns zeigen, wie man die Verwendung der
französischen Seestreitkräfte gegen uns wünscht. Eine politische
Verwickelung mit England, welche zu einem Kriege führen könnte,
wird als ausgeschlossen hingestellt, so daß es sich nur darum handeln

könne, der „mächtig?" sich entwickelnden deutschen Flotte im Kanal entgegenzutreten und eine vermutlich beabsichtigte Landung daselbst zu verhindern. Deshalb ist es erforderlich, die Nordflotte durch 2 Panzergeschwader der Mittelländischen-Meerflotte mit ihren Kreuzern zu verstärken, so daß im Kanal 25—30 große Schiffe versammelt sein würden.

Diese bedürfen zum Kohleneinnehmen, zur Reparatur, zum Schutz gegen Wetter und gegen überlegenen feindlichen Angriff eines Stützpunktes, der hierfür eingerichtet und vorbereitet sein muß. An einem solchen zum Kriegstheater günstig gelegenen fehlt es jetzt. Von den zunächst in Frage kommenden Kriegshäfen hat Dünkirchen, obwohl es genügend befestigt ist und ausreichende Kohlendepots besitzt, keine Reede, um den Kriegsschiffen Schutz zu bieten; Calais und Boulogne sind nur minderwertig befestigt und können nur kleineren Flottillen Schutz bieten. Dazu sind sie aber recht geeignet und die Wahl von Calais als Station für die Unterseeboote ist eine sehr glückliche. Der nächstgelegene größere Hafen, welcher alle die für eine Flotte großer Schlachtschiffe nötigen Einrichtungen bietet, ist Brest. Dieses liegt auf der nordwestlichsten Landzunge Frankreichs, aber schon an der Küste des Atlantischen Ozeans. Es ist deshalb vom Kriegstheater zu weit entfernt und einer Flotte, welche sich auf Brest stützen muß, wird die Verteidigung der langgestreckten Nordküste Frankreichs schwerer fallen, als wenn ihr Stützpunkt inmitten der Küste läge. In dieser Beziehung hat Cberburg eine vorzügliche strategische Lage an der Nordseite der nach Norden vorspringenden Halbinsel. Auf diese Weise beherrscht es die beiden Teile des Kanals. Es hat auch eine gute Reede, so daß es als Flottenstützpunkt sehr geeignet ist, wenn es die nötigen Einrichtungen für eine große Flotte erhält, wie große Trockendocks, mächtige Werkstätten, umfangreiche Kohlendepots und auch für die Bedürfnisse eines Reservegeschwaders vorgesorgt wird. Daran hat es bisher gefehlt. Nach dem Marinebudget sind im Jahre 1907 nur 634800 Franks für Cberburg ausgeworfen, wovon allein 2548000 Franks auf notwendige Wiederherstellungsarbeiten zur Unterhaltung bestehender Anlagen und nur 380000 Franks auf Neubauten entfallen. Aus den Voranschlägen für diese geht indessen hervor, daß die Regierung an einen Ausbau Cberburgs denkt, denn es sind ausgeworfen für den Bau eines neuen Bassins von 100 m Länge 195000 Franks und für den Bau eines Vorhafens und eines Docks im Westen von Fort Hermet 12½ Millionen Franks. Das Bautempo scheint nur etwas langsam zu sein, denn 1907 sind auf diese Summe nur die oben erwähnten 380000 Franks ausgegeben und für 1908

sind im ganzen für Cberburg nur 2 049 500 Franks in Ansatz gebracht.

Als möglichst schleunigst in Angriff zu nehmende und aus-
zuführende Arbeiten werden angegeben:

1. Schaffung eines großen Vorhafens unmittelbar vor den Bassins
der Werft, dessen Fläche größer ist als die der beiden jetzigen
Bassins. Diese beiden letzteren genügen kaum, in Friedenszeiten
die in Bau begriffenen und die Reserveschiffe sowie die Torpedo-
boot- und Unterseebootflottillen aufzunehmen. Daraus ergeben sich
mannigfache Verkehrsstörungen. Anderseits ist die Reede, namentlich bei Nordwünden, nicht sicher genug. In solchem Falle sind
alle Schiffe gezwungen, aus der Reede in den Hafen selbst zu gehen.
Dadurch entsteht schon in Friedenszeiten eine unzulässige Über-
füllung, die in Kriegszeiten noch größer werden muß. Deshalb ist
es nötig, die Dämme zu verlängern, um die nutzbare Wasserfläche
des Hafens zu vergrößern. Nach einem offiziellen Entwurf, über
den zurzeit zwar noch verhandelt wird, soll ein Hafendamm in etwa
westöstlicher Richtung von Fort Hornet ausgehen, so daß die Docks
unmittelbar in den Vorhafen münden würden. Da dieser Damm zum
genügenden Abschluß allein aber nicht ausreicht, soll noch ein zweiter
vom Lande ausgehender Damm bis in die Nähe des ersteren vorstoßen. Wenn diese Dämme genügend breit gemacht werden, um
doppeltes Schienengeleise aufzunehmen, so werden sie nicht nur als
Wellenbrecher dienen zum Schutz für den Vorhafen, sondern können
zur bequemen Ausrüstung der Kriegsschiffe und deren Versorgung
mit Süßwasser nutzbar gemacht werden.

2. Vertiefung des östlichen Teiles des Hafens auf 10 m. Der
südliche Teil der Reede, welcher unmittelbar dem Gestade benach-
bart ist, besitzt zahlreiche Untiefen. Einzelne Felsen werden bei der
Ebbe trocken. Nur auf einer Entfernung von 800 bis 1000 m vom
Eingange des Hafendammes ist man sicher, bei der Ebbe mindestens
3 m Wasser zu finden. Daraus ergeben sich sehr ungünstige Verhältnisse. Die großen Schiffe gebrauchen wenigstens 10 m Wasser,
um ankern zu können und dieses ist nur im westlichen Teil der
Reede zu finden. Deshalb ist dieser Teil den großen Geschwadern
vorbehalten, während die Kreuzer und die übrigen kleinen Schiffe
auf den östlichen Teil angewiesen sind. Diese Teilung ist aber ein
bedeutender Übelstand für eine große Flotte, der hier dadurch verstärkt wird, daß den großen Schiffen durch diese Wasserverhältnisse
auch die Benutzung des östlichen Ausganges der Reede unmöglich
gemacht wird. Weil nun die Westpassage die einzig dauernd be-
nutzbare ist, so hat Cberburg jetzt alle Nachteile eines Kriegshafens

mit nur einem Ausgang. Dieser kann aber möglicherweise feind-
licherseits gesperrt werden und dann ist die Flotte auf den Ost-
ausgang zur Flutzeit beschränkt.

3. Verringerung der Durchfahrten auf etwa 100 m. Zurzeit
sind die Durchfahrten bis zu 1 km breit. Dies erleichtert feindlichen Torpedo- und Unterseebooten die Einfahrt und schützt
die Reede nicht genügend vor hoher See und Sturm. Werden dieselben auf 100 m verringert, so können sie künstlich wirksam gesperrt und die Sperrung durch Schnellfeuerkanonen kleinen Kalibers
verteidigt werden. Die Engländer haben bei ihren künstlichen Häfen,
z. B. in Portland und Dover, solche Sperrungen geschaffen, welche
nachts durch Ketten völlig geschlossen werden.

4. Der kleine Flamänder Hafen muß um 3 m unter dem
niedrigsten Wasserstand vertieft werden, damit die Transportschiffe,
welche den Kriegsschiffen die Munition zuführen, an dem mit dem
Munitionsdepot durch Eisenbahn verbundenen Kai zu jeder Zeit an-
legen können.

Nach einem Erlaß des Präsidenten der Republik beträgt die
Zahl der Batterien des festländischen Heeres nach „Revue du cercle
militaire":

Anzahl Batter und A lassu von festigun

101 Batterien Fußartillerie,
433 fahrende Batterien,
52 reitende Batterien,
14 Gebirgsbatterien,
im ganzen 600 Batterien.

Außerdem gehören dazu 8 Fuß- und 12 reitende Batterien,
welche außerhalb der europäischen Besitzungen in Garnison stehen.

Ein anderer Erlaß des Präsidenten verfügt die Auflassung fol-
gender Befestigungen: Prats-de-Mollo, Fort-les-Bains, Villefranche de
Conflent, St. Jean-Piet de Port; Bayonne mit Ausnahme der Zitadelle;
die Batterie Serrat-d'En-Vaquer bei Papignan, das Fort Carré, das
Fort Miradour, der Sternturm, die Redoute Dugommier und das Fort
St. Elme bei Collioure; schließlich die Redoute Bear bei Port Vendres.
(Mitteilungen über Gegenstände des Artillerie- und Geniewesens.)

Um eine unmittelbare Verbindung mit dem Oberbefehlshaber in
Marokko, General Drude, herzustellen, ist auf dem Eifelturm eine
Station für drahtlose Telegraphie eröffnet worden, von welcher aus
es möglich ist, unter Vermittelung des Panzerschiffes Gloire die Instruktionen des Ministeriums nach Marokko gelangen zu lassen.

Drahtl Telegra

Die geringe Breite des Schießplatzes von Cenardières und seine
ungünstige Gestaltung haben bei den praktischen Übungen der Ver-

Schießp verleg

suchskommission in Poitiers solche Schwierigkeiten verursacht, daß
der praktische Kursus von Poitiers nach Neufchâteau in den Vogesen
verlegt und das Lager von Mailly als Übungsplatz bestimmt ist.
Dadurch wurde eine weitere Garnison- und Organisationsveränderung bedingt. Die Abteilung des 20. Artillerieregiments in Poitiers,
welche gegenwärtig dieser Kommission zur Verfügung steht, bildet
mit einer Abteilung des 12. Regiments in Vincennes die Artillerie
des XX. Armeekorps und nimmt in Neufchâteau Garnison. Die
Batterien des Schießkursus aus Poitiers, welche dort durch schwere
15 cm-R.-Haubitzbatterien aus Dalesmes ersetzt sind, werden mit
den Batterien aus Vincennes die 2. Abteilung der Korpsartillerie des
XX. Armeekorps bilden. Eine für die Verteilung der französischen
Feldartillerie bemerkenswerte Änderung, welche zugleich ersehen
läßt, daß schwere 15 cm-R.-Haubitzen bereits vorhanden sind.

eues   Die beiden Modelle neuen Schanzzeuges von Oberst Bruzon
anzzeug. und vom Kommandanten Seurre haben sich bei den Versuchen nicht
bewährt.   .   Bahn.

_____

stände   Dicht vor Beginn der parlamentarischen Herbsttagung sind
der   zwei Abhandlungen erschienen, die sich mit dem Zustand der
desver-
digung. Landesverteidigung befassen. Der frühere Ordonnanzoffizier des
General André, Humbert, ist unter dem Titel „Sommes nous
défendus?" mit einer scharfen Kritik der höheren Führung, der
Vorbereitung der Mobilmachung, des Zustandes der festen Plätze, ·
Eisenbahnnetzes, der Armierung, Vorräte usw. hervorgetreten, sieht
unserer Ansicht nach aber doch etwas durch die Brille, die für
die Zeit paßte, als André das Kriegsministerium verließ und läßt
völlig außer Betracht, daß seit der Marokkospannung durch die Aufwendung eines Sonderkredits von 260 Millionen manche Ubel-
stände und früheren Unterlassungssünden ganz oder teilweise beseitigt bzw. verbessert worden sind. Bei Humbert merkt man entschieden etwas die Tendenz heraus und das nimmt seiner kritischen
Arbeit etwas von ihrer Bedeutung.

      Die Persönlichkeit, seine frühere Stellung als Mitglied des oberen
Kriegsrats, lange Dienstzeit im aktiven Heere, das er noch nicht
lange verließ, das Bestreben, objektiv zu bleiben und das tiefere Eingehen auf die inneren Zustände im Heere machen General Langlois'
Artikel in der Revue des Deux Mondes „L'armée se désorganise"
sehr viel beachtenswerter als die Humbertsche Veröffentlichung. General
Langlois beginnt mit seiner schon mehrfach erhobenen Klage über
die Unterlegenheit des französischen Armeekorps an Zahl

der Geschütze, die verhängnisvoll geworden, seit man in
Deutschland ein gleichwertiges Geschütz habe. Die Regierung sei aber
gleichgültig und allen ernsten Mahnungen zum Trotz mache sie keine
Anstalten, eine Vermehrung der Geschützzahl zu erreichen (s. auch u.).
Ein zweiter Punkt der Langloisschen Kritik bildet die gesunkene
Qualität der Armee. Dieses Sinken komme zum Ausdruck zunächst in der fehlenden Festigkeit der Friedensverbände besonders
der mobilen, verursacht dadurch, daß man die bei der Einführung
der zweijährigen Dienstzeit als leicht erlangbar bezeichnete und
als ein Minimum zu betrachtende Ziffer an kapitulierenden Unteroffizieren bei weitem nicht erreicht, die zweijährige Dienstzeit nach dieser
Richtung also einen völligen Bankerott erlebt hat. Das trete jetzt
um so krasser hervor, als man aus politischen Rücksichten, Angst
vor den Wählern, auch den Jahrgang 1904 vorzeitig entlassen und
nun den ganzen Winter hindurch, bis zur vollendeten Schulung der
Rekruten, selbst bei den „troupes de couverture," pro Bataillon an geschulten, aktiv dienenden Leuten nicht mehr als
230—240 einsetzen könne, bei der ganzen Infanterie der
Deckungstruppen nicht mehr als 16000 ' an gedienter Leute,
gegen 50000 auf deutscher Seite in den Grenzkorps. Ungenügende Kadres und nicht genügend aktiv geschulte Leute als
Kern der mobilen Verbände, ungenügender Schutzwall in den Deckungstruppen, hinter denen sich die Mobilmachung des Restes der Armee
vollziehen soll, das seien die Erfolge in bezug auf Quantität.

Verhängnisvoller noch als diese Übelstände wirkt nach General
Langlois der moralische Zustand im Heere. Seit 1891 wo
die Armee in bezug auf festes Gefüge Ansehen im Lande und
nach außen, Achtung vor den Offizieren und Mannszucht den
Höhepunkt erreicht hatte, hat man systematisch die moralischen
Qualitäten untergraben. Man begann damit, dem Kriegsminister
die absolute Allmacht in bezug auf Beförderungsvorschläge
zu übertragen. Diese Allmacht haben, da der Kriegsminister stets
eine politische Persönlichkeit ist, die mit dem jedesmaligen Kabinett
steht und fällt, die politischen Parteien als Bresche benutzt, um eine
starke Einflußnahme auf die Armee zu üben. In kurzer Zeit mußten
die Offiziere die Überzeugung gewinnen, daß nicht ihre dienstlichen
Leistungen, nicht die Empfehlung ihrer Vorgesetzten ihnen eine
Laufbahn sicherten, sondern die Empfehlungen einflußreicher Deputierten und Senatoren, von denen eine ganze Anzahl sich rühmte
zahlreiche Offiziere erfolgreich empfohlen zu haben. Das Ergebnis
dieser Zustände war eine Verminderung des Ansehens des Offizier-
standes, waren ferner zahlreiche Abschiedsgesuche gerade der brauch-

barsten Offiziere, denen ihr Stand verleidet wurde. Die Krönung der politischen Einflüsse auf die Armee und ihren Vertreter, den Kriegsminister, haben die „fiches", die niedrigen Angebereien, gebildet, die einer Anzahl von brauchbaren Offizieren die Laufbahn verdarben. Eine weitere Bresche, so führt Langlois aus, schlug man in das Ansehen der Offiziere, indem man ihnen Aufgaben übertrug, die mit Truppenausbildung, Erziehung und Truppenführung nichts zu schaffen hatten. Dann folgte die Aufhebung der Heiratskautionen für Offiziere und die Kontrolle der moralischen Würdigkeit der Offizierbräute, die seither oft aus den niedrigsten Ständen gewählt wurden. Die Änderung der Verordnungen über Rang und Vortritt, die doch auch republikanischen Zeiten entstammten, dahin, daß das Personal der Civilverwaltung vor dem Personal der Landesverteidigung rangierte, man dem Kriegsminister als wirklichen Oberkommandierenden der Armee keine anderen Ehrenbezeugungen zuerkannte, als dem ersten besten Unterstaatssekretär, den designierten Generalissimus nicht nur hinter den Unterstaatssekretären und den Kassationshof, sondern auch hinter den Präfekten folgen ließ, zerstörte den geringen Rest von Nimbus, der den Offizieren noch geblieben war. Die Angst des Kriegsministers vor Interpellationen im Parlament brachte es dahin, daß die Offiziere, um dem allmächtigen Kriegsminister keine Unbequemlichkeiten zu machen — „par d'affaires" — ihre Disziplinarstrafgewalt kaum noch durchgreifend auszuüben wagten. Alle diese Schädigungen der Autorität der Offiziere wirkten um so schlimmer, als die Regierung nicht den Mut hatte, mit eiserner Hand dem Eindringen des Antimilitarismus und des Anarchismus in die Armee einen Riegel vorzuschieben, vielmehr das Eindringen der Politik in die Armee gewissermaßen amtlich billigte, indem bestimmt wurde, daß bei Erklärung zu Familienstützen, Zurückstellungen und Aufschüben die Berichte der Präfekten maßgebend sein sollten.

Außerdem vermengte man die vorbestraften gefährlichen Elemente, die früher den Strafabteilungen überwiesen wurden, in den Truppenteilen mit gutgesinnten Leuten und gab ihnen so Gelegenheit, andere anzustecken. Die Meutereien im Süden, die zahlreichen Achtungsverletzungen von Leuten gegenüber Offizieren reden nach Langlois eine deutliche Sprache von dem Sinken der Manneszucht. Das Bild, das General Langlois entrollt, und dem wir einige Grundstriche entnommen haben, ist wahrlich kein lichtes, es ist aber ein ziemlich zutreffendes. Unrichtig wäre es aber, nach diesem Bilde schließen zu wollen, daß nicht alle dienstfähigen Franzosen bei einem Kriege gegen Deutschland bereitwillig zu den Waffen eilen würden; das steht auf einem ganz anderen Blatte. General Langlois fordert zum

Schlusse alle vaterlandsliebenden Franzosen auf, Regierung, Kriegsminister und Parlament nachdrücklich zur Erfüllung ihrer oft ver-
säumten Pflichten gegen die Armee anzuhalten, damit mit der Zeit
aus dem Heere wieder das werde, was es 1891 war, an der Möglichkeit der Rückkehr zu der damaligen Verfassung zweifelt er noch
nicht. Bei der Besprechung beider Schriften in der Kammer erhielt
die Regierung jedoch ein Vertrauensvotum!

Nahezu wie eine Antwort auf General Langlois Klage darüber, Vermeh
daß die Regierung keine Anstalten mache, die verhängnisvolle Unter-der Artil:
legenheit der französischen Armeekorps an Zahl der Geschütze zu
beseitigen, klingt ein Passus aus dem Antwortbriefe, den soeben
General Picquart an den Senator und Bürgermeister von Chartres
gerichtet hat. ·Letzterer führte Klage darüber, daß man der Stadt
Chartres durch Verlegung eines Infanteriebataillons (Folge der
am 28. September befohlenen Auflösung von vierten Bataillonen)
seine letzte Garnison nahm. General Picquart erklärte darauf, das
neue, baldigst dem Parlament vorzulegende Kadresgesetz
werde eine sehr umfassende Vermehrung der Artillerie
verlangen und Chartres solle bei der Unterbringung der neuen
Batterien berücksichtigt werden. Damit ist also amtlich die
Absicht einer bedeutenden Vermehrung der Artillerie ausgesprochen, die wir hier vor längerer Zeit schon als wahrscheinlich
bezeichneten. In der Kammer hat Picquart dann auch noch erklärt,
bei den Deckungstruppen sei man nur an Zahl der Geschütze
unterlegen. Das neue Kadresgesetz mit seiner bedeutenden
Vermehrung der Feldartillerie werde diese Unterlegenheit
beseitigen. Von dem Wege, den man bei der allmählich zu be-
wirkenden Vermehrung der Artillerie einzuschlagen beabsichtigt, gewinnt man eine Vorstellung, wenn man folgende Maßnahmen· berücksichtigt: 1. Die hier schon berührte Umwandlung von Batterien (3)
des 16. Fußartilleriebataillons in fahrende der schweren Artillerie des Feldheeres mit Rimailhohaubitzen unter Zuweisung
zu Feldartillerieregimentern (20 und 12); 2. Bildung einer neuen
Gruppe von 2 Abteilungen zu 3 Batterien (vom 20. und 12. Regt.)
Korpsartillerie für das XX. Korps in Neufchâteau unter gleichzeitiger
Einrichtung des praktischen Schießkursus, der bisher in Poitiers aber
auf der Platze-Renardière keinen genügenden Raum und kein abwechselndes Schießgelände besaß, im Lager von Mailly. Die Artillerie
des XX. Korps ist damit auf 26 Batterien gekommen; 3. die Vermehrung des Kontingents an für den Dienst mit der Waffe in diesem
Jahre eingestellten Rekruten der Artillerie auf 39000. In Pariser
Offizierskreisen glaubt man, daß das neue Kadresgesetz die all-

mähliche Vermehrung der Artillerie der normal zusammengesetzten
Armeekorps auf 29 Batterien und die Gliederung der Artillerie des
Korps in 3 Regimenter, also unter Beibehaltung der Korpsartillerie,
verlangen werde. Ob das zutreffend ist, bleibt abzuwarten; 114
neue Batterien sind jedenfalls nicht im Handumdrehen zu bilden,
wenn auch das neue Kadresgesetz mit der Auflösung der vierten
Bataillone der Subdivisions - Regimenter, ausgenommen VI., VII,
XX. Korps und Division Nizza, als vollzogene Tatsache rechnen
kann.

Zunächst wird augenscheinlich beabsichtigt, die reitenden Batterien
der Korpsartillerie, insoweit sie nicht noch für neue im Kriege aufzustellende Kavalleriedivisionen in Frage kommen, in fahrende
umzuwandeln, so zwar, daß aus je 2 reitenden Batterien 3 fahrende
würden. Da von den 52 vorhandenen reitenden Batterien 20 auf
die 10 Kavalleriedivisionen (im Frieden bestehen 8) entfallen müssen,
mit denen man planmäßig für den Krieg rechnet, so bleiben
52 — 20 = 32 für die Umwandlung in fahrende (48 also + 16)
verfügbar. In den französischen Heereskreisen rechnet man dann
weiter mit der Umwandlung von 24 Batterien von Fußartillerie-
Bataillonen in fahrende der schweren Artillerie des Feldheeres mit
Rimailhobaubitzen. Im ganzen ergäben das 16 + 24 = 40 neue
fahrende Batterien, also ein Drittel des Mehrbedarfs. Aufgegeben sind: 1. der Gedanke einer Rückkehr zur mobilen
Batterie zu 6 Geschützen, der lange Zeit bestanden hat, eventuell
unter Bildung von Abteilungen zu nur 2 Batterien. Die Artillerie
hat gegen das Betreten dieses Weges nach einem in einer großen
Garnison des Ostens unternommenen (von vornherein aber auf Miß-
lingen angelegten) Versuch protestiert; 2. die Absicht einer Verminderung der Kavallerie zugunsten der Vermehrung der Feldartillerie
(nach Protesten der Kavallerie, der Generale Langlois und Bonnal),
obwohl soeben erst wieder General Pedoya, früher kommandierender
General XVI. Korps, sie in seiner Schrift „La cavalerie dans la
guerre russo japonaise et dans l'avenir" als zulässig und sogar geboten bezeichnet. Für spätere Zeiten denkt man an leitender Stelle
durch eine umfassendere Verwendung der Lastselbstfahrer und
Verminderung des Friedensbestandes des Trains Pferde bzw. Rationen
für die Vermehrung der Feldartillerie verfügbar zu erhalten.
Man hat ausgerechnet, daß man den Munitionsvorrat der beiden
Staffeln des Korpsparks, 175 Tons, auf 60 Lastselbstfahrern
von 3 Tons Ladefähigkeit, fortschaffen könnte, dadurch 200 Wagen
mit 800 Pferden und 400 Fahrern überflüssig würden, man also
an Wagen, Troß, Pferden, Leuten sparte und den Munitions-

ersatz dabei rascher bewirken, event. auch den Munitionsvorrat auf dem Schlachtfelde noch vermehren könnte.

Die Verteilung des im ganzen 233 350 Mann für den Dienst mit der Waffe aufweisenden Rekrutenkontingents, das bei der Kavallerie am 1. Oktober, bei den übrigen Waffen bis zum 10. Oktober zur Einstellung gekommen ist, auf die einzelnen Waffen und Dienstzweige ist wie folgt bewirkt worden: Infanterie 134801, Jäger 14390, Zuaven 2878, Sapeurs, Pompiers 400, Kolonialinfanterie 1810, Kürassiere 4140, Dragoner 9315, Chasseurs à cheval 6652, Husaren 3760, Chasseurs d'Afrique und Spahis 987, Heimat- und Kolonialartillerie 39123, Genie 7470, Train 2250, Verwaltungstruppen 5322. Außerdem wurden auf ihren Antrag 229 Mann der Marine überwiesen. Für die Zuweisung der Leute an die Truppenteile hatte General Picquart Bestimmungen erlassen, die der regionalen Ergänzung in genügender Weise entgegenwirken. Bei den verheirateten Leuten und Witwern mit Kindern nahm man darauf Rücksicht, sie in die ihrem bisherigen Wohnsitz nächsten Truppen der Waffe, für die sie tauglich befunden wurden, einzureihen, auch die Familienstützen nicht zu weit von ihrem bisherigen Wohnorte . entfernt.

An Leuten der Hilfsdienste hat man in diesem Jahre 24 352 eingereiht, fast das Fünffache der vorjährigen Einstellung. Man begründet diese Verfünffachung mit den guten im abgelaufenen Jahre gemachten Erfahrungen und in dem Bestreben, die für den Dienst mit der Waffe geeigneten Leute möglichst wenig der ununterbrochenen Ausbildung zu entziehen und alle Posten, die außerhalb des Dienstes mit der Waffe überhaupt eingenommen werden können, durch „bedingt Taugliche" zu besetzen. Jedes Infanterieregiment im Innern Frankreichs hat 40, jedes Regiment in den Grenzkorpsbezirken 70 solcher Leute, jedes Jägerbataillon 27 erhalten, Zuavenregimenter je 18, die Militärschulen 265, die Kavallerie im ganzen 2963, die Remontereiterkompagnien zusammen 756, Fußartillerie 2165, Feldartillerie 2648, — außer Artilleriearbeitskompagnien, für welche 1451 angesetzt wurden, — Genie 2114, Train je 20 pro Eskadron, Sektion Verwaltung 3917. Unter den Leuten der Hilfsdienste befinden sich rund 12370 Zurückgestellte des Jahrganges 1905. Die 24352 Leute der Hilfsdienste erhalten ebensoviel für den Dienst mit der Waffe eingestellten Leuten eine ununterbrochene Ausbildung und nach dieser Richtung hin hat ihre Einstellung zweifellos Bedeutung. Die Regierung strebte aber gleichzeitig auch an, die Iststärke nicht zu sehr sinken zu lassen, kann aber nicht hindern, daß man, wegen Mangels an vorhandenem Zufluß von Kapitulanten, um mehr als

(Randnotiz rechts:) Rekrut kontin 190

30000 Mann hinter der bisherigen Iststärke zurückbleibt. Daß die zweijährige Dienstzeit schädlich gewirkt habe, sprechen heute schon alle Fachblätter aus und die Ansicht wird auch von der einen oder anderen Seite bei den angekündigten Interpellationen zur Sprache gebracht werden. Die „France militaire" sprach unlängst aus, daß die Regierung, wenn man sie auf die Ergebnisse der zweijährigen Dienstzeit aufmerksam mache, wohl erklären werde, man könne auch ohne den vollen Sollstand der Kapitulanten auskommen und dabei gegen bessere Überzeugung übersehe, daß die mehr als 30000 geschulten länger dienenden Leute, die an der früheren Durchschnittsiststärke fehlten, gerade den Kern für die mobilen Formationen verstärken sollten. Als Zugmittel für die Vermehrung der Kapitulanten wird von den Fachblättern nachdrücklichst und allgemein eine wesentliche Steigerung der Bezüge — und zwar in einem Umfange, der das Budget ganz enorm belasten würde — verlangt und auf eine absolute Sicherstellung von auskömmlicher Versorgung gesehen.

fiziers-
legen-
eiten. An die großen Herbstübungen hatte sich das Gerücht geknüpft, der Kriegsminister beabsichtige, die Stellung von drei Generalen zur Disposition wegen körperlicher Gebrechlichkeit bzw. geistigen Nichtgenügens im Ministerrat zu beantragen. Von den drei Generalen wurde sogar einer, Altmeyer, kommandierender General XII. Korps, genannt. Der Kriegsminister sah sich veranlaßt, öffentlich zu erklären, daß der genannte General sowohl in bezug auf körperliche Frische als auf Führereigenschaften voll den Platz ausfülle, den er einnehme. Die großen Armeemanöver des XII. und XVIII. Korps hatten freilich auch keinen Anhalt dafür gegeben, daß General Alt-meyer etwa in einer von beiden Beziehungen hinter seinem Gegner, dem General Oudard, zurückstehe. Wenn Altmeyer am Schlußtage der Manöver von Korps gegen Korps, 14. September, den nach der Lage richtigen, von ihm gefaßten Entschluß, das in seinen beiden Hauptkräftegruppen auf 8 km getrennte XVIII. Korps zu durch-brechen, nicht ausführen konnte, so liegt die Schuld daran an der Manöverleitung, die das „Ganze halt" blasen ließ, ohne daß dieser Ent-schluß verwirklicht werden konnte, nicht an Altmeyer, der sich während der ganzen Manöver auch als Leitender außerordentlich rührig und frisch erwiesen hat. Die ganze Sache erhält aber einen, auf die französischen Verhältnisse ein bezeichnendes Licht werfenden Anstrich dadurch, daß der Abgeordnete Humbert, bis jetzt unwideslegt, eine Äußerung, die der Kriegsminister vor den Manövern getan und die dahin ging, er habe die Überzeugung gewonnen, daß Altmeyer nicht mehr genüge, veröffentlicht hat. Es ist zweifellos überaus ungewöhnlich, daß ein Kriegsminister einem Deputierten gegenüber ein derartiges Urteil über einen kommandierenden General abgibt und ein Beweis dafür, worin sich in Frankreich politische Persönlichkeiten mischen. Die Berufung des General Lebon in den oberen Kriegsrat und die Notwendigkeit, den General Trémeau, der als Mitglied des oberen Kriegsrats die Führung des VI. Korps beibehalten hatte, in Paris zu haben, hatte nach den Manövern zwei Korps frei gemacht. General Durand tauschte die Führung des I. Korps mit derjenigen des VI. und zum kommandierenden General des I. Korps wurde General Davignon (20. Division, X. Korps) ernannt. Beide Generale haben das 61. Lebensjahr erreicht. Daß man General Durand die Führung des VI. Korps übertrug, hat seinen Grund darin, daß dieser, früher Brigadekommandeur in St. Mihiel, die Verhältnisse an der Ostgrenze genau kennt und auch einmal bestimmt ist, der Nachfolger des jetzigen Generalissimus zu werden.

Am 1. Oktober hat der Kriegsminister Sonderbestimmungen für die Ausbildung der Reserveoffizier-Anwärter der einzelnen Waffen erlassen. Wir greifen hier nur kurz die Infanterie als die Mehrheit darstellend heraus. Die Sonderausbildung im ersten Semester des zweiten Dienstjahres beginnt im allgemeinen in der zweiten Dekade des Oktober und dauert, einschließlich Reifeprüfungen, bis zum halben März. Bei der Infanterie werden die Anwärter bei bestimmten Regimentern zu Lehrzügen vereinigt, so z. B. beim 1. und 2. Korps 75, beim 3. und 4. ebensoviele, beim 5. und 9. Korps 6, 6. Korps 100, 7. Korps 65, 8. Korps 120, 13. Korps 65, 10. und 11. Korps, 14. und 15. Korps, 16., 17. und 18. Korps je 70, 19. Korps und Division Tunis 15, 20. Korps 65 bei je einem Regiment. Die Lehrzüge werden nach Abschluß der Prüfungen aufgelöst, die Beurteilungen der Anwärter, die dann bis zum 1. April beurlaubt werden dürfen, müssen bis zum 15. März dem Kriegsminister zugeben. Als Lehrpersonal für jeden Zug werden ein Stabsoffizier, zwei Hauptleute, auf je 20 Anwärter ein Leutnant sowie ein Adjutant und ein Kapitulantenunteroffizier kommandiert, die Offiziere durch den Kriegsminister bestimmt. Die Reserveoffizieranwärter, die Korporale oder Gemeine, können zum 1. Oktober, also beim Beginn der Sonderkurse, zu Sergeanten ernannt werden, genießen alle Vorteile der nichtkapitulierenden Unteroffiziere, tragen den Galon der Zöglinge der Infanterieoffizierschule und haben die Verrichtungen des inneren Dienstes im allgemeinen selbst zu besorgen. Ihre Ausbildung im ersten Semester wird so geregelt, daß sie auf die Verwendung als Zugführer bei einer mobilen Truppe vorbereitet werden. Sie

werden für sich getrennt kaserniert. Nach Bestehen der Prüfungen
werden die geeignet befundenen zum 1. April zu Offizieranwärtern
ernannt. Ungeeignete bzw. solche, die sich schlecht geführt haben,
können von der Liste gestrichen werden.

glement
den
neren
)ienst.		Das neue Reglement für den inneren Dienst ist von dem damit
betrauten Ausschusse nahezu fertiggearbeitet und das erscheint auch
notwendig mit der Durchführung der zweijährigen Dienstzeit, da diese
doch wesentliche Neuerungen bedingte, die zugleich Vereinfachungen
sein müssen, um die Beschäftigungen zahlreichen Personals mit
Dingen, die mit der eigentlichen Ausbildung für den Krieg nichts
zu schaffen haben, zu beseitigen. Das neue Reglement wird den
sog. Wochendienst, der die Selbständigkeit der Kompagnien, Eskadrons
und Batterien sehr beschränkt, den sogenannten täglichen Rapport,
die Allmacht des „Adjutanten vom Wochendienst" aufheben, die neuen
Bestimmungen über Disziplinarstrafgewalt, Strafvollstreckung enthalten,
auch die Neuerungen bezüglich der Messe und .der Versammlungs-
zimmer für Unteroffiziere, die Beschäftigungen ˙für die Leute der
Hilfsdienste. Ob es auch die Gleichheit der Bezeichnung für die einzelnen Dienstgrade der Offiziere, Ärzte, Beamten bringen wird, erscheint dagegen zweifelhaft.

get 1908		Der Abschluß der Verhandlungen des Finanzministers Caillaux
mit dem Budgetausschuß über das Gleichgewicht im Staatshaushalt
1908 hat dahin geführt, daß man von den Forderungen des Kriegsministers 800 000 Franks (Kasernen in Verdun) und von den des
Marineministers 1 600 000 Franks gestrichen hat. In dem Kriegsbudget sind aber die außerordentlichen Kredite für die Expedition
nach Marokko noch nicht enthalten, deren Höhe der Finanzminister
für das Heer bis Ende September auf rund 5 000 000 Franks angab
und die sich im Ressort des Marineministers noch nicht übersehen
ließen. Der Kriegsminister soll auch noch mit nicht unbe-
deutenden Nachtragskrediten kommen.

Als Ergebnis seiner längeren Reise in die festen Plätze des
Ostens und seiner dort angestellten Untersuchungen hat der Bericht-
erstatter für das Kriegsbudget, Messimy, dem Budgetausschuß der
Kammer das Folgende mitgeteilt: Die Vorräte an Verpflegung und
Munition sind vollzählig und in gutem Zustande. Was die Arbeiten
an den Befestigungen betrifft, so hat man diese in den letzten
Monaten mit Umsicht, Methode und in dem erkennbaren Streben ge-
fördert, sie bald zum Abschluß zu bringen.

An Truppenverschiebungen sind amtlich bekannt gegeben worden
— ausgenommen solche, die durch die am 28. September befohlene
Auflösung von vierten Bataillonen bedingt werden — Verlegung der

60. Brigade von Privas nach Aix, der 6. Kavalleriebrigade (in Châlons ist bekanntlich eine Kavalleriebrigade „6 bis" gebildet) von Commercy nach St. Mihiel, des 5. Regiments Chasseurs à cheval von Neufchâteau nach Châlons, der vierten Bataillone der Regimenter 37 und 79 von Troyes nach Toul, wo sie den Kern der mobilen Verteidigung bilden sollen, der Batterien (6) des praktischen Artilleriekursus von Poitiers nach Neufchâteau, wo sie fortan dem 39. Feldartillerieregiment angehören sollen.

Nachdem man in Sainte Etienne 800 Maschinengewehre fertig- Maschi gestellt hat und den Auftrag auf 900 weitere erwartet, wird man gewe demnächst an die Verteilung der neuen Waffe auf die Truppenteile in größerem Umfang herangehen. Bei der Infanterie wird man zunächst jeder Brigade zwei fahrbar gemachte Maschinengewehre geben, bei der Kavallerie ist zunächst auch ein Zug pro Brigade geplant, man verlangt aber bei der Korpskavallerie sofort zwei Gewehre pro Regiment, weil deren Regimenter selten im Brigadeverband auftreten. Bei den Kavalleriedivisionen will man Gewehre und Patronen auf Tragetieren transportieren, um sicher zu sein, daß die Gewehre die Kavallerie in jedem Gelände begleiten können. Bedienung ist an der Infanterie-Normalschießschule schon in größerer Zahl ausgebildet worden.

In Abänderung der Bestimmungen vom 8. März 1889 hat der Reit Kriegsminister angeordnet, daß in allen Städten die berittenen unterr für Offi Truppen in Garnison haben, vom 15. November bis 15. Juli den jungen Leuten, die sich auf die Zulassung zu St. Cyr bzw. die polytechnische Schule vorbereiten, wöchentlich einmal Reitunterricht erteilt werden soll. Die Oberleitung hat ein Rittmeister bzw. Hauptmann zu übernehmen. In Paris beginnt man mit der Vorbildung der jungen Leute vom 15. bis 19. Lebensjahre für den Militärdienst Ernst zu machen, in der Kategorie der Leute vom 15. bis 17. Lebensjahre haben sich in Paris 2626, in der zweiten Kategorie Leute über 17 Jahre 2251 gemeldet. Der Gouverneur von Paris hat am 12. Oktober die Truppenteile bestimmt, die Ausbildungspersonale, Waffen und Patronen für die Zöglinge der Lyceen, Kollegien und der Normalschüler liefern sollen. Es kamen dabei 14 Infanterieregimenter in Betracht.

Aus dem Inhalt des neuen, beim Kriegsministerium in der Aus- Neuord arbeitung begriffenen Reglements für den Dienst des General- des Ger stab stabs kann heute schon mitgeteilt werden, daß die Ordonnanzoffiziere dienst der Brigade- und Divisionskommandeure in Fortfall kommen sollen. Jeder Brigade soll dafür ein Generalstabsoffizier zugeteilt und die Zahl der Generalstabsoffiziere des Armeekorps um einen vermehrt

werden. Unter dem _. Oktober sind _._ Zöglinge von St. Cyr zu
Unterleutnants der Infanterie befördert worden, die ohne Prüfung zu
Offizieren beförderten „adjudants" eingerechnet, wird diese Ziffer von
den aus den Reihen der Unteroffiziere hervorgegangenen neuen
Unterleutnants überstiegen. Zur polytechnischen Schule werden in
diesem Jahre _.._' Zöglinge zugelassen.

[arine.   Eine Spionageaffäre, bei welcher ein jüdischer Linienschiffs-
·fähnrich (Leutnant zur See), Ullmo, der Hauptbeteiligte und deren
Schauplatz Toulon ist, wird demnächst in Paris ihre richterliche Erledigung finden. Es handelt sich um Photographien von geheimen
Papieren, betreffend Torpedos, Unterseeboote, Verteidigung von Toulon,
die Ullmo in seinen Besitz gebracht hatte und anonym, bevor er sie
an das Ausland verkaufte, dem französischen Marineministerium für
150000 Franks zum Ankauf anbot.

Mit dem Panzerkreuzer Dupleix hat man bis jetzt wenig Glück
gehabt. Jetzt eben nimmt man im Arsenal von Cherbourg seine
Maschinen heraus. Der Kreuzer hatte eine Schraube verloren, deren
Welle gebrochen war. Nach Reparatur ließ man ihn eine Probe-
fahrt von _ _ Stunden machen, dabei ging eine zweite Schraube verloren und man stellte fest, daß auch deren Welle dicht vor dem
Bruche stand. Man hat sich nun entschlossen, alle drei Schrauben-
wellen zu ersetzen. In demselben Arsenal hat man jetzt an eine
sehr gründliche Reparatur der Maschinen der Panzerküstenwächter
Amical Tréhouard und Jemmapes herangehen müssen. Man will die
Arbeit mit Überstunden so beschleunigen, daß die Schiffe Ende
Januar 1908 seebereit sein könnten. Das neue Linienschiff Justice
hat bei seiner ersten dreistündigen Probefahrt mit Dreiviertel der
Kessel ein Maximum von 18000 indiz. Pferdekraft erreicht. Am
_.._, September ist in Brest der Panzerkreuzer Edgar Quint
vom Stapel gelaufen. _.._.' m lang, _._ ' m breit, weist das Schiff
rund 14000 Tons Deplacement auf, _; Maschinen von _ _)000 indiz.
Pferdekraft sollen ihm _._ Knoten Fahrt geben. Sein Aktionsradius
wird bei 2300 Tons Kohlenvorrat und _._' Knoten Fahrt auf 11060
Seemeilen und bei _._ Knoten auf 1820 Seemeilen angegeben. An
Armierung soll das Schiff tragen: vierzehn _. : cm-Geschütze, davon
_: in Türmen zu zweien, _ in Einzeltürmen und _·' in Kasematten
vierzehn _ _· cm-, acht _ ` cm-Schnellfeuergeschütze, zwei Torpedo-
ausstoßrohre tragen. Die Panzerung weist einen _. m über, _. m
unter die Wasserlinie gehenden, 9—17 cm starken Gürtel, ein oberes
Panzerdeck von _ — · cm Stärke, ein unteres von _, cm bis
_. ' cm Stärke auf. Beide Panzerdecks sind mit dem Panzergürtel

verbunden. Das Schiff wird 31 Offiziere, 708 Köpfe Bemannung erhalten und fertig rund 32 000 000 Franks kosten.

Der obere Marinerat hat von dem Flottenprogramm des Marineministers für 1909/10 sechs Panzerschiffe von 20000 bis 21 000 Tons genehmigt, die an Armierung und Schutz noch über die Dreadnought hinausgehen sollen. Auch den deutschen Panzerkreuzer „Ersatz Bayern" will man überholen. Die Linienschiffe werden je über 50 000 000 Franks kosten.

In Toulon erprobt man gegenwärtig einen neuen von einem amerikanischen Ingenieur erfundenen Torpedo Bless-Leawitt. Die Proben sollen etwa einen Monat dauern und man erwartet von der neuen Waffe eine sehr viel größere Wirkung als von den bisherigen. Die Motoren, die man beim Unterseeboot X verwendet hat, entsprechen den bei Selbstfahrern mit Benzolheizung angewendeten. Das Boot besitzt zwei solche von je 115 indiz. Pferdekraft.

Der Berichterstatter für das Marinebudget, Chaumet, hat nach Besuch der Arsenale ein Urteil abgegeben, das eine ganze Reihe von Übelständen enthüllt und auch schon die Folge einer neuen Arbeitsordnung für die Arsenale gehabt hat. Chaumet stellte fest, daß die Arbeitsleistungen der Arsenale nicht einmal genügten, um die Reparaturen an dem Geschwader rechtzeitig zu bewirken. Chaumet hat sich dann auch über den Zustand der Munition ausgesprochen und darauf hingewiesen, daß bei den Schiffsgeschützen in Marokko allein die Gloire 3 Prozent Versager gehabt, man mit Melinit geladene Granaten überhaupt nicht zu verfeuern wagte, von 20 untersuchten Kartuschen 15 nicht das vorgeschriebene Pulverquantum enthielten, dafür mehrere aber Fremdkörper, eine sogar einen Frauenkamm. Man schreibe das mit Unrecht der Akkordarbeit zu, der Grund liege aber in der mangelhaften Kontrolle. Ein Rundschreiben des Marineministers setzt neue Arbeitsbestimmungen für die verschiedenen Kategorien von Personal fest, Ingenieure, Kontrolleure, Arbeiter. Die Ingenieure haben ihre Anwesenheit in den Arsenalen nach den Arbeitsstunden der Arbeiter zu regeln, dafür zu sorgen, daß die Arbeiten vorbereitet sind und die Arbeitszeit das vorgeschriebene Arbeitspensum sichert. Die Kontrolleure sind für die Zuverlässigkeit und das Ergebnis der Arbeit verantwortlich, sie sollen dieser Aufgabe aber auch nicht durch Schreibarbeiten usw. entzogen werden. Die achtstündige Arbeitszeit ist voll auszunutzen. Zurückbleiben hinter dem Arbeitspensum soll disziplinarisch bestraft werden, ebenso wie unerlaubte Entfernung oder Verspätung. 18

Grofsbritannien.

ydite-
anaten. Bis auf weiteres sollen Granaten mit Lyditefüllung bei den
Schießübungen der Artillerie nicht mehr verwendet werden. An
ihrer Stelle sollen aus den 12 cm-S.-F.-Geschützen gewöhnliche
Granaten, aus den 15,3 cm-Haubitzen ebenfalls solche, oder wenn
es zweckentsprechender ist, Schrapnells, und aus den 12,7 cm-
Haubitzen gewöhnliche Gußstahlgranaten bei den Schießübungen
verfeuert werden.

nierung
Schiffe. Die Admiralität strebt danach, die Durchschlagskraft der Geschosse zu vermehren. Am vorteilhaftesten geschieht dies[1]) durch
Vergrößerung des Kalibers. Bei gleich bleibendem Kaliber kann es
aber auch durch Vermehrung der Anfangs- und Endgeschwindigkeit
geschehen. Für die neueren Schlachtschiffe mit großer Wasserverdrängung sollen Zeitungsnachrichten zufolge an Stelle der 30,5 cm-
31,3 cm (13'/₂-zöllige) Geschütze treten. Auf Dreadnought sind
30,5 cm-L/45, d. i. Marke X, vorhanden. Marke IX hat L/40,
Marke VIII L/35. Die älteren 34,3 cm sind nur 30 Kaliber lang.
Aus den Vorgängen mit den 30,5 cm-Geschützen (Marke VIII, IX)
in den letzten Jahren, welche sich in der Längsrichtung verbogen,
ist zu folgern, daß eine Verlängerung der schweren Geschütze über
L/30, um eine größere Mündungsenergie zu erzielen, nicht ohne
Schwierigkeiten auszuführen ist. Das ältere 34,3 cm-Geschütz L/30
steht an Mündungsenergie und Durchschlagskraft weit hinter den 30,5 cm.
Eine Vermehrung der Durchschlagskraft ist mit einem neuen 34,3 cm
nur zu erreichen, wenn die Länge der Rohre hinaufgesetzt wird.
Ob dies bei den Drahtkanonen zulässig ist, muß abgewartet werden.
Anderseits wird erwogen, dem alten Linienschiff Cäsar an Stelle
seiner 30,5 cm-L/35 23,4 cm-L/50-Geschütze zu geben (anscheinend
weil es für die Aufstellung neuerer 30,5 cm-Geschütze und die erhöhten Anforderungen, die beim Schießen aus solchen an die Festigkeit des Schiffskörpers gestellt werden, nicht berechnet ist). Zum
Vergleich beider Geschütze dienen folgende Zahlenangaben:

Kaliber	30,5 cm	23,4 cm
Rohrlänge in Kalibern	35	50
Rohrgewicht in t	46,7	30,5
Geschoßgewicht in kg	385	158,9
Anfangsgeschwindigkeit in m .	731 m	900 m.

Zur Beurteilung der Durchschlagskraft läßt sich aus diesen
Angaben berechnen:

---

[1]) Nach englischer Ansicht.

Mündungsenergie $\dfrac{G \cdot v^2}{2\,g}$ in mt . . . 10500   6567

Mündungsenergie auf 1 qcm des Ge-
schoßquerschnittes mt/qcm . . . 14,37   15,26

Querschnittsbelastung des Geschosses
in g/qcm 527   370

    Die Mündungsenergie ist natürlich mit Herabsetzung des Kalibers trotz höherer V_0 bedeutend herabgegangen. Das gibt ᐧallein aber noch keinen Maßstab für die Durchschlagskraft des Geschosses nahe der Mündung. Einen etwas richtigeren Maßstab hierfür gibt vielleicht die Mündungsenergie bezogen auf einen qcm des Geschoßquerschnitts, und dabei ist das kleinere Kaliber mit der größeren Geschwindigkeit dem anderen überlegen. Wie sich dies in der Wirklichkeit in größere Durchschlagskraft umsetzt, müssen erst Schießversuche gegen Panzer lehren. Zu beachten bleibt ferner noch, daß das obige Geschütz kleineren Kalibers infolge der geringeren Querschnittsbelastung seines verhältnismäßig auffallend leichten Geschosses während des Fluges schneller an Geschwindigkeit, Energie und Durchschlagskraft abnimmt als das größere. Unter diesen Umständen wird durch Verringerung des Kalibers und Vergrößerung der V_0 auf den Kampfesentfernungen eine größere Durchschlagskraft nicht erzielt.

    Die neueren 23,4 cm (Marke XI?) der englischen Admiralität sollen 172 kg Geschoßgewicht und 948 m V_0 erhalten. (Bisher haben alle Modelle der 23,4 cm-Kanonen 171 bzw. 172 kg Geschoßgewicht gehabt.) Mit diesen Werten würde allerdings die Mündungsenergie 7890 mt (die Querschnittsbelastung 400 g/qcm) und die Durchschlagskraft an der Mündung 101 cm Eisenplatte betragen, gegenüber von nur 94,4 cm des 30,5 cm-L/35 Marke VIII.

Bahn.

Rufsland.

    ·Während in Rußland durch die Wahl einer Duma, mit der die Regierung arbeiten kann, der Beginn der Besserung der inneren Lage eingetreten ist, obwohl Raub und Mord im Reiche, wenn auch nicht wie vor Jahren, noch fortdauert, wurde die Welt überrascht durch ein Vorkommnis in dem Stützpunkt russischer Herrschaft im „Fernen Osten", Wladiwostok. Dort war ja in der Zeit allgemeiner Verwirrung in Sibirien auch eine viel Blut kostende Meuterei ausgebrochen, bei der u. a. auch das deutsche Geschäftshaus von Kunst und Albers, das erste des „Fernen Ostens", große Verluste erlitt. Dem militärisch sonst sehr tüchtigen Kommandanten

45*

General Kasbek wurde damals seitens der Regierung der Vorwurf
gemacht, als wenn er es an der nötigen Energie hätte fehlen lassen.
Man berief ihn ab. Nun hat sein Nachfolger General Irmann auch
nicht den Versuch einer neuen Erhebung hindern können. Am
30. Oktober meldete der Telegraph, daß am 29. um 5 Uhr morgens
infolge von Aufreizungen von in die Kaserne des Mineurbataillons
eingedrungenen Agitatoren die Mineure zu den Waffen griffen und
die Kaserne des 10. Schützenbataillons im Verein mit bewaffneten
Zivilisten angriffen. Es gelang aber, namentlich durch das Feuer
mit Maschinengewehren, die Meuterer mit verhältnismäßig geringen
Verlusten auseinanderzutreiben. Am folgenden Morgen meuterten
die im Hafen liegenden Torpedojäger „Trewoshnüj", „Sserditüj"
und „Skorüj" und verließen ihren Anlegeplatz im Hafen, um auf die
Reede hinauszufahren. Die beiden ersteren Schiffsbesatzungen gelang es zur Ordnung zurückzubringen. Die Besatzung des „Skorüj"
dagegen tötete ihren ältesten Offizier und begann die treu gebliebenen
Schiffe und die Regierungsgebäude zu beschießen. Der „Skorüj" wurde
hierauf von den anderen Kriegsschiffen zusammengeschossen und
lief auf den Strand. Um 1 Uhr mittags war die Ruhe wieder hergestellt. Der Belagerungszustand ist erklärt, die Werkstätten, deren
Arbeiter sich an den Unruhen beteiligten, sind geschlossen und der
Besuch der Forts, Befestigungen aller Art, Kasernen und des Gebietes des
Kriegshafens allen unbeteiligten Personen verboten worden. Der an-
ständige Teil der russischen Presse gibt der Trauer und Empörung
über dies die Ehre der Flotte schändende Vorkommnis Ausdruck.

Ferner wird aus dem „Fernen Osten" gemeldet, daß ein Geschwader von Torpedojägern unter Befehl des Kapitäns
zweiten Ranges, Tigerstädt, soeben von einer zum erstenmal
in die nordischen Meere unternommenen längeren Fahrt, die
zum Zwecke hatte, die Küsten und Meere zu vermessen und die
Geognosten durch Bodenuntersuchungen zu unterstützen, unlängst nach
Wladiwostok zurückgekehrt ist. Es hat auf seiner Reise im ganzen
10 000 Seemeilen zurückgelegt, das Ochotskische Meer nach allen
Richtungen durchstreift und in dem Tatarensund sich aufgehalten.
Auf den Schantarinseln sind reiche Mineraliensammlungen zusammengebracht worden.

Um die Absicht der Regierung, die Flottenbauten auf einheimischen Werften ausführen zu lassen, zu verwirklichen, haben die
Baltische Werft und die Französisch-Russische Fabrik ihre Betriebs-
einrichtungen erweitert, so daß sie den Bau von Turbinenmotoren
und Kesseln für Panzerschiffe ausführen können. Ob das Bauen
auf einheimischen Werften dem russischen Staatssäckel nicht sehr

teuer werden dürfte, steht dahin. Die „Ruß", der man freilich
nicht immer Glauben schenken darf, will wenigstens wissen, daß
das auf der Baltischen Werft erbaute Linienschiff „Slawa" das
teuerste der Welt werden würde. Die in Kiel auf der Germania-
werft erbauten Unterseeboote sind am 19. Oktober nach Petersburg
in See gegangen, nachdem die Beschädigungen, welche die „Kam-
bala" beim Zusammenstoß mit einem Hafendampfer erlitt, in kurzer
Zeit ausgebessert wurden. Außer diesem Unterseeboote sind es
noch der „Karp" und der „Karaß", welche jetzt auf der Werft
fertiggestellt wurden. Auf den Putilowwerken sind nach dem
„Kotlin" zehn für den Aufklärungs- und Wachtdienst bestimmte Boote
im Bau, die 1909 fertiggestellt sein müssen. Sie erhalten Diesel-
motoren, hohe Geschwindigkeit und großen Aktionsradius. Voraussichtlich sind sie für das Amurgebiet bestimmt.

Zwei wichtige organisatorische Gesetze für die
russische Marine sind soeben veröffentlicht: Das Gesetz über
den Bestand und die Einteilung der Flotte und den Prikas
über den Einteilungsplan und die Klassifizierung der
Schiffe der Flotte. Hiernach gliedert sich die russische Flotte
in 1. die Baltische Flotte, 2. die Flotte des Schwarzen Meeres,
3. die Sibirische Flottenequipage und 4. die Kaspische Flottille.
Die Baltische Flotte zählt: 5 Linienschiffe, 3 Panzerkreuzer,
7 Kreuzer, 50 Geschwadertorpedofahrzeuge (Torpedojäger), 60 Torpedoboote, 67 Minenboote mit Gasolinmotoren, 3 Minenleger (Sagra-
diteli?), 15 Unterseeboote, 7 Kanonenboote, 14 Transportdampfer,
16 Avisos (Posstilnuja Ssuda), 10 Yachten, unter denen 5 Kaiserliche, 18 Schulschiffe, 43 Hafenschiffe. Die Flotte des Schwarzen
Meeres besteht aus 8 Linienschiffen, 3 Kreuzern, 13 Geschwader-
Torpedofahrzeugen, 26 Torpedobooten, 2 Minenlegern, 1 Unterseeboote, 6 Kanonenbooten, 7 Transportschiffen, 2 Avisos, 2 Yachten,
3 Schulschiffen, 10 Hafenschiffen. Die Sibirische Flottenequipage
enthält 2 Kreuzer, 9 Geschwadertorpedofahrzeuge, 19 Torpedoboote,
3 Minenboote, 15 Unterseeboote, 1 Kanonenboot, 10 Flußkanonen-
boote, 11 Transportschiffe, 8 Hafenschiffe. Die Kaspische Flottille
besteht aus 2 Torpedobooten, 1 Transportschiff, 1 Aviso, 2 Hafenschiffen.

Nach dem Gesetze über den Bestand und die Einteilung der
Flotte, das am 21. Oktober die Allerhöchste Bestätigung erhielt,
zerfällt die Flotte in eine aktive und eine Reserveflotte —
der ersten und zweiten Reserve. Zur aktiven Flotte gehören
die den zeitgemäßen Gefechtsforderungen völlig entsprechenden

Schiffe. Sie verbleiben in ihr, die Linienschiffe und Panzerkreuzer
10 Jahre lang nach ihrer vollständigen Fertigstellung, die Kreuzer
und Torpedofahrzeuge aber, solange sie den zeitgemäßen Anforderungen noch entsprechen. Die Schiffe der aktiven Flotte müssen
sich allezeit in voller Kampfbereitschaft befinden, d. h. ihr materieller
Teil muß in vollständig tadellosem Zustande sein, sie müssen die volle
Besatzung an Offizieren und Mannschaften und volle Ausrüstung haben,
sowie sich alljährlich in Fahrt befinden, wobei jedem Schiffe zwei
Monate jährlich zur Erholung der Bemannung und zur Ausbesserung
bleiben müssen. Die Mannschaften auf diesen Schiffen werden den
vorher auf solchen der Reserve ausgebildeten entnommen. Zur
1. Reserve treten die Linienschiffe und Panzerkreuzer, nachdem sie
zehn Jahre zur aktiven Flotte gehört haben, die Kreuzer und Torpedofahrzeuge aber, sobald sie nicht mehr den für die aktive Flotte
vorgeschriebenen Bedingungen entsprechen. Die Schiffe der ersten
Reserve müssen stets bereit sein, in See zu gehen und 48 Stunden
nach erhaltenem Befehl gefechtsfähig sein. Daher muß ihr materieller
Teil stets in voller Ordnung sein und sich nicht weniger als zwei
Drittel der Bemannung an Bord befinden. Von Offizieren sind stets
im Dienst: Der Kommandant, der erste Offizier, der älteste Ingenieur-
mechaniker, der Revisor und alle „Spezialisten", von den Nicht-
spezialisten, den jüngeren Ärzten und Ingenieurmechanikern aber
nicht weniger als die Hälfte. Es ist dies der „Etat der 1. Reserve".
Bei der Mobilmachung wird sofort die Besatzung auf die volle
Stärke ergänzt. Während der Fahrt, die diese Schiffe alljährlich
für eine bestimmte Zeit zu machen haben, werden junge Mannschaften
zu ihrer Ausbildung an Bord kommandiert.

Zur 2. Reserve gehören die Schiffe, welche den Anforderungen
der aktiven Flotte und der 1. Reserve nicht mehr entsprechen.
Diese Schiffe haben stets nicht weniger als ein Drittel der Bemannung an Bord, ihnen werden während der Zeit der Fahrten, die
alljährlich festgesetzt werden, junge Mannschaften zur Ausbildung
zugewiesen. Die Schiffe der aktiven Flotte bilden Geschwader
und Detachements.

Ein Geschwader in voller Stärke besteht aus einer Division
Linienschiffe (8 Schiffe), einer Brigade Panzerkreuzer
(4 Schiffe), einer Division Kreuzer (8 Schiffe), einer Division
Geschwadertorpedofahrzeuge (Torpedojäger) (36 Torpedojäger, 1 Kreuzer) und den Auxiliarschiffen. Die Linien-
schiffs- und die Kreuzerdivision werden in je zwei Brigaden
eingeteilt, je 4 Schiffe bilden eine Brigade. Eine Division
der Geschwadertorpedofahrzeuge zerfällt in 2 Brigaden

zu zwei Abteilungen (Diwisionü, man unterscheidet in Rußland Diwisija und Diwision. Bei der Landarmee entspricht z. B. die Diwisija unserer Division, die Diwision ist etwa gleichbedeutend mit Halbkavallerieregiment, Artillerieabteilung). Eine solche „Diwision" besteht aus 9 Geschwadertorpedofahrzeugen. Der Kreuzer jeder Diwisija ist für den Chef derselben mit seinem Stabe, dem Lazarett usw.

Ein Geschwader besteht mindestens aus einer Brigade Linienschiffe, einer Brigade Kreuzer und einer Brigade Geschwadertorpedofahrzeuge. Eine geringere Vereinigung von Kriegsschiffen führt die Bezeichnung „Detachement" (Atrjad).

Die Schiffe der 1. Reserve bilden Geschwader und Detachements von gleicher Stärke und Gliederung wie die der aktiven Flotte.

Die Schiffe der 2. Reserve bilden, je nach den ihnen zugewiesenen Aufgaben, besondere Geschwader oder werden Schuldetachements zugeteilt oder erhalten besondere Bestimmungen.

Wenn die Schiffe zum Zwecke einer „Kapitalremonte" (Ausbesserung) oder Neuarmierung außer Dienst gestellt werden, scheiden sie für diese Zeit dem Geschwader aus und werden einem Hafen übergeben. Die Zuteilung der Schiffe zur aktiven Flotte oder zur Reserve und die Bildung von Geschwadern, Detachements, Divisionen, (Diwisijas), Brigaden und Abteilungen wird durch Befehl des Marineministeriums bestimmt. Im Kriege geschieht die Bildung von Flottenformationen und deren Veränderung auf Befehl des Kommandierenden der Flotte.

In Kronstadt werden in nächster Zeit folgende ausrangierte Kriegsschiffe meistbietend verkauft werden: Die Panzerschiffe „Perwenjez", „Kreml" und „Ne tronj menja" und der Kreuzer „Westnik". Die Maschinen dieser Schiffe werden noch für Zwecke der Marineverwaltung Verwendung finden.

Rußland beginnt jetzt auch den Bau eines lenkbaren Militärluftschiffes. Auch mit dem Luftballon des Luftschifferschulparks „General Wannewskij", der bekanntlich einen Umfang von nicht weniger als 1500 Kubikmeter hat, wurde neuerdings ein Aufstieg gemacht. Dieser endete jedoch nach einer Fahrt von drei Stunden bei der Station Irinowka, da man sonst bei der Windrichtung auf den Ladogasee hingetrieben wäre. Am 15. Oktober 1914 kehrt das hundertste Jahr seit der Geburt Lermontows, des so tragisch gestorbenen Dichters, der bekanntlich ein Schüler der Schule der Gardefähnriche war, aus der die heutige Kavalleriejunkerschule hervorging. Es hat sich nun ein Komitee gebildet, das die Mittel für ein bei dieser Schule zu errichtendes Denkmal beschaffen will.

Rußland besitzt in seinen Riesenströmen und seinen vielen Binnengewässern bekanntlich einen großen Fischreichtum, der allerdings durch die oft betriebene Raubfischerei bedroht wird. Der Russe ist infolge seiner vielen Fasttage und Kirchenfeste an Fischnahrung gewöhnt. In einzelnen Truppenteilen sind mit dieser auch sehr gute Erfolge erzielt worden. Daraufhin hat der „Kriegsrat" mit Bezug auf die Heeresernährung Untersuchungen seitens des Technischen Komitees der Hauptintendanturverwaltung und der Militär-medizinischen Akademie angeordnet, namentlich mit Bezug auf die Frage, wie weit man bei dieser Ernährung mit Vergiftungen zu rechnen habe usw. Man hat nun festgestellt, daß stark gesalzene und geräucherte Fische und Fischmehl durchaus zulässig seien. Wegen ihrer großen Billigkeit sind die Seefische, der Kabeljau des Eismeeres und der Ketalachs des Stillen Ozeans, sowie auch die Schwarzemeer- und Kaspifische zu empfehlen. Die Prüfungen dauern fort.

Die „Enthüllungen" des Herrn Kuptschinskij in der „Ruß", der in unerhörter Weise hochgestellte Offiziere, namentlich solche, die im Etappendienst tätig waren, wie General Nadarow, angreift, bilden den Skandal des Tages. Es ist charakteristisch, daß dieser Herr seine über alle Maßen beleidigenden Anschuldigungen nun schon wochenlang fortsetzt, ohne anscheinend gerichtlich zur Verantwortung gezogen zu sein. Lange Zeit schon finden wir im „Rußkij Inwalid" zum Teil sehr eingehende Erwiderungen von Offizieren auf diese Anschuldigungen, ein Vorgehen, das uns bei dem Charakter des Angriffs ungewöhnlich erscheint. In welcher Tonart dieser gehalten ist, geht aus einem „Resumee" hervor, das Kuptschinskij in sehr naiver Weise über „seine Tätigkeit" gibt, und in dem er u. a. folgendes sagt: „Nun ist es schon einen Monat her, daß ‚Die Schilderungen der Helden der Nachhut' gedruckt werden. Was hat die Heeresleitung getan, um die begangenen Verbrechen zu untersuchen, diese Obrigkeit, die doch zweifelsohne darüber unterrichtet ist, daß täglich vor ihren Augen Tatsachen bekannt gegeben werden, die sich als dienstliche Verbrechen ihrer Untergebenen kennzeichnen. Hat sie auf irgendeine Weise die Ehrenmänner und würdigen Mitglieder des Offizierkorps vor dem Zwange des gemeinsamen Dienstes mit denen geschützt, deren Taten einen Schatten auch auf die anständigen Mitglieder ihres Standes werfen. Man wirft mir vor, daß ich einen Feldzug gegen die ‚Generale' unternommen hätte. Man sagt, daß ich gegen sie vorgegangen bin, weil sie Generale sind. In Wahrheit gehe ich gegen die hohen Vorgesetzten vor, weil ich wünsche, die Taten derer zu beleuchten, von denen die Leistungen der Untergebenen abhängen." Und nun zählt er „die faktischen Ergebnisse seiner Enthüllungen auf". Da heißt es u.: „General Nadarow ‚dementiert' meine Enthüllungen und klagt. In Wahrheit verlangt die Kontrolle von ihm Auskunft über den Verbleib von $1^1/_2$ Millionen Rubel. General Uchatsch-Ogorowitsch telegraphiert, daß alles Verleumdung und daß er klagen wird. Er ist verabschiedet, ohne den nächsthöheren Rang zu erhalten. Oberst Ssokol hat meine Beschuldigungen ohne Antwort gelassen. Er ist verabschiedet worden. General Chlynowskij schweigt, General Koslow schweigt", usw.

Daß bei diesen schwierigen Zuständen die auf allen Gebieten des militärischen Lebens angebahnten Reformen erschwert werden, bedarf keiner Begründung. Bekleidung und Ausrüstung, Taktik und Reglements werden auf Grund der Kriegserfahrungen von besonderen Kommissionen einer Durchsicht unterzogen. Es ist nicht uninteressant, wie es in manchen Dingen — wie übrigens auch in anderen Armeen — auf dem Gebiete des Bekleidungs- und Ausrüstungswesens heißt: „Aus den Kartoffeln in die Kartoffeln". So finden die hohen Stiefeln in neuerer Zeit wieder viele Gegner, namentlich bei dem Schnitt der Hosen. Die Form des Bajonets, auch die des Offiziersäbels der Infanterie, wird scharf kritisiert. Was aber allseitig anerkannt wird, das sind die außerordentlich praktischen Feldküchen, die es z. B. gestatteten, auch in den schwersten Tagen vor Mukden den Truppen warmes Essen zuzuführen.

In der Presse wird viel von Auflassungen einer größeren Anzahl der an dem Schwarzen Meer und der Ostsee gelegenen Festungen, bzw. befestigten Häfen berichtet. Daß Rußland hier eine Zahl von Festungen besitzt, die den Anforderungen moderner Kriegsführung nicht mehr entsprechen und das Budget unnötig belasten, ist nicht zu leugnen. Andere sind wohl von vornherein nicht sachgemäß angelegt, wie z. B. Batum. Daß sich die Gerüchte, welche über diese Veränderungen im Umlaufe sind, in diesem Umfange nicht bewahrheiten werden, erscheint wohl sicher. Wir werden zu gegebener Zeit hierüber berichten. C. v. Z.

Literatur.

I. Bücher.

**Napoleons Strategie im Lichte der modernen kriegswissenschaft-
lichen Kritik.** Von von R. ...., General im österreichischen
Heere. Berlin, 1907. Risels deutsche Zentrale für Militärwissenschaft. 2,50 Mk.

Vergeblich sucht man nach dem „Licht der modernen kriegswissenschaftlichen Kritik", welches der Titel ankündigt und findet
nur die Entdeckung, daß Napoleon im Gegensatz zu den Generalen
des 18. Jahrhunderts, die in Künsteleien befangen waren, durch seine
„Willenskraft" gesiegt habe. Friedrich der Große wird nicht erwähnt.

Es bedarf wohl kaum der Ausführung, daß damit Napoleon auf
eine Stufe mit Karl XII. gestellt wäre, daß alle Willenskraft nicht
ausgereicht hätte, wenn nicht Erfolge vorangegangen wären und daß
diese ohne den überwiegenden Intellekt nicht denkbar wären. —. Die
ganze Tendenz ist somit verfehlt. Das was in der nur 88 Seiten
starken Schrift angeführt wird, ist manchmal auffallend, dann aber
nicht mit Quellen belegt, z. B. daß Napoleon bei Waterloo die Welling-
tonsche Armee im Rückzug geglaubt und deshalb mit dem Angriff
gezögert, daß er um die Preußen sich nicht gekümmert habe, daß
letztere (Bülow) die Schlacht beobachtet hätten „unentschlossen, ob
sie sich mit den Engländern vereinigen oder sie ihrem Schicksal überlassen sollten"; letzteres liest er gar aus Grolmanns Tagebuch heraus.
Diese Proben werden genügen! v. Twardowski.

Der Festungskrieg. Von Fritsch, Major und Militärlehrer an der
Kriegsakademie zu Berlin. Mit 7 Skizzen im Text. Berlin.
Liebelsche Buchhandlung, 1907. Preis 4 Mk.

Es war nach der Belagerung von Port Arthur eine nicht ganz
leichte aber dankbare Aufgabe, ein neues Lehrbuch über den Festungskrieg zu schreiben, ersteres, weil nach den dort gemachten Erfahrungen eine ganze Reihe veralteter und irrtümlicher Anschauungen
über Bord geworfen werden mußten, und doch noch nicht über alle
Vorgänge hinreichende Klarheit geschaffen ist, um ein unanfechtbares
Urteil abgeben zu können, letzteres, weil das Interesse für den
Festungskrieg eine mächtige Anregung erhalten hat und nach der
leitenden Hand verlangt, die allgemein die Armee in dies solange
schmählich vernachlässigte Gebiet der Kriegswissenschaften einführen
kann. Das Buch des Majors Fritsch ist deshalb mit Freuden begrüßt
worden und es kann dem Studium angelegentlich empfohlen werden,
denn es hält sich frei von einseitiger Betonung der Tätigkeit einer

einzelnen Waffe und behandelt den Gegenstand von einem hohen, der Sache würdigen Standpunkt. Wenn auch nicht bis in alle Einzelheiten, werden die Ansichten des Verfassers im allgemeinen volle Zustimmung der zum Urteil berechtigten Kreise finden. Aus dem reichen Inhalt seien nur einige wichtige Punkte herausgegriffen. Paris wurde im Jahr 1870 am 18. und 19. September eingeschlossen, ohne daß die Heeresleitung über die anzugreifende Front schon in Erwägungen eingetreten wäre. Erst nachdem die Berichte des Generals Schulz vom 26. und der Generale v. Kleist und v. Hindersin vom 30. September eingelaufen waren, ward am 9. Oktober der Entschluß gefaßt, die Südfront anzugreifen. Hätte man einen energischen Angriff durchzuführen sich entschlossen, so waren dafür bereits 20 Tage nutzlos vergeudet. Ich habe in meinen kriegsgeschichtlichen Beispielen (Heft 3) den Gründen hierfür nachzuspüren gesucht und darauf hingewiesen, wie wichtig für die Belagerung die Bestimmung der Angriffsfront nach strategischen Gesichtspunkten bereits vor der Einschließung gewesen wäre. Fritsch stellt es als eine Aufgabe des Generalstabes hin, auf Grund jedes zu beschaffenden Materials bereits im Frieden Denkschriften über die Angriffe der in Frage kommenden feindlichen Festungen auszuarbeiten, und „damit entfällt der rechte Grund für die bislang vertretene Auffassung, daß vom Führer der Belagerungsarmee erst nach bewirkter Einschließung im Felde die zweckmäßigsten Angriffsrichtungen ermittelt und demnächst die für den Angriff erforderlichen Verstärkungen an Truppen und Belagerungsformationen bei der obersten Heeresleitung beantragt werden müssen".

Sowohl vor Straßburg als vor Belfort haben wir die Erfahrung gemacht, daß unsere Artillerie ihre hauptsächliche Aufgabe in dem Zweikampf mit der Artillerie der Festung suchte, daß sie dabei die Unterstützung der Infanterie und der Pioniere bei ihrem mühevollen Vorgehen zu wenig unmittelbar unterstützte, die Hilfe vielmehr in der allgemeinen Niederkämpfung des Gegners suchte ohne zu bedenken, daß ein einzelnes in gedeckter Stellung ungehindert wirkendes Geschütz dem Infanterieangriff mehr schaden kann, als alle Geschütze, mit denen sich die Artillerie bekämpft. Und bis in die neue Zeit hat man artilleristischerseits immer den „Artilleriekampf" in den Vordergrund gestellt und mit seiner siegreichen Durchkämpfung den Festungskampf entscheiden zu können gewähnt. Es ist deshalb nicht überflüssig, daß der Artillerie in Erinnerung gebracht wird: „Ihre Aufgabe beim Festungsangriff ist dieselbe wie bei jedem anderen Angriff, nämlich durch Fesselung und womöglich Niederkämpfung der feindlichen Artillerie der eigenen Infanterie das Herangehen an den Feind bis auf wirksame Gewehrschußweite zu erleichtern und ihren Einbruch, soweit es aus der Entfernung ausführbar ist, durch Sturmreifmachung der feindlichen Stellung und Mitwirkung bei Erschütterung ihrer Besatzung vorzubereiten."

Von außerordentlicher Wichtigkeit ist die aus den Vorgängen bei Port Arthur gezogene Schlußfolgerung, daß „es überhaupt fraglich ist, ob man gegenüber noch verteidigten geschlossenen Werken mit flankierten Gräben hoffen kann, schon aus 200 m Entfernung die Sturmvorbereitung der Pioniere und den Sturm selbst durchzuführen. Die neuesten Kriegserfahrungen sprechen dagegen. Man kommt deshalb zu der Ansicht, das nach dem allgemeinen Sturme und dabei erfolgter Durchbrechung der weniger starken Zwischenstellungen — in der Regel ein zweites engeres Angriffsverfahren gegen die starken ständigen Stützpunkte der feindlichen Linie notwendig sein wird". Hiermit wird anerkannt, daß der eigentliche Nahangriff, dessen langwieriges und blutiges Ringen man bisher durch die Wirkung der Artillerie aus der Ferne ganz glaubte beseitigen zu können, doch wohl in Zukunft so wenig als in früheren Zeiten zu umgehen sein wird. Mit dieser Erkenntnis, die glücklicherweise auch an maßgebender Stelle geteilt wird, werden der technischen Waffe alle die Aufgaben eröffnet, zu deren Bewältigung die nach dem Schema der letzten, durch die Überschätzung der Artillerie beeinflußten Jahrzehnte ausgebildeten Pioniere weder der Russen noch der Japaner genügt haben. Und daß wir durch die Erfahrungen der Japaner und Russen uns haben belehren lassen, daß unsere Pioniere jetzt teilweise für den Festungskrieg ausgebildet·werden, das ist für uns eine der wichtigsten Errungenschaften, die wir dem Kriege in Ostasien zu danken haben. Wie wir bisher das sprungweise, rasche Überschreiten des Angriffsfeldes geübt haben, so werden wir uns in Zukunft mit der sachgemäßen Durchführung des „engeren Angriffs" eingehend beschäftigen müssen. Das Improvisieren ist bei diesem Angriff, wie auch Fritsch sehr richtig bemerkt, von Übel. „Starke Seelen sind in der Hauptsache Rassenprodukte. Erkenntnisse erwachsen nur aus persönlicher Arbeit und Erfahrung."

Frobenius.

Die Kompagnie im Gelände. Grundlagen und Ziel. II. Teil, Felddienst. Von v. Troilo, Hauptmann und Kompagniechef im Infanterieregiment von Courbière (2. Pos.) Nr. 19. Berlin 1907. Verlag von R. Eisenschmidt.

Dieser 2. Teil der Troiloschen Schrift hält durchaus, was der erste versprach. Auch hier findet der Leser ungemein viel Anregung, die mit richtigem Gefühl für die Kriegswirklichkeit dem Kompagniechef die Ausbildung seiner Kompagnie im Felddienst erleichtert. Daß auch hier keine sogenannte Eselsbrücke gegeben ist, ist nach dem Urteil über den 1. Teil selbstverständlich.

In dem ersten Abschnitt des vorliegenden Teiles wird unter der Frage: „Was muß die Kompagnie üben?" Marschausbildung, Sicherungsdienst und Patrouillendienst eingehend und übersichtlich behandelt, und zwar alles, was der Felddienst erfordert, während der zweite Abschnitt die Frage: „Was muß die Kompagnie vom Leben im Kriege kennen?" klar und sachgemäß beantwortet.

Auch dieser Teil sei jedem, der es mit der „Ausbildung der Kompagnie für den Krieg" als dem „einzig leitenden Gedanken" ernst nimmt, warm empfohlen.

Zur Ausbildung der Infanterie. Gedanken über die Einleitung zum Exerzierreglement für die k. und k. Fußtruppen. Von einem ehemaligen Truppenoffizier. Wien 1907. Verlag von L. W. Seidel & Sohn.

Vaterlandsliebe ist es, welche dem ungenannten österreichischen Verfasser hier die Feder in die Hand drückt, das fühlt man aus jeder Seite heraus. Wenn dem Herrn Verfasser dabei manche kräftige Redewendungen, in denen er seinem Unmut Luft macht, entschlüpfen, so mag das der trefflichen Absicht zugute gehalten werden. Er ist ein überzeugter Anhänger moderner Ausbildung und infolgedessen ein abgesagter Feind des geisttötenden, Selbstzweck bildenden Exerzierens und des gedankenlosen, schematischen Gefechtsbilderübens. In den einzelnen Abschnitten, denen er Sätze aus der Einleitung des österreichischen Exerzierreglements für die Fußtruppen voranstellt, zeigt der Verfasser, was geistlose Wortklauberei aus solchen beachtenswerten Lehrsätzen gemacht hat.

Da vieles auch auf unsere Verhältnisse paßt, so kann man dieser Schrift auch bei uns recht viele Leser wünschen.

Der innere und äufsere Dienst der Kompagnie. Eine Anleitung zur Erziehung und Ausbildung von v. Rège, Major und Bataillonskommandeur im Infanterieregiment Prinz Friedrich der Niederlande (2. Westfäl.) Nr. 15. Berlin 1907. Vossische Buchhandlung.

Wie allen derartigen Schriften ein gewisser Wert nicht abzusprechen ist, so auch der vorliegenden. „Eine Anleitung zur Erziehung und Ausbildung" nennt sie der Herr Verfasser, der Hauptton dürfte indessen auf „Ausbildung" liegen, da von „Erziehung" nur wenig gesprochen wird. Was dagegen der Schrift für den angehenden oder den jüngeren Kompagniechef, für den sie bestimmt ist, einigen Nutzen verleiht, ist die Behandlung des inneren Dienstes, und möchte ich hier die Kapitel über Einjährig-Freiwillige, Fahnenjunker, Besoldung und Kassenwirtschaft, Bekleidung besonders hervorheben. Bringen sie auch nichts Neues, so sind sie doch gut zusammengestellt und sind dadurch für den jungen Kompagniechef, der sich bis dahin hauptsächlich nur mit dem äußeren Dienst befaßt hat, ein brauchbares Hilfsmittel.

Ein Kompagniebefehlsbuch, wie es im 3. Teil auf fast 9 Druckseiten beispielsweise angedeutet und dessen Erweiterung als notwendig dargestellt wird, ist ein Unding, das nur Schaden anrichtet.

Die vielen, oft sinnentstellenden Druckfehler sind sehr lästig.

La cavalerie pendant la révolution. Du 14. juillet 1789 au 26. juin
1794. La Crise. Par le commandant breveté Édouard Desbrière,
chef de la section historique, et la capitaine Maurice Sautal,
attaché à la section historique. Avec une carte, de nombreux plans
dans le texte et hors texte. — Berger-Levrault et Cie., éditeurs.
Paris et Nancy 1907. Gr. in 8°, 438 p. Prix Francs 10.—.

Der Ausbruch der Revolution vom Jahre 1789 fand die französische
Kavallerie in einer traurigen Verfassung. Im 1. Bande ihrer die Organisation und die Taktik der Waffe behandelnden Arbeit, über welche die
Jahrbücher im diesjährigen Januarhefte auf Seite 117 berichtet haben,
ist nachgewiesen, wie es zu den bestehenden Verhältnissen gekommen
war. Die neue Regierung, welche damals an die Stelle der königlichen
Gewalt trat, machte schwache Versuche Wandel zu schaffen, aber sie
beging Mißgriffe, durch die der Zustand der Waffe noch schlechter
wurde, und die Verhältnisse, welche im Lande herrschten, waren nicht
geeignet sie zu einem brauchbaren Kriegswerkzeuge heranzubilden.

Der Ausbruch der Feindseligkeiten im Jahre 1792 rechtfertigte
die Befürchtungen, mit denen die Kenner des Heeres ihnen entgegen-
gesehen hatten. Einmärsche in die österreichischen Niederlande,
deren Bewohner man für die neue Staatsform zu gewinnen gehofft
hatte, endeten mit fluchtartigen Rückzügen, die hauptsächlich durch
die Kavallerie verschuldet waren. Der Regierung drängte sich endlich
die Überzeugung auf, daß es notwendig sein würde, das gesamte
Heerwesen umzugestalten, wenn man den inneren und den äußeren
Feinden mit Aussicht auf Erfolg entgegentreten wollte. Vornehmlich
die Kavallerie. Aber hier fehlte es an allem. Die Offiziere waren in
großer Zahl ausgewandert; erst zu Anfang des Jahres 1794 war man
dahin gelangt, den Ersatzbedarf an Mannschaften sicher zu stellen;
die Remóntierung begegnete um so größeren Schwierigkeiten, als die
Nationalversammlung in blindem Eifer die Staatsgestüte aufgelöst
hatte und der Mangel an barem Gelde den Ankauf beschränkte, und
erst ein Beitreibungsgesetz half im Jahre 1793 dem Mangel einigermaßen ab; mit Waffen, namentlich mit Schußwaffen, konnten auch
die erst 1794 in das Feld rückenden Regimenter nur notdürftig versehen werden; mit Ausrüstung und Bekleidung sah es noch schlimmer
aus, so daß beispielsweise im Sommer 1793 ein Husarenregiment nicht
ausrücken konnte, weil es weder Pferde noch Waffen usw. hatte, und
daß bei der Alpenarmee 600 unberittene Leute nicht einmal imstande
waren zu Fuß auszumarschieren, weil sie kein Schuhwerk hatten; es
fehlte an Vorschriften für Ausbildung und Verwendung. Am 10. Januar
1794 erschien endlich nach langen Beratungen eine Verordnung,
welche die Grundlagen für die künftige Organisation brachte. Sie
enthielt tiefeinschneidende Änderungen der bestehenden Einrichtungen. So legte sie den Hauptwert auf den Besitz leichter Kavallerie,
zu welcher auch die Dragoner gehören sollten; sie gliederte die
Kavallerie in 28 schwere Regimenter, von denen 26 Kürassier- und

2 Karabinierregimenter waren, jedes zu 4 Schwadronen, und in 54 leichte
Regimenter zu je sechs Schwadronen, nämlich 20 Dragoner-, 23 Jäger-
und 11 Husarenregimenter; man gedachte die Reiterei auf einen Stand
von 96556 Mann zu bringen. Mannschaften waren dazu jetzt in
genügender Menge vorhanden, aber an Pferden war ein solcher
Mangel, daß im Sommer 1794 ein Drittel der erforderlichen Zahl fehlte;
auch die Beschaffenheit des Offizierkorps ließ zu wünschen übrig, die
neuen Ideen hatten sehr Vielen Eingang in ihre Reihen verschafft,
deren Herkunft und Bildung sie für den Stand ungeeignet machten,
und eine große Zahl hatte die Republik als Aristokraten ausgemerzt,
weil sie von Adel waren.

Die angestrengten Bemühungen der Regierung, welche durch ihre
zu den Truppen entsandten Vertreter sich Kenntnis von den bei
diesen bestehenden Zuständen verschaffte, die Versäumnisse und
Irrungen früherer Zeiten gut zu machen, hatten es dahin gebracht,
daß am Ende des Zeitraumes, über den das Buch berichtet, die an
allen Grenzen im Felde befindlichen Heere über etwa 54000 Reiter
verfügten, deren Felddiensttüchtigkeit freilich zu wünschen übrig ließ,
denn die Kavallerie ist eine Waffe, die sich nicht aus dem Stegreife
schaffen läßt. Wie sie sich dort demnächst bewährt hat, wird der
. 3. Teil des Werkes erzählen. Der vorliegende 2. beschränkt sich
darauf, in einem Schlußabschnitte über die Rolle zu berichten, welche
die Reiterei in den Feldzügen vom Herbst 1792 bis zum Sommer 1794
bei der Nordarmee gespielt hat. Sie war sehr unbedeutend, woran
sowohl die durch die Regeln der damaligen Taktik vorgezeichnete
Art der Verwendung der Waffe wie diese selbst Schuld trugen. Von
einer Schlachtentätigkeit war nicht die Rede. Zwischen den Truppenteilen der Infanterie verzettelt oder zur Deckung der Artillerie bestimmt oder weit rückwärts gelassen, bot sich ihr selten eine Gelegenheit, in das Gefecht einzugreifen und wenn eine solche vorhanden war, fehlten der Trieb und das Geschick sie zu ergreifen;
den Sicherheitsdienst besorgte sie in engem Anschlusse an die Infanterie; in der Aufklärung versagte sie vollständig. Ihren Gegnern war
sie keineswegs gewachsen, weder der preußischen Kavallerie, der das
Buch den ersten Platz anweist, noch der österreichischen, noch der
englischen, noch der in englischem Solde stehenden deutschen.

Übrigens entspricht der kriegsgeschichtliche Teil der Arbeit nicht
der Bestimmung des Werkes, welche der Titel ihr zugewiesen hat.
Kriegsgliederungen und Nachweise der Unterkunft sind in erster
Linie berücksichtigt, Organisation und Taktik spielen eine Nebenrolle,
die Vorgänge auf dem Schlachtfelde sind nur ganz oberflächlich dargestellt und von den vielen Kriegsschauplätzen ist nur der obenerwähnte
in den Kreis der Betrachtung gezogen.

Das Königtum hatte der Republik eine üble Erbschaft hinterlassen, eine Kavallerie, die als Kriegswerkzeug durchaus unbrauchbar
war; und die Anordnungen, welche die neue Regierung zunächst in

Beziehung auf die Waffe traf, brachten diese noch mehr herunter.
Erst nach zwei bis drei Jahren lenkte man ein. Aber die Schwierigkeiten, die zu überwinden waren, konnten nicht im Handumdrehen
bewältigt werden und auch zu der Zeit, mit welcher das Buch ab-
schließt, fehlte es fast an allem, daher auch an Selbstvertrauen und
an Unternehmungsgeist. Aber man war auf dem Wege des Fortschrittes. Der nächste Band wird zeigen, wie er verfolgt wurde.

14.

L. **Sazerac de Forge**, capitaine breveté. **La conquête de l'air.** Le
problème de la locomotion aerienne — Les dirigeables et l'aviation
— Leurs applications. Avec 136 gravures, figures et portraits.
Berger-Levrault & Cie, Paris 1907.

„Die Wissenschaft ist um einen neuen Zweig bereichert worden:
der lenkbare Luftballon, gestern noch für eine unausführbare Wahn-
vorstellung erachtet, hat endlich, nach 120 Jahren tastender Versuche,
dank Herrn Julliot, mit dem wunderbaren Gerät des „Lebaudy" den
Weg der praktischen Ausführung beschritten. Der Mensch ist heute
Herr auch des letzten Elementes, das sich ihm bisher entzog: der
Luft." Mit diesen, einen wohlberechtigten nationalen Stolz atmenden
Worten leitet der Kapitän Sazerac de Forge sein Werk ein und hebt
damit gleichzeitig den Kernpunkt seines Buches hervor: den „Lebaudy"
und die Vorteile, die seine Verwendung dem Verkehr und im besonderen
der Kriegführung zu gewähren verspricht. Der Darstellung des
Werdegangs des Luftschiffes, der damit angestellten Versuche und
der Beschreibung des „Lebaudy" und seines größeren Schwester-
schiffes, der „Patrie", stellt der Verfasser einen Überblick der früheren
Versuche von dem Ballon der Gebrüder Montgolfier bis zu den Luftschiffen des Santos-Dumont voran, erörtert in leichtverständlicher
Weise die für die Frage des lenkbaren Luftschiffes hauptsächlich zu
lösenden physikalischen Aufgaben, wirft einen Blick auf die außerhalb
Frankreichs angestellten Versuche und bespricht die verschiedenen
Gattungen der Flugapparate. Dem Verständnis kommt die reiche
Ausstattung mit guten Abbildungen (meist nach Photographien) ent-
gegen.

Unter den von 1902—1905 ausgeführten Versuchen sind besonders
diejenigen lehrreich und interessant, die in diesem Jahr unter Kontrolle einer vom Kriegsminister eingesetzten Kommission angeordnet
wurden, um die Marschfähigkeit des Flugschiffes in Begleitung einer
Armee und seine Verwendbarkeit beim Festungskriege nachzuweisen.
Dem ersteren Zweck sollte ein Marsch von Moissons über das Lager
von Châlons nach Toul und Verdun dienen, bei dem unter freiem
Himmel gelagert und der Verlust an Gas in Châlons und Meaux durch
vorausgesandte Gaswagen der Genietruppe ergänzt werden sollte. Am
ersten Tage legte der „Lebaudy" von Moissons bis Meaux 93,5 km in
157 Minuten zurück, am zweiten Tage konnte er gegen eine Windstärke von 7—9 m in der Sekunde nur 18 km zurücklegen und mußte

dann bei Jouarre mit Hilfe von 70 Steinbrechern und Bauern einen
Sturm überstehen. Am dritten Tage (5. Juli) durchmaß er die 96,5 km
bis zum Lager von Châlons bei mäßigem Winde in 200 Minuten, wurde
aber, nachdem er gelandet und befestigt war, durch einen Orkan losgerissen und derart auf eine Baumgruppe geschleudert, daß seine
Trümmer nach Toul geschafft und in einem Artilleriewagenhaus,
dessen Sohle zur Gewinnung ausreichender Höhe um 10 m vertieft
wurde, wieder zusammengesetzt werden mußten: erst am 8. Oktober
war der „Dirigeable" wieder aktionsfähig und konnte am 12. seine
vielbewunderte Fahrt nach Nancy und zurück machen, bei der er
seine größte Geschwindigkeit von 10,8 m in der Sekunde (26 km in 40
Minuten) erreichte. Der Verfasser rechnet nicht ganz richtig, wenn
er aus der Angabe von 26 km in 40 Minuten ausrechnet: 40 km in der
Stunde (anstatt 39 km) und die Sekundengeschwindigkeit anstatt auf 10,8
auf 11,8 m angibt (Tabelle S. 200). Ob ihm dabei der Wind zu Hilfe
gekommen ist, erwähnt der Verfasser nicht; man möchte es aber
beinahe daraus schließen, daß die ebenfalls 26 km messende Hinfahrt
2 volle Stunde beanspruchte.

Die besondere Aufmerksamkeit erfordert die Studie über die Verwendung des Luftschiffes in der Armee und in der Marine. Der Verfasser
erörtert zunächst seine Ausnutzung zur Herstellung der Verbindung
einer belagerten Festung mit der Außenwelt bzw. der Feldarmee sowie
zur Nachrichtenübermittelung zwischen getrennt marschierenden
Kolonnen; hierauf wendet er sich zur Benutzung des Gerätes als
„Artillerie aerienne", der nach seiner Ausführnng die Abmachungen
der Haager Konferenz durchaus nicht im Wege stehen, da sie nur
für 5 Jahre, also bis zum 29. Juli 1904 Gültigkeit hatten. Er berechnet,
daß der „Lebaudy" 300, die „Patrie" 600 kg. Geschosse mitführen könne,
die bei entsprechend dünner Wandung 80—90% Sprengmittel enthalten könnten, und gibt an, daß die bei Toul ausgeführten Versuche
mit Hinabfallenlassen dieser Geschosse günstige Resultate ergeben haben.
Von größerer Wichtigkeit als die hauptsächlich moralische Wirkung
dieser Geschosse ist ohne Zweifel die Bekämpfung der Fesselballons,
die nach Ansicht des Verfassers einfach verschwinden müssen, sobald
der Flugballon ihnen naht. In dritter Linie bespricht Sazerac eingehend die Benutzung zur Erkundung, also der jedenfalls wichtigsten
Verwendung des Flugschiffes, und kommt zu dem Ergebnis: „In einer
Armee, die allein im Besitz von einem oder mehreren Flugschiffen
ist und einen Gegner sich gegenüber hat, der dies Kriegsinstrument
entbehrt, befindet sich der Oberbefehlshaber in der Lage eines Spielers,
der alle Karten seines Gegners kennt, während dieser nur in sein
eigenes Spiel Einsicht hat. Unterrichtet von allem, was von Wichtigkeit
sich im feindlichen Lager ereignet, wird er jedem Unternehmen begegnen und die seinigen auf Grund seiner Kenntnis der Lage anordnen können." Das ist ohne Zweifel richtig, und der Wert, den der
Besitz des Luftschiffes für die Armee hat, nicht überschätzt. Nun

fügt aber der Verfasser hinzu, daß zurzeit Frankreich sich in der glücklichen Lage dieses alleinigen Besitzers befinde und voraussichtlich auch noch mehrere Jahre lang befinden werde. Er ist allerdings nicht so kurzsichtig, daß er glauben sollte, anderen Armeen sei der Weg zur Erbauung von leistungsfähigen Luftschiffen ganz abgeschnitten, aber er glaubt sie doch noch weit davon entfernt.

Deshalb ist das Urteil des französischen Fachmannes über die deutschen Konstruktionen nicht ohne Interesse. Vom „Zeppelin No. 3" sagt er: „Es ist wohl möglich, daß er eine Lösung der Frage der Luftschiffahrt bringen wird, aber bei aller Hochachtung vor der Energie, der verdienstvollen Zähigkeit und der wertvollen Berechnungen des Erfinders, glaube ich doch, daß derartige Ballons mit starrem Gerüst niemals eine praktische Lösung ergeben, daß diese Ungeheuer niemals für den Krieg brauchbare Instrumente sein werden. Diese kolossale Maschine ist schrecklich schwer zu befördern und beinahe unmöglich zu handhaben, außerdem, wie die beiden ersten Konstruktionen gezeigt haben, außerordentlich gebrechlich. Man kann vom Erdboden weder aufsteigen noch auf ihm landen; man braucht dazu einen ganz ruhigen See und sehr günstige atmosphärische Verhältnisse. Was kann uns eine Luftmaschine dieser Art bieten als eine kostspielige wissenschaftliche Merkwürdigkeit?" Nicht so abfällig beurteilt er den ihm bereits bekannten „Parseval", hat aber zu der Anwendung von 2 Ballonets, wie sie diesem eigentümlich, kein Vertrauen, da er dadurch die Stabilität des Luftschiffes gefährdet glaubt. Er erinnert daran, daß gerade in der Beseitigung der gefährlichen Schwankungen des langen Ballons ein hauptsächliches Verdienst des französischen Erfinders beruhe, und hält es für tollkühn, absichtlich ähnliche geneigte Stellungen herbeizuführen und dadurch die Schwankungen zu begünstigen, die man in Frankreich mit soviel Mühe beseitigt habe. Auch die Zweckmäßigkeit anderer Einrichtungen bezweifelt er und schließt endlich aus dem Geheimnis, mit dem bis zu diesem Sommer die Versuche mit dem Parseval umgeben wurden, daß sie ungünstig abgelaufen sein müßten: „Toutefois, chez un peuple qui aime tant à exalter, au besoin en les exagérant, ses succès les moins importants, ce silence même semble un indice de la médiocre satisfaction qu'il aurait donnée." Worauf der Verfasser dieses nicht gerade schmeichelhafte Urteil über uns gründet, sagt er nicht; aber vielleicht werden ihn die zurzeit nicht nur mit dem Parseval, sondern auch noch mit einem zweiten deutschen Militärballon und mit dem Zeppelin erzielten Resultate, wenn sie ihm bekannt werden, nicht nur über die Verwendbarkeit der deutschen Konstruktionen belehren, sondern auch den Beweis dafür führen, daß man in Deutschland nicht nur zu schweigen versteht, wenn man am Erfolg verzweifelt.

Kapitän Sazerac legt der französischen Heeresleitung ans Herz, das augenblickliche Übergewicht, das ihr der alleinige Besitz von brauchbaren Luftschiffen gewähre, auszunutzen und deshalb vor allen

Dingen die erforderliche Anzahl dieser Kriegsmaschinen zu beschaffen. Er erachtet für erforderlich, jede der 3 an der deutschen Grenze in Frage kommenden Festungen mit je 2 (je einem zur Erhaltung der Verbindung mit außen und einem zu Erkundungszwecken) auszurüsten, einschl. Reserve also 8 zu beschaffen; für jede der voraussichtlich aufzustellenden 5 Armeen will er 2, im ganzen also 20 Luftschiffe bereitgestellt wissen. Den Konstrukteuren aber legt er das eifrigste Studium ans Herz, nun das jetzige Gerät möglichst weiter zu entwickeln und der französischen Armee den Vorteil zu wahren, stets mit dem besten Flugschiff ausgerüstet zu sein, wenn es auch dem Auslande gelingen sollte, eine „minderwertige Nachahmung des Lebaudy" zustande zu bringen. Denn bei dem Kampf, der sich dann in den Lüften zwischen den „Geschwadern der Luftschiffe" entspinnen wird, kommt alles auf größte Bewegungsgeschwindigkeit und Manövrierfähigkeit an. Weitere Untersuchungen auf diesem Gebiet überläßt er aber wohlweislich den zukünftigen Taktikern des „Luftkrieges".

Dieser kurze Überblick über den reichen Inhalt des Werkes, der eine ganze Reihe interessanter Gegenstände beiseite lassen mußte, möge Anregung geben zum Studium des interessant und leicht verständlich geschriebenen Buches. Frobenius.

Wie führt der Batterieführer seine Batterie zweckmäfsig in die Feuerstellung? Von Anders, Hauptmann und Militärlehrer an der Hauptkadettenanstalt in Groß-Lichterfelde. Berlin 1907. Mittler & Sohn.

Das vorliegende Heftchen enthält auf seinen 47 Seiten eine mit großem Verständnis und Fleiß zusammengefaßte Aufführung aller Bestimmungen, die der Batterieführer beherzigen muß, wenn er seine Batterie richtig in die Feuerstellung bringen will.

Wie schon in seinen früheren Arbeiten, so hat es auch hier der Herr Verfasser wieder verstanden, mit geradezu staunenswerter Genauigkeit alles zusammenzutragen, was für die Frage von Bedeutung ist. Es sind keine eigenen Ansichten, die der Herr Verfasser gibt, sondern nur Bestimmungen des neuen Exerzierreglements der Feldartillerie, die sich in den verschiedenen Ziffern abschnittweise oder satzweise zerstreut vorfinden. Im Exerzierreglement, das von einem höheren Standpunkt in seinem 4. Teil, „Das Gefecht", die Tätigkeit der Artillerie, behandelt, konnten die einzelnen Bestimmungen, die die Batterie angehen, nicht im Zusammenhange gebracht werden, da sonst beim Betrachten der größeren Verbände Wiederholungen unvermeidlich gewesen wären. Das vorliegende Heftchen erleichtert daher dem Batterieführer einerseits das Studium des Exerzierreglements, indem es ihm eine praktische Handhabe bietet, um sich aus dem 4. Teil desselben das für die Batterie Nötige noch einmal einzuprägen, anderseits bietet es seinem Gedächtnis eine Hilfe, weil er das gerade für ihn Notwendige dort zusammengestellt findet und das Buch wegen des

handlichen Formats stets mit sich führen kann. Dabei ist allen Bestimmungen die zugehörige Ziffer des Exerzierreglements beigesetzt,
so daß ein Zurückgreifen auf das Exerzierreglement selbst jeden
Augenblick möglich ist. Bei der nunmehr gründlicheren Ausbildung
im Schießen aus verdeckter Feuerstellung ist eine S. 14 gegebene
Gedächtnisregel von Wert, da der Batterieführer sich beim Einnehmen
der Stellung überlegen muß, ob er über die vorliegende Deckung
(Wald, Hecken, Häuser usw.) hinwegschießen kann. Die Regel heißt:
Für 1 m Erhöhung der vorliegenden Deckung bleibt man bei Entfernung von 1000 m etwa 60 m (unter 1000 m noch mehr) von
2000 m 20 m, bei 3000 m und darüber 10 m ab. Die Regel stimmt,
wie man sich durch schußtafelmäßige Berechnung überzeugen kann,
ziemlich genau. Steht man nahe hinter einer Deckung, so hat man
auch einen Anhalt, ob man darüber hinwegschießen kann, indem man
durch das geöffnete Rohr nachsieht, ob man über die Deckung hinweg-
sieht. Steht man weiter ab, so kann man nach der Schußtafel genau
berechnen, bis auf welche nächste Entfernung man über die Deckung
hinwegschießen kann. Diese Berechnung muß, wenn die Zeit vorhanden ist, stets gemacht werden, damit man für die Wechselfälle
des Gefechts vorbereitet ist. Sie geschieht sehr einfach, indem man
nach der Schußtafel die Erhöhung in $^1/_{16}{}^0$ bis zu der Deckung nimmt,
dann die Höhe der Deckung selbst in Erhöhung umsetzt, durch Nach-
sehen, um wieviel ein Teil der Höhenrichtung den Treffpunkt nach
der Höhe verlegt und dann aus der Schlußtafel wiederum die Entfernung findet, die der gefundenen Erhöhung entspricht. Im Notfalle
kann man, wenn keine eignen Truppen vor der Front sind, schließlich
auch einen Probeschuß abgeben.

Zwei Anlagen zu dem Heftchen bringen Skizzen der Versammlung
im Abteilungsverbande, Marschordnung, und was besonders nützlich
ist, die Darstellung einer Artillerieabteilung in Feuerstellung mit Angabe der Gliederung für den Munitionsersatz, wobei Winkerflaggen,
Aufklärer, Fernsprecher usw. berücksichtigt sind.   Zw.

Evolution de la Puissance défensive des navires de guerre. Avec
un complement concernant La Stabilité des Navires par. L.-E.
Bertin. Commissaire général de l'exposition maritime de Bordeaux. Berger-Levrault & Cie. Paris 1907.

In dem Hauptteil seiner Abhandlung gibt der Verfasser eine
geschichtliche allgemeine Entwickelung der Defensivkraft der Kriegsschiffe von 1860—1906 ohne indessen etwas Neues zu bringen, da
diese Entwickelung jedem Fachmann bekannt ist, dem Laien aber in
den dürftigen Auseinandersetzungen des Stufenganges der Entwickelung wenig Interessantes bietet und kaum verständlich ist. Auch der
Anhang ist nicht geeignet, dies Verständnis zu fördern. Für Laien
sind die Abhandlungen über Stabilität zu gelehrsam, trotz oder wegen
ihrer Kürze.   v. N.

Meyers kleines Konversationslexikon. 7. gänzlich neubearbeitete und vermehrte Auflage. II. Band. Leipzig und Wien. Verlag des Bibliographischen Institutes. Preis gebunden Mk. 12.—.

Bereits im Januarhefte der „Jahrbücher" haben wir auf die neue Ausgabe des „Kleinen Meyer" aufmerksam gemacht und den erschienenen I. Band, sowie die Gesamtanlage des Werkes, das in seiner neuen Auflage auf 6 Bände anwachsen soll, eingehend besprochen.

Der vor kurzem ausgegebene II. Band erfüllt in jeder Beziehung die Erwartungen, die wir beim Erscheinen des ersten zu hegen berechtigt waren. Hinsichtlich des Bildschmuckes werden sie sogar noch übertroffen; denn während der I. Band nur mit 65 teils schwarzen, teils farbigen Beilagen ausgestattet ist, sind in dem II. Band deren 73 vorhanden.

Von diesen sind als besonders interessant für unsere Leser hervorzuheben: Die Garnisonkarte von Mitteleuropa nach dem Stande vom 1. Januar 1907, die in vorzüglichen Farbendruck ausgeführten Uniformen des deutschen Reichsheeres und der Marine, die deutschen Flaggen und Staatswappen sowie die Tafeln der Befestigungsanlagen im Festungskriege.

Vielfach angestellte Stichproben haben nie versagt und dadurch deutlich gezeigt, wie außerordentlich reichhaltig das Werk geworden ist, das nun in seiner Neugestaltung auch verwöhnte Ansprüche durchaus zufriedenstellt.

Besonders anzuerkennen ist, daß der am Schlusse jeden Artikels angegebene Literaturquellennachweis gegen früher eine erhebliche Erweiterung erfahren hat. Wir wiederholen, daß wir den Besitz des neuen Kleinen Meyer für eine wertvolle Bereicherung der Privatbibliothek des Offiziers halten. v. B.

II. Ausländische Zeitschriften.

Streffleurs militärische Zeitschrift. (November.) Folgerungen aus den Kriegen in Südafrika und Ostasien für den Angriff auf Befestigungen. — Die Ehrennotwehr nach dem österreichisch-ungarischen Strafgesetzbuche. — Die Verwendbarkeit von Motorballons.

Revue d'Infanterie. (November.) Der 2. Teil des japanischen Exerzierreglements für die Infanterie. — Zusammenstellung der Kraftverhältnisse von Infanterie und Artillerie. — Studie über die Panik bei den Truppen (Forts.). — Historische Studie über die Belastung des Infanteristen (Forts.).

Revue d'histoire. (Oktober.) Der Anfang des österreichischen Erbfolgekrieges. — Taktische Studien über den Feldzug 1806. — Krieg 1870/71: Die Belagerung von Metz. **Kavalleristische Monatshefte.** (November.) Statistische Aufklärung einst und jetzt. — Der Verschleierungsdienst der Kavallerie. — Die Tätigkeit der deutschen Kavallerie im Kaisermanöver 1907. — Über die deutsche Pferdezucht. **Revue de Cavalerie.** (September). Briefe eines alten Kavalleristen von General Donop. — VI. Bericht über die Kavallerieübungen im X. Deutschen Korps im Jahre 1884. — Das Gefecht zu Fuß und der Schießunterricht in der Kavallerie (Schluß). — Die leichte Kavallerie am Schluß des ancien-régime. — Sachsen-Husaren von Major v. Caze nove (Forts.). — Das Inkonditionsetzen bei der Ausbildung des Kriegspferdes. **Revue d'Artillerie.** (August 1907.) Die Eroberung der Luft (Schluß). — Noch einmal verdecktes Schießen. — Verschiedene Nachrichten. Frankreich: Ein neues Verfahren zur angenäherten Rektifikation des Kreisbogens. — Japan: Handgranaten. — Rußland: Die Sprengkörper der russischen Revolutionäre. (Zeitschrift für das gesamte Schieß- und Sprengstoffwesen.) **Revue de l'armée Belge.** (Juli, August 1907.) Die elektrisch selbsttätigen Scheiben von Bremer. — Einiges über den russisch-japanischen Krieg in bezug auf die Artillerie. — Studie über das Schießen. — Konferenz über die militärische Erziehung der jungen Offiziere. — Rohrrücklauflafetten, ihre Konstruktion, ihre mechanische Theorie und ihre Leistung. **Revue du génie militaire.** (September.) Zwei geologische Besprechungen (Konferenzen des Herrn Joly in Nancy am 11. und 15. Mai 1907). — Die aerodynamischen Studien bei den italienischen Militärluftschiffern. — Drahtnetzhindernisse in der Mandschurei. — Selbstanzeigende Scheibe System Peters. — Behandlung der Hölzer mit Zucker (zur Konservierung). — Flüssige Luft als Sprengmittel bei Herstellung von Minengängen. — Der vom Blitz getroffene italienische Militärballon. — Schnellverzinnung. **Mitteilungen über Gegenstände des Artillerie- und Geniewesens.** 10. Heft. Über ballistische Apparate. Rechnungen für die Schußprotokolle. — Über die Ausbildung der Feldartillerie. — Die Kollektivmaßlehre. **Allgemeine Schweizerische Militärzeitung. Nr. 41.** Vom Hottentottenkriege. — Gebirgstransport von Geschützen und Fuhrwerken. — Die Neuorganisation der französischen Kavallerie und ihre Manöver. **Nr. 42.** Infanterie im Gebirge. — Neue Turnvorschriften. — Das neue deutsche Feldgeschütz. **Nr. 43.** Benno Schrembe †. — Der derzeitige Verkehrs- und militärische Wert des Zeppelinschen Luftschiffes. — Die großen Manöver der italienischen Flotte. — Allge-

meine Wehrpflicht. — Das schweizerische System. Nr. 44. Zur
Schießausbildung. — Inländische Pferdezucht. — Optische Signali-
sierung in der österreichisch-ungarischen Armee. — Urteile über die
französischen Truppen beim diesjährigen Manöver. — Die Munition
der Franzosen in Marokko. — Eine altzürcherische Kavallerieübung
vor zweihundert Jahren.
Schweizerische Zeitschrift für Artillerie und Genie. Nr. 10.
(Oktober.) Die neue Schießvorschrift für die deutsche Feldartillerie
1907. — Ein zeitgemäßer Fortschritt im Ausbau schwerer Geschütze
für den Kampf um Festungen. — Kriegstechnische Eindrücke und
Beobachtungen aus dem russisch-japanischen Kriege.
La France militaire. (Oktober.) Kapitulation auf 6 Monate
vom Major Mourier (in Aussicht genommen Ackerbauer vom 1. Oktober
bis 1. April). — Die Verwendung der Mitrailleusen. — Historische
Dokumente über den russisch-japanischen Krieg. — Sanitätsübungen, 2.
— Die Lehren von Casablanca für die Kavallerie. — Die Infanterie
durch die Kavallerie unterstützt, 3. — Die Verwendung der Maschinen-
gewehre. — 100 Abteilungen gefordert gegen Abschaffung der Radfahrer. — Die ersten Schritte in Algier von Bourmont zu Bugeaud. —
Das Feuer in der Bewegung, 4. — Die Lage Japans politisch und
seemännisch betrachtet von Oberst Septans, 5. 6/7. — Die Kavallerie
Oktober bis April. — Schwierigkeiten durch den zweijährigen Dienst, 5.
— Die Ereignisse im Süden. — Das neue Infanterieexerzierreglement,
Vortrag, 6/7. — Die Umwandlung von St. Cyr vom General Prud-
homme. — Die Taubenpost am Congo, 8. 9. — Die Selbstfahrer
im Heere, 8. 10. — Sanitätsübungen in Lille, 8. — Die englisch-
russische Konvention vom Oberst Septans. — Der Hafen von
Cherburg von Narval. — Rüstung gegen Deutschland, 9. — Die mili-
tärische Pflicht und die Verabschiedung der Offiziere, 10. — Die
Kraftwagen bei den Heeren. — Avancierte und Rekruten in der
Infanterie (gegenwärtige Schwierigkeiten der Ausbildung). — Der
Hafen von Cberburg (Klagen über Vernachlässigung), 11, 17. — Vorträge über das neue Infanterieexerzierreglement, 12. — Die Untätigen
in der Infanterie. — Abschaffung verschiedener Hilfsdienste und der
Musik, 13/14. 16. — Die Revolutionsarmee von 1792 bis 19? von
Henri Houssage, 13/14. — Die Maschinengewehre in der Kavallerie
(ihre begonnene Zuteilung), 15. — Der Mangel eines Gesetzes. —
Bessere Bezahlung der Kapitulanten, 16. 17. — Die antienglische
Politik Deutschlands von Oberst Septans, 18. 19. 20/21. — Plan zu
einer Organisation von Divisionssanitätskompagnien, 18. 19. 20/21. —
Die Kraftselbstfahrer bei den Heeren. — Vorträge über den russisch-
japanischen Krieg (Mitrailleusen). — Sind wir verteidigt? (Ein Inter-
view bei M. Ch. Humbert), 19. — Lehren des russisch-japanischen
Krieges (die Kavallerie betreffend), 20/21. — Alte Gewohnheiten vom
General Devaureix, 22. — Das Fehlen eines Gesetzes (Solderhöhung
für Kapitulanten). — Der Geist des Heeres, 23. — Ist die Kavallerie

zu vermindern? — Engagement und Reengagementsprämien, 24. — Die gegenwärtige Lage der Kavallerie (große Schwierigkeit in der Ausbildung). — Die Geopferten der Bataillone der Fußartillerie (Benachteiligung in der Beförderung). — Eine voraussichtliche Niederlage für die deutsche Industrie (bezieht sich auf Kruppsche Geschütze in Italien). — Afrikanische Truppen gestern und heute. — Für die Kapitulantenunteroffiziere. — Kann der Fußsoldat fechten? von Kapitän Web (gegen die zu schwere Belastung), 25. — Die Abschaffung der Kolonialtruppen von Oberst Septans. — Die Erleichterung des Infanteristen. — Reiter, Radfahrer und Maschinengewehre, 26. — Vorträge über den russisch-japanischen Krieg, die Kochapparate, 27/28. — Korporale und Brigadiers von General Prudhomme. — Die Qualität unserer afrikanischen Truppen, 29. — Vorlesungen über den russisch-japanischen Krieg, tragbare Panzerschilde. — Reiter, Radfahrer und Maschinengewehre, 30. — Franko-deutsche Angelegenheiten (voll Haß gegen Deutschland). — Die Bremse unseres Feldgeschützes, 31.

Wajennüj Ssbornik. 1907. Nr. 10. Die Eroberung des Amur durch die Russen und die Niederlassung in Albasin. — Zusammenkunft französischer Generale mit russischen in der zweiten Hälfte des Feldzuges von 1812. — Im Kriege. — Über das Studium der Korrespondenz Napoleon I. — Die Schule der Podpraporschtschikow. — Bemerkungen über Kavallerie. — Die Taktik der Festungsartillerie. — Darstellung der Tätigkeit der Intendantur des Ostdetachements (3. Sibirischen Armeekorps) während des russisch-japanischen Krieges 1904—1905 (Fortsetzung). — Etwas über die Infanterieausrüstung und ihr Schuhzeug. — Militärische Skizzen aus Abessynien.

Russkij Inwalid. 1907. Nr. 206. Die russische kriegsgeschichtliche Gesellschaft. — Die russisch-bulgarischen Festlichkeiten. **Nr. 215.** Aus Frankreich. — Die Ergänzung des militärärztlichen Personals in Westeuropa. — Gedanken über die Ausbildung der Truppen im Gefecht. **Nr. 219.** Vorbildung zum Generalstabsdienst. — Das Regiment Nowotscherkassk im Gefecht vom 28. bis 29. September 1904. — Führer durch das kaukasische kriegsgeschichtliche Museum. **Nr. 223.** Zum 75jährigen Dienstjubiläum des Großfürsten Michail Nikolajewitsch. — Die militärärztliche Bildung und die Militärmedizinische Akademie. — Zur Frage der Anfertigung der Bekleidung.

Morskoj Ssbornik. 1907. Nr. 8. Über das Personal der Flotte. — Zur Frage der Reformierung des Marineministeriums. — Praxis oder Theorie? — Das englische Marinebudget für 1907/1908. — Die Angelegenheit des „Knight Commander". — Über die Widerstandsfähigkeit der aus zwei Schichten verschiedener Metalle angefertigten Geschütze. — Die Bedürfnisse unseres Schiffsbaues. — Die Schiffsmotoren im 20. Jahrhundert.

III. Seewesen.

Mitteilungen aus dem Gebiete des Seewesens. Nr. X. Der amtliche Bericht über die englischen Flottenmanöver 1906. — Über das Manövrieren der Turbinenschiffe. — Die Zündergranate als Einheitsgeschoß für Marinegeschütze. — Bericht über die Ausbildung der Frequentanten der Marineakademie zu Annapolis. — Das russische Marinebudget für das Jahr 1907. — Der internationale Vertrag über Radiotelegraphie. — Das Krankenwärterpersonal in Japan. **Nr. XI.** Fortschritte im Schiffsneubau im Jahre 1906/1907. — Über den derzeitigen Stand der Wellentelegraphie. — Die Überfahrt des Docks Dewey von Patuxent River nach den Philippinen. — Beförderungsverhältnisse im Offizierkorps der königlich italienischen Kriegsmarine **Army and Navy Gazette. Nr. 2486.** Submarine Evolution. — Neue französische Tauchboote. **Nr. 2487.** Die Haager Konferenz. — Das französische Marineprogramm für 1908. **Nr. 2488.** Rückwärts schauend. **Nr. 2489.** Marineausbildung. — Die Vermehrung des deutschen Marinepersonals. — Angeblicher Mißerfolg der Deutschen in der Erwerbung von Kiautschau. **Nr. 2490.** Des Seemanns Löhnung (neue Zulagen- usw. Ordnung). — Neues Ausbildungssystem für die französischen Seeoffiziere. **Nr. 2491.** Minen und der Haag (Deutschlands Standpunkt). — Abgang einiger amerikanischer für den Stillen Ozean bestimmter Schiffe nach dem Süden. **Nr. 2492.** Ein zeitweises Marinebuch (Geschichtliches). — Spionage und die Marine. — Die Dreadnought Ära und die von den einzelnen Ländern gebauten bzw. geplanten Schiffe dieser Gattung. **Nr. 2493.** Des Seeoffiziers Gehalt. — Lord Charles Béresfords Ausbildung der Flotte. **Nr. 2494.** Marineschießübungen (Schießen nach beiden Seiten). — Stapellauf des vierten Dreadnoughts „Superb". — Die Kohlen der Kanalflotte. — Der Prozentsatz von Mannschaften fremder Nationalität in der Kriegs- und Handelsmarine zur Zeit Nelsons.

IV. Verzeichnis der zur Besprechung eingegangenen Bücher.

(Die eingegangenen Bücher erfahren eine Besprechung nach Maßgabe ihrer Bedeutung und des verfügbaren Raumes. Eine Verpflichtung, jedes eingehende Buch zu besprechen, übernimmt die Leitung der „Jahrbücher" nicht, doch werden die Titel sämtlicher Bücher nebst Angabe des Preises — sofern dieser mitgeteilt wurde — hier vermerkt. Eine Rücksendung von Büchern findet nicht statt.)

1. **Lindner,** Weltgeschichte seit der Völkerwanderung. Bd. 5. Stuttgart 1907. J. G. Cottasche Buchhandlung Nchflg. Mk. 5,50.

2. **Kemmer,** Briefe an einen jungen Offizier. München 1907. C. H. Becksche Verlagsbandlung. Mk. 1,—.

3. **Rohne, H.,** Die Taktik der Feldartillerie für die Offiziere aller Waffen auf Grund der für die deutsche Artillerie bestehenden Be-

stimmungen. Dritte, völlig neu bearbeitete Auflage. 1908. Berlin 1907. E. S. Mittler & Sohn. Mk. 3,—.

4. **Immanuel,** Brigade- und Divisionsmanöver sowie größere Garnisonübungen. Anlage — Leitung — Beispiele. Ebenda. Mk. 3,50.

5. **v. Müller, H.,** Geschichte des Festungskrieges von 1885—1905 einschließlich der Belagerung von Port Arthur. 1907. Ebenda. Mk. 6,—.

6. **Krafft,** Handbuch für die Vorbereitung zur Kriegsakademie. Zweite, vermehrte Auflage. 1907. Ebenda. Mk. 8,—, geb. Mk. 9,50.

7. **Hoppenstedt,** Der Infanterist im Kampf der verbundenen Waffen. Ebenda. Mk. 1,—.

8. **Nautische Bibliothek.** Band I. Der Beruf des Schiffsoffiziers in der Handelsmarine. Von Prof. Dr. F. Bolte. Berlin 1907. Konrad W. Mecklenburg vormals Richterscher Verlag. Mk. 1,50.

— Band II. Schiffsjungendienst. Von Kapitän G. Reinicke. Ebenda. Mk. 1,50.

— Band III. Elementare Schiffahrtkunde. Von Prof. Dr. F. Bolte. Ebenda. Mk. 1,50.

9. **Spohr,** Die Logik in der Reitkunst. III. Teil: Die rationelle Korrektur schwieriger, verdorbener und bösartiger Pferde. Stuttgart 1908. Schickhardt & Ebner. Mk. 3,50.

10. **Zelle,** Geschichte der Freiheitskriege. Band IV: 1815, die hundert Tage von Elba bis Helena. Leipzig. Rich. Sattlers Verlag. Mk. 6,50.

11. **Instruction** sur le tir pour l'artillerie de campagne allemande approuvée le 15 mai 1907. Paris 1907. Berger Levrault & Cie. Frs. 3,—.

12. **Réglement** de manoeuvre pour l'artillerie de campagne allemande approuvée le 26 mars 1907. Ebenda. Frs. 3,—.

13. **Charet,** Notions de droit maritime international. Ebenda. Frs. 2,—.

14. **Layritz,** Altes und Neues aus der Kriegstechnik. Berlin 1908. R. Eisenschmidt. Mk. 3,—.

15. **Galster,** Welche Seekriegsausrüstung braucht Deutschland? Berlin 1907. Boll & Pickardt. Mk. 0,50.

16. **Darstellungen** aus der Bayerischen Kriegs- und Heeresgeschichte. Herausgegeben vom K. B. Kriegsarchiv. Heft 16. München 1907. J. Lindauersche Buchhandlung. Mk. 4,—.

17. **Tlapek,** Technisches Handbuch für militärische Verpflegungsorgane. Wien 1908. Alfred Hölder. Mk. 8,60.

18. **Sperling,** Eine Weltreise unter deutscher Flagge. Leipzig 1907. Wilhelm Weichert.

19. **Auf weiter Fahrt.** Selbsterlebnisse zur See und zu Lande. Deutsche Marine- und Kolonialbibliothek. Band 5. Ebenda. Mk. 4,50.

20. **Rosmanit,** Zur Farbensinnprüfung im Eisenbahn- und Marinedienste. Wien 1907. W. Braumüller.

21. **Moser,** Ausbildung und Führung des Bataillons im Gefecht. Berlin 1908. E. S. Mittler & Sohn. Mk. 4,—

22. **Hoppenstedt,** Taktisches Handbuch des Infanterieoffiziers. (Handbibliothek des Offiziers. Zwölfter Band.) Ebenda. Mk. 5,50.

23. **Lehmann, Konrad** und **v. Estorff,** Dienstunterricht des Offiziers. (Handbibliothek des Offiziers. Vierzehnter Band.) Ebenda. Mk. 4,—.

24. **Kühn,** Zur Frage der Feldküchenwagen. Wien 1907. L. W. Seidel & Sohn. Mk. 1,—.

25. **Mitteilungen** des k. u. k. Kriegsarchivs. Dritte Folge. V. Band. Ebenda. Mk. 10,—.

26. **Mummenhoff,** Die modernen Geschütze der Fußartillerie. II. Teil. Leipzig 1907. G. J. Göschen. Mk. 0,80.

27. **Fabricius,** Das französische Ostheer und seine Führer im Winterfeldzug 1870/71. Oldenburg 1907. G. Stalling. Mk. 9,50.

28. **Beiträge** zur Belehrung über das Militär- und Reichsstrafgesetzbuch. Ebenda. Mk. 0,60.

29. **Stephan,** Die Ausübung der Disziplinarstrafgewalt. Ebenda. Mk. 1,20.

30. **Hartwig,** Ausbildung des Rekruten im Schießen. Ebenda. Mk. 0,40.

31. **Dietz,** Die Militärstrafrechtspflege im Lichte der Kriminalstatistik für das deutsche Heer und die Kaiserl. Marine. Ebenda. Mk. 5,50.

32. **Moser,** Kurzer strategischer Überblick über den Krieg 1870/71. Berlin 1908. E. S. Mittler & Sohn. Mk. 2,25.

33. **Meereskunde.** Sammlung volkstümlicher Vorträge zum Verständnis der nationalen Bedeutung von Meer- und Seewesen. Ebenda. Jahrgang von 12 Heften. Mk. 6,—.

34. **Busson,** Ritterlicher Ehrenschutz. Graz 1907. Franz Pechel.

35. **Brandenburg,** Winke für das Heranarbeiten im Feldkriege und das Eingraben im Gefecht. Straßburg 1907. Du Mont Schauberg.